DAS ÖFFENTLICHE RECHT DER GEGENWART

# JAHRBUCH DES ÖFFENTLICHEN RECHTS DER GEGENWART

NEUE FOLGE / BAND 50

HERAUSGEGEBEN VON

PETER HÄBERLE

Mohr Siebeck

ISBN 3-16-147743-X
ISSN 0075-2517

# Inhaltsverzeichnis

## Entwicklungen des Verfassungsrechts im Außereuropäischen Raum

### I. Amerika

### II. Asien

### III. Afrika

# Vorwort
## zum 50. Band des Jahrbuchs
## 2002

von

### Dr. Dr. h.c. mult. Peter Häberle

Professor für Öffentliches Recht, Rechtsphilosophie und Kirchenrecht an der Universität Bayreuth,
Em. Ständiger Gastprofessor für Rechtsphilosophie an der Universität St. Gallen

Der wissenschaftlichen Öffentlichkeit wird hiermit der 50. Band des Jahrbuchs n.F. vorgelegt. *G. Leibholz* hat (zunächst zusammen mit *H. von Mangoldt* bis Bd. 2, 1953) die Bände 1 (1951) bis 31 (1982) betreut – Pionierleistungen von Jahr zu Jahr. 1983 durfte der Unterzeichnete den Stab übernehmen (vgl. den Nachruf des Verlegers *G. Siebeck* in Bd. 31 und das eigene Vorwort in Bd. 32) – er hat seine Aufgabe stets als Teil eines kulturellen Generationenvertrages verstanden. Entsprechend groß waren und sind die Herausforderungen, Chancen und Maßstäbe, auch Defizite.

Auch Jahrbücher kommen in die Jahre. Ihre Literaturgattung hat sich zunehmend verbreitet, zum Teil bereichert. Neue Jahrbücher nehmen sich in Deutschland vor allem neuer Spezialgebiete, etwa dem Umweltrecht, an. Manche vierteljährlich erscheinenden Zeitschriften machen dem JöR auf nicht wenigen Feldern „Konkurrenz". Das kann für alle Beteiligten ein Vorteil sein, sofern der sog. „Markt" nicht machtbedingte Verzerrungen mit sich bringt, die dem Pluralismuskonzept bzw. der offenen Gesellschaft der Verfassunggeber und Verfassungsinterpreten (auch Autoren) schaden. Bei all dem dürfte das Jahrbuch wegen seiner langfristigen Konzeption und Komposition in der Vielfalt der Literaturformen aber seinen Platz behalten, auch wenn oder gerade weil das Zeitschriftenwesen immer kurzatmiger wird.

Der Herausgeber suchte dem durch den kontinuierlichen Aufbau eines weltweit orientierten „Netzes" von regelmäßigen und ad hoc gebetenen Mitarbeitern zu entsprechen, deren konzeptionelle Unterschiede bewußt unterstützt wurden. Dabei kann er naturgemäß keine „Repräsentativität" für die Verfassungsentwicklung aller Länder der Welt beanspruchen, so sehr er sich bemühte, nach und nach viele Stimmen der Völker respektive Verfassungen hörbar bzw. sichtbar werden zu lassen: in Texten und Kommentaren. Der kulturwissenschaftliche Ansatz wies ihm dabei so manchen Weg; dieser fand und findet besonderes Echo in den romanischen und lateinamerikanischen Staaten, zunehmend auch in Japan und Korea, zuletzt in Osteuropa.

Konnte 1983 an die Grundstruktur des JöR von *G. Leibholz* bis heute angeküpft
werden, so wurde es indes Zeit, sich behutsam an neue Literaturgattungen bzw. Rubriken zu wagen, denn nicht nur die Generationen und Menschen, Verfassungen und
Gesetze, auch die Jahrbücher altern. Mitunter können sie jedoch neue „Jahresringe"
ansetzen. Alle sieben Jahre sollte ein sichtbarer Innovationsschub glücken. In diesem
Sinne sind die neuen Rubriken „Richterbilder" (seit Bd. 32 (1983), zuletzt 48
(2000)), „Staatsrechtslehre in Selbstdarstellungen" (seit Bd. 32 (1983); s. auch 36
(1987)) und später „Europäische Staatsrechtslehrer" (seit Bd. 44 (1996), zuletzt JöR 49
(2001)) zu verstehen. Selbst bei langfristiger, vom Herausgeber den Zeitraum von jeweils vier Jahren umfassender Planung können sie indes nicht Band für Band erscheinen (zu groß sind die „Wechselfälle des Lebens"). Andere Literaturgattungen wie
Rechtsprechungsberichte konnten nur vereinzelt (vgl. z.B. JöR 42 (1994)), andere
wie Berichte „Vom Staatsleben" (vgl. die Tradition in JöR alte Folge, z.B. Bd. XIII
(1925): *F. Poetzsch*) mangels Autoren gar nicht gepflegt werden. Auf einen Rezen-
sionsteil bzw. die Rezensionsabhandlung wird bewußt verzichtet (Ausnahme: Bd. 42
(1994)), obwohl sie im Blick auf das Ausland ein Desiderat bleiben (thematisch ge-
bündelte, etwa eine Dekade umfassende Literaturberichte je nach den einzelnen nationalen Rechtskulturen wären wünschenswert).

Inhaltlich wurden Schwerpunktbände langfristig geplant und veröffentlicht. Der
erste galt im Blick auf ein Jubiläumsjahr der „Werkstatt Schweiz" (JöR Bd. 40 (1991/
92)), fortgeführt aus Anlaß der mustergültigen Totalrevisionen vieler Kantonsverfassungen und dann auch der nBV Schweiz 2000 (zuerst JöR 34 (1985); später 48
(2000)). Der zweite Schwerpunktband widmete sich Frankreich im Blick auf das Jahr
1789 (vgl. JöR 38 (1989)). Das „annus mirabilis" 1989 war es glücklicherweise, das eine fünfteilige Dokumentation der Verfassungsentwicklungen in Osteuropa ermöglichte, die dem Herausgeber hinsichtlich der Beschaffung von Dutzenden von Verfassungsentwürfen äußerste Anstrengungen abverlangte (JöR 43 (1995) bis JöR 46
(1998)). Leichter war die Beschaffung der rund 40 Entwürfe und endgültigen Verfassungstexte aus den neuen deutschen Bundesländern (JöR 39 (1990) bis JöR 43
(1995)). Da der Herausgeber hier (in Deutschland) wie dort (in Osteuropa) beratend
tätig war (vgl. JöR 43 (1995), S. 134–183), gelang mancher „Fischzug" vor Ort, zumal
sich damals das Internet noch nicht so stark etabliert hatte wie heute. Der nächste
Schwerpunkt, die europäische Einigung als „andere Seite" der deutschen Einigung,
konnte nicht in einem Band, er mußte und muß noch kontinuierlich angelegt werden:
gemäß den „trial and error"-Verfahren in der Entwicklung der europäischen Verfassung. Gezielt begonnen wurde damit in JöR 32 (1983), dort auch bereits zum „Gemeineuropäischen" (S. 9, 16f., 25f. mit Anmerkung 68), sodann in Bd. 44 (1996), 48
(2000) und 49 (2001). Die Eröffnung des Bayreuther Instituts für Europäisches Recht
und Rechtskultur (November 1999) konnte in JöR 49 (2001) dokumentiert werden.

Dem Geist von *G. Leibholz* gemäß wurde die Entwicklung des Landesverfassungs-
rechts in (West-)Deutschland kontinuierlich weiterverfolgt (vgl. etwa JöR 36 (1987);
45 (1997)). Daran soll in Band 51 (2003) ein das ganze Deutschland in allen seinen
Ländern umgreifender Schwerpunkt anschließen. Ein „Werkstattbericht" kann und
will dieses Vorwort im übrigen nicht sein.

Das JöR ist wie jede Wissenschafts- und Literaturgattung auf eine hohe Rezen-
sionskultur bzw. „Rezensierte Verfassungsrechtswissenschaft" angewiesen. „Spitze

Federn" sind erwünscht, sofern sie zugleich dem um Kontinuität und Innovation ringenden Informationsgehalt der Bände gerecht zu werden versuchen. Der Herausgeber weiß sich manchen (auch verstorbenen) Rezensenten dankbar verbunden.

Besonderer Dank gilt dem ganzen Haus des Tübinger Verlags Mohr Siebeck, insbesondere seinem Leiter und Inhaber *Georg Siebeck* und seinem langjährigen Mitarbeiter *Rudolf Pflug*. Nicht weniger dankt der (älter werdende) Herausgeber den (jünger werdenden) Autoren – und den geneigten Lesern – des Jahrbuchs: deutschlandweit, europaweit und wohl auch weltweit. Das Jahrbuch soll auch als Forum für den wissenschaftlichen Nachwuchs aus dem In-, vor allem auch Ausland, dienen. Der Herausgeber hofft, auch in den kommenden Jahren so manche „Entwicklungen des Verfassungsrechts" einfangen zu können, um Texte und Kontexte, alte und neue Klassikertexte von nationalen und regionalen Verfassungen so zu erschließen, daß sich Wort und Tat von der „Rechtsvergleichung als kultureller Verfassungsvergleichung" (1982) und der „Rechtsvergleichung als ‚fünfter‘ Auslegungsmethode" (1989) weltweit bewähren können.

Bayreuth/St. Gallen im Frühjahr 2001 *Peter Häberle*

*Abhandlungen*

# Was macht die Qualität öffentlich-rechtlicher Forschung aus?

von

## Dr. Helmuth Schulze-Fielitz

Professor für Öffentliches Recht, Umweltrecht und Verwaltungswissenschaften an der
Universität Würzburg

## Inhalt

## I. Einleitung: Drei Ausgangsprobleme eines aktuellen, aber vernachlässigten Themas

Das auf den ersten Blick ungewöhnliche Thema für eine wissenschaftliche Abhandlung entpuppt sich auch bei näherem Hinsehen als schwierig – es gibt dazu wohl keine oder keine unmittelbar einschlägige Literatur, deren schnelle Zusammenstellung den Problemzugang erleichtern könnte. Das dürfte dem wissenschaftspolitischen Zeitgeist geradewegs widersprechen – allenthalben wird in Politik und Wissenschaft die Evaluierung von wissenschaftlichen Institutionen und Praxen gefordert und auch durchgeführt.[1] Gleichwohl beschränken sich solche Bewertungsprozeduren entweder auf den engen Teilbereich der Lehrevaluation („Prüf den Prof"), oder sie enden – forschungsbezogen – sei es bei nur mittelbaren, aber leicht quantifizierbaren Bewertungskriterien i.S. von „Wissenschaftsindikatoren",[2] also in Zahlen faßbare Repräsentanten für wissenschaftliche Qualität (z.B. Höhe von Drittmitteln, Zahl von betreuten Absolventen oder Dissertationen, u.U. aber auch: Zahl und Umfang von Abhandlungen in international referierten Zeitschriften, von Zitationen u.ä.), sei es – in den Geisteswissenschaften regelmäßig – bei den Werturteilen unbeteiligter Dritter, d.h. gutachterlichen Würdigungen von (hochreputierlichen) Fachgenossen (Peer Review);

---

[1] Vgl. zur Diskussion zuletzt *G. Altner, K. Fischer, W. Frühwald, R. v. Lüde, B.P. Priddat* und *J. Wauer,* Kann man Lehr- und Forschungsqualität messen?, Universitas 2000, S. 1021 ff.; ausf. (allg. über das Wissenschaftssystem hinaus) *E.R. House,* Professional Evaluation: Social Impact and Political Consequences, London 1993; einführend *U. Felt/H. Nowotny/K. Taschwer,* Wissenschaftsforschung, 1995, S. 235 ff.; *R. Fisch,* Ein Rahmenkonzept zur Evaluation universitärer Leistungen, in: H.-D. Daniel/R. Fisch (Hrsg.), Evaluation von Forschung, 1988, S. 13 ff.

[2] Ausf. *S. Hornbostel,* Wissenschaftsindikatoren. Bewertungen in der Wissenschaft, 1997; s. auch *P. Weingart/R. Sehringer/M. Winterhager* (Hrsg.), Indikatoren der Wissenschaft und Technik, 1991; *P. Weingart/M. Winterhager,* Die Vermessung der Forschung. Theorie und Praxis der Wissenschaftsindikatoren, 1984; grdl. *Y. Elkana/J. Lederberg/R.K. Merton/A. Thackrey/H. Zuckerman* (Eds.), Toward A Metric of Science: The Advent of Science Indicators, N.Y. u.a. 1978; s. noch näher unten bei Fn. 329 ff.

gerade deren potentielle wissenschaftliche, in der Diskussion um Evaluation vernach-lässigte[3] fachliche Qualitätsstandards sollen hier im Blick auf die öffentlich-rechtliche Forschung erörtert werden. Denn das derzeitige erkennbare Bedeutungswachstum von Wissenschaftsevaluation unter den Bedingungen von Ressourcenknappheit und von verschärftem Wettbewerb innerhalb des Wissenschaftssystems verlangt eine wis-senschaftliche Diskussion forschungsangemessener Qualitätsstandards; eine von § 5 HRG angestrebte Finanzierung der Hochschulen u. a. in Abhängigkeit von ihren Lei-stungen in Forschung und Lehre und der Auftrag zur regelmäßigen Bewertung der Forschungsarbeit der Hochschule (§ 6 HRG) bedürfen solcher Gewichtungsstandards in besonderem Maße ebenso wie die Vereinbarung von Forschungszielen und die Verteilung von Ressourcen im Rahmen von „Neuen Steuerungsmodellen" an den Universitäten.[4]

Dabei hilft ein Rückgriff auf allgemeine wissenschaftstheoretische oder wissen-schaftssoziologische Forschungen nur sehr begrenzt, wenn man den Besonderheiten der jeweiligen Wissenschaft, hier also der des Öffentlichen Rechts, nachspüren will. Im folgenden Text kann es deshalb nicht um eine nach allen Seiten abgesicherte wis-senschaftliche Bilanz, sondern nur um einen ersten Versuch gehen, (Selbst-)Reflexio-nen über die Tätigkeit eines Professors des Öffentlichen Rechts, soweit er ständig For-schungsleistungen rezipiert und bewertet, zu systematisieren. Dieses kann nach Lage der Dinge nur vor dem eigenen beschränkten Lektüre- und Erfahrungshorizont (oh-ne jeden Anspruch auf Vollständigkeit) unternommen werden, aber doch in der Hoff-nung, eine sehr notwendige kritische Diskussion auszulösen.[5] Insofern läßt sich sofort unmittelbar an die alltägliche Berufspraxis anknüpfen: Dort kann man erstaunliche Beobachtungen machen, die Teilprobleme der Fragestellung dieser Abhandlung ver-deutlichen dürften.

## 1. Die Tendenz zur Begründungsarmut bewertender Äußerungen

Im Hochschullehreralltag gehört die Bewertung wissenschaftlicher Leistungen von Dritten in Form der Rezension von Büchern oder von Gutachten über wissenschaft-liche Werke wie Dissertationen oder Habilitationsschriften oder – mittelbar – auch von Personalgutachten über die (ggf. potentielle) wissenschaftliche Leistungsfähigkeit von Personen (für Prüfungsverfahren, Berufungsverfahren, Verlage, Drittmittelgeber oder Stiftungen usw.) zu den professionellen Anforderungen, die routiniert abgearbei-tet werden. Dabei fällt auf, daß in solchen Gutachten eine weitverbreitete Begrün-dungsschwäche in der Art auftritt, daß es eine Lücke zwischen Darstellung und Be-

---

[3] Vgl. *Fisch*, Rahmenkonzept (Fn. 1), S. 19; s. aber auch *I. Hartmann*, Fachspezifische Beurteilungskri-terien von Gutachtern in der Forschungsförderung – dargestellt am Beispiel des Normalverfahrens in der Deutschen Forschungsgemeinschaft, sowie *W. Hartenstein / M. Boos / W. Bertl*, Entwicklung und Erprobung von Kriterien für die Bewertung der Ergebnisse sozialwissenschaftlicher Forschungsprojekte, beide in: Daniel/Fisch (Hrsg.), Evaluation (Fn. 1), S. 383 ff. bzw. S. 397 ff. (404 ff.).

[4] Vgl. nur *H.H. Seiler*, Die Ersetzung des Rechts durch die Ökonomie, WissR 32 (1999), S. 261 ff. (264 ff., 267 ff.).

[5] Vgl. zur Notwendigkeit einer reflexiven Vergegenwärtigung idealer Bewertungsstandards durch Selbstbeschreibung *Hornbostel*, Wissenschaftsindikatoren (Fn. 2), S. 165 ff.; s. auch *H. Lenk*, Zwischen Wis-senschaftstheorie und Sozialwissenschaft, 1986, S. 120.

wertung gibt. Viele Gutachten über wissenschaftliche Arbeiten bestehen (möglicherweise anders als bei Gutachten über lösungsorientierte Examenshausarbeiten) zu 90% (oder mehr) aus einem bloßen Referat des Inhalts der Arbeit, dem sich eine vergleichsweise sehr kurze bewertende Beurteilung anschließt, ohne daß deutlich würde, warum die Arbeit im Blick auf welche Passagen oder Argumente gut oder schlecht ist; vielmehr wird oft nur die Einstellung des Gutachters zur Arbeit beschrieben. Das kann gewiß auch praktische oder taktische Gründe haben, etwa weil ein solches Vorgehen zeitlich weniger arbeitsaufwendig ist (und wie bei Rezensionen, unter Bedingungen des Platzmangels, weniger Text beansprucht), oder weil die Beurteilung prüfungsrechtlich oder psychologisch im Verhältnis zum Beurteilten unangreifbar sein soll. Es gibt indessen auch gute Gründe zu vermuten, daß die Gutachter oft keine verallgemeinerungsfähigen oder nur sehr wenige präzise inhaltliche Qualitätskriterien haben, auf die sie konkret zurückgreifen könnten; sie lassen sich vielmehr von ihrer eigenen wissenschaftlichen Einstellung zum Thema leiten und gleichen die zu begutachtende Arbeit primär mit ihrer eigenen Ansicht vom Thema oder von der einzuschlagenden Vorgehensweise ab. Bedeutsames Qualitätskriterium ist dann die Übereinstimmung mit den eigenen Erwartungen oder Einstellungen, nicht aber eine davon zu unterscheidende objektive Qualität. Für die Richtigkeit dieser Annahme sprechen auch psychologische Feldexperimente, nach denen wissenschaftliche Gutachter identische Arbeiten positiver bewerten, wenn die darin erhobenen Daten mit ihren eigenen theoretischen Ansichten übereinstimmen.[6]

## 2. Die Pluralität der Bewertungsmaßstäbe

Als ein zweiter thematischer Anknüpfungspunkt sei die Beobachtung notiert, daß es auch unter sehr gut informierten Kollegen regelmäßig außerordentlich schwierig ist, bei der Einschätzung von einzelnen Veröffentlichungen oder auch von einzelnen Wissenschaftlern als Personen sich hinsichtlich der Bewertung ihrer wissenschaftlichen Qualität zu einigen.[7] Regelmäßig führen solche Diskussionen, etwa auch im Anschluß an Vorträge auf Tagungen, zu mitunter polarisierten, jedenfalls recht unterschiedlichen Einschätzungen. Man kann dieses beispielhaft, wenn auch eher verhalten, an gegensätzlichen Rezensionen desselben Buches oder an unterschiedlich benoteten Dissertationen ablesen, aber auch – personal im Blick auf ein wissenschaftliches Gesamtwerk gewendet – an Antworten auf eine Frage wie die nach den fünf oder zehn wissenschaftlich bedeutsamsten Professoren speziell (z.B.) des Verwaltungsrechts oder allgemein des Öffentlichen Rechts. Selbstverständlich ist eine solche Skalenbildung rein empirisch und durch Umfragen quantitativ ermittelt möglich, wie wir aus der Reputationsforschung bzw. dem Ranking von Fakultäten[8] wissen; aber solche

---

[6] Vgl. *Fischer* (Fn. 1), Universitas 2000, S. 1033 ff. (1035); *M. Gordon*, Refereeing Reconsidered: An Examination of Unwitting Bias in Scientific Evaluation, in: M. Balaban (Ed.), Scientific Information Transfer: The Editor's Role, Dordrecht/Boston/London 1978, p. 231 ff. (232).

[7] Das gilt auch für in diesem Aufsatz genannte Beispiele, wie mir die Vorauslektüre befreundeter Kollegen und Diskussionen im Anschluß an mündliche Vorträge gezeigt haben.

[8] Vgl. zur Problematik *I. v. Münch*, Die ungleiche Ungleichheit, FAZ vom 17.7.1998, S. 38; s. auch am Beispiel der Reputation von juristischen Fakultäten *E. Klausa*, Die Prestigeordnung juristischer Fakultäten

Skalierungen bilden ja nur Bewertungen ab, deren Gründe falsch sein können und deren Richtigkeit oder Angemessenheit hier gerade interessieren soll. Offensichtlich ist es jedenfalls so, daß die Qualitätskriterien (auch) für öffentlich-rechtliche Forschungsergebnisse bzw. Forscher aus sehr unterschiedlichen Faktoren bestehen, die ihrerseits subjektiv-individuell sehr unterschiedlich gewichtet werden können – mit der Folge, daß auch die Bewertungen und das Ausmaß ihrer Absicherung durch rational nachvollziehbare Standards stark schwanken können.

## 3. Bewertungskompetenz zwischen Rationalität und universitärer Sozialisation

In dieser Situation liegt die Suche nach Veröffentlichungen nahe, die rationale Maßstäbe für solche Bewertungen liefern – eben solche Literatur gibt es nicht und kann es wohl auch nicht geben. Zwar gibt es in der Pädagogik so etwas wie die Wissenschaft von der Notengebung,[9] die z.B. immer wieder nachgewiesen hat, daß bei Prüfungen in Aufsatzform verschiedene Beurteiler denselben Aufsatz, zumal bei einer fehlenden Anleitung durch vorgegebene Beurteilungskriterien, so unterschiedlich bewerten, daß fast immer die ganze Notenskala besetzt ist.[10] Auch lassen sich formalisierte (fächerübergreifende) Beurteilungskriterien von DFG-Gutachtern empirisch ermitteln.[11] Aber die Verwertbarkeit von derartigen Erkenntnissen für unsere Problemstellung dürfte gerade dort enden, wo es fachspezifisch interessant wird: bei der Suche nach materiellen (inhaltlichen) Bewertungsmaßstäben für das jeweilige Fach,[12] hier also für spezifisch öffentlich-rechtliche Forschungen, wobei die Bewertung von Wissenschaft besondere Probleme stellen dürfte. Das führt mich zu meiner dritten Ausgangsbeobachtung: Es gibt *keine geschriebenen Bewertungsstandards* und kanonisierte Beurteilungskriterien für die Qualität wissenschaftlicher Forschung,[13] sondern sie werden einfach von Fall zu Fall praktiziert, und zwar auf eine subkutane, indirekte Weise. Wie ist das möglich?

Die angemessenen Bewertungsmaßstäbe erschließen sich aus der Gesamtheit des Forschungsstandes eines Faches, hier also der Wissenschaft vom Öffentlichen Recht. Da diese Gesamtkenntnis niemand hat und angesichts der Quantität an Forschungsliteratur auch niemand haben kann, erschließen sich Bewertungsmaßstäbe nicht so sehr

---

in der Bundesrepublik und den USA, KZfSS 30 (1978), S. 321 ff.; mangels eines rechtswissenschaftlichen Beispiels am Beispiel der Reputation von Politikwissenschaftlern *H. Honolka*, Politikwissenschaftler nominieren ihre wichtigsten Fachvertreter, in: Daniel/Fisch (Hrsg.), Evaluation (Fn. 1), S. 189 ff.

[9] Vgl. z.B. *E. Jürgens/W. Sacher*, Leistungserziehung und Leistungsbeurteilung, 2000; *W. Sacher*, Prüfen – Beurteilen – Benoten, 1994; grdl. *K. Ingenkamp*, Pädagogische Diagnostik, 1975.

[10] *Ingenkamp*, Diagnostik (Fn. 9), S. 22 ff. m.w.N.; solche Unterschiede zeigen sich übrigens auch bei Mathematikaufgaben, ebd. S. 32 ff.; s. auch *Sacher*, Prüfen (Fn. 9), S. 35 ff.

[11] Vgl. *Hartmann*, Beurteilungskriterien (Fn. 3), S. 385 ff., 389 ff.; s. auch *F. Neidhardt*, Selbststeuerung in der Forschungsförderung, 1988, S. 85 ff.

[12] Vgl. *Sacher*, Prüfen (Fn. 9), S. 49 u.ö.: Kriteriale Bezugsnormen i.S. fachlich-sachlicher Anforderungen.

[13] Das ist keine Besonderheit der öffentlich-rechtlichen Forschung, sondern gilt z.B. auch in den Sozialwissenschaften, vgl. *W.R. Gove*, The Review Process and Its Consequences in the Major Sociology Journals, in: Contemporary Sociology, Vol. 8, 1979, p. 799 ff. (801): „The discipline does not provide the sociologist with a clear specification of what a good problem is, how the problem should be approached, what good evidence is, and what the proper techniques for analysis are."

aus der individuellen Kenntnisnahme von Veröffentlichungen allein, sondern zudem aus Teilkenntnissen und Teilbewertungen mehrerer oder vieler weiterer Personen, die sich in ihrer wissenschaftlichen Urteilskraft durch den Mechanismus des gegenseitigen Vertrauens als Form der Reduktion von Komplexität[14] in ihren Bewertungen und Maßstäben austauschen und wechselseitig beeinflussen: Eine Übereinstimmung von A und B in der Beurteilung ein und desselben, beiden genauer bekannten Werkes begründet die Vermutung, daß die Wertung des anderen (B) dem A auch dann tendenziell richtig erscheint hinsichtlich einer bestimmten Veröffentlichung, die A selbst nicht oder nicht so genau kennt (und umgekehrt). Im ständigen wissenschaftlichen Austausch – auch durch Rezensionen – konstituiert sich so ein Netz wechselseitigen Vertrauens in die wissenschaftliche Bewertung Dritter auf der Basis gemeinsamer punktueller Bewertungserfahrungen immer wieder neu.[15]

Damit wird auch die Bedeutung plausibel, die die Assistentenzeit bei einem akademischen Lehrer oder auch gemeinsame fachliche Diskussionsrunden an Lehrstühlen oder unter Assistenten als Erscheinungsformen einer wissenschaftlichen Sozialisation für den Erwerb von Beurteilungsmaßstäben und Wertungssicherheit haben.[16] Der Erwerb von solchen Qualitätsstandards erfolgt in einem ständigen Austausch mit gleich oder besser qualifizierten Wissenschaftlern, und sie erfolgt „stumm" oder subkutan, d.h. in Form einer Sozialisation, die die Beurteilungsstandards keineswegs immer, geschweige vollständig explizit nennt (oder nennen kann) und rational nachvollziehbar erscheinen läßt.[17] Dabei erfolgt dieser Erwerb anhand von vielen Beispielen in Form von Werturteilen über Veröffentlichungen oder Personen im Alltag, die als „gut" oder „schlecht" qualifiziert werden; er erfolgt regelmäßig nicht durch gemeinsame systematische Lektüre von Texten in der Absicht ihrer Bewertung nach vorgegebenen Beurteilungskriterien. Aus der Vielzahl solcher Bausteine von Einzelbewertungen anläßlich der situativen Alltagspraxis entsteht allmählich ein Mosaik an zunehmend sicherer oder genauerer Bewertungskompetenz.

Es gibt schon deshalb keine Literatur zu diesem Thema der Qualitätsstandards, weil es zur ständigen bewertenden Nennung von Werken und damit auch Personen aus einem sehr kleinen Kreis von beteiligten Wissenschaftlern führt, die sich untereinander mehr oder weniger gut kennen. Diese Konstellation führt zwecks Vermeidung von persönlichen Disharmonien – jedenfalls partiell – dazu, daß offene und öffentliche kritische Kritik auch innerhalb der Wissenschaft des Öffentlichen Rechts eher mini-

---

[14] Allg. *N. Luhmann*, Vertrauen: Ein Mechanismus der Reduktion sozialer Komplexität, 3. Aufl. 1989. Dort auch (S. 4ff.) in aller Knappheit zum Begriff der Komplexität (als Zahl der Möglichkeiten, die durch Systembildung ermöglicht werden) und deren soziale Erweiterung (durch den anderen Menschen) und Reduktion unter einem Problemlösungsaspekt.

[15] Vgl. zu diesem Wechselspiel gegenseitiger Koordination *M. Polanyi*, Implizites Wissen (1966), 1985, S. 67ff., das sich sogar über den gesamten Bereich der Wissenschaft erstrecken soll; s. auch *W. Krohn/G. Küppers*, Die Selbstorganisation der Wissenschaft, 1989, S. 10ff.

[16] Auch der Wertungshorizont der nachstehenden Ausführungen ist, selbstverständlich und unhintergehbar, durch eine spezifische universitäre Sozialisation des Autors geprägt. Vgl. zu Status und Funktion der Assistententätigkeit *H. Schulze-Fielitz*, 25 Jahre Assistententagung, JöR 34 (1985), S. 35 (39ff.); ferner *D. Heckmann*, Zwischen Spontaneität und Professionalität. Zehn weitere Jahre Assistententagung Öffentliches Recht (1986–1995), JöR 44 (1995), S. 237ff.

[17] Das gilt für andere Wissenschaften gleichermaßen, vgl. *Hornbostel*, Wissenschaftsindikatoren (Fn. 2), S. 165 m.w.N.

miert wird: Niemand strebt ohne Not dahin, in Fettnäpfchen zu treten (und – womöglich intrigant versteckte – „Retourkutschen" zu provozieren); ganz offene Kritik bleibt informellen Gesprächen unter vier Augen oder im engsten kollegialen Freundeskreis oder aber formellen – zum Schutz vor allgemeinen Kollegialitätsansprüchen und besonders vor Freunden oder überdurchschnittlich einflußreichen Kollegen bewußt anonymisierten[18] oder arkanisierten – Gutachtern vorbehalten. Kollegialität als berufsspezifisches Subkulturmuster scheint moralisch zu gebieten, über einen Kollegen „nichts Böses" zu sagen[19], obwohl Wissenschaft als „organized scepticism" (*Robert K. Merton*) zugleich von wechselseitiger Kritik lebt. Es ist deshalb auch weder üblich noch vorteilhaft, sich ausdrücklich solcher Bewertungsstandards zu versichern; sie werden einfach praktiziert – mit jener auch sonst in anderweitigen Zusammenhängen alltäglich bewährten Gewißheit davon, *daß* etwas richtig oder wahr ist, ohne ganz genau zu wissen, *warum* es richtig oder wahr ist. Dennoch erscheint es mir unverzichtbar wichtig, nachstehend auch konkrete punktuelle Beispiele zur Illustration für die praktische Relevanz von Beurteilungsmaßstäben zu benennen, um Informationsgehalt und Plausibilität der jeweiligen These zu erhöhen. Die Auswahl ist vom Zufall subjektiver Lektüreerfahrungen gesteuert. Dabei geht es intentional nie um Personen, sondern um die Strukturen von wissenschaftlichen Texten[20] oder Typen eines Textensembles einzelner Autoren.

## II. Wissenschaftsbegriffliche Problemebenen der Qualitätsbestimmung

### 1. *Die Mehrdimensionalität des Begriffs „Qualität öffentlich-rechtlicher Forschung"*

Die vorgenannten Praxisbeobachtungen zielen auf Qualität i.S. der fertigen Ergebnisse eines Forschungsprozesses und deren Bewertung i.S. eines wissenschaftlichen Qualitätsurteils. Auf der Suche nach Qualitätskriterien für öffentlich-rechtliche Forschung muß man indessen zunächst feststellen, daß der Begriff „wissenschaftliche Qualität" mehrdimensional ist und schon als solcher konzeptionell unterschiedlich operationalisiert werden kann.[21] So läßt sich allgemein die Qualität einer Publikation nach der ihr *inhärenten Qualität* (z.B. i.S. der Freiheit von offenbaren Irrtümern, der Originalität, der Klarheit) würdigen, aber auch nach ihrer *Bedeutsamkeit* i.S. des potentiellen Einflusses auf die Wissenschaftlergemeinschaft oder i.S. einer aktuellen *tatsächlichen Wirkung* der Publikation auf die Wissenschaftlergemeinschaft; schon diese

---

[18] *Neidhardt*, Selbststeuerung (Fn. 11), S. 110.

[19] Vgl. *Neidhardt*, Selbststeuerung (Fn. 11), S. 119.

[20] Auch wenn viele mit einem Zitat oder Nachweis zugleich eine Kritik an der Person verbinden, so sind beide Ebenen streng zu unterscheiden (s.u. bei Fn. 27); zudem kann eine punktuelle Kritik an einem einzelnen wissenschaftlichen Erzeugnis kaum je die Forschungsqualität wissenschaftlicher Lebensleistung eines Autors wirklich diskreditieren bzw. würdigen. – Im übrigen ist es angesichts des Charakters einer Zufallsauswahl erst recht mit keinerlei Wertung verbunden, wenn nachstehend ein wissenschaftliches Werk oder ein Autor *nicht* erwähnt werden.

[21] Vgl. nur *M. Röbbecke/D. Simon*, Reflexive Evaluation, 2001, S. 41ff.; *Hornbostel*, Wissenschaftsindikatoren (Fn. 2), S. 180, 183ff., in Rezeption der Unterscheidung von quality, importance und impact bei *B.R. Martin/J. Irvine*, Assessing Basic Research. Some Partial Indicators of Scientific Progress in Radio Astronomy, Research Policy 12 (1983), p. 61ff.

drei nicht deckungsgleichen Konzepte verdeutlichen, daß der Qualitätsbegriff eine
erhebliche Bandbreite umfaßt und relativ ist, d.h. zeitlich und nach dem sozialen
Kontext erheblichen Wandlungen unterliegen kann.[22]

Hinzu treten neben den Text als solchen weitere Bezugspunkte für Qualität: Es existieren vielfältige Kriterien, die in ihrer Bedeutung in unterschiedlichen Kontexten
auch unterschiedlich zu gewichten sind. Geboten sind mithin verschiedene Differenzierungen. Sie beziehen sich auf unterschiedliche charakteristische Eigenarten der
Wissenschaft (vom Öffentlichen Recht) als solcher. Die unten zugrundegelegten
Qualitätskriterien implizieren daher immer auch eine in gewissem Grad kontingente
Vorauswahl hier für relevant gehaltener Kriterien.

*Bezugspunkt* ist hier aber stets die *öffentlich-rechtliche Forschung* in einem weiten Sinne, nämlich die Gesamtheit der Veröffentlichungen wissenschaftlicher Abhandlungen
in Form von Büchern oder Zeitschriften, die von Relevanz für das Öffentliche Recht
sind; deshalb können auch Veröffentlichungen auf anderen Teilgebieten der Rechtswissenschaft oder in sonstigen Geisteswissenschaften einbezogen sein, die für das Öffentliche Recht mehr oder weniger unmittelbare Bedeutung haben. Bezugspunkt ist
*nicht die Rechtspraxis* im engeren Sinn. Einerseits ist damit die Rechtsprechung ausgeklammert, so sehr auch sie im Einzelfall in die Nähe wissenschaftlicher Forschung geraten kann, wenn sie ohne umfangreiche literarische Vorbereitung durch Grundsatz-
urteile neue Probleme oder Rechtsgebiete dogmatisch wegweisend über den Einzelfall hinaus angehen muß. Andererseits sind auch anwaltliche Schriftsätze oder auch
unwissenschaftliche Formen von Plädoyers ausgeklammert, so sehr hier eine „Grau-
zone" existiert. Wissenschaft (auch des Öffentlichen Rechts) scheint mir tendenziell
immer auf umfassende Erkenntnisse des richtigen Rechts auch in metadogmatischen
Zusammenhängen, auf möglichst vollständige Erfassung aller einschlägigen Argumente pro und contra und auf Verallgemeinerungsfähigkeit von Problemlösungsvorschlägen angelegt zu sein. Der in der Rechtspraxis meist auch in Gutachten dominie-
rende Stil ist vom strategischen Ziel des konkreten Erfolgs vor Gericht bzw. der
Durchsetzung eigener oder fremder (Partial-)Interessen geprägt. Die damit verbundene Gefahr des Unterschlagens von (Gegen-)Argumenten, der anlaßbezogenen Fehl-
gewichtung von Prinzipien, der fehlenden Vergegenwärtigung übergreifender dogmatischer Zusammenhänge und der Ersetzung rationaler Entscheidungsgesichtspunk-
te durch rhetorische Effekte kann im Extremfall zur Unwissenschaftlichkeit verleiten,
so sehr auch anwaltliche Parteinahme wissenschaftlich aufbereitet sein kann.

## 2. Formale und materiale Qualitätskriterien

Zunächst einmal lassen sich formale und materiale Qualitätskriterien unterscheiden.
Unter *formalen Kriterien* verstehe ich solche, die inhalts- oder ergebnisunabhängig für jede Form (wenn nicht der Wissenschaft, so jedenfalls) einer Geisteswissenschaft gelten:
z.B. Widerspruchsfreiheit der Argumente bzw. Ergebnisse, rationale und methodisch
abgesicherte Nachvollziehbarkeit der gedanklichen Argumentationsschritte, sorgfälti-

---

[22] *Hornbostel*, Wissenschaftsindikatoren (Fn. 2), S. 169f.; s. auch *Hartenstein u. a.*, Entwicklung (Fn. 3),
S. 405f., 415.

ge und punktgenaue Nachweise der Wissensquellen, lückenlose Erfassung oder Strukturierung eines Problemfeldes, Verarbeitung des neuesten Standes der Literatur usw.

*Materiale Kriterien* beziehen sich demgegenüber auf fachspezifische Qualitätsstandards; in unserem Fall geht es also um Kennzeichen guter rechtswissenschaftlicher oder spezifisch öffentlich-rechtlicher Forschung. Nachstehend geht es mir vor allem um solche fachspezifischen Kriterien; ich werde nach eindrucksvollen oder weniger eindrucksvollen Beispielen für gelungene Resultate öffentlich-rechtlicher Wissenschaft suchen und fragen, warum sie mir (und wahrscheinlich auch anderen) so eindrucksvoll erscheinen, und das mit dem Ziel, verallgemeinerungsfähige Gesichtspunkte für öffentlich-rechtliche Qualität herauszufinden. Solche Qualitätsstandards sind nicht quantifizierbar oder meßbar, sondern werden durch die am Wissenschaftsprozeß Beteiligten in meist verschwiegenem Konsens konventionell akzeptiert und praktiziert. Allerdings wird man eher formale, u.U. auch quantifizierbare Kriterien nicht ganz ausklammern können, denn sie können bei der Qualitätsbestimmung durchaus wichtig sein, weil sie eine gewisse Indizfunktion in bestimmten fachspezifischen Zusammenhängen haben (können).[23]

### 3. *Forschung als Ergebnis und als Entstehungszusammenhang*

Eine weitere Differenzierung muß zwei Dimensionen der Forschung hervorheben – die Forschung als *Ergebnis* einer Tätigkeit und der *Prozeß* dieser Forschungstätigkeit als Entstehungszusammenhang für das Ergebnis. Aus vielen Bereichen der Rechtsordnung ist die fundamentale Zäsur zwischen dem Verfahren, durch das ein Ergebnis erarbeitet bzw. herausgefunden wird, und dem Ergebnis dieses Verfahrens bekannt; sie begegnet uns als formelle und materielle Seite der Entscheidungsfindung des Gesetzgebers,[24] der Verwaltungsbehörden – etwa auch der Verwaltungsplaner[25] – oder der Gerichte.[26] Diese Unterscheidung spielt auch bei der wissenschaftlichen Forschung eine Rolle, etwa in der fundamentalen Unterscheidung von *Genesis und Geltung* einer wissenschaftlichen Theorie. Gemeint ist der auf *Reichenbach* zurückgehende und auch von *Popper* prononciert akzentuierte Umstand, daß die Wahrheit einer Theorie bzw. naturwissenschaftlichen Erklärung (allgemein: Geltungsfragen, Begründungszusammenhang) völlig unabhängig davon ist, wer sie aufgrund welcher Umstände ge- oder erfunden hat (Entstehungszusammenhang).[27] Eine Theorie ist empirisch oder analytisch durch methodische Überprüfungen widerlegbar oder nicht; ihr Anspruch auf Wahrheit oder Richtigkeit kann aber nicht dadurch widerlegt werden, daß man z.B. ihren Urheber als Person moralisch diskreditiert oder seine Absichten ideologiekri-

---

[23] S. näher bei Fn. 113ff.

[24] Vgl. *H. Schulze-Fielitz*, Gesetzgebung als materiales Verfassungsverfahren, NVwZ 1983, S. 709ff.

[25] Vgl. zur Unterscheidung von Vorgang und Ergebnis der planerischen Abwägung BVerwGE 41, 67 (71f.); 45, 309 (312f.); s. näher *H. Schulze-Fielitz*, Das Flachglas-Urteil des Bundesverwaltungsgerichts – BVerwGE 45, 309. Zur Entwicklung der Diskussion um das planungsrechtliche Abwägungsgebot, Jura 1992, S. 201ff. (202).

[26] Vgl. auch *A. Kollmann*, Begriffs- und Problemgeschichte des Verhältnisses von formellem und materiellem Recht, 1996, S. 666ff. m. ausf. Nw.

[27] Vgl. *K.R. Popper*, Logik der Forschung, 7. Aufl. 1982, S. 6f.

tisch entlarvt.[28] Ganz in diesem Sinne existieren auch Theorien bzw. ihr Wahrheitsanspruch unabhängig von praktischen oder sozialen Verwendungsabsichten, denen diese Theorien dienen sollen.

Im Blick auf unsere Frage nach der Qualität wissenschaftlicher Forschung läßt sich aus dieser logisch-systematischen Zweiteilung nun aber nicht ableiten, daß es nur isoliert auf die Ergebnisse der Forschung, z.B. in Form von Theorien, ankäme. Denn die Qualität der – auch öffentlich-rechtlichen – Forschung ist eingebettet in den *sozialen Kontext des Wissenschaftssystems*, dessen organisatorische und verfahrensstrukturierende Rahmenbedingungen von erheblichem Einfluß auf die Art und Weise der Forschungsergebnisse (und ihrer Rezeption) sein können – auch im Sinne eines Kräftegleichgewichts der gegensätzlichen Interessen von Politik und Wissenschaft.[29] Man kann insoweit Forschung, die dem direkten Ziel der Wissenserzeugung dient, von der Wissenschaft unterscheiden, die das Umfeld für Forschung absichert und günstig gestaltet,[30] z.B. durch wissenschaftspolitische oder industriell-wirtschaftlich orientierte Steuerung.

Deshalb erstreckt sich die Frage nach der Qualität der Forschung in einem weiten Sinne auch auf deren Entstehungsbedingungen. Z.B. können Mitgliedschaftsvoraussetzungen von wissenschaftlichen Gesellschaften (z.B. die Art der Rekrutierung und Zusammensetzung der Akademien der Wissenschaften oder die Habilitation als Voraussetzung der Mitgliedschaft in einer Gesellschaft wie der VDStRL) auch die Qualität bzw. Höhe des Niveaus in der Gesellschaft präjudizieren. Auch Ob und Wie von Struktur und Programm z.B. eines Graduiertenförderungskollegs oder eines (z.Zt. noch nicht existierenden) rechtswissenschaftlichen Sonderforschungsbereichs der DFG sind selbst ein Qualitätskriterium für die öffentlich-rechtliche Forschung(sorganisation). Generalisiert führt eine interdisziplinäre Arbeitsweise m.E. oft auch zu guten oder besseren Forschungserkenntnissen, als wenn man von vornherein einer engeren, z.B. rein rechtsdogmatischen Methodik folgt.[31] Diese Folgerung ist freilich nicht zwingend; doch wer umgekehrt von vornherein eine interdisziplinäre Arbeitsweise ablehnt, der verzichtet auf neuartige Problemstellungen und Antworten und verengt jedenfalls seine innovativen Möglichkeiten. Ein anderes aktuelles Feld sind die Rahmenbedingungen für eine gute wissenschaftliche Praxis, wie sie als „Ehrenkodex" in Form von Empfehlungen einer von der Deutschen Forschungsgemeinschaft berufe-

---

[28] Eine gewisse Parallele findet diese Zäsur in der seit *David Hume* bekannten Dichotomie zwischen *Sein und Sollen*: Aus einem realen Sachverhalt allein läßt sich nie schlußfolgern, er müsse so oder solle auch so sein; vielmehr treten zusätzlich selbständige präskriptive oder normative Beurteilungsmaßstäbe moralischer, ethischer, ggf. auch rechtlicher Art hinzu, die auf naturgesetzliche Sachzwänge mehr oder weniger Rücksicht nehmen können, aber letztlich eigenen wertenden Maßstäben folgen.

[29] Vgl. dazu allg. *D. Braun*, Die politische Steuerung der Wissenschaft, 1997, S. 366, 383 ff., 391 u.ö.

[30] S. näher *W. Balzer*, Die Wissenschaft und ihre Methoden, 1997, S. 27 ff., im Anschluß an *W. Krohn/ G. Küppers*, Wissenschaft als selbstorganisierendes System – Eine neue Sicht alter Probleme, in: dies. (Hrsg.), Selbstorganisation. Aspekte einer wissenschaftlichen Revolution, 1990, S. 303 ff. (315 ff.).

[31] Bahnbrechende Neuerungen und Problemlösungen in einer Disziplin wurden oft von Personen kreiert, die enge Kontakte zu einer anderen Disziplin unterhalten hatten. Vgl. z.B. *K. Lüdtke*, Interdisziplinarität und Wissensentwicklung, Journal for General Philosophy of Science 26 (1995), S. 93 ff.; s. auch die Hinweise, daß große Innovationen i.S. von Paradigmenwechseln auf Wissenschaftler zurückgehen, die auf diesem Gebiet sehr neu arbeiteten und noch nicht von herkömmlichen Paradigmen geprägt waren, bei *T.S. Kuhn*, Die Struktur wissenschaftlicher Revolutionen, dtsch. 1967, S. 125 f., 178, 191, 217 u.ö. und unten bei Fn. 234 ff.

nen unabhängigen, international besetzten Kommission verabschiedet worden sind, um zweifelhafte Forschungen bis hin zur Verleitung zu Fälschungen von vornherein zu verhindern.[32] Zur Qualität öffentlich-rechtlicher Forschung gehört mithin auch die Antwort auf solche Probleme, inwieweit eine bestimmte Vorgehensweise sich strukturell in einem weiten oder in einem engen Sinne Innovationen bei der Theoriefindung öffnet oder gar systematisch verschließt bzw. allgemein das Niveau der Forschungsresultate hebt. An dieser Stelle ist die Rechtfertigung für die Evaluation von (vor allem außeruniversitären) Forschungseinrichtungen anzusiedeln, soweit dabei auch auf Organisationskriterien wie die Zahl von Abteilungen, Zusammensetzung von Entscheidungsgremien, Anteil befristeter Stellen usw. abgestellt wird,[33] weil es für jede wissenschaftliche Einrichtung und ihre Aufgaben angemessene oder unangemessene Organisationsformen gibt, so sehr bestimmte strukturelle Spannungen innerhalb von Forschungseinrichtungen organisatorisch unvermeidlich sind.[34]

Diese Einbettung von Forschungsresultaten in das soziale System Wissenschaft kann aber auch stärker formal in der Weise betrachtet werden, daß weniger die inhaltliche Qualität als die Generierung einer *Quantität* von Forschungsergebnissen im Vordergrund steht – unter der Prämisse, daß Quantität und Qualität zusammenhängen. Empirische Resultate der Wissenschaftsforschung sprechen dafür, daß die Produktivität von bedeutenden Wissenschaftlern als individuellen Forschern quantitativ *und* qualitativ hervorragt.[35] Aber auch wenn nur die Quantität dominiert, kann das qualitative Fernwirkungen haben: Allein schon die Vergabe bzw. Auslobung von Forschungsgeldern aufgrund bestimmter staatlicher oder nichtstaatlicher Programme, die Aktivitäten von Wissenschaftsmanagern, Tagungsorganisatoren, Initianten von Workshops auf Akademien, selbst Podiumsdiskussionen unter Beteiligung von Massenmedien – alles das ist für das Wissenschaftssystem als Kommunikationsprozeß nicht irrelevant, sondern kann zur Hervorbringung auch qualitativ guter Forschung beitragen; allerdings droht dem Wissenschaftsmarketing in der Medienöffentlichkeit heute wohl zunehmend die Gefahr, daß die Schaumschlägerei von „Gschaftlhubern" prämiert wird. Auch die Gründung einer wissenschaftlichen Gesellschaft, einer Stiftung oder einer Zeitschrift generiert Impulse, die auch dann gute wissenschaftliche Qualität ha-

---

[32] Vgl. Deutsche Forschungsgemeinschaft (Hrsg.), Vorschläge zur Sicherung guter wissenschaftlicher Praxis, 1998; s. auch Zusammenfassung dieser Empfehlungen vom 9. 12. 1997 in: NJW 1998, S. 1764f.; s. dazu *E. Schmidt-Aßmann*, Fehlverhalten in der Forschung – Reaktionen des Rechts, NVwZ 1998, S. 1225ff. (1232).

[33] *M. Röbbecke/D. Simon*, Zwischen Reputation und Markt. Ziele, Verfahren und Instrumente von (Selbst)Evaluationen außeruniversitärer, öffentlicher Forschungseinrichtungen, 1999 (WZB-Papers, P 99–002), S. 13; ausf. *dies.*, Evaluation (Fn. 21), S. 64ff.; wegen des qualitativ stark hierarchisierten und an Wettbewerb orientierten Universitätssystems der USA ist dort auch die ständige vergleichende Bewertung von Fachbereichen besonders aktuell, vgl. *Weingart/Winterhager*, Vermessung (Fn. 2), S. 220ff.

[34] Grdl. *R. Mayntz*, Forschungsmanagement. Steuerungsversuche zwischen Scylla und Charybdis, 1985, S. 30ff. u.ö.; s. auch *Röbbecke/Simon*, Reputation (Fn. 33), S. 40ff.; für die Universität jetzt *A. Pellert*, Die Universität als Organisation, 1999.

[35] Vgl. z.B. *H.H. Kornhuber*, Mehr Forschungseffizienz durch objektivere Beurteilung von Forschungsleistungen, sowie *P.M. Roeder/J. Baumert/J. Naumann/L. Trommer*, Institutionelle Bedingungen wissenschaftlicher Produktivität, in: Daniel/Fisch (Hrsg.), Evaluation (Fn. 1), S. 361ff. (361f.) bzw. S. 457ff. (458) je m.w.N. Nach einem „Quadratwurzelgesetz" von *Lotka* und *Price* soll die Hälfte aller Arbeiten in einem Gebiet von der Anzahl von Wissenschaftlern hervorgebracht werden, die die Wurzel aus der Zahl der in dem Gebiet tätigen Autoren bildet (vgl. *Kornhuber* ebd.).

ben können, wenn die Impulsgeber selbst der Wissenschaft fern stehen oder selbst als individuelle Wissenschaftler keine gute Wissenschaft (mehr) hervorbringen. Auch bloß sammelnde Herausgeber oder Organisatoren ohne wissenschaftlich prägende Gestaltungskraft können deshalb (in begrenztem Maß, aber) zu Recht von der potentiellen Bedeutung ihres Tuns überzeugt sein. Das gilt erst recht für Organisatoren mit hohem wissenschaftlichen Gestaltungs- oder Qualitätsanspruch aufgrund jahrzehntelang erarbeiteter Reputation – Einladungen zur Mitgliedschaft in den Akademien der Wissenschaften, zu Referaten etwa bei der Vereinigung der Deutschen Staatsrechtslehrer, beim Deutschen Juristentag, bei bestimmten juristischen Gesellschaften (etwa der Karlsruher) oder auch in bestimmten Forschungszirkeln (etwa den DFG-Gesprächskreisen zur Reform des Verwaltungsrechts[36]) pflegen die Eingeladenen besonders zu motivieren und zu jener höchsten wissenschaftlichen Qualität oder Anstrengung anzuspornen, derer sie fähig sind; die Existenz eigener Schriftenreihen solcher Institutionen ist Symptom für eine hohe institutionelle Reputation und soziale Wirksamkeit im Wissenschaftssystem.

Die Frage nach der Qualität öffentlich-rechtlicher Forschung läßt sich also auf zwei Ebenen angehen – auf der Ebene der Forschungsergebnisse an und für sich und auf der Ebene ihres (sozialen) Entstehungszusammenhangs, der seinerseits sehr unterschiedliche Facetten aufweist.[37] Insbesondere Kosten-Leistungs-Überlegungen i.S. von Effektivitäts- und Effizienzgesichtspunkten prägen die neueren wissenschaftspolitischen Diskussionen um Qualitätssicherung. Nachstehend geht es allerdings ganz primär um die materiellen Forschungsergebnisse, ohne daß der Entstehungszusammenhang immer völlig ausgeklammert werden kann; die Erkenntnisse der Wissenschaftsforschung über solche Entstehungszusammenhänge scheinen zudem ohnehin eher begrenzt zu sein.[38] Diese Gewichtung läßt sich auch damit rechtfertigen, daß rechtswissenschaftliche Forschung wegen der spezifisch dogmatisch-systematischen, durch subjektive Wertungskomponenten geprägten Arbeitsweise nach wie vor jedenfalls primär Individualforschung ist.[39]

## 4. Sachliche und personale Qualitätskriterien

Weiterhin ist zwischen sachlichen und personalen Qualitätskriterien zu unterscheiden. *Sachliche* Kriterien beziehen sich auf den Forschungsgegenstand selbst und die Darstellung der Sache, ganz unabhängig davon, wer etwas wo oder wann erarbeitet bzw. veröffentlicht hat. Es geht um die Qualität von Texten und ihrem Inhalt, unabhängig von einem personalen oder sozialen Kontext: Es geht um Forschung, nicht um Forscher. *Personale* Kriterien beziehen sich auf einzelne Autoren als Personen und die Gesamtheit ihres Œuvres, etwa dessen Vielseitigkeit an Themenstellungen. Man

---

[36] S. näher *A. Voßkuhle*, Die Reform des Verwaltungsrechts als Projekt der Wissenschaft, Die Verwaltung 32 (1999), S. 545 ff. (552 f.).

[37] Vgl. stark verallgemeinernd zur Wissenschaft als sozialem System *Krohn/Küppers*, Selbstorganisation (Fn. 15), S. 122 ff.

[38] Vgl. *Balzer*, Wissenschaft (Fn. 30), S. 11 ff.

[39] Vgl. *E. Schmidt-Aßmann*, Zur Situation der rechtswissenschaftlichen Forschung, JZ 1995, S. 2 ff. (4 f., 6 f.).

könnte nun geneigt sein, eine solche personale Betrachtung der einzelnen Forscher auszuklammern, weil auch sie letztlich zur Gesamtheit der einzelnen Texte und der Qualität ihrer Inhalte führt; personale Kriterien sind dann mehr eine sozialpsychologische Frage der Reputation des einzelnen Wissenschaftlers in der Fachgemeinschaft („Zunft"): Es geht dann um Forscher, nicht um die Forschung.[40]

Nachstehend geht es mir primär um die Qualität der Forschung, weniger um die einzelnen Forscher; dennoch läßt sich diese Trennung auch hier nicht konsequent aufrechterhalten, wenn man sich der Unterscheidung von Forschung als Ergebnis und Forschung als Prozeß erinnert: Die personalen Kriterien sind wesentlicher Teil des Entstehungszusammenhangs von wissenschaftlicher Theoriebildung. Die Vielseitigkeit eines Forschers, die damit verbundene Fähigkeit der theoretischen Zusammenführung scheinbar voneinander gänzlich unabhängiger Dimensionen, auch die Offenheit für Innovationen und interdisziplinäre Einflüsse erlauben offenbar mehr und anderes und prägen auch die Forschungsprogramme von Nachwuchswissenschaftlern in ihrer Umgebung. Die Art des sozialen Umfeldes von Wissenschaft läßt sich auch unter qualitativen Kriterien beurteilen.

## 5. *Praxisbezogene oder theoriebezogene Forschung*

Eine weitere wesentliche qualitätsbestimmende Unterscheidung ergibt sich aus dem Verwendungszusammenhang der Forschungsergebnisse als Bezugspunkt der Forschung: Geht es – im naturwissenschaftlichen Sinn gesprochen – eher theoretisch um „Grundlagenforschung" oder eher praxisbezogen um „angewandte" Forschung.[41] Nun gehört es zwar zur Eigenart der Rechtswissenschaft allgemein wie auch der Wissenschaft vom Öffentlichen Recht im besonderen, daß es letztlich stets eine anwendungsorientierte Perspektive gibt,[42] weil dem Recht eine potentielle Lösung von praktischen Konflikten eigentümlich ist. Doch lassen sich auch hier sehr deutliche *Unterschiede in der Nähe zum Praxisbezug* feststellen, die man auf einer Skala abbilden könnte. Auf der einen Seite gibt es Versuche zu „großer" Theorie auf hohem Abstraktionsniveau; ein solcher theoretischer Zugriff kann für eine dogmatische Systembildung wegweisend oder auch Teil einer Rechtsdogmatik oder einer Entwicklung von Rechtsdogmatik auf hohem Niveau sein, mitunter ganz abgehoben oder oberhalb von einzelnen Rechtsnormen; man denke nur an die verfassungsrechtlichen

---

[40] Vgl. zur Persönlichkeitsbindung von wissenschaftlicher Reputation *Braun*, Steuerung (Fn. 29), S. 75f.; allg. zur steuernden Rolle von Reputation im Wissenschaftssystem ebd. S. 67ff.; *W. Löwer*, Zwei aktuelle Fragen der Hochschulreformdebatte, WissR 33 (2000), S. 302 (320f.); s. auch *H. Schulze-Fielitz*, Leicht spekulative Notizen zur Reputationshierarchie in der deutschen Staatsrechtslehre, in: Private Festgabe für Walter Schmitt Glaeser zum 60. Geburtstag, unveröff. (1993), S. 367ff. (368ff.).

[41] Im naturwissenschaftlichen Bereich entspricht dem die unterschiedliche Ausrichtung der Max-Planck-Institute einerseits, der Fraunhofer-Institute andererseits. Vgl. allg. zu Unterschieden und Problematik der Abgrenzung zsfssd. *J. Gläser/W. Meske*, Anwendungsorientierung von Grundlagenforschung?, 1996, S. 24ff.

[42] S. näher *Schmidt-Aßmann* (Fn. 39), JZ 1995, S. 2f.; im Blick auf das Europarecht *A. v. Bogdandy*, Beobachtungen zur Wissenschaft vom Europarecht, Der Staat 40 (2001), S. 3ff. (4). – Zur Bedeutung „zweckfreier" Forschung in Distanz zu gesellschaftlichen Bedürfnissen *K. Fischer*, Die Universität zwischen Kreativität und Steuerung, Forschung & Lehre 2001, S. 240ff. (244f.).

(oder verfassungshistorischen) Aufsätze von *Dieter Grimm*, wie sie in seinem Sammelband über die „Zukunft der Verfassung" vereinigt sind.[43]

Auf dem anderen Pol haben wir den breiten Strom der alltagskonfliktorientierten wissenschaftlichen Literatur, die im Extremfall den Inhalt von Gerichtsentscheidungen oder Gesetzestexten, allenfalls ein wenig systematisch geordnet, nacherzählt. Es geht meist um die Kenntnis von Lösungen für neue typische Alltagskonflikte. Die NVwZ pflegt solche praxis- und praktikerbezogenen Rubriken, in denen in einem (Mehr-)Jahres-Rhythmus die Entwicklung eines Rechtsgebiets zusammengefaßt wird, etwa zum Polizeirecht,[44] zum Kommunalrecht,[45] zum Straßen- und Wegerecht,[46] zum Bauordnungsrecht,[47] zum Prüfungsrecht[48] usw.; das DVBl. hat seit zwei Jahren „nachgezogen".[49] Wer jemals als Rechtsreferendar sich schnell in aktuelle Problemstellungen für den Verwaltungsalltag neu hat einarbeiten müssen, weiß solche praxisbezogenen Summierungen oder additiven Berichte über neuere Gerichtsurteile zu schätzen; ihre Leistung, die thematisch geordnete Kompilation, kann dabei hilfreich sein, um schnell verwertbare Argumente oder Lösungsvorschläge für die aktuellen, sich typischerweise häufenden oder wiederholenden bereichsspezifischen Probleme der Verwaltung zu finden, ohne daß sie „notwendig als Ergebnis forscherischer Leistung nobilitiert wird".[50]

Zwischen diesen Polen der Skala lassen sich abgestuft eher mehr theorie- und eher mehr praxisgeneigte wissenschaftliche Veröffentlichungen klassifizieren; auch solche Aufsätze zur Entwicklung können durchaus theoretisch-dogmatisch vorzüglich durchgebildet sein.[51] Je nach Verwendungsabsicht oder Aufgabe sind diese unterschiedlichen Typen von wissenschaftlicher Forschung sehr unterschiedlich hilfreich. Eine Qualifizierung von öffentlich-rechtlicher Forschung muß diesen Verwendungszusammenhang berücksichtigen. Große rechtswissenschaftliche Theorie hat vor allem den systematischen Zusammenhang vieler Teilgebiete des (Öffentlichen) Rechts in einem übergreifenden Zusammenhang vor Augen. Mit Abhandlungen solchen Zuschnitts, z.B. mit *Grimms* Aufsätzen zur Zukunft der Verfassung, kann man keine verfassungsrechtlichen Fälle des Alltags lösen; umgekehrt läßt sich mit *Erlenkämper* oder *Sauthoff* keine übergreifende Dogmatik des jeweiligen Besonderen Verwaltungsrechts entwickeln. Der unterschiedliche Verwendungszusammenhang oder die unterschiedliche Aufgabe von wissenschaftlichen Arbeiten generiert je unterschiedliche Qualitätskriterien. Weite Teile der Wissenschaft des Öffentlichen Rechts, vor allem des Besonderen Verwaltungsrechts, werden großteils — wenn nicht völlig — außerhalb des

---

[43] *D. Grimm*, Die Zukunft der Verfassung, 2. Aufl. 1994.

[44] Zuletzt *V. Götz*, Die Entwicklung des allgemeinen Polizei- und Ordnungsrechts (1994–1997), NVwZ 1998, S.679ff.

[45] Vgl. zuletzt *F. Erlenkämper*, Entwicklungen im Kommunalrecht, NVwZ 1998, S.354ff.

[46] Vgl. zuletzt *M. Sauthoff*, Die Entwicklung des Straßenrechts seit 1993, NVwZ 1998, S.239ff.

[47] Zuletzt *K.-M. Ortloff*, Die Entwicklung des Bauordnungsrechts, NVwZ 1998, S.581ff.

[48] Vgl. zuletzt *R. Brehm/W. Zimmerling*, Die Entwicklung des Prüfungsrechts seit 1996, NVwZ 2000, S.875ff.

[49] Vgl. z.B. zuletzt *B. Stüer/D. Hönig*, Umweltrecht. Rechtsprechungsbericht 1999/2000, DVBl. 2000, S.1189ff.

[50] *Schmidt-Aßmann* (Fn.39), JZ 1995, S.2.

[51] Vgl. *R. Wahl/J. Dreier*, Entwicklung des Fachplanungsrechts, NVwZ 1999, S.606ff.; *R. Wahl*, Entwicklung des Fachplanungsrechts, NVwZ 1990, S.426ff.

universitären Wissenschaftssystems durch Praktiker in Justiz und Verwaltung gepflegt;[52] Praktikerkommentare namentlich von Ministerialbeamten können als „Referentenkommentare" dominierenden, wenn nicht gar monopolartigen Einfluß gewinnen. Der spezifische Praxisbezug besteht darin, Wegweisungen für alle alltäglichen Anwendungsprobleme des Gesetzes zu geben. Diese Erscheinungsformen von Wissenschaft können aber zu sehr unterschiedlichen theoretischen und praktischen Ansprüchen und Argumentationsniveaus führen.[53] Diese unterschiedlichen Qualitätskriterien schlagen sich vor allem in den unterschiedlichen Literaturgattungen wissenschaftlichen Arbeitens nieder. Namentlich unter den Bedingungen zunehmend schnellerer wissenschaftlicher Beratung wird sich weiterhin ein Teil der unternehmensrelevanten rechtswissenschaftlichen Forschung von den Universitäten weg und zu den Unternehmen, ihren Anwälten oder auch zu den Verwaltungen hin verlagern.

## 6. Wissenschaft zwischen „rein fachlichen" und sozialethischen Qualitätskriterien

Zuvor ist noch eine weitere Differenzierung anzusprechen, die eng mit der Unterscheidung zwischen Forschung als theoretischem Wissenschaftsergebnis und als praxisbezogenem Entstehungs- und Verwendungszusammenhang verbunden ist – nämlich die weitere Möglichkeit der Ebenendifferenzierung zwischen Wissenschaft als Ergebnis „rein fachlicher" Technik und Wissenschaft als auch sozialethisch bewertbarem Verwendungszusammenhang. Die damit angesprochene Dimension wird oft unter dem Stichwort der „Verantwortung" der Wissenschaft erörtert[54] und erfaßt so unterschiedliche Perspektiven wie die Aufforderung von § 6 Hessisches Universitätsgesetz an alle Wissenschaftler, die „humanitären, ökologischen und sozialen" Gesichtspunkte ihrer Forschung „mitzubedenken",[55] oder die Existenz und das Wirken von „Ethikkommissionen",[56] die freilich speziell für die öffentlich-rechtliche Forschung

---

[52] Vgl. auch *I. v. Münch*, Teamwork in der Rechtswissenschaft, in: H.-W. Arndt u.a. (Hrsg.), Völkerrecht und deutsches Recht. FS für Walter Rudolf, 2001, S. 1 ff. (2); *Schmidt-Aßmann* (Fn. 39), JZ 1995, S. 2; s. z.B. für das Erschließungsbeitragsrecht *H.-J. Driehaus*, Erschließungs- und Ausbaubeiträge, 5. Aufl. 1999.

[53] Vgl. die Kritik (gleich von drei, davon zwei nicht promovierten Ministerialräten!): *W. Hantke / D. Holthausen / E. Hucko*, Von der Schwierigkeit des Praktikers, neueren Erkenntnissen der Rechtswissenschaft zu folgen, aufgezeigt am Beispiel einer Doktorarbeit, NVwZ 1997, S. 1195 f., an möglicherweise praxisfernen Thesen von *V. Epping*, Grundgesetz und Kriegswaffenkontrolle, 1993. Diese Kritik wiederholt weithin Gedanken einer vorausgegangenen Rezension von *D. Holthausen* allein (DVBl. 1994, S. 1375 f.) und wirkt in dieser Penetranz ihrerseits leicht pathologisch. Es gehört zu den Stereotypen (oder Attitüden) eines verengten Wissenschaftsverständnisses, das bloß Theoretische oder sehr Abstrakte den praktischen Bedürfnissen des Verwaltungsbeamten gegenüberzustellen, s. etwa aus neuerer Zeit *H. Dürr*, Rezension von Ziekow (Hrsg.), Beschleunigung von Planungs- und Genehmigungsverfahren (1998), DÖV 2000, S. 744; *E.-J. Meusel*, Rezension von Maier, Institutionen der außeruniversitären Grundlagenforschung (1997), WissR 33 (2000), S. 368 (369).

[54] Vgl. z.B. *Balzer*, Wissenschaft (Fn. 30), S. 39 ff.; krit. *B. v. Greiff*, Besichtigung eines Begriffs: „Verantwortung" in der Wissenschaft, Leviathan 26 (1998), S. 228 ff. (240 ff.).

[55] Vgl. BVerfGE 47, 327 (366 ff.) und zuletzt *R. Röger*, Forschungsfolgenverantwortung und allgemeinpolitisches Mandat, WissR 31 (1998), S. 245 ff. (248 ff.); *E. Denninger*, Möglichkeiten einer Bindung der Hochschulaufgaben an „humanitäre, ökologische und soziale Grundsätze", in: R. Stober (Hrsg.), Recht und Recht. FS für Gerd Roellecke, 1997, S. 37 ff. (38 ff.).

[56] S. näher *C. Gramm*, Ethikkommissionen: Sicherung oder Begrenzung der Wissenschaftsfreiheit?,

keine Rolle spielen. Sowohl der soziale Verwendungszusammenhang von technisch-
naturwissenschaftlichen Erkenntnissen[57] als auch der Wertbezug der Kulturwissen-
schaften[58] werden wissenschaftssoziologisch und wissenschaftstheoretisch in diesem
Zusammenhang diskutiert. Man kann hier bei der Frage nach der Qualität der Forschung allein auf das Forschungsergebnis und seine formalen Qualitäten unabhängig
vom materiellen Ergebnis abstellen, man kann aber auch auf seine sozialethischen Bezüge i.S. seiner potentiellen praktischen Folgen bzw. Verwendungsmöglichkeiten und
Ziele eines Forschungsvorhabens Bezug nehmen,[59] wobei das Ausmaß der Möglichkeit einer solchen Trennung von der Art der einzelnen Wissenschaften bzw. der einzelnen „Wissenschaftsgemeinden" abhängen mag. Ist jede öffentlich-rechtliche Forschung qualitativ sozialethisch gleichwertig? Läßt sich gar eine Parallele zur Formel
von „Gesetz und Recht" in Art. 20 Abs. 3 GG[60] herstellen in dem Sinne, daß „gute"
öffentlich-rechtliche Forschung nicht nur am positiven Gesetz orientiert sein darf,
sondern stets auch – ausdrücklich oder implizit – die überpositive Gerechtigkeitsdi-
mension mitreflektieren muß? Kann es gute rechtswissenschaftliche Qualität auf der
Basis menschenverachtender ideologischer Prämissen geben? Ich möchte es hier nur
bei diesen – letztlich wohl zu bejahenden – Fragen belassen,[61] weil ich mich primär
den „Normalfällen" in der öffentlich-rechtlichen Forschung zuwenden will, die den
Forschungsalltag völlig dominieren dürften.

## III. Die Publikationsform als Medium für variable Erscheinungsformen wissenschaftlicher Qualität

Wenn man allein auf die Ergebnisse wissenschaftlicher Forschung sieht, so scheint
die Annahme naheliegend, daß die Qualität einer These, einer Erfindung oder eines
argumentativen Gedankengangs für sich spricht und beurteilt werden kann, unabhängig von den Modalitäten seiner Verbreitung. Dies wäre ein großer Irrtum. Wissenschaftliche Forschungsergebnisse bestehen nicht nur aus Ideen „als solchen", sondern
sie sind Teil eines Kommunikationsprozesses, in dem jene Ergebnisse rezipiert und
weiterverbreitet werden. Auch die Qualität öffentlich-rechtlicher Forschung wird
wesentlich mitbestimmt durch die Angemessenheit oder Entsprechung von Idee und
dem kommunikativen Kontext ihrer Verbreitung.

Eine erste Entsprechung folgt aus der Reputationshierarchie der Veröffentlichungs-
formen. Die Vielfalt von Publikationsmöglichkeiten mag es zwar jedem Autor erlau-

---

WissR 32 (1999), S. 209ff.; *K. Sobota*, Die Ethik-Kommission – Ein neues Institut des Verwaltungsrechts?,
AöR 121 (1996), S. 229ff.; *H.H. Rupp*, Ethik-Kommissionen und Verfassungsrecht, UTR 12, 1990,
S. 23ff.; ausf. *K. Stamer*, Die Ethik-Kommissionen in Baden-Württemberg. Verfassung und Verfahren,
1998; s. auch schon *U. Di Fabio*, Risikoentscheidungen im Rechtsstaat, 1994, S. 217ff.

[57] Vgl. zur Finalisierungsdebatte *Denninger*, Möglichkeiten (Fn. 55), S. 47ff. m.w.N.

[58] S. bereits *M. Weber*, Die „Objektivität" sozialwissenschaftlicher und sozialpolitischer Erkenntnis
(1904), z.B. in: ders., Methodologische Schriften, 1968, S. 1ff. (28f., 31ff. u.ö.).

[59] Vgl. *H. Lenk* (Hrsg.), Wissenschaft und Ethik, 1991.

[60] Vgl. dazu sehr knapp *H. Schulze-Fielitz*, in: H. Dreier (Hrsg.), Grundgesetz. Kommentar, Band II,
1998, Art. 20 (Rechtsstaat) Rn. 83ff.

[61] Vgl. auch *G. Böhme*, Schützt das Grundgesetz die Rüstungsforschung?, in: E. Nickel u.a. (Hrsg.),
Die Freiheit und die Macht. FS für Adalbert Podlech, 1994, S. 85ff.

ben, immer irgendwo alles veröffentlichen zu können;[62] aber daraus folgt keineswegs schon eine Beliebigkeit i.S. eines „anything goes", weil der *Publikationsort* (Verlag, Buchreihe, Zeitschrift) unterschiedliche wissenschaftliche Kreise anspricht und bei diesen vor dem Hintergrund deutlich unterschiedlicher Reputation und entsprechend differenzierter Zugangshürden auch eine unterschiedliche Wahrnehmung bzw. eine hierarchisierte Aufmerksamkeit findet.

Eine zweite Entsprechung von Idee und kommunikativem Kontext gilt der *Form der Publikation.* Wissenschaftliche Forschungsergebnisse schlagen sich bekanntlich öffentlich in unterschiedlichen Foren und Literaturgattungen nieder, mündlich vor allem in Form von Vorträgen oder Diskussionsbeiträgen, schriftlich in Form von Büchern, Aufsätzen und Rezensionen. Jede dieser Publikationsformen unterliegt dabei ihren eigenen Sachgesetzlichkeiten und damit auch eigenen Qualitätsstandards, die jeweils angemessen, d.h. unterschiedlich gewichtet werden müssen: Es ist keineswegs so, daß jeder kluge Gedanke in jeder Publikationsform gleich angemessen dargestellt werden kann, sondern – falsch verortet – geradezu versanden kann. Der Inhalt der öffentlich-rechtlichen Forschungsergebnisse und die Form seiner Verbreitung müssen einander entsprechen.

## 1. Mündliche Vorträge

Mündliche Vorträge unterscheiden sich offenkundig von schriftlichen Abhandlungen, weil zu ihren Eigengesetzlichkeiten gehört, auf die mehr oder weniger ungewissen Erwartungen eines Zuhörerkreises Rücksicht zu nehmen – es geht also um mehr als um das Vorlesen eines Aufsatzes. Keineswegs jeder Aufsatz eignet sich zum Vorlesen bzw. Vortragen. Die Qualität eines öffentlich-rechtlichen Vortrags unterscheidet sich von der eines öffentlich-rechtlichen Aufsatzes. Eine Ahnung von diesem Unterschied scheint in der gelegentlich gebräuchlichen ★-Fußnote in Zeitschriftenabhandlungen auf, die dem Hinweis auf den Vortragsanlaß oder -ort die Bemerkung folgen lassen: „Der Vortragscharakter wurde beibehalten". Auch wenn diese Bemerkung meist nur eine Ausrede dafür ist, daß der Beitrag nicht gründlich genug überarbeitet und durch Nachweise belegt veröffentlicht werden konnte, so trägt sie doch die Plausibilität jener Differenz von Vortrag und Aufsatz in sich.

Vorträge sind die schnellste Form, eigene neueste wissenschaftliche Forschungsergebnisse zu verbreiten, ohne daß jeder Gedanke genauer belegt oder durchgeformt sein muß: Sie erlauben riskante Thesen, Übertreibungen und Zuspitzungen, Probegedanken und experimentelle Überlegungen, die sich schriftlich wieder teilweise reduzieren, modifizieren oder einfangen lassen.[63] Kurz: Die rhetorische, auf überzeugendes Überreden angelegte Funktion der Rechtswissenschaft[64] kommt in Vorträgen

---

[62] So *A. Blankenagel*, Vom Recht der Wissenschaft und der versteckten Ratlosigkeit der Rechtswissenschaften bei der Betrachtung des- und derselben, AöR 125 (2000), S. 70ff. (106f.).

[63] Zur parallelen Funktion von Vorlesungen vgl. *H.J. Apel*, Die Vorlesung. Einführung in eine akademische Lehrform, 1999, S. 12f., 38ff.

[64] Ausf. *W. Gast*, Juristische Rhetorik, 3. Aufl. 1997; s. auch zur rhetorischen Kompetenz von Juristen *F. Haft*, Was nützt Rhetorik dem Juristen?, in: G. Ueding / T. Vogel (Hrsg.), Von der Kunst der Rede und Beredsamkeit, 1998, S. 90ff. (100ff.).

besonders gut zur Geltung. Man sollte sich den Zuhörerkreis als potentiellen Ge-
sprächspartner (nicht nur in der anschließenden Diskussion) vorstellen.

Das alles hat Konsequenzen für die Darstellung: Sie muß sich dem Hörerkreis anpassen. Ein hochspezialisierter Vortrag vor Laienpublikum kann sein Ziel ebenso ver-
fehlen wie ein zu wenig vertiefter Vortrag vor Experten; bei einem gemischten Publi-
kum muß der Vortrag entsprechend unterschiedliche Ebenen der Problembehandlung enthalten. Aus diesem Grundgedanken der angemessenen Entsprechung von
Vortrag und Zuhörerkreis läßt sich eine ganze Reihe weiterer Folgerungen für die
Qualität öffentlich-rechtlicher Vorträge ableiten. Ein paar Beispiele: Ein guter Habilitationsvortrag vor einer juristischen Fakultät sollte ein Thema wählen, das Anknüp-
fungspunkte oder sonstige Interessen auch bei Straf- und Zivilrechtlern vermuten
läßt.[65] Ein öffentlicher Vorstellungsvortrag bei einer Bewerbung um eine Professur
sollte z.B. in der Wahl und Darstellung der Probleme sowohl für den öffentlich-rechtlichen Fachkollegen, d.h. hohes wissenschaftliches Niveau auf einer nicht spezialisier-
ten Ebene, wie auch Passagen für den interessierten Studenten enthalten.[66] Ein einzelner Vortrag, der eine öffentliche streitige Diskussion einleitend eröffnen soll, muß die
Argumente pro und contra, möglichst unparteiisch, referieren; bei zwei gegensätzlichen Statements kann der plädierende Charakter für eine Position stärker im Vordergrund stehen. Ein allgemein angelegtes Staatsrechtslehrerreferat sollte den unterschiedlichen „Wissenschaftsfamilien" in der Staatsrechtslehrervereinigung gerecht
werden, d.h. internationalrechtliche, ideengeschichtliche, interdisziplinäre *und* rein
rechtsdogmatische Ausführungen – unter Bewahrung der persönlichen wissenschaftlichen Identität des Vortragenden – enthalten. Auch eine thematisch veranlaßte Bezugnahme auf lokale wissenschaftliche oder wissenschaftshistorische Besonderheiten
kann die Fähigkeit verdeutlichen, sich auf die besonderen Bedingungen eines bestimmten Zuhörerkreises oder Vortragsanlasses einzustellen. Solche präskriptiven
Leitgesichtspunkte ließen sich verlängern; man achte aber nur einmal darauf, wie oft
gegen solche m.E. naheliegenden Überlegungen verstoßen wird.

## 2. Monographien und Aufsätze

Mit wissenschaftlichen Veröffentlichungen assoziieren wir für die Geistes- oder Sozialwissenschaften wohl am ehesten Buchveröffentlichungen; qualitativ grundlegende
und neue wissenschaftliche Vorstöße erfolgen tatsächlich primär durch Monographien. Sehr wahrscheinlich erfolgt auch die *Langzeit*wirkung wissenschaftlicher Forschung – auch im Öffentlichen Recht – eher über Bücher als Medien, nicht über
Zeitschriftenaufsätze; man braucht nur einmal am Beispiel der eigenen wissenschaftlichen Forschung zu prüfen, ob man – als Nichthistoriker – jemals aus der Zeit vor
1949 einzelne Zeitschriftenaufsätze kopiert oder gelesen hat, oder ob unser Rückgang
in die Geschichte nicht primär über Buchveröffentlichungen erfolgt. Andererseits

---

[65] Vgl. *W. Schmitt Glaeser/H. Schulze-Fielitz*, Der öffentlich-rechtliche Habilitationsvortrag, Die Verwaltung 25 (1992), S. 273ff. (289ff.).

[66] Vgl. ausf. auch zu weiteren Anforderungen *U. v. Alemann*, Die Kunst des Vorsingens, DUZ 1986,
Heft 6, S. 20f.

können Aufsätze – regelmäßig auch schneller – Interesse für die Bücher wecken, können sich Aufsätze zu Sammelbänden (mit dann größerer Breitenwirkung als Monographien) fügen, sofern sie sich als Ausdruck eines gemeinsamen und konsistenten Theoriekonzepts erkennen lassen,[67] weil sie mehr als nur die Summe ihrer Teile sind. Jedenfalls zielt die Frage nach der Qualität wissenschaftlicher Forschung wohl in erster Linie auf die monographische Entfaltung eines Themas oder einer These, vor allem durch Dissertationen oder Habilitationsschriften. Wenn Innovationen eines der qualitativ höchsten Ziele der Forschung ist, dann bedarf es zu ihrer Vorbereitung, Entfaltung und Begründung regelmäßig des Raumes und der Zeit, wie sie nur durch Erarbeitung einer Monographie gegeben sind. Von dieser unterscheiden sich Aufsätze in Zeitschriften oder Sammelwerken allerdings nur quantitativ, nicht qualitativ: Nahezu alle Qualitätsanforderungen an gute öffentlich-rechtliche Forschung gelten für Bücher wie Aufsätze im Prinzip gleichermaßen: Der kleinere Umfang von Aufsätzen verändert nicht die Qualitätsstandards für gute öffentlich-rechtliche Forschung.[68]

## 3. *Kommentierungen, Handbuch- und Lexikonartikel*

Kommentare und Handbuchartikel sowie auch größere Lexikonartikel haben einen deutlich anderen Aufgabenschwerpunkt als Monographien. Sie sollen den Stand der Forschung im Blick auf ein Gesetz bzw. im Blick auf ein Sachgebiet und Teile davon präzise und ggf. dicht summieren. Es geht jedenfalls bei Kommentaren nicht primär um Innovation, so sehr z.B. Erstkommentierungen per se wissenschaftlich innovativ sein[69] und Handbuch- oder Lexikonartikel niveaubestimmende Kraft gewinnen können;[70] ebenso können die Systematik und der Zuschnitt eines Handbuchs einen hohen Originalitätsgrad haben so wie Handbuchbeiträge selbst diskussionsbestimmende Kraft gewinnen[71] oder eine bestimmte Fragestellung in dieser Form erstmalig und/oder neuartig aufbereiten[72] können; es dominiert aber der Anspruch auf die Zuverlässigkeit und Repräsentativität der Wiedergabe eines Diskussionsstandes in

---

[67] Vgl. solche diskussionsprägenden Sammelbände, wie etwa die von *E.-W. Böckenförde*, Recht, Staat, Freiheit (1991); *R. Dreier*, Recht, Staat, Vernunft, 1991; *Grimm* (Fn. 43), und zu diesen *meine* Rezension in DVBl. 1992, S. 1242ff.; *P. Häberle*, (z.B.) Verfassung als öffentlicher Prozeß, 3. Aufl. 1998.

[68] Das gilt grundsätzlich auch für Festschriftenbeiträge; vgl. aber zu deren Sonderproblemen *H. Schulze-Fielitz*, Festschriften im Dienst der Wissenschaft, DVBl. 2000, S. 1260ff.

[69] Man denkt sofort an die für die bundesdeutsche Rechtskultur prägenden Grundlegungen von *G. Dürig*, Erläuterungen zu Art. 1, 2 und 3 GG, in: Maunz/Dürig, GG-Kommentar (Losebl.); über Jahrzehnte wirkende, vieles spätere verblassen lassende Leuchtkraft entfalten auch die Erläuterungen zu Art. 38 GG von *P. Badura*, in: BonnKomm (1964); im Detail können auch heutige Neukommentierungen innovativ sein; vgl. z.B. *H. Dreier*, Erläuterungen zu Art. 19 III GG, in: ders. (Hrsg.), GG-Kommentar, Band I, 1996, Rn. 1ff., 19ff., 28ff., 38ff.

[70] Vgl. z.B. aus den 60er Jahren *P. Badura*, Art. Verfassung, in: EvStL, 1. Aufl. 1966, Sp. 2343ff., zuletzt fortentwickelt in: EvStL, 3. Aufl. 1987, Sp. 3737ff.; *D. Grimm*, Art. Verfassung II, in: GGb VI, 1990, S. 863ff. (s. auch *ders.*, in: StL V, 1990, Sp. 633ff.).

[71] Vgl. z.B. *E.-W. Böckenförde*, Demokratie als Verfassungsprinzip, in: J. Isensee/P. Kirchhof (Hrsg.), HStR I, 2. Aufl. 1995, § 22 Rn. 11ff.; dazu BVerfGE 93, 37 (65ff.) und *Redaktion Kritische Justiz* (Hrsg.), Demokratie und Grundgesetz, 2000.

[72] Vgl. z.B. *H. Hofmann*, Die Entwicklung des Grundgesetzes nach 1949, in: HStR I (Fn. 71), § 7; *P. Kirchhof*, Deutsche Sprache, ebd., § 18.

Rechtsprechung und Forschung, jedenfalls bei Kommentaren.[73] Natürlich darf man
eigene abweichende Ansichten vertreten bzw. die Forschung vorantreiben und den
Stand der Doktrin problematisieren; die Qualität von Kommentaren und Handbüchern lebt aber von ihrer praktischen Brauchbarkeit als Nachschlagewerk. Kommentare haben auch die Aufgabe, die Anwendung des jeweiligen Gesetzes zu erleichtern
und die Konsensfähigkeit von Auslegungsergebnissen zu sichern und ggf. etwa auch
eine Prognose von Gerichtsentscheidungen zu ermöglichen – folglich müssen der
„Stand der Wissenschaft" und die Argumente der herrschenden Meinung(en) klar
und deutlich ablesbar sein.

Ein Beispiel für eine Kommentierung, die genau diese spezifische Aufgabe verfehlt,
sind die Erläuterungen zum Rechtsstaatsprinzip in der 2. Auflage des AK-GG.[74] Ihr
unzweifelhafter Originalitätswert wäre in einer Monographie oder einem Aufsatz angemessen, ist aber an dieser Stelle „verschenkt": Ihre Außenseiterposition wird nicht
erkennbar gemacht; mit ihrer Darstellung können Studenten, die einen Fall lösen sollen, nichts anfangen; zentrale Probleme des Rechtsstaatsprinzips werden gar nicht erst
zum Thema. – Die positiven Beispiele in der übrigen Kommentarliteratur überwiegen demgegenüber so sehr, daß man fast auf jeden beliebigen Standardkommentar zurückgreifen könnte, um Belege für zuverlässige Informationen zu finden. Dennoch
gibt es auch insoweit wesentliche qualitative Unterschiede, etwa ob ein Kommentar
„aus einem Guß" nach einem stringenten Konzept aus einer Hand gestaltet worden
ist, ob ein kleinerer Kreis von Mitarbeitern sich einem einheitlichen Konzept untergeordnet hat oder ob – wie heutzutage überwiegend bei den umfangreicheren Kommentaren – ein „Sammelsurium" von heterogenen Einzelmonographien zu einzelnen
Artikeln oder Paragraphen entstanden ist, die nicht wirklich aufeinander Bezug nehmen.

### *Inkurs: Herausgebertätigkeiten*

Von den Formen der Aufsätze, Kommentierungen und Handbucharti keln als
schriftlichen Resultaten von Argumentations- und Gedankengängen zu unterscheiden ist die Tätigkeit als Herausgeber von solchen Sammelwerken bzw. Zeitschriften
und Jahrbüchern als Element des Entstehungszusammenhangs von Wissenschaft[75].
Während Kommentare in ihrem Zuschnitt weithin einer durch die Gesetze vorge-
prägten Systematik folgen (müssen) und ihr Originalitätswert von den konzeptuellen
Vorgaben und der Personalauswahl durch den Herausgeber, primär aber von der Art
und Qualität der Darstellung der Einzelkommentierungen „lebt", gewinnt die Tätigkeit als Herausgeber[76] von Handbüchern oder lexikalischen Werken noch stärker ei-

---

[73] Vgl. gleichsinnig etwa *H. Günther*, Besprechung von Dreier (Hrsg.), Grundgesetz, Kommentar, Bd.
III (2000), StAnz. Hessen 2001, S. 339; *S. Korioth*, Besprechung von v. Mangoldt/Klein/Pestalozza, Das
Bonner Grundgesetz, 3. Aufl., Band 8 (1996), AöR 123 (1998), S. 482 ff. (483).

[74] Vgl. *R. Bäumlin/H. Ridder*, in: AK-GG, 2. Aufl. 1989, Art. 20 Abs. 1–3 III Rn. 33 ff.; s. allg. auch *D.
Deiseroth/P. Derleder*, Der Erste nach dem Krieg, KJ 32 (1999), S. 254 ff. (262).

[75] Vgl. näher II. 3. (nach Fn. 23).

[76] Zu deren Bedeutung *P. Häberle*, Einleitung: Rezensierte Verfassungsrechtswissenschaft, in: ders.
(Hrsg.), Rezensierte Verfassungsrechtswissenschaft, 1982, S. 15 ff. (24 ff.); s. auch *M.L. Borysewicz*, The
Creative Role and Function of Editors, in: Balaban (Ed.), Information (Fn. 6), p. 261 ff.

genes wissenschaftliches Gewicht. Der Zuschnitt der Artikel, die Herstellung systematischer Zusammenhänge, die inhaltliche Schwerpunktsetzung kann selbst dann noch hohen Originalitätswert haben, wenn eine unübersehbare Vielzahl von Autoren zum Handbuch beitragen. Die teilweise mehrbändigen Handbücher etwa zum Wissenschaftsrecht (2. Aufl. 1996), zum Staatskirchenrecht (2. Aufl. 1994/1995) oder zum Parlamentsrecht (1989) bilden solche umfassenden Pionierleistungen[77], ebenso das zehnbändige Handbuch des Staatsrechts (1987ff., hrsgg. von *P. Kirchhof* und *J. Isensee*)[78] und neuestens auch das zweibändige Handbuch zum Europäischen Umweltrecht (1998, hrsgg. von *H.-W. Rengeling*). Andererseits lassen sich auch weniger gelungene Beispiele nennen, sei es für ein Handbuch, das mehr verspricht als es hält (ein über 1300 Seiten starkes „Handbuch des Wirtschaftsverwaltungs- und Umweltrechts" von 1989, hrsgg. von *R. Stober*, enthält kaum eine Zeile zum Umweltrecht), sei es für ein Handbuch mit erheblichen Lücken: Das „Handbuch des Verfassungsrechts"[79] ist ungeachtet vieler hervorragender Einzelbeiträge entgegen seinem Anspruch im Titel teilweise verfassungs*politisch* akzentuiert und behandelt wesentliche Teile des Verfassungsrechts thematisch leider gar nicht.[80]

Wieder etwas anders stellt sich die – an dieser Stelle im vergleichenden Blick heranziehbare – Tätigkeit als (nicht nur nomineller) Herausgeber von Zeitschriften oder Jahrbüchern dar, deren inhaltliche Originalität und diskussionsbestimmende Kraft ebenfalls keineswegs nur vom Zufall eingereichter Manuskripte abhängt: Durch thematische Schwerpunktsetzung oder Strukturierung und durch aktive Anregung und Einwerbung von Manuskripten zu innovativen Fragestellungen läßt sich nicht nur punktuell, sondern in einem dauerhaften Gestaltungsprozeß wissenschaftliche Qualität generieren.[81] Umgekehrt können eine bloß passive Redaktionspolitik, die sich weithin auf die Annahme oder Ablehnung von Manuskripten beschränkt, und/oder eine Auswahlpraxis nach Kriterien, die sich weniger von sachlichen als von personellen Überlegungen oder aber sachlich vom Mittel-Maß eines herrschenden *mainstream* leiten läßt, selbst früher meinungsführende Zeitschriften zum Sprachrohr gepflegter Langeweile verkümmern lassen; was wissenschaftlich aufregend ist, erscheint zudem nicht stets und notwendig auch (noch oder schon) in Berlin, Frankfurt, München oder anderen Teilen der Wissenschaftsrepublik parallel und im selben Ausmaß als spannend.

---

[77] Vgl. *C. Flämig u. a.* (Hrsg.), Handbuch des Wissenschaftsrechts, 2 Bände, 2. Aufl. 1996; *J. Listl/ D. Pirson* (Hrsg.), Handbuch des Staatskirchenrechts der Bundesrepublik Deutschland, Band 1, 2. Aufl. 1994, Band 2, 2. Aufl. 1995; *H.-P. Schneider/W. Zeh* (Hrsg.), Parlamentsrecht und Parlamentspraxis in der Bundesrepublik Deutschland, 1989.

[78] S. näher *H. Schulze-Fielitz*, Grundsatzkontroversen in der deutschen Staatsrechtslehre nach 50 Jahren Grundgesetz – in der Beleuchtung des Handbuchs des Staatsrechts, Die Verwaltung 32 (1999), S. 241 ff.

[79] *E. Benda/W. Maihofer/H.-J. Vogel* (Hrsg.), Handbuch des Verfassungsrechts, 2. Aufl. 1994.

[80] Sehr krit. zur Erstauflage *M. Kloepfer*, Durch pluralistische Verfassungswissenschaft zum einseitigen Medienrechtskonzept, AfP 1983, S. 447 ff.; Replik: *W. Hoffmann-Riem*, Durch Verzerrung und Verdächtigung zur „wahren Wissenschaft", AfP 1984, S. 87 ff.

[81] Geradezu deprimierend ist es, wenn wohl letztlich die persönliche Unverträglichkeit eines Schriftleiters ein innovatives Zeitschriftenprojekt scheitern lassen kann. Man denke an die sang- und klanglose Beendigung der konzeptionell und redaktionspolitisch so vorzüglichen innovativen Zeitschrift „Staatswissenschaften und Staatspraxis" (1990–1998) bzw. parallel dazu des „Jahrbuchs zur Staats- und Verwaltungswissenschaft" (1987–1996).

## 4. Lehr- und Studienbücher

Wieder anders bestimmen sich die Qualitätsstandards für Lehr- und Studienbücher.
Auch sie sollen natürlich zuverlässig informieren, entsprechend angemessen im Verhältnis zu ihrem Umfang und Zuschnitt; aber sie können dieses auch auf wissenschaftlich originelle Weise tun – sei es originell im Blick auf den theoretischen roten Faden,
die Systematik oder die Stoffabgrenzung, sei es originell im Blick auf eine didaktisch
eingängige Präsentation i.S. einer das Lernen und Begreifen fordernden Darstellung.
Den Kontrast bilden weithin kompilierend angelegte Lehrbücher, die ihren Stoff weder
wissenschaftlich-systematisch noch didaktisch überzeugend strukturieren, sondern seiner Vielfalt eher erliegen. Zwischen diesen beiden Extremen bilden die unübersehbar
zahlreichen Lehrbücher eine Skala. Ich möchte zwei bekannte Beispiele nennen.

Als – positives – Beispiel sei das Lehrbuch von *Konrad Hesse* über die „Grundzüge
des Verfassungsrechts" genannt:[82] Die erste Auflage hatte hohen Originalitätswert, als
sie 1967 dem damals allein dominierenden Lehrbuch von *Theodor Maunz*[83] als Kon-
kurrenzlehrbuch gegenübertrat: Erstmals orientierte sich ein Lehrbuch des Verfassungsrechts von vornherein an der Verfassung, folgte durchgängig einem stringenten
verfassungstheoretischen Konzept in enger Orientierung an der Judikatur des BVerfG,
ohne daß es diese bloß kompilierend abbildete, und systematisierte den Verfassungs-
rechtsstoff durch Orientierung an den verfassungsgestaltenden Grundentscheidungen. Einige Begriffe wurde zu geflügelten Worten (z.B. „praktische Konkordanz"),
die heute oft bereits ohne Rückgriff auf *Hesses* Lehrbuch, d.h. ohne Beleg zitiert werden. Dieses Lehrbuch hat in seinem Problemzugang wissenschaftlichen Rang i.S. öffentlich-rechtlicher Primärforschung.[84] Objektives Indiz für einen solchen hohen
wissenschaftlichen Rang ist der Umstand, daß ein Lehrbuch in wissenschaftlichen Abhandlungen oder auch in der Rechtsprechung zitiert wird. Das bedeutet nicht, daß
dieses Lehrbuch über alle Kritik erhaben wäre – für Teile der heutigen Studentenge-
neration ist es vielleicht zu schwierig; der Grundzüge-Charakter läßt den Grundrechtsteil zu knapp erscheinen. Dennoch kann man vergleichbare Lehr- und Studienbücher in den Kernfächern des Öffentlichen Rechts von solchem wissenschaftlichen
Rang an ein bis zwei Händen abzählen; insoweit über alle Zweifel erhaben erscheint
mir im Staatsrecht nur das Grundrechte-Lehrbuch von *Pieroth/Schlink*, mit seiner das
Schema von Schutzbereich – Eingriff – Rechtfertigung des Eingriffs nachhaltig popu-
larisierenden Wirkung,[85] ferner das handbuchartige Lehrbuch von *Stern*. Im Verwaltungsrecht waren einst die Bücher von *Wolff/Bachof* und *Forsthoff* systematische Pionierleistungen für die Bundesrepublik Deutschland, mit deren innovativ-systemati-
schem Rang sich die heute führenden Lehrbücher etwa von *Maurer* oder die Sammelbände, die von *H.-U. Erichsen* (zum Allgemeinen Teil) und *E. Schmidt-Aßmann* (zum
Besonderen Teil) im Verwaltungsrecht herausgegeben werden, wohl nicht verglei-

---

[82] *K. Hesse*, Grundzüge des Verfassungsrechts der Bundesrepublik Deutschland, 20. Aufl. 1995 (Neudruck 1999).

[83] Heute *T. Maunz/R. Zippelius*, Deutsches Staatsrecht, 30. Aufl. 1998.

[84] Ausf. *P. Häberle*, Laudatio, in: H.-P. Schneider/R. Steinberg (Hrsg.), Verfassungsrecht zwischen Wissenschaft und Richterkunst. Konrad Hesse zum 70. Geburtstag, 1990, S. 107ff. (109ff.).

[85] Vgl. *B. Pieroth/B. Schlink*, Grundrechte. Staatsrecht II, 1. Aufl. 1985, Rn. 225ff.; zuletzt 16. Aufl.
2000, Rn. 195ff.

chen lassen. Außerhalb der Kernfächer des Öffentlichen Rechts ist die herausragende Grund-Legung des Europarechts durch *H. P. Ipsen* in bleibender Erinnerung[86], so sehr ihre internationale Breitenwirkung dem nicht entsprochen haben mag.

Als – negative – Beispiele lassen sich jene überaus zahlreichen Lehrbücher, Studienbücher, Grundrisse, Einführungen usw. aufführen, die als wissenschaftliche „Sekundärliteratur" oder gar „Tertiärliteratur" wissenschaftlich weithin austauschbar und von zweifelhaftem Wert sind und dennoch den Markt der Literatur zu Studienzwecken überschwemmen; ich nenne schon deshalb keine konkreten Beispiele, weil diese Bücher oft gar keinen Anspruch auf Forschungsqualität erheben und auch nicht unter diesem Gesichtspunkt gewürdigt werden wollen. Man fragt sich vergeblich nach dem objektiven wissenschaftlichen Nutzen, wenn das 16. Lehrbuch zu einem Teilgebiet der Rechtswissenschaft erscheint, das den Inhalt der 15 anderen erneut im Blick auf das Staatsexamen auf nicht mehr als wenige hundert Seiten kanonisiert. „Satisfaktionsfähig" erscheinen daher nur solche Studienbücher, die einen gewissen wissenschaftlichen Anspruch erheben, bei denen das Anspruchsniveau aber deutlich erhöht werden könnte. Das erfolgreiche, in immer wieder neu veränderter Gestalt erscheinende Lehrbuch zum Wirtschaftsverwaltungsrecht von *Rolf Stober*[87] etwa ist sehr materialreich, verzichtet aber weithin auf eine Systematisierung, die im Bezug zu den Strukturproblemen des Wirtschaftsverwaltungsrechts hohen dogmatisch-wissenschaftlichen Rang beanspruchen könnte. Umgekehrt sollten Lehrbücher mit systematischem Anspruch auf dem aktuellen, die letzten zwei Jahrzehnte nicht vernachlässigenden „Stand der Wissenschaft" argumentieren.[88]

## 5. Rezensionen

Eine Literaturgattung mit eigenen Gesetzmäßigkeiten stellen Rezensionen von einzelnen Büchern dar, „die, ernstgenommen, zur schwierigsten Sorte wissenschaftlicher Texte gehören".[89] Ihre Qualität bestimmt sich danach, inwieweit die jeweilige Rezension drei wesentliche Aufgaben erfüllt:[90] über den Inhalt des Buches zu informieren, dessen Ergebnisse vorzustellen und in positiver oder negativer Hinsicht kritisch zu bewerten und schließlich im besten Falle eine spontane und direkte wissenschaftliche Diskussion mit dem Autor über das Buch zu ermöglichen und insoweit

---

[86] *H. P. Ipsen*, Das Recht der Europäischen Gemeinschaften, 1972; s. jetzt *T. Oppermann*, Europarecht, 2. Aufl. 1999.

[87] Zuletzt *R. Stober*, Allgemeines Wirtschaftsverwaltungsrecht, 12. Aufl. 2000. – Krit. zur Kurzlebigkeit heutiger „rein dogmatischer" Lehrbücher mit ihrer „Notarfunktion" hinsichtlich der Judikatur jetzt *W. Brohm*, Kurzlebigkeit und Langzeitwirkung der Rechtsdogmatik, in: M.-E. Geis/D. Lorenz (Hrsg.), Staat - Kirche – Verwaltung. FS für Hartmut Maurer, 2001, S. 1079ff. (1081).

[88] S. aber *A. Somek*, Erinnerungen an die siebziger Jahre, in: Rechtshistorisches Journal 19 (2000), S. 15ff., in Kritik an Rüthers, Rechtstheorie, 1999; s. demgegenüber aber *E. Hilgendorf*, Recht und Weltanschauung, 2001.

[89] So *H. Quaritsch*, Hans Peter Ipsen zum Gedenken, AöR 123 (1998), S. 1ff. (4). – Rezensionsabhandlungen in Form von Aufsätzen aus Anlaß von Büchern sowie Urteilsrezensionen (zu ihrer Funktion vgl. *P. Häberle*, Recht aus Rezensionen, in: ders., Kommentierte Verfassungsrechtsprechung, 1979, S. 1ff.) lassen sich eher dem Typus von wissenschaftlichen Aufsätzen und deren Gesetzmäßigkeiten zuordnen.

[90] Dazu näher *Häberle*, Einleitung (Fn. 76), S. 36ff.

originär an Wissenschaft als dauerhaftem Prozeß der Wahrheitsfindung aktiv teilzunehmen.[91] Statt dessen findet man oft schon Rezensionen, die nur über den Inhalt referieren oder – umgekehrt – ganz auf ein Referat des Inhalts des rezensierten Buches
verzichten und es zum bloßen Anlaß nehmen, (nur) eigene Gedanken oder die eigene
gegenteilige Ansicht vorzutragen und mehr oder weniger unterschwellig den Autor
als Person näher vorzustellen oder gar aufs Korn zu nehmen oder sich auf sonstige
Weise so zu äußern, daß gar nicht mehr erkennbar wird, ob der Rezensent das Buch
überhaupt genau gelesen hat: Gelegentlich verdeckt dann ein flotter und gut lesbarer
Stil, daß der Rezensent sich mit dem jeweiligen Buch nicht richtig auseinandergesetzt
hat. Was bei Festschriften, Kommentaren oder mehrbändigen Sammelwerken schon
aufgrund äußerer Umstände oft vielleicht nicht möglich[92] und deshalb „verzeihlich"
ist, erscheint gerade bei der Rezension von wissenschaftlichen Monographien, die als
Dissertationen oder Habilitationsschriften meist jahrelange harte Arbeit repräsentieren, durchaus unangemessen. Die Beispiele für solche ärgerlichen Scheinrezensionen
sind Legion.[93] Besonders auffällig und letztlich unangemessen sind kurze Besprechungen von Habilitationsschriften ohne Verdeutlichung von Inhalt und Rang[94] oder
manche Rezensionen, bei denen man wenig vom inhaltlichen Argumentationsgang
des Buches, aber (viele an sich unterhaltsame) Gedanken des Rezensenten über das
Thema erfährt.[95] Zahlreiche Beispiele für hervorragende Rezensionen finden sich im
einschlägig von *Peter Häberle* herausgegebenen Sammelband,[96] aber natürlich auch in
Zeitschriften aus neuerer Zeit.[97] Wie immer gibt es auch Ausnahmen, bei denen eine
originelle Art der Erörterung eines Buchs es „verschmerzen" läßt, daß dessen inhaltli-
ches Referat zu selektiv erscheint.[98]

---

[91] Vgl. *Häberle*, Einleitung (Fn. 76), S. 57.

[92] Auch sehr umfangreiche und heterogene Werke lassen sich aber – bei genauer Lektüre! – in aller Regel unter bestimmten Fragestellungen durchaus auch bei begrenztem Raum rezensieren.

[93] S. etwa einen Sammelband betreffend: *H. Lecheler*, Rezension von Dittmann u.a. (Hrsg.), Der
Rundfunkbegriff im Wandel der Medien (1997), DÖV 1998, S. 523. – In formaler Hinsicht zweifelhaft
erscheinen etwa Rezensionen von Fakultätskollegen und Konhabilitanden desselben akademischen Leh-
rers (vgl. z.B. *M. Sachs*, Besprechung von Dietlein, Nachfolge im Öffentlichen Recht (1999), NJW 2001,
S. 1263f.) oder auch wortidentische Vielfachbesprechungen, vgl. *H.-C. Sarnighausen*, Rezension von Jan-
kowski, Bestandsschutz für Industrieanlagen (1999), NuR 2000, S. 719, NWVBl. 2001, S. 40 und DÖV
2001, S. 308.

[94] Vgl. z.B. *G. Püttner*, Rezension von Gersdorf, Öffentliche Unternehmen im Spannungsfeld zwischen Demokratie und Wirtschaftlichkeitsprinzip (2000), DVBl. 2001, S. 354f.; *W. Thieme*, Rezension
von Trute, Die Forschung zwischen grundrechtlicher Freiheit und staatlicher Institutionalisierung (1994),
JZ 1995, S. 823f.; anders jetzt *Blankenagel* (Fn. 62), AöR 125 (2000), S. 74ff.; *W. Löwer*, Vom Beruf des
Staates zur Wissenschaft, WissR 32 (1999), S. 250ff.

[95] Z.B. *U. Karpen*, Rezension von Jachmann, Die Fiktion im Öffentlichen Recht (1998), NVwZ 2000,
S. 179f.; *ders.*, Rezension von Schönberger, Das Parlament im Anstaltsstaat (1997), DVBl. 1999, S. 1601f.;
*ders.*, Rezension von Mengel, Gesetzgebung und Verfahren (1997), JZ 1998, S. 90f.

[96] *Häberle* (Fn. 89).

[97] Vgl. z.B. beim willkürlichen Blick in aktuelle Zeitschriften *V. Schlette*, Rezension von Canaris,
Grundrechte und Privatrecht (1999), AöR 125 (2000), S. 309ff.; *M. Kilian*, Rezension von Schmitt Glaeser, Ethik und Wirklichkeitsbezug des freiheitlichen Rechtsstaats (1999), Die Verwaltung 33 (2000),
S. 435ff.; (mit dem ironisch gebrochenen, offenbar zuvor nicht vermeidbaren Hautgout des Fakultätskollegen) *J. Lege*, Rezension von Rozek, Die Unterscheidung von Eigentumsbindung und Enteignung
(1998), Der Staat 39 (2000), S. 299ff.

[98] Vgl. z.B. den ideologiekritischen Ansatz von *C.A. Günther*, Rezension von Rüthers, Rechtstheorie
(1999), NJ 2000, S. 475.

## 6. Gutachtenliteratur

Speziell wissenschaftliche Äußerungen im Zusammenhang mit Gutachten im Auftrage Dritter zeichnen sich durch eine sehr unterschiedliche Nähe zur Wissenschaft aus. Immerhin gilt: „Selbst Gutachten können ein Gewinn sein."[99] Man muß dabei zwischen (mindestens) drei Arten von Gutachten unterscheiden.

Eine erste, versteckte oder offene Form wissenschaftlicher Gutachtenliteratur sind Gutachten als Varianten anwaltlicher Plädoyers. Es geht darum, zugunsten der Position oder Rechtsansicht einer Partei alle für diese sprechenden Argumente oder Probleme zu sammeln und so darzustellen, daß sie die Position des Auftraggebers optimal präsentieren. Die formal begrenzte wissenschaftliche Qualität liegt in der umfassenden Darstellung von Literatur und ggf. Rechtsprechung, wenn auch selektiv wahrgenommen zugunsten einer bestimmten Position; der Sache nach handelt es sich um anwaltliche Tätigkeit, die nicht neutral ist.[100] Meist gibt es in solchen Fällen auch Gegengutachten mit durchaus gegensätzlichen Ergebnissen.[101]

Auf dem Gegenpol einer Skala von Gutachtentypen steht das ergebnisoffene Gutachten: Der Auftraggeber erwartet sich ergebnisunabhängig eine „neutrale", rein wissenschaftliche Darstellung; das Gewicht einer hohen Reputation des Gutachters läßt den Auftraggeber im Blick auf eine ungelöste neuartige Problemkonstellation für deren Lösung neue Vorschläge erwarten.[102] In einem solchen Fall können distanzierte wissenschaftliche Analyse und hochgradige innovative Perspektivenerneuerung zusammenfallen; der Gutachtenauftrag ist nur ein Anlaß für die wissenschaftliche Bearbeitung einer von der Praxis gestellten Frage. Dennoch begrenzen Termindruck und Auftragsrahmen die für Innovationen erforderliche grenzüberschreitende Kreativität und Freiheit.[103]

Zwischen diesen beiden Extremen gibt ein breites Spektrum von Gutachten, deren wissenschaftlicher Rang sich graduell abstufen läßt in Abhängigkeit von der Offenheit und Unvoreingenommenheit gegenüber *allen* einschlägigen Argumenten. Allerdings ist das nicht die einzige qualitätsbestimmende Variable, denn auch interessengerechte Gutachten können hohen Rang haben, eben weil sie dem „Stand der Wissenschaft" entsprechen und/oder innovativ für neue Problemstellungen sensibilisieren.[104] Nicht

---

[99] *P. Häberle*, Rezension von Wilke (Hrsg.), Pressefreiheit (1984), NJW 1985, S. 1614; s. auch *ders.*, Einleitung (Fn. 76), S. 30ff.; *I. v. Münch*, Gutachten: Der süße Duft, NJW 1998, S. 1761f.; generell krit. *Blankenagel* (Fn. 62), AöR 125 (2000), S. 107f.

[100] *Blankenagel* (Fn. 62), AöR 125 (2000), S. 107.

[101] So etwa zur Frage der Zulässigkeit der Online-Betätigung des ZDF einerseits *C. Degenhart*, Online-Angebote öffentlich-rechtlicher Rundfunkanstalten, Rechtsgutachten Leipzig 1997; andererseits *H. D. Jarass*, Online-Dienste und Funktionsbereich des Zweiten Deutschen Fernsehens, 1997; diese Gutachtenvielfalt scheint ein Charakteristikum gerade auch des Rundfunkrechts zu sein, so schon *Häberle*, Einleitung (Fn. 76), S. 31; neuerdings wieder *v. Münch* (Fn. 99), NJW 1998, S. 1761; s. auch *F. Hufen*, Gesetzesgestaltung und Gesetzesanwendung im Leistungsrecht, VVDStRL 47 (1989), S. 142ff. (165): „immer kleiner werdende Spezies der Nicht-Medienrechtler".

[102] Z.B. *F. Ossenbühl*, Bestand und Erweiterung des Wirkungskreises der Deutschen Bundespost, 1980.

[103] Vgl. auch (am Beispiel der naturwissenschaftlichen Forschung) *K. Fischer*, Die verborgenen Quellen des Neuen, Forschung & Lehre 2000, S. 16f.

[104] Vgl. z.B. *F. Ossenbühl*, Weisungen des Bundes in der Bundesauftragsverwaltung (1989), in: ders., Freiheit, Verantwortung, Kompetenz, 1994, S. 347ff.

die Interessenbindung bei der Gutachtenerstellung, sondern das Ausmaß der Distanz zum „Stand der Wissenschaft" und ihre Überwindung kann Wissenschaft zum bloßen anwaltlichen Plädoyer degradieren, zumal unter dem Eindruck der Dynamik eines bereits mehrfach begutachteten Interessenfeldes. Wissenschaftler, die dieser Gefahr von vornherein entgehen wollen, „sollten … Gutachten jedenfalls nicht in der Rolle eines Anwalts schreiben".[105] Wenn zahlreiche Gutachten von Hochschullehrern als Monographien veröffentlicht werden, dann in dem Selbstverständnis, ihr Gutachten sei neutral der objektiven Wahrheit verpflichtet.[106] Dafür spricht jedenfalls, wenn Gutachten auch nach Jahren noch eine Neuauflage erfahren[107] oder auch nur nach Jahrzehnten noch von lesenswerter Aktualität für Konfliktlösungen sind.[108]

## 7. Dynamisierte Publikationsformen

Unter den Bedingungen einer Akzeleration auch der rechtswissenschaftlichen Forschung (z.B. im Recht der Telekommunikation) verlagert sich auch die Relevanz der verschiedenen Publikationsformen. Wo der Neuigkeitswert wissenschaftlicher Themen sich gleichsam überschlägt und eine langjährige Forschung mitunter gar nicht mehr möglich erscheint, mag sich auch qualitätsvolle Wissenschaft auf Formen möglichst schneller Publikationsformen im Internet ausbreiten; wissenschaftliche Diskussionen auf Tagungen mögen sich teilweise auf Kommunikationsnetzwerke im Internet verlagern, gerade auch im Rahmen einer stärker internationalisierten wissenschaftlichen Diskussion. In Antwort auf solche Beschleunigungstendenzen könnte sich aber auch der Abstraktionsgrad wissenschaftlicher Fragestellungen erhöhen, um von den jeweils neuesten technischen Veränderungen unabhängig zu werden.

## IV. Allgemeine Qualitätskriterien im Blick auf die öffentlich-rechtliche Forschung

Im folgenden werde ich allgemeine Kriterien diskutieren, die die Qualität wissenschaftlicher Forschung im Öffentlichen Recht i.S. ihrer ihr inhärenten Qualität[109] bestimmen, namentlich den theoretischen Tiefgang, die Originalität und das Argumentationsniveau. Allgemein heißt, daß diese Kriterien erstens unabhängig von den Publikationsformen wie auch von sozialen Entstehungs- und Verwendungszusammenhängen erörtert werden, auf die ich soeben eingegangen bin. Zweitens handelt es sich um Kriterien, die keineswegs nur in der Wissenschaft des Öffentlichen Rechts, sondern wohl in allen Geisteswissenschaften, wenn nicht in jeder Wissenschaft gelten;

---

[105] v. *Münch* (Fn. 99), NJW 1998, S. 1762. – In jedem Fall sollte kenntlich gemacht werden, wenn wissenschaftliche Veröffentlichungen aus Anlaß eines drittfinanzierten (oder auch nur drittinteressierten) Gutachtenauftrags entstanden sind.

[106] Krit. *Blankenagel* (Fn. 62), AöR 125 (2000), S. 107f., nach dessen Stichprobe ein Drittel aller von Hochschullehrern verfaßten Monographien auf Gutachten beruhen (sollen).

[107] Vielleicht einzigartig: *E.-W. Böckenförde*, Verfassungsfragen der Richterwahl (1974), 2. Aufl. 1998.

[108] Vgl. etwa BVerfGE 102, 347 – Benetton, sowie *P. Lerche*, Werbung und Verfassung, 1967, S. 76ff.

[109] Vgl. dazu oben nach Fn. 21.

aber sie finden im Öffentlichen Recht in spezifischen Erscheinungsformen ihren Ausdruck, und diese spezifischen öffentlich-rechtlichen Konkretisierungen jener allgemeinen Qualitätskriterien möchte ich illustrieren. Drittens lassen sich solche abstrakten allgemeinen Kriterien auch anders fassen und damit anders akzentuieren, etwa als systematische Relevanz, spezifisch thematisches Interesse und Exaktheit[110] oder als methodische Güte, wissenschaftliche Bedeutung und Qualität der Darstellung,[111] ohne daß damit jeweils etwas qualitativ völlig Abweichendes angesprochen sein dürfte. Denn in jedem Fall lassen sich solche Kriterien nur begrenzt hierarchisieren, d.h. in ein bestimmtes Rangverhältnis zueinander bringen; ihre qualitative Bedeutung in einer wissenschaftlichen Arbeit kann von Fall zu Fall schwanken und verlangt zudem stets eine problembezogene Konkretisierung am Einzelfall.[112] Ich bin mir freilich nicht sicher, ob ich diese Dimensionen der Bewertung nachstehend vollständig auflisten kann: Es mag viele weitere Kriterien geben, von denen ich vermute, daß man sie als Unterpunkte in die nachstehende Typologie einordnen kann, von denen ich aber nicht ausschließen will, daß sie den nachstehenden Kriterienkatalog als unvollständig erweisen. Kurz: Es soll hier kein Anspruch auf einen im Detail abschließenden systematischen Katalog erhoben werden.

## 1. Formalia als Qualitätsindikatoren

Wenn ich mich in einem ersten Block „Formalia" zuwende, so geht es um mehr und anderes als nur um jene Vielzahl von Regeln, die in Anleitungsbüchern zum wissenschaftlichen Arbeiten enthalten sind,[113] so sehr man auch insoweit immer wieder auf neuartige Blüten einer Kreativität stößt, die sich den praktischen Zweckmäßigkeiten herkömmlicher oder zeitgenössischer Konventionen verweigert.[114] Bestimmte Formalia haben eine starke (wenn auch widerlegbare) Indizfunktion für die Qualität einer Arbeit; ihre Nichtbeachtung kann umgekehrt eine Gedankenlosigkeit im Inhaltlichen anzeigen.

### a) Sprache und Stil

Die formale Qualität beginnt bei der Sprache der Arbeit (zuvor noch: bei der prägnanten – kurzen und zugleich informativ-präzisen – Titelgebung[115]). Es geht mir

---

[110] Vgl. in diesem Sinne z.B. *Polanyi*, Wissen (Fn. 15), S. 62f.

[111] Vgl. in diesem Sinne z.B. *Hartenstein u.a.*, Entwicklung (Fn. 3), S. 405.

[112] S. näher *W.L. Schneider*, Grenzen der Standardisierbarkeit bei der Bewertung von Forschungsleistungen, in: Daniel/Fisch (Hrsg.), Evaluation (Fn. 1), S. 433 (440ff.).

[113] Vgl. z.B. *P.J. Tettinger*, Einführung in die juristische Arbeitstechnik, 2. Aufl. 1992; s. auch für die Technik der Fallbearbeitung *F. Schoch*, Übungen im Öffentlichen Recht I, 2000, S. 10ff.

[114] Beispiele: Die Dissertation von *N. Gumboldt*, Die Gefahrerforschung im Altlastenbereich, Diss. jur. Würzburg 1998, setzt hinter jede einzelne Überschrift im Inhaltsverzeichnis und im Text einen Punkt. – Die als Monographie erschienene Dissertation von *J. Riedel*, Das Postulat der Unparteilichkeit des Richters, 1980, gliedert den Text in 54 Paragraphen, deren Untergliederungsüberschriften aber nicht im Text, sondern nur als eingeklammerte Überschriften im Inhaltsverzeichnis erscheinen.

[115] Ein Titel mit vielen Paragraphen „sträubt" sich geradezu dagegen, als leicht eingängig schnell zitiert zu werden, vgl. z.B. (kaum vorbildlich) *C. Leitzke*, Die Anhörung beteiligter Kreise nach §§ 51 BImSchG,

nicht um die Selbstverständlichkeit der Richtigkeit oder auch nur primär des individuellen Stils der sprachlichen Gestaltung, so sehr auch juristische Texte mitunter unter
sprachästhetischen Gesichtspunkten positiv auffallen können,[116] sondern um die
sachangemessene Form als Indiz und Ausdruck gedanklicher Präzision. Texte sollen
nicht redundant (geschwätzig) sein, sondern möglichst viele Argumente wiederho-
lungsfrei komprimiert darstellen. Zugleich sollen sie flüssig lesbar sein; Überschriften
müssen präzise den Inhalt des überschriebenen Abschnittes wiedergeben, und sie sollen konsequent nach gleichen Regeln gestaltet sein. Für solche Textarbeit im Formalen fehlt den Autoren oft die Zeit mit der weiteren Folge, daß auch zu umfangreiche
Arbeiten geschrieben werden – ein zu großer Umfang ist tendenziell Ausdruck einer
fehlenden Selbstdisziplinierung, eines fehlenden Sinns für das Wesentliche eines Ar-
gumentationsganges oder eines sekundär motivierten Dranges, Belesenheit zu demonstrieren: Überlänge ist im Regelfall keine Empfehlung für eine Monographie,
deren Umfang letztlich frei, d. h. beliebig gestaltet werden kann. Auch besonders po-
lemische oder besonders gewählt-artifizielle Formulierungen im Text können Indiz
dafür sein, daß fehlender sachlicher Tiefgang durch die bunte Verpackung ersetzt werden soll[117] – Scherze als Mittel rhetorischer Auflockerung im mündlichen Vortrag gehören nicht automatisch in die schriftliche Fassung.[118] Eine sprachliche Gestaltung –
und sei sie noch so gelungen oder griffig –, die eifert und besonders hohe kämpferi-
sche Aggressivität zum Ausdruck bringt, kann Indiz für fehlende Distanz und damit
für wissenschaftliche Argumentationsschwächen sein, die Gegenansichten nicht mehr
zur Kenntnis nimmt. Zu stark betonte rhetorische Brillanz läuft Gefahr, sich gegenüber ihren inhaltlichen Aussagen zu verselbständigen (und diesen zu schaden).

Ist schließlich eine gleichsam künstlerische Sprachgestaltung i. S. eines bestimmten
Stils ein wissenschaftliches Qualitätskriterium? Nur wenige Wissenschaftler im Bereich des Öffentlichen Rechts sind in der Lage, vergleichbar großen Künstlern, einen
eigenen Sprachstil auszubilden, der zu einem Wiedererkennungswert gerinnt, so daß
man den Autor auch ohne Namensangabe erkennt. Soweit in solcher Sprachgestaltung ein wissenschaftlicher „Mehrwert" liegt, der über die eigentliche Darstellung eines Arguments hinausgeht, kann auch die Sprachgewalt Indiz für große Wissenschaft
sein. Das gilt namentlich dann, wenn allein schon die Sprache zu weiterführenden Assoziationen anregt, die über das Detailproblem des Textes hinausweist. Die anregende
Kraft eines Textes kann gerade darin gründen, daß er ganze Ketten von Assoziationen
hervorruft, deren Einordnung in das eigene Argumentationsraster zu neuen Einsichten führt. Je weniger konkret ein rechtswissenschaftlicher Text praktisch Problemlösungsvorschläge für den Einzelfall macht, um so abstrakter darf er sein, um so eher darf
er an die Traditionen bedeutungsschwanger-schwieriger und dunkel-unklarer Texte
in den deutschen Geisteswissenschaften anknüpfen, im Kontrast etwa zum Bemühen

---

60 KrW-/AbfG, 7 Abs. 7 ChemG, 6 WRMG, 20 BBodSchG, 1999; ähnlich *A. Hübner*, Normative Auswirkungen des Grundsatzes der Subsidiarität gemäß Artikel 23 Absatz 1 Satz 1 GG auf die Verfassungsposi-
tion der Kommunen, 2000.

[116] Vgl. die sprachliche Gestaltung z. B. bei *K. Sobota*, Das Prinzip Rechtsstaat, 1997.

[117] Vgl. etwa *D. Merten*, Bürgerverantwortung im Verfassungsstaat, VVDStRL 55 (1996), S. 7 ff.

[118] Auch bei *G. Schmid*, Die Bedeutung gliedstaatlichen Verfassungsrechts in der Gegenwart,
VVDStRL 46 (1988), S. 92 ff., läßt der gedruckte Text wohl nicht mehr überall erkennen, daß er beim
mündlichen Vortrag die Zuhörerschaft oft zu lautem Lachen provozieren konnte.

um Einfachheit und Klarheit in der Tradition angelsächsischen Denkens. Hinter der oft blumigen oder eher essayistischen Sprache etwa eines *Paul Kirchhof* oder den vielfältigen Bezugnahmen auf nichtjuristische Hintergründe und kulturelle Vergleiche bei *Peter Häberle* z.B. verbirgt sich diese Kraft zur Einladung zu assoziativen gedanklichen Erweiterungen; als Stilmerkmale bestimmter Autoren bekannt sind etwa auch die bildhaften Vergleiche von *Peter Lerche* oder die präzise Einfachheit eines *Robert Alexy* oder die oft provozierend zuspitzende Rhetorik im – auch schon preisgekrönten – Sprachstil eines *Josef Isensee*. Mitunter setzen Autoren mit einem allgemeinen, überraschenden, abstrakten, zum Thema erst hinführenden Bonmot oder Philosophem ein, das den Leser oder Hörer sofort zu Assoziationen anregt und ihn dadurch in Bann zu ziehen geeignet erscheint.[119] Im übrigen kann die Art der Sprache im Kommunikationsprozeß Wissenschaft die Wirkung und Akzeptanz von öffentlich-rechtlicher Forschung verstärken oder verringern; für die fachliche Qualität der Forschung ist sie letztendlich aber wohl nicht ausschlaggebend.

Nicht nur die sprachliche Gestaltung, sondern der stilistische Gesamteindruck einer Arbeit kann (auch hier: widerlegbarer) Ausdruck unterschiedlicher wissenschaftlicher Qualität sein. So gibt es mitunter die Erscheinungsformen einer sich genialisch gebenden Neuerungssucht, die vor allem und in jeder Beziehung die eigene Originalität des ganz anderen unterstreicht, ohne auf publizistische Konventionen und damit letztlich auch auf objektivierende Filter der Selbstkontrolle und die wissenschaftssoziale Akzeptanz beim Leser Rücksicht zu nehmen.[120] So wird mitunter ein ungeschliffener Rohdiamant erkennbar, dessen Fähigkeit zur Selbstdisziplinierung erst noch geschult werden müßte.[121]

## b) *Stringenz und Kohärenz*

Unter formaler Stringenz lassen sich Gesichtspunkte bündeln, die die Schlüssigkeit des Gedankengangs einer Studie bestimmen. Schon eine Entsprechung von Titel und Inhalt einer Abhandlung ist nicht immer selbstverständlich. Zur Stringenz gehört auch eine Sprache, die *klare Problemstellungen* und Antworten nachzuvollziehen erlauben soll und deren Sätze aufeinander aufbauen sollen. Dazu gehört weiter die logische

---

[119] Vgl. z.B. *U. Di Fabio*, Integratives Umweltrecht, NVwZ 1998, S. 329 ff. (329); *ders.*, Verwaltung und Verwaltungsrecht zwischen gesellschaftlicher Selbstregulierung und staatlicher Steuerung, VVDStRL 56 (1997), S. 235 ff. (237); zu diesem bewußt eingesetzten Stilmittel bei *G. Roellecke* vgl. *E. Lorenz*, Gerd Roellecke: Anmerkungen zur Person, in: FS Roellecke (Fn. 55), S. 3 ff. (5 f.). Vgl. als berühmtes Beispiel auch den allerersten Satz bei *C. Schmitt*, Politische Theologie (1922), 7. Aufl. 1996, S. 13: „Souverän ist, wer über den Ausnahmezustand entscheidet."

[120] Vgl. *D. Buchwald*, Prinzipien des Rechtsstaats, 1996, S. 10 ff. u.ö.

[121] Vgl. etwa *M. Hochhuth*, Relativitätstheorie des Öffentlichen Rechts, 2000. An dieser interdisziplinär angelegten Dissertation ist fast alles ungewöhnlich: das nur an sich selbst orientierte Vorwort (andererseits Zitate aus dem Zweitgutachten auf dem Umschlagdeckel); die Anordnung von Inhaltsübersicht (vorn) und genauem Inhaltsverzeichnis (hinten); die Art der Gliederungsstaffelung; die unsystematische und weithin nicht alphanumerische Gliederung; die originellen Gliederungsüberschriften, die aber auf die Rezeptionsgewohnheiten und Begriffshorizonte auch des Fachkundigen keine Rücksicht nehmen; die weithin kommentierenden, zusätzlich Lesefrüchte ausbreitenden Fußnotentexte; die graphische Eigenwilligkeit u.a. Das alles könnte den Leser mit knappem Zeitbudget tendenziell davon abschrecken, sich dem erkennbar herausragenden Gedankenreichtum auszusetzen. S. aus der Rezensionsliteratur *C. Möllers*, Die Verwaltung 34 (2001), S. 309 ff.

und sachliche *Folgerichtigkeit der Gliederung* bzw. der Unterabschnitte der Arbeit, die zielführend einem Gedankengang oder einer bestimmten These zugeordnet sein sollen. Dem entspricht eine *adäquate Tiefe der Untergliederung* und der entsprechenden Überschriften bzw. Abschnittsbildungen: Die einzelnen Abschnitte dürfen nicht zu lang sein (d.h. unübersichtliche Gliederungsschritte mit zu heterogener Argumentationsvielfalt über viele Seiten darstellen), aber auch nicht zu zahlreich sein, weil auch zu viele Gliederungsüberschriften den Gedankengang unübersichtlich machen können. Es geht nicht nur um eine logische oder sachliche Widerspruchsfreiheit im Detail, sondern zudem um die Kohärenz oder *Folgerichtigkeit einer Argumentation* im ganzen, die die Bedeutung von Begriffen so bestimmt, daß das mit ihnen gegebene Überzeugungs- oder Vorstellungssystem möglichst widerspruchsfrei und deduktiv systematisiert erscheint.[122] Dazu gehört eine Argumentation oder Vorgehensweise, die den berühmten „roten Faden" nicht verliert. Das ist regelmäßig schon daran erkennbar, daß in einem Argumentationsgang die verschiedenen *Einzelargumente* deutlich voneinander *abgeschichtet* und gleichsam enumerativ unterschieden werden, wie das oft bei angelsächsischen Autoren vorbildlich der Fall ist. Man kann aber z.B. auch die Qualität einer Gesetzeskommentierung (u.a.) daran erkennen, wie sehr die einzelnen Absätze oder Randnummern ein bestimmtes Argument oder gedankliches Konstrukt oder einen bestimmten Sachzusammenhang in sich geschlossen abbilden. Ich möchte hier insoweit nur zwei oft übersehene Kriterien hervorheben.

Sehr viele Studien beginnen mit einem *einleitenden Kapitel*, das einer ausführlichen Rechtfertigung über das weitere Vorgehen in Inhalt oder Methode dient. Solche Kapitel sind auch plausibel, insofern sie ein abstraktes Arbeitsthema kurz vorstellen, in das Thema einleiten und die Relevanz der Untersuchung erläutern; geraten sie (z.B. in Vorentwürfen von Dissertationen) zu ausführlich unter Rückgriff auf sich verselbständigende methodische Erörterungen, dann sind solche Kapitel regelmäßig ein Indiz dafür, daß der Autor – bewußt oder unbewußt – an der Überzeugungskraft seiner Problemfaltung im Fortgang der Arbeit zweifelt und meint, über seine Arbeit sprechen zu müssen. Gute Arbeiten überzeugen im Regelfall in ihrer Vorgehensweise aus der Sache heraus, ohne daß es ständiger selbstreflexiver methodischer Begleitüberlegungen bedarf.

Ein anderes Qualitätsmerkmal ist die ausdrückliche und/oder implizite *sachliche Verklammerung der verschiedenen Teile* einer Studie. Jede Monographie muß in ihren einzelnen Abschnitten unterschiedliche Schwerpunkte setzen und dementsprechend unterschiedliche Perspektiven einnehmen. Oft passiert es dabei, daß im Streben nach tiefer Gründung der Kernthesen historische, philosophische, methodische, verfassungsrechtliche oder sonst grundsätzliche Partien sich zu umfangreichen Teilkapiteln verselbständigen, ohne daß später im Fortgang noch erkennbar wird, daß und weshalb diese früheren Ausführungen für die Ergebnisfindung tatsächlich notwendig oder auch nur bedeutsam waren. Auch wissenschaftliche Arbeiten enthalten tragende Gründe und obiter dicta; auch sie sollten sich auf das für das Ziel der Arbeit Wesentliche konzentrieren und Nebengleise bzw. geistige Umwege im Interesse des Lesers gar

---

[122] So *J. Mittelstraß*, Die Häuser des Wissens, 1998, S. 39, 62. Insoweit bestehen enge Zusammenhänge mit der theoretischen Qualität und dem Argumentationsniveau als Qualitätskriterium, vgl. noch näher bei Fn. 152ff. bzw. Fn. 295ff.

nicht erst wählen, so interessant, kreativ und einfallsreich solche Exkurse auch sein mögen! Wissenschaftliche Werke sind anders als in der Kunst mehr als nur subjektive Emanationen der Gestaltung.

Schließlich läßt sich oft schon an der Gestaltung eines Textes erkennen, ob er etwa in der kontrastreichen Gegenüberstellung polarer Spannungen harmonisch durchgebildet ist (bzw. der Autor einen Sinn für solche Überlegungen hat), ob er z.B. Ausgangsfragen am Beginn zum Schluß auch beantwortet; ob zwischen dem Beginn eines Textes und der Aufnahme des Beginns am Ende der Eindruck einer abgerundeten Geschlossenheit hergestellt wird; ob verschiedene Teilabschnitte oder Teilgedanken eines Textes in einen folgerichtigen (logischen) Zusammenhang gestellt (und nicht nur scheinbar willkürlich ausgewählt und „essayistisch" aneinandergereiht) werden, z.B. durch eine sachliche oder zeitliche Klimax in der Darstellung; ob zwischen verschiedenen Teilproblemen bzw. Teilabschnitten argumentativ durch Parallelen Analogien implizit nahegelegt oder ausdrücklich hergestellt werden. Oft zeigt schon die Art der durchdachten argumentativen Gestaltung (Komposition) des Textes oder die Erkennbarkeit einer Harmonie des Aufbaues der Gedankengänge den theoretischen Tiefgang von Text und Autor an (nicht notwendig umgekehrt).

### c) Zitierweise

Ein anderes nur scheinbar formales Qualitätskriterium ist die Zitierweise in den Fußnoten. Dabei geht es hier nicht nur darum, daß die Fußnoten auch wirklich das nachweisen, was sie zu belegen scheinen – „bloße" Zitiergenauigkeit in diesem Sinne, daß Fußnoten „stimmen" und fremde Auffassungen korrekt referieren oder zitieren, erscheint selbstverständlich;[123] sie läßt sich bekanntlich unschwer erreichen, wenn man nur Quellen zitiert, die man auch selber gelesen hat. Freilich erlebt man auch in solchen Fragen elementarer Handwerklichkeit seine Überraschungen.[124] Hier geht es mir vielmehr um mehr als nur Fußnoten-„Technik", es geht um „Zitierrelevanz".

Zitierrelevanz als Qualitätskriterium hat vielfältige Facetten.[125] Sie fragt danach, ob bestimmte Nachweise erforderlich, zweckmäßig oder überflüssig sind; überflüssige, weil nicht einschlägige Nachweise sind eher ein qualitätsminderndes Indiz für Sekun-

---

[123] Vgl. zur Fußnotentechnik *Tettinger*, Einführung (Fn. 113), S. 189f., 215ff.; zur praktischen Bedeutung *Hoffmann-Riem* (Fn. 80) AfP 1984, S. 88. – Die Selbstverständlichkeit, daß Fußnoten mit Großschreibung beginnen und mit einem Punkt enden, scheint zunehmend mehr selbstverständlich zu sein; ihre Mißachtung findet sich aber fast nie in bedeutenden Veröffentlichungen.

[124] So ordnet eine veritable Habilitationsschrift noch in gedruckter Form unter die Veröffentlichungen von *Ralf Dreier* umstandslos auch solche von *Horst Dreier* ein, ohne zwei verschiedene Autoren wahrgenommen zu haben, vgl. *M. Dolderer*, Objektive Grundrechtsgehalte, 2000, S. 417. – Auch sonst stellen bestimmte Namen gute Indikatoren für handwerkliche Präzision beim Zitieren dar: z.B. *H. Siekmann* oder *J.-R. Sieckmann*, *P.* oder *F. Kirchhof*, *C. Starck* oder *R. Stark*, *J. Wolf*, *H.A. Wolff* oder *H.J. Wolff*, *H.H. Rupp* oder *H.G. Rupp*, *Herb. Krüger* oder *Hildeg. Krüger*, *Ekk.*, *Erw.* oder *T. Stein*, *H.-P.*, *H.*, *P.* oder *J.-P. Schneider*, *R.* oder *W. Schmidt*, *C. Koenig* oder *D.* und *K. König*, *H.-P.*, *K.* oder *J. Ipsen* usw. *Di Fabio* wird noch immer oft zu di Fabio geadelt, *Schmitt Glaeser* durch einen Bindestrich aufgedrängt bereichert.

[125] Ausf. *P. Häberle/A. Blankenagel*, Fußnoten als Instrument der Rechts-Wissenschaft, Rechtstheorie 19 (1988), S. 116ff.; humorvolle Zuspitzung bei *P. Rieß*, Vorstudien zu einer Theorie der Fußnote, 1983 (unveröff. Jahresgabe des de Gruyter-Verlages).

därmotive beim Zitieren.[126] Im übrigen kann einmal die *Punktgenauigkeit* von Nachweisen stark schwanken; dabei läßt sich auch hier eine gleitende, qualitativ abgestufte Skala konstruieren. Jenseits des völligen Verzichts auf Nachweise[127] kann man mit „Vgl. auch …"-Fußnoten ganze Literaturberge „verwursten", die nichts wirklich belegen – bekanntlich kann man alles mit allem vergleichen; aber sie können (ob scheinbar oder anscheinend) eine überaus große Belesenheit demonstrieren.[128] Man kann auf ein komplettes Buch (ohne Seitennachweise im einzelnen), auf ein bestimmtes Kapitel in diesem Buch oder „punktgenau" auf eine bestimmte Seite (oder sogar auf bestimmte Absätze/Spalten/Anmerkungen usw.) verweisen. Der wesentliche Unterschied besteht in einer Steigerung des Informationsgehalts der Fußnote und mit ihr der Arbeitsintensität für ihre Anfertigung; die Zahl und Qualität solcher „punktgenauen" Fußnoten erscheinen mir grundsätzlich ein objektives Qualitätskriterium zu sein. Freilich gibt es auch Ausnahmen, wenn etwa auf ein ganzes Teilgebiet der Rechtswissenschaft oder eine ganze Forschungsrichtung durch bloßen Hinweis auf entsprechende Grundlagenliteratur oder Standardlehrbücher Bezug genommen werden soll. Zudem gilt es zu bedenken, daß solche Regeln letztlich auf Konventionen beruhen, von denen stets auch Abweichungen möglich und rechtfertigungsfähig sind, wie etwa auch die abweichende Praxis in anderen Ländern (z.B. in der US-Literatur) und anderen Fächern belegt. Dennoch stellen Abweichungen im Rahmen der öffentlich-rechtlichen Forschung schon deshalb vor Begründungsobliegenheiten, weil sie mit Informationsverlusten zu Lasten des Lesers verbunden sind.

Punktgenauigkeit allein reicht allerdings wiederum nicht aus. Ein reich belegter Fußnotenapparat soll ja nicht nur konkrete Nachweise für einzelne eigene Übernahmen von Veröffentlichungen liefern, sondern angesichts der faktischen Unmöglichkeit „vollständiger" Nachweise jedenfalls bestimmte Argumente oder Gedanken in den „Stand der Wissenschaft" des Öffentlichen Rechts einordnen und in einen bestimmten *Ordnungs- und Verweisungszusammenhang* stellen, der für den Leser mittelbar erkennbar werden läßt, wie der Autor diesen Gedankengang in seine Quellen einordnet, so daß man als Leser dessen Ordnungsraster mit dem eigenen Ordnungsraster abgleichen kann. Da man Zitierketten jedenfalls hinsichtlich staatstheoretischer Probleme (natürlich weniger hinsichtlich der Einzelnachweise zu neuesten Gesetzen) *vertikal* in der Vergangenheit irgendwann abbrechen muß, sollte man die relevanten, wissenschaftlich weiterführenden Stimmen zitieren, aber dann beim Originalzitat enden; z.B. sollte der weitverbreitete Begriff der „praktischen Konkordanz" bei *Konrad Hesse* oder der des „nach beiden Seiten hin schonendsten Ausgleichs" von *Peter Lerche* bei

---

[126] Vgl. typologisierend *Häberle/Blankenagel* (Fn. 125), Rechtstheorie 19 (1988), S. 117ff., plädierend für eine Erhöhung der „Sachlichkeit und Rationalität" des Sinnkontextes von Fußnoten (S. 123f., 134).

[127] Solche Aufsätze lese ich persönlich in aller Regel erst gar nicht mehr, weil sie den wissenschaftlichen Verweisungszusammenhang nur noch schwer erkennen lassen bzw. dem Leser die Kontextsuche aufbürden. Dezidiert gegenteiliger Ansicht leider *K.F. Röhl*, Allgemeine Rechtslehre, 2. Aufl. 2001, S. V mit Anm. 1 (Fußnoten als „Krebsleiden") als Rechtfertigung der eigenen Enthaltsamkeit. Auch die nachhaltige Wirkungslosigkeit der vielbändigen Staats-Essayistik *W. Leisners* (zuletzt: Der gütige Staat, 2000) dürfte sich nicht nur dem Inhalt, sondern auch dem völligen Verzicht auf einen Anmerkungsapparat und dessen disziplinierende Wirkung verdanken.

[128] Vgl. zur Kritik *J. Schwabe*, Über Zitatbräuche und über die Verjährung von Minderheitsmeinungen, DVBl. 1997, S. 1322f.; *Häberle/Blankenagel* (Fn. 125), Rechtstheorie 19 (1988), S. 119, 136: Fußnote als „Imponiergehabe".

ihren Urhebern enden,[129] nicht aber z.B. beim Lehrbuch Staatsrecht I von *Christoph Degenhart*. Insbesondere bei solchen „klassisch" gewordenen Formeln oder Wendungen verrät es fehlende Übersicht, wenn man sie „falschen" Autoren zuordnet und nicht die Originalquellen zitiert – jedenfalls dann, wenn man zitiert. Zitierketten sollten zugleich den zeitlichen Gang der Diskussion und ihre wesentlichen Stimmen verdeutlichen; wer stattdessen seine Anmerkungen grundsätzlich durch alphabetische Reihung der Autorennamen ohne eine chronologische Ordnung gestaltet,[130] verzichtet auf ein wesentliches Element materieller wissenschaftlicher Gestaltungs- und Aussagemöglichkeiten.

Indessen geht es nicht nur um einzelne Begriffe oder Wendungen, sondern auch um die „richtige" Literatur – Lücken bei der Quellenverarbeitung sind Indiz für mindere Qualität. Wenn z.B. die Rechtsprechungsnachweise in einem Kommentar[131] oder einer Monographie[132] oder die Literaturnachweise eines Zeitschriftenaufsatzes[133] einen Zeitpunkt nicht überschreiten, der zehn oder mehr Jahre vor Erscheinen des Textes liegt, dürften nicht nur die Nachweise veraltet sein. Eine 1993 erschienene Habilitationsschrift, die sich viele hundert Seiten lang mit einer einzelnen Norm des Grundgesetzes beschäftigt,[134] sollte in den Neuauflagen von GG-Kommentaren (wenigstens denen von 1999) zumindest mit einem Hinweis („vgl. auch …") erwähnt sein.[135] Und wenn es ein Vorbereitungsaufsatz für die Staatsrechtslehrertagung 2000 zur „Staatsrechtslehre im Nationalsozialismus" schafft, das im März 1999 erschienene unmittelbar einschlägige Grundlagenwerk von *Michael Stolleis*[136] nicht einmal zu erwähnen, geschweige zu verarbeiten,[137] so wird die dadurch begründete Skepsis durch das theoretisch-analytische Niveau dieses Beitrages denn auch schwerlich widerlegt.

Umgekehrt können zu zahlreiche Nachweise offenbaren, daß ein Autor ohne Sinn für das Wesentliche arbeitet: Die Qualität von Nachweisen wird nicht durch Vollständigkeit der Nachweise etwa aus der Juris-Datenbank gesteigert, wenn die Belege nur

---

[129] Dazu näher *Hesse*, Grundzüge (Fn. 82), Rn. 72 bzw. *P. Lerche*, Übermaß und Verfassungsrecht (1961), 2. Aufl. 1999, S. 125 ff.; beide Grundsätze identifizierend BVerfGE 93, 1 (21).

[130] Vgl. jetzt (als Habilitationsschrift!) *V. Schlette*, Die Verwaltung als Vertragspartner, 2000.

[131] Vgl. die Rechtsprechungsnachweise bei *H. Krüger*, in: M. Sachs (Hrsg.), GG, Kommentar, 1. Aufl. 1996, Art. 19 Rn. 104 ff., die regelmäßig nicht über die Rechtsprechungsnachweise hinausgehen, wie sie bei *E. Schmidt-Aßmann*, in: T. Maunz/G. Dürig (Hrsg.), Grundgesetz, Erläuterungen zu Art. 19 Abs. 4 GG (1985) nachgewiesen sind.

[132] Vgl. *H.-J. Mengel*, Gesetzgebung und Verfahren, 1997, dessen jüngster Rechtsprechungsnachweis aus dem Jahre 1983 stammt, vgl. zur Kritik *H. Schulze-Fielitz*, Besprechung von Mengel, Gesetzgebung und Verfahren (1997), Der Staat 37 (1998), S. 651 f.

[133] *H.-J. Papier/J. Möller*, Die rechtsstaatliche Bewältigung von Regime-Unrecht nach 1945 und nach 1989, NJW 1999, S. 3289 ff.: Diese bilanzierende Veröffentlichung vom 9. 11. 1999 (zum 10. Jahrestag der Öffnung der Berliner Mauer) enthält mit Ausnahme von zwei Hinweisen auf Band IX des HStR (in Anm. 3) keine Literaturnachweise, die nach 1993 erschienen sind.

[134] *G. Dannecker*, Das intertemporale Strafrecht, 1993 (betr. Art. 103 II GG).

[135] S. demgegenüber die Fehlanzeigen in den Erläuterungen zu Art. 103 GG von *C. Degenhart*, in: M. Sachs (Hrsg.), GG, 2. Aufl. 1999, oder *B. Pieroth*, in: H.D. Jarass/B. Pieroth, GG, 5. Aufl. 1999.

[136] *M. Stolleis*, Geschichte des Öffentlichen Rechts in Deutschland. Dritter Brand 1918–1945, 1999; dazu näher *H. Dreier*, Positivisten, Antipositivisten und Österreicher, Rechtshistorisches Journal 19 (2000), S. 82 ff.

[137] Vgl. *H. Wilms*, Die Staatsrechtslehre im Nationalsozialismus, DVBl. 2000, S. 1237 ff.

quantitativ vervielfacht, aber nicht zu qualitativen Differenzierungen führen – man muß den Wald hinter den Bäumen sehen.

Vor allem aber, gewissermaßen *horizontal*, erscheint gerade im Öffentlichen Recht die Notwendigkeit hervorhebenswert, auch die Gegenansichten zu berücksichtigen und dementsprechend nachzuweisen. Es gehört zu den verbreiteten Formen der wissenschaftlichen Auseinandersetzung in unserem Fach, sich gegen Argumente der gegnerischen Position zur Wehr zu setzen, ohne deren Vertreter namentlich zu nennen oder deren Argumente „vollständig" zu entfalten, geschweige in den Fußnoten nachzuweisen, um sie nicht „aufzuwerten";[138] eine abgeschwächte Form ist es, die eigene Position nahezu vollständig mit Autoritäten zu untermauern, die möglicherweise quantitativ ebenso oft vertretene Gegenansicht aber auf einzelne, gleichsam allein satisfaktionsfähige Stimmen in den Fußnoten zu reduzieren. Mir scheint es zumindest tendenziell eine direkte Entsprechung zu geben zwischen der Qualität einer Arbeit und der intellektuellen Offenheit, sich mit entgegengesetzten Positionen und Autoren sowohl in den Fußnoten als auch im Text umfassend auseinanderzusetzen. Insbesondere auch in Kommentaren, aber auch in den Bestandsaufnahmen von Monographien kommt den Nachweisen die Funktion zu, den „Stand" der wissenschaftlichen Doktrin zuverlässig wiederzugeben.

Speziell im Öffentlichen Recht als der Gesamtheit des Sonderrechts für den Staat als Träger hoheitlicher Gewalt, der politische Entscheidungen von Gesetzgeber, Regierung und Verwaltung umzusetzen hat, besteht die zusätzliche Gefahr, daß wissenschaftliche Äußerungen für politische Zwecke der jeweiligen Gegner instrumentalisiert werden. Die für jedes geisteswissenschaftliche Fach gebotene intellektuelle Offenheit gegenüber Pro und Contra wird hier leicht durch Absichten politischer Gestaltungsmacht verengt; diese Gefahr wurde schon im Zusammenhang mit der Gutachtenliteratur erwähnt.[139] Gerade wenn und soweit daher die Wissenschaft des Öffentlichen Rechts in das Parallelogramm der politischen Kräfte involviert ist, bedarf es einer besonders großen Sensibilität für die pluralistische Zitierrelevanz in ihrer Entsprechung im Text, wenn zugleich hohe wissenschaftliche Qualitätsstandards bewahrt bleiben sollen. Leider läßt sich gerade dort, wo im Staatsrecht die Probleme aufgrund von politischen oder methodischen Streitigkeiten polarisiert sind, oft das Gegenteil beobachten; Zitierkartelle indizieren das Gegenteil von guter Wissenschaft.

## 2. Der theoretische Tiefgang

### a) Allgemeine Bedeutung

Als eines der zentralen Qualitätsmerkmale für Wissenschaft, namentlich für die universitäre Wissenschaft,[140] erscheint mir ihr theoretischer Tiefgang. Damit ist gemeint, daß öffentlich-rechtliche Forschung, die entweder selbst einen theoretischen Ansatz entwickelt oder aber praktische Lösungsvorschläge unterbreitet oder vorbereitet, auf

---

[138] Vgl. diese indirekte Zitierweise etwa bei *W. Brohm*, Die Funktion des BVerfG – Oligarchie in der Demokratie?, NJW 2001, S. 1 ff. (2).

[139] Vgl. oben bei Fn. 99 ff. und unten bei Fn. 311 ff.

[140] Vgl. *A. Morkel*, Theorie und Praxis, Forschung & Lehre 2000, S. 396 ff.

der Grundlage eines konsistenten und systematischen Zusammenhangs oder Systems aus allgemeinen Sätzen (Prinzipien) argumentiert. Rechtswissenschaftliche Forschung kann wegen ihres genuinen Praxisbezuges regelmäßig nicht nur theoretisch sein. Jeder Jurist macht im Berufsalltag etwa als Richter, Rechtsanwalt oder Student praktische Problemlösungsvorschläge, meist unter Rückgriff auf literarische Vorarbeiten; theoriegeleitet sind solche Vorschläge aber erst dann, wenn sie als Ausdruck eines widerspruchsfreien, d.h. systematisch konsistenten einzelfallübergreifenden Argumentationszusammenhangs angesehen werden können.

*Personal* wird damit eine *Theoriefähigkeit* des juristischen Wissenschaftlers vorausgesetzt; eben dieses formale Qualitätskriterium läßt auch die Gruppe der Professoren für Öffentliches Recht als eine durchaus heterogene Gruppe erscheinen. Unter Theoriefähigkeit ist mehr als nur Kenntnisreichtum oder die praktische Fähigkeit zu schnellen und guten Fallproblemlösungen zu verstehen; es geht um eine besondere personale Qualität, die ihn von sonstigen guten Juristen unterscheidet: Es geht um die Fähigkeit zu einer Gestaltung von wissenschaftlichen Texten bzw. Problemstellungen, die erkennen läßt, daß sie auf einer hintergründigen konsistenten Theorie i.S. einer Systematisierungsleistung aufbauen. Diese Fähigkeit ist keineswegs identisch mit den Fähigkeiten, wie sie z.B. in unserem Examenssystem, zumal im reinen Klausurexamen, gemessen werden; dieses prämiert gelernte Kenntnisse namentlich der h.M. und Rechtsprechung und die Schnelligkeit der Beantwortung der gestellten Aufgabe nach Maßgabe antrainierter Fallösungs- und Aufgabenerschließungstechniken, keineswegs aber die Theorienähe der Argumentation. Deshalb auch erscheint die Examensnote oft nur von begrenzter Prognosekraft für die Qualität einer Dissertation nach dem Kriterium der Theoriefähigkeit.

*Sachlich* wird freilich weiterhin positiv vorausgesetzt, *daß* rechtliche Konflikte („Fälle") sich in ihrem Stellenwert widerspruchslos in übergreifende theoretische Zusammenhänge einordnen lassen; zudem wird vorausgesetzt, daß die Wissenschaft vom Öffentlichen Recht selbst *theorieorientiert* ist. Das ist am Maßstab des herkömmlichen, die empirisch-analytischen Sozial- und Naturwissenschaften (jenseits hermeneutischer, an der Auslegung von sprachlichen Texten orientierten Wissenschaften) prägenden Theoriebegriffs wohl eher nicht der Fall: „Theorien" in jenem Sinne zielen bekanntlich auf (Teil-)Erklärungen i.S. von Wenn-Dann-Aussagen, die soziale oder natürliche Gesetzmäßigkeiten formulieren. Der Theoriebegriff in der Rechtswissenschaft weicht davon jedenfalls ab.[141] Juristische Theorien zielen als Theorien über normative Aussagen auf die systematische Einordnung nach Kriterien der Ordnung und Einheit,[142] auf eine widerspruchsfreie Herstellung von Begründungszusammenhängen, auf die Analyse von Zusammenhängen „hinter" einzelnen dogmatischen Argumenten oder Figuren, letztlich auf das Öffentliche Recht als ein in sich konsistentes System aus Strukturen und Prozessen. Sie lassen sich nur sehr begrenzt als Erklärungen i.S. von empirisch-analytischen Wenn-Dann-Aussagen begreifen; sie suchen vielmehr je nach Abstraktionsstufe der dogmatischen Begriffe und Systematik im Blick auf eine Lösung bestimmter

---

[141] Ausf. *C.-W. Canaris*, Funktion, Struktur und Falsifikation juristischer Theorien, JZ 1993, S. 377 ff.; *R. Dreier*, Zur Theoriebildung in der Jurisprudenz (1978), in: ders., Recht-Moral-Ideologie, 1981, S. 70 ff.; s. auch *H. Wagner*, Die Theorie in der Rechtswissenschaft, JuS 1963, S. 457 ff.

[142] Vgl. *C.-W. Canaris*, Systemdenken und Systembegriff in der Jurisprudenz, 2. Aufl. 1983, S. 11 ff., 61 ff.

Probleme normativ begründbar Entscheidungsvorschläge in Form von rechtlichen
Wertungen und Regeln für den einzelnen Fall oder Vorschläge für Entscheidungsvorschläge für Einzelfälle (oder Vorschläge für Vorschläge für Vorschläge für Einzelfälle
usw.) sowie auch rechtsgebietsübergreifende Maßstäbe und dogmatische Kategorien zu
ordnen, zu systematisieren und zu hierarchisieren.[143] Sie haben neben einer explikati-
ven auch eine heuristische Funktion für die Lösung neuer Probleme.[144] Dabei geht es
jeweils auch um das richtige Maß von Verallgemeinerung und Besonderung.[145]

Die theoretische Systematisierung kann also auf sehr unterschiedlichen Abstrak-
tionsebenen erfolgen. Die systematische oder dogmatische Theoriearbeit im Öffentlichen Recht kann sich auf enge Bereiche eines Gesetzes oder eines Rechtsbereiches,
auf größere Teilgebiete des Öffentlichen Rechts oder auf das gesamte Gebiet des Öffentlichen Rechts und ihre jeweiligen Probleme beziehen. Die unübersehbare Vielfalt
der Rechtsprechung, der Gesetze, der Rechtsgebiete und der rechtlichen und gesellschaftlichen Probleme lassen „große" Theorie, d.h. nachhaltig theoretisch tiefgreifende Erkenntnisse wohl am ehesten dort vermuten, wo jene Unübersichtlichkeit der
Gegenwart und eine z.T. überforderte, sich selbst steuernd anpassende traditionelle
Dogmatikentwicklung übergreifend analysiert und neu systematisch geordnet werden, d.h. jedenfalls auf einer Ebene der Theorie oberhalb von bereichsspezifischen
Dogmatiken. Gerade gegenläufig zur vorherrschenden Tendenz zu immer feinerer
Spezialisierung dürften gegenwärtig in der Staatsrechtslehre vor allem solche Autoren
besonders anregende oder diskussionsbestimmende Kraft entfalten, deren Argumentation potentiell für alle Gebiete des Öffentlichen Rechts Geltung haben (oder haben
könnten, wenn sie dort rezipiert würden). Das scheint vor allem für solche Theoriearbeit zu gelten, die Anschluß an historische Gesamtentwicklungen, an gesellschafts-,
staats- oder verfassungstheoretische „Groß"-Theorien oder an die Figuren der Allgemeinen Rechtslehre sucht und damit den Anwendungsbereich der Theorien stark
ausweitet. Solche Ebenen der Diskussion werden in der Rechtspraxis naturgemäß fast
nie erreicht, obwohl ihre wissenschaftliche Pflege zentrale Voraussetzung für die Einheit und Konsistenz einer Rechtsordnung und ihrer Fundamente ist.

Es wäre freilich völlig unangemessen, hohe wissenschaftliche Qualität nur derartiger „großer Theorie" zuzusprechen. Es gibt auch die auf bestimmte Rechtsbereiche
spezialisierte Wissenschaft, deren rechtsdogmatisches Interesse nur ganz bestimmten
Feldern gilt; einzelne Wissenschaftler können solche Gebiete auf diskussionsprägende
Weise bis in die letzten Details beherrschen – man denke z.B. im Planungsrecht an das
wissenschaftliche Œuvre eines *Willi Blümel*[146] oder *Werner Hoppe*.[147] Gerade solche

---

[143] Zur Typenvielfalt juristischer Theorien *R. Dreier*, Theoriebildung (Fn. 141), S. 73 ff.; *Wagner*
(Fn. 141), JuS 1963, S. 458, 460 sieht in der Einordnung von „wahren" Rechtstatsachen i.S. von Sätzen des
geltenden Rechts eine Funktion der Theorie als „systematisierende Erklärung". Zu Begriff und Funktion
der Rechtsdogmatik bzw. rechtswissenschaftlicher Konstruktion zuletzt *Brohm*, Kurzlebigkeit (Fn. 87),
S. 1081 ff. bzw. *v. Bogdandy* (Fn. 42), Der Staat 40 (2001), S. 4f., 6f., 14, 25, 30, 34 u.ö.

[144] *Canaris* (Fn. 141), JZ 1993, S. 378f.; *Wagner* (Fn. 141), JuS 1963, S. 460f.; ebenso *R. Dreier*, Theoriebildung (Fn. 141), S. 83, 91.

[145] Vgl. auch *W. Fikentscher*, Ein juristisches Jahrhundert, in: Rechtshistorisches Journal 19 (2000),
S. 560 ff. (567).

[146] Vgl. das Schriftenverzeichnis in: K. Grupp/M. Ronellenfitsch (Hrsg.), Planung – Recht – Rechtsschutz. FS für Willi Blümel, 1999, S. 661 ff.

[147] Vgl. das Schriftenverzeichnis: W. Erbguth u.a. (Hrsg.), Planung. FS für Werner Hoppe, 2000,

rechtsdogmatische Feinarbeit prägt typischerweise die Alltagsarbeit der meisten Rechtswissenschaftler und kann wie in diesen Beispielen eine hohe wissenschaftliche Qualität haben. Die verschiedenen Ebenen von Theoriearbeit ergänzen sich; sie dürfen nicht gegeneinander ausgespielt,[148] sondern müssen auf ihre Vereinbarkeit hin geprüft werden. Freilich nehmen „nur" rechtsdogmatisch arbeitende Juristen sich gern als Dirigenten des öffentlich-rechtlichen Wissenschaftsorchesters wahr, auch wenn sie bestenfalls die erste Geige spielen; ein Sinfonieorchester braucht aber mehr als nur erste Geigen.

Angesichts der Ausdifferenzierung der sozialen Wirklichkeit und ihrer Konflikte und der (überdies stets unvollkommenen) Antwortversuche der Gesetzgeber auf diese sozialen Prozesse steht die Rechtswissenschaft, auch die des Öffentlichen Rechts, vor der Daueraufgabe einer immer wieder neuen Systematisierungsleistung und Theoriebildung in der Rechtsdogmatik.[149] Der Anspruch der universitären Juristenausbildung, wissenschaftlich zu sein und sich insoweit von einer allein anwendungs- und wissensorientierten Fachhochschulausbildung qualitativ zu unterscheiden, gründet in der Theoriegeleitetheit der Ausbildung. Wer in Lehrbüchern auf „unnötigen theoretischen Ballast" verzichten will,[150] darf jedenfalls nicht auf Theorie zugunsten „praxisbezogener Fallbeispiele" überhaupt verzichten, soll nicht die Wissenschaftlichkeit der Jurisprudenz und damit ihre bzw. der Juristen Leistungsfähigkeit zur Lösung des Neuen gefährdet werden. Eine Rechtswissenschaft ohne Theorien ist eine naive Illusion.[151]

Damit ist noch nicht die Frage nach den Kriterien für die *Qualität einer Theorie* gestellt. Die Kriterien, die in den erklärenden Wissenschaften genannt werden (z.B. Tatsachenkonformität, Prüfbarkeit, Signifikanz, Fruchtbarkeit, Wahrheit, Genauigkeit, Einfachheit, Klarheit, Konsistenz, Widerspruchsfreiheit, Prognosefähigkeit, Reichweite[152]), können für die Rechtswissenschaft teilweise nur modifiziert einschlägig sein. Neben der Richtigkeit der Wertung i.S. von Problem- oder Konfliktangemessenheit, der systematischen Widerspruchsfreiheit und Wertungskonsistenz i.S. von Verträglichkeit mit dem System des geltenden Rechts (keine logischen oder Wertungswidersprüche zum oder unbegründeten Ausnahmen vom geltenden Recht)[153] hat wohl auch die Einfachheit von Systematisierungsleistungen oder von Ideen[154] ein

---

S. 1099ff.; s. auch bilanzierend: *W. Hoppe*, Grundfragen des Planungsrechts. Ausgewählte Abhandlungen, 1998.

[148] Der individuelle Abbau „kognitiver Dissonanzen" führt tendenziell zur Geringschätzung dessen, was man selbst wissenschaftlich nicht betreibt oder beherrscht.

[149] Vgl. näher *E.-W. Böckenförde*, Die Eigenart des Staatsrechts und der Staatsrechtswissenschaft (1983), in: ders. Staat, Verfassung, Demokratie, 1991, S. 11ff. (20ff.); *R. Dreier*, Theoriebildung (Fn. 141), S. 85ff., 94ff.; zuletzt *Brohm*, Kurzlebigkeit (Fn. 87), S. 1085f. u.ö.; s. auch *H. Schulze-Fielitz*, Rationalität als rechtsstaatliches Prinzip für den Organisationsgesetzgeber, in: P. Kirchhof u.a. (Hrsg.), Staaten und Steuern. FS für Klaus Vogel, 2000, S. 311ff. (312ff.).

[150] So z.B. (lobend) *H.-C. Sarnighausen*, Besprechung von Petersen, Umweltrecht (1999), NuR 2000, S. 360 = DVBl. 2001, S. 110f.; s. auch Nw. in Fn. 53.

[151] *Canaris* (Fn. 141), S. 390f.

[152] Vgl. zu solchen Kriterien z.B. *H.E. Longino*, Science as Social Knowledge. Values and Objectivity in Scientific Inquiry, Princeton 1990, p. 4; *R. Dreier*, Theoriebildung (Fn. 141), S. 83; *T.S. Kuhn*, Objektivität, Werturteil und Theoriewahl, in: ders., Die Entstehung des Neuen, 1978, S. 421ff. (422ff.).

[153] *Canaris* (Fn. 141), JZ 1993, S. 379, 385; *R. Dreier* ebd.

[154] Vgl. auch *P. Lerche*, Die „nicht-erlaubte" Betätigung und das Grundrecht der Berufsfreiheit, in: B. Großfeld u.a. (Hrsg.), FS für Wolfgang Fikentscher zum 70. Geburtstag, 1998, S. 541ff. (541).

eigenes Gewicht. Hinzu kommt das Ausmaß ihrer Fähigkeit, den materiellen Gerechtigkeitsgehalt zu verdeutlichen und auch produktiv-heuristisch neue praktische Einzelprobleme zu lösen;[155] daran fehlt es, wenn eine juristische Theorie das zu lösende Problem nicht in einen größeren Zusammenhang einordnen kann, wenn ihr Lösungsvorschlag keine Verbindung zu einer normativen Wertung oder einem Gerechtigkeitskriterium herstellt oder wenn sie für keinen Anwendungsfall eine abschließende Lösung durch Nennung aller notwendigen und hinreichenden Bedingungen formulieren kann. Insofern sind juristische Theorien auch überprüfbar.[156] Die Plausibilität solcher Kriterien läßt sich letztlich nur bei der konkreten dogmatischen Arbeit verdeutlichen.

### b) Elemente und Beispiele von theoretischer Vorgehensweise

Wegen der Vielfalt theoretischer Ebenen und Erscheinungsformen theoretisch angeleiteter Systematisierungsarbeit auch im Öffentlichen Recht lassen sich hier nur einige formale Elemente (Indikatoren) von Theoriearbeit illustrieren. Theorie ist eine *Systematisierung*, die nicht oder jedenfalls nicht nur wissenschaftliche Aussagen zu einzelnen Normen, Gesetzen oder Rechtsgebieten kompilatorisch addiert, sondern die Darstellung *entlang dogmatischer oder theoretischer Kategorien* leistet, die den verschiedenen Normen, Gesetzen oder Rechtsgebieten gemeinsam ist: Lehrbücher ohne solche „allgemeinen" Teile lassen vermuten, daß ihr Stoff nicht theoriegeleitet aufbereitet wird,[157] ebenso der Umstand, daß eine Gliederung mit jeder Neuauflage neu gestaltet wird. Im Besonderen Verwaltungsrecht kann oft ein verfassungsrechtlicher Vorspann solche systemleitenden Ordnungselemente vorgeben. Auch Monographien lassen, zumal in Gegenüberstellung mit gleichgerichteten Arbeiten, deutliche Unterschiede in der theoretischen Strukturierung erkennen.[158] Wenn sich z.B. Fragestellungen und Ergebnisse in Studien oft in verschiedenen Kapiteln oder Abschnitten häufig überschneiden oder wiederholen, dann ist das ein Indiz für eine mangelhafte systematische Ordnungsleistung.[159]

Es geht insgesamt um eine synthetisierende Zusammenführung scheinbar heterogener Gesichtspunkte unter gemeinsamen Ordnungsrastern. Man kann die Fähigkeit dazu übrigens gut an der *Art der Darstellung eines Meinungsstandes* zu einer Streitfrage ablesen, wie sie in jeder monographischen Abhandlung enthalten sein dürfte. Oft gibt

---

[155] In diesem Sinne *Canaris* (Fn. 141), JZ 1993, S. 378 f., 384; s. auch *Wagner* (Fn. 141), JuS 1963, S. 460 ff.; ferner *D. Simon,* Zwischen Wissenschaft und Wissenschaftspolitik: Helmut Coing (28. 2. 1912–15. 8. 2000), NJW 2001, S. 1029 (1032): „Anders als der Alltag und seine Menge meinen, denken die hervorragenden Juristen mehr ins Strategische und Politische als ins Prinzipielle und Begriffliche".

[156] Ausf. *Canaris* (Fn. 141), S. 386 ff.; *R. Dreier,* Theoriebildung (Fn. 141), S. 88 ff.

[157] Vgl. auch ausf. die Kritik von *J. Weitzel,* Geburtswehen im Abschied von Staat und Gesetz, in: Rechtshistorisches Journal 19 (2000), S. 63 ff. (66 ff., 71 ff.) mit positivem Gegenbild ebd. S. 76 ff., am Beispiel von K.S. Bader/G. Dilcher, Deutsche Rechtsgeschichte, 1999; s. auch *v. Bogdandy* (Fn. 42), Der Staat 40 (2001), S. 34, 40 f.

[158] Vgl. z.B. einerseits *J. Alshut,* Der Staat in der Rechtsprechung des Bundesverfassungsgerichts, 1999; andererseits dessen Rezension durch *C. Möllers,* Die Verwaltung 34 (2001), S. 161 ff. und *ders.,* Staat als Argument, 2000.

[159] Vgl. z.B. *K. Stüwe,* Die Opposition im Bundestag und das Bundesverfassungsgericht, 1997, und die krit. Rezension von *S. Kropp,* ZParl 29 (1998), S. 545 ff. (546).

es dabei eine Form der Präsentation, die chronologisch nach den Stimmen der Autoren nach dem Schema gliedert: Meier sagt ..., Müller sagt ..., Schulze sagt ...; gerade historisch inspirierte Autoren folgen regelmäßig diesem Gliederungsprinzip.[160] Eine theoretisch durchdrungene Darstellung gliedert primär entlang von Sachproblemen oder Argumenten, die entlang der Argumente pro und contra aufgelistet werden, so daß Müller, Meier, Schulze usw. möglicherweise mehrfach in ganz unterschiedlichen Zusammenhängen in Bezug genommen werden; diese zweite Darstellungsart scheint mir außerhalb der Geschichte im Regelfall eine größere Theorienähe zu indizieren.[161]

Ein anderes Element von Theoriearbeit ist die Sicherheit, wesentliche und unwesentliche Argumente auseinanderzuhalten; mitunter verlieren sich Darstellungen in den Einzelheiten, die zweifeln lassen, ob der Gedankenführung damit nicht eher geschadet wird. Dieser *Sinn für das Wesentliche* ist ja nichts anderes als Ausdruck für die theoretische Fähigkeit, das Gewicht von Argumenten im Gang der Darstellung sachbereichsspezifisch unterscheiden und sachadäquat gewichten zu können. So darf man zumindest leise zweifeln, ob eine Habilitationsschrift zum bundesstaatlichen Finanzausgleich in Deutschland durch eine breite historische Aufarbeitung der Vorläufer im Altertum (inkl. Altägypten), im Heiligen Römischen Reich Deutscher Nation sowie der Entwicklung bis 1871 wirklich substanziell gewinnt.[162]

Ein weiteres Element ist die sichere *Handhabung unterschiedlicher Perspektiven* i.S. eines Perspektivenwechsels der Argumentationsebenen. Dazu gehört, daß man die empirisch-analytische, präskriptiv-normative und die rechtsnormative Argumentationsebene auseinanderhalten kann und nicht vermengt, daß man zwischen bloß analytischen Unterscheidungen und realen Sachverhalten in ihrem Zusammenhang unterscheiden kann, daß man auch sonst die argumentative „Kleiderordnung" wahren und rechtsdogmatische Argumente i.e.S. von interdisziplinär abgeleiteten Argumenten sozialtheoretischer oder rechtspolitischer Art (zumindest analytisch!) unterscheiden kann. Dazu gehört auch ein Sinn für die juristischen Methoden: *Methodenbewußtsein* zeigt sich nicht nur darin, daß man die herkömmlichen Auslegungsmethoden beherrscht oder ausdrücklich anwendet, sondern auch darin, daß man auf einer Metaebene der Argumentation auch die relativen Grenzen juristischer Methodik[163] erkennt und auch erkennen läßt. Für mich ist zudem eine rein rechtsdogmatisch introvertierte Wissenschaft des Öffentlichen Rechts, die sich ihre *interdisziplinäre Anschlußfähigkeit* durch Argumentationsverbote bewußt abschneidet, von vornherein theoriener (und in ihrer hermetischen Verschlossenheit anfällig für Qualitätsschwächen) als eine Wissenschaft des Öffentlichen Rechts, die in interdisziplinärer Offenheit die

---

[160] Vgl. z.B. *W. Kahl,* Die Staatsaufsicht, 2000, S. 102ff., 129ff., 150ff., 197ff., 243ff., 284ff.

[161] Vgl. den Wechsel des Gliederungsprinzips bei *Kahl,* Staatsaufsicht (Fn. 160), S. 347ff. Vgl. jüngst exemplarisch den unterschiedlichen Problemzugang bei *H. Dreier* und *W. Pauly,* Die deutsche Staatsrechtslehre in der Zeit des Nationalsozialismus, VVDStRL 60 (2001), S. 9ff. (24ff., 32ff.) bzw. S. 73ff. (76ff.).

[162] Vgl. *J. W. Hidien,* Der bundesstaatliche Finanzausgleich in Deutschland, 1999, S. 91ff. Schon eine Einführung von 60 Druckseiten, davon 18 zu „Wort und Begriff" (ebd. S. 50ff.) läßt Redundanzen erahnen.

[163] Vgl. jetzt (auf der Objektebene) für das Verfassungsrecht ausf. *M. Jestaedt,* Grundrechtsentfaltung im Gesetz, 1999.

verschiedenen Argumentationsebenen methodenbewußt handhabt und dadurch Perspektivenwechsel erlaubt.[164]

Eine andere Form der *Selbstbeschneidung der eigenen Theoriefähigkeit* liegt in einer zu starken oder *falschen Spezialisierung*. Jeder Wissenschaftler im Öffentlichen Recht muß sich angesichts der Stoffmassen spezialisieren, doch kann er das auf eine „falsche" Weise tun. Mir scheint es sehr wichtig zu sein, sich auf verschiedenen Ebenen und unähnlichen Rechtsgebieten zu spezialisieren, weil bei der notwendigen gegenseitigen systematischen Kontrolle nicht die bestätigende Einheit, sondern Kontraste theoretisch weiterführen. Nur wer Verfassungsrecht und Allgemeines Verwaltungsrecht und spezielle Bereiche des Besonderen Verwaltungsrechts (jeweils unter Einbeziehung des Europarechts) wissenschaftlich pflegt, behält den Sinn für die Hierarchien in der Rechtsordnung und die Gesamtheit der Verwaltungszusammenhänge; nur wer indessen zwei unterschiedliche Gebiete des Verwaltungsrechts verfolgt, erkennt Dissonanzen und unterschiedliche Entwicklungen. Wenn man sich die ganz großen Autoren in unserem Fach ansieht, so fällt auf, daß sie prinzipiell in der gesamten Breite des Öffentlichen Rechts zu publizieren suchen, auch auf die Gefahr hin, daß sie einmal die eine oder andere landesgesetzliche Abweichung im Detail übersehen, auf die es unter dem Gesichtspunkt der gewählten Theorieebene letztlich oft auch gar nicht ankommt. Alle vorgenannten Erscheinungen theoretischer Arbeit am Öffentlichen Recht lassen sich lehrhaft etwa an Veröffentlichungen von *Eberhard Schmidt-Aßmann*[165] oder auch *Rainer Wahl*[166] und *Hans D. Jarass*[167] beobachten.

### 3. Die Originalität und der innovative Charakter

#### a) Allgemeine Bedeutung

Mit wissenschaftlicher Forschung verbindet sich als zentrales Ziel, etwas Neues herauszufinden; *H.-H. Trute* will deshalb den Begriff der Forschung i.S. von Art. 5 Abs. 3 GG als Handeln mit der Absicht der Generierung neuen Wissens gesondert hervorhe-

---

[164] Vgl. zur Notwendigkeit von Interdisziplinarität *Mittelstraß*, Häuser (Fn. 122), S. 40 ff., 107 ff., 170 ff. u. ö.

[165] Vgl. vor allem die Synthese von *E. Schmidt-Aßmann*, Das allgemeine Verwaltungsrecht als Ordnungsidee, 1998; s. dazu auch die Rezensionen von *J. v. Bargen*, VBlBW 2001, S. 36 ff., *T. v. Danwitz*, DVBl. 2000, S. 1231 f. sowie *meine* Rezension in: JZ 1998, S. 1163 ff.

[166] Vgl. etwa zu dessen diskussionsprägender Bandbreite *R. Wahl*, Die Entwicklung des deutschen Verfassungsstaates bis 1866, in: HStR I (Fn. 71), § 1; *ders.*, Genehmigung und Planungsentscheidung, DVBl. 1982, S. 51 ff.; *ders.*, Der Vorrang der Verfassung, Der Staat 20 (1981), S. 485 ff.; *ders.*, Risikobewertung der Exekutive und richterliche Kontrolldichte – Auswirkungen auf das Verwaltungs- und das gerichtliche Verfahren, NVwZ 1991, S. 409 ff.; *ders.*, Die doppelte Abhängigkeit des subjektiven Öffentlichen Rechts, DVBl. 1996, S. 641 ff. oder die laufenden Kommentierungen des GenTG im *Landmann/Rohmer*.

[167] S. aus neuerer Zeit etwa *H.D. Jarass*, Elemente einer Dogmatik der Grundfreiheiten II, EuR 35 (2000), S. 705 ff.; *ders.*, Europäisierung des Planungsrechts, DVBl. 2000, S. 945 ff.; *ders.*, Inhalts- und Schrankenbestimmung oder Enteignung? – Grundfragen der Struktur der Eigentumsgarantie, NJW 2000, S. 2841 ff.; *ders.*, Nichtsteuerliche Abgaben und lenkende Steuern unter dem Grundgesetz, 1999; *ders.*, Bindungswirkungen von Verwaltungsvorschriften, JuS 1999, S. 105 ff.; *ders.*, Folgerungen aus der neueren Rechtsprechung des BVerfG für die Prüfung von Verstößen gegen Art. 3 I GG, NJW 1997, S. 2545 ff.

ben und von anderen wissenschaftlichen Betätigungen abgrenzen.[168] Auch für öffentlich-rechtliche Forschung ist ihr innovativer Charakter ein zentrales Charakteristikum und Ziel. Das höchste Qualitätskriterium lautet „innovativ".[169] Wann ist etwas „innovativ"? Ein neuer Gedanke wird „geboren" und entfaltet, eine neue Sichtweise vielleicht an sich schon bekannter Tatsachen oder Theoreme wird auf Begriffe gebracht und stellt sich so als ein wesentlicher Erkenntnisfortschritt dar, doch es wird ein Zusammenhang hergestellt und als neues Muster gesehen, wie man es vorher so noch nicht gesehen hat.[170] Eine zentrale Rolle spielt dabei das Gleichsetzen von Ungleichem durch Metaphern oder Überlegungen zur Ähnlichkeit von unterschiedlichen Problemen oder ihren Lösungen.[171] Darin kann zunächst eine gewisse „Einseitigkeit" liegen, insofern sich ein innovativer Vorstoß oft gegen eine überwiegende, erst noch überzeugende Gegenmeinung richtet. Der dabei mehr oder weniger geforderte „Mut"[172] mag sich oft nur mittel- oder langfristig „auszahlen"; risikoärmer ist es, die herrschenden Meinungen auf hohem Argumentationsniveau zu bestätigen, denn zur Entscheidungsvorbereitung bedarf es des Sich-Vergewisserns von Entscheidungsgrundlagen und dabei auch der Bildung eines Konsenses; doch ist das oft weniger innovativ i.S. einer ganz neuen Sichtweise. Man kann das personalisieren: Für die meisten bedeutenden Wissenschaftler des Öffentlichen Rechts gilt, daß sich mit ihnen (auch in der Wahrnehmung von Nicht-Spezialisten) ein ganz bestimmter innovativer Gedanke oder eine (z.B. rechtsdogmatische These) verbindet, an der sich die Originalität dieses einzelnen Wissenschaftlers[173] exemplifizieren läßt. Oder man kann das objektivieren: Für die meisten bedeutenden Abhandlungen gilt, daß sich ihr „roter Faden" oder ihre „Kernthesen" auf einen prägnanten Grundgedanken zuspitzen lassen, der die innovative Stoßkraft plastisch verdeutlicht.

Man könnte nun zu der Annahme verleitet sein, Innovationen seien mit grundlegenden Paradigmenwechseln i.S. von *Thomas S. Kuhn* verbunden, gleichsam kopernikanische Wenden auch in der Rechtswissenschaft;[174] aber nach diesem (zu) strengen Maßstab wäre Wissenschaft nur sehr selten innovativ – offensichtlich gibt es auch kleinere innovative Erkenntnisfortschritte weit unterhalb der Ebene „nobelpreisverdächtiger" Innovationen, im Rahmen der „normalen Wissenschaft" i.S. von *Kuhn*. Innovationen darf man auch nicht mit „völlig neu" gleichsetzen: Ähnlich wie Revolutionen

---

[168] *H.-H. Trute*, Die Forschung zwischen grundrechtlicher Freiheit und staatlicher Institutionalisierung, 1994, S. 111 ff.

[169] Auch die Freiburger Leitlinien zur Sicherung guter wissenschaftlicher Praxis vom 16. 12. 1998 (WissR 33 [2000], S. 227 ff.) sehen als maßgeblich „eine originelle Fragestellung oder deren originelle Lösung" an, vgl. ebd. S. 234.

[170] Vgl. auch *H. Dölle*, Juristische Entdeckungen, in: Verhandlungen des 42. DJT, Band 2, 1959, Teil B, S. 1 ff.

[171] *K. Knorr-Cetina*, Die Fabrikation von Erkenntnis, 1984, S. 92 ff. (am Beispiel der Naturwissenschaften).

[172] Eindrucksvoll vor dem Hintergrund des seinerzeit dominierenden Klimas etwa *A. Hollerbach*, Auflösung der rechtsstaatlichen Verfassung?, AöR 85 (1960), S. 241 ff.

[173] Veröffentlichungen in Koautorenschaft sind, soweit ersichtlich, jedenfalls in der Rechtswissenschaft selten von überragender Innovationskraft, so wie – umgekehrt – Veröffentlichungen bedeutender Wissenschaftler in Koautorenschaft mit ihren Assistenten ihr früheres Niveau als Alleinautoren keineswegs per se gewährleisten. Zu einigen Gründen *v. Münch*, Teamwork (Fn. 52), S. 9 f.

[174] Vgl. *Kuhn*, Struktur (Fn. 31), S. 128 ff. und in diesem Sinne auch *Dölle*, Entdeckungen (Fn. 170), S. 2 f., 16, 21 u. ö. mit sehr grundlegenden Beispielen aus dem Zivilrecht und Internationalem Privatrecht.

immer nur einen kleinen Ausschnitt der Wirklichkeit grundstürzend verändern und im übrigen weit mehr unverändert lassen, so ruhen auch die neuesten Theorien und Dogmen einer Wissenschaft stets auf gewissen gesicherten Grundlagen; personal gewendet: Jede neue Wissenschaftlergeneration läßt sich als Generation von „Zwergen auf den Schultern von Riesen"[175] verstehen. Auch gibt es sehr unterschiedliche Erscheinungsformen von Innovationen, die auf sehr verschiedenen theoretischen Ebenen angesiedelt, aber auch durch sehr verschiedene praktische Dimensionen gekennzeichnet sein können; gemeinsam ist allen Innovationen, daß etwas neu geformt und nicht nur eklektizistisch und additiv zusammengestellt wird, und sei es nur die Feststellung der „h.M." als eines normativen Faktors. Schließlich sind Innovationen unterschiedlich erfolgreich, weil die Schnelligkeit ihrer Rezeption in Wissenschaft oder Praxis von im weitesten Sinne rechtskulturellen Rahmenbedingungen abhängt, die durchaus unabhängig vom wissenschaftlichen Rang der jeweiligen Innovation sind.[176] Sie führen zu dem Umstand, daß man zwischen kurz- und langfristigen Innovationswirkungen unterscheiden muß. Nachstehend möchte ich einige Erscheinungsformen illustrativ erläutern, die im Öffentlichen Recht Innovationen anzeigen können.

### b) Themenwahl

Die Wahl eines neuen Themas, wie sie in einem Arbeitstitel zum Ausdruck kommt, scheint per se den innovativen Charakter anzudeuten. Das gilt am ehesten für Zeitschriftenaufsätze. Die verbreitete Furcht von Doktoranden, „ihr" Thema könne auch von einem anderen behandelt werden, ist indessen regelmäßig überflüssig,[177] weil in aller Regel nicht das äußere Thema i.S. des Arbeitstitels, sondern weil die Art der Problembehandlung die Qualität der Arbeit ausmacht, und diese selbst bei zehn verschiedenen Arbeiten zum selben Thema sich immer noch stark unterscheiden können, zumal wenn es sich um theoretisch anspruchsvolle Arbeiten handelt; das Arbeitsthema selbst ist nur der Rahmen für die substantielle Innovation in der Ausführung. Natürlich gibt es auch hier Ausnahmen: Man denke an die frühe Themenwahl für die sehr gründliche, interdisziplinär angelegte, lange Vorarbeit anzeigende Jenaer Dissertation von *Wolfgang Kopke* über die Rechtschreibreform,[178] die gerade in dem Augenblick auf dem Markt erschien, als die Rechtschreibreform in der Alltagspraxis realisiert wurde. Ohne diese Dissertation hätte die juristische Diskussion um die Rechtschreibreform in Tiefgang und Ergebnis gewiß völlig anders ausgesehen. Auch Habilitationsschriften können wissenschaftlich vernachlässigte Rechtsbereiche erstmals gründlich aufbereiten.[179] Auch sonst gibt es sehr zahlreiche Aufsätze, die ein Rechtsproblem ganz neu konstituieren[180] oder einfach ein sich neu stellendes Problem erstmals und zugleich systematisch

---

[175]  Vgl. *R.K. Merton*, Auf den Schultern von Riesen (1965), dtsch. 1980.

[176]  S. noch näher bei Fn. 277ff. und 318ff.

[177]  Anders, wenn zu demselben, konkret abgrenzbaren Thema mehr als drei Dutzend Dissertationen in Arbeit sind, wie das z.B. bei der Öko-Audit-Verordnung der Fall war.

[178]  *W. Kopke*, Rechtschreibreform und Verfassungsrecht, 1995; s. auch *G. Dilcher*, Die juristischen Bücher des Jahres – eine Leseempfehlung, NJW 1996, S. 3256 (3259f.); *J. Menzel*, Rezension von Kopke, Rechtschreibreform und Verfassungsrecht (1995), WissR 32 (1999), S. 298ff. (302): „Pionierstück".

[179]  Vgl. z.B. *M.-E. Geis*, Die öffentliche Förderung sozialer Selbsthilfe, 1997.

[180]  Vgl. z.B. *O. Depenheuer*, Zufall als Rechtsprinzip?, JZ 1993, S. 171ff.

grundlegend aufgreifen und insoweit durch ihre Vertiefung der Diskussion innovativ wirken können.[181] Auch Monographien in zeitlich bemessenem Abstand zu bestimmten Ereignissen lassen mitunter einen Kausalzusammenhang vermuten.[182]

Hinter dem Begriff „Themenwahl" verbergen sich indessen höchst unterschiedlich abstrakte Fragestellungen bis hin zu der allgemeinen Entscheidung, ob man den Schwerpunkt einer Studie mehr im Verfassungsrecht oder mehr im Verwaltungsrecht setzen möchte. So scheint es im vergleichenden Blick auf neuere Habilitationsschriften eine deutliche Schwerpunktsetzung bei verfassungsrechtlichen Fragestellungen zu geben, nicht aber bei verwaltungsrechtlichen Themen; diese Entwicklung dürfte aber gerade umgekehrt proportional zum innovativen Charakter der Arbeiten verlaufen, lassen sich doch die wissenschaftlich besonders spannenden Innovationen eher in verwaltungsrechtlichen Studien bzw. auf der Ebene des konkreten Alltagshandelns der Verwaltung im Wandel moderner Staatlichkeit entdecken.[183] Möglicherweise gilt in bestimmten theoretischen Kreisen oder „Schulen" der Staatsrechtslehrer (vielleicht auch wegen des Vorranges der Verfassung) verfassungsrechtliche Theoriebildung als anspruchsvoller. Indessen dürfte schon angesichts des Wachstums der Komplexität der Probleme und ihres Rechts gerade nicht (mehr) die Spezialisierung auf bestimmte Rechtsgebiete, sondern die Betrachtung der Verschränkungen und Rückkoppelungen zwischen den Feldern des Besonderen Verwaltungsrechts, des Allgemeinen Verwaltungsrechts, des Verfassungsrechts bis hin zu den Folgen der Europäisierung einschließlich der Wechselverhältnisse zum Privatrecht den Weg zur wirklich innovativen Fortentwicklungen weisen; diese dürften gerade an den Nahtstellen zwischen den Rechtsgebieten oder ihren Verflechtungsbereichen verlaufen. Deshalb erscheinen auch reine Studien zum Verfassungsrecht ohne Berücksichtigung von dessen Durchwirkung vom Europarecht her tendenziell immer weniger ertragreich.[184]

Regelmäßig ist der innovative Charakter eines Forschungsergebnisses der inhaltlichen Gestaltung einer Studie zu entnehmen, nicht dem Arbeitsthema oder dem Titel für das Buch oder den Aufsatz, so sehr es auch insoweit originelle Titel[185] und weniger

---

[181] Vgl. besonders deutlich z.B. die Abhandlungen im Zuge der Wiedervereinigung 1989ff. oder in Reaktion auf sonstige plötzlich völlig neu entstehende Rechtsprobleme in der Praxis; zu den Gefahren s.u. nach Fn. 232ff.

[182] Vgl. z.B. *R. Mishra*, Zulässigkeit und Grenzen der Urteilsschelte, 1997, im Nachgang (u.a.) zu den ebd. S. 79ff. ausf. dargelegten Auseinandersetzungen um den Kruzifix-Beschluß von 1995.

[183] Vgl. schon *Schulze-Fielitz* (Fn. 78), Die Verwaltung 32 (1999), S. 253 m.w.N.

[184] Oder trügt der Eindruck, daß – etwas pauschal gesagt – in neuerer Zeit die eher etwas weniger ergiebigen Habilitationsschriften bei den „rein verfassungsrechtlichen" Studien zu verzeichnen sind? – Von eigenem Reiz wäre es, die unmittelbare Faszinationskraft von Art. 14 GG bzw. der einschlägigen Rechtsprechung des BVerfG gerade auch auf Habilitanden zu erklären, vgl. aus neuerer Zeit nur *U. Hösch*, Eigentum und Freiheit, 2000; *J. Rozek*, Die Unterscheidung von Eigentumsbindung und Enteignung, 1998; *J.-R. Sieckmann*, Modelle des Eigentumsschutzes, 1998; zuvor bereits *R. Wendt*, Eigentum und Gesetzgebung 1986; *A. v. Brünneck*, Die Eigentumsgarantie des Grundgesetzes, 1984; *H. Rittstieg*, Eigentum als Verfassungsproblem, 2. Aufl. 1976.

[185] Z.B. *E. Baden*, Wer hat nur die „Grundsätze des Berufsbeamtentums" hergebracht?, in: G. Köbler u.a. (Hrsg.), Europas universale rechtsordnungspolitische Aufgabe im Recht des dritten Jahrtausends. FS für Alfred Söllner, 2000, S. 87ff.; *A. Voßkuhle*, „Wer zuerst kommt, mahlt zuerst!" – Das Prioritätsprinzip als antiquierter Verteilungsmodus einer modernen Rechtsordnung, Die Verwaltung 32 (1999), S. 21ff.; *M. Böhm*, Der Normmensch, 1996; *J. Wieland*, Einen und Teilen, DVBl. 1992, S. 1181ff.; *J. Isensee*, Dienst nach Vorschrift als vorschriftswidriger Dienst, JZ 1971, S. 73ff.

originelle oder zu nüchterne („Grundprobleme …“, „Fragen der …“ usw.) geben
mag, und neue übergreifende Fragestellungen titelgebend sein können.[186] Hinter einem blassen Titel kann sich eine hochgradige Innovation verbergen,[187] aber auch das
Gegenteil. Als neueres Beispiel sei eine Habilitationsschrift genannt, deren Buchtitel
eine gewisse Verlegenheit verrät: „Über Freizügigkeit und Aufenthalt“;[188] er läßt
Kernthesen oder Zielrichtung der Studie im Beliebigen. Wer bei diesem Thema ge-
spannt Antworten auf die drängenden Rechtsprobleme der Gegenwart erwartet, die
sich mit den Folgen der personalen Mobilität in der EG (als ein Stichwort: „Schengener Abkommen“),[189] den Folgen des Fallens von Grenzen oder gar der Globalisierung
verbinden, wird schnell enttäuscht. In einem ersten Kapitel „Zu Aufgabenstellung
und Methode“ wird die völlige Ausklammerung des Europarechts damit gerechtfertigt, daß „eine Analyse doch immer nur auf der Rechtsprechung des EuGH aufbau-
en“ könne und deshalb „zu vorläufig nicht behebbaren Prognoseunsicherheiten hinsichtlich der Arbeitsgrundlage“ führe.[190] Darin liegt ein für eine Habilitationsschrift
bemerkenswerter programmatischer Verzicht auf Innovationen; sie hält es für wichtiger, auf 320 Druckseiten die Geschichte des Rechts auf Freizügigkeit vom Mittelalter
bis zum Grundgesetz nachzuzeichnen und auf weiteren 260 Seiten Art. 11 GG zum
bloßen Aufhänger zu nehmen, zu allen längst bekannten Problemen der neueren
grundrechtstheoretischen Diskussion Stellung zu beziehen. So ordentlich das auch
sein mag:[191] Diese inhaltliche Schwerpunktsetzung bei der (hier allein interessierenden) Themenwahl erscheint als eine wissenschaftsbezogene Variante von Schach-
blindheit, die bekanntlich gerade auch die Großmeister des Königlichen Spiels befal-
len kann.

### c) Begriffsprägungen

Wissenschaftliche Innovationen (auch im Öffentlichen Recht) können mit *prägenden Begriffsbildungen* verbunden sein. Sie können wie auch sonst in den Geisteswissenschaften zugleich starke Thesen formulieren, deren systematisch belegte wissenschaftliche Erforschung und Detaillierung offenbleibt und die gleichwohl höchst anregende
Impulse entfalten können – etwa die These *Carl Schmitts*, alle prägnanten Begriffe der
modernen Staatslehre seien historisch und systematisch-strukturell säkularisierte
theologische Begriffe;[192] deren Begriffsprägungen können als solche, verbunden mit
entsprechenden Belegen, aktuelle tiefenwirksame Entwicklungen im Öffentlichen
Recht besonders erhellend kennzeichnen. Allgemein spielen Begriffe, ihre Inhaltsbestimmung durch Auslegung und ihre klare Definition in der Rechtswissenschaft als an

---

[186] Man denke an *M. Kloepfer*, Vorwirkung von Gesetzen, 1974; *C. Pestalozza*, Formenmißbrauch des
Staates, 1973.
[187] Vgl. z.B. *H. Hofmann*, Rechtsfragen der atomaren Entsorgung, 1981, S. 258ff. (betr. „Langzeitrisiko
und Verfassung“) u.ö.
[188] *J. Ziekow*, Über Freizügigkeit und Aufenthalt, 1997.
[189] Vgl. kurz darauf *K. Hailbronner* (Hrsg.), 30 Jahre Freizügigkeit in Europa, 1998.
[190] *Ziekow*, Freizügigkeit (Fn. 188), S. 17f.
[191] Vgl. dazu die positive Rezension des für seine freimütige Kritikbereitschaft bekannten *H. Sendler*,
DÖV 1998, S. 609f.
[192] *Schmitt*, Theologie (Fn. 119), S. 43; vgl. zur systematisch wenig erforschten Plausibilität dieser These
auch *J. Kaube*, Eingriff in die Thesenkiste, FAZ vom 3.1. 2001, S. 43.

Texten orientierter Wissenschaft eine große Rolle. Wer die Begriffsbildung beein-flußt, prägt auch die Inhalte. Um so mehr gewinnen solche Begriffe besondere Be-deutung, die eine umfassende Entwicklung „auf den Begriff bringen": „Gelungene Wortschöpfungen sind ein Instrument zur Erringung von Meinungsmacht, ein Mittel geistiger Herrschaft",[193] aber zugleich auch Chiffren für neue Problemstellungen und Probiersteine für juristische Phantasie und Kreativität. Die „Daseinsvorsorge" (*Ernst Forsthoff*) als Aufgabe des modernen Leistungsstaats ist ein solches berühmtes Beispiel für einen Begriff, der eine fundamentale Veränderung des Staates und seiner Verwal-tungsaufgaben auf ein bis heute benutztes und eingängiges Schlagwort reduzieren konnte.[194] Es gibt zahlreiche begriffliche Neuschöpfungen, die einen bestimmten Sachverhalt bzw. ein besonderes Problem besonders prägnant kennzeichnen und eben deshalb als Kurzformel allgemein gebräuchlich werden, obwohl Sachverhalt und Pro-blem an sich „bekannt" gewesen sein mögen. Bestimmte innovative Begriffsschöp-fungen wie *Georg Jellineks* „normative Kraft des Faktischen", die uns heute selbstver-ständlich erscheinen, mußten eben erst einmal neu er- und gefunden werden, z.B. von *Hans Peter Ipsen* Begriffe wie „Staatszielbestimmung"[195] oder „Landes-Blindheit" der Gemeinschaftsverträge[196] oder von *Konrad Hesse* die Begriffe „praktische Konkor-danz" oder auch der „unitarische Bundesstaat".[197] Es gibt „geflügelte Worte" aus Bü-chern oder Aufsätzen, deren Inhalt und Urheber man einfach kennt, weil sie nicht nur den jeweiligen Inhalt, sondern die zentrale innovative Erkenntnis und These der Ab-handlung auf einen unmittelbar einsehbaren Begriff bringen, z.B. die „offene Gesell-schaft der Verfassungsinterpreten"[198] im Rahmen einer „Verfassung als öffentlicher Prozeß"[199] oder „Vorverständnis und Methodenwahl",[200] mitunter auch kurze Sät-ze.[201] Begriffe ohne Inhalte sind leer; solche Prägungen aber bringen bestimmte In-

---

[193] *M. Kloepfer*, Environmental Justice und geographische Umweltgerechtigkeit, DVBl. 2000, S. 750ff. (750). Das gilt auch für die Rechtsprechung, vgl. am Beispiel des BVerfG: *E. Denninger*, Verfassungsrecht-liche Schlüsselbegriffe, in: C. Broda u.a. (Hrsg.), Festschrift für Rudolf Wassermann zum sechzigsten Ge-burtstag, 1985, S. 279ff. (288ff.).

[194] S. näher *Schmidt-Aßmann*, Verwaltungsrecht (Fn. 165), S. 148f. m.w.N.

[195] *H.P. Ipsen*, Über das Grundgesetz (1950), S. 8, auch in: ders., Über das Grundgesetz, 1988, S. 1ff. (8).

[196] *H.P. Ipsen*, Als Bundesstaat in der Gemeinschaft, in: E. v. Caemmerer u.a. (Hrsg.), Probleme des eu-ropäischen Rechts. FS für Walter Hallstein, 1966, S. 248ff. (256ff.); s. auch die späte Befriedigung über die Wirksamkeit von weiteren seiner von ihm so genannten „Hobby-Erfindungen" (z.B. „Junctim-Klausel", „Drittwirkung") bei *H.P. Ipsen*, Besprechung von Sachs (Hrsg.), Grundgesetz (1996), DVBl. 1996, S. 1067ff. (1069).

[197] Vgl. Fn. 129 bzw. *K. Hesse*, Der unitarische Bundesstaat (1962), in: ders., Ausgewählte Schriften, 1984, S. 116ff.

[198] *P. Häberle*, Die offene Gesellschaft der Verfassungsinterpreten, JZ 1975, S. 297ff.

[199] Vgl. Fn. 67.

[200] *J. Esser*, Vorverständnis und Methodenwahl, 2. Aufl. 1992.

[201] Wie oft liest man – mitunter nach Bedarf leicht abgewandelt – das suggestive Böckenförde-Zitat aus der Forsthoff-Festschrift von 1967: „Der freiheitliche, säkularisierte Staat lebt von Voraussetzungen, die er selbst nicht garantieren kann" (vgl. *Böckenförde*, Recht [Fn. 67], S. 112; s. auch dessen Variationen in der Arndt-Festschrift von 1969 ebd. S. 168f., und im Staatsrechtslehrerreferat: *ders.*, Das Grundrecht der Ge-wissensfreiheit, VVDStRL 28 [1970], S. 33ff. [80])! Es benennt prägnant ein theoretisch „nicht lösbares" Problem; s. aber auch das Gegenplädoyer für eine staatliche Pflege der Verfassungsvoraussetzungen z.B. bei *P. Kirchhof*, Die Einheit des Staates in seinen Verfassungsvoraussetzungen, in: O. Depenheuer u.a. (Hrsg.), Die Einheit des Staates, 1998, S. 51ff.

halte oder Entwicklungen auf den Begriff, auch wenn die Reputation der Autoren bei der Durchsetzung solcher Begriffe unterstützend wirken mag.

### d) Neuigkeitswert

Doch weder die Wahl eines Themas noch die Prägung eines Begriffs bilden die entscheidenden Innovationen im Öffentlichen Recht, schon weil ihre Wirksamkeit auf der überzeugenden Entfaltung eines neuartigen Argumentationszusammenhangs beruht. Entscheidend ist dieser neuartige Argumentationszusammenhang als solcher. Er ist freilich nur sehr selten völlig neu, sondern besteht regelmäßig in der Reformulierung oder neuen Zusammensetzung bekannter Argumente, dogmatischer Figuren oder Sichtweisen (ähnlich wie sich bunte Steine im Kaleidoskop durch das Drehen zu immer neuartigen Mustern fügen) oder auch nur in der Erarbeitung neuer Fragestellungen, auch i.S. einer Formulierung neuer Probleme (nicht notwendig auch ihrer Lösungen).[202] Umgekehrt enthält wohl fast jede Dissertation und jeder Aufsatz irgendeinen „neuen" Gedanken oder eine eigene Akzentsetzung, und liege sie nur in der Ausführlichkeit einer Begründung; nur selten stößt man auf einen Aufsatz ohne einen einzigen völlig neuen Gedanken, der nicht schon zuvor in der unmittelbar einschlägigen Literatur formuliert war.[203] Aber wahrscheinlich fällt einem das auch überhaupt nur dort auf, wo man wie ich in diesem Fall – ganz untypisch und ausnahmsweise – aus Anlaß einer Kommentierung des neuen Art. 20a GG die gesamte einschlägige Literatur liest. Auch dann kann die wissenschaftliche Qualität gut sein, denn auch die Lösung eines Problems im Rahmen der bekannten Vorgaben des positiven Rechts oder der Rechtsdogmatik bzw. die nicht bloß abschreibende Darstellung einer Rechtslage kann qualitätsvoll und hilfreich sein; die „Innovation" liegt dann in der erstmaligen zusammenfassenden Darstellung. Entsprechend vielfältig sind die Erscheinungsformen und Qualitäten von Innovationen: Die Vielfalt des Neuartigen läßt sich deshalb nur unvollkommen typologisieren.

(aa) Insoweit ist zu denken an *theoretische Großentwürfe* etwa nach dem Vorbild der „Weimarer" staatstheoretischen Klassiker *Hermann Heller, Hans Kelsen, Carl Schmitt* oder *Rudolf Smend*; gibt es sie unter dem Grundgesetz, oder zehren wir letztlich noch immer von diesen früheren Grund-Legungen? Man wird sich z.Zt. innerhalb der „Zunft" kaum auf vergleichbare ausgearbeitete geschlossene Neuentwürfe einigen können, obwohl sie als eine „europäische Verfassungslehre"[204] in der Luft zu liegen scheinen. Stattdessen machen die Bezugnahmen auf große Gesellschaftstheorien etwa von *Niklas Luhmann* oder *Jürgen Habermas* zunehmend auch diese zu „Steinbrüchen" für öffentlich-rechtliche Innovationen.[205]

---

[202] Vgl. *Mittelstraß*, Häuser (Fn. 122), S. 43, 170f. Schon die Wahrnehmung von etwas als „neu" hängt auch vom sozialen Konsens ab, vgl. *J. Funke*, Kreatives Denken als Interaktionsprozeß, Forschung & Lehre 2001, S. 246ff. (248).

[203] Vgl. *A. Schink*, Umweltschutz als Staatsziel, DÖV 1997, S. 221ff.

[204] Vgl. die Begriffsbildung bei *P. Häberle*, Europäische Verfassungslehre in Einzelstudien, 1999.

[205] Vgl. z.B. die systemtheoretischen Anleihen bei *A. Scherzberg*, Die Öffentlichkeit der Verwaltung, 2000, S. 25ff., 75ff, u.ö.; allg. krit. zu unangemessener Rezeption der Systemtheorie *O. Lepsius*, Steuerungsdiskussion, Systemtheorie und Parlamentarismuskritik, 1999, S. 35ff., 52ff. u.ö.

(bb) Große Innovationen unter dem Grundgesetz erscheinen als systematische Neuentwürfe offenbar auf einer anderen Ebene: Unüberschätzbar ist wohl die im wahren Sinne grund-legende Leistung von *Günter Dürig* in seiner Kommentierung der Art. 1 und 2, 19 IV GG, später vielleicht des Art. 3 GG im Kommentar von *Maunz / Dürig:*[206] Hier wurde völlig Neues systematisch entfaltet, juristisch handhabbar gemacht, freilich in der ersten Generation der Staatsrechtslehre im ersten Jahrzehnt der Geltung des GG, als das vielleicht auch noch leichter möglich war; der Innovationswert heutiger Kommentare (zum Grundgesetz) muß unvergleichlich geringer sein. Damals war es auch noch möglich, ganz neue Klagearten oder Rechtsansprüche gegen die Verwaltung zu begründen.[207] Heute kann man solche „völlig neuen" (Ent-)Würfe nach jahrzehntelanger Vordiskussion nur noch sehr selten finden. Ziemlich neuartige Strukturierungsleistungen oder Versuche dazu fallen dann schon sehr positiv auf.[208]

(cc) Zwischenzeitlich prägt die innovative oder anregende Kraft der *Rechtsprechung* auch wissenschaftliche *Innovationen aufgrund von deren theoretischer Verarbeitung* entscheidend mit. Das kann in der Weise geschehen, daß die Ergebnisse der Judikatur theoretisch überhöht werden: *Peter Lerche* und *Peter Häberle* haben je auf ihre Weise die Abwägung als Konstante in der Verfassungsrechtsprechung der 50er Jahre, vor allem ausgelöst durch das Lüth-Urteil und das Apotheken-Urteil, innovativ auf eine theoretische Ebene gehoben.[209] Das kann auch im Blick auf einzelne Gerichtsurteile geschehen, die als solche von so großer innovativer Kraft waren, daß ihre Theoretisierung und Differenzierung wissenschaftliche Folgeinnovationen veranlaßt haben; man denke nur an die Entscheidungen des BVerwG zum planungsrechtlichen Abwägungsgebot[210] oder des BVerfG zur informationellen Selbstbestimmung[211] und die dadurch ausgelöste, selbst innovative wissenschaftliche Literatur. Schließlich können es einzelne dogmatische Figuren sein, die zu wissenschaftlichen Innovationen führen, z.B. die im Staatskirchenrecht entwickelte Kategorie des „Selbstverständnisses" der Religionsgemeinschaften, die *Martin Morlok* zu einer grundsätzlichen grundrechtsdogmatischen Kategorie zu verallgemeinern versucht hat.[212] Der justizorientierte Rechtsstaat der Bundesrepublik Deutschland spiegelt sich in solchen Antworten in Form von wissenschaftlichen Innovationen. Freilich gewinnen auch − umgekehrt − wissen-

---

[206] Vgl. Nw. Fn. 69.

[207] Vgl. z.B. *O. Bachof,* Die verwaltungsgerichtliche Klage auf Vornahme einer Amtshandlung (1951), 2. Aufl. 1968, S. 10ff. bzw. 98ff. betr. Verpflichtungsklage und Folgenbeseitigungsanspruch.

[208] Vgl. etwa aus neuester Zeit besonders *T. Groß,* Das Kollegialprinzip in der Verwaltungsorganisation, 1999; s. auch den erneuten Alleingang durch die „Eigernordwand" (*Luhmann*) von *R. Uerpmann,* Das öffentliche Interesse, 1999; ferner den Versuch zur Neubegründung einer „Kompensationsdogmatik" bei *A. Voßkuhle,* Das Kompensationsprinzip, 1999.

[209] *Lerche,* Übermaß (Fn. 129); *P. Häberle,* Die Wesensgehaltgarantie des Art. 19 Abs. 2 GG (1962), 3. Aufl. 1983. − Teilweise wird vertreten, die „eigentlichen Innovationen im Rechtsleben" kämen „heute in Deutschland von den Gerichten", so *G. Haverkate,* Rechtschöpfung, in: R.M. Holm-Hadulla (Hrsg.), Kreativität, 2000, S. 329ff. (341; s. auch 332ff.).

[210] BVerwGE 34, 301 (309); dazu *W. Hoppe,* Die Schranken planerischer Gestaltungsfreiheit (§ 1 Abs. 4 und 5 BBauG), BauR 1970, S. 15ff.; *Schulze-Fielitz* (Fn. 25), Jura 1992, S. 201ff.

[211] BVerfGE 65, 1 (41f.); übersichtlich *B. Holznagel,* Das Grundrecht auf informationelle Selbstbestimmung, in: B. Pieroth (Hrsg.), Verfassungsrecht und soziale Wirklichkeit in Wechselwirkung, 2000, S. 29ff.

[212] *M. Morlok,* Selbstverständnis als Rechtskriterium, 1993; s. auch speziell *G. Britz,* Kulturelle Rechte und Verfassung, 2000, S. 209ff., 244ff.

schaftliche Innovationen Einfluß über ihre Rezeption durch die Rechtsprechung,[213] die insoweit freilich auch Irrwege gehen kann.[214]

(dd) Innovationen erwachsen schließlich in *Antwort auf die Gesetzgebung*, die systematisiert und in einem übergreifenden theoretischen Zusammenhang eingeordnet wird. Man sehe nur einmal die Entwicklung im Umweltrecht als Beispiel nach mehreren Gesetzgebungswellen seit Beginn der 70er Jahre: Der erste Versuch teilgebietsspezifischer Zusammenfassungen in dem von *Jürgen Salzwedel* herausgegebenen Grundzüge-Band war innovativ[215], dann auch die zusammenfassenden Lehrbücher, vor allem *Michael Kloepfers* systematische Gesamtdarstellung,[216] und nun schließlich die wiederum innovativen Entwürfe einer Kodifikation des gesamten Umweltrechts durch beauftragte Sachverständige.[217]

(ee) Ferner erwachsen Innovationen aus der sensiblen *Beobachtung der Realität*. Diese kann völlig neuartige Konflikte und Probleme kreieren, die als solche erkannt werden müssen und dann eine Antwort der Rechtsordnung verlangen, auf die diese zunächst nicht unmittelbar vorbereitet ist bzw. bloß routiniert reagiert; gleichwohl muß sie rechtspolitisch, rechtdogmatisch und begrifflich neu justiert werden. Eine genaue empirische Bestandsaufnahme der vielfältigen pluralisierten Organisationsformen „der" Verwaltung[218] muß z.B. Rückwirkungen auf traditionelle Vorstellungen von der Einheit des Staates haben. Man kann ferner vermuten, daß die Entwicklung der Kommunikationsgesellschaft und in ihr das Internet auch rechtswissenschaftliche Innovationen fordern und fördern wird; die Erfindung des Begriffs „Informationsverwaltungsrecht" und seine Entfaltung durch *Rainer Pitschas* etwa scheint in diesem Sinne begrifflich und sachlich speziell für das Verwaltungsrecht neuartige innovative Wege zu weisen.[219]

(ff) Indessen erwachsen die wohl meisten Innovationen in der Rechtswissenschaft aus der internen *Re- oder Neukonstruktion von rechtsdogmatischen Figuren* und ihres An-

---

[213] Vgl. z.B. zu Grundrechten als Leistungsrechten BVerfGE 33, 303 mit *P. Häberle*, Grundrechte im Leistungsstaat, VVDStRL 30 (1972), S. 43 ff. (80 ff.); zum Untermaßverbot BVerfGE 88, 203 (254) und *J. Isensee*, Das Grundrecht als Abwehrrecht und als staatliche Schutzpflicht, in: ders./*P. Kirchhof* (Hrsg.), HStR V, 1992, § 111 Rn. 165; begrifflich grdl. *C.-W. Canaris*, Grundrechte und Privatrecht, AcP 184 (1984), S. 201 ff. (228).

[214] Vgl. z.B. zu Verwaltungsvorschriften im Umweltrecht als „antizipierten Sachverständigengutachten" BVerwGE 55, 250 (256 ff.) mit *R. Breuer*, Direkte und indirekte Rezeption technischer Regeln durch die Rechtsordnung, AöR 101 (1976), S. 46 ff. (82 ff.).

[215] Vgl. *J. Salzwedel* (Hrsg.), Grundzüge des Umweltrechts, 1982.

[216] *M. Kloepfer*, Umweltrecht, 1989; 2. Aufl. 1998.

[217] Zuletzt BUNR (Hrsg.), Umweltgesetzbuch (UGB-KomE), 1998.

[218] Vgl. *G. F. Schuppert*, Die Erfüllung öffentlicher Aufgaben durch verselbständigte Verwaltungseinheiten, 1981; *B.-O. Bryde*, Die Einheit der Verwaltung als Rechtsproblem, VVDStRL 46 (1988), S. 181 ff.; *H. Dreier*, Hierarchische Verwaltung im demokratischen Staat, 1991, S. 211 ff.

[219] Vgl. *R. Pitschas*, Allgemeines Verwaltungsrecht als Teil der öffentlichen Informationsordnung, in: W. Hoffmann-Riem/E. Schmidt-Aßmann/G. F. Schuppert (Hrsg.), Reform des Allgemeinen Verwaltungsrechts. Grundfragen, 1993, S. 219 ff.; *ders.*, Informationsverwaltungsrecht im Spiegel der Rechtsprechung, Die Verwaltung 33 (2000), S. 111 ff.; zu den Fortwirkungen dieser Impulse: *F. Schoch/H.-H. Trute*, Öffentlich-rechtliche Rahmenbedingungen einer Informationsordnung, VVDStRL 57 (1998), S. 158 ff. bzw. S. 216 ff.; *Schmidt-Aßmann*, Verwaltungsrecht (Fn. 165), S. 236 ff.; *Scherzberg*, Öffentlichkeit (Fn. 205), S. 385 ff.; *A. Voßkuhle*, Der Wandel von Verwaltungsrecht und Verwaltungsprozeßrecht in der Informationsgesellschaft, in: W. Hoffmann-Riem/E. Schmidt-Aßmann (Hrsg.), Verwaltungsrecht in der Informationsgesellschaft, 2000, S. 349 ff. (355 ff.).

wendungsbereichs sowie den daraus ableitbaren Problemlösungsvorschlägen. „Klassische" Beispiele für Figuren, um Recht handhabbar zu machen, sind zahllos: Ob im Staatsrecht *Dürigs* Objektformel zur Bestimmung des Inhalts von Art. 1 GG oder seine Konstruktion der „mittelbaren Drittwirkung"[220] oder ob im Verwaltungsrecht die auch aus genauer Beobachtung der empirischen Subventionspraxis gewonnene und bis heute diskussionsbestimmende „Zwei-Stufen-Theorie" von *H. P. Ipsen* betr. die Vergabe von Subventionen[221] – allenthalben sind solche prägenden dogmatischen Erfindungen zu Selbstverständlichkeiten geworden. Neben einzelnen dogmatischen Figuren sind diskussionsprägende *Systematisierungsleistungen* zu nennen, deren Evidenz zu ihrer breitenwirksamen Rezeption führt; man denke etwa an die bis heute verbreitete – gewiß nicht unproblematische – Typologisierung der verschiedenen Grundrechtstheorien durch *E.-W. Böckenförde*.[222] Heute geht es überwiegend wohl stärker um „Feinarbeit". Diese kann auf ganz unterschiedlichen Argumentationsebenen erfolgen. Man denke – wahllos aus der Vielzahl dogmatisch hervorragender Arbeiten herausgegriffen – auf der Ebene des Immissionsschutzrechts z.B. an *Trutes* Analyse des Vorsorgeprinzips in der Luftreinhalteplanung,[223] an die *Di Fabios* vorsichtige Verallgemeinerung arzneimittelrechtlicher Teilaussagen für ein allgemeines Verwaltungsrecht der Risikoverwaltung[224] oder auch an *Schochs* praktisch für das gesamte Verwaltungsrecht entfalteten Grundgedanken, bei der Risikoverteilung im einstweiligen Rechtsschutz sich an der materiell-rechtlichen Risikoverteilung im jeweiligen positiven Gesetz zu orientieren.[225] Gute Monographien enthalten meistens auch rechtsdogmatische Innovationen (von jeweils sehr unterschiedlich möglicher Reichweite); man denke an den Gedanken des normativen „Konfliktschlichtungsprogramms" beim verwaltungsrechtlichen Drittschutz in multipolaren Verwaltungsrechtsverhältnissen.[226]

(gg) Als neuere, immer stärker schubkräftige Energiequelle für Innovationen sprudelt schließlich zunehmend das *Europarecht* vor allem auf den Wirkungsebenen der Rechtsprechung des EuGH sowie der Primär- und der Sekundärrechtsetzung, aber auch auf der dadurch geförderten Ebene der Rechtsvergleichung[227], der der Rang einer „fünften Auslegungsmethode" bei der Interpretation nationalen Rechts zuwächst[228]. Alle Teilbereiche des Öffentlichen Rechts müssen theoretisch und prak-

---

[220] Vgl. *Dürig* (Fn. 69), Art. 1 Rn. 127ff. bzw. *ders.*, Grundrechte und Zivilrechtsprechung, in: T. Maunz (Hrsg.), Vom Bonner Grundgesetz zur gesamtdeutschen Verfassung. FS für Hans Nawiasky, 1956, S. 157ff.

[221] Vgl. grdl. *H. P. Ipsen*, Öffentliche Subventionierung Privater, 1956, S. 61ff., auch in: *ders.*, Öffentliches Wirtschaftsrecht, 1985, S. 92ff. (128ff.).

[222] *E.-W. Böckenförde*, Grundrechtstheorie und Grundrechtsinterpretation, NJW 1974, S. 1529ff.; s. zuletzt *Dolderer*, Grundrechtsgehalte (Fn. 124), S. 58ff. u.ö.

[223] *H.-H. Trute*, Vorsorgestrukturen und Luftreinhalteplanung im Bundesimmissionsschutzgesetz, 1989.

[224] *Di Fabio*, Risikoentscheidungen (Fn. 56), S. 445ff.

[225] *F. Schoch*, Vorläufiger Rechtsschutz und Risikoverteilung im Verwaltungsrecht, 1988.

[226] *M. Schmidt-Preuß*, Kollidierende Privatinteressen im Verwaltungsrecht, 1992, S. 8f., 247ff.

[227] Vgl. nur zur symptomatisch wachsenden Bedeutung der Rechtsvergleichung auch auf Staatsrechtslehrertagungen z.B. *E. Riedel*, Rechtliche Optimierungsgebote oder Rahmensetzung für das Verwaltungshandeln?, VVDStRL 58 (1999), S. 180ff. (209ff.); *T. v. Danwitz*, Arbeitsmarkt und staatliche Lenkung, VVDStRL 59 (2000), S. 99ff.; *G. Robbers*, Staat und Religion, VVDStRL 59 (2000), S. 231ff. (238ff.); s. auch noch näher unten bei Fn. 257ff.

[228] Vgl. *P. Häberle*, Grundrechtsgeltung und Grundrechtsinterpretation im Verfassungsstaat, JZ 1989,

tisch die Verbindungen von Gemeinschaftsrecht und nationalem Recht permanent beobachten: Das deutsche Rechtsstaatsmodell und mit ihm die deutsche Staatsrechtslehre sehen sich allenthalben dem Zwang ausgesetzt, die eigenen rechtlichen wissenschaftlichen Traditionen und rechtsdogmatischen Figuren gegenüber den europäischen Alternativen neu zu rechtfertigen, zu modifizieren und in die Darstellung des nationalen Rechts zu integrieren.[229] Mittelfristig dürften die nur scheinbar begrenzten Folgen z.B. der europäischen Umweltinformationsrichtlinie auf das gesamte, nach dem Prinzip der Aktenöffentlichkeit begrenzte deutsche Verwaltungshandeln gemäß dem Vorbild etwa der skandinavischen Staaten abfärben.[230] Doch handelt es sich dabei nur um einen Mosaikstein eines tiefgreifenden und unabsehbaren Innovationsschubes aus Europa,[231] der zu wechselseitigen Angleichungsprozessen führen kann.[232]

(hh) Die einfachsten Formen von Innovationen im Öffentlichen Recht ergeben sich aus Fragestellungen, die oft eher zufällig aus der Aktualität der alltäglichen Rechtspraxis erwachsen – eine neuartige politische Kontroverse, ein neues Urteil, ein neuartiger Interessenkonflikt mit der Verwaltung wird aufgegriffen und (erstmals) bearbeitet und pro und contra einem Entscheidungsvorschlag zugeführt. Insofern kann vieles „neu" sein, z.B. jede (zumindest jede erstmalige) Entscheidungsrezension; und doch besteht bei der Dominanz von solchen punktuellen, kaum zusammenhängenden Forschungsaktivitäten die Gefahr, daß sie Wissenschaft in „anwendungsnahe Rationalitäten" auflöst und das systematische, an Grundfragen orientierte Profil der öffentlich-rechtlichen Forschung verblassen läßt.[233]

## e) Interdisziplinäre Transferleistungen

Eine ganz wesentliche Quelle von rechtswissenschaftlichen Innovationen speist sich heute aus einem *interdisziplinären Transfer von Theorien oder Perspektiven durch Vergleich*;[234] eine introvertierte, rein rechtsdogmatische wissenschaftliche Perspektive verschlösse sich systematisch einer Hauptquelle für Innovationen, ohne daß Disziplinarität als zentrales Strukturmerkmal von Wissenschaft damit geleugnet oder gar aufgege-

---

S. 913 ff. (916 ff.), auch in: ders., Rechtsvergleichung im Kraftfeld des Verfassungsstaates, 1992, S. 27 ff. (36 ff.).

[229] Vgl. zu letzterem ansatzweise, entsprechend dem Gesamtkonzept des Kommentars, z.B. *H. Schulze-Fielitz*, in: H. Dreier (Hrsg.), GG II, 1998, Art. 20 (Rechtsstaat) Rn. 26 ff.

[230] Vgl. dazu auch *R. Priebe*, Anmerkungen zur Verwaltungskultur der Europäischen Kommission, Die Verwaltung 33 (2000), S. 379 ff. (399 ff.); *Scherzberg*, Öffentlichkeit (Fn. 205), S. 207 ff. (210 f.).

[231] Vgl. am Beispiel des Verfassungsrechts *H. Bauer*, Europäisierung des Verfassungsrechts, JBl. 2000, S. 750 ff.; des Allgemeinen Verwaltungsrechts *F. Schoch*, Die Europäisierung des Allgemeinen Verwaltungsrechts und der Verwaltungsrechtswissenschaft, in: Die Wissenschaft vom Verwaltungsrecht, 1999 (Beiheft 2 zu „Die Verwaltung"), S. 135 ff.; des Verwaltungsprozeßrechts *F. Schoch*, Die Europäisierung des verwaltungsgerichtlichen Rechtsschutzes, 2000; s. auch *M. Brenner*, Innovationssteuerung im Europarecht, in: W. Hoffmann-Riem/J.-P. Schneider (Hrsg.), Rechtswissenschaftliche Innovationsforschung, 1998, S. 351 ff.; ausf. *E. Schmidt-Aßmann/W. Hoffmann-Riem* (Hrsg.), Strukturen des Europäischen Verwaltungsrechts, 1999.

[232] Vgl. z.B. *T. Groß*, Konvergenzen des Verwaltungsrechtsschutzes in der Europäischen Union, Die Verwaltung 33 (2000), S. 415 ff.

[233] *Schmidt-Aßmann* (Fn. 39), JZ 1995, S. 3, im Anschluß an das Zitat von *Jürgen Mittelstraß*.

[234] S. allg. *A. Picot*, Zufall oder Gesetzmäßigkeit? Über die Entstehung des Neuen aus ökonomischer Sicht, Forschung & Lehre 2000, S. 10 ff. (12).

ben werden sollte: Rechtsphilosophische, sozialwissenschaftliche, historische oder gegenwartsbezogene Vergleiche und Rechtsvergleiche geben Anregungen, die sich in der wissenschaftlichen Systematik und Dogmatik auch des Öffentlichen Rechts niederschlagen, indem Stücke aus Theorien anderer Disziplinen herausgelöst und als Bausteine neuer Theorien verwendet werden, wobei sich in den neuen Kombinationen deren Bedeutung wandeln kann.[235] Das scheint mir für die auffällig anregenden „großen", d.h. nachhaltig wirksamen Innovationen besonders verbreitet zu gelten. Dazu je ein Beispiel für sechs verschiedene Dimensionen eines solchen Transferprozesses.

(aa) Die Habilitationsschrift von *Robert Alexy* über die Theorie der Grundrechte beruht u.a. auf der Fruchtbarmachung einer fundamentalen Unterscheidung zwischen Regeln und Prinzipien im Werk des amerikanischen Sozialphilosophen *Ronald Dworkin*, auf die *Alexy* als Rechtsphilosoph gestoßen war[236], und die er – modifiziert – in die Grundrechtsdogmatik transferiert hat:[237] Seine Anwendung auf die Grundrechte, nun neu verstanden als Optimierungsgebote, war eine zentrale Innovation für die deutsche Grundrechtsdogmatik, wie sie durch die Rechtsprechung des BVerfG geprägt wird – *Alexy* bestätigte letztlich die ja keineswegs unumstrittene einzelfallorientierte Abwägungsdogmatik der Judikatur und konnte zeigen, daß nach dem modernen Stand der Rechtstheorie entgegen aller Kritik die Abwägungsdogmatik gut gerechtfertigt werden kann.[238] Wichtig ist mir hier: Dieses war möglich durch die Modifizierung einer anregenden rechtstheoretischen These eines anerkannten Rechtsphilosophen und deren Übertragung (zunächst) in die deutsche Grundrechtsdogmatik; mittlerweile ist dieser Grundgedanke in zahlreiche andere Rechtsgebiete übertragen worden,[239] was mitunter wohl auch immer noch als innovativ gilt. Zur Erinnerung: Auch schon *Forsthoff* hatte seinen erwähnten Begriff der „Daseinsvorsorge" im Anschluß an des Philosophen *Karl Jaspers* Zeitdiagnosen über die Daseinsfürsorge in der Daseinsordnung gebildet.[240]

---

[235] Vgl. allg. *Lüdtke* (Fn. 31), Journal for General Philosophy of Science 1995, S. 109ff., 112. – Nicht zufällig sucht auch die DFG rechtswissenschaftliche Ansätze intra- und interdisziplinärer Forschung zu stärken, vgl. *Schmidt-Aßmann* (Fn. 39), JZ 1995, S. 5, 7ff.

[236] Vgl. *R. Alexy*, Zum Begriff des Rechtsprinzips, in: Rechtstheorie, Beiheft 1 (1979), S. 59ff. (jetzt in: *ders.*, Recht, Vernunft, Diskurs, 1995, S. 177ff.); *R. Dworkin*, Taking Rights Seriously, 1977; s. auch schon *J. Esser*, Grundsatz und Norm in der richterlichen Fortbildung des Privatrechts (1956), 4. Aufl. 1990.

[237] *R. Alexy*, Theorie der Grundrechte, 1984, S. 71ff.

[238] Vgl. jetzt zur Kritik *Jestaedt*, Grundrechtsentfaltung (Fn. 163), S. 241ff.

[239] Vgl. z.B. für das Planungsrecht (unter Federführung des BVerwG seit BVerwGE 71, 163ff.) *W. Hoppe*, Die Bedeutung von Optimierungsgeboten im Planungsrecht, DVBl. 1992, S. 853ff.; wohl zuerst *M. Pfeifer*, Der Grundsatz der Konfliktbewältigung in der Bauleitplanung, 1989, S. 35ff.; s. auch *H. Schulze-Fielitz*, in: H.-J. Koch/D.H. Scheuing (Hrsg.), GK-BImSchG, Losebl., § 50 Rn. 27ff. (1995); *T. Würtenberger*, Rechtliche Optimierungsgebote oder Rahmensetzungen für das Verwaltungshandeln?, VVDStRL 58 (1999), S. 139ff. (143ff.); zuletzt für die Prinzipien i.S. von Art. 79 Abs. 3 GG: *K.-E. Hain*, Die Grundsätze des Grundgesetzes, 1999, S. 95ff., 162ff.; für das Staatsorganisationsrecht *V. Mehde*, Regeln und Prinzipien im Recht der Staats- und Verwaltungsorganisation, Die Verwaltung 34 (2001), S. 93ff.

[240] Vgl. *K. Jaspers*, Die geistige Situation der Zeit (1931), neubearb. 5. Aufl. 1932, S. 27ff. (27 u.ö.), 73ff. (98 u.ö.); s. dazu (und zu begrifflichen Wurzeln bei *Hegel* und *Lorenz v. Stein*) *W. Meyer-Hesemann*, Methodenwandel in der Verwaltungsrechtswissenschaft, 1981, S. 86ff., 102ff.; *Pauly*, Staatsrechtslehre (Fn. 161), S. 98ff. und oben bei Fn. 194; s. auch allg. zur philosophischen Analyse als Vorphase von Innovationen in der Wissenschaftsgeschichte *Kuhn*, Struktur (Fn. 31), S. 123.

(bb) Die juristische Dissertation von *Eberhard Bohne* von 1981[241] entstand aus der Mitarbeit an einem sozialwissenschaftlichen Forschungsprojekt über das Vollzugsdefizit im Umweltrecht[242] und versuchte die Beobachtung rechtlich zu verarbeiten, daß sich im Rahmen des Vollzuges des Immissionsschutzrechts paralegal verschiedene Praktiken von Absprachen verbreitet hatten, die weder vom Gesetz so vorgesehen noch diesem immer zuträglich waren, und die der Autor „informal" nannte. Aus diesen Studien zur Implementationsforschung[243] entwickelten sich „Anstöße für Perspektivenveränderungen" auch für die Verwaltungsrechtslehre.[244] *Wolfgang Hoffmann-Riem* hat diese Untersuchungen in sein Staatsrechtslehrerreferat von 1981 aufgenommen und vertieft,[245] ehe ein breiter Strom von Folgeveröffentlichungen das informale Verwaltungshandeln zu einem breit diskutierten Topos in der neueren verwaltungs(rechts)wissenschaftlichen Literatur werden ließ;[246] heute sind Abschnitte zum „informalen Verwaltungshandeln" zum Standard in Verwaltungsrechtslehrbüchern geworden.[247] Solche Kapitel gäbe es ohne den Transfer sozialwissenschaftlicher Analyse in die Verwaltungsrechtsdogmatik bis heute nicht; man lese nur einmal die unmittelbaren Reaktionen von damaligen Wortführern in der deutschen Staatsrechtslehre auf das Staatsrechtslehrerreferat von *Hoffmann-Riem* nach. Nicht nur *Hoffmann-Riem* ist bis heute unermüdlich dabei, solche innovativen Transformationsprozesse zu initiieren; die Aufwertung der Steuerungsperspektive für die moderne Verwaltungsrechtslehre nach den grundlegenden Anstößen durch *Gunnar F. Schuppert*[248] verdankt sich auch der Rezeptionsbereitschaft gegenüber der sozialwissenschaftlichen Steuerungsdebatte.[249] Etwas zugespitzt könnte man die gesamte neuere Reformdebatte um das Allgemeine Verwaltungsrecht auf solche sozialwissenschaftlich inspirierten Impulse zurückführen.[250] Generell erweisen sich nach meinem Eindruck auch sonst empiri-

---

[241] *E. Bohne*, Der informale Rechtsstaat, 1981; s. auch *ders.*, Informales Verwaltungs- und Regierungshandeln als Instrument des Umweltschutzes, VerwArch 75 (1984), S. 343ff.

[242] *R. Mayntz u.a.*, Vollzugsprobleme der Umweltpolitik, 1980.

[243] S. noch *R. Mayntz* (Hrsg.), Implementation politischer Programme I. Empirische Forschungsberichte, 1980; *dies.* (Hrsg.), Implementation politischer Programme II. Die Ansätze zur Theoriebildung, 1983.

[244] S. auch aus der Distanz von zwei Jahrzehnten: *W. Hoffmann-Riem*, Sozialwissenschaften im Verwaltungsrecht: Kommunikation in einer multidisziplinären Scientific Community, in: Die Wissenschaft vom Verwaltungsrecht, 1999 (Beiheft 2 „Die Verwaltung"), S. 83ff. (92f.).

[245] *W. Hoffmann-Riem*, Selbstbindungen der Verwaltung, VVDStRL 40 (1982), S. 187ff.

[246] Vgl. etwa mit ausf. Nw. *S. Tomerius*, Kooperatives Verwaltungshandeln und Demokratieprinzip – verfassungsrechtliche Strukturvorgaben am Beispiel informeller Absprachen im Genehmigungsverfahren, StWStP 8 (1997), S. 289ff.; s. die Bilanz bei *H. Dreier*, Informales Verwaltungshandeln, StWStP 4 (1993), S. 647ff.

[247] Vgl. *H.-U. Erichsen*, in: ders. (Hrsg.), Allgemeines Verwaltungsrecht, 11. Aufl. 1998, § 32; *H. Maurer*, Allgemeines Verwaltungsrecht, 12. Aufl. 1999, § 15 Rn. 14ff.; *H.P. Bull*, Allgemeines Verwaltungsrecht, 6. Aufl. 2000, Rn. 242ff., 486; *H.-J. Koch/R. Rubel*, Allgemeines Verwaltungsrecht, 2. Aufl. 1992, S. 48ff., 172ff.; s. auch *R. Schmidt*, Öffentliches Wirtschaftsrecht. Allgemeiner Teil, 1990, S. 494ff.

[248] Grdl. *G.F. Schuppert*, Verwaltungsrechtswissenschaft als Steuerungswissenschaft. Zur Steuerung des Verwaltungshandelns durch Verwaltungsrecht, in: Hoffmann-Riem u.a. (Hrsg.), Reform (Fn. 219), S. 65ff. (68ff. u.ö.); s. jetzt *ders.*, Verwaltungswissenschaft, 2000, S. 108ff., 346ff., 456ff. u.ö.

[249] Vgl. bilanzierend *R. Mayntz*, Soziale Dynamik und politische Steuerung, 1997, S. 186ff., 263ff.

[250] Vgl. *Voßkuhle*, Reform (Fn. 36), Die Verwaltung 32 (1999), S. 547ff.; krit. *W. Krebs*, Sozialwissenschaften im Verwaltungsrecht: Integration oder Multiperspektivität, in: Wissenschaft (Fn. 244), S. 127ff.; *Lepsius*, Steuerungsdiskussion (Fn. 205), S. 10ff.

sche, d.h. vom Realbereich her sehr gut informierte Studien im Öffentlichen Recht auch als rechtsdogmatisch innovativ und ergiebig,[251] ohne daß darin eine Alternative i.S. eines Wechsels von einer juristisch-normativen zu einer nur noch deskriptiv ausgerichteten Rechtswissenschaft unter partieller Aufgabe des Steuerungsanspruchs des Rechts gesehen werden sollte.[252] Vielmehr erweist sich rechtsdogmatische Arbeit gerade dann und dadurch als besonders überzeugend, wenn sie durch Folgenorientierung den jeweiligen Sachstrukturen angemessen ist. Ein metadogmatisch, sozialwissenschaftlich reflektierter Blick steigert regelmäßig das wissenschaftliche Niveau.[253]

(cc) Drittens sei der *historische Rückblick* als eine Erscheinungsform vertikaler Rechtsvergleichung als Quelle für wissenschaftliche Innovationen genannt. Die historische Entwicklung, verstanden als Wandel, erlaubt es offenbar am ehesten, neue Erscheinungsformen auf der Ebene der Rechtsprechung oder der Gesetzgebung zu kategorisieren und einzuordnen; freilich setzt die historische Analyse selbst schon die Fähigkeit zur Theoriebildung und Abstraktion voraus. Mir stehen als Beispiele die Arbeiten von *Dieter Grimm* vor Augen, der die historischen Wandlungen der Aufgaben des Staates analysiert, stilisiert und so einen abstrakt-theoretischen Zugang gewinnt, tatsächliche Veränderungen oder Krisenerscheinungen moderner Staatlichkeit zu erklären und einzuordnen. Die historische Vergewisserung mag bei ihm in besonderer Weise zur Theoriebildung führen; generell dürfte sie die Gewinnung von Rastern fördern, mit denen neue Probleme der Gegenwart analysiert und gelöst werden können.

(dd) Viertens führt der *rechtsvergleichende Blick* oft zu neuen Einsichten und Theorien über die eigene Rechtsordnung. Schon die grundlegende Entdeckung ungeschriebener Reichskompetenzen und damit von ungeschriebenem Verfassungsrecht durch *Heinrich Triepel*[254] beruhte ebenso wie *Georg Jellineks* Analyse des Verfassungswandels[255] auch auf einer Darstellung des amerikanischen Rechts.[256] In jüngerer Zeit hat z.B. *Horst Ehmke* in seiner Habilitationsschrift in (verfassungs)*rechtsvergleichender* Absicht die Rechtsprechung des Supreme Court zur Wirtschaftsregulierung analysiert[257] und, ähnlich wie vor ihm *Josef Esser* im Bereich des Zivilrechts,[258] auf die tatsächliche Entscheidungspraxis abgehoben mit der Folge eines methodisch unbefangenen Blicks, der u.a. das funktionell-rechtliche Denken im Verhältnis von government und civil society in den Vordergrund gerückt hat, etwa welches Staatsorgan von seinen Kompetenzen und Funktionen her bzw. ob die Justiz oder die politische Gestaltungsmacht zur Entscheidung bestimmter Fragen am ehesten berufen ist. Er hat diese methodische Unbefangenheit und den funktionell-rechtlichen Ansatz später in verschie-

---

[251] S. z.B. *H. Meyer*, Das fehlfinanzierte Parlament, KritV 1995, S.216ff. (auch in: P.M. Huber u.a. [Hrsg.], Zur Lage der parlamentarischen Demokratie, 1995, S.17ff.).

[252] So aber wohl *Blankenagel* (Fn.62), AöR 125 (2000), S.103, 104; s. auch *C. Möllers*, Braucht das öffentliche Recht einen neuen Methoden- und Richtungsstreit?, VerwArch 90 (1999), S.187ff.

[253] Vgl. z.B. *B.-O. Bryde*, Verfassungsentwicklung, 1982.

[254] *H. Triepel*, Die Kompetenzen des Bundesstaats und die geschriebene Verfassung, in: Festgabe für Paul Laband, Band 2, 1908, S.247ff. (254ff.).

[255] *G. Jellinek*, Verfassungsänderung und Verfassungswandlung, 1906, S.16ff., 28ff., 35ff., 46ff.

[256] Vgl. jetzt *H.A. Wolff*, Ungeschriebenes Verfassungsrecht unter dem Grundgesetz, 2000, S.18ff., 29ff., 34.

[257] *H. Ehmke*, Wirtschaft und Verfassung, 1961, S.89ff.

[258] *Esser*, Grundsatz und Norm (Fn.236).

denen Arbeiten,[259] u.a. auch in seinem Staatsrechtslehrerreferat[260] durch Betonung vieler neuer Elemente innovativ ausgebaut. *Peter Häberle* berichtet als *Ehmke*s damaliger Assistent auf der Staatsrechtslehrertagung von der ersten Kritik des großen *Hans Julius Wolff*, das Referat sei „unverständlich" gewesen[261] – heute dürften die Erkenntnisse jenes innovativen Staatsrechtslehrerreferats weithin communis opinio sein.[262] Wichtig erscheint mir hier, daß der rechtsvergleichende Blick solche Innovationen auslösen kann.

(ee) Eine weitere Erscheinungsform von Innovationen durch Transferleistungen ist der *Binnenrechtsvergleich* verschiedener Teilgebiete des Öffentlichen Rechts. Der von *Eberhard Schmidt-Aßmann* geprägte Ausdruck des „Referenzgebiets" meint ja, daß die Formen und Regeln des Allgemeinen Verwaltungsrechts, auch die kodifizierten, sich an den typischen Aufgaben der Verwaltung auf den Feldern des Besonderen Verwaltungsrechts orientieren müssen; soweit unser Allgemeines Verwaltungsrecht noch zu stark auf die an der Gefahrenabwehr orientierte Dogmatik des hoheitlich handelnden liberalen Rechtsstaats ausgerichtet sein sollte, müsse es auf die Anforderungen der neuen, heute ebenso typischen Gebiete etwa des leistenden oder auf andere Weise steuernden Staates der Gegenwart umgestellt werden.[263] Neben dem hier interessierenden Vergleich von Besonderem und Allgemeinem Verwaltungsrecht stehen die Vergleiche verschiedener Teilgebiete des Besonderen Verwaltungsrechts untereinander,[264] die Vergleiche mit dem europäischen Verwaltungsrecht, die Entwicklung ganz neuer Teilgebiete des Besonderen Verwaltungsrechts wie etwa des Medienverwaltungsrechts,[265] zunehmend die Verschränkung von Öffentlichem Recht und Privatrecht, auch unter dem Gesichtspunkt funktionaler Äquivalenz.[266] Wichtig erscheint mir: Der Vergleich ganz unterschiedlicher Teilgebiete des (Verwaltungs-)Rechts i. S. von intradisziplinärer Forschung[267] dürfte eine wesentliche Quelle von Innovationen sein.

(ff) Als neueste Form eines potentiellen Innovationsanregers könnten sich die Versuche erweisen, die Ansätze zur *ökonomischen Analyse* des Rechts US-amerikanischer Herkunft nicht nur im Zivilrecht,[268] sondern auch im Öffentlichen Recht fruchtbar

---

[259] *H. Ehmke*, „Ermessen" und „unbestimmter Rechtsbegriff" im Verwaltungsrecht (1960), in: ders., Beiträge zur Verfassungstheorie und Verfassungspolitik, 1981, S. 173ff.

[260] *H. Ehmke*, Prinzipien der Verfassungsinterpretation, VVDStRL 20 (1963), S. 53ff., auch in: *ders.*, Beiträge (Fn. 259), S. 329ff.

[261] *Häberle*, Recht (Fn. 89), S. 37.

[262] Vgl. Nachweise bei *P. Häberle*, Vorwort, in: Ehmke, Beiträge (Fn. 259), S. 7ff. (11); krit. aber zuletzt *C. Seiler*, Auslegung als Normkonkretisierung, 2000, S. 68f.

[263] Vgl. *Schmidt-Aßmann*, Verwaltungsrecht (Fn. 165), S. 8ff.

[264] S. näher *H. Schulze-Fielitz*, Verwaltungsrechtsdogmatik als Prozeß der Ungleichzeitigkeit, Die Verwaltung 27 (1994), S. 277ff.

[265] Vgl. dazu *H. Bethge*, Zur Funktion und Relevanz eines Medienverwaltungsrechts, Die Verwaltung 27 (1994), S. 433ff.

[266] Vgl. *W. Hoffmann-Riem/E. Schmidt-Aßmann* (Hrsg.), Öffentliches Recht und Privatrecht als wechselseitige Auffangordnungen, 1996.

[267] Vgl. *Schmidt-Aßmann* (Fn. 39), JZ 1995, S. 8.

[268] *H. Eidenmüller*, Effizienz als Rechtsproblem, 2. Aufl. 1998; *C. Kirchner*, Regulierung durch Öffentliches Recht und/oder Privatrecht aus der Sicht der ökonomischen Theorie des Rechts, in: Hoffmann-Riem/Schmidt-Aßmann (Hrsg.), Öffentliches Recht (Fn. 266), S. 63ff.; s. auch *J. Drexl*, Von der ökonomischen Analyse des Rechts zu einer interdisziplinären Wissenschaft der Gemeinschaftsgüter, Die Verwaltung 33 (2000), S. 285ff.

zu machen.[269] Jedenfalls lassen sich deutliche Veränderungen dessen feststellen,[270] was unter dem breiten Dach der Staatsrechtslehre mittlerweile als zulässiger Argumentationshaushalt gilt; man denke nur an das Staatsrechtslehrerreferat von *Christoph Engel*,[271] aber auch an sonstige Diskussionen – von der Fruchtbarmachung der Transaktionskostentheorie[272] selbst im Verwaltungsprozeßrecht[273] über die Fruchtbarmachung der Chaostheorie für die Theorie des Bundesstaats[274] bis hin zur Diskussion um die anreizorientierten Instrumente im Umweltrecht.[275] Hier spiegeln sich fundamentale Verschiebungen im modernen Staatsverständnis.[276]

### f) Wirkungsunterschiede von Innovationen

Die Akzeptanz von Innovationen in der Wissenschaftsgemeinschaft kann freilich sehr unterschiedlich sein, ihre Wertschätzung Wandlungen unterliegen mit der Folge, daß man kurz- und längerfristige Innovationswirkungen unterscheiden muß. Es gibt Innovationen, die erst nach Jahrzehnten wirkliche Anerkennung in Theorie oder Praxis finden. Ich denke im Blick auf die Rezeption in der Rechtspraxis beispielhaft an die rechtsdogmatische Figur der „Bundestreue", die, als zentrales Prinzip im Bundesstaat wirkungsgeschichtlich grundlegend 1916 unter dem Kaiserreich von *Rudolf Smend* begründet,[277] 1961 im ersten Fernsehurteil von der Rechtsprechung des BVerfG rezipiert wurde[278] und mittlerweile als grundlegendes und praktiziertes Prinzip für den Bundesstaat des Grundgesetzes in vielschichtiger Konkretisierung detailliert entfaltet worden ist.[279] Aber selbst Habilitationsschriften als solche können oft erst

---

[269] S. vor allem *C. Engel*, Das Recht der Gemeinschaftsgüter, Die Verwaltung 30 (1997), S. 185 ff.; *ders.*, Die öffentliche Hand zwischen Innen- und Außensteuerung, in: G. Henneke (Hrsg.), Organisation kommunaler Aufgabenerfüllung, 1998, S. 145 ff.; *ders. /M. Morlok* (Hrsg.), Öffentliches Recht als ein Gegenstand ökonomischer Forschung, 1998 (dazu *O. Lepsius*, Die Ökonomik als neue Referenzwissenschaft für die Staatsrechtslehre?, Die Verwaltung 32 [1999], S. 429 ff.).

[270] So auch *Hoffmann-Riem*, Sozialwissenschaften (Fn. 244), S. 93 f.

[271] *C. Engel*, Arbeitsmarkt und staatliche Lenkung, VVDStRL 59 (2000), S. 56 ff.

[272] S. z.B. *Schuppert*, Verwaltungswissenschaft (Fn. 248), S. 374 ff.; *ders.*, Innovationssteuerung im Verwaltungsorganisationsrecht, in: Hoffmann-Riem/Schneider (Hrsg.), Innovationsforschung (Fn. 231), S. 171 ff. (189 ff.); *W. Köck*, Umweltordnungsrecht – ökonomisch irrational?, in: E. Gawel/G. Lübbe-Wolff (Hrsg.), Rationale Umweltpolitik – Rationales Umweltrecht, 1999, S. 323 ff. (331 ff.).

[273] *C. Möllers*, Kooperationsgewinne im Verwaltungsprozeß, DÖV 2000, S. 667 ff.

[274] Vgl. *S. Oeter*, Integration und Subsidiarität im deutschen Bundesstaatsrecht, 1998, S. 545 ff.; zur ökonomischen Analyse des Bundesstaats ebd. S. 554 ff. und vor allem *S. Korioth*, Der Finanzausgleich zwischen Bund und Ländern, 1997, S. 197 ff.

[275] Vgl. z.B. *K. Meßerschmidt*, Ökonomisch rationale Umweltpolitik – rechtswidrig?, in: Gawel/Lübbe-Wolff (Hrsg.), Umweltpolitik (Fn. 272), S. 361 ff.

[276] Zwischenbilanz bei *M. Wallerath*, Der ökonomisierte Staat, JZ 2001, S. 209 ff.; ferner *J.-P. Schneider*, Zur Ökonomisierung von Verwaltungsrecht und Verwaltungsrechtswissenschaft, *A. Voßkuhle*, Ökonomisierung des Verwaltungsverfahrens, sowie *T. Groß*, Ökonomisierung der Verwaltungsgerichtsbarkeit und des Verwaltungsprozeßrechtes, Die Verwaltung 34 (2001), S. 317 ff., 347 ff. bzw. S. 371 ff.

[277] *R. Smend*, Ungeschriebenes Verfassungsrecht im monarchischen Bundesstaat, in: Festgabe für Otto Mayer, 1916, S. 245 ff., auch in: *ders.*, Staatsrechtliche Abhandlungen, 3. Aufl. 1994, S. 39 (40 ff.); s. zum wirkungsgeschichtlichen Stellenwert *H. Bauer*, Die Bundestreue, 1992, S. 56 ff.

[278] BVerfGE 12, 205 (254 ff.); vgl. schon zur impliziten Spruchpraxis des Weimarer Staatsgerichtshofs *J. Vetter*, Die Bundesstaatlichkeit in der Rechtsprechung des Staatsgerichtshofs der Weimarer Republik, 1979, S. 59 ff., 154 ff.

[279] Ausf. *Bauer*, Bundestreue (Fn. 277), S. 103 ff., 325 ff.

spät die angemessene Anerkennung finden.[280] Andere Innovationen werden von der Rechtsprechung und Praxis sehr schnell und kurzfristig akzeptiert und rezipiert, weil sie offenbar auf den Begriff bringen, was in der Luft liegt bzw. dem Geist der Zeit oder den neuen Problemstellungen und ihren Lösungen entspricht: *Peter Häberle*s Staatsrechtslehrerreferat über „Grundrechte im Leistungsstaat" hat ersichtlich in seinen teilhaberechtlichen Gesichtspunkten das Numerus-clausus-Urteil des BVerfG mitgeprägt[281] und hat später in seinen organisations- und verfahrensrechtlichen Anstößen für die Grundrechtsdogmatik sowohl die Rechtsprechung[282] als auch die weitere wissenschaftliche Diskussion[283] nachhaltig angeregt. Am schnellsten (und auf sehr problematische Weise) geht es, wenn amtierende Richter die Thesen eigener Vorveröffentlichungen zur geltenden Rechtsprechung erheben.[284] Wieder andere gedankliche Ansätze scheinen langsam, aber stetig sich auszubreiten; man denke an die Versuche, das Verhältnis von Bürger und Verwaltung in der rechtsdogmatischen Figur des Verwaltungsrechtsverhältnisses umfassend einzufangen.[285]

Solche unterschiedlichen Fernwirkungen von innovativen Vorschlägen lassen sich nur schwer in Gesetzmäßigkeiten fassen, geschweige prognostizieren; sie hängen ab z.B. von Entscheidungsbedürfnissen der Praxis, von der Konkretionsebene der Innovation, von der Reputation des Autors (obwohl auch entlegene und dem Titel nach fernliegende Bücher jüngerer Autoren schnell Anerkennung finden können[286]), vielleicht auch vom „Zeitgeist": *Fritz Ossenbühls* „verwaltungsfreundliches" Konzept von der direkten (selbständigen) Außenwirkung von Verwaltungsvorschriften von 1968[287] hat sich nicht in den 70er, sondern (partiell) im Gewande normkonkretisierender Verwaltungsvorschriften erst in der zweiten Hälfte der 80er Jahre höchstrichterlich und in der Lehre durchsetzen können.[288] Auch die ersten schnellen ablehnenden Reaktionen

---

[280] Vgl. *H.-U. Gallwas*, Faktische Beeinträchtigungen im Bereich der Grundrechte, 1970, und *B. Weber-Dürler*, Der Grundrechtseingriff, VVDStRL 57 (1998), S. 57 ff. (59, 66 ff. u. ö.)

[281] *Häberle* (Fn. 213), VVDStRL 30 (1972), S. 80 ff. und BVerfGE 33, 303 (331 ff.); das Referat, das insoweit seinerseits die Hochschätzung des Leistungsstaates im Zeitgeist am Beginn der 70er Jahre spiegelt, lag im Manuskript dem Berichterstatter des Senats vor.

[282] BVerfGE 53, 30 (57 ff.). – Mülheim-Kärlich, mit Sondervotum *Simon/Heußner*, S. 69 ff.; vgl. dazu *K. Redeker*, Grundgesetzliche Rechte auf Verfahrensteilhabe, NJW 1980, S. 1593 ff.

[283] Vgl. nur *E. Denninger*, Staatliche Hilfe zur Grundrechtsausübung durch Verfahren, Organisation und Finanzierung, in: J. Isensee/P. Kirchhof (Hrsg.), HStR V, 1992, § 113 Rn. 1 ff.; *A. v. Mutius*, Grundrechtsschutz contra Verwaltungseffizienz im Verwaltungsverfahren?, NJW 1982, S. 2150 ff.; *H. Goerlich*, Grundrechte als Verfahrensgarantien, 1981.

[284] Vgl. das Beispiel in Fn. 71 oder BVerfGE 93, 121 (133) und *P. Kirchhof*, Besteuerung und Eigentum, VVDStRL 39 (1980), S. 213 ff. (226 ff., 270 ff.); aus der Verwaltungsrechtsprechung BVerwGE 52, 122 ff. und *F. Weyreuther*, Das bebauungsrechtliche Gebot der Rücksichtnahme und seine Bedeutung für den Nachbarschutz, BauR 1975, S. 1 ff.; BVerwG DÖV 1974, 380 und *F. Weyreuther*, Über „Baubedingungen", DVBl. 1969, 295 ff. betr. die sog. modifizierende Auflage.

[285] S. etwa *R. Gröschner*, Vom Nutzen des Verwaltungsrechtsverhältnisses, Die Verwaltung 30 (1997), S. 301 ff.; *ders.*, Das Überwachungsrechtsverhältnis, 1992, S. 119 ff., 142 ff., 283 ff. u. ö.; *M. Schulte*, Schlichtes Verwaltungshandeln, 1995, S. 209 ff., 217 ff.; aus der Lehrbuchliteratur z.B. *H.-U. Erichsen*, Das Verwaltungshandeln, in: ders. (Hrsg.), Allgemeines Verwaltungsrecht, 11. Aufl. 1999, § 11 Rn. 3 ff.

[286] Vgl. z.B. *O. Lepsius*, Verwaltungsrecht unter dem Common Law. Amerikanische Entwicklungen bis zum New Deal, 1997, und dazu *G. Dilcher*, Die juristischen Bücher des Jahres – eine Leseempfehlung, NJW 1997, S. 3142 ff. (3144 f.).

[287] *F. Ossenbühl*, Verwaltungsvorschriften und Grundgesetz, 1968, S. 502 ff, 522 ff.

[288] Vgl. BVerwGE 72, 300 (320 f.); s. jüngst *R. Uerpmann*, Normkonkretisierende Verwaltungsvor-

von Rezensenten von Rang können die Wirksamkeit von Innovationen jedenfalls eine gewisse Zeit lang hemmen. Vor allem die unmittelbare Praxisorientierung auch der Wissenschaft des Öffentlichen Rechts erschwert Innovationen; die Bedürfnisse, Machtausübung abzusichern oder Rechtskonflikte abzuarbeiten, überwiegen. Sie behindern auch im System Wissenschaft die Ausbildung einer innovationsfreundlichen „Peer-Review".[289] Dennoch gilt tendenziell, daß Innovationen selbst Basis für Neuerungen in anderen Sachzusammenhängen sind, die auf jenen bauen.[290] Innovationen und wissenschaftliche Qualität sind nur notwendige, aber nicht hinreichende Bedingungen für wissenschaftlichen Erfolg.[291]

Häufig haben wir es auch mit *unvollständigen Innovationen* zu tun, die wie eine Feuerwerksrakete nur einem Augenblick verhaftet bleiben, weil entweder die wissenschaftliche Theorie nicht folgt oder der Entwurf auch nicht näher ausgearbeitet wird, oder weil die Praxis (aus guten oder schlechten Gründen) keinen Anschluß findet. Z.B. darf das Staatsrechtslehrerreferat von *Winfried Brohm*[292] auf der Staatsrechtslehrertagung 1971 als hochgradig innovativ gelten; nachhaltige (und aufs Ganze gesehen durchaus innovative) Langzeitwirkungen hatte demgegenüber das zunächst scheinbar eher traditionelle, weil an der herkömmlichen rechtsdogmatischen Begriffsbildung orientierte Erstreferat von *Otto Bachof*.[293] Ein ausschlaggebender Grund für die geringe Langzeitwirkung *Brohms* liegt wohl in dessen Verabschiedung des Verwaltungsakts als der zentralen Handlungsform der Verwaltung in jenem Sinne, an dem sich bis heute sowohl die rechtsdogmatische Systembildung als auch der Gesetzgeber (§ 35 VwVfG!) sowie die Praxis ausrichtet, zugunsten einer Neudefinition auf einer höheren Abstraktionsebene i.S. einer regelungsunabhängigen Entscheidung als „Abschluß eines Willensbildungs- und Informationsverarbeitungsprozesses".[294] Dennoch halte ich es für nicht undenkbar, daß angesichts des Wachstums von Information als staatlicher Aufgabe und Handlungsweise genau dieser Ansatz zur Lösung von Problemen beitragen könnte, vor die sich der „präzeptorale Staat" als Informationsnetzwerk, d.h. im Außenverhalten dem Bürger gegenüber wie in seinen Innenbeziehungen, zunehmend gestellt sieht (zumal auf europäischer Ebene).

## 4. Das Argumentationsniveau

Auch theoriegeleitete innovative Fragestellungen und Antworten können auf einem sehr unterschiedlichen Niveau der Argumentation abgehandelt werden; die Qualität öffentlich-rechtlicher Forschung steigt mit dem Argumentationsniveau, das

---

schriften im System staatlicher Handlungsformen, BayVBl. 2000, S. 705 ff. (706). – Allgemein zum sozialen Kontext der öffentlich-rechtlichen Forschung noch unten unter V. 2. nach Fn. 317 ff.

[289] Zu deren Rolle für Innovationen in wissenschaftsgeschichtlicher Sicht *Fischer* (Fn. 103), Forschung & Lehre 2000, S. 17 f.

[290] *Picot* (Fn. 234), Forschung & Lehre 2000, S. 12 f.

[291] S. noch näher bei Fn. 318 ff.

[292] *W. Brohm*, Die Dogmatik des Verwaltungsrechts vor den Gegenwartsaufgaben der Verwaltung, VVDStRL 30 (1972), S. 245 ff.

[293] *O. Bachof*, Die Dogmatik des Verwaltungsrechts vor den Gegenwartsaufgaben der Verwaltung, VVDStRL 30 (1972), S. 193 ff.

[294] *Brohm* (Fn. 292), VVDStRL 30 (1972), S. 286.

auch trotz fehlender Innovation eine Abhandlung als qualitativ hochstehend erscheinen lassen kann. Es gibt verschiedene Schichten oder Dimensionen der Argumentation;[295] ein hohes Argumentationsniveau wird durch verschiedene Sachverhalte bestimmt.

### a) Argumentationsstärke und Problembewußtsein

Die *Vielfalt* der einschlägigen bzw. relevanten *Argumente* sollte angesprochen sein. Dazu gehört, daß *pro und contra* argumentiert wird, insbesondere die wichtigsten Gegenargumente nicht unterschlagen, sondern der eigenen Position gegenübergestellt werden, die sich so als überlegen erweisen kann. Weiter läßt sich das Argumentationsniveau durch Diskussion von Hinter-Gründen, also durch *Hinterfragung* etwa in historischer oder theoretischer Hinsicht erhöhen – die Suche nach Erklärung ist ein potentieller Regreß ad infinitum, der aber Argumentationen stets vertieft. Schließlich ist ein Argumentationsniveau hoch, das *neue Zusammenhänge plausibel* machen kann.[296] Es zielt darauf, *alle* sachlich involvierten Rechtsgüter, Interessen oder Wertungen möglichst umfassend in einem Argumentationszusammenhang zu berücksichtigen.

Zentrale Voraussetzung für jede dieser argumentativen Vertiefungen ist ein *Problembewußtsein*, das sich nicht mit den Antworten begnügt, die der status quo des positiven Rechts oder der herrschenden Rechtsprechung oder der herrschenden Rechtsdogmatik gibt; Gegenbegriff zum Problembewußtsein ist juristische Naivität, der oft gerade solche Autoren ausgeliefert sind, die „alles" gelesen haben und ganz genau wissen, wie „es" ist.[297] Der Verlust juristischer Naivität zugunsten problembewußter Kreativität gründet z.T. in Brüchen der individuellen Biographie oder in Charaktereigentümlichkeiten, die in Distanz zur Sache für Vergleiche sensibilisiert, im übrigen aber in der Fähigkeit zur Distanz durch theoretische Anschauung. Jedenfalls ist ein Argumentationsniveau eher niedrig, sobald man nach der Lektüre jenes Ungenügen empfindet, daß man nur oberflächliche, recht eigentlich keine Antworten auf die „eigentlichen" angesprochenen Probleme bekommt.

Solche Unterschiede lassen sich z.B. an verschiedenen Bearbeitungen desselben Themas besonders plausibel machen, etwa durch Vergleiche von Vorbereitungsaufsätzen und Referaten zu dem jeweils selben Thema einer Staatsrechtslehrertagung, wobei ein solcher Vergleich allein schon angesichts der unterschiedlich aufwendigen Vorbereitung hier keine Kritik an den Autoren intendiert. Man vergleiche aber einmal, wie unterschiedlich beispielsweise 1986 *Reinhold Zippelius* und *Heinhard Steiger* an ihr Thema (Ehe und Familie) herangegangen sind,[298] 1995 *Michael Sachs* und *Walter*

---

[295] Vgl. bereits dazu im Kontext von Stringenz und Kohärenz einer Argumentation oben nach Fn. 122ff.

[296] Vgl. z.B. *R. Breuer*, Entwicklungen des europäischen Umweltrechts – Ziele, Wege und Irrwege, 1993.

[297] Die großen Innovationen in der Wissenschaftsgeschichte scheinen durch solche Wissenschaftler erarbeitet worden zu sein, die jung waren und eher oberflächliche Kenntnisse von ihrem Fachgebiet hatten, vgl. *Kuhn*, Struktur (Fn. 31), S. 125, 177, 191, 217.

[298] Vgl. *R. Zippelius*, Verfassungsgarantie und sozialer Wandel – Das Beispiel von Ehe und Familie, DÖV 1986, S. 805ff.; *H. Steiger*, Verfassungsgarantie und sozialer Wandel – Das Beispiel von Ehe und Familie, VVDStRL 45 (1987), S. 55ff.

*Berka* (zur Bürgerverantwortung)[299] oder 2000 *Heinrich Wilms* und *Horst Dreier* (zur Staatsrechtslehre im Nationalsozialismus).[300] Solche unterschiedlich möglichen Zugänge verdeutlichen nicht nur, was Wissenschaft so spannend macht, nämlich die Vielfalt des Kosmos gedanklicher Wege, sondern auch, was in einzelnen Abhandlungen fehlen und damit auch die Erwartungen bestimmter Leser enttäuschen kann. Wohl jeder Wissenschaftler macht diese Erfahrung, daß er bei manchen ihm ferneren Autoren sogar fast regelmäßig damit rechnen muß, daß nach jeder Lektüre ein Gefühl des argumentativen Ungenügens verbleibt, gleichgültig ob sie zur Toleranz, zum Rechtsstaatsprinzip, zum verwaltungsrechtlichen Vertrag oder zur Staatsverschuldung schreiben; nach einer Weile bemerkt man „innere Sperren", unter den Bedingungen knapper Zeit die Arbeiten von solchen Autoren gründlich zu lesen.

## b) Angemessenheit der Argumentationsebenen

Ein weiteres Qualitätskriterium scheint mir die Angemessenheit der Argumentationsebenen zu sein. Der Begriff „Angemessenheit" erscheint auf den ersten Blick als eine holistische Auffangkategorie, doch lassen sich die Anforderungen etwa nach Raum, Zeit und Sachbereich durchaus näher bestimmen. Gemeint ist, daß wissenschaftliche Forschung ihre *Kontexte in Rechnung zu stellen* hat. Ich nenne drei Beispiele.

Erstens bedarf es eines angemessenen *Stils* der Argumentation. Dabei geht es nicht um den sprachlichen Stil, sondern um einen Modus der Darstellung, der den Anspruch auf wissenschaftliche Objektivität einlöst, so unterschiedliche Erscheinungsformen des Verständnisses von Objektivität es insoweit auch geben mag.[301] Wenn man in einem wissenschaftlichen Tagungsbeitrag über das Bemühen der Gesetzgebung um eine geschlechtsneutrale Gesetzessprache lesen kann, daß die deutsche Sprache mit dem Adjektiv *‚herrlich'* einen ausgesprochen positiven und mit dem Adjektiv *‚dämlich'* einen ebenso ausgesprochen negativen Sinn verbinde,[302] dann zeigt eine solche kaum vertretbare Argumentationsweise ein Maß an Distanzlosigkeit zum Sachgegenstand, das einen gewissen wissenschaftsfernen Grad von Vorurteilshaftigkeit indiziert.[303] Kaum als „Gag" verzeihlich erscheint es aber, wenn die Distanzlosigkeit als Politiker den Staatsrechtslehrer im Gewande des wissenschaftlichen Vortrages zu gewagten verfassungsrechtlichen Neuinterpretationen greifen läßt, um die Partei der Grünen als politischen Gegner von den Wahlen fernzuhalten.[304] Jedenfalls läßt sich immer wieder

---

[299] Vgl. *M. Sachs*, Bürgerverantwortung im demokratischen Verfassungsstaat, DVBl. 1995, S. 873ff.; *W. Berka*, Bürgerverantwortung im demokratischen Verfassungsstaat, VVDStRL 55 (1996), S. 48ff.

[300] *Wilms* (Fn. 137); *H. Dreier*, Staatsrechtslehre (Fn. 161).

[301] Neun unterschiedliche Bedeutungen referiert *J. Ritsert*, Was ist wissenschaftliche Objektivität?, Leviathan 26 (1998), S. 184ff. (185ff.).

[302] *R. Mußgnug*, Zustand und Perspektiven der Gesetzgebung, in: H. Hill (Hrsg.), Zustand und Perspektiven der Gesetzgebung, 1989, S. 23ff. (35).

[303] Vgl. in diesem Zusammenhang auch *O. Bachof*, Danke, der nächste bitte!, in: Rechtshistorisches Journal 19 (2000), S. 542ff. (545), dem zufolge C. Schmitt sich in seinem Seminar die Erwähnung bestimmter Autoren verbieten ließ und bei Nennung solcher Tabu-Namen den jeweiligen Referenten sofort unterbrach und zum nächsten überging.

[304] Vgl. den finalen Versuch einer Materialisierung des Begriffs der politischen Partei und der Aushebelung des Art. 21 II GG bei *R. Scholz*, Krise der parteienstaatlichen Demokratie?, 1983, S. 26ff., 37ff.; dazu ausf. die Rezension von *K. Schlaich*, AöR 110 (1985), S. 116ff. sowie *H. Dreier*, Staatliche Legitimität,

einmal eine solche fehlende Distanz schon in der Art der Darstellung erkennen,[305] auch wenn die Ergebnisse gleichwohl richtig sein können.[306]

Zweitens möchte ich den Umstand ansprechen, daß es in einer letztendlich praktisch ausgerichteten Wissenschaft darauf ankommt, die verschiedenen *Ebenen zwischen abstrahierender Theorie und* unmittelbar anwendungsbezogener *rechtsdogmatischer Argumentation angemessen* einzusetzen. Jeder hat z.B. schon die Erfahrung gemacht, daß jemand so hochabstrakt über eine ihm gestellte rechtliche Frage spricht oder schreibt, daß man seine Antwort nur mit großen Schwierigkeiten verarbeiten kann, weil seine theoretischen Ausführungen nicht auf eine konkretere Problemebene der Praxis des Alltags und ihrer Beispiele „heruntergebrochen" werden oder sie sonst nicht „punktgenau" in präzisem Bezug auf das eigentliche Problem argumentieren; gerade reine „Literaturarbeiten", in denen die Ergebnisse der Rechtsprechung nicht oder sehr selten in Bezug genommen werden, unterliegen derartigen Gefahren.[307] Umgekehrt wirken solche wissenschaftlichen Äußerungen qualitativ unzureichend, die auf die Einordnung ihrer Argumentation in größere Zusammenhänge oder auch nur ihrer Erkenntnis verzichten. Gute Wissenschaft zeichnet sich m.E. dadurch aus, daß sie auf verschiedenen Ebenen zu argumentieren versteht und die verschiedenen Ebenen einander zuzuordnen weiß, ggf. durch Beispiele und Zwischenschritte.[308] Das ist keine Absage an Theorie und Systematik, sondern eine Aufforderung, Theorie und Systematik nicht als Selbstzweck anzusehen, sondern als stimmige Instrumente, um bestimmte Probleme zu lösen.

Ein drittes Angemessenheitskriterium scheint mir das *Verhältnis von zeitlich-räumlichem Aufwand und wissenschaftlichem Ertrag* zu sein. Man kann aus jedem Thema eine „Weltformel" machen und seine Erörterungen ausweiten; dennoch gibt es – je nach Literaturgattung – ein optimales Entsprechungsverhältnis von Thema, theoretischem Aufwand und quantitativem Umfang der Ausführungen. Der Umfang vieler neuerer Habilitationsschriften ließe sich gewiß verringern, wenn die Autoren nicht Handbücher, sondern wissenschaftliche Monographien, nicht umfassende Bestandsaufnahmen, sondern eine innovative These als erkenntnisleitenden roten Faden zum Bezugspunkt ihrer Forschung gemacht hätten, so sehr hier auch die etablierte „Zunft" durch überhöhte Erwartungen zu Fehlentwicklungen in quantitativer Hinsicht beitragen mag. Auch im Falle von Gutachtenliteratur kann es z.B. auf die Schnelligkeit des Vorliegens des Gutachtens unabhängig davon ankommen, ob alle Argumente im Detail umfassend berücksichtigt worden sind.

---

Grundgesetz und neue soziale Bewegungen, in: J. Marko/A. Stolz (Hrsg.), Demokratie und Wirtschaft, 1987, S. 139ff. (181); s. auch *H. Schulze-Fielitz*, Der informale Verfassungsstaat, 1984, S. 153ff.

[305] Vgl. auch *C. Hillgruber*, Der deutsche Kulturstaat und der muslimische Kulturimport, JZ 1999, S. 538ff.; *M. Ronellenfitsch*, Rechtsfolgen fehlerhafter Planung, NVwZ 1999, S. 583ff.

[306] Vgl. oben bei Fn. 27.

[307] Vgl. *H. Rossen*, Vollzug und Verhandlung, 1999.

[308] Deshalb müssen z.B. auch wissenschaftlich unterfütterte Gerichtsurteile Urteile bleiben und entsprechend argumentieren und zitieren.

## 5. Zwischenbilanz

Blickt man auf die skizzierten Qualitätskriterien zurück, so bilden sie ein Gefüge, das von Fall zu Fall ganz unterschiedliche Gewichtungen erlaubt, weil sie mitunter zu gegensätzlichen oder unerfüllbaren Anforderungen führen mögen. Nehmen wir als Beispiel das seit 1977 erscheinende, z.Zt. fünfbändige Lehrbuch, genauer Handbuch des Staatsrechts von *Klaus Stern* (im Umfang von mehr als 8000 Seiten, davon gut 1000 Seiten von *Michael Sachs*). Einerseits dürfte dem Handbuchcharakter gemäß der Grad an Originalität oder wissenschaftlicher Innovation im einzelnen eher gering anzusetzen sein; andererseits blickt man doch voller Bewunderung auf eine imponierende Systematisierungsleistung[309], die einem nicht nur beim ersten Zugriff auf irgendein staatsrechtliches Thema regelmäßig hilft, sondern die Prognose erlaubt, daß sie das Bild von Staatsrecht und Staatsrechtslehre der Bundesrepublik Deutschland in der zweiten Hälfte des 20. Jahrhunderts im gesamten 21. Jahrhundert mit wachsendem Abstand immer nachhaltiger prägen wird, so wie *Paul Laband* oder *Gerhard Anschütz* unser Bild von bestimmten Phasen der staatsrechtlichen Entwicklung vorrangig bestimmen. Ich bin mir gleichwohl sicher, daß die wissenschaftliche Einschätzung auch dieses Werkes in der „Zunft" jedenfalls vorerst eher zu polarisierten Bewertungen führt,[310] die nicht nur in kollegialen Neidgefühlen gründen.

Es bleibt folglich immer auch der Sache nach ein solchen Bewertungen unvermeidlich eigentümlicher *Rest-Dezisionismus*, der in einer Art Gesamtwürdigung die Vielfalt der Gesichtspunkte in ein Werturteil z.B. in Form einer „Gesamtnote" transformiert. Die Wertigkeit von solchen Qualitätsstandards verändern sich in ihrem Gewicht in der Zeitachse nicht nur beim einzelnen Wissenschaftler, sondern auch im Forschungsprozeß selbst. Eine Gesamtbewertung der Überzeugungskraft eines bestimmten Argumentationszusammenhangs beruht in jedem Falle auf jener höchstpersönlichen Urteilskraft, deren Überprüfung letztlich nicht, geschweige gerichtlich möglich erscheint. Der (auch verwaltungsgerichtlich) unüberprüfbare Beurteilungsspielraum bei wissenschaftlichen Bewertungen liegt eben in gewisser Weise in der Natur der Sache.

## V. Spezielle Qualitätskriterien für die öffentlich-rechtliche Forschung?

Die Ausgangsfrage unterstellt, daß es spezielle Qualitätsmerkmale für die öffentlich-rechtliche Forschung gibt, die für die übrigen Rechts- oder Geisteswissenschaften nicht gelten. Ich möchte eine solche Annahme insoweit bestreiten, als die von mir ge-

---

[309] Vgl. auch *E. Benda*, Besprechung von Stern, Staatsrecht V (2000), NJW 2000, S. 2880 (2881): „ … schon heute kann man sagen, dass es als eine der größten Leistungen der Staatsrechtslehre gilt"; ähnlich die Besprechung von *H. Sendler*, DÖV 2001, S. 526f.

[310] Das gilt auch jenseits der teilweise einseitigen Kritik bei *W. Henke*, Besprechung von Stern, Staatsrecht I (1977), Der Staat 18 (1979), S. 441ff.; dagegen *H.P. Ipsen*, Deutsche Staatsrechtswissenschaft im Spiegel der Lehrbücher, AöR 106 (1981), S. 161ff. (162); *ders.*, Besprechung von Stern, Staatsrecht II (1980), AöR 106 (1981), S. 284ff., dessen Kritik an *Henke* in dessen weiteren Besprechungen der Bände von *Stern* wohl nicht folgenlos geblieben ist. *Henkes* eigener Gegenentwurf (Recht und Staat, 1988) ist kaum rezipiert worden; vgl. zu einigen Gründen die Rezensionsabhandlung von *H. Hofmann*, Gerechtigkeit der privaten und öffentlichen Rechtsverhältnisse durch juristische Amtstätigkeit, Der Staat 30 (1991), S. 245ff.

nannten Qualitätskriterien für die gesamte Rechtswissenschaft (bzw. alle Geisteswissenschaften) gelten, also auch im Zivilrecht oder im Strafrecht, daß sie aber aus sachlichen Gründen im Öffentlichen Recht spezifische Erscheinungsformen aufweisen können, die bestimmten Kriterien ein anderes Gewicht zuordnen.

## 1. Die Nähe des Öffentlichen Rechts zur Politik

Auf der Suche nach solchen spezifischen Besonderheiten bin ich jenseits der sachgegenständlichen Eigenarten nur auf ein möglicherweise spezifisches charakteristisches Merkmal gestoßen – die Nähe speziell des Öffentlichen Rechts zur Politik und zur politischen Machtausübung,[311] sowohl im Staatsrecht wie auch im Verwaltungsrecht. Diese Nähe verlangt eine gewisse Distanznahme des Staatsrechtslehrers zur Politik, soll Wissenschaft nicht Gefahr laufen, zur bloßen Fortsetzung von Politik mit anderen Mitteln instrumentalisiert und degradiert zu werden; sie führt zudem leicht zur Erörterung von Grundsatzfragen, deren Beantwortung sich nicht immer durch entsprechende Vorarbeiten auf einfache Weise finden läßt. Das Erfordernis der Distanz gilt nun zwar allgemein für die gesamte Rechtswissenschaft, ja für jede Geisteswissenschaft; denn die unmittelbare Identifizierung des wissenschaftlichen Gutachters mit dem Auftraggeber, des Wissenschaftlers mit dem praktischen Ergebnis seiner Lösungs- und Entscheidungsvorschläge bzw. mit seinen eigenen damit verbundenen Gestaltungsabsichten ist kein Spezifikum des Öffentlichen Rechts: Übergroßes Engagement kann den Anspruch auf wissenschaftliche Objektivität[312] und damit die Qualität der Wissenschaft in allen Geisteswissenschaften mindern. Aber speziell im Öffentlichen Recht kommt zur Droge „Ehrgeiz" und zur Droge „Geld"[313] die Droge „politische Macht" hinzu und kann zu gesteigerter polarisierter Parteinahme zu Lasten der öffentlich-rechtlichen Forschung führen; Staatsrechtslehre ist „spezifischer Gefahr der Ideologieverdächtigung ausgesetzt".[314]

Andererseits gewährleistet intellektuelle Redlichkeit keineswegs schon als solche hochgradige Objektivität, führt die Einseitigkeit des handlungspraktisch oder ideologisch intendierten Engagements oder die Vermengung logischer, psychologischer und soziologischer Forschungsfragen nicht schon deshalb stets zu minderer Qualität der Forschungsergebnisse; denn auch eine Distanz i.S. der Enthaltsamkeit gegenüber unbewiesenen Behauptungen, die Bereitschaft zur ständigen Infragestellung der eigenen Basisannahmen vor allem am Maßstab der empirischen Erfahrung kann nicht dem Zirkel entkommen, daß besonders in den wertbezogenen Geisteswissenschaften eine bestimmte Wertbasis unvermeidlich ist,[315] wie sich empirisch an gleichgerichte-

---

[311] Vgl. nur *M. Stolleis*, Staatsrechtslehre und Politik, 1996, S. 6ff., 14ff., 27 u. ö.

[312] Vgl. *Ritsert* (Fn. 301), Leviathan 26 (1998), S. 188f., 193f., 197.

[313] Vgl. zu deren Verquickung *W. Löwer*, Normen zur Sicherung guter wissenschaftlicher Praxis, WissR 33 (2000), S. 219ff. (222f.).

[314] *Ipsen* (Fn. 310), AöR 106 (1981), S. 198.

[315] Vgl. dazu *Ritsert* (Fn. 301), Leviathan 26 (1998), S. 190ff., 194; grdl. *Weber* (Fn. 58).

ten Wissenschaftslinien von „Schulen" oder Doktorvätern und ihren Doktoranden zeigen läßt.[316]

Wichtig ist deshalb die Gewährleistung von Rahmenbedingungen für die Möglichkeiten intersubjektiver Kritik, an der möglichst viele Wissenschaftler nach Maßgabe gemeinsamer Standards rational teilnehmen;[317] die gegenseitige öffentliche wissenschaftliche Kritik nach den genannten allgemeinen Qualitätskriterien ist daher im Öffentlichen Recht wohl besonders wichtig, weil wissenschaftliche Qualität hier vielleicht unabsichtlich schneller als in anderen Bereichen der Rechtswissenschaft unterschritten werden könnte. Allgemeiner stellt sich hier die Frage nach den sozialen Bedingungen, die gute Wissenschaft zu fördern in der Lage sind.

## 2. *Der soziale Kontext öffentlich-rechtlicher Forschung*

Auch bei entsprechender Distanzwahrung ist ein Erfolg auch von qualitativ hochstehenden wissenschaftlichen Produkten keineswegs gesichert, „Erfolg" verstanden nicht nur in ihren unmittelbaren Wirkungen auf die Rechtspraxis, sondern auch in ihren Wirkungen auf die h.M. in der Wissenschaft und auf die persönliche Reputation innerhalb der Fachgemeinschaft der Wissenschaftler: Wissenschaftliche Qualität „als solche" und wissenschaftlicher Erfolg sind relativ unabhängig voneinander. Der wissenschaftliche Erfolg verweist vielmehr auf den sozialen Kontext,[318] in dem auch die Wissenschaft des Öffentlichen Rechts betrieben wird. Freilich können auch schon bei der qualitativen kognitiven Würdigung eines Textes wissenschaftssoziale Kontexte das Qualitätsurteil bestimmen; im Blick auf den Erfolg von Texten nimmt das Gewicht des sozialen Kontexts aber stark zu: Im Medium der herrschenden Auffassungen entscheidet nicht die überlegene Methode bzw. die wissenschaftliche Qualität „an sich" über den Erfolg, sondern die soziale Akzeptanz im wissenschaftlichen Diskurs in Form von Konsensfähigkeit:[319] „Soziale Kontextfaktoren beeinflussen, welche Annahmen und Theorien als gültig bewertet werden".[320] Selektive Steuerungswirkungen entfalten z.B. Denkrichtungen („Schulen") und wissenschaftliche Milieus (der

---

[316] Vgl. am Beispiel soziologischer Schulen und Doktorandenverhältnisse *H. Sahner*, Theorie und Forschung, 1982, S. 2ff., 212ff., 225f. u.ö.

[317] Vgl. *Longino*, Science (Fn. 152), S. 76ff.; s. auch *K. Pinkau*, Forschung im freien Staat, in: ders./*C. Stahlberg* (Hrsg.), Wie finden Innovationsprozesse statt?, 2000, S. 43ff. (bes. 47ff.).

[318] Dieses gilt selbst in den Naturwissenschaften, wie wir spätestens seit *Kuhn* (Fn. 31) wissen; vgl. auch zu dieser „Herausforderung an die heutige Wissenschaftstheorie" *W. Stegmüller*, Hauptströmungen der Gegenwartsphilosophie, Band III, 8. Aufl. 1987, S. 279ff.; *B. Heintz*, Wissenschaft im Kontext, KZfSS 45 (1993), S. 528ff. (535ff.); *Knorr-Cetina*, Fabrikation (Fn. 171), S. 28ff., 36ff.; s. am Beispiel des Erfolgs von Einsteins Relativitätstheorie *B. Schofer*, Für einen moderaten Relativismus in der Wissenschaftssoziologie, KZfSS 52 (2000), S. 696ff. (708f.). Ähnlich die Beobachtung Max Plancks, nach der wissenschaftlicher Fortschritt in der Regel nicht Überzeugungsprozessen, sondern dem Versterben einflußreicher Gegner zu verdanken sei, vgl. *O. Depenheuer*, „Der Staat ist um des Menschen willen da". Kölner Humor als Quelle staatsphilosophischer Erkenntnis, 2001, S. 8.

[319] Auch die Fußnotentechnik stellt diesen sozialen Kontext her, vgl. *Häberle/Blankenagel* (Fn. 125), Rechtstheorie 19 (1988), S. 124ff., 132f. – Im Staatsrechtslehrerreferat wird eben z.B. zur Rechtschreibreform des Zeitungsartikel des bedeutenden Kollegen, nicht aber werden die einschlägigen wissenschaftlichen Grundlegungen zitiert, vgl. *H. Bethge*, Der Grundrechtseingriff, VVDStRL 57 (1998), S. 7ff. (42).

[320] *Schofer* (Fn. 318), KZfSS 52 (2000), S. 697.

Spezialisten- oder Wissenschaftlergemeinden); persönliche Nähebeziehungen (auch aufgrund wechselseitiger Do-ut-des Unterstützung); die Macht akademischer Lehrer oder die Reputation von Meinungsführern (auch als Ausdruck des Matthäus-Effekts); die politischen oder sozialethischen Vorverständnisse, soziale Interessen, auch Einflußnahmen der Politik mit Hilfe etwa von Finanzhilfen;[321] vielleicht auch die soziale Akzeptanz einer Persönlichkeitsstruktur (bei „schwierigen" Kollegen[322]), die Geschlechtszugehörigkeit oder auch sekundärmotivierte Koalitionsbildungen innerhalb des Wissenschaftssystems; die Marktmacht von Verlagen; im Europarecht auch die Sprache der Veröffentlichung und die professionelle Nähe zur Praxis europäischer Institutionen (Organe). Im Staatsrecht sind es vor allem auch die Einstellungen zu Staat und Recht oder der Rechtfertigungsbedarf der Staatspraxis, sei es angesichts der leitenden Funktion von Juristen in der deutschen legalistischen Kultur,[323] sei es angesichts der staatspraktischen „Großwetterlage"[324]. Vor dem Hintergrund solcher – z.T. unbewußt bzw. latent wirkender – Prämissen lassen sich auch schon die kognitiven Kriterien für wissenschaftliche Qualität, jedenfalls für ihren Erfolg stets unterschiedlich gewichten mit der Folge, daß im Forschungsalltag die strikte Trennung von Entdeckungs- und Begründungszusammenhang stark relativiert wird.[325] Kurz: Der Erfolg wissenschaftlicher Qualität ist letztlich primär wissenschaftssoziologisch zu (er)klären. In den mitunter erstaunlich unterschiedlichen Verläufen von Berufungserfolgen (namentlich von Habilitanden einflußreicher Mentoren), allgemeiner von wissenschaftlichen Karrieren[326] (manchmal auch ohne eine Veröffentlichung der Habilitationsschrift) oder in der Figur des „respektierten Außenseiters"[327] dürfte diese Spannung von wissenschaftlicher, besonders von Forschungsqualität einerseits und sozialer Akzeptanz im sozialen System Wissenschaft andererseits ebenso erkennbar werden wie in

---

[321] Ausf. *Braun*, Steuerung (Fn. 29), S. 76ff., 80ff., 84ff., pass.

[322] Vgl. zum Beispiel einstmals die Vorbehalte der Berliner Ordinarien gegen eine Berufung von Hermann Heller: *A.-M. Gräfin v. Lösch*, Der nackte Geist, 1999, S. 92ff.

[323] In gewisser Hinsicht haben Juristen möglicherweise jene wegleitende Funktion übernommen, wie sie in vor-aufklärerischen Zeiten die Theologen hatten. – Vgl. auch *W. Reinhard*, Glanz und Elend deutscher Rechtswissenschaft, NPL 45 (2000), S. 365ff. (371): „Seit den Anfängen des öffentlichen Rechts blieb seinen akademischen Vertretern ja per definitionem gar nichts anderes übrig, als sich auf die jeweilige Staatsgewalt und ihre Inhaber einzulassen, eine Partnerschaft, bei der weniger sie als jene den Ton angaben und angeben. Noch viel mehr als in anderen juristischen Disziplinen oder in Fächern wie Geschichte und Ökonomie dürfte Unabhängigkeit unter solchen Umständen eine Illusion sein."

[324] Der Aufwind für das Subsidiaritätsprinzip (Nw. bei *Schulze-Fielitz* [Fn. 78], Die Verwaltung 32 [1999], S. 268) ist nicht nur dem Einfluß der katholischen Soziallehre oder der – trotz der dortigen Zurückhaltung (z.B.S. 313ff.) auch verfassungsrechtlichen – Stoßkraft der Dissertation von *J. Isensee*, Subsidiaritätsprinzip und Verfassungsrecht, 1968 geschuldet, sondern auch der Erkenntnis von der Hypertrophie von Staatlichkeit am Ende des 20. Jahrhunderts und der Skepsis gegenüber einem bürokratischen Moloch Europa.

[325] Vgl. bereits oben bei Fn. 27ff. und *Hornbostel*, Wissenschaftsindikatoren (Fn. 2), S. 167f.; *Knorr-Cetina*, Fabrikation (Fn. 171), S. 29f.

[326] Vgl. dazu bereits *M. Weber*, Wissenschaft als Beruf (1917/1919), in: Max Weber Gesamtausgabe, Band 17, 1992, S. 71ff. (75ff.). – Dennoch ist persönliche Dankbarkeit kein wissenschaftliches Qualitätsmerkmal (und darf es auch bei Strafe wissenschaftlichen Niveauverlustes aufgrund von Nepotismus auch nicht sein).

[327] Das kann sich auf bestimmte Bereiche beschränken; man denke nur an die völlig herrschenden Auffassungen im Staatskirchenrecht und an ihren scharfsinnigen Kritiker *Ludwig Renck*. Vgl. auch *J. Wieland*, Die Angelegenheiten der Religionsgesellschaften, Der Staat 25 (1986), S. 321ff.

der teilweise bemerkenswerten Differenz zwischen der Reputation, die ein Wissenschaftler „vor Ort" an seiner Heimatfakultät oder -universität genießt, und seiner überlokalen fachlichen Bedeutung. Auch das Peer Review-System selbst unterliegt solchen sozialen Gesetzmäßigkeiten[328] ebenso wie die Beziehungen zwischen akademischen Lehrern und Schülern: Beide pflegen sich im Regelfall (wechselseitig) wissenschaftlich für bedeutsamer zu halten als Dritte.

## VI. Ausblick und Schlußbemerkungen

### 1. Folgerungen für eine materielle rechtswissenschaftliche Evaluation

Nimmt man die Vielfalt der kognitiven Qualitätskriterien, die Möglichkeiten ihrer unterschiedlichen Gewichtung und den unvermeidlichen Restdezisionismus bei der Bewertung der öffentlich-rechtlichen Forschung insgesamt in den Blick, so wird die Unmöglichkeit deutlich, ganze rechtswissenschaftliche Fakultäten bzw. ihre Forschungsleistungen nach materiellen Qualitätskriterien zu „evaluieren". Evaluation an Hochschulen konzentriert sich deshalb nicht zufällig auf die Evaluation von Lehre und Studium, nicht aber der Forschung.[329] Soweit im Zuge der Tendenz der Gegenwart zu mehr Wettbewerb dennoch eine Bewertung von Forschungsleistungen auch im Blick auf die juristischen Fakultäten angestrebt oder praktiziert wird, gibt es dementsprechend eine deutliche Tendenz zum Ausweichen hin zu formalen, quantifizierbaren Kriterien in Form von „Wissenschaftsindikatoren",[330] die zum Bezugspunkt der Beurteilungen machen: z.B. die Zahl von Publikationen,[331] speziell von Veröffentlichungen in „Peer-Reviewed"-Publikationen, von zitierten Veröffentlichungen, von in Fremdsprachen übersetzten Werken oder von Rufen, die Höhe eingeworbener Drittmittel, Wissenschaftspreise, die Zahl von Absolventen und Doktoranden, von Habilitanden, von wissenschaftlichen Arbeitsgruppen (z.B. Sonderforschungsbereiche, Graduiertenförderungskollegs), von Auslandskontakten oder ausländischen Stu-

---

[328] Vgl. *Hornbostel*, Wissenschaftsindikatoren (Fn. 2), S. 200ff.; ausf. *D.E. Chubin/E.J. Hackett*, Peerless Science, Peer Review and US Science Policy, N.Y. 1990.

[329] Vgl. *Röbbecke/Simon*, Reputation (Fn. 33), S. 12; zur Selbstevaluierung als Instrument der universitären Organisationsentwicklung *Pellert*, Universität (Fn. 34), S. 281ff.

[330] Vgl. *Hornbostel*, Wissenschaftsindikatoren (Fn. 2), S. 180ff.; s. auch *H.-U. Erichsen*, Ranglisten nein – Transparenz und Evaluation ja, Universitas 1995, S. 216ff. – Die von der WRK 1986 veröffentlichte Liste von Indikatoren zur Leistungsmessung und -bewertung ist u.a. abgedruckt in Daniel/Fisch (Hrsg.), Evaluation (Fn. 1), S. 54ff.

[331] Zur Kritik *W. Kutzelnigg*, Kann man wissenschaftliche Leistung messen?, Forschung & Lehre 2001, S. 302ff. – Ungeachtet thematischer Konjunkturen aussagekräftiger erscheinen (u.U. regelmäßige) Neuauflagen von Dissertationen oder Habilitationsschriften auch im Abstand von Jahrzehnten, doch lassen sich solche Arbeiten wohl nur an wenigen Händen abzählen, vgl. z.B. *E.-W. Böckenförde*, Gesetz und gesetzgebende Gewalt (1960), 2. Aufl. 1981; *ders.*, Die Organisationsgewalt der Regierung (1964), 2. Aufl. 1998; *H.P. Bull*, Die Staatsaufgaben nach dem Grundgesetz (1973), 2. Aufl. 1977, erw. Studienausgabe 1978; *H. Dreier*, Rechtslehre, Staatssoziologie und Demokratietheorie bei Hans Kelsen (1986), 2. Aufl. 1990; *P. Häberle*, Die Wesensgehaltgarantie des Art. 19 Abs. 2 GG (1962), 3. Aufl. 1983; *Lerche*, Übermaß (Fn. 129); *H. Hofmann*, Legitimität gegen Legalität (1964), 3. Aufl. 1995, 4. Aufl. in Vorb.; *ders.*, Repräsentation (1974), 3. Aufl. 1998; *W. Henke*, Das Recht der politischen Parteien (1964), 2. Aufl. 1974; *H.H. Rupp*, Grundfragen der heutigen Verwaltungsrechtslehre (1965), 2. Aufl. 1991.

dierenden, die Mitgliedschaft in bestimmten wissenschaftlichen Vereinigungen oder Akademien, die Zahl der Herausgeber international referierter Fachzeitschriften, Zahl von DFG-Gutachtern, Zahl von Humboldt-Stipendiaten oder was auch immer.[332] Solche Beurteilungskriterien sollen i.S. neuerer Vorstöße z.B. die Zahl von Forschungssemestern oder die Höhe des Gehalts „leistungsabhängiger" gestalten.

Es scheint aber mehr als nur problematisch zu sein, ob oder auch nur in welchem Ausmaß solche quantifizierbaren Kriterien jene hier beschriebenen materiellen Qualitätsstandards hinsichtlich der Forschung i.S. einer Operationalisierung in aussagekräftiger Weise unmittelbar abbilden oder auch nur vermittelt repräsentieren können.[333] Alle Empfehlungen der bedeutenden Forschungsorganisationen betonen den Vorrang von „Originalität und Qualität" vor „Quantität" als Bewertungsmaßstäbe;[334] dem widerspricht jene Tendenz zu quantifizierenden Wertungskriterien.[335] Überdies führen solche Indikatoren leicht zu Fehlsteuerungen, weil die Aktivitäten der Beteiligten auf die Verbesserung der Indikatoren, nicht aber ihrer Bezugspunkte (der Forschungsqualität) zielen könnten (z.B. Erhöhung der Doktorandenzahl durch einfache Niveausenkung). Solche Tendenzen lassen schon heute in den Augen der Wissenschaftsbürokratie manches Talent ernsthaft als wissenschaftlich besonders bedeutsam erscheinen, das zwar nach Habilitation und Ruf (fast) nichts mehr selbst publiziert, dafür aber Drittmittel in großem Umfang für verschiedene „Projekte" erfolgreich einwirbt. Auch die Anstrengungen für den Ausbau der Lehrevaluation mittels Bewertung der Lehrenden u.a. durch Studierende sind erst recht kein Ersatz für qualitative Forschungsbewertung.

Das System der Berufungen und der Erscheinungsformen der Selbstqualifizierung durch die Wissenschaftlergemeinschaft i.S. einer offenen Gesellschaft der Wissenschaftsinterpreten in Form der Peer Review ist nach allem auch im Öffentlichen Recht trotz aller ihrer unvermeidlichen Grenzen[336] im Grundsatz wohl alternativenlos, zumal viele Wissenschaftsindikatoren selber auf Peer Review verweisen (z.B. Begutachtung bei Veröffentlichung in führenden „referierten" Zeitschriften, Vergabe

---

[332] Vgl. auch am Beispiel der Quoten von Promotionen, Habilitationen, DFG-Gutachtern, Humboldt-Gaststipendiaten, Wegberufungen, Rufablehnungen, Rufannahmen und Drittmitteln (universitätsbezogen für 1982/84 bzw. 1984/88) *E. Giese*, Leistungsmessung Wissenschaftlicher Hochschulen in der Bundesrepublik Deutschland, in: Daniel/Fisch (Hrsg.), Evaluation (Fn. 1), S. 59 (60ff.); zur Kritik an der Verwendung solcher Kriterien etwa *Löwer* (Fn. 40), WissR 33 (2000), S. 326ff.

[333] *K. Fischer*, Evaluation der Evaluation, Wissenschaftsmanagement 1998, Heft 5, S. 16ff.; Heft 6, S. 17ff.; *Hornbostel*, Wissenschaftsindikatoren (Fn. 2), S. 188ff.; *P. Weingart*, Wissenschaftsindikatoren als soziale Konstruktion und ihre Realität, in: ders.u.a. (Hrsg.), Indikatoren (Fn. 2), S. 224ff.; *Weingart/Winterhager*, Vermessung (Fn. 2), zsfssd. S. 247ff.

[334] Vgl. Nr. 6 der Empfehlungen des Ehrenkodex der DFG für gutes wissenschaftliches Verhalten, z.B. abgedruckt in NJW 1997, S. 1764 (1765); gleichsinnig, aber noch differenzierter die Freiburger Leitlinien (Fn. 169), S. 233f.

[335] Vgl. auch *H.-D. Lippert*, Die Fälschung von Forschungsdaten ahnden – ein mühsames Unterfangen, WissR 33 (2000), S. 210ff. (216); *Löwer* (Fn. 40), WissR 33 (2000), S. 328f.

[336] Vgl. zur empirischen Kritik am Peer Review-System *P. Weingart*, Die Stunde der Wahrheit?, 2001, S. 284ff.; *Fischer* (Fn. 1), Universitas 2000, S. 1033ff.; *Hornbostel*, Wissenschaftsindikatoren (Fn. 2), S. 197ff.; *Chubin/Hackett*, Peerless Science (Fn. 328), p. 28ff. u.ö.; *Gove*, Review Process (Fn. 13), p. 801ff.; *Kornhuber*, Forschungseffizienz (Fn. 35), S. 364ff., 377ff.; s. auch *Longino*, Science (Fn. 152), p. 68f., 76f.

der Drittmittel usw.);[337] wissenschaftliche Qualitätsbestimmung erfolgt selbstreferentiell. Sie könnte jedoch transparenter werden, indem über die Kriterien nicht nur gelegentlich in Lehrstuhl- und Assistentenrunden stärker diskutiert wird; z.B. könnte man nach sozialwissenschaftlichem Vorbild[338] jährlich Preise für die besten öffentlich-rechtlichen Zeitschriftenaufsätze vergeben mit dem Ziel einer ausführlichen und nachvollziehbaren Begründung für die zugrundegelegten Qualitätskriterien. Wissenschaftsindikatoren können aber dort hilfreich sein, wo wissenschaftsinterne fachliche Kriterien nicht mehr ausreichen, z.B. bei der strategischen wissenschaftspolitischen Verteilung von Mitteln zwischen verschiedenen Forschungsgebieten.[339]

## 2. Schlußbemerkungen: Qualitätsstandards als Ideal

Abschließend seien zwei Gesichtspunkte hervorgehoben. Vorstehend ist – erstens – ein „Idealstandard" i.S. eines Anspruchsniveaus formuliert worden, das in einer Studie vollkommen zu realisieren „fast" unmöglich ist. Jeder Wissenschaftler muß im alltäglichen Forschungsprozeß unter den Bedingungen der Knappheit der Zeit Kompromisse eingehen, ohne daß deshalb notwendig qualitätsarme Forschungsergebnisse herauskämen. Forschung als Alltagswirklichkeit „folgt weit mehr Gewohnheiten, professionellen Praktiken und Heuristiken als blitzblanken Theorien, lupenreinen Methoden und (wiederum) disziplinär festgelegten Sichtweisen und Regeln".[340] Die Benennung solcher „theoretischen" Qualitätskriterien sollte niemanden „deprimieren", sondern nur ermutigen. Im Einzelfall kann es viele sachliche Gesichtspunkte geben, von solchen Qualitätsstandards gerade abzuweichen. Deshalb werden hier keine ausnahmslos geltenden Regeln formuliert oder Forderungen aufgestellt, sondern es wird vielmehr versucht, bestehende und praktizierte Standards primär aus einer Sicht ex post zu verbalisieren. Ungeachtet dessen besteht der allergrößte Teil unserer wissenschaftlichen Alltagspraxis, nicht allein in Dissertationen, darin, Bekanntes mit anderen Worten nachzuzeichnen. Das „Columbustrauma" i.S. des Zwangs, stets den Aufbruch zu ganz neuen Ufern in der Wissenschaft verkünden zu müssen,[341] scheint für die öffentlich-rechtliche Forschung jedenfalls nicht dominierend zu sein, schon weil der Positivität des Öffentlichen Rechts eine gewisse Statik eigentümlich sein dürfte.

Schließlich sei, zweitens, eine kleine Bitte angefügt: Der Leser möge, falls er einmal auf einen wissenschaftlichen Text von *Schulze-Fielitz* stößt, auf diesen nun nicht immer die Meßlatte anlegen, die hier beschrieben ist – auch der Autor dieser Zeilen kann sich leider oft nicht an ihr orientieren. Aber so, wie man nicht selbst ein Meisterschütze zu sein braucht um zu erkennen, ob ein anderer ins Schwarze getroffen hat, so darf man auch dann Ansprüche formulieren, wenn man sie selbst zwar nicht immer einhalten kann, sich aber doch wenigstens darum bemüht. In diesem Sinne mag der

---

[337] Vgl. *Hornbostel*, Wissenschaftsindikatoren (Fn. 2), S. 190 f.; 195 ff.; s. auch *Röbbecke / Simon*, Reputation (Fn. 33), S. 52 ff.

[338] Vgl. z.B. Preis der Fritz Thyssen Stiftung für sozialwissenschaftliche Aufsätze des Zeitschriftenjahrgangs 1996, KZfSS 50 (1998), S. 400 ff.

[339] Vgl. *Weingart / Winterhager*, Vermessung (Fn. 2), S. 248 f.

[340] *Mittelstraß*, Häuser (Fn. 122), S. 46; s. auch ebd. S. 65 f., 108 f.

[341] Vgl. *Ritsert* (Fn. 301), Leviathan 26 (1998), S. 197.

eine oder andere Leser vielleicht ein wenig genauer sich vergewissern, worum wir uns als Wissenschaftler täglich (zumindest auch) bemühen – um hohe Qualität der öffentlich-rechtlichen Forschung, denn: „Für gediegene Wissenschaft kann die Meßlatte nicht hoch genug liegen".[342]

---

[342] So *A. Hollerbach*, Ansprache anläßlich der Überreichung der Festschrift zum 70. Geburtstag am 3. 2. 2001, unveröff.

# Schweizer Juristen-Philosophen

Eine eigenständige schweizerische Tradition der Wissenschaftsphilosophie
der Jurisprudenz und der Staatslehre in Auseinandersetzung mit ausgewählten
Strömungen der Rechts- und der Staatsphilosophie sowie der Wissenschaftstheorie
in der ersten Hälfte des Zwanzigsten Jahrhunderts
Eine programmatische Skizze für ein interdisziplinäres Forschungsvorhaben

von

## Dr. Michael Hebeisen

Muri bei Bern

## Inhalt

# 1. Der Forschungsgegenstand – Eine Tradition philosophierender Juristen, nicht jedoch der Rechtsphilosophie

Es gibt eine eigenständige schweizerische Tradition philosophierender Juristen und
Staatsrechtslehrer im Zwanzigsten Jahrhundert. Das Einheit stiftende Moment ist, dass

es sich bei allen im einzelnen recht unterschiedlichen Beschäftigungen mit den philosophischen Grundlagen der Jurisprudenz und der Staatslehre gerade nicht um im eigentlichen Sinn rechts-, staat- oder sozialphilosophische Bemühungen handelt; vielmehr gehen sie alle von der Überlegung aus, dass die relative Eigenständigkeit der Einzeldisziplinen respektiert werden muss, und dass die philosophische Reflexion deshalb strenggenommen nicht dem Gegenstand des Rechts gilt, sondern den theoretischen Grundlagen der wissenschaftlichen Behandlung des Rechts.[1] Die Absicht geht also auf eine Wissenschaftstheorie oder – besser noch – auf eine Wissenschaftsphilosophie der Jurisprudenz, der Staatsrechtslehre und der Soziologie, bzw. Gesellschaftstheorie und folgt damit letztlich der pointierten Überzeugung Wilhelm Diltheys, „dass es eine besondere Philosophie des Rechts nicht gibt, dass vielmehr ihre Aufgabe dem philosophisch begründeten Zusammenhang der positiven Wissenschaften des Geistes wird anheimfallen müssen".[2] Über die Gründe dieser interessanten Traditionsbildung kann hier nur spekuliert werden: es könnte an der hochschulpolitisch eigentümlichen Beschreibung der Lehrstühle, an der vordringlichen Orientierung an den praktischen Bedürfnissen (d.h. an dem typisch helvetischen Pragmatismus) oder auch einfach an der wiederholt feststellbaren alpenländischen Originalität gelegen haben.[3]

Für die Untersuchung dieser bezeichneten Fragestellung einschlägig nehmen sich die folgenden Werke aus:[4] der in Auseinandersetzung mit Rudolf Stammler transformierte Neukantianismus Eugen Hubers; der Neo-Historismus romanischer, bzw. relativistischer Prägung William Emmanuel Rappards und Karl Hiltys und die philosophisch aufgeklärten Historismen eigener Prägung bei Pierre de Tourtoulon und Alfred Dufour, sowie die geschichtsphilosophische Unterlage wichtiger Fragestellungen der Demokratietheorie und der Rechtsstaatslehre bei Richard Bäumlin; der Neo-Positivismus Walther Burckhardts auf dem Gebiet des öffentlichen Rechts; der Neo-Hegelianismus Dietrich Schindlers zusammen mit einer geisteswissenschaftlichen Gesellschaftslehre; das dogmatische Unternehmen Fritz Fleiners auf den Gebieten des Verfassungs- und des Verwaltungsrechts und die idealistisch unterlegten Beiträge zum Verfassungsrecht von Oskar Werner Kägi mit ihrer typisch schweizerischen Schwerpunktsetzung auf Fragen der Demokratie; der radikal-demokratische Positivismus Zaccaria Giacomettis in der Frage des Ausgleichs zwischen direkter Demokratie und Rechtsstaatlichkeit und der Weg von Immanuel Kant („Recht und Moral") zu Thomas Hobbes entlang von Wertproblemen der Rechts- und Verfassungsordnung mit der Engführung „Demokratie und Richtigkeit des Rechts" bei Hans Nef; die kulturhistorische Rechtsarchäologie Hans Fehrs; die ideengeschichtlichen Ansätze bei Au-

---

[1] Dass es für Rechtstheoretiker falsch sei, sich von der Moralphilosophie anleiten zu lassen und zu glauben, die grossen philosophischen Denker würden die Schlüssel zur Lösung rechtswissenschaftlichen, rechtspolitischen und verfassungsrechtlichen Problemen anbieten, wurde zuletzt eindrücklich thematisiert von *Richard A. Posner*: The Problematics of Moral and Legal Theory, Cambridge/London: The Belknap Press of Harvard University Press, 1999.

[2] *Wilhelm Dilthey*: Einleitung in die Geisteswissenschaften – Versuch einer Grundlegung für das Studium der Gesellschaft und der Geschichte (Gesammelte Schriften, Bd. 1), Göttingen: Vandenhoeck & Ruprecht, 9., unveränderte A. 1990, S. 79.

[3] Für die der schweizerischen vergleichbare österreichische Situation können – nebst den Staatsrechtslehrern der Weimarer Republik österreichischen Ursprungs, *Hans Kelsen* und *Hermann Heller* – repräsentativ die Œuvres von *René Marcic* und *Peter Koller* stehen; siehe die Auswahlbibliographie.

[4] Zu ausgewählten Beispielen siehe untenstehend Ziffer 4.

gust Simonius und Eduard His; die existenzphilosophische Naturrechtslehren Hans
Ryffels und Emil Brunners; der kosmopolitische, bzw. universalistische Humanismus
Hans Hubers und Claude Du Pasquiers; der soziologisch-naturrechtlich schillernde
Ansatz der Staatslehre von Jakob Wackernagel, der ethnologisch/anthropologisch begründete Naturalismus bei Hans Fehr oder die christlich orientierte Naturrechtslehre
von Wilhelm Oswald, sowie auch noch das Naturrechtsverständnis von Jean Darbel-
lay; der psychologisierende Ansatz einer Staatsformenlehre bei Max Imboden; der
phänomenologisch-existentialistische Ansatz bei Aloïs Troller; die pragmatisch-her-
meneutische Methode bei Oskar Adolf Germann. Diese Aufzählung eines Panopti-
kums unterschiedlicher wissenschaftlicher Grundhaltungen muss notwendig ein Ausschnitt bleiben; sowieso ist nicht so sehr eine Kategorisierung intendiert, vielmehr
kommt es uns im Gegenteil auf eine Differenzierung der vorschnell verwendeten Vorurteile an, dies im Bestreben, die Mannigfaltigkeit der Theoriestrukturen dingfest und
damit erfahrbar zu machen. Schliesslich ist auch zur Vorsicht zu mahnen bei der Beurteilung zeitgenössischer Autoren, z.B. was die systemtheoretischen und diskursethi-
schen Ansätze angeht.

Gegenstände im einzelnen und Ansatzpunkte einer solch weitgefassten For-
schungsstrategie werden sein müssen: eine an die vervollständigten Biographien und
ergänzten Bibliographien von philosophierenden Juristen anknüpfende Darstellung
und Einordnung von Hauptwerken der schweizerischen Literatur auf den Gebieten
der Jurisprudenz, der Rechtsphilosophie und der Allgemeinen Staatslehre im Zwanzigsten Jahrhundert; eine Identifizierung von originellen methodologischen Ansätzen
in Beziehung zu den wissenschaftstheoretisch dominanten Hauptströmungen (Neukantianismus, Phänomenologie, Existentialismus, usw.); und differenzierte Beiträge
zur Rezeptions- und Wirkungsgeschichte der Œuvres bedeutender Schweizer For-
scherpersönlichkeiten auf den betreffenden Gebieten. Dies kommt einer Arbeit der
Erinnerung gerade an die zeitlosen (wissenschaftstheoretischen) Bestandteile der
Œuvres von bestimmenden Figuren der infragestehenden Wissenschaften gleich,
während die einst die Wirkung bestimmenden (juristisch-technischen) Werke heute
zunehmend als zeitgebunden erachtet werden müssen und immer weniger Beachtung
mehr finden.

## 2. Die Ausgangslage – Wissenschaftshistorische und systematische
Defizite in der Aufarbeitung der betreffenden Ansätze

Um den Missstand in der Bearbeitung der schweizerischen Theoriebildung in der
Jurisprudenz und Staatslehre in Ansätzen zu beheben, müssen zunächst ein bio-/biblio-
graphisches und dann ein systematisches Defizit überwunden werden; in beiden Fällen betreffen die Defizite sowohl die Aufarbeitung des Quellenmaterials als auch dessen wissenschaftsgeschichtliche und -theoretische Einordnung und Bewertung.

So fehlt es beispielsweise an einer Beleuchtung der Wirkung der von Burckhardt
und Hilty von 1887 bis 1917 herausgegebenen 30 Bände des „Politischen Jahrbuchs"[5]
oder der „rechtsphilosophisch" einschlägigen Beiträge in den entsprechenden frühen

---

[5] Politisches Jahrbuch der Schweizerischen Eidgenossenschaft (Bern: K.J. Wyss).

Jahrgängen der „Zeitschrift für Schweizerisches Recht". Die geistreichen, besonders im vierten Band von Eugen Hubers „Geschichte und System" verstreuten Bemerkungen zur Zivilrechtswissenschaft[6] wurden zwar 1969 in der „Geschichtlichen Grundlegung" des Basler Kommentars zum „Schweizerischen Privatrecht" von Ferdinand Elsener vervollständigt und 1975 ergänzt in der Buchpublikation über die „Schweizer Rechtsschulen vom 16. bis zum 19. Jahrhundert";[7] und wichtige bio-bibliographische, zwar bescheidene, aber umso verdienstvollere Beiträge sind im Sammelband „Schweizer Juristen der letzten hundert Jahre", d.h. von 1845 bis 1945, sowie in einer Verlagsfestschrift über „Juristengenerationen und ihren Zeitgeist" enthalten.[8] Eine Fortsetzung für das ganze Zwanzigste Jahrhundert ist jedoch nur punktuell angegangen worden, etwa zu Eugen Huber und zu Rappard[9] sowie in älteren Beiträgen zu Burckhardt.[10] Dabei macht sich eine ungerechtfertigte Geringschätzung des bio- und bio-bibliographisch bezogenen akademischen Arbeitens bemerkbar. Das war nicht allezeit so! Max Rümelin, jahrzehntelanger Kanzler der Universität Tübingen, äusserte sich in einer im Druck 80 Seiten ausmachenden Dankesrede zum Problem und zu den Verdiensten Eugen Hubers im Licht von dessen Neu-Kantischem Kritizismus folgendermassen: „Huber bleibt bei den Ideen und ihrem Urquell, dem vernünftigen Bewusstsein, stehen. Seine weiteren Gedanken darüber, wie das vernünftige Bewusstsein funktioniert, wie der göttliche Geist in den Ideen der Zeiten und Völker sich auswirkt, ob er an eine Entwicklung zu einem bestimmten Ziel hin glaubt und wie er dieses Ziel bestimmt, hat er uns nicht mitgeteilt, wie ich annehmen möchte, weil es sich hier nach seiner Ansicht nicht mehr um wissenschaftlich Beweisbares handelt. […] Aber ich kann mir nicht vorstellen, dass dies Hubers letztes Wort gewesen sein soll. […] In dem sein ganzes Leben beherrschenden Ethos, das aus jeder Seite auch seines letzten Buches zu uns spricht, war seine Grösse begründet".[11]

Gravierender noch steht es mit den Versäumnissen auf systematischem Gebiet: Hier ist eine durchgängige Verengung auf Aspekte der Methodologie der Jurisprudenz fest-

---

    [6] *Eugen Huber.* System und Geschichte des schweizerischen Privatrechts, 4 Bände, Basel: C. Detloff/R. Reich, 1886–1893.

    [7] *Ferdinand Elsener.* Die Schweizer Rechtsschulen vom 16. bis zum 19. Jahrhundert unter besonderer Berücksichtigung des Privatrechts – Die kantonalen Kodifikationen bis zum Schweizer Zivilgesetzbuch, Zürich 1975.

    [8] *Hans Schulthess* (Hrsg.): Schweizer Juristen der letzten hundert Jahre, Zürich: Schulthess & Co., 1945; und *Hans Merz/Dietrich Schindler/Hans Ulrich Walder* (Hrsg.): Juristengenerationen und ihr Zeitgeist – Abhandlungen grosser Juristen aus zwei Jahrhunderten mit einführenden Worten, zum 200jährigen Bestehen des Verlags Schulthess, Zürich: Schulthess, 1991; für das Verfassungsdenken ebendieser Zeit siehe *Felix Renner.* Der Verfassungsbegriff im staatsrechtlichen Denken der Schweiz im 19. und 20. Jahrhundert – Ein Beitrag zur Dogmengeschichte (Dissertation Universität Zürich), Zürich: Schulthess & Co., 1968.

    [9] Vgl. *Dominique Manaï:* Eugen Huber – Jurisconsulte charismatique (Collection genevoise), Basel 1990; und *Victor Monnier.* William E. Rappard – Défenseur des libertés, serviteur de son pays et de la communauté internationale, Basel/Genève: Helbing & Lichtenhahn/Édition Slatkine, 1995.

    [10] Vgl. *P. Burkhard Mathis:* Rechtspositivismus und Naturrecht – Eine Kritik der neukantischen Rechtslehre (unter besonderer Berücksichtigung des Werks „Die Organisation der Rechtsgemeinschaft" von Professor Dr. Walther Burckhardt), Paderborn: Ferdinand Schöningh, 1933; und *Arthur Homberger.* Prof. Walther Burckhardt und die Rechtswissenschaft, in: Walther Burckhardt (1871–1939), Zürich: Polygraphischer Verlag, 1939.

    [11] *Max Rümelin:* Eugen Huber, Rede, gehalten bei der akademischen Preisverteilung am 6. November 1923, Tübingen: J.C.B. Mohr, 1923, S.79f.

zustellen. Obwohl aber – oder: gerade weil – die Schweizer Juristen kein herkömmliches Verständnis der Rechtsphilosophie im Sinn ihrer Hauptströmungen hatten, haben sie alle hervorragende Beiträge von bleibendem Wert geliefert, die mannigfaltige Aspekte der wissenschaftlichen Behandlung des Rechts betreffen; diese fallen nun nicht nur in das Gebiet der Methodologie des Rechts – was man für den „Hausgebrauch" der Jurisprudenz als ausreichende Grundlage von deren Wissenschaftlichkeit gelten lassen könnte –, sondern erstrecken sich auch auf die Gebiete der Rechtslogik, der Ontologie des Rechts, der Epistemologie des Rechts, der Phänomenologie des Rechts, einer Heuristik des Rechts, um nur ein paar andere ihrer Arbeitsfelder zu nennen.[12] Eine Zusammenschau dieser Beiträge ist jedoch bisher unterblieben.

Persistent ist der rechtstheoretischen Diskussion die bedenklich stimmende Tendenz der Vermischung von moralischen und rechtlichen Argumentationen (und dies nicht nur im Völkerrecht); dabei handelt es sich um einen alten Streit. Als neuestes prominentes Zeugnis kann etwa die Auseinandersetzung mit der „Problematik von Rechts- und Moraltheorie" bei Richard A. Posner herausgestellt werden:[13] Er konstatiert eine moralische Aufladung und Behandlung von Rechtsfragen auf der einen und eine juristisch-dogmatische Verbrämung von moralphilosophischen Fragestellungen auf der anderen Seite; diese wechselseitige Verquickung sowie das Scheitern des Rechtspositivismus eingestanden, sucht er Zuflucht bei der Wissenschaftstheorie im engeren Sinn statt bei der Philosophie im weiteren Sinn. So ähnlich fällt auch die Antwort auf die Problemstellung nach der Bestimmung von Wahrheit im Recht bei Dennis Patterson aus.[14] Zum Ausgangspunkt kann die praktische Beobachtung dienen, dass Recht und Moral vor allem die Verschiedenheit in der Begründung wie in den Wirkungen der Verbindlichkeit unterscheidet (daher typischerweise die Unterscheidungen Rechtspositivismus/Naturrechtslehre oder Rechtstheorie/Rechtsphilosophie – wie wenn es dabei um die Unterscheidung exoterischen, wissenschaftlichen von esoterischen, unwissenschaftlichen Ansätzen ginge). Ausgehend von dieser ge-

---

[12] Eine der jüngsten Entwicklungen in diesem Zusammenhang ist das Interesse der frankophonen Rechtslehre an Fragen der sprachlichen Grundstruktur normativer Sätze, die in das Gebiet der Semiotik fällt; vgl. *Charles-Albert Morand*: Le développement de la méthodologie juridique en Suisse, in: Droit prospectif (Aix-en-Provence), Bd. 15 (1990), Nr. 43, H. 4, S. 729 ff.; *dens.*: Vers une méthodologie de la pensée des valeurs constitutionnelles, in: De la Constitution – Études en l'honneur de Jean-François Aubert, hrsg. von Piermarco Zen-Ruffinen und Andreas Auer, Basel/Frankfurt am Main: Helbing & Lichtenhahn, 1996, S. 57 ff.; *dens.*: La légalité de la légalité, in: Figures de la légalité, hrsg. von dems., Paris: Publisud, 1992; und *François Paychère*: Contribution à une analyse narrative de la théorie institutionnelle, in: Revue internationale de sémiotique juridique (Liverpool), Bd. 4 (1991), Nr. 12, S. 268 ff.; *dens.*: La découverte du sens en droit (Archiv für Rechts- und Sozialphilosophie, Beiheft 48), Stuttgart: Franz Steiner, 1992; sowie *François Paychère/Antoine Garapon*: Sociologie juridiue et sémiotique juridique, in: Legal semiotics and the sociology of law, Onati 1994, S. 133 ff.

[13] *Richard A. Posner*: The Problematics of Moral and Legal Theory, Cambridge/London: The Belknap Press of Harvard University Press, 1999; dieses Buch wirft die cruciale Frage auf, Vorwort, S. VIII, „whether, when the methods of legal positivism fail to yield a satisfactory resolution of a legal issue, the law should take its bearings from philosophy or from science. And it answers, ‚from science'". – Vgl. grundsätzlich dazu *Pierluigi Chiassoni*: Origini e diffusione dell'analisi economica del diritto negli Stati Uniti – Le indagini „positive" di Richard A. Posner, in: Analisi e diritto, Ricerche di giurisprudenza analitica (Torino: Giappichelli), Jg. 1991, S. 9 ff.

[14] Vgl. *Dennis Patterson*: Law and Truth (Recht und Wahrheit), Oxford: Oxford University Press, 1996 ([Studien zur Rechtsphilosophie und Rechtstheorie, Bd. 23] Baden-Baden: Nomos, 1999).

nuinen Differenz ist es die Strategie der Kantischen Rechts- und Staatslehre, diese von
jedem Moralisieren frei zu halten,[15] und so stellt sich die Trennung, aber auch die Koordination zwischen induktiver Kategorien- und Maximenbildung (praktische Philosophie), deren Schlussstein der kategorische Imperativ bildet, auf der einen und der
dem kosmologischen Prinzip folgenden theoretischen Philosophie (begriffliche De-
duktion) als springender Punkt heraus.[16] Offenkundig verlässt Immanuel Kant in seinem praktisch-philosophischen Denken die neuzeitliche Metaphysik und deren Be-
gründungsdenken und setzt an deren Stelle eine praktische (moralische, politische und
historische) Urteilskraft ein.[17] Anders als gemeinhin angenommen, orientiert sich die
Kantische praktische Philosophie nicht primär an apriorisch-begrifflichen Strukturen, sondern an einer Beurteilung der konkreten Lebensumstände mittels Kategorien-
und Maximenbildung und überwindet damit eine vom Rationalismus als bestimmend
und herrschend gedachte Vernünftigkeit. Die neueste Theoriebildung orientiert sich
denn auch wieder vermehrt an dieser philosophiesystematischen Feststellung: Urs
Thurnherr etwa stellt die für die praktische Philosophie zentrale Stellung der Maximen heraus,[18] Andreas Gunkel nimmt die Kantische Philosophie der Freiheit ernst
und bespricht die Konzepte von Spontaneität und moralischer Autonomie [19] und
Dirk Effertz charakterisiert das Weltbild in der theoretischen Vernunft und stellt es
demjenigen in der „Kritik der Urteilskraft" gegenüber.[20]

---

[15] Vgl. dazu *Otfried Höffe*: Recht und Moral – Ein kantischer Problemaufriss, in: Neue Hefte für Philosophie, hrsg. von Rüdiger Bubner u.a., Göttingen: Vandenhoeck & Ruprecht, 1979, H. 17, S. 1ff.

[16] Die Wichtigkeit der Maximenbildung hat jüngst thematisiert und in den Zusammenhang mit der
Kantischen Ästhetik gestellt *Urs Thurnherr*: Die Ästhetik der Existenz – Über den Begriff der Maxime und
die Bildung von Maximen bei Kant (Dissertation Universität Basel 1993), Tübingen/Basel: A. Francke,
1994. – In Auseinandersetzung mit den konkreten Forderungen des kategorischen Imperativs kann in der
Tat bezweifelt werden, dass aus der Kantischen Begründung der Pflichtethik für bestimmte Situationen eine ganz bestimmte Handlungsanweisung folgt; so *Karl Menger*: Erkenntnistheoretisch-logische Aufzeichnungen über Gut und Böse (1934), in: Wissenschaftlicher Humanismus – Texte zur Moral- und Rechtsphilosophie des frühen logischen Empirismus (Schriftenreihe zur rechtswissenschaftlichen Grundlagenforschung, Bd. 12), hrsg. von Eric Hilgendorf, Freiburg im Breisgau/Berlin/München, 1998, S. 109ff.,
119 und 123: „Ohne uns hier mit der erkenntnistheoretischen Natur, den Gründen des Geltungsanspruchs dieses Prinzips oder den sonstigen Kant selbst und den meisten Philosophen wichtigen Problemen
zu befassen, welche sich auf diesen Imperativ beziehen, wollen wir für unsere Zwecke lediglich die folgende Frage uns vorlegen: Was fliesst in konkreten Situationen aus dem kategorischen Imperativ an konkreten
Vorschriften? [...] Zusammenfassend sehen wir, dass ohne Festlegung eines speziellen Systems von Normen auch der kategorische Imperativ und der durch ihn festgelegte Begriff der Pflicht nicht zu konkreten
Vorschriften führen, dass aber, wenn durch allgemeine Ideale oder den Eigenwillen der Individuen oder
Individuengruppen solche Normensysteme zum Imperativ der Pflicht hinzugenommen werden, für die
Praxis nur diese Normensysteme, nicht aber der Umstand, dass man durch sie das Wort ‚Pflicht' erklärt,
das Massgebende sind".

[17] *Manfred Riedel*: Urteilskraft und Vernunft – Kants ursprüngliche Fragestellung (Suhrkamp Taschenbuch Wissenschaft, Bd. 774), Frankfurt am Main: Suhrkamp, 1989, S. 61ff. und 125ff.

[18] *Urs Thurnherr*: Die Ästhetik der Existenz – Über den Begriff der Maxime und die Bildung von Maximen bei Kant (Basler Studien zur Philosophie, Bd. 5), Basel/Tübingen: A. Francke, 1994.

[19] *Andreas Gunkel*: Spontaneität und moralische Autonomie – Kants Philosophie der Freiheit (Berner
Reihe philosophischer Studien, hrsg. von Henri Lauener und Andreas Graeser, Bd. 9), Bern/Stuttgart:
Paul Haupt, 1989.

[20] *Dirk Effertz*: Kants Metaphysik – Welt und Freiheit – Zur Transformation des Systems der Ideen in
der Kritik der Urteilskraft (Symposion, Bd. 99), Freiburg im Breisgau/München: Karl Alber, 1994.

## 3. Streiflichter auf das Umfeld – Die bestimmenden philosophischen Strömungen im Ausland

Die wissenschaftsphilosophischen Bemühungen der Schweizer Juristen-Philosophen – wie man sie wohl nennen muss, um sie zutreffend von den Rechtsphilosophen zu unterscheiden – standen selbstverständlich in Auseinandersetzung mit den dominanten Strömungen der Rechts-, Staats- und Sozialphilosophie im Zwanzigsten Jahrhundert, wie sie in den verschiedenen europäischen Sprachräumen gepflegt wurden. Sie trugen wesentlich zur Differenzierung der verschiedenen Richtungen bei, überstiegen jedoch regelmässig deren Ansätze und Grundlagen, um den Einzelwissenschaften aufregende neue Horizonte zu eröffnen.

Um den Stand der Forschung steht es hier besser, nicht nur was die Vorarbeiten, sondern auch was die systematische Bearbeitung und aktuelle Bewertung betrifft: stellvertretend für die grosse Zahl der herausragenden Arbeiten seien hier nur einige weniger beachtete zur „Rechtsphilosophie des Marburger Neukantianismus",[21] zur Rechtsphilosophie des frühen (Wiener) logischen Empirismus,[22] des klassischen Pragmatismus[23] und des Neo-Institutionalismus angeführt.[24] Gemeinhin werden Platonismus, Aristotelismus, Kantianismus und Hegelianismus als Kontrastprogramme auch zur Identifikation und Einordnung der rechtsphilosophischen Strömungen des Zwanzigsten Jahrhunderts herangezogen; eine differenzierende Untersuchung der Näheverhältnisse zu den neueren erkenntnistheoretischen, epistemologischen und methodologischen Ansätzen jedoch ist bisanhin – wohl unter dem Eindruck der Komplexität derselben – unterblieben, dies obwohl offensichtlich ein Amalgam davon Hintergrund aller neueren Konzeptionen bildet. Grundlegend jedoch ist die Aufarbeitung der Traditionslinien der Pflege des öffentlichen Rechts, für den deutschen Sprachraum erfolgt in den Werken von Michael Stolleis und Manfred Friedrich.[25] Somit ist wenigstens der Bezugsrahmen für die Situierung der besonderen schweizerischen Traditionslinie einigermassen verlässlich abgesteckt.[26]

---

[21] *Claudius Müller:* Die Rechtsphilosophie des Marburger Neukantianismus – Naturrecht und Rechtspositivismus in der Auseinandersetzung zwischen Hermann Cohen, Rudolf Stammler und Paul Natorp (Tübinger Rechtswissenschaftliche Abhandlungen, Bd. 75), Tübingen: J.C.B. Mohr (Paul Siebeck), 1994.

[22] *Eric Hilgendorf* (Hrsg.): Wissenschaftlicher Humanismus – Texte zur Moral- und Rechtsphilosophie des frühen logischen Empirismus (Haufe-Schriftenreihe zur rechtswissenschaftlichen Grundlagenforschung, Bd. 12), Freiburg im Breisgau: Haufe, 1998.

[23] *Joachim Lege:* Pragmatismus und Jurisprudenz – Über die Philosophie des Charles Sanders Peirce und über das Verhältnis von Logik, Wertung und Kreativität im Recht, Tübingen: J.C.B. Mohr, 1998.

[24] *D. Neill MacCormick/Ota Weinberger:* Grundlagen des institutionalistischen Rechtspositivismus (Schriften zur Rechtstheorie, Bd. 113; An Institutional Theory of Law – New Approaches to Legal Positivism [Law and Philosophy Library]), Berlin: Duncker & Humblot, 1985 (Dordrecht: D. Reidel, 1986).

[25] *Michael Stolleis:* Geschichte des öffentlichen Rechts in Deutschland, München: C.H. Beck, 1999, Bd. 3: „Staats- und Verwaltungsrechtswissenschaft in Republik und Diktatur – 1914–1945"; und *Manfred Friedrich:* Geschichte der deutschen Staatsrechtswissenschaft (Schriften zur Verfassungsgeschichte, Bd. 50), Berlin: Duncker & Humblot, 1997.

[26] In besonderem Mass darf dies gelten für die Ansätze der Rechts- und Staatsphilosophie der Weimarer Republik mit ihrer überaus reichen Theoriebildung; vgl. *David Dyzenhaus:* Legality and Legitimacy – Carl Schmitt, Hans Kelsen and Hermann Heller in Weimar, Oxford: Clarendon Press, 1997; *Agostino Carrino:* Die Normenordnung – Staat und Recht in der Lehre Hans Kelsens (Forschungen aus Staat und Recht, Bd. 121), Wien: Springer, 1998; *Matthias Kaufmann:* Recht ohne Regel? Die philosophischen

## 4. Zu ausgewählten Beispielen – Eine erste Annäherung an die zu untersuchenden Auffassungen

Nachfolgend soll anhand von ausgewählten Beispielen skizziert werden, in welcher Richtung sich die von uns zum Thema erhobene Fragestellung entwickeln könnte. Es treten damit zugleich auch die Positionen von Eugen Huber, Walther Burckhardt, Dietrich Schindler, William Emmanuel Rappard, Aloïs Troller und Hans Ryffel prägnant, wenn auch noch ohne den erforderlichen Differenzierungsgrad in Erscheinung; kontrastreich in Szene gesetzt werden die ausgewählten Beiträge vor dem Hintergrund der obenstehend portraitierten Strömungen, mit denen sich der betreffende Autor vornehmlich misst, d.h. in unserem Fall mit den Stellungnahmen von Rudolf Stammler, Hermann Heller, Gerhard Leibholz, Karl Larenz, Albert A. Ehrenzweig u.a. Um einer vorschnellen und im einzelnen noch nicht nachvollziehbaren Beurteilung der verschiedenen Ansätze auszuweichen, lassen wir dabei die Auswahl von Schweizer Juristen-Philosophen ausführlich zu Wort kommen:

### 4.1 Eugen Huber und Rudolf Stammler – Ein schweizerischer Neukantianismus mit lebensphilosophischem Einschlag?

Über die Entstehungszeit hinaus ist eine überaus rege Beschäftigung mit der Rechtsphilosophie Rudolf Stammlers festzustellen (man vergleiche gerade auch die durchgehende Beschäftigung bei Gregor Edlin [27]).[28] Ursache dafür dürfte vor allem sein, dass es Stammler gelungen ist, verschiedene persistente Fragestellung der Rechtsphilosophie und der Rechtswissenschaft mit bleibender Gültigkeit zu analysieren und zu formulieren, wenn auch zum Teil die von ihm aufgefundenen Antworten sich nicht alle mit der gleichen Beständigkeit haben behaupten können. Mit einem gehörigen Schuss Kritik hat Felix Somló diese Ambivalenz der Bedeutung Stammlers so be-

---

Prinzipien in Carl Schmitts Staats- und Rechtslehre (Praktische Philosophie, Bd. 26), Freiburg im Breisgau/München: Karl Alber, 1988; und *Michael Walter Hebeisen*: Souveränität in Frage gestellt – Die Souveränitätslehre von Hans Kelsen, Carl Schmitt und Hermann Heller im Vergleich (Dissertation Universität Bern 1994), Baden-Baden: Nomos, 1995 (hier finden sich auch ausführliche Quellen- und Literaturverzeichnisse).

[27] *Gregor Edlin*: Rechtsphilosophische Scheinprobleme und der Dualismus im Recht, Berlin-Grunewald: Walther Rothschild, 1932, besonders S. 94ff. zur monistischen Lösung (?) der Methodenfrage und S. 129ff. zum Begriff des Rechts und zur wissenschaftlichen Bestimmung eines „richtigen Rechts".

[28] Siehe die Behandlung der Rechts- und Sozialphilosophie *Rudolf Stammlers* bei *Herbert Claessen*: Rudolf Stammlers Bedeutung für die Theorie des Naturrechts und den Gedanken der *aequitas* (Dissertation Universität Köln 1986); *Gerhard Goepel*: Über Stammlers Rechtsphilosophie und das Problem der Aufopferung (Dissertation Universität Jena 1915); *Werner Gornickel*: Der Rechtsbegriff bei Rudolf Stammler im Lichte der Kritik (Dissertation Universität Berlin 1943); *Leo Haas*: Rechtsbegriff und Rechtsidee – Die formalistische Rechtsphilosophie Rudolf Stammlers und das formale Naturrecht (Dissertation Universität Freiburg 1950), Schwarzenbach: Franz Renggli, 1950; *Benjamin Kotowitz*: Die Sozialphilosophie Rudolf Stammlers –Einflüsse und Auswirkungen (Dissertation Universität München 1973); *Lothar Lotze*: Rudolf Stammlers Marx-Kritik, in: Archiv für Rechts- und Sozialphilosophie (Stuttgart: Franz Steiner), Beiheft Neue Folge Nr. 43 (1991), S. 91ff.; und bei *Ludwig Spiegel*: Stammlers Kritik der Staats- und Rechtstheorien der Neuzeit, in: Schmollers Jahrbuch für Gesetzgebung, Verwaltung und Volkswirtschaft im Deutschen Reich, Bd. 43 (1919), S. 1ff.

schrieben: „Vielleicht ist es ihm gerade durch die seltsame Verknüpfung von Eigenschaften, der befruchtenden Fragestellung mit der unbefriedigenden Lösung derselben, in so hohem Mass vergönnt, anregend zu wirken und zum bedeutsamsten Kristallisationspunkt der neueren Rechtsphilosophie zu werden. Er vermag es, wie kein anderer, rechtsphilosophische Untersuchungen hervorzulocken und an den seinigen sich emporranken zu lassen. Sein abgerundetes, scharfsinniges und tiefernstes, aber schliesslich doch nicht befriedigendes Gedankensystem ladet förmlich zu einer Untersuchung darüber ein, an welchem Punkt man ihm die Gefolgschaft zu versagen hat. Dadurch wurde er so Vielen zum willkommenen Vehikel ihrer Gedanken; dadurch wurde er auch zum Meistbesprochenen und Meistumstrittenen der neueren deutschen Rechtsphilosophie, wie ja der Schüler häufig gerade dem widerspricht, von dem er am meisten gelernt, im Kampf mit dem er sich zu einer eigenen Ansicht durchgerungen hat".[29] Ein anderes Moment der beständig sich lohnenden Auseinandersetzung mit Stammlers Rechtsphilosophie liegt unzweifelhaft darin, dass dieser die kritische Philosophie Immanuel Kants – wenn auch nicht eigentlich die Kantische Rechtsphilosophie im engeren Sinn, wie sie im ersten Teil der „Metaphysik der Sitten" und in den sogenannten nachkritischen Schriften ihren Niederschlag gefunden hat – umfassend auf die Rechtstheorie übertragen habe, „zu getreu", wie Wilhelm Ebenstein räsonniert.[30] Stammlers neukantischer Ansatz in der Rechts- und Sozialphilosophie hat in der Schweiz gerade auch Nachfolge bei Eugen Huber (1849–1923) gefunden, niedergeschlagen in der Widmung der Monographie zu „Problemen der Gesetzgebung und der Rechtsphilosophie", betitelt „Recht und Rechtsverwirklichung", an Stammler, „meinem Freunde"; es sei jedoch nicht leicht, meint Adolf Menzel, „Hubers Grundgedanken herauszuarbeiten, da er zwischen einer soziologisch-psychologischen Auffassung und einer idealistischen, von Stammler beeinflussten Rechtstheorie zu vermitteln" suche.[31]

---

[29] *Felix Somló*: Juristische Grundlehre, Leipzig: Felix Meiner, 2., unveränderte A. 1927 (1. A. 1917), Anmerkung 2 zu S. 45 *in fine*, S. 46. – Vgl. das ähnliche Urteil von *Wilhelm Sauer*: System der Rechts- und Sozialphilosophie – Vorlesungen zugleich über Allgemeine Philosophie und Soziologie, Basel: Recht und Gesellschaft, 1949 (2., völlig neu bearbeitete A. des Lehrbuchs der Rechts- und Sozialphilosophie), S. 463f.: „Stammlers Begriff des richtigen Rechts verleitet zu der irrigen, von ihm in der Tat vertretenen Meinung, dass es auch unrichtiges Recht geben kann, während es nur unrichtige Gesetze, Staatsakte, Urteile gibt [?]. Stammlers Stärke bestand in dem Aufdecken der Probleme und der scharfen Fragestellung; die Art der Behandlung und Lösung hat viele Juristen von der Rechtsphilosophie abgeschreckt und den ganzen Neukantianismus, an dem so viele bedeutende Männer und Schulen gearbeitet haben, in falsches Licht gesetzt. […] Wer nur Probleme aufdeckt und nicht einmal die Lösung andeutet, kann den Leser nur verwirren und höchst unbefriedigt entlassen. Und wer nur nach den Voraussetzungen der Erkenntnis fragt, kann notgedrungen nur eine Einleitung zum System, nicht das System selbst geben. Es ist, als wenn der Reiselustige den Plan an der Hand des Kursbuchs ausarbeitet, ohne die Reise zu beginnen".

[30] *Wilhelm Ebenstein*: Die rechtsphilosophische Schule der Reinen Rechtslehre, Prag: Taussig und Taussig, 1938 (Nachdruck Frankfurt am Main: Sauer & Auvermann, 1969), S. 16f.

[31] *Adolf Menzel*: Zum Problem Recht und Macht, in: Beiträge zur Geschichte der Staatslehre (Sitzungsberichte der Akademie der Wissenschaften in Wien, Philosophisch-historische Klasse, Bd. 210, Abhandlung 1), Wien/Leipzig: Hölder-Pichler-Tempsky, 1929 (erstmals in: Zeitschrift für öffentliches Recht [Wien: Julius Springer], Bd. 5 [1926], S. 1ff.; Nachdruck Glashütten im Taunus: Detlev Auvermann, 1976), S. 70ff., 95. – Vgl. zu dieser Auseinandersetzung auch *Adolf Merkel*: Recht und Macht, in: Schmollers Jahrbuch für Gesetzgebung, Verwaltung und Volkswirtschaft im Deutschen Reich, Bd. 5 (1881), S. 439ff. – *Leo Haas*: Rechtsbegriff und Rechtsidee – Die formalistische Rechtsphilosophie Rudolf Stammlers und das formale Naturrecht (Dissertation Universität Freiburg 1950), Schwarzenbach: Franz

So erfährt das vom Voluntarismus geprägte System Stammlers bei Huber bezeich-
nende Ergänzungen, die zugleich wichtige Differenzen markieren: zunächst ist das
Recht die Sittlichkeit zu schützen bestimmt, und dann erfolgt eine differenzierte Beurteilung des Verhältnisses von Recht und Sittlichkeit (Zusammengehörigkeit von
objektiver und subjektiver Richtigkeit betont),[32] wenn absolutes und in konkreten
Relation stehendes Recht als im Leben und in der Rechtsanwendung vermittelt aufgefasst werden. In mancher Hinsicht nimmt sich denn die Rechtsphilosophie Hubers

---

*Renggli*, 1950, Vorwort, S. 4, meint: „Das juristische Denken in der Schweiz, soweit es sich in theoretischen Erwägungen ergeht, ruht zu einem grossen Teil bewusst oder unbewusst auf den geistigen Voraussetzungen, die Stammler der Rechtsphilosophie gegeben [hat]“; dies unter Bezugnahme auf *Eugen Huber*
(Nachweise siehe untenstehend in der nächstfolgenden Anmerkung) und *Walther Burckhardt* (Die Organisation der Rechtsgemeinschaft – Untersuchungen über die Eigenart des Privatrechts, des Staatsrechts und
des Völkerrechts, Basel: Helbing & Lichtenhahn, 1927; Methode und System des Rechts mit Beispielen,
Zürich: Polygraphischer Verlag, 1936; und: Einführung in die Rechtswissenschaft, Zürich: Polygraphischer Verlag, 1939). Eine solche pauschalierende Einordnung stimmt aber so nicht: nämlich für Huber nur
zum Teil, für Burckhardt eher nicht und betreffend den nicht aufgeführten, aber zu ergänzenden *Dietrich
Schindler* (senior) (Verfassungsrecht und soziale Struktur, Zürich: Schulthess & Co., 1932 [5., unveränderte
A. Zürich: Schulthess Polygraphischer Verlag, 1970]) sowie beispielsweise auch für *Arnold Gysin* oder *Au-
gust Simonius* garnicht; sie übersieht die ausgewiesenen wie auch die originalitätsbedingten Differenzen
und bringt auch nicht die generell grosse Wirkung der Rechtsphilosophie Stammlers nicht in Anschlag. –
Zum Neukantianismus Burckhardts – allerdings aus der Sicht der thomistischen Naturrechtslehre – siehe
*P. Burkhard Mathis* (O.M. Cap.): Rechtspositivismus und Naturrecht – Eine Kritik der neukantischen
Rechtslehre (unter besonderer Berücksichtigung des Werks „Die Organisation der Rechtsgemeinschaft“
von Professor Dr. Walther Burckhardt), Paderborn: Ferdinand Schöningh, 1933; vgl. die Einleitung, S. 8:
„Ohne Bedenken stellen wir Burckhardt als den Typus der jetzigen Rechtslehre im Sinne Kants hin, an
dem wir sowohl eine echt spekulative Ader Kants und Stammlers als auch ein ehrliches Streben nach folge-
richtiger Durchführung des Systems bis in die letzten Ausläufer bewundern“; sowie den Schluss, S. 120:
„Burckhardts Werk verpflichtet in mancher Hinsicht auch den Gegner [als den sich Mathis erwiesen hat]
zu Dank. Macht es doch in selten geschlossener Weise auf schwache Punkte aufmerksam, die bisher den
Rechtsphilosophen vielfach entgangen sind. Auch zeigt es offen, zu welchen Folgerungen das Kantiani-
sche System führen muss, wenn es konsequent durchdacht wird“.

[32] Vgl. *Eugen Huber*: Recht und Rechtsverwirklichung – Probleme der Gesetzgebung und der Rechtsphilosophie, Basel: Helbing & Lichtenhahn, 1920, S. 61 ff.; Huber macht sich den Gemeinplatz der These
von der äusseren Handlungsorientierung des Rechts und der inneren Bewusstseinsorientierung der Sittlichkeit zu eigen, transzendiert aber diesen Gegensatz des neukantischen Positivismus, indem er sich an der
Rechtsverwirklichung orientiert, S. 78 f.: „Das Sittengesetz schafft sich seine Begriffe aus ethischen Urteilen und ordnet darnach das Leben der Menschen in der Gemeinschaft. Die Rechtsordnung gewinnt ihre
Begriffe gleichfalls aus ethischen Urteilen und bestimmt darnach, was rechtlich zu beurteilen sei und wie
diese Beurteilung erfolgen soll. Indem das Recht die durch sittliche Beurteilung gewonnen Begriffe unter
dem einfluss eines logischen Elementes zu Rechtsbegriffen formuliert und diese alsdann im logischen
Schluss zur Rechtsverwirklichung benutzt, gewinnt es die Möglichkeit, die Verwirklichung zwangsweise
durchzuführen, soweit das zu einer äusseren Herstellung der Rechtsordnung dienlich ist. Durch die Umwandlung des sittlichen Begriffs in den Rechtsbegriff geht der ethische Inhalt nicht verloren. Vielmehr
wird der Begriff dadurch erst, und das ist der Zweck des Rechts, zur zwangsweisen Herstellung einer äusseren Ordnung, die vom Sittengesetz erfüllt ist, tauglich gemacht“; vgl. zu dieser Kompatibilisierung von
Rechts- und Sittengesetz auch *dens.*: Das Absolute im Recht (Festgabe der Juristischen Fakultät der Berner
Hochschule zur Jahresversammlung des Schweizerischen Juristenvereins, von 1922), Bern: Stämpfli &
Cie., 1922, S. 50: „Indem das Recht den Zwang anordnet, hebt es das sittliche Gebot nicht auf, während
umgekehrt Anordnung von Zwang für ein Sittengebot dieses im Wesen trifft und geradezu aufhebt. […]
Das Recht verlangt den Zwang und benutzt ihn als Rechtsmacht. Die Macht kann böse sein, sie wird in
der äusseren Welt geübt. Es bedarf eines äusserlichen Apparates, um das Recht zur Tatsache zu machen“;
sowie *dens.*: Über soziale Gesinnung, in: Politisches Jahrbuch der Schweizerischen Eidgenossenschaft
(Bern: K.J. Wyss), hrsg. von Walther Burckhardt, Bd. 26 (1912), S. 3 ff. (auch als Separatum).

„Kantischer" aus als diejenige Stammlers, nämlich vor allem indem das Wesen des Rechts im Vitalismus der Lebenserscheinungen begründet wird („das Recht ist seinem Wesen nach ein Geschehnis im menschlichen Leben"): „Betrachten wir das Recht als Lebenserscheinung, so bildet es als solche mit absoluter Notwendigkeit ein Stück, und zwar ein wesentliches, im Leben der Menschen, sei es jedes einzelnen oder aller zusammen. Es ist ein Stück, das sich im vernünftigen Bewusstsein des Menschen bewegt, im Willen speziell hervortritt und unter der Rechtsidee nach einer bestimmten Gestaltung des Lebens verlangt".[33] Radikaler noch als Stammler stellt Huber unter Hinweis auf den sich in der staatlichen und in der Rechtsgemeinschaft niedergeschlagenen *élan vital* einen intrinsischen Bezug des Rechts auf das Leben her: zum Wesen des Rechts gehöre, „dass zwischen diesem und dem Leben der Menschen eine notwendige Beziehung besteht, die dem Leben und dem Recht in dem Grade eigentümlich ist, dass ohne sie das Recht nicht gedacht werden und nicht bestehen kann".[34] Darüber hinaus erweist sich das Recht für Huber historischer und mehr auf die real verwirklichten Rechtsordnungen bezogen als Stammlers Rechtslehre,[35] ja sie fasst die positive Rechtsordnung nachgerade als Objektivation der idealistischen Rechtsidee auf. Zentrale Fragestellung ist für Huber, „inwiefern das Leben durch das Recht eine Wertung erfahre": „Die Wissenschaft kann das Recht sehr verschieden erfassen, und je nachdem wird das Recht für die Menschen einen verschiedenen Wert erhalten, worauf Kant in seiner ‚Kritik der Urteilskraft' hingewiesen hat".[36] Konsequenterweise vertritt denn Huber nicht nur einen Dualismus, sondern methodischer Pluralismus (Bestimmung von fünf „Elementen des Rechts", von fünf „Kräften, die in jedem Recht wirken": Ethos, Logik, Macht, Gestaltung, Realien [37]); interessanterweise unter Anführung von Immanuel Kant bestimmt Huber mindestens drei Momente der Rechtsidee: die Absolutheit (kognitives Prinzip), die Zweckrationalität (agitatives Prinzip) und den Bewusstseinsinhalt (regulatives Prinzip), entsprechend der „Erkenntnis des Bestehens einer rechtlichen Ordnung", der „Verfolgung der Interessen im Zusammenleben" und der „Würdigung der Bestimmung unseres Verhaltens". In unserem Zusammenhang der juristischen Begriffsbildung entscheidend erweist sich das zuletztgenannte Prinzip der Regulation/Reflexion (einer Art juridische Urteilskraft, beruhend auf Gemeinsinn), das weder Verstandeserkenntnis noch Vernunftverstehen ist, sondern dem Rechtsdenken als eigenständige Bewusstseinsfunktion inhä-

---

[33] *Eugen Huber*: Das Absolute im Recht, am angegebenen Ort, S. 10. – Für biographische und werkbiographische Angaben siehe *Theo Guhl*: Eugen Huber, in: Schweizer Juristen der letzten hundert Jahre, hrsg. von Hans Schulthess, Zürich: Schulthess & Co., 1945, S. 323 ff.; zur Rechtstheorie und Rechtsphilosophie Hubers siehe *Dominique Manaï*: Eugen Huber – Jurisconsulte charismatique (Collection Genevoise), Basel/Frankfurt am Main: Helbing & Lichtenhahn, 1990, S. 145 ff. und 159 ff.

[34] AaO., S. 13 f.

[35] Vgl. die rechtshistorischen Vorarbeiten *Eugen Hubers* zum Schweizerischen Zivilgesetzbuch, etwa *Eugen Huber*: System und Geschichte des schweizerischen Privatrechts, 4 Bände, Basel: Helbing & Lichtenhahn, 1886 bis 1893; sowie der Kommentar zu Artikel 1 Absatz 3 des Schweizerischen Zivilgesetzbuchs *dess.*: Bewährte Lehre – Eine Betrachtung über die Wissenschaft als Rechtsquelle, Bern: K.J. Wyss, 1910.

[36] *Eugen Huber*: Das Absolute im Recht, a.a.O., S. 21.

[37] Dazu siehe *Eugen Huber*: Recht und Rechtsverwirklichung, am angegebenen Ort, S. 27 ff.; sowie *dens.*: Über die Realien der Gesetzgebung, in: Zeitschrift für Rechtsphilosophie in Lehre und Praxis (Leipzig: Felix Meiner), hrsg. von Felix Holldack, Rudolf Joerges und Rudolf Stammler, Jg. 1913, S. 39 ff.

rent gedacht werden muss: „Das regulative Prinzip lehrt uns, dass wir in unserer Vernunft nicht nur die Gabe besitzen, zweckmässige Mittel zu wählen, sondern zugleich
auch die Fähigkeit haben, in der Zwecksetzung und in der Wahl der Mittel eine Regulierung vorzunehmen. Wir vermögen in der Zweckverfolgung ein Sollen anzuerkennen und werden zu dessen Befolgung durch unser vernünftiges Bewusstsein ange-
halten. Aus allem dem, was uns entgegentritt, sollen wir das wählen, was recht ist, und
wir sollen es so vollführen, wie es recht ist. Wir sollen nur dergestalt und insoweit unsere Zwecke verfolgen, als es mit dem Recht verträglich ist. [...] Das regulative Prinzip
führt in unserem Bewusstsein zur Abgrenzung und Beschränkung der Zweckverfolgung nach dem, was Recht ist. Damit wird erst den Handlungen des Menschen den
Wert verliehen, auf den das Recht Anspruch hat: Das Recht soll in der menschlichen
Gemeinschaft über alle Interessen gestellt werden und schliesst selbst den obersten Le-
benswert in sich".[38]

## 4.2 Walther Burckhardt: Die „Organisation der Rechtsgemeinschaft" – Das positive Verfassungsrecht „im Zusammenhang des Ganzen"

In der das staatsrechtliche Denken in der Schweiz durchgehend kennzeichnenden
Lehre von der dualistischen/dialektischen Verschränkung von Staat und Recht kann
man mit Fug einen bedeutenden Niederschlag der geisteswissenschaftlichen Richtung erkennen,[39] was jedoch nicht bedeutet, dass sie gleich den Naturrechtslehren einem aufgeklärten Positivismus entgegengestellt werden müsste.[40]

---

[38] *Eugen Huber*: Das Absolute im Recht, am angegebenen Ort, S. 25. – Vgl. zu den ordnenden Prinzipien auch *dens.*: Recht und Rechtsverwirklichung, am angegebenen Ort, S. 94ff., zum regulativen Prinzip
(„Rechtsidee") S. 98ff.; die „in unserem Bewusstsein liegende Rechtsidee", das „regulative Prinzip", definiert Huber hier – beachtenswerterweise unter Verwendung der begrifflichen Bestandteile der „Urteilskraft": „Urteil" und „Kraft" – so, S. 99: „Vermögen der Beurteilung der Dinge, die weder mit der blossen
Erkenntnis noch mit der blossen Zweckmässigkeit gegeben wäre. Wir führen darauf aber auch die uns ver-
liehene Kraft zurück, Entscheidungen über unser Verhalten zu treffen, die in keiner Weise durch die Bedürfnisse postuliert sein müssen, ja unter Umständen diesen geradezu widersprechen".

[39] Vgl. dazu meine Dissertation: Souveränität in Frage gestellt – Die Souveränitätslehren von Hans Kelsen, Carl Schmitt und Hermann Heller im Vergleich, Baden-Baden: Nomos, 1995, Note 13, S. 53ff.; für
eine grundsätzliche Kritik der Rechts- und Staatsauffassungen von *Walther Burckhardt* und *Dietrich Schindler*
(senior) in Beziehung auf diejenigen *Rudolf Stammlers* siehe *Gregor Edlin*: Rechtsphilosophische Scheinprobleme und der Dualismus im Recht, Berlin-Grunewald: Walther Rothschild, 1932, S. 158ff., beziehungsweise 164ff. – Für die Schweiz mag immer noch gelten, was gesagt wurde von *Dietrich Schindler* (ju-
nior): Die Staatslehre in der Schweiz, in: Jahrbuch des öffentlichen Rechts (Tübingen: J.C.B. Mohr),
Bd. 25 (1976), S. 255ff., 273: „Wohl in keinem anderen Staat haben Juristen den historischen, politischen,
soziologischen, psychologischen und glaubensmässigen Verankerungen von Recht und Staat eine so grosse Aufmerksamkeit geschenkt wie bei uns [in der Schweiz]". – Für eine vergleichbare Haltung auf dem
Gebiet des Völkerrechts siehe *Max Huber*: Die soziologischen Grundlagen des Völkerrechts, in: Gesellschaft und Humanität – Vermischte Schriften, Bd. 3, Zürich: Atlantis, 1948, S. 49ff. (erstmals unter dem
Titel: Beiträge zur Kenntnis der soziologischen Grundlagen des Völkerrechts und der Staatengemeinschaft, in: Jahrbuch des öffentlichen Rechts, Bd. 4 [1910], Tübingen: J.C.B. Mohr; als Separatum in: Internationalrechtliche Abhandlungen, Nr. 2, Berlin: Walther Rothschild, 1928); *dens.*: Die geschichtlichen
Grundlagen des heutigen Völkerrechts, aaO., S. 177ff. (erstmals in: Wissen und Leben, Jg. 16 [1923]); und
*dens.*: Das Völkerrecht und der Mensch – Rede, gehalten in St. Gallen am 15. Mai 1952, in: Rückblick
und Ausblick – Vermischte Schriften, Bd. 4, Zürich: Atlantis, 1957, S. 317ff.

[40] Vgl. etwa die unzweideutige Stellungnahme von *Walther Burckhardt*: Die Lücken des Gesetzes und

Prägnant tritt dieser Zug in den Hauptwerken von Dietrich Schindler (senior) und von Walther Burckhardt (1871–1939) in Erscheinung, zunächst im Buch über die „Organisation der Rechtsgemeinschaft" von 1927, das übrigens – gleichwie „Recht und Rechtsverwicklichung" ebenfalls – Rudolf Stammler gewidmet ist: Hier findet sich eine Behandlung der Probleme des subjektiven Rechts, der juristischen Person, des Staatsgebiets, der Rechtsgeltung, der Rechtsanwendung, des Gewohnheitsrechts, des Völkerrechts und anderer in einem organischen Zusammenhang. Es sei ein Mangel der praktizierten Lehre, mahnt Burckhardt, „dass sie nicht einsah oder doch nicht klar genug einsah, dass alle diese Fragen, und noch andere, miteinander zusammenhängen und nur einheitlich behandelt werden können; dass sie dann aber auch ihre wahre Bedeutung und ihre Erklärung erhalten".[41] Sein hoher Anspruch ist es, die

---

die Gesetzesauslegung (Abhandlungen zum schweizerischen Recht, Neue Folge H. 8), Bern: Stämpfli & Cie., 1925, S. 103 f., im Sinn der Unterscheidung des Begriffs des Rechts von der Idee des Rechts: „Wir haben den Begriff der echten Lücke zurückgeführt auf einen logischen, den der unechten auf einen ethischen Fehler des Gesetzes. Wir könnten auch sagen: das im echten Sinn lückenhafte Gesetz genügt nicht dem *Begriff* des Rechts; das im unechten Sinn lückenhafte Gesetz genügt nicht der *Idee* des Rechts. Was erkennen lässt, dass diese beiden Begriffe ohne praktische Bedeutung, also nicht ohne Berechtigung sind. Was dem Begriff des Rechts nicht entspricht, *kann* nicht rechtens sein; was der Rechtsidee nicht entspricht, *soll* nicht rechtens sein. Nach dem Rechtsbegriff bestimmt sich, was gelten *kann*; nach der Rechtsidee, was gelten *soll*. / Wenn also eine Vorschrift dem Begriff des Rechts nicht entspricht, z. B. weil sie unvollständig, lückenhaft ist, kann sie, solange der Fehler nicht gehoben ist, nicht rechtsverbindlich sein (weil sie nicht Recht ist); es fragt sich nur, ob sie ergänzt werden solle oder ob sie gar nicht gelten solle. / Dem Begriff des Rechts entspricht aber gutes und schlechtes, richtiges und unrichtiges Recht (sonst könnten wir es nicht Recht heissen); auch ungerechtes Recht ist begrifflich möglich, d. h. man kann es sich ohne Widerspruch als geltend denken. Welches aber gilt in der Tat? Wenn man darauf antworten wollte: das richtige, gerechte, so wäre das keine brauchbare Antwort. Nicht weil das, was richtig und unrichtig, was gerecht und ungerecht ist, an sich unbestimmbar und subjektiv, d. h. ohne sachlichen Sinn wäre, sondern weil die Urteile der (unvollkommenen) Menschen darüber sich wahrscheinlich widersprechen; weil also keine Einigkeit darüber zu erhoffen wäre, was rechtens sei, wenn man auf das Rechtsgewissen der einzelnen Rechtsgenossen selbst abstellte. Und doch kann es für eine Rechtsgemeinschaft nur *ein* Recht geben. Dieses *eine* Recht kann nicht durch die vielen Instanzen der Einzelnen bestimmt werden; es muss durch *eine* Instanz bestimmt werden; und das ist eben die Aufgabe des Staates und insbesondere des staatlichen Gesetzgebers. Was diese Instanz als Recht erkennt [*sic* !], soll Recht sein, ohne Rücksicht darauf, ob die Einzelnen es *in foro interno* als gerecht anerkennen können; es soll Recht sein selbst auf die Gefahr hin, dass es der Rechtsidee nicht entspricht; also ohne Rücksicht auf seinen Inhalt, sofern es nur dem Begriff des Rechts entspricht. Denn es ist wichtiger, dass überhaupt ein Recht gelte, als dass gerade das richtige gelte. Wer überhaupt den Ausspruch wagt, dass ein Satz die für eine gegebene Gesellschaft gerechte Norm sei, also für sie Recht sein solle, setzt sich der Gefahr des Irrtums aus. Mit der Notwendigkeit einer Entscheidung (durch Menschen) ist auch die Möglichkeit unrichtiger Entscheidung gegeben. Wenn aber das staatliche Instanz darüber entscheiden soll, hat es keinen Sinn, den Einzelnen wieder über das Gesetz des Staates richten zu lassen". Diese Passage zeugt nun aber nicht nur von einem unbeirrbaren, weil auch rechtsphilosophisch in der Sache berechtigten Positivismus, sondern weist darüberhinaus die eminente Aufgabe aus, die dem Gesetzgeber im Prozess der Positivierung des Rechts im Sinn seiner Objektivierung zukommt.

[41] *Walther Burckhardt*: Die Organisation der Rechtsgemeinschaft – Untersuchungen über die Eigenart des Privatrechts, des Staatsrechts und des Völkerrechts, Basel: Helbing & Lichtenhahn, 1927 (2., neu durchgesehene und ergänzte A. 1944; Nachdruck Zürich: Schulthess Polygraphischer Verlag, 1971), Vorwort der 1. A., S. VII. – Vgl. dazu *P. Burkhard Mathis* (O.M. Cap.): Rechtspositivismus und Naturrecht – Eine Kritik der neukantischen Rechtslehre (unter besonderer Berücksichtigung des Werks „Die Organisation der Rechtsgemeinschaft" von Professor Dr. Walther Burckhardt), Paderborn: Ferdinand Schöningh, 1933. – Vgl. auch *Walther Burckhardt*: L'État et le Droit, in: Zeitschrift für Schweizerisches Recht (Basel: Helbing & Lichtenhahn), Neue Folge Bd. 50 (1931), S. 137a ff.; *dens.*: Methode und System des

Rechtsphilosophie in die Philosophie selber einzubetten und dennoch die Selbständigkeit der juristischen Begriffsbildung anzuerkennen: „Durch diese Verbindung der
Fragen soll die Erklärung aber nicht ins Allgemeine, Unbestimmte, Verschwommene
geraten. Gerade um diesen Fehler zu vermeiden, muss die unerbittliche Forderung
gelten, nicht nur in Begriffen, sondern auch in durchaus klaren Begriffen zu denken.
Wenngleich abstrakt, so sollen die Begriffe doch fest und klar sein; ja, sie werden erst
klar werden, wenn die Abstraktion weit genug getrieben wird. Wer das Recht selbst
und seine Bedeutung ergründen will, kann sich zwar nicht mit Rechtsbegriffen begnügen. Wer aber Rechtswissenschaft betreibt, soll mit Rechtsbegriffen arbeiten und
seine Gedanken soweit abklären, bis er ihn in bekannten Begriffen ausdrücken kann.
Er soll nicht fremde Begriffe in seine Wissenschaft hineintragen, auch nicht unter dem
verdeckten Zierat beziehungsreicher Bilder. *In ethicis* mit ‚Kräften‘, *in iuridicis* mit ‚or-
ganischem Wachstum‘, *in politicis* mit ‚soziologischen Gesetzen‘ und dergleichen mehr
zu operieren, ist immer gefährlich und missverständlich. Die Eigenart rechtlicher Einrichtungen, wie der Staat, die Juristische Person, die Strafe, das Privatrecht, muss sich
in klaren juristischen Begriffen ausdrücken lassen; sonst ist sie nicht klar erkannt".[42]
    In diesen Postulaten schwingt die implizite Forderung nach einer Grundlegung der
rechtswissenschaftlichen Begriffsbildung mit, nach einer Theorie der Rechtswissenschaft (die Option für den Dualismus trennt jedoch das Postulat von demjenigen Wilhelm Diltheys erheblich); für Burckhardt resultiert daraus eine Selbstbeschränkung
der Jurisprudenz sowie ein Angewiesen-Sein auf die Leistungen anderer Disziplinen:
„Was folgerichtig und was folgewidrig ist, das allein vermag die Rechtswissenschaft
aufzuzeigen, nicht was richtig oder was unrichtig, was rechtens oder nicht rechtens ist.
[…] Die logische Durcharbeitung des Rechtsstoffes ist also die einzige Aufgabe der
Rechtswissenschaft. Die Rechtswissenschaft vermag nur darzutun, welche Rechtssätze ohne Widerspruch nebeneinander bestehen können".[43] Ausgehend von dieser
Grundauffassung schlägt Burckhardt eine analytisch starke Auftrennung von Unbe-
dingtheit der gerechten Ordnung, Allgemeingültigkeit des rechtlichen Geltungsanspruchs und Situativität der Fallentscheidung vor, die den zu beobachtenden unterschiedlichen Moralitäten von Geltungsansprüchen Rechnung trägt. Die erklärte Methode seiner Untersuchung ist es, „eine Frage in den Zusammenhang des Ganzen zu
stellen, um die kritische Vorfrage richtig entscheiden zu können";[44] damit wird aber
ein eminent geisteswissenschaftlicher Zugang zu den Fragestellungen der Jurisprudenz gepflegt, was unter anderem in den Aussagen zum Verhältnis von Recht und
Sittlichkeit deutlich wird.[45]

---

Rechts mit Beispielen, Zürich: Polygraphischer Verlag, 1936; und *dens.*: Einführung in die Rechtswissenschaft, Zürich: Polygraphischer Verlag, 1939 (Nachdruck der 2. A. Zürich: Polygraphischer Verlag, 1948).
– Für biographische Angaben siehe *Hans Huber*. Walther Burckhardt, in: Schweizer Juristen der letzten
hundert Jahre, hrsg. von Hans Schulthess, Zürich: Schulthess & Co., 1945, S. 485 ff.
    [42] AaO., Vorwort der 1. A., S. VIII.
    [43] AaO., S. XI.
    [44] AaO., S. XIII.
    [45] *Walther Burckhardt*: Über das Verhältnis von Recht und Sittlichkeit (1922), in: Aufsätze und Vorträge
1910 bis 1938, mit einer Einführung von Hans Huber, Bern: Stämpfli & Cie, 1970, S. 35 ff., 37, stellt im
Anschluss an *Eugen Huber*. Recht und Rechtsverwirklichung – Probleme der Gesetzgebung und der
Rechtsphilosophie, Basel: Helbing & Lichtenhahn, 1920, in der Bestimmung des Verhältnisses von
Rechts- und Sittengesetz die Frage: „Nicht ob der Gesetzgeber das durchaus Richtige angeordnet oder ob

## 4.3 Dietrich Schindler (senior) und Hermann Heller – „Ambiance des Rechts" und zirkuläre Grundstrukturen

Im einzelnen anders, aber doch in mancher Hinsicht vergleichbar mit dem Ansatz von Burckhardt setzt Dietrich Schindler (1890–1948) in seinem Hauptwerk das Verfassungsrecht in Wechselbeziehung mit der sozialen Struktur und nimmt sich vor, die wissenschaftliche Erfassung der juristischen Probleme in ein einheitliches Bild des sozialen Lebens einzufügen. Die soziale Struktur wird dabei in untechnisch dialektischem Verständnis als soziales Ganzes aufgefasst, als eine „Gesamtheit des sozialen Lebens des in einem Staat zusammengefassten Volkes".

In der grundlegenden These von der Ambiance des Rechts und des Staates – der Auffassung, dass die wesentlichen „Strukturelemente in einem Kreislauf begriffen" sind – nimmt Schindler die extremen Positionen der normativen Rechtslehre Hans Kelsens und der soziologischen Staatslehre Franz W. Jerusalems zum Ausgangspunkt für eine Weiterentwicklung, die in die Forderung nach einer „dem Gegenstand angepassten, seinsadäquaten Methode" mündet. Vor allem die „Zweiseitigkeit aller Wirklichkeitsbetrachtung", aber auch die Bewältigung der Mehrdimensionalität der Problemstellung fordere eine dialektische Methode, die die unaufhebbaren Antinomien nicht in einem unüberwundenen Dualismus stecken lasse: „Das dialektische Denken [besonders Georg Wilhelm Friedrich Hegels] ist bewegt, es wandert dem Gegenstand entlang in engster Anschmiegung an seine intelligiblen Konturen. Die Bewegtheit ist dabei wesentlich ein Exponent der Inadäquatheit des Gedankens, sowie der aus ihr ständig neu resultierenden Adäquationstendenz. Die Dialektik ist eine eigentümliche, originäre, nicht weiter zerlegbare Art des geistigen Sehens, eine Form der Fühlungnahme mit der Sache. Dieses Denken verlangt die ‚Anstrengung des Begriffs‘, es setzt die Kraft voraus, starre Begriffsschemata zu sprengen und auf die konkrete Gestalt durchzustossen. / […] Im dialektischen Verhältnis verbinden sich so miteinander zwei Aussagen, die nicht aufeinander reduzierbar sind, auch nicht auf eine gemeinsame logische Wurzel zurückgeführt werden können, sich aber, indem sie sich gegenseitig voraussetzen, auf einen Gegenstand beziehen".[46] Auf diesem Weg – unter Bezugnah-

---

vielmehr der Widersprechende, objektiv gesprochen, recht hat, wird den Ausschlag geben müssen, sondern ob das Rechtsgesetz, sofern es einmal gilt, dem Sittengesetz vorgehen muss oder umgekehrt; also der formelle Geltungsanspruch des einen und des anderen". Der Umstand, dass beide Ordnungen auf dieselbe Wurzel des Ethos zurückgingen, verbiete die Annahme einer sittlichen Pflicht zur Befolgung des Rechts; vielmehr müsse man die beiden Ordnungen als gleichursprünglich verstehen. S. 44: „Es ist in der Tat nicht befriedigend, wenn man die Verbindlichkeit der Rechtsordnung als solcher wieder auf ein Gebot des Sittengesetzes für jeden einzelnen zurückführen will […]. Die Rechtsnorm wäre dann nicht mehr verbindlich, weil sie Recht ist, sondern weil eine sittliche Norm die Befolgung des Rechts gebietet. Recht ist aber ebenso primär verbindlichen wie Sittengesetz; das eine muss wie das andere als ein nicht weiter ableitbares Gebot der Vernunft eingesehen werden". Beide Ordnungen dienen damit gleichwertig der praktischen Vernünftigkeit. Damit ist Burckhardt aber bei der Annahme von zwei unabhängigen Normordnungen angelangt, einer Vorstellung, die er innerhalb des Rechts vehement verwirft, um die Einheitlichkeit der Rechtsordnung abzusichern. Rechtfertigt sich aber die ausnahmslose Koordination, d.h. logisch: die Delegation, der Teilrechtsordnungen aller rechtsetzenden Organisationen beziehungsweise Institutionen?

[46] *Dietrich Schindler* (senior): Verfassungsrecht und soziale Struktur, Zürich: Schulthess & Co., 1932, insbesondere S. 55 ff., hier 9. – Vgl. auch dens.: Recht und Staat, in: Zeitschrift für Schweizerisches Recht (Basel: Helbing & Lichtenhahn), hrsg. von Eduard His, Neue Folge Bd. 50 (1931), S. 219a ff.; dens.: Der Kampf ums Recht in der neueren Staatsrechtslehre, Antrittsvorlesung, gehalten am 12. November 1927

me auf Theodor Litt, Eduard Spranger, Hans Freyer – verspricht sich Schindler eine Durchbrechung der Isolation der Denkgegenstände.

In seinem rechtsphilosophischen Denken gliedert Schindler die Momente des Rechts nach Form und Inhalt: Ordnung, Macht (formale), ethische und vitale Forderungen (inhaltliche); das Recht wird nun aber doch nicht als „Summe verschiedener Elemente", sondern als die „dialektische Einheit verschiedener Momente" verstanden. Die Auffassung des sozialen Lebens als einer strukturierten Ganzheit legt eine Funktionen- und Strukturanalyse als frühe Systemtheorie nahe, wobei die relative Konstanz der Funktionen und Strukturen auf ein Parallel- und Komplementärverhältnis von Recht und Ausserrechtlichem verweist (man vergleiche die Forderung nach einer Strukturwissenschaftlichkeit der Staatslehre bei Hermann Heller). Ausgehend von Wilhelm Wundt konzediert Schindler eine Perspektivität auch der wissenschaftlichen Erkenntnis: „Im Vordergründigen und Hintergründigen zusammen ist immer irgendwie die Gesamtheit des sozialen Lebens enthalten, nur dass der einen Theorie dieses, der anderen jenes im Vordergrund liegend erscheint. Das Soziale gleicht einer Gebirgslandschaft, wo jeder Standpunkt einen anderen Aspekt bietet, wo die Wanderung einen fortwährenden Wechsel der Perspektiven, der Beleuchtungen, der Durchblicke, der Gruppierungen zeigt, trotzdem der Wanderer immer das gleiche unveränderliche Gebirge vor sich hat. So ist das soziale Leben ein zusammenhängendes Ganzes, von dem in der Regel nur ein Teil – bald dieser, bald jener – dem vollen Licht des Intellekts ausgesetzt wird, während der Rest im Dunkel oder Halbdunkel verharrt".[47] Theorie beziehe sich immer auf eine „gegebene äussere Wirklichkeit", sei aber immer auch „Ergänzung dieser gegebenen Wirklichkeit", sie „kompensiere Wirklichkeit", bestimmt Schindler das Verhältnis von wissenschaftlicher Theorie und sozialer Praxis: „Die Theorie fügt der Wirklichkeit das hinzu, was ihr fehlt".[48]

Diese These von der kompensierenden Funktion der letztlich idealistischen Begriffsbildung beschlägt nun auch die Hauptaussage des herangezogenen Buchs, die positive Rechtsordnung stehe unter der Bedingung einer Ambiance: „In der Verschiedenheit der Änderungsleichtigkeit, der Änderungsursache und der Änderungsform von Recht und Ambiance liegt der Grund für die allmählich entstehende Disharmonie zwischen dem Recht und der das Recht ergänzenden, tragenden und balancierenden Umgebung. / [...] Die Änderung liegt aber weniger im Recht selbst als im Ausserrechtlichen. Denn alles objektive Recht ist starr und formal und verleiht regelmässig umfangreichere subjektive Rechte und Kompetenzen, als dem sozialen Ganzen eigentlich zuträglich ist. Aber das Recht kann nicht anders, weil die notwendig allgemeine Formulierung des Rechtssatzes eine feiner abgestufte Normierung

---

(erstmals in: Festgabe der rechts- und staatswissenschaftlichen Fakultät der Universität Zürich zum schweizerischen Juristentag 1928, Zürich: Schulthess & Co., 1928); *dens.*: Über die Bildung des Staatswillens in der Demokratie – Eine staatsrechtliche Studie (Habilitationsschrift Universität Zürich), Zürich: Schulthess & Co., 1921; und *dens.*: Nachgelassene Schriften (besonders: Das Recht als Verwirklichung von Werten; und: Philosophische Systeme und Tatsachen), alle in: Recht, Staat, Völkergemeinschaft – Ausgewählte Schriften und Fragmente aus dem Nachlass, Zürich: Schulthess & Co., 1948, S. 5ff. und 72ff.

[47] AaO., S. 84; unter Hinweis auf *Wilhelm Wundt*: Völkerpsychologie – Eine Untersuchung der Entwicklungsgesetze von Sprache, Mythus und Sitte, Leipzig: Alfred Kröner, 1918 (10 Bände, 1900 bis 1920), Bd. 9: Das Recht.

[48] AaO., S. 92.

nicht zulässt. Wohl aber zählt es darauf, dass diese subjektiven Rechte und Kompetenzen nicht bis zu ihren äussersten Möglichkeiten ausgenützt werden. Denn die Entartung eines Rechtsinstituts besteht in der zur Regel werdenden äussersten Ausnützung der von ihm gegebenen formalrechtlichen Möglichkeiten. Es liegt an der unvermeidlichen Einseitigkeit jeder juristischen Formulierung, dass ein Rechtssatz seine soziale Funktion nur dann richtig erfüllen kann, wenn das dem formulierten Rechtsprinzip entgegengesetzte Prinzip als sein polarer Gegensatz im Ausserrechtlichen wirksam ist und verhindert, dass die im Rechtssatz selbst liegende Möglichkeit bis zum Äussersten ausgenützt wird".[49] Damit ist nicht nur ein überaus fruchtbares Analyseinstrument vorgeschlagen; auch ist in der beschriebenen Situation der Abhängigkeit des Rechts von seiner Ambiance eine zwingende Beteiligung der juridischen Urteilskraft gefordert (und zudem auf die entscheidende Wichtigkeit der Rechtsanwendung, Applikation hingewiesen).

Hans-Peter Schneider hat das Verhältnis von Schindler zu Hermann Heller als „in der Sache verbunden" beurteilt, ihre Argumentation aber stehe je „unter verschiedenen Milieubedingungen": „Beide Werke befinden sich in der Mitte zwischen normativem und dezisionistischem Positivismus. Sie versuchen nicht nur zusammenzuhalten, was in den radikalen Endformen des Positivismus auseinandergerät, sie versuchen vielmehr, die Relation von Wert und Wirklichkeit als notwendige Orientierung für Staat und Recht neu in Sicht zu bringen und so die Voraussetzungen des Positivismus in seiner dreifachen Gestalt zu überwinden. Sie berufen sich beide auf eine Dialektik des Denkens beziehungsweise die Methode, weelche die Einseitigkeit der Normativierung und der Soziologisierung des Rechts- und Staatsdenkens vermeidet".[50] Im einzelnen betrifft das Näheverhältnis von Schindler zu Heller die Bestimmung der Beziehung zwischen Rechtssatz und Rechtsgrundsatz, den Begriff der gebietsgesellschaftlichen Souveränität, die Anerkennung eines komplementäres/kompensatorisches Enthalten-Sein der Negation (Dialektik) sowie die Annahme einer „Verbindung von Wille und Norm, von Sein und Sollen".[51] Das Näheverhältnis von Heller zu Schindler betrifft die Aufnahme des Verweises der Rechtsverfassung auf die Gesamtverfassung, die Beziehung Geltung des positiven Rechts auf die Akzeptanz der Rechtsunterworfenen, die Begründung von Normativität in Normalität und die Auffassung, dass die Auslegung der Rechtsnorm nicht nach der Intention des Gesetzgebers, sondern von der Aufgabe der Konkretisierung/Applikation mitbestimmt von der Situation des Anwendungsfalls aus erfolgen soll.[52] Jurisprudenz und Staatslehre

---

[49] AaO., S. 93f.

[50] *Peter Schneider*: Geisteswissenschaften in den Zwanziger Jahren – Staatstheorie in der Schweiz und in Deutschland, in: Geisteswissenschaften zwischen Kaiserreich und Republik – Zur Entwicklung von Nationalökonomie, Rechtswissenschaft und Sozialwissenschaft im 20. Jahrhundert, hrsg. von Knut Wolfgang Nörr, Bertram Schefold und Friedrich Tenbruck (Aus den Arbeitskreisen „Methoden der Geisteswissenschaften" der Fritz Thyssen Stiftung), Stuttgart: Fritz Steiner, 1994, S. 187ff., 207f. (zu *Walther Burckhardt* und *Dietrich Schindler* S. 207ff.).

[51] Vgl. *Dietrich Schindler*: Verfassungsrecht und soziale Struktur, am angegebenen Ort, S. 12, 41, 73, 107, 110 und 121.

[52] *Hermann Heller*: Staatslehre, hrsg. von Gerhart Niemeyer, Leiden: A.W. Sijthoff, 1934 (auch in: Gesammelte Schriften, hrsg. von Christoph Müller, Tübingen: J.C.B. Mohr, 2. A. 1992, Bd. 3, S. 79ff.), S. 255: „Die rechtlich normierte Verfassung besteht niemals bloss aus staatlich autorisierten Rechtssätzen, sondern bedarf zu ihrer Geltung immer einer Ergänzung durch die nicht normierten und durch die ausser-

werden von Schindler fraglos als Geisteswissenschaften aufgefasst, mit dem diesen eigenen Zusammenspiel zwischen Reflexion und Produktivität : „Die Wirklichkeit steht nicht als eine schlechthin gegebene, nur zu erkennende, vor uns. Die Dinge liegen viel feiner und verwickelter. Die Grenze zwischen Erkennen und Wirken ist fliessend. Die Geisteswissenschaften stehen mitten drin zwischen theoretischer Reflexion und produktivem Schaffen: sie können die Wirklichkeit nicht erkennen, ohne gleichzeitig die Wirklichkeit mitzugestalten. Der Gesichtspunkt, der einer Erkenntnis zugrundeliegt, ist nicht nur ein Ordnungsprinzip für das gegebene Material, sondern er wirkt zugleich produktiv für die Gestaltung der entsprechenden Wirklichkeit".[53]

## 4.4 Aloïs Trollers „Überall gültige Prinzipien der Rechtswissenschaft" – Zwischen Phänomenologie und Existentialismus

In der wissenschaftlichen Philosophie Edmund Husserls tritt eine sogenannte phänomenalistische Schau an die Stelle der transzendental aufgelösten Frage nach dem „Ding an sich". Es ist verschiedentlich unternommen worden, die phänomenologische Grundhaltung auf die Denkgegenstände des Staates und des Rechts anzuwenden.[54] So hat beispielsweise Martin W. Schnell eine Phänomenologie des Politischen auf der Grundlage des „politischen Ausdrucks" zu errichten versucht, mit dem Ziel einen „Logos der ästhetisch-politischen Welt" aufzudecken (unter Bezugnahme auf Edmund Husserl, Aron Gurwitsch, Maurice Merleau-Ponty und besonders auf Hannah Arendt);[55] ein solches Unternehmen muss aber scheitern, weil „das Politische [sic !]" gerade kein der Wesensschau zugänglicher, gefügter Gegenstand ausmacht (da alles Beeinflussbare der Politik zugänglich ist).

Immerhin bietet sich die phänomenologische Methode geradezu an für die Behandlung vergegenständlichter Vorstellungen von der Rechtsordnung; so begrüsst beispielsweise Maurice-Jean-Claude-Eugène Hauriou die phänomenologische Me-

---

rechtlich normierten Verfassungselemente. Inhalt und Geltungsweise einer Norm werden niemals bloss durch ihren Wortlaut und auch nicht allein durch Absichten und Eigenschaften ihres Setzers, sondern vor allem auch durch die Eigenschaften der sie beobachtenden Normadressaten bestimmt [d.h. Akzeptanz wird als Bestandteil der Geltung bestimmt]. [...] Es ist die von Dietrich Schindler gemeinte *ambiance*, das gesamte Natur- und Kulturmilieu, die anthropologischen, geographischen, volklichen, wirtschaftlichen und sozialen Normalitäten, sowie die ausserrechtlichen Normativitäten, jener Teil der umgebenden Welt, mit welchem oder gegen welchen die rechtlich normierte Verfassung ein Ganzes bilden soll, welche ihren Inhalt erst konkretisiert und ihre Individualität bestimmt. Deshalb kann der einzelne Rechtssatz grundsätzlich erst aus der Totalität der politischen Gesamtverfassung voll begriffen werden". – Vgl. auch aaO., S.189.

[53] *Dietrich Schindler*: Der Kampf ums Recht in der neueren Staatsrechtslehre, Antrittsvorlesung, gehalten am 12. November 1927 (erstmals in: Festgabe der rechts- und staatswissenschaftlichen Fakultät der Universität Zürich zum schweizerischen Juristentag 1928, Zürich: Schulthess & Co., 1928), S.5ff., 26; unter Hinweis auf *Erich Rothacker*: Logik und Systematik der Geisteswissenschaften (SA aus dem Handbuch der Philosophie), München/Berlin: R. Oldenbourg, 1927, S.110.

[54] Für eine erste Übersicht siehe *Daniela Falcioni*: Il pensiero dello „Stato" in Husserl – Recenti problemi critici, in: Rivista internazionale di filosofia del diritto (Milano: A. Giuffrè), Bd.67 (1990), Nr.2, S.296ff.

[55] *Martin W. Schnell*: Phänomenologie des Politischen – Phänomenologische Untersuchungen (Übergänge, Bd.29), München: Wilhelm Fink, 1995, S.122ff. und 202ff.

thode für die Jurisprudenz: „Die Phänomenologie – das ist genau die Philosophie, die wir brauchen, damit die Sozialwissenschaften in methodischer Beobachtung ihre Grundlage finden; denn sie verfolgt die Objektivität der Ideen bis ins Innere des menschlichen Bewusstseins".[56] Bei genauerer Untersuchung setzt jedoch jede phänomenologische Betrachtung des Rechts voraus, dass die Rechtsordnung vorgängig zu einer Institution integriert wird (was in der Besprechung des Rechts als einer Objektivation des Lebens gerade problematisch erscheint). Davon abgesehen wird die phänomenologische Grundüberzeugung hier jedoch geteilt, und deshalb erweisen sich die phänomenologischen Ansätze zu einer Behandlung des Recht doch aufschlussreich: Gegenstand der Wissenschaft ist für das erkennende Bewusstsein nicht ein gestaltloses, undifferenziertes Gegebenes, sondern ein bereits in sich strukturiertes, differenziertes Sein. Diese Grundüberzeugung findet sich etwa ausgesprochen bei Hans Welzel: „Die wissenschaftlichen Begriffe sind nicht verschiedenartige Umformungen eines identischen wertfreien Materials, sondern Reproduktionen von Teilstücken eines komplexen ontischen Seins, das die gesetzlichen Strukturen und Wertdifferenzen immanent in sich trägt und nicht erst von der Wissenschaft herangetragen bekommt".[57] Daraus folgt zwingend, dass sich „die Methode wesensnotwendig nach dem Gegenstand als dem ontischen Seinsstück richten muss, das es zu erforschen gilt".[58]

Erst in den 20er Jahren jedoch hat sich in der Folge der Phänomenologie Edmund Husserls in Deutschland eine regelrechte Strömung der phänomenologischen Jurisprudenz formiert: der Zivilist Adolf Reinach lehrte, „die Struktur des positiven Rechts kann erst durch die Struktur der ausserrechtlichen Sphäre verständlich gemacht werden",[59] der Rechtstheoretiker Fritz Sander trat als Gegenspieler Hans Kelsens auf (wenn auch nicht mit *dissenting*, so doch mit *concurring opinions* betreffend der Reinen Rechts- und Staatslehre)[60] und Gerhart Husserl (der Sohn von Edmund Hus-

---

[56] *Maurice-Jean-Claude-Eugène Hauriou*: Brief an Georges Gurvitch, in: Georges Gurvitch, L'idée du Droit Social – Notion et système du Droit Social (Histoire doctrinale depuis le XVII$^{ème}$ siècle jusqu'à la fin du XIX$^{ème}$ siècle), Aalen: Scientia, 1972 (Neudruck der Ausgabe Paris: Recueil Sirey, 1932), S. 123 (zitiert nach *Bernhard Waldenfels*: Phänomenologie in Frankreich [Suhrkamp Taschenbuch Wissenschaft, Bd. 644] Frankfurt am Main: Suhrkamp, 1983, S. 452f.).

[57] *Hans Welzel*: Naturalismus und Wertphilosophie im Strafrecht, 1935, S. 49.

[58] AaO., S. 50.

[59] *Adolf Reinach*: Die apriorischen Grundlagen des bürgerlichen Rechtes, 1913 (2., unveränderter Nachdruck in: Jahrbuch für Philosophie und phänomenologische Forschung, Bd. 1 [1913], H. 2, S. 685ff., Halle an der Saale 1922; 2. A. 1953: Zur Phänomenologie des Rechts), S. 19; vgl. auch die *dems.* zugeschriebene Schrift *von einem Landsturmmann*: Prolegomena zur Rechtsphilosophie – Allgemeiner Umriss einer Rechtstheorie, 1915. – Zur Struktur des Apriori in Reinachs phänomenologischer Rechtslehre siehe *Giuliana Stella*: L'„a priori" della promessa in Adolf Reinach, in: Rivista internazionale di filosofia del diritto (Milano: A. Giuffrè), Bd. 63 (1986), Nr. 3, S. 392ff.; und *Barry Smith*: Adolf Reinach e la fondazione della fenomenologia realistica, in: Paradigmi, Rivista di critica filosofica (Fasano di Brindisi: Schena Editore), Bd. 5 (1987), Nr. 14, S. 229ff. – Zu den die Phänomenalität der ausserrechtlichen Sphäre begründenden sozialen Handlungen, die zu den Rechtsnormen in Beziehung zu setzen sind, siehe *Daniela Falcioni*: Gli atti sociali nella fenomenologia del diritto di Adolf Reinach, in: Relazione giuridica, riconoscimento e atti sociali, hrsg. von Bruno Romano, Roma: Bulzoni, 1991, S. 395ff.

[60] *Fritz Sander*: Rechtsdogmatik oder Theorie der Rechtserfahrung? Kritische Studie zur Rechtslehre Hans Kelsens, in: Zeitschrift für öffentliches Recht (Wien/Leipzig: Franz Deutike), hrsg. von Hans Kelsen, Bd. 2 (1921), S. 511ff.; *ders.*: Staat und Recht als Probleme der Phänomenologie und Ontologie – Einige Worte der Entgegnung, in: Zeitschrift für öffentliches Recht (Wien/Leipzig: Franz Deutike), hrsg. von Hans Kelsen, Bd. 4 (1925), S. 166ff.; *ders.*: Die transzendentale Methode der Rechtsphilosophie und

serl) erblickte in den Rechtsinstituten des positiven Rechts Verwirklichungen eines „materialen juristischen Apriori", Aktualisierungen von „apriorisch vorgezeichneten Möglichkeiten". Letzterer forderte von der Jurisprudenz, die „idealen Rechtsgegenstände" in einer „Wesensanalyse" aufzuzeigen. „Dass das Sein des Rechts kein Naturphänomen sein kann, liegt auf der Hand. Recht ist etwas Geistiges. Seine Wirklichkeit, die es geltend geworden erlangt hat, ist nicht die eines Naturdings".[61] Ist der Ertrag der phänomenologischen Methode für eine Staatsphilosophie eben erst entdeckt worden,[62] ist deren Einführung in die Staatstheorie durch Gerhard Leibholz bereits in der Weimarer Republik erfolgt:[63] der Staatsrechtslehrer und spätere erste Präsident des deutschen Bundesverfassungsgerichts führte 1929 in seiner Habilitationsschrift eine phänomenologische Analyse der Repräsentationsvorstellungen durch (zentrale Funktion, aber anhaltende Krise der Repräsentationstheorien, mit der Aufgabe der Transformation des empirisch gebildeten in einen idealistisch-voluntaristisch verstandenen Staatswillen, der gerade von den verschiedenen Meinungen abstrahiert). Leibholz erkennt in der Phänomenologie zunächst eine Zurückweisung von Empirismus und Rationalismus, sowie von teleologischen und ideologischen Erwägungen: „Dieser offene methodologische Missstand kann nur behoben werden, wenn die von Edmund Husserl inaugurierte, phänomenologische Betrachtungsweise, die von anderen, insbesondere Max Scheler und Theodor Litt, auf die Sinndeutung der überindividuellen, sozialen Gemeinschaftszusammenhänge übertragen worden ist, auch in die Verfassungstheorie und damit das Verfassungsrecht eingeführt wird".[64] Dieses Postulat wird

---

der Begriff der Rechtserfahrung, in: Zeitschrift für öffentliches Recht, Bd. 2 (1920/1921), S. 511ff.; *ders.*: Staat und Recht – Prolegomena zu einer Theorie der Rechtserfahrung, Leipzig/Wien: Franz Deuticke, 1922; und *ders.*: Das Rechtserlebnis, in: Internationale Zeitschrift für Theorie des Recht, Jg. 1 (1926/1927), S. 100ff.

[61] *Gerhart Husserl*: Rechtskraft und Rechtsgeltung – Eine rechtsdogmatische Untersuchung (Bd. 1: Genesis und Grenzen der Rechtsgeltung), Wien/Berlin: Julius Springer, 1925, S. 6; vgl. auch *dens.*: Recht und Zeit – Fünf rechtsphilosophische Essays, Frankfurt am Main: Vittorio Klostermann, 1955; *dens.*: Recht und Welt – Rechtsphilosophische Abhandlungen (Juristische Abhandlungen, Bd. 1), Frankfurt am Main: Vittorio Klostermann, 1964; *dens.*: Rechtssubjekt und Rechtsperson, in: Archiv für die civilistische Praxis, Bd. 127 (1927), S. 129ff. (auch in: Recht und Welt, am angegebenen Ort, S. 1ff.); *dens.*: Recht und Welt, in: Festschrift für Edmund Husserl, 1929, S. 111ff. (auch in: Recht und Welt, am angegebenen Ort, S. 67ff.); und *dens.*: Der Rechtsgegenstand – Rechtslogische Studien zu einer Theorie des Eigentums, 1933.

[62] Vgl. *Karl Schuhmann*: Husserls Staatsphilosophie (Praktische Philosophie, Bd. 29), Freiburg im Breisgau/München: Karl Alber, 1988.

[63] Ein phänomenologischer Ansatz wird auch in der Integrationslehre von *Rudolf Smend* gepflegt: Verfassung und Verfassungsrecht (1928), in: Staatsrechtliche Abhandlungen und andere Aufsätze, Berlin: Duncker & Humblot, 3., wiederum erweiterte A. 1994, S. 119ff.; und *ders.*: Artikel „Integrationslehre" (1956), in: Abhandlungen und Aufsätze, am angegebenen Ort, S. 475ff.

[64] *Gerhard Leibholz*: Das Wesen der Repräsentation unter besonderer Berücksichtigung des Repräsentativsystems – Ein Beitrag zur allgemeinen Staats- und Verfassungslehre (Beiträge zum ausländischen öffentlichen Recht und Völkerrecht des Instituts für ausländisches öffentliches Recht und Völkerrecht, hrsg. von Viktor Bruns, H. 13), Berlin/Leipzig: Walter de Gruyter, 1929 (3., erweiterte A.: Das Wesen der Repräsentation und der Gestaltwandel der Demokratie im 20. Jahrhundert, Berlin: Wilhelm de Gruyter, 1966), S. 18.; vgl. dazu und zum nachfolgenden auch *dens.*: Die Gleichheit vor dem Gesetz – Eine Studie auf rechtsvergleichender und rechtsphilosophischer Grundlage, (Öffentlich-rechtliche Abhandlungen, hrsg. von Heinrich Triepel u.a., H. 6), Berlin: Otto Liebmann, 1925, besonders das Nachwort, S. 165, wo Leibholz feststellt, dass „die grundlegenden theoretischen Erkenntnisse nicht rationalistisch, sondern phänomenologisch durch unmittelbare intuitive Anschauung zur Evidenz erwiesen werden"; *dens.*: Les ten-

damit begründet, die Phänomenologie verleihe den Einzelwissenschaften die „grundsätzliche Möglichkeit ihrer Gegenstandserfassung"; so beruhe auch die Staatsrechtswissenschaft auf „evidenten Schauungen sozialer Wesenheiten, die infolge ihrer Geistgebundenheit nicht weiter auflösbar sind", und deren Gewinnung nur anhand empirischer Erkenntnisgegenstände möglich sei.

Vergleichbar mit der anhaltenden Wirkung der französischen Phänomenologie, hat die phänomenologische Methode anschliessend an Jean-Paul Sartre, Maurice Merleau-Ponty, Emmanuel Levinas und Paul Ricoeur auch in der französischen Rechtsphilosophie Fuss gefasst, wenn auch hier mit logizistischem Einschlag.[65] Der Strassburger Rechtsphilosoph Paul Amselek beispielsweise suche, so Bernhard Waldenfels, „Phänomenologie und Existenzphilosophie und in bescheidenerem Masse auch die analytische Philosophie für eine allgemeine Rechtstheorie fruchtbar zu machen. In entschlossener Abkehr vom klassischen Naturrechtsdenken, das dem Recht ein metaphysisches oder moralisches Fundament zumisst, und in gleichzeitiger Abkehr von einem Rechtspositivismus, der alles auf blosse Tatsachen zurückführt, begibt er sich auf die Ebene einer Epistemologie, die innerhalb der Rechtserfahrung und der Rechts-

---

dances actuelles de la doctrine du droit public en Allemagne, in: Archives de philosophie du droit et de sociologie juridique, Bd. 1 (1931), S. 207 ff.; und *dens.*: Zur Begriffsbildung im öffentlichen Recht, in: Strukturprobleme der modernen Demokratie, Karlsruhe, 3. A. 1967, S. 262 ff., besonders 273: „Der Gesetzgeber ist eben nicht der alleinige Schöpfer des Rechts. Vielmehr gibt es eine Fülle von vor allem institutionellen Rechtssätzen, die nicht minder verpflichtend sind wie das positive Recht, obwohl sie in keinem Gesetzbuch stehen – Sätze, die aus der Natur der Sache, dem Wesen der Institute [*sic*!], den allgemeinen Gerechtigkeitsvorstellungen fliessen". – Vgl. die durchgehende Wichtigkeit der phänomenologisch interpretierten Repräsentationsvorstellung bei *Eric Voegelin*: Die Neue Wissenschaft der Politik – Eine Einführung, hrsg. von Peter J. Opitz, Freiburg im Breisgau/München: Karl Alber, 4., unveränderte A. 1991, *passim.*

[65] *Bernhard Waldenfels*: Phänomenologie in Frankreich (Suhrkamp Taschenbuch Wissenschaft, Bd. 644), Frankfurt am Main: Suhrkamp, 1983, S. 450 ff. nennt *Raymond Aron, Georges Gurvitch* (vgl.: L'idée du Droit Social – Notion et système du Droit Social [Histoire doctrinale depuis le XVII^ème siècle jusqu'à la fin du XIX^ème siècle], Aalen: Scientia, 1972 [Neudruck der Ausgabe Paris: Recueil Sirey, 1932]), *Alain Touraine, Claude Lefort, Cornelius Castoriadis, Maurice-Jean-Claude-Eugène Hauriou* (!), die beiden Logiker *Georges Kalinowski* (vgl.: La logique des normes d'Edmund Husserl, in: Archives de Philosophie du droit, Bd. 10 (1965), S. 107 ff.; La logique des valeurs d'Edmund Husserl, in: Archives de Philosophie du droit, Bd. 13 (1968), S. 267 ff.) und als eigentliche Rechtsphilosophen *Nicos Poulantzas, Paul Amselek* (siehe: Méthode phénoménologique et théorie du droit [thèse de doctorat; Bibliothèque de Philosophie du droit, Bd. 2], Paris 1964; und: La phénoménologie et le droit, in: Archives de Philosophie du droit, Bd. 17 [1972], S. 185 ff.; vgl. auch: Avons-nous besoin de l'idée de droit naturel? In: Archiv für Rechts- und Sozialphilosophie [Wiesbaden: Franz Steiner], Beiheft Neue Folge 11 [1979], S. 105 ff.; sowie den Sammelband von *dems./Christophe Grzegorczyk* [Hrsg.]: Controverses autour de l'ontologie du droit, Paris: Presses Universitaires des France, 1989 [mit dem Beitrag von *dems.*: Le droit dans les esprits]) sowie *Simone Goyard-Fabre* (siehe: Essai de critique phénoménologique du droit [thèse de doctorat], Paris 1972; vgl. auch: Démocratie et autorité, in: Archiv für Rechts- und Sozialphilosophie [Stuttgart: Franz Steiner], Bd. 76 [1990], S. 1 ff.; Les fondements de la légalité, in: Figures de la légalité, hrsg. von Charles-Albert Morand, Paris: Publisud, 1992; Nietzsche et la question politique, Paris 1977; und: La philosophie du droit de Montesquieu, Paris: C. Klincksieck, 1973; sowie den Sammelband von *ders./René Sève* [Hrsg.]: Les grands questions de la philosophie du droit, Paris: Presses Universitaires de France, 1986) und beurteilt die Rezeption der Phänomenologie wie folgt, S. 450: „Wenn die Phänomenologie in den Rechts- und Sozialwissenschaften stärker als anderswo auf Widerstand stiess, so liegt dies teils an den sachlichen Erfordernissen dieser Disziplinen, teils an den Auswirkungen einer spezifisch französischen Tradition". – Als jüngste Frucht dieser französischen Tradition siehe *Alexandre Kojève*: Esquisse d'une phénoménologie du droit (Bibliothèque des Idées), Paris: Gallimard, 1981.

forschung Fuss fasst und nicht ausserhalb ihrer".[66] Eine Vertiefung dieser phänomenologischen Prolegomena zu einer Rechtstheorie findet sich wenig später bei Simone Goyard-Fabre: „In ihrer Schrift nimmt sie nicht nur ständig Bezug auf konkrete Gesetzestexte und berücksichtigt die rechtsphilosophische Tradition in vollem Masse, sie ist vor allem auch in der phänomenologischen Methode versiert und mit den entscheidenden phänomenologischen Texten bestens vertraut. Auch sucht sie einen Mittelweg zwischen klassischem Naturrechtsdenken und neuerem Positivismus, indem sie sich dem konkreten Phänomen des Rechts zuwendet und die ursprüngliche Rechtserfahrung analysiert. [...] Die Immanenz des Rechtswesens und Rechtsdenkens wird durchbrochen durch den Hinweis darauf, dass das Rechtliche im alltäglichen sozialen Leben überall gegenwärtig ist, und zwar deshalb, weil es zur Grundausrüstung des menschlichen Geistes gehört".[67] Indem sich die phänomenologische Analyse von Recht und Staat nicht der Unterscheidung von Naturrechtsdenken und Rechtspositivismus fügt, verdeutlicht sie einen feststehenden Zug einer jeden geisteswissenschaftlichen Behandlung dieser Gegenstände und entfaltet ganz im Sinn Diltheys einen Beitrag zur Grundlegung von Jurisprudenz und Staatslehre als Geisteswissenschaften.

Einen anderen, aber immer noch entlang dem phänomenologischen Denken Edmund Husserls verlaufenden Denkweg als etwa Felix Kaufmann – weil bereits unter dem Eindruck der Entwicklung der Existenzphilosophie stehend – begeht Aloïs Troller (* 1907) in seiner Studie zu „überall gültigen Prinzipien der Rechtswissenschaft"; die Phänomenologie verspricht ihm eine Mitberücksichtigung der theoretischen Einstellung und der selbstverständlichen Praxis bei der Verfeinerung der Methode der Rechtsanwendung und eine Befreiung aus dem blossen Meinen (*doxa*) und von dogmatischen Konstruktionen. Indem das Bewusstsein zum Ausgangs-, Bezugs- und Endpunkt allen juristischen Räsonnierens erhoben wird, ergibt sich als Ziel: „Die Rechtswissenschaft hat die Ordnung der zwischenmenschlichen Beziehungen zu erforschen und darzustellen. Diese Beziehungen und ihre Ordnung sind Phänomene, das sich zeigende Seiende, die der Rechtswissenschafter unmittelbar zu sehen und nicht nur in dogmatischen Aussagen zu erfahren hat".[68] In dieser ontischen Wendung ist die Forderung aber durchaus problematisch, weil die Frage der Vergegenständlichung nicht miteinbezogen wird. Troller nennt die Strukturierung der Bewusstseins-

---

[66] AaO., S. 453; unter Bezugnahme auf *Paul Amselek*: Méthode phénoménologique et théorie du droit [thèse de doctorat; Bibliothèque de Philosophie du droit, Bd. 2], Paris 1964.

[67] *Bernhard Waldenfels*: Phänomenologie in Frankreich, am angegebenen Ort, S. 455; unter Bezugnahme auf *Simone Goyard-Fabre*: Essai de critique phénoménologique du droit (thèse de doctorat), Paris 1972.

[68] *Aloïs Troller*: Überall gültige Prinzipien der Rechtswissenschaft, Frankfurt am Main/Berlin: Alfred Metzner, 1965, S. 32; vgl. auch *dens.*: Grundriss einer selbstverständlichen juristischen Methode und Rechtsphilosophie (Recht in Theorie und Praxis), Basel/Stuttgart: Helbing & Lichtenhahn, 1975, besonders S. 41 ff.; *dens.*: Rechtserlebnis und Rechtspflege – Ein Fussweg zur Jurisprudenz, für Ungeübte begehbar, Frankfurt am Main/Berlin: Alfred Metzner, 1962; *dens.*: Rechtsvergleichung und Phänomenologie, in: Inchieste di diritto comparato, Bd. 2, hrsg. von Mario Rotondi, Padova: CEDAM, 1973, S. 686 ff.; und *dens.*: Erkenntnistheoretische Parallele von Widerspiegelungstheorie und Phänomenologie im praktischen Rechtsdenken, in: Archiv für Rechts- und Sozialphilosophie (Wiesbaden: Franz Steiner), Supplementband 1 (1984), Teil 3. – Vgl. dazu *Walter Ott*: Das Troller'sche Modell der Erkenntnis und die sowjetmarxistische Widerspiegelungstheorie – Aspekte eines Theorienvergleichs zur juristischen Erkenntnis, in: Formalismus und Phänomenologie im Rechtsdenken der Gegenwart, Festgabe für Aloïs Troller zum 80. Geburtstag, Berlin: Duncker & Humblot, 1987, S. 377 ff.; sowie die anderen Beiträge, aaO.

inhalte zwar als Aufgabe, die auf dem Weg der phänomenologischen Reduktion (*epo-ché*), der Bewusstseinserhellung zu erfolgen habe; der lebensweltliche Bezug aller Wesen (*eidos*) führe ohne weiteres hin zur Fremderfahrung. Für den Rechtswissenschafter ergibt sich bei sorgfältiger und differenzierter Betrachtungsweise einen bloss mittelbarer, umsetzungsbedürftiger Nutzen der phänomenologischen Methode: „Die wirkliche Lebenswelt, so wie sie für den Menschen Geltung hat, ist dem Rechtswissenschafter gegeben. Er erfährt nicht nur die verwirrende und niemals systematisch zu bewältigende Vielfalt der einzelnen Erscheinungen, sondern die in der Gegenwart gesehenen, aus der Vergangenheit heraufgeholten und in die Zukunft vorausprojizierten Wesenhaftigkeiten dieser Erscheinungen und ihrer Gesamtheiten. Er erfährt somit das, was die Phänomene zu dem macht, als das sie in verschiedenen menschlichen Bewusstsein unabhängig vom Zeitmodus in unverwechselbarer Identität erscheinen können [...]. Der Rechtswissenschafter steht nicht mehr allein, nur auf sich angewiesen dem Lebensverhältnis und dem gegenüber, was davon schon ausgesagt wurde. Er hat nicht der ordnende Geist zu sein, den nur sein persönliches immanentes Erfahren belehrt, sein eigenes visionäres ethisches Gefühl. Er sieht in der Lebenswelt nicht bloss isolierte Rechtssubjekte, von denen jedes den Schutzkreis um sich ziehen möchte. Die Lebenswelt, sein Tätigkeitsgebiet, liegt vor ihm ausgebreitet, so wie die unzähligen Rechtssubjekte sie unablässig gemeinsam neu formen. Jedes von ihnen trägt also die Verantwortung dafür mit, dass die Erscheinungen in der richtigen Intention gesehen, die Geltungen erfahren und vollzogen werden".[69] Seine Auffassung der Rechtsphilosophie bringt Troller so auf den Punkt, dass für ihn nur eine „Begegnung von Philosophie, Rechtsphilosophie und Rechtswissenschaft", nicht jedoch deren Einheit denkbar ist.[70]

### 4.5 Die „Konkretisierung der Selbstbestimmung" bei Hans Ryffel – Naturrecht und Rechtssoziologie: „vorläufig richtiges Recht"

Bedeutet für Stammler die Forderung der Richtigkeit des Rechts vor allem, dass dieses das richtige Mittel zu richtigem Zweck ist, erfährt die Formel des richtigen Rechts in der Folge eine wesentlich andere Bestimmung (ausser auf Larenz und auf Julius Binder sei auf die Bedeutung der Formel bei Arthur Kaufmann hingewiesen[71]): Karl Larenz versteht zwar unter der Formel „Richtiges Recht" im Anschluss an Stammler ein „besonders geartetes gesetztes Recht", begründet dieses aber verschieden von der „reinen Rechtslehre" Stammlers im Sinn einer Rechtsethik in einem zurückgenommen neuhegelianischen Sinn; für Larenz haben Rechtsgrundsätze (an der Rechtsidee ausgerichtete „Rechtsprinzipien") die Funktion eines Wegweisers für die

---

[69] AaO., S. 55f.

[70] *Aloïs Troller*: Die Begegnung von Philosophie, Rechtsphilosophie und Rechtswissenschaft (Die philosophischen Bemühungen des 20. Jahrhunderts), Basel/Stuttgart: Schwabe & Co., 1971, mit der Forderung, S. 20, „das gemeinsame Bemühen der Juristen und Philosophen soll darauf ausgerichtet sein, das menschliche Dasein so zu ordnen, dass der allgemeine Geist sich darin im wirklichen und ursprünglichen Sinn des Wortes zurechtfindet, d.h. dass er dort das Recht findet".

[71] Vgl. *Arthur Kaufmann*: Richtiges Recht – Eine Skizze, in: Universitas, Zeitschrift für Wissenschaft, Kunst und Literatur (Stuttgart: Wissenschaftliche Verlagsgesellschaft), Jg. 1990, H. 2, S. 150ff.

Bildung richtiger Normen (jedoch ohne universelle Gültigkeit). Damit ist eine Überbrückung der Kluft zwischen Rechtsphilosophie/Rechtstheorie und Rechtspraxis
angestrebt, ist die Frage der Rechtfertigung/Legitimation der juristischen Fallentscheidung nicht wie bei Stammler wenn nicht transzendental-logisch, so doch rechts-
immanent, sondern im Ergebnis eben doch metaphysisch gestellt: „Da ‚Richtigkeit‘
im hier gemeinten Sinn, was bei Stammler nicht hinreichend deutlich wird [*sic* !],
nicht logische Richtigkeit, nicht Richtigkeit des Denkens, sondern normative Richtigkeit, das heisst Rechtfertigung eines Geltungsanspruchs, bedeutet, und damit richtiges Handeln, ist sie eine Frage der Ethik oder, mit Hans Ryffel (* 1914) zu sprechen,
der ‚philosophischen Reflexion der Lebenspraxis‘, in der Ausdrucksweise Kants, nicht
der theoretischen, der erkennenden, sondern der praktischen, das heisst der sittlich-
gesetzgebenden Vernunft".[72] Hier wird von Larenz die Möglichkeit einer nicht-ob-
jektiven, sondern subjektiv-allgemeinen Begründung von rechtlichen Geltungsansprüchen nicht mit in Betracht gezogen (Stammler „richtiges Recht" liegt aber eher
auf dieser dritten, von Larenz nicht erkannten Linie); die Bezugnahme auf Aristoteles
und auf Hans Ryffel sowie die Orientierung an Georg Wilhelm Friedrich Hegel bezeichnen bei Larenz eine Skepsis, ob ein dritter Weg zwischen der Naturrechtslehre
(Metaphysik des Rechts) und dem Positivismus („Erkenntnis" des Rechts") gangbar
sei. So kommt es zu der von Larenz vollführten teilweisen Dekonstruktion von
Stammlers Rechts- und besonders auch seiner Sozialphilosophie aus einem rein for-
malistischen Verständnis der bezweckten „vollendeten Harmonie allen sozialen Wol-
lens". „Es hat bei Stammler, infolge seiner strikten Trennung von ‚Begriff‘ und ‚Idee‘
des Rechts, den Anschein, als sei es dafür, ob eine gegebene Ordnung eine ‚Rechtsordnung‘ ist, ohne Bedeutung, ob ihr die ‚Eigenschaft der Richtigkeit‘ zukommt oder
nicht. Dem steht aber Stammlers Aussage gegenüber, dass alles gesetze Recht ein Versuch sei, richtiges Recht zu sein. […] Ist es für die Eigenschaft eines gesetzten Recht
als eines Rechts und damit für seine normative Geltung nach Stammler auch nicht erforderlich, dass es durchweg ‚richtiges Recht‘ ist, so doch, dass es im ganzen an dem
Gedanken des richtigen Rechts orientiert, wir können auch sagen, dass es auf dem
Weg zum richtigen Recht ist".[73]

Ryffel ist nach und nach von seiner naturrechtlichen Position abgerückt und die
Rechtsidee auf ein „vorläufig Richtiges" zurückgenommen;[74] in einem Briefwechsel

---

[72] *Karl Larenz*: Richtiges Recht – Grundzüge einer Rechtsethik (Schwarze Reihe, Bd. 185), München:
C.H. Beck, 1979, S. 13; unter – bezeichnenderweise *Immanuel Kant* vorangestellter – Bezugnahme auf
*Hans Ryffel*: Recht und Ethik heute, in: Recht und Gesellschaft, Festschrift für Helmut Schelsky zum 65.
Geburtstag, Berlin: Duncker & Humblot, 1978; vgl. auch *dens.*: Recht und Moral nach dem neuzeitlichen
Umbruch, in: Verrechtlichung und Verantwortung (studia philosophica, Supplementband 13), hrsg. von
Helmut Holzhey und Georg Kohler, Bern: Paul Haupt, 1987, S. 81 ff.

[73] AaO., S. 18 f. Vgl. die nochmals andere, personalistisch-relationale, Korrespondenz- und Konsens-
theorie verbindende konvergenztheoretische, Auffassung der Formel vom „richtigen Recht" bei *Arthur
Kaufmann*: Richtiges Recht – Eine Skizze, in: Über Gerechtigkeit – Dreissig Kapitel praxisorientierter
Rechtsphilosophie, Köln/Berlin/Bonn/München: Carl Heymann, 1993, S. 355 ff. (erstmals in: Universitas, Bd. 45 [1990], Nr. 524, S. 150 ff.); grundlegend siehe *dens.*: Vorüberlegungen zu einer juristischen Logik und Ontologie der Relationen – Grundlegung einer personalen Rechtstheorie, aaO., S. 281 ff. (erstmals in: Rechtstheorie, Zeitschrift für Logik, Methodologie, Kybernetik und Soziologie des Rechts [Ber-
lin: Duncker & Humblot], Bd. 17 [1986], S. 257 ff.); sowie *dens.*: Grundprobleme der Rechtsphilosophie –
Eine Einführung in das rechtsphilosophische Denken, München: C.H. Beck, 1994, S. 217 ff.

[74] Vgl. *Hans Ryffel*: Das Naturrecht – Ein Beitrag zu seiner Kritik und Rechtfertigung vom Standpunkt

mit Hans Merz stimmt er gar einem Zitat Walther Burckhardts zu, das den Kontext für die nachfolgende Auseinandersetzung bildet: „Sachlich entspricht der Idee des Gerechten (unter gegebenen Umständen) stets nur eine Rechtsordnung; welcher von verschiedenen Vorschlägen der richtige sei, ist nicht nur eine Frage des subjektiven Empfindens, sondern eine nach objektivem Massstab zu lösende Frage. Aber in dieser Frage haben die unvollkommenen Menschen, die sie beantworten sollen, nur eine unvollkommene Einsicht; und ihre Antwort wird deshalb auch, nach ihrer subjektiven Bedingtheit, verschieden sein. Wenn man sie, die beschränkten Menschen, entscheiden lässt, führt man ein irrationales Moment in das Problem ein, und es gibt keine Gewähr mehr für eine rationale Lösung. Kein Mittel kann mehr gewährleisten, dass die richtige Lösung herauskomme, ja dass überhaupt eine Lösung herauskomme. Folgerichtigerweise muss man darüber stets die Vernunft entscheiden lassen; aber dann bleibt die Lösung auch stets (unter den Menschen) unentschieden, da der Appell an die Vernunft stets offen bleibt".[75] Die sich darauf beziehende Anfrage von Merz betrifft einen Punkt von eminentem Interesse für das bessere Verständnis der Rechtsphilosophie Ryffels:[76] „Gewisse Schwierigkeiten bereitet mir (und wohl auch Ihnen) die Konkretisierung der moralischen Selbstbestimmung in der demokratischen politischen Wirklichkeit. Sie verlangen von den Beteiligten, dass sie sich gemeinsam den Rechtsnormen unterstellen, die am unverfügbaren Massstab orientiert sind. Wir wissen, dass das für nicht so wenige Beteiligte nicht gilt. Ihnen gegenüber muss aber die einigermassen der Rechtsidee entsprechende Ordnung doch durchgesetzt werden. Das Wort ‚Rechtsidee' ist mir unwillkürlich in meinen Gedankengang geflossen. Ich habe daraufhin bei Burckhardt in der ‚Organisation [der Rechtsgemeinschaft], geblättert und bin dabei auf die Stelle gestossen[:] ‚Die Verwirklichung der reinen Idee des Rechts in einer konkreten Rechtsordnung führt durch die unreine Werkstatt der beschränkten Menschen[; wer eine Rechtsordnung haben will, muss die Gefahr der Verunreinigung der Idee mit in Kauf nehmen],. Ist das nicht ein Gedanke, der Ihrer Auffassung ebenfalls zugrundeliegt?" Darauf antwortete Ryffel in einem maschinenschriftlichen Brief vom 27. August 1987 folgendes: „Die Konkretisierungsprobleme bedürften in der Tat der Bearbeitung, und ich hoffe, in einer grösser angelegten Sache (so etwas wie ‚Elemente einer Philosophie der Praxis', die freilich gar sehr unter dem grossen Vorbehalt Ihres ‚*Dieu voulant*, stehen) auch dazu etwas mehr als bisher sagen zu können, obwohl mich diese Dinge ‚*sub specie ...*' nicht sonderlich ansprechen. Konkrete Einzelheiten – es sei offen eingestanden und aufrichtig beklagt – waren schon immer weder meine Vorliebe noch meine Stärke (worüber sich bekanntlich der Teufel

---

grundsätzlicher Philosophie (Dissertation Universität Bern 1944), Bern: Herbert Lang & Cie., 1944; sowie noch *dens.*: Grundprobleme der Rechts-und Staatsphilosophie – Philosophische Anthropologie des Politischen, Neuwied/Berlin: Luchterhand, 1969.

[75] *Walther Burckhardt*: Die Organisation der Rechtsgemeinschaft – Untersuchungen über die Eigenart des Privatrechts, des Staatsrechts und des Völkerrechts, Basel: Helbing & Lichtenhahn, 1927, S. 185 f.; unter Hinweis auf *Rudolf Stammler*: Lehrbuch der Rechtsphilosophie, Berlin und Leipzig: Walter de Gruyter & Co., 2., durch einen literarischen Nachtrag vermehrte A. 1923, Paragraph 79.

[76] So *Hans Merz* in einem maschinenschriftlichen Brief vom 18. August 1987 (unter Bezugnahme auf die ihm zugesandten Aufsätze von *Hans Ryffel*: Moral und Recht nach dem neuzeitlichen Umbruch, am angegebenen Ort; und auf *dens.*: Gewissen und rechtsstaatliche Demokratie, in: Verwaltung im Rechtsstaat, Festschrift für Carl Hermann Ule zum 80. Geburtstag, hrsg. von Willi Blümel u.a., Köln/Berlin/Bonn/München: Carl Heymann, 1987, S. 321 ff.

freuen dürfte). / Was die Konkretisierung der Selbstbestimmung anbelangt, stimme
ich dem Burckhardt-Zitat ganz zu (die ‚unreine Werkstatt des Menschen' – ein treffli-
cher Ausdruck – ist nicht der Ort, wo das reine Richtmass der ‚Rechtsidee' zur Geltung kommen könnte)". Das in Aussicht gestellte Buch zu schreiben war Ryffel freilich nicht mehr vergönnt.[77]

## 5. Das Erkenntnisinteresse – Die Vision einer Philosophie der Jurisprudenz und die Perspektive einer integrativen Jurisprudenz

Die Aufarbeitung von Grundlagenmaterial soll den Boden für die neuerliche Bewirtschaftung eines derzeit brachliegenden Forschungsgebiets bestellen; dabei werden
Originalität und Vielfalt der alpenländischen Denkansätze in ihrem Verhältnis zu den
jeweiligen Grundströmungen nach- und aufzuzeichnen sein. Davon wird ein kräftiger
Ansporn zu schöpferischem Weiterdenken der in der Schweiz auf engem Raum gepflegten wissenschaftlichen Ansätze auf den Gebieten der Jurisprudenz, der Rechtsphilosophie und der Allgemeinen Staatslehre ausgehen.

Im Anschluss an unsere einschlägige Monographie [78] soll das vordringliche Er-
kenntnisinteresse dahingehend formuliert werden, dass es eine persistente Aufgabe
darstellt, immer wieder neu die Brücke zu schlagen zwischen dem Allgemein-Ab-
strakten und dem Konkret-Besonderen, das heisst die konkrete Erscheinung als unter
einem allgemeinen Begriff stehend zu denken (dies gilt gerade für die Anwendungs-
wissenschaften mit ihrer Aufgabe der Applikation von Normen). Solche Sensibilität
für die Zusammenhänge zwischen der „Phänomenologie des Geistes" und aggregiert
fassbaren „Gegenständen" der Wissenschaften ist bisanhin vor allem von der philoso-
phisch-anthropologischen und in der phänomenologischen Richtung der Rechtswissenschaft entwickelt und gepflegt worden. Es blieb jedoch die noch weitgehend un-
eingelöste Forderung bestehen, dass sich die normative Theoriebildung den normativen Strukturen, wie sie in den zu bearbeitenden Situationen selbst liegen möglichst
passgenau anschmiege, und dass sie so die Leistungen der in der Praxis geübten Urteilskraft adäquat als besondere Fälle eines allgemeinen Begriff zu denken vermöge.
Diese Forderung zu erfüllen ist nicht eine eigentliche Philosophie des Rechts berufen,
sondern eine Wissenschaftsphilosophie der Jurisprudenz, das ist eine wissenschaftsphi-
losophische Grundlegung der lebensphilosophisch umrissenen und wissenschaftlich
bearbeiteten Rechtserfahrung. Diesen Ansatz haben manche italienische Rechtsphilosophen am konsequentesten durchgeführt, so allen voran Widar Cesarini Sforza, für
den Rechtsphilosophie „der Teil der Philosophie ist, der die juristische Erfahrung in
ihrem ganzen Umfang als Akt des Lebens erforscht".[79]

---

[77] Vgl. aber das letzte Buch von *Hans Merz*: [Rechtsgeschäft,] Vertrag und Vertragsschluss, Freiburg im
Üechtland: Universitätsverlag, 1988, auf das im Briefwechsel Bezug genommen wird.

[78] *Michael Walter Hebeisen*: Recht und Staat als Objektivationen des Geistes in der Geschichte – Eine
Grundlegung von Jurisprudenz und Allgemeiner Staatslehre als Geisteswissenschaften, Basel/Baden-Ba-
den: Helbing & Lichtenhahn/Nomos (in Vorbereitung).

[79] *Widar Cesarini Sforza*: Rechtsphilosophie (Filosofia del Diritto), München: C.H. Beck, 1966 (Milano: A. Giuffrè, 3. A. 1958), S. 2.

Das interdisziplinäre Interesse ist dahingehend zu bezeichnen, dass an wissenschafts-theoretischen, geschichtsphilosophischen und gesellschaftstheoretischen Aspekten des Untersuchungsgegenstands in aktueller Absicht die Erneuerung einer geisteswissen-schaftlich verankerten Jurisprudenz und Staatslehre als fruchtbar ausgewiesen werden soll; dabei wird die Jurisprudenz als Integrationswissenschaft zu walten haben. Die faktisch unbestreitbare, aber auch wissenschaftsphilosophisch nicht ohne weiteres zu verurteilende dogmatische Struktur der Rechtswissenschaft[80] fordert geradezu eine die systematischen Bezüge zu anderen Disziplinen pflegende „integrative Jurispru-denz",[81] bzw. die Pflege der Jurisprudenz als Geisteswissenschaft, wie wir gleichzuset-

---

[80] Vgl. *Aulis Aarnio*: On the Paradigm of Legal Dogmatics – Problems of Scientific Progress in Legal Research, in: Archiv für Rechts- und Sozialphilosophie (Wiesbaden: Franz Steiner), Supplementband 1 (1982), Teil 1, S. 135 ff.; *Görg Haverkate*: Jurisprudenz, Wissenschaft als Politik – Dogmatische Rechtswis-senschaft und „richtiges Recht", in: Wissenschaftstheorie der Geisteswissenschaften, hrsg. von R. Simon-Schäfer und W. Ch. Zimmerli, Hamburg 1975, S. 293 ff.; *Maximilian Herberger*: Juristische Dogmatik – Zur Geschichte von Begriff und Methode (Ius Commune, Sonderheft 12), Frankfurt am Main: Vittorio Klo-stermann, 1980; *dens.*: Zum Methodproblem der Methodengeschichte – Einige Grundsatz-Reflexio-nen, in: Entwicklung der Methodenlehre in Rechtswissenschaft und Philosophie vom 16. bis zum 18. Jahrhundert – Beiträge zu einem interdisziplinären Symposium in Tübingen vom 18. bis 20. April 1996 (Contubernium, Tübinger Beiträge zur Universitäts- und Wissenschaftsgeschichte, Bd. 46), hrsg. von Jan Schröder, Stuttgart: Franz Steiner, 1998, S. 207 ff.; *Günther Jahr*: Zum Verhältnis von Rechtstheorie und Rechtsdogmatik, in: Rechtstheorie – Beiträge zur Grundlagendiskussion, hrsg. von Günther Jahr und Werner Maihofer, Frankfurt am Main: Vittorio Klostermann, 1971, S. 303 ff.; *Arthur Kaufmann*: Rechts-philosophie, Rechtstheorie, Rechtsdogmatik, in: Einführung in Rechtsphilosophie und Rechtstheorie der Gegenwart, hrsg. von Arthur Kaufmann und Winfried Hassemer, Heidelberg/Karlsruhe: C.F. Müller, 1977, S. 1 ff.; *Hans Kelsen*: Rechtswissenschaft und Recht – Erledigung eines Versuchs zur Überwindung der „Rechtsdogmatik", in: Zeitschrift für öffentliches Recht (ZöR; Wien/Leipzig: Franz Deuticke), hrsg. von Hans Kelsen, Bd. 3 (1922/1923), S. 103 ff.; *Werner Krawietz*: Juristische Entscheidung und wissen-schaftliche Erkenntnis – Eine Untersuchung zum Verhältnis von dogmatischer Rechtswissenschaft und rechtswissenschaftlicher Grundlagenforschung (Forschungen aus Staat und Recht, Bd. 38), Wien/New York: Springer, 1978; *Ulrich Meyer-Cording*: Kann der Jurist heute noch Dogmatiker sein? Zum Selbstver-ständnis der Rechtswissenschaft, in: Recht und Staat in Geschichte und Gegenwart, Hefte 428/429, Tü-bingen: J. C. B. Mohr (Paul Siebeck), 1973; *Erich Rothacker*: Die dogmatische Denkform in den Geisteswis-senschaften und das Problem des Historismus, in: Abhandlungen der Akademie der Wissenschaften und Literatur, Geistes- und sozialwissenschaftliche Klasse (Mainz), Jg. 1954; *Hubert Rottleuthner*: Richterliches Handeln – Zur Kritik der juristischen Dogmatik, Frankfurt am Main: Athenäum, 1973; *Fritz Sander*: Rechtsdogmatik oder Theorie der Rechtserfahrung? Kritische Studie zur Rechtslehre Hans Kelsens, in: Zeitschrift für öffentliches Recht (Wien/Leipzig: Franz Deuticke), hrsg. von Hans Kelsen, Bd. 2 (1921), S. 511 ff.; *Eike von Savigny*: Die Rolle der Dogmatik – Wissenschaftlich gesehen, in: Juristische Dogmatik und Wissenschaftstheorie, hrsg. von Eike von Savigny u. a., München: C.H. Beck, 1976, S. 100 ff.; *E.J. Thul*: Die Denkform der Rechtsdogmatik, in: Archiv für Rechts- und Sozialphilosophie (Wiesbaden: Franz Steiner), Bd. 46 (1960), S. 241 ff.; *Theodor Viehweg*: Rechtsdogmatik und Rechtsethik bei Ihering, in: Rechtsphilosophie und rhetorische Rechtstheorie – Gesammelte kleine Schriften, hrsg. von Heino Garrn (Studien zur Rechtsphilosophie und Rechtstheorie, Bd. 9), Baden-Baden: Nomos, 1995, S. 153 ff.; *dens.*: Zwei Rechtsdogmatiken, in: Philosophie und Recht, Festschrift zum 70. Geburtstag von Carl Au-gust Emge, hrsg. von Ulrich Klug, Wiesbaden: Franz Steiner, 1960, S. 106 ff.; *dens.*: Ideologie und Rechts-dogmatik, in: Ideologie und Recht, hrsg. von Werner Maihofer u. a., Frankfurt am Main 1969, S. 83 ff.; so-wie die Beiträge bei *Eike von Savigny/Ulfried Neumann/Joachim Rahlf*: Juristische Dogmatik und Wissen-schaftstheorie, München: C.H. Beck, 1976. – Zur Berechtigung der theologischen Dogmatik vgl. *Carl August Emge*: Der philosophische Gehalt der religiösen Dogmatik – Prolegomena zu einer wahren Theo-logie, München: Ernst Reinhardt, 1929.

[81] Vgl. die ähnlichen Ansätze von *Harold J. Berman*: Towards an Integrative Jurisprudence – Politics, Morality, History, in: California Law Review, Bd. 76 (1988), S. 779 ff.; und von *Widar Cesarini Sforza*: Il concetto del diritto e la giurisprudenza integrale, Milano: Società Editrice Libraria, 1913; zuletzt ins Werk

zen geneigt sind. Nur so kann eine nachhaltige Überbrückung des Gegensatzes zwischen Lehre und Forschung, zwischen Theorie und Praxis erfolgen. Sie ist von der Überzeugung getragen, dass die infragestehenden Disziplinen nur als pragmatisch fundierte Anläufe der Verwissenschaftlichung der Praxis auf dem betreffenden Gebiet des gesellschaftlichen Handelns begründet werden können. In einem weiteren Horizont lässt sich die Fragestellung fassen als eine Bestimmung des Verhältnisses von Wissenschaft und Leben, wie sie etwa bei Friedrich Nietzsche und Max Weber anzutreffen ist.[82] Der Philosoph Hans Ryffel hat in seiner Berner Antrittsvorlesung eindringlich den „Lebensbezug der Philosophie" gefordert; „die radikale philosophische Fragestellung erwächst so in allen Bereichen aus dem Schosse der Lebenspraxis selber". Solches Nachforschen führt freilich quasi zwangsläufig auch zu einem existentiellen In-Frage-Stellen: „Mag man nämlich auch darob beruhigt sein, dass die Philosophie kein pures Abenteuer des Geistes und damit des Menschen ist, vielmehr […] jenen schon der schlichten Lebenspraxis gemeinsamen Gehalten verhaftet, also im Leben selber verwurzelt ist und immer wieder zu ihm zurückkehrt, so erscheint sie nun vom Standpunkt dieser Lebenspraxis aus unter neuen Aspekten als fragwürdig".[83] Ansätze in die Richtung eines lebensphilosophischen Verständnisses insbesondere der Jurisprudenz finden sich auch in der Festrede des Rektors der Universität Fribourg, Wilhelm Oswald, aus dem Jahr 1954 mit dem Titel „Formalismus in der Jurisprudenz und materiale Rechtsethik".[84]

Ein durchgehender Zug spezifisch geisteswissenschaftlich einzuordnender Verständnisse der Jurisprudenz und der Staatslehre macht das Bemühen um eine interdisziplinäre, die behandelten Gegenstände in ein einheitliches Gefüge der Wissenschaftsdisziplinen einordnende und die Beziehungen zwischen den einzelnen Disziplinen thematisierende Gesamtschau aus („integrative Rechtswissenschaft"). Insbesondere in Neapel formt, festigt und überliefert sich die infragestehende geisteswissenschaftliche – anti-intellektualistische, aber nicht irrationalistische – Tradition,[85] deren Fernziel

gesetzt von *David Dyzenhaus*: Legality and Legitimacy – Carl Schmitt, Hans Kelsen and Hermann Heller in Weimar, Oxford: Clarendon Press, 1997; aber auch schon die Stellungnahme von *Helmut Coing*: Die obersten Grundsätze des Rechts – Ein Versuch zur Neubegründung des Naturrechts (Schriften der Süddeutschen Juristen-Zeitung, H. 4), Heidelberg: Lambert Schneider, 1947, S. 145, der betont, „dass sowohl die geistesgeschichtliche Analyse der Grundwertungen und -entscheidungen des positiven Rechts wie die Erforschung der Interessenlage nicht mit der speciellen Methode der Rechtswissenschaft allein durchgeführt werden kann, dass vielmehr die Rechtswissenschaft hier der Hilfe der anderen Geisteswissenschaften bedarf".

[82] Vgl. dazu *Andrea Germer*: Wissenschaft und Leben – Max Webers Antwort auf eine Frage Friedrich Nietzsches (Kritische Studien zur Geschichtswissenschaft, Bd. 105), Göttingen: Vandenhoeck & Ruprecht, 1994.

[83] *Hans Ryffel*: Philosophie und Leben, Antrittsvorlesung, gehalten am 14. Februar 1953 (Berner Universitätsschriften, H. 9), Bern: Paul Haupt, 1953, S. 5, 4 und 8f.

[84] *Wilhelm Oswald*: Formalismus in der Jurisprudenz und materiale Rechtsethik, Festrede, gehalten am Dies Academicus der Universität Freiburg am 15. November 1954 (Freiburger Universitätsreden, Neue Folge Bd. 19), Fribourg: Universitätsverlag, 1957; vgl. auch *dens.*: Topisches und systematisches Denken in der Jurisprudenz, in: Festgabe für Wilhelm Schönenberger zum 70. Geburtstag, Fribourg: Universitätsverlag, 1968.

[85] Abgesehen von dem in Mailand lehrenden, aber aus Süditalien stammende *Igino Petrone*: Il diritto nel mondo dello spirito – Saggio filosofico, Milano: Libreria Editrice Milanese, 1910; vgl. das Grundlagenwerk *dess.*: Filosofia del diritto, hrsg. von Giorgio Del Vecchio, Milano: A. Giuffrè, 1950 (erstmals Regia:

Pietro Piovani so treffend benannt hat: „*l'esperienza completa di vita giuridica*".[86] Die wissenschaftsgeschichtliche Entwicklung der Rechtsphilosophie steht – so zugegebenermassen zu plakativ ausgedrückt, aber doch wohl nicht ohne jede Orientierungsleistung bleibend – im Spannungsfeld zwischen der Selbstbeschränkung auf das Diesseitige, auf die in Geschichte und Gesellschaft immanente Rechtserfahrung, und der naturrechtlichen Spekulation über die jenseits der Rechtsordnung angesiedelten Gerechtigkeit; sie spannt sich also etwa zwischen den dominanten Polen des geisteswissenschaftlichen Liberalismus eines Benedetto Croce und der aufgeklärten Naturrechtslehre eines Giorgio Del Vecchio auf, um mit auch in deutschen Landen einigermassen bekannten Namen zu sprechen. Kennzeichnend für manche Strömungen der italienischen Rechtsphilosophie ist aber gerade das Bestreben, diese Spannung zu vermitteln, beispielsweise über die Dialektik des Abstrakt-Konkreten; stellvertretend für viele seien die Rechtsphilosophie Giovanni Gentiles sowie Entwurf und Ausführung einer integrativen Rechtstheorie bei Widar Cesarini Sforza genannt. „Der ist kein wahrer Jurist, der zwar wissenschaftlich genau das positive Recht eines Landes kennt, sich aber nicht Rechenschaft gibt über die unüberwindliche Kluft zwischen Recht und Leben und die absolute Unmöglichkeit, die in allen Gesellschaften auftretende Forderung zu erfüllen, die menschlichen Handlungen durch Aufstellung einer festen Ordnung von Regeln oder Normen zu rationalisieren".[87]

Zu jeder geisteswissenschaftlichen Pflege der Jurisprudenz – und daher kommt der genuin hermeneutische/zeichentheoretisch-sprachphilosophische Einschlag von deren geisteswissenschaftlichen Grundlegung – gehört das Bewusstsein, dass die rechtlichen Begriffe nicht einfach logisch verrechnet werden können (weil die Gegenstände, für die die Zeichen stehen, steter Veränderung unterworfen sind), dass also ein hermeneutisches Verstehen der Rechtstexte wie der Handlungen, auf die diese sich beziehen, unabdingbar ist, und dass für die Anwendung des Rechts damit nicht nur Verstandes- sondern, in besonderem Mass sogar, Vernunftleistungen zu erbringen sind.[88] „In der Arbeit der Rechtswissenschaft setzt sich der Denkprozess substantiell fort, der in der Schöpfung einer objektiven und rationalen Ordnung des menschlichen Handelns zum Ausdruck kommt".[89] Die Analyse der Funktionen der Urteilskraft als eines anschauenden kognitiven Vermögens des Menschen macht darauf aufmerksam, wie

---

Università di Modena, 1897/1898); und *dess.*: Problemi del mondo morale meditati da un idealista, Palermo: Sandron, 1980.

[86] *Pietro Piovani*: Linee di una filosofia del diritto (1958), Padova: CEDAM, 3. A. 1959, S. 14; vgl. *dens.*: Giusnaturalismo ed etica moderna, Bari: Laterza, 1961; und *dens.*: La filosofia del diritto come filosofica, Milano: A. Giuffrè, 1963.

[87] *Widar Cesarini Sforza*: Rechtsphilosophie (Filosofia del Diritto), München: C.H. Beck, 1966 (Milano: A. Giuffrè, 3. A. 1958), S. 1.

[88] Vgl. die allgemeine, nicht nur das Rechtsgesetz betreffende Auffassung von *Immanuel Kant*: Grundlegung zur Metaphysik der Sitten (1785), in: Gesammelte Werke, hrsg. von der Königlich Preussischen Akademie der Wissenschaften, Berlin: Georg Reimer, 1911, Bd. 4, S. 412: „Da zur Ableitung der Handlungen von Gesetzen Vernunft erfordert wird, so ist der Wille nichts anderes als praktische Vernunft". – Für die Übertragung dieser idealistischen Auffassung in die Rechtswissenschaft in Anlehnung an die neukantische Rechtsphilosophie *Rudolf Stammlers* und für ihre Verbindung mit der juridischen Urteilskraft siehe *Eugen Huber*: Recht und Rechtsverwirklichung – Probleme der Gesetzgebung und der Rechtsphilosophie, Basel: Helbing & Lichtenhahn, 1921, S. 381: „Es ist ohne weiteres klar, dass die Vernunfttätigkeit, welcher das juristische Denken angehört, die Beurteilung sein muss".

[89] *Widar Cesarini Sforza*: Rechtsphilosophie, a.a.O., S. 4.

wichtig für die Auslegung des positivierten Rechts lebendige Anschauung der gelebten Rechtspraxis wie auch des entwickelten Rechtsbewusstseins sind. Die Urteilskräf-
te sind es, die für eine Kritik der tradierten juristischen Dogmatik befähigen und damit Beitrag zu ihrer Anpassung an veränderte Umstände leisten (zu erinnern ist an die
Unentrinnbarkeit einer Dogmatik, aber der Vermeidbarkeit des Doktrinarismus). Er-
kauft wird der weitere Horizont der wissenschaftsphilosophischen Betrachtung von
Recht und Staat mit dem Eingeständnis in die Geschichtlichkeit der Rechtsprinzipien, der Wirkungsgeschichtlichkeit allen Verstehens, letztlich des geschichtlichen
Daseins des Menschen in all seinen Aktivitäten; kompensiert werden kann diese Dy-
namisierung nur durch das Vertrauen in die Problemlösungsfähigkeit einer republika-
nisch verfassten politischen Gemeinschaft, wie es etwa aus der intrinsisch-normativen
narrativen Struktur der kollektiven geschichtlichen Erfahrung hervorgeht. Dieses
Vertrauen gründet erkennbar in einem neuen Humanismus, eventuell verstehbar als
optimistischer Antrieb eines transzendentalen Idealismus, der eine innere Verbindung
eingeht mit einem die Realität ernst nehmenden Pragmatismus (gemäss dem hand-
lungstheoretischen Einschlag der Rechtswissenschaft und der Staatslehre). Zusammengenommen verdient die Wissenschaft des Rechts, mitsamt der ganzen Würde, die
ihr zukommt, Jurisprudenz genannt zu werden und nicht etwa Rechtswissenschaft,
weil sie nach wie vor der Sphäre der *prudentia* (*phronesis*), nicht derjenigen der *scientia*
(*episteme*) zugeordnet bleibt,[90] und eben deshalb von den Römern ja auch zu den *artes
liberales* gerechnet wurde.

   Früh schon wurde von Jean Barbeyrac wechselseitige Befruchtung der Wissenschaften des Rechts und der Geschichte festgehalten (in seiner Lausanner Antrittsrede
„*De dignitate et utilitate juris et historiarum et utriusque disciplinae amica conjunctione*") und
in der Praxis des Natur- und Völkerrechts für die Jurisprudenz gewinnbringend betä-
tigt.[91] Die Geschichtlichkeit des Rechts liegt an sich allein schon in der Tatsache begründet, dass Normen Handlungserwartungen hochwirksam verstetigen, wenn sie im

---

   [90] Vgl. dazu *Martin Kriele*: Recht und praktische Vernunft, Göttingen: Vandenhoeck & Ruprecht,
1979, S. 17 ff. – Zu gleicher Zeit haben *L.A. Muratori* und *Giovanni Battista Vico* die Rechtswissenschaft als
eine *iuris prudentia* ausgewiesen; siehe *L.A. Muratori*: Riflessioni sopra il Buon Gusto nelle Scienze e nelle
Arti, Divise in due Parti (1708), Nachdruck Venezia 1742, zusammen mit: Dei Difetti della Giurisprudenza; und *Giovanni Battista Vico*: De nostri temporis studiorum ratione (1708) (Vom Wesen und Weg der geistigen Bildung), zweisprachig hrsg. von W.F. Otto, Godesberg 1947.
   [91] Die Fruchtbarkeit einer Verbindung von geschichtlicher und juristischer Methode postulierte erstmals und immer noch einzigartig in seiner Lausanner Antrittsrede *Jean Barbeyrac*: De dignitate et utilitate
juris et historiarum et utriusque disciplinae amica conjunctione, Oratio inauguralis, quam dixit anno do-
mini XIV. Kalend. April M.DCCXI. Joannes Barbeyracus, Juris & Historiarum in Academia Lausannensi
Professor ordinarius, Lausanne helvetiorum, Apud Fridericum Gentil & Theophilum Crosat,
M.DCCXI.; dazu siehe *Philippe Meylan*: Jean Barbeyrac (1674 bis 1744) et les débuts de l'enseignement du
droit dans l'ancienne Académie de Lausanne – Contribution à l'histoire du droit naturel pour le 4ème cente-
naire de l'Université de Lausanne, juin 1937 (Recueil de travaux de la Faculté de l'Université de Lausanne), Lausanne 1937. – Vgl. so ähnlich in der Grundhaltung auch noch *Emer de Vattel*: Le droit de gens ou
principes de la loi naturelle – Appliqués à la conduite & aux affaires des nations & des souverains, London:
ohne Drucker, M.DCC.LXVIII. – Vgl. fernerhin *Dieter Wyduckel*: Zur Bedeutung der historischen Dimension in der Rechts- und Staatsphilosophie, in: Archiv für Rechts- und Sozialphilosophie (Stuttgart:
Franz Steiner), Beiheft Neue Folge 44 (1991), S. 394 ff.; sowie *Heinrich Lau*: Prolegomena zu einer kri-
tisch-historischen Rechtstheorie (Deutsche Hochschulschriften, Bd. 1070), Egelsbach: Hänsel-Hohen-
hausen, 1995.

Enttäuschungsfall vor den staatlichen Rechtspflegeorganen Anerkennung finden. Wenn die Wissenschaften von Staat und Recht der Geschichtlichkeit des Menschen – die dadurch zu ihrer eigenen wird – zu begegnen haben, impliziert die Mehrdimensionalität der Geschichte eine Vielzahl von gleichberechtigten Zugängen zu den infragestehenden Denkgegenständen: deskriptiv-statistische, anthropologische, institutionelle, wirkungsgeschichtliche, normentheoretische, undsoweiter. Nur unter Einbeziehung all dieser Aspekte – koordiniert durch einen gesunden Gemeinsinn – können der geschichtliche Ordnungsanspruch des Staates wie die gemeinschaftlich-institutionalisierten Rechtsordnungen insgesamt als sinnhaft erfahren werden;[92] darüberhinaus ist festzuhalten, dass solcher Sinnaufweis immer nur in „Anschauung" der Praxis und im Verstehen der Zeugnisse verflossener Praxis liegen kann. Alles „praktische Wissen" in den Geisteswissenschaften erweist sich so als notwendig geschichtlich, nämlich abhängig von der Kenntnis von der Entwicklung von Ideen/Begriffen/Konzepten/Theoremen (im Gegensatz zum auf Hypothesen und Experimenten beruhenden, sogenannt „exakten", Wissen der Naturwissenschaften).[93]

Das Fernziel der in Aussicht gestellten wissenschaftsphilosophischen Bemühungen jedoch liegt darin, die wenn auch nicht mehr in den Theoriedebatten, so doch in den Hinterköpfen unvermindert wirkungsmächtige Entgegenstellung von Positivismus und Naturrechtslehre zu entparadoxieren und zu versachlichen.

Die obenstehend in Aussicht gestellte Interdisziplinarität einer „integrativen Jurisprudenz" forderte bei konsequenter Fortführung letztlich eine Überwindung der Interdisziplinarität in Richtung auf einer Supra- oder Transdisziplinarität: Die interdisziplinäre Auseinandersetzung besitzt einen klar bezeichneten Gegenstand, woran sie sich zu orientieren hat, sollen sich die Einzelwissenschaften mit ihren Argumentationen treffen und verstehend verständigen. Damit muss aber das Gespräch über die Disziplingrenzen hinweg gewissermassen über den Disziplinen stehen, supradisziplinär sein; dies umsomehr als eine Einflussnahme auf die Forschungsanlage der einzelnen Disziplinen unbedingt zu fordern ist. Weiters gilt es, einen ganzheitlichen Ansatz zu pflegen und über die Disziplingrenzen hinweg Bezug zu nehmen, und dennoch nicht auf die Leistungsfähigkeit der Methodologien – besser: Argumentationsstile (denn im Grunde genommen gibt es doch keine Methode, die zuverlässig für die Richtigkeit ihrer Ergebnisse bürgte) – der einzelnen Wissenschaften zu verzichten. Indem sich die einzelnen Wissenschaftsdisziplinen schliesslich auf ihr Kerngebiet bescheiden und ihre Leistung im Gesamtzusammenhang reflektieren, entsteht zudem Raum und erwächst

---

[92] *Otto Vossler*: Geschichte als Sinn, Frankfurt am Main: Suhrkamp, 1979. – In diesem Zusammenhang könnte es lohnend sein, die entsprechenden Lehren der schottischen *common sense*-Philosophen zu untersuchen; vgl. *Manfred Kuehn*: Scottish Common Sense in Germany (1768 bis 1800), Montreal: McGill-Queen's University Press, 1987; *Knud Haakonssen*: Natural Law and Moral Philosophy – From Grotius to the Scottish Enlightenmeht, Cambridge: Cambridge University Press, 1996; und die Beiträge bei *Vincent Hope* (Hrsg.): Philosophers of the Scottish Enligtenment, Edinburgh: Edinburgh University Press, 1984. – Zur Bedeutung des *common sense* für die Rechtswissenschaft siehe *Paul Vinogradoff*: Common Sense in Law (The Home University Library of Modern Knowledge, Bd. 83), London, 3., von H.G. Hanbury durchgesehene A. 1961 (London: Williams and Norgate, 1913).

[93] Vgl. *Isaiah Berlin/Ramin Jahanbegloo*: Den Ideen die Stimme zurückgeben – Eine intellektuelle Biographie in Gesprächen (Isaiah Berlin, en toutes libertés – Entretiens avec Ramin Jahanbegloo), Frankfurt am Main: S. Fischer, 1994 (Paris: Éditions du Félin, 1991), S. 40ff., auf die Frage, ob sein Interesse ein philosophisches oder ideengeschichtliches sei.

Berechtigung für andere Disziplinen, entsteht erst die Möglichkeit eines erfolgreichen interdisziplinären Diskurses nach den Regeln einer neuen epistemologischen Supra-Disziplin. Grundvoraussetzung dafür scheint mir unabdingbar, dass dabei die Dogmen pragmatisch aufgelöst werden und die Argumentation sich effektiv vom Gegenstand der Beschäftigung leiten lässt, was der Theologie und der Jurisprudenz als den letzten Refugien des Dogmatismus sicherlich nicht leicht fällt. An die Stelle einer Methodologie dieser Supra-Disziplin wäre denn interimistisch vielleicht eine Interdisziplinarität als stilistische Orientierung der beteiligten Wissenschafter zu setzen, gewissermassen als unvollkommene Tugend.

# Für ein Europa der Rechtsstaaten

Die Deutsche Stiftung für internationale rechtliche Zusammenarbeit e.V.
und der Stabilitätspakt für Südosteuropa

von

## Arne Kupke

Wissenschaftlicher Mitarbeiter am Lehrstuhl für Öffentliches Recht, Rechtsphilosophie und
Kirchenrecht an der Universität Bayreuth

Mit den politischen Veränderungen in Mittel- und Osteuropa seit 1989 hat sich nicht nur die Anzahl der Staaten Europas verändert. Beinahe alle streben heute auch inhaltlich nach einer rechtsstaatlich geprägten Demokratie. Zu deren Kernelementen zählen die freie Wahl der Parlamente mit freiem Mandat, die Gesetzmäßigkeit der Verwaltung und die Geltung von Grundrechten als subjektiven Abwehrrechten der Bürger. Dem entsprechen die in den 90'er Jahren entstandenen neuen Verfassungen dieser „neuen" Länder[1], die ein tragfähiges Fundament bilden. Darauf ist dann das rechtsstaatliche Gebäude erst noch mühsam zu errichten. Es bedarf umfassender Gesetzeswerke, einer Verwaltung, die diese beachtet, und einer unabhängigen Justiz. Die Schwierigkeit liegt jedoch in der häufig mangelnden Ausbildung der Bauleute, also der Parlamentarier, Verwaltungsbeamten und Richter, die in mindestens 40 Jahren kommunistischer Herrschaft lediglich einen partiellen Rechtsstaat kennengelernt haben, immer unter dem Vorbehalt des durch die jeweilige kommunistische Partei zu ermittelnden Volkswillens. Notwendig ist nun nach der Wende der Systeme die viel zitierten Wende in den Köpfen.

In diesem Beitrag sollen zwei Institutionen vorgestellt werden, die dem Ziel der Bildung und Ausbildung von Rechtsstaaten und von rechtsstaatlich orientierten Persönlichkeiten verpflichtet sind: Die in Deutschland beheimatete *IRZ-Stiftung* (I) und der internationale *Stabilitätspakt für Südosteuropa* (II). Sodann folgt zur Veranschaulichung ihrer praktischen Tätigkeit ein Beispiel der auch gepflegten gemeinsamen Ar-

---

[1] Vgl. die umfassende Dokumentation von Verfassungen und Verfassungsentwürfen ehemals sozialistischer Staaten in (Süd-)Osteuropa und Asien von *P. Häberle*, in: JöR 43 (1995), S. 105ff.; 44 (1996), S. 321ff.; 45 (1997), S. 177ff.; 46 (1998), S. 123ff. und die unter der Rubrik „Der Aufbruch in Mittel- und Osteuropa" erschienen Beiträge von JöR 40 (1991/1992) bis JöR 46 (1998). Zuletzt zum Thema: *G. Frankenberg*, Die Verfassung der Republik Albanien (1998) mit Textanhang, in: JöR 49 (2001), S. 443ff.

beit: die Organisation eines *wissenschaftlichen Kolloquiums* in Budapest (III). Schließlich wird eine deutsche *Übersetzung des Stabilitätspakts* abgedruckt (Textanhang).

## I. Die Deutsche Stiftung für internationale rechtliche Zusammenarbeit e.V. (IRZ-Stiftung)

Im Mai 1992 wurde auf Initiative des damaligen Bundesjustizministers Dr. Klaus Kinkel der bürgerlich-rechtliche Verein „Deutsche Stiftung für Internationale rechtliche Zusammenarbeit" mit Sitz in Bonn gegründet[2]. Er führt die Kurzbezeichnung „IRZ-Stiftung"[3]. Im folgenden sollen Zweck (1), Arbeitsweise (2) und Organisation (3) der Stiftung aufgezeigt werden.

### 1. Zweck

Nach § 3 Abs. 1 der Satzung ist der ausschließlich gemeinnützige Zweck der IRZ-Stiftung „die Förderung und die Pflege der internationalen Zusammenarbeit auf dem Gebiet des Rechts im Sinne der Völkerverständigung, insbesondere die Unterstützung ausländischer Staaten beim Übergang von der Planwirtschaft in die soziale Marktwirtschaft im Bereich der Gesetzgebung und des Aufbaus der Rechtspflege sowie die Förderung von Wissenschaft und Forschung auf diesem Gebiet." Demnach ist der Verein als unmittelbare Reaktion auf den Zusammenbruch der sozialistischen Systeme Mittel- und Osteuropas zu verstehen. Der Übergang von der Planwirtschaft zur sozialen Marktwirtschaft, von den Staatsbetrieben hin zu vorherrschendem Privateigentum setzt erhebliche Veränderungen in der Rechtsordnung voraus[4]. Grundlage ist eine moderne demokratische Verfassung, die Gewaltenteilung einführt und Zentralismus abbaut, die die Gesetzgebung kontrollierbar macht und Eigentum und Erbrecht gewährleistet. Besonders wichtig ist neben einer effektiven Verwaltung eine funktionierende Justiz als Kontroll- und Schutzinstanz mit unabhängigen Richtern. Auch das gerichtliche Verfahren muß internationalen Standards entsprechen. Dies ist eine enorme Aufgabe. Angesichts der jahrelang völlig getrennten Rechtssysteme gibt es keinen Erfahrungsschatz aus jüngerer Zeit, auf den man aufbauen könnte. Auch sind Zeitprobleme und der Kostenfaktor bei der Erstellung von Gesetzen ohne Vorlage Hinderungsgründe für eine abgewogene Entscheidung.

Da liegt der Gedanke einer Hilfestellung durch solche Staaten Europas nahe, die in den zurückliegenden mehr als 40 Jahren ein beinahe lückenloses Rechtsschutzsystem aufbauen und erproben konnten. Man denke nur an die Fundamentalentscheidung des BVerfG in Deutschland zur Allgemeinen Handlungsfreiheit aus Art. 2 Abs. 1 GG,

---

[2] Anschrift: Ubierstraße 92, 53173 Bonn; Telefon: 228/95550; Internet: http://www.irz.de .

[3] Vgl. § 1 Abs. 1 Satz 2 der Satzung. Zur Namensgebung und allgemein zur Gründungsphase *K. Kinkel*, Juristischer Know-how-Transfer in die Staaten Mittel- und Osteuropas, ROW 1992, S. 33ff., 35.

[4] Zur unterschiedlichen rechtlichen Ausgangslage des Transformationsprozesses und ausführlich zur Arbeit der Stiftung zu Beginn ihrer Arbeit vgl. *L. Fadé*, Impulse einer europäischen Rechtspolitik für Osteuropa?, DRiZ 1996, S. 315ff., S. 316f.

die gegen jeden staatlichen Eingriff eine subjektive Klagebefugnis gibt[5]. Weiterhin haben wir eine funktionierende Demokratie, sozialer Marktwirtschaft und einen sicheren Rechtsstaat. In Relation zu den Aufgaben der Reformstaaten sind die hiesige Parteienkritik und auf niedrigem Niveau ansteigender Rechtsradikalismus, so ernst sie zu nehmen sind, Randprobleme.

Es verwundert daher nicht, daß der damalige Justizminister Klaus Kinkel die Gründung der Stiftung damit rechtfertigte, daß bereits im Herbst 1991 auf der Europäischen Justizministerkonferenz in Ottawa ein dringendes Interesse an deutscher Unterstützung seitens mittel- und osteuropäischer Justizminister geäußert wurde[6]. Diese trafen sich daraufhin auf Einladung Kinkels im November 1991 in Bonn, wo mögliche Hilfestellungen bei der Umstrukturierung der Rechtsordnungen erörtert wurden. Wichtiger Bestandteil der Gespräche damals, der auch heute in der Satzung anklingt, ist der Transfer von Wirtschaftsrecht um Investitionssicherheit zu gewährleisten. Grundrechtsschutz und insb. Eigentumsschutz ist in diesem Sinne auch Investitionsschutz. Angestrebt wird aber nicht ein bloßer Rechtsexport mit oder ohne missionarischem Eifer zur Verbreitung der eigenen Rechtssätze[7]. Vielmehr soll es auch um Hilfe zur Selbsthilfe gehen in Orientierung an gewachsene Strukturen[8].

## 2. Arbeitsweise

Die IRZ-Stiftung wird nach § 3 Abs. 2 der Satzung „insbesondere durch Aufnahme und Entsendung von Sachverständigen, Beratung und Fortbildung von Fachleuten, Vermittlung und Vergabe von Stipendien und Praktikantenstellen, Erarbeitung von Gutachten, Austausch von Informationsmaterial und Übersendung von Gesetzestexten im In- und Ausland" tätig.

Der letztgenannte Punkt mag befremden in einer westlichen Welt, in der durch Bibliotheken und Buchhandel eine umfassende Verfügbarkeit von Wissen vorherrscht. Es ist aber ein Zeichen der besonderen Bedürftigkeit mancher Reformstaaten. Ohne die textlichen Materialien als Grundlage sind Kennenlernen und Vergleichen von und Entscheidung für eine rechtliche Regelung nur eingeschränkt möglich. Deshalb gibt die Stiftung Sonderausgaben von Taschenbüchern mit Gesetzestexten und Kommentaren in Auftrag und stellt sie im Rahmen ihrer Projekte zur Verfügung.

Die Projekte bilden das Kernstück der Arbeit der Stiftung[9]. Jährlich werden rund 90 Projekte durchgeführt[10]. Im Bereich der Gesetzgebungsberatung erfolgt die Unterstützung in der Regel durch die Erstellung von Gutachten zu Gesetzesentwürfen, die

---

[5] Vgl. BVerfGE 6, 32 (Elfes); 80, 137 (Reiten im Walde), hier jedoch mit Sondervotum *Grimm*, S. 164 ff.

[6] *K. Kinkel*, Der Übergang von der Planwirtschaft zur sozialen Marktwirtschaft. Chance und Verpflichtung zur Hilfe, WM 1992, S. 599.

[7] Eine kritische Auseinandersetzung zu dieser Frage findet sich bei *I. v. Münch*, Rechtsexport und Rechtsimport, NJW 1994, S. 3145 ff., der jedoch insgesamt zu einem positiven Urteil gegenüber der Stiftung kommt, S. 3146 f.

[8] *L. Fadé*, Rechtstransfer- ein Beitrag zur Stabilisierung Osteuropas, WM 1993, S. 639.

[9] Vgl. dazu Jahresbericht 1999, S. 9 ff.: Die Grundlagen der Projektarbeit; Jahresbericht/Annual Report 2000, S. 4 f.

[10] Vgl. die Auflistung im Anhang 1a und 1b des Jahresberichts 1999 und S. 38 ff. des Jahresberichts 2000.

grundsätzlich von Fachleuten des jeweiligen Partnerstaates angefertigt werden. Die Gutachten sind dann Grundlage für folgende Expertengespräche. Es werden aber auch Berater zur Verfügung gestellt[11]. Im Bereich der Rechtsanwendung finden zahlreiche Maßnahmen der Aus- und Weiterbildung von Praktikern für Praktiker statt. Dies sind in erster Linie Seminare, aber auch Hospitationsprogramme für Richter und Rechtsanwälte aus einem Partnerland[12]. Es finden aber auch Konferenzen und wissenschaftliche Kolloquien (Vgl. dazu das Beispiel bei III) statt, die unabhängig von einem konkreten Projekt allgemeinbildend wirken wollen. Schließlich werden sogenannte Twinning-Projekte durchgeführt, bei denen mit Mitteln der EU-Kommission Kandidatenländer für einen Beitritt zur Europäischen Union unterstützt werden[13].

Eine ständige Berichterstattung über die Arbeit der Stiftung findet in der Zeitschrift „Wirtschaft und Recht in Osteuropa" (WiRo) unter den Rubriken „Reportmeldungen" und „Chronik der Rechtsentwicklung in Osteuropa" statt[14].

Entgegen vereinzelt geäußerten Vorbehalten hat sich die gemeinnützige Stiftung als hilfreicher Anbieter im Bereich des Transfers von Kenntnissen für die praktische Verwirklichung des Rechtsstaats bewährt[15].

Ein Indikator für die Qualität der Projekte der Stiftung insgesamt ist die weiterhin steigende Nachfrage nach den Beratungs- und Fortbildungsangeboten, welche sich inzwischen auf nahezu alle Rechtsbereiche erstreckt, was jedoch zusätzliche Kosten entstehen läßt[16].

Die Anschubfinanzierung der Stiftung wurde im wesentlichen aus Mitteln des Bundeshaushalts geleistet[17]. Heute trägt dieser die Infrastruktur der Stiftung wie ein Teil der Projekte im Rahmen des Beratungsprogrammes TRANSFORM und seit 2000 auch im Rahmen des Stabilitätspaktes für Südosteuropa. Es werden aber auch Mittel der Europäischen Kommission aus den Programmen Phare und Tacis und sonstige Drittmittel verwendet[18]. Ein Förderverein wirbt zusätzlich um Spenden. Eine erhebliche Erleichterung stellt die Mitarbeit von Experten aus dem Kreis der Mitglieder und Mitgliedsorganisationen der Stiftung (s. 3.) dar. Sie stellen ihr Wissen und ihre Zeit gegen geringes Entgelt und in vielen Fällen sogar unter Verzicht auf ein Honorar zur Verfügung[19].

## 3. Organisation

Die Organisation der IRZ-Stiftung ist ganz ihren Zielen angepaßt. Vereinsmitglieder können gemäß § 8 Abs. 1 Nr. 1 der Satzung „natürliche sowie juristische Personen

---

[11] G. Garbrecht, Langzeitberater im Transformationsprozeß – das Beispiel Lettland, ROW 1995, S. 86ff.

[12] Beispiele aus dem Jahr 1994 bei L. Fadé, Justizreform in Mittel- und Osteuropa, DRiZ 1995, S. 158f.

[13] E. Pick, Die Deutsche Stiftung für internationale rechtliche Zusammenarbeit, WM 2000, S. 2236f.

[14] Vgl. zuletzt WiRo 2000, S. 40, 80, 120, 160, 264, 232, 296, 325, 328, 360, 392, 424.

[15] Die eigenständige Entwicklung der Stiftung unterschätzt H. Roggemann, Privatisierungsinstiutionen in Ost und West, ROW 1994, S. 106ff., 108 Fn. 15. Vgl. auch I. v. Münch, a.a.O. (Fn. 7), S. 3146f.

[16] Jahresbericht/Annual Report 2000, Vorwort des Geschäftsführers M. Weckerling, S. 2f.

[17] L. Fadé, Hilfe beim Aufbau der Rechtssysteme in Osteuropa, NJW 1993, S. 578.

[18] Zur Finanzierung s. E. Pick, a.a.O., S. 2236.

[19] Dies ist nach L. Fadé „ein erfreulicher Aspekt der Stiftungsarbeit", in: Impulse einer europäischen Rechtspolitik für Osteuropa?, aaO., S. 321.

aus verschiedenen Zweigen des rechtswissenschaftlichen und wirtschaftlichen Lebens" werden. Dies waren 1999 insgesamt 25 darunter 17 berufständische und Spitzenverbände aus diesem Bereich, wie der Deutsche Richterbund oder der Deutsche Industrie- und Handelstag. Damit ist Sachverstand garantiert und eine natürliche Rückgriffsmöglichkeit auf nötige Experten mit besonderer Motivation vorhanden. Nach Nr. 2 und Nr. 3 sind weitere Mitglieder je ein Abgeordneter der Fraktionen des Deutschen Bundestages und ein Abgeordneter des Europäischen Parlaments. Dies ist verständlich und sinnvoll angesichts der weitgehend durch diese Einheiten erfolgenden Finanzierung und Förderung. Dem Zweck von Kontrolle, Publizität und der Einbindung von relevanten Gruppen dient auch die Besetzung des ehrenamtlich arbeitenden Kuratoriums. Nach § 27 Abs. 1 der Satzung besteht es aus acht von der Mitgliederversammlung gewählten Mitgliedern, den Vorsitzenden des Rechtsausschusses und des Haushaltsausschusses des Deutschen Bundestages, drei Personen, die von der Konferenz der Justizminister der Länder ernannt werden, sowie zwei und nach Bedarf bis zu fünf weiteren Personen, die vom Bundesjustizminister ernannt werden, letztere im Einvernehmen mit den Vorsitzenden des Kuratoriums. Die laufenden Geschäfte des Vereins sind einem Geschäftsführer übertragen.

Geschäftsführer der Gründerzeit bis 1998 war *Lujo Fadé*, dann *Irene Pakuscher* und seit Oktober 2000 hat *Matthias Weckerling* das Amt inne[20]. Zur Zeit arbeiten neben dem Geschäftsführer sechs Projektleiter mit 25 weiteren hauptamtlichen Mitarbeitern in der Stiftung. Die zahlreichen externen Experten (1999 ca. 300) rekrutieren sich überwiegend aus Deutschland.

## II. Der Stabilitätspakt für Südosteuropa

### 1. Zustandekommen

Der Wandel in den Staaten Mittel- und Osteuropas wurde von Beginn an vom Europarat begleitet[21]. Diesem schlossen sich bis 1995 die Mehrzahl der sog. Reformstaaten an[22]. Die OSZE wurde auch „im Auftrag" der Europäischen Union früh an diesem Prozeß beteiligt[23]. Zur Stabilisierung der politischen und wirtschaftlichen Voraussetzungen für eine Zusammenarbeit in Ostmitteleuropa wurden, seit 1993 vorbereitet, im März 1995 etwa 90 bilaterale Verträge, Erklärungen und Ausführungsbestimmungen abgeschlossen bzw. zusammengeführt. Diese bilden seitdem den sog. Stabilitätspakt für Europa[24]. Die Europäische Gemeinschaft, rechtlich weitaus ver-

---

[20] Vgl die Jahresberichte der IRZ-Stiftung, die jeweils mit einem Vorwort des amtierenden Geschäftsführers eingeleitet werden.

[21] Z. *Kedzia*, Die Rolle des Europarates im demokratischen Wandel in den Staaten Mittel- und Osteuropas, in: M. Nowak (Hrsg.), Europarecht und Menschenrechte, 1994, S. 41 ff.

[22] Vgl. die Aufzählung bei R. *Streinz*, Einführung, in: ders. (Hrsg.), 50 Jahre Europarat: Der Beitrag des Europarates zum Regionalismus, 2000, S. 17 ff., 19.

[23] Vgl. zur Tätigkeit der OSZE und des Europarats z.B. C. *Giersch*, Konfliktregulierung in Jugoslawien 1991–1995, S. 298 ff. und passim.

[24] K.P. *Tudyka*, Das OSZE-Handbuch, Opladen 1997, S. 119 f.; H.-G. *Erhart*, Stabilitätspakt für Europa, Blätter für deutsche und internationale Politik, 1999/2, S. 916 ff., 917 f. Zu den Perspektiven des Stabilitätspakts für Europa vgl. H. *Borchert*, Wie die OSZE durch inter-institutionelle Zusammenarbeit wirksa-

bindlicher strukturiert, trat erst als Union als selbständiger Akteur und Vertragspartner auf, im Rahmen der in Art. 11 Abs. 1 EUV verankerten Gemeinsamen Außen- und Sicherheitspolitik[25]. Seit März 1998 beschloß der Unionsrat gemeinsame Standpunkte zum Kosovokonflikt im ehemaligen Jugoslawien. Auslandsguthaben der jugoslawischen Regierung wurden eingefroren und Neuinvestitionen in Serbien verboten. Nach dem Kriegsende wurde insbesondere durch die deutsche Präsidentschaft eine aktive Hilfspolitik betrieben. Diese gipfelte im Abschluß des Stabilitätspaktes für Südosteuropa am 10. Juni 1999 in Köln durch mehr als 40 Partnerstaaten und -organisationen[26]. Mittlerweile kam es auch zu der bereits im Pakt (Punkt 11) vorgesehenen Aufnahme der Bundesrepublik Jugoslawien. Pate stand der bereits erwähnte Stabilitätspakt für Europa. Schon dessen Anliegen war der ernsthafte Versuch der Staatengemeinschaft, eine langfristige Politik der Konfliktprävention zu entwickeln. Nunmehr sollte dies auch durch über eine Assoziierung hinausgehende wirtschaftliche Anbindung an die EU, weshalb dem Pakt des öfteren die Bezeichnung Marshallplan für den Balkan gegeben wird[27]. Den Unterschied und sicher den Fortschritt machen aber im Stabilitätspakt wiederholt angesprochene Formen vertraglicher Zusammenarbeit aus. Diese sollen von zwei entwickelten Strukturprinzipien abhängig gemacht werden, auf die sich der Außenministerrat in Brüssel im Mai 1999 geeinigt hat[28]: der Regionalansatz, der regionale Kooperation vorschreibt und das Konditionalitätsprinzip, welches bestimmte Ziele wie Rechtsstaatlichkeit und Integration in das Welthandelssystem werden zur Bedingung macht.

## 2. *Aufbau und Entwicklung*

Im Gegensatz zur IRZ-Stiftung bildet der Stabilitätspakt für Südosteuropa keine selbständige Einheit. Es handelt sich völkerrechtlich um eine politische Verpflichtungserklärung und Rahmenvereinbarung zur internationalen Kooperation auf einer Staatenkonferenz. Es existiert in organisationsrechtlicher Hinsicht lediglich das Amt des Sonderkoordinators (vgl. Punkt 13 des Paktes) mit Sitz in Brüssel[29]. Erster, nicht unumstrittener Amtsinhaber ist *Bodo Hombach*[30]. Seine Aufgabe ist mit dem Titel bereits beschrieben. Mit den rund 30 Mitarbeitern hat er die politischen Strategien wie die Hilfsprogramme der Teilnehmer aufeinander abzustimmen. Dies geschieht in erster Linie durch einen Regionaltisch Südosteuropa (Punkt 12 des Paktes), dessen Vor-

---

mer sein könnte, in: D.S. Lutz/K.P. Tudyka (Hrsg.), Perspektiven und Defizite der OSZE, Baden-Baden 2000, S. 17ff., 31ff.

[25] Zur Entstehungsgeschichte *M. Pechstein/C. König*, Die Europäische Union, 3. Aufl. 2000, Rz. 316ff.

[26] Dieser ist nicht zu verwechseln mit dem „nur" politisch verbindlichen Stabilitäts- und Wachstumspakt im Rahmen der Wirtschafts- und Währungsunion von 1997. Dazu *R. Streinz*, Europarecht, 2001, Rn. 869.

[27] *M.-J. Calic*, Der Stabilitätspakt für Südosteuropa, Aus Politik und Zeitgeschichte B 13–14/2001, S. 9ff., 11f.

[28] *H.-J. Axt*, Der Stabilitätspakt für Südosteuropa, Südosteuropa, 48. Jg. (1999), S. 401ff., 414f.

[29] Anschrift: Special Co-ordinator of the Stability Pact for South-Eastern Europe, rue Wiertz 50, B-1050 Brüssel; Telefon: +32-2-401 8700; Internet: http://www.stabilitypact.org .

[30] Vgl. dessen Bilanz nach einem Jahr in einem ausführlichen Interview mit *U. Bergdoll*, in: SZ v. 26. Juli 2000, S. 8.

sitz der Sonderkoordinator führt. Der Regionaltisch koordiniert die Arbeit von drei Arbeitstischen zur drei Schwerpunktthemen (Punkt 14 des Paktes). Damit sind Struktur und Arbeitsweise vergleichbar mit der 1973 ins Leben gerufenen KSZE und deren drei „Körben"[31]. Die KSZE wurde erst auf dem Sondergipfel in Paris 1990 mit institutionellen Strukturen versehen. Der rechtlich unverbindliche Aufbau kann jedoch zu größerer politischer Effektivität führen, wenn die Zusammenarbeit nicht zur Beliebigkeit führt.

Die Reaktion auf den Stabilitätspakt in der Literatur ist bis heute mehrheitlich positiv[32]. Bundesaußenminister *J. Fischer* sieht in der Bilanz nach einem Jahr Stabilitätspakt zu diesem Modell einer langfristig präventiven Politik nur die Alternative des sich wieder auf „Kriseneindämmung und Krisenbekämpfung" Zurückziehens[33]. Dies sei jedoch verantwortungslos angesichts der Erfahrungen der letzten 10 Jahre. Es gibt aber auch kritische Stimmen, die z.B. vor einer Pflege von Illusionen warnen[34]. Ein aktuelles Beispiel der möglichen Unterstützung des Integrationsprozesses durch den Stabilitätspakt liefert die harte Kritik des Sonderkoordinators *B. Hombach* an der EU-Bürokratie[35]. Deren Trägheit behindere eine schnelle Hilfe für Jugoslawien nach der Auslieferung des Ex-Präsidenten S. Milosevic. Hingegen habe der Stabilitätspakt seine Projekte in kurzer Zeit angeschoben[36]. Insgesamt bleibt zu wünschen, daß sich der Stabilitätspakt als probates Mittel der Befriedung und Stabilisierung für Südosteuropa erweist.

## III. Ein praktisches Beispiel

Wissenschaftliches Kolloquium vom 19.–21. Februar 2001 in Budapest:
*Beiträge der Staaten Zentral- und Osteuropas*
*zum modernen europäischen Verfassungsrecht*

Seit Mai 2000 werden regelmäßig auch die Partnerstaaten des Stabilitätspaktes Südosteuropa, soweit sie in der Vergangenheit nicht schon eingebunden wurden, in den Teilnehmerkreis der „Multilateralen Projekte" der IRZ-Stiftung einbezogen[37]. Ein praktisches Beispiel der Arbeit der Stiftung im Rahmen des Stabilitätspaktes für Südosteuropa ist das wissenschaftliche Kolloquium „Beiträge der Staaten Zentral- und

---

[31] Zur Geschichte der OSZE vergleiche *K. Ipsen*, Völkerrecht, 4. Aufl. 1999, § 34 Rn. 8 ff.

[32] *R. Biermann*, The Stability Pact for South Eastern Europe -potential, problems and perspectives, Bonn 1999, S. 44 ff.; *M.-J. Calic*, aaO., S. 16; *G. Erler*, Stabilitätspakt ist langfristige Politik, SZ v. 17. April 2001, S. 15. Schwachstellen und positive Aspekte stellt nebeneinander *H.-J. Axt*, aaO., S. 415 f.

[33] Vgl. insgesamt die Beiträge mit positiver Bilanz von *J. Fischer*, *B. Hombach* und *S. Kerim* anläßlich einer internationalen Konferenz zum Thema „Ein Jahr Stabilitätspakt für Südosteuropa – eine erste Bilanz" mit anschließendem Tagungsbericht in: Südosteuropa-Gesellschaft (Hrsg.), Südosteuropa Mitteilungen 40 (2000), S. 205 ff. Die zitierte Äußerung von *J. Fischer* findet sich auf S. 210.

[34] *W. Lepenies*, Rhetorik und Realität auf dem Balkan. Die Deutschen wollen den Stabilitätspakt zum Erfolg hochjubeln – Kritik ist nicht erwünscht, SZ v. 4. April 2001, S. 4. Zur eher umstrittenen Person des Sonderkoordinators *U. Bergdoll*, Bodo Hombachs Kampf mit der Bürokratie und gezielten Gerüchten. „Brüssel ist mein Balkan", SZ v. 3./4. März 2001, S. 11.

[35] *U. Bergdoll*, Hombach kritisiert schleppende Hilfe für Jugoslawien, SZ v. 17. Juli 2001, S. 1.

[36] Ebd.

[37] Jahresbericht 2000, S. 33 f.

Osteuropas zum modernen europäischen Verfassungsrecht". Dessen Ziel war die Betonung der Beiträge der Staaten Zentral- und Osteuropas zum modernen europäischen Verfassungsrecht. Denn vor dem Hintergrund einer sich immer engmaschiger konstituierenden Europäischen Union sollte auch die „Verfassung" der anderen Staaten Europas berücksichtigt werden. Dies nicht nur im Hinblick auf einen späteren Beitritt, sondern auch unter vorausschauender Beachtung der Rechtsvergleichung als fünfter Auslegungsmethode (*Häberle*)[38]. Die Staatengemeinschaft in Europa kann auf eine vielfältige und reichhaltige Verfassungskultur blicken. Darin ist die kommunistische Periode nur eine historische Phase. So kann sich durch Rechtsvergleichung in Raum und Zeit ein internationaler Wirkungszusammenhang der Verfassungen ergeben, der zu einem Typus Verfassungsstaat wird[39].

Über 40 zentral- und osteuropäische Fachjuristen, vornehmlich Hochschulprofessoren und Verfassungsrichter, versammelten sich daraufhin im Februar 2001 in Budapest zu einem dreitägigen Austausch. Der Veranstaltungsort wurde auch im Hinblick auf ein damals noch in der Planung befindliches und heute realisiertes „Budapester Forum für Europa" ausgewählt, welches derartigen (Folge)Projekten einen eigenen institutionellen Rahmen gibt.

Durch sieben Referate mit ausführlichen Diskussionen wurde das Thema von verschiedenen Perspektiven her beleuchtet[40]. Eröffnet wurde die Veranstaltung durch den Geschäftsführer der IRZ-Stiftung *Matthias Weckerling*. Er begrüßte die Teilnehmer aus 16 Staaten Süd- und Südosteuropas, insbesondere die aus Serbien angereisten, die eine Lücke im Stabilitätspakt schlössen. Der Ort Budapest sei aufgrund seiner Bedeutung in der Zeit der Wende in besonderer Weise geeignet, das Kolloquium über Beiträge der bisher noch nicht der EU angeschlossenen Staaten Zentral- und Osteuropas zu beherbergen. Die Tagung stelle auch einen Schritt im Blick auf eine europäische Verfassung dar[41].

Der an diesem Abend verhinderte Präsident des Ungarischen Verfassungsgerichts, Prof. Dr. *János Németh*, nahm wie die Mehrzahl der anderen ungarischen Verfassungsrichter am Kolloquium teil. In Vertretung des Präsidenten sprach Richter *Attila Harmathy* ein Grußwort an die Teilnehmer. Er betonte die besondere Rolle der Verfassungsgerichte in den Reformstaaten. Diese seien ein zuverlässiger Partner auf dem Weg der Durchsetzung des Rechtsstaats[42].

Den Abend prägte dann der Eröffnungsvortrag des Bayreuther Verfassungsrechtlers Prof. Dr. Dr. h.c. mult. *Peter Häberle* (Bayreuth/St. Gallen), der zum Thema „Europa als werdende Verfassungsgemeinschaft" sprach. In sechs Schritten näherte sich der

---

[38] Vgl. *P. Häberle*, Grundrechtsgeltung und Grundrechtsinterpretation im Verfassungsstaat – Zugleich zur Rechtsvergleichung als „fünfter" Auslegungsmethode, JZ, S. 913 ff., erneut abgedruckt, in: *ders.*, Rechtsvergleichung im Kraftfeld des Verfassungsstaates, 1992, S. 27 ff.

[39] *P. Häberle*, Europäische Verfassungslehre – ein Projekt, in: *ders.*, Europäische Verfassungslehre in Einzelstudien, S. 12 ff., S. 15.

[40] Die IRZ-Stiftung plant die Übersetzung und den Druck von einigen Referaten in einer Broschüre.

[41] S. dazu *I. Pernice*, Der europäische Verfassungsverbund auf dem Wege der Konsolidierung, JöR 28 (2000), S. 205 ff.; *W. Hertel*, Die Normativität der Staatsverfassung und eine Europäische Verfassung – Elemente einer Europäischen Verfassungstheorie, JöR 48 (2000), S. 233 ff.; *A. Anzon*, Die „europäische Verfassung" als Rechtsproblem, JöR 49 (2001), S. 103 ff.

[42] Vgl. zu Ungarn: *G. Spuller*, Der Einfluß des ungarischen Verfassungsgerichts auf das Gesetzgebungsverfahren des Parlaments der Republik Ungarn, JöR 48 (2000), S. 367 ff.

Referent dem Thema und setzte gleich zu Beginn einen deutlichen Akzent mit der These, es gebe bereits eine Verfassung Europas, nämlich ein Ensemble von geschriebenen und ungeschriebenen Teilverfassungen. Die klassischen Funktionen einer Verfassung, Machtbeschränkung, Integrationswirkung, Identifikationschancen und Bekräftigung von Grundwerten seien bereits im EG- und EU-Vertrag zu finden, was der Vortragende mit Beispielen belegte. Sodann zeigte er zweitens Elemente einer Europäischen Rechtskultur aus der Tiefe der Geschichte und Weite und Dichte des europäischen Raumes auf. Gemeinsames rechtskulturelles Erbe gebe es in Rechtstexten wie in wissenschaftlicher Dogmatik. Zu nennen seien die Unabhängigkeit der Rechtsprechung ebenso wie die Religionsfreiheit. Daraus sei drittens eine Europäische Öffentlichkeit entstanden, primär aus Kultur, komplementär auch zunehmend aus der Politik. Hier konnte *Häberle* aus der Geschichte auf Europäische Gelehrte wie Thomas von Aquin, Staatsdenker wie J. Locke, Montesquieu, Rousseau und Kant, aus der Gegenwart auf die Institution der „Kulturhauptstadt Europas", Studenten-Programme wie „Erasmus" und „Sokrates" und das Europa der Regionen verweisen. Viertens machte er Zukunftsperspektiven der Europäischen Verfassung aus, die ein schrittweises Vorgehen im Sinne von Poppers „Stückwerktechnik" erfordere. Eine „Stunde" einer neuen Verfassung sei noch nicht gekommen. Im Geiste der Subsidiarität sollte gerade jetzt vor jeder weiteren Aufgabenübertragung überdacht werden, ob diese wirklich erforderlich ist oder die Kompetenz besser bei den Mitgliedstaaten und Regionen bleiben sollte. Im fünften Teil erörterte der Referent eine Voraussetzung für eine Europäische Verfassung: den europäischen Juristen. Dieser müsse vergleichen können, sprachlich wie wissenschaftlich, z.B. über die eigene Sprache und Rechtskultur hinaus mindestens eine weitere in Grundzügen kennen. Der Typus Verfassungsstaat sollte ihm ebenso vertraut sein wie die Anfangsgründe einer gemeineuropäischen Methodenlehre und die Grundlinien der europäischen Kulturgeschichte. Dazu seien geeignete Foren erst zu schaffen, wie mit dem Europäischen Juristentag in Nürnberg 2001 bereits geschehen. Schließlich ging *Häberle* sechstens speziell auf die Gipfelkonferenz von Nizza und die Grundrechtecharta der EU ein. Es gebe bereits ein europäisches Gemeinwohl, das auch auf dem eher glücklosen EU-Reformgipfel in Nizza zu beachten gewesen wäre. Der Tradition der nahezu geheimen Gipfelkonferenzen sei das Konvent-Modell vorzuziehen. Dies habe auch die bürgerintegrierende und impulsgebende Grundrechtecharta hervorgebracht. Trotz mancher Abstriche in Sachen „Kultur" oder im Blick auf die korporative Religionsfreiheit sei z.B. mit dem Kapitel über die Solidarität und einzelnen weiteren Regelungen in einer neuen Teilverfassung ein Stück europäische Identität entstanden, die den europäischen Juristen fordere.

Der Leiter der nachfolgenden Diskussion, das Kuratoriumsmitglied der Stiftung Prof. Dr. Dr. h.c. *Georg Brunner* (Köln), verwies einleitend auf die Prägung der europäischen Wertegemeinschaft durch den Vortragenden selbst: einmal durch seine grundlegende Dissertation zur Wesensgehaltgarantie[43], dann durch die Herausgeberschaft des Jahrbuch des öffentlichen Rechts, das die notwendigen rechtsvergleichenden Studien erst ermögliche. In der Diskussion wurde vertreten, daß ein großer Wurf für eine Verfassung Europas zwar wünschenswert sei, aber z.B. die Traumata der ein-

---

[43] *P. Häberle*, Die Wesensgehaltgarantie des Art. 19 Abs. 2 Grundgesetz, 1962, 3. Aufl. 1983 (italienische bzw. spanische Übersetzung von 1993 bzw. 1997).

zelnen Nationen zu berücksichtigen seien in einem Pragmatismus der kleinen Schritte. Die These der Notwendigkeit der Rechtsvergleichung als fünfter Auslegungsmethode wurde lebhaft begrüßt. Rechtsvergleichung sei eine typische Aufgabe des Verfassungsrichters. Sie sei nicht in jedem Urteil direkt erkennbar, werde aber zum Beispiel in Ungarn regelmäßig in den vorbereitenden Arbeiten geübt. Das helfe sehr bei der Entwicklung eigenen Rechts. Die Rechtsvergleichung spiele damit tatsächlich eine wichtige Rolle bei der Gestaltung und Entwicklung einer europäischen Rechtskultur. Auch die Wirtschaft, Politik und Philosophie seien in Entscheidungen einzubeziehen. Mit der noch offenen Frage nach dem Rangverhältnis der Auslegungsmethoden zueinander, die nur mit der Frage nach Gerechtigkeit im Einzelfall zu verbinden sei, klang der Eröffnungsabend aus.

Die an den kommenden einenhalb Tagen gehaltenen sechs Vorträge näherten sich dem Thema des Kolloquiums in drei Einheiten, jeweils abwechselnd unter einem allgemeinen und einem landesspezifischen Blickwinkel. Allen Vorträgen folgte ein großzügiges Zeitfenster zur Diskussion, von dem auch ausgiebig gebrauch gemacht wurde.

Zunächst sprach *Brunner* über „Die Entwicklung moderner Verfassungsprinzipien in den Staaten Mittel- und Osteuropas". In einer detaillierten Analyse stellte er übersichtlich einheitliche Prinzipien und nationale Besonderheiten von 28 ehemals kommunistischen Staaten dar. Zunächst widmete er sich der Demokratie. Während die formalen Voraussetzungen für eine funktionierende Volksherrschaft weitgehend gegeben seien, fehle jedoch in Bezug auf deren Umsetzung weitgehend eine tragfähige politische Kultur. Vielmehr komme es, unabhängig vom konkreten Regierungsmodell, häufig zu einem Fortleben alter Herrschaftsstrukturen. Dann ging *Brunner* auf das Rechtsstaatsprinzip ein. Die Idee sei heutzutage in allen Ländern bekannt und ihre Ausführung entgegen der kommunistischen Zeit gewollt (rule of law/légalité), jedoch unterschieden sich die Konzepte. Auch hier komme der Rechtsvergleichung auf internationaler Ebene insgesamt eine tragende Rolle bei der Auslegung der verschiedenen Modelle zu. Alle Staaten außer Estland hätten auch ein institutionell verselbständigtes Verfassungsgericht mit teilweise speziellen Verfahren zur effektiven Durchsetzung der Grundrechte, wie z.B. eine Popularklage in Ungarn und Mazedonien[44]. Weitere Themen waren der Aufbau einer unabhängigen Justiz und einer zumeist nicht strikt getrennten Verwaltungsgerichtsbarkeit und die weitgehende Verbreitung des Instituts „Ombudsmann". Auch Sozialstaat, Marktwirtschaft und Nationalstaatlichkeit wurden von *Brunner* eingehend untersucht, wobei sich erstaunliche Innovationen vor allem im Bereich des Minderheitenschutzes fänden, was angesichts der Geschichte nicht verwunderlich, sondern vielmehr eine angemessene Reaktion sei.

Neben dem Ergebnis, daß im politischen Prozeß der Verfassunggebung Europas keine Einbahnstraße (so *Häberle*) gegeben sei, kam *Brunner* durch die Aufnahme der Diskussionsbeiträge[45] zu dem Schluß, daß die sogenannten „Transformationsstaaten"

---

[44] Vgl. dazu in diesem Band den ausführlichen Bericht *G. Brunner*, Der Zugang des Einzelnen zur Verfassungsgerichtsbarkeit im Europäischen Raum, JöR (50) 2002, S. 191 ff.

[45] Zur Entwicklung in Slowenien vgl. den Bericht von *I. Kristan*, der seine Thesen in der Diskussion einbrachte: Verfassungsentwicklung in Slowenien, JöR 42 (1994), S. 59 ff., 77 ff.

eines am französischen Modell angelehnten elastischen Systems bedürften, welches das Wachsen eines politischen Bewußtseins ermöglichen könne.

Dieser allgemeinen Einführung, gültig für Gesamteuropa, folgte die Schilderung eines nationalen Beispiels. Die Leiterin der Rechtsabteilung des bulgarischen Parlaments, Prof. Dr. *Emilija Drumeva*, referierte über „Die Entwicklung moderner Verfassungsprinzipien in Bulgarien". Mit einer klar strukturierten Schilderung der Phasen und der Ergebnisse der Verfassunggebung seit 1991 kam sie zu Recht zu dem Ergebnis, daß Bulgarien bereits zu einem modernen Gebäude des Internationalen Verfassungsrechts beigetragen hat („contributed to the building of modern International Law")[46]. In manchen Punkten konnte das Land dabei direkt an alte, unterbrochene Traditionen aus vorkommunistischer Zeit anknüpfen, wie bei der Einrichtung eines Obersten Verwaltungsgerichts, welches bereits im Jahre 1912 gegründet worden war.

Mit der Vorstellung des Themas „Grundrechtsschutz in der Europäischen Union" eröffnete Prof. Dr. *Bengt Beutler* (Bremen) die zweite Einheit der Tagung. Nach einem geschichtlichen Rückblick ging er dabei aktuell auf Fragen der Anwendung der Grundrechte-Charta ein. Einmal bestehe grundsätzlich ein Konflikt im Verhältnis zu den nationalen Grundrechten. Dieser sei durch die kooperative Entwicklung von gemeineuropäischen Grundrechtsstandards aufgelöst worden. Ein unmittelbarer Durchgriff finde aber wegen der Grenze der nationalen Souveränität nicht statt. Es blieben schwierige Fälle wie z.B. die Herstellung und Verteilung einer Abtreibungsinformation in Irland. Immerhin habe man nunmehr einen Standard für die Beitrittskandidaten festgelegt, den diese aber auch nutzen könnten und sollten, um Gegenfragen an die bisherigen Mitglieder der Union und deren eigene Praxis zu stellen. Schließlich schilderte *Beutler* einen nicht zu vernachlässigenden nachteiligen Effekt durch die Annahme der Charta. Neben den nationalen Grundrechten, der EMRK und dem IP-bürgR habe man nunmehr eine vierte europäische Grundrechtsebene installiert, was die Rechtslage kompliziere und Verwirrung stiften könne.

Dieses Problem wurde auch in der Diskussion aufgegriffen, wo *Beutler* noch einmal betonte, daß mittlerweile Spezialkenntnisse nötig seien, die dem Bürger nicht abverlangt werden könnten. Hier wurde jedoch auch die enorme symbolische Funktion der Charta hervorgehoben. Die klassische Drei-Elementen-Lehre von *Jellinek* sei nach einem Diktum von *Häberle* mittlerweile obsolet. Dem folgend sah *Beutler* die nunmehr begründete Union nicht etwas als Zusammenschluß souveräner Staaten zu einer Handels- und Wirtschaftsfestung, die ohnehin völkerrechtswidrig wäre. Man befinde sich vielmehr in einem kulturellen Entwicklungsprozeß neuer Art, den auch das Europäische Parlament tatkräftig unterstütze.

Diesmal wurden die allgemeinen Aussagen am Beispiel Ungarns nachvollzogen. Prof. Dr. *Jenö Kaltenbach* widmete sich dem „Gleichheitsschutz und Minderheitenschutz in der Republik Ungarn". Der konzentrierte Blick auf die Verfassungsreformen in Ungarn seit 1989 belegte, daß die rechtliche Absicherung der Stellung von Minderheiten eine Errungenschaft Osteuropas ist. Sollen derartige Maßnahmen Erfolg haben, seien immer zwei Wege parallel zu verfolgen. Die Überlassung von Auto-

---

[46] Vgl. zur bulgarischen Verfassung von 1991: *T. Verheijen*, Constitutional pillars for new democracies. The cases of Bulgaria and Romania, 1995; *P. Häberle*, Verfassungslehre als Kulturwissenschaft, 1998, S. 185, 330, 660, 718, 963, 1053f.

nomie und der Versuch der Integration durch Partizipation. Nur im Zusammenspiel dieser Prinzipien seien die Extreme Nationalstaat und Multikulturalismus zu vermeiden. Die Diskussion behandelte vor allem die Schwierigkeit bei der Abgrenzung der einzelnen Minderheiten. Es wurde aber als positives Beispiel gelebter Toleranz auf die Schweiz verwiesen, in der vier Sprachen anerkannt seien.

Die dritte Einheit der Tagung wurde von Prof. Dr. Dr. *Rainer Hofmann* (Kiel) eröffnet, der über „Das Rechtsstaatsprinzip in der europäischen Verfassungstradition" sprach. Hier wurden noch einmal die bekannten Bestandteile des zu erörternden Prinzips umfassend aufgelistet. Sodann wurde die Schlußfolgerung gezogen, daß eine erstaunlich große Übereinstimmung in der rechtlichen Verankerung dieser Bestandteile in den Verfassungen Osteuropas vorliege. Auf die die Diskussion beherrschende Frage der Um- und Durchsetzung der festgelegten Prinzipien in der Praxis ging auch im anschließenden Länderbericht Prof. Dr. *Branco Smerdel* (Zagreb) ausführlich ein, der „Die Geltung des Rechtsstaatsprinzips in Kroatien" untersuchte[47]. Rechtliche Vorkehrungen seien immer wieder getroffen worden, aber die Umsetzung, gerade im „state of emergency" von 1991 bis 1996 sei immer wieder durch Mißachtung der Regeln gefährdet gewesen. Ein Beispiel sei die Problematik der in großer Zahl vorhandenen Richter, die nicht aufgrund ihrer Ausbildung, sondern durch die Nähe zur zeitweise fast autokratisch regierenden Partei in Amt und Würden kamen. Diese seien heute nicht ohne weiteres austausch- oder ersetzbar. So betonte auch Frau Prof. *Drumeva* in der Diskussion, daß nach dem anfänglichen Schwerpunkt bei der Gesetzgebung nunmehr besonderer Wert auf die Ausbildung der unter diesen Gesetzen arbeitenden Fachleute zu legen sei.

Mit diesem klaren Votum für die Notwendigkeit einer Fortsetzung der wertvollen Hilfe bei der Durchsetzung des Rechtsstaates, unter anderem durch die IRZ-Stiftung und den Stabilitätspakt, endete das Kolloquium. Weitere derartige Veranstaltungen sind geplant.

---

[47] S. auch *P. Häberle*, Die Verfassung Kroatiens (1991) im europäischen Rechtsvergleich, in Europäische Verfassungslehre in Einzelstudien, 1999, in kroatischer Übersetzung, in: Politièka miaso (Croatian Political Science Review) Vol. 37 No. 1, Zagreb 2000, S. 49ff. und zum Nachbarland Slowenien den Aufsatz des ebenso an der Diskussion teilnehmenden *I. Kristan*, Verfassungsentwicklung in Slowenien, JöR 42 (1994), S. 59ff.

Textanhang

# Stabilitätspakt für Südosteuropa[*]

Köln, 10. Juni 1999

## I. Teilnehmer, Lagebeschreibung

1. Wir, die Außenminister der Mitgliedstaaten der Europäischen Union, die Europäische Kommission, die Außenminister Albaniens, Bosnien und Herzegowinas, Bulgariens, Kroatiens, Rumäniens, der Russischen Föderation, Sloweniens, der ehemaligen jugoslawischen Republik Mazedonien[1], der Türkei, Ungarns und der Vereinigten Staaten von Amerika, der amtierende Vorsitzende der OSZE und der Vertreter des Europarats, die die Teilnehmer an der heutigen Konferenz über Südosteuropa vertreten, und die Außenminister Kanadas und Japans, die Repräsentanten der Vereinten Nationen, des UNHCR, der NATO, der OECD, der WEU, des Internationalen Währungsfonds, der Weltbank, der Europäischen Investitionsbank und der Europäischen Bank für Wiederaufbau und Entwicklung, handelnd im Rahmen ihrer Zuständigkeiten, die die Staaten, Organisationen und Institutionen vertreten, welche die heutige Konferenz unterstützen, sowie die Vertreter des Royaumont-Prozesses, der Wirtschaftlichen Zusammenarbeit der Anrainerstaaten des Schwarzen Meeres (BSEC), der Zentraleuropäischen Initiative (CEI), der Südosteuropäischen Kooperationsinitiative (SECI) und des Kooperationsprozesses in Südosteuropa (SEECP), sind dem Aufruf der Europäischen Union gefolgt, einen Stabilitätspakt für Südosteuropa zu schließen und am 10. Juni 1999 in Köln zusammengetroffen.

2. Die Staaten Südosteuropas erkennen ihre Verantwortung an, innerhalb der internationalen Gemeinschaft an der Erarbeitung einer gemeinsamen Strategie für Stabilität und Wachstum in der Region mitzuwirken und miteinander und mit wichtigen Gebern bei der Umsetzung dieser Strategie zusammenzuarbeiten. Wird die Gelegenheit zur Beseitigung struktureller Schwächen und zur Lösung ungeklärter Probleme jetzt wahrgenommen, so beschleunigt dies die demokratische und wirtschaftliche Entwicklung in der Region.

3. Wir streben dauerhaften Frieden, Wohlstand und Stabilität für Südosteuropa an. Wir werden dieses Ziel durch einen umfassenden und kohärenten Ansatz für die Region unter Einbeziehung der EU, der OSZE, des Europarats, der VN, der NATO, der OECD, der WEU, der internationalen Finanzinstitutionen und der regionalen Initiativen erreichen. Wir begrüßen es, daß die Europäische Union und die Vereinigten Staaten die Unterstützung für den Stabilitätspakt zu einer Priorität ihrer neuen transatlantischen Agenda erhoben haben, sowie die Tatsache, daß die Europäische Union und die Russische Föderation den Stabilitätspakt zu einer vordringlichen Aufgabe ihres politischen Dialogs gemacht haben.

4. Eine Beilegung des Kosovo-Konflikts ist von entscheidender Bedeutung für unsere Fähigkeit, die Ziele des Stabilitätspakts uneingeschränkt zu verwirklichen und auf dauerhafte, langfristige Maßnahmen für eine Zukunft in Frieden und Eintracht zwischen den verschiedenen Volksgruppen ohne die Angst vor einem Wiederaufflammen des Krieges hinzuarbeiten.

## II. Prinzipien und Normen

5. Wir bekräftigen feierlich unser Bekenntnis zu allen in der Charta der Vereinten Nationen, der Schlußakte von Helsinki, der Charta von Paris, dem Kopenhagener Dokument von 1990 und anderen OSZE-Dokumenten niedergelegten Prinzipien und Normen und, soweit anwendbar, zur vollständigen Umsetzung einschlägiger Resolutionen des VN-Sicherheitsrats, zu den einschlägigen Übereinkünften des Europarats und dem Allgemeinen Rahmenübereinkommen für den Frieden in Bosnien und Herzegowina, um die gutnachbarlichen Beziehungen zu fördern.

6. In unseren Bemühungen werden wir uns auf zwischen den an dem Pakt teilnehmenden Staaten in der Region geschlossene bilaterale und multilaterale Übereinkünfte über gutnachbarliche Bezie-

---

[*] Inoffizielle Übersetzung des Sprachendienstes des Auswärtigen Amtes. Diesem dankt der Autor für die freundliche Überlassung. – Authentischer Text in Englisch und Französisch.

[1] Bulgarien, Kroatien, die Russische Föderation, Slowenien und die Türkei erkennen die Republik Mazedonien unter ihrem verfassungsmäßigen Namen an.

hungen stützen und den Abschluß solcher Übereinkünfte anstreben, wo sie noch nicht existieren. Sie werden ein wesentliches Element des Stabilitätspakts bilden.

7. Wir bekräftigen, daß wir gegenüber unseren Bürgern rechenschaftspflichtig und untereinander dafür verantwortlich sind, daß die OSZE-Normen und -Prinzipien eingehalten und unsere Verpflichtungen umgesetzt werden. Wir bekräftigen ferner, daß durch unsere Mitgliedschaft in der OSZE übernommene Verpflichtungen im Hinblick auf die menschliche Dimension Angelegenheiten von unmittelbarem und berechtigtem Interesse für alle an dem Stabilitätspakt teilnehmenden Staaten sind und nicht ausschließlich zu den inneren Angelegenheiten des betreffenden Staates gehören. Die Achtung dieser Verpflichtungen stellt eine der Grundlagen der internationalen Ordnung dar, zu der wir einen wesentlichen Beitrag zu leisten gedenken.

8. Wir nehmen zur Kenntnis, daß sich die an dem Stabilitätspakt teilnehmenden Staaten in der Region zur Fortsetzung demokratischer und wirtschaftlicher Reformen, wie dies unter Nummer 10 näher ausgeführt ist, sowie zur bilateralen und regionalen Zusammenarbeit untereinander zur Förderung ihrer Integration in die euro-atlantischen Strukturen auf individueller Grundlage verpflichten. Die EU-Mitgliedstaaten und anderen teilnehmenden Staaten und internationalen Organisationen und Institutionen verpflichten sich, jede Anstrengung zu unternehmen, um ihnen dabei zu helfen, auf diesem Weg rasche und meßbare Fortschritte zu erzielen. Wir bekräftigen das jedem Teilnehmerstaat innewohnende Recht, seine Sicherheitsvereinbarungen einschließlich von Bündnisverträgen frei zu wählen oder diese im Laufe ihrer Entwicklung zu verändern. Jeder Teilnehmerstaat wird diesbezüglich die Rechte aller anderen achten. Sie werden ihre Sicherheit nicht auf Kosten der Sicherheit anderer Staaten festigen.

## III. Ziele

9. Der Stabilitätspakt zielt darauf ab, Staaten in Südosteuropa bei ihren Bemühungen um die Förderung des Friedens, der Demokratie, der Achtung der Menschenrechte sowie des wirtschaftlichen Wohlstands zu stärken, um Stabilität in der gesamten Region zu erreichen. Die Länder in der Region, die eine Integration in die euro-atlantischen Strukturen anstreben, und ebenso wie eine Reihe von Teilnehmern des Paktes entschieden der Auffassung, daß die Durchführung dieses Prozesses die Erreichung ihres Ziels erleichtern wird.

10. Zu diesem Zweck verpflichten wir uns zusammenzuarbeiten, um

– als Voraussetzung für dauerhafte Stabilität Spannungen und Krisen zu verhindern oder zu beenden. Dazu gehört, daß wir untereinander multilaterale und bilaterale Übereinkünfte schließen und umsetzen und innenpolitische Maßnahmen zur Beseitigung vorhandenen Konfliktpotentials treffen;

– umfassende demokratisch politische Prozesse in Gang zu setzen, gestützt auf freie und faire Wahlen, den Grundsatz der Rechtsstaatlichkeit und die Achtung der Menschenrechte und Grundfreiheiten einschließlich der Rechte von Personen, die nationalen Minderheiten angehören, das Recht auf freie und unabhängige Medien, gesetzgebende Körperschaften, die ihren Wählern verantwortlich sind, unabhängige Gerichte, die Bekämpfung der Korruption und die Vertiefung und Stärkung der Bürgergesellschaft;

– friedliche und gutnachbarliche Beziehungen in der Region durch die strikte Beachtung der Prinzipien der Schlußakte von Helsinki, durch Vertrauensbildung und Aussöhnung, die Förderung der Arbeit in der OSZE und anderen Foren zu regionalen vertrauensbildenden Maßnahmen und Mechanismen für Sicherheitskooperation herzustellen;

– die nationale und ethnische Vielfalt der Staaten in der Region zu erhalten und Minderheiten zu schützen;

– dynamische marktwirtschaftliche Ordnungen auf der Grundlage solider makroökonomischer Politiken, Märkte, die sich einem stark ausgeweiteten Außenhandel und Investitionen des Privatsektors öffnen sowie effektive und transparente zoll-, handels- und ordungspolitische Regime zu schaffen und starke Kapitalmärkte und diversifizierte Eigentumsverhältnisse einschließlich Privatisierung zu entwickeln, die zu einer Spirale des Wohlstands für alle unsere Bürger führen;

– die wirtschaftliche Zusammenarbeit in der Region und zwischen der Region und dem Rest Europas und der Welt zu fördern, einschließlich Freihandelszonen, sowie den ungehinderten Kontakt zwischen den Bürgern zu fördern;

– das organisierte Verbrechen, Korruption, Terrorismus und alle kriminellen und illegalen Aktivitäten zu bekämpfen;

– Vertreibungen durch Krieg, Verfolgung und Bürgerkrieg wie armutsbedingte Wanderungsbewegungen zu verhindern;

– die sichere und ungehinderte Rückkehr aller Flüchtlinge und Vertriebenen in ihre Heimat zu gewährleisten und gleichzeitig den Staaten in

der Region dabei zu helfen, die ihnen auferlegten Lasten zu tragen;
– die Bedingungen für eine vollständige Integration von Staaten in Südosteuropa in politische, wirtschaftliche und sicherheitspolitische Strukturen ihrer Wahl zu schaffen.

11. Dauerhafter Friede und anhaltende Stabilität in Südosteuropa werden nur möglich sein, wenn anerkannte Grundsätze und Werte der Demokratie, die bereits von vielen Staaten der Region aktiv gefördert werden, überall verankert werden, einschließlich in der Bundesrepublik Jugoslawien. Die internationalen Bemühungen müssen sich darauf konzentrieren, Stabilitätsräume in der Region zu konsolidieren und miteinander zu verbinden, um eine feste Grundlage für den Übergang der Region als Ganzes zu einer friedlichen und demokratischen Zukunft zu legen.

Wir erklären, daß die Bundesrepublik Jugoslawien[2] willkommen geheißen wird, nach einer politischen Lösung der Kosovo-Krise auf der Grundlage der von den G8-Außenministern vereinbarten Prinzipien und unter Berücksichtigung der Tatsache, daß hierzu die Respektierung der Prinzipien und Ziele dieses Paktes durch jeden Teilnehmer notwendig ist, uneingeschränkt und gleichberechtigt an dem Stabilitätspakt teilzunehmen.

Um die Bundesrepublik Jugoslawien unter Wahrung ihrer Souveränität und territorialen Unversehrtheit näher an dieses Ziel heranzuführen, werden wir auch Wege in Betracht ziehen, die Republik Montenegro frühzeitig zum Nutznießer des Stabilitätspakts zu machen. In diesem Zusammenhang begrüßen wir die Beteiligung von Vertretern Montenegros als Teilrepublik der Bundesrepublik Jugoslawien an unseren Treffen. Ferner nehmen wir die Absicht der EU und anderer interessierter Teilnehmer zur Kenntnis, die enge Zusammenarbeit mit der demokratisch gewählten Regierung Montenegros fortzusetzen.

## IV. Mechanismen des Stabilitätspakts

12. Zur Erreichung unserer selbstgesteckten Ziele haben wir vereinbart, einen Regionaltisch Südosteuropa einzurichten. Der Regionaltisch Südosteuropa wird Fortschritte im Rahmen des Stabilitätspakts prüfen, diesem Dynamik verleihen und Vorgaben zur Förderung seiner Ziele entwickeln.

---

[2] Die Bundesrepublik Jugoslawien ist einer der Nachfolgestaaten der ehemaligen Sozialistischen Föderativen Republik Jugoslawien.

13. Der Stabilitätspakt wird über einen Sonderkoordinator verfügen, der von der Europäischen Union nach Konsultationen mit dem amtierenden Vorsitzenden der OSZE und anderen Teilnehmern ernannt und vom amtierenden Vorsitzenden der OSZE bestätigt wird. Der Sonderkoordinator führt den Vorsitz am Regionaltisch Südosteuropa und wird, unterstützt von geeigneten, bedarfsgerechten Strukturen, verantwortlich sein für die Förderung der Verwirklichung der Ziele des Paktes innerhalb und zwischen den einzelnen Staaten und in enger Zusammenarbeit mit den Regierungen und einschlägigen Institutionen der Staaten, insbesondere anderen interessierten assoziierten Staaten der Europäischen Union, sowie einschlägigen internationalen Organisationen und betroffenen Institutionen. Der Sonderkoordinator übermittelt der OSZE im Einklang mit ihren Verfahren regelmäßige Fortschrittsberichte im Auftrag des Regionaltischs Südosteuropa.

14. Der Regionaltisch Südosteuropa stellt die Koordinierung der Tätigkeiten der folgenden Arbeitstische sicher, die sich auf vorhandene Fachkenntnisse, Institutionen und Initiativen stützen werden und sich wie folgt weiter untergliedern könnten:
– Arbeitstisch zu Demokratisierung und Menschenrechten;
– Arbeitstisch zu wirtschaftlichem Wiederaufbau, wirtschaftlicher Entwicklung und Zusammenarbeit;
– Arbeitstisch zu Sicherheitsfragen.

15. Die Aufgaben dieser Arbeitstische sind in der Anlage zu diesem Dokument genannt. Die Arbeitstische werden die Lösung der ihnen übertragenen Fragen durch Vereinbarungen in Angriff nehmen und erleichtern, die jeder Tisch für sich selbst beschließt.

16. Der Regionaltisch Südosteuropa und die Arbeitstische setzen sich aus den Teilnehmern des Stabilitätspakts zusammen. Die Staaten, Organisationen und Institutionen, die den Prozeß unterstützen, sowie die unter Nummer 1 genannten Regionalinitiativen sind berechtigt, an den Arbeitstischen und am Regionaltisch Südosteuropa teilzunehmen, falls sie dies wünschen. Nachbarstaaten und andere Länder, insbesondere andere interessierte, der EU assoziierte Staaten, sowie einschlägige internationale Organisationen und Institutionen können gegebenenfalls, ohne daß hieraus irgendwelche Verpflichtungen für die Zukunft entstünden, als Teilnehmer oder Beobachter zum Regionaltisch Südosteuropa beziehungsweise den Arbeitstischen eingeladen werden, um zu den Zielen des Stabilitätspakts beizutragen,

## V. Rollen der Teilnehmer und Zusammenarbeit zwischen ihnen

17. Die Arbeit innerhalb des Stabilitätspakts sollte den unterschiedlichen Situationen der Teilnehmer Rechnung tragen. Um die Ziele dieses Paktes zu erreichen, werden wir für eine wirksame Koordinierung zwischen den teilnehmenden Staaten und den Staaten, internationalen und regionalen Organisationen und Institutionen sorgen, die diesen Prozeß unterstützen und über besonderes Wissen und Fachkenntnisse verfügen, die sie zu dem gemeinsamen Unterfangen beitragen. Wir hoffen auf die aktive und kreative Teilnahme aller Beteiligten, damit die Bedingungen geschaffen werden, die es den Staaten der Region ermöglichen, die in diesem Pakt enthaltene Gelegenheit zu nutzen. Jeder Teilnehmer wird sich bemühen sicherzustellen, daß die Ziele des Stabilitätspakts durch seine Teilnahme an allen relevanten internationalen Organisationen und Institutionen gefördert werden.

### Rolle der EU

18. Wir begrüßen die Initiative der Europäischen Union, den Stabilitätspakt in Gang zu setzen, sowie die führende Rolle, die die EU bei der Zusammenarbeit mit anderen teilnehmenden Staaten sowie den Staaten, internationalen Organisationen und Institutionen, die diesen Prozeß unterstützen, spielt. Der Pakt wird der Region eine feste europäische Verankerung geben. Der endgültige Erfolg des Paktes wird in hohem Maße von den Bemühungen der betroffenen Staaten um die Verwirklichung der Ziele des Paktes sowie um den Aufbau einer regionalen Zusammenarbeit durch multilaterale und bilaterale Übereinkünfte abhängen.

19. Wir begrüßen ausdrücklich die Bereitschaft der Europäischen Union, die Staaten in der Region aktiv zu unterstützen und sie in die Lage zu versetzen, die Ziele des Stabilitätspakts zu verwirklichen. Wir begrüßen die Aktivität der EU zur Stärkung der demokratischen und wirtschaftlichen Institutionen in der Region durch eine Reihe einschlägiger Programme. Wir nehmen die Fortschritte in Richtung auf die Herstellung und Weiterentwicklung vertraglicher Beziehungen auf individueller Basis und im Rahmen des Regionalansatzes der EU mit den Staaten der Region zur Kenntnis. Wir nehmen zur Kenntnis, daß die EU auf der Grundlage der Schlußfolgerungen des Europäischen Rates von Wien als eine grundlegende Initiative eine ‚Gemeinsame Strategie für den westlichen Balkan' erarbeiten wird.

20. Die EU wird die Region enger an die Perspektive einer vollständigen Integration dieser Länder in ihre Strukturen heranführen. Im Falle von Ländern, die noch kein Assoziierungsabkommen mit der EU geschlossen haben, geschieht dies durch eine neue Art vertraglicher Beziehungen mit der Perspektive einer EU-Mitgliedschaft auf der Grundlage des Amsterdamer Vertrags und sobald die Kopenhagener Kriterien erfüllt sind, wobei die Situation jedes einzelnen Landes umfassend berücksichtigt wird. Wir nehmen zur Kenntnis, daß die Europäische Union unbeschadet ihrer autonom zu treffenden Entscheidung bereit ist, die Erreichung der Ziele des Stabilitätspakts, insbesondere Fortschritte beim Aufbau einer regionalen Zusammenarbeit, zu den wichtigen Elementen bei der Eignungsbewertung für eine solche Perspektive zu zählen.

### Rolle der Staaten in der Region

21. Wir wissen den Beitrag und die Solidarität der Staaten in der Region im Hinblick auf die Bemühungen der internationalen Gemeinschaft um eine friedliche Lösung im Kosovo sehr zu schätzen. Wir begrüßen die bisher unternommenen Anstrengungen der Länder in Südosteuropa und die erzielten Resultate im Hinblick auf Demokratisierung, Wirtschaftsreform und regionale Zusammenarbeit und Stabilität. Diese Länder werden die Hauptnutznießer des Paktes sein, und sie erkennen an, daß seine erfolgreiche Umsetzung sowie die Annäherung an die euro-atlantischen Strukturen für diejenigen, die dies anstreben, entscheidend von ihrem Engagement zur Verwirklichung der Ziele des Paktes abhängen von ihrer Bereitschaft, bilateral und multilateral zusammenzuarbeiten und die Ziele des Paktes im Rahmen ihrer eigenen nationalen Strukturen zu fördern.

### Rolle der OSZE

22. Wir begrüßen die Absicht der OSZE als der einzigen gesamteuropäischen Sicherheitsorganisation sowie als regionale Abmachung nach Kapitel VIII der Charta der Vereinten Nationen und als primäres Instrument für Frühwarnung, Konfliktverhütung, Krisenbewältigung und Konfliktnachsorge, einen wesentlichen Beitrag zu den durch den Stabilitätspakt unternommenen Bemühungen zu leisten. Wir bekräftigen, daß der OSZE in der Förderung aller Dimensionen der Sicherheit und Stabilität eine Schlüsselrolle zukommt. Wir ersuchen deshalb darum, den Stabilitätspakt unter die Schirmherrschaft der OSZE zu stellen, und wir vertrauen uneingeschränkt darauf, daß die OSZE auf die Einhaltung des Stabilitätspakts durch die Teilnehmerstaaten im Einklang mit ihren Verfahren und etablierten Prinzipien hinarbeiten wird.

23. Wir vertrauen darauf, daß die Institutionen und Instrumente der OSZE und ihre Fachkenntnisse zur Arbeit des Regionaltischs Südosteuropa und der Arbeitstische, insbesondere des Arbeitstischs zu Demokratisierung und Menschenrechten, beitragen werden. Ihre einzigartige Kompetenz wird zur Förderung der Ziele und Intentionen des Stabilitätspakts dringend benötigt. Wir beabsichtigen, in Fällen, die im Hinblick auf die Einhaltung von OSZE-Prinzipien bei der Umsetzung des Stabilitätspakts die Einbeziehung der OSZE erfordern, gegebenenfalls auf die Instrumente und Verfahren der OSZE zurückzugreifen, einschließlich derjenigen zur Konfliktverhütung, der friedlichen Beilegung von Streitigkeiten und der menschlichen Dimension. Die Vertragsstaaten des Übereinkommens über Vergleichs- und Schiedsverfahren innerhalb der KSZE können auch mögliche Streitigkeiten an den Gerichtshof verweisen und seine nicht bindende Stellungnahme einholen.

### Rolle des Europarats

24. Wir begrüßen die Bereitschaft des Europarats, alle Staaten in der Region auf der Grundlage der Prinzipien der pluralistischen Demokratie, der Menschenrechte und der Rechtsstaatlichkeit als Vollmitglieder zu integrieren. Der Europarat kann durch seine parlamentarischen und zwischenstaatlichen Organe und Institutionen, seine in einschlägigen, rechtsverbindlichen Übereinkünften, insbesondere der Europäischen Menschenrechtskonvention (einschließlich des Gerichtshofs für Menschenrechte) verankerten Normen, seine Instrumente und Hilfsprogramme im Bereich der demokratischen Institutionen, der Menschenrechte, des Rechts, der Justiz und der Ausbildung sowie durch seine enge Verbindung zur Bürgergesellschaft einen wichtigen Beitrag zu den Zielen des Paktes leisten. In diesem Zusammenhang nehmen wir mit großem Interesse das Stabilitätsprogramm des Europarats für Südosteuropa zur Kenntnis, das gemeinsam und in enger Abstimmung mit den betroffenen Staaten und anderen in diesem Bereich tätigen internationalen und regionalen Organisationen umgesetzt werden soll.

### Rolle der VN, einschließlich des UNHCR

25. Wir heben die zentrale Rolle der VN in der Region für Frieden und Sicherheit und für eine dauerhafte politische Normalisierung sowie für humanitäre Bemühungen und wirtschaftliche Sanierung hervor. Wir unterstützen entschieden die Funktion des UNHCR als der federführenden Organisation für alle Flüchtlingsfragen, insbesondere den Schutz und die Rückkehr von Flüchtlingen und Vertriebenen, sowie die entscheidende Rolle von WFP, UNICEF, WHO, UNDP, UNHCHR und anderen Einrichtungen des VN-Systems. Wir sehen der aktiven Beteiligung der einschlägigen VN-Organisationen am Regionaltisch Südosteuropa hoffnungsvoll entgegen. Wir stellen fest, daß die VN-Wirtschaftskommission für Europa über Sachkenntnisse verfügt, die einen nützlichen Beitrag zu den Arbeiten der Arbeitstische des Stabilitätspakts leisten können.

### Rolle der NATO

26. Wir nehmen den Beschluß der NATO, die Zusammenarbeit mit den Staaten Südosteuropas zu stärken und ihr Bekenntnis zur Offenheit zur Kenntnis, sowie die Absicht des Bündnisses, des Euro-Atlantischen Partnerschaftsrats (EAPR) und der Partnerschaft für den Frieden (PfP), in Zusammenarbeit mit anderen euro-atlantischen Strukturen zu Stabilität und Sicherheit beizutragen und die Konsultationen mit den Ländern der Region fortzuführen und zu intensivieren. Wir rufen sie auf, sich im Einklang mit den Zielen des Pakts in der Sicherheitszusammenarbeit sowie der Konfliktverhütung und -bewältigung in der Region zu engagieren. Wir begrüßen diese Stabilisierungsaktivitäten, die darauf abzielen, die Ziele dieses Paktes zu fördern. Die stärkere Nutzung von NATO-Konsultationsforen und -mechanismen, die Entwicklung eines EAPR-Kooperationsmechanismus sowie die intensivierte Nutzung von Programmen der Partnerschaft für den Frieden werden den im Pakt vorgesehenen Zielsetzungen der Gesamtstabilität, der Zusammenarbeit und der gutnachbarlichen Beziehungen förderlich sein.

27. Die Mitglieder der NATO und eine erhebliche Zahl anderer Teilnehmer unterstreichen, daß das Bündnis bei der Erreichung der Ziele des Paktes eine wichtige Rolle zu spielen hat, und verweisen dabei insbesondere auf die jüngsten Beschlüsse der NATO zu einer Politik der ausgestreckten Hand gegenüber den Staaten der Region.

### Rolle der Vereinigten Staaten von Amerika

28. Nachdem sie eng mit der Europäischen Union zusammengearbeitet haben, um diesen Pakt auf den Weg zu bringen, werden die Vereinigten Staaten von Amerika auch weiterhin eine führende Rolle bei der Entwicklung und Umsetzung des Paktes in Zusammenarbeit mit anderen Teilnehmern und Förderern spielen. Wir glauben, daß die aktive Rolle der Vereinigten Staaten die entscheidende Bedeutung unterstreicht, die die Länder der Region ihrer Integration in die euro-atlantischen Strukturen beimessen.

Wir nehmen die Bereitschaft der Vereinigten

Staaten zur Kenntnis, dieses Ziel zu unterstützen, während diese Länder daran arbeiten, möglichst starke Kandidaten für eine künftige Mitgliedschaft in den euro-atlantischen Institutionen zu werden. Wir begrüßen den fortgesetzten Beitrag, den die Vereinigten Staaten auch durch Programme der wirtschaftlichen und technischen Hilfe und durch ihren Anteil an der Führung der Internationalen Finanzinstitutionen für die Staaten Südosteuropas leisten. Die Vereinigten Staaten werden sich mit den anderen Gebern abstimmen und mit ihnen zusammenarbeiten, um eine optimale Wirkung der Hilfe für die Region sicherzustellen.

### Rolle der Russischen Föderation

29. Rußland hat eine Schlüsselrolle in der Region gespielt und tut dies noch immer. Die Anstrengungen und Beitrag Rußlands zur Herbeiführung einer friedlichen Lösung der dortigen Konflikte, insbesondere der Kosovo-Krise, verdienen unsere Anerkennung. Die Russische Föderation, die schon zu einem frühen Zeitpunkt an der Gründung dieses Paktes beteiligt war, wird in Zusammenarbeit mit der EU, den VN, der OSZE, dem Europarat, internationalen Wirtschafts- und Finanzorganisationen und -institutionen sowie regionalen Initiativen und einzelnen Staaten weiterhin eine führende und konstruktive Rolle bei der Entwicklung und Umsetzung des Paktes spielen. Die Russische Föderation kann einen wertvollen Beitrag zu Aktivitäten leisten, die Frieden, Sicherheit und die Zusammenarbeit nach der Beilegung von Konflikten fördern sollen.

### Rolle der Internationalen Finanzinstitutionen

30. Der IWF, die Weltbank, die EBWE sowie die EIB als Finanzinstitution der Europäischen Union spielen im Einklang mit ihrem jeweiligen spezifischen Mandat eine entscheidende Rolle bei der Unterstützung der Anstrengungen der Länder in der Region zur Erzielung wirtschaftlicher Stabilisierung, Reform und Entwicklung der Region. Wir vertrauen darauf, daß sie eine kohärente internationale Hilfsstrategie für die Region entwickeln und solide makroökonomische und strukturelle Politiken der betroffenen Länder fördern. Wir rufen diese internationalen Finanzinstitutionen auf, eine aktive Rolle am Regionaltisch Südosteuropa und den einschlägigen Arbeitstischen zu übernehmen.

### Rolle der OECD

31. Wir stellen fest, daß der OECD als Forum für den Dialog über mittelfristige Strukturpolitik und optimale Verfahrensweisen eine Vorreiterrolle

zukommt. Angesichts der allgemein bekannten Kompetenz der OECD im Umgang mit im Übergang befindlichen Volkswirtschaften und ihres offenen Dialogs mit den Ländern Südosteuropas vertrauen wir darauf, daß sie sich aktiv am Regionaltisch Südosteuropa beteiligt und beim Prozeß des wirtschaftlichen Wiederaufbaus, der Stärkung der verantwortungsvollen Regierungsführung und der administrativen Fähigkeiten sowie der weiteren Integration der betroffenen Staaten in die europäische und globale Wirtschaft hilft.

### Rolle der WEU

32. Wir begrüßen die Rolle der WEU bei der Förderung der Stabilität in der Region. In diesem Zusammenhang erkennen wir den Beitrag zur Sicherheit an, den die WEU auf Ersuchen der Europäischen Union durch ihre Missionen in Ländern der Region leistet.

## VI. Regionale Initiativen und Organisationen

33. Wir betonen unser Interesse an dauerhaften regionalen Initiativen und Organisationen, die die freundschaftliche Zusammenarbeit zwischen Nachbarstaaten fördern. Wir begrüßen Systeme der subregionalen Zusammenarbeit zwischen beteiligten Staaten. Wir werden uns bemühen, die Zusammenarbeit und Koordinierung zwischen diesen Initiativen und dem Stabilitätspakt, die sich gegenseitig verstärken werden, sicherzustellen. Wir werden auf ihren jeweiligen Errungenschaften aufbauen.

34. Wir stellen fest, daß der Royaumont-Prozeß bereits einen dynamischen Rahmen für die Zusammenarbeit im Bereich Demokratie und Bürgergesellschaft geschaffen hat. Daher kommt dem Royaumont-Prozeß auf diesem Gebiet eine Schlüsselrolle zu, insbesondere im Rahmen des ersten Arbeitstisches des Stabilitätspakts.

35. Wir erkennen die Rolle an, die die Organisation für Wirtschaftliche Zusammenarbeit der Anrainerstaaten des Schwarzen Meeres (BSEC) bei der Förderung des gegenseitigen Verständnisses, der Verbesserung des politischen Gesamtklimas und der Unterstützung der wirtschaftlichen Entwicklung in der Schwarzmeerregion spielt. Wir begrüßen das Engagement der BSEC für Frieden, Sicherheit und Stabilität durch wirtschaftliche Zusammenarbeit und laden sie ein, einen Beitrag zur Umsetzung des Stabilitätspakts für Südosteuropa zu leisten.

36. Wir stellen fest, daß die Zentraleuropäische Initiative mit den Ländern der Region einen stabi-

len und integrierten Rahmen für Dialog, Koordination und Zusammenarbeit im politischen, wirtschaftlichen, kulturellen und parlamentarischen Bereich geschaffen hat. Aufgrund ihrer Erfahrungen kommt ihr eine wichtige Rolle am Regionaltisch Südosteuropa zu.

37. Wir stellen fest, daß die Südosteuropäische Kooperationsinitiative (SECI) eine innovative Vorgehensweise für die regionale Zusammenarbeit auf dem Gebiet Wirtschaft und Infrastruktur entwikkelt hat, indem sie die gemeinsame Entscheidungsfindung der südosteuropäischen Länder in ihrem Wirkungsbereich erleichtert hat. Sie spielt im Rahmen des Stabilitätspakts eine Schlüsselrolle in regionalen Wirtschaftsfragen, insbesondere bei der Überwindung von Hemmnissen für private Investitionen in der Region.

38. Wir sprechen uns für den Kooperationsprozeß in Südosteuropa (SEECP) als ein weiteres erfolgreiches Forum der regionalen Zusammenarbeit aus. Wir unterstützen seine weitere Entwicklung und Institutionalisierung, einschließlich der Fertigstellung seiner Charta für gutnachbarliche Beziehungen und Zusammenarbeit.

39. Wir erkennen den Beitrag zur Sicherheitsdimension an, den die Gruppe der südosteuropäischen Verteidigungsminister (SEDM) leistet, die die Länder der Region und andere Staaten in eine Reihe kooperativer Aktivitäten eingebunden hat, welche die Transparenz und das gegenseitige Vertrauen stärken, wie beispielsweise die multinationale Friedenstruppe für Südosteuropa.

40. Wir erwarten von der vorgeschlagenen Konferenz für die Region des adriatischen und des ionischen Meeres einen positiven Beitrag für die Region.

## VII. Prozess der Internationalen Gebermobilisierung und -Koordinierung

41. Wir bekräftigen unser entschiedenes Bekenntnis zur Unterstützung des Wiederaufbaus, der Stabilisierung und der Integration der Region und rufen die internationale Gebergemeinschaft zu großzügiger Beteiligung auf. Wir begrüßen die Fortschritte, die die Weltbank und die Europäische Union durch die Europäische Kommission bei der Schaffung eines Geber-Koordinierungsprozesses gemacht haben. Dieser Prozeß wird in enger Zusammenarbeit mit dem einschlägigen Arbeitstisch durchgeführt und wird geeignete Modalitäten für die Bereitstellung und Weiterleitung internationaler Hilfe aufzeigen. Die Weltbank und die Euro

päische Kommission werden ferner für die Koordinierung eines umfassenden Ansatzes zur Förderung der regionalen Entwicklung und die erforderlichen Geberkonferenzen verantwortlich sein.

## VIII. Umsetzungs- und Überprüfungsmechanismen

42. Die wirksame Umsetzung dieses Paktes wird davon abhängen, wie die administrativen und institutionellen Fähigkeiten sowie die Bürgergesellschaft in den betroffenen Ländern – sowohl auf nationaler als auch auf örtlicher Ebene – entwikkelt und gestärkt werden, um die Konsolidierung demokratischer Strukturen zu fördern und längerfristige Vorteile für eine effektive Verwaltung und die Aufnahme internationaler Hilfe für die Region zu erzielen.

43. Der Regionaltisch Südosteuropa und die Arbeitstische werden zum frühestmöglichen Zeitpunkt auf Einladung der Präsidentschaft der Europäischen Union zu ihren konstituierenden Treffen einberufen werden. Sie werden sich um konkrete Ergebnisse innerhalb abgestimmter Zeitpläne nach Maßgabe der Ziele des Stabilitätspakts bemühen. Der Regionaltisch Südosteuropa wird regelmäßig auf noch festzulegender Ebene zusammentreten, um die Fortschritte der Arbeitstische zu prüfen. Der Regionaltisch Südosteuropa wird Vorgaben für die Arbeitstische entwickeln.

## Anlage

### Organisation des Regionaltisches Südosteuropa und der Arbeitstische des Stabilitätspakts für Südosteuropa

A. Der Regionaltisch Südosteuropa wird dem Stabilitätspakt Dynamik verleihen, indem er als Zentralstelle für alle grundsätzlichen Fragen betreffend Inhalt und Umsetzung des Stabilitätspakts sowie als Lenkungsorgan des Stabilitätspakts-Prozesses fungiert. Der Regionaltisch Südosteuropa wird Vorgaben für die Arbeitstische entwickeln.

B. Die Arbeitstische dienen als Instrument zur Aufrechterhaltung und Förderung gutnachbarlicher Beziehungen in der Region, indem sie die ihnen anvertrauten Fragen konstruktiv angehen und deren Lösung erleichtern. Die Arbeitstische werden insbesondere folgende Aufgaben haben:

– Erörterung von Fragen in einem multilateralen Rahmen, der geeignet ist, Wege zur Ausräumung von Defiziten zu definieren und Lösungen für Meinungsverschiedenheiten durch Re gelungen und Vereinbarungen zu finden, wobei auf die Erfahrungen und Unterstützung von Teilnehmern wie auch unterstützenden Staaten, Organisationen, Institutionen und regionalen Initiativen, insbesondere der OSZE und des Europarats, zurückgegriffen wird;

— Benennung von Projekten, die darauf abzielen, die Herbeiführung von Regelungen, Vereinbarungen und Maßnahmen im Einklang mit den Zielen des Paktes zu erleichtern. Besondere Aufmerksamkeit soll Projekten zukommen, die zwei oder mehr Länder in der Region einbeziehen;

— erforderlichenfalls Verstärkung der Dynamik in Bereichen, in denen weitere Fortschritte erzielt werden sollen.

C. Die Arbeitstische werden die im folgenden aufgeführten Themenbereiche behandeln und gegebenenfalls entscheiden, ob Nebentische unter Mitarbeit von Teilnehmern und Unterstützern einzurichten sind.

— Arbeitstisch Demokratisierung und Menschenrechte, der folgende Punkte behandelt:

i. Demokratisierung und Menschenrechte, einschließlich der Rechte von Personen, die nationalen Minderheiten angehören; freie und unabhängige Medien; Aufbau einer Bürgergesellschaft; Rechtsstaatlichkeit und Rechtsdurchsetzung; Aufbau von Institutionen; effiziente Verwaltung und verantwortungsvolle Regierungsführung; Entwicklung gemeinsamer Verhaltensregeln zu Grenzfragen; sonstige diesbezügliche Fragen, die für die Beteiligten von Interesse sind;

ii. Flüchtlingsfragen, einschließlich Schutz und Rückkehr von Flüchtlingen und Vertriebenen.

— Arbeitstisch Wirtschaftlicher Wiederaufbau, Entwicklung und Zusammenarbeit; einschließlich wirtschaftliche Zusammenarbeit in der Region und zwischen der Region und dem übrigen Europa beziehungsweise der Welt; Förderung von Freihandelszonen; grenzüberschreitender Verkehr; Energieversorgung und -einsparung; Deregulierung und Transparenz; Infrastruktur; Förderung der Privatwirtschaft; Umweltfragen; dauerhafte Wiedereingliederung von Flüchtlingen; sonstige diesbezügliche Fragen, die für die Beteiligten von Interesse sind. Hierbei ist die Integrität des Geber-Koordinierungsprozesses aufrechtzuerhalten.

— Arbeitstisch Sicherheitsfragen

i. Er behandelt Justiz und Innenpolitik sowie Migrationsfragen und konzentriert sich auf Maßnahmen zur Bekämpfung des organisierten Verbrechens, der Korruption, des Terrorismus und aller kriminellen und illegalen Aktivitäten, auf grenzüberschreitende Umweltgefahren sowie sonstige diesbezügliche Fragen, die für die Beteiligten von Interesse sind;

ii. er nimmt regelmäßig Informationen von den zuständigen Gremien bezüglich transparenz- und vertrauensbildender Maßnahmen in der Region entgegen. Dieser Arbeitstisch wird ferner die fortgesetzte Umsetzung der Rüstungskontrollvereinbarung nach Artikel IV (Dayton/Paris) sowie Fortschritte bei den Verhandlungen über Artikel V fördern, und er soll prüfen, ob zu gegebener Zeit weitere Maßnahmen der Rüstungskontrolle sowie sicherheits- und vertrauensbildende Maßnahmen von den zuständigen Gremien eingeleitet werden könnten, wobei bestehende Verpflichtungen nach dem KSE-Vertrag zu berücksichtigen sind;

iii. er nimmt regelmäßig Informationen von den zuständigen Gremien bezüglich der Zusammenarbeit in Verteidigungs-/militärischen Fragen entgegen, die auf die Stärkung der Stabilität in der Region und zwischen den Ländern in der Region abzielt, und erleichtert das dauerhafte Engagement aller Betroffenen zur Gewährleistung der regionalen Sicherheit, Konfliktverhütung und -bewältigung. Die Tätigkeit dieses Arbeitstisches wird die Bemühungen verschiedener europäischer und euro-atlantischer Initiativen und Strukturen um die Sicherheit der Region ergänzen und auf sie abgestimmt sein.

D. Die Arbeitstische werden Arbeitspläne in Übereinstimmung mit den Zielen des Stabilitätspakts aufstellen. Innerhalb ihres Zuständigkeitsbereichs können sie „Nebentische" oder Treffen und Konferenzen zu Fragen spezifischer Art oder von subregionalem Charakter einberufen. In diesem Zusammenhang soll der Förderung des Austauschs zwischen privaten Bürgern (insbesondere der Jugend), gesellschaftlichen Gruppen, Unternehmern und Firmen sowie nichtstaatlichen Organisationen und ihren jeweiligen Partnern in den verschiedenen Ländern der Region besondere Aufmerksamkeit gelten. Sie werden besonders darauf achten, daß ihre Arbeit auf bestehende Aktivitäten abgestimmt und mit ihnen vereinbar ist, und bestrebt sein, produktive Wechselwirkungen und Synergieeffekte zu fördern und Doppelarbeit zu vermeiden.

E. Der Vorsitz der Arbeitstische wird vom Regionaltisch Südosteuropa eingesetzt werden. Die Arbeitstische werden dem Regionaltisch Südosteuropa Bericht erstatten. Die Vorsitze des Regionaltisches Südosteuropa und der Arbeitstische werden sich regelmäßig und bei Bedarf treffen, um die Aktivitäten der Arbeitstische zu erörtern und zu koordinieren und die Fortschritte zu überwachen.

F. Tagungsort und Terminplanung der einzel-

nen Arbeitstische sollten, soweit möglich, so gewählt sein, daß sie die Teilnahme auch derjenigen
erleichtern, die an mehr als einem Arbeitstisch beteiligt sind, was aber nicht ausschließen soll, daß
die verschiedenen Arbeitstische ihre eigenen Zeitpläne nach ihrer eigenen Arbeitsdynamik entwik-
keln. Die Arbeitstische könnten sowohl rotierend
in den Ländern der Region stattfinden als auch auf
Einladung einzelner Mitgliedstaaten der EU oder
auf Einladung der Europäischen Union selbst oder
auch in Wien am Tagungsort des Ständigen Rates
der OSZE.

G. Das Gastgeberland oder die Gastgeberorga-
nisation sollte auf eigene Kosten Tagungsräumlich-
keiten und -einrichtungen wie Konferenzsäle und
Unterstützung durch Sekretariate und Dolmetscher bereitstellen. Die Europäische Union hat ihre Bereitschaft bekundet, für die Kosten aufzu-
kommen, wenn die Tagungen am Sitz ihrer Einri-
chungen abgehalten werden.

# Der europäische Jurist[*]

von

## Dr. Dr. h.c. mult. Peter Häberle

Professor für Öffentliches Recht, Rechtsphilosophie und Kirchenrecht an der Universität Bayreuth,
Em. ständiger Gastprofessor für Rechtsphilosophie an der Universität St. Gallen

## Inhalt

## Vorbemerkung

Über den „europäischen Juristen" zu sprechen, heißt, ein Feiertagsthema und zugleich ein Alltagsthema zu behandeln. Beide Dimensionen sollen in diesem Festvor-

---

[*] Vortrag, gehalten anläßlich der Ehrenpromotionsfeier an der Universität Granada.

trag erschlossen und vielleicht zu einem Ganzen verwoben werden. Feiertäglich ist der Anlaß: meine Ehrenpromotion in Granada, die mich mit tiefer Dankbarkeit, auch leisem Stolz erfüllt. Die hier und heute blühende Juristenfakultät, mit der ich mich durch Gastprofessuren und Doktorandenkurse seit fast 7 Jahren verbunden fühlen darf, die freundschaftlichen Kontakte mit den Kollegen *F. Balaguer Callejon* und *G. Cámara Villar* sowie ihren Schülern[1] gehören zum Glück meiner späten Jahre. Über die eigene Person hinaus ist es aber etwas Feiertagshaftes, über den „europäischen Juristen"[2] im altehrwürdigen Granada sprechen zu dürfen. Denn hier laufen große Linien der europäischen Rechtskultur zusammen: greifbar in *F. Suarez* als Gründer der Schule von Salamanca, greifbar in der Nähe zu Cádiz mit seiner ersten Verfassung Spaniens (1812), greifbar in den möglichen und z.T. schon wirklichen Brückenschlägen nach Nordafrika, die diese Universität heuer nicht nur in Gestalt des Ehrendoktorats für den König von Marokko unternimmt, greifbar in Gestalt des sog. „Barcelona-Prozesses", der das Mittelmeer[3] wieder zu einem gemeinsamen Kulturraum machen will, welche Einheit seit dem 7. Jahrhundert wohl erst durch den Islam in Frage gestellt worden war, und zu dem Brücken zu bauen nirgends so gelingen kann wie von Spanien aus. So ist es wohl kein Zufall, dass im Oktober 2000 elf Staatsoberhäupter in Toledo Karl V. ehrten, darunter auch Botschafter mancher iberoamerikanischer Staaten, und dass vom Reich Karls V. als einer Art Vorstufe der fünf Jahrhunderte später verwirklichten Europäischen Union gesprochen wurde[4]. Wir sind auf dem Weg zur *res publica Europaea*.[5]

Die Feiertagsdimension des Themas „Der europäische Jurist" wird jedoch erst dann glaubwürdig, wenn *jeder* Jurist im Alltag national *und* europäisch arbeitet, d.h.: z.B. als nationaler Richter im Rahmen des Europarates sich auch als EMRK-Richter versteht bzw. im Rahmen der EU auch als „EU-Gemeinschaftsrichter" entscheidet: und zwar in allen Instanzen und auf allen Ebenen der nationalen Rechtsordnungen. Entspre-

---

[1] Die neue Schule des Verfassungsrechts in *Granada* hat eine Vielzahl bedeutender wissenschaftlicher Arbeiten hervorgebracht, und zwar in vielen Literaturgattungen: Lehrbücher (*F. Balaguer Callejón, G. Cámara Villar* (Coord.), Derecho Constitucional Vol. I und II, 1999), große Gedächtnisschriften (für *Ruiz Rico*, Estudios de Derecho Público, 2 Bände 1997), Monographien (z.B. *F. Balaguer,* Fonte del Derecho, 1993; *J.A. Montilla Martos,* Las leyes singulares en el ordenamiento constitucional espanol, 1991; *G. Cámara*, Votos particulares y derechos fundamentales en la prática del Tribunal Constitucional espanol (1981–1991), 1993; *J.M. Porras Ramirez,* Principio democratico y función regia en la Constitucion normativa, 1995; *E. Guillen,* La Continuidad Parlamentaria, 2001, i.E.). – Die rechtsphilosophische Schule, angeführt von *N. Maria López Calera,* ist z.B. durch dessen Werk „Hay derechos colectivos?", 2000, profiliert.

[2] Der „europäische Jurist" war auch Gegenstand einer Tagung in Bayreuth (1999). Das Thema war vom Verf. dem Präsidenten des Deutschen Juristentages *R. Böttcher* anvertraut worden (vgl. JöR 49 (2001), S. 1 ff.).

[3] Dazu *S. Behrendt/C.-P. Hanelt,* Aktuelle Probleme verstellen den Blick auf die Mittelmeerregion, aber die euro-mediterrane Partnerschaft braucht dringend eine neue Dynamik, in: Frankfurter Rundschau vom 14. April 1999, S. 21; *P. Schlosser,* Das Maghreb und Europa, Perspektiven des „Barcelona-Prozesses", in: Aus Politik und Zeitgeschichte, B 17/99 vom 23. April 1999, S. 3 ff.; *C. Masala,* Die Euro-Mediterrane Partnerschaft, 2000.

[4] Vgl. FAZ vom 6. Oktober 2000, S. 8.

[5] Aus der italienischen Lit. zum Thema etwa: *F. Chabod,* Storia dell' idea d'Europa, 1961 (3. Aufl. 1999); *L. Ferrajoli,* La cultura giuridica nell' Italia del Novecento, 1996. Aus der deutschen Lit.: R. Schulze (Hrsg.), Europäische Rechts- und Verfassungsgeschichte, 1991; R. Lhotta (Hrsg.), Deutsche und europäische Verfassungsgeschichte, Symposion f. H. Boldt, 1996; *H. Hattenhauer,* Europäische Rechtsgeschichte, 3. Aufl. 1999.

chendes gilt für die Aufgaben des Rechtsanwaltes, des Rechtsberaters und vor allem der Professoren und Studenten an juristischen Fakultäten.

## Erster Teil: Das „Europäische" am europäischen Juristen

### I. Das Europaverständnis – historisch und aktuell, Europa im engeren und weiteren Sinne, der kulturwissenschaftlich-komparatistische Ansatz

Von welchem Europabegriff haben wir auszugehen? Gibt es eine Art „Grundbuch" für seine Grenzen und Grenzänderungen? Ist das kulturelle bzw. rechtskulturelle Europa identisch mit dem geographischen? Gehört etwa die Türkei wegen ihres Laizismus und ihres stark von Europa beeinflußten Rechtssystems einschließlich ihrer Verfassungen dazu oder wegen der wieder vordringenden islamischen Religion (und z.T. auch Kultur) gerade nicht? Bleibt Israel wegen der europäischen Rechtskultur Teil Europas, obwohl es geographisch kaum mit Europa als „Kontinent" verbunden ist? Oder anders gefragt: Brauchen wir einen eigenen, sozusagen „juristischen" Europabegriff?

Als Juristen haben wir zunächst von den *Texten* auszugehen. In der Präambel der EMRK (1950) ist von „europäischen Staaten" die Rede, die „vom gleichen Geist beseelt sind", in der ESC (1961) wird als Ziel des Europarates genannt, „eine engere Verbindung zwischen seinen Mitgliedern herzustellen, um die Ideale und Grundsätze, die ihr gemeinsames Erbe sind, zu wahren" – die Türkei ist Mitglied des Europarates (!)-, das GG spricht in seiner Präambel vom deutschen Volk als „gleichberechtigtem Glied in einem vereinigten Europa", in Art. 24 Abs. 2 GG von „friedlicher und dauerhafter Ordnung in Europa", und dieses Europabekenntnis ist in der Verfassung Brandenburgs (1992) fast wörtlich wiederholt (Präambel). Seit einigen Jahren wird Europa verstärkt Gegenstand von Rechts-Texten. So heißt es in dem Dokument der Münchner Konferenz „Europa der Regionen" vom Oktober 1989: „Europas Reichtum ist die Vielfalt seiner Völker und Volksgruppen, seiner Kulturen und Sprachen, Nationen, Geschichte und Traditionen, Länder, Regionen und autonomen Gemeinschaften, … Subsidiarität und Föderalismus müssen die Architekturprinzipien Europas sein"[6]. Die „Euregio Basiliensis" und „Egrensis", auch die Europaregion Tirol sind bekannt[7]; ebenso die Qualifizierung des Schutzes der Regional- und Minderheitensprachen als Beitrag zum Aufbau eines Europa der kulturellen Vielfalt (Europäische Charta der Regional- und Minderheitensprachen von 1998).

Auffallend ist, wie sehr Europa im *Kontext* von Rechtsprinzipien beschworen wird, aber selbst nicht definiert, d.h. vorausgesetzt ist. Aus diesem Dilemma befreit uns auch nicht der juristische Begriff „Europarecht". Im „engeren Sinne" gilt er der EU, d.h. dem Europarecht der 15 Mitgliedstaaten, die sich freilich schrittweise erweitert haben (etwa durch Spanien und Portugal) und die sich künftig erweitern wollen (etwa um

---

[6] Einzelheiten in: *P. Häberle*, Aktuelle Probleme des deutschen Föderalismus, in: Die Verwaltung 24 (1991), S. 169 (170f.).

[7] Dazu *B. Speiser*, Der grenzüberschreitende Regionalismus am Beispiel der oberrheinischen Kooperation, 1993; P. Pernthaler/S. Ortino (Hrsg.), Europaregion Tirol, 1997; allg. *G. Halmes*, Rechtsgrundlagen für den regionalen Integrationsprozeß in Europa, DÖV 1996, S. 933ff.

Estland, Ungarn, Polen und Malta). Der Geltungsbereich dieses engeren Europarechts ist also geographisch „flexibel". Das Europarecht im „weiteren Sinne" meint den Europarat, vor allem die EMRK-Gemeinschaft, die heute z.B. um Georgien ergänzt ist. Wir lernen aus all dem, daß Europa ein – in kleinräumigen, kommunikativen Gebieten – *offener Begriff* ist, in seinen Grenzen, vor allem nach Osten dynamisch. Er hat gewisse räumlich-geographische Elemente, aber vor allem kulturelle und als Teil von ihnen rechtskulturelle. Osteuropa[8] war bis zum „annus mirabilis" (1989) gewiß Teil von Europa im geographischen Sinne, rechtskulturell aber durch den „Eisernen Vorhang" und die DDR-Mauer geteilt, der Osten dem Rechtssystem des Marxismus-Leninismus unterworfen, der das Gegenmodell europäisch/atlantischer Rechtskultur bildete (man denke an die Ersetzung des „bürgerlichen Rechts" durch das „sozialistische", die Gewaltenkonzentration, die „sozialistische Gesetzlichkeit", die „parteiliche Rechtsprechung", kurz alle Elemente eines „Unrechtssystems"). Heute kehren die dortigen Länder, etwa die Baltenrepubliken, im Südosten Slowenien und Serbien buchstäblich „nach Europa" zurück, und mit diesem Bild ist die Rückkehr in die europäische Rechtskultur gemeint – manche kulturellen Ausformungen und Verbindungen hatten sich ja selbst unter dem totalitären System erhalten. Hier zeichnet sich die *Offenheit des Europabegriffs* ab: So leidet etwa die EU als solche an einem Europa*defizit*, solange ihr die Völker Osteuropas – bis hin zu Rußland? – (*De Gaulle*: „Vom Atlantik bis zum Ural"), wie Polen und die alte CSFR nur in „Europa"-, d.h. „Assoziationsverträgen" verbunden sind[9]. Vielleicht ist nach den einzelnen Lebensbereichen zu unterscheiden: Europa als *Wirtschafts*raum[10] (der EWR scheint sich freilich aufzulösen, bevor er gegründet wurde, die EFTA zerfällt), Europa als *Kultur*raum und Europa als *Rechtskultur* und Ziel der *Politik*. Diese Kreise koinzidieren nur zum Teil. Europa ist ein komplexer Begriff, der nach seinen vielen *Schichtungen* aus Geographie und Raum, Völkern, Kulturgeschichte, Wirtschafts-, politischer und Rechtsgeschichte auszudifferenzieren ist, also nur interdisziplinär – kulturwissenschaftlich – erfaßt werden kann. Das „Europa-Bild" wandelt sich in der Zeit (z.B. vom Mythos zum Logos), das „Europa-Bewußtsein" ebenso. Vieles bleibt unklar, doch hat uns das Ringen um den Europabegriff unversehens den Rechtsordnungen näher gebracht. Europa lebt offenbar wesentlich aus seiner spezifischen Art von Recht bzw. Rechtskultur.

## II. Aussagen in Rechtstexten – übernational/gemeineuropäisch und das „nationale Europaverfassungsrecht", das Textstufenparadigma

1. Auf übernationaler/gemeineuropäischer und nationaler Ebene finden sich schon in den hochrangigen Rechtstexten relevante Aussagen zur Sache Europa. Sie sind um so ergiebiger, wenn sie i.S. des Textstufenparadigmas, d.h. in ihrer Entwicklung in der Zeitachse dargestellt werden: das in den Verfassungswirklichkeiten wer-

---

[8]  S. auch *H. Homann/C. Albrecht*, Die Wiederentdeckung Osteuropas, Herders Perspektiven und die Gegenwart, ZfP 1993, S.79ff.

[9]  Dazu *H.-H. Herrnfeld*, Rechtsreform und Rechtsangleichung in den Beitrittsstaaten Mittel- und Osteuropas, EuR 2000, S.454ff.; *C. Dorau*, Die Öffnung der Europäischen Union für europäische Staaten, EuR 1999, S.736ff.

[10]  Auch die heutige „EG" bzw. „EU" war ursprünglich (1957) eine E*W*G.

dende Europa reichert sich schrittweise um neue Europa-Aspekte an, sei es, dass diese der Wirklichkeit vorausgreifend als Entwürfe für die Zukunft gewagt werden, sei es, daß in ihnen auf Texte und Begriffe gebracht wird, was z.B. die beiden Verfassungsgerichte EuGH und EGMR nach und nach prätorisch geschaffen haben. Schönstes Beispiel ist Art. 6 Abs. 2 EUV, wonach die Union die Grundrechte achtet, wie sie sich (neben der EMRK) aus den „gemeinsamen Verfassungsüberlieferungen der Mitgliedstaaten als allgemeine Grundsätze des Gemeinschaftsrechts ergeben" – das ist eine Textrezeption der EuGH-Judikatur[11].

Eine kleine Auswahl muss im übrigen genügen. Auch wird sich zeigen, dass die Politik und Wissenschaft sich oft dieses Textreservoirs bedienen, ohne immer die Quellen anzugeben. Früh heißt es in der *Satzung des Europarates* (1949) in der Präambel: „in unerschütterlicher Verbundenheit mit den geistigen und sittlichen Werten, die das gemeinsame Erbe ihrer Völker sind und der persönlichen Freiheit, der politischen Freiheit und der Herrschaft des Rechts zugrundeliegen, auf denen jede wahre Demokratie beruht"; gesprochen wird von diesem „Ideal" und von den europäischen Ländern, die von demselben „Geist" beseelt sind. Eine ideale „Geist"-Klausel, die jede Instrumentalisierung Europas i.S. des heutigen Ökonomismus und Materialismus verbietet. Auch in Art. 1 ebd. ist fast platonisch von der Förderung der „Ideale und Grundsätze" die Rede, „die ihr gemeinsames Erbe bilden". Konkretisierungen finden sich später auf Teilgebieten, ohne daß Europa als Idee vom Recht her abschließend erfaßt werden könnte. So spricht die EMRK (1950) für das Europa im weiteren Sinne von europäischen Staaten, die „vom gleichen Geist beseelt sind und ein gemeinsames Erbe an geistigen Gütern, politischen Überlieferungen, Achtung der Freiheit und Vorherrschaft des Gesetzes besitzen." Die ESC (1961) postuliert vorweg die Förderung des wirtschaftlichen und sozialen Fortschritts „insbesondere durch die Erhaltung und (!) Weiterentwicklung der Menschenrechte und Grundfreiheiten". Das Europa im engeren Sinne der späteren EG bzw. EU wendet sich zwar konkret dem Feld der Wirtschaft zu, doch bleibt die ideell kulturelle Komponente schon im Präambelpassus des EGKS-Vertrags (1951) lebendig: „in der Überzeugung, dass der Beitrag, den ein organisiertes und lebendiges Europa für die Zivilisation leisten kann, zur Aufrechterhaltung friedlicher Beziehungen unerläßlich ist". Im EWG-Vertrag (1957) ist vorweg vom „immer engeren Zusammenschluß der europäischen Völker" die Rede – findet sich also die bis heute offene Finalität bzw. Teleologie der EG. Überdies wird vom Zusammenschluß der Wirtschaftskräfte die Wahrung von „Frieden und Freiheit" erwartet.

Neue Text- bzw. Zielelemente bringen später „Maastricht" und „Amsterdam" (1992/97), was nur in Stichworten in Erinnerung gerufen sei: in der Präambel des EUV[12] der Passus: „Identität und Unabhängigkeit Europas zu stärken", Aufbau eines „Raums der Freiheit, der Sicherheit und des Rechts", „Union der Völker Europas, in

---

[11] Dazu etwa *T. Schilling*, Bestand und allgemeine Lehren der bürgerschützenden allgemeinen Rechtsgrundsätze des Gemeinschaftsrechts, EuGRZ 2000, S. 3ff.; *W. Pauly*, Strukturfragen des unionsrechtlichen Grundrechtsschutzes, EuR 1998, S. 242ff. – Ein spezielles Beispiel für vom EuGH prätorisch geschaffenes „europäisches Grundrechts-Recht" ist der Anspruch auf Rechtsschutz innerhalb angemessener Frist als neues Prozeßgrundrecht, dazu gleichnamig: *V. Schlette*, EuGRZ 1999, S. 369ff.

[12] Aus der Kommentarlit. jetzt J. Schwarze (Hrsg.), EU-Kommentar, 2000. – Das deutsche Standardwerk zur EMRK ist *J.A. Frowein/W. Peukert*, EMRK-Kommentar, 2. Aufl. 1996. Aus der Schweizer Lit.: *J.P. Müller*, Grundrechte in der Schweiz, 3. Aufl. 1999.

der die Entscheidungen entsprechend dem Subsidiaritätsprinzip möglichst bürgernah getroffen werden". Nach Art. 6 Abs. 1 EUV beruht die Union auf den „Grundsätzen der Freiheit, der Demokratie, der Achtung der Menschenrechte und Grundfreiheiten sowie der Rechtsstaatlichkeit". Abs. 3 sagt aber auch: „Die Union achtet die nationale Identität der Mitgliedstaaten", womit eine Grenze der Vergemeinschaftung gezogen wird, die schwer definierbar ist. Einen weiteren Konkretisierungsschritt leistet die Präambel EGV etwa in dem Passus: „entschlossen, durch umfassenden Zugang zur Bildung und durch ständige Weiterbildung auf einen möglichst hohen Wissensstand ihrer Völker hinzuwirken". Neue Politiken wie Umweltschutz, Gleichstellung von Männern und Frauen etc. (vgl. Art. 2 EGV) kommen hinzu; vor allem aber die Kultur (Art. 151), mit Sätzen wie Beitrag zur „Entfaltung der Kulturen der Mitgliedstaaten unter Wahrung ihrer nationalen und regionalen Vielfalt" sowie „gleichzeitiger Hervorhebung des gemeinsamen kulturellen Erbes" (Abs. 2 ebd.), s. auch Abs. 3: „Wahrung und Förderung der Vielfalt ihrer Kulturen" als Querschnittsaufgabe. Begriffe wie „europäisches Bewußtsein" (Art. 191 EGV), Wahrung des Rechts (Art. 220) deuten ebenso auf Rechtskulturelles, wie die Aufgabe der Angleichung der Rechtsvorschriften (Art. 94ff.), seien sie auch auf das „Funktionieren des gemeinsamen Marktes" bezogen.

Lassen wir den Blick von der EU/EG zu *Europa im weiteren Sinne* wandern, so zeigt sich, daß ihre neueren konstitutionellen Rechtsaspekte in eine Ambiance eingebettet sind, der nur der kulturwissenschaftlich sensible und komparatistisch offene europäische Jurist gerecht werden kann.

So heißt es eingangs des *Dokuments des Kopenhagener Treffens der Konferenz über die menschliche Dimension* der KSZE (1990)[13]: Die Teilnehmerstaaten „begrüßen daher das Bekenntnis ... zu den Idealen der Demokratie und des politischen Pluralismus sowie ihre gemeinsame Entschlossenheit, demokratische Gesellschaftssysteme auf der Grundlage von freien Wahlen und Rechtsstaatlichkeit mit zu errichten" – womit Elemente gemeineuropäischen Verfassungsrechts genannt sind. Gleiches gilt für den Passus „Gerechtigkeit, die auf der Anerkennung und der vollen Achtung der Persönlichkeit des Menschen als dem höchsten Gut beruht" (Nr. I Ziff. 2). Das Bekenntnis zu der „dem Menschen innewohnenden Würde" als Gerechtigkeitsaspekt samt daraus folgenden Rechten (Ziff. 5 ebd.): von freien Wahlen bis zur Garantie der Unabhängigkeit der Richter und der Anwaltschaft (!) zeigt Rechtsstandards, die allen europäischen Juristen gemein sind. Das Postulat, die Einschränkungen von Jedermann-Grundrechten, wie des Rechts auf Kommunikation, der Religionsfreiheit, des Rechts auf Ausreise etc. müßten „internationalen Standards" entsprechen, verweist sogar auf die Universalität des Völkerrechts[14]. – Auch die *Charta von Paris für ein neues Europa* (1990)[15] schafft neue Mosaiksteine im Gesamtbild eines ganz Europa gemeinsamen Jus publicum. Die Rede ist von Demokratie, Wohlstand durch wirtschaftliche Freiheit und soziale Gerechtigkeit und gleiche Sicherheit für alle. Weitere Rechtsprinzipien sind eine Charakterisierung der Demokratie als „Verantwortlichkeit gegenüber der Wählerschaft, Bindung der staatlichen Gewalt an das Recht sowie eine unparteiische

---

[13] Zit. nach EuGRZ 1990, S. 239ff.
[14] Dazu *L. Kühnhardt*, Die Universalität der Menschenrechte, 1987.
[15] Zit. nach EuGRZ 1990, S. 517ff.

Rechtspflege". Eigens genannt sei der große, jetzt vielleicht in Bosnien eingelöste Satz: „Wir bekräftigen, dass die ethnische, kulturelle, sprachliche und religiöse Identität nationaler Minderheiten Schutz genießen muß". Buchstäblich als europäisches „Bindemittel" dürfen Worte wie „gemeinsames Bekenntnis zu demokratischen Werten bzw. unerschütterliches Festhalten an gemeinsamen Werten und an unserem gemeinsamen Erbe" gelten.

Das *Krakauer Dokument über das kulturelle Erbe der KSZE-Teilnehmerstaaten* (1991)[16] – die OSZE hat derzeit 55 Mitglieder – ist schließlich ein Ensemble von rechts- bzw. kulturwissenschaftlich zu erschließenden Prinzipien. Durch Geschichte geprägte „Wertvorstellungen, Toleranz und Offenheit für einen Dialog mit anderen Kulturen", daß „das kulturelle Leben und das Wohlergehen ihrer Völker eng miteinander verknüpft sind", „Regionalaspekte der Kultur" „als Faktor der Völkerverständigung". Der Abschnitt „Kultur und kulturelles Erbe" liefert Stichworte, wie sie keine Verfassungslehre als Kulturwissenschaft besser formulieren kann: „kulturelles Erbe als Teil ... des kollektiven Gedächtnisses und ihrer gemeinsamen Geschichte..., den es zukünftigen Generationen weiterzugeben gilt" oder „Bewußtsein der Öffentlichkeit für den Wert des kulturellen Erbes".

2. Ein letzter Blick auf die Text-Materialien, die dem europäischen Juristen anvertraut sind, gelte dem sog. *nationalen Europaverfassungsrecht*, d.h. den Artikeln, die sich in den nationalen Verfassungen innerstaatlich mit der Sache Europa befassen. Diese Auswahl gibt jetzt einen Blick auf die reiche Vielgestaltigkeit der Texte frei, die oft in Wechselwirkung zu übernationalen Europarechtstexten stehen. Das zeigt sich prägnant an Art. 7 Abs. 5 Verf. Portugal, der einen älteren Europarechtstext übernimmt: „Portugal setzt sich für eine Verstärkung der europäischen Identität und ein verstärktes gemeinsames Vorgehen der europäischen Staaten zugunsten der Demokratie und des Friedens, des wirtschaftlichen Fortschritts und der Gerechtigkeit zwischen den Völkern ein". Schon hier offenbart sich, daß die Sache des konstitutionellen Europas aus dem Ensemble von übernationalen und nationalen Verfassungstexten lebt und sich prozeßhaft weiterentwickelt.

a) Die folgende *Bestandsaufnahme* sucht nach typischen innerstaatlichen „Fundstellen" und Erscheinungsformen der Europa-Idee[17]. Dabei werden die – überraschend aussagekräftigen – gliedstaatlichen Verfassungen vor allem im Osten Deutschlands einbezogen, die Nationen Osteuropas ebenso. Ausgewertet sind auch bloße Verfassungs*entwürfe* bzw. Vorstufen später erlassener bzw. modifizierter Verfassungen. Entwürfe liefern mehr als nur „Materialien". Wegen ihres hohen Verdichtungsgrades und ihrer möglichen Wirkung im pluralistischen Prozeß der Verfassunggebung gebührt ihnen nicht nur das Interesse des Verfassungshistorikers. Jede Verfassungslehre, die in Zeit und Raum vergleichend arbeitet, sollte das spezifische Interesse der Wissenschaft an Verfassungsentwürfen immer wieder unter Beweis stellen[18].

---

[16] Zit. nach EuGRZ 1991, S. 250ff.

[17] Zum folgenden schon mein Beitrag: Europaprogramme neuerer Verfassungen und Verfassungsentwürfe, FS Everling, 1995, S. 355ff.; später *E. Klein*, Gedanken zur Europäisierung des deutschen Verfassungsrechts, FS K. Stern, 1997, S. 1301ff.

[18] Dazu im einzelnen meine Darlegungen in: Neuere Verfassungen und Verfassungsvorhaben in der Schweiz..., JöR 34 (1985), S. 303 (331f.) und die Besprechung des Verfassungsentwurfs von *Kölz/Müller*, in: AöR 117 (1992), S. 319ff.

### aa) Europabezüge in Präambeln und Grundlagen-Artikeln – Europa als Staatsziel

Schon das GG von 1949 wagte in seiner Präambel die große Formel: „gleichberechtigtes Glied in einem vereinten Europa". Eine Europa-Klausel von inhaltlicher Kraft findet sich später im erwähnten Art. 7 Abs. 5 Verf. Portugal von 1976/1989. Diese hohe, auf Grundwerte bezogene europäische „Identitäts- und Aktionsklausel" zeigt, wie tief der Europagedanke bei der Neubegründung des Verfassungsstaates Portugal nach den Jahren der Diktatur wurzelt und sich heute fortentwickelt.

Später (1992) ist Art. 23 Abs. 1 bis 7 n.F. GG[19] ergangen. Er enthält in Abs. 1 S. 1 eine europäische Integrationsöffnungsklausel bzw. Entwicklungsklausel („vereintes Europa") mit juristischen Elementen des anzustrebenden Europa-Gebildes („demokratische, rechtsstaatliche, soziale und föderative Grundsätze"[20], „Subsidiarität" und mit „vergleichbarem Grundrechtsschutz"), die zugleich mit Prinzipien der prozessualen (Verweis auf Art. 79 Abs. 2 GG) und der inhaltlichen Struktur- bzw. Identitätssicherung (Verweis auf Art. 79 Abs. 3 GG) gekoppelt wird. Hinzu kommen gestaffelte Mitwirkungsrechte von Bundestag und Ländern bzw. Bundesrat (Abs. 2 bis 7)[21].

Erinnert sei an den klassischen Passus aus Art. 24 Abs. 2 GG: „friedliche und dauerhafte Ordnung in Europa" sowie an die neuen Europabezüge in Art. 16 a Abs. 2 und 5, 28 Abs. 1 S. 3, 45, 50, 52 Abs. 3 a GG und Art. 88 S. 2 GG sowie (bald) Art. 16 n.F. GG.

### bb) Europabezüge in Regionalismus-Klauseln

Sie seien ein Merkposten i.S. des „Europas der Regionen". Beispiele liefern die gliedstaatlichen Verfassungen, vor allem Ostdeutschlands (s. unten: Ziff. 5), der Sache nach der neue Art. 24 Abs. 1 a GG („grenznachbarschaftliche Einrichtungen")[22].

### cc) Europa als Erziehungsziel

Es ist, soweit ersichtlich, noch nicht direkt als solches formuliert, kommt aber mittelbar zur Wirkung dort, wo Europa ein „Staatsziel" ist (wie in ostdeutschen Verfassungen) oder wo das Erziehungsziel „Teilnahme am kulturellen Leben fremder Völker" (Art. 26 Ziff. 4 Verf. Bremen von 1947) auftritt.

---

[19] Zum neuen Art. 23 GG: *U. di Fabio*, Der neue Artikel 23 des Grundgesetzes, Der Staat 32 (1993), S. 191 ff.; *U. Everling*, Überlegungen zur Struktur der Europäischen Union und zum neuen Europa-Artikel des GG, DVBl. 1993, S. 936 ff.; *C.D. Classen*, Maastricht und die Verfassung – Kritische Überlegungen zum neuen „Europa"-Artikel 23 GG, ZRP 1993, S. 57 ff.; *K.-P. Sommermann*, Staatsziel „Europäische Union", DÖV 1994, S. 596 ff. – Eine Erläuterung aller GG-Änderungen in Sachen Europa findet sich im Bericht der Gemeinsamen Verfassungskommission Bundesrat Drs 800/93 vom 5. Nov. 1993, S. 1 (19 ff.).

[20] Dazu *W. Kluth*, Die demokratische Legitimation der Europäischen Union, 1995; *M. Zuleeg*, Die föderativen Grundsätze der Europäischen Union, NJW 2000, S. 2846 ff.

[21] Dazu *R. Lang*, Die Mitwirkungsrechte des Bundesrates und Bundestages in Angelegenheiten der Europäischen Union gemäß Art. 23 Abs. 2 bis 7 GG, 1997 sowie *B. Speer*, Innerstaatliche Beteiligung in europäischen Angelegenheiten – Der Fall Spanien, DÖV 2000, S. 895 ff.

[22] Dazu *U. Beyerlin*, Zur Übertragung von Hoheitsrechten im Kontext dezentraler grenzüberschreitender Zusammenarbeit, ZaöRV 54 (1994), S. 587 ff.; *S. Grotefels*, Die Novellierung des Art. 24 GG, DVBl. 1994, S. 785 ff.; *J. Schwarze*, Die Übertragung von Hoheitsrechten auf grenznachbarliche Einrichtungen i.S.d. Art. 24 I a GG, FS E. Benda, 1995, S. 311 ff.; *M. Schröder*, Grundsatzfragen des Art. 24 Abs. 1 a GG, Thüringer VBl. 1998, S. 97 ff. Ein geglücktes Stichwort liefert das Symposium aus Anlaß des 65. Geburtstages von *J.A. Frowein*: „Grenzüberschreitende Konstitutionalisierungsprozesse", ZaöRV 59 (1999), S. 901 ff.

dd) Die Rezeption europäischer Grundrechte, z.B. der EMRK

Sie findet sich z.B. in der Kantonsverfassung Jura (1977) und in ostdeutschen Texten (vgl. unten: Ziff. 5). Vorläufiges Stichwort ist das „Europa der Bürger".

ee) Europa-Bezüge in gliedstaatlichen Verfassungen

Spezielle Betrachtung verdient das „Europaprogramm" in gliedstaatlichen Verfassungen. Es mag überraschen, daß sie direkt auf Europa „durchgreifen", wo sie doch im Bundesstaatsrahmen stehen. Bei näherem Zusehen wollen sie diesen durch ihre Europabezüge wohl auch ein Stück weit(er) relativieren.

(1) Die deutschen Bundesländerverfassungen[23]

Die frühen *west*deutschen Länderverfassungen nach 1945 sind kaum ergiebig. In den 90er Jahren erfaßt der Europagedanke indes auch die westdeutschen Länderverfassunggeber. So heißt es im Grundlagen-Artikel 1 Abs. 2 Verf. Niedersachsen (1993):

„Das Land Niedersachsen ist ... Teil der europäischen Völkergemeinschaft".

Das Saarland hat zuvor (1992) eine punktuelle Verfassungsrevision gewagt, die einen kräftigen Textschub in Sachen Europaverfassungsrecht, vor allem beim konstitutionellen Regionalismus-Recht, bewirkt hat und dem „Europa der Regionen" verfassungstextlichen Ausdruck verleiht (Art. 60 Abs. 2).

In diesem Kontext blieb es der *ost*deutschen Verfassungsbewegung, zunächst ihren *Entwürfen*, vorbehalten, Pionierdienste zu leisten[24].

Im Gohrischen Entwurf für eine Verfassung des Landes Sachsen (1990) lautet Art. 12:

„Das Land strebt grenzüberschreitende regionale Zusammenarbeit im Sinne der europäischen Einigung an".

Ein Verfassungsentwurf für das Land Thüringen formuliert ebenfalls schon in seiner Präambel von 1990 das Ziel, „daß das Land Thüringen als Bestandteil eines deutschen Bundesstaates in ein geeintes Europa hineinwächst".

Konkreter europafreundlich wird ein zweiter Entwurf für Brandenburg (Herbst 1990). In der Präambel ist vom Willen die Rede, „die kulturelle, wirtschaftliche und politische Einheit Europas zu verwirklichen..." Wenn ein Verfassungsentwurf von 1991 in der Präambel von „einem sich einigenden Europa" spricht, so ist dies in den Kanon der Erziehungsziele hinüberzunehmen, insofern dort von „Friedfertigkeit im Zusammenleben der Kulturen und Völker" die Rede ist (Art. 30). Diese „Fernwirkung" des Staatsziels Europa auf die Erziehungsziele sei festgehalten.

Die *in Kraft getretenen* Verfassungen Ostdeutschlands bleiben einem gewissen Standard des Europaprogramms treu. Die Verf. Brandenburg (1992) spricht in ihrer Präambel von Brandenburg als „lebendiges Glied der Bundesrepublik Deutschland in einem sich einigenden Europa" (Art. 2 Abs. 1 konkretisiert die Zusammenarbeit „insbe-

---

[23] Texte zit. nach: Verfassungen der deutschen Bundesländer, 6. Aufl. 1999.

[24] Allgemein dazu meine Kommentierung und Dokumentation in: JöR 39 (1990), S. 319ff.; 40 (1991/1992), S. 291ff.; 41 (1993), S. 69ff.; 42 (1994), S. 149ff.; 43 (1995), S. 419ff.

sondere auf den polnischen Nachbarn" hin). Die Verf. Sachsen (1992) zieht in ihrem Regionalismus-Artikel 12 eine Art Summe i.S. eines allgemeinen Europa-Artikels:

> „Das Land strebt grenzüberschreitende regionale Zusammenarbeit an, die auf den Ausbau nachbarschaftlicher Beziehungen, auf das Zusammenwachsen Europas und auf eine friedliche Entwicklung in der Welt gerichtet ist".

Demgegenüber läßt die Verfassung von Sachsen-Anhalt (1992) den Europa-Gedanken z. T. wieder fallen. In der Präambel ist von der „Gemeinschaft aller Völker" die Rede. Doch definiert es sich in Art. 1 Abs. 1 als Land der Bundesrepublik und „Teil der europäischen Völkergemeinschaft". Thüringen hingegen bleibt sich treu. In seiner Verfassung von 1993 bekennt es sich in der Präambel zu dem Ziel: „Trennendes in Europa und der Welt zu überwinden".

Die Verfassung Mecklenburg-Vorpommern von 1993 widmet ihren Art. 11 dem Stichwort „Europäische Integration, grenzüberschreitende Zusammenarbeit".

(2) Die Schweizer Kantonsverfassungen

Die Schweizer Kantonsverfassungen zeichnen sich in den Totalrevisionsbewegungen seit den 60er Jahren durch viele Neuerungen aus[25]. Zunächst hatten sie sich nur wenig in Sachen Europa engagiert. Beachtlich bleibt aber die Verfassung des neuen Kantons Jura (1977). Ihre Präambel verweist auf die Erklärung der Menschenrechte von 1789, von 1948 und auf die EMRK von 1950. Eine Kooperationsklausel bezieht sich auf die „Nachbarn" (Art. 4 Abs. 2) und die ganze Welt: „Elle (der Kanton Jura) est ouverte au monde et coopère avec les peuples soucieux de solidarité".

Besonders ergiebig ist die Kantonsverfassung Bern (1993). Unter der Überschrift „Internationale Zusammenarbeit und Hilfe" steht in Art. 54 Abs. 1:

> „Der Kanton beteiligt sich an der Zusammenarbeit der Regionen Europas".

Dieser auf die Regionen bezogene Kooperations-Artikel kann gar nicht überschätzt werden. Denn er bekennt sich im Grunde zur Idee des „Europas der Regionen", die so viel Literatur und Textmaterial hervorgebracht hat[26]; die jüngeren Verfassungsentwürfe sprechen eher konventionell von Zusammenarbeit „mit dem benachbarten Ausland" (Art. 1 Abs. 2 Entwurf Appenzell A.Rh., Mai 1993, ebenso Art. 1 Abs. 2 KV von 1995). Die *Europäisierung der Bundesländer* in Europa hat sich mit und in Bern einen Klassikertext geschaffen. Die Bundesländer in Europa beginnen „europaunmittelbar" zu werden. In dem Maße, wie sich Europa regionalisiert (oder eines Tages vielleicht föderalisiert), werden derartige Europatexte in gliedstaatlichen Verfassungen wohl häufiger – und konsequent. Umgekehrt verleiht das Europaprogramm der Gliedstaaten dem künftigen Gesamteuropa Schubkraft[27].

---

[25] Vgl. meinen Bericht: Neuere Verfassungen und Verfassungsvorhaben in der Schweiz..., JöR 34 (1985), S. 303ff. sowie die Dokumentation in JöR 47 (1999), S. 171ff.

[26] Aus der Lit.: *F. Esterbauer*, Regionalismus, 1978; J. Bauer (Hrsg.), Europa der Regionen, 1992; mein Beitrag: Der Regionalismus als werdendes Strukturprinzip des Verfassungsstaates und als europarechtspolitische Maxime, AöR 118 (1993), S. 1ff.; *G. Halmes*, Rechtsgrundlagen für den regionalen Integrationsprozeß in Europa, DÖV 1996, S. 933ff.; R. Streinz (Hrsg.), 50 Jahre Europarat: Der Beitrag des Europarates zum Regionalismus, 2000.

[27] Die Länder machen sich auch deshalb ein „Bild" von Europa, weil sie von ihm gewinnen *und* verlie-

## ff) Europa-Bezüge in osteuropäischen Verfassungen

Unter den osteuropäischen Verfassungstexten ragt Moldawien (März 1993) heraus. In seiner Präambel heißt es u.a.:

„Being aware of … the creation of states with the Rule of Law in Europe and in the world …, in conformity to the … Helsinki final Act…".

Die Verfassung der Föderation Bosnien und Herzegowina vom März 1994 inkorporiert neben der EMRK (Art. VI, Ziff. 3 b) in ihrem „Anhang" u.a. die ESC und die Europäische Charta für Regional- und Minderheitssprachen von 1992[28]. Sie „internalisiert" so das Europaprogramm der europäischen Gremien in innerstaatliches Verfassungsrecht, wohl auch, um damit ein Stück der eigenen Identität zu finden.

Der Übergangs- und Schlußartikel 112 der Verfassung der Tschechischen Republik (1992) (s. auch Art. 3!) definiert als „Verfassungsordnung" diese Verfassung *und* „die Konvention zum Schutz der Menschenrechte und Grundfreiheiten"[29]. Diese Rezeption der EMRK auf *Verfassungs*stufe verdient Respekt, ist doch der „Verfassungsrang" der EMRK in den einzelnen Ländern (West-)Europas nach wie vor umstritten[30].

## gg) Sonstige Erscheinungsformen von Europa-Bezügen

Nachzutragen sind sehr heterogene Artikel, so Art. 168 Verf. Belgien (1994):

„Dès l'ouverture des négociations en vue de toute révision des traités instituants les Communautés européennes et des traités et actes qui les ont on modifiés ou complétés, les Chambres en sont informées. Elles ont connaissance du projet de traités avant sa signature";

sodann Art. 29 Abs. 4 Ziff. 3 Verf. Irland (1937/1987), der eine Bezugnahme auf die Römischen Verträge, die EEA etc. vornimmt, sowie das österreichische B-VG[31].

b) Ein Wort zu den Prinzipien der Verfassungsinterpretation für Europa-Artikel („nationales Europaverfassungsrecht"): Quantität und Qualität der – „wachsenden" – Europa-Artikel in verfassungsstaatlichen Verfassungen legen es nahe, nach spezifischen Interpretationsmaximen zu fragen. Das – innerstaatliche – „Europaverfassungsrecht" hat seine „besonderen" Sachbereiche, seine propria. Dazu gehört, daß es über

---

ren können. Dazu etwa *M. Schröder*, Bundesstaatliche Erosionen im Prozeß der europäischen Einigung, JöR 35 (1986), S. 83 ff.; *S. Magiera/D. Merten* (Hrsg.), Bundesländer und Europäische Gemeinschaften, 1988; *M. Schweitzer*, Beteiligung der Bundesländer…, ZG 1992, S. 128 ff.; allgemeiner: *H.-J. Blanke*, Föderalismus und Integrationsgewalt, 1991; *W. Rudolf*, Das akzeptierte Grundgesetz, Europa und die Länder, FS Dürig, 1990, S. 145 ff.; *D. Merten* (Hrsg.), Föderalismus und Europäische Gemeinschaften, 1990. – Für Österreich: *T. Öhlinger*, Ein Bundesstaat auf dem Weg in die Europäische Gemeinschaft, FS H. Helmrich, 1994, S. 379 ff.; *H. Schäffer*, Die Länder-Mitwirkung in Angelegenheiten der Europäischen Integration, FS Schambeck, 1994, S. 1003 ff.; Zuletzt: *R. Morawitz/W. Kaiser*, Die Zusammenarbeit von Bund und Ländern bei der Europäischen Union, 1994. Spätere Lit.: *H. Schambeck*, Politische und rechtliche Entwicklungstendenzen der europäischen Integration, 2000, S. 17 ff.

[28] Dazu W. Graf Vitzthum (Hrsg.), Europäischer Föderalismus, 2000, S. 122 ff.

[29] Zit. nach JöR 44 (1996), S. 458 ff. Später geschah ein Verweis auf die eigene Charta der Grundrechte und Grundfreiheiten, vgl. H. Roggemann (Hrsg.), Die Verfassungen Mittel- und Osteuropas, 1999, S. 962 ff.

[30] Dazu *A. Bleckmann*, Verfassungsrang der Europäischen Menschenrechtskonvention?, EuGRZ 1994, S. 149 ff.

[31] Stand 1999, zit. nach *H.R. Klecatsky/S. Morscher* (Hrsg.), B-VG, 9. Aufl. 1999.

den nationalstaatlich introvertierten Verfassungsstaat hinausweist und eben dadurch die Familie der „europäischen Verfassungsstaaten" konstituiert: zum Typus des „gemeineuropäischen Verfassungsstaates".

### aa) Das nationale Europaverfassungsrecht im Rahmen der „Einheit der Verfassung"

Die „Einheit der Verfassung" bildet ein schon klassisches Prinzip der Verfassungsinterpretation[32]. Speziell im konstitutionellen Europarecht der verschiedenen Nationen Europas wirkt es sich in zweifacher Hinsicht aus: Die einzelnen Verfassungsnormen mit Europabezug sind untereinander „zusammen zu lesen"; im GG wird dies für das Europaelement in der Präambel, auch Art. 24 bis 26, jener als „Integrationshebel" (*H. P. Ipsen*) verstanden, seit langem praktiziert[33]. Die einzelnen Europa-Artikel sind aber auch in „praktische Konkordanz" (*K. Hesse*) mit dem Ganzen der Verfassung zu bringen. So wirken sich etwaige Aussagen über grenzüberschreitende regionale Zusammenarbeit auch im Kommunalverfassungsrecht aus. So wächst das „Staatsziel Europa" auch in den Kanon der Erziehungsziele in den Schulen hinüber. Und so dürfte es weitere Felder geben, auf denen der Grundsatz *europafreundlicher Auslegung* innerstaatlichen Verfassungsrechts praktische Auswirkungen hat (etwa bei Art. 29 GG – Neugliederung des Bundesgebiets)[34]. Einheit der Verfassung und Europaoffenheit dieser Verfassung gehören zusammen[35]. Diese neuen Europa-Artikel des GG verstärken den bislang schon geltenden Verfassungsgrundsatz der „Bereitschaft zur europäischen Integration"[36]. „Europa(rechts)freundlichkeit" wird ein Auslegungsprinzip.

### bb) Europa-Artikel als „offene Verweisungen"

Wie gezeigt, verweisen die verschiedenen Beispiele für Europa-Artikel bald auf das Ganze des europäischen Einigungsprozesses (wie die Präambel des GG: „gleichberechtigtes Glied in einem vereinten Europa"), teils auf einzelne Elemente dieses Europas wie etwa grenzüberschreitende bzw. benachbarte Regionen. Angesichts der Dynamik und des Fortgangs des europäischen Einigungsprozesses wird den innerstaatlichen Verfassungsrechtsbegriffen dadurch eine spezifische Offenheit vermittelt. Z.B.

---

[32] Dazu *K. Hesse*, Grundzüge des Verfassungsrechts der Bundesrepublik Deutschland, 20. Aufl. 1995, S. 27 (Neudruck 1999).

[33] Aus der Lit. etwa *H. P. Ipsen*, Die Bundesrepublik Deutschland in den Europäischen Gemeinschaften, HdBStR Bd. VII, 1992, S. 767 (770); *C. Tomuschat*, Die staatsrechtliche Entscheidung für die internationale Offenheit, ebd. S. 483 (484f.); *W. von Simson/J. Schwarze*, Europäische Integration und GG, HdbVerfR, 2. Aufl. 1994, S. 53 (68ff.) – Auch das BVerfG sieht die Präambel und „Art. 24 bis 26 GG" zusammen; vgl. E 63, 343 (370); 75, 1 (17). Seine früh begründete Formel von der „*Völkerrechtsfreundlichkeit*" des GG (E 6, 309 (362f.); 31, 56 (75); 41, 88 (120)) wäre nicht zuletzt wegen der neuen Europa-Artikel durch das Prinzip der „*Europa(rechts)freundlichkeit*" fortzuschreiben.

[34] Dazu mein Beitrag: Ein Zwischenruf zur föderalen Neugliederungsdiskussion in Deutschland, FS Gitter, 1995, S. 315ff.

[35] Die vielzitierte „Identität" des nationalen Verfassungsstaates (z.B. *P. Lerche*, Europäische Staatlichkeit und die Identität des GG, FS K. Redeker, 1993, S. 131ff.; *P. Kirchhof*, Der deutsche Staat im Prozeß der europäischen Integration, HdBStR Bd. VII 1992, S. 855 (882ff.)) ist von vornherein im Kontext der „europäischen Identität" zu lesen!

[36] *M. Zuleeg*, AK-GG, 2. Aufl., 1989, Art. 24 Abs. 1 Rz. 23.

bestimmt der einzelne Verfassungsstaat nicht mehr allein, was „grenzüberschreitende Zusammenarbeit" ist. Europa als Erziehungsziel beruht nicht mehr nur auf dem Europa-Verständnis des jeweiligen Nationalstaates. M. a. W.: Die Europa-Artikel der einzelstaatlichen Verfassungen zeichnen sich durch flexible Inhalte aus, der nationale Verfassungsstaat hat diesbezüglich sein Interpretationsmonopol verloren. Gewiß, Deutschland darf und soll „sein" Europa-Bild als „eines" z.B. in den staatlichen Schulen vermitteln, von vornherein aber eben nur mit „einer Stimme" und unter Hinweis auf konkurrierende Europa-Verständnisse, die zu integrieren sind.

cc) Die Europa-Artikel im Kontext „gemeineuropäischer Hermeneutik"

Die einzelnen Europa-Artikel bilden die Basis für eine Auslegung in „gemeineuropäischer Hermeneutik"[37]. Als Artikel spezifisch „verfassungstranszendenter" Art können sie gar nicht mehr „aus sich" verfassungsimmanent interpretiert werden. Die „Europa-Offenheit" verlangt, daß potentiell alle Interpreten in Europa dieses Europa mitbestimmen können und sollen. „Europa" gehört weder allgemein noch in der Erscheinungsform der nationalen Europaverfassungsrechte nur einer einzigen Nation bzw. einem einzigen Verfassungsstaat. Europa ist als Ganzes eine – werdende – offene Gesellschaft der Europa-Verfassunggeber und -interpreten: im Horizont der einen europäischen Rechtskultur[38]. So kann es sein, daß plötzlich der Auslegungsbeitrag eines „fremden" nationalen Verfassungsgerichts wie der Corte Costituzionale in Rom ein Element des Auslegungshorizontes wird, den das deutsche BVerfG für einen Europa-Artikel des deutschen Verfassungsrechtes braucht. Gerade hier wirkt sich das Wort von der „Europäisierung der nationalen Staatsrechtslehren und Verfassungsgerichte" aus[39]. Die *innereuropäische* Rechtsvergleichung wird zum selbstverständlichen Vehikel dieser Vorgänge.

c) *Der Ausbau von nationalem „Europaverfassungsrecht"* ist in Gang. Wie gezeigt, entwickelt sich in manchen Ländern Europas innerstaatlich eine neue Textstufe: Einzelne Europa-Artikel beginnen so heranzuwachsen und sich auszudifferenzieren, daß die Umrisse eines spezifischen Europaverfassungsrechts sichtbar werden. Angesichts der Aufgaben, die heute auf der überstaatlichen, europäischen Ebene anstehen, sind die Ansätze zu einem innerstaatlichen Europaverfassungsrecht indes noch nicht ausrei-

---

[37] Dazu schon mein Diskussionsbeitrag in: VVDStRL 53 (1994), S.115f.

[38] Zum Problemfeld „*Europa und Kultur*" mein Beitrag: Europa in kulturverfassungsrechtlicher Perspektive, JöR 32 (1983), S.9ff., mit Stichworten wie „kulturelle Öffentlichkeit Europas", „Gemeineuropäisches Grundrechts-Recht", „Vielfalt und Einheit, Offenheit und Identität Europas als Kultur", „Dezentralisierte Organisationsstrukturen". – Zur späteren, spezielleren Diskussion: *H.P. Ipsen*, Der „Kulturbereich" im Zugriff der Europäischen Gemeinschaft, Ged.-Schrift für Geck, 1989, S.339ff.; *W. Weidenfeld u.a.*, Europäische Kultur: das Zukunftsgut des Kontinents, 1990; *G. Ress*, Kultur und Europäischer Binnenmarkt, 1991; *ders.*, Die neue Kulturkompetenz der EG, DÖV 1992, S.944ff.; *K. Bohr/H. Albert*, Die Europäische Union – das Ende der eigenständigen Kulturpolitik der deutschen Bundesländer?, ZRP 1993, S.61ff. Spätere Lit.: *H.-J. Blanke*, Europa auf dem Weg zu einer Bildungs- und Kulturgemeinschaft, 1994; *M. Niedobitek*, Die kulturelle Dimension im Vertrag über die Europäische Union, EuR 1995, S.349ff.

[39] Dazu mein Beitrag Gemeineuropäisches Verfassungsrecht, EuGRZ 1991, S.261ff., jetzt auch in: Europäische Rechtskultur, 1994, S.33ff. S. auch *K.F. Kreuzer u.a.* (Hrsg.), Die Europäisierung der mitgliedstaatlichen Rechtsordnungen in der EU, 1997; *P.-C. Müller Graff/E. Riedel* (Hrsg.), Gemeinsames Verfassungsrecht in der Europäischen Union, 1998.

chend. Ihre Fortentwicklung dürfte um so wichtiger sein, als sich der europäische Gedanke seit „Maastricht" in einer Krise befindet. M.E. ist das Europa der Zukunft stärker wieder von „innen" und „unten" her auszubauen, d.h. Europa muß für den Bürger von seiner *nationalen* Verfassung aus stärker erlebbar werden, nur so wird das viel
zitierte „Europa der Bürger", das „Europa der Regionen und Kommunen" entstehen. M. a. W.: Das Europaverfassungsrecht ist auf der *inner*staatlichen Ebene auszubau-
en in Gestalt all der Erscheinungsformen, die sich vereinzelt da und dort schon finden.
Europa muß in einem doppelten Sinne zum *Verfassung*sthema werden: innerverfas-
sungsstaatlich, auch innerbundesstaatlich (wie tendenziell in einzelnen ostdeutschen
Verfassungen) und überstaatlich i.S. einer „werdenden" Verfassung der Europäischen
Union. Nur dieses *zweigleisige* Vorgehen kann Europa voranbringen. Wenn, z.T. zu
Recht, das Fehlen einer „europäischen Öffentlichkeit" beobachtet wird, so wachsen
hier den nationalen Verfassunggebern besondere Aufgaben zu: Sie müssen Europa national in ihren eigenen Regelungsbereichen thematisieren und „erfinderisch" werden, etwa durch Ausdifferenzierung des Staatszieles Europa, durch Normierung des
Erziehungszieles „Europa", durch Bezugnahmen auf europäische Grundrechte (sei es
der geschriebenen der EMRK, sei es der ungeschriebenen des EuGH als allgemeine
Rechtsgrundsätze[40]), durch Verweis auf den europäischen Verbund, in dem Regionen
und Kommunen stehen oder durch Klauseln zur europäischen Kulturförderung. Gefordert ist eine „Politik für Europaverfassungsrecht". Vor allem die Präambeln und
Grundlagen-Artikel sind der Rahmen, in den Europaprogramme wirksam plaziert
werden können − und sollen. Parallelen zwischen innerstaatlichen Europa-Artikeln
und werdendem übernationalem Europarecht sind nicht etwa zu meiden, sondern sogar i.S. einer Gleichgestimmtheit beider Ebenen zu suchen.
     Als „*Textreservoir*" bieten sich viele Normgruppen an:
− Textelemente der Satzung des Europarates von 1948 („Fortentwicklung der Menschenrechte und Grundfreiheiten")
− Präambelelemente aus der EMRK von 1950 („gemeinsames Erbe an geistigen Gütern") und der ESC von 1961 („wirtschaftlicher und sozialer Fortschritt")
− Textelemente aus dem Europäischen Kulturabkommen von 1954 (Förderung der
  „gemeinsamen Kultur", Schutz des „gemeinsamen kulturellen Erbes", der „europäischen Kultur")
− Textelemente aus der KSZE-Schlußakte von 1975 (Korb 3): Förderung des Interesses für das Kulturgut der anderen Teilnehmerstaaten, „eingedenk der Vorzüge und
  der Werte jeder Kultur"
− Präambelzitate aus dem Entwurf eines Vertrages zur Gründung der Europäischen
  Union (EP) von 1984: „Bestreben, das Werk der demokratischen Einigung Europas
  … fortzusetzen"
− Präambelelemente aus der Erklärung der Grundrechte und Grundfreiheiten des EP
  (1989), wie: „daß Europa die Existenz einer Gemeinschaft des Rechts bekräftigt"
− Textelemente zum Fundament des „neuen Europa" i.S. der KSZE-Charta von Pa-

---

[40] Zum „europäischen Grundrechtsschutz" gleichnamig: *J. Schwarze*, Zeitschrift für Verwaltung, 1993,
S. 1ff.; *I. Pernice*, Gemeinschaftsverfassung und Grundrechtsschutz, NJW 1990, S.2409ff.; s. auch *J.
Schwarze*, Der Beitrag des Europarates zur Entwicklung von Rechtsschutz und Verfahrensgarantien im
Verwaltungsrecht, EuGRZ 1993, S.377ff.; *K.F. Kreuzer* u.a. (Hrsg.), Europäischer Grundrechtsschutz,
1998; *P. Selmer*, Die Gewährleistung der unabdingbaren Grundrechtsstandards durch den EuGH, 1998.

ris (1990): Schutz „ethnischer, kultureller, sprachlicher und religiöser Identität" nationaler Minderheiten (Volksgruppenschutz) sowie „Schutz der Umwelt" in gemeinsamer Verantwortung aller unserer Nationen in Europa

- Regionalismus-Texte (z.B. aus der „Gemeinschaftscharta der Regionalisierung" (1988), wie Art. 1)
- Textelemente aus dem Krakauer Symposium über das kulturelle Erbe der KSZE-Teilnehmerstaaten von 1991: Regionalaspekte der Kultur als „Faktor der Völkerverständigung"
- Präambelelemente von „Maastricht" (1992) bzw. Amsterdam (1997): „bürgernahes" Europa
- ebensolche „zum Schutz der Umwelt auf internationaler Ebene" (Entwurf eines Verfassungsberichts zur Europäischen Union (September 1993, Berichterstatter *F. Herman*)
- „Klima der Toleranz und des Dialogs, damit sich die kulturelle Vielfalt … als Quelle … der Bereicherung erweisen kann" (Präambel des Europäischen Rahmenabkommens zum Schutz nationaler Minderheiten von 1997)
- „Schutz der Regional- und Minderheitensprachen Europas" als Beitrag zum „kulturellen Reichtum Europas" (Präambel zur Europäischen Charta der Regional- und Minderheitensprachen von 1998)
- schließlich aus der Europäischen Charta der kommunalen Selbstverwaltung (1985) der Satz, „daß das Bestehen kommunaler Gebietskörperschaften mit echten Zuständigkeiten eine zugleich wirkungsvolle und bürgernahe Verwaltung ermöglicht" und die „Stärkung der kommunalen Selbstverwaltung in den verschiedenen europäischen Staaten einen wichtigen Beitrag zum Aufbau eines Europa darstellt, das sich auf die Grundsätze der Demokratie und der Dezentralisierung der Macht gründet"[41] – das könnte die wechselseitige Aufgeschlossenheit von Gemeinden und EU fördern.

Aber auch sonst ist Ausschau zu halten, wo Bauteile für innerstaatliches Europaverfassungsrecht zu entdecken sind[42]. Zur vielberufenen „europäischen Architektur" gehören heute auch innerstaatliche – differenzierte – Europa-Artikel. Sie indizieren die viel berufene „Europäisierung" des (Verfassungs-)Rechts[43]. Die nationalen Europa-

---

[41] Zit. nach F.-L. Knemeyer (Hrsg.), Die Europäische Charta der kommunalen Selbstverwaltung, 1989, S. 273. Von diesem Autor zuletzt: Kommunale Selbstverwaltung in Europa, Die Schutzfunktion des Europarates, BayVBl. 2000, S. 449ff.

[42] Vgl. etwa den frühen Entwurf einer europäischen Bundesverfassung von 1951 (zit. bei P.C. Mayer-Tasch (Hrsg.), Die Verfassungen Europas, 2. Aufl. 1975, S. 832ff.: „im Bewußtsein unserer Kulturgemeinschaft"). Ferner *M. Imboden*, Die Verfassung einer europäischen Gemeinschaft, Festgabe zum Schweizerischen Juristentag, 1963, S. 127ff.: „Die europäischen Völker, getragen vom Wunsche, sich Freiheit und Frieden zu sichern, im Bewußtsein ihres großen Erbes …" – Art. X/6 eines Entwurfes der Europäischen Kommission bzgl. der politischen Union (Mai 1991): „Jeder Unionsbürger hat das Recht auf freie Entfaltung seiner Kultur. Er hat die Pflicht, die Entfaltung der Kultur des anderen zu achten". – Präambel Verfassungsentwurf der Europäischen Union (Februar 1993): „… daß die Union die Identität der Mitgliedstaaten … auf der Grundlage der Grundsätze der Solidarität, des wirtschaftlichen und sozialen Fortschritts, der Subsidiarität und der aktiven Beteiligung der regionalen und lokalen Gebietskörperschaften achtet".

[43] Zur „Europäisierung des Rechts": *E. Schmidt-Assmann*, Zur Europäisierung des allgemeinen Verwaltungsrechts, FS Lerche, 1993, S. 514ff.; s. auch *ders.*, Deutsches und Europäisches Verwaltungsrecht, DVBl. 1993, S. 924ff.; zuletzt *E. V. Heyen*, Kultur und Identität in der europäischen Verwaltungsrechtsverglei-

Artikel könnten zugleich der verbreiteten Beobachtung Rechnung tragen, Europa stehe heute unter „Begründungszwang". Europa gewönne von den Nationen her eine alt-neue Begründungsebene. Hinzukommen muß freilich die entsprechende *Praxis*. Hier ist Belgien vorbildlich, insofern es einen nationalen Parlamentsausschuß gibt, der sich je zur Hälfte aus nationalen und Europaabgeordneten zusammensetzt.

d) *Verfassungspolitik in Sachen Europa* bleibt auf der Tagesordnung. Die typisierten Verfassungstexte mit Europa-Bezügen stehen nicht für sich. Sie sind im gemeineuropäischen *Kont*ext zu lesen bzw. auf *Gesamt*europa hin zu deuten. Nimmt man sie alle in der Vielfalt ihrer Formen und Inhalte zusammen, so zeigt sich, daß die Europa-Idee „unterwegs" ist und wie sehr sie den „gemeineuropäischen Verfassungsstaat" als solchen auch ausweislich seiner Verfassungstexte „schmückt". Die Europäisierung des Verfassungsstaates, die Europa-Offenheit der Nationalstaaten einschließlich ihrer etwaigen föderalen Gliedstaaten ist auch textlich schon weiter fortgeschritten als die oft noch introvertiert nationalstaatlich arbeitende Dogmatik und z.T. auch die Verfassungsrechtsprechung wahrhaben will[44].

Jede „gute Verfassungspolitik" hat heute mit zu bedenken, an welchen systematischen Stellen einer Verfassung sie das Thema Europa wie fixiert: als Staatsziel[45] (mit Folgerungen z.B. für die Umweltpolitik), als Erziehungsziel, im Blick auf die Grundrechte, als Präambelelement oder auf sonstige Weise. Das „Europa der Bürger" und das „Europa der Regionen" hat Gewinn davon, wenn Europa von unten her, d.h. von innen her, von den nationalen und gliedstaatlichen Verfassungstexten aus wächst und parallel dazu von der überstaatlichen Ebene her. So mag man verfassungspolitisch z.B. an Europa-Texte im Kontext der kommunalen Selbstverwaltung denken – „Echo" auf die Europäische Charta der kommunalen Selbstverwaltung[46]; m. a. W.: „Verfassungspolitik für Europa" ist von der innerstaatlichen *und* der überstaatlichen Ebene her zu leisten. Gewiß, innerstaatlich muß der Verfassunggeber recht allgemein bleiben, er darf sein Europaprogramm nicht zu konkret formulieren, um die Gestaltungsfreiräume nicht nationalstaatlich einzuschnüren. Das Europabekenntnis aber sollte an den je notwendigen Stellen systematisch Stück für Stück und glaubhaft *konstitutionell* ausgesprochen werden. Differenzierte Europa-Artikel sollten zu einem normalen Themenbereich demokratischer Verfassunggeber in Europa werden. Zu wichtig ist das Europa-Thema heute. Anders gesagt: Der „gemeineuropäische Verfassungsstaat" wird zu einem solchen dank geschriebener (oder ungeschriebener) „verinnerlichter" Europa-

---

chung, 2000. Zum „Gemeineuropäischen Verfassungsrecht" gleichnamig mein Beitrag: EuGRZ 1991, S. 291ff.

[44] Vgl. die Kritik von *J. Schwarze*, Europapolitik unter deutschem Verfassungsrichtervorbehalt, NJ 1994, S. 1 (3) an BVerfGE 89, 155: „Introvertierte Verfassungsinterpretation".

[45] Von der Schaffung von Europa-Artikeln sollte man sich auch nicht deshalb abhalten lassen, weil Art. 23 Abs. 3–7 n.F. GG *konkret* Kritik verdient: Er ist „Verwaltungsrecht im Verfassungsrecht", sein eigenes schlechtes Ausführungsgesetz und verstößt gegen Grundsätze guter Verfassungspolitik. Zur Kritik insofern etwa: *C. Starck*, VVDStRL 53 (1994), S. 127f. und der Verf., ebd. S. 147 (Diskussion); *U. Everling*, Überlegungen zur Struktur der Europäischen Union..., DVBl. 1993, S. 936 (945f.); *J. Schwarze*, Das Staatsrecht in Europa, JZ 1993, S. 585 (595); *R. Breuer*, Die Sackgasse des neuen Europaartikels (Art. 23 GG), NVwZ 1994, S. 417ff. Aus der Kommentarlit.: *I. Pernice*, in: H. Dreier (Hrsg.), Grundgesetz-Kommentar, Bd. 2, 1998, Art. 23; *R. Streinz*, in: Sachs (Hrsg.), Grundgesetz, 2. Aufl. 1999, Art. 23.

[46] Dazu *F.-L. Knemeyer*, aaO., 1989 (s. oben Anm. 41) und meine Besprechung in AöR 116 (1991), S. 324f.; ders. (Hrsg.), Europa der Regionen und Europa der Kommunen, 1994.

Artikel. „Europa" wird zu seinem selbstverständlichen Thema – wie dies etwa Menschenwürde und Menschenrechte, Demokratie, sozialer Rechtsstaat und Gewaltenteilung in Jahrhunderten geworden sind[47].

Das Plädoyer für ein Mehr an allgemeinen und besonderen Europa-Artikeln in *nationalen* Verfassungen i.S. von „Europa im Verfassungsstaat" will die künftige Europapolitik nicht einengen, sondern bürgernäher, regional und national, mehr von unten her legitimieren und die Akzeptanz Europas erhöhen. Gerade weil derzeit eine Phase der „Renationalisierung" drohen könnte und die „Europäisierung" der Nationen ins Stocken geraten ist, kann so der Sache Europa mit neuer Kraft gedient werden. Ideal wären aufeinander abgestimmte Europa-Artikel der Verfassungsstaaten, die zum Europa im engeren (EG-)Sinne, aber auch zum Europa im w. S. (d.h. zum Europarat) gehören. Dabei können die nationalstaatlichen Programme durchaus differieren: so bleibt Raum für fruchtbare Konkurrenz in Sachen Verfassungspolitik für Europa. Entscheidend ist nur, daß die Verfassungsstaaten mehr Europaverfassungsrecht im gekennzeichneten Sinn wagen und damit das „Europa der Bürger" (durch EMRK-Verweise) oder das „Europa der Regionen" (europäische Regionalismus-Artikel) und das „Europa der Kommunen" („Europa der Gemeinden" i. S. von *A. Gasser*) voranbringen. Für den Grundrechtsbereich könnte durchaus auf die EG-Grundrechte als „allgemeine Grundsätze" i.S. des EuGH Bezug genommen werden (vgl. Art. 6 Abs. 2 EU-Vertrag), auch wären Rezeptionen von „ordre public-Grundsätzen" denkbar, die der EGMR zu entwickeln begonnen hat. Europa könnte so „von unten her" neue Impulse erfahren und dem Bürger im Spiegel seiner eigenen Verfassung verständlich, zugänglich und erfahrbar gemacht werden.

## III. Die europäische Öffentlichkeit als „Resonanzboden" für den europäischen Juristen

Ein dritter Aspekt für Wirken und Werke des europäischen Juristen ist das Werden und z.T. schon Vorhandensein einer europäischen Öffentlichkeit[48]. Sie läßt sich vor allem aus der Kunst und Kultur darstellen, sie stellt sich mehr als nur punktuell auch schon aus dem europäischen (Verfassungs-)Recht her: Die Öffentlichkeit des Europäischen Parlamentes, der Beratenden Versammlung des Europarates, des Wirkens der beiden europäischen Verfassungsgerichte EuGH und EGMR, der Berichte des Bürgerbeauftragten und des Rechnungshofes – all dies setzt europäische Öffentlichkeit teils voraus, teils schafft es sie. Vor allem die Wissenschaft hat in Europa eine Öffentlichkeitsfunktion, und hier steht wohl die Rechtswissenschaft an erster Stelle: Tagungen, das institutionalisierte Treffen der europäischen Verfassungsrichter, europäische Juristenvereinigungen aller Art (bilateral oder europaweit), vom Europarecht bis zum „Religionsverfassungsrecht", und eben auch Ehrungen wie die heutige, bilden ein Stück europäischer Öffentlichkeit.

---

[47] Vgl. auch *J. Schwarze*, Das Staatsrecht in Europa, JZ 1993, S. 585 (594): „Öffnung des Staatsrechts auf Europa hin". Zum Menschenrechtsthema mit Blick auf Europa, vor allem aber auf die internationale Staatengemeinschaft, *M. Kotzur*, Theorieelemente des internationalen Menschenrechtsschutzes, 2001.

[48] Vgl. meine Berliner Schrift: Gibt es eine europäische Öffentlichkeit?, 2000.

Gewiß, in eigentümlicher, fast hegelscher Dialektik, ist es vor allem die „*Skandalöffentlichkeit*", die die Einheit und Vielfalt Europas erkennbar werden läßt: Denken wir an den Sturz der Santer-Kommission oder den Fall Bangemann, an Aufbau und Abriss der Mauer im tschechischen Aussig oder den BSE-Skandal. Vielleicht findet ja auch noch die Arbeit an der europäischen Grundrechte-Charta die unverzichtbare europäische Öffentlichkeit[49]. Die europäische Rechtswissenschaft wird zu einer solchen aber erst durch die europäische Öffentlichkeit, das europaweite Wirken einzelner Juristen, die öffentliche Diskussion über einzelne Entscheidungen des EuGH (z.B. den Fall Kreil: „Frauen in die Bundeswehr"[50], das Marschall-Urteil)[51]. Für den EGMR sei die Entscheidung im Fall „Matthews" angeführt, die weite Beachtung gefunden hat[52]. Öffentliches Echo einschließlich der wissenschaftlichen Kritik, der Austausch der Erasmus-Studenten, notfalls auch europäische Fußballmeisterschaften helfen der unverzichtbaren europäischen Öffentlichkeit, eine solche zu werden: sensibel für das Gemeinsame und Unterschiedliche, für Stärken und Schwächen der einzelnen Länder und verantwortungsvoll bis zum Balkan hinunter: Bosnien, Montenegro, ja sogar Serbien.

## Zweiter Teil: Konturen der europäischen Rechtskultur[53]

Über Elemente der europäischen Rechtskultur informativ und anspruchsvoll zu reden, ist eigentlich unseriös und einem Juristen nicht einmal in seinem „Herbst des Mittelalters" erlaubt. Unter diesem Vorbehalt immerhin einige Aspekte:

---

[49] Aus der schon jetzt unüberschaubaren Lit.: *A. Weber*, Die Europäische Grundrechte-Charta auf dem Weg zu einer europäischen Verfassung, NJW 2000, S. 537ff.; *I. Pernice*, Eine Grundrechte-Charta für die Europäische Union, DVBl. 2000, S. 847ff.; *P. Häberle*, Europa als werdende Verfassungsgemeinschaft, DVBl. 2000, S. 840ff., insbes. 846. Die ZRP hat dem Thema in Heft 9, September 2000, einen Schwerpunkt eingeräumt – mit Beiträgen u.a. von *S. Baer, K. Rütgen* und *N. Reich*. S. noch unten Anm. 95.

[50] Fall Tanja Kreil (11. Januar 2000, Rs. C-85/98); dazu *R. Streinz*, Frauen an die Front, DVBl. 2000, S. 185ff.; *R. Scholz*, Frauen an die Waffe kraft Europarecht?, DÖV 2000, S. 417ff.; *T. Sieberichs*, Nochmals: Waffeneinsatz von Frauen bei der Bundeswehr, NJW 2000, S. 2565f.

[51] Rechtssache C-409/95, EuGRZ 1997, S. 563ff.; dazu *U. Compensis*, Marschall – (k)eine Überraschung unserer Zeit?, BB 1998, S. 2470ff.; *M. Sachs*, Anmerkung zur Marschall-Rechtsprechung, DVBl. 1998, S. 184f.

[52] EuGRZ 1999, S. 200ff.; dazu *C. O. Lenz*, Anmerkung zur EGMR-Entscheidung vom 18.02.1999 (Wahlrecht zum Europäischen Parlament auch in Gibraltar), EuZW 1999, S. 311ff.; *S. Winkler*, EGMR-Urteil vom 18.02.1999: Wahlrecht zum Europäischen Parlament, Gibraltar, EuGRZ 1999, S. 200ff.

[53] Eine Gesamtschau der europäischen Rechtskultur steht noch aus. Sie könnte Maß nehmen an einem Werk wie *E. R. Curtius*, Europäische Literatur und lateinisches Mittelalter, 1947 (11. Aufl. 1993). – *F. Wieacker*, Privatrechtsgeschichte der Neuzeit, 2. Aufl., 1967, S. 26ff. benennt die Reste des westeuropäischen Imperiums, die lateinische Kirche und die spätantike Schule als Elemente der „europäischen Rechtskultur". – Aus der Lit. zuletzt: Wirkungen europäischer Rechtskultur, FS K. Kroeschel, 1997. Symptomatisch ist auch der Beginn einer historischen Buchreihe „Europa bauen", z.B. *L. Benevolo*, Die Stadt in der europäischen Geschichte, 1993; *M. Mollat du Jourdin*, Europa und das Meer, 1993.

## I. Sechs Merkmale

### 1. Die Geschichtlichkeit

Die europäische Rechtskultur ist in mehr als 2000 Jahren zu einer solchen *geworden*[54]. Die einzelnen Phasen und ihre Hervorbringungen überlagern sich wie Schichten und sind alle in ganz Europa mehr oder weniger präsent. Die philosophische Grundlegung glückte im alten Griechenland, der bis heute wohl nicht wieder erreichte spezifische Juristenverstand der Römer ebenso. Hinzuzunehmen sind die Beiträge des Juden- und Christentums, unmittelbar sichtbar in Gestalt der 10 Gebote von *Moses*, die sich nicht nur im Strafrecht der europäischen Völker, bei allen nationalen Varianten und trotz fortschreitender Säkularisierung widerspiegeln. Antike, Mittelalter und Neuzeit haben ihre bleibenden, oft auch sich verändernden Beiträge zur europäischen Rechtskultur geleistet: Wachstumsringen ähnlich. Erinnert sei für das Privatrecht – neben der Rechtsgeschäftslehre bzw. Privatautonomie – an römische Glanzleistungen wie die „ungerechtfertigte Bereicherung" (vgl. §§ 812ff. BGB), für das Strafrecht an die allmähliche Abkehr vom alttestamentarischen Talionsprinzip (nicht nur Vergeltung, sondern auch Erziehung und Besserung als Strafzweck), vor allem an die Durchsetzung des Schuldprinzips im Sinne „persönlicher Vorwerfbarkeit", heute unstreitig an die Stelle der Gottesurteile des germanischen Strafrechts getreten! Die Kontroverse zwischen „romanistischem" und „germanistischem" Eigentumsverständnis hat ganze Generationen beschäftigt. Die (nationale) Rechtsgeschichte, heute immer stärker in den europäischen Rahmen gestellt, bleibt unentbehrlich für alles juristische Arbeiten. Die großen Leistungen des kanonischen Rechts und die Ausstrahlung auf das weltliche (z.B. in Sachen Mehrheitsprinzip) seien wenigstens erwähnt[55]. Ob Ostrom bzw. später „Byzanz" klassische Elemente der europäischen Rechtskultur geschaffen haben, bleibt offen. Jedenfalls ist *Justinian* I. das „Corpus Juris Civilis" zu verdanken.

### 2. Die Wissenschaftlichkeit – juristische Dogmatik

Die Wissenschaftlichkeit – die juristische Dogmatik – bildet ein zweites Kennzeichen der europäischen Rechtskultur unserer Entwicklungsstufe. War sie in den großen Perioden Roms pragmatisch, aber in z.T. genialen Leistungen gewachsen, so wird vor allem im Zuge der Rezeption des römischen Rechts die Verwissenschaftlichung beschrieben[56]. In der Moderne hat sich die Verwissenschaftlichung weiter verfeinert. Von *I. Kant* bis *Max Weber* ist diese durchlaufende Entwicklung befördert bzw. beobachtet worden. Recht wird im Vorgang der Setzung wie der Interpretation mit Rationalität in Zusammenhang gebracht. Jüngste Beiträge sind unter dem Stichwort eines *J. Esser* „Vorverständnis und Methodenwahl" (1972), (auch im Anschluß an *H.-G. Gadamers* „Wahrheit und Methode" (1960, 4. Aufl. 1975)), geleistet worden. Die

---

[54] Anschaulich: *T. Rathnow*: „Gedächtnisraum Europa" (FAZ vom 5. April 1993, S. 33).

[55] Zur Ausstrahlung des kanonischen Rechts: *F. Wieacker*, Privatrechtsgeschichte, aaO., S. 71ff.; *P. Landau*, Der Einfluß des kanonischen Rechts auf die europäische Rechtskultur, in: R. Schulz (Hrsg.), Europäische Rechts- und Verfassungsgeschichte, 1991, S. 39ff.

[56] Dazu *F. Wieacker*, Privatrechtsgeschichte der Neuzeit, 2. Aufl. 1967, S. 131.

Rechtspolitik ist als Gesetzgebungslehre[57] Teil der Wissenschaft geworden, und Legionen von Literatur beschäftigen sich mit Fragen der „richtigen" Methoden der Auslegung z.B. in der Verfassungsinterpretation[58]. Weitere Stichworte liefert die Diskussion über Grundwerte[59] – damals u.a. von *H. Kohl* geführt! Im übrigen bildet es einen Ausdruck dieser Wissenschaftlichkeit des Rechts in Europa, daß es viele Teildisziplinen gibt. Die Spezialisierung ist freilich weit fortgeschritten, und mitunter ist das „geistige" Band der *einen* Rechtswissenschaft kaum mehr präsent. Die Rechtsphilosophie (als Frage nach dem „richtigen Recht") und heute m.E. die Verfassungslehre (als Lehre vom Typus Verfassungsstaat) sind diese „Rahmenwissenschaft".

Doch stehen wir hier in Deutschland erst am Anfang. Auf den „Schultern der Riesen" der Weimarer Klassiker im doppelten Sinne des Wortes (sc. das Dreigestirn von *R. Smend, H. Heller, C. Schmitt*[60]) sehen wir nicht zuletzt dank der großen Leistungen des BVerfG weiter als diese, aber wir bleiben doch „Zwerge", auch wenn der bundesdeutschen Staatsrechtslehre Hand in Hand mit „Karlsruhe" (d.h. dem BVerfG) manche neuen juristischen Erfindungen geglückt sind, die auch in anderen Ländern Europas rezipiert werden (z.B. das Übermaßverbot bzw. der Grundsatz der Verhältnismäßigkeit, überhaupt die Verfeinerungen der Grundrechtsdogmatik[61]). Nur erwähnt sei die Auffächerung in viele juristische Teildisziplinen: vom klassischen Privatrecht mit vielen Nebengebieten über das Arbeits- und Wirtschaftsrecht, das Strafrecht, das Verwaltungs- und Verfassungs-, Völker- und Europarecht. Die Rechtsvergleichung, vom Privatrecht in großen Namen von *E. Rabel* über *M. Rheinstein* bis *K. Zweigert* pionierhaft begründet, erlebt derzeit auch im öffentlichen Recht großen Aufschwung[62]. Sie bildet übrigens in der *Raum*dimension das, was die Rechts*geschichte* in der *Zeit* bedeutet. Beides zusammen kann erst den kulturellen Mikro- und Makrokosmos des Rechts erfassen. Einem einzelnen Gelehrten freilich ist die Integration beider Dimensionen leider nicht mehr möglich. Eine Frucht der vergleichenden Rechtswissenschaft bildet

---

[57] *P. Noll*, Gesetzgebungslehre, 1973; *E. von Hippel*, Rechtspolitik, 1992; *W. Schmitt Glaeser*, Rechtspolitik unter dem Grundgesetz, AöR 107 (1982), S. 337ff.; *P. Richli*, Interdisziplinäre Daumenregeln für eine faire Rechtsetzung, 2000.

[58] Dazu etwa *P. Schneider/H. Ehmke*, Prinzipien der Verfassungsinterpretation, VVDStRL 20 (1963), S. 1ff.; *K. Hesse*, Grundzüge des Verfassungsrechts der Bundesrepublik Deutschland, 20. Aufl. 1995, S. 20ff. (Neudruck 1999); *R. Dreier/F. Schwegmann* (Hrsg.), Probleme der Verfassungsinterpretation, 1976; *P. Badura*, Staatsrecht, 2. Aufl. 1996, S. 16f.; *H. Maurer*, Staatsrecht, 1999, S. 19ff.

[59] Dazu *G. Gorschenek* (Hrsg.), Grundwerte in Staat und Gesellschaft, 1977, 3. Aufl. 1978.

[60] *R. Smend*, Verfassung und Verfassungsrecht, 1928; *H. Heller*, Staatslehre, 1934; *C. Schmitt*, Verfassungslehre, 1928.

[61] Dazu z.B. *P. Lerche*, Übermaß und Verfassungsrecht, 1961; ferner *P. Häberle*, Die Wesensgehaltgarantie des Art. 19 Abs. 2 GG, 3. Aufl. 1983, S. 124f., jetzt auch in italienischer (1993) und spanischer Übersetzung (1997). Zuletzt: *U. Kischel*, Die Kontrolle der Verhältnismäßigkeit durch den EuGH, EuR 2000, S. 380ff.; *E. Pache*, Der Grundsatz der Verhältnismäßigkeit in der Rechtsprechung der Gerichte der Europäischen Gemeinschaften, NVwZ 1999, S. 1033ff.; *A. Emmerich-Fritsche*, Der Grundsatz der Verhältnismäßigkeit als Direktive und Schranke der EG-Rechtsetzung, 2000.

[62] Früh dazu etwa *R. Bernhardt*, Eigenheiten und Ziele der Rechtsvergleichung im öffentlichen Recht, ZaöRV 24 (1964), S. 430ff.; *J.M. Mössner*, Rechtsvergleichung und Verfassungsrechtsprechung, AöR 99 (1974), S. 193ff.; *P. Häberle*, Rechtsvergleichung im Kraftfeld des Verfassungsstaates, 1992. Zuletzt: *R. Wahl*, Verfassungsvergleichung als Kulturvergleichung, FS Quaritsch, 2000, S. 163ff.

die Lehre von den „*Rechtskreisen*"[63]. Unterschieden wird etwa zwischen dem „romanischen" (z.B. Italien, Frankreich), dem „germanischen" (Deutschland) oder „nordischen" (Skandinavien), dem „angelsächsischen" etc. Rechtskreis. Diese Rechtskreiselehre ist wiederum ein Werk der Wissenschaft und im Grunde „eurozentrisch". Heute, spätestens im Jahre 1989 und seiner Weltstunde des Verfassungsstaates, muß sie neu konzipiert werden. Denn die Rezeption von Verfassungsrecht (z.B. vom deutschen GG hin zur Verfassung Griechenlands (1975), Portugals (1976) oder Spaniens (1978)), ist beachtlich und „mischt" die Rechtskreise auf neue Weise. Von Italiens Verfassung von 1947 – sie war von der deutschen Weimars (1919) beeinflußt –, gingen manche Rechtsideen ihrerseits in die beiden iberischen Länder (z.B. der Regionalismus), die neuen Schweizer Kantonsverfassungen (seit den 60er Jahren) sind von der deutschen Rechtsprechung und Dogmatik nicht wenig beeinflußt[64], und die deutsche Staatsrechtslehre ist unter dem GG auch intensiven Einflüssen aus den USA ausgesetzt.

## 3. Die Unabhängigkeit der Rechtsprechung

Die Unabhängigkeit der Rechtsprechung in Bindung an Gesetz und Recht samt rechtlichem Gehör (vgl. Art. 20 Abs. 3 bzw. Art. 103 Abs. 1 GG) – eng mit der juristischen Dogmatik als einer Form der wissenschaftlichen Wahrheitssuche verknüpft – ist ein drittes großes Merkmal europäischer Rechtskultur und Ausdruck durchgängiger Rechtsstaatlichkeit und der Gewaltenteilung. Die Verselbständigung der sog. „3. Gewalt" gegenüber dem Staat – auch und gerade im Verfassungsstaat, d.h. ihre bzw. des Rechts Verläßlichkeit, die schrittweise Herauslösung aus den Weisungsabhängigkeiten im absoluten bzw. konstitutionellen Staat; die Verwaltungsgerichtsbarkeit beginnt in Deutschland in Baden (1863) – die Gefährdungen selbst unter einem *Friedrich dem Großen* („Fall Müller Arnold"), der Verlust im NS-Staat und dann wieder in der DDR – all dies zeigt, wie mühsam und letztlich doch erfolgreich Rechtsprechung durch sachlich und persönlich unabhängige Richter war und ist und welche kulturelle und politische Leistung sich dahinter verbirgt. Die Frage, ob es sich um „case law" oder um „statute law" handelt, ist eher sekundär, beides nähert sich heute stark an. Entscheidend bleibt, ob die Richter unabhängig sind. Erinnert sei indes an die menschlichen Grenzen dieser Unabhängigkeit: auch die Richter sind dem „Zeitgeist" ausgesetzt[65]: im „Kaukasischen Kreidekreis" von *B. Brecht* sind von einem Dichter die Grenzen des menschlichen Richtens auf einen Klassikertext gebracht worden. Der Richterkönig *Salomon* bleibt ein weiterer gültiger Ausdruck des Problems des Richteramtes[66]. Beschämt müssen wir indes beobachten, wie unverfroren die politischen

---

[63] Vgl. *K. Zweigert/H. Kötz*, Einführung in die Rechtsvergleichung auf dem Gebiete des Privatrechts, Bd. I, 1971, S. 67ff. (2. Aufl. 1984, S. 72ff., 3. Aufl. 1996, S. 62ff.); *M. Rheinstein*, Einführung in die Rechtsvergleichung, 2. Aufl. 1987, S. 15, 77ff.; *L.-J. Constantinesco*, Rechtsvergleichung, Bd. III, 1983, S. 73ff.

[64] Dazu *P. Häberle*, Neuere Verfassungen und Verfassungsvorhaben in der Schweiz, JöR 34 (1985), S. 303ff.; *ders.*, Verfassung als öffentlicher Prozeß, 1978 (3. Aufl. 1998), S. 182; *ders.*, Rechtsvergleichung im Kraftfeld des Verfassungsstaates, 1992, S. 1ff.; *ders.*, Theorieelemente eines allgemeinen juristischen Rezeptionsmodells, in: JZ 1992, S. 1033ff.

[65] Dazu *K. Zweigert*, Zur inneren Unabhängigkeit des Richters, FS F. von Hippel, 1967, S. 711ff.

[66] Allgemein dazu *R. Smend*, Festvortrag 10 Jahre BVerfG, in: Das Bundesverfassungsgericht, 1963, S. 23ff.

Parteien heute die BVerfG-Richterstühle reklamieren – zum Glück sind ihre „Kandidaten", einmal gewählt, immer unabhängig geworden bzw. geblieben!

## 4. Die weltanschaulich-konfessionale Neutralität des Staates – Religionsfreiheit

Zu den Fundamenten der europäischen Rechtskultur gehört die Garantie der Religionsfreiheit bzw. die sog. weltanschaulich-konfessionale Neutralität des Staates (BVerfGE 27, 195 (201)). Sie erweist sich für unser Verständnis von „gerechtem Recht" als zentral. Die Religionsfreiheit (nach *G. Jellinek* die Urfreiheit), die damit verknüpfte staatliche „Toleranz in Religionssachen", das Prinzip der „Nichtidentifikation" (*Herb. Krüger*) ist Gerechtigkeits*bedingung*. Erst dadurch konnte der „Verfassungsstaat" zu einem solchen werden. Alle kulturelle Differenz, aller Pluralismus, alle kulturelle Freiheit hängen letztlich von diesem Ergebnis des Prozesses der *Säkularisierung* ab – wir können leicht die „Gegenprobe" an Beispielen des islamischen Fundamentalismus oder der ideologisch gebundenen sog. „Rechtsprechung" in totalitären Staaten aller Art machen. Europa jedenfalls hat seine Rechtskultur und Kultur überhaupt via Neutralität des Staates ins Offene wachsen lassen können. (Staatskirchenrechtliche Sonderformen wie die „hinkende Trennung" zwischen Staat und Kirche nach dem GG sind damit vereinbar.) Polen hat dies in Art. 25 Abs. 2 (Verf. von 1997) auf einen Text gebracht.

## 5. Europäische Rechtskultur als Vielfalt und Einheit

Der Begriff „Europäische Rechtskultur" suggeriert den Aspekt der Einheit. Näher betrachtet, gehört ihm aber die *Vielfalt* von vornherein hinzu, so wie wir die europäische *kulturelle* Identität dialektisch ebenfalls aus Einheit *und* Vielfalt definieren. „Amsterdam" sagt in Art. 151 Abs. 1:

> „Die Gemeinschaft leistet einen Beitrag zur Entfaltung der Kulturen der Mitgliedstaaten unter Wahrung ihrer nationalen und regionalen Vielfalt sowie gleichzeitiger Hervorhebung des gemeinsamen kulturellen Erbes".

Das „gemeinsame kulturelle Erbe" umschließt auch das rechtskulturelle Erbe, die „nationale Vielfalt", gewiß auch das je nationale Recht der europäischen Staaten. Obwohl hier formal nur die derzeit 15 EG-Länder gemeint sind, können beide Begriffe für alle Verfassungsstaaten Europas in Anspruch genommen werden. Dazu einige Stichworte: Für die europäische Rechtskultur ist bei allen gemeinsamen Wurzeln in Antike und Mittelalter die Entstehung des *Nationalstaates* und die damit verbundene eigene – durch das Gewaltmonopol garantierte – Rechtsordnung kennzeichnend. Unabhängig von den „Rechtsfamilien" und „Rechtskreisen" unterscheiden sich die einzelnen Staaten in Europa durch ihr spezifisch nationales Recht. Das gilt für die Kodifikationsidee der Naturrechtszeit, etwa das PrALR (1794) und den weit nach Deutschland ausstrahlenden Code Napoléon, es gilt für das BGB von 1900 und das ihm in Prägnanz, Sprachform und Volksnähe sogar überlegene Schweizer ZGB von *Eugen Huber* (1911). Das Ziel aller klassischen Nationalstaaten im 19. Jahrhundert war das eigene Recht, Ausdruck der eifersüchtig gehüteten Souveränität. Bei aller Abhängigkeit der Menschenrechtskataloge von Frankreich 1789 bis Belgien 1831: die deutsche Paulskirche 1849 – zuvor der süddeutsche Konstitutionalismus – hatte ihre spezifischen Einfärbungen. Das überkommene „jus commune" war durch das nationale Recht zurückgedrängt worden[67]. Und heute gehören die Verfassungsstaaten Europas zwar alle dem *Typus* „Verfassungsstaat" an, sie variieren dessen Elemente indes vielfältig: z.B. in Sachen Föderalismus bzw. Regionalismus[68], Verfassungsgerichtsbarkeit, Grundrechtsverständnis oder politischer Kultur.

Hatte selbst der Nationalstaat nicht alle gemeinrechtlichen Wurzeln der Rechtsordnungen der europäischen Völker kappen können: erst in neuerer Zeit blüht das Gemeinsame in Europas Rechtskultur kräftig auf. Die EMRK von 1950, das europäische Kulturabkommen (1954) und die vielen späteren Konventionen des Europarates sind der eine Vorgang – besonders die Judikatur des EGMR in Straßburg, sein Begriff des „ordre public européen", ziehen die Linien des gemeinsamen Rechts kräftig aus –, und das „Zusammenraufen" bzw. „Konzert" der einzelnen nationalen Richter im Plenum des EGMR illustrieren und personifizieren die Vielfalt und Einheit. Die nationalen Rechtskulturen in Europa besitzen ein gemeinsames Interpretations-Forum wie nie zuvor. Der andere Vereinheitlichungs- und Europäisierungsvorgang manifestiert sich in der EG. Die oft genannten Demokratiedefizite und die Bürgerferne „Brüssels" sind gewiß zu beklagen, und der Perfektionismus und die Reglementierungswut der dortigen Bürokratie bilden ein Skandalon, wobei zu hoffen ist, daß der Grundsatz der Subsidiarität (vgl. Art. 5 EGV) ein Hebel zur Bewahrung der *Vielfalt* der europäischen Rechtskulturen wird. Dennoch ist auf der Haben-Seite die Tätigkeit des EuGH in Luxemburg zu verbuchen: als „Integrationsmotor" hat er prätorisch viel Rechtseinheit in Europa geschaffen. Erwähnt sei nur seine im schöpferischen Rechtsvergleich gewonnene Lehre von den Grundrechten als „allgemeinen Rechtsgrundsätzen"[69]. Das ist ein Stück materialer Allgemeinheit Europas als *einer* Rechtskultur. Dieses oft still, aber sehr effektiv wachsende europäische „Grundrechts-Recht", das fast an den klassischen Prätor in Rom erinnert, bildet ein Basiselement der europäischen Rechtskultur unserer Tage. Die kleinen Völker wie Dänemark oder die Schweiz in Sachen EWR-Ablehnung (1992), jetzt Irlands Ablehnung des Nizza-Vertrags (2001), erinnern uns aber auch daran, daß Europa aus der *Vielfalt* seiner Völker lebt und das „Europa der Bürger" den Balance-Akt zwischen Vielfalt und Einheit der europäischen Rechtskultur suchen muß. Die „Europäisierung der nationalen Staatsrechtslehren" und Verfassungsgerichte[70], seit kurzem fast ein Schlagwort und von der Europäisierung der anderen Disziplinen wie des Sozialrechts oder des Strafrechts[71] begleitet, hat jetzt eine Dynamik und Dramatik gewonnen, die an ältere Peri-

---

[67] Dazu H. *Coing*, Europäische Grundlagen des modernen Privatrechts, 1986; *ders.*, Gesammelte Aufsätze 1947–1975, Bd. 2, 1982.

[68] Vgl. meinen Beitrag: Der Regionalismus als werdendes Strukturprinzip des Verfassungsstaates..., in: AöR 118 (1993), S. 1 ff. – Das „Belfast Abkommen" ist abgedruckt in ZaöRV 58 (1998), S. 688 ff.

[69] Dazu etwa A. *Bleckmann*, Europarecht (4. Aufl. 1985, S. 104 ff.), 5. Aufl. 1990, S. 138 ff.; I. *Pernice*, Grundrechtsgehalte im Europäischen Gemeinschaftsrecht, 1979, S. 27, 42 ff.; s. auch M. *Hilf*, Die Notwendigkeit eines Grundrechtskataloges, in: W. Weidenfeld (Hrsg.), Der Schutz der Grundrechte in der Europäischen Gemeinschaft, 1992. – Zum Ganzen noch unten Anm. 99 ff.

[70] Dazu mein Votum in: VVDStRL 50 (1991), S. 156 ff.

[71] Dazu U. *Sieber*, Europäische Einigung und europäisches Strafrecht, in: ZStrW 1991, S. 957 ff.; D. Merten/R. Pitschas (Hrsg.), Der europäische Sozialstaat und seine Institutionen, 1993; U. *Sieber*, Memorandum für ein Europäisches Modellstrafgesetzbuch, JZ 1997, S. 369 ff.; W. Hassemer, „Corpus Juris": Auf

oden der europäischen Rechtsgeschichte denken läßt. Das „Erasmus-" und „Tempus-Programm" beglaubigt all dies von der Universitätsseite her. Der „*europäische* Jurist" beginnt im Studium und endet – vielleicht – als Professor! Das Sprachen-Problem sei nur erwähnt[72].

## 6. *Partikularität und Universalität der europäischen Rechtskultur*

Dieser letzte Aspekt meint folgendes: Geographisch ist Europa ein Teil der Welt – neben Amerika, Afrika, Asien und Australien. Seine bisher skizzierte *eine*, aber doch *viel*fältige Rechtskultur steht der anderer Erdteile unterscheidbar gegenüber (trotz der Commonwealth-Länder). Ohne sich dem Vorwurf der „Eurozentrik" auszusetzen, darf aber auch von – sehr „europäischer" – „Universalität" gesprochen werden: Nicht wenige Elemente der europäischen Rechtskultur beanspruchen bzw. haben eine „universale" Dimension: so die Menschenrechte seit 1789, von der UNO bekräftigt und z.B. in einigen Staaten Afrikas wiederholt (z.B. Art. 25 AfrMRK (1982)), so die Gerechtigkeitslehren, so das Demokratieprinzip (vgl. Art. 21 Ziff. 1 und 3 Allg-ErklMR (1948)), heute vielleicht sogar die „Marktwirtschaft" (so der ehemalige ungarische Außenminister *Gy. Horn*)[73]. Obwohl heute die Produktions- und Rezeptionsgemeinschaft in Sachen Verfassungsstaat universal ist: zu den USA besteht ein besonderer bzw. vom *Recht* vermittelter Kulturzusammenhang. *T. Jefferson* hat sich bei seiner amerikanischen Unabhängigkeitserklärung 1776 von Denkern wie *J. Locke* und *Montesquieu* inspirieren lassen, die Virginia bill of rights 1776 inspirierte ihrerseits die französische Erklärung von 1789, die englische Common law-Tradition prägte die späteren USA. Darum darf man heute insofern von einer atlantisch-europäischen Gemengelage in Sachen Rechtskultur sprechen. Die Verwandtschaft zwischen der Europäischen und der Amerikanischen Menschenrechtskonvention (1950 bzw. 1969) liegt auf der Hand. Doch diese „special relationship" sollte selbstbescheiden festgestellt werden. Bei aller Ausstrahlung der europäischen Rechtsideen nach Übersee, auch Asien, beharren die Völker in Afrika zu Recht auf ihrer eigenen Identität, auch in Lateinamerika[74]. Die vermeintliche oder wirkliche „Universalität" mancher europäischer Rechtsprinzipien darf nicht zum Instrument der Einebnung der Kulturen anderer Völker werden. Schon bei Auslegungsformen der beiden Menschenrechtspakte der UN (1966) zeigen sich große Schwierigkeiten, etwa im Verständnis von Menschenwürde und Gleichheitssatz, von „Familie" und „Bildung". Von „Weltkultur" und „Weltrecht" sind wir – abgesehen von einigen Prinzipien der in der UNO verkörperten Völkerrechtsgemeinschaft – weit entfernt, was nicht ausschließt, im Sinne *I. Kants* in „weltbürgerlicher Absicht" zu denken und zu handeln. Selbst wenn es Übereinstimmungen und Analogien zwischen den nationalen und regionalen

---

dem Weg zu einem europäischen Strafrecht?, KritV 1999, S. 133 ff.; *G. Dannecker*, Das Europäische Strafrecht in der Rechtsprechung des Bundesgerichtshofs in Strafsachen, in: FS 50 Jahre Bundesgerichtshof, 2000, S. 339 ff.

[72] Dazu T. Bruha/H.-J. Seeler (Hrsg.), Die Europäische Union und ihre Sprachen, 1998; *D. Martiny*, Babylon in Brüssel?, ZEuP 1998, S. 227 ff.

[73] Dazu meine Überlegungen in: Die Entwicklungsstufe des heutigen Verfassungsstaates, in: Rechtstheorie 22 (1991), S. 431 ff.

[74] Vgl. Präambel, Art. 58 Verf. Guatemala von 1985 (zit. nach JöR 36 (1987), S. 555 ff.).

Rechtsgemeinschaften gibt, sind sie auch in je *nationaler* bzw. *eigener* kultureller Verantwortung gewachsen. Zur „Europäisierung der Erde" hat die europäische Rechtskultur neben Technik und Naturwissenschaften gewiß einen großen folgenreichen Beitrag geleistet, und noch heute dauern Rezeptionsprozesse etwa zwischen Spanien und den neuen lateinamerikanischen Verfassungen, wie Kolumbien (1991)[75], an. Doch tun wir gut daran, gerade als Juristen selbstkritisch zu sein – oder doch zu werden[76]. Vor allem der islamische Fundamentalismus erinnert uns z.T. schmerzlich an die Grenzen der europäischen Rechtskultur in ihren universalen Intentionen.

*Zusammenfassend*: Europa als Wertegemeinschaft[77] ist wesentlich durch Europa als Rechts- und Kulturgemeinschaft – als Rechtskulturgemeinschaft – mit geprägt. Es hat auf einzelnen Feldern durch das Ringen um Freiheit, Gerechtigkeit und Gemeinwohl Paradigmen geschaffen, die vielleicht sogar zum „kulturellen Erbe der Menschheit" als „kulturelles Gen" gehören, jedenfalls den Glanzleistungen Europas in der Kunst (Literatur, Musik, Architektur, Malerei) bescheiden an die Seite gestellt werden dürfen. Als Vergleichsgröße haben immer wieder fundamentalistische sowie totalitäre Rechtssysteme und – noch – z.T. die Entwicklungsländer bzw. noch Osteuropa gedient. Europa muß sich aber heute einem interkulturellen Vergleich stellen. Wir sollten lernen, Europa auch „von außen" zu sehen – auch zu kritisieren. Das gilt etwa im Verhältnis zu Lateinamerika, Afrika und den islamischen Ländern, auch vielen Entwicklungsländern. Die große Vergangenheit und Zukunft des „Europarechts" im engeren und weiteren Sinne darf beim Namen genannt werden. Aber die Europäisierungsvorgänge sollten taktvoll und sensibel auf Europa beschränkt bleiben und allenfalls als „Angebot" unterbreitet werden, nicht als verdeckte Form neuer Kolonialisierung. Die Transferprozesse zu den Entwicklungsländern hin, aber auch im Blick auf Osteuropa schließen die Rechtsprinzipien ein. Aber gerade weil das Recht ein Teil der Kultur ist, sollte dies im Respekt vor und in Toleranz zu den fremden Kulturen geschehen. Jedenfalls ist diesen zu wünschen, daß sie die Kraft, Phantasie und den Willen haben, das fremde europäische Recht zum Eigenen einzuschmelzen. Und: Europa selbst muß sich für rechtskulturelle Einflüsse aus anderen Ländern offenhalten und lernfähig bleiben: Auch diese Toleranz und Offenheit gehören zur Kultur des Menschen in dieser *einen* Welt.

---

[75] Dazu *B. Marquardt*, Aus der Geschichte der Globalisierung des republikanisch-demokratischen Verfassungsstaates – Das Jahrhundert Hispano-Amerikas (1819–1919). Erläutert am Beispiel der 8 Constituciones de la República de Columbia, in: Recht und Internationalisierung, Festgabe St. Gallen, 2000, S. 53ff.

[76] Die heutige Ausstrahlung des europäischen Verfassungsstaates in die Verfassunggebung in Osteuropa sei hier nicht erwähnt, weil es sich ja um das *eine* Europa handelt.

[77] Aus der Lit.: *O. Kimminich*, Europa als (geistes)geschichtliche Erscheinung und politische Aufgabe, in: Essener Gespräche zum Thema Staat und Kirche 27 (1993), S. 6ff.; *A. Baruzzi*, Europas Autonomie, 1999; s. aber auch *E. Schwarz*, Europa, das gibt es nicht, „Die Zeit" Nr. 20 vom 14. März 1993, S. 54. Zuletzt *Joseph Kardinal Ratzinger*, Europas Kultur und ihre Krise, Die Zeit Nr. 50 vom 7. Dez. 2000, S. 61ff. sowie *J. Le Goff*, Die Grenzen Europas, ebd. S. 64.

## II.  Grenzen als Brücken, die Mittlerrolle Spaniens nach
## Lateinamerika und Afrika hin

Bisher wurde die europäische Rechtskultur von ihren sechs Merkmalen her positiv umschrieben. Jetzt gilt es, vom Negativen her die *Grenzen* zu kennzeichnen. Hier spielen räumlich-territoriale, aber auch historisch-kulturelle Aspekte eine Rolle. Bei allen Grenzziehungen ist freilich zu beachten, daß „Grenze" bzw. „Nachbarschaft" immer einen dialektisch miteinander verbundenen Doppelcharakter haben: Grenze scheidet, sie eröffnet aber auch die Möglichkeit zum schöpferischen Brückenbau im Bewußtsein der eigenen Identität (exemplarisch etwa in den Euro-Regionen wie Euregio Basilensis bzw. Egrensis)[78]. So kann zwar Lateinamerika nicht einfach dank Spanien zur europäischen Rechtskultur gerechnet werden: der andere Kontinent, die Kolonialgeschichte, die landsmannschaftlichen Verschiedenheiten. Dennoch schlägt Spanien nicht nur dank seiner Sprache eine einzigartige Brücke in viele lateinamerikanische Länder. In Sachen Verfassungsstaat finden viele Rezeptionsprozesse statt, und nicht wenige Jura-Studenten lernen im spanischen „Mutterland". Die Verf. Spaniens schafft schon positivrechtlich besondere Verbindungen nach Lateinamerika (vgl. Art. 11 Abs. 3), parallel Portugal für seine Übersee (vgl. Art. 7 Abs. 4 Verf. Portugal), und die Mittlerfunktion zwischen sich und lateinamerikanischen Ländern kann Spanien mit Stolz wahrnehmen – sie dient dabei mittelbar sogar der europäischen Rechtskultur, wobei jedes Denken in „Einbahnstraßen", weil zu eurozentrisch, abzulehnen ist. Es gibt durchaus genuine eigenwüchsige Verfassungsnormen etwa in Verf. Guatemala von 1985 (Präambel Art. 1. Abs. 57 bis 65 und Art. 72 (Menschenrechte als Erziehungsziele) oder (alte) Verf. Peru von 1979 (z.B. in der Präambel, „offene Gesellschaft", „Wirtschaft im Dienste jedes Menschen", nicht umgekehrt).
Sogar nach *Afrika* hin mögen sich rechtskulturelle Grenzen, vor allem in der Zukunft, als „Brücken" erweisen – sofern sich ein „verfassungsstaatlicher Islam"[79] entwickelt. Eine empirische Bestandsaufnahme Spanien/Lateinamerika wäre ein eigenes wissenschaftliches Programm: vom Austausch von Rechtstexten, von Rechtsprechung und Literatur über eher personelle Verpflichtungen dank wechselseitiger Studienaufenthalte, Austauschprogramme etc. Ich habe es immer bewundert, daß und wie spanische Rechtsgelehrte in der Franco-Zeit in Südamerika Zuflucht fanden (z.B. *G. Peces-Barba*), um dann später wieder nach hier zurückzukehren (Im „Gepäck" hatten sie gewiß auch manche Rechtserfahrungen aus Übersee!).

---

[78] Zum Begriff der Grenze vgl. *W. Graf Vitzthum,* Staatsgebiet, HdBStR Bd. 1, 1995, § 16; *B. Wehner,* Nationalstaat, Sozialstaat, Effizienzstaat: Neue Staatsgrenzen für neue Staatstypen, 1992; aus der Raumperspektive der Geowissenschaften M. Gramm/J. Maier/I. Becker (Hrsg.), Staatsgrenzen und ihr Einfluß auf Raumstrukturen und Verhaltensmuster, Bd. 1, Grenzen in Europa, 1983. Eine programmatische Gleichsetzung von Nachbarschaft und Partnerschaft findet sich bei *D. Bingen,* Deutsche und Polen auf dem Weg zu einer partnerschaftlichen Nachbarschaft, 1999; s. noch *E. Maste,* Die Republik der Nachbarn, 1997.

[79] Zu dieser Hoffnung: *P. Häberle,* Europäische Verfassungslehre in Einzelstudien, 1999, S. 212ff., 224; u.a. die Kategorie des Nachbarn greift *B. Münzel,* Feinde, Nachbarn, Bündnispartner, 1994, auf, um christlich-muslimische Begegnungen im islamischen Spanien zu analysieren.

## III. Gefährdungen der europäischen Rechtskultur

Gefährdungen seien nicht verschwiegen. Auch sollten wir der Faszinationskraft der Europaidee nicht kritiklos erliegen. Folgende Gefährdungen seien beim Namen genannt: Zum ersten die unselige, fast alle Lebensbereiche erfassende *Ökonomisierung* des Denkens und Handelns unserer Zeit. Ausgerechnet seit 1989 erleben wir einen Kapitalismus neuer Art, der als „entfesselter" kaum zu zähmen ist und eine neue Art von Materialismus fast weltweit zur Herrschaft zu bringen scheint. Der Markt wird zum Maß aller Dinge, er ist aber nicht das Maß des Menschen! Von wissenschaftlicher Seite her kann dem nur durch die Besinnung auf das Kulturelle begegnet werden: „Verfassung als Kultur"[80] bildet ein Stichwort. Erforderlich wird die Erinnerung an die anthropologisch begründete „Bodenständigkeit" des Menschen, die „Heimat vor Ort"; andernfalls fällt der Mensch buchstäblich ins Bodenlose. Diese Einsicht kann auch der Globalisierung entgegenwirken, die sich als globaler Markt, in Form des „Fusionswahns" großer Industrien namhaft machen läßt.

Sodann sei als Gefahr für die europäische Rechtskultur die *Sprachenfrage* genannt. Die Schweiz hat mit ihrer erfolgreichen Sprachenfreiheit ein Modell geschaffen, das auch für Europa im engeren Sinne der EU fruchtbar sein kann (vgl. jetzt Art. 18, 70 nBV Schweiz von 2000). Im Spanien der Autonomen Gebietskörperschaften spielt die Sprachgesetzgebung eine wichtige Rolle[81]. Im Europa im engeren Sinne sei schließlich „Brüssel" als Gefahr für die europäische Rechtskultur – als Vielfalt – genannt. Unsinnige Vereinheitlichungsbestrebungen von Brüssel aus, die Verletzung des Subsidiaritätsprinzips[82] etc. müssen als Stichworte genügen. Kultur und damit auch Rechtskultur meint immer auch Respekt vor dem – oft in langen Zeiträumen – Gewachsenen, Gewordenen. Unitarische Einebnungen gefährden das Europa der Vielfalt. Gerade das „andere" kann Bereicherung sein, als Ansporn dienen, zu besseren Lösungen zu kommen. Die europäische Rechtskultur – als Vielfalt und Einheit zugleich verstanden – muss auch zur Erkenntnis solcher Gefahren beitragen.

# Dritter Teil: Aktuelle Herausforderungen für den „europäischen Juristen"

Im folgenden seien stichwortartig fünf Problembereiche behandelt, in denen der „europäische Jurist" heute besonders gefordert ist: sei er Wissenschaftler, Richter

---

[80] Dazu *P. Häberle*, Verfassungslehre als Kulturwissenschaft (1982), 2. Aufl. 1998 (Spanische Teilübersetzung durch E. Mikunda, 2000); zuletzt *ders.*, Verfassung als Kultur, JöR 49 (2001), S. 126ff.

[81] Dazu s. *Th. Gergen*, Sprachgesetzgebung in Katalonien, 2000.

[82] Dazu aus der Lit.: *H. Lecheler*, Das Subsidiaritätsprinzip: Strukturprinzip der Europäischen Union, 1993; D. Merten (Hrsg.), Die Subsidiarität Europas, 1993; *C. Calliess*, Das gemeinschaftsrechtliche Subsidiaritätsprinzip (Art. 3 b EGV) als „Grundsatz der größtmöglichen Berücksichtigung der Regionen", AöR 121 (1996), S. 509ff.; *B. Gutknecht*, Das Subsidiaritätsprinzip als Grundsatz des Europarechts, FS Schambeck, 1994, S. 921ff.; *M. Kennter*, Das Subsidiaritätsprotokoll des Amsterdamer Vertrags, NJW 1998, S. 2871ff.; *R. Streinz*, Europarecht, 4. Aufl. 1999, S. 52; A. Riklin/G. Batliner (Hrsg.), Subsidiarität, 1994; *P. Häberle*, Das Prinzip der Subsidiarität aus der Sicht der vergleichenden Verfassungslehre, AöR 119 (1994), S. 169ff. Aus der Kommentarlit.: *I. Pernice*, in: H. Dreier (Hrsg.), Grundgesetz-Kommentar, Bd. 2 1998, Art. 23 Rz 72ff.

(z.B. in dem neuen Verfassungsgericht Bosniens[83]) oder Parlamentarier, teils in Europa im engeren Sinne der EU, teils im weiteren Sinne des Europarates und der OSZE. Die These ist, daß der Jurist auf all diesen Feldern als nur nationaler Jurist scheitern müßte.

## I. Die Kontroverse um das Ob und Wie europäischer Verfassunggebung

Bekanntlich ist umstritten, ob und wie eine Verfassung Europas[84] auszuarbeiten wäre, ob Europa überhaupt „verfassungsfähig" und -bedürftig ist. Bejaht man bereits heute das Vorhandensein eines Ensembles von *Teil*verfassungen unterschiedlicher Materien und Dichtegrade von der EU/EG bis zur EMRK und OSZE (die von den beiden europäischen Verfassungsgerichten EuGH und EGMR prätorisch mitgeschaffen worden sind), so spricht vieles dafür, i.S. des vorsichtigen Experimentierens bzw. der Stückwerktechnik gemäß dem Kritischen Rationalismus von *Popper* fortzufahren (d.h., es bedarf keiner „konstitutionellen Neugründung" Europas i.S. von *J. Fischer*). Für die EU heißt dies: Ihr „Verfassungsvertrag" (*Schäuble/Lamers*) ist weiterzuentwickeln, z.B. durch die Grundrechtecharta, aber auch durch Revisionsschritte wie jüngst in Nizza, wobei das Kunststück der Verbindung von Erweiterung der EU um neue Mitglieder *und* Vertiefung[85] (z.B. begrenzte Einführung von Mehrheitsentscheidungen im Rat, Flexibilität[86] bzw. „Avantgarde" und „Kerneuropa" als „magische Formel", Rotation der Zahl der Kommissionsmitglieder unter den „Großen" (höchstens 20?), vielleicht sogar ein Zweikammersystem i.S. *J. Fischers*) zu vollbringen ist. Bundespräsident *Rau* forderte kürzlich zu Recht[87], es müsse das Ziel des föderalen Systems sein, Macht zu verteilen, anstatt sie zu konzentrieren. Je mehr Themen und Materien die EU „fortschreibt", desto dringlicher wird jedoch die Frage, ob dann nicht eines Tages eine „ganze" Verfassung ergehen muß (zumal sich die nationalen Verfassungen zu *Teil*verfassungen relativieren)[88] und in welchen demokratischen Verfahren (z.B. of-

---

[83] Dazu *W. Graf Vitzthum/M. Mack*, Multiethnischer Föderalismus in Bosnien-Herzegowina, in: ders. (Hrsg.), Europäischer Föderalismus, 2000, S. 81 ff.

[84] Aus der Lit.: *D. Tsatsos*, Die Europäische Unionsgrundordnung, EuGRZ 1995, S. 287 ff.; *ders.*, Die europäische Unionsgrundordnung im Schatten der Effektivitätsdiskussion, EuGRZ 2000, S. 517 ff.; *W. Hertel*, Supranationalität als Verfassungsprinzip, 1999; *I. Pernice*, Der Europäische Verfassungsverbund auf dem Weg der Konsolidierung, JöR 48 (2000), S. 205 ff.; *M. Stolleis*, Europa – seine historischen Wurzeln und seine künftige Verfassung, 1997; *P. Häberle*, Europa als werdende Verfassungsgemeinschaft, DVBl. 2000, S. 840 ff.; *J. Schwarze* (Hrsg.), Die Entstehung einer europäischen Verfassungsordnung, 2000; *S. Oeter*, Europäische Integration als Konstitutionalisierungsprozeß, ZaöRV 59 (1999), S. 901 ff.; *M. Kloepfer/I. Pernice* (Hrsg.), Entwicklungsperspektiven der europäischen Verfassung im Lichte des Vertrags von Amsterdam, 1999; *R. Steinberg*, Grundgesetz und europäische Verfassung, ZRP 1999, S. 365 ff.

[85] Dazu zuletzt: W. Hallstein-Institut für Europäisches Verfassungsrecht (Hrsg.), Verfassungsrechtliche Reformen zur Erweiterung der Europäischen Union, 2000; *I. Pernice*, Die Notwendigkeiten institutioneller Reformen, in: Internationale Politik, August 2000, S. 11 ff.; *R. Hrbek* (Hrsg.), Die Reform der Europäischen Union, 1997.

[86] Aus der Lit.: *B. Martenczuk*, Die differenzierte Integration und die föderale Struktur der Europäischen Union, EuR 2000, S. 351 ff.

[87] FAZ vom 21. Okt. 2000, S. 13.

[88] Dazu *P. Häberle*, Europäische Verfassungslehre in Einzelstudien, 1999, S. 7, 56, 86 f. und öfter; *ders.*, Das Grundgesetz als Teilverfassung im Kontext der EU/EG, FS Schiedermair, 2001, S. 81 ff.

fenen Konventen) dies zu geschehen hätte. Befreit man das Verfassungsdenken von der herkömmlichen Fixiertheit auf den Staat, so bleibt doch das vom klassischen Typus Verfassungsstaat entwickelte *Verfahren* der Verfassunggebung, an der das Volk, genauer die Völker via Wahlen zu einer verfassunggebenden Versammlung oder einem billigenden Volksentscheid eingeschaltet wird (Musterland ist die Schweiz auf Bundes- bzw. Kantonsebene[89]). Zu verabschieden sind jedenfalls alle Arten „Herrenideologien": nicht die Staaten, sondern die europäischen Völker und Bürger sind die letzten und ersten Zurechnungsgrößen einer Verfassung Europas, die den Bürgern Mitwirkungs- und Teilhaberechte garantiert. Warum sollte man nicht die Völker Europas als ein multinationales, multiethnisches, auch multikulturelles „Volk"[90] ansehen, so wie es nicht nur Vorformen, sondern bereits Formen und Foren europäischer Öffentlichkeit gibt (Art. 189 Abs. 1 EGV spricht von „Vertretern der Völker", Art. 191 EGV vom „politischen Willen der Bürger der Union", die Präambel der Grundrechtecharta von „Völkern Europas"). Die Unionsbürgerschaft (Art. 17 EGV)[91], das europäische Wahlrecht (Art. 189, 190 EGV), das Kommunalwahlrecht für EU-Ausländer (Art. 19 EGV), die in Wahrheit längst „Inländer" im „Freundesland" Europa sind – all dies sind Wegmarken im Blick auf den europäischen „contrat social". Die Alternative Vertragsrevision oder europäische Verfassunggebung[92] könnte sich relativieren. Im Europa im engeren und weiteren Sinne sind übrigens EU bzw. Europarat längst „mittelbarer Verfassunggeber": Sie geben den Beitrittskandidaten normative Direktiven vor: etwa in Sachen Menschenrechte, Demokratie, Rechtsstaat, Minderheitenschutz, soziale Marktwirtschaft, auch den sog. „acquis communautaire". Im übrigen kommen auch die EMRK und OSZE konstitutionellen Teilstrukturen gleich. Bei all diesen Fragen bedarf es des „europäischen Juristen": der in mehr als nur einem nationalen Rechtsstoff bzw. einer Sprache geschult ist, aber auch die gemeineuropäischen Verfassungsprinzipien überblickt, europaweit rechtsvergleichend arbeitet, sei es, daß er die schöpferische Rechtsvergleichung als Wegweiser für die Rechtspolitik nutzt, sei es, daß er als nationaler Richter oder Wissenschaftler Rechtsvergleichung als m.E. „fünfte" Auslegungsmethode praktiziert (1989) – zusammen mit den klassischen vier von *F. C. v. Savigny* (1840)[93]. Rechtsvergleichung ist die europäische Zukunftswissenschaft. Vor allem muß sich jede nationale Wissenschaftlergemeinschaft hüten, Europa primär oder gar allein von ihren eigenen Paradigmen her schreiben zu wollen![94]

---

[89] Aus der bereits unüberschaubaren Lit. zur neuen Bundesverfassung der Schweiz jetzt: *R. Rhinow*, Die Bundesverfassung 2000, 2000; *J. P. Müller*, Grundrechte in der Schweiz, 3. Aufl. 1999. Die neuen Texte in Bund und Kantonen sind dokumentiert in JöR 47 (1999), S. 171 ff. (ebd. auch mein Beitrag zur Kunst der kantonalen Verfassunggebung am Beispiel von St. Gallen, S. 149 ff.) sowie in JöR 48 (2000), S. 281 ff.

[90] Aus der Lit.: *A. Augustin*, Das Volk in der Europäischen Union, 2000.

[91] Dazu *A. López Pina*, Die Bürgerschaft als Voraussetzung einer Europäischen Republik, in: U. Battis u.a. (Hrsg.), Das Grundgesetz im Prozeß europäischer und globaler Verfassungsentwicklung, 2000, S. 75 ff.; *K.-D. Borchardt*, Der sozialrechtliche Gehalt der Unionsbürgerschaft, NJW 2000, S. 2057 ff.

[92] *I. Pernice*, Vertragsrevision oder europäische Verfassunggebung?, FAZ vom 7. Juli 1999, S. 7.

[93] Aus der Lit. zu Savigny: *R. Zimmermann*, Savignys Vermächtnis, Rechtsgeschichte, Rechtsvergleichung und die Begründung einer Europäischen Rechtswissenschaft, 1998.

[94] Es ist daher sinnvoll, auf einer Art *ersten* Stufe die „Europäische Verfassungsentwicklung" z.B. aus deutscher und französischer Sicht darzustellen: so in EuR Beiheft 1/2000, S. 7 ff. bzw. 31 ff. durch *J. Schwarze* und *J. F. Flauss*. Später sollte dann ein übergreifender Konsens gefunden werden.

## II. Die Grundrechtecharta der EU

Ohne auf Einzelheiten einzugehen[95]: die in Nizza verabschiedete Grundrechtecharta bildet – neben einem etwaigen Kompetenzverteilungskatalog – eine neue Teilverfassung der EU, läßt den bereits hohen Stand der Europäisierung des Rechts transparent werden, ist Ergebnis wertender Rechtsvergleichung auf der Basis von kulturellen Kompromissen und darin ein Stück gemeineuropäischer Identität, auch wenn
man über Einzelheiten des von *R. Herzog* präsidierten sog. „Konvents" streiten mag
(eingesetzt auf dem Gipfel von Tampere)[96]. Sie wird gewiß sehr rasch normative Kraft
entfalten, in der Hand des EuGH *ein Stück* lebender, europäischer Verfassung werden
und zu einer Grund*werte*-Charta (mit Kompetenzproblemen) reifen. Mag sich die
breite europäische Öffentlichkeit auch noch nicht intensiv genug mit diesem Dokument befasst haben, mag der Diskurs über Europa gerade hier nur in Ansätzen geglückt sein: die bürgerintegrierende, symbolische, ja sogar pädagogische Funktion der
Charta ist ebenso wichtig wie die machtbegrenzende Dimension ihrer Abwehrrechte
(z.B. Art. 2, 3, 8, 9 bis 13) und die impulsgebende mancher Artikel (z.B. Kap. IV: „Solidarität", bes. Art. 32, 33, 34 bis 38); bemerkenswert Art. 25: Recht älterer Menschen
sowie Art. 41: Recht auf eine gute Verwaltung und Art. 3 Abs. 2: Verbot des reproduk-
tiven Klonens von Menschen. Auch hier war und ist der „europäische Jurist" gefordert: bei Auslegung und Anwendung. Notwendig wird eine gemeineuropäische Methodenlehre, auch darf kein nationaler Mitgliedstaat nur „seine" Grundrechtstheo-
rie(n) umzusetzen und durchzusetzen suchen. Der Streit um die Präambel der Grundrechtecharta (statt des Hinweises auf das „religiöse Erbe", jetzt das „geistig-religiöse
und sittliche Erbe"[97]) verrät viel in Sachen Konsens und Dissens über die Identität Europas, das eben nicht in Bruttosozialprodukten und Außenhandelsbilanzen aufgeht.
Speziell in der EU suchen die Kirchen und anderen Religionsgemeinschaften[98] erst
noch ihren rechtlichen und kulturellen Platz (Stichwort: „europäisches Religionsverfassungsrecht").

Fraglich ist auch, ob im Kontext der Religionsfreiheit (Art. 10) nicht die *korporative*
Dimension mit Blick auf wenn nicht „Kirchen", so doch alle Religionsgemeinschaften stärker hätte betont werden sollen (das Textstück „gemeinsam mit anderen" in
Abs. 1 S. 2 ist zu wenig). Hier dürfte das laizistische Frankreich gezögert haben; indes
ist daran zu erinnern, daß es zu „Amsterdam" einen auf die Kirchen bezogenen Zusatz

---

[95] Die Lit. ist allein in Deutschland kaum mehr überschaubar, vgl. etwa *S. Baer*, Grundrechtecharta ante
portas, ZRP 2000, S. 361 ff.; *A. Weber*, Die Europäische Grundrechtecharta – auf dem Weg zu einer europäischen Verfassung, NJW 2000, S. 537 ff.; *N. Reich*, Zur Notwendigkeit einer Europäischen Grundrechtsbeschwerde, ZRP 2000, S. 375 ff.; *H.-W. Rengeling*, Eine Charta der Grundrechte, FAZ vom 21. Juli 1999,
S. 13. Vgl. schon oben Anm. 49 und 73.

[96] Dazu: Arbeitsstruktur des Gremiums zur Ausarbeitung der EU-Charta (Tampere 1999), EuGRZ
1999, S. 615; auch die Schlußfolgerungen des Vorsitzes Europäischer Rat (Tampere), 15./16. 10. 1999,
NJW 2000, S. 1925.

[97] Zu diesem Streit: *J. Hénard*, Ehre sei Gott ... in der EU . Deutschland besteht darauf, in: Die Zeit vom
2. Nov. 2000, S. 9. – Der französische Text lautet: „patrimoine spirituel et moral."

[98] Zur „Religions- und Weltanschauungsfreiheit als Gemeinschaftsgrundrecht" gleichnamig: *W. Baus-
back*, EuR 2000, S. 261 ff. – Art. 22 Grundrechtecharta dürfte sich als Schutzraum für das deutsche „Staatskirchenrecht" erweisen.

gab[99]. Ein gewisser Fortschritt gegenüber Art. 10 EMRK ist insofern erreicht, als Art. 11 Abs. 2 der Charta sagt: „Die Freiheit der Medien und ihre Pluralität werden geachtet"[100]. Indes sollte für den öffentlich-rechtlichen Rundfunk ein Bezug zur kulturellen und sprachlichen Vielfalt in Europa, ja zum „europäischen Bewußtsein" (vgl. Art. 191 EGV) und zur europäischen Integration hergestellt werden, kurz: gerade hier sollte ein Bogen zum Präambelpassus „Achtung der Vielfalt der Kulturen und Traditionen der Völker Europas" geschlagen werden. Der vom deutschen BVerfG erarbeitete Auftrag der Grundversorgung auch in kultureller Hinsicht (BVerfGE 73, 118 (158); 90, 60 (90)) wäre hier aufzugreifen.

Vielleicht läßt sich auch bemängeln, daß der Entwurf der Grundrechtecharta zu wenig das Thema „Kultur" aufgreift[101], nicht genug an Teilaspekte des „Bürgerrechts auf Kultur" denkt (s. aber Art. 14 Abs. 1: Recht auf Bildung, Art. 13: Freiheit von Kunst und Wissenschaft, Art. 22: Vielfalt der Kulturen, Religionen und Sprachen). Auch andere Fragen müssen hier offen bleiben, etwa die zu bejahende, ob ein europaweites Referendum oder doch die Zustimmung aller 15 nationalen Parlamente gewagt werden sollten, ob jede Grundrechtecharta nicht ein Stück weit auch eine Grund*werte*charta ist, weil nach älterer Sicht Grundrechte auch Werte darstellen bzw. weil nach einer neueren „mehrdimensionalen" *in* den Grundrechten auch Verfassungsziele bzw. -Aufgaben stecken. Sicher ist jedenfalls, daß die Erklärung der Europäischen Grundrechte mit den Worten von *Felipe González* „der Schlüssel in der Definition einer europäischen Staatsbürgerschaft" ist[102]. Im übrigen müssen wir Europäer lernen, daß der Islam, vielleicht auf dem Weg zu einem verfassungsstaatlichen Euroislam[103], ggf. Straßburg zu einer „Stadt der Minarette" machen kann[104] – so wie in Granada eine große Moschee gebaut wird, die es in Rom schon gibt – Granada kann dies freilich wegen seiner spezifischen Vergangenheit leichter fallen als Rom!

## III. *Bewahrung und Bewährung nationaler Identitäten*

Ein drittes Testfeld für den „europäischen Juristen" ist die Erarbeitung der „nationalen Identität" der Mitgliedstaaten (Art. 6 Abs. 3 EUV)[105] bzw. der Bedeutung des Subsidiaritätsprinzips[106] (Art. 5 EGV) sowie der Wahrung der „nationalen und regio-

---

[99] Dazu *P. Häberle*, Europäische Verfassungslehre in Einzelstudien, 1999, S. 219 ff.

[100] Aus der Lit.: *M. Stock*, Medienfreiheit in der EU-Grundrechtecharta: Art. 10 EMRK ergänzen und modernisieren, 2000; *ders.*, Eine Grundrechtecharta für die Europäische Union: wie sollte die Medienfreiheit darin ausgestaltet werden?, ZUM 2000, S. 533 ff.; s. auch *J. Schwarze*, Medienfreiheit und Medienvielfalt im Europäischen Gemeinschaftsrecht, ZUM 2000, S. 779 ff.

[101] Dazu die Kritik von *H. Hofmann*, Zu kurz, der Wurf, Keine europäische Charta ohne Kultur, FAZ vom 2. Nov. 2000, S. 54.

[102] *F. González*, Europa am Scheideweg, FAZ vom 17. Oktober 2000, S. 1 f.

[103] Dazu *P. Häberle*, Europäische Verfassungslehre in Einzelstudien, 1999, S. 134 f., 264.

[104] Dazu *M. Wiegel*, Straßburg – Stadt der Minarette?, FAZ vom 4. Jan. 2000, S. 5.

[105] Aus der Lit.: *A. Bleckmann*, Die Wahrung der „nationalen Identität" im Unionsvertrag, JZ 1997, S. 265 ff.; *P. Lerche*, Achtung der nationalen Identität (Art. F Abs. 1 EUV), FS H. Schippel, 1996, S. 921 ff.; *A. Puttler*, in: C. Callies/M. Ruffert (Hrsg.), Kommentar über die EU, 1999, Art. 6; *M. Hilf*, Europäische Union und nationale Identität der Mitgliedstaaten, GS für E. Grabitz, 1995, S. 157 ff.

[106] Dazu aus der Lit.: *M. Zuleeg*, Das Subsidiaritätsprinzip im Europarecht, in: Mélanges en hommage à F. Schockweiler, 1999, S. 635 ff.; *W. Kahl*, Möglichkeiten und Grenzen des Subsidiaritätsprinzips nach

nalen Vielfalt" (Art. 151 Abs. 2 EGV). Das meint auch die Bewahrung der nationalen Rechtskulturen – bei aller europäischen Rechtskultur. Es meint Grenzen für die Rechtsvereinheitlichung[107]. Diese letztlich nur kulturwissenschaftlich erschließbaren Richtbegriffe, die auch eine Umschreibung des bereits greifbaren europäischen Gemeinwohls verlangen (vgl. nur die Ziele und Politiken der EU: Art. 2, 6 Abs. 2 EUV, auch Art. 2, 3 und 6 EGV)[108], brauchen den „europäischen Juristen" im gekennzeichneten Sinne. In gemeineuropäischer Hermeneutik, aber auch in Respekt vor dem je national Gewachsenen (z.B. die Bedeutungsfülle des Begriffs „laizistische Republik" in Frankreich, die Rolle der Regionen Spaniens, des Parlaments und des Common Law in England) muß die offene Gesellschaft der Verfassungsinterpreten in Europa um diese Prinzipien ringen. Das oft zitierte „europäische Haus" behält viele nationale Wohnungen, der Begriff „postnational" oder „transnational" wird dem nicht gerecht. Aber es sind die verfaßten Völker bzw. ihre Bürger, von denen das sich einende, aber vielgliedrig bleibende Europa zu denken ist. Die Präambel der Grundrechtecharta sagt unter Ziff. 3: „Die Union trägt zur Entwicklung dieser gemeinsamen Werte unter Achtung der Vielfalt der Kulturen und Traditionen der Völker Europas wie der nationalen Identität der Mitgliedstaaten ... auf nationaler, regionaler und lokaler Ebene bei ...". Auch darin kommt zum Ausdruck, daß die EU kein bloßes (ökonomisches) Zweckbündnis von Nationalstaaten ist, sondern eine Grundrechts-, Rechts- und Wertegemeinschaft[109].

## IV. Die „Causa Österreich"

Das Europa der EU hat, und hier wird „vermintes Gelände" betreten, m.E. in der Causa Österreich europäisches Verfassungsrecht verletzt. Der sog. „bilaterale", aber in Wahrheit kollektive Boykott der 14 umging den positivrechtlichen Sanktionsmechanismus der Art. 6 und 7 EUV. Es gab kein rechtsstaatliches faires Verfahren vorheriger Anhörung Österreichs; verletzt wurde der präföderale Gedanke der Rücksichtnahme, der als „Bundestreue" in Föderal- wie Regionalstaaten europaweit anerkannt ist[110]. Mehr als entlarvend ist die öffentliche Entgegennahme des Berichts der „Drei Wei-

---

Art. 3 b EG-Vertrag, AöR 118 (1993), S. 414ff.; *H. Lecheler*, Das Subsidiaritätsprinzip, 1993; *P. Häberle*, Das Prinzip der Subsidiarität aus der Sicht der vergleichenden Verfassungslehre, AöR 119 (1994), S. 169ff. – Vgl. auch den katalanischen Präsidenten *J. Pujol*, FAZ vom 29. April 1999, S. 14, der den Regionalismus in Gefahr sieht: „Ich habe folgende Idee von Europa: Die Staaten wird es zwar immer geben, doch sie werden zunehmend Kompetenzen nach oben an Brüssel sowie nach unten an die Regionen abgeben". – Bemerkenswert ist der Abschluß einer Partnerschaft zwischen Hessen und einer polnischen Wojewodschaft (FAZ vom 7. Dez. 2000, S. 6), weil hier eine Regionalpartnerschaft auf der unteren Ebene den geplanten Beitritt Polens zur EU (2004) pionierhaft z.T. vorwegnimmt.

[107] Dazu aus Anlaß des EuGH-Urteils zum Verbot der Tabakwerbung: *H.-P. Schneider*, Grenzen der Rechtsangleichung, FAZ vom 16. Okt. 2000, S. 12.

[108] Dazu *P. Häberle*, Gibt es ein europäisches Gemeinwohl?, FS Steinberger, 2001, i.E.

[109] Zum „Beitrag des Rechts zur Entwicklung eines europäischen Wertsystems": *R. Bieber*, Solidarität und Loyalität durch Recht, 1997.

[110] Aus der Lit.: *A. Alen/P. Peeters/W. Pas*, „Bundestreue" im belgischen Verfassungsrecht, JöR 42 (1994), S. 439ff.; *A. Anzon*, La Bundestreue e il sistema federale tedesco ..., 1995; *M. Lück*, Die Gemeinschaftstreue als allgemeines Rechtsprinzip im Recht der Europäischen Gemeinschaft, 1991; *J. Woelk*, Konfliktregelung und Kooperation im italienischen und deutschen Verfassungsrecht, 1999.

sen" durch den damaligen französischen EU-Ratsvorsitzenden *J. Chirac* im Herbst 2000. Einen Vorteil hatte freilich dieses vertragsverletzende „Verfahren": Erkennbar wurde eine europäische Skandalöffentlichkeit, das Bewußtsein für die in Art. 6 EUV normierten „europäischen Grundwerte" sensibilisierte sich, wobei freilich anzumerken bleibt, daß auch die auf demokratischen Wahlen beruhende Regierungsbildung als Selbstbestimmung eines Volkes ein „Grundrecht der Demokratie" (vgl. Art. 6 Abs. 1 EUV) ist[111]. In eigenartiger, fast *Hegel'*scher Dialektik hat die „Causa Österreich" ein Stück „europäisches Bewußtsein" herausgebildet, wie es Art. 191 EGV den politischen Parteien aufträgt.

## V. Der europäische Jurist: Ausbildung und Bildung

Ein letztes Wort gelte dem europäischen Juristen als Ausbildungs- und Bildungsproblem. Hier sind zunächst die nationalen Universitäten bzw. Wissenschaftlergemeinschaften gefordert. In überschaubaren Seminaren und Doktorandenkursen müssen sie gezielte Nachwuchspflege betreiben. Der amerikanische Komponist *L. Bernstein* sprach in Bezug auf die Ausbildung von Dirigenten sogar einmal von „Stammbäumen" – er benannte etwa *Kusevickij* als seinen Lehrer. Man darf dies auf die nationale bzw. wiederentstehende Europäische Rechtswissenschaft übertragen. Es gibt einen „kulturellen Generationenvertrag" zwischen Lehrenden und Lernenden, Meistern und Schülern – in der Kunst wie in der Wissenschaft. Mögen „Schulen", besonders in der Staatsrechtswissenschaft nur erträglich sein, wenn sie mit glaubwürdiger, persönlicher Toleranz vor allem in der Lehre verknüpft sind: unverzichtbar bleibt das wissenschaftliche Vorbild. Erasmus- und ähnliche Programme bieten hier große Chancen (vielleicht sogar private Law Schools wie die neue Bucerius Law School in Hamburg oder ein Verbund europäischer Spitzenuniversitäten, Stichwort: „Campus Europa"[112]), aber auch bilaterale Partnerschaften[113], wie ich sie im Kleinen von Bayreuth aus mit Granada entwickeln und jetzt besiegeln durfte und wie es z. B. im Dreiecksprojekt Saarbrücken/Lille/Warwick für ein europäisches Jurastudium besteht. Der 2001 in Nürnberg geplante „Europäische Juristentag" ist ein Hoffnungszeichen. Und wie gerne wünschten wir Spanien, daß es heute das Problem des Terrors der Eta lösen kann; so wie ihm vor 25 Jahren die Phase der „transición" so vorbildlich ge-

---

[111] Aus der Lit.: *G. Winkler*, Europa quo vadis, ZÖR 55 (2000), S. 231 ff.; *F. Schorkopf*, Verletzt Österreich die Homogenität in der EU?, DVBl. 2000, S. 1036 ff. sowie der Diskussionsbeitrag des Verf. auf der Leipziger Staatsrechtslehrertagung (2000), VVDStRL 60 (2001), S. 403 ff. Der Bericht der „Drei Weisen" ist abgedruckt in EuGRZ 2000, S. 404 ff.

[112] Dazu *M. Spiewak*, Campus Europa, Der Währungsunion folgt die Wissensgemeinschaft: Ein Verbund europäischer Spitzenuniversitäten soll den amerikanischen Eliteuniversitäten Paroli bieten, Die Zeit vom 29. Juni 2000, S. 31. Vgl. auch *H. Küster*, Ortskenntnis, Die europäische Elite braucht ein Navigationssystem, FAZ vom 26. April 2000, S. 53, mit der Forderung, die Europawissenschaften müßten sich auch mit Platon und Vergil, Shakespeare, Molière, Goethe und Tolstoj befassen, da Europas Stärke seine geographische und kulturelle Vielfalt sei. Zu diesem kulturwissenschaftlichen Ansatz: *P. Häberle*, Europäische Rechtskultur, 1994, S. 324 und passim.

[113] Vgl. die Fragestellung von *O. Béaud/E. V. Heyen* (Hrsg.), Eine deutsch-französische Rechtswissenschaft?, 1999. Bemerkenswert auch *A. Mazzacane/R. Schulze* (Hrsg.), Die deutsche und die italienische Rechtskultur im „Zeitalter der Vergleichung", 1995.

glückt ist – hier sind wir freilich an einer Grenze dessen, was die Rechtswissenschaft, auch als europäische, leisten kann. Die Auszeichnung des spanischen Jakobswegs als „erster Kulturstrasse Europas" deutet auf ein kulturelles Verständnis dieses Europa und in ihm Spaniens. Im Grunde ist den „europäischen Juristen"[114] eine Karriere im Geist des Schengener Abkommens zu wünschen, wie sie manche Künstler schon im 16. Jahrhundert hatten, etwa ein *Johann Liss* (mit den Stationen Oldenburg/Antwerpen/ Paris/Venedig/Rom/Verona)[115] oder *G. W. Leibniz* mit seinen „Brieffreundschaften für Europa"[116].

Sie alle werden Namen „europäischer Juristen" von heute hören wollen. Ich nenne freilich nur Abwesende, etwa den Präsidenten des EuGH, *G. C. Rodriguez Iglesias*[117] oder den Präsidenten des spanischen Tribunal Constitucional, *P. Cruz Villalón*[118].

*J. Ortega y Gasset* schrieb schon 1929: „Machten wir heute eine Bilanz unseres geistigen Besitzes …, so würde sich herausstellen, dass das meiste davon nicht unserem jeweiligen Vaterland, sondern dem gemeinsamen europäischen Fundus entstammt. In uns allen überwiegt der Europäer bei weitem den Deutschen, Spanier, Franzosen." Macht man sich dies bewußt, so wird Europa eine „Seele" gegeben, wie dies *J. Delors* verlangt hat.

## Ausblick:

Ein Festvortrag über den „europäischen Juristen" kann nur wenig leisten, selbst wenn ihm der „genius loci" wie hier in Granada zu Hilfe kommen sollte, zumal hier in vielen juristischen Teildisziplinen und Literaturgattungen (einschließlich einer Fakultätszeitschrift) die Rechtswissenschaft vorbildlich gepflegt wird[119]. Er müßte überdies zusätzlich von weiteren 42 Repräsentanten der im Europarat vertretenen (derzeit 43) Ländern aus ihrer jeweiligen eigenen Perspektive parallel gehalten werden, denn der „europäische Jurist" ist heute ein Gemeinschaftswerk, so grundlegend „Rom" bzw. „Bologna" geblieben sind. Indes ist kaum zu erwarten, daß Ihre Universität weitere 40 Ehrendoktorate vergibt – so viele europäische Juristen in Nord und Süd, Ost und West gewiß mehr als ich diese Ehrung verdient haben. So blieb mir nur die Möglichkeit als deutscher Jurist einige Problemkreise des Themas zu schildern – in Wiederholung meines herzlichen Dankes.

Der „europäische Jurist" ist zum Teil schon Wirklichkeit, tägliche Praxis vor Ort, in EU und Europarat: Vor allem aber ist er Aufgabe in allen Räumen des Europäischen Hauses. Die Universität Granada ist mehr als ein großer Raum, überdies mit schmuk-

---

[114] Zu Juristischen Ausbildungszeitschriften in Europa gleichnamig mein Beitrag in: ZEuP 2000, S. 263 ff.

[115] Dazu *R. Klessmann*, Johann Liss, 1999.

[116] Vgl. *G. W. Leibniz*, Sämtliche Schriften und Briefe, Bd. 15, 1998.

[117] Von ihm sind in Deutschland z.B. folgende Beiträge erschienen: Der EuGH und die Gerichte der Mitgliedstaaten – Komponenten der richterlichen Gewalt in der EU, NJW 2000, S. 1889 ff.; ferner Gedanken zum Entstehen einer Europäischen Rechtsordnung, NJW 1999, S. 1 ff.; Zur „Verfassung" der Europäischen Gemeinschaft, EuGRZ 1996, S. 125 ff.

[118] Vgl. zuletzt von ihm: La curiosidad del jurista persa, y otros estudios sobre la Constitución, 1999. – Über die Tätigkeit des Tribunal Constitucional berichtet z.B. der Band: „Memoria 1999", Madrid 2000.

[119] Vgl. oben Anm. 1.

ken Erkern und weiten Terrassen, die nach Afrika und Lateinamerika blicken. Ihre Universität hat kürzlich Professoren, die dort in der Franco-Zeit Zuflucht gefunden hatten, parallel zu mir, ebenfalls geehrt. Das ist für mich mehr als ein bloßer Zufall. Der Festvortrag richtet sich aber auch und gerade an die junge Juristengeneration: die Studenten und Doktoranden aller juristischer Teildisziplinen[120]. Zwar muß „Europa" schon in den Schulen Erziehungsziel sein. Ob und wie das „Projekt Europa" als Rechts- und Wertegemeinschaft auf längere Sicht gelingt, hängt jedoch entscheidend von der nächsten Juristengeneration ab. Meine Begegnungen mit den Studenten und Doktoranden in Granada haben mir immer wieder gezeigt, wie fruchtbar der Boden für europäische Jurisprudenz gerade hier ist.

Ich hoffe, mich der großen Ehrung durch Sie alle würdig zu erweisen und kann für alles nur nachhaltig danken. Den Lehrern und Studenten an Ihrer schönen Universität aber wünsche ich eine europäische Zukunft: in der Perlenkette anderer großer europäischer Universitäten wie in Prag oder Paris, auch Coimbra, Bologna und sogar London.

---

[120] Zur Lehrfreiheit in Spanien gleichnamig: *C. Vidal*, WissR 32 (1999), S. 303ff.

# Adolf Arndt: Die Macht des Rechts*

von

## Prof. Dr. Horst Ehmke, Bonn

## I.

Adolf Arndt wurde 1904 geboren. Sein Vater, ein zum lutherischen Glauben übergetretener Jude, war Professor des Bergrechts und des Öffentlichen Rechts. Arndts Mutter stammte aus einer hessischen Adels- und Offiziersfamilie. Zur Zeit der Geburt seines dritten Sohnes Adolf war der Vater Rektor der Universität Königsberg. Der Familiensaga nach hatte Bismarck den großbürgerlichen Konservativen einst in Friedrichsruh für seine konservativen Verdienste auf die Wange geküsst – und der hatte sie seitdem nie mehr gewaschen.

1912 zog die Familie nach Berlin. Hier wuchs Adolf Arndt auf. Er studierte Jura und machte glänzende Examen. Er assistierte bei James Goldschmidt und Heinrich Triepel und wurde Mitarbeiter des bekannten Berliner Rechtsanwalts Max Alsberg.

Danach wurde er als Richter in eine Strafkammer des Landgerichts Moabit berufen. Mit 26 Jahren war Arndt Berichterstatter in dem berühmten Gotteslästerungs-Prozeß gegen George Grosz, der mit einem die Öffentlichkeit aufwühlenden Freispruch endete.

Unmittelbar nach der Machtübernahme der Nazis wurde Arndt aus seinem Richteramt und aus seinem Nebenamt als Fakultätsassistent entfernt. Eine wissenschaftliche Laufbahn war ihm damit ebenso verbaut wie eine Richterlaufbahn. Während Arndt mit seiner Frau und ihren beiden Kindern aus Berlin abtauchte, erwirkte sein Schwiegervater Dr. Helbing, ein pensionierter hoher preußischer Finanzbeamter, zusammen mit konservativen Freunden überraschend Adolf Arndts Zulassung zur Rechtsanwaltschaft. Uneingeschüchtert assoziierte er sich mit seinem jüdischen Kollegen Fritz Schönbeck und begann, Verfemte und Verfolgte zu vertreten. Das brachte ihn zum ersten Mal mit führenden Sozialdemokraten in Kontakt. Schließlich wurde er auch aus der Anwaltschaft entfernt.

Als Halbjude „wehrunwürdig" wurde er 1943 als Zwangsarbeiter eingezogen. Er kam schließlich in ein Lager in Paris und wurde unter anderem als Munitionsschlep-

---

* Vortrag vor der Evangelischen Akademie Berlin, 10. Mai 2001. Der Verfasser war von 1952–1956 Arndts wissenschaftlicher Assistent in der SPD-Bundestagsfraktion (Bonn).

per eingesetzt. Gegen Ende des Krieges floh er zu seiner nach Schlesien ausgewichenen Familie und landete schließlich – von Verfemung und Verfolgung gekennzeichnet und gesundheitlich angeschlagen – in Marburg. An der dortigen Universität hatte der Vater in den Weimarer Jahren zuletzt gelehrt, dort wohnte seine Mutter.

Nach dem Zusammenbruch des Nazi-Regimes ernannte ihn die amerikanische Besatzungsmacht zum Oberstaatsanwalt. Er begegnete Georg August Zinn, der ihn ins hessische Justizministerium berief. Bald verband sie die gemeinsame Arbeit am Wiederaufbau eines Rechtsstaates. Arndt trat der SPD bei. 1949 wurde er Mitglied des ersten Bundestages. In der sozialdemokratischen Bundestagsfraktion wurde er Geschäftsführer und Justitiar und stieg dann zum sogenannten „Kronjuristen" auf.

Anfang der 60er Jahre begann Arndt, sich von der Politik und ihren Bürden zu lösen. 1961 zog das Ehepaar Arndt – kurz nach dem Mauerbau – nach Berlin. 1963 ließ sich Arndt von Willy Brandt überreden, das Amt eines Berliner Senators für Wissenschaft und Kunst zu übernehmen. Das legte er aber nach kurzer Amtszeit wieder nieder, vorwiegend, aber nicht nur aus gesundheitlichen Gründen. 1964 schied er aus dem SPD-Parteivorstand, 1969 aus dem Bundestag aus. 1974 starb er nach langer, schwerer Krankheit.

## II.

Meine Erinnerungen an Adolf Arndt werden zeigen, daß das ihm von Journalisten angeklebte Etikett „Kronjurist" die weit größere Bedeutung dieses Mannes und seines Wirkens verdunkelt. Arndt war ein luzider Jurist und begnadeter Advokat. Aber das war nur eine Facette seiner vielseitigen Begabung, seines vielfältigen Wirkens, seiner in tieferen geistigen Schichten wurzelnden Persönlichkeit.

All das lernte ich nach und nach kennen. Am Anfang stand meine wissenschaftliche Zuarbeit für die seinerzeit von Adolf Arndt geführten Verfahren vor dem Bundesverfassungsgericht, in denen es um die Mitwirkungsrechte des Parlaments in der Außen-, Sicherheits-und Medienpolitik ging.

Bei der wissenschaftlichen Zuarbeit blieb es nicht. Sie dehnte sich auf Aufgaben der juristischen Praxis aus, die Arndt als Justitiar der Fraktion zu bewältigen hatte, dann auch auf politische Fragen, zu denen ihn Kurt Schumacher, sein politischer Mentor in Bonn, mehr und mehr herangezogen hatte.

Parallel zu unserem dienstlichen entwickelte sich unser persönliches Verhältnis. Arndt sorgte einerseits für Distanz, indem er mich – anders als zu jener Zeit in der SPD üblich – siezte. Erst lange, nachdem ich bei ihm ausgeschieden war, bot er mir das Du an. Andererseits war Arndt ohne jegliche Chefallüren. Es war eine Freude, für ihn zu arbeiten.

Mich hat Adolf Arndts bescheidendes Bedauern, aus der Wissenschaft ausgeschlossen worden zu sein, tiefer berührt als seine Anerkennung meiner Zuarbeit. Ich selbst begann nach und nach, die Dinge andersherum zu sehen: Vielleicht war Adolf Arndt gerade darum ein so luzider Jurist, weil er die wissenschaftliche Literatur mit ihren Lehrmeinungen, Kontroversen und mehr oder minder berühmten Fußnoten *nicht* im Kopf hatte?

Was meine ich mit „luzid"? Genau das, was das Wort sagt: Arndt hatte etwas Hellsichtiges, er verfügte über eine hellsichtige Fähigkeit, richtige Fragen zu stellen und richtige Antworten zu geben. Und Adolf Arndt fiel immer etwas ein.

Hinzu kam – das machte ihn zusätzlich zu einem großen Advokaten – seine rhetorische Begabung. Sie ging weit über das Forensische, das er bei Max Alberg gelernt haben dürfte, hinaus. Hans Mayer hat zu Recht festgestellt, Arndt habe die Rhetorik der Kanzelrede ebenso beherrscht wie die der Gerichtsrede. Und er konnte zuspitzen. So schrieb er dem „Rheinischen Merkur", der mit ihm in Dauerfehde lag, einmal in einem Leserbrief: „Sie sind die Gazette Satans."

Auch sonst konnte man über Arndts Rhetorik gelegentlich streiten. So gebrauchte er im Bundestag einmal für die Mahnung, die Verfassung nicht anzutasten, die Verszeile: „Das Wort sie sollen lassen stan" – wie überhaupt das lutherische, um nicht zu sagen luthérische Erbe seines Elternhauses auch in seiner Rhetorik unverkennbar war. Auf meine Bemerkung, meinem historischen Wissensstand nach habe Luther bei dieser Zeile nicht an das Grundgesetz gedacht, antwortete Arndt, ich sei vorlaut. Unklugerweise, ich war noch nicht lange genug bei ihm, ließ ich mich dadurch von meinem Thema abbringen, bis Arndt mir gnädig konzedierte, die Silbe „vor" zu streichen. Auf „laut" müsse er bestehen, denn das sei die reine Wahrheit.

Von der Schärfe der Arndt'schen Rhetorik, seiner Unerbittlichkeit, wie die Kritiker rügten, hat mancher fälschlicherweise auf seinen Charakter geschlossen. Wenn Arndt empört war, konnte er in der Tat nicht nur scharf, sondern auch polemisch werden. Man hat ihn insofern gelegentlich mit Kurt Schumacher verglichen. Aber seinem innersten Wesen nach war er das Gegenteil von einem Scharfmacher, nämlich ein Mittler und Vermittler.

## III.

Adolf Arndt war also eine vielschichtige Persönlichkeit. Was war das einigende Band?

Arndt war von Haus aus protestantischer Christ lutherischer Konfession, aber schon als junger Mann natürlich nicht mehr im Sinne des Bündnisses von Thron und Altar, das im Elternhaus hochgehalten worden war. Nach seiner Erfahrung mit dem Nazi-Regime samt der mit diesem mitlaufenden „deutschen Christen" und nach der antisemitischen Verfemung, die auch im Antijudaismus seiner Kirche Wurzeln hatte, stand er aber auch nicht mehr in der Tradition einer bürgerlich-konservativen Volkskirche. Die Erfahrung der Rechtlosigkeit und Verfolgung hatten ihn auf sich selbst zurückgeworfen, auf seinen persönlichen Glauben, seine persönliche Verantwortung vor Gott.

Adolf Arndt hat sein lutherisches Christentum öffentlich bezeugt, war aber kein großer Kirchgänger. Religion war für ihn keine Privatsache, aber der Glaube gehörte für ihn zum innersten, sorgsam umhegten Raum der eigenen Persönlichkeit.

Arndt war aber nicht nur ein bekennender Christ. Er war auch der damals vielleicht wichtigste Mittler zwischen der Sozialdemokratie und seiner eigenen Kirche. Dabei ging es weder um theologische Spezialfragen noch etwa um den Versuch, für die Sozialdemokratie gut Wetter zu machen. Arndt erörterte mit beiden Seiten das Verhältnis von Kirche und demokratischem Verfassungsstaat und die in dieser Hinsicht bestehenden Defizite ihrer Traditionen. An dem in der Arbeiterbewegung vorherrschenden, etwas verkrampften Atheismus war die bürgerlich-konservative „Volkskirche" schließlich nicht ganz unschuldig gewesen.

Das Gespräch mit der katholischen Kirche fiel Arndt nach meinem Eindruck leichter. Wie groß die entkrampfende Wirkung seiner Bemühungen auch im katholischen Raum war, hat unter anderem Ernst Wolfgang Böckenförde aus persönlicher Erfahrung bezeugt.

In bestimmten Fragen schlug Arndts lutherisches Erbe direkt durch. Zum Beispiel in der Auffassung des Berufs des Richters. Aber auch in der Ablehnung der Idee eines ewig gültigen Naturrechts. Das Recht könne in der gefallenen Welt niemals eine ewige Ordnung bilden, argumentierte er und fügte die rechtspolitische Bemerkung hinzu, in einer säkularisierten Welt könnte ein sakrales Recht nicht gemeinschaftsbildend sein.

Religion war für Adolf Arndt ebenso wenig eine Schublade wie Kunst, Recht oder Politik. Ihm ging es darum, ihre Querverbindungen, ihren geistigen Zusammenhang zu verstehen.

Adolf Arndt war in seinen jungen Jahren selbst künstlerisch tätig gewesen. Er schrieb Gedichte, malte Aquarelle und versäumte mit seiner Frau, einer ausgebildeten Geigerin, kein bedeutendes Konzert, keine lohnende Ausstellung oder Aufführung. In den Jahren der Verfemung begann er, französische Lyrik zu übersetzen. In den Verfolgungsjahren halfen die Arndts, so gut sie konnten, ihren ebenfalls verfolgten Künstlerfreunden, darunter Ernst Barlach und Käthe Kollwitz, Oskar Kokoschka und Schmitt-Rottluff. Diese Verwurzelung im Musischen half den Arndts, Verfolgung und Krieg zu überstehen. In diesem Bereich fand Adolf Arndt Kraft für das „Wagnis der Freiheit", dort fand er Freundschaft. In seiner Gedenkrede für Gustav Gründgens finden sich folgende Sätze:

„Denn wo immer Kunst ihre Wahrheit bezeugt, da ist noch Wasser in der Wüste, da ist selbst noch in der Hölle ein erquickender Tropfen Menschlichkeit, weil alles Musische aus dem Quell des Mitmenschlichen lebt …"

Ich übersetze das so: Kunst lebt aus der Mitmenschlichkeit, und in der lebt Gott.

Auch die Kunst war für Adolf Arndt aber keine Schublade. Das hatte schon sein Urteilsentwurf im Gotteslästerungs-Prozeß gegen George Grosz gezeigt, den er, wie gesagt, mit 26 Jahren verfasst hatte. Gegenstand der Anklage war der Entwurf eines Bühnenbildes zum „Braven Soldaten Schwejk", der Christus am Kreuz mit Knobelbechern und aufgesetzter Gasmaske zeigte. Die Unterschrift unter der Zeichnung lautete: „Maul halten und weiterdienen." Arndt sah im antimilitaristischen Bild des „Christus mit der Gasmaske" keine Gotteslästerung, sondern einen Aufschrei. Ich zitiere:

„Seht die Gepeinigten, sie wollen es nicht, sie können es nicht, und dennoch werden sie in Qualen und Tod des Kriegs hineingestoßen. So ist auch Christus hier ein Dulder. Ein leidender, kein streitender Christus ist ans Kreuz geschlagen."

Da die Bildersprache selten oder nie die Eindeutigkeit des Wortes erreiche und da die Menschen verschieden seien, sähe sich mancher durch dieses Bild in seinen religiösen Gefühlen verletzt. Das könne aber nicht darüber hinwegtäuschen, daß der Künstler „in reiner Weise einen lauteren Gedanken verfechten" wollte und sich keiner Gotteslästerung schuldig gemacht habe.

## IV.

Die Verschiedenheit der Menschen und das Recht: Für Adolf Arndt lag der Sinn des Rechts, wie er es in seinem großen Vortrag „Rechtsdenken in unserer Zeit, jenseits von Positivismus und Naturrecht" ausgedrückt hat, darin, „gemeinschaftsbildend, für jedermann offen und darum verbindlich zu sein". Das Recht bezog für ihn Geltung nicht aus dem staatlichen Befehl oder einer übermenschlichen Ordnung, sondern aus seiner, kein Gewissen verletzenden, integrierenden Kraft. Hinter dieser Überzeugung stand eine harte Lebenserfahrung. Auch die gemeinsame Arbeit an einer dem friedlichen Zusammenleben dienenden Rechtsbildung war für ihn eine Aufgabe der Mitmenschlichkeit. Das Bekenntnis zu ihr war ein Glaubensbekenntnis.

Kehrt man von dieser Position zu der theologischen Frage zurück, wie demokratische Rechtsbildung in unserer gefallenen Welt möglich ist, mag man mit Reinhold Niebuhr antworten: „Des Menschen Sinn für Gerechtigkeit macht Demokratie möglich, seine Neigung zur Ungerechtigkeit macht Demokratie nötig."

Adolf Arndt war einer der ersten, die – zusammen mit Georg August Zinn – den Besatzungsmächten gegenüber die Frage nach der Rechtslage des besiegten Deutschlands aufwarfen und mit der These vom Fortbestand des Deutschen Reiches beantworteten. Darin lag ein Bekenntnis zur Wiederherstellung deutscher Handlungsfähigkeit wie zum Einstehen für deutsche Schuld.

Aus seinem Rechtsdenken hat Adolf Arndt ein Verständnis vom Verfassungsstaat entwickelt, das den Staat nicht als ein Naturprodukt mißversteht, das nachträglich einigermaßen hinter rechtliche Gitter gebracht werden muß, sondern als eine menschliche Ordnung, für die das Recht und die Bewahrung des Rechts konstitutiv sind. Diesem Verfassungsstaat hat er nicht als nur als Parlamentarier, sondern auch als Anwalt vor dem Bundesverfassungsgericht gedient. Dabei hat er immer wieder die Bedeutung der Grundrechte für die Freiheit der Bürger und die gute Ordnung des Verfassungsstaates herausgearbeitet. Er ist nicht müde geworden klarzumachen, daß Demokratie nicht nur aus dem Mehrheitsprinzip besteht, sondern ebenso aus dem verfassungsmäßigen Konsens darüber, worüber *nicht* abgestimmt werden kann. Was wahr ist – Freiheit des Glaubens, was richtig ist – Freiheit der Wissenschaft, was schön ist – Freiheit der Kunst, kann auch von einer Mehrheit nicht bindend entschieden werden. Daher auch Arndts leidenschaftliches Eintreten für die Meinungsfreiheit als Freiheit des Andersdenkenden.

Es ist nicht übertrieben, Adolf Arndt, obwohl er zwar dem Frankfurter Wirtschaftsrat, nicht aber dem Parlamentarischen Rat angehört hat, zu den Gründungsvätern unserer Republik zu zählen.

## V.

Es liegt auf der Hand, daß ein solches Rechts- und Verfassungsverständnis zur Politik leicht in Konflikt geraten kann. Mit seiner Herkunft, seinen Überzeugungen und mit seiner Art, sie zu vertreten, stand Adolf Arndt auch zu seiner Partei in einem Spannungsverhältnis. Er gehörte zu jenen Menschen aus dem deutschen Bürgertum, die nach der Machtergreifung Hitlers den konservativen und liberalen Parteien, die für Hitlers Ermächtigungsgesetz gestimmt hatten, kein Vertrauen mehr entgegenbrachten. Die vor allem auch kein Vertrauen mehr in jene bürgerlichen Kräfte hatten, die der Demontage der Weimarer Demokratie nur passiv zugeschaut oder durch ihre offen zur Schau getragene Demokratieverachtung sogar aktiv zu ihr beigetragen hatten, wie etwa die Gruppe der sogenannten „konservativen Revolution".

Bürger wie Adolf Arndt fanden nach dem Krieg in der Sozialdemokratie eine neue politische Heimat. Das hatte zwei Seiten. Auf der einen Seite trugen Männer wie Adolf Arndt oder Carlo Schmid wesentlich zu jener von Kurt Schumacher angestrebten weltanschaulichen und politischen Öffnung der SPD bei, die dann 1959 in Godesberg ihren programmatischen Ausdruck fand. Andererseits blieben diese „späten Jungsozialisten", wie sich Gustav Heinemann später scherzhaft bezeichnet hat – in der Partei ohne Stallgeruch und ohne Hausmacht –, noch lange Außenseiter. Das galt auch für Adolf Arndt, so sehr er in der Partei verehrt oder jedenfalls respektiert wurde.

Kurt Schumacher hatte Arndts große juristischen und politischen Fähigkeiten erkannt und ihn zu sich herangezogen. Nachdem Schumacher im August 1952 gestorben war, begann die Fraktion, die Streit- und Prozeß-Freudigkeit ihres juristischen Geschäftsführers politisch zu hinterfragen. Dem entsprach auf Seiten Arndts eine nach Schumachers Tod einsetzende Enttäuschung über Partei und Fraktion, aber auch über das Parlament im Ganzen. In Arndts Briefwechsel mit mir kommt das stärker zum Ausdruck, als ich es in Erinnerung hatte. Nach meinem Erfolg im „Spiegel"-Verfahren vor dem Bundesverfassungsgericht schrieb er mir 1966, ich solle mich jetzt bloß nicht „auf das Abstellgleis des Kronjuristen verladen lassen". Und als mich Willy Brandt im Herbst 1969 zu seinem Kanzleramtsminister berief, schrieb er:

> „Die in der kommenden Zeit interessanteste und bedeutendste Aufgabe ist die, Chef des Bundeskanzleramtes mit Kabinettsrang zu sein. Genau das hatte Kurt Schumacher mit mir vor, sobald er das Kanzleramt übernahm."

Heute ist weitgehend vergessen, daß Adolf Arndt auch einer der Väter des Godesberger Programms war. Er drückte seine Auffassung von Demokratie, Verfassungsstaat und einem ihm gerecht werdenden Selbstverständnis der SPD – auch in ihrem Verhältnis zu den Kirchen – in einem dramatischen Beratungsprozeß durch. Den von einem Unterausschuß „Verfassungspolitik" der Programmkommission erarbeiteten Entwurf lehnte er rundweg ab. Er legte einen Gegenentwurf vor, setzte dessen wesentlichen Inhalt in der Programmkommission durch und empfahl das Ergebnis dem Godesberger Programmparteitag mit Erfolg zur Annahme.

Das war der letzte große Dienst, den Adolf Arndt der deutschen Sozialdemokratie geleistet hat.

## VI.

Nach seinem Rückzug aus der Politik ist Adolf Arndt – soweit sein immer schlechter werdender Gesundheitszustand ihm das noch erlaubte – weiter als Anwalt vor dem Bundesverfassungsgericht tätig gewesen. Arndt hatte in Hessen wie in Bonn am Aufbau der Verfassungsgerichtsbarkeit entscheidenden Anteil gehabt. Über ihre grundsätzliche institutionelle Bedeutung waren wir uns nach den Erfahrungen der Weimarer Republik einig.

Denn die Macht des Rechts, auch des Verfassungsrechts, beruht nicht allein auf seinem vom Rechts- und Verfassungsbewußtsein der Bürger getragenen Geltungsanspruch, sondern auch darauf, daß Recht im Streitfall gesprochen und im Konfliktfall durchgesetzt wird.

Wir waren uns aber andererseits auch darin einig, daß man Politik nicht als Verfassungsvollzug mißverstehen darf und daß auch eine Verfassung mit ausgebauter Verfassungsgerichtsbarkeit keine politische Lebensversicherung ist. So sicher in jeder Rechtsprechung immer ein Stück Rechtsfortbildung steckt, so sicher waren wir uns in der Ablehnung der vom Bundesverfassungsrichter Professor Willi Geiger vertretenen These von der angeblichen „Suprematie des Bundesverfassungsgerichts".

Auch in bezug auf die grundsätzliche Bedeutung der Verfassungsbeschwerde waren wir uns einig. Arndt hatte die Verfassungsbeschwerde in der parlamentarischen Beratung des Gesetzes über das Bundesverfassungsgericht mit durchgesetzt. Ich habe nach dem „Spiegel"-Verfahren mit dazu beigetragen, sie im Grundgesetz zu verankern.

Hinsichtlich der Handhabung der Verfassungsbeschwerde durch das Bundesverfassungsgericht gingen unsere Meinungen aber bald auseinander. Ich glaubte, in der Karlsruher Rechtsprechung schon früh eine Tendenz ausmachen zu können, seine Zuständigkeit flächendeckend auszudehnen. Dem diente die Konstruktion eines geschlossenen Grundrechts- „Systems" und die stetige Ausdehnung des Bereichs der Zulässigkeit von Verfassungsbeschwerden bei gleichzeitiger Erweiterung der Möglichkeit, sich aus der Fülle der Verfassungsbeschwerden die für wichtig gehaltenen aussuchen zu können. In meinen Augen droht diese Tendenz den Grundsatz unserer Verfassungsgerichtsbarkeit obsolet werden zu lassen, daß das Gericht nur auf Antrag tätig werden kann: Denn ein Beschwerdeführer findet sich immer.

Adolf Arndt sah das anders. Für ihn verbesserte diese Rechtsprechung die Chance, der Verfassung Geltung zu verschaffen. Das nicht aus einem vordergründigen Anwaltsinteresse heraus, sondern aus dem Interesse an einer Klärung verfassungsrechtlicher Streitfragen. Dieses Interesse Arndts an der verbindlichen Klärung verfassungsrechtlicher Fragen beschränkte sich konsequenterweise nicht auf Verfassungsbeschwerde-Verfahren.

1961 hatte ich auf der Staatsrechtslehrertagung ein Referat über „Prinzipien der Verfassungsinterpretation" mit der Bemerkung geschlossen, es stecke wohl doch ein wahrer Kern in dem Satz des Vorsitzenden des Weimarer Staatsgerichtshofs Dr. Walter Simons, in politischen Streitfragen stelle die Anrufung des Richters im Grunde nicht weniger eine Bankrotterklärung des Staatsmannes dar als die Anrufung des Feldherrn. Adolf Arndt reagierte empört. Dieses Zitat sei zwar effektvoll, aber unklug, ja gefährlich. Es sei eine Diskriminierung der Minderheit, „die stets eine unerläßliche und fruchtbare Aufgabe haben wird, die verfassungsgerichtliche Initiative zu ergreifen, die dem Gericht selber fehlen muß".

Diese Meinung teilte und teile ich nicht. Vornehmste Aufgabe einer parlamentarischen Minderheit ist die Wahrnehmung ihrer *politischen* Oppositionsrolle. Dazu mag im Einzelfall gehören, etwa hinsichtlich der Mitwirkungsrechte des Parlaments an Akten der Regierung, die Klärung verfassungsrechtlicher Fragen *gerichtlich* herbeizuführen. Es ist aber nicht Aufgabe der Opposition, so flächendeckend wie möglich verfassungsrechtliche Fragen klären zu lassen. Auch Arndt war ja nicht der Meinung, daß sich die Güte eines Verfassungsstaats an der Zahl der verfassungsgerichtlichen Verfahren ablesen lasse.

Auch Arndt monierte, daß es das Gericht gelegentlich an der notwendigen richterlichen Zurückhaltung gegenüber der zentralen politischen Zuständigkeit des Parlaments fehlen lasse. Das seien aber, so meinte er, Ausnahmefälle.

Die Rechtswissenschaft beurteilt das heute zunehmend kritischer. Der Konstanzer Kollege Rüthers hat diese Kritik vor einigen Wochen in der FAZ wie folgt zusammengefasst:

„(Die beiden Senate des Bundesverfassungsgerichts) begnügen sich nicht mehr damit, verfassungswidrige Gesetzesvorschriften aufzuheben. Sie schreiben, weit darüber hinausgehend, dem Gesetzgeber bis ins Detail vor, wie er bestimmte Lebensbereiche zu regeln hat. Aus einem Gericht zur Bewahrung der Verfassung ist eine Richtlinieninstanz für die Gesetzgebung geworden ... Sie (die Senate) erweitern damit ihre eigenen rechtspolitischen Kompetenzen zu Lasten des parlamentarischen Gesetzgebers." (FAZ 02. 11. 2000, Seite 12).

Ein Musterbeispiel dafür ist das Urteil des Gerichts aus dem Jahre 1995 über die Vermögensteuer (BVerfGE 93, 121. – Berichterstatter Professor Paul Kirchhof). Professor Böckenförde hat zu dieser Anmaßung von Gesetzgebungskompetenz in einer *dissenting vote* alles Notwendige gesagt.

Diese Kompetenzausdehnung geschieht unter anderem durch eine Ausdehnung der vom Gesetz nur sehr allgemein geregelten Bindungswirkung der Urteile des Gerichts. Muster-Sündenfall war insofern das Urteil über den Grundlagenvertrag, in dem das Gericht Bindungswirkung noch für das letzte obiter dictum in Anspruch nehmen wollte (BVerfGE 36, 1, 36. – Berichterstater Professor Willi Geiger).

Anders als in der rechtswissenschaftlichen Öffentlichkeit gibt es aber in der allgemeinen politischen Öffentlichkeit insofern kaum Kritik, was daran liegen mag, daß das Parlament beharrlich schweigt. Es scheint diese Urteile als unabwendbare Naturereignisse anzusehen.

So kann es kaum Wunder nehmen, daß sich das Gericht in einem Fall, der ebenfalls keine öffentliche Debatte ausgelöst hat, sogar an die Stelle des *verfassungsändernden* Gesetzgebers gesetzt hat. Ich meine das Urteil über „Out of area"-Einsätze der Bundeswehr (BVerfGE 90, 286).

Als Anfang der 50er Jahre die Bundeswehr durch Verfassungsänderung in das Grundgesetz eingefügt wurde – ich war daran an der Seite Adolf Arndts beteiligt –, bestand Übereinstimmung, daß die neuen Streitkräfte allein dem Schutz der Sicherheit unseres Landes im Rahmen des Nordatlantischen Bündnisses zu dienen hätten. Alle Bundesregierungen bis hin zur Regierung Kohl haben daher die Rechtsauffassung vertreten, daß „Out of area"-Einsätze der Bundeswehr nicht zulässig seien. Entscheidender Grund für diese Haltung von Parlament und Regierung war die Existenz alliierter Vorbehaltsrechte hinsichtlich der äußeren Sicherheit der Bundesrepublik.

Als im Zuge des „2 + 4"-Vertrages die Vorbehaltsrechte der Alliierten 1990 fortfielen, hätte das Grundgesetz durch Verfassungsergänzung der neuen völkerrechtlichen Lage angepaßt werden sollen. Das klingt sehr rechtstechnisch, aber es klingt nur so. Denn im Kern ging es um die hochpolitische Frage, für welche Zwecke und Ziele junge Deutsche ihr Leben einzusetzen haben. Sie sind mit mir sicher darin einig, daß diese Frage nur vom Parlament als der gewählten politischen Vertretung der Bürger entschieden werden kann.

Zu einer Verfassungsänderung kam es aber nicht. Die Opposition wollte nicht zum Vorreiter von „Out of area"-Einsätzen werden, und die Regierung hoffte, durch einen Alleingang Zugeständnisse hinsichtlich der Mitwirkung des Parlaments vermeiden zu können. Die Opposition klagte dagegen vor dem Bundesverfassungsgericht.

Und siehe da: Das Bundesverfassungsgericht erklärte „Out of area"-Einsätze der Bundeswehr auch ohne Verfassungsänderung für zulässig – entgegen der jahrzehntelangen Rechtsauffassung von Parlament und Regierung und mit einer wenig überzeugenden Begründung. Das Gericht setzte sich also an die Stelle des verfassungsändernden Gesetzgebers. Das Parlament entschädigte es dafür mit der weiteren Entscheidung, daß jeder „Out of area"-Einsatz der Bundeswehr der Zustimmung des Parlaments bedürfe. Auch diese Entscheidung hatte verfassungsergänzenden Charakter.

Um nicht mißverstanden zu werden: Als Bundestagsabgeordneter hätte ich für eine Verfassungsänderung gestimmt, wie sie das Bundesverfassungsgericht „erurteilt" hat. Aber ein die Entscheidung des verfassungsändernden Gesetzgebers ersetzendes verfassungsgerichtliches Urteil über eine Frage von Leben und Tod stellt die Grundstrukturen unserer parlamentarischen Demokratie in Frage. Denn die lebt vom politischen Engagement und Urteil der Bürer und ihrer Abgeordneten, nicht von der Weisheit eines selbsternannten Aeropags, der den Abgeordneten und den Bürgern die politische Entscheidung abnimmt.

Trotzdem gab es keinen öffentlichen Aufschrei. Der Bundestag schwieg einmal mehr, sei es aus Mangel an politisch-institutionellem Selbstbewußtsein, sei es aus schlechtem Gewissen wegen eigener Fehler und Versäumnisse.

Carlo Schmid hat uns aus einer Rede, die der junge Landtagsabgeordnete Kurt Schumacher in den Weimarer Jahren vor Tübinger Studenten gehalten hat, folgenden Satz überliefert:

„Die Möglichkeiten der Demokratie in einem Volke sind proportional zu dem Maß der Selbstachtung, die dieses Volk für sich aufbringt und zu verteidigen bereit ist."

Der Satz gilt auch für die Selbstachtung des Parlaments. Seine Aufgabe ist es, die das Gemeinwesen integrierende Rechtsbildung durch seine Gesetzgebung primär zu gestalten und darüber hinaus das politische Forum des Gemeinwesens zu sein, auf dem die großen politischen Fragen unserer Zeit debattiert und – soweit dies in unseren Kräften steht – entschieden werden.

Die deutsche obrigkeitsstaatliche Tradition hat das Eintreten für den Rechtsstaat mit Demokratiefremdheit verbunden. Sie setzte nicht auf die Demokratie, sondern auf die Obrigkeit und die Gerichte. Nun ist die Bedeutung der Gerichte für den Rechtsfrieden kaum zu überschätzen. Und das gilt auf mittlerer Ebene erst recht für unseren demokratischen Verfassungsstaat, in dem das Bundesverfassungsgericht mit seiner Rechtsprechung zugleich dazu beiträgt, Rechtsbewußtsein und Verfassungspatriotismus zu bilden, die zusammen mit aktivem Bürgersinn, mit politischer Klugheit und politischem Mut der Bürger und ihrer Repräsentanten die Lebenskraft unserer Demokratie ausmachen. Für den Glauben aber, unsere Freiheit sei auch in letzter In-

stanz bei der Justiz am sichersten aufgehoben, gibt es gerade in unserer Geschichte wenig Anlaß. Ich teile daher die Meinung des großen amerikanischen Richters Learned
Hand:

> „Freiheit lebt in den Herzen von Männern und Frauen; wenn sie dort stirbt, kann keine Ver-
> fassung, kein Gesetz und kein Gericht sie retten oder auch nur viel für sie tun."

# Die Macht der Medien in der Gewaltenteilung

von

## Dr. Dr. h.c. Walter Schmitt Glaeser

Professor für Öffentliches Recht und Verwaltungswissenschaften an der Universität Bayreuth,
Senatspräsident a.D.

## I. Kontrollfunktion als gewaltenteilendes Element

Wenn von der Macht der Medien die Rede ist, kommen vornehmlich die Massenmedien Presse, Rundfunk und Film ins Blickfeld, wobei sich Film und Fernsehen
kaum mehr voneinander trennen lassen. Die Tätigkeit der Massenmedien wird dem
Bereich der Kommunikationsgrundrechte zugerechnet und ihre Freiheitsgewährlei-
stungen werden zusammen mit den anderen gleichgerichteten Freiheiten, insbesondere der Versammlungs-, Vereinigungs-, Kunst- und Wissenschaftsfreiheit[1] als für die
Demokratie schlechthin konstituierend angesehen und als Wesenselement des freiheitlichen Verfassungsstaates insgesamt gewertet.[2] Auf den ersten Blick ist nicht ersichtlich, welche Rolle die Medienmacht in der Gewaltenteilung spielen soll. Die
Freiheiten der Medien besitzen in erster Linie Abwehrqualität gegenüber staatlichen
Gewalten. In ihrer Mitwirkungsdimension ermöglichen diese Grundrechte aber zusammen mit den anderen genannten Freiheiten den Volkswillensbildungsprozeß, der
zu einer sich immer wieder neu bildenden öffentlichen Meinung führt und eine legitimierende Funktion besitzt, die ergänzend neben das zentrale Legitimationsverfahren
der Wahl tritt.[3] Dieser Prozeß und die öffentliche Meinung gehören nicht zum Staats-

---

[1] Dazu näher *W. Schmitt Glaeser*, Die grundrechtliche Freiheit des Bürgers zur Mitwirkung an der Willensbildung, HStR II, 2. Aufl. (1998), § 31, Rn. 3 ff.

[2] *H. Schulze-Fielitz*, in: H. Dreier (Hg.), Grundgesetz-Kommentar, Bd. 1 (1996), Art. 5 I, II, Rn. 31 ff.;
*Chr. Degenhart*, Bonner Kommentar zum Grundgesetz, Art. 5, Abs. 1 und 2, Rn. 4 f.; *R. Zippelius*, Allgemeine Staatslehre, 13. Aufl. (1999), § 28 III, 1 und 2. – *H. Oberreuter*, Wirklichkeitskonstruktion und Wer-
tewandel, in: Aus Politik und Zeitgeschichte, B 27/87, S. 17 f., sieht eine fundamentale Interdependenz
zwischen Kommunikation und politischem System gerade in der Demokratie. – Zur einschlägigen
Rechtsprechung des BVerfG: *W. Schmitt Glaeser*, AöR 97 (1972), S. 77 ff.

[3] *Zippelius* (Anm. 2), § 28 III, 2; *W. Schmitt Glaeser* (Anm. 1), Rn. 26. – Diese ergänzende Legitimations-
funktion darf aber nicht als „Plebiszit" mißverstanden werden: zutreffend *M. Kloepfer*, Öffentliche Meinung, Massenmedien, HStR II, 2. Aufl. (1998), § 35, Rn. 26 ff. Zum Begriff der öffentlichen Meinung etwa *G. Herrmann*, Rundfunkrecht (1994), § 2, Rn. 96 ff. m.z.N. Überzeugend aus der Perspektive des Imi-
tationsbedürfnisses und der Isolationsfurcht des Menschen: *E. Noelle-Neumann*, Öffentliche Meinung. Die

willensbildungsprozeß.[4] Wie Staat und Gesellschaft insgesamt, so stehen zwar auch Staats-und Volkswillensbildungsprozeß in einer konkreten und differenzierten Zuordnung; sie sind aber nicht identisch, sondern (kompetenzrechtlich) grundsätzlich zu unterscheiden.[5] Sowohl auf dieser Trennung als auch auf der Zuordnung beruht ein wichtiger Teil der Funktionsweise freiheitlicher Demokratie, wobei schon in der Wechselbezüglichkeit der beiden Systeme ein gewisser *gewaltenteilender Ansatz* ausgemacht werden kann; denn die Systeme müssen so angelegt sein, daß „keiner seiner Komponenten – Regierung, Parlament, Parteien, Interessengruppen und öffentliche Meinung – eine andere Komponente absorbiert oder zu einem Schattendasein reduziert".[6] Hinzu tritt, daß der Dualismus von Staat und Gesellschaft und die Unterscheidung von Staats- und Volkswillensbildungsprozeß ebenso eine gewichtige Bedingung individueller Freiheit ist.[7] Die Unterscheidung wird daher auch dem Rechtsstaatsprinzip zugerechnet und als ein *gewaltenteilendes Element* in Form einer *Kontrollfunktion* der öffentlichen Meinung gegenüber der Staatsgewalt gewertet.[8] Die Kontrolle wird sogar als eine neue Form spezifischer Machtbegrenzung bezeichnet, um der nachlassenden Wirkung klassischer Gewaltenteilung bzw. den zunehmenden Machtkonzentrationen in den Verfassungsstaaten der Gegenwart entgegenzuwirken.[9] Hier läßt sich auch eine Brücke zur *demokratischen Dimension* des Gewaltenteilungsgrundsatzes erkennen.[10] Denn die öffentliche Meinung ist vornehmlich ein Produkt gesellschaftlicher Kräfte, die sich aus der Wahrnehmung demokratischer Grundrechte bildet. Wird ihr eine gewaltenteilende Kontrollfunktion zuerkannt und überdies zugetraut, eine verblassende klassische Gewaltenteilung wiederzubeleben, dann gewinnt das Demokratieprinzip instrumentale Bedeutung für das Prinzip der Gewaltenteilung, und zwar gerade unter seinem herkömmlichen Verständnis als Gewaltenteilung durch Gewaltentrennung.

Als einer der Träger öffentlicher Meinung besitzen auch die Medien diese gewaltenteilende Funktion. Vor allem den Massenmedien wird die Kontrolle der Staatsgewalt sogar in erster Linie zugeordnet. Dem Rundfunk (Hörfunk und Fernsehen)

---

Entdeckung der Schweigespirale (1996), S. 92: „Im verfestigten Bereich der Tratitionen, Sitten, vor allem aber der Normen sind jene Meinungen und Verhaltensweisen öffentliche Meinung, die man öffentlich äußern oder einnehmen *muß*, wenn man sich nicht isolieren will."

[4] *K. Stern*, Staatsrecht I, 2. Aufl. (1984), § 18 II, 5 e; BVerfGE 8, 104/113; E 20, 56/99f.; E 44, 125/139f.; E 57, 296/320ff.

[5] *W. Schmitt Glaeser* (Anm. 1), Rn. 28ff. – Zum Verhältnis Staat und Gesellschaft: *E. Forsthoff*, Der Staat der Industriegesellschaft (1971), S. 21ff.; *Hans H. Klein*, Die Grundrechte im demokratischen Staat (1972), S. 34f.; *E.-W. Böckenförde*, Die verfassungstheoretische Unterscheidung von Staat und Gesellschaft als Bedingung der individuellen Freiheit (1973); *H.-D. Horn*, Die Verwaltung 26 (1993), S. 545ff.

[6] *E. Fraenkel*, Festgabe für H. Herzfeld (1958), S. 159: zit. nach Stern (Anm. 4).

[7] *Böckenförde* (Anm. 5); *Stern*, Staatsrecht II (1980), § 36 V, 3 a (S. 549f.).

[8] *Stern*, Staatsrecht II (Anm. 7), § 36 V, insbes. 3 a (S. 551f.); *Zippelius* (Anm. 2), § 28 III, 2; *Kloepfer* (Anm. 3), Rn. 18f.

[9] *Stern*, Staatsrecht II (Anm. 7), § 36 V, 1 und 3 (S. 546f.; 551f.). Vgl. auch *E. Schmidt-Aßmann*, Der Rechtsstaat, HStR I (1987), § 24, Rn. 68 sowie *H. Maurer*, Staatsrecht (1999), S. 12, Rn. 20. – Zur Bedeutung des Gruppenpluralismus, „als Schranke und Bremse gegenüber dem allmächtigen Leviathan": *K. Loewenstein*, Verfassungslehre, 4. Aufl. (2000), S. 367ff. (Zitat S. 368).

[10] Allgemein dazu prägnant *H.-D. Horn*, Die grundrechtsunmittelbare Verwaltung (1999), insbes. S. 260ff.

kommt nach Ansicht des Bundesverfassungsgerichts (BVerfG)[11] „sowohl für die Verbindung zwischen dem Volk und den Staatsorganen wie für deren Kontrolle ... eine maßgebliche Wirkung" zu; gleiches gilt – nach einer anderen Entscheidung[12] – für die Presse, zu deren Kontrollaufgaben es gehöre, auf Mißstände von öffentlicher Bedeutung hinzuweisen. Die öffentliche Meinung wird zwar nicht nur von den Medien gebildet. Konstituierend sind auch die Bürger, Bürgergruppen, Verbände, Vereinigungen, die religiösen und weltanschaulichen Institutionen, die politischen Parteien.[13] Aber die Dominanz der Medien im Prozeß der öffentlichen Meinungsbildung ist offenkundig und weithin unbestritten. Dabei wird der Rundfunk vor allem, und hier wiederum in Besonderheit das Fernsehen, als eines der „mächtigsten Kommunikationsmittel" hervorgehoben.[14] Das Fernsehen wird daher auch als „Leitmedium" bezeichnet.[15] Das BVerfG[16] will den Medien sogar eine „öffentliche Aufgabe" zuerkennen. Der Begriff ist zwar problematisch,[17] er läßt aber in plakativer Form erkennen, daß gerade die von der öffentlichen Meinung ausgehende Kontrolle der Staatsgewalt in den Händen der Medien liegt.[18] Und darin liegt auch ein gewichtiger Teil ihrer Macht, und je durchgreifender diese Macht ist, desto nachhaltiger und bedeutender sollte die Kontrolle und der gewaltenteilende Effekt sein. So scheint es jedenfalls zu sein.

## II. Von der Kontrollfunktion zur strukturellen Macht

### 1. Die Selektionsfunktion

Der Begriff „Macht" verleitet dazu, sich um Begriffsabgrenzungen zu bemühen, z.B. gegenüber Herrschaft, Gewalt, Zwang, Autorität. In diesem Zusammenhang können wir darauf verzichten, ohne einer differenzierten Anlage des Themas zu schaden. Völlig ausreichend erscheint die Feststellung *Manfred Hättich*s:[19] „Für die freiheitliche Demokratie ist die institutionelle Trennung von Herrschaft und Macht konstitutiv. Parlament, Regierung und Gerichte üben Herrschaft aus, Parteien, Interessenverbände und Massenmedien Macht im Sinne von Einfluß." Diese Begriffsbildung entspricht der Unterscheidung von Staatswillensbildung in Art. 20 Abs. 2 Satz 2 und Volkswillensbildung in Art. 21 Abs. 1 Satz 1 GG,[20] und wird von daher zusätzlich gestützt.

---

[11] E 35, 202/222.

[12] BVerfGE 66, 116/137. Vgl. auch schon E 20, 162/174f.

[13] BVerfGE 85, 264/284. Speziell zur Mitwirkung der politischen Parteien und der Verbände an der Willensbildung siehe etwa *Stern*, Staatsrecht I (Anm. 4), § 13 IV, 4 m.w.N.

[14] BVerfGE 31, 314/325; E 83, 238/295ff.; *Herrmann* (Anm. 3), § 2, Rn. 94 m.w.N.

[15] *H. Boventer*, Macht der Medien, in: Aus Politik und Zeitgeschichte, B 46–47/88, S. 3/10.

[16] E 60, 53/64 und 234/240; E 66, 116/133.

[17] Kritisch dazu *W. Schmitt Glaeser*, AöR 97 (1972), S. 111ff.; *E. Kull*, FS für M. Löffler (1980), S. 187ff. Vgl. auch *R. Herzog*, in: Maunz/Dürig, Grundgesetz-Kommentar, Art. 5 I, II, Rn. 119ff., 194, 216 und inbes. *M. Bullinger*, Freiheit von Presse, Rundfunk, Film, HStR VI, 2. Aufl. (2001), § 142, Rn. 67ff. m.z.N.; er plädiert für „öffentliche Bedeutung" (ebenda, Rn. 81).

[18] BVerfGE 60, 234/240f.; E 66, 116/137 (Presse); E 35, 202/222; BVerfG, ZUM 1986, S. 609 (Rundfunk).

[19] Staatslexikon, 3. Bd., 7. Aufl. (1987), Stichwort „Macht", Sp. 979.

[20] Vgl. auch BVerfGE 20, 56/98.

Damit ist freilich noch nicht allzuviel gewonnen. Mit der Verbindung von Medien und Macht sticht man in ein sozialwissenschaftliches Wespennest. Die aufschwirrende Gedankenfülle dürfte wohl nur ein Kommunikationswissenschaftler hinreichend zu bändigen vermögen, kaum ein Jurist. Ich will mich daher bescheiden und weiterhin verfassungstheoretisch argumentieren. Ganz ohne Hilfe der Kommunikationswissenschaften werde ich allerdings nicht auskommen.

Anzuknüpfen ist an das vom BVerfG für Presse und Rundfunk schon früh aufgestellte Postulat, die Massenmedien seien im Blick auf ihre grundlegende Bedeutung für eine freie politische Willensbildung des Volkes nicht nur „Medium", sondern ebenso wichtiger „Faktor" für die Bildung der öffentlichen Meinung.[21] Inwieweit diese Unterscheidung allerdings wirklich Sinn macht, erscheint fraglich. „Medium" meint Vermittlung von Informationen (über das Zeitgeschehen, über Entwicklungen im Staatswesen und im gesellschaftlichen Leben), angesprochen von Art. 5 Abs. 1 Satz 2 GG mit dem Begriff der „Berichterstattung" (durch Rundfunk und Film). Allerdings bedeutet Medientätigkeit mehr als bloße Berichterstattung. Medien ermöglichen vor allem auch öffentliche Diskussion, indem sie Kenntnis vermitteln von den unterschiedlichen Meinungen, den einzelnen und den verschiedenen gesellschaftlichen Gruppen Gelegenheit geben, meinungsbildend zu wirken.[22] Gleiches gilt für die politischen Parteien[23] und nicht zuletzt im wesentlichen ebenso für die staatlichen Organe. Denn auch die Staatsorgane können in der Regel nur über die Medien nachhaltig öffentlich wirken.[24] Was Aufmerksamkeit gewinnt, hängt im großen und ganzen von den Medien ab, in Besonderheit vom Fernsehen, weil es qualitativ banal und quantitativ bedeutungsvoll ist. Aber nicht jegliches Geschehen und nicht alle Meinungen finden Platz in den Gazetten und Programmen. Information bedeutet immer zugleich Selektion.[25] Medien sind Medium und Faktor *in einem Zug*; durch „Vermittlung" wird auch „geschaffen" und mit der Auswahl prägen die Medien das Gesamtbild politischer, sozialer, kultureller, wirtschaftlicher Art. Aus der Selektion entsteht, wie das BVerfG[26] schon früh betont, eine Tendenz, in dem z.B. beim Rundfunk darüber entschieden wird, „was nicht gesendet werden soll, was die Hörer nicht zu interessieren braucht, was ohne Schaden für die öffentliche Meinungsbildung vernachlässigt werden kann, und wie das Gesendete geformt und gesagt werden soll." Hierher gehört vor allem auch die „Bilder-Signal-Sprache" bei Schnittechnik und Kameraführung: Front-, Drauf- oder Untersicht.[27]

So läßt sich feststellen: Die Medien sind Faktoren der öffentlichen Meinungsbildung. Sie vermitteln zwar, aber sie bestimmen auch, was sie vermitteln, und dies mit

---

[21] Für die Presse etwa BVerfGE 20, 162/174f.; E 36, 193/204; E 50, 234/239f. Für den Rundfunk BVerfGE 12, 205/260f.; E 31, 314/325f.; E 60, 53/63f. und ständig. Ebenso die überwiegende Lehre: vgl. etwa *Hans H. Klein*, Parteien-Presse-Rundfunk, in: FS für Maurer (2001), S. 193/200 sowie *Mangoldt/Klein/Starck*, Das Bonner Grundgesetz, Bd. 1, 3. Aufl. (1985), Art. 5 Abs. 1, 2, Rn. 15 m.w.N pro und contra.

[22] So BVerfGE 35, 202/222 (für den Rundfunk).

[23] BVerfGE 20, 56/114; *Bullinger* (Anm. 17), Rn. 146.

[24] *Herrmann* (Anm. 3), §2, Rn. 89 formuliert – wie er meint „scherzhaft" – für den Rundfunk: „Quod non est in radio vel televisione, non est in mundo".

[25] Dazu etwa *W. Schulz*, Medienwirklichkeit und Medienwirkung, in: Aus Politik und Zeitgeschichte, B 40/93, S. 16/23.

[26] E 12, 205/260.

[27] Dazu *Noelle-Neumann* (Anm. 3), S. 234ff.

Tendenz, nicht selten auch tendenziös.[28] Der Journalist ist der „gatekeeper" (*Noelle-Neumann*), der über das Ob und das Wie einer Meldung an die Öffentlichkeit entscheidet. Verbinden wir diese Erkenntnis mit der medialen Bedeutung für Aufmerksamkeit, so kann überspitzt formuliert werden: Wenn nur in der Welt ist, was in den Medien ist, dann bestimmen die Medien die Welt.[29] Dies wäre dann aber überhaupt keine Vermittlung mehr, sondern Repräsentation; oder sollte man sogar mit *Rudolf Maresch und Nils Werber*[30] von Souveränität sprechen? Jedenfalls erzeugen die Massenmedien – wie *Peter M. Spangenberg*[31] formuliert – „die sozial relevante, erwartbare und kommunikativ ‚einklagbare' interne (Erlebnis-)Umwelt der Gesellschaft" und dies „weit über die Kommunikationsbereiche von Nachrichten, Unterhaltung und Werbung" hinaus. Er fährt fort: „Dies geschieht trotz und jenseits der Erfahrung, daß jene minimalen Partikel von Gesellschaft, die wir interaktiv erreichen können – die Redaktionskonferenz, die Ratssitzung, die Gerichtsverhandlung, der Arbeitsplatzkonflikt –, in der *Kompaktform* der Audiovision uns stets radikal verkürzt, verzerrt und falsch repräsentiert erscheinen. Die Selektivität der Massenkommunikation ist deshalb zugleich Machtausübung an unserer individuellen Wirklichkeit …".

## 2. *Die Funktion der Realitätsbewegung in politicis*

Bei dieser Lage erscheint es doch recht verharmlosend, um nicht zu sagen: schlicht irreführend, lediglich von einer Kontrolle der Staatsgewalt durch die öffentliche Meinung, insbesondere durch die Medien zu sprechen. Deren Selektionsfunktion läßt diese Kontrollkompetenz zwar grundsätzlich unberührt, zeigt aber zugleich, daß Medienmacht weit über die Kontrolle der Staatsgewalt hinausreicht und sich zu einer eigenständigen, autonomen Macht emanzipiert, einer eminenten Macht im pluralistischen Gemeinwesen des Verfassungsstaates.

Lange Zeit wurde diese Tatsache nicht erkannt. Gängig war die Behauptung, Medien könnten Meinungen und Einstellungen kaum verändern, sondern lediglich bereits gegebene eigene Positionen bestärken.[32] Heute ist diese Auffassung im wesentli-

---

[28] *H. Wagner*, Medien-Tabus und Kommunikationsverbote (1991).

[29] Vgl. auch *W. Schmitt Glaeser* (Anm. 1), Rn. 42 m.N. Der Journalist *Ulrich Greiner* hat dies in „Die Zeit" (v. 6. 7. 1984) so formuliert: „Das einst dienende Gewerbe ist zum alles beherrschenden Betrieb geworden, der von sich selbst lebt. Etwas hat überhaupt erst dann stattgefunden, wenn darüber berichtet wurde, selbst wenn es nicht war."

[30] Zitiert nach *S.J. Schmidt*, Technik-Medien-Politik, in: Maresch/Werber (Hg.), Kommunikation, Medien, Macht (1999), S. 108/109. Die Begründung dafür lautet u.a.: „Sie (die Medien) diktieren Denk-, Handlungs- und Wahrnehmungsweisen, sie bestimmen Modi, Tempi und Rhythmik der Informationsgewinnung, Informationsspeicherung und Informationsweitergabe …" Und sie spannen so „einen unhintergehbaren Horizont von Welt auf, eine emergente Wirklichkeit …, die zugleich informiert und kritisiert, bestätigt und dementiert, Adressaten erzeugt und sie bezeugen läßt und dadurch weitere Informationen prozessiert, über die abermals berichtet und kommuniziert werden kann."

[31] Das Medium Audiovision, in: Maresch/Werber (Hg.), Kommunikation, Medien, Macht (1999), S. 59/77f.

[32] Grundlegend dafür *P.F. Lazarsfeld/B. Berelson/H. Gaudet*, The People's Choice, How the Voter Makes up his Mind in a Presidential Campaign, New York 1944; vgl. auch *Lazarsfeld/Menzel*, Massenmedien und personaler Einfluß, in: W. Schramm (Hg.), Grundfragen der Kommunikationsforschung, 2. Aufl. (1968), S. 120.

chen überwunden.[33] Der langjährige Journalist *Hermann Boventer*[34] spricht sogar von den Medien als „vierter Gewalt" im Sinne einer Gegengewalt zu den drei klassischen Gewalten. Er steht mit dieser Einschätzung nicht allein, aber sie ist juristisch unhaltbar[35] und stimmt – wie noch zu zeigen sein wird – auch strukturell nicht. Immerhin läßt sie aber ein Selbstverständnis der Journalisten erkennen, das noch prononcierter in den weiteren Ausführungen *Boventers* Ausdruck findet: „Journalisten kontrollieren den Mächtigen, wer immer das sei. Neben den Staatsgewalten, ja gegen sie, etabliert sich eine Macht, die sich mit ihrer notwendigen Kontrollfunktion dem gewaltenteiligen Prinzip entzieht."[36] In diesem Verständnis bleibt zwar die Kontrollfunktion der Medien erhalten, sie wäre aber kein gewaltenteilendes Phänomen mehr, entzöge sich vielmehr der Gewaltenteilung, stünde also wohl über ihr. Das ist ein interessanter Gedanke, der sich in seiner Richtigkeit aber erst beurteilen läßt, wenn Klarheit darüber besteht, was „Macht" bzw. was speziell „Medienmacht" meint.

Macht meint Realitätsbestimmung oder – mit *Romano Guardini*[37] – die willentliche Fähigkeit, Realität zu bewegen. Dabei geht es nicht, entsprechend dem klassischen Wirkungsmodell, um eine direkte Einflußnahme der Medien auf die Nutzer im Sinne einer linearen Wirkungskette.[38] Der Nachweis einer solchen Art naturwissenschaftlicher Kausalität ließe sich auch mit Hilfe noch so detaillierter empirischer Forschung kaum erbringen. Dafür ist das Verhältnis zwischen Medien und Rezipienten viel zu komplex.[39] Bei der „Realitätsbewegung" durch Medien geht es um indirekte Einflußnahme in Form einer *reflexiven* Wirkung, genauer: Über die Vermittlung selektiver, d.h. von den Journalisten ausgewählter Wissensbestände, wird in Verbindung mit dem beim Rezipienten vorhandenen Wissen in der je gegebenen sozialen Situation die soziale, politische, wirtschaftliche und kulturelle *Infrastruktur* gestaltet. Die Medienwirkung ist daher auch bei dem einzelnen Rezipienten verschieden in Art und Ergebnis, wegen der medialen Möglichkeit der Realitätsbestimmung aber stets intensiv. Speziell die politische Wirklichkeit konkretisiert sich in der (selektiven) Information über Politik, im Aufbau des Interesses an öffentlichen Angelenheiten und ihrer Sichtweise.[40] In diesem Sinne wirken Medien indirekt, sie besitzen *strukturelle Macht*.[41]

---

[33] Dazu etwa *M. Schmolke*, Macht der Medien – ihre Möglichkeit und Grenzen, in: Haus der Begegnung e.V. (Hg.), Massen, Macht und Medien (1976), S. 43/55ff. m.w.N.

[34] (Anm. 15), S. 10f. Vgl. etwa auch *J.H. Kaiser*, Die Repräsentation organisierter Interessen, 2. Aufl. (1978), S. 212 und *T. Schäuble*, Recht und Politik 1996, S. 66/68f.

[35] *Zippelius* (Anm. 2), § 28 IV, 3, S. 279.

[36] *Boventer* (Anm. 15), S. 10. Interessant auch die dort zitierte Aussage von *R. Augstein*, der „Spiegel" sei „nicht unbeteiligt" gewesen am Ende der Ära *Adenauer*. Vgl. des weiteren etwa *W. Donsbach*, Legitimationsprobleme des Journalismus (1982), S. 180. Grundsätzlich zum Selbstverständnis der Journalisten etwa *H. Oberreuter*, Übermacht der Medien (1982), insbes. S. 71ff. sowie *H. Wagner*, (Anm. 28), insbes. S. 47ff., jew.m.w.N.

[37] Das Ende der Neuzeit. Die Macht, 3. Aufl. (1995), S. 101f. Vgl. auch *Th. Geiger*, Vorstudien zu einer Soziologie des Rechts (1947; Ausg. Neuwied-Berlin, 1960), S. 341: Macht als Chance, Ereignisabläufe steuern zu können.

[38] Dazu näher *K. Merten*, Gewalt durch Gewalt im Fernsehen? (1999), S. 64ff.; vgl. auch *Noelle-Neumann* (Anm. 3), S. 224ff.

[39] Vgl. *Schmidt* (Anm. 30), S. 114ff., insbes. S. 117.

[40] *Oberreuter* (Anm. 2), S. 24 unter Verweis auf *Chaffee*, Ward und Tipton.

[41] Überzeugend *Schmidt* (Anm. 30), insbes. S. 118f.

Selbstverständlich darf dies alles nicht nur negativ gesehen werden. Wichtig ist die Information und gerade auch die Informationsauswahl, die wesentlicher Bestandteil der Medienfreiheit ist, zu einer „Reduktion von Komplexität" und zu einer gegenständlichen „Thematisierung" der öffentlichen Meinung führt, ohne die ein sinnvoller Disput kaum realisierbar wäre.[42] Überdies ermöglichen die Medien die „Erweiterung der natürlichen menschlichen Fähigkeiten zur Wahrnehmung, Codierung, Übertragung und Speicherung von Informationen", und sind damit ein wichtiger Bestandteil kultureller Entwicklung.[43] Schließlich ist der Aufbau des Interesses an öffentlichen Angelegenheiten für eine demokratische Gemeinschaft unverzichtbar.

Freilich: Gerade aus der demokratischen Perspektive ist die Selektion auch äußerst bedenklich, denn sie wird ausschließlich von den Journalisten vorgenommen, und Journalisten sind – jedenfalls in politischen Angelegenheiten – in der Regel keine „ehrlichen Makler" der Informationsdarbietung. Sie haben ihre eigenen politischen Einstellungen oder sie werden von nicht unmittelbar in Erscheinung tretenden Mächten (z.B. politischen Parteien) gelenkt und vermitteln dementsprechende Eindrücke,[44] und sie scheinen dabei kaum Gewissensbisse oder gar Hemmungen zu verspüren. Ausnahmen sind die Bestätigung der Regel. Nicht selten wird auch ganz bewußt indoktriniert und (vor allem über Emotionen) manipuliert.[45] Eine große Bedeutung spielt ebenso die zeitgeistige Weltdeutung einer Gesellschaft, die Bedingungen der Nachrichtenlogistik und Medienproduktion,[46] auch der „Zwang zur Quote" und nicht zuletzt die Tatsache einer immer größer werdenden Diskrepanz zwischen einem ständig wachsenden Informationsaufkommen und der – jedenfalls im Blick auf die Massenkommunikation – begrenzten Verarbeitungskapazität nicht nur der Medien, sondern vor allem der Mediennutzer.[47] Das Selektierte wird damit notgedrungen immer selektiver, und die Auswahl immer beliebiger, willkürlicher.

Unter diesen Gegebenheiten kann der Thematisierungskompetenz und Artikulationsfunktion der Massenmedien im Prozeß der öffentlichen Meinung nicht mehr sehr viel Positives abgewonnen werden. Daß die Massenmedien darüber bestimmen, was auf die Tagesordnung kommt, und niemand in der Lage ist, daran etwas zu ändern,[48] führt nicht nur bei den von Medien Angegriffenen, Verletzten, Beleidigten, Verleumdeten, sondern auch bei jenen, deren Anliegen von den Medien nicht richtig, nicht hinreichend oder gar nicht artikuliert werden, zu einem Gefühl der Ohnmacht und des Ausgeliefertseins, und damit zu einem Gefühl, deren Erweckung man in einem freiheitlichen Verfassungsstaat eigentlich niemandem mehr erlauben wollte, dem Staat nicht, aber auch nicht irgendwelchen gesellschaftlichen Kräften. Die Medien haben diese Macht.

---

[42] *N. Luhmann*, Öffentliche Meinung, PVS 1970, S. 2ff. Vgl. auch *Stern*, Staatsrecht I (Anm. 4), § 18 II, 5 e (S. 618) m.N.

[43] *Schulz* (Anm. 25), S. 19f. Vgl. auch *B. Baerns*, Macht der Öffentlichkeitsarbeit und Macht der Medien, in: Sarcinelli (Hg.), Politik-Vermittlung (1987), S. 147/150ff.

[44] *Noelle-Neumann* (Anm. 3), S. 232ff.

[45] *Schulz* (Anm. 25), S. 22; *H.M. Kepplinger* (Hg.), Angepaßte Außenseiter. Was Journalisten denken und wie sie arbeiten (1979).

[46] *W. Schulz*, Politikvermittlung durch Massenmedien, in: Sarcinelli (Hg.), Politik-Vermittlung (1987), S. 129/133f.

[47] Vgl. auch *Schulz* (Anm. 25), S. 23f.

[48] *Noelle-Neumann* (Anm. 3), S. 220ff.; *Oberreuter* (Anm. 36), S. 68ff.

Die Thematisierungskompetenz führt in der Regel auch dazu, daß die Medien den jeweiligen Inhalt der öffentlichen Meinung bestimmen. Ändert sich der Medientenor, dann verändert sich immer auch die Einstellung der Bevölkerung, zwar nicht gleichzeitig, aber wenig später. Die Ursachen für dieses Phänomen sind – wie die eingehenden und überzeugenden empirischen Forschungen von *Elisabeth Noelle-Neumann*[49] zeigen, Isolationsfurcht und die angeborene Neigung des Menschen zur Imitation als einer Form des Lernens.

Eine gewisse Chance der Gegensteuerung bieten die eigenen Wirklichkeits- bzw. Umweltbeobachtungen der Menschen.[50] Gerade der politische Bereich ist aber von den Normalbürgern persönlich nicht oder doch kaum erfahrbar. Es handelt sich hierbei durchweg um Vorgänge außerhalb der eigenen Lebenswelt, die „nur in Form von ‚Medienwirklichkeit' faßbar und auch für Fachleute oft nur in Form von ‚Dokumentenwirklichkeit' zugänglich" sind.[51] Insgesamt haben die Menschen den durch die Medien vermittelten Einstellungen immer weniger Primärerfahrungen entgegenzusetzen. Medienrealität ersetzt nichterfahrene Wirklichkeit.[52] Das hängt auch damit zusammen, daß die gesamte soziale Umwelt immer komplexer und unübersichtlicher wird. Noch mehr ins Gewicht aber fällt, daß vor allem Jugendliche das lebensweltlich Erfahrbare zunehmend durch Wirklichkeitsvermittlung über die Medien, insbesondere das Fernsehen, ersetzen.[53] Zusammen mit dem rasanten sozialen Wandel führe dies – so *Heinrich Oberreuter*[54] – „zu jenem Nullpunkt, an dem es keine abwehrbereiten, individuellen Voreinstellungen mehr gibt. Der gesamte Bereich der Politik, der Ideologien und der Legitimationsvorstellungen wird fast ausschließlich in der Vermittlung durch die Medien wahrgenommen."

## III. Die Auswirkung struktureller Medienmacht auf die Gewaltenteilung

Die Möglichkeit der Medien, Wirklichkeit zu gestalten, ist selbstverständlich nicht gegenständlich zu verstehen. Sie bezieht sich auf das Ob und das Wie der Wahrnehmung des Gegenständlichen, staatlicher und menschlicher Verhaltensweisen, der Beziehung der Menschen untereinander und zur Gemeinschaft, kurz: es geht – allgemein und etwas unscharf formuliert – um die geistige und mentale Infrastruktur.

Eine so geartete strukturelle Medienmacht kann – entgegen *Hermann Boventer*[55] – nicht als Gegengewalt zu den klassischen Gewalten bezeichnet werden und es stimmt

---

[49] (Anm. 3), etwa S. 19f., 59ff., 62.

[50] Dazu etwa *U. Sarcinelli*, Politikvermittlung und demokratische Kommunikationsstruktur, in: ders. (Hg.), Politik-Vermittlung (1987), S. 19ff.

[51] *Oberreuter* (Anm. 2), S. 20f.

[52] *W. Schulz*, Die Konstruktion von Realität in den Nachrichtenmedien (1976).

[53] Prägnant dazu bereits *H. Bofadelli*, Die Sozialisationsperspektive in der Massenkommunikation (1981), S. 336ff. sowie *Oberreuter* (Anm. 2), S. 25f. Zu Jugend und Medien neuestens die aufschlußreiche Untersuchung in Media Perspektiven 2/2001. – Auch die neueste Welle der ARD/ZDF-Langzeitstudie zeigt weiter wachsende Mediennutzung, wobei auf den Rundfunk 80% des Medienzeitbudgets entfallen (Media Perspektiven 3/2001).

[54] (Anm. 2), S. 26.

[55] (Anm. 15), S. 10.

auch nicht, daß die Medien sich mit ihrer Kontrollfunktion dem gewaltenteiligen Prinzip entziehen. Medienmacht setzt anders und sehr viel tiefer an. Sie gestaltet die Wahrnehmung der Wirklichkeit und stellt die gesamte Gewaltenteilung auf eine künstliche, nämlich auf die von den Medien konstruierte Wirklichkeit. Die Folgen dieser Realitätskonstruktion sind kaum überschaubar, zumal sie sich ja nicht nur auf die Gewaltenteilung, sondern auf das ganze Sein des Staates, der Gesellschaft und der Individuen auswirken, und sie überdies oft nur Stimmungen erzeugen, deren tatsächlichen Konsequenzen kaum mit hinreichender Deutlichkeit in Erscheinung treten oder gar eindeutig auf mediale Verhaltensweisen zurückgeführt werden können. Das verleitet zu Spekulationen, die es aber zu vermeiden gilt. Ich beschränke mich auf „Handgreifliches" und betone zugleich, nur Teilansichten bieten zu können.

## 1. *Öffentliche Meinung als medial reglementierte Meinung*

Die Systeme Volks- und Staatswillensbildungsprozeß müssen – wie oben (Ziff. I ) betont – so angelegt sein, daß keiner seiner Komponenten eine andere Komponente absorbiert oder zu einem Schattendasein reduziert. Nichts anderes kann für die „Komponenten" gelten, die öffentliche Meinung konstituieren. Dies läßt sich ohne weiteres dem Art. 21 Abs. 1 Satz 1 GG entnehmen, der lediglich eine *Mit*-Wirkung der Parteien an der politischen Willensbildung vorsieht und damit deutlich zum Ausdruck bringt, daß diese Willensbildung, die zur öffentlichen Meinung führt, mehrere Beteiligte besitzen und dementsprechend *pluralistisch* angelegt sein muß. Diese pluralistische Anlage findet ihre Grundlage nicht im rechtsstaatlichen Gewaltenteilungssystem, sondern im Demokratieprinzip. Das Gewaltenteilungsprinzip als rechtsstaatliche Kategorie ist auf die *staatliche* Funktionenteilung, nicht auf *gesellschaftliche* Konkurrenz im Volkswillensbildungsprozeß bezogen. Aber auch hier gilt die bereits (Ziff. I) getroffene Feststellung einer instrumentalen Unterstützung der Gewaltenteilung durch das Demokratieprinzip. Gerade die Tatsache, daß das demokratisch-pluralistische Verfassungsgebot auch dadurch gekennzeichnet ist, daß die Kommunikationsrechte in unterschiedlichen Händen ruhen, wirkt strukturell Einseitigkeiten entgegen und läßt daher die Kontrolle der Staatsorgane glaubwürdig erscheinen. Allerdings bedeutet dies nicht, daß jeder meinungsbildende Faktor jeweils gleiche Wirkung erzielen oder gar eine inhaltliche Ausgewogenheit herrschen müßte. Eine derartige Forderung wäre unrealistisch. Im Gegensatz zur demokratischen Willensbildung durch Wahlen und Abstimmungen entscheidet hier nicht die Mehrheit, sondern die faktische Durchsetzungskraft.[56]

Dem Grundsatz nach läßt sich daher insofern gegen die herausragende Stellung der (Massen-)Medien im Prozeß der Volkswillensbildung nichts einwenden, zumal es daneben noch gewichtige andere gesellschaftliche Kräfte gibt, die den Prozeß zu beeinflussen verstehen. Dazu rechnen vor allem die politischen Parteien und die großen Interessenverbände.[57] Auch die Öffentlichkeitsarbeit der Regierung und anderer staatli-

---

[56] Vgl. *Bullinger* (Anm. 17), Rn. 146 im Blick auf Meinungsbildung durch Medien.
[57] *W. Schmitt Glaeser* (Anm. 1), Rn. 39; vgl. auch *Ph. Kunig*, Parteien, HStR II, 2. Aufl. (1998), § 33, Rn. 15 ff.; *J. H. Kaiser*, Verbände, ebenda, § 34, Rn. 28 ff.

cher Organe gehört hierher.[58] Das Problem der Mediendominanz besteht nicht darin, daß die Medien an der politischen Willensbildung mitwirken und daß sie dies sehr nachhaltig und intensiv tun. Das Problem besteht darin, daß vor allem die Massenmedien Presse und Rundfunk durch ihre selektions- und wirklichkeitsformende Funktion die *Mitwirkung der anderen meinungsbildenden Kräfte in ihrer Öffentlichkeitsrelevanz reglementieren* und damit die öffentliche Meinung mit der veröffentlichten Meinung tendenziell gleichgeschaltet wird. Das gilt nicht nur für den einzelnen Bürger, der im wesentlichen auf Leserbriefe und Gegendarstellungen beschränkt ist, wobei die Veröffentlichung der Briefe in der Willkür der Redaktion steht und Gegendarstellungen aus hinlänglich bekannten Gründen völlig wirkungslos sind. Es gilt auch für die Parteien, die großen Verbände und sogar für die demokratisch legitimierten Organe und Institutionen.[59] Zwar haben diese Kräfte mehr Chancen, bei den „Schleusenwärtern der Kommunikation" (*Heinrich Oberreuter*) schon aus Quotengründen Gehör zu finden. Aber auch sie müssen durch das Nadelöhr der Medien, wenn sie in den Raum öffentlicher Wahrnehmung gelangen wollen; auch sie müssen sich der Prozedur der medialen Filterung unterwerfen, wozu Positions- und Zeitvorgaben ebenso gehören wie z.B. die Art der Kameraführung, die der Plazierung im Programm oder die Kommentierung durch Journalisten. Das gilt selbst für Großkundgebungen (z.B. der Gewerkschaften), die gleichermaßen der „Vermittlung" durch Medien bedürfen, um hinreichende Wirksamkeit zu erlangen. Die Rolle der reglementierten sozialen Kräfte und ebenso der staatlichen Organe, jedenfalls der Legislative und Exekutive, beschränkt sich im wesentlichen darauf, ihre Botschaften möglichst mediengerecht zu präsentieren und nachrichtengeeignet in Szene zu setzen, so daß Politikvermittlung in einem Zusammenspiel der Medienmanager (Pressesprecher) der Verbände und des Staates mit den Journalisten zustande kommt. Das Ergebnis ist erfahrungsgemäß nicht nur inhaltsgestaltend, sondern oft auch inhaltsverzerrend.

Der öffentliche Meinungsbildungsprozeß wird auf diese Weise Bedingungen unterworfen, die daran zweifeln lassen, ob er noch ein konstituierendes Lebenselement unseres freiheitlich-demokratischen Verfassungsstaates zu sein vermag. Ausgehend von der Erkenntnis, daß sich niemand im Besitz der Wahrheit wähnen darf und kann, besteht die Kernidee des pluralistischen Gemeinwesens darin, daß unterschiedliche Meinungen, Interessen und Weltanschauungen nicht nur existieren, sondern in grundsätzlich gleicher Weise auch rechtliche Beachtung und Geltung verdienen.[60] Dies allein entspricht auch dem Verfassungsgebot gleicher Freiheit, wie es sich vor allem aus Art. 1, Art. 2 Abs. 1 und Art. 3 Abs. 1 GG ergibt, und wird der Einsicht gerecht, daß jedermann als „prinzipiell gleichzuachtende moralische Instanz" zu gelten hat.[61] Freiheitlichkeit des Willensbildungsprozesses bedeutet daher grundsätzlich auch gleiche Freiheitlichkeit, nicht in dem Sinne zwar, daß jeder an der Formung dieses Prozesses Beteiligter gleiche Wirkungen erzielen muß; eine solche Zielvorstellung wäre – wie schon betont – unrealistisch. Sie bedeutet aber sehr wohl, daß die Wirkung der Beiträge aller Beteiligten nicht prinzipiell von dem Gutdünken eines der Beteilig-

---

[58] *W. Schmitt Glaeser* (Anm. 1), Rn. 31 m. N.

[59] *Oberreuter* (Anm. 2), S. 21 f.

[60] *E. Fraenkel*, Deutschland und die westlichen Demokratien (1991); *W. Schmitt Glaeser*, Ethik und Wirklichkeitsbezug des freiheitlichen Verfassungsstaates (1999), S. 10 f. m. w. N.

[61] *M. Kloepfer* (Anm. 3), Rn. 13.

ten, nämlich der Medien, abhängig sein darf. Eine solche Abhängigkeit schleift die Vielfalt konkurrierender Gruppen und konterkariert den *Pluralismus als Strukturprinzip des freiheitlichen demokratischen Verfassungsstaates.* Unausgewogenheiten im Bereich der sozialen Mächte gefährden das demokratische Prinzip, weil der befriedende Interessenausgleich im Vorfeld der politischen Willensbildung nicht mehr gelingen kann; sie beeinträchtigen die Balance der realen, sozialen Gewalten in ihrem Neben- und Gegeneinander und führen zu einer unangemessenen Repräsentation partikulärer Meinungen.[62] Die Instrumentalisierung des Demokratieprinzips für das Prinzip der Gewaltenteilung wirkt damit eher kontraproduktiv.

Nun läßt sich einwenden, die Selektionsfunktion der Medien sei unvermeidlich und die Verfassungserwartung[63] nicht einklagbar, wonach die Medien die grundrechtliche Freiheit des Art. 5 Abs. 1 Satz 2 GG nicht allein zur Hebung von Einschaltquoten oder zum Zwecke politischer Manipulation in Anspruch nehmen mögen, sondern vornehmlich zur Förderung eines gemeinwohlorientierten Volkswillensbildungsprozesses, zum Ausgleich gegensätzlicher Interessen, zur Vorbereitung staatlicher Entscheidungen mit inhaltlicher Qualität und zur Förderung ihrer Akzeptanz. Einleuchtend erscheint ebenso die Position, die hier geltend gemachte Kritik beziehe sich auf einen unvermeidlichen „Webfehler" jeglicher Medienfreiheit, so daß man ihre Vorteile nicht haben könne, ohne ihre Nachteile in Kauf zu nehmen. Und es kann gewiß keinen Zweifel daran geben, daß freie Medien zum unverzichtbaren Element freier Staatlichkeit gehören. Das heißt aber nicht, daß man die „Webfehler" dieser Freiheitlichkeit wegen gering veranschlagen oder gar negieren darf, denn sie beeinträchtigen auch – wie wir gesehen haben – gerade diese Freiheitlichkeit selbst ganz entschieden, indem sie die Meinungsvielfalt über den Leisten der Journalistenmeinungen schlagen und die gewaltenteilende Balance innerhalb der sozialen Mächte weitgehend beseitigen. Zwar reklamieren die Medien das Wahrheitsmonopol nicht für sich, aber sie können so verfahren, als besäßen sie es. Die Lage mag bis auf weiteres im wesentlichen unrevozierbar sein. Das darf und kann aber nicht bedeuten, daß man sich dem Zustand bereitwillig fügt oder gar – wie das BVerfG und ein Teil der Lehre[64] – das Grundrecht der Medienfreiheit auch noch nahezu absolut setzt und z.B. bei Ehrverletzungen im wesentlichen nur Schmähkritik und falsches Zitieren für eine Grenzziehung anerkennt. Zwar hat es manches für sich, wenn das BVerfG eine verstärkte Einschränkung der Meinungsfreiheit insgesamt ablehnt, weil ein derartiges Vorgehen im Einzelfall nicht nur diesen Einzelfall reguliere, sondern „einschüchternde Wirkung",[65] also präventive Auswirkungen auf den Kommunikationsprozeß insgesamt habe,[66] so daß es aus Furcht vor Sanktionen schnell zu Verhältnissen kommen könne, in denen auch zulässige Kritik unterbleibt.[67] Aber diese „einschüchternde Wirkung" ist nicht nur bei jenen zu befürchten, die andere beleidigen oder verleumden, sondern in gleichem Maße auch bei

---

[62] Vgl. auch *Zippelius* (Anm. 2), § 29 I, 3; 31 I, 2.

[63] Dazu *J. Isensee*, Grundrechtsvoraussetzungen und Verfassungserwartungen an die Grundrechtsausübung, HStR V (1992), § 115, Rn. 165, 170ff., 202, 227ff. u.a.

[64] Dazu näher *R. Wendt*, in: v. Münch / Kunig (Hg.), GG-Kommentar, Bd. 1 (1992), Art. 5, Rn. 67ff. Zu den Befürwortern dieser Rspr. gehört z.B. *H. Schulze-Fielitz* (Anm. 2), Rn. 105ff.

[65] BVerfGE 43, 130/136.

[66] BVerfGE 54, 129/139; E 83, 130/145f.; E 86, 1/10.

[67] *D. Grimm*, NJW 1995, 1697/1704. – Ausf. dazu *W. Schmitt Glaeser*, AöR 113 (1988), 52/65ff.

denen, die von Ehrenkränkungen betroffen werden. Gerade die Medien sind durchaus in der Lage, die mittelalterliche Folter in neuer Gestalt und mit anderen Instrumenten wieder aufleben zu lassen; jedenfalls ihre Prangerwirkung ist unbestritten.[68] Und diese hat nicht zuletzt und nicht nur bei Politikern regelmäßig zur Folge, daß die Betroffenen nur noch beschränkt oder gar nicht mehr am Meinungsbildungsprozeß teilnehmen können. Und auch hier geht es nicht um Verunsicherung einzelner bereits beleidigter Personen, sondern ebenso um Signalwirkung für andere.[69]

Die Überlegungen können in diesem Zusammenhang nicht vertieft werden. Es dürfte aber hinreichend deutlich geworden sein, daß die „Webfehler" im Geflecht der Medien gravierend sind und deren grundrechtliche Gewährleistungsfreiheit im Interesse einer vielfältigen und die Gleichheit beachtenden Freiheitlichkeit des Meinungsbildungsprozesses wenigstens einer *verstärkten Begrenzung* bedarf. Begrenzung der Medien*freiheit* ist Begrenzung der Medien*macht*. Aber selbst eine intensivere Beschränkung würde die Reglementierungsmacht der Medien nur abschwächen, nicht beseitigen. Von einer Kontrollfunktion der öffentlichen Meinung gegenüber der Staatsgewalt kann daher ernsthaft nicht die Rede sein. Tatsächlich üben diese Funktion vornehmlich die Medien aus, die übrigen sozialen Kräfte nur in dem Maße, in dem die Medien deren Kritik thematisieren. Auch insofern versagt die instrumentale Unterstützung der Gewaltenteilung durch das Prinzip der Demokratie. Immerhin könnte aber auch in dieser im wesentlichen auf die Medien bezogenen Kontrolle noch ein gewaltenteilendes Element gesehen werden, sofern die Medien selbst, jedenfalls die Massenmedien, hinlänglich pluralistisch strukturiert und vor allem gegenüber dem Staat bzw. seinen Organen als Kontrollobjekt klar abgegrenzt sind.

## 2. Politik und Medien – ein Mischsystem

### a) Exemplum öffentlich-rechtlicher Rundfunk

Vor allem an einer solchen klaren Abgrenzung fehlt es. Exemplarisch dafür ist die durch eine „positive Ordnung"[70] konstituierte pluralistische Struktur des öffentlich-rechtlichen Rundfunks, die nach Ansicht des BVerfG[71] gewährleistet, daß alle gesellschaftlich relevanten Gruppen gleichgewichtig zu Worte kommen, Informationen in der vollen Breite der vorhandenen Meinungsrichtungen und kulturellen Strömungen vermittelt werden, und darüber hinaus auch die beste Gewähr dafür bietet, daß dieses wichtige Massenkommunikationsmittel nicht nur gefeit ist gegen eine „Auslieferung" an einzelne gesellschaftliche Gruppen, sondern auch frei ist von staatlicher Beherrschung.

Die Realität sieht völlig anders aus als das vom Gericht in den schönsten Farben gemalte Wunschbild.[72] In der Literatur herrscht darüber weitgehend Einigkeit. Erhebli-

---

[68] *H. Sendler*, ZRP 1994, 343/349.

[69] Näher dazu *W. Schmitt Glaeser*, NJW 1996, 873/876, insbes. 878f.

[70] Dazu insbes. BVerfGE 57, 295/319ff.

[71] Vgl. etwa E 12, 205/259ff.; E 57, 295/319ff.; E 73, 118/153, 156f. – Näher und prägnant dazu *Degenhart* (Anm. 2), Rn. 625ff. m.w.N.

[72] *E.-J. Mestmäcker*, In welcher Weise empfiehlt es sich, die Ordnung des Rundfunks und sein Verhältnis

che Zweifel bestehen vor allem hinsichtlich der angeblichen Gewährleistung eines Pluralismusmodells.[73] Die dabei vorgebrachten Argumente können allerdings nicht immer überzeugen. Vor allem relativieren sich manche Einwände gegenseitig, wie *Helmuth Schulze-Fielitz*[74] zutreffend hervorhebt: Das gilt für die große Unabhängigkeit der Intendanten, Programmdirektoren und Redakteure, die Abhängigkeit von Werbeeinnahmen und damit der werbenden Wirtschaft, der Expansion in fremde Sendegebiete unter Vernachlässigung der Pluralismuspflege im eigenen Gebiet, der Abhängigkeit durch Kooperation mit privaten Dritten. Überzeugend erscheint dagegen z.B. der Hinweis auf die tatsächlichen Schwierigkeiten, die „gesellschaftlich relevanten Kräfte" hinreichend eindeutig zu bestimmen; ebenso der Hinweis auf die Gefahr der Bildung von Meinungscliquen, die „unter Wahrung des Scheins der Liberalität ihre politischen Vorstellungen der Allgemeinheit zu indoktrinieren versuchen."[75]

Entscheidend aber ist die hier vornehmlich interessierende Staats- und Parteiendominanz, die – wie *Martin Bullinger*[76] plastisch formuliert – den öffentlich-rechtlichen Rundfunk zum „Parteienrundfunk als mittelbaren Staatsrundfunk" denaturiert. Wenn auch die offiziellen Vertreter der Parteien zahlenmäßig in den Rundfunkräten nur eine Minderheit bilden, „üben sie tatsächlich zusammen mit den Vertretern ihnen nahestehender Gruppen … wesentlichen Einfluß aus". Besitzen sie zusammen die Mehrheit, und das ist in der Regel der Fall, „so besteht der entscheidende Unterschied des Gruppenrundfunks zum reinen Regierungsfunk nur noch darin, daß die Minderheit aus Vertretern der Oppositionsparteien und Unabhängigen eine Kontrollfunktion ausüben und in Grenzen ihren Einfluß geltend machen kann".[77] Nun ist es zwar richtig, daß Intendanten, Programmdirektoren und die (faktisch kaum kündbaren) Redakteure eine bemerkenswerte Unabhängigkeit besitzen und daher die Kontrollfähigkeit der Aufsichtsorgane begrenzt ist.[78] Das gilt im wesentlichen aber nur für den einen oder anderen konkreten Programmfall. Denn die Aufsichtsgremien wählen mit ihrer parteilichen Mehrheit die Führungskräfte, die ihrerseits (zusammen mit dem ebenso durch die führenden Parteien beherrschten Verwaltungsrat) über Einstellung und Fortkommen des übrigen Rundfunkpersonals, insbesondere auch der Redakteure entscheiden, so daß sich das Programm in seiner Grundanlage kaum gegen die Mehrheit im Rundfunkrat entwickeln wird. Sobald das Rundfunkpersonal unter der Kontrolle der Partei steht, kann sich diese im Rundfunkrat zusammen mit ihrem Freundeskreis darauf beschränken, die Position zu halten und Abweichungen zu verhindern.

Ist der Rundfunk ein mittelbarer Staatsrundfunk und hat dieser Rundfunk, vor allem das Leitmedium Fernsehen, ein besonders großes Gewicht bei der Bildung der

---

zu anderen Medien – auch unter dem Gesichtspunkt der Harmonisierung – zu regeln?, in: Verhandl. des 56. DJT (1986), Bd. II, Referat 0, S.018, spricht in diesem Zusammenhang von einer „politischen Scheinneutralisierung". Vgl. etwa auch *Herzog* (Anm.17), Rn.119f.

[73] Dazu *Bullinger* (Anm.17), Rn.91ff.; *Wendt* (Anm.64), Rn.52; *Schulze-Fielitz* (Anm.2), Rn.201ff.; *Degenhart* (Anm.2), Rn.651; *R. Herzog* (Anm.17), Rn.219f., jew.m.w.N.

[74] (Anm.2), Rn.205.

[75] *Zippelius* (Anm.2), S.28 I, 4 c.

[76] (Anm.17), Rn.92.

[77] *Bullinger* (Anm.17), Rn.92; vgl. auch *Degenhart* (Anm.2), Rn.651.

[78] Vgl. etwa *Herzog* (Anm.17), Rn.219f.; *Bullinger* (Anm.17), Rn.94f.

öffentlichen Meinung, dann bedeutet die Kontrollfunktion der öffentlichen Meinung gegenüber den Staatsorganen, daß der Kontrollierte die Kontrolle entschieden mitbestimmt oder – wie man sagt – „Fleisch vom gleichen Fleische" ist. Rechnet man noch hinzu, daß gerade die politischen Kräfte, die die Mehrheit in den Rundfunkaufsichtsgremien stellen, regelmäßig auch die Regierung bestimmen und mit der staatlichen Öffentlichkeitsarbeit ein weiteres, gewichtiges Instrument zur Beeinflussung der öffentlichen Meinung besitzen, dann wird deren Kontrollfunktion gegenüber den Staatsorganen doch eher zur Farce. Mit der mangelnden Kontrolle wird auch die gewaltenteilende Wirkung entschieden geschwächt; sie ist auf die stets geringe Durchsetzungskraft der oppositionellen Minderheit im Aufsichtsgremium und auf den einen oder anderen „unbotmäßigen Redakteur" angewiesen. Dieser Eindruck verstärkt sich, wenn man die Kontrollfunktion der öffentlichen Meinung auch noch als (demokratisches) Instrument sehen will, das die in ihrer Wirkung nachlassende staatliche Gewaltenteilung stützen soll. Sind doch gerade die politischen Parteien in erster Linie für die nachlassende Wirkung der Gewaltenteilung entscheidend mitverantwortlich, weil die stärkste politische Partei oder Parteienkonstellation nicht nur die Regierung, sondern ebenso die Mehrheit im Parlament stellt, also Legislative und Exekutive gleichermaßen beherrscht.[79] Beherrschen sie auch noch den Rundfunk als dominanten Träger der öffentlichen Meinung, dann wirkt diese Institution sehr viel eher gegen als für die gegliederte Staatlichkeit.

Auch der Privatrundfunk und die privatwirtschaftliche periodische Presse können politischen Parteien (oder auch anderen sozialen Kräften) nahestehen und entsprechende Programmtendenzen aufweisen.[80] Gerade beim privaten Rundfunk ist aber die Gefahr einer Beherrschung durch politische Parteien und mittelbar durch den Staat von der Grundanlage her nicht so groß wie beim binnenpluralistisch strukturierten öffentlich-rechtlichen Rundfunk. Zum einen kann von einem Zustand inzwischen weithin erreichter außenpluraler Vielfalt ausgegangen werden, und zum andern kann bei den Landesmedienanstalten als binnenplural organisierten Aufsichtsinstanzen auch ein nach Sachverstand gebildetes Ratsmodell den Erfordernissen der Vielfaltsicherung genügen.[81] Schließlich haben sich die zuständigen Landesgesetzgeber in der Mehrzahl auch dafür entschieden, Parteien und von ihnen abhängige Unternehmen, Personen und Vereinigungen zum Betrieb eines privaten Rundfunkunternehmens nicht zuzulassen.[82] Im Ergebnis ähnliches ließe sich dem Grundsatz nach von der Presse sagen, wenn es nicht gerade möglich wäre, daß politische Parteien Verlage und Zeitungen erwerben oder wenigstens (Mehrheits-)Anteile übernehmen. Tatsächlich ist die Sozialdemokratische Partei nach einem unwidersprochenen Bericht in „Die Welt" vom 13. März 2000 an 19 Tageszeitungen mit zwischen 10 und knapp 60% beteiligt und besitzt etwa 30 Verlage und Druckhäuser in der Mehrzahl zu 100 oder knapp 100%.[83] In solchen Fällen wird das „Mischsystem" zum medialen Politiksystem, die Zeitung tendenziell zur getarnten Parteizeitung.

---

[79] *Zippelius* (Anm. 2), § 31 IV (S. 324); *K. Hesse*, Grundzüge des Verfassungsrechts der BR Deutschland, 20. Aufl. (1995), Rn. 479; *G. Brunner*, Kontrolle in Deutschland (1972), S. 41.

[80] *Bullinger* (Anm. 17), Rn. 107.

[81] Dazu näher *Degenhart* (Anm. 2), Rn. 834, 840ff. m.z.N.

[82] Das BVerfG (E 73, 118/190) hat diesen Ausschluß gebilligt. Kritisch *Klein* (Anm. 21), S. 203f.

[83] Siehe auch http://www.cdu-ruesselsheim.de/html/c-014.htm; Stand 05.06.01.

## b) Instrumentalisierungen

„Mischsystem" in der soeben beschriebenen Art bedeutet in seiner Grundanlage eine Instrumentalisierung der Medien durch die Politik, gleichsam im Wege der Okkupation, was notwendigerweise auch zu Autonomieeinbußen bei den Medien führt. Darüber hinaus gibt es noch eine andere Spielart der Instrumentalisierung, indem sich die Politik den Eigengesetzlichkeiten, vor allem den Selektionsregeln der Medien unterwirft, um mediale Aufmerksamkeit zu erwecken, also selektiert zu werden. Das kann durch Regelbruch (gesetzwidriges Verhalten, Werteverletzungen) oder ganz einfach durch „Ereignismanagement" geschehen, wie es vor allem im Rahmen von Wahlkampfkampagnen üblich ist.[84] Vor allem in ereignisarmen Zeiten oder wenn den Politikern auf irgendeine Weise beeindruckende Entscheidungsmöglichkeiten fehlen, führt dieses „Ereignismanagement" auch zu einer Politikinszenierung oder zu „symbolischer Politik" (*Murray Edelmann*), wobei häufig die Medien selbst die Hauptrolle übernehmen.[85] Man mag hier darüber streiten, *wer* in solchen Fällen *wen* instrumentalisiert, die Politik die Medien oder die Medien die Politik. *Wilfried Schulz*[86] meint, symbolische Politik sei zwar ein Produkt der Mediengesellschaft und sie funktioniere nur durch die Selektionsmechanismen der Massenmedien; trotzdem wäre es eine „zu einfache Betrachtung, diese Erscheinung schlicht als Medienwirkung oder als ‚Macht der Medien' zu deklarieren". Die Prozesse seien viel komplexer und ließen häufig eine politische Instrumentalisierung der Medien erkennen. Die behauptete Komplexität scheint mir aber mehr oberflächlicher Natur zu sein. Abgesehen davon, daß die Medien – wie schon betont – auch selbst Ereignismanagement betreiben, und zwar nicht nur in ereignisarmen Zeiten („Sommerflaute"), sondern nicht selten auch, um bestimmte weltanschauliche Konzepte zu transportieren, kommt es hinsichtlich der Macht der Medien gar nicht darauf an, wer diese Macht für sich zu nutzen versteht, die Journalisten, die Verlagsinhaber, die Werbekunden oder die Politiker. Macht der Medien bedeutet Macht eines Instruments, bedient durch Journalisten. Und gerade in dem eifrigen Bemühen von Staat und sozialen Kräften, die Medien für sich nutzbar zu machen, zeigt sich deren Macht. Richtig ist es daher, diese „Anpassung" an die Mediengesetzlichkeit als eine Art Überwucherung aller Lebensbereiche durch das Mediensystem zu charakterisieren. Die Massenmedien – so zutreffend *Rudolf Maresch* und *Nils Werber*[87] – operieren schon längst nicht mehr innerhalb eigener Systemgrenzen, sondern penetrieren und kolonisieren andere soziale Systeme mit ihren Operationen: Eine „neue *magisch-technische* Souveränität" habe sich etabliert. Die daraus gezogenen Folgerungen allerdings sind extrem: Die Medien hätten die Ausdifferenzierung der öffentlichen Gewalt in Legislative, Judikative und Exekutive eingeebnet, indem sie neben den traditionellen Rollen des Anwalts und Anklägers auch noch die Instanz des Richters besetzt haben. Diese Allmacht der Medien bedeute das Ende von Staat, Politik und Demokratie und laufe auf einen „Techno-Faschismus" hinaus. Nicht zu bestreiten ist in der Tat, daß sich vor allem die Massenmedien immer wieder die Rolle

---

[84] *W. Schulz* (Anm. 46), S. 137 ff. m.N.

[85] Zu der Strategie solcher Politsurrogate insbes. *U. Sarcinelli*, Symbolische Politik. Zur Bedeutung symbolischer Politik in der Wahlkampfkommunikation (1987).

[86] (Anm. 46), S. 139.

[87] Zitiert nach *S. J. Schmidt* (Anm. 30), S. 109.

des Anklägers und des Richters in einem anmaßen. Das allein kann aber noch nicht als Faschismus (oder auch Kommunismus) bezeichnet werden. Die Dominanz und systemübergreifende Dynamik der Medien hat uns bislang nicht zum Unrechtsstaat geführt. Richtig aber ist, daß die enge Verflochtenheit von Politik und Medien eine außerordentliche Gefahr für das System der Gewaltenteilung, und darüber hinaus für das System des freiheitlichen Verfassungsstaates insgesamt darstellt. Diese Gefahr läßt sich allerdings nicht ohne weiteres lokalisieren.

### 3. *Medienvermittlung und parlamentarische Kontrolle*

Eine weitgehende Übereinstimmung besteht in der Erkenntnis, daß das traditionelle Dogma der Gewaltenteilung manche reale, politikgestaltende Kraft nicht zu erfassen vermag. Als Beispiel werden durchweg die politischen Parteien genannt und Abhilfe in einem Gewaltenteilungsprinzip gesehen, dessen Verwirklichungsmaßstab die konkrete Ausgestaltung durch die Verfassung ist, der es „hier wie überall um eine bestimmte inhaltliche Ordnung des Wirkens realer geschichtlicher Kräfte geht".[88] Freiheitlich-demokratische Staaten verbinden dabei – wie gezeigt – das rechtsstaatliche Prinzip der Gewaltenteilung mit dem Demokratieprinzip,[89] und im Rahmen der demokratischen Ordnung „sucht die Verfassung Machthemmung, Machtkontrolle und ein gewisses Gleichgewicht der politischen Kräfte durch die Gewährleistung gleicher Chancen zu bewirken".[90] Chancengleichheit der politischen Parteien, Parteiengründungsfreiheit und Mehrparteienprinzip sind daher auch die Instrumente, mit denen man diese reale politische Kraft zu bändigen versucht. An eine ähnliche Strategie könnte man auch bei der realen, politikgestaltenden Kraft der Medien denken. In Betracht kommt hier insbesondere die Unterbindung von Monopolisierungstendenzen sowie die Sicherung von Außen- oder/und Binnenpluralismus.[91] Für den Bereich der öffentlichen Meinung im allgemeinen und der Massenkommunikationsmittel im besonderen läßt sich diese Vielfaltsicherung aber nicht ohne weiteres dem Gewaltenteilungsprinzip zurechnen. Bei den politischen Parteien ist eine solche Zuordnung einsichtig, weil es sich hierbei nicht nur um eine gesellschaftliche Vereinigung, sondern überdies um eine verfassungsrechtliche Institution handelt, die Parteien daher in den Bereich institutionalisierter Staatlichkeit hineinwirken[92] und insofern ein deutlicher Bezug zur staatlichen Funktionenteilung besteht. Die Medien gehören demgegenüber dem gesellschaftlichen Bereich an, sie sind Grundrechtsträger, und bei ihrer Vielfaltsicherung geht es um die Gewährleistung eines Pluralismus öffentlicher Meinungsbildung, der genuin demokratischer Natur ist.[93] Das ändert aber – wie wir sahen – nichts an einer unterstützenden und ergänzenden Bedeutung des demokratischen Prinzips für die Gewaltenteilung gerade im Blick auf seine pluralistische Natur. Unter

---

[88] *Hesse* (Anm. 79), Rn. 476ff., insbes. Rn. 479, 481. Vgl. etwa auch *Schmidt-Aßmann* (Anm. 9), Rn. 67; *Maurer* (Anm. 9), Rn. 20.
[89] Vgl. auch *Maurer* (Anm. 9), Rn. 18.
[90] *Hesse* (Anm. 79), Rn. 496.
[91] Dazu etwa *Zippelius* (Anm. 2), § 28 IV, 4.
[92] *Klein* (Anm. 21), S. 193 f.; *Schmitt Glaeser* (Anm. 1), Rn. 12 m. N.
[93] *Herzog* (Anm. 17), Rn. 184ff. Vgl. auch *Schulze-Fielitz* (Anm. 2), Rn. 34.

dem Gesichtspunkt der Kontrolle der Staatsorgane durch die öffentliche Meinung, die im wesentlichen eine Kontrolle durch Medien darstellt, wirkt sich diese „Unterstützung" aber – wie geschildert – eher gewaltenzentrierend als gewaltenteilend und gewaltenhemmend aus. Es wäre an der Zeit, sich dieser Erkenntnis zu stellen. Die Medien werden auf ihre „Kontrolle" nicht verzichten. Aber vielleicht kann man sich vor allem auch in der Rechtsprechung des BVerfG dazu durchringen, für die Rolle der Medien in der Gewaltenteilung und darüber hinaus mehr Wirklichkeitssinn zu gewinnen und die rechtliche Einordnung dieser Rolle etwas differenzierter anzugehen. Darüber hinaus muß noch ein anderer gewichtiger Aspekt Beachtung finden, der auf eine nicht weniger schädliche Wirkung medialer Macht für das Prinzip der Gewaltenteilung hinweist. Er betrifft das Verhältnis zwischen Politik*gestaltung* und Politik*vermittlung* und ist gleichsam eine Frage von Inhalt und Form.

*Zunächst zur Form*: Politikvermittlung verlangt Publizität, genauer: prinzipielle Öffentlichkeit und die grundsätzlich-ständige Transparenz staatlichen Verhaltens. Öffentlichkeit gehört zum Wesensmerkmal des freiheitlichen demokratischen Verfassungsstaates. Ohne sie ist staatliche Selbstdarstellung und bürgerliches Staatsbewußtsein gleichermaßen unmöglich.[94] Die „damit erreichte Information des Bürgers über den Staat, seine wissende Nähe", ist sowohl Voraussetzung demokratischer Wahl als auch rechtsstaatlicher Kontrolle. Denn, wie *Paul Kirchhof*[95] hervorhebt: „Legitimation und Kontrolle der Staatsgewalt durch das Volk setzen politisches Urteilsvermögen bei jedermann voraus, also hinreichende Kenntnis der Sachlagen, Verständnis für die Handlungsweisen und Wirkungsgrenzen des Staates und hinreichende Einschätzungskraft gegenüber Alternativen". Es mag dahinstehen, inwieweit solcherart ideale Bedingungen erreicht werden können. Jedenfalls verlangt eine auch noch so bescheidene Annäherung an das Ideal unter vielem anderen[96] auch eine Politikvermittlung, die ihren eindeutigen Schwerpunkt in der nüchternen Information über Ereignisse, Meinungen, mögliche Argumentationen, Hintergründe und denkbare Alternativen hat. Es gibt einige ganz wenige Medienprodukte, die sich um eine derartige Information bemühen. Die große Mehrzahl aber, insbesondere die Massenmedien, sind lediglich spektakulär und unterhaltsam, kaum informativ. *Theo Sommer*[97], ein Kenner der Szene, meint zum Fernsehen:

„Der Primat des Optischen reduziert das Wort zur Klangkulisse; es läßt der eigenen Phantasie keinen Raum. Der Zwang zur Kürze hat verkrüppelnde Wirkung. In dem Lehrsatz für TV-Reporter „Und bist Du noch so fleißig, mehr gibt's nicht als einunddreißig" (nämlich: anderthalb Minuten) enthüllt sich die ganze Unzulänglichkeit des Mediums. Aus falsch verstandener Eigengesetzlichkeit verschließt es sich in der Regel aller Vertiefung, aller Hintergrundausleuchtung. So schafft es eine neurotische Unruhe, die Nachdenklichkeit gar nicht erst aufkommen läßt; wie überhaupt das Fernsehen keine Pausen kennt, die das Nachdenken gestatten. Das

---

[94] Dazu etwa *H. Quaritsch*, Probleme der Selbstdarstellung des Staates, in: Recht und Staat, Bd. 478/479 (1977); *ders.* (Hg.), Die Selbstdarstellung des Staates (1977); *H. Krüger*, Allgemeine Staatslehre, 2. Aufl. (1966), S. 440 ff.; *W. Martens*, Öffentlichkeit als Rechtsbegriff (1969), insbes. S. 68 ff. – Zum Brückenschlag vom Öffentlichkeitsverständnis zu einem „parallelen" Gemeinwohlverständnis: *P. Häberle*, Öffentliches Interesse als juristisches Problem (1970).

[95] Mittel staatlichen Handelns, HStR III (1988), § 59, Rn. 174.

[96] Vgl. *Kirchhof* (Anm. 95), Rn. 174 f.

[97] Das gedruckte Wort: Die Basis unserer Kultur, hrsg. vom Bundesverband Druck (1991), S. 21 f.

kommentierende Urteil hat keinen rechten Platz und ist meist auf komprimierte, verkrampfte Brillanz angelegt …"

Manche Eigengesetzlichkeiten mögen bis zu einem gewissen Grad unverzichtbar sein, insgesamt aber handelt es sich keineswegs um Naturgesetzlichkeiten, wenn auch so verfahren wird, als wären sie es, mit der oben geschilderten Folge der Wirklichkeitsveränderung. Aber: Nicht nur Journalisten, gerade auch Politiker unterwerfen sich gleichermaßen diesen medialen Gesetzen und der Bürger erfährt dementsprechend vom wirklichen Staatsverhalten oft nur wenig. Ihm wird eine mediale Konstruktion vorgesetzt, angefertigt in einer fugenlosen Zusammenarbeit der Medienprofis in Parteien und Staatsorganen mit den Journalisten, die mediengerechte und nachrichtengeeignete „Informationen" erwarten. Auch die Politiker selbst sind äußerst bemüht, medienadäquat zu schreiben, zu reden und auszusehen. Auf diese Weise wird keine „wissende Nähe" (*Paul Kirchhof*) des Bürgers zu seinem Staat hergestellt, es fehlt an der hinreichenden Information als Voraussetzung demokratischer Wahl und einsichtiger Beobachtung staatlichen Wirkens. Die falsch verstandene Eigengesetzlichkeit der Medien führt zum desinformierten und im tiefsten Sinne des Wortes uneinsichtigen Bürger.

*Damit kommt der Inhalt, die Politikgestaltung, ins Blickfeld:* Der Inhalt wird durch die Art der Vermittlung entschieden beeinflußt. Die Wirkung entfaltet sich auf verschiedenen Ebenen:

*Erstens:* Der uneinsichtige, weil desinformierte Bürger ist ein äußerst unzureichender Maßstab staatlichen Handelns im Rahmen unserer individualorientierten Verfassung.[98] Das hat nicht nur erhebliche negative Auswirkungen auf alle Arten bürgerschaftlicher Partizipation, Verfahrensbeteiligung und Kooperation zwischen Bürger und Staat; es betrifft vor allem auch die rechtsstaatliche Freiheitssicherung und Kontrolle staatlichen Verhaltens, die der einzelne über die in Art. 19 Abs. 4 GG garantierte Gerichtskontrolle ausüben kann. Dabei geht es nicht lediglich um eine „egoistische" Verfolgung eigener Rechte, sondern in Verbindung des Art. 19 Abs. 4 mit Art. 1 Abs. 1 und Art. 20 Abs. 3 GG auch um die allgemein nützliche Verfolgung staatlicher Willkür und die Sicherung der Gesetzes- und Verfassungsbindung von Exekutive und Legislative. So sehr Art. 19 Abs. 4 GG „eine wesentliche Brücke zwischen individueller und staatlich-institutioneller Sphäre ist",[99] so sehr ist der einzelne als Träger der individuellen Gerichtsschutzgarantie auch ein Mitgarant der Gewaltenteilung. Diese Garantenstellung aber setzt ebenso Information, setzt Einsicht und Wissen um die staatlichen Vorgänge voraus. Fehlen sie dem Bürger, ist er desinformiert, dann wird er das Instrument der Gerichtskontrolle entweder zu selten oder – vor allem wenn die mediale Berichterstattung negative Ereignisse in den Vordergrund rückt oder erfindet – zu häufig benutzen. Beide Verhaltensweisen führen zu einer Beschädigung des Gewaltenteilungssystems, der übermäßige Gebrauch des Instruments u.a. dazu, daß sowohl die Exekutive als zu einem guten Teil auch die Legislative ihre genuin eigenen Aufgaben zunehmend unter dem Gesichtspunkt der Gerichtskontrolle wahrnehmen und damit an Eigenständigkeit verlieren.

---

[98] Vgl. dazu *Kirchhof* (Anm. 94), Rn. 30 ff.
[99] *Schmidt-Aßmann*, in: Maunz/Dürig, GG-Kommentar, Art. 19 Abs. IV, Rn. 2.

*Zweitens:* Offenkundig ist des weiteren, daß die ohnehin schon erheblich fortgeschrittene Einebnung der Eigenständigkeit des Parlaments gegenüber der Regierung[100] durch das Zusammenwirken der Manager für Öffentlichkeitsarbeit in Parteien und Staatsorganen mit Journalisten nachhaltig verstärkt wird, denn bei dieser Öffentlichkeitsarbeit besitzt die Partei und ihr Generalsekretär, der in der Regel auch ihr Wahlmanager ist, die zentrale Position. Aus der Perspektive der Partei aber, die – wie geschildert (Ziff. III, 2) – auch einen Teil der Medien, insbesondere den Rundfunk lenkt, hat die Gewaltenteilung zwischen Exekutive und Legislative nur dann Bedeutung, wenn sie nicht (ggf. mit anderen Parteien) die Parlamentsmehrheit stellt. Die Regierungs- und Mehrheitspartei, die für die Vermittlung des staatlichen Handelns in erster Linie die Verantwortung trägt, sieht in einer Trennung, gegenseitiger Hemmung und Kontrolle keinen Sinn, sondern vielmehr eine Gefahr für ein wählerwirksames Geschlossenheitsimage der Partei oder der Parteienkoalition. Vor allem die Parteimanager werden daher dezidiert darauf drängen, daß das Erscheinungsbild keine Differenzen erkennen läßt, Gewaltenhemmung und Gewaltenkontrolle also gerade nicht stattfinden.

*Drittens:* Die eigentliche Gefahr geht schließlich von der „Technik" der medialen Vermittlung aus, die dazu führt, daß einer ständig wachsenden Komplexität politischer Sachverhalte eine zunehmende Verflachung in ihrer Vermittlung gegenübersteht. Ich lasse offen, inwieweit diese Situation dazu geführt hat, politisches Denken, jedenfalls aber politisches Gestalten von vornherein auf „Vermittelbares", insbesondere „Zeigbares" zu beschränken. Ohne weiteres einsichtig dürfte sein, daß der Zwang zur Visualisierung, Personalisierung und Ritualisierung mit geringer Möglichkeit verbaler Vermittlung[101] vor allem das Parlament beschädigt;[102] genauer: beschädigt wird insbesondere das, was vom Parlament als *Kontrollorgan der Regierung* im wesentlichen noch übrig blieb, nämlich die Parlamentsopposition.[103] Die parlamentarische Kontrolle und der darin zum Ausdruck kommende Verantwortungszusammenhang zwischen Parlament und Regierung ist der Kernbestand des parlamentarischen Regierungssystems,[104] und diese Kontrolle besteht nicht einfach nur darin, daß sie in ihren verschiedenen Formen, als Zitier- (Art. 43 Abs. 1 GG), Interpellations- (§§ 100ff. GO-BTag) oder Initiativrecht (Art. 76 Abs. 1 GG) ausgeübt wird. Weil das Parlament ein zentraler Ort für die Austragung politischer Meinungsverschiedenheiten und – wie das BVerfG[105] hervorhebt – dazu berufen ist, „im öffentlichen Willensbildungsprozeß unter Abwägung der verschiedenen, unter Umständen widerstreitenden Interessen über die von der Verfassung offengelassenen Fragen des Zusammenlebens zu entscheiden", bedeutet das Parlament für die Opposition das eigentliche Forum für Kontrolle und Auseinandersetzung mit der Regierung. Dabei ist die Opposition, die das Gesetz des Handelns nicht bestimmen kann, darauf angewiesen, der Öffentlichkeit Hintergründe offenzulegen, Zusammenhänge deutlich zu machen, Argu-

---

[100] Dazu schon *U. Scheuner*, AöR 52 (1927), S. 349ff. und vor allem *Stern*, Staatsrecht I (Anm. 4), § 23 m.z.N.

[101] Vgl. *Oberreuter* (Anm. 2), S. 27.

[102] *W. Bergsdorf*, Legitimität aus der Röhre, Publizistik 28 (1983), S. 40/42.

[103] *Stern*, Staatsrecht I (Anm. 4), § 23 (insbes. S. 1032ff.) sowie § 22 III, 3 (S. 989).

[104] *P. Badura*, FS für Michaelis (1972), S. 17.

[105] E 33, 125/158f.; vgl. auch E 49, 89/124ff.; E 58, 257/268f.

mente gegen das Handeln der Regierung vorzubringen, kurz: den realen und komplexen Entscheidungsverlauf mit evtl. Fragwürdigkeiten aufzudecken, um dem Regierungshandeln etwas entgegensetzen zu können und sich als die bessere Alternative anzubieten. Das kann ihr hinreichend wirksam nur gelingen, wenn die Kommunikationsgesetzlichkeiten insgesamt in Ordnung sind, und vor allem, wenn die Medien verbale Auseinandersetzungen überhaupt und in ausreichender Differenziertheit transportieren, damit der Bürger eine Chance hat, Schwächen und Stärken von Regierung und Opposition zu erkennen und oppositionelle Kontrollmaßnahmen zu verstehen und nachvollziehen zu können. Alle diese Voraussetzungen werden vom Leitmedium Fernsehen nicht erfüllt. Die anderen Medien sind, selbst wenn man reelles Bemühen unterstellt, nicht in der Lage, diese Lücke angemessen zu schließen, jedenfalls nicht bei der Mehrzahl politisch nicht, wenig oder nur oberflächlich interessierter Bürger. Die Art der medialen Vermittlung schädigt auf diese Weise die Kontrollfunktion des Parlaments, den Verantwortungszusammenhang zwischen Legislative und Exekutive und damit einen Eckpfeiler des Gewaltenteilungssystems.

## IV. Perspektiven

Ein Konzept, das die dargestellten Probleme von Grund auf bereinigen könnte, ist nicht erkennbar. Die augenscheinliche Kluft zwischen der Notwendigkeit freier Medien und dem Erfordernis einer verantwortlichen Wahrnehmung dieser Freiheit wird sich niemals ganz schließen, sondern nur mehr oder minder stark verringern lassen. Die Aufmerksamkeit muß daher vornehmlich dem eindeutigen Fehlgebrauch der Freiheit durch Medien und ebenso der Instrumentalisierung der Medien durch Staat und soziale Kräfte gelten. Insofern sind durchaus kleine Schritte zur Festigung des Gewaltenteilungsprinzips als Gewaltenhemmungsprinzip möglich. Die schon erwähnte (Ziff. III, 1) intensivere Begrenzung medialer Macht, für die Abs. 2 von Art. 5 GG ebenso eine Grundlage bieten kann wie der in Art. 2 Abs. 1 i.Verb.m. Art. 1 Abs. 1 GG verankerte Privatsphärenschutz, gehört hierher. Freilich setzt eine solche Beschränkung voraus, daß Medienfreiheit nicht so gut wie absolut gesetzt und im Verhältnis zu anderen Freiheiten und Werten neu gewichtet wird, was nur gelingen kann, wenn die wirkliche Rolle der Medien in der Gewaltenteilung in ihrer ganzen Ambivalenz erkannt und nicht weiter idealisiert wird. Besondere Bedeutung käme überdies der Auflösung des Mischsystems aus Politik und Medien zu (Ziff. III, 2). Dazu gehört die seit langem und immer wieder geforderte Beendigung der Parteienvertretung in den Rundfunkräten und anderen binnenpluralistischen Medienorganen. Einen verfassungsrechtlichen Anspruch auf eine derartige Beteiligung haben die Parteien – jedenfalls nach Auffassung des BVerfG – nicht.[106] Der Gesetzgeber könnte also entsprechend verfahren. Schwieriger ist dagegen die Frage zu beantworten, ob den politischen Parteien der Besitz sowie eine finanzielle Beteiligung an Printmedien untersagt werden kann. Denn die politischen Parteien sind Grundrechtsträger und ihre Grundrechtsfähigkeit gilt auch für Art. 5 Abs. 1 Satz 2 GG. Seine Anwendbarkeit wird durch

---

[106] BVerfGE 60, 53/67; ebenso *Degenhart* (Anm. 2), Rn. 770. Kritisch dagegen *Klein* (Anm. 21), S. 199ff.

Art. 21 GG nicht ausgeschlossen,[107] sondern lediglich ergänzt. Dies gilt jedenfalls für die Gewährleistung parteieigener Verlautbarungsorgane, insbesondere von Parteizeitungen und Pressediensten der Partei, gleichgültig in welcher technischen Weise die Verbreitung erfolgt.[108] Ob damit zugleich auch – unter zusätzlicher Heranziehung des Art. 14 GG – das Eigentum sowie eine finanzielle Beteiligung an Printmedien durch Art. 5 Abs. 1 Satz 2 GG garantiert ist, kann damit noch nicht als entschieden gelten. Für die Partei geht es dabei um mehr als um eine Einnahmequelle i.S. des § 24 Abs. 2 Nr. 5 ParteiG, mögen die Gewinne auch erheblich sein. In der Tat wäre es – wie *Hans H. Klein*[109] zutreffend hervorhebt – „naiv, in den Parteien nur am wirtschaftlichen Erfolg, nicht aber an der politischen Ausrichtung der Zeitung interessierte Kapitalanleger sehen zu wollen. Mit den dem Verleger nach Maßgabe seines Kapitalanteils verfügbaren Mitteln werden sie zumindest auf im Redaktionsbereich anstehende Personalentscheidungen Einfluß zu nehmen suchen." Und je größer dieser Kapitalanteil ist, so läßt sich ergänzen, desto intensiver wird die Einflußnahme auf die politische Ausrichtung, auch über die Personalentscheidungen hinaus, ausfallen. Natürlich läßt sich dieser Einfluß nie exakt messen. Aber kein aufmerksamer Beobachter der Presselandschaft wird bestreiten, daß die Einflußnahme mehr oder minder erheblich und zudem gerade deswegen so wirksam ist, weil der normale Zeitungsleser von den Eigentumsverhältnissen nichts weiß. Auf den ersten Blick muß dies keinen (verfassungs-)rechtlichen Anstoß erregen. Immerhin ist es eine zentrale Aufgabe der Parteien „die Willensbildung des Volkes zu beeinflussen" und „im Wettbewerb mit anderen Parteien und sonstigen auf die Bildung der öffentlichen Meinung Einfluß nehmende Einrichtungen und Verbände die Bürger von der Richtigkeit ihrer Politik zu überzeugen".[110] *Hans H. Klein*[111] meint daher, aus verfassungsrechtlicher Sicht sei „nichts dagegen zu erinnern, daß Parteien ihr Vermögen in Beteiligungen an Presseverlagen investieren". Dabei sieht er sehr wohl, daß Art. 21 Abs. 1 Satz 1 GG für die Tätigkeit der Parteien auch eine Beschränkungsfunktion besitzt, die sich aus der verfassungsrechtlichen Aufgabenzuweisung einer (bloßen) *Mitwirkung* an der politischen Volkswillensbildung ergebe, so daß der Staat einem marktbeherrschenden Einfluß der Parteien entgegentreten müsse, den er aber verneint: er sei „ersichtlich nicht gegeben".[112] Damit ist das Kernproblem angesprochen. Es geht um die sich aus Art. 21 Abs. 1 Satz 1 GG ergebende Minimalbedingung eines chancengleichen Wettbewerbs im Rahmen der Volkswillensbildung und die notwendige Verhinderung eines dominierenden Einflusses eines der Träger dieser Willensbildung, hier speziell der politischen Parteien oder gar einer einzigen Partei.[113] Für sich betrachtet besitzen die Parteien zweifellos einen gewichtigen Einfluß auf die Willensbildung des Volkes, marktbeherrschend aber ist er nicht. Die Brisanz liegt in der Nutzung der strukturellen Macht der Medien durch Parteien und der damit gegebenen Möglichkeit, Informationen zu selektieren und die Infrastruktur der Wirklichkeit parteipolitisch zu bestimmen. Auf diese Weise

---

[107] So aber *P. Dagtoglou*, Die Parteipresse (1967), S. 32ff.
[108] Näher dazu *Klein* (Anm. 21), S. 193ff. m.w.N.
[109] (Anm. 21), S. 195.
[110] BVerfGE 85, 264/284f.
[111] (Anm. 21), S. 196f.
[112] *Klein* (Anm. 21), S. 197f.
[113] Dazu auch BVerfGE 85, 264/284. Vgl. im übrigen oben Ziff. I und Ziff. III, 1.

können Parteien marktbeherrschend werden und damit eine Situation herbeiführen, die den regulierenden Eingriff des Staates erforderlich macht. Ein solches Gesetz wäre nicht gegen die Parteien als solche, sondern es wäre auf Verhinderung eines ungleichen Wettbewerbs gerichtet, würde also die Voraussetzung des allgemeinen Gesetzes i.S. des Art. 5 Abs. 2 GG erfüllen. Das bedeutet selbstverständlich nicht, daß der Gesetzgeber den politischen Parteien jegliches Eigentum an Printmedien verbieten kann. Aber es bedeutet, daß die Regulierung gleiche Wettbewerbschancen sicherstellen muß, was z.B. dadurch geschehen kann, daß sowohl die Beteiligung an Presseunternehmen der einzelnen Partei als auch der Parteien insgesamt strikt begrenzt wird. Bei der festzulegenden Quote ist auch zu beachten, daß die Parteien nicht nur am Volks-, sondern ebenso am Staatswillensbildungsprozeß beteiligt sind, die jeweilige Regierungspartei nicht nur die Regierung, sondern überdies die Parlamentsmehrheit stellt.[114]

Insgesamt dürfte sich nicht bestreiten lassen, daß es der Freiheitlichkeit des Volkswillensbildungsprozesses und ebenso dem Prinzip der Gewaltenteilung sehr entgegenkäme, wenn die politischen Parteien auf jegliche Art der Beteiligung an Medienunternehmen freiwillig verzichten würden. Damit wäre zwar der ideologischen Instrumentalisierung der Medien noch lange kein Ende bereitet, aber wenigstens der parteipolitische Einfluß nachhaltig abgeschwächt und einer Verbindung von Medienmacht und Regierungsherrschaft weitgehend vorgebeugt.

---

[114] Vgl. dazu auch oben Ziff. III, 2.

# Der Zugang des Einzelnen zur Verfassungsgerichtsbarkeit im europäischen Raum

von

## Dr. Dr. h.c. Georg Brunner

Professor für Öffentliches Recht und Ostrecht, Direktor des Instituts für Ostrecht der Universität zu Köln

## Inhalt

# I. Einleitung

Ziel der folgenden Untersuchung ist zunächst die Entwicklung einer rechtsvergleichenden Typologie der verschiedenen Möglichkeiten des Einzelnen, mit seinen Anliegen einen Zugang zur Verfassungsgerichtsbarkeit zu finden.[1] Die Bestandsaufnahme soll mit einer Bewertung des jeweiligen Befundes in dem Sinne verbunden werden, daß auch die theoretischen und praktischen Probleme der einzelnen „Modelle" aufgezeigt und gegebenenfalls Vorschläge zu ihrer Lösung entwickelt werden sollen.

Die Untersuchung beschränkt sich auf den *europäischen Raum.* Über die Frage, wo Europa beginnt und wo es endet, läßt sich trefflich und vermutlich ohne Ergebnis streiten. Die Antwort wird je nachdem unterschiedlich ausfallen, ob man entscheidend auf geographische, kulturelle, historische oder politische Kriterien abstellt. Vielleicht wird die Europäische Union einmal auch eine juristische Antwort finden müssen, da sie nach Art. 49 Abs. 1 EU-V von ihren potentiellen Mitgliedern die Eigenschaft eines „europäischen Staates" verlangt. Sie verlangt von ihnen allerdings auch die Achtung der in Art. 6 Abs. 1 EU-V niedergelegten Grundsätze der Freiheit, der Demokratie, der Menschenrechte und der Rechtsstaatlichkeit, was einen als politisch-kulturelle Wertegemeinschaft konzipierten Europabegriff andeutet. An dieser Stelle soll unter dem europäischen Raum der Mitgliederkreis der *„Organisation für Sicherheit und Zusammenarbeit in Europa"* (OSZE) verstanden werden. Der OSZE gehören zur Zeit 55 Mitglieder an. In territorialer Hinsicht liegt der OSZE ein sehr üppiger Europabegriff zugrunde. Er umfaßt Nordamerika mit den Vereinigten Staaten und Kanada und reicht weit nach Asien, da nach der Auflösung der Sowjetunion beschlossen worden ist, alle transkaukasischen und zentralasiatischen Nachfolgestaaten des untergegangenen eurasischen Imperiums in die OSZE aufzunehmen. Die Bezugnahme auf „Europa" mag unter diesen Umständen als willkürlich kritisiert werden, ist sie doch das Ergebnis politischer Zweckmäßigkeitserwägungen. Ist dies aber wirklich willkürlich, wenn im Rahmen der seit 1989 zunehmend an Bedeutung gewinnenden „Menschlichen Dimension" die europäischen Werte der Menschenrechte, der Demokratie und der Rechtsstaatlichkeit gefördert werden sollen? Wie dem auch sei, der so umfassend verstandene europäische Raum dürfte unter rechtsvergleichenden Gesichtspunkten zweckmäßig sein, weil er eine hinlängliche Repräsentanz aller maßgeblichen Systeme einer Verfassungsgerichtsbarkeit gewährleistet, ohne daß man alle Länder der Erde berücksichtigen müßte.

Was ist unter *„Verfassungsgerichtsbarkeit"* zu verstehen? Auch zu dieser Frage ließen sich längere Ausführungen machen, ohne über das recht banale Ergebnis hinauszukommen, daß es sich um eine gerichtliche Entscheidungstätigkeit in Verfassungssa-

---

[1]  Die geltenden Rechtsgrundlagen der Verfassungsgerichtsbarkeit sind für die einzelnen Länder im Anhang Nr. 4 aufgeführt. In der Abhandlung selbst werden nur ihre Abkürzungen verwendet (Verf = Verfassung; VerfGG = Verfassungsgerichtsgesetz; GOVerfG = Geschäftsordnung des Verfassungsgerichts u.ä.). Im Anhang 4 sind – soweit sie zu ermitteln waren – die offiziellen Fundstellen angegeben. Eine Übersetzung der Verfassungstexte in englischer bzw. deutscher Sprache nach aktuellem Stand ist vornehmlich in folgenden Sammlungen zu finden: *A. P. Blaustein – G. H. Flanz* (Hrsg.), Constitutions of the Countries of the World, 22 Bde. Loseblatt, New York 1971ff; Verfassungen der EU-Mitgliedstaaten, München, 5. Aufl. 2000; *G. Brunner* (Hrsg.), Verfassungs- und Verwaltungsrecht der Staaten Osteuropas – VSO, 5 Bde. Loseblatt, Berlin 1995/99; *H. Roggemann* (Hrsg.), Die Verfassungen Mittel- und Osteuropas, Berlin 1999. Schwieriger ist der Zugang zu den Verfassungsgerichtsgesetzen. Die beiden wichtigsten Textsammlungen in deutscher Sprache sind *Brunner*, VSO, und *Ch. Starck – A. Weber* (Hrsg.), Verfassungsgerichtsbarkeit in Westeuropa, Teilbd. 2 Loseblatt, Baden-Baden 1986ff. Für die Nachfolgestaaten der Sowjetunion kann auf einen russischsprachigen Sammelband hingewiesen werden: *M. A. Mitjukov*, Konstitucionnoe pravosudie v stranach SNG i Baltii, Moskau 1998.

chen handelt. Immerhin ist dieser allgemeinen und gerade deshalb unbestrittenen Definition zu entnehmen, daß die Verfassungsgerichtsbarkeit die Existenz einer Verfassung im formellen Sinne voraussetzt, da ansonsten eine Abgrenzung der Verfassungssachen von den sonstigen Rechtssachen und insbesondere eine Gesetzeskontrolle am
Maßstab der Verfassung nicht möglich wäre. Diese Voraussetzung ist bei drei der 55
OSZE-Mitgliedern nicht gegeben, und zwar bei Großbritannien, San Marino[2] und
dem Heiligen Stuhl.[3] Die übrigen 52 OSZE-Mitglieder sind „Verfassungsstaaten", in
denen die mit förmlichen Bestandsgarantien ausgestattete Verfassungsurkunde einen
Geltungsvorrang in der gesamten Rechtsordnung beansprucht. Die Rechtsvergleichung zeigt, daß es unterschiedliche Möglichkeiten gibt, den Vorrang der Verfassung
mit gerichtlichen Mitteln zu gewährleisten.[4] Gewöhnlich wird zwischen einem
„amerikanischen" und einem „österreichisch-deutschen" Modell unterschieden, denen vielfach noch ein „französisches" Modell hinzugefügt wird. Vorliegend soll zwischen einer „diffusen" und einer „konzentrierten" Verfassungsgerichtsbarkeit unterschieden werden,[5] da sich bei ihnen die Frage des Zugangs des Einzelnen in grundlegend anderer Weise stellt. Bei der diffusen Verfassungsgerichtsbarkeit gibt es kein institutionell verselbständigtes Verfassungsgericht, sondern es ist die Aufgabe aller Gerichte, für den Geltungsvorrang der Verfassung zu sorgen, der typischerweise in den

---

[2] Wenn man von der „Verfassung" von San Marino spricht, so sind die aus dem 13. und 14. Jahrhundert
stammenden und 1600 gedruckten „Statuten" gemeint, die nur einfachen Gesetzesrang haben.

[3] Der KSZE/OSZE ist der Heilige Stuhl als besonderes Völkerrechtssubjekt und nicht der Staat der Vatikanstadt beigetreten. Obwohl die Vatikanstadt „Grundgesetze" v. 7. 6. 1929 besitzt, deren wichtigstes am
22. 2. 2001 durch ein neues Grundgesetz v. 26. 11. 2000 (Acta Apostolicae Sedis v. 23. 2. 2001) abgelöst
worden ist, können diese im Hinblick auf die einzigartige Verbindung von Heiligem Stuhl und Vatikanstadt sowie die Organisationsform der absoluten Monarchie, in der die gesamte gesetzgebende, vollziehende und rechtsprechende Gewalt letztlich dem Papst zusteht, nicht als formelle Verfassung im modernen
Sinne bezeichnet werden. Das eigentliche System der Rechtsquellen mag durchaus Normenkonflikte hervorbringen, die von den Gerichten (Gericht erster Instanz – Sacra Rota Romana – Apostolische Signatur)
zu lösen oder dem Papst zu entscheiden sind, aber dies liegt auf einer anderen Ebene als die verfassungsgerichtliche Normenkontrolle. Vgl. hierzu *M. Raeber*, Der neue Kirchenstaat, Einsiedeln u.a. (1930),
S. 38 ff.; *H. F. Köck*, Die völkerrechtliche Stellung des Heiligen Stuhls, Berlin 1975, S. 155 ff. (S. 157: „Eine
Verfassungsgerichtsbarkeit ist nicht gegeben,...").

[4] An grundlegenden rechtsvergleichenden Untersuchungen vgl. etwa *E. McWhinney*, Judicial Review,
Toronto 1956, 4. Aufl. 1969; *H. Mosler* (Hrsg.), Verfassungsgerichtsbarkeit in der Gegenwart, Köln 1962;
*A. Auer*, Die schweizerische Verfassungsgerichtsbarkeit, Basel 1984, S. 1–55; *L. Favoreu*, Les Cours constitutionnelles, Paris 1986, 3. Aufl. 1996; *Ch. Starck – A. Weber* (Hrsg.), Verfassungsgerichtsbarkeit in Westeuropa, Teilbd. 1, Baden-Baden 1986; *E. McWhinney*, Supreme Court and Judicial Law-making, Dordrecht 1986; *Ch. Landfried* (Hrsg.), Constitutional Review and Legislation, Baden-Baden 1988; *K.-G. Zier-
lein*, Die Bedeutung der Verfassungsrechtsprechung für die Bewahrung und Durchsetzung der Staatsverfassung, EuGRZ 1991, S. 301 ff.; *A. v. Brünneck*, Verfassungsgerichtsbarkeit in den westlichen Demokratien, Baden-Baden 1992; *G. Brunner*, Die neue Verfassungsgerichtsbarkeit in Osteuropa, ZaöRV 1993,
S. 819 ff.; *J. A. Frowein – Th. Marauhn* (Hrsg.), Grundfragen der Verfassungsgerichtsbarkeit in Mittel- und
Osteuropa, Berlin u.a. 1998; *H. Schwartz*, The Struggle for Constitutional Justice in Post-Communist Europe, Chicago u.a. 2000; *N. Lösing*, Die Verfassungsgerichtsbarkeit in Lateinamerika, Baden-Baden 2001.
Hinzuweisen ist außerdem auf die seit 1985 in Paris erscheinenden, von L. Favoreu herausgegebenen Jahr-
bücher „Annuaire International de Justice Constitutionnelle".

[5] Diese Unterscheidung geht terminologisch auf die bahnbrechende Untersuchung vom *M. Cappelletti
– Th. Ritterspach*, Die gerichtliche Kontrolle der Verfassungsmäßigkeit der Gesetze in rechtsvergleichender
Sicht, JöR 1971 (NF 20), S. 65 ff., zurück, wo sie allerdings nur auf die Normenkontrolle bezogen worden
ist.

Sachzusammenhängen des Grundrechtsschutzes und der Normenkontrolle Aktualität gewinnt. Mit diesem Problem sind die Gerichte zwar auch in den Ländern einer konzentrierten Verfassungsgerichtsbarkeit konfrontiert, doch ist ihr Anteil an der Verfassungsgerichtsbarkeit vergleichsweise gering, da in Gestalt eines institutionell verselbständigten Verfassungsgerichts oder eines vergleichbaren Organs ein besonderes Gericht zur Verfügung steht, das in allen wesentlichen verfassungsrechtlichen Fragen letztverbindlich entscheidet. Als derartige Fragen, die gewöhnlich als Gegenstand der Verfassungsgerichtsbarkeit im materiellen Sinne angesehen werden, kommen in Betracht: 1. Normenkontrollen (präventiv, abstrakt, konkret, negativ); 2. Kompetenzkonflikte (horizontale und vertikale, Organ- und Verbandsstreitigkeiten); 3. Staatsanklagen; 4. Parteiverbot; 5. Wahl- und Mandatsprüfung; 6. spezifischer Grundrechtsschutz. Für den Einzelnen ist naturgemäß der spezifische Grundrechtsschutz von größter Bedeutung, aber auch in Normenkontrollverfahren kann ihm der Zugang zur Verfassungsgerichtsbarkeit eröffnet sein. Als Mittel des Individualzugangs kommt auch die Wahlprüfungsbeschwerde in Betracht, die allerdings wegen ihrer speziellen Natur im Folgendern nicht berücksichtigt werden soll.

Zur sachlichen Eingrenzung des Themas seien noch zwei weitere Bemerkungen vorausgeschickt, die aus der Feststellung folgen, daß Aufgabe der Verfassungsgerichtsbarkeit die Gewährleistung des Verfassungsvorrangs ist.

Erstens bleibt die *internationale Gerichtsbarkeit* außer Betracht, da zu ihren Aufgaben die Durchsetzung des Geltungsvorrangs einer nationalen Verfassung nicht gehören kann. Trotzdem wird sie im Schrifttum in diesem Zusammenhang häufiger erwähnt, wenn sie den Menschenrechtsschutz betrifft, der sich thematisch mit dem innerstaatlichen Grundrechtsschutz überschneidet. Die internationale Menschenrechtsgerichtsbarkeit ist auch in unserem Zusammenhang von Bedeutung und vor allem für die Staaten relevant, in denen der Einzelne keine oder nur eingeschränkte Möglichkeiten hat, seine Grundrechte gerichtlich geltend zu machen. An erster Stelle ist der im Rahmen des Europarats gewährte Menschenrechtsschutz zu nennen, der seit dem 1. November 1998 beim Europäischen Gerichtshof für Menschenrechte konzentriert ist. An ihn können sich nach dem gegenwärtigen Stand der Dinge Personen mit der Individualbeschwerde gegen Hoheitsakte von 41 OSZE-Staaten wenden,[6] von denen einige ebenfalls am Rande des geographisch-kulturellen Raumes liegen, für den der Europarat ursprünglich errichtet worden ist. Voraussetzung ist, daß der Beschwerdeführer alle innerstaatlichen Rechtsbehelfe erschöpft und die Beschwerdefrist von 6 Monaten eingehalten hat (Art. 35 Abs. 1 EMRK). Der Gerichtshof kann Feststellungs- und Verpflichtungsurteile erlassen und dem Beschwerdeführer Schadensersatz zusprechen, hat aber keine Kassationsbefugnis. Diesem europäischen Menschenrechtsschutz ist die Kammer für Menschenrechte nachgebildet worden, die auf Grund des Dayton-Abkommens seit 1996 in Bosnien-Herzegowina tätig ist und trotz der Beteiligung einheimischer Mitglieder in weit stärkerem Maße völkerrechtliche Züge trägt, als es bei einem Verfassungsgericht anzunehmen wäre.[7] Erwähnenswert ist des

---

[6] Von den 43 Mitgliedstaaten des Europarats ist die EMRK nur für Armenien und Aserbaidschan noch nicht in Kraft getreten.

[7] Vgl. Art. VII-XII des Anhangs Nr. 6 „Menschenrechte" zum Allgemeinen Rahmenabkommen für einen Frieden in Bosnien-Herzegowina v. 14. 12. 1995 und die Verfahrensregeln der Kammer für Menschenrechte v. 13. 12. 1996. Unter den 14 Mitgliedern der Kammer befinden sich 8 Ausländer, die vom

weiteren der gerichtliche Rechtsschutz im Rahmen der Europäischen Gemeinschaften, der auch dem Einzelnen offensteht (Art. 230 Abs. 4, Art. 232 Abs. 3 EG-V), während die Individualbeschwerde an den UN-Menschenrechtsausschuß nach dem Fakultativprotokoll zum Internationalen Pakt über bürgerliche und politische Rechte ein deutlich geringeres Gewicht besitzt und nicht zu einem gerichtlichen Rechtsschutz führt.

Zweitens ist zu berücksichtigen, daß einige OSZE-Staaten Bundesstaaten (Deutschland, Jugoslawien, Kanada, Österreich, Schweiz, USA) oder in ähnlicher Weise zusammengesetzte Staaten (Belgien, Bosnien-Herzegowina, Rußland) sind, deren gliedstaatliche Einheiten eine Verfassung oder ein vergleichbares Grundgesetz besitzen. Die Gewährleistung des Vorrangs *gliedstaatlicher Verfassungen* in ihrem jeweiligen Geltungsbereich ist ebenfalls Aufgabe der Verfassungsgerichtsbarkeit und soll deshalb im Folgenden berücksichtigt werden.

## II. Problemstellung in den Ländern einer diffusen Verfassungsgerichtsbarkeit

Diffus ist die Verfassungsgerichtsbarkeit in den Verfassungsstaaten, in denen der Gesetzgeber keine Notwendigkeit gesehen hat, zur Gewährleistung des Verfassungsvorrangs mit gerichtlichen Mitteln besondere Vorkehrungen zu treffen. Hier sind die Gerichte mit der Frage konfrontiert, wie sie sich zu verhalten haben, wenn sie in einem Zivil-, Straf- oder Verwaltungsprozeß zu der Überzeugung gelangen, daß das von ihnen anzuwendende Gesetz gegen die Verfassung verstößt, wobei es keine Rolle spielt, ob es sich um Grundrechte oder organisationsrechtliche Verfassungsbestimmungen handelt. Die erste gerichtliche Antwort wurde bekanntlich in dem Land gegeben, das auch in der Chronologie der modernen Verfassunggebung im formellen Sinne den ersten Platz einnimmt. Aus Art. VI Abs. 2 der US-Verfassung von 1787, wonach „this Constitution … shall be the supreme Law of the Land", zog Chief Justice Marshall im Namen des Supreme Court im berühmten Fall *Marbury v. Madison* 1803 die logisch unabwendbare Konsequenz:[8]

> „Certainly all those who have framed written constitutions contemplate them as forming the fundamental and paramount law of the nation, and, consequently, the theory of every such government must be, that an act of the legislature, repugnant to the constitution, is void. …. If an act of the legislature, repugnant to the Constitution, is void, does it, notwithstanding its invalidity, bind the courts, and oblige them to give it effect? Or, in other words, though it be not law, does it constitute a rule as operative as if it was a law? This would be to overthrow in fact what was established in theory; and would seem, at first view, an absurdity too gross to be insisted on."

Die Folge dieser Antwort war die Bejahung des richterlichen Prüfungsrechts, kraft dessen jeder Richter eine konkrete Normenkontrolle ausübt und das von ihm für verfassungswidrig gehaltene und somit nichtige Gesetz außer Anwendung läßt. Damit

---

Ministerkomitee des Europarats bestellt werden. Vier Mitglieder werden von der Föderation Bosnien-Herzegowina und zwei Mitglieder von der Serbischen Republik bestellt.

[8] 1 Cranch 137 (1803).

dient die konkrete Normenkontrolle zugleich dem Grundrechtsschutz. Das richterliche Prüfungsrecht haben in der Folgezeit alle US-Gerichte für sich in Anspruch genommen, so auch die gliedstaatlichen Gerichte mit der gliedstaatlichen Verfassung als Kontrollmaßstab.[9] Diese Praxis hat in Verbindung mit der Bindungswirkung der Präjudizien des anglo-amerikanischen Case Law dazu geführt, daß an den US Supreme Court als oberste Instanz eines zwar komplizierten, aber doch als Einheit konzipierten Gerichtssystems hauptsächlich Verfassungsfragen herangetragen werden. Deshalb ist der US Supreme Court funktional als Verfassungsgericht anzusehen. Dem amerikanischen Vorbild ist Kanada weitgehend gefolgt, so daß sein Oberster Gerichtshof im praktischen Ergebnis ebenfalls als ein Verfassungsgericht qualifiziert werden kann.

Auf dem *europäischen Kontinent* bestand nach der Verfassunggebung im 19. Jahrhundert eine vergleichbare Ausgangslage wie in den USA. Indes sind die Gerichte der Beantwortung der Frage, wie sie es mit einem verfassungswidrigen Gesetz halten wollen, nach Möglichkeit ausgewichen. Konnte eine Antwort nicht vermieden werden, wurde das richterliche Prüfungsrecht meistens bejaht, ohne daß es in der Folgezeit eine größere praktische Bedeutung erlangt hätte. Allein in Frankreich und den vom französischen Recht beeinflußten Ländern wurde und wird ein richterliches Prüfungsrecht in Bezug auf Parlamentsgesetze aus Gründen der Gewaltenteilung und der Volkssouveränität abgelehnt. Eine Verordnungskontrolle ist hingegen möglich und im Rahmen der französischen Verwaltungsgerichtsbarkeit sogar besonders stark ausgebaut. Inzwischen haben die meisten Länder irgendwelche Vorkehrungen zur Durchsetzung des theoretisch unbestrittenen Verfassungsvorrangs getroffen. In Irland wurde durch die Verfassung von 1937 die konkrete Normenkontrolle beim erstinstanzlichen High Court und dem als höchste Revisionsinstanz fungierenden Supreme Court konzentriert (Art. 34 Abs. 3 UntAbs. 2), welch letzterem auch die Befugnis zur präventiven Normenkontrolle übertragen wurde (Art. 26). Von den Benelux-Ländern, in denen das richterliche Prüfungsrecht in der französischen Tradition abgelehnt wird, haben Belgien 1980 und Luxemburg 1996 ihre Verfassungen mit dem Ziel einer Institutionalisierung der Verfassungsgerichtsbarkeit geändert, so daß nur die Niederlande in den traditionellen Bahnen verblieben ist, wo den Gerichten die Prüfung von Gesetzen kraft Verfassung untersagt ist (Art. 120). Eine diffuse Verfassungsgerichtsbarkeit existiert nach wie vor im skandinavischen Rechtskreis, wo das richterliche Prüfungsrecht in Dänemark, Norwegen sowie Island traditionell anerkannt und in Schweden – allerdings beschränkt auf „offenbare Fehler" – seit 1975 in der Verfassung festgeschrieben (Kap. 11 § 14) ist, mag von ihm auch nur sehr zurückhaltend Gebrauch gemacht werden. Allein in Finnland wurde das richterliche Prüfungsrecht bis vor kurzem beharrlich abgelehnt, weshalb seine ausdrückliche Verankerung in der neuen Verfassung von 1999 (§ 106) eine fast revolutionäre Wende darstellt. Es ist des weiteren zu beachten, daß in Schweden und Finnland eine institutionell verselbständigte Verwaltungsgerichtsbarkeit besteht,[10] der auf dem Gebiete des Grundrechtsschutzes naturgemäß eine besondere Bedeutung zukommt. Ein System der diffusen Normenkontrolle ist

---

[9] Vgl. hierzu *D. P. Kommers*, Die Verfassungsgerichtsbarkeit in den Gliedstaaten der Vereinigten Staaten von Amerika, in: Ch. Starck – K. Stern (Hrsg.), Landesverfassungsgerichtsbarkeit, Baden-Baden 1983, Teilbd. 1, S. 461 ff.

[10] Für einen Überblick über das skandinavische Gerichtssystem vgl. *G. Ring – L. Olsen-Ring*, Einführung in das skandinavische Recht, München 1999, S. 47 ff.

schließlich auch in der Schweiz, Portugal, Griechenland und Estland gegeben, wo jeder Richter ein von ihm für verfassungswidrig gehaltenes Gesetz außer Anwendung lassen kann. Hier sind aber im Laufe der Zeit so viele institutionelle und/oder prozessuale Regelungen zur letztlichen Konzentration der Normenkontrolle beim obersten ordentlichen Gericht (Estland), einem Sondergericht (Griechenland) oder gar einem Verfassungsgericht (Portugal) bzw. zur Gewährung eines besonderen Grundrechtsschutzes durch das oberste ordentliche Gericht (Schweiz) geschaffen worden, daß man von besonderen Formen einer konzentrierten Verfassungsgerichtsbarkeit sprechen kann.

Es ist bereits einleitend darauf hingewiesen worden, daß es in *Großbritannien* in Ermangelung einer formellen Verfassung keine Verfassungsgerichtsbarkeit gibt. Die Gerichte können hier nur Rechtsnormen der Exekutive am Maßstab der Parlamentsgesetze überprüfen. Ein erster zaghafter Schritt in Richtung auf eine diffuse Gesetzeskontrolle ist mit dem Human Rights Act 1998[11] unternommen worden, durch den die EMRK in nationales Recht transformiert und insofern mit einem übergesetzlichen Rang ausgestattet worden ist, als die höheren Gerichte ab 2. Oktober 2000 die von ihnen anzuwendenden Gesetze am Maßstab der EMRK überprüfen und gegebenenfalls ihre Unvereinbarkeit feststellen können (declaration of incompatibility). Diese Feststellung hat zwar keinen unmittelbaren Einfluß auf den konkreten Rechtsstreit, kann aber eine exekutivisch-parlamentarische Eilgesetzgebung auslösen, in deren Ergebnis das konventionswidrige Gesetz auch rückwirkend geändert werden kann.

Für die genannten Länder Nordamerikas und Nordeuropas sowie Irland und die Niederlande kann die Frage nach dem *Zugang des Einzelnen* zur Verfassungsgerichtsbarkeit eigentlich nicht beantwortet werden. Zugänglich ist ihm der allgemeine Rechtsweg, wobei er im jeweiligen Zivil-, Straf- oder Verwaltungsprozeß auch eine angebliche Verletzung seiner Grundrechte geltend machen und die Frage nach der Verfassungswidrigkeit der anzuwendenden Rechtsnorm aufwerfen kann. Das Prozeßgericht entscheidet – im Rahmen seiner Kompetenzen[12] – über die auftretenden verfassungsrechtlichen Fragen, und seine Entscheidung kann von der einzelnen Prozeßpartei nach den allgemeinen Regeln der jeweils maßgebenden Prozeßordnung mit Rechtsmitteln angefochten werden. Auf diese Weise mag der Einzelne letztlich auch zum obersten Gericht[13] vordringen. In den USA und Kanada, deren oberste Gerichte am ehesten als Verfassungsgerichte angesehen werden können, ist dies aber nicht einfach. Es gibt nur relativ wenig Fälle, in denen diese beiden Gerichte über ein Rechtsmittel in der Sache entscheiden müssen. In den meisten Fällen handelt es sich bei der Zulassung des Rechtsmittels um eine Ermessensentscheidung (USA: writ of certiorari; Kanada: leave of appeal), die nur dann positiv auszufallen pflegt, wenn der Angelegenheit eine objektiv grundsätzliche Bedeutung zukommt. Umgekehrt ist in Irland

---

[11] 1998 Chapter 42. Vgl. hierzu *R. Grote*, Die Inkorporierung der Europäischen Menschenrechtskonvention ins britische Recht durch den Human Rights Act 1998, ZaöRV 1998 (58), S. 309ff.

[12] Um die im Text genannten Einschränkungen des richterlichen Prüfungsrechts in positiver Hinsicht zu präzisieren: Sowohl in den Niederlanden als auch in Irland können alle Gerichte die Verfassungsmäßigkeit von Rechtsverordnungen der Exekutive prüfen. In Irland unterliegt auch die common law doctrine and procedure der allgemeinen richterlichen Kontrolle.

[13] Es sind dies die obersten ordentlichen Gerichte. In Schweden und Finnland kommt das jeweils oberste Verwaltungsgericht gleichrangig hinzu.

die Revision zum Supreme Court kraft Verfassung zugelassen, wenn die Verfassungswidrigkeit des angewandten Gesetzes gerügt wird (Art. 34 Abs. 4 UntAbs. 4).

Die diffuse Verfassungsgerichtsbarkeit ist das Ergebnis einer langen historischen Entwicklung in Ländern mit einer ungebrochenen demokratisch-rechtsstaatlichen Tradition. Ob diese Tradition ausreicht, um den Geltungsvorrang der Verfassung und den individuellen Grundrechtsschutz mit den Mitteln des allgemeinen Prozeßrechts bei allen Zufälligkeiten und abträglichen Folgen für die Rechtssicherheit, die einer dezentralisierten Normenkontrolle notwendigerweise anhaften, effektiv zu gewährleisten, ist eine Frage, die jedes Land nur selber beantworten kann. In Nordamerika hat sich das „amerikanische Modell" der Verfassungsgerichtsbarkeit offenbar bewährt, und in Skandinavien scheint man ohne eine nennenswerte Verfassungsgerichtsbarkeit recht gut auszukommen. In Großbritannien erscheint sogar die Existenz einer formellen Verfassung verzichtbar. Die Übertragbarkeit der diffusen Verfassungsgerichtsbarkeit auf Länder, die am Anfang ihrer verfassungsstaatlichen Existenz stehen und weder über eine gefestigte rechtsstaatliche Tradition noch über eine in rechtsstaatlichen Kategorien denkende Richterschaft auf breiter Basis verfügen, dürfte indes ausgeschlossen sein. Es ist deshalb kein Wunder, daß sich fast alle Staaten des ehemaligen kommunistischen Herrschaftsbereichs nach der Systemwende zur Einführung einer konzentrierten Verfassungsrechtspflege entschlossen haben. Die einzige Ausnahme bestätigt die Regel. Es handelt sich um Turkmenistan, dessen allmächtiger Präsident Nijazov es – im Gegensatz zu seinen Kollegen in den anderen, ehemals sowjetischen Unionsrepubliken der zentralasiatisch-islamischen Region – für überflüssig erachtet hat, seiner orientalischen Despotie das Mäntelchen der Rechtsstaatlichkeit umzuhängen und ein Verfassungsgericht einzusetzen.[14]

## III. Die Lage in den Ländern einer konzentrierten Verfassungsgerichtsbarkeit

### 1. *Verfassungsgerichte*

In den übrigen 42 OSZE-Staaten Mittel-, Süd- und Osteuropas besteht eine konzentrierte Verfassungsgerichtsbarkeit unterschiedlicher Tragweite. Ihre Einführung ist das Ergebnis einer bewußten gesetzgeberischen Entscheidung, die auf historische Vorläufer zurückgeführt werden kann, aber nicht muß. Die Vorstellung, daß für die Entscheidung von Verfassungsfragen ein besonderes und institutionell verselbständigtes Gericht zuständig sein soll, ist im deutschen Rechtskreis beheimatet und wurde unter maßgeblichem Einfluß von H. Kelsen in vollwertiger Gestalt erstmals in Österreich (1920),[15] der Tschechoslowakei (1921)[16] und Liechtenstein (1926) in die Tat

---

[14] In Art. 5 Abs. 2 der turkmenischen Verfassung von 1992 heißt es zwar, daß die Verfassung das oberste Gesetz des Staates darstelle, ihre Bestimmungen unmittelbar gälten und alle Gesetze und Rechtsakte, die der Verfassung widersprächen, keine rechtliche Wirkung entfalteten, aber es ist kaum anzunehmen, daß ein turkmenischer Richter nach der Lektüre dieser Verfassungsbestimmung auf ähnliche Gedanken käme wie seinerzeit Chief Justice Marshall.

[15] Der österreichische Verfassungsgerichtshof wurde 1933 politisch lahmgelegt und auf Grund der Verfassung von 1934 mit dem Verwaltungsgerichtshof zu einem Bundesgerichtshof zusammengelegt. Wie-

umgesetzt. Auch in der Weimarer Republik wirkten bis zur nationalsozialistischen Machtergreifung Staatsgerichtshöfe minderer Kompetenz.[17] Demgegenüber blieb der 1933/36 in Spanien tätige Gerichtshof für Verfassungsgarantien eher eine zeitlich begrenzte Randerscheinung.

Nach dem Zweiten Weltkrieg wurde der Gedanke der konzentrierten Verfassungsgerichtsbarkeit mit nachhaltiger Wirkung in Deutschland aufgegriffen, wo vor allem das 1951 errichtete Bundesverfassungsgericht eine internationale Vorbildfunktion entfalten sollte. Auf Landesebene waren teilweise schon vorher Verfassungsgerichte entstanden.[18] Andere Länder folgten später,[19] und nach der Wiedervereinigung führten alle neuen Bundesländer die Verfassungsgerichtsbarkeit ein,[20] so daß heute 15 der 16 deutschen Länder ein eigenes Verfassungsgericht haben.[21] Einen besonders starken Einfluß übte das „österreichisch-deutsche Modell" auf Südeuropa in den Ländern aus, in denen nach der Überwindung einer Diktatur oder einer sonstigen Umwälzung der politischen Verhältnisse der Aufbau eines demokratischen Verfassungsstaates auf der Tagesordnung stand. So entstanden Verfassungsgerichte in Italien (1957), auf Zypern (1960),[22] in der Türkei (1962),[23] auf Malta (1964),[24] in Spanien (1980) und Portugal (1983). In jüngster Zeit sind weitere Verfassungsgerichte in Andorra (1993) und Luxemburg (1997) hinzugekommen.

In Osteuropa kannten in kommunistischer Zeit nur Jugoslawien[25] seit 1964 und Po-

---

derhergestellt wurde er bereits 1946. Der Verfassungsgerichtshof nimmt auch die Aufgaben der Landesverfassungsgerichtsbarkeit wahr.

[16] Die tatsächlichen Aktivitäten des tschechoslowakischen Verfassungsgerichts hielten sich in Grenzen, und funktionsfähig war es nur 1921/31 und 1938/39. Nach 1945 wurde die Tradition der Verfassungsgerichtsbarkeit nicht fortgeführt.

[17] Sie gab es sowohl auf der Reichsebene als auch in den meisten Ländern, wobei ihre Zuständigkeit auf föderative Verbands- und landesinterne Organstreitigkeiten sowie Anklageverfahren beschränkt war. Allein Bayern kannte die Verfassungsbeschwerde.

[18] So in Bayern (1947), Hessen (1947), Bremen (1949), Rheinland-Pfalz (1949) und in den ursprünglich drei südwestdeutschen Ländern Württemberg-Baden (1948), Baden (1948) und Württemberg-Hohenzollern (1949), die 1953 zum Land Baden-Württemberg vereinigt wurden.

[19] Nordrhein-Westfalen (1952), Hamburg (1953), Niedersachsen (1955), Saarland (1959).

[20] Berlin (1992), Brandenburg (1993), Sachsen (1993), Sachsen-Anhalt (1993), Thüringen (1995), Mecklenburg-Vorpommern (1995).

[21] Die einzige Ausnahme bildet Schleswig-Holstein, das die Entscheidung landesverfassungsrechtlicher Streitigkeiten gemäß Art. 99 GG dem Bundesverfassungsgericht übertragen hat.

[22] Der Oberste Verfassungsgerichtshof Zyperns brach an den Gegensätzen zwischen der griechischen und der türkischen Volksgruppe zusammen und war seit dem Rücktritt seines deutschen Präsidenten, E. Forsthoff, am 21. 5. 1963 handlungsunfähig. Im griechischen Teil wurden die Aufgaben des Obersten Verfassungsgerichtshofs und des Hohen Gerichtshofs (oberstes ordentliches Gericht) 1964 einem Obersten Gerichtshof übertragen. Im türkischen Nordzypern wurde 1966 in gleicher Weise ein Oberster Gerichtshof eingesetzt, der die Funktionen eines Verfassungsgerichts, eines Verwaltungsgerichts und eines Revisionsgerichts in Zivil- und Strafsachen ausübt.

[23] Die Tätigkeit des türkischen Verfassungsgerichts war während der Militärdiktaturen 1971/73 und 1980/83 unterbrochen.

[24] Infolge politisch bedingter Schwierigkeiten war das maltesische Verfassungsgericht 1971/74 handlungsunfähig.

[25] Anfang 1964 nahmen in Jugoslawien insgesamt 9 Verfassungsgerichte ihre Tätigkeit auf, nämlich auf Bundesebene, in den 6 Teilrepubliken und den beiden autonomen Provinzen Serbiens. Die letzteren Verfassungsgerichte von Kosovo und Vojvodina wurden 1990 im Zuge der Gleichschaltung dieser Provinzen durch Serbien beseitigt.

len seit 1986 eine eigenständige Verfassungsgerichtsbarkeit begrenzter Tragweite, die nach 1990 nur den neuen, rechtsstaatlichen Anforderungen entsprechend ausgebaut werden mußte. Mit dem Zerfall der Sozialistischen Föderativen Republik Jugoslawien verwandelten sich die gliedstaatlichen Verfassungsgerichte von Slowenien, Kroatien, Mazedonien und Bosnien-Herzegowina in solche eines souveränen Staates.[26] Bosnien-Herzegowina wurde freilich von den serbischen Aggressoren sofort mit einem Volksgruppenkrieg überzogen, und erst im Ergebnis des Dayton-Abkommens vom 14. 12. 1995 haben sich die politischen Verhältnisse allmählich soweit konsolidiert, daß die reorganisierte Verfassungsgerichtsbarkeit im papierenen Gesamtstaat und in seinen real existierenden „Entitäten"[27] einigermaßen funktionieren kann. Ansonsten hat die Verfassungsgerichtsbarkeit österreichisch-deutschen Zuschnitts nach der politischen Wende von 1989/90 einen Siegeszug durch Osteuropa angetreten,[28] dem sich nur wenige Staaten entzogen haben.[29] In der Russischen Föderation hat die verfassungsgerichtliche Gründungswelle sogar Teile der regionalen Staatsorganisation erfaßt.[30]

Insgesamt kann mit Sicherheit festgestellt werden, daß heute in 34 OSZE-Staaten institutionell verselbständigte Verfassungsgerichte tätig sind.

---

[26] Der auf die Teilrepubliken Serbien und Montenegro zusammengeschrumpfte Bundesstaat wurde 1992 als „Bundesrepublik Jugoslawien" reorganisiert. In ihr existieren neben dem Bundesverfassungsgericht die Verfassungsgerichte Serbiens und Montenegros.

[27] Es sind dies die muslimisch-kroatische „Föderation Bosnien-Herzegowina" und die „Serbische Republik". In der „Föderation" gibt es neben dem Verfassungsgericht auch ein Gericht für Menschenrechte. In ähnlicher Weise besteht auf gesamtstaatlicher Ebene neben dem Verfassungsgericht eine dem Völkerrecht zuzuordnende Kammer für Menschenrechte (vgl. Anm. 7), wobei sich die Kompetenzen teilweise überschneiden. Aus diesem Grunde hat auch die Venedig-Kommission des Europarats auf ihrer Sitzung am 1. 4. 2000 die Zusammenlegung von Verfassungsgericht und Menschenrechtskammer vorgeschlagen.

[28] Ungarn (1990), Bulgarien (1991), Rußland (1991, mit Unterbrechung 1993/95), Albanien (1992), Rumänien (1992), Slowakei (1993), Litauen (1993), Tschechien (1993), Weißrußland (1994), Moldau (1995), Kirgisien (1995), Armenien (1996), Tadschikistan (1996), Georgien (1996), Usbekistan (1996), Lettland (1996), Ukraine (1997) und Aserbaidschan (1998). Von vorübergehender Natur waren die Verfassungsgerichte in der Tschechoslowakei (1992) und Kasachstan (1992/95). Das weißrussische Verfassungsgericht ist im Ergebnis des Staatsstreichs von Staatspräsident Lukasenko Ende 1996 weitgehend entmachtet worden; vgl. hierzu *O. A. Mosgo,* Der Gerichtsaufbau Weißrusslands, Osteuropa-Recht 2000, S. 337ff. (339ff.).

[29] Für ein anderes Modell haben sich Estland und später Kasachstan entschieden. Das einzige Land, in dem keinerlei Verfassungsgerichtsbarkeit existiert, ist Turkmenistan.

[30] Die Errichtung eines Verfassungs- oder Satzungsgerichts ist in der Verfassung bzw. Satzung von 44 der 89 Föderationssubjekte vorgesehen. Die erforderlichen Verfassungsgerichtsgesetze sind aber bisher nur in 16 Föderationssubjekten ergangen. Tatsächlich sind zur Zeit (Anfang 2001) 12 Gerichte dieser Art tätig, und zwar 10 Verfassungsgerichte in den nicht-russischen Republiken Dagestan (1991), Sacha/Jakutien (1992), Kabardino-Balkarien (1993), Karelien (1994), Komi (1994), Burjätien (1995), Baschkortostan (1996), Adygeja (1997), Marij-El (1998) und Tatarstan (2000) sowie zwei Satzungsgerichte in den russischen Föderationssubjekten Gebiet Swerdlowsk (1998) und Stadt St. Petersburg (2000). Hinzu kommt das Komitee für Verfassungsaufsicht in der Republik Nordossetien/Alanien, das demnächst in ein Verfassungsgericht umgewandelt wird. Zu dieser regionalen Verfassungsgerichtsbarkeit vgl. *V.A. Krjžakov,* Konstitucionnoe pravosudie v sub"ektach Rossijskoj Federacii, Moskau 1999; *M.A. Mitjukov* (Red.), Konstitucionnye i ustavnye sudy sub"ektov Rossijskoj Federacii, Moskau 1999; *V.K. Bobrova – V.V. Krovel'ščikova – M.A. Mitjukov,* Zakon ob ustavnom sude sub"ekta Rossijskoj Federacii: kakim on možet byt', Moskau 2000; *V.K. Bobrova,* Konstitucionnye (ustavnye) sudy vynesli uže 250 rešenij, Rossijskaja Justicija Nr. 5/2001, S. 11f.

Was die verbleibenden acht Staaten angeht, so kommt es für die Qualifikation der in Frage kommenden Gerichte als Verfassungsgerichte darauf an, ob ihnen Kernaufgaben der Verfassungsgerichtsbarkeit von hinlänglichem Gewicht zugewiesen sind. Dies ist für das schweizerische Bundesgericht, das das oberste ordentliche Gericht darstellt, unzweifelhaft zu bejahen, da ihm mit der „staatsrechtlichen Beschwerde" und der „staatsrechtlichen Klage" gewichtige Verfassungssachen zugewiesen sind, die rund 40% des Geschäftsanfalls ausmachen. Mögen seiner Kontrolle auch nur kantonale Rechtsakte unterliegen, deren Verfassungsmäßigkeit im System der diffusen Normenkontrolle von den kantonalen Gerichten in zunehmendem Maße auch am Maßstab der jeweiligen Kantonsverfassung und gelegentlich sogar im Rahmen einer kantonalen Verfassungsgerichtsbarkeit beurteilt wird,[31] so ist die praktische Bedeutung dieser bereits seit 1874 praktizierten Verfassungsgerichtsbarkeit so groß, daß das schweizerische Bundesgericht – mit dem US Supreme Court – zu den ersten Verfassungsgerichten der Welt gerechnet werden kann. In ähnlicher Weise – und so wie gegenwärtig auf Zypern – sind in Estland 1993 dem obersten Staatsgericht Aufgaben der Normenkontrolle zugewiesen worden, die von einem besonderen Spruchkörper, dem Kollegium für Verfassungsaufsicht, wahrgenommen werden. Ein für das gesamte öffentliche Recht zuständiges Gericht ist in Monaco tätig, wo das Tribunal Suprême Verfassungs- und Verwaltungsgericht zugleich ist. Zu den Verfassungsgerichten wird des weiteren der belgische Schiedsgerichtshof gezählt, der 1984 zur Normenkontrolle auf dem besonders sensiblen und konfliktgelandenen Gebiet des Volksgruppenföderalismus errichtet worden ist. Zweifelhafter ist es, ob der griechische Oberste Sondergerichtshof (1975) zu den Verfassungsgerichten gerechnet werden kann. Neben der Wahl- und Mandatsprüfung bildet seine Hauptaufgabe die Beseitigung von Rechtsprechungsdivergenzen zwischen den drei obersten Gerichtshöfen des Landes (Aeropag, Staatsrat, Rechnungshof), zu der in einem System der diffusen Normenkontrolle auch die letztverbindliche Normenkontrolle mit Erga-omnes-Wirkung gehört. Den vor allem in Skandinavien verbreiteten Sondergerichten für staatsrechtliche Anklageverfahren[32] wird man die Eigenschaft eines Verfassungsgerichts wegen ihres zu engen Zuschnitts und ihrer geringen praktischen Bedeutung sicherlich absprechen müssen.

Einen eigenen Typus bildet der quasi-gerichtlich ausgestaltete *Verfassungsrat* in Frankreich (1958), dessen Aufgaben schwerpunktmäßig in den Gebieten der präventiven Normenkontrolle sowie der Wahl- und Mandatsprüfung liegen. Man spricht diesbezüglich vielfach von einem „französischen Modell", obwohl sich die Ausstrahlungskraft dieser Lösung als sehr begrenzt erwiesen hat. Ihr ist von den OSZE-Staaten allein Kasachstan gefolgt, als Staatspräsident Nazarbaev das bereits seit August 1992 tätige Verfassungsgericht wegen gelegentlicher Unbotmäßigkeiten bestrafen wollte und anläßlich der zweiten Verfassunggebung von 1995 beseitigte. An seine Stelle trat An-

---

[31] Vgl. hierzu *K. Eichenberger*, Die Verfassungsgerichtsbarkeit in den Gliedstaaten der Schweiz, in: Starck- Stern (Anm. 9), S. 435 ff.; *A. Auer* (Anm. 4), S. 279 ff.; *ders.*, Grundlagen und aktuelle Probleme der schweizerischen Verfassungsgerichtsbarkeit, JöR 1991/92 (NF 40), S. 111 ff. (125 ff.). Im Zuge der neueren Verfassunggebung haben drei Kantone eine eigene Verfassungsgerichtsbarkeit eingeführt, wobei Nidwalden (1968) und Jura (1979) sie ihrem obersten ordentlichen Gericht übertragen haben, während Basel-Landschaft (1987) die Verfassungs- mit der Verwaltungsgerichtsbarkeit zusammengefaßt hat.

[32] Sie existieren traditionell in Dänemark, Finnland, Island, Norwegen, seit 1975 in Griechenland und seit 1982 in Polen, während Schweden das „Reichsgericht" 1975 abgeschafft hat.

fang 1996 ein Verfassungsrat mit reduzierten Kompetenzen, die nach der Papierform allerdings weiter reichen als beim französischen Vorbild (insb. konkrete Normenkontrolle).

## 2. Konzeptionelle Weichenstellungen für den Individualzugang zum Verfassungsgericht

Da die konzentrierte Verfassungsgerichtsbarkeit das Produkt einer bewußten gesetzgeberischen Entscheidung ist, ist zu vermuten, daß sich der Gesetzgeber darüber Gedanken macht, welchem *Zweck* die Verfassungsgerichtsbarkeit dienen soll. Dabei dürfte unbestritten sein, daß die Verfassungsgerichtsbarkeit jedenfalls den Geltungsvorrang der Verfassung innerhalb der Rechtsordnung durchzusetzen helfen soll. Deshalb wird die Normenkontrolle zu den unverzichtbaren Kernkompetenzen des Verfassungsgerichts gehören müssen. Nur ihr Umfang und ihre Arten (präventiv, abstrakt, konkret, negativ) können den Gegenstand rechtspolitischer Überlegungen bilden. Des weiteren wird der Gesetzgeber zu entscheiden haben, ob er Kompetenzkonflikte und sonstige verfassungsrechtliche Streitigkeiten zwischen den Organen und verbandsmäßigen Gliederungseinheiten des Staates, Anklagen gegen staatliche Amtsinhaber wegen Verletzung der Verfassung, die Wahl- und Mandatsprüfung und das Verbot verfassungswidriger politischer Parteien dem Verfassungsgericht übertragen will. All diese Überlegungen bewegen sich im Funktionsbereich des *objektiven* Schutzes der verfassungsmäßigen Ordnung. Es kann zwar auch in diesem Rahmen erwogen werden, ob dem Einzelnen in bestimmten Lagen das Recht eingeräumt werden soll, sich sozusagen als Sachwalter des öffentlichen Wohls an das Verfassungsgericht zu wenden und vornehmlich die Durchführung eines Normenkontrollverfahrens zu beantragen. Zwingend ist dies aber keineswegs. Die Grundrechte stellen einen Teil der verfassungsmäßigen Ordnung dar und genießen in ihrer Eigenschaft als objektive Rechtssätze den Schutz durch die Verfassungsgerichtsbarkeit. Von den 42 OSZE-Staaten, die der konzentrierte Verfassungsgerichtsbarkeit eingeführt haben, haben 11 Länder in der Tat gemeint, daß die Verfassungsgerichte ihren objektiven Auftrag des Verfassungsschutzes auch ohne das Zutun der Bürger erfüllen könnten, und deshalb dem Einzelnen den Zugang zum Verfassungsgericht verwehrt.[33]

Man kann aber einen Schritt weitergehen und die Auffassung vertreten, daß zu den Aufgaben der Verfassungsgerichte auch der *subjektive* Grundrechtsschutz gehören soll, d.h. daß der Mensch und Bürger seine unter dem besonderen Schutz der Verfassung stehenden subjektiv-öffentlichen Rechte im Falle einer möglichen Verletzung auch vor dem Verfassungsgericht soll durchsetzen können. Auf der Basis dieser Konzeption ist es unabweisbar, daß dem Einzelnen der Zugang zum Verfassungsgericht ermöglicht wird. Mißt man dem Grundrechtsschutz eine grundlegende Bedeutung zu, so liegt es nahe, dem Einzelnen ein besonderes Beschwerdeverfahren zur Verfügung zu stellen, in dem er eine angebliche Verletzung seiner Grundrechte durch die öffentliche Gewalt rügen kann. Man muß aber nicht unbedingt diese Maximallösung anstreben.

---

[33] So Armenien, Aserbaidschan, Bulgarien, Estland, Frankreich, Kasachstan, Litauen, die Moldau, die Türkei, Usbekistan und Weißrußland.

Man kann durchaus die Auffassung vertreten, daß in einem Rechtsstaat die Gerichte und insbesondere die Verwaltungsgerichte dem Einzelnen grundsätzlich ausreichende Möglichkeiten eines individuellen Rechtsschutzes böten und ein besonderes verfassungsgerichtliches Beschwerdeverfahren überflüssig sei, zumal in den Mitgliedstaaten des Europarats dem Einzelnen nach Ausschöpfung der innerstaatlichen Rechtsmittel immer noch der internationale Weg zum Europäischen Gerichtshof für Menschenrechte offenstehe. Von dieser mittleren Position aus würde sich eine rechtstechnische Lösung anbieten, die den individuellen Rechtsschutz grundsätzlich im Funktionsbereich der allgemeinen Gerichte beläßt, dem Einzelnen aber dann die Anrufung des Verfassungsgerichts ermöglicht, wenn seine Grundrechte in einem gerichtlichen Verfahren durch die Anwendung eines verfassungswidrigen Gesetzes bedroht zu sein scheinen. Die rechtstechnische Umsetzung dieser Zielvorstellung könnte durch die Einräumung von Antragsrechten an die Prozeßparteien erfolgen, mit deren Hilfe sie die Durchführung eines konkreten Normenkontrollverfahrens erreichen können. In diesem Falle sind subjektive und objektive Schutzfunktionen der Verfassungsgerichtsbarkeit untrennbar miteinander verbunden.

Aus diesen konzeptionellen Weichenstellungen, die der Gesetzgeber vorzunehmen hat, ergibt sich für die Systematisierung der unterschiedlichen Möglichkeiten des Individualzugangs zum Verfassungsgericht eine Stufenfolge: 1. Grundrechtsbeschwerden (subjektive Funktion), 2. konkrete Normenkontrollen auf Antrag (Kombination von subjektiver und objektiver Funktion), 3. abstrakte Normenkontrollen auf Antrag (objektive Funktion). In dieser Reihenfolge soll bei der folgenden Untersuchung vorgegangen werden.

## 3. Grundrechtsbeschwerden

### a) Grundrechtsrevision

Der besondere Grundrechtsschutz ist am engsten mit dem allgemeinen gerichtlichen Rechtsschutz verbunden, wenn den Prozeßparteien ein außerordentliches Rechtsmittel in die Hand gegeben wird, mit dessen Hilfe sie die Überprüfung der letztinstanzlichen Gerichtsentscheidung durch das Verfassungsgericht unter dem Gesichtspunkt einer Grundrechtsverletzung erreichen können. Dieses Rechtsmittel der Grundrechtsrevision kann in unterschiedlicher Weise ausgestaltet sein.

Auf *Malta* ist der Grundrechtsschutz[34] in doppelter Weise in das allgemeine Gerichtsverfahren integriert und dort beim höheren Zivilgericht erster Instanz (Civil Court, First Hall) konzentriert. Zunächst kann in einem jeden Gerichtsverfahren die Frage der Grundrechtswidrigkeit aufgeworfen werden. Sofern das Prozeßgericht diese Frage nicht für rechtsmißbräuchlich (merely frivolous or vexatious) hält, hat es sie dem Civil Court vorzulegen, dessen Entscheidung für den weiteren Verfahrensablauf verbindlich ist. Außerdem kann sich jedermann, der sich in seinen Grundrechten bedroht oder verletzt fühlt, unmittelbar um Rechtsschutz an den Civil Court wenden, der die im englischen Recht bekannten Anordnungen treffen kann, um Abhilfe zu schaffen (make orders, issue writs, give directions). In beiden Fällen kann die Ent-

---

[34] Die einschlägigen Vorschriften sind in Art. 46 und Art. 95 Abs. 2 Verf enthalten.

scheidung des Civil Court, First Hall, beim Verfassungsgericht mit der Grundrechts-revision (appeal) angefochten werden. Obwohl diese Grundrechtsrevision schon seit der Erlangung der Unabhängigkeit Maltas am 21. September 1964 in der Verfassung vorgesehen ist, hat sie erst vor kurzem größere praktische Bedeutung erlangt, weil die Grundrechtswidrigkeit eines Gesetzes nach einer mehrfach verlängerten Übergangs-vorschrift[35] erst seit dem 1. Juli 1993 bzw. 1996 geltend gemacht werden kann.

Eine integrierte Verbindung des Grundrechtsschutzes mit dem allgemeinen ge-richtlichen Rechtsschutz weist auch das in der spanischen Welt bekannte *Amparo-Ver-fahren* auf. Dieses zunächst vor den ordentlichen Gerichten zu betreibende Eilverfah-ren zum Schutze der Grundrechte ist in unterschiedlichen Varianten zwar in Latein-amerika verbreitet,[36] bedarf aber auch in unserem regionalen Bezugsrahmen in zwei-facher Hinsicht der Erwähnung. Erstens ist ein derartiges Eilverfahren vor den ordent-lichen Gerichten (basado en los principios de preferencia y sumariedad) in Art. 53 Abs. 2 der spanischen Verfassung von 1978 und in Art. 43 Abs. 2 VerfGG zum Schutze bestimmter Grundrechte als Voraussetzung für die Grundrechtsbeschwerde an das Verfassungsgericht vorgesehen. Allerdings ist das hier vorgesehene Gesetz nicht ergan-gen, und die seither entstandene Rechtslage[37] hat praktisch dazu geführt, daß die An-rufung des Verfassungsgerichts durch ein „recurso de amparo" eher als echte Grund-rechtsbeschwerde denn als Grundrechtsrevision zu qualifizieren ist. Zweitens hat sich Andorra am spanischen Vorbild orientiert, als das Fürstentum anläßlich der erstmali-gen Verfassunggebung im Jahre 1993 in gleicher Weise ein Empara-Verfahren vor den ordentlichen Gerichten vorgesehen und ursprünglich nur dessen Parteien für die Grundrechtsbeschwerde (recurs d'empara) legitimiert hat.[38] Dieses Verfahren hat al-lerdings keine größere Bedeutung erlangt. Wesentlich wichtiger war von Anfang an die zunächst nur der Staatsanwaltschaft (Ministeri Fiscal) vorbehaltene Möglichkeit, gegen letztinstanzliche Gerichtsentscheidungen wegen Verletzung der in Art. 10 Verf garantierten justiziellen Grundrechte mit der Empara-Beschwerde vorzugehen.[39] Im April 1999 wurde diese Beschränkung aufgehoben und die Antragsbefugnis auf die Betroffenen erstreckt,[40] was sofort eine Zunahme der Empara-Verfahren bewirkt hat.[41] Somit scheint der praktische Schwerpunkt der Empara-Beschwerde in Andorra auf dem Gebiet der auf Justizgrundrechte beschränkten Grundrechtsrevision zu lie-gen.

---

[35] Art. 47 Abs. 7 Verf.

[36] Vgl. *H. Fix-Zamudio*, Die Verfassungskontrolle in Lateinamerika, in: H.-R. Horn – A. Weber (Hrsg.), Richterliche Verfassungskontrolle in Lateinamerika, Spanien und Portugal, Baden-Baden 1989, S. 129ff. (144ff.); *Lösing* (Anm. 4), S. 61ff., 93ff., 115ff., 138ff., 157, 167ff., 181f., 223ff., 248f., 267ff., 301ff., 348, 361f., 374, 394ff.

[37] Vgl. *K.-P. Sommermann*, Der richterliche Schutz der Grundrechte in Spanien, in: Horn – Weber (Anm. 36), S. 23ff. (41ff.)

[38] Art. 41 und Art. 102 lit. a) Verf; Art. 86, 87 VerfGG.

[39] Art. 102 lit. c) Verf; Art. 94 VerfGG.

[40] Art. 94 VerfGG i.d.F. des Änderungsgesetzes v. 22. 4. 1999

[41] In den fünf Jahren 1994/98 wurden 21 Empara-Beschwerden erhoben, davon 15 (9 erfolgreich) von der Staatsanwaltschaft und 6 (alle erfolglos) von Einzelpersonen. In den folgenden zwei Jahren 1999/2000 blieb die Staatsanwaltschaft passiv, während 37 Individualbeschwerden eingingen, von denen 5 erfolgreich waren (nicht zugelassen: 22; durch Sachentscheidung abgewiesen: 6; zurückgenommen: 1; Ende 2000 noch anhängig: 3). Die Zahlen wurden anhand der vom Verfassungsgericht herausgegebenen Jahresbe-richte „Memòria" ermittelt.

Von vornherein als Grundrechtsrevision haben die auswärtigen Friedensstifter für *Bosnien-Herzegowina* die Individualbeschwerde ausgestaltet, die sich an das ordentliche Gerichtsverfahren anschließt. So wurde im Ergebnis der Bereinigung des im größeren Rahmen des Bosnienkrieges zeitweise aufflammenden muslimisch-kroatischen Konflikts durch das Washingtoner Abkommen vom 18. 3. 1994 der neu errichteten „Föderation Bosnien-Herzegowina" eine Verfassung vorgegeben, die – neben einem Verfassungsgericht – die Errichtung eines Gerichts für Menschenrechte vorsah. Dieses Gericht, das seine Tätigkeit 1997 aufnahm, ist zuständig für Beschwerden (žalba, appeal), die von jeder Prozeßpartei gegen eine letztinstanzliche Gerichtsentscheidung mit der Behauptung einer direkten oder indirekten Grundrechtsverletzung erhoben werden kann.[42] Das Gericht kann alle Anordnungen treffen, die ihm zur Beseitigung der Grundrechtsverletzung erforderlich erscheinen. Darüber hinaus wurde mit dem Dayton-Abkommen vom 14. 12. 1995, das der serbischen Aggression zwar ein Ende bereitet, aber in realpolitisch verfehlter Weise am Fortbestand eines Gesamtstaates „Bosnien-Herzegowina" festgehalten hat, die Errichtung eines gesamtstaatlichen Verfassungsgerichts verfügt, das u. a. in allen Verfassungsfragen als Revisionsinstanz fungiert.[43] Zu den Verfassungsfragen gehören auch die in der EMRK und Art. II Nr. 3 Verf aufgeführten Grundrechte. Die Folge dieses doppelten Grundrechtsschutzes ist für die Bewohner der Föderation, daß sie im Falle einer behaupteten Grundrechtsverletzung die Wahl zwischen dem Gericht für Menschenrechte in der Föderation und dem Verfassungsgericht des Gesamtstaates haben. Von dem Recht auf Grundrechtsrevision wird vor beiden Gerichten recht häufig Gebrauch gemacht, ohne daß die damit verbundenen Konkurrenzprobleme bislang einer praktischen Lösung zugeführt worden wären.[44]

Schließlich ist in diesem Zusammenhang die Neuregelung der Individualbeschwerde in der neuen *albanischen* Verfassung von 1998 zu erwähnen. Im Gegensatz zu der zuvor geltenden, unklaren, aber eher auf eine echte Grundrechtsbeschwerde hindeutenden und vom Verfassungsgericht auch so interpretierten Regelung[45] hat die Neuregelung wohl eine Grundrechtsrevision im Auge, die nur mit der Behauptung einer Verletzung von Justizgrundrechten eingelegt werden kann.[46] Indes setzt das albanische Verfassungsgericht seine extensive Praxis, alle letztinstanzlichen Gerichtsentscheidungen unter allen rechtlichen Gesichtspunkten einer Revision zu unterziehen, auch nach 1998 fort..

Bei all diesen Formen einer Grundrechtsrevision – sofern sie nicht schon von vornherein auf Justizgrundrechte beschränkt ist – kann der Grundrechtsschutz nur die Fäl-

---

[42] Kap. IV.C. Art. 20 Verf Föderation Bosnien-Herzegowina.

[43] Art. VI Abs. 2 lit. b) Verf Bosnien-Herzegowina.

[44] Tatsächlich ist die Verwirrung noch größer, da als dritte Möglichkeit noch die Kammer für Menschenrechte hinzukommt (vgl. Anm. 7 und 27).

[45] Nach Art. 24 Abs. 1 Nr. 9 des inzwischen aufgehobenen Gesetzes Nr. 7561 v. 29. 4. 1992 (Fletorja Zyrtare 1992, S. 81) war das Verfassungsgericht für Individualbeschwerden zuständig, die ihm wegen Verletzung von Grundrechten durch gesetzwidrige Akte im Wege der Verfassungskontrolle unterbreitet wurden. Auf der Grundlage dieser Bestimmung ließ das Verfassungsgericht – wenn auch nicht konsequent – echte Grundrechtsbeschwerden zu; vgl. *W. Stoppel*, Einführung zu Albanien in: Brunner, VSO (Anm. 1), S. 16.

[46] Dies ergibt sich aus einer Zusammenschau von Art. 131 lit. f) und Art. 134 Abs. 1 lit. g) und Abs. 2 Verf 1998. Das VerfGG 2000, in dem die einzelnen Verfahrensarten ausführlicher geregelt sind, enthält zur Individualbeschwerde keine Bestimmung.

le erfassen, die Gegenstand eines gerichtlichen Verfahrens sein können. Insofern hängt seine Effektivität von der Vorfrage nach dem allgemeinen gerichtlichen Rechtsschutz und namentlich dem gerichtlichen Verwaltungsrechtsschutz ab. Diese Vorfrage kann nur anhand der jeweiligen nationalen Rechtsordnung beantwortet werden. Unabhängig davon stellt sich als Grundsatzproblem die Abgrenzung der spezifischen Grundrechtswidrigkeit von der einfachen Rechtswidrigkeit, auf die im folgenden Abschnitt näher einzugehen sein wird.

### b) Echte Grundrechtbeschwerde

Als „echte Grundrechtsbeschwerde" soll der Rechtsbehelf bezeichnet werden, mit dem sich der Einzelne gegen einen seine Grundrechte unmittelbar verletzenden Akt der öffentlichen Gewalt an das Verfassungsgericht wenden kann. Die öffentliche Gewalt wird in der Regel die Gewalt des Staates und seiner territorialen Gliederungen (Gliedstaaten, Regionen, Kommunen) sein, aber es können auch andere Träger öffentlicher Gewalt in Betracht kommen. Der Akt wird meistens ein Einzelakt (Gerichtsentscheidung, Verwaltungsakt, Realakt, auch Unterlassung) sein, ausnahmsweise kann aber auch eine Rechtsnorm (Parlamentsgesetz, regionale und kommunale Satzungen, Rechtsverordnungen der Exekutive) unmittelbar in die grundrechtlich geschützte Privatsphäre eingreifen.

Als Prototyp der echten Grundrechtsbeschwerde gilt die deutsche „Verfassungsbeschwerde" zum Bundesverfassungsgericht. Sie hat in der Tat die größte internationale Beachtung erfahren, aber der historisch erste Rechtsbehelf dieser Art ist sie nicht. Denn Österreich, die Schweiz und Liechtenstein waren Deutschland bei dieser Erfindung vorangegangen. In *Österreich* wurde den Staatbürgern die Möglichkeit der Beschwerde gegen Verwaltungsakte wegen Verletzung der ihnen durch die Verfassung gewährleisteten politischen Rechte an das neu errichtete Reichsgericht bereits 1868 eingeräumt, nachdem die Angelegenheit im gesetzlich vorgeschriebenen Verwaltungsverfahren ausgetragen worden war.[47] Indes war die Bedeutung der Beschwerde dadurch gemindert, daß das Reichsgericht nur die Verfassungswidrigkeit feststellen, nicht aber den angefochtenen Verwaltungsakt aufheben konnte. Erst seitdem die Kompetenzen des Reichsgerichts 1920 auf den Verfassungsgerichtshof übertragen wurden, steht diesem die Kassationsbefugnis zu.[48] Die Beschränkung der Beschwerdegegenstände auf Verwaltungsakte ist im wesentlichen bis zum heutigen Tage geblieben,[49] wenn auch 1975 zu der „Bescheidbeschwerde" die Möglichkeit der „Individualanfechtung" von Gesetzen wegen Verfassungswidrigkeit und von Rechtsverordnungen wegen Gesetzwidrigkeit für den Fall hinzugekommen ist, daß der Beschwerdeführer unmittelbar durch diesen Umstand in seinen persönlichen Rechten (also nicht nur Grundrechten) verletzt zu sein behauptet.[50] In der *Schweiz* wurde anläßlich der Totalrevision der Bundesverfassung im Jahre 1874 die „staatsrechtliche Beschwer-

---

[47] Art. 3 Staatsgrundgesetz über die Einsetzung eines Reichsgerichtes v. 21. 12. 1867 (Reichsgesetzblatt Nr. 143/1867).

[48] Art. 144 Bundes-Verfassungsgesetz v. 1. 10. 1920 (Bundesgesetzblatt Nr. 1/1920).

[49] Die Einzelheiten sind heute – neben Art 144 B-VG – in §§ 82–88 VerfGG 1953 geregelt.

[50] Art. 140 Abs. 1 Satz 4 und Art. 139 Abs. 1 Satz 3 B-VG, eingefügt durch die B-VG-Novelle v. 1. 7. 1975 (Bundesgesetzblatt Nr. 302/1975); §§ 57–65a VerfGG.

de" („recours de droit public") eingeführt, mit der kantonale „Erlasse und Verfügungen", d.h. Rechtsnormen und Einzelakte wegen Verletzung „verfassungsmäßiger Rechte der Bürger" beim Bundesgericht angefochten und der Kassation zugeführt werden können.[51] Die gleiche Formulierung hat der *liechtenstein*ische Verfassunggeber aufgegriffen, als er dem Einzelnen mit der Verfassungsbeschwerde den Weg zum 1926 errichteten Staatsgerichtshof eröffnete.[52]

In *Deutschland* waren die Formen einer echten Grundrechtsbeschwerde vor 1945 vergleichsweise schwach ausgebildet.[53] Den bedeutsamsten Beitrag konnte Bayern für sich verbuchen,[54] das mit der erstmaligen Einführung der „Verfassungsbeschwerde" gegen Einzelakte[55] – und der hier noch nicht interessierenden „Popularklage" gegen Rechtsnormen – auch nach dem Zweiten Weltkrieg Schrittmacherdienste leistete. Ihm stand das Land Hessen kaum nach, das kurz danach die „Grundrechtsklage" gegen alle Akte der hessischen Landesstaatsgewalt zuließ.[56] Den auch im internationalen Vergleich entscheidenden Durchbruch stellte dann die Schaffung der „Verfassungsbeschwerde" auf Bundesebene dar, die bei der Verabschiedung des Grundgesetzes noch umstritten war, erst mit der Errichtung des Bundesverfassungsgerichts 1951 erfolgte[57] und 1969 in der Verfassung verankert wurde.[58] Sie kann gegen Akte aller Art erhoben werden. Nach der Wiedervereinigung haben alle neuen Bundesländer, Berlin und Rheinland-Pfalz die Verfassungsbeschwerde eingeführt.[59]

---

[51] Ursprünglich Art. 113 Abs. 1 Nr. 3 BVerf v. 29. 5. 1874, heute Art. 189 Abs. 1 lit. a) BVerf v. 18. 4. 1999; Art. 84–96 OG. Die Möglichkeit einer Grundrechtsbeschwerde war schon nach Art. 105 der Bundesverfassung v. 12. 9. 1848 gegeben. Allerdings war sie an die Bundesversammlung zu richten; diese konnte sie an das Bundesgericht überweisen, was aber nur einmal geschah (Fall Dupré). Auf kantonaler Ebene ist eine vergleichbare „staatsrechtliche Beschwerde" in Basel-Landschaft gegeben [§ 86 Abs. 2 lit. a) Verf; §§ 32–36 VPO], während im Kanton Jura die einzigartige Möglichkeit einer echten Grundrechtsbeschwerde präventiver Art gegen Rechtsnormen aller Art besteht [Art. 177 i.V.m. Art. 178 lit. e) und Art. 190 i.V.m. Art. 191 und Art. 192 lit. b) Verwaltungsprozessordnung].

[52] Art. 104 Abs. 1 Verf 1921; Art. 23 StGHG 1925.

[53] Vgl. *K. Stern*, Das Staatsrecht der Bundesrepublik Deutschland, München, Bd. III/2, 1994, S. 1268ff.

[54] Titel VII § 21 und Titel X § 5 Verfassungs-Urkunde für das Königreich Baiern v. 26. 5. 1818 (Gesetzblatt für das Königreich Baiern 1818, S. 101); § 93 Abs. 1 Verfassungsurkunde des Freistaates Bayern v. 14. 8. 1919 (Gesetz- und Verordnungsblatt für den Freistaat Bayern 1919, S. 531); §§ 42ff. Gesetz über den Staatsgerichtshof v. 11. 6. 1920 (Gesetz- und Verordnungsblatt für den Freistaat Bayern 1920, S. 323).

[55] Art. 66 und 120 Verf 1946; ursprünglich: Art. 46–52 Gesetz über den Bayerischen Verfassungsgerichtshof v. 22. 7. 1947 (Bayerisches Gesetz- und Verordnungsblatt 1947, S. 147); heute: Art. 51–54 VfGHG.

[56] Art. 131 Abs. 1 und 3 Verf; ursprünglich: §§ 45–49 Gesetz über den Staatsgerichtshof v. 12. 12. 1947 (Gesetz- und Verordnungsblatt für das Land Hessen 1948, S. 3); heute: §§ 43–47 StGHG.

[57] §§ 90–95 Gesetz über das Bundesverfassungsgericht v. 12. 3. 1951 (Bundesgesetzblatt I 1951, S. 243).

[58] Art. 93 Abs. 1 Nr. 4a GG, eingefügt durch das 19. Änderungsgesetz v. 29. 1. 1969 (Bundesgesetzblatt I 1969, S. 97).

[59] *Berlin:* ursprünglich: Art. 72 Abs. 2 Nr. 4 Verfassung von Berlin v. 1. 9. 1950 (Verordnungsblatt für Groß-Berlin I 1950, S. 433); heute: Art. 84 Abs. 2 Nr. 5 Verf 1995; §§ 49–54 VerfGHG; *Brandenburg:* Art. 6 Abs. 2 und Art. 113 Nr. 4 Verf; §§ 45–50 VerfGGBbg; *Mecklenburg-Vorpommern:* Art. 53 Nr. 6 und 7 Verf; §§ 51–63 LVerfGG; *Rheinland-Pfalz:* §§ 44–49 VerfGHG, eingefügt durch Änderungsgesetz v. 10. 11. 1992 (Gesetz- und Verordnungsblatt für das Land Rheinland-Pfalz 1992, S. 317), später verfassungsrechtlich abgesichert durch Art. 130a Verf., eingefügt durch 34. Änderungsgesetz v. 8. 3. 2000 (Gesetz- und Verordnungsblatt für das Land Rheinland-Pfalz 2000, S. 65); *Sachsen:* Art. 81 Abs. 1 Nr. 4 Verf; §§ 27–31 Sächs-VerfGHG; *Sachsen-Anhalt* (nur gegen Landesgesetze): Art. 75 Nr. 6 Verf; §§ 47–50 LVerfGG; *Thüringen:*

Die deutsche Verfassungsbeschwerde hat *international* nachhaltige Beachtung gefunden und ist in der Folgezeit mit geringfügigen Abweichungen 1980 in Spanien (recurso de amparo constitucional),[60] 1991 in Kroatien (ustavna tužba),[61] 1992 in der Tschechoslowakei (ústavní stížnost)[62] – wobei sie nach der Auflösung des Bundesstaates zum Jahresbeginn 1993 allerdings nur in der Tschechischen Republik ungeschmälert beibehalten worden ist[63] – und 1994 in Slowenien (ustavna pritožba)[64] übernommen worden, wo sie seither ein hervorragende Rolle spielt. Auch das mazedonische Verfassungsgericht hat die echte Grundrechtsbeschwerde 1992 in Bezug auf einige Grundrechte zugelassen,[65] und in der albanischen Verfassungsjudikatur kam ihr zumindest bis vor kurzem eine schwer kalkulierbare Bedeutung zu.[66] Ebenfalls bekannt ist die Verfassungsbeschwerde in Jugoslawien auf Bundesebene[67] und in Montenegro[68] (ustavna žalba) sowie in der Slowakei[69] (ústavná st'ažnost'), doch ist sie hier nur subsidiär für den Fall zulässig, daß kein anderweitiger gerichtlicher Rechtsschutz gegeben ist. Da aber in all diesen Ländern ein umfassender gerichtlicher Verwaltungsrechtsschutz auf der Basis einer Generalklausel gewährt wird (sofern man von der fragwürdigen Rechtswirklichkeit absieht), bewirkt die Subsidiaritätsklausel die praktische Bedeutungslosigkeit der Verfassungsbeschwerde.[70] Eine gewisse Bedeutung kam bis vor kurzem in der *Slowakei* der gesetzestechnisch völlig mißglückten „Anregung" (podnet) zu, mit der der Einzelne – neben der subsidiären Verfassungsbeschwerde – gemäß Art. 130 Abs. 3 Verf das Verfassungsgericht um die Eröffnung eines Verfahrens ersuchen konnte, wenn er sich in seinen Rechten verletzt wähnte. Diese mysteriöse Verfassungsbestimmung, deren uferlose Weite auch im VerfGG nicht begrenzt wur-

---

Art. 80 Abs. 1 Nr. 1 Verf; §§ 31–37 ThürVerfGHG. Auch im *Saarland* ist die Verfassungsbeschwerde zum Bundesverfassungsgericht subsidiär und spielt deshalb kaum eine Rolle: §§ 55–61 VGHG.

[60] Art. 161 Abs. 1 lit. b)Verf; Art. 41–58 VerfGG.

[61] Ursprünglich: Art. 125 3. Spiegelstrich und Art. 127 Abs. 1 Verf 1990 sowie Art. 28–30 Verfassungsgesetz über das Verfassungsgericht der Republik Kroatien v. 21. 3. 1991 (Narodne novine Nr. 13/1991); heute: Art. 128 4. Spiegelstrich und Art. 131 Abs. 1 Verf 1990/2001 sowie Art. 59–76 VerfGG 1999.

[62] Art. 6 Verfassungsgesetz v. 27. 2. 1991 über das Verfassungsgericht der Tschechischen und Slowakischen Föderativen Republik (Sbírka zákonů ČSFR Pos. 91/1991); §§ 54–64 Gesetz v. 7. 11. 1991 über die Organisation des Verfassungsgerichts der Tschechischen und Slowakischen Föderativen Republik und das Verfahren vor ihm (Sbírka zákonů ČSFR Pos. 491/1991).

[63] Art. 87 Abs. 1 lit. d) Verf; §§ 72–84 VerfGG.

[64] Art. 160 Abs. 1 6. Spiegelstrich und Abs. 3 Verf; Art. 50–60 VerfGG.

[65] Nach den einschlägigen, aber offenbar nicht durchdachten Bestimmungen der Verfassung 1991 kann sich jeder Bürger vor dem Verfassungsgericht auf seine Grundrechte berufen (Art. 50 Abs. 1), und zu den Aufgaben des Verfassungsgerichts gehört u.a. der Schutz der Gewissensfreiheit, der Meinungsäußerungsfreiheit, der politischen Vereinigungsfreiheit und einzelner Diskriminierungsverbote (Art. 110 3. Spiegelstrich). Ein VerfGG, das die unzulänglichen Verfassungsbestimmungen konkretisieren würde, existiert nicht. So hat das Verfassungsgericht die Sache selbst in die Hand genommen und in seiner Geschäftsordnung von 1992 eine komplette Verfahrensordnung geschaffen. Hier hat es in den Art. 51–57 die echte Grundrechtsbeschwerde zugelassen und im einzelnen ausgestaltet, aber beschränkt auf die in Art. 110 3. Spiegelstrich der Verfassung aufgeführten Grundrechte. Vgl. *K. Schrameyer*, Das mazedonische Verfassungsgericht, WGO-MfOR 1997, S. 251ff. (252).

[66] Vgl. Anm. 45.

[67] Art. 124 Abs. 1 Nr. 6 Verf; Art. 36–41 BVerfGG.

[68] Art. 113 Abs. 1 Nr. 4 Verf; Art. 31–36 VerfGG.

[69] Art. 127 Verf; §§ 49–58 VerfGG.

[70] Zu den Einzelheiten vgl. *G. Brunner*, Grundrechtsschutz durch Verfassungsgerichtsbarkeit in Osteuropa, in: Verfassungsstaatlichkeit. Festschrift für K. Stern, München 1997, S. 1041ff. (1046ff.).

de,[71] löste in der Praxis große Verwirrung aus. Das vom Gesetzgeber im Stich gelassene Verfassungsgericht legte seine Kompetenz restriktiv aus, so daß für die „Anregung" nur ein begrenzter Anwendungsbereich verblieb.[72] Beim Verfassungsgericht gingen im Jahresdurchschnitt über 100 „Anregungen" ein, von denen ein knappes Zehntel zur Entscheidung angenommen wurde. In der Sache waren die nach freiem Ermessen eröffneten Verfahren überwiegend erfolglos. Die einzige Fallgruppe, bei der häufiger ein Erfolg zu verzeichnen war, betraf die übermäßig lange Dauer der Gerichtsverfahren, worin das Verfassungsgericht unter Umständen eine Verletzung des in Art. 48 Abs. 2 Verf und Art. 6 Abs. 1 EMRK garantierten Rechts auf ein faires Verfahren erblickte. Allerdings war dieser Erfolg auch nur ein bedingter, da das Verfahren nach Art. 130 Abs. 3 Verf nur zu einem Feststellungsurteil führen konnte, aus dem sich keine weiteren Konsequenzen ergaben. Im Hinblick auf die begrenzte Wirkung und die Komplikationen des Anregungsverfahrens ist es deshalb zu begrüßen, daß Art. 130 Abs. 3 Verf. anläßlich der jüngsten Verfassungsreform zum 1. Juli 2001 ersatzlos gestrichen worden ist[72a]. Die gleichzeitige Reform der Verfassungsbeschwerde hat zwar inhaltliche Verbesserungen mit sich gebracht, aber wohl nichts an deren Subsidiarität geändert[72b], so daß die Verfassungsbeschwerde in der Slowakei auch künftig nur eine untergeordnete Rolle spielen dürfte.

Schließlich sei noch auf die Rechtslage in *Monaco* und auf *Zypern* hingewiesen. Die monegassische Nichtigkeitsklage (recours en annulation)[73] ist eine echte Grundrechtsbeschwerde, die aber nur gegen Gesetze zulässig ist; Rechtsverordnungen und Verwaltungsakte der Exekutive können wegen Rechtswidrigkeit ebenfalls beim Tribunal Suprême als Verwaltungsgericht angefochten werden. Die in beiden Teilen Zyperns täti-

---

[71] In seiner ursprünglichen Fassung enthielt das VerfGG 1993 – außer der Wiederholung des Verfassungswortlauts in § 18 Abs. 2 – keine weitere Regelung hierzu. Erst durch das Änderungsgesetz v. 16. 11. 1995 (Zbierka zákonov SR Pos. 293/1995) wurde ein § 31a eingefügt, dessen Abs. 1 auf eine angenommene Anregung die Vorschriften über die Verfassungsbeschwerde für entsprechend anwendbar erklärt.

[72] Die Rechtsprechung ist zwar reichlich inkonsistent, aber folgende Leitlinien können ihr wohl doch entnommen werden: Es ist noch nachvollziehbar, daß das Verfassungsgericht – entgegen dem Wortlaut des Art. 130 Abs. 3 Verf – eine einfache Rechtsverletzung nicht genügen läßt, sondern die Verletzung von durch die Verfassung oder einen völkerrechtlichen Vertrag gewährleisteten Grundrechte verlangt; Entscheidung Nr. ÚS 130/95 v. 6. 12. 1995 (Zbierka nálezov a uznesení Ústavného súdu SR [fortan: ZNaU] 1995, Pos. 51). Weniger verständlich ist die Minimierung der zulässigen Kontrollgegenstände. Rechtsnormen sollen ausscheiden, weil die Antragsberechtigten im Normenkontrollverfahren in § 37 Abs. 1 i. V. m. § 18 Abs. 1 lit. a)-e) VerfGG angeblich abschießend aufgeführt sind; Entscheidung Nr. ÚS 2/95 v. 13. 1. 1995 (ZNaU 1995, Pos. 35). Gerichtsentscheidungen könnten wegen der analog anzuwendenden Subsidiaritätsklausel für Verfassungsbeschwerden (§ 49 VerfGG) und des Verfassungsgrundsatzes der Unabhängigkeit der Justiz (Art. 144 Abs. 1 Verf) nicht überprüft werden; Entscheidungen Nr. ÚS 1/95 v. 10. 1. 1995 (ZNaU 1995, Pos. 34) und Nr. ÚS 130/95 (aaO.). Verwaltungshandlungen sollen wiederum dann nicht Gegenstand einer Anregung sein können, wenn gerichtlicher Rechtsschutz, einschließlich Schadensersatzklage, in Anspruch genommen werden könne – was praktisch immer der Fall ist; Entscheidung Nr. ÚS 19/96 v. 7. 11. 1996 (ZNaU 1996, Pos. 36). Nach all diesen Restriktionen bleiben sehr wenig staatliche Handlungsweisen übrig, die Gegenstand eines Anregungsverfahrens sein können. Überlange Gerichtsverfahren sind das wichtigste Beispiel.

[72a] Änderungsgesetz v. 23.2.2001 (Zbierka zákonov SR Pos. 90/2001).

[72b] Zumindest ergibt sich dies aus dem Wortlaut des Art. 127 Abs. 1 n. F. Verf., obgleich den Reformern die generelle Zulässigkeit der Verfassungsbeschwerde nach Erschöpfung des Rechtswegs vorgeschwebt haben mag, vgl. *A. Bröstl*, Zu den aktuellen Verfassungsänderungen in der Slowakischen Republik, in: Kontinuität und Neubeginn. Festschrift für G. Brunner, Baden-Baden 2001, S. 384ff. (394f.).

[73] Art. 90 A Abs. 2 Verf.

gen Obersten Gerichtshöfe können in ihrer Eigenschaft als Verwaltungsgericht gegen verfassungs-und rechtswidrige Verwaltungsakte und Realakte angerufen werden.[74] Der Beschwerdeführer kann in diesem Rahmen auch die Verletzung seiner Grundrechte geltend machen, so daß es sich letztlich um eine verwaltungsrechtliche Anfechtungs- oder Feststellungsklage handelt, die zugleich die Funktion einer echten Grundrechtsbeschwerde erfüllt.

Die prozessualen *Voraussetzungen für die Zulässigkeit* der echten Grundrechtsbeschwerde sind länderweise unterschiedlich ausgestaltet, zu ihnen gehören aber überall die unmittelbare Betroffenheit des Beschwerdeführers, die Erschöpfung des Rechtswegs (von der ausnahmsweise abgesehen werden kann) und die Einhaltung einer Beschwerdefrist. Den *Beschwerdegegenstand* bilden in der Regel die Einzelentscheidungen der Exekutive und der Justiz, gelegentlich auch Realakte. Da aber die Rechtswegerschöpfung eine regelmäßige Prozeßvoraussetzung ist und der umfassende gerichtliche Verwaltungsrechtsschutz überall gewährleistet ist, richtet sich die Grundrechtsbeschwerde im Normalfall gegen eine letztinstanzliche Gerichtsentscheidung. Eine Ausnahme stellt Österreich dar, wo die Bescheidbeschwerde nur gegen einen Verwaltungsakt erhoben werden kann und der Betroffene sich nach Erhalt des letztinstanzlichen Verwaltungsaktes an sich entscheiden müßte, ob er sich an den Verwaltungsgerichtshof oder den Verfassungsgerichtshof wendet. Meistens wird er zur Vermeidung des Risikos beides tun, zumal der Verfassungsgerichtshof gehalten ist, die Sache an den Verwaltungsgerichtshof abzugeben, wenn er meint, daß ein Grundrecht nicht verletzt sei, aber die Verletzung eines sonstigen Rechts durchaus in Betracht kommen könne.[75] Rechtsnormen können bei unmittelbarer Betroffenheit nur in einigen Ländern angegriffen werden. Dies ist der Fall in Deutschland (umfassend), Österreich (umfassend im gesonderten Verfahren der Individualanfechtung), der Schweiz (beschränkt auf kantonale Rechtsnormen) und Monaco (ausschließlich Gesetze).

Im Zusammenhang mit der echten Grundrechtsbeschwerde tauchen überall *drei Grundsatzprobleme* auf, die im Folgenden näher erörtert werden sollen.

Das *erste Problem* betrifft den Fall, daß der angefochtene Einzelakt das Ergebnis korrekter Rechtsanwendung ist, aber die zugrunde liegende Rechtsnorm gegen die Verfassung verstößt. Es ist klar, daß der angefochtene Einzelakt auch in diesem Fall aufzuheben ist, sofern er Grundrechte verletzt. Zweifelhafter ist, was mit der verfassungswidrigen Rechtsnorm geschehen soll. In der Behandlung dieser Frage widerspiegelt sich die Grundeinstellung zur Funktion der Grundrechtsbeschwerde. Soll sie ausschließlich dem subjektiven Individualrechtsschutz dienen, mag die verfassungswidrige Rechtsnorm einfach unbeachtet bleiben. Wird hingegen auch die objektive Funktion der Verfassungsgerichtsbarkeit berücksichtigt, so liegt es nahe, die Grundrechtsbeschwerde zum Anlaß zu nehmen, um eine verfassungswidrige Norm aus der Rechtsordnung zu eliminieren.

Die meisten Länder haben sich der letztgenannten Betrachtungsweise angeschlossen und unterschiedliche Vorkehrungen getroffen, um dem Gesichtspunkt des objek-

---

[74] Im griechischen Teil nach Art. 146 Verf i. V. m. Art. 9 lit a) des Gesetzes Nr. 33/1964; im türkischen Teil nach Art. 143 und 152 Verf. Vgl. hierzu *Ch. Rumpf*, „Verfassung und Recht" in: Zypern. Südosteuropa-Handbuch Bd. VIII (hrsg. Von K.-D. Grothusen, W. Steffani und P. Zervakis), Göttingen 1998, S. 155ff. (166, 181, 184ff.).

[75] Art. 144 Abs. 3 B-VG.

tiven Verfassungsschutzes Rechnung zu tragen. So hat das Verfassungsgericht in Deutschland,[76] Österreich,[77] Liechtenstein[78] und Slowenien[79] die dem grundrechtswidrigen Einzelakt zugrunde liegende verfassungswidrige Rechtsnorm für nichtig zu erklären bzw. aufzuheben. In Tschechien,[80] wo der Beschwerdeführer auch eine Parallelbeschwerde gegen die Rechtsnorm erheben kann,[81] und in Spanien[82] hat der für die Verfassungsbeschwerde zuständige Senat das Beschwerdeverfahren von Amts wegen in ein Normenkontrollverfahren zu überführen und die Sache dem hierfür zuständigen Plenum vorzulegen. Auf der andere Seite verbleibt es in Kroatien grundsätzlich bei der Inzidentprüfung,[83] aber das Verfassungsgericht kann in altjugoslawischer Tradition den Fall zum Anlaß nehmen, um von sich aus ein Normenkontrollverfahren zu eröffnen.[84] Diese Möglichkeit steht auch dem mazedonischen Verfassungsgericht zur Verfügung,[85] wo zudem der Beschwerdeführer eine Popularklage erheben kann.[86] Lediglich in der Schweiz ist der Graben zwischen Einzelakt- und Normenkontrolle mit der Folge unüberwindbar, daß die Verfassungswidrigkeit nach den Grundsätzen des akzessorischen richterlichen Prüfungsrechts bloß in den Entscheidungsgründen festgestellt wird.[87]

Das *zweite Problem* ist dogmatischer Art und besteht in der mangelnden Abgrenzbarkeit zwischen Grundrechtswidrigkeit und einfacher Rechtswidrigkeit. Wann ist ein Grundrecht und wann ein schlichtes subjektives Recht verletzt? Von der Beantwortung dieser Frage hängt es bei einer angefochtenen Einzelentscheidung ab, ob der Grundrechtsbeschwerde stattzugeben ist oder ob sie abgewiesen werden muß. In Österreich hängt von der Antwort der einschlägige Rechtsweg ab. Die Lösung des prozeduralen Problems bietet hier Art. 144 Abs. 3 B-VG, wonach der Verfassungsgerichtshof die Sache auf Antrag an den Verwaltungsgerichtshof „abzutreten" hat, wenn eine Grundrechtsverletzung nicht festgestellt werden kann, aber eine einfache Rechtswidrigkeit durchaus in Betracht kommt. Das materiell-rechtliche Problem bleibt aber auch hier bestehen.

---

[76]   § 95 Abs. 3 Satz 2 BVerfGG.

[77]   Art. 140 Abs. 1 Satz 1 und Art. 139 Abs. 1 Satz 1 B-VG.

[78]   Art. 38 Abs. 2 StGHG.

[79]   Art. 59 Abs. 2 VerfGG.

[80]   § 78 Abs. 2 VerfGG.

[81]   § 74 i. V. m. § 78 Abs. 1 VerfGG. Das tschechische Verfassungsgericht hat die selbständige Zulassung der Gesetzesverfassungsbeschwerde ausdrücklich abgelehnt; Beschluß Nr. Pl. ÚS 10/94 v. 7. 2. 1995 (Ústavní soud české republiky: Sbírka nálezů a usnesení 3,321). Dies kann zu unbefriedigenden Ergebnissen führen, wenn eine Grundrechtsverletzung oder zumindest -gefährdung unmittelbar durch eine gesetzliche Vorschrift herbeigeführt wird, so daß der Betroffene bewußt gegen das Gesetz verstoßen und eine Sanktion abwarten müßte, um einen mit der primären Verfassungsbeschwerde angreifbaren Einzelakt zu erwirken. Dies kritisiert Verfassungsrichter *P. Holländer* in seinem Sondervotum zu dem zitierten Beschluß (ebda. 3.325 ff.); zustimmend auch *V. Šimíček*, Ústavní stížnost, Prag 1999, S. 100.

[82]   Art. 59 Abs. 2 VerfGG.

[83]   So die Entscheidung des kroatischen Verfassungsgerichts Nr. U-III-428/1993 v. 16. 3. 1994 (Narodne novine Nr. 26/1994).

[84]   Art. 36 Abs. 2 VerfGG 1999.

[85]   Art. 14 Abs. 2 GOVerfG.

[86]   Art. 12 GOVerfG. Näheres hierzu im Text unter III.5.a.

[87]   *Auer* (Anm. 4), S. 271; *W. Haller*, Das schweizerische Bundesgericht als Verfassungsgericht, in: Starck – Weber (Anm. 4), S. 179 ff. (201 f.); *U. Häfelin – W. Haller*, Schweizerisches Bundesstaatsrecht, Zürich, 4. Aufl. 1998, S. 595 (Rdnr. 1799).

Eine klare Abgrenzung wäre allenfalls bei den speziellen Freiheitsrechten möglich, deren Schutzbereich einigermaßen plausibel abgesteckt werden kann. Allerdings zeigt etwa die spanische Praxis auch hier, daß es beim allgemeinen Gleichheitssatz und dem Grundrecht auf einen effektiven Rechtsschutz kaum möglich ist, den Grundrechtsgehalt von den einfachgesetzlichen Regelungsinhalten abzusondern. Die Grenzen verwischen sich vollends, wenn man ein allgemeines Freiheitsrecht kreiert, das immer dann eingreift, wenn spezielle Freiheitsrechte nicht einschlägig sind. So aber werden die Dinge etwa in Deutschland gesehen, seitdem das Bundesverfassungsgericht im berühmten „Elfes-Urteil" von 1957 bei der Auslegung des Art. 2 Abs. 1 GG die von einer Mindermeinung vertretene „Persönlichkeitskerntheorie"[88] verworfen und unter bereiter Zustimmung der Wissenschaft ein Auffanggrundrecht der „allgemeinen Handlungsfreiheit" postuliert hat:

„Das Grundgesetz kann mit der ‚freien Entfaltung der Persönlichkeit' nicht nur die Entfaltung innerhalb jenes Kernbereichs der Persönlichkeit gemeint haben, der das Wesen des Menschen als geistig-sittliche Person ausmacht; denn es wäre nicht verständlich, wie die Entfaltung innerhalb dieses Kernbereichs gegen das Sittengesetz, die Rechte anderer oder sogar gegen die verfassungsmäßige Ordnung einer freiheitlichen Demokratie sollte verstoßen können. Gerade diese, dem Individuum als Mitglied der Gemeinschaft auferlegten Beschränkungen zeigen vielmehr, daß das Grundgesetz in Art. 2 Abs. 1 GG die Handlungsfreiheit im umfassenden Sinne meint."[89]

Im Elfes-Urteil ging es um ein so hochrangiges Rechtsgut wie die Ausreisefreiheit, die im Grundgesetz ansonsten nicht besonders geschützt ist, da die Freizügigkeit des Art. 11 GG unbestrittenermaßen lediglich die Freizügigkeit innerhalb des Staatsgebiets zum Gegenstand hat. Insofern ist es gewiß verständlich und bergrüßenswert, daß das Bundesverfassungsgericht im konkreten Fall der Ausreisefreiheit einen verfassungsrechtlichen Schutz zukommen lassen wollte. Ob aber auch solche Betätigungen der menschlichen Handlungsfreiheit wie das Füttern von Tauben[90] oder das Reiten im Walde[91] eines grundrechtlichen Schutzes bedürfen, mag bezweifelt werden und ist im letzteren Falle von einem dissentierenden Verfassungsrichter auch verneint worden.[92] Nach der seither gefestigten Verfassungsjudikatur und der ganz überwiegenden Lehrmeinung ist es aber so, und man wird es als unabänderliche Rechtstatsache hinzunehmen haben, daß in Deutschland jede noch so banale und abwegige Verhaltensweise zunächst einmal in den Schutzbereich der allgemeinen Handlungsfreiheit fällt. Die-

---

[88] Nachdrücklich vertreten vor allem von *H. Peters*, Die freie Entfaltung der Persönlichkeit als Verfassungsziel, in: Festschrift für R. Laun, 1953, S. 669ff.; *ders.*, Das Recht auf freie Entfaltung der Persönlichkeit in der höchstrichterlichen Rechtsprechung, 1963, S. 47ff.

[89] BVerfGE 6,32 (36). Zur ganzen Entwicklung eingehend etwa *W. Schmidt*, Die Freiheit vor dem Gesetz, AöR 1966 (91), S. 42ff.

[90] BVerfGE 54,143.

[91] BVerfGE 80,137.

[92] So die abweichende Meinung von *D. Grimm*, der insofern auf die Persönlichkeitskerntheorie zurückgreift: „Das Reiten im Walde genießt keinen Grundrechtsschutz. Die Grundrechte unterscheiden sich von der Vielzahl sonstiger Rechte dadurch, daß sie Integrität, Autonomie und Kommunikation des Einzelnen in ihren grundlegenden Bereichen schützen. Eben wegen dieser fundamentalen Bedeutung ihres Schutzobjekts für eine auf die Menschenwürde gegründete Ordnung werden sie aus der Menge der Rechte hervorgehoben und verfassungsrechtlich mit erhöhten Garantien gegenüber der öffentlichen Gewalt, insbesondere mit Bindungswirkung für den Gesetzgeber, ausgestattet." (BVerfGE 80,164).

se Konsequenz müßte auch in Ungarn gezogen werden, wo das Verfassungsgericht nach deutschem Vorbild auch dem in § 54 Abs. 1 der Verfassung verankerten Recht auf Menschenwürde schon im April 1990 ein allgemeines subsidiäres Auffanggrundrecht abgeleitet hat.[93]

Natürlich ist die allgemeine Handlungsfreiheit nicht schrankenlos gewährleistet. Die ungarische Verfassung nennt in § 54 Abs. 1 das Willkürverbot, das durch die allgemeine Wesensgehaltssperre (§ 8 Abs. 2) ergänzt wird. Art. 2 Abs. 1 des deutschen Grundgesetzes führt als Schranken die Rechte anderer, die verfassungsmäßige Ordnung und das Sittengesetz auf, von denen in der Praxis allein die verfassungsmäßige Ordnung eine Rolle spielt. Was ist aber die „verfassungsmäßige Ordnung"? Auch diese Frage ist vom Bundesverfassungsgericht im Elfes-Urteil beantwortet worden, und zwar im Sinne der „allgemeinen Rechtsordnung…, die die materiellen und formellen Normen der Verfassung zu beachten hat".[94] Zur „verfassungsmäßigen Ordnung" gehören folglich alle verfassungsmäßigen Normen und die auf sie gestützten Einzelakte. Ein gesetzwidriger, d.h. schlicht rechtswidriger Einzelakt ist nicht Bestandteil der verfassungsmäßigen Ordnung und deshalb verfassungswidrig. Die unabweisbare dogmatische Konsequenz ist die Gleichsetzung jeder Gesetz- und Rechtswidrigkeit mit der Verfassungswidrigkeit. Die praktische Konsequenz bestünde darin, daß das Bundesverfassungsgericht bei einer jeden gegen ein Gerichtsurteil (dies ist die Regel) erhobenen Verfassungsbeschwerde prüfen müßte, ob das Urteil auf einer richtigen Gesetzesauslegung beruht und somit einen Akt verfassungsmäßiger Rechtsanwendung darstellt. Dies ist freilich die klassische Aufgabe aller Rechtsmittelgerichte und namentlich der Revisionsgerichte. Aus diesem Grunde ist es nicht verwunderlich, daß gegenüber dem Bundesverfassungsgericht alsbald der Vorwurf eines „Superrevisionsgerichts" erhoben worden ist. Ebensowenig verwundert es, daß sich das Bundesverfassungsgericht gegen diesen Vorwurf, der die Verwischung der Grenzen zwischen Verfassungsgerichtsbarkeit und Fachgerichtsbarkeiten beinhaltet, heftig wehrt.[95] So betont es in ständiger Rechtsprechung, daß es als Prüfungsmaßstab nur „spezifisches Verfassungsrecht" und nicht auch einfaches Recht anwende. Um dieser vagen Feststellung festere Konturen zu verleihen, verwendet das Bundesverfassungsgericht seit 1971 die sog. „Mephisto-Formel", nach der es zu prüfen hat,

„ob die angefochtenen Entscheidungen der Gerichte bei der Anwendung bürgerlich-rechtlicher Normen auf einer grundsätzlich unrichtigen Anschauung von der Bedeutung der Grundrechte beruhen … oder ob das Auslegungsergebnis selbst die geltend gemachten Grundrechte verletzt".[96]

---

[93] Entscheidung Nr. 8/1990. (IV.23.) AB [Az Alkotmánybíróság határozatai 1990, S. 42 (44f.)]. Vgl. hierzu *G. Brunner – L. Sólyom*, Verfassungsgerichtsbarkeit in Ungarn, Baden-Baden 1995, S. 52, 71; *L. Sólyom – G. Brunner*, Constitutional Judiciary in a New Democracy, Ann Arbor, Mich. 2000, S. 6; kritisch zu dieser Rechtsprechung *C. Dupré*, Importing German Law: The interpretation of the right to human dignity by the Hungarian constitutional court, Osteuropa-Recht 2000, S. 144ff.

[94] BVerfGE 6,32 (37f.).

[95] Zur Gesamtproblematik vgl. etwa *W.-R. Schenke*, Verfassungsgerichtsbarkeit und Fachgerichtsbarkeit, Heidelberg 1987, S. 27ff.; *K. Schlaich – St. Korioth*, Das Bundesverfassungsgericht, München, 5. Aufl. 2001, S. 186ff.; *P. Häberle*, Die Verfassungsbeschwerde im System der bundesdeutschen Verfassungsgerichtsbarkeit, JöR 1997 (NF 45), S. 89ff. (123ff.).

[96] BVerfGE 30,173 (188).

In ihrer praktischen Handhabung führt die „Mephisto-Formel" dazu, daß das Bundesverfassungsgericht die Rechtmäßigkeit der angefochtenen Einzelentscheidungen unter Berufung auf die Grundrechte und in der Intensität zu prüfen pflegt, wie es ihm richtig erscheint. Dabei spielt die Intensität des Grundrechtseingriffs mit der Folge eine Rolle, daß strafrechtliche, aber auch verwaltungsrechtliche Entscheidungen einer strengeren Prüfung unterzogen werden als zivilrechtliche Urteile. Entscheidungserheblich ist auch der verfassungsmäßige Rang, den das Bundesverfassungsgericht dem jeweiligen Grundrecht zuspricht. So zeigt die deutsche Verfassungsjudikatur – wie auch diejenige anderer Länder – eine deutliche Vorliebe für die Freiheit der Meinungsäußerung und die Versammlungsfreiheit, zumal wenn ihr Gebrauch politisch motiviert ist, während der Ehre und anderen Persönlichkeitsrechten des einfachen Bürgers oder gar der „Persönlichkeiten des öffentlichen Lebens" offensichtlich ein minderer Stellenwert zugestanden wird. Ob diese Bewertungstendenzen Zustimmung verdienen, soll hier nicht erörtert werden. Es soll nur gezeigt werden, daß es letztlich um subjektive Wertungen geht, deren dogmatische Begründung fehlschlagen muß.

Das am deutschen Beispiel verdeutlichte Dilemma beschäftigt in zunehmendem Maße die Verfassungsgerichte der osteuropäischen Länder, die eine echte Grundrechtsbeschwerde kennen. So hat das tschechische Verfassungsgericht sich in jüngster Zeit verstärkt mit ihm auseinandergesetzt und versucht, die Grenze zwischen Grundrechtswidrigkeit und einfacher Rechtswidrigkeit mit Hilfe des Willkürverbots und der Grundprinzipien der Gerechtigkeit zu markieren.[97] Es ist kaum anzunehmen, daß es seine Kritiker damit zufriedengestellt hat. Spannungen zwischen Verfassungsgericht und Oberstem Gericht sind in allen osteuropäischen Ländern bekannt, aber vielleicht in Tschechien am größten. Sie wurzeln letztlich im Prestigestreben, werden aber auch durch den Umstand gefördert, daß aus den dargelegten Gründen eine klare Abgrenzung der Funktionsbereiche zumindest im neuralgischen Bereich der Grundrechtsbeschwerde nicht möglich ist.

Das *dritte Problem* ist praktischer Natur. Es besteht – vor allem in den größeren Ländern – in der *Überlastung des Verfassungsgerichts* durch eine Flut von Grundrechtsbeschwerden mit zwangsläufig negativen Folgen für die Verfahrensdauer und die Qualität der Rechtsprechung. So gehen beim deutschen Bundesverfassungsgericht und dem spanischen Verfassungsgericht im Jahr über 5.000 Verfassungsbeschwerden ein, in Österreich, der Schweiz und Tschechien bewegt sich die Zahl der Verfassungsbeschwerden um 2.000, und auch im kleinen Slowenien hat das Verfassungsgericht jährlich an die 400 Verfassungsbeschwerden zu behandeln. Mit der Quantität kontrastiert die geringe Erfolgsquote in augenfälliger Weise, die teilweise erheblich unter 10% liegt.

Zur Entlastung des Verfassungsgerichts sind überall verfahrensrechtliche Vorkehrungen getroffen worden. So entscheidet über Verfassungsbeschwerden das Gericht grundsätzlich nicht in voller Besetzung, sondern in kleineren Spruchkörpern mit sechs (Spanien), fünf (Österreich, Kroatien) oder drei (Schweiz, Tschechien, u.U.

---

[97] Entscheidungen Nr. III. ÚS 224/98 v. 8. 7. 1999 (Ústavní soud České republiky: Sbírka nálezů a usnesení [fortan: SNaU] 15, 17); Nr. III. ÚS 150/99 v. 20. 1. 2000 (SNaU 17, 9); Nr. III. ÚS 545/99 v. 3. 2. 2000 (SNaU 17, 18); Nr. III. ÚS 269/99 v. 2. 3. 2000 (SNaU 17, 33). Vgl. hierzu *G. Brunner – M. Hofmann – P. Holländer*, Verfassungsgerichtsbarkeit in der Tschechischen Republik, Baden-Baden 2001, S. 35f.

Deutschland) Richtern. Vielfach ist ein summarisches Vorprüfungs- oder Annahmeverfahren vorgesehen, in dessen Ergebnis unzulässige und offensichtlich unbegründe-
te Beschwerden abgewiesen werden können. Zu dem weitergehenden Schritt einer
Nichtannahme von möglicherweise begründeten Beschwerden vermochten sich nur
wenige Länder zu entschließen. In Deutschland wird schon seit 1956 mit mehrfach
geänderten Regelungen experimentiert, ohne daß eine spürbare Entlastung eingetreten wäre. Nach der seit 1993 geltenden Regelung ist eine Verfassungsbeschwerde nur
dann zur Entscheidung anzunehmen, wenn a) ihr grundsätzliche verfassungsrechtliche Bedeutung zukommt oder b) dies zur Durchsetzung des geltend gemachten
Grundrechtes angezeigt erscheint, was auch dann zu bejahen ist, wenn dem Beschwerdeführer durch die Versagung der Entscheidung ein besonders schwerer Nach-
teil entstünde.[98] Mit diesen Kriterien sollte eine Begrenzung des individuellen
Grundrechtsschutzes durch die objektiv-rechtliche Schutzfunktion der Verfassungsgerichtsbarkeit herbeigeführt werden. In ähnlicher Weise, aber kumulativ und negativ
hat der slowenische Gesetzgeber formuliert, indem er die Nichtannahme der Verfassungsbeschwerde anordnet, wenn a) von der Entscheidung nicht die Klärung einer
bedeutenden Rechtsfrage zu erwarten ist und b) die mögliche Grundrechtsverletzung
keine schwerwiegenden Folgen für den Beschwerdeführer hat.[99]

Bei allen Bemühungen, das Verfassungsgericht bei der Annahmeentscheidung an
objektive rechtliche Kriterien zu binden, muß das Gericht eine Abwägung vornehmen, die zwangsläufig subjektiver Natur ist. Kritiker, die die jeweilige gerichtliche
Abwägung nicht teilen, können dem Verfassungsgericht immer eine Rechtsverletzung vorwerfen. Will man das Verfassungsgericht vor diesem Vorwurf bewahren, so
hilft nur eine radikale Lösung: die Einführung der Annahme nach Ermessen. Handelt
es sich um eine Ermessensentscheidung, so kann das Gericht zwar auch kritisiert, aber
ein Rechtsbruch kann ihm nicht mehr angelastet werden. Aus diesen Gründen hat die
vom deutschen Bundesminister der Justiz im Sommer 1996 eingesetzte Sachverständigenkommission den Vorschlag unterbreitet, das geltende Annahmeverfahren nach
dem US-Vorbild des Certiorari-Verfahrens durch eine Annahme nach Ermessen zu
ersetzen.[100] Der amerikanische Supreme Court gewährt ein „writ of certiorari" bekanntlich nach freiem Ermessen, sofern nach seiner Auffassung zwingende Gründe
vorliegen.[101] Dabei scheut er sich nicht, auch die eigene Arbeitsbelastung als einen
sachlichen Grund zu berücksichtigen und nur so viel „writs" zu gewähren, wie er in
einem Jahr zu erledigen vermag. Im Ergebnis dieser Praxis werden von den rund
7.000 „petitions" nur 80–90 pro Jahr zur Entscheidung angenommen und dann auch
binnen Jahresfrist in der Sache beschieden.

Dieses Verfahren würde nicht nur zur spürbaren Entlastung der europäischen Verfassungsgerichte führen, sondern auch eine prozessuale Lösung oder zumindest Ent-
schärfung des dogmatisch nicht lösbaren zweiten Problems einer Abgrenzung von

---

[98] § 93a Abs. 2 BVerfGG.

[99] Art. 55 Abs. 3 VerfGG.

[100] Entlastung der Bundesverfassungsgerichts. Bericht der Kommission (hrsg. vom Bundesministerium
der Justiz), Bonn 1998, insb. S. 15 f., 32 ff.

[101] So ist nach Rule 10 der Rules of the Supreme Court i.d.F. v. 26. 7. 1995 (United States Code Anno-
tated, Title 28) die Gewährung eines writ of certiorari „not a matter of right, but of judicial discretion",
und „a petition of writ of certiorari will be granted only for compelling reasons".

Grundrechtswidrigkeit und einfacher Rechtswidrigkeit bieten. Denn bei der wesentlich geringeren Zahl der zur Entscheidung angenommenen Grundrechtsbeschwerden ist anzunehmen, daß es sich um wirklich gravierende Fälle handelt, deren verfassungsrechtliche Relevanz kaum angezweifelt werden würde. Voraussetzung für diese Lösung wäre das *Vertrauen* in das Verfassungsgericht und seine Richter, das Ermessen nicht zu mißbrauchen. Dieses Vertrauen scheint in den Vereinigten Staaten gegeben zu sein, wie die Autorität des Richters im anglo-amerikanischen Rechtskreis – trotz oder wegen der offenkundigen Unzulänglichkeit des Rechtssystems – ungebrochen ist. Ob dieses Vertrauen auf dem europäischen Kontinent vorausgesetzt werden kann, mag bezweifelt werden. Hier scheint die Bereitschaft zur Kenntnisnahme der Tatsache, daß „Recht" und „Unrecht" keinen absoluten Gegensatz darstellen, sondern durch die Brücke der Rechtsauslegung miteinander verbunden sind, in der Rechtskultur nicht verwurzelt zu sein. Nur so ist zu erklären, daß der Vorschlag der deutschen Sachverständigenkommission schon aus ihrer Mitte mit dem Argument kritisiert worden ist, daß im Falle der Ermessensannahme die Auswahlkriterien für den Bürger rechtlich nicht nachvollziehbar seien, was wiederum ein schwindendes Vertrauen in das Gericht zur Folge hätte.[102] Ob die Ermessensannahme vom öffentlichen Rechtsbewußtsein getragen werden würde, muß jeder nationale Gesetzgeber selber entscheiden. Die Meinungsumfragen zeigen in den betroffenen Ländern, daß von den staatlich-politischen Institutionen die Verfassungsgerichte mit den höchsten Vertrauenskredit in der Bevölkerung für sich verbuchen können. Jedenfalls wäre die Einführung der Annahme nach Ermessen eine ehrlichere Lösung als der untaugliche Versuch, naturgemäß subjektiven Auswahlentscheidungen den Anschein objektiver Rechtlichkeit verleihen zu wollen.

## 4. Konkrete Normenkontrolle auf Antrag

### a) Einwand der Verfassungswidrigkeit

Sofern dem Richter die Prüfung der Verfassungsmäßigkeit der von ihm anzuwendenden Rechtsnorm nicht untersagt ist (was in bezug auf Gesetze in Frankreich und den Niederlanden der Fall ist), nimmt er diese Prüfung vor. Kommt er zu der Überzeugung, daß die im konkreten Fall entscheidungserhebliche Rechtsnorm verfassungswidrig ist, wendet er sie nicht an (diffuse Normenkontrolle) oder setzt er das Verfahren aus und legt die Frage dem Verfassungsgericht zur Entscheidung vor (konzentrierte Normenkontrolle). Bei dieser allgemein bekannten Form der konkreten Normenkontrolle liegt die Entscheidung zunächst beim Prozeßrichter. Natürlich können auch die Prozeßparteien die Frage nach der Verfassungswidrigkeit aufwerfen, aber solange es sich hierbei um eine bloße Anregung oder einen Hinweis handelt, kommt diesem Umstand keine prozeßrechtliche Bedeutung zu.

---

[102] So Frau *K. Graßhof*, die auch eine „Beschneidung des Individualrechtsschutzes" befürchtet: „Rechtsuchende könnten die – nicht mehr gesetzlichen – Annahmevoraussetzungen kaum noch nachvollziehen. Die rechtsstaatlichen Erfordernisse der Meßbarkeit und Vorhersehbarkeit staatlichen Handelns hätten insoweit keine Geltung." [Entlastung... (Anm. 100), S. 140]

Einen ersten Schritt zur prozeßrechtlichen Beachtlichkeit des „Einwandes der Verfassungswidrigkeit" (eccezione di incostituzionalità) im Rahmen der konzentrierten Normenkontrolle hat *Italien* unternommen, wo der Prozeßrichter verpflichtet ist, den Einwand zu prüfen und die Sache dem Verfassungsgericht vorzulegen, es sei denn, daß er den Einwand für nicht entscheidungserheblich oder für „offensichtlich unbegründet" (manifestamente infondata) hält.[103] Seine ablehnende Entscheidung muß der Richter begründen. Diese Entscheidung ist unanfechtbar, so daß der Richter zwar unter einem Begründungszwang steht, aber seine Entscheidungsmacht, das Tor zum Verfassungsgericht zu öffnen, letztlich unangetastet bleibt. Die italienische Regelung ist unlängst von *Luxemburg* übernommen worden.[104]

Der Zugang zum Verfassungsgericht steht dem Einzelnen erst dann offen, wenn der Einwand der Verfassungswidrigkeit automatisch eine Vorlagepflicht auslöst. Dies ist die Rechtslage teilweise auf *Zypern*, wo die im griechischen Teil inzwischen nicht mehr fortgeltende Verfassungsbestimmung[105] vom türkischen Nordzypern übernommen worden ist.[106] *Rumänien* hat die gleiche Lösung gewählt, wobei die Vorlagepflicht merkwürdigerweise ursprünglich nicht mit einer Aussetzungspflicht verbunden war; erst seit einer Gesetzesänderung im Jahre 1997 muß der Prozeßrichter auf einen „Einwand der Verfassungswidrigkeit (excepția de neconstituționalitate) den Prozeß aussetzen und die Sache dem Verfassungsgericht vorlegen,[107] es sei denn, daß der Einwand unzulässig ist (z. B. wegen mangelnder Entscheidungserheblichkeit) oder eine res judicata vorliegt.[108]　Im System der diffusen Normenkontrolle stellt sich die Frage des Zugangs des Einzelnen zum Verfassungsgericht eigentlich nicht. Es gibt aber auch Mischsysteme, in denen das richterliche Prüfungsrecht im Interesse der Rechtssicherheit in bestimmten Fällen durch eine verbindliche Entscheidung des Verfassungsgerichts begrenzt wird, das auch vom Einzelnen angerufen werden kann. Beispiele hierfür bieten Griechenland, Malta und Portugal. In *Griechenland* findet die diffuse Normenkontrolle ihre Grenze dort, wo zur materiellen Verfassungsmäßigkeit – oder auch zur Auslegung – eines förmlichen Gesetzes widersprüchliche Entscheidungen der drei obersten Gerichte vorliegen. Ist ein derartiges Gesetz in einem konkreten Prozeß entscheidungserheblich, so hat der Richter das Verfahren von Amts wegen, aber auch auf Hinweis einer Partei auszusetzen und die Entscheidung des Obersten Sondergerichtshofs einzuholen.[109] Auf *Malta* ist die Prüfung der Verfassungsmäßigkeit der in einem konkreten Prozeß anzuwendenden Gesetze – wie auch die erforderliche Verfassungsauslegung – Aufgabe der erstinstanzlichen Gerichte, sofern nicht eine Grundrechts-

---

[103]　Art. 1 Verfassungsgesetz Nr. 1/1948 v. 9. 2. 1948 – Bestimmungen über die Prüfung der Verfassungsmäßigkeit und die Garantien der Unabhängigkeit des Verfassungsgerichts; Art. 23 Abs. 2 VerfGG. Zur Praxis vgl. etwa *J. Luther*, Die italienische Verfassungsgerichtsbarkeit, Baden-Baden 1990, S. 82ff.

[104]　Art. 6 VerfGG.

[105]　Art. 144 Verf.

[106]　Art. 148 Verf.

[107]　Art. 144 lit. c) Verf; Art. 23 VerfGG i.d.F. des Änderungsgesetzes Nr. 138/1997 v. 24. 7. 1997 (Monitorul Oficial I Nr. 170/1997).

[108]　Auch diese Bestimmung ist 1997 als Art. 23 Abs. 6 in das VerfGG aufgenommen worden. Zu den Hintergründen vgl. *I. Muraru – M. Constantinescu*, Cauzele de inadmisibilitate în jurisdicția constituțională, Dreptul Nr. 2/1998, S. 3ff.; *Gh. Iancu*, Die Novelle des rumänischen Verfassungsgerichtsgesetzes von 1997 und ihre praktischen Auswirkungen, WGO-MfOR 1999, S. 255ff. (258f.).

[109]　Art. 48 Abs. 2 OSondGHG.

widrigkeit geltend gemacht wird, worüber in einem besonderen Verfahren der Grundrechtsrevision entschieden wird, (vgl. oben III.3.a). Wird die Frage der Verfassungswidrigkeit erstmals im Rechtsmittelverfahren aufgeworfen, so verweist das Rechtsmittelgericht die Sache insoweit an das erstinstanzliche Gericht zurück, falls es den Einwand der Verfassungswidrigkeit nicht für rechtsmißbräuchlich hält. In allen Fällen kann die Entscheidung des erstinstanzlichen Gerichts von jeder Prozeßpartei mit der Revision (appeal) beim Verfassungsgericht angefochten werden, das dann die für den weiteren Prozeßverlauf verbindliche Normenkontrollentscheidung trifft.[110] Nach der *portugiesischen* Variante kann schließlich eine Prozeßpartei die letztinstanzliche Gerichtsentscheidung mit der Beschwerde (recurso) beim Verfassungsgericht anfechten, wenn das Gericht a) eine Rechtsnorm wegen Verfassungswidrigkeit nicht angewandt oder b) eine Rechtsnorm als verfassungskonform angewandt hat, obwohl sie deren Verfassungswidrigkeit eingewendet hatte.[111]

Es versteht sich von selbst, daß die jeweilige Entscheidung des Verfassungsgerichts für das Prozeßgericht im konkreten Fall verbindlich ist. Der objektiv-rechtlichen Funktion der konzentrierten Normenkontrolle würde entsprechen, wenn ihr darüber hinaus eine Erga-omnes-Wirkung zukäme. Diese der Rechtssicherheit dienende Konsequenz ist zwar die Regel,[112] wird aber nicht in allen genannten Ländern gezogen. So ist in Portugal die Bindungswirkung der verfassungsgerichtlichen Entscheidung ausdrücklich auf den konkreten Fall beschränkt.[113] Erst wenn eine Rechtsnorm vom Verfassungsgericht in drei konkreten Fällen für verfassungswidrig erklärt worden ist, wird die Rechtsnorm auf Betreiben eines Verfassungsrichters oder der Staatsanwaltschaft im Verfahren der abstrakten Normenkontrolle zum vierten Mal geprüft und gegebenenfalls mit allgemeinverbindlicher Wirkung aufgehoben.[114] Diese merkwürdige Regelung hat seinen gerichtsverfassungsrechtlichen Grund darin, daß für Beschwerden in konkreten Normenkontrollsachen ein aus 7 Richtern bestehender Senat zuständig ist, während abstrakte Normenkontrollentscheidungen vom Plenum aller 13 Richter getroffen werden. Noch seltsamer ist es, daß auf Zypern die allgemeine Bindungswirkung, die grundsätzlich allen verfassungsgerichtlichen Entscheidungen zukommt, gerade für die konkrete Normenkontrolle ausgeschlossen ist.[115]

### b) Unechte Grundrechtsbeschwerde

Die unechte Grundrechtsbeschwerde stimmt in ihren Voraussetzungen mit der echten Grundrechtsbeschwerde insofern überein, als sie von einem in seinen Grundrechten unmittelbar betroffenen Einzelnen nach Erschöpfung des Rechtswegs innerhalb einer bestimmten Frist erhoben werden kann. Der Unterschied liegt darin, daß

---

[110] Art. 95 Abs. 2 Verf.

[111] Art. 280 Abs. 1 und 4 Verf i.d.F. des Verfassungsgesetzes Nr. 1/82 v. 15. 9. 1982. Das gleiche gilt für die Gesetzwidrigkeit bestimmter untergesetzlicher Normen.

[112] So ausdrücklich Art. 136 Satz 1 italVerf; Art. 100 Abs. 4 Satz 2 griechVerf; Art. 145 Abs. 2 rumVerf. Auf Malta ergibt sich die Bindungswirkung aus dem englischen Präzedenzsystem.

[113] Art. 80 Abs. 1 VerfGG.

[114] Art. 281 Abs. 3 Verf. Näheres hierzu etwa bei *J. Miranda*, Die verfassungsgerichtliche Kontrolle in Portugal, in: Horn – Weber (Anm. 36), S. 81 ff. (96 f.).

[115] Art. 144 Abs. 3 und Art. 148 Verf 1960.

sie sich nicht gegen den die Grundrechte verletzenden Einzelakt der öffentlichen Gewalt, sondern gegen die dem einzelnen Rechtsanwendungsakt zugrunde liegende verfassungswidrige Rechtsnorm richtet. Da der Beschwerdegegenstand eine Rechtsnorm ist, handelt es sich bei der unechten Grundrechtsbeschwerde um eine Form der konkreten Normenkontrolle. Die Möglichkeit einer Grundrechtsverletzung ist zwar Voraussetzung der Antragsbefugnis, aber die Prüfung der Norm erstreckt sich auf alle Gesichtspunkte der Verfassungsmäßigkeit.

Die unechte Grundrechtsbeschwerde hat ihre juristisch klarste Ausgestaltung zuerst in *Ungarn* (1990) erfahren, wo sie nach Erschöpfung des Rechtswegs innerhalb einer Beschwerdefrist von 60 Tagen gegen verfassungswidrige Rechtsnormen aller Art erhoben werden kann, durch deren Anwendung die Grundrechte des Beschwerdeführers verletzt worden sind.[116] Allerdings kommt dieser sog. „Verfassungsbeschwerde" (alkotmányjogi panasz) in der Praxis nur geringe Bedeutung zu, weil der Betroffene über die Popularklage (vgl. unten III.5.a) in der Regel viel leichter zu seinem Ziel kommt. Ihr entspricht die 1997 in *Polen* eingeführte „Verfassungsklage" (skarga konstytucyjna),[117] die – in Ermangelung einer Popularklage – sehr bald eine beträchtliche Bedeutung erlangt hat. Im Vergleich zur ungarischen Verfassungsbeschwerde besteht hinsichtlich der Voraussetzungen der einzige nennenswerte Unterschied im Anwaltszwang;[118] außerdem ist die Beschwerdefrist 2000 von zwei auf drei Monate verlängert worden.[119] Namentlich der Anwaltszwang trägt dazu bei, daß die Zahl der zulässigen Verfassungsklagen in überschaubaren Grenzen gehalten wird. Nach den bisherigen Erfahrungen dürfte pro Jahr mit etwa 200 Verfassungsklagen zu rechnen sein. Als drittes Land hat schließlich *Lettland* als „Verfassungsbeschwerde" (konstitucionālā sūdzība) die unechte Grundrechtsbeschwerde ab 1. Juli 2001 eingeführt.[120] Ein Anwaltszwang besteht nicht, und die Beschwerdefrist ist mit sechs Monaten sehr großzügig bemessen. Über die Praxis läßt sich naturgemäß noch nichts aussagen.

Im Vergleich zur echten Grundrechtsbeschwerde bietet ihre unechte Variante manche *Vorteile*. Da ihr Gegenstand nicht der individuelle Eingriffsakt, also in der Regel die letztinstanzliche Entscheidung eines Fachgerichts bildet, sind die Spannungen zwischen dem Verfassungsgericht und den allgemeinen Gerichten mit dem Obersten Gericht an der Spitze weitgehend entschärft. Dem Verfassungsgericht dürfte der Vorwurf eines „Superrevisionsgerichts" erspart bleiben. Dies gilt auch für das dogmatisch unlösbare Problem der Abgrenzung zwischen Grundrechtswidrigkeit und einfacher Rechtswidrigkeit, da nicht die grundrechtskonforme Rechtsanwendung, sondern die

---

[116] § 1 lit. d) und § 48 VerfGG. Vgl. hierzu *Brunner – Sólyom* (Anm. 93), S. 34 ff.; *G. Spuller*, Das Verfassungsgericht der Republik Ungarn, Frankfurt a.M. 1998, S. 82 ff.; *Sólyom – Brunner* (Anm. 93), S. 84 f.

[117] Art. 79 und Art. 188 Nr. 5 Verf; Art. 2 Abs. 1 Nr. 4 und Art. 46–52 VerfGG. Vgl. hierzu *B. Wierzbowski*, Skarga konstytucyjna – oczekiwania i problemy, Przegląd Sądowy Nr. 4/1997, S. 3 ff.; *Z. Czeszejko-Sochacki*, Skarga konstytucyjna w prawie polskim, Przegląd Sejmowy Nr. 1/1998, S. 31 ff.; *ders.*, Skarga konstytucyjna – niektóre dylematy procesowe, Przegląd Sejmowy Nr. 6/1999, *S. G. Brunner – L.L. Garlicki*, Verfassungsgerichtsbarkeit in Polen, Baden-Baden 1999, S. 51 ff., 84; *J. Trzciński* (Red.), Skarga konstytucyjna, Warschau 2000.

[118] Art. 48 Abs. 1 VerfGG.

[119] Art. 46 Abs. 1 VerfGG i.d.F. des Änderungsgesetzes v. 9. 6. 2000 (Dziennik Ustaw 2000, Nr. 53, Pos. 638).

[120] Art. 19.2 VerfGG, eingefügt durch Änderungsgesetz v. 30. 11. 2000 (Latvijas Vēstnesis v. 20. 11. 2000). Inkrafttreten geregelt in Ziff 4 der Übergangsbestimmungen des ÄnderungsG.

Verfassungskonformität einer Rechtsnorm auf dem Prüfstand steht. Schließlich sprechen sowohl die Konstruktion der unechten Grundrechtsbeschwerde als auch die bisherigen praktischen Erfahrungen des polnischen Verfassungsgerichtshofs dafür, daß die Belastung des Verfassungsgerichts nicht ein solches Ausmaß erreicht, daß nach besonderen Entlastungsvorkehrungen Ausschau gehalten werden muß.

Natürlich hat jeder Vorteil auch seinen *Preis*. Die unechte Grundrechtsbeschwerde dient nur mittelbar dem Grundrechtsschutz, so daß die subjektive Rechtsschutzfunktion der Verfassungsgerichtsbarkeit schwächer ausgebildet ist als bei der echten Grundrechtsbeschwerde. Ob man dies will, weil der Rechtsschutz durch die allgemeinen Fachgerichte als grundsätzlich ausreichend angesehen wird, ist eine rechtspolitische Frage, die vom Gesetzgeber entschieden werden muß. Bejaht er sie, so tauchen regelungsbedürftige *Folgeprobleme* auf.

Das *erste Problem* betrifft die Folgen einer erfolgreichen unechten Grundrechtsbeschwerde. In diesem Fall erklärt das Verfassungsgericht die der Einzelentscheidung zugrunde liegende Rechtsnorm für verfassungswidrig, hebt aber die Einzelentscheidung nicht auf. Der Beschwerdeführer hat also keinen unmittelbaren Nutzen von seinem Sieg, was in Anbetracht seiner Anstrengungen und seines Beitrags zum öffentlichen Wohl, bei der Auffindung und Eliminierung einer verfassungswidrigen Rechtsnorm behilflich gewesen zu sein, unbillig erscheinen mag. Eine befriedigende Lösung kann sowohl auf der allgemeinen Ebene der Rechtswirkungen von Normenkontrollentscheidungen als auch für den konkreten Einzelfall in Erwägung gezogen werden.

Auf der allgemeinen Ebene der *Entscheidungswirkungen* stehen die deutsche Nichtigkeits- und die österreichische Vernichtbarkeitslehre einander gegenüber. Während in Westeuropa beide Lösungen anzutreffen sind, haben sich die osteuropäischen Länder der Vernichtbarkeitslehre angeschlossen, so daß die Feststellung der Verfassungswidrigkeit grundsätzlich zur Aufhebung der Norm ex nunc führt.[121] Ist dies so, so kann die Aufhebung der in einem konkreten Fall angewandten Rechtsnorm auf die zuvor vollzogenen Rechtsverhältnisse und somit auf den Anlaßfall an sich nicht mehr zurückwirken. Anders müßte es theoretisch bei einer Ex-tunc-Unwirksamkeit im Sinne der Nichtigkeitslehre sein, da hier den früheren Rechtsverhältnissen nachträglich die gesetzliche Grundlage entzogen wird und die sich somit einstellenden verfassungswidrigen Lagen konsequenterweise rückabgewickelt werden müßten. Allerdings pflegen die Regelungen der Entscheidungswirkungen nicht konsequent zu sein, damit unerwünschte Konsequenzen vermieden werden. So ordnen die der Nichtigkeitslehre folgenden Gesetze aus praktischen Erwägungen der Rechtssicherheit in unterschiedlicher Weise an, daß die auf Grund einer verfassungswidrigen Rechtsnorm ergangenen bestandskräftigen Verwaltungsakte und rechtskräftigen Gerichtsentscheidungen grundsätzlich – mit Ausnahme strafrechtlicher Verurteilungen – unberührt bleiben. Umgekehrt kann auch der der Vernichtbarkeitslehre huldigende Gesetzgeber aus Gerechtigkeitserwägungen von der reinen Lehre abweichen und in gewissem Umfang die Rückabwicklung vollzogener Rechtsverhältnisse verfügen, die künftig als verfassungswidrig anzusehen wären. Für den Einzelnen kommt es also weniger auf

---

[121] Vgl. *G. Brunner*, Sind verfassungswidrige Gesetze nichtig oder vernichtbar?, in: J. Trzciński – B. Banaszak (Red.), Studia nad prawem konstytucyjnym. Dedykowane Profesorowi Kazimierzowi Działosze, Breslau 1997, S. 19ff.

die dogmatische Konstruktion als auf die gesetzlichen Folgeregelungen des Verfassungswidrigkeitsverdikts an.

Ungarn und Polen, die in konzeptioneller Hinsicht beide auf dem Boden der Vernichtbarkeitslehre stehen, haben in Bezug auf die Entscheidungswirkungen unterschiedliche Wege eingeschlagen.

*Ungarn* hat aus Gründen der Rechtssicherheit an den Konsequenzen der Vernichtbarkeitslehre recht folgerichtig festgehalten und die Beständigkeit der vor der Aufhebung der verfassungswidrigen Rechtsnorm entstandenen Rechtsverhältnisse angeordnet.[122] Die einzige Ausnahme stellen die strafrechtlichen Verurteilungen dar, deren Überprüfung das Verfassungsgericht von Amts wegen zugunsten aller Verurteilten anzuordnen hat, die nicht schon als nicht-vorbestraft gelten.[123] Allerdings hat das Verfassungsgericht zwei Möglichkeiten, von dieser strikten Regelung abzuweichen.[124] Einmal ist es generell ermächtigt, im Interesse der Rechtssicherheit von der Ex-nunc-Wirkung abzusehen und die verfassungswidrige Rechtsnorm zu einem früheren oder späteren Zeitpunkt aufzuheben. Von dieser Möglichkeit wird pro praeterito indes nur in besonderen Ausnahmefällen Gebrauch gemacht, da eine Rückwirkung der Rechtssicherheit in aller Regel abträglich wäre. Von wesentlich größerer Bedeutung ist die Anordnung der Rückwirkung für den konkreten Fall allein, die zulässig ist, wenn besonders wichtige Interessen des Beschwerdeführers dies gerechtfertigt erscheinen lassen. Dies wird meistens bejaht, so daß der Beschwerdeführer – nach dem österreichischen Vorbild der „Ergreiferprämie"[125] – dafür belohnt wird, daß er bei der Auffindung einer verfassungswidrigen Rechtsnorm behilflich war. Die verfahrensrechtlichen Einzelheiten der Wiederaufnahme des Zivilprozesses sind unlängst näher geregelt worden.[126] Wichtig ist dabei, daß der Beschwerdeführer binnen Monatsfrist einen Wiederaufnahmeantrag beim Obersten Gericht stellen muß.

*Polen* hat sich schon auf der allgemeinen Ebene der Entscheidungswirkungen für eine Lösung entschlossen, die der materiellen Gerechtigkeit gegenüber der Rechtssicherheit den Vorrang einräumt. Hier stellt die verfassungsgerichtliche Entscheidung kraft Verfassung einen Wiederaufnahmegrund nach der jeweils maßgebenden Prozeßordnung dar.[127] Der Wiederaufnahme des Verfahrens sind im Zivilprozeß[128] und im Verwaltungsverfahren[129] insofern zeitliche Grenzen gesetzt, als der Wiederaufnahmeantrag binnen Monatsfrist gestellt werden muß und grundsätzlich nur Urteile und Verwaltungsakte erfaßt werden, deren Rechts- bzw. Bestandskraft vor höchstens fünf Jahren eingetreten ist. Im Strafprozeß gibt es keine zeitlichen Beschränkungen. Dar-

---

[122] § 43 Abs. 2 VerfGG.

[123] § 43 Abs. 3 VerfGG. Die Überprüfung erfolgt seit 1. 1. 1993 im Wiederaufnahmeverfahren; vgl. § 276 Abs. 3 Strafprozeßordnung 1972, eingefügt durch Änderungsgesetz Nr. LXIX/1992 (Magyar Közlöny 1992, S. 4172); künftig § 414 Abs. 3 Strafprozeßordnung 1998 (Gesetz Nr. XIX/1998; Magyar Közlöny 1998, S. 1776).

[124] § 43 Abs. 4 VerfGG.

[125] Ar. 139 Abs. 6 und Art. 140 Abs. 7 B-VG.

[126] § 262/A und §§ 360–363 Zivilprozeßordnung 1952/2000, eingefügt durch Gesetz Nr. XLV/1999 (Magyar Közlöny 1999, S. 2794).

[127] Art. 190 Abs. 4 Verf.

[128] Art. 401¹ Zivilprozeßordnung 1964, eingefügt durch Art. 83 VerfGG, und Art. 408 ZPO.

[129] Art. 146 § 1 i. V. m. Art. 145a Verwaltungsverfahrensgesetz 1960/80, eingefügt durch Art. 82 V VerfGG 1997.

über hinaus ist auch der polnische Verfassungsgerichtshof ermächtigt, in Abweichung
von der Ex-nunc-Regel einen früheren oder späteren Zeitpunkt für die Aufhebung
der verfassungswidrigen Rechtsnorm festzusetzen, der sich allerdings innerhalb des
zeitlichen Rahmens von 18 Monaten bei Gesetzen und von 12 Monaten bei untergesetzlichen Rechtsvorschriften halten muß.[130] In Anbetracht der großzügigen Regelu-
lung der Rückabwicklung verfassungswidriger Lagen bedarf es in Polen keiner „Ergreiferprämie".

In ähnlicher Weise hat der *lettische* Gesetzgeber anläßlich der Einführung der Verfassungsbeschwerde ab 1. Juli 2001 die Aufhebung einer Rechtsnorm durch das Verfassungsgericht ausdrücklich als eine „neue Tatsache" qualifiziert, die innerhalb von
10 Jahren[130a] die Wiederaufnahme eines Zivilverfahrens ermöglicht.[130b] Die Antragsfrist beträgt drei Monate.[130c] Erstaunlicherweise ist eine Parallelbestimmung in die
Strafprozeßordnung nicht aufgenommen worden, aber es ist zu hoffen, daß die verfassungsgerichtliche Normenkassation auch hier als eine die Wiederaufnahme des Verfahrens gestattende „neue Tatsache" angesehen werden wird.

Abschließend ist festzustellen, daß die Wirkungen einer der unechten Grundrechtsbeschwerde stattgebenden Entscheidung sowohl in Ungarn als auch in Polen so
ausgestaltet sind, daß sie dem Beschwerdeführer hinlängliche Anreize für die Einleitung eines Normenkontrollverfahrens bieten. Die unechte Grundrechtsbeschwerde
erfüllt zugleich die Funktionen eines objektiven Verfassungsschutzes und eines subjektiven Grundrechtsschutzes.

Diese Bewertung gilt allerdings nur für den Fall, daß das Verfassungsgericht die Verfassungswidrigkeit der angefochtenen Rechtnorm feststellt. Das eigentliche Problem
der unechten Grundrechtsbeschwerde zeigt sich dort, wo die verfassungsmäßige
Rechtsnorm in verfassungswidriger Weise angewendet worden ist, so daß nur der
nicht anfechtbare Einzelakt Grundrechte verletzt, sowie dort, wo eine Rechtsnorm
mehrere Auslegungen zuläßt, von denen einige verfassungskonform, andere wiederum verfassungswidrig sind. In diesen Fällen, die mit der inzwischen auch in Osteuropa
praktizierten Technik der *„verfassungskonformen Auslegung"* gelöst zu werden pflegen,
stellt sich die doppelte Frage, wie unter dem Gesichtspunkt des subjektiven Grundrechtsschutzes dem Beschwerdeführer zu helfen ist und wie dem Ziel des objektiven
Verfassungsschutzes in einer Situation Geltung verschafft werden kann, in der das
oberste ordentliche Gericht auf seinem Auslegungsmonopol beharrt und nur den Te-
nor, nicht aber die tragenden Gründe verfassungsgerichtlicher Entscheidungen als
verbindlich anzuerkennen gewillt ist. Es bieten sich zwei Lösungen an.

Die erste Lösung wurde vom italienischen Verfassungsgericht noch in den Anfängen seiner Existenz aufgezeigt, als ihm das Kassationsgericht in gleicher Weise die Gefolgschaft versagte, wie dies heutzutage in Osteuropa vielfach geschieht. Es entwickelte die Konzeption des *„lebenden Rechts"* (diritto vivente), nach der der zu prüfenden
Rechtsnorm bei verschiedenen Auslegungsmöglichkeiten nicht der Inhalt beizumes-

---

[130] Art. 190 Abs. 3 Verf.

[130a] Art. 478 Abs. 3 Zivilprozeßordnung 1998 (Latvijas Republikas Saeimas un Ministru Kabineta Ziņotājs 1998, Nr. 23, Pos. 860).

[130b] Art. 479 Ziff. 5 Zivilprozeßordnung 1998 i.d.F. des ÄnderungsG v. 20. 6. 2001 (Latvijas Vēstnesis v.
2. 7. 2001).

[130c] Art. 478 Abs. 2 ZPO.

sen ist, der nach Ansicht des Verfassungsgerichts der „richtige" ist, sondern die Auslegung, die die Rechtsnorm in ständiger und einheitlicher Rechtsprechung erfahren
hat. Auf dieser Basis hat es dann den Anträgen auf konkrete Normenkontrolle stattgegeben und die zur Prüfung gestellte Rechtsnorm entweder vollständig (sentenza interpretative di accoglimento) oder teilweise (sentenza di accoglimento parziale) für
verfassungswidrig und nichtig erklärt.[131] Diese Entscheidungen waren sowohl für den
Einzelfall maßgebend als auch allgemeinverbindlich. Die Konzeption des „lebenden
Rechts" ist dann vom ungarischen Verfassungsgericht gleich zu Beginn seiner Tätigkeit aufgegriffen (élő jog), später aber nur selten angewandt worden.[132] Die spätere
Zurückhaltung beider Verfassungsgerichte mag ebenso auf die seither gewachsene Bereitschaft der ordentlichen Gerichte, die „verfassungskonforme Auslegung" als zu be-
achtende Vorgabe zu akzeptieren, wie die wissenschaftliche Kritik, mit der die Konzeption teilweise aufgenommen wurde, zurückzuführen sein. Es gibt aber auch zwei
andere Umstände, die die Anwendbarkeit dieser Technik beschränken. Die Nichtigerklärung bzw. Aufhebung ist ein schweres Geschütz, das die Verfassungsgerichte
schon mit Rücksicht auf das Gewaltenteilungsprinzip und aus Respekt vor dem demokratisch legitimierten Gesetzgeber nur dann auffahren sollten, wenn ein Gesetz
verfassungsrechtlich schlechthin unhaltbar ist. Läßt sich ein Gesetz in einer oder gar
mehreren Auslegungsvarianten mit der Verfassung vereinbaren, so ist es gewiß eine
„schonendere" und sachgerechtere Lösung, das Gesetz, für das immerhin die Vermutung der Verfassungsmäßigkeit spricht, aufrechtzuerhalten und nur seine verfassungswidrigen Deutungsmöglichkeiten auszuschalten. Zweitens kann das „lebende Recht"
nur dann helfen, wenn eine ständige und einheitliche Rechtsprechung vorliegt. Ist
dies nicht der Fall oder weicht die grundrechtswidrige Einzelentscheidung in krasser
Weise von der verfassungsrechtlich nicht zu beanstandenden ständigen Rechtsprechung ab,[133] so kann dem Beschwerdeführer im Einzelfall nicht geholfen werden.

---

[131] Vgl. hierzu *G. Branca*, L'illegittimità parziale nelle sentenze della Corte costituzionale, in: G. Mara-
nini (Hrsg.), La giustizia costituzionale, Florenz 1966, S. 57 ff.; *G. Zagrebelsky*, La giustizia costituzionale,
Bologna, 2. Aufl. 1988, S. 297 ff.; *Luther* (Anm. 103), S. 119.

[132] Das Paradebeispiel stellt die Entscheidung Nr. 57/1991. (XI. 8.) AB dar, wo es heißt: „Wenn die Ge-
richtspraxis und die allgemein akzeptierte Rechtsauslegung den Wortlaut einer Rechtsnorm – sofern unterschiedliche Inhalte möglich sind – einheitlich nur in einem bestimmten, feststehenden Sinn anwenden,
muß das Verfassungsgericht den Wortlaut der Rechtsnorm in diesem Sinn und mit diesem Inhalt unter
dem Gesichtspunkt der Verfassungsmäßigkeit prüfen." Fundstelle: Az Alkotmánybíróság határozatai 1991,
S. 272 ff. (276); deutsch: *Brunner – Sólyom* (Anm. 93), S. 239 ff. (243); englisch: *Sólyom – Brunner* (Anm. 93),
S. 171 ff. (174). Vgl. hierzu auch *Sólyom* in beiden Werken auf S. 67 bzw. S. 4, sowie *ders.*, To the Tenth An-
niversary of Constitutional Review, in: G. Halmai (Hrsg.), A megtalált alkotmány? – The Constitution
Found?, Budapest 2000, S. 21 ff. (30 f.); *R. Uitz*, Egyéni jogsérelmek és az Alkotmánybíróság, ebda.,
S. 186 ff. (198 ff.).

[133] Als Beispiel aus der deutschen Verfassungsjudikatur mag der Beschluß des Zweiten Senats des Bundesverfassungsgerichts v. 11. 2. 1976 (BVerfGE 41,323) dienen. In diesem Fall ging es um einen Bußgeld-
bescheid, gegen den der Betroffene per Fernschreiben Einspruch einlegte, der am letzten Tag der Rechtsmittelfrist um 16,59 Uhr bei der zuständigen Verwaltungsbehörde einging. Der Dienstschluß war um diese Tageszeit bereits vorbei, so daß die Behörde erst am nächsten Tag von der Existenz des Einspruchs
Kenntnis nehmen konnte. Das zuständige Amtsgericht verwarf den Einspruch mit der Begründung als
verspätet, die maßgebende Vorschrift des § 43 StPO, wonach die Rechtsmittelfrist „mit Ablauf des letzten
Tages endet", so auszulegen sei, daß der Tag mit Dienstschluß ende. Diese unsinnige und der ständigen
Rechtsprechung widersprechende Rechtsauffassung wurde vom Landgericht als Beschwerdeeinsatz erstaunlicherweise bestätigt. Gegen diese beiden Gerichtsbeschlüsse wurde Verfassungsbeschwerde erhoben,

Ob man das im Einzelfall unbillige Ergebnis in Kauf nehmen soll, hängt von der gesetzgeberischen Konzeption der Aufgaben der Verfassungsgerichtsbarkeit im allgemeinen und der unechten Grundrechtsbeschwerde im besonderen ab. Stellt man den objektiven Verfassungsschutz in den Vordergrund, so wird man die Mißlichkeit in Kauf nehmen können, daß dem Beschwerdeführer im konkreten Einzelfall irreparables Unrecht widerfährt. Absolute Gerechtigkeit ist auf Erden eben nicht zu gewinnen! Hält man diese Konsequenz im Hinblick auf die Funktion des subjektiven Grundrechtsschutzes für untragbar, so müßte der *Gesetzgeber* Abhilfe schaffen. Systemkonform würde dies bedeuten, daß er die für den Fall einer Feststellung der Verfassungswidrigkeit vorgesehenen Rechtsfolgen sinngemäß auf die Entscheidungswirkungen einer verfassungskonformen Auslegung erstreckt. Dann könnte die Geltung der angefochtenen Rechtsnorm erhalten werden und dem Beschwerdeführer Unrecht erspart bleiben. Auf Ungarn bezogen müßte das Verfassungsgericht ermächtigt werden, auch bei einer verfassungskonformen Auslegung anordnen zu können, daß im Anlaßfall das angewandte Gesetz mit dem verfassungswidrigen Inhalt nicht anwendbar und folglich eine Wiederaufnahme des Verfahrens zulässig sei. In Polen wäre es folgerichtig, die verfassungskonforme Auslegung als einen zusätzlichen Wiederaufnahmegrund im Sinne der jeweils maßgebenden Prozeßordnungen im Gesetz zu benennen. Die Entscheidung darüber, ob in den Einzelfällen das Gesetz in verfassungswidriger oder verfassungskonformer Weise angewandt worden ist und die angegriffene Einzelentscheidung im Ergebnis des Wiederaufnahmeverfahrens aufzuheben oder zu bestätigen ist, wäre dann Aufgabe der ordentlichen Gerichte. Sieht man diese Lösung im Hinblick auf die möglicherweise zu große Zahl der Wiederaufnahmeverfahren als zu weitgehend an, so wäre auch für Polen die ungarische Lösung erwägenswert, d.h. der Verfassungsgerichtshof müßte gesetzlich ermächtigt werden, für den konkreten Anlaßfall die Wiederaufnahme des Verfahrens anzuordnen.

### c) Die russische Individualbeschwerde

Eine seltsame Form der konkreten Normenkontrolle auf Antrag stellt die russische „Individualbeschwerde" (individual'naja žaloba) dar, die in der kurzen Geschichte der russischen Verfassungsgerichtsbarkeit gleich in zwei Varianten aufgetreten ist. Die *erste Variante* wurde mit der Errichtung der Verfassungsgerichtsbarkeit in Rußland Ende 1991 eingeführt und bis zur Suspendierung des Verfassungsgerichts durch Präsidialerlaß im Oktober 1993 praktiziert.[134] Sie wurde für das kurze Leben, das dem kasachischen Verfassungsgericht 1992/95 beschieden war, auch in dieser ehemaligen

---

die acht Bundesverfassungsrichter dazu veranlaßte, sich mit der Frage auseinanderzusetzen, was wohl „Ablauf des Tages" bedeute. Sie kamen schließlich zu der vermutlich auch ohne höhere juristische Ausbildung zu gewinnenden Erkenntnis, daß der Tag um 24,00 Uhr ende.

[134] Art. 66–73 Gesetz über das Verfassungsgericht der RSFSR v. 6.5. 1991 in der durch den Kongreß der Volksdeputierten bestätigten Fassung v. 12.7. 1991 (Vedomosti S''ezda narodnych deputatov i Verchovnogo Soveta RSFSR 1991, Nr. 30, Pos. 1016). Näheres hierzu bei *Th. Schweisfurth*, Der Start der Verfassungsgerichtsbarkeit in Rußland, EuGRZ 1992, S. 281 ff. (292 ff.); *O. Luchterhandt*, Vom Verfassungskomitee der UdSSR zum Verfassungsgericht Rußlands, AöR 1993 (118), S. 237 ff. (271 ff.); *Brunner* (Anm. 70), S. 1053 f.; *U. Steingröver*, Anfänge der Verfassungsgerichtsbarkeit in Rußland, Frankfurt a. M. 2000, S. 132 ff.

Sowjetrepublik als subsidiärer Rechtsbehelf übernommen.[135] Ansonsten fristet sie heute nur noch in Kirgisien[136] ein infolge ihrer Subsidiarität und in der russischen Republik Sacha (Jakutien)[137] ein wegen der zweitrangigen Bedeutung der regionalen Verfassungsgerichtsbarkeit bescheidenes Dasein. Die erste Variante der russischen Individualbeschwerde erinnerte insofern an die echte wie unechte Grundrechtsbeschwerde, als ihre Zulässigkeit die unmittelbare Betroffenheit des Beschwerdeführers in seinen Grundrechten oder gesetzlichen Interessen (!), die Erschöpfung des Rechtswegs und die Einhaltung einer Beschwerdefrist von drei Jahren (!) voraussetzte. Ihre Besonderheit bestand darin, daß sie sich weder gegen den konkreten Einzelakt noch gegen die diesem zugrunde liegende Rechtsnorm, sondern gegen die „Rechtsanwendungspraxis" (pravoprimenitel'naja praktika) richtete. Das Gesetz enthielt zwar eine Legaldefinition der „Rechtsanwendungspraxis", doch war sie so verunglückt, daß sie sich als schlechthin unbrauchbar erwies.[138] Das Verfassungsgericht unternahm auch keine eigenen Versuche, der unbrauchbaren Legaldefinition genauere Konturen zu verleihen, aber es ließ praktisch jede höchstrichterliche Entscheidung als Ausdruck einer gefestigten Rechtsanwendungspraxis gelten. Der Grundgedanke war der gleiche wie bei dem aus der italienischen und ungarischen Verfassungsjudikatur bekannten „lebenden Recht" (vgl. oben III. 4. b.). Dieses Konzept war im Ansatz sicher nicht verfehlt, mußte aber in seiner gesetzgeberischen Ausgestaltung scheitern. Sollte das Verfassungsgericht zu der Erkenntnis gekommen sein, daß eine in einer Einzelentscheidung zum Ausdruck gekommene Rechtsanwendungspraxis gegen die Verfassung verstößt, so konnte es diese Verfassungswidrigkeit bloß feststellen.[139] Eine Aufhebung der Einzelentscheidung oder der zugrunde liegenden Rechtsnorm war ihm gleichermaßen verwehrt.[140] Die Entscheidungswirkungen waren langatmig und so kompliziert und widersprüchlich geregelt, daß ihre Lektüre nur Ratlosigkeit hinter-

---

[135] Art. 10 Abs. 2 Gesetz über das Verfassungsgericht der Republik Kasachstan v. 5. 6. 1992 und Art. 18 Nr. 4 Gesetz über den Verfassungsprozeß in der Republik Kasachstan v. 5. 6. 1992, beide Bestimmungen in der Fassung des Änderungsgesetzes v. 15. 4. 1993. Fundstellen: Zakony i postanovlenija, prinjatye na vos'moj sessii Verchovnogo Soveta Respubliki Kazachstan dvenadcatogo sozyva (26 maja – 24 ijunja 1992 g.), Alma-Ata 1992, S. 105 ff. und 120 ff.; Zakony i postanovlenija, prinjatye na desjatoj sessii Verchovnogo Soveta Respubliki Kazachstan dvenadcatogo sozyva (10–15 aprelja 1993 g.), Almaty 1993, S. 204 ff.

[136] Art. 82 Abs. 3 Nr. 8 Verf; Art. 13 Abs. 1 Nr. 8 VerfGG; Art. 14 Nr. 8 VerfProzG. Texte in: *Mitjukov* (Anm. 1), S. 394 ff.

[137] Hinwiese bei *Krjažkov* (Anm. 30), S. 42, 203, 606.

[138] Als ein schönes Beispiel russischer Gesetzgebungskunst soll der einschlägige Art. 66 Abs. 2 VerfGG 1991 (Anm. 134) wörtlich wiedergegeben werden: „Das Verfassungsgericht der RSFSR prüft Sachen der Verfassungsmäßigkeit der Rechtsanwendungspraxis nur dann, wenn die angefochtene Entscheidung in Übereinstimmung mit der Gewohnheit (obyknovenie) getroffen wurde. Die Entscheidung gilt dann als in Übereinstimmung mit der Gewohnheit getroffen, wenn aus der Sicht der bestehenden Rechtsanwendungspraxis die Umstände der Sache in der Weise festgestellt wurden, wie sie in dieser Entscheidung festgestellt wurden, und dieselbe juristische Bewertung und dieselben juristischen Folgen auslösen müssen, wie sie in dieser Entscheidung festgestellt wurden." In Abs. 3 wurde hinzugefügt, daß das Verfassungsgericht derartige Fälle auch dann prüfen könne, wenn der Rechanwendungsakt zwar nicht in Übereinstimmung mit der Gewohnheit erlassen worden sei, „aber nach seinem Wesen und seiner Bedeutung geeignet ist, eine Gewohnheit der Rechtsanwendung zu begründen."

[139] Art. 71 Abs. 1 Nr. 2 VerfGG 1991 (Anm. 134.).

[140] Dies soll nach *Mitjukov* (Anm. 1), S. 113, in Kirgisien anders gehandhabt werden. Hier soll auch die verfassungswidrige Rechtsnorm für verfassungswidrig erklärt und aufgehoben und die Einzelentscheidung außer Vollzug gesetzt werden.

lassen konnte.[141] Die Feststellungswirkung beschränkte sich auf den konkreten Fall, der nunmehr vom Obersten Gericht einer erneuten Revision zu unterziehen war.[142]

Die Erfahrungen mit der mißglückten Regelung der Individualbeschwerde veranlaßten den Gesetzgeber zu ihrer grundlegenden Umgestaltung, als im Zusammenhang mit der Verfassunggebung vom Dezember 1993 die gesamte russische Verfassungsgerichtsbarkeit auf neue Rechtsgrundlagen gestellt wurde, auf denen das Verfassungsgericht seine Tätigkeit im März 1995 wieder aufnehmen konnte. In ihrer *zweiten Variante*[143] stellt die russische Individualbeschwerde eine Mischung aus unechter Grundrechtsbeschwerde und Einwand der Verfassungswidrigkeit dar, die einige Mängel der ersten Variante in der Tat vermeidet, dafür aber neue Probleme schafft. Der Sache nach ist sie ein Antrag auf Durchführung eines konkreten Normenkontrollverfahrens, dessen Gegenstand nicht mehr die Rechtsanwendungspraxis, sondern ein Gesetz im formellen Sinne ist. Als ein derartiges Gesetz kommen Gesetze der Föderation wie der einzelnen Föderationssubjekte gleichermaßen in Betracht. Die Beschwerdebefugnis setzt die Geltendmachung einer Grundrechtsverletzung durch das Gesetz selbst voraus, das in einem konkreten Verwaltungs- oder Gerichtsverfahren angewandt worden ist oder angewandt werden wird.[144] Für die Zulässigkeit der Beschwerde kommt es zunächst also nur auf die mögliche Grundrechtswidrigkeit des Gesetzes und nicht die Grundrechtsverletzung durch den das Gesetz anwendenden Einzelakt an, der nicht einmal vorliegen muß und vom Verfassungsgericht jedenfalls nicht überprüft wird. Es wird eine nur mittelbare und potentielle Betroffenheit verlangt, die es offenläßt, ob im konkreten Fall eine Grundrechtsverletzung eintreten könnte oder nicht. Wird die Zulässigkeit bejaht, so wird das Gesetz aber nicht nur auf seine Grundrechtskonformität, sondern auf seine Verfassungsmäßigkeit schlechthin geprüft.[145] Des weiteren muß das Gesetz in einem konkreten Fall eine Rolle spielen, wobei es sich auch um ein Verwaltungsverfahren handeln kann. Es ist nicht erforderlich, daß bereits eine Einzelentscheidung ergangen ist; es genügt schon die Möglichkeit, daß das Gesetz der bevorstehenden Einzelentscheidung zugrunde gelegt wird. Diese Möglichkeit muß allerdings durch die Vorlage einer Bestätigung des Gerichts oder Verwaltungsorgans, bei dem das Verfahren anhängig ist, nachgewiesen werden.[146] Damit ist eine bürokratische Hürde errichtet worden, deren Überwindung unter russischen Verhältnissen erhebliche Schwierigkeiten bereiten kann. Wird die Erteilung der Bestätigung verweigert, so kann der potentielle Beschwerdeführer zwar nach den allgemeinen Regeln in einem gesonderten gerichtlichen Verfahren versuchen, die Erteilung der Be-

---

[141] Art. 73 VerfGG 1991 (Anm. 134). Zur Kritik vgl. *Steingröver* (Anm. 134), S. 139f.

[142] Auch dies ging nicht eindeutig aus der gesetzlichen Regelung hervor, wurde aber in der Praxis so gehandhabt. Vgl. *T. Morschtschakowa*, Das Verfassungsgericht in Rußland, DVBl. 1992 S. 818ff. (819); *Luchterhandt* (Anm. 134), S. 274.

[143] Art. 125 Abs. 4 Verf 1993; Art. 96–100 BVerfGG 1974. Näheres hierzu bei *M. Hartwig*, Verfassungsgerichtsbarkeit in Rußland, EuGRZ 1996, S. 177ff. (183f.); *T. G. Morščakova* in: Federal'nyj konstitucionnyj Zakon „O Konstitucionnom Sude Rossijskoj Federacii". Kommentarij, Moskau 1996, Kommentierung der Art. 96–100 (S. 295ff.); *V.A. Krjažkov – L. V. Lazarev*, Konstitucionnaja justicija v Rossijskoj Federacii, Moskau 1998, S. 86ff., 283ff.; *Steingröver* (Anm. 134), S. 356ff.

[144] Art. 97 BVerfGG.

[145] Art. 99 i. V. m. Art. 86 BVerfGG.

[146] Art. 96 Abs. 2 BVerfGG.

stätigung im Klagewege zu erzwingen,[147] aber der hierfür erforderliche Aufwand muß abschreckend wirken. Es ist deshalb wenig überraschend, daß in der Praxis Individualbeschwerden in der Regel erst nach Erschöpfung des Rechtswegs erhoben werden. Sollte die Beschwerdeerhebung ausnahmsweise während eines laufenden Verfahrens erfolgen, so hat dies grundsätzlich keinen Einfluß auf den Fortgang des Verfahrens: das Verfahren kann, muß aber nicht ausgesetzt werden.[148] Im übrigen kann sich der Beschwerdeführer Zeit lassen. Denn eine Beschwerdefrist ist seltsamerweise nicht vorgesehen. Theoretisch kann auch noch nach Jahrzehnten seit der letztverbindlichen Entscheidung Beschwerde erhoben werden, was der Institution der Rechts- und Bestandskraft abträglich ist. Zwar wird die letztverbindliche Entscheidung vom Verfassungsgericht nicht überprüft, und die Feststellung der Verfassungswidrigkeit des geprüften Gesetzes führt nur zu dessen Aufhebung mit Wirkung ex nunc. Aber in Art. 100 Abs. 2 BVerfGG ist eine „Ergreiferprämie" vorgesehen, indem „die jeweilige Sache in jedem Fall der Überprüfung durch das zuständige Organ im üblichen Verfahren unterliegt". Die Identifizierung des „üblichen Verfahrens" ist wiederum nicht so einfach, da in den gerichtlichen Prozeßordnungen dieses Falles nicht gedacht ist und eine Verwaltungsverfahrensordnung überhaupt nicht existiert. Sachgerecht wäre an eine Wiederaufnahme des Verfahrens zu denken, was das Verfassungsgericht in Bezug auf strafrechtliche Verurteilungen – wenn auch nur in einem obiter dictum – ausgesprochen hat[149] und im Schrifttum auch hinsichtlich der übrigen Verfahrensarten befürwortet wird.[150] Insgesamt wird man sagen müssen, daß auch die gesetzliche Ausgestaltung der zweiten Variante der russischen Individualbeschwerde an zahlreichen Unzulänglichkeiten leidet. Nichtsdestoweniger spielt sie in der Praxis mit einem etwa hälftigen Anteil an den Sachentscheidungen des Verfassungsgerichts eine beachtliche Rolle.

Die zweite Variante der russischen Individualbeschwerde ist von mehreren Republiken der Russischen Föderation[151] sowie Tadschikistan[152] mit all ihren Mängeln übernommen worden. Die im übrigen noch unzulänglicher geregelte tadschikische Individualbeschwerde ist im Vergleich zum russischen Vorbild der unechten Grundrechtsbeschwerde insofern stärker angenähert, als ihre Zulässigkeit eine Einzelentscheidung (nicht aber die Erschöpfung des Rechtswegs) voraussetzt. Obgleich in diesem rückständigen und von einem latenten Bürgerkrieg heimgesuchten Land ohne ein Minimum an rechtsstaatlicher Tradition die Verfassung auf den Rechtsalltag si-

---

[147] *Morščakova* (Anm. 143), Erl. 7 zu Art. 96 (S. 298).

[148] Art. 98 BVerfGG.

[149] Entscheidung v. 3.2. 1996 (Sobranie Zakonodatel'stva RF 1996, Nr. 7, Pos. 701, S. 1816ff. [1822]).

[150] *Morščakova* (Anm. 143), Erl. 3 zu Art. 100 (S. 310).

[151] So in Adygeja, Baschkortostan, Burjätien, Dagestan, Kabardino-Balkarien, Karelien, der Komi-Republik, Marij El, Tatarstan und Swerdlowsk. In St. Petersburg kann die Individualbeschwerde erst nach Eröffnung eines Gerichtsverfahrens, dann aber fristlos und wegen jeder Verfassungswidrigkeit (also nicht nur bei Grundrechtsverletzungen) erhoben werden. Hinweise bei *Krjažkov* (Anm. 30), S. 42, 201f., 219, 254, 283, 330, 376, 533. Ob die Föderationssubjekte überhaupt befugt sind, die verfassungsgerichtliche Individualbeschwerde einzuführen, ist im übrigen nicht unproblematisch. Denn nach Art. 27 des Bundesverfassungsgesetzes über das Gerichtssystem in der Russischen Föderation v. 31. 12. 1996 (Sobranie Zakonodatel'stva RF 1997, Nr. 1, Pos. 1) sind für die regionale Verfassungsgerichtsbarkeit nur die Verfahrensarten der Normenkontrolle, der Verfassungsauslegung und der Kompetenzkonflikte vorgesehen.

[152] Art. 14 Abs. 3 und Art. 37 Abs. 1 Nr. 5 VerfGG. Text in: *Mitjukov* (Anm. 1), S. 579ff.

cherlich keinen Einfluß hat, soll die Individualbeschwerde in der Praxis häufiger vor-
kommen.[153]

### c) Die ukrainische „Verfassungseingabe"

Zu erwähnen ist schließlich der originelle, aber mißlungene Kompromiß, den der
ukrainische Gesetzgeber im Ergebnis der Auseinandersetzungen zwischen Befürwortern und Gegnern einer Grundrechtsbeschwerde gefunden hat, um dem Einzelnen
einen Zugang zu dem erst Ende 1996 errichteten Verfassungsgericht zu öffnen. Den
prozeduralen Rahmen bietet die sehr problematische Kompetenz der „verbindlichen
Verfassungs- und Gesetzesauslegung",[154] die die verfassungskonforme Gesetzesauslegung als eigenständige Aufgabe der Verfassungsgerichtsbarkeit erfaßt. Ein derartiges
Auslegungsverfahren wird u.a. auch auf die „Verfassungseingabe" (konstytucijne
zvernennja) einer natürlichen oder juristischen Person eingeleitet, wenn diese geltend
macht, daß eine uneinheitliche Anwendung von Verfassungs- oder Gesetzesbestim-
mungen in der Gerichts- oder Verwaltungspraxis zu einer Verletzung ihrer Grundrechte führen könnte oder geführt habe und deshalb eine „offizielle" Auslegung notwendig sei.[155] Erfüllt die Verfassungseingabe diese äußerst vagen Zulässigkeitsvoraus-
setzungen, die in der gerichtlichen Praxis schon Unsicherheiten hervorgerufen haben,[156] so legt das Verfassungsgericht den „richtigen" Inhalt der auslegungsbedürfti-
gen Norm fest. Kommt es dabei zu der Erkenntnis, daß die auszulegende gesetzliche
Bestimmung verfassungswidrig ist, so hebt es sie mit Ex-nunc-Wirkung auf.[157] Welchen Nutzen der Antragsteller aus dieser Entscheidung ziehen soll, läßt das Gesetz offen, das eine Rückwirkung nicht vorsieht und den Problemkreis der Rückabwicklung verfassungswidriger Lagen gar nicht anspricht. Man wird annehmen müssen, daß
der Antragsteller nur dann profitieren kann, wenn eine Verletzung seiner Grundrechte
noch nicht durch eine rechtskräftige Gerichtsentscheidung oder einen bestandskräftigen Verwaltungsakt vollendet ist.

---

[153] Einzelfälle bei *Mitjukov* (Anm. 1), S. 111f.

[154] Art. 150 Abs. 1 Nr. 2 Verf. Zur Problematik dieser Kompetenz, die zwischen 1989 und 1997 auch
der polnische Verfassungsgerichtshof besaß und heute noch in Aserbaidschan und Usbekistan bekannt ist,
vgl. *Brunner – Garlicki* (Anm. 117), S. 53ff., 67f.

[155] Art. 42, 43 und 94 VerfGG.

[156] *V. Skomorocha*, Konstytucijnyj Sud Ukrajiny: dosvid i problemy, Pravo Ukrajiny Nr. 1/1999, S. 8ff.
(9f.). In der Praxis hat es noch nicht viele Fälle einer zulässigen Verfassungseingabe gegeben. Bei Eingaben
von Einzelpersonen handelte es sich um einen konkreten Rechtsstreit, der in letzter Instanz von einem hohen Gericht entschieden wurde, so daß die Verfassungseingabe die Funktion einer unechten Grundrechtsbeschwerde erfüllte; so die Entscheidungen v. 25. 11. 1997 (Pravo Ukrajiny Nr. 1/1998, S. 126) und v.
26.11 1998 (Pravo Ukrajiny Nr. 1/1999, S. 137f.). Anders lagen die Dinge bei der Entscheidung v. 10.11.
1998 (Pravo Ukrajiny Nr. 12/1998, S. 127), wo sich ein Gewerkschaftsverband in einer arbeitsrechtlichen
Frage an das Verfassungsgericht wandte, die zwischen ihm und dem Arbeitsministerium politisch umstritten war.

[157] Art. 95 Abs. 2 i.V.m. Art. 73 Abs. 2 VerfGG.

## 5. Abstrakte Normenkontrolle auf Antrag

### a) Popularklage

Die Popularklage ist eine besondere Erscheinungsform der abstrakten Normenkontrolle, da sie ohne einen konkreten Anlaß und ohne weitere Voraussetzungen von jedermann erhoben werden kann; insbesondere muß ein Rechtsschutzbedürfnis nicht dargelegt werden. Ihre Besonderheit besteht nur darin, daß die bei der abstrakten Normenkontrolle normalerweise auf bestimmte Verfassungsorgane beschränkte Antragsbefugnis jedem einzelnen Bürger zusteht. Sie dient aber in erster Linie dem objektiven Schutz der Verfassungsmäßigkeit der Rechtsordnung, zu der auch die Grundrechte als Institution gehören. Dem Einzelnen wird die Rolle eines rechtsbewußten Staatsbürgers zugedacht, der sich aus eigenem Antrieb um das Gemeinwohl kümmert. Natürlich kann der großzügige Wegweiser zum Verfassungsgericht auch Querulanten anlocken. Geschieht dies in großem Umfang, so droht die Gefahr, daß das Verfassungsgericht in einer Antragsflut erstickt und bei der Wahrnehmung seiner eigentlichen Aufgaben behindert wird. Nur die Praxis kann zeigen, ob sich diese abstrakten Befürchtungen in einem konkreten Land bestätigen. Unabhängig davon ist zu bedenken, ob der erfolgreiche Antragsteller, der sich um das Gemeinwohl verdient gemacht hat, mit einem persönlichen Rechtsvorteil belohnt und die Popularklage somit mit dem Nebeneffekt eines subjektiven Grundrechtsschutzes ausgestattet werden soll.

In der *westlichen* Welt überwiegen die Bedenken gegen die Popularklage, und es haben sich nur zwei Länder zu ihrer Einführung entschlossen, in denen besondere Umstände die Mißbrauchsgefahr begrenzen. Zuerst wurde die Popularklage in *Bayern* (1947) eingeführt, wo sie naturgemäß nur gegen Landesgesetze und -verordnungen erhoben werden kann.[158] Da der Schwerpunkt der Rechtsetzungskompetenzen in der Bundesrepublik Deutschland beim Bund liegt, hält sich die qualitative Bedeutung der Landesgesetzgebung in überschaubaren Grenzen. Die Zahl der Anträge hält sich mit 20–25 pro Jahr ebenfalls in Grenzen, wobei die Erfolgsquote mit ca. 15% relativ hoch ist. Den Kontrollmaßstab bilden an sich nur die Grundrechte der bayerischen Verfassung, da aber diese in Art. 101 – eindeutiger als Art. 2 Abs. 1 GG – ein Grundrecht der allgemeinen Handlungsfreiheit enthält, das unter einem einfachen Gesetzesvorbehalt steht, geht die Grundrechtskontrolle zwangsläufig in eine generelle Verfassungsmäßigkeitsprüfung über. Das zweite Land mit einer Popularklage ist *Malta* (1964).[159] Die bei einer Einwohnerzahl von ca. 370.000 sowieso schon geringe Gefahr einer Überlastung des Verfassungsgerichts ist hier noch dadurch minimiert worden, daß sich die Popularklage nur auf eine Verfassungswidrigkeit gestützt werden kann, die nicht Grundrechte betrifft. Umstritten ist, ob dieser Zweiergruppe *Liechtenstein* als drittes Land hinzugerechnet werden kann, wo bereits seit 1926 Verordnungen binnen Monatsfrist seit ihrer Verkündung von 100 Stimmbürgern beim Staatsgerichtshof angefochten werden können.[160] Ungeachtet dessen, ob man im Hinblick auf die dreifache

---

[158] Art. 98 Satz 4 Verf; Art. 55 VfGHG. Vgl. hierzu H. *Domcke*, Die bayerische Popularklage, in: Starck – Stern (Anm. 9), Teilbd. 2. S. 231 ff.; *Ch. Pestalozza*, Verfassungsprozeßrecht, München, 3. Aufl. 1991, S. 441.

[159] Art. 116 Verf.

[160] Art. 26 StGHG. Vgl. hierzu H. *Wille*, Die Normenkontrolle im liechtensteinischen Recht auf der Grundlage der Rechtsprechung des Staatsgerichtshofes, Vaduz 1999, S. 86 ff.

Restriktion dieser abstrakten Normenkontrolle (Antragsberechtigung, Kontrollge-
genstand, Antragsfrist) noch von einer „Kollektivpopularklage" sprechen will, hat sie
eine praktische Bedeutung so gut wie nicht erlangt.

In *Osteuropa* hat zunächst *Ungarn* die Popularklage eingeführt (1990), und zwar ohne jede Einschränkung.[161] Sie kann gegen jede Rechtnorm mit der Behauptung der
Verfassungswidrigkeit erhoben werden. Von dieser Möglichkeit machen die Bürger
regen, wenn auch inzwischen rückläufigen Gebrauch. Die hohe Geschäftsbelastung
mit über 1.000 Popularklagen im langjährigen Durchschnitt hat sich rückblickend gelohnt. Denn dieser Rechtsbehelf hat das Verfassungsgericht in die Lage versetzt, in relativ kurzer Zeit die gesamte überkommene Rechtsordnung einer Prüfung zu unterziehen und einen bewundernswerten Beitrag zum raschen Aufbau des ungarischen
Rechtsstaats zu leisten. Unter den mittlerweile konsolidierten rechtsstaatlichen Verhältnissen kann man sich allerdings fragen, ob es einer Popularklage noch weiterhin
bedarf. Dem ungarischen Beispiel ist 1992 das *mazedonische* Verfassungsgericht gefolgt,
das die Popularklage ohne Einschränkung aus eigener Machtvollkommenheit zugelassen hat, ohne daß es in der Verfassung irgendeinen Anhaltspunkt für eine generelle Antragsbefugnis der Bürger geben würde.[162] Die Popularklage hat mit ca. 200 Fällen pro
Jahr auch hier eine beachtliche Bedeutung erlangt und erfüllt eine nützliche Funktion.[163] Geringer dürfte ihre Bedeutung in *Georgien* (1996) zu veranschlagen sein, wo
die Popularklage auf einer Entscheidung des Verfassunggebers beruht und nur auf die
Grundrechtswidrigkeit der angegriffenen Rechtsnorm gestützt werden kann.[164] Aber
auch hier kommen in der Praxis nicht wenige Fälle einer Popularklage vor.[165]

### b) *Quasi-Popularklage*

Um der vermeintlichen Flut der Popularklagen Herr zu werden, kann man die Klagebefugnis durch das Erfordernis eines *„rechtlichen Interesses"* einschränken. Damit
wird die Popularklage der in Deutschland, Österreich, der Schweiz und Monaco bekannten „Rechtssatzverfassungsbeschwerde" angenähert, für die das strengere Erfordernis der „unmittelbaren Grundrechtsbetroffenheit" gilt.

Diese Quasi-Popularklage ist seit 1975 in *Griechenland* bekannt, wenn auch in einem sehr bescheidenen Rahmen. Wie bereits ausgeführt (vgl. III. 4. a), kann der griechische Sondergerichtshof nur dann angerufen werden, wenn zur materiellen Verfassungsmäßigkeit oder zur Auslegung eines förmlichen Gesetzes widersprüchliche Entscheidungen der drei obersten Gerichte des Landes vorliegen. Unter diesen engen
Voraussetzungen kann sich der Einzelne nicht nur während eines konkreten Rechts-
streites, sondern auch immer dann an den Sondergerichtshof wenden, wenn er ein
rechtliches Interesse an der Klärung der Streitfrage nachweisen kann.[166] Ebenfalls in

---

[161] § 21 Abs. 2 i. V. m. § 1 lit. b) VerfGG. Näheres hierzu bei *Brunner – Sólyom* (Anm. 93), S. 30 f.; *Brunner*
(Anm. 70), S. 1052, 1056 f.; *Spuller* (Anm. 93), S. 54 ff.; *Sólyom – Brunner* (Anm. 93), S. 81 f.

[162] Art. 12 GOVerfG. Vgl. im übrigen Anm. 65.

[163] Nähere Angaben bei *Schrameyer* (Anm. 65), S. 252; *T. Džunov*, Protection of Freedoms and Rights in
the Constitutional Court, Balkan Forum Nr. 4/1996, S. 117 ff. (124 ff.).

[164] Art. 89 Abs. 1 lit. e) Verf; Art. 19 lit. d) und Art. 39 VerfGG. Texte in: *Mitjukov* (Anm. 1), S. 307 ff.

[165] Hinweise bei *Mitjukov* (Anm. 1), S. 112.

[166] Art. 48 Abs. 1 lit. b) OSondGHG.

sehr engen Grenzen ist dem Einzelnen 1989 der Weg zum *belgischen* Schiedsgerichtshof geöffnet worden.[167] Der Schiedsgerichtshof war 1984 zur Schlichtung der föderal-
listischen Streitigkeiten zwischen dem Zentralstaat, den Kulturgemeinschaften und
den Regionen errichtet worden, in deren Rahmen auch staatliche Gesetze und De-
krete der unterstaatlichen Gebiets- und Personenverbände angefochten werden können. Die Befugnis, mit diesem Ziel eine Nichtigkeitsklage (recours en annulation) zu
erheben, ist 1989 auf jedermann erstreckt worden, der ein (schlichtes) Interesse nachweisen kann. Allerdings kann er dies nur tun, wenn die angefochtene Rechtsnorm
Kompetenzbestimmungen der Verfassung oder bestimmte, verfassungsmäßig gewähr-
leistete Grundrechte, nämlich den Gleichheitsgrundsatz (Art. 10), das Diskriminierungsverbot (Art. 11) oder die Unterrichts- und Schulfreiheit (Art. 24) verletzt. Außerdem ist die Nichtigkeitsklage an eine Frist gebunden, die grundsätzlich 6 Monate
und bei Vertragsgesetzen 60 Tage seit Verkündung der Rechtsnorm beträgt.[168] Noch
knapper ist die Frist in den beiden *schweizerischen Kantonen* bemessen, die sich zur Einführung einer Quasi-Popularklage entschlossen haben. Sie beträgt in Nidwalden, wo
für die Klagebefugnis ein „rechtliches oder tatsächliches, schutzwürdiges Interesse"
erforderlich ist, 20 Tage[169] und in Basel-Landschaft, wo eine potenzielle Betroffenheit
verlangt wird und nur Rechtsverordnungen angegriffen werden können, gar 10 Tage[170] seit der Veröffentlichung im Amtsblatt.

Am weitesten geht die Quasi-Popularklage in *Slowenien*, wo seit 1994 jedermann
gegen jede Rechtsnorm einen abstrakten Normenkontrollantrag stellen kann, wenn
er ein „rechtliches Interesse" nachweist.[171] Der Gesetzgeber hat versucht, dem schil-
lernden Begriff des „rechtlichen Interesses" insofern klarere Konturen zu verleihen,
als er für die Antragsbefugnis verlangt, daß die angefochtene Rechtsnorm unmittelbar
in Rechte, rechtliche Interessen oder die Rechtsstellung des Antragstellers eingreift.[172]
Außerdem kann die Annahme des Antrags nicht nur bei offensichtlicher Unbegrün-
detheit, sondern auch dann abgelehnt werden, wenn von ihm nicht die Klärung einer
bedeutenden Rechtsfrage erwartet werden kann.[173] Von letztgenannter Möglichkeit
macht das Verfassungsgericht nur selten Gebrauch. Es ist vielmehr bestrebt, durch präzise und in einer umfangreichen Judikatur verfeinerte Anforderungen an den Nachweis des „rechtlichen Interesses" die Hunderte von Quasi-Popularklagen in erträgli-
chen Grenzen zu halten.

Noch nachdrücklicher als bei der unechten Grundrechtsbeschwerde stellt sich bei
den genannten Formen der abstrakten Normenkontrolle die Frage nach der *Belohnung*
des erfolgreichen Popularklägers. Sofern er den Antrag vorsorglich im Hinblick auf in
der Zukunft denkbare Nachteile stellt – und dies bei der Quasi-Popularklage für die
Begründung der Antragsbefugnis akzeptiert wird –, kann sein Kalkül, daß die Rechtsnorm jedenfalls ex nunc aufgehoben wird, dann durchkreuzt werden, wenn das Ver-

---

[167] Art. 142 Abs. 3 koordinierte Verf 1994; bereits im Zuge der Verfassungsreform von 1988 als
Art. 107ter § 2 Abs. 3 in die Verfassung eingefügt.
[168] Art. 3 SonderG.
[169] § 3 Nr. 1 und § 5 Abs. 1 VerfGVO.
[170] § 28 Abs. 1 lit. a) und § 29 Abs. 1 VPO.
[171] Art. 162 Abs. 2 Satz 2 Verf; Art. 24 Abs. 1 VerfGG.
[172] Art. 24 Abs. 2 VerfGG.
[173] Art. 26 Abs. 2 VerfGG.

fassungsgericht die Befugnis hat und nützt, den Zeitpunkt der Aufhebung zur Vermeidung von Rechtslücken oder zur Schonung des Gesetzgebers pro futuro zu verschieben. Mit dieser Möglichkeit muß er in Slowenien (bis zu einem Jahr)[174] und Ungarn (unbefristet),[175] aber auch in Bayern rechnen, wo sich der Verfassungsgerichtshof Abweichungen vom Ex-tunc-Grundsatz nach Zweckmäßigkeitsgesichtspunkten gestattet.[176] Versucht der Antragsteller mit der Popularklage im nachhinein, erlittene Nachteile rückgängig zu machen, so kann er auf einen Profit hoffen, wenn eine rückwirkende Aufhebung der verfassungswidrigen Rechtsnorm in Betracht kommt und/oder er in den Genuß der Regelungen über die Rückabwicklung verfassungswidriger Lagen kommen kann. Die Ex-tunc-Nichtigkeit ist in Bayern und Belgien[177] die Regel, aber der belgische Schiedsgerichtshof kann dem Einzelnen die Früchte seines Erfolgs nehmen, indem er anordnet, daß bestimmte Rechtswirkungen der nichtigen Rechtnorm aufrechterhalten bleiben.[178] In Griechenland[179] und Ungarn[180] kann das Verfassungsgericht ausnahmsweise anordnen, daß die verfassungswidrige Rechtsnorm rückwirkend zu einem bestimmten Zeitpunkt außer Kraft tritt. Dem slowenischen Verfassungsgericht steht die letztgenannte Möglichkeit in Bezug auf Gesetze nur für einen Zeitraum bis zu einem Jahr zu,[181] während es bei untergesetzlichen Rechtsnormen unter Beachtung bestimmter Gesichtspunkte zwischen einer Aufhebung ex nunc (razveljava) und einer Nichtigerklärung ex tunc (odprava) wählen kann.[182] Dem mazedonischen Verfassungsgericht ist der terminologische Unterschied zwischen Aufhebung (ukinanje) und Nichtigerklärung (poništanje) ebenfalls bekannt,[183] aber die Entscheidung zwischen beiden Möglichkeiten wirkt sich dahingehend aus, daß eine Rückabwicklung verfassungswidriger Lagen nur bei der Nichtigerklärung in Betracht kommt, bei der Aufhebung hingegen ausgeschlossen ist.[184] Ansonsten verlieren die auf Grund der verfassungswidrigen Rechtsnorm ergangenen Einzelentscheidungen, die während des Rückwirkungszeitraums Rechts- oder Bestandskraft erlangten, nicht automatisch ihre Wirksamkeit, aber sie sind auf einen innerhalb einer bestimmten Frist gestellten Antrag aufzuheben.[185] Auf diese Weise profitiert von der Rückwirkung

---

[174]  Art. 161 Abs. 1 Verf; Art. 43 und Art. 45 Abs. 3 VerfGG.

[175]  § 43 Abs. 4 VerfGG.

[176]  Vgl. *Pestalozza* (Anm. 158), S. 453f.

[177]  Art. 8 Abs. 1 SonderG.

[178]  Art. 8 Abs. 2 SonderG. Strafrechtliche Verurteilungen müssen allerdings grundsätzlich in einem Wiederaufnahmeverfahren aufgehoben werden (Art. 10, 11 SonderG).

[179]  Art. 100 Abs. 4 UntAbs. 2 Verf; Art. 51 Abs. 1 und 4 OSondGHG.

[180]  § 43 Abs. 4 VerfGG.

[181]  Art. 161 Abs. 1 Satz 2 und Abs. 3 Verf; Art. 43 Satz 2 VerfGG.

[182]  Art. 161 Abs. 1 Satz 4 Verf; Art. 45 VerfGG.

[183]  Art. 112 Abs. 1 Verf; Art. 73 GOVerfG.

[184]  Art. 79–81 GOVerfG.

[185]  In Griechenland kann gegen Gerichtsentscheidungen binnen 6 Monaten ein Wiederaufnahmeantrag gestellt werden, während Verwaltungsakte innerhalb dieses Zeitraums von Amts wegen aufzuheben sind (Art. 51 Abs. 5 und 6 GSondGHG). Ebenfalls 6 Monate beträgt die Rücknahmefrist in Mazedonien (Art. 81 Abs. 1 GOVerfG) und die Frist für den Wiederaufnahmeantrag in Belgien (Art. 12 § 1 Abs. 2, Art. 15 § 4 und Art. 17 Abs. 2 SonderG). In Slowenien ist der entsprechende Antrag innerhalb von drei Monaten zu stellen und nur dann zulässig, wenn zwischen der Zustellung des Einzelakts und der Stellung des abstrakten Normenkontrollantrags nicht mehr als ein Jahr verstrichen ist (Art. 46 Abs. 1–3 VerfGG). In

nicht nur der Antragsteller, sondern alle Betroffenen. Die Möglichkeit, allein den Antragsteller mit einer „Ergreiferprämie" zu belohnen, besteht lediglich in Ungarn.[186]

Eine die Funktionsfähigkeit beeinträchtigende Überlastung der Verfassungsgerichte mit Popularklagen scheint nach den vorliegenden Erfahrungen in der Regel nicht zu drohen. Offenbar reichen die zweifelhaften Aussichten auf einen persönlichen Nutzen und die sonst erwähnten Restriktionen meistens aus, um die Antragswilligkeit in angemessenen Grenzen zu halten. Eine Ausnahme bildet Ungarn, wo die Zahl der Popularklagen zwar rückläufig ist, aber das vertretbare Maß noch immer überschreitet. Sollte diesem Zustand abgeholfen werden, so wäre aus den bereits weiter oben behandelten Gründen an eine Annahme nach Ermessen zu denken (vgl. III. 3 b).

### c) Individualanregung

Es gibt einige Länder, in denen das Verfassungsgericht von Amts wegen ein Verfahren der abstrakten Normenkontrolle einleiten kann. Diese einem Gericht an sich wesensfremde und dem Antragsprinzip widersprechende Befugnis war für die Verfassungsgerichtsbarkeit des kommunistischen Jugoslawien charakteristisch, wo sogar in den Verfassungen ausdrücklich hervorgehoben wurde, daß sich jedermann mit einer entsprechenden Anregung an das Verfassungsgericht wenden konnte.[187] Tatsächlich spielte diese Möglichkeit in der Praxis eine sehr große Rolle, wo die Normenkontrollverfahren überwiegend auf Anregungen von Bürgern durch Beschluß des Verfassungsgerichts eröffnet wurden.[188]

Diese Tradition ist in den meisten *jugoslawischen Nachfolgestaaten* auch nach der rechtsstaatlichen Modernisierung der Verfassungsgerichtsbarkeit beibehalten worden. Allein Slowenien hat auf die Möglichkeit einer Verfahrenseröffnung ex officio gänzlich verzichtet und zugleich das Anregungsrecht des Einzelnen zu einer Quasi-Popularklage verstärkt. Es versteht sich des weiteren, daß die durch westliche Vorgaben geprägte Verfassungsgerichtsbarkeit im Gesamtstaat und der Föderation von Bosnien-Herzegowina mit der altjugoslawischen Tradition insofern gebrochen hat. Die übrigen Verfassungsgerichte können nach wie vor von Amts wegen ein Verfahren einleiten,[189] wobei sie aus beliebigen Quellen und so auch auf Grund eines persönlichen Hinweises auf die mögliche Verfassungswidrigkeit einer Rechtsvorschrift aufmerksam werden können. Auf der anderen Seite ist die Individualanregung, die im rumpfjugoslawisch-serbischen Umfeld „Initiative" (inicijativa)[190] und in Kroatien „Vorschlag"

---

Ungarn sind Strafurteile in jedem Fall im Wiederaufnahmeverfahren aufzuheben (§ 43 Abs. 3 VerfGG); vgl. im übrigen Anm. 121.

[186] § 43 Abs. 4 VerfGG; vgl. im übrigen oben III.4.b mit Anm. 122–126.

[187] Art. 387 Abs. 1 Verfassung der Sozialistischen Föderativen Republik Jugoslawien v. 21. 2. 1974 (Službeni list SFRJ Nr. 9/1974) und die entsprechenden Verfassungsbestimmungen der Republiken und Provinzen.

[188] Statistisches Material bei *Ch. Höcker-Weyand*, Verfassungsgerichtsbarkeit in Jugoslawien, Bericht Nr. 25/1978 des Bundesinstituts für ostwissenschaftliche und internationale Studien, Köln, S. 47ff.

[189] Art. 127 Abs. 3 jugVerf; Art. 128 Abs. 3 serbVerf; Art. 114 Abs. 3 mont Verf; Art. 120 Abs. 3 Verf Serbische Republik in B–H; Art. 14 Abs. 1 mazGOVerfG; Art. 36 Abs. 2 kroatVerfGG.

[190] Art. 127 Abs. 1 jugVerf; Art. 128 Abs. 1 serbVerf; Art. 114 Abs. 1 montVerf; Art. 120 Abs. 1 Verf Serbische Republik in B–H.

(prijedlog)[191] genannt wird, derart formalisiert worden, daß das jeweilige Verfassungsgericht die Anregung praktisch wie einen Antrag in einem Vorverfahren prüfen muß. Die Nichtannahme der Anregung setzt einen förmlichen Beschluß voraus. Sie stellt wohl eine Ermessensentscheidung dar,[192] aber von der Förmlichkeit des Verfahrens dürfte ein gewisser Druck ausgehen, dem sich die versammelten Verfassungsrichter nicht ohne weiteres entziehen können. Das mazedonische Verfassungsgericht ist einen revolutionären Schritt weitergegangen und hat – wie unter III. 5. a dargestellt – aus der traditionellen Anregung gleich eine Popularklage gemacht.

# IV. Schlußfolgerungen

Nach diesem rechtsvergleichenden Überblick über die Vor- und Nachteile der einzelnen Möglichkeiten, die dem Einzelnen den Zugang zum Verfassungsgericht öffnen, sollten einige Schlußfolgerungen gezogen werden. Doch ist dies nicht so einfach. Denn es gibt offensichtlich keine absolut beste Lösung; es gibt nur relativ gute Lösungen, die zur jeweiligen Situation in einem konkreten Land am besten passen. Aristoteles war eben doch weiser als Platon!

Als Ausgangspunkt wäre wohl die Frage zu stellen, wie stark das Bedürfnis nach einem spezifischen Grundrechtsschutz oder zumindest nach einer Mobilisierung subjektiver Interessen zum Schutze der objektiven Verfassungsordnung einzuschätzen ist. Es ist einleuchtend, daß dieses Bedürfnis in den Ländern am stärksten ausgeprägt ist, die gerade eine totalitäre oder autoritäre Diktatur überwunden haben und den Aufbau eines demokratischen Rechtsstaates anstreben. Dies ist die Erklärung für die auf den ersten Blick erstaunliche Tatsache, daß aus mittel-, süd- und osteuropäischer Sicht der Grundrechtsschutz in West- und Nordeuropa recht unterentwickelt ist. Seine dortige Verknüpfung mit dem allgemeinen gerichtlichen Rechtsschutz mag unter den Bedingungen eines traditionell gewachsenen rechtsstaatlichen Milieus akzeptable Ergebnisse zeitigen, ist aber sicherlich ungeeignet, als Initialzündung für einen rechtsstaatlichen Neuanfang zu dienen. Diese Feststellung gilt sogar für das amerikanische Modell, dessen Funktionsfähigkeit die selbstbewußte Eigeninitiative des jeweiligen obersten ordentlichen Gerichts voraussetzt, das verfassungsrechtliche Potential des richterlichen Prüfungsrechts zum Zwecke des Grundrechtsschutzes zu nutzen. Es ist deshalb nicht weiter verwunderlich, daß das amerikanische, englische, skandinavische und französische Rechtssystem die Entstehung einer Verfassungsgerichtsbarkeit in Osteuropa kaum beeinflussen konnten. Die Fortentwicklung des im Rahmen der diffusen konkreten Normenkontrolle möglichen Grundrechtsschutzes zu einem spezifisch verfassungsgerichtlichen Grundrechtsschutz ist durch Ergänzung des Rechtsmittelsystems um die Grundrechtsrevision oder durch Konzentration der konkreten Normenkontrolle auf dem Wege des Einwandes der Verfassungswidrigkeit wohl denkbar. Im angloamerikanischen Einflußbereich besteht hierzu in geschichtlichen Umbruchssituationen eine gewisse Bereitschaft (Zypern, Malta, Portugal, Bosnien-Her-

---

[191] Art. 36 Abs. 1 kroatVerfGG.

[192] Nach Art. 33 jugBVerfGG, Art. 23 Abs. 3 serbVerfGG und Art. 24 montVerfGG ist die Initiative abzulehnen, wenn nach Ansicht des Gerichts „keine Gründe für die Annahme" vorliegen. Der Gesetzgeber in der Serbischen Republik in B-H und in Kroatien hat sich zu den Ablehnungskriterien nicht geäußert.

zegowina), die in gleicher Lage (Rumänien) oder aus Einsicht in die Verbesserungsbedürftigkeit des überkommenen Rechtssystems (Luxemburg) sogar von Ländern des französischen Rechtskreises aufgebracht werden kann, wenn sie das Dogma der Unkontrollierbarkeit des parlamentarischen Gesetzgebers aufzugeben bereit sind. Ganz ausreichend dürfte dies aber vor allem dann nicht sein, wenn der gerichtliche Verwaltungsrechtsschutz nicht lückenlos ist. Die bestehenden Lücken werden erst durch die echte Grundrechtsbeschwerde abgedeckt, die sich im deutschen Rechtskreis entwickelt hat (Schweiz, Österreich, Liechtenstein, Deutschland) und sowohl in Südeuropa (Spanien, Andorra) als auch in Ostmitteleuropa (insbesondere Tschechien, Kroatien, Slowenien) vielfach übernommen worden ist. Die echte Grundrechtsbeschwerde scheint in der Tat die Krönung des subjektiven Grundrechtsschutzes im Verfassungsstaat zu sein. Sie hat allerdings auch ihren Preis, der – jedenfalls in bevölkerungsreichen Ländern – mit der Überlastung des Verfassungsgerichts und – sofern die Rechtskultur nicht domestizierend wirkt – mit der in Rivalitäten zwischen dem Verfassungsgericht und den sonstigen obersten Gerichten mündenden Unmöglichkeit einer dogmatisch sauberen Abschichtung der Grundrechtswidrigkeit von der einfachen Rechtswidrigkeit zu entrichten ist. Dieser Preis läßt sich zwar durch die Ermessensannahme von Grundrechtsbeschwerden auf ein erträgliches Maß senken, doch scheint die Bereitschaft hierzu aus kulturellen Gründen im deutschen Rechtskreis nicht sonderlich entwickelt zu sein.

Man kann sich der Frage des Individualzugangs zum Verfassungsgericht allerdings auch vom Ansatz des objektiven Verfassungsschutzes her nähern und das subjektive Rechtsschutzinteresse in dessen Dienst stellen. Mehrere osteuropäische Länder haben dies in innovativer Weise getan, indem sie die Popularklage uneingeschränkt (Ungarn, Mazedonien, Georgien) oder bei Nachweis eines rechtlichen Interesses als Quasi-Popularklage (Slowenien) zugelassen haben. Die inzwischen gesammelten praktischen Erfahrungen zeigen, daß sich der Mut, den im Westen einige Länder nur unter einschränkenden Bedingungen aufgebracht haben (Liechtenstein, Bayern, Malta, Monaco, Belgien), namentlich in Ungarn und Slowenien durchaus gelohnt hat. Hier haben die Verfassungsgerichte trotz ihrer starken Belastung maßgebliche Beiträge zum Aufbau eines demokratischen Rechtsstaates geleistet. Die mit dem subjektiven Grundrechtsschutz stärker verbundene unechte Grundrechtsbeschwerde vermochte sich in Ungarn im Schatten der Popularklage nicht wirklich zu entfalten, dürfte aber ihre Bewährungsprobe in Polen und Lettland bestehen, sofern das Problem der Bindungswirkung der verfassungskonformen Auslegung zufriedenstellend gelöst wird. Demgegenüber müssen die Experimente mit einer spezifischen Individualbeschwerde in Rußland und der Ukraine wohl als rechtstechnisch mißlungen, wenn auch praktisch nicht unwichtig bezeichnet werden.

Letztlich muß der demokratisch legitimierte Gesetzgeber selber entscheiden, in welchem Umfang und zu welchem Zweck er dem Einzelnen den Zugang zum Verfassungsgericht ermöglichen will. Die verbindliche Einschätzung der rechtspolitischen Bedürfnisse im Lande ist seine Aufgabe. Die Rechtsvergleichung kann ihm behilflich sein, sobald die rechtspolitische Vorentscheidung gefallen ist. Sie kann ihm die rechtstechnischen Gestaltungsmöglichkeiten modellhaft und mit ihren Vor- und Nachteilen aufzeigen und den Weg zur Begrenzung der unvermeidlichen Folgeprobleme weisen. Hierzu sollte diese Untersuchung einen bescheidenen Beitrag leisten.

Anlage Nr. 1

## OSZE-Länder mit diffuser Verfassungsgerichtsbarkeit

| Land | Bezeichnung des obersten ordentlichen Gerichts | verfassungsgerichtliche Funktionen | Zugang des Einzelnen |
|---|---|---|---|
| 1. Dänemark | Højsteret | inzidente Normenkontrolle (schwach); Parteiverbot | ordentlicher Instanzenzug |
| 2. Finnland | Korkein oikeus – Högsta domstolen | inzidente Normenkontrolle (schwach, erst seit 2000 in Bezug auf Gesetze) | ordentlicher Instanzenzug |
| 3. Irland | Supreme Court | präventive und konkrete Normenkontrolle | ordentlicher Instanzenzug (Revision wegen Verfassungswidrigkeit eines Gesetzes immer zulässig) |
| 4. Island | Hæstiréttur | inzidente Normenkontrolle (schwach) | ordentlicher Instanzenzug |
| 5. Kanada | Supreme Court – Cour suprême | inzidente Normenkontrolle; Gutachten | ordentlicher Instanzenzug (meistens mit besonderer Zulassung, ausnahmsweise von Rechts wegen) |
| 6. Niederlande | Hoge Raad | nur inzidente Verordnungskontrolle (schwach); Minister- u. Abgeordnetenanklage | ordentlicher Instanzenzug |
| 7. Norwegen | Højesterett | inzidente Normenkontrolle (schwach) | ordentlicher Instanzenzug |
| 8. Schweden | Högsta domstolen | inzidente Normenkontrolle (schwach); Minister- u. Richteranklage | ordentlicher Instanzenzug |
| 9. Turkmenistan | Ekary Sud | inzidente Normenkontrolle (?) | ordentlicher Instanzenzug |
| 10. Vereinigte Staaten | Supreme Court | inzidente Normenkontrolle (stark) | ordentlicher Instanzenzug (meistens writ of certiorari nach Ermessen; seltener Revision von Rechts wegen) |

Anlage Nr. 2

## OSZE-Länder mit konzentrierter Verfassungsgerichtsbarkeit

| Land | Bezeichnung | Errichtung | Kompetenzen | Zugang des Einzelnen |
|---|---|---|---|---|
| 1. Albanien | Gjykatë Kushtetuese | 1992 | abstrakte u. konkrete Normenkontrolle; Verfassungsauslegung; Kompetenzkonflikte (zwischen Staatsgewalten, vertikale Verbandsstreitigkeiten); Präsidentenanklage; Parteiverbot; Wahlgerichtsbarkeit; Grundrechtsschutz | Grundrechtsrevision (beschränkt auf justizielle Grundrechte) |
| 2. Andorra | Tribunal Constitucional | 1993 | präventive, abstrakte u. konkrete Normenkontrolle; Kompetenzkonflikte (horizontale und vertikale Organstreitigkeiten); Grundrechtsschutz | echte Grundrechtsbeschwerde (recurso d'empara) |
| 3. Armenien | Sahmanadrakan dataran | 1996 | abstrakte Normenkontrolle; Präsidentenanklage (Gutachten); Parteiverbot; Wahlgerichtsbarkeit | nein |
| 4. Aserbaidschan | Konstitusiya Mähkämäsi | 1998 | abstrakte Normenkontrolle; Verfassungsauslegung; Kompetenzkonflikte (Organstreitigkeiten zwischen Staatsgewalten); Erhebung der Präsidentenanklage; Parteiverbot; Wahlgerichtsbarkeit | nein |
| 5. Belgien | Arbitragehof – Cour d'arbitrage | 1984 | abstrakte u. konkrete Normenkontrolle quasi föderativer Natur | föderalistisch beschränkte Quasi-Popularklage (recours en annulation) |
| 6. Bosnien-Herzegowina<br>a) Gesamtstaat | Ustavni sud – Constitutional Court | 1964–1992 (?), 1997 | abstrakte u. konkrete Normenkontrolle; Kompetenzkonflikte (Organstreitigkeiten, föderative Verbandsstreitigkeiten); Grundrechtsschutz | Grundrechtsrevision |
| b) „Entitäten"<br>aa) Föderation Bosnien-Herzegowina | Ustavni sud | 1996 | präventive, abstrakte und konkrete Normenkontrolle; Kompetenzkonflikte (horizontale u. vertikale Organ- und Verbandsstreitigkeiten); Präsidentenanklage | nein |
| | Sud za ljudska prava | 1997 | Grundrechtsschutz mit konkreter Normenkontrolle | Einwand der Grundrechtswidrigkeit; Grundrechtsrevision |

Anlage 2 (Fortsetzung)

| Land | Bezeichnung | Errichtung | Kompetenzen | Zugang des Einzelnen |
|---|---|---|---|---|
| bb) Serbische Republik | Ustavni sud | 1994 | abstrakte Normenkontrolle; Kompetenzkonflikte (zwischen Staatsgewalten, vertikaler Organstreit); Parteiverbot | Anregung |
| 7. Bulgarien | Konstitucionen säd | 1991 | abstrakte u. konkrete Normenkontrolle; Verfassungsauslegung; Kompetenzkonflikte (horizontale u. vertikale Organstreitigkeiten); Präsidentenanklage; Parteiverbot; Wahlgerichtsbarkeit | nein |
| 8. Deutschland a) Bund | Bundesverfassungsgericht | 1951 | abstrakte u. konkrete Normenkontrolle; Kompetenzkonflikte (horizontale Organstreitigkeiten, föderative Verbandsstreitigkeiten; Präsidenten- u. Richteranklage; Parteiverbot; Wahlgerichtsbarkeit, Grundrechtsschutz | echte Grundrechtsbeschwerde (Verfassungsbeschwerde) |
| b) Länder Baden-Württemberg | Staatsgerichtshof | (1948), 1953 | abstrakte u. konkrete Normenkontrolle; Kompetenzkonflikte (Organstreitigkeiten); Minister- u. Abgeordnetenanklage; Wahlgerichtsbarkeit | nein |
| Bayern | Verfassungsgerichtshof | 1947 | abstrakte und konkrete Normenkontrolle; Kompetenzkonflikte (Organstreitigkeiten); Minister- u. Abgeordnetenanklage; Wahlgerichtsbarkeit; Grundrechtsschutz | echte Grundrechtsbeschwerde (Verfassungsbeschwerde); Popularklage |
| Berlin | Verfassungsgerichtshof | 1992 | abstrakte u. konkrete Normenkontrolle; Kompetenzkonflikte (Organstreitigkeiten); Wahlgerichtsbarkeit; Grundrechtsschutz | echte Grundrechtsbeschwerde (Verfassungsbeschwerde) |
| Brandenburg | Verfassungsgericht | 1993 | abstrakte u. konkrete Normenkontrolle; Kompetenzkonflikte (Organstreitigkeiten); Abgeordnetenanklage; Wahlgerichtsbarkeit; Grundrechtsschutz | echte Grundrechtsbeschwerde (Verfassungsbeschwerde) |
| Bremen | Staatsgerichtshof | 1949 | abstrakte u. konkrete Normenkontrolle; Kompetenzkonflikte (Organstreit); Ministeranklage; Wahlgerichtsbarkeit | nein |

Anlage 2 (Fortsetzung)

| Land | Bezeichnung | Errichtung | Kompetenzen | Zugang des Einzelnen |
|---|---|---|---|---|
| Hamburg | Verfassungsgericht | 1953 | abstrakte und konkrete Normenkontrolle; Rechtsauslegung; Kompetenzkonflikt (Organstreit); Anklage gegen Mitglieder des Rechnungshofs; Wahlgerichtsbarkeit | nein |
| Hessen | Staatsgerichtshof | 1947 | abstrakte u. konkrete Normenkontrolle; Kompetenzkonflikt (Organstreit); Ministeranklage; Grundrechtsschutz | echte Grundrechtsbeschwerde (Grundrechtsklage) |
| Mecklenburg-Vorpommern | Landesverfassungsgericht | 1995 | abstrakte u. konkrete Normenkontrolle; Kompetenzkonflikte (Organstreit); Wahlgerichtsbarkeit; Grundrechtsschutz | echte Grundrechtsbeschwerde (Verfassungsbeschwerde) gegen Landesgesetze, sonst subsidiär |
| Niedersachsen | Staatsgerichtshof | 1955 | abstrakte u. konkrete Normenkontrolle; Kompetenzkonflikte (Organstreitigkeiten); Minister- und Abgeordnetenanklage; Wahlgerichtsbarkeit | nein |
| Nordrhein-Westfalen | Verfassungsgerichtshof | 1952 | abstrakte u. konkrete Normenkontrolle; Kompetenzkonflikt (Organstreit); Ministeranklage; Wahlgerichtsbarkeit | nein |
| Rheinland-Pfalz | Verfassungsgerichtshof | 1949 | abstrakte u. konkrete Normenkontrolle; Kompetenzkonflikt (Organstreit); Ministeranklage; Wahlgerichtsbarkeit; Grundrechtsschutz | echte Grundrechtsbeschwerde (Verfassungsbeschwerde) |
| Saarland | Verfassungsgerichtshof | 1959 | abstrakte u. konkrete Normenkontrolle; Kompetenzkonflikt (Organstreit); Minister- und Abgeordnetenanklage; Wahlgerichtsbarkeit; Grundrechtsschutz | echte Grundrechtsbeschwerde (Verfassungsbeschwerde) subsidiär |
| Sachsen | Verfassungsgerichtshof | 1993 | abstrakte u. konkrete Normenkontrolle; Kompetenzkonflikt (Organstreit); Ministeranklage; Wahlgerichtsbarkeit; Grundrechtsschutz | echte Grundrechtsbeschwerde (Verfassungsbeschwerde) |
| Sachsen-Anhalt | Landesverfassungsgericht | 1993 | abstrakte u. konkrete Normenkontrolle; Kompetenzkonflikt (Organstreit); Wahlgerichtsbarkeit; Grundrechtsschutz | echte Grundrechtsbeschwerde (Verfassungsbeschwerde) gegen Landesgesetze |

Anlage 2 (Fortsetzung)

| Land | Bezeichnung | Errichtung | Kompetenzen | Zugang des Einzelnen |
|---|---|---|---|---|
| Schleswig-Holstein | Bundesverfassungsgericht | 1951 | abstrakte u. konkrete Normenkontrolle; Kompetenzkonflikt (Organstreit) | nein |
| Thüringen | Verfassungsgerichtshof | 1995 | abstrakte u. konkrete Normenkontrolle; Kompetenzkonflikte (Organstreit); Wahlgerichtsbarkeit; Grundrechtsschutz | echte Grundrechtsbeschwerde (Verfassungsbeschwerde) |
| 9. Frankreich | Conseil constitutionnel | 1958 | präventive Normenkontrolle; Wahlgerichtsbarkeit | nein |
| 10. Georgien | Sakonstitucio sasamartlo | 1996 | abstrakte u. konkrete Normenkontrolle; Kompetenzkonflikte (horizontale u. vertikal-regionale Organstreitigkeiten); Staatsanklage gegen zahlreiche Funktionsträger (Gutachten); Parteiverbot; Wahlgerichtsbarkeit; Grundrechtsschutz | Popularklage |
| 11. Italien | Corte costituzionale | 1956 | konkrete Normenkontrolle; Kompetenzkonflikte (regionale Verbandsstreitigkeiten, horizontale Organstreitigkeiten); Präsidenenanklage | Einwand der Verfassungswidrigkeit, sofern nicht offensichtlich unbegründet |
| 12. Jugoslawien a) Bund | Savezni ustavni sud | 1964 | abstrakte Normenkontrolle; Kompetenzkonflikte (vertikale und horizontale Organstreitigkeiten u. vertikale Organstreitigkeiten föderativer Natur); Präsidentenanklage; Parteiverbot; Wahlgerichtsbarkeit; Grundrechtsschutz | echte Grundrechtbeschwerde (ustavna žalba) subsidiär; Anregung |
| b) Republiken Montenegro | Ustavni sud | 1964 | abstrakte Normenkontrolle; Kompetenzkonflikte (vertikale u. horizontale Organstreitigkeiten zwischen Exekutive, Justiz u. Kommunen); Präsidentenanklage (Gutachten); Parteiverbot; Wahlgerichtsbarkeit; Grundrechtsschutz | echte Grundrechtbeschwerde (ustavna žalba) subsidiär; Anregung |
| Serbien | Ustavni sud | 1964 | abstrakte Normenkontrolle; Kompetenzkonflikte (Organstreitigkeiten zwischen Gerichten und anderen Organen); Parteiverbot; Wahlgerichtsbarkeit | Anregung |
| 13. Kasachstan | Konstitucijalyk Keņes – (Konstitucionnyj sovet) | 1996 | präventive und konkrete Normenkontrolle; Verfassungsauslegung; Präsidentenanklage (Gutachten); Wahlgerichtsbarkeit | nein |

Anlage 2 (Fortsetzung)

| Land | Bezeichnung | Errichtung | Kompetenzen | Zugang des Einzelnen |
|---|---|---|---|---|
| 14. Kirgisien | Konstitucijalyk Sotu | 1995 | abstrakte u. konkrete Normenkontrolle; Kompetenzkonflikte (horizontale u. vertikale Organstreitigkeiten); Präsidentenanklage (Gutachten); Grundrechtsschutz | russische Grundrechtsbeschwerde 1. Variante subsidiär |
| 15. Kroatien | Ustavni sud | 1964 | präventive, abstrakte und (beschränkt) konkrete Normenkontrolle; Kompetenzkonflikte (Organstreitigkeiten zwischen den Staatsgewalten); Präsidentenanklage; Parteiverbot; Wahlgerichtsbarkeit | echte Grundrechtsbeschwerde (ustavna tužba); Anregung |
| 16. Lettland | Satversme tiesa | 1996 | abstrakte und konkrete Normenkontrolle; | unechte Grundrechtsbeschwerde (konstitucionālā sūdzība) |
| 17. Liechtenstein | Staatsgerichtshof | 1926 | abstrakte und konkrete Normenkontrolle; Verfassungsauslegung; Rechtsgutachten; Kompetenzkonflikte (zwischen Gerichten und Behörden); Ministeranklage; Wahlgerichtsbarkeit; Grundrechtsschutz; punktuell Verwaltungsgerichtsbarkeit | echte Grundrechtsbeschwerde (Verfassungsbeschwerde); Popularklage gegen Verordnungen (100 Stimmbürger) |
| 18. Litauen | Konstitucinis Teismas | 1993 | abstrakte und konkrete Normenkontrolle; Präsidenten-, Abgeordneten- und Richteranklage (Gutachten); Wahlgerichtsbarkeit | nein |
| 19. Luxemburg | Cour constitutionnelle | 1997 | konkrete Normenkontrolle | Einwand der Verfassungswidrigkeit, sofern nicht offesichtlich unbegründet |
| 20. Malta | Qorti Kostituzzjonali – Constitutional Court | 1974 | abstrakte und konkrete Normenkontrolle; Wahlgerichtsbarkeit | Grundrechts- und Verfassungsrevision; Popularklage (nicht wegen Grundrechtswidrigkeit) |
| 21. Mazedonien | Ustaven sud | 1964 | abstrakte u. konkrete Normenkontrolle; Kompetenzkonflikte (zwischen den drei Staatsgewalten, vertikale Organstreitigkeiten); Präsidentenanklage; Parteiverbot; Grundrechtsschutz | echte Grundrechtsbeschwerde (beschränkt auf bestimmte Grundrechte); Popularklage |

Anlage 2 (Fortsetzung)

| Land | Bezeichnung | Errichtung | Kompetenzen | Zugang des Einzelnen |
|---|---|---|---|---|
| 22. Moldau | Curte Constituțională | 1995 | abstrakte Normenkontrolle; Verfassungsauslegung; Präsidentenanklage (Gutachten); Parteiverbot; Wahlgerichtsbarkeit | nein |
| 23. Österreich | Verfassungsgerichtshof | 1920 | abstrakte u. konkrete Normenkontrolle; Kompetenzkonflikte (zwischen Justiz- u. Verwaltungsbehörden; föderative Verbandstreitigkeiten); Präsidenten-, Minister- u. Landeshauptmannanklage; Wahlgerichtsbarkeit; Grundrechtsschutz | echte Grundrechtsbeschwerde (nicht gegen Gerichtsentscheidungen) |
| 24. Polen | Trybunał Konstytucyjny | 1986 | präventive, abstrakte u. konkrete Normenkontrolle; Kompetenzkonflikte (horizontale Organstreitigkeiten); Parteiverbot; Grundrechtsschutz | unechte Grundrechtsbeschwerde (skarga konstytucyjna) |
| 25. Portugal | Tribunal Constitucional | 1983 | präventive, abstrakte, konkrete u. negative Normenkontrolle; Parteiverbot; Wahlgerichtsbarkeit | Verfassungsrevision (recurso) |
| 26. Rumänien | Curte Constituțională | 1992 | präventive und konkrete Normenkontrolle; Präsidentenanklage (Gutachten); Parteiverbot; Wahlgerichtsbarkeit | Einwand der Verfassungswidrigkeit |
| 27. Rußland a) Föderation | Konstitucionnyj Sud | 1991/93, 1995 | abstrakte und konkrete Normenkontrolle; Verfassungsauslegung; Kompetenzkonflikte (horizontale u. vertikale Organstreitigkeiten); Präsidentenanklage (Gutachten); Grundrechtsschutz | russische Grundrechtsbeschwerde 2. Variante |
| b) Föderationssubjekte Republik Adygeja | Konstitucionnyj Sud (bis 2000 Konstituciomnaja Palata) | 1997 | abstrakte und konkrete Normenkontrolle; Verfassungsauslegung; Kompetenzkonflikte (horizontale u. vertikale Organstreitigkeiten); Präsidentenanklage (Gutachten); Grundrechtsschutz | russische Grundrechtsbeschwerde 2. Variante |
| Republik Baschkortostan | Konstitucionnyj Sud | 1996 | abstrakte u. konkrete Normenkontrolle; Verfassungsauslegung; Kompetenzkonflikte (horizontale u. vertikale Organstreitigkeiten); Präsidentenanklage (Gutachten); Parteiverbot; Grundrechtsschutz | russische Grundrechtsbeschwerde 2. Variante |

Grundrechtsbeschwerden in Europa

Anlage 2 (Fortsetzung)

| Land | Bezeichnung | Errichtung | Kompetenzen | Zugang des Einzelnen |
|---|---|---|---|---|
| Republik Burjätien | Konstitucionnyj Sud | 1995 | abstrakte u. konkrete Normenkontrolle; Verfassungsauslegung; Kompetenzkonflikte (horizontale, vertikale u. kommunale Organstreitigkeiten); Präsidentenanklage (Gutachten); Grundrechtsschutz | russische Grundrechtsbeschwerde 2. Variante |
| Republik Dagestan | Konstitucionnyj Sud | 1991 | abstrakte u. konkrete Normenkontrolle; Verfassungsauslegung; Kompetenzkonflikte (horizontale u. vertikale Organstreitigkeiten); Präsidentenanklage (Gutachten); Grundrechtsschutz | russische Grundrechtsbeschwerde 2. Variante |
| Kabardinisch-Balkarische Republik | Konstitucionnyj Sud | 1993 | abstrakte u. konkrete Normenkontrolle; Verfassungsauslegung; Kompetenzkonflikte (horizontale, vertikale u. kommunale Organstreitigkeiten); Präsidentenanklage (Gutachten); Grundrechtsschutz | russische Grundrechtsbeschwerde 2. Variante |
| Republik Karelien | Konstitucionnyj Sud | 1994 | abstrakte u. konkrete Normenkontrolle; Kompetenzkonflikte (horizontale u. vertikale u. kommunale Organstreitigkeiten); Ministeranklage; Grundrechtsschutz | russische Grundrechtsbeschwerde 2. Variante |
| Republik Komi | Konstitucionnyj Sud | 1994 | abstrakte u. konkrete Normenkontrolle; Verfassungsauslegung; Kompetenzkonflikte (horizontale, vertikale und kommunale Organstreitigkeiten); Präsidentenanklage (Gutachten); Grundrechtsschutz | russische Grundrechtsbeschwerde 2. Variante |
| Republik Mari-El | Konstitucionnyj Sud | 1998 | abstrakte u. konkrete Normenkontrolle; Verfassungsauslegung; Rechtsgutachten; Kompetenzkonflikte (horizontale Organstreitigkeiten); Präsidentenanklage (Gutachten); Grundrechtsschutz | russische Grundrechtsbeschwerde 2. Variante |
| Stadt St. Petersburg | Ustavnyj Sud | 2000 | abstrakte u. (nur auf Parteiantrag) konkrete Normenkontrolle; Verfassungsauslegung | modifizierte russische Grundrechtsbeschwerde 2. Variante |
| Republik Sacha (Jakutien) | Konstitucionnyj Sud | 1992 | abstrakte u. konkrete Normenkontrolle; Verfassungsauslegung; Präsidentenanklage (Gutachten); Parteiverbot; Grundrechtsschutz | russische Grundrechtsbeschwerde 1. Variante |

Anlage 2 (Fortsetzung)

| Land | Bezeichnung | Errichtung | Kompetenzen | Zugang des Einzelnen |
|---|---|---|---|---|
| Gebiet Swerdlowsk | Ustavnyj Sud | 1998 | abstrakte Normenkontrolle; Verfassungsauslegung; Kompetenzkonflikte (vertikale Organstreitigkeiten); Gouverneursanklage (Gutachten); Grundrechtsschutz | russische Grundrechtsbeschwerde 2. Variante |
| Republik Tatarstan | Konstitucionnyj Sud | 2000 | abstrakte Normenkontrolle; Verfassungsauslegung; Kompetenzkonflikte (horizontale Organstreitigkeiten); Präsidentenanklage (Gutachten); Grundrechtsschutz | russische Grundrechtsbeschwerde 2. Variante |
| 28. Slowakei | Ústavný súd | 1993 | abstrakte u. konkrete Normenkontrolle; Verfassungsauslegung; Kompetenzkonflikte (horizontale u. vertikale Organstreitigkeiten); Präsidentenanklage; Parteiverbot (Rechtsmittelinstanz); Wahlgerichtsbarkeit; Grundrechtsschutz | echte Grundrechtsbeschwerde (ústavná st'ažnost') subsidiär; |
| 29. Slowenien | Ustavno sodišče | 1964 | abstrakte u. konkrete Normenkontrolle; Kompetenzkonflikte (horizontale Organstreitigkeiten; zwischen Gerichten u. Staatsorganen; vertikale und kommunale Verbandsstreitigkeiten); Präsidenten- und Ministeranklage; Parteiverbot; Wahlgerichtsbarkeit; Grundrechtsschutz | echte Grundrechtsbeschwerde (ustavna pritožba); Quasi-Popularklage |
| 30. Spanien | Tribunal Constitucional | 1980 | präventive, abstrakte und konkrete Normenkontrolle; Kompetenzkonflikte (vertikale u. horizontale Verbandsstreitigkeiten regionaler Art); Grundrechtsschutz | echte Grundrechtsbeschwerde (recurso de amparo constitucional) |
| 31. Tadschikistan | Sudi konstitutsionI (Konstitucionnyj Sud) | 1996 | abstrakte u. konkrete Normenkontrolle; Kompetenzkonflikte (horizontale u. vertikale Organstreitigkeiten); Präsidentenanklage (Gutachten); Wahlgerichtsbarkeit; Grundrechtsschutz | russische Grundrechtsbeschwerde 2. Variante |
| 32. Tschechien | Ústavní soud | 1993 | abstrakte u. konkrete Normenkontrolle; Kompetenzkonflikte (horizontale Organstreitigkeiten, vertikale und horizontale Verbandsstreitigkeiten); Präsidentenanklage (Rechtsmittelinstanz); Parteiverbot; Grundrechtsschutz | echte Grundrechtsbeschwerde (ústavní stížnost) |

Anlage 2 (Fortsetzung)

| Land | Bezeichnung | Errichtung | Kompetenzen | Zugang des Einzelnen |
|---|---|---|---|---|
| 33. Türkei | Anayasa mahkemesi | 1962 | abstrakte und konkrete Normenkontrolle; Präsidenten-, Minister- und Richteranklage; Parteiverbot | nein |
| 34. Ukraine | Konstytucjjnyj Sud | 1997 | abstrakte und konkrete Normenkontrolle; Verfassungs- und Gesetzesauslegung; Präsidentenanklage (Gutachten) | Verfassungseingabe (konstytucijne zvernennja) |
| 35. Ungarn | Alkotmánybíróság | 1990 | präventive, abstrakte, konkrete und negative Normenkontrolle; Verfassungsauslegung; Kompetenzkonflikte (horizontale und vertikale Organstreitigkeiten, kommunale Verbandsstreitigkeiten); Präsidentenanklage | unechte Grundrechtsbeschwerde (alkotmányjogi panasz); Popularklage |
| 36. Usbekistan | Konstitucijavij sudi | 1996 | abstrakte Normenkontrolle; Verfassungs- und Gesetzesauslegung | nein |
| 37. Weißrußland | Kanstytucyjnyj Sud – Konstitucionnyj Sud | 1994 | abstrakte und (beschränkt) konkrete Normenkontrolle; | nein |

Anlage Nr.3

OSZE-Länder mit einer Verfassungsgerichtsbarkeit besonderer Art

| Land | Bezeichnung | Errichtung | Gerichtsprofil | verfassungsreichtliche Kompetenzen | Zugang des Einzelnen |
|---|---|---|---|---|---|
| 1. Estland | Riigikohtu: põhiseaduslikkuse järelevalve kolleegium | 1993 | oberstes ordentliches Gericht mit besonderem Spruchkörper für Verfassungssachen | präventive, abstrakte und konkrete sowie inzidente Normenkontrolle | ordentlicher Instanzenzug bei inzidenter Normenkontrolle |
| 2. Griechenland | Anotaton Eidikon Dikastirion | 1975 | Sondergericht der obersten Gerichtshöfe | Beseitigung von höchstrichterlichen Rechtsprechungsdivergenzen bei konkreter Normenkontrolle (und generell); Kompetenzkonflikte (zwischen Justiz und Verwaltung sowie zwischen Fachgerichtsbarkeiten); Wahlgerichtsbarkeit | Einwand der Verfassungswidrigkeit und Quasi-Popularklage zur Beseitigung höchstrichterlicher Rechtsprechungsdivergenzen |
| 3. Monaco | Tribunal Suprême | 1963 | Verfassungs- und Verwaltungsgericht | Kompetenzkonflikte; Grundrechtsschutz | echte Grundrechtsbeschwerde gegen Gesetze (recours en annulation); ordentlicher Instanzenzug in Verwaltungssachen |
| 4. Schweiz a) Bund | Bundesgericht – Tribunal fédéral – Corte federale | 1874 | oberstes ordentliches Gericht mit verfassungsgerichtlichen Sonderkompetenzen | inzidente Normenkontrolle (nur Bundesverordnungen und Kantonsrecht); föderative Kompetenzkonflikte (vertikale und horizontale Verbandsstreitigkeiten); Wahlgerichtsbarkeit; Grundrechtsschutz | ordentlicher Instanzenzug bei inzidenter Normenkontrolle; echte Grundrechtsbeschwerde (staatsrechtliche Beschwerde gegen kantonale Hoheitsakte); Verwaltungsgerichtsbeschwerde |
| b) Kantone Basel-Landschaft | Verwaltungsgericht | 1987 | Verfassungs- und Verwaltungsgericht | inzidente und abstrakte (bei Verordnungen) Normenkontrolle; Kompetenzkonflikte (vertikale und horizontale Verbandsstreitigkeiten); Wahlgerichtsbarkeit; Grundrechtsschutz | echte Grundrechtsbeschwerde (gegen Rechtsverordnungen und Verwaltungsakte); Quasi-Popularklage (gegen Verordnungen); Verwaltungsgerichtsbeschwerde |

Anlage 3 (Fortsetzung)

| Land | Bezeichnung | Errichtung | Gerichtsprofil | verfassungsreichliche Kompetenzen | Zugang des Einzelnen |
|---|---|---|---|---|---|
| Jura | Tribunal cantonal: Cour constitutionnelle | 1979 | oberstes ordentliches Gericht mit besonderem Spruchkörper für Verfassungssachen | präventive und inzidente Normenkontrolle; Kompetenzkonflikte (Organstreitigkeiten sowie zwischen Fachgerichtsbarkeiten); Wahlgerichtsbarkeit | ordentlicher Instanzenzug bei inzidenter Normenkontrolle; echte präventive Grundrechtsbeschwerde (gegen Rechtsnormen) |
| Nidwalden | Obergericht: Verfassungsgericht | 1968 | oberstes ordentliches Gericht mit besonderem Spruchkörper für Verfassungssachen | inzidente und abstrakte Normenkontrolle; Kompetenzkonflikte (Organstreitigkeiten); Wahlgerichtsbarkeit | ordentlicher Instanzenzug bei inzidenter Normenkontrolle; Quasi-Popularklage (Verfassungsbeschwerde) |
| 5. Zypern griechischer Teil | Anotato dikasterio | 1960 bzw. 1964 | oberstes ordentliches Gericht, Verfassungsgericht und Verwaltungsgericht | präventive und inzidente Normenkontrolle; Kompetenzkonflikte (Organstreitigkeiten); Präsidentenanklage; Wahlgerichtsbarkeit; verfassungs- und verwaltungsgerichtlicher Rechtsschutz | ordentlicher Instanzenzug bei inzidenter Normenkontrolle; Anfechtungsklage (gegen Verwaltungsakte) |
| türkischer Teil | Yüksek Mahkemesi | 1985 | oberstes ordentliches Gericht, Verfassungsgericht und Verwaltungsgericht | präventive, abstrakte, inzidente und konkrete Normenkontrolle; Kompetenzkonflikte (Organstreitigkeiten); Präsidenten- und Ministeranklage; verfassungs- und verwaltungsgerichtlicher Rechtsschutz | ordentlicher Instanzenzug bei inzidenter Normenkontrolle; Einwand der Verfassungswidrigkeit; Anfechtungsklage (gegen Verwaltungsakte) |

## Anlage Nr. 4
## Rechtsgrundlagen der Verfassungsgerichtsbarkeit in den OSZE-Staaten

| | |
|---|---|
| Albanien: | Art. 124–134 Verfassung der Republik Albanien – Gesetz Nr. 8417 v. 21. 10. 1998 (Fletorja Zyrtare 1998, S. 1073); Gesetz Nr. 8577 über die Organisation und Tätigkeit des Verfassungsgerichts der Republik Albanien v. 10. 2. 2000 (Fletorja Zyrtare 2000, S. 101) |
| Andorra: | Art. 95–104 Verfassung des Fürstentums Andorra v. 14. 3. 1993 (Butlletí Oficial Nr. 24 v. 4. 5. 1993); Qualifiziertes Gesetz über das Verfassungsgericht v. 3. 9. 1993 (Butlletí Oficial Nr. 51 v. 28. 9. 1993) |
| Armenien: | Art. 96–102 Verfassung der Republik Armenien v. 5. 7. 1995 (Respublika Armenija v. 21. 7. 1995); Gesetz über das Verfassungsgericht v. 6. 12. 1995 (Vedomosti Nacional'nogo Sobranija RA 1995, Nr. 24, Pos. 154) |
| Aserbaidschan: | Art. 130 Verfassung der Republik Aserbaidschan v. 12. 11. 1995 (Azärbaycan v. 11. 11. 1995); Gesetz über das Verfassungsgericht der Republik Aserbaidschan v. 21. 10. 1997 (Azärbaycan v. 27. 11. 1997) |
| Belgien: | Art. 142 koordinierte Verfassung von Belgien v. 17. 2. 1994 (Belgisch Staatsblad – Moniteur Belge v. 17. 2. 1994), Sondergesetz über den Schiedsgerichtshof v. 6. 1. 1989 (Belgisch Staatsblad – Moniteur Belge v. 7. 1. 1989) |
| Bosnien-Herzegowina: Gesamtstaat: | Art. VI Verfassung von Bosnien-Herzegowina v. 14. 12. 1995 = Anhang Nr. 4 zum Allgemeinen Rahmenabkommen für einen Frieden in Bosnien-Herzegowina (International Legal Materials Nr. 1/1996, S. 118); Geschäftsordnung des Verfassungsgerichts von Bosnien-Herzegowina v. 29. 9. 1997 i.d.F. der Neubekanntmachung v. 5. 11. 1999 (Službeni glasnik BiH Nr. 24/1999) |
| Entitäten: – Föderation Bosnien-Herzegowina | Verfassungsgericht: Kap. IV.C. Art. 9–13, Kap. IX Art. 9 lit. c) Verfassung der Föderation Bosnien-Herzegowina v. 30. 3. 1994 (Službene novine FBiH Nr. 1/1994, Pos. 1); Gesetz über das Verfahren vor dem Verfassungsgericht der Föderation Bosnien-Herzegowina v. 14. 10. 1995 (Službene novine FBiH Nr. 6/1995, Pos. 48); Beschluß über die Organisation des Verfassungsgerichts der Föderation Bosnien-Herzegowina v. 10. 1. 1996 (Službene novine FBiH Nr. 2/1996, Pos. 7); Geschäftsordnung des Verfassungsgerichts der Föderation Bosnien-Herzegowina v. 26. 3. 1998 (Službene novine FBiH Nr. 34/1998) Gericht für Menschenrechte: Kap. IV.C. Art. 18–23, Kap. IX Art. 9 lit. d) Verfassung der Föderation Bosnien-Herzegowina v. 30. 3. 1994 (Službene novine FBiH Nr. 1/1994, Pos. 1); Gesetz über das Gericht für Menschenrechte der Föderation Bosnien-Herzegowina v. 14. 10. 1995 (Službene novine FBiH Nr. 6/1995, Pos. 49) |
| – Serbische Republik: | Art. 115–120 Verfassung der Serbischen Republik v. 28. 2. 1992 i.d.F. der Neubekanntmachung v. 17. 12. 1992 (Službeni glasnik RS Nr. 19/1992); Gesetz über das Verfassungsgericht der Serbischen Republik v. 1994 (Službeni glasnik RS Nr. 29/1994) |
| Bulgarien: | Art. 147–152 Verfassung der Republik Bulgarien v. 12. 7. 1991 (Daržaven Vestnik Nr. 56/1991); Gesetz über das Verfassungsgericht v. 9. 8. 1991 (Daržaven Vestnik Nr. 67/1991); Geschäftsordnung des Verfassungsgerichts v. 6. 12. 1991 (Daržaven Vestnik Nr. 106/1991) |

Deutschland:
Bund:

Art. 93–94 Grundgesetz für die Bundesrepublik Deutschland v. 23. 5. 1949 (Bundesgesetzblatt I 1949, S. 1); Gesetz über das Bundesverfassungsgericht (Bundesverfassungsgerichtsgesetz – BVerfGG) v. 12. 3. 1951 i.d.F. der Neubekanntmachung v. 11. 8. 1993 (Bundesgesetzblatt I 1993, S. 1473); Geschäftsordnung des Bundesverfassungsgerichts v. 15. 12. 1986 (Bundesgesetzblatt I 1986, S. 2529)

Länder:
– Baden-Württemberg:

Art. 68 Verfassung des Landes Baden-Württemberg v. 11. 11. 1953 (Gesetz- und Verordnungsblatt für Baden-Württemberg 1953, S. 173); Gesetz über den Staatsgerichtshof v. 13. 12. 1954 (Gesetz- und Verordnungsblatt für Baden-Württemberg 1954, S. 171); Geschäftsordnung des Staatsgerichtshofs für das Land Baden-Württemberg v. 10. 12. 1955 (Gesetz- und Verordnungsblatt für das Land Baden-Württemberg 1955, S. 269)

– Bayern:

Art. 60–69 Verfassung des Freistaates Bayern v. 2. 12. 1946 (Bayerisches Gesetz- und Verordnungsblatt 1946, S. 333); Gesetz über den Bayerischen Verfassungsgerichtshof (VfGHG) v. 10. 5. 1990 (Bayerisches Gesetz- und Verordnungsblatt 1990, S. 122); Geschäftsordnung des Bayerischen Verfassungsgerichtshofs (GeschOVfGH) v. 18. 12. 1990 (Bayerisches Gesetz- und Verordnungsblatt 1991, S. 36)

– Berlin:

Art. 84 Verfassung von Berlin v. 23. 11. 1995 (Gesetz- und Verordnungsblatt für Berlin 1995, S. 779); Gesetz über den Verfassungsgerichtshof (VerfGHG) v. 8. 11. 1990 (Gesetz- und Verordnungsblatt für Berlin 1990, S. 2246); Geschäftsordnung des Verfassungsgerichtshofs des Landes Berlin v. 6. 12. 1994 (Gesetz- und Verordnungsblatt für Berlin 1994, S. 504)

– Brandenburg:

Art. 112–113 Verfassung des Landes Brandenburg v. 20. 8. 1992 (Gesetz- und Verordnungsblatt für das Land Brandenburg I 1992, S. 298); Gesetz über das Verfassungsgericht des Landes Brandenburg (Verfassungsgerichtsgesetz Brandenburg – VerfGGBbg) v. 8. 7. 1993 i.d.F. der Neubekanntmachung v. 22. 11. 1996 (Gesetz- und Verordnungsblatt für das Land Brandenburg I 1996, S. 343); Geschäftsordnung des Verfassungsgerichts des Landes Brandenburg v. 17. 12. 1998 (Gesetz- und Verordnungsblatt für das Land Brandenburg I 1999, S. 2)

– Bremen:

Art. 139–140 Landesverfassung der Freien Hansestadt Bremen v. 21. 10. 1947 (Gesetzblatt der Freien Hansestadt Bremen 1947, S. 251); Gesetz über den Staatsgerichtshof v. 21. 6. 1949 i.d.F. der Neubekanntmachung v. 18. 6. 1996 (Gesetzblatt der Freien Hansestadt Bremen 1996, S. 179); Geschäftsordnung des Staatsgerichtshofes der Freien Hansestadt Bremen v. 4. 8. 1997 (Amtsblatt der Freien Hansestadt Bremen 1997, S. 403)

– Hamburg

Art. 65 Verfassung der Freien und Hansestadt Hamburg v. 6. 6. 1952 (Hamburgisches Gesetz- und Verordnungsblatt 1952, S. 117); Gesetz über das Hamburgische Verfassungsgericht v. 2. 10. 1953 i.d.F. der Neubekanntmachung v. 23. 3. 1982 (Hamburgisches Gesetz- und Verordnungsblatt 1982, S. 59); Geschäftsordnung des Hamburgischen Verfassungsgerichts v. 11. 2. 1983 (Hamburgisches Gesetz- und Verordnungsblatt 1983, S. 65)

– Hessen:

Art. 130–133 Verfassung des Landes Hessen v. 1. 12. 1946 (Gesetz- und Verordnungsblatt für das Land Hessen 1946, S. 229); Gesetz über den Staatsgerichtshof v. 30. 11. 1994 i.d.F. der Neubekanntmachung v. 19. 1. 2001 (Gesetz- und Verordnungsblatt für das Land Hessen I 2001, S. 78)

– Mecklenburg-
  Vorpommern:

Art. 52–54 Verfassung des Landes Mecklenburg-Vorpommern v. 23. 5. 1993 (Gesetz- und Verordnungsblatt für Mecklenburg-Vorpommern 1993, S. 372); Gesetz über das Landesverfassungsgericht Mecklenburg-Vorpommern (Landesverfassungsgerichtsgesetz – LVerfGG ) v. 19. 7. 1994 (Gesetz- und Verordnungsblatt für Mecklenburg-Vorpommern 1994, S. 734); Geschäftsordnung des Landesverfassungsgerichts Mecklenburg-Vorpommern v. 20. 12. 1995 (Gesetz- und Verordnungsblatt für Mecklenburg-Vorpommern 1996, S. 13)

– Niedersachsen:

Art. 54–55 Niedersächsische Verfassung v. 19. 5. 1993 (Niedersächsisches Gesetz- und Verordnungsblatt 1993, S. 107); Gesetz über den Staatsgerichtshof v. 31. 3. 1955 i.d.F. der Neubekanntmachung v. 1. 7. 1996 (Niedersächsisches Gesetz- und Verordnungsblatt 1996, S. 342); Geschäftsordnung des Niedersächsischen Staatsgerichtshofs v. 5. 12. 1996 (Niedersächsisches Gesetz- und Verordnungsblatt 1997, S. 48)

– Nordrhein-Westfalen:

Art. 75–76 Verfassung für das Land Nordrhein-Westfalen v. 28. 6. 1950 (Gesetz- und Verordnungsblatt für das Land Nordrhein-Westfalen 1950, S. 127); Gesetz über den Verfassungsgerichtshof für das Land Nordrhein-Westfalen v. 14. 12. 1989 (Gesetz- und Verordnungsblatt für das Land Nordrhein-Westfalen 1989, S. 708); Geschäftsordnung des Verfassungsgerichtshofs für das Land Nordrhein-Westfalen v. 4. 5. 1990 (Gesetz- und Verordnungsblatt für das Land Nordrhein-Westfalen 1990, S. 292)

– Rheinland-Pfalz:

Art. 130–136 Verfassung für Rheinland-Pfalz v. 18. 5. 1947 (Gesetz- und Verordnungsblatt für das Land Rheinland-Pfalz 1947, S. 209); Landesgesetz über den Verfassungsgerichtshof v. 23. 7. 1949 (Gesetz- und Verordnungsblatt für das Land Rheinland-Pfalz 1949, S. 285); Geschäftsordnung des Verfassungsgerichtshofs Rheinland-Pfalz v. 13. 8. 1991 (Gesetz- und Verordnungsblatt für das Land Rheinland-Pfalz 1991, S. 345)

– Saarland:

Art. 96–97 Verfassung des Saarlandes v. 15. 12. 1947 (Amtsblatt des Saarlandes 1947, S. 1077); Gesetz Nr. 645 über den Verfassungsgerichtshof (VGHG) v. 17. 7. 1958 i.d.F. der Neubekanntmachung v. 19. 11. 1982 (Amtsblatt des Saarlandes 1982, S. 917); Geschäftsordnung des Verfassungsgerichtshofes des Saarlandes v. 5. 8. 1991 (Amtsblatt des Saarlandes 1991, S. 974)

– Sachsen:

Art. 81 Verfassung des Freistaates Sachsen v. 27. 5. 1992 (Gesetz- und Verordnungsblatt für das Land Sachsen 1992, S. 243); Gesetz über den Verfassungsgerichtshof des Freistaates Sachsen (Sächsisches Verfassungsgerichtshofsgesetz – SächsVerfGHG) v. 18. 2. 1993 (Gesetz- und Verordnungsblatt für das Land Sachsen 1993, S. 177); Geschäftsordnung des Verfassungsgerichtshofes des Freistaates Sachsen v. 14. 10. 1993 (Gesetz- und Verordnungsblatt für das Land Sachsen 1993, S. 1134)

– Sachsen-Anhalt:

Art. 74–76 Verfassung des Landes Sachsen-Anhalt v. 16. 7. 1992 (Gesetz- und Verordnungsblatt für das Land Sachsen-Anhalt 1992, S. 600); Gesetz über das Landesverfassungsgericht (Landesverfassungsgerichtsgesetz – LVerfGG) v. 23. 8. 1993 (Gesetz- und Verordnungsblatt für das Land Sachsen-Anhalt 1993, S. 441); Geschäftsordnung des Landesverfassungsgerichts Sachsen-Anhalt v. 18. 4. 1994 (Gesetz- und Verordnungsblatt für das Land Sachsen-Anhalt 1994, S. 543)

– Schleswig-Holstein:

Art. 44 Verfassung des Landes Schleswig-Holstein v. 13. 12. 1949 i.d.F. der Neubekanntmachung v. 13. 6. 1990 (Gesetz- und Verordnungsblatt für Schleswig-Holstein 1990, S. 391) i.V.m. Art. 99 Grundgesetz für die Bundesrepublik Deutschland v. 23. 5. 1949 (Bundesgesetzblatt I 1949, S. 1)

| | |
|---|---|
| – Thüringen: | Art. 79–80 Verfassung des Freistaats Thüringen v. 25. 10. 1993 (Gesetz- und Verordnungsblatt für das Land Thüringen 1993, S. 625); Gesetz über den Thüringer Verfassungsgerichtshof (Thüringer Verfassungsgerichtshofsgesetz – ThürVerfGHG) v. 28. 6. 1994 (Gesetz- und Verordnungsblatt für das Land Thüringen 1994, S. 781); Geschäftsordnung des Thüringer Verfassungsgerichtshofs v. 13. 9. 1995 (Gesetz- und Verordnungsblatt für das Land Thüringen 1995, S. 313) |
| Estland: | §§ 107 II, 142, 149 III, 152 Verfassung der Republik Estland v. 28. 6. 1992 (Riigi Teataja I 1992, Nr. 26, Pos. 349); Gesetz über den Gerichtsprozeß im Verfahren der Verfassungsaufsicht v. 5. 5. 1993 (Riigi Teataja I 1993, Nr. 25, Pos. 435) |
| Frankreich: | Art. 56–63 Verfassung der Französischen Republik v. 4. 10. 1958 (Journal Officiel v. 5. 10. 1958, S. 9151); Verordnung Nr. 58–1067 v. 7. 11. 1958 betr. das Organgesetz über den Verfassungsrat (Journal Officiel v. 9. 11. 1958, S. 1129) |
| Georgien: | Art. 88–89 Verfassung von Georgien v. 24. 8. 1995 (Sakartvelos Parlamentis Ucqebebi 1995, Nr. 31/33, Pos. 668); Gesetz über das Verfassungsgericht Georgiens v. 31. 1. 1996 (Sakartvelos Parlamentis Ucqebebi 1996, Nr. 1, Pos. 116); Gesetz über den Verfassungsprozeß v. 21. 3. 1996 (Sakartvelos Parlamentis Ucqebebi 1996, Nr. 5/6, Pos. 253); Geschäftsordnung des Verfassungsgerichts Georgiens v. 15. 8. 1996 |
| Griechenland: | Art. 100 Verfassung der Republik Griechenland v. 9. 6. 1975 (Efimeris tis Kyberniseos Nr. 111 v. 9. 6. 1975); Gesetz Nr. 345/1976 über die Bestätigung des Gesetzes betr. den Obersten Sondergerichtshof nach Art. 100 der Verfassung (Efimeris tis Kyberniseos Nr. 141 v. 10. 6. 1976); Beschluß Nr. 1/1976 über die Geschäftsordnung des Obersten Sondergerichtshofs v. 1. 11. 1976 |
| Italien: | Art. 134–137 Verfassung der Republik Italien v. 27. 12. 1947 (Gazzetta Ufficiale Nr. 298 v. 27. 12. 1947); Gesetz Nr. 87/1953 v. 11. 3. 1953 – Bestimmungen über die Verfassung und die Tätigkeit des Verfassungsgerichts (Gazzetta Ufficiale Nr. 62 v. 14. 3. 1953); Allgemeine Geschäftsordnung des Verfassungsgerichts v. 20. 1. 1966 (Gazzetta Ufficiale Nr. 45 v. 19. 2. 1966) |
| Jugoslawien: Bund: | Art. 124–132 Verfassung der Bundesrepublik Jugoslawien v. 27. 4. 1992 (Službeni list SRJ Nr. 1/1992, Pos. 1); Gesetz über das Bundesverfassungsgericht v. 2. 10. 1992 (Službeni list SRJ Nr. 36/1992, Pos. 396) |
| Republiken: – Montenegro: | Art. 111–116 Verfassung der Republik Montenegro v. 12. 10. 1992 (Službeni list RCG Nr. 48/1992, Pos. 675); Gesetz über das Verfassungsgericht der Republik Montenegro v. 10. 6. 1993 (Službeni list RCG Nr. 21/1993, Pos. 387) |
| – Serbien: | Art. 125–131 Verfassung der Republik Serbien v. 28. 9. 1990 (Službeni glasnik RS Nr. 1/1990, Pos. 1); Gesetz über das Verfahren vor dem Verfassungsgericht und die Rechtskraft seiner Entscheidungen v. 30. 5. 1991 (Službeni glasnik Nr. 32/1991, Pos. 349) |
| Kasachstan: | Art. 71–74 Verfassung der Republik Kasachstan v. 30. 8. 1995 (Kazachstanskaja Pravda v. 8. 9. 1995); Präsidialerlaß über den Verfassungsrat der Republik Kasachstan v. 29. 12. 1995 (Kazachstanskaja Pravda v. 9. 1. 1996) |

Kirgisien:
Art. 82 Verfassung der Kirgisischen Republik v. 5. 5. 1993 i.d.F. der Neubekanntmachung v. 16. 2. 1996 (Svobodnye gory v. 17. 2. 1996); Gesetz über das Verfassungsgericht der Kirgisischen Republik v. 18. 12. 1993 (KS Žogorku Kenešinin vedomosttoru – Vedomosti Žogorku Keneša KR 1994, Nr. 2, Pos. 46); Gesetz über den Verfassungsprozeß in der Kirgisischen Republik v. 18. 12. 1993 (KS Žogorku Kenešinin vedomosttoru – Vedomosti Žogorku Keneša KR 1994, Nr. 2, Pos. 48)

Kroatien:
Art. 125–131 Verfassung der Republik Kroatien v. 22. 12. 1990 i.d.F. der Neubekanntmachung v. 25. 4. 2001 (Narodne novine Nr. 41/2001, Pos. 705); Verfassungsgesetz über das Verfassungsgericht der Republik Kroatien v. 24. 9. 1999 (Narodne novine Nr. 99/1999, Pos. 1644)

Lettland:
Art. 85 Verfassung der Republik Lettland v. 15. 2. 1922, eingefügt durch Gesetz v. 5. 6. 1996 (LR Saeimas un Ministru Kabineta Ziņotājs 1996, Nr. 14, Pos. 399); Verfassungsgerichtsgesetz v. 5. 6. 1996 (LR Saeimas un Ministru Kabineta Ziņotājs 1996, Nr. 14, Pos. 407); Geschäftsordnung des Verfassungsgerichts der Republik Lettland v. 21. 4. 1997 (Latvijas Vēstnesis v. 24. 4. 1997)

Liechtenstein:
Art. 104–106 Verfassung des Fürstentums Liechtenstein v. 5. 10. 1921 (Landesgesetzblatt 1921, Nr. 5); Gesetz über den Staatsgerichtshof v. 5. 11. 1925 (Landesgesetzblatt 1925, Nr. 8)

Litauen:
Art. 102–108 Verfassung der Republik Litauen v. 13. 10. 1992 (LR Seimo ir Vyriausybės žinios – Vedomosti Sejma i Pravitel'stva LR 1992, Nr. 33, Pos. 1014); Gesetz über das Verfassungsgericht der Republik Litauen v. 3. 2. 1993 (LR Seimo ir Vyriausybės žinios – Vedomosti Sejma i Pravitel'stva LR 1993, Nr. 6, Pos. 120)

Luxemburg:
Art. 95$^{ter}$ Verfassung des Großherzogtums Luxemburg v. 17. 10. 1868, eingefügt durch Gesetz v. 12. 7. 1996 (Mémorial, Recueil de législation 1996, S. 1318); Gesetz über die Organisation des Verfassungsgerichts v. 27. 7. 1997 (Mémorial, Recueil de législation 1997, S. 1724); Geschäftsordnung des Verfassungsgerichts v. 31. 10. 1997 (Mémorial, Recueil de législation 1997, S. 2696)

Malta:
Art. 95–98, 116 Verfassung von Malta v. 21. 9. 1964 i.d.F. des Änderungsgesetzes Nr. LVIII/1974 v. 13. 12. 1974 (Beilage zu Gazzetta tal-Gvern ta' Malta – Malta Law Gazette v. 13. 12. 1974)

Mazedonien:
Art. 108–113 Verfassung der Republik Mazedonien v. 17. 11. 1991 (Služben vesnik RM Nr. 52/1991, Pos. 998); Geschäftsordnung des Verfassungsgerichts der Republik Mazedonien v. 9. 11. 1992 (Služben vesnik RM Nr. 70/1992, Pos. 1354)

Moldau:
Art. 134–140 Verfassung der Republik Moldau v. 29. 7. 1994 (Monitorul Oficial RM 1994, Nr. 1); Gesetzbuch über die Verfassungsgerichtsbarkeit v. 16. 6. 1995 (Monitorul Oficial RM 1995, Nr. 53/54, Pos. 597)

Monaco:
Art. 89–92 Verfassung des Fürstentums Monaco v. 17. 12. 1962 (Journal de Monaco v. 17. 12. 1962); souveräne Verordnung über das Verfahren vor dem Obersten Gerichtshof v. 16. 4. 1963

Österreich:
Art. 137–148 Bundesverfassungs-Gesetz der Republik Österreich v. 1. 10. 1920 i.d.F. der Neubekanntmachung v. 7. 12. 1929 (Bundesgesetzblatt Nr. 1/1930); Bundesgesetz v. 13. 7. 1921 über die Organisation und das Verfahren des Verfassungsgerichtshofes i.d.F. der Neubekanntmachung v. 12. 5. 1953 (Verfassungsgerichtshofgesetz – VerfGG 1953) (Bundesgesetzblatt Nr. 85/1953); Geschäftsordnung des Verfassungsgerichtshofes v. 12. 10. 1946 (Bundesgesetzblatt Nr. 202/1946)

Polen:

Art. 188–197 Verfassung der Republik Polen v. 2. 4. 1997 (Dziennik Ustaw RP 1997, Nr. 78, Pos. 483); Gesetz über den Verfassungsgerichtshof v. 1. 9. 1997 (Dziennik Ustaw RP 1997, Nr. 102, Pos. 643); Geschäftsordnung des Verfassungsgerichtshofs v. 22. 10. 1997 (Monitor Polski 1997, Nr. 81, Pos. 788)

Portugal:

Art. 278–283 Verfassung der Republik Portugal v. 2. 4. 1976 (Diário da República I Nr. 86 v. 10. 4. 1976); Gesetz Nr. 28/82 – Organisation, Tätigkeit und Verfahren des Verfassungsgerichts v. 15. 11. 1982 (Diário da República I Nr. 264 v. 15. 11. 1982)

Rumänien:

Art. 140–145 Verfassung von Rumänien v. 21. 11. 1991 (Monitorul Oficial R I Nr. 233/1991); Gesetz Nr. 47/1992 über die Organisation und Tätigkeit des Verfassungsgerichts v. 16. 5. 1992 i.d.F. der Neubekanntmachung v. 7. 8. 1997 (Monitorul Oficial R I Nr. 187/1997); Geschäftsordnung des Verfassungsgerichts v. 4. 11. 1997 (Monitorul Oficial R I Nr. 308/1997)

Rußland:
Föderation:

Art. 125 Verfassung der Russischen Föderation v. 12. 12. 1993 (Rossijskaja gazeta v. 25. 12. 1993); Bundesverfassungsgesetz über das Verfassungsgericht der Russischen Föderation v. 21. 7. 1994 (Sobranie Zakonodatel'stva RF 1994, Nr. 13, Pos. 1447); Geschäftsordnung des Verfassungsgerichts der Russischen Föderation v. 1. 3. 1995 (unveröffentlicht)

Föderationssubjekte:
– Republik Adygeja:

Art. 101–104 Verfassung der Republik Adygeja v. 10. 3. 1995 (Vedomosti Zakonodatel'nogo Sobranija/Chasè/ – Parlamenta Respubliki Adygeja 1995, Nr. 16); Verfassungsgesetz über die Verfassungskammer der Republik Adygeja v. 22. 5. 1996 (Sovetskaja Adygeja v. 4. 7. 1996)

– Republik Baschkortostan:

Art. 134 Verfassung der Republik Baschkortostan v. 24. 12. 1993 (Izvestija Baškortostan v. 6. 1. 1994); Gesetz über das Verfassungsgericht der Republik Baschkortostan v. 27. 10. 1992 i.d.F. der Neubekanntmachung v. 14. 1. 1997 (Izvestija Baškortostana v. 20. 1. 1997

– Republik Burjätien:

Art. 100–101 Verfassung der Republik Burjätien v. 22. 2. 1994 (Burjatija v. 9. 3. 1994); Gesetz über das Verfassungsgericht der Republik Burjätien v. 25. 10. 1994 i.d.F. der Neubekanntmachung v. 14. 4. 2000 (Burjatija v. 19. 4. 2000)

– Republik Dagestan:

Art. 113 Verfassung der Republik Dagestan v. 26. 7. 1994 (Dagestanskaja pravda v. 3. 8. 1994); Gesetz über das Verfassungsgericht der Republik Dagestan v. 7. 5. 1996 (Sobranie Zakonodatel'stva Respubliki Dagestan 1996, Nr. 5, Pos. 219)

– Kabardinisch Balkarische Republik:

Art. 122 Verfassung der Kabardinisch-Balkarischen Republik v. 1. 9. 1997 (Kabardino-Balkarskaja pravda v. 9. 9. 1997); Gesetz über das Verfassungsgericht der Kabardinisch-Balkarischen Republik v. 19. 11. 1997 (Kabardino-Balkarskaja pravda v. 23. u. 25. 12. 1997)

– Republik Karelien:

Art. 87 Verfassung (Grundgesetz) der Republik Karelien v. 30. 5. 1978, eingefügt durch Gesetz v. 20. 1. 1994; Gesetz über das Verfassungsgericht der Republik Karelien v. 17. 3. 1994 (Vedomosti Verchovnogo Soveta Respubliki Karelija 1994, Nr. 5/6, Pos. 650)

– Republik Komi:

Art. 100 Verfassung der Republik Komi v. 17. 2. 1994 (Krasnoe znamja v. 10. 3. 1994); Gesetz über das Verfassungsgericht der Republik Komi v. 12. 10. 1994 (Vedomosti Verchovnogo Soveta Respubliki Komi 1994, Nr. 11, Pos. 160)

| | |
|---|---|
| – Republik Marij-El: | Art. 95 Verfassung der Republik Marij-El v. 24. 6. 1995 i.d.F. der Neubekanntmachung v. 22. 10. 1997 (Marijskaja pravda v. 5. 11. 1997); Gesetz über das Verfassungsgericht der Republik Marij-El v. 11. 3. 1997 (Sobranie Zakonodatel'stva Respubliki Marij-El 1997, Nr. 4, Pos. 149) |
| – Republik Sacha (Jakutien): | Art. 100–102 Verfassung (Grundgesetz) der Republik Sacha (Jakutien) v. 4. 4. 1992 (Jakutskie vedomosti v. 26. 4. 1992); Gesetz über das Verfassungsgericht der Republik Sacha (Jakutien) v. 7. 2. 1992 (Zakony i postanovlenija, prinjatye na X sessii Verchovnogo Soveta Respubliki Sacha/Jakutija/dvenadcatogo sozyva, Teil V 1992, S. 135 ff.) |
| – Stadt St. Petersburg: | Art. 51 Satzung Petersburg v. 14. 1. 1998; Gesetz über das Satzungsgericht Sankt Petersburgs v. 5. 6. 2000 (Vestnik Zakonodatel'nogo Sobranija Sankt Peterburga v. 28. 6. 2000, Beilage) |
| – Gebiet Swerdlowsk: | Art. 59–60 Satzung des Gebiets Swerdlowsk v. 25. 11. 1994 (Oblastnaja gazeta v. 16. 12. 1994); Gesetz über das Satzungsgericht des Gebiets Swerdlowsk v. 6. 5. 1997 (Oblastnaja gazeta v. 13. 5. 1997) |
| – Republik Tatarstan: | Art. 139–141 Verfassung der Republik Tatarstan v. 30. 11. 1992 (Kazanskie vedomosti v. 15. 12. 1992); Gesetz über das Verfassungsgericht der Republik Tatarstan v. 22. 12. 1992 i.d.F. der Neubekanntmachung v. 30. 10. 1998 (Respublika tatarstan v. 28. 11. 1998) |
| **Schweiz** Bund: | Art. 189 Bundesverfassung der Schweizerischen Eidgenossenschaft v. 18. 4. 1999 (Systematische Sammlung des Bundesrechts Nr. 101); Art. 83–96 Bundesgesetz über die Organisation der Bundesrechtspflege (OG) v. 16. 12. 1943 (Systematische Sammlung des Bundesrechts Nr. 173.110); Reglement für das Schweizerische Bundesgericht v. 14. 12. 1978 (Systematische Sammlung des Bundesrechts Nr. 173.111.1) |
| Kantone: – Basel-Landschaft: | § 86 Verfassung des Kantons Basel-Landschaft v. 17. 5. 1984 (Systematische Sammlung des Bundesrechts Nr. 131.222.2); § 13$^{ter}$ Gesetz betreffend die Organisation der richterlichen Behörden (Gerichtsverfassungsgesetz) v. 30. 10. 1941 (Systematische Gesetzessammlung des Kantons Basel-Landschaft Nr. 170), eingefügt durch Gesetz v. 16. 12. 1993; §§ 25–42 Gesetz über die Verfassungs- und Verwaltungsprozessordnung (Verwaltungsprozessordnung, VPO) v. 16. 12. 1993 (Systematische Gesetzessammlung des Kantons Basel-Landschaft Nr. 271) |
| – Jura: | Art. 104 Verfassung der Republik und des Kantons Jura v. 20. 3. 1977 (Systematische Sammlung des Bundesrechts Nr. 131.235); Art. 20, 22 Gerichtsverfassungsgesetz v. 23. 2. 2000 (Recueil systématique du droit de la République et Canton du Jura Nr. 181.1); Art. 177–207 Gesetz über die Verwaltungs- und Verfassungsprozessordnung (Verwaltungsprozessordnung) v. 30. 11. 1978 (Recueil systématique du droit de la République et Canton du Jura Nr. 175.1) |
| – Nidwalden: | Art. 69 Verfassung des Kantons Unterwalden nid dem Wald v. 10. 10. 1965 (Systematische Sammlung des Bundesrechts Nr. 131.216.2); Art. 31 Gesetz über die Organisation und das Verfahren der Gerichte (Gerichtsgesetz) v. 28. 4. 1968 (Gesetzessammlung des Kantons Nidwalden Nr. 261.1); Verordnung über das Verfahren vor dem Verfassungsgericht (Verfassungsgerichtsverordnung) v. 8. 2. 1985 (Gesetzessammlung des Kantons Nidwalden Nr. 265.2.) |

Slowakei:  Art. 124–140 Verfassung der Slowakischen Republik v. 1. 9. 1992 i.d.F. der Neubekanntmachung v. 13. 4. 2001 (Zbierka zákonov SR Pos. 135/ 2001); Gesetz über die Organisation des Verfassungsgerichts der Slowakischen Republik, das Verfahren vor ihm und die Stellung seiner Richter v. 20. 1. 1993 (Zbierka zákonov SR Pos. 38/1993); Geschäftsordnung des Verfassungsgerichts der Slowakischen Republik v. 8. 4. 1993 (Zbierka zákonov SR Pos. 114/1993)

Slowenien:  Art. 160–167 Verfassung der Republik Slowenien v. 23. 12. 1991 (Uradni list RS Nr. 33/1991, Pos. 1409); Gesetz über das Verfassungsgericht v. 8. 3. 1994 (Uradni list RS Nr. 15/1994, Pos. 562); Geschäftsordnung des Verfassungsgerichts der Republik Slowenien v. 26. 5. 1998 (Uradni list RS Nr. 49/1998, Pos. 2161)

Spanien:  Art. 159–165 Spanische Verfassung v. 27. 12. 1978 (Boletín Oficial del Estado v. 29. 12. 1978); Organgesetz Nr. 2/1979 über das Verfassungsgericht v. 3. 10. 1979 (Boletín Oficial del Estado v. 5. 10. 1979)

Tadschikistan:  Art. 89 Verfassung der Republik Tadschikistan v. 6. 11. 1994 (Leninabadskaja Pravda v. 30. 11. 1994); Verfassungsgesetz über das Verfassungsgericht der Republik Tadschikistan v. 3. 11. 1995 (Achbori Madžlisi Oli RT – Vedomosti Madžlisi Oli RT 1995, Nr. 22, Pos. 223)

Tschechien:  Art. 83–89 Verfassung der Tschechischen Republik v. 16. 12. 1992 (Sbírka zákonů ČR Pos. 1/1993); Gesetz über das Verfassungsgericht v. 16. 6. 1993 (Sbírka zákonů ČR Pos. 182/1993)

Türkei:  Art. 146–153 Verfassung der Türkischen Republik – Gesetz Nr. 2709 v. 7. 11. 1982 (Resmi Gazete Nr. 17863[bis] v. 9. 11. 1982) Gesetz Nr. 2949 über das Verfassungsgericht v. 10. 11. 1983 (Resmi Gazete nr. 18220 v. 13. 11. 1983)

Ukraine:  Art. 147–153 Verfassung der Ukraine v. 28. 6. 1996 (Vidomosti Verchovnoï Rady Ukraïny 1996, Nr. 30, Pos. 141); Gesetz über das Verfassungsgericht der Ukraine v. 16. 10. 1996 (Vidomosti Verchovnoï Rady Ukraïny – Vedomosti Verchovnogo Soveta Ukrainy 1996, Nr. 49, Pos. 272); Geschäftsordnung des Verfassungsgerichts der Ukraine v. 5. 3. 1997 (Oficijnyj Visnyk Ukraïny 1997, Nr. 20, Pos. 87)

Ungarn:  § 32/A Verfassung der Republik Ungarn i.d.F. der Neubekanntmachung v. 24. 8. 1990 (Magyar Közlöny 1990, S. 1741), eingefügt durch Gesetz Nr. XXXI/1989 (Magyar Közlöny 1989, S. 1219); Gesetz Nr. XXXII/1989 über das Verfassungsgericht (Magyar Közlöny 1989, S. 1283)

Usbekistan:  Art. 108–109 Verfassung der Republik Usbekistan v. 8. 12. 1992 (ŮR Olij Kengašining Achborotnomasi – Vedomosti Verchovnogo Soveta RU 1993, Nr. 1, Pos. 4); Gesetz über das Verfassungsgericht der Republik Usbekistan v. 30. 8. 1995 (ŮR Olij Mažlisining Achborotnomasi – Vedomosti Olij Mažlisa RU 1995, Nr. 9, Pos. 178)

Weißrußland:  Art. 116 Verfassung der Republik Weißrußland v. 15. 3. 1994 i.d.F. der Neubekanntmachung v. 27. 11. 1996 (Narodnaja Gazeta v. 27. 11. 1996); Gesetz über das Verfassungsgericht der Republik Weißrußland v. 30. 3. 1994 i.d.F. der Neubekanntmachung v. 7. 7. 1997 (Vedamasci Nacyjanal'naha Schodu RB – Vedomosti Nacional'nogo Sobranija RB 1997, Nr. 25/26, Pos. 465); Geschäftsordnung des Verfassungsgerichts der Republik Weißrußland v. 18. 9. 1997 (Vesnik Kanstytucyjnaho Suda RB 1997, Nr. 4, S. 45)

Zypern
– griechischer Teil

Art. 133–151 Verfassung von Zypern v. 28. 7. 1960; Gesetz Nr. 33/1964 zur Beseitigung bestimmter Schwierigkeiten, die sich aus den jüngsten Ereignissen ergeben haben und die Rechtspflege behindern, und zur Regelung anderer, damit zusammenhängender Angelegenheiten v. 9. 7. 1964; Geschäftsordnung des Obersten Verfassungsgerichts v. 21. 4. 1962

– türkischer Teil:

Art. 143–150 Verfassung der Türkischen Republik Nordzypern v. 13. 3. 1985 (KKTC Resmi Gazete Nr. 43 v. 7. 5. 1985); Geschäftsordnung des Obersten Gerichts v. 15. 12. 1996 (KKTC Resmi Gazete v. 25. 12. 1996)

# Föderalisierung, Regionalisierung und Kommunalisierung als Strukturprinzipien des europäischen Verfassungsraumes

von

## Dr. Markus Kotzur, LL.M.

Wiss. Ass. am Lehrstuhl für Öffentliches Recht, Rechtsphilosophie und Kirchenrecht an der
Universität Bayreuth

## I. Einleitung, Problemstellung

Die Untersuchung beginnt mit einem doppelten Konjunktiv: Ginge es darum, Föderalismus, Regionalismus und die kommunale Selbstverwaltung im Kontext einer europäischen Verfassunggebung als gemeinschaftsorganisatorische[1] Prinzipien auszuformen, so wäre die Perspektive eine spezifisch normative. Sollten schlichtweg nur die realiter greifbaren föderalen, regionalen und kommunalen Strukturen beschrieben werden, in bzw. aus denen sich die „Verfassungsräume"[2] der EU, des Europarates und der OSZE entfalten, wäre die Perspektive eine rein empirisch-deskriptive. Doch das Europa nach Schengen, Maastricht, Amsterdam und Nizza[3] ist längst ein Zwitter aus tatsächlichem „Verfasst-Sein" und rechtlicher „Verfasstheit". Die Europäische Union

---

[1] Da die Europäische Union weder Staat ist noch Staat werden soll, verbietet sich der Begriff vom „Staatsorganisationsrecht" von vornherein. Vehement in der Ablehnung jeder Staatsqualität der EU *J. Isensee*, Integrationsziel Europastaat?, FS U. Everling, Bd. I, 1995, S. 567ff., 569 (Warnung vor einer „Europastaats-Prophetie"), 572 (Definition der EU ex negativo: „Nicht-Staat"). Allg. zu Föderalismus und Regionalismus in Europa: F. Esterbauer (Hrsg.), Regionalismus, 1979; *P. Häberle*, Föderalismus, Regionalismus, Kleinstaaten – in Europa, Die Verwaltung 25 (1992), S. 1ff.; *ders.*, Der Regionalismus als werdendes Strukturprinzip des Verfassungsstaates und als europarechtspolitische Maxime, AöR 118 (1993), S. 1ff.; *ders.*, Föderalismus und Regionalismus in den Mitgliedstaaten des Europarates, in: R. Streinz (Hrsg.), 50 Jahre Europarat: Der Beitrag des Europarates zum Regionalismus, 2000, S. 61ff.; für Italien A. D'Atena (Hrsg.), Federalismo e Regionalismo in Europa, 1994; aus Schweizer Sicht schließlich *D. Thürer*, Region und Minderheitenschutz – Aufbauelemente einer europäischen Architektur?, FS R. Bernhardt, 1995, S. 1337ff.

[2] Siehe dazu den von R. Bieber/P. Widmer hrsgg. Sammelband L'espace constitutionnel européen (Der europäische Verfassungsraum), 1995. In der Literatur wurde die Formel z.B. von *D. Thürer* wiederholt aufgegriffen.

[3] Zum Vertrag von Nizza siehe jüngst *R. Gnan*, Der Vertrag von Nizza, BayVBl. 21, S. 449ff.; *P. Schäfer*, Der Vertrag von Nizza – seine Folgen für die Zukunft der Europäischen Union, BayVBl. 2001, S. 460ff.; *H.-G. Franzke*, Das weitere Schicksal des Vertrags von Nizza, ZRP 2001, S. 423ff.

hat sich ein Stück weit von ihrem völkerrechtlichen Gründungsakt[4] emanzipiert und eine konstitutionelle Eigendynamik entwickelt, die in der Verfassungsfrage ihren vorläufigen Höhepunkt findet.[5] Weniger stark verdichtet mögen verfassungsbildende Spurenelemente auch im Kontext des Europarates – dort vor allem dank der EMRK – und des OSZE-Prozesses zu finden sein. Um alle denkbaren „verfassungsqualitativen Momente"[6] mit einer hinreichend differenzierten, auch dem Neuartigen gerecht werdenden Terminologie zu erfassen, muss sich die Europarechtswissenschaft zu einem guten Teil von den überkommenen Denkmustern der Staatslehre lösen und, anstatt ein *nationalstaatliches* Vorverständnis zu perpetuieren, ein *europäisches* begründen.

Das gilt insbesondere für die staatsrechtlichen Modelle zu dezentralisierter Verwaltungsverantwortung und vertikaler Gewaltendifferenzierung. Kommunale Selbstverwaltung meint in Frankreich oder Belgien, Deutschland, Großbritannien und der Schweiz mitunter Vergleichbares, aber nichts Identisches. Das spanische Modell Autonomer Gebietskörperschaften[7] unterscheidet sich wesentlich vom italienischen „nuovo regionalismo"[8], den deutschen und österreichischen Ländern oder den Schweizer Kantonen ist ein eigenständiges Regionalismuskonzept (zunächst) fremd. Die wohl heftigsten Kontroversen aber entfacht das Ringen um einen europäischen Föderalismus.[9] Erfreute sich die „Fédération européenne" als Fernziel im *Schuman*-Plan zu Beginn des Integrationsprozesses breiter Zustimmung, so wurde bald klar, dass bundesstaatliche Vorstellungen im Sinne der deutschen Geschichte, gar nach dem Vorbild des deutschen Grundgesetzes, den Partnern in Europa von Anfang an fremd waren.[10] Daran hat sich bis zu den gegenwärtigen Meinungsverschiedenheiten zwischen Bundeskanzler *G. Schröder* und Frankreichs Premierminister *L. Jospin* wenig geändert.[11]

---

[4] Die rechtliche Grundlage des europäischen Integrationsprozesses bildet das europäische Primärrecht, d.h. völkerrechtliche Verträge, siehe etwa *A. Bleckmann*, Europarecht, 6. Aufl., 1997, Rn. 532ff. *R. Streinz*, Europarecht, 5. Aufl. 2001, Rn. 3; *Th. Oppermann*, Europarecht, 2. Aufl. 1999, Rn. 475, 499ff.; *D. Tsatsos*, Zum Prinzip einer gemeineuropäischen Verfassungsverantwortung – am Beispiel der Revisionsproblematik der Europäischen Verträge, in: M. Morlok (Hrsg.), Die Welt des Verfassungsstaates, 2001, S. 45ff., 47.

[5] Allein die deutsche bzw. deutschsprachige Literatur zu diesem Thema ist Legion. Vgl. daher statt aller nur die Staatsrechtslehrerreferate über „Europäisches und nationales Verfassungsrecht", VVDStRL 60 (2001) von *I. Pernice* (S. 148ff.), *P.M. Huber* (S. 194ff.), *G. Lübbe-Wolff* (S. 246ff.) und *Ch. Grabenwarter* (S. 290ff.) sowie die anschließende Diskussion.

[6] *D. Tsatsos*, Zum Prinzip einer gemeineuropäischen Verfassungsverantwortung – am Beispiel der Revisionsproblematik der Europäischen Verträge, in: M. Morlok (Hrsg.), Die Welt des Verfassungsstaates, 2001, S. 45ff., 57.

[7] Dazu etwa *P. Cruz Villalón*, Die Neugliederung des Spanischen Staates durch die „Autonomen Gemeinschaften", JöR 34 (1985), S. 195ff.; J. Kramer (Hrsg.), Die Entwicklung des Staates der Autonomien in Spanien und der bundesstaatlichen Ordnung in der Bundesrepublik Deutschland, 1996.

[8] *L. Paladin*, Diritto regionale, 5. Aufl., 1992; *P. Häberle*, Ein deutscher Beitrag zur italienischen Regionalismus- bzw. Föderalismusdebatte, FS J.-F. Aubert, 1996, S. 483ff.

[9] *A. v. Bogdandy*, Supranationaler Föderalismus als Wirklichkeit und Idee einer neuen Herrschaftsform. Zur Gestalt der Europäischen Union nach Amsterdam, 1999; siehe auch noch unten Fn. 35.

[10] *H. Mosler*, Die europäische Integration aus Sicht der Gründungsphase, FS U. Everling, Bd. II, 1995, S. 911ff., 924; die Geschichte der „europäischen Idee" schildert *Th. Oppermann*, Europarecht, 2. Aufl., 1999, § 1, insbes. Rn. 24: „vom Föderalismus zum Pragmatismus: Wandel der ‚EU-Philosophie' 1958–1969".

[11] Viel diskutiert wurden im Frühjahr 2001 die Thesen zur institutionellen Reform der EU mit starken

Und dennoch bieten Föderalisierung, Regionalisierung und Kommunalisierung dank ihres ideengeschichtlichen Kontexts und ihrer gelebten Praxis große Chancen für das sich einigende, sich verfassende Europa. Dafür sprechen vor allem zwei Gründe. Erstens: Alle drei Konzepte haben *vor-nationalstaatliche* Wurzeln und lassen sich deshalb unmittelbar von Europa her, nicht allein staatlich vermittelt denken. Dass auch ein solcher Ansatz auf Analogien zur nationalen Verfassungslehre weder verzichten kann noch sollte, liegt auf der Hand. Entscheidend bleibt nur die *Perspektive* der Rezeption: keine einseitige Übertragung einzelstaatlicher Doktrinen, sondern die gemeinschaftliche Fortentwicklung in einem pluralistisch-offenen, europäischen Verfassungsdiskurs.[12] Ein zweites: Der Föderalisierung, Regionalisierung und Kommunalisierung gemeinsam ist auch ihre *Prozess-* und *Prinzipien*struktur[13]. Sie sind nicht die abschließende normative Fixierung eines Entwicklungsprozesses, strukturieren Europa nicht nach einem strikten Wenn-dann-Schema. Im Gegenteil, sie halten die Genese europäischer Verfassungsstrukturen offen, sind selbst flexibel und wirken als Optimierungsgebote (*R. Alexy*)[14]. Sie entwickeln das Modell eines *idealen Sollens* in Europa, das die bestmögliche Balance für ein vielschichtiges Geflecht staatlicher und überstaatlicher Teilverfassungen[15] im Auge hat; das, den Geboten von Bürgernähe und Transparenz verpflichtet, das Verhältnis von Staats- und Europabürger zu den von ihnen konstituierten politischen Einheiten bestimmen will; das letztlich von einer Wechselbezüglichkeit lebt: Dezentrale Kompetenz-, Entscheidungs- und Verantwortungsräume sind Voraussetzungen und Ergebnis des Integrationsprozesses, zugleich Motoren der Konstitutionalisierung und durch den Grad der europäischen Verfasstheit bedingt. Wenngleich die Menschenwürde und die in ihr gründenden Menschenrechte schlechthin der Maßstab für die Legitimität von Hoheitsgewalt sind, qualifiziert der so umrissene Prinzipiencharakter die Trias von Föderalisierung, Regionalisierung und Kommunalisierung für ihren (nicht nur) organisatorischen Teilbereich nichtsdestowe-

---

Tendenzen zu einer Konstitutionalisierung und Föderalisierung, vgl. SZ vom 8. Mai 2001, S. 1, S. 4 (Kernpunkte der Debatte: Souveränität, Föderalismus, Zwei-Kammern-Parlament, europäische Verfassung). Ablehnend auf das deutsche Modell einer europäischen Föderation reagierte Frankreichs Premierminister *L. Jospin*, siehe SZ vom 29. Mai 2001, S. 8 mit Auszügen aus der Grundsatzrede des französischen Regierungschefs. Schon vorher hatte Bundesaußenminister *J. Fischer* mit seiner „Berliner Rede" (2000) über eine Europäische Verfassung und föderale Strukturen für die Europäische Verfassungsgemeinschaft dem politischen und wissenschaftlichen Diskurs wichtige Impulse vermittelt.

[12] Die Stichworte liefert in Konsequenz seiner Diskurs- und Kommunikationstheorie *J. Habermas*, Warum braucht Europa eine Verfassung? Nur als politisches Gemeinwesen kann der Kontinent seine in Gefahr geratene Kultur und Lebensform verteidigen, in: Die Zeit Nr. 27 vom 28. Juni 2001, S. 7.

[13] Das Prinzipiendenken hat in den USA einen wichtigen Vordenker in *R. Dworkin* gefunden, siehe vor allem sein Buch „Bürgerrechte ernst genommen" (amerikanisches Original 1977, deutsche Übersetzung durch U. Wolf, 1984). Pionierleistungen aus der deutschen Lit. sind *J. Esser*, Grundsatz und Norm, 4. Aufl., 1990, S. 87 ff.; *R. Alexy*, Zum Begriff des Rechtsprinzips, in: W. Krawietz u. a. (Hrsg.), Argumentation und Hermeneutik in der Jurisprudenz, Rechtstheorie, Beiheft 1, 1979; *ders.*, Rechtsregeln und Rechtsprinzipien, ARSP, Beiheft 25 (1985), S. 13 ff. Vom Prinzipiendenken angeleitet ist auch *F. Bydlinskis* Schrift über „Fundamentale Rechtsgrundsätze. Die rechtsethische Verfasstheit der Sozietät, 1988; *ders.*, Juristische Methodenlehre und Rechtsbegriff, 2. Aufl. 1991. Zu all dem auch *L. Michael*, Der allgemeine Gleichheitssatz als Methodennorm komparativer Systeme, 1997, S. 95 ff.

[14] Siehe auch *P. Lerche*, Die Verfassung als Quelle von Optimierungsgeboten?, in: FS für K. Stern, 1997, S. 197 ff., 208

[15] *P. Häberle*, Das Grundgesetz als Teilverfassung im Kontext der EU/EG – eine Problemskizze, FS H. Schiedermair, 2001, S. 81 ff.

niger als Gradmesser legitimer und gerechtigkeitsorientierter Herrschaftsausübung jenseits der Staatlichkeit.

## II. Dezentralisierung – eine Gerechtigkeitsbedingung und Legitimitätsvoraussetzung von Herrschaftsausübung jenseits der Staatlichkeit

Dass vielfältige Formen der Dezentralisierung mit dem Funktionswandel moderner Staatlichkeit[16] einhergehen, gilt heute von der innerstaatlich geführten Reformdiskussion im Verwaltungsrecht bis zur europäischen Verfassungsdebatte weithin als Selbstverständlichkeit. Der Vorrang dezentraler, möglichst bürgernaher Entscheidungseinheiten (vgl. auch Art. 1 Abs. 2 EUV) wird im Kontext des Gemeinschaftsrechts vor allem mit einer gemeinsamen Teleologie von Föderalismus, Regionalismus und kommunaler Selbstverwaltung begründet.[17] Diese umfasst zunächst die Kompensation von kulturellen Identitätsverlusten, verursacht durch das Ausgreifen des „kooperativen Verfassungsstaates" (*P. Häberle*) in den überstaatlichen Bereich, verursacht durch Globalisierung, Internationalisierung und Europäisierung. Des weiteren geht es um bessere demokratische Partizipationsmöglichkeiten des einzelnen vor Ort, um eine größer Entscheidungsvielfalt, den Wettbewerb um die besten Lösungsalternativen und um ausreichenden Spielraum für experimentelles Vorgehen bei der Normsetzung und Normausführung.[18] Vor allem soll die Komplexität von Entscheidungen reduziert und den Bürgern die Angst vor der schwer durchschaubaren Brüsseler Bürokratie, ihr Misstrauen gegen die kritisch beäugten europäischen Institutionen genommen werden.[19] All diese Aspekte aber müssen noch auf ihren Gerechtigkeitsbezug und ihre legitimierende Kraft für die überstaatliche Ausübung von Hoheitsrechten hin befragt werden[20], will die Dezentralisierung nicht nur begrüßenswertes Phänomen, sondern *verfassendes Strukturprinzip* im Prozess der Konstitutionalisierung Europas sein.[21] Dazu der folgende Versuch:

Mag sich das Recht auch nicht erschöpfend aus der Idee der Gerechtigkeit herleiten lassen, so ist sie doch – um ein bekanntes Dictum von *G. Radbruch* aufzugreifen – das spezifische Rechtsprinzip, „das für die Bestimmung des Rechts maßgeblich ist: Recht

---

[16] Statt aller *K. Hesse*, Die Welt des Verfassungsstaates – Einleitende Bemerkungen, in: M. Morlok (Hrsg.), Die Welt des Verfassungsstaates, 2001, S. 11 ff., 13 f.

[17] Zum folgenden *Ch. Callies*, in: ders./M. Ruffert (Hrsg.), Kommentar zu EU-Vertrag und EG-Vertrag, 1999, Art. 1 EUV, Rn. 32. Im Kontext eines „Europa der Regionen" misst schon *P. Häberle*, Das Prinzip der Subsidiarität aus Sicht der vergleichenden Verfassungslehre, AöR 119 (1994), S. 169 ff., S. 171, dem Subsidiaritätsprinzip eine „europäische Teleologie" zu.

[18] *H.-D. Horn*, Experimentelle Gesetzgebung unter dem Grundgesetz, 1989.

[19] Bemerkenswert der Appell von Kommissionspräsident *R. Prodi*, Die EU muss offener werden. Brüssels Pläne für mehr Transparenz, SZ vom 25. Juli 2001, S. 9.

[20] Um eine „Konzeptualisierung von ‚Legitimität' jenseits der Staatlichkeit" ringt *M. Höreth*, Die Europäische Union im Legitimitätstrilemma. Zur Rechtfertigung des Regierens jenseits der Staatlichkeit, 1999, S. 74 ff.; siehe auch *G. F. Schuppert*, Überlegungen zur demokratischen Legitimation des europäischen Regierungssystems, FS D. Rauschning, 2001, S. 201 ff.

[21] *J. Basedow*, Zielkonflikte und Zielhierarchien im Vertrag über die Europäische Gemeinschaft, FS U. Everling, Bd. I, 1995, S. 49 ff., spricht anschaulich von einem „Modell dezentraler Durchsetzung von Gemeinschaftszielen."

ist die Wirklichkeit, die den Sinn hat, der Gerechtigkeit zu dienen."[22] Der hinter diesem Satz stehende Anspruch ist universal, gilt für die normative Ordnung jeder politischen Einheit, sei sie nun staatlich oder überstaatlich „verfasst". Er gilt umso mehr für die Europäische Gemeinschaft, als diese ihre Existenz, ihre Wirklichkeit allein dem Recht verdankt. Plastisch formuliert G. *Hirsch:*

> „Die Gemeinschaft bezieht ihre Legitimation, ihren politischen Rang und ihren Zukunftsanspruch aus ihrer Eigenschaft als Rechtsgemeinschaft, ja sie ist im eigentlichen *nur* eine solche. Das Recht ist gleichsam der Stoff, aus dem die Gemeinschaft geschaffen wurde und zugleich der Stoff, den sie selbst schafft" (Hervorhebung im Original).[23]

Werden die beiden Zitate von *Radbruch* und *Hirsch* zusammen gelesen, aufeinander bezogen, so heißt das in letzter Konsequenz: die Gemeinschaft ist eben vertraglich begründete Rechtsgemeinschaft[24], ihr Recht soll die Idee der Gerechtigkeit realisieren, sogar ein Mehr an Gerechtigkeit herstellen können als die einzelstaatlichen Rechtsordnungen vor dem Integrationsprozess. Andernfalls hätte das die Union kreierende Recht seinen Sinn und diese damit ihre Legitimation verfehlt. Eine europäische Rechtsphilosophie[25] müsste die Gerechtigkeitsidee im Hinblick auf alle Elemente des Europäischen Einigungsprozesses ausleuchten. Ein Hauptaugemerk ist dabei auf die Frage gerichtet, ob und inwieweit die den „Verfassungsraum Europa" gliedernden dezentralen Strukturprinzipien das Gerechtigkeitspostulat umzusetzen helfen, und zwar im Verhältnis von Staat und überstaatlicher Gemeinschaft ebenso wie zwischen überstaatlicher Gemeinschaft und Bürger oder Gruppen (unmittelbar bzw. wiederum staatlich vermittelt).

Eine erste Antwort lässt sich durch die vergleichende Bezugnahme auf das Subsidiaritätsprinzip[26] gewinnen. Den eindrucksvollen Textbeleg für dessen Gerechtigkeitsge-

---

[22] Rechtsphilosophie. Studienausgabe, hrsgg, von R. *Dreier* und S. L. *Paulson,* 1999, S. 37.

[23] Die Rolle des Europäischen Gerichtshofs bei der europäischen Integration, JöR 49 (2001), S. 79ff., 82; zu diesem Verständnis siehe auch *A. Janssen,* Notwendiger Wandel der Dogmatik des deutschen Staats- und Verwaltungsrechts in einem zusammenwachsenden Europa? Überlegungen zum Verständnis der Europäischen Gemeinschaft als Rechtsgemeinschaft, FS E.-W. Böckenförde, 1995, S. 145ff.; *M. Selmayr,* Die Wirtschafts- und Währungsunion als Rechtsgemeinschaft, AöR 124 (1999), S. 357ff.; *R. Streinz,* Europarecht, 5. Aufl. 2001, Rn. 78; *Th. Oppermann,* Europarecht, 2. Aufl., 1999, Rn. 304, 391 f., 555f. und öfter.

[24] *J. Isensee,* Integrationsziel Europastaat?, FS U. Everling, Bd. I, 1995, S. 567ff., 580 bedient sich zur Umschreibung dieser Vertragsnatur der Rechtsgemeinschaft – wohl nicht ohne Ironie – der berühmten Worte Wotans aus *R. Wagners* „Ring": „Was du bist, bist du nur durch Verträge."

[25] Siehe z.B. *J.M. Broekman,* A Philosophy of European Union Law. Positions in Legal Space and the Construction of a Juridical World Image, 1999.

[26] Aus der Fülle der Lit.: *M. Heintzen,* Subsidiaritätsprinzip und Europäische Gemeinschaft, JZ 1991, S. 317ff.; *V.J. Pipkorn,* Das Subsidiaritätsprinzip im Vertrag über die Europäische Union, EuZW 1992, S. 677ff.; *H. Lecheler,* Das Subsidiaritätsprinzip. Strukturprinzip einer europäischen Union, 1993; *P. Häberle,* Das Prinzip der Subsidiarität aus der Sicht der vergleichenden Verfassungslehre, AöR 119 (1994), S. 169ff. m. zahlreichen w. N. in Fn. 1; *Herzog,* Subsidiaritätsprinzip, in: J. Ritter/K. Gründer (Hrsg.), Historisches Wörterbuch der Philosophie, Bd. 10, 1998; *J.P. Müller,* Föderalismus – Subsidiarität – Demokratie, in: M. Vollkommer (Hrsg.), Föderalismus – Prinzip und Wirklichkeit, 1998, S. 41ff.; *ders.,* Subsidiarität und Menschenrechtsschutz, in: M. Morlok (Hrsg.), Die Welt des Verfassungsstaates, 2001, S. 35ff., 35f.; *M. Kenntner,* Das Subsidiaritätsprotokoll des Amsterdamer Vertrages, NJW 1998, S. 2871ff. Eine kritische Stellungnahme findet sich bei *P. Pescatore,* Mit der Subsidiarität leben. Gedanken zu einer drohenden Balkanisierung der Europäischen Union, FS U. Everling, Bd. II, 1995, S. 1071ff., 1071: „Verfehlte Maxime der gesellschaftlichen Ordnung."

halte liefert die katholische Soziallehre, in concreto die berühmte Enzyklika Quadragesimo Anno Pius XI. aus dem Jahre 1931.[27] Dort heißt es unter Nr. 79:

„Wie dasjenige, was der Einzelmensch aus eigener Initiative und mit seinen eigenen Kräften leisten kann, ihm nicht entzogen und der Gesellschaftstätigkeit zugewiesen werden darf, so verstößt es gegen die Gerechtigkeit, das, was die kleineren und untergeordneten Gemeinwesen leisten können, für die weitere und übergeordnete Gemeinschaft in Anspruch zu nehmen; (...). Jedwede Gesellschaftstätigkeit ist ja ihrem Wesen und Begriff nach subsidiär; (....).“[28]

Subsidiarität ist hier als ein allgemeines Organisationsprinzip staatlichen wie gesellschaftlichen Handelns umschrieben.[29] Sein Gerechtigkeitsbezug ist ein organisatorischer. „Gerechtigkeit durch Organisation" könnte eine schlagwortartige Verkürzung lauten, die zur iustitia distributiva in Relation zu setzten ist. Die austeilende Gerechtigkeit setzt die Existenz einer politischen Gemeinschaft voraus. In dieser Gemeinschaft müssen die vorhandenen Güter und Lasten – verstanden nicht nur als materielle Lebensgrundlagen, sondern auch als politisch-gesellschaftliche Verantwortung – verteilt werden. Das gestaltet sich umso schwieriger, je komplexer unterschiedliche Bereiche der politischen Einheitsbildung miteinander verflochten sind: von der Gemeinde bis zur überstaatlichen Gemeinschaft. Die gleiche Verteilung von Gütern und Lasten hat aber vielfältige organisatorische Voraussetzungen. Damit jeder Bürger seine Lasten tragen, sprich Bürgerverantwortung übernehmen kann, muss er demokratisch partizipieren können. Er muss wissen, worüber er entscheidet, wofür er in Anspruch genommen wird, warum er Verantwortung zu übernehmen hat (Bürgernähe, Transparenz der Entscheidungen). In dieser Ausbalancierung liegt der Gleichklang von Subsidiarität und Dezentralisation in ihren Gerechtigkeitsgehalten[30]. Dezentralisation ist ein Stück *organisatorischer Vermittlung* gerechter Aufgaben- und Verantwortungsteilung.

Eine nicht minder bedeutsame Rolle spielt die Dezentralisation für die Frage der Herrschaftslegitimation. Der soeben hergestellte Gerechtigkeitsbezug ist dabei condicio sine qua non der Legitimität, da der Gerechtigkeitswert legitimatorischer Bezugspunkt jeder Betätigung hoheitlicher Gewalt sein muss. Hinzu kommt der Aspekt der vertikalen Gewaltenteilung, vor allem in der Föderalismusliteratur weithin ausdifferenziert.[31] Ein dritter Punkt sei hervorgehoben: Bei der Frage nach legitimer Herrschaftsausübung jenseits der Staatlichkeit hilft eine zu starke Fixierung auf organisatorisch-personelle Legitimationsmodelle im Sinne klassischer parlamentarischer Reprä-

---

[27] Grundlegend dazu *P. Häberle*, Das Prinzip der Subsidiarität aus der Sicht der vergleichenden Verfassungslehre, AöR 119 (1994), S. 169ff., 190ff. sowie 196.

[28] Zitiert nach ebd., S. 190. Der authentische lateinische Text ist in Acta Apostolicae Sedis, 1931, S. 177ff. veröffentlicht.

[29] *A. A. P. Pescatore*, Mit der Subsidiarität leben. Gedanken zu einer drohenden Balkanisierung der Europäischen Union, FS U. Everling, Bd. II, 1995, S. 1071ff.

[30] Vgl. *F.-L. Knemeyer*, Subsidiarität – Föderalismus, Dezentralisation – Initiativen zu einem „Europa der Regionen", DVBl. 1990, S. 449ff., 450f.; den Zusammenhang von Subsidiarität, Föderalismus und Regionalismus betont auch *B. Gutknecht*, Das Subsidiaritätsprinzip als Grundsatz des Europarechts, FS H. Schambeck, 1994, S. 921ff., 938.

[31] *K. Hesse*, Grundzüge des Verfassungsrechts der Bundesrepublik Deutschland, 20. Aufl., 1995 (Neudruck 1999), Rn. 231f., 276f., 496. Nachweise dazu auch in den Kommentierungen von *H. Bauer*, in: H. Dreier (Hrsg.), GG-Kommentar, Bd. II, 1998, Art 20 (Bundesstaat), Rn. 17, sowie *H. Schulze-Fielitz*, in: ebd., Art. 20 (Rechtsstaat), Rn. 72.

sentation allein nicht weiter.[32] Es spielen demgegenüber materielle, personelle, funktionale und selbstverwaltende Komponenten zusammen. In dieser „Pluralität von Legitimationsbausteinen"[33] gewinnt der heutige kooperative Verfassungsstaat seine Wirklichkeit und seine Legitimität: öffentliche Meinungsbildung vor Ort, transparente und sachnahe Entscheidungen, die Berücksichtigung aller relevanten Interessen, die Verarbeitung aller in der pluralen Gesellschaft vorhandenen Erfahrungen.[34] Die Vorstellung des auf Menschenwürde gegründeten, dem Menschen dienenden Staates, lässt sich in seiner Einbindung in „unter- wie überstaatliche"[35] Entscheidungsstrukturen am besten verwirklichen.

Nachdem dieser Theorierahmen skizziert wurde, sind die einzelnen Formen der Dezentralisierung näher zu kennzeichnen. Da Föderalisierung und Regionalisierung bereits intensiv wissenschaftlich aufbereitet sind[36], sollen aus arbeitsökonomischen wie Raumgründen nur einige Akzente hervorgehoben werden. In einem ausführlicheren Schlussteil steht die Kommunalisierung, ein vor allem auf EU/EG-Ebene bisher zu stark vernachlässigtes Strukturprinzip im europäischen Verfassungsraum zur Diskussion.

## III. Die Prinzipien der Dezentralisierung im einzelnen

### 1. Föderalisierung

#### a) Einige Aspekte der heutigen Föderalismusdebatte in ihrem entwicklungsgeschichtlichen Kontext

Der Gedanke einer föderalen Ausgestaltung der Europäischen Gemeinschaft, ist – wie bereits einleitend bemerkt – kein Novum.[37] Überzeugt, der Sachlogik der erfolgreichen europäischen Einigungsgeschichte entspräche auf der letzten Stufe die vollständig ausgeprägte Föderation, glaubten in der europäischen Gründerzeit führende Politiker wie Wissenschaftler an eine wie auch immer geartete föderative Gemeinschaftsarchitektur. Ihre Vision war gestützt auf das Ideal der „Vereinigten Staaten von

---

[32] Vgl. *B.-O. Bryde*, Die bundesrepublikanische Volksdemokratie als Irrweg der Demokratietheorie, in: Staatswissenschaften und Staatspraxis, 1994, S. 305 ff.

[33] *J. Basedow*, Zielkonflikte und Zielhierarchien im Vertrag über die Europäische Gemeinschaft, FS U. Everling, Bd. I, 1995, S. 49 ff., 56 : „pluralistische Theorie der Legitimation"; *G.F. Schuppert*, Überlegungen zur demokratischen Legitimation des europäischen Regierungssystems, FS D. Rauschning, 2001, S. 201 ff., 207.

[34] Vgl. *W. Hoffmann-Riem*, Strukturen des Europäischen Verwaltungsrechts – Perspektiven der Systembildung, in: E. Schmidt-Aßmann/W. Hoffmann-Riem (Hrsg.), Strukturen des Europäischen Verwaltungsrechts, 1999, S. 317 ff., 377: hinreichende Anzahl „legitimationssichernde(r) Faktoren".

[35] Die Begriffe sind bewusst in Anführungszeichen gesetzt. Sie laufen nämlich Gefahr, eine nicht gewollte Assoziation mit Über- und Unterordnung, Hierarchien oder Ebenen zu wecken.

[36] Siehe unten Fn. 44, 46 sowie 48.

[37] *A. v. Bogdandy*, Supranationaler Föderalismus als Wirklichkeit und Idee einer neuen Herrschaftsform. Zur Gestalt der Europäischen Union nach Amsterdam, 1999; aus der weiteren Lit.: *H. Schambeck*, Zur Bedeutung der föderalen und regionalen Dimension in der EU, FS Lendi, 1998, S. 445 ff.; *P. Badura*, Das Staatsziel „Europäische Integration" im Grundgesetz, FS H. Schambeck, 1994, S. 887 ff., 893 ff.; *ders.*, Die föderative Verfassung der Europäischen Union, FS Heckel, 1999, S. 695 ff.

Europa" (so *Winston Churchill* in seiner Rede aus dem Jahre 1946), sie hatten den Blick bewusst auf die USA und ihre große politisch-kulturelle Leistung der „Federalist Papers" gerichtet.[38] Einer der Prominentesten unter ihnen, der erste Kommissionspräsident *Walter Hallstein,* wagte gar das Wort vom „unvollendeten Bundesstaat"[39].

Je weiter allerdings der europäische Integrationsprozess fortgeschritten und je greifbarer damit eine bundesstaatliche Verfassungsarchitektur für das gemeinsame Haus Europa geworden ist, desto größer sind auch die damit verbundenen Ängste. Über Partei- und Staatsgrenzen hinweg ist die Sorge, der europäische Nationalstaat werde im Zuge fortschreitender Föderalisierung seine Staatlichkeit, seine Souveränität und damit auch seine Identität verlieren, ein geläufiges Argument. Doch weder für Europa-euphorische noch Europa-kritische Polemik besteht Anlass. Die anzutreffende Skepsis hat nur selten in rückwärtsgewandten Nationalismen oder einem unreflektierten Etatismus ihren Grund, sondern ist vielmehr Ausdruck des Ringens um eine neue Form der politischen Einheit, in der die auf der Menschenwürde gründende, freiheits- und existenzsichernde Verfassungsstaatlichkeit jenseits nationaler Grenzen bewahrt und behutsam fortentwickelt werden soll.[40]

Im Wege einer schablonenhaften historischen Analogie zu den früheren Prozessen nationaler Staatswerdung und vertikaler Machtteilung kann supranationale Institutionalisierung und Integration nicht gelingen. Gleiches gilt auch für die Terminologiebildung. Die Föderalisierung des *überstaatlich* definierten europäischen Verfassungsraumes meint von vornherein nur einen struktur*analogen,* nicht struktur*identischen* Prozess zum bundes*staatlichen* Föderalismusmodell. Daher ist der Begriff differenziert zu interpretieren und nicht auf beiden Ebenen gleichzusetzen. Ein solch relativierendes Vorverständnis hilft zu verdeutlichen, dass föderale Strukturen in Europa keineswegs einen europäischen Staat voraussetzen.[41] Vor allem darf der zweite Schritt nicht dem ersten vorausgehen. Wenn mit der Suche nach föderalen Strukturen für die Gemeinschaft sogleich Forderungen nach institutioneller „Vollendung" laut werden, weckt das manche Ressentiments.[42] Die Entwicklung des Europäischen Parlaments hin zu einer echten Repräsentativkörperschaft und zum zentralen Legislativorgan der Gemeinschaft, ein Zwei-Kammern-Modell, ein strikter Kompetenzkatalog zur Abgrenzung der Zuständigkeiten, ein zentrales Steuerfindungsrecht der Gemeinschaftsgewalt etc. mögen bedenkenswerte Vorschläge sein. Alle Aspekte gehören ohne Zweifel zur voll ausgebildeten Bundesstaatlichkeit nach nationalen Vorbildern. Doch das originäre Potential, das die Gemeinschaft aus der Idee des Föderalismus ziehen kann, beginnt lange vor den Engführungen nationalstaatlicher Dogmatik: bei den kulturellen Wurzeln.[43]

---

[38] Zu den Klassikern der Idee eines föderalen Europa wie *A. Spinelli* oder *R. Coudenhove-Calegri* siehe *M. Höreth,* Die Europäische Union im Legitimationstrilemma, 1999, S. 104ff.

[39] *W. Hallstein,* Der unvollendete Bundesstaat, 1969.

[40] Dazu die Ansätze bei P. Häberle, Europäische Verfassungslehre in Einzelstudien, 1999, S. 19, 35f. und öfter.

[41] In diesem Sinne ist auch das Dictum von *H. P. Ipsen,* Die Europäische Union – zu Reformprogrammen politikwissenschaftlicher Einlassung, FS U. Everling, Bd. 1, 1995, S. 551ff., 552 zu interpretieren: „kein Bundesstaat klassischer Prägung".

[42] Siehe oben Fn. 11.

[43] Zu den Ursprüngen föderalen Denkens siehe auch *H. Maier,* Der Föderalismus, Ursprünge und Wandlungen, AöR 115 (1990), S. 213ff.

## b) Die kulturelle Dimension des Föderalismus

Der Kulturbezug des Föderalismus wird in zweifacher Hinsicht greifbar. Er will zum einen die territoriale Strukturierung des europäischen Kulturraumes leisten[44], er hat zum anderen kulturelle Tiefenschichten, die ihn als ein über die Staatsorganisation hinausreichendes politisches Ordnungsmodell heterogener Gesellschaften ausweisen. Angesichts dessen verwundert es nicht, wenn gerade im Verfassungs- und Bundesstaatsrecht der kulturell vielgestaltigen Schweiz der Föderalismus als „vorverfassungsrechtliches Ordnungsprinzip"[45] in Begriff und Idee präsent ist. Die Bündnisidee (Bündnis entspricht dem lateinischen Substantiv *foedus*) hat dabei viele Facetten. In ihr lebt die Vorstellung, dass gesellschaftlich wie staatlich verfasstes Miteinander auf einen Vertrag zurückgeht. Das Bündnis will – negativ gewandt – Zusammenschluss gegen mächtige Nachbarn sein. Positiv ist es eine besondere Form, kooperative Staatlichkeit zu institutionalisieren und Zusammenarbeit zu realisieren. Als *Gestaltungsprinzip* ist das föderale Prinzip daher immer dort besonders stark entwickelt, wo es kein kulturell homogenes Volk gibt. Die USA und die Schweiz, letztere ihrem Selbstverständnis nach „politische Willensnation", liefern dafür eindrucksvollen Beleg. Die große integrative politische Kraft des Föderalismus kann die kulturelle Vielfalt wahren, ohne ein Mindestmaß an Einheit und Einheitlichkeit aufzugeben.

„Föderalismus", formuliert *K. Hesse*, „bezeichnet als politisches Gestaltungsprinzip die freie Einigung von differenzierten, grundsätzlich gleichberechtigten, in der Regel regionalen politischen Gesamtheiten, die auf diese Weise zu gemeinschaftlichem Zusammenwirken verbunden werden sollen. Dieser weitgespannte und elastische Grundgedanke kann durchaus unterschiedliche, geschichtlich sich wandelnde Konkretisierungen erfahren, die weitgehend von Sinn und Aufgabe der föderativen Ordnung abhängen."[46] Das Weitgespannte, Elastische, partikulär immer neu Realisierbare verdankt der Föderalismus seiner kulturellen Grundierung. Er findet kulturgeprägte „politische Gesamtheiten" vor, nutz die *Kultur der Kooperation*, des „gemeinschaftlichen Zusammenwirkens", und kann dadurch seinen Sinn neuer politischer Einheitsbildung erfüllen. In so verstandener kultureller Dynamik liegt letztlich die Chance föderalen Gedankengutes für den europäischen Konstitutionalisierungsprozess. Losge-

---

[44] *P. Häberle*, Föderalismus, Regionalismus, Kleinstaaten – in Europa, in: *ders.*, Europäische Rechtskultur, 1994 (TB 1997), S. 257 ff., 260.

[45] *Th. Fleiner/A. Misic*, Föderalismus als Ordnungsprinzip der Verfassung, in: D. Thürer/J.-F. Auber/J.P. Müller (Hrsg.), Verfassungsrecht der Schweiz, 2001, S. 429 ff., 429; *P. Saladin*, Lebendiger Föderalismus, in: *ders.*, Die Kunst der Verfassungserneuerung, hrsgg. von W. Kälin u.a. , 1998, S. 167 ff., 167 unter Verweis auf *J.-F. Auberts* Begriff, Föderalismus sei „un sentiment politique", bzw. auf *M.D. Reagan*, Föderalismus als „a habit of mind".

[46] Grundzüge des Verfassungsrechts der Bundesrepublik Deutschland, 20. Aufl. 1995 (Neudruck 1999), Rn. 219.; zum deutschen Föderalismusmodell siehe darüber hinaus *K. Stern*, Das Staatsrecht der Bundesrepublik Deutschland, Bd. 1, 2. Aufl., 1984, S. 635 ff.; *J. Isensee*, Der Föderalismus im Verfassungsstaat der Gegenwart, AöR 115 (1990), S. 248 ff.; *S. Korioth*, Integration und Bundesstaat, 1990; *H.-P. Schneider*, Die bundesstaatliche Ordnung im vereinigten Deutschland, NJW 1991, S. 2448 ff.; *S. Oeter*, Integration und Subsidiarität im deutschen Bundesstaatsrecht, 1998; verfassungsvergleichend arbeitend *P. Häberle*, Verfassungslehre als Kulturwissenschaft, 2. Aufl. 1998, S. 626 und passim; vorher schon *ders.*, Kulturverfassungsrecht im Bundesstaat, 1980.

löst vom normativen Begriff des Bundesstaates[47], kann die Föderalisierung zunächst als politisches und kulturelles Prinzip für Europa *einheitsstiftend* und zugleich *identitätswahrend* wirken, sodann *unmittelbar* von Europa her originäre normative Konturen gewinnen und zum eigenständigen, noch zu definierenden europäischen Verfassungsbegriff werden.

### c) Föderalisierung als Prozess

Im Begriff der Föderalisierung klingt das eben umschriebene Moment des „schrittweise Werdens" unmissverständlich an. Die Föderalisierung ist ein *föderativer Prozess*[48] mit dynamisch-evolutivem Potential. Ein statisches Konzept wäre für die europäische Verfassungsfrage ebenso wenig tauglich wie die illusionäre Erwartung eines „Verfassungssprungs". Im Spannungsfeld zentraler und dezentraler Kräfte hilft eine etatistisch-staatsrechtlich verengte Sichtweise, die nur zwischen Staatenbund und Bundesstaat wählen zu können glaubt, nicht weiter. Es geht vielmehr um die allmähliche Verklammerung von nationalem und unionalem Verfassungsrecht[49] und den ebenso konsequenten Aufbau Europas von unten nach oben. Diesen Prozess kann der Föderalismus aufgrund seiner Funktionen mitgestalten.[50] Er wirkt komplementär zur demokratischen, den Gedanken von Rechts- und Sozialstaat verpflichteten Ordnungsbildung auf Gemeinschaftsebene. Am stärksten aber bleibt das Moment vertikaler Gewaltenteilung bzw. Gewaltenbalancierung, die gewiss zu jenen Rechtsprinzipien gehört, aus denen sich das „gemeineuropäische Verfassungsrecht" herleitet.[51] Die Beschränkung und Kontrolle politischer Macht, für die EU/EG im Prinzip des „institutionellen Gleichgewichts" vorgeformt, muss auf alle europäischen Verfassungsräume ausgreifen. Das reicht hin bis zu neuen Beteiligungsformen regionaler und lokaler Instanzen am politischen Vergemeinschaftungsprozess.

---

[47] Dazu erneut *K. Hesse*, Grundzüge des Verfassungsrechts der Bundesrepublik Deutschland, 20. Aufl. 1995 (Neudruck 1999), Rn. 217.

[48] Als wissenschaftlicher Vordenker einer solchen föderativen europäischen Integrationstheorie gilt vor allem *C.J. Friedrichs*, Trends of Federalism in Theory and Practice, 1968; dazu auch *M. Höreth*, Die Europäische Union im Legitimationstrilemma, 1999, S. 108 ff.; *P.M. Schmidhuber*, Föderalistische und demokratische Grundlagen des Europäischen Unionsrechts, FS U. Everling, Bd. II, 1995 S. 1265 ff., 1265.

[49] *A. v. Bogdandy*, Supranationaler Föderalismus als Wirklichkeit und Idee einer neuen Herrschaftsform, 1999; *P. M. Huber*, Europäisches und nationales Verfassungsrecht, VVDStRL 60 (2001), S. 194 ff., 240: supranationaler Föderalismus bzw. die Idee eines Staatenverbundes als „flexibler Ordnungsrahmen für die immer engere Union der Völker Europas".

[50] *H. Bauer*, in: H. Dreier, GG-Kommentar, Bd. II, 1998, Art. 20 (Bundesstaat), Rn. 17 ff.; *W. Berg*, Bayern im Europa der Regionen, BayVBl. 2001, S. 257 ff., 259 f.

[51] Begriffsprägend *P. Häberle*, Gemeineuropäisches Verfassungsrecht, EuGRZ 1991, S. 261 ff.; mit spezifischem Blick auf das Prinzip der Gewaltenteilung aus der späteren Lit.: *M. Brenner*, Der Gestaltungsauftrag der Verwaltung in der europäischen Union, 1996, S. 157 ff. („Gewaltenteilungsprinzip als gemeineuropäisches Verfassungsprinzip"); *R.A. Lorz*, Der gemeineuropäische Bestand von Verfassungsprinzipien zur Begrenzung der Ausübung von Hoheitsgewalt – Gewaltenteilung, Föderalismus, Rechtsbindung, in: P.-C. Müller-Graff/E. Riedel (Hrsg.), Gemeinsames Verfassungsrecht in der Europäischen Union, 1998, S. 99 ff.; *H.-D. Horn*, Über den Grundsatz der Gewaltenteilung in Deutschland und Europa, JöR 49 (2001), S. 287 ff., 288; zur Differenzierung zwischen Regeln und Prinzipien im Gemeinschaftsrecht vgl. *S. Kadelbach*, Allgemeines Verwaltungsrecht unter europäischem Einfluss, 1999, S. 51 ff.

Es sei schließlich knapp angedeutet, welche Anregungen respektive Gewinne sich für die prozesshafte Konstitutionalisierung Europas aus den unterschiedlichen Föderalismusmodellen gewinnen lassen.[52] Der „separate federalism" fordert eindeutige Kompetenzscheidungen. Nur so lässt sich eine verlässliche und auch dem Bürger verständliche Zuständigkeitsverteilung zwischen Gemeinschaftsebene, Mitgliedstaaten, Ländern, Kantonen und Regionen gewinnen. Relativiert wird die strikte Trennung aber durch Aspekte des kooperativen Föderalismus. Die Zusammenarbeit zwischen Union und Mitgliedstaaten auf der einen Seite, aber auch den Mitgliedstaaten untereinander bedarf gewisser Formen von Institutionalisierung und rechtlicher Reglementierung. Das mag gemeinsame Aufgabenwahrnehmung umfassen, wie sie das deutsche Grundgesetzt in Art. 91 a und b GG kennt, und hinreichen bis zum Prinzip der Gemeinschaftstreue.[53] Nicht minder inspirierend wirkt der Gedanke des fiduziarischen Föderalismus[54]. Schon heute bestehen Solidaritätspflichten der Gemeinschaft und der Mitgliedstaaten für wirtschaftlich schlechter stehende Regionen. Zahlreiche Strukturfonds sollen die wirtschaftlich gleichmäßige Entwicklung des Binnenmarktes zu sichern, die Nachteile strukturschwacher Gebiete, z.B. der Grenzregionen, auszugleichen helfen. Doch nicht nur kooperativer Ausgleich befördert die Integration, sondern auch Konkurrenz, Experimentierfreude und der Wettbewerb um die jeweils besten Lösungen (Stichwort: Wettbewerbsföderalismus). Aus diesem vielfältigen, nationalstaatlich entwickelten Theoriereservoir können neue Konzepte zur Föderalisierung Europas Konturen gewinnen. Sie halten zudem den politisch Diskussionsprozess offen und machen unmissverständlich klar, dass es für den Europäischen Verfassungsraum nicht *eine* Föderalismuslehre, sondern nur eine Vielfalt einander ergänzender Theorieelemente geben kann.

## 2. Regionalisierung

Wenngleich der Regionalismus[55] nicht eine bloße Vorform des Föderalismus ist, vielmehr Selbststand beanspruchen kann, hat er doch mit dem ersteren hinsichtlich

---

[52] Aus der Lit.: *K. Hesse*, Grundzüge des Verfassungsrechts, 20. Aufl., 1995 (Neudruck 1999), S. 96ff.; *J. Isensee*, Der Föderalismus und der Verfassungsstaat der Gegenwart, AöR 115 (1990), S. 248ff.; *P. Häberle*, Aktuelle Probleme des deutschen Föderalismus, Die Verwaltung 24 (1991), S. 169ff.; *S. Korioth*, Der Finanzausgleich zwischen Bund und Ländern, 1997; *H. P. Bull*, Finanzausgleich im Wettbewerbsstaat, DÖV 1999, S. 269ff.

[53] Ausführlich *P. Häberle*, Europäische Verfassungslehre, 2001, i. E.

[54] Dieser Aspekt wurde vom deutschen Schrifttum im Hinblick auf die Wiedervereinigung herausgearbeitet, weil sowohl der Bund in gesamthänderischer Verantwortung als auch die westdeutschen Länder für einen bestimmten Zeitraum – mitunter bis zum heutigen „Aufbau Ost" – den neuen Ländern gegenüber Hilfe leisten mussten (materiell, personell, verfassungsberatend etc.). Dazu begriffsprägend *P. Häberle*, Aktuelle Probleme des deutschen Föderalismus, Die Verwaltung 24 (1991), S. 169ff.; siehe auch *M. Nierhaus*, Strukturprobleme des gesamtdeutschen Bundesstaates, in: Germania restituta. Symposion für K. Stern, 1993, S. 35ff.; *H. Schulze-Fielitz*, Art. 35 Einigungsvertrag – Freibrief für eine Bundeskulturpolitik, NJW 1991, S. 2456ff.

[55] Aus der kaum mehr überschaubaren Fülle des Schrifttums: *F. Esterbauer*, Der europäische Regionalismus, BayVBl. 1978, S. 328ff.; ders. (Hrsg.), Regionalismus, 1979; *F. Esterbauer/E. Thöni*, Föderalismus und Regionalismus in Theorie und Praxis: grundlegende Erwägungen zur österreichischen Föderalismusdiskussion aus politik- und finanzwissenschaftlicher Sicht, 1981; F. Esterbauer/P. Pernthaler (Hrsg.), Euro-

seines Europa verfassendes Potentials viele Gemeinsamkeiten. Das gilt sowohl für seine spezifische Legitimation als auch für seine kulturelle Grundierung und prozesshafte Dynamik. Im folgenden sei daher nur skizziert, welchen eigenen gestalterischen Impetus die politische Einheit „Region" der europäischen Verfassungsdebatte verleihen kann.

### a) Eine Begriffsskizze

Regionalisierung setzt den Begriff der Region selbstverständlich voraus. Inspiriert von den Politikwissenschaften könnte ein erster Definitionsansatz lauten: Die Region ist „eine räumlich zwischen kommunalem Mikro- und staatlichem Makro-Bereich verortete, politisch-administrative Meso-Ebene".[56] Neben ihrer kulturblinden Technizität impliziert diese Umschreibung vor allem ein fragwürdiges Denken in Ebenen und ist daher nur eingeschränkt tauglich. Auf EU-Ebene fehlt es an einer Legaldefinition der Region, Regionalstrukturen sind aber im Kontext mit dem „Ausschuss der Regionen" (Art. 263 bis 265 EGV) präsent. Insbesondere der Europarat hat schon früh mit dem Begriff der Region gearbeitet. In der sogenannten Bordeaux-Erklärung vom 1. Februar 1978 heiß es:

„Der Begriff der Region, manchmal verschieden von Land zu Land, bedeutet im Allgemeinen eine menschliche Gemeinschaft, die innerhalb der größten gebietsmäßigen Einheit des Landes lebt. Eine solche Gemeinschaft ist gekennzeichnet durch eine geschichtliche oder kulturelle, geographische oder wirtschaftliche Homogenität oder eine Kombination dieser Kennzeichen, die der Bevölkerung Einheit verleiht in der Verfolgung gemeinsamer Ziele und Interessen."[57]

Damit sind wichtige Stichworte zur Inhaltsbestimmung gefallen. Die Region ist eine neben föderalen oder lokalen Strukturen eigenständige Form „menschlicher" und damit, ganz im Sinne des aristotelischen *zoon politikon*, politischer Gemeinschaft. Was ihr spezifisches Gepräge verleiht, ist nicht allein geographische Zufälligkeit, es sind vielmehr eine gemeinsam erlebte Geschichte, ein Mindestmaß an kultureller, aber niemals anti-pluralistisch verstandener Homogenität sowie gemeinsame wirtschaftliche Interessen. Verbindend und einheitsbegründend wirkt die gemeinsame Zielsetzung, die *immanente Teleologie* der politischen Wirkungseinheit Region: Kooperation zu gemeinsamer Interessendurchsetzung. Regionalisierung ist damit als ein komplementär oder alternativ zu sonstigen Dezentralisierungsformen mögliches Struktur-

---

päischer Regionalismus am Wendepunkt, 1991; *P. Häberle*, Der Regionalismus als werdendes Strukturprinzip des Verfassungsstaates und als europarechtspolitische Maxime, AöR 118 (1993), S. 1 ff.; *ders.*, Föderalismus und Regionalismus in den Mitgliedstaaten des Europarates, in: R. Streinz (Hrsg.), 50 Jahre Europarat: der Beitrag des Europarates zum Regionalismus, 2000, S. 61 ff.; *A. Weber*, Die Bedeutung der Regionen für die Verfassungsstruktur der EU, FS Heymanns Verlag, 1995, S. 681 ff.; *S. Breitenmoser*, Regionalismus – insbesondere grenzüberschreitende Zusammenarbeit, in: D. Thürer/J.-F. Auber/J.P. Müller (Hrsg.), Verfassungsrecht der Schweiz, 2001, S. 507 ff., 507.

[56] *J. Beck*, Netzwerke in der transnationalen Regionalpolitik, 1997, 45.

[57] Zit. nach *W. Berg*, Bayern im Europa der Regionen, BayVBl. 2001, S. 257 ff., 257. Die Zeitschrift „Politische Studien" widmet in Heft Nr. 378, 2001 ein Schwerpunktthema der Frage: „Regionalisierung oder Globalisierung: Wo lebt der Mensch?" mit Beiträgen von *A. Bayer* (S. 19 ff.), *R. Sturm* (S. 23 ff.), *J. Fuchs* (S. 32 ff.), *K. Goetz* (S. 44 ff.), *J. Link* (S. 52 ff.) und *U. Ermann* (S. 63 ff.)

prinzip des kooperativen Verfassungsstaates und der nicht minder kooperativen europäischen Verfassungsgemeinschaft konzipiert. Dieses Regionalismusdenken bestätigt
auch die Gemeinschaftscharta der Regionalisierung durch das Europäische Parlament
vom 18. November 1988. Sie benennt darüber hinaus noch einen weiteren wichtigen
Aspekt. Bei allem Miteinander dürfen die jeweiligen Eigenheiten im Sinne der kulturellen Vielfalt und Identitätsstiftung nicht verloren gehen:

„Eine Region ist ein Gebiet, das aus geographischer Sicht eine deutliche Einheit bildet, oder
ein gleichartiger Komplex von Gebieten, die ein in sich geschlossenes Gefüge darstellen und
deren Bevölkerung durch bestimmte gemeinsame Elemente gekennzeichnet ist, die die daraus
resultierenden Eigenheiten bewahren und weiterentwickeln möchte, um den kulturellen, sozialen und wirtschaftlichen Fortschritt voranzutreiben."[58]

Aus dieser begrifflichen Annäherung wird deutlich, was ein dynamischer Regiona-
lisierungsprozess als politischer Ideenlieferant und normativ konturierbares Struktur-
element der „Verfassung Europas" zu leisten vermag.[59] Er ist ein *Kooperationsmodell*
und widerspiegelt viele der Gründe, aus denen sich der Verfassungsstaat der überstaatlichen Ebene hin öffnen sollte. Gemeinsame ökonomische und ökologische Interessen machen nicht an Staatsgrenzen halt; gemeinsame kulturelle Bindungen transzen-
dieren mitunter Staat und Nation; die gemeinsam erlebte, vielleicht auch erlittene
Geschichte, aus denen die Region ein Stück ihres Selbstverständnisses gewinnt, ist
nicht nur nationale, sondern immer auch europäische. Ein solches Legitimationsmu-
ster beschränkt sich von vorneherein nicht allein auf das Europa der EU. Die Regionalisierung kann in den weiteren europäischen Raum ausgreifen, vor allem die Grenzregionen sind Brücken hin zu den osteuropäischen Beitrittskandidaten.

### b) Die Vielgestaltigkeit regionaler Verflechtungen

Die den EU-Raum übergreifende Dimension der Regionalisierung richtet den
Blick auf die Vielgestaltigkeit regionaler Verflechtungen, die symptomatisch für die
Gemengelage staatlicher und überstaatlicher Strukturen in der europäischen Verfassungsgemeinschaft sind. Die Regionalisierung kann nationalstaatlich und transnational sein, sie kann die Europäische Union gestalten oder darüber hinaus in den Rechtsraum des Europarates und der OSZE reichen. Sie kann letztlich sogar ein Prinzip des
Völkerrechts werden und Anlass zu gemeinsamer Theoriebildung von nationaler Verfassungslehre, Europarechtslehre und Völkerrechtslehre bieten.[60] Region ist jede Ge-
bietsform außerhalb und auch innerhalb des Nationalstaates, die über eine rechtlich
mehr oder weniger verfestigte Organisation und Vertretung verfügt.[61] Gerade der
transnationale Regionalismus schafft aber eine für jede Konstitutionalisierungsform
jenseits der Staatlichkeit unverzichtbare Voraussetzung. Je stärker die traditionellen
Trennlinien zwischen *innerstaatlich-verfassungsrechtlichen* und *überstaatlich-völkerrechtli-*

---

[58] *W. Berg*, Bayern im Europa der Regionen, BayVBl. 2001, S. 257ff., 257.
[59] So auch *P. Häberle*, Föderalismus und Regionalismus in den Mitgliedstaaten des Europarates, in: R.
Streinz (Hrsg.), 50 Jahre Europarat: der Beitrag des Europarates zum Regionalismus, 2000, S. 61ff., 69.
[60] Ebd., S. 70.
[61] *S. Breitenmoser*, Regionalismus – insbesondere grenzüberschreitende Zusammenarbeit, in: D. Thü-
rer/J.-F. Auber/J.P. Müller (Hrsg.), Verfassungsrecht der Schweiz, 2001, S. 507ff., 510.

*chen* Kooperationsformen verschwimmen, umso stärker wird die Tendenz zur Ausprägung „verfasster" transnationaler Gebietseinheiten. Die Realisierung regionaler und lokaler Autonomie, von Selbstverwaltung und den damit verbundenen Rechtssetzungskompetenzen gehört zweifelsohne zu den „Leitprinzipien staatlicher Organisation" in Europa.[62] Sie ist darüber hinaus einer der Transmissionsriemen, der die Europäische Verfassungsgemeinschaft von ihrem völkerrechtlichen Gründungsakt zu eigenständigen konstitutionellen Strukturen hinführt und sie für die außereuropäische „Welt der Verfassungsstaaten"[63] kooperativ öffnet.

## 3. Kommunalisierung

### a) Der Theorierahmen

#### aa) Die Idee des Kommunalimus

Von der Regionalisierung führt der letzte Schritt zur Kommunalisierung, zu einem „Europa der Gemeinden" im Sinne *A. Gassers*. Die oft gescholtene „Kommunalblindheit" der europäischen Verträge gehört zu den erstaunlichen Defiziten im europäischen Einigungsprozess, obwohl schon der Subsidiaritätsgrundsatz über die Gemeinschafts- und staatliche Ebene hinaus auch in die kommunale ausgreift.[64] Anders als den Gliedstaaten im Bundesstaat und den Regionen ist es den Gemeinden bisher jedoch noch nicht gelungen, eine in Text und politischer Praxis hinreichende Repräsentanz ihrer Interessen auf Gemeinschaftsebene zu etablieren. Angemerkt sei allerdings, dass dem beratenden „Ausschuss der Regionen" (Art. 263 EGV) neben Vertretern regionaler auch solche lokaler Gebietskörperschaften angehören[65] – der Akzent liegt aber, das sagt schon der Name, recht deutlich auf den Regionen. Heute beklagen die Kommunen eine zunehmende Bedrohung und Relativierung der Selbstverwaltungsrechte durch Brüssel, das mehr als 80% aller Entscheidungen auf wirtschaftlichem und sozialem Gebiet trifft und auf diese Weise auch die gemeindlichen Wirkungskreise vorab determiniert bzw. mittelbar über Kompetenzeinschränkungen für

---

[62] *Th. Würtenberger*, Auf dem Weg zu lokaler und regionaler Autonomie in Europa, FS H. Maurer, 2001, S. 1053 ff., 1053.

[63] Der von M. Morlok hrsgg. Band über die „Welt des Verfassungsstaates" wurde schon mehrfach zitiert. Vor allem das Gespräch mit außereuropäischen Verfassungskulturen (*E. Mikunda-Franco*, Der Verfassungsstaat der islamischen Welt, S. 151 ff.; *H. Kuriki*, Der Verfassungsstaat in den ostasiatischen Traditionen, insbesondere am Beispiel von Japan, S. 175 ff.; *B.-O. Bryde*, Der Verfassungsstaat in Afrika, S. 203 ff.) hilft, dass die Europäisierung nicht zu einem neuen Eurozentrismus führt.

[64] *F.-L. Knemeyer*, Kommunale Selbstverwaltung in Europa – die Schutzfunktion des Europarates, BayVBl. 2000, S. 449 ff., 449; *ders.*, Subsidiarität – Föderalismus, Dezentralisation – Initiativen zu einem „Europa der Regionen", DVBl. 1990, S. 449 ff., 452: „Subsidiarität bedeutet aber auch, dass neben den drei Ebenen auch kommunale Selbstverwaltung in ihrem bisherigen Umfang erhalten bleiben muss. Diesen in der Erklärung von München nur in einem Satz enthaltenen Hinweis, dass das Strukturprinzip Subsidiarität über die drei staatlichen Ebenen hinaus in die kommunale Ebene verlängert wird, galt es als Merkposten aufzunehmen und als Selbstverständlichkeit festzuhalten."

[65] Vgl. *R. Streinz*, Die Abgrenzung der Kompetenzen zwischen der Europäischen Union und den Mitgliedstaaten unter besonderer Berücksichtigung der Regionen, BayVBl. 2001, S. 481 ff., 483 m.w.N. in Fn. 27.

Gesamt- und Gliedstaaten regulierenden Einfluss nimmt.[66] Positiv hingegen wirkt sich auf das Ringen um konstitutionelle Strukturen in Europa die im Jahre 1985 vom Europarat verabschiedete Charta der kommunalen Selbstverwaltung aus. Sie zeugt von „dem Bewusstsein, dass der Schutz und die Stärkung der kommunalen Selbstverwaltung in den verschiedenen europäischen Staaten einen wichtigen Beitrag zum Aufbau eines Europa darstellen, das sich auf die Grundsätze der Demokratie und der Dezentralisierung der Macht gründet.“[67] Der Europarat ist so zum Vorreiter eines *gemeineuropäischen Kommunalismus* geworden, der in der Verfassungsdebatte besondere Aufmerksamkeit verdient.

Ausgangspunkt ist eine Idee, die im Zuge von Globalisierung, Internationalisierung und Europäisierung[68] gegenläufige Aktualisierung erfährt. Die Überschaubarkeit der Lebensverhältnisse gehört zur „conditio humana“[69], der einzelne braucht bei allem welt- respektive europabürgerlichen Selbstverständnis die Rückbindung an die Heimat, die Verwurzelung vor Ort. Diese Gewissheit greift Art. 11 Abs. 4 der bayerischen Verfassung auf und verknüpft ihn mit der demokratischen Komponente: „Die Selbstverwaltung der Gemeinden dient dem Aufbau der Demokratie in Bayern von unten nach oben.“[70] Damit ist ein allgemeines Rechtsprinzip formuliert. Es war für die Entwicklung des nationalen Verfassungsstaates bedeutsam und wirkt gleichermaßen konstitutiv für die Genese des europäischen Verfassungsraumes. Textlichen Beleg gibt erneut die bereits zitierte Charta der kommunalen Selbstverwaltung, in der es heißt: „in der Erwägung, das die kommunalen Gebietskörperschaften eine der wesentlichen Grundlagen jeder demokratischen Staatsform sind“.[71] Sei es bewusste oder von verdecktem Verfassungswissen geleitet Rezeption des bayerischen Textes: die „Erwägung“ der Charta verdichtet sich zum europäischen Verfassungsprinzip jenseits des Nationalstaatsdenkens.

Das kann nicht zuletzt deshalb gelingen, weil die Gemeinden historisch älter als der moderne Staat sind, im Mittelalter aus genossenschaftlicher Korporation, aufgrund

---

[66] *F.-L. Knemeyer*, Kommunale Selbstverwaltung in Europa – die Schutzfunktion des Europarates, BayVBl. 2000, S. 449ff., 449; siehe auch *Th. Schäfer*, Die deutsche kommunale Selbstverwaltung in der Europäischen Union, 1998, S. 56ff. m. w. N.; G. Henneke (Hrsg.), Kommunen und Europa – Herausforderungen und Chancen, 1999.

[67] Zitiert nach R. Streinz (Hrsg.), 50 Jahre Europarat: Der Beitrag des Europarates zum Regionalismus, 2000, S. 107. Die Charta ist auch in der Sammlung Europäischer Verträge unter Nr. 122 abgedruckt sowie bei F.-L. Knemeyer (Hrsg.), Die europäische Charta der kommunalen Selbstverwaltung, 1989, S. 237ff. Das Gesetz des Deutschen Bundestages zu der Europäischen Charta der kommunalen Selbstverwaltung vom 15. Oktober 1985 ist im BGBl. 1987 II, Nr. 3, S. 65 vom 28. Januar 1987 veröffentlicht.

[68] Einen guten systematischen Überblick zu den Elementen der Europäisierung gibt *J. A. Kämmerer*, Europäisierung des öffentlichen Dienstrechts, EuR 2001, S. 27ff., 27–28.

[69] So *W. Berg*, Bayern im Europa der Regionen, BayVBl. 2001, S. 257ff., 262.

[70] Dazu die Kommentierung von *K. Schweiger*, in: Nawiasky/Leusser/Schweiger/Zacher, Die Verfassung des Freistaates Bayern. Loseblatt-Kommentar (Stand: 11. Lfg., 2000), Art. 11, Rn. 12, unter ausdrücklicher Bezugnahme auf das Subsidiaritätsprinzip; *F.-L. Knemeyer*, Bayerisches Kommunalrecht, 10. Aufl. 2000, Rn. 9. Zur Stellung der Gemeinden und der Rolle der Gemeinden im Verfassungsstaat aus schweizerischer Sicht siehe den Exkurs zu „Gemeinden und Gemeindeautonomie“ bei *U. Häfelin/ W. Haller*, Schweizerisches Bundesstaatsrecht, 5. Aufl. 2000, Rn. 201 aff., und die davor abgedruckten ausführlichen Literaturhinweise.

[71] Wiederum zitiert nach R. Streinz (Hrsg.), 50 Jahre Europarat: der Beitrag des Europarates zum Regionalismus, 2000, S. 107.

gutsherrlicher oder kirchlicher Gründung erwachsen.[72] Sie bilden die „fundamentale Einheit", auf der unter geographischen, soziologischen und politischen Gesichtspunkten die verfasste Staatlichkeit gründet.[73] Die Bayerische Verfassung hat mit den „ursprüngliche(n) Gebietskörperschaften" (Art. 11 Abs. 2 S. 1)[74] eine überzeugende Formel gefunden. Ein ganz ähnliches Vorverständnis offenbart das deutsche Bundesverfassungsgericht, wenn es sagt: „Gemeinden und Kreisen sind Strukturelemente eigen, wie sie auch einen staatlichen Verband kennzeichnen. Der der Selbstverwaltung der Gemeinden offenstehende Aufgabenkreis ist nicht sachlich gegenständlich beschränkt sondern umfassend, soweit ihr gebietlicher Wirkungsbereich betroffen ist. Gemeinden bedürfen keines speziellen Kompetenztitels, um sich einer Angelegenheit der örtlichen Gemeinschaft anzunehmen; (...)."[75]

Die exemplarisch vorgestellten Belege aus Rechtswissenschaft, Verfassungstext und Judikatur bieten vielfältige Ansatzpunkte, schrittweise eine europäische Kommunalismustheorie auszubauen. Denn das sich verfassende Europa darf die Vorfrage nach den einheitsbildenden Momenten nicht aus den Augen verlieren und muss dafür unmittelbar beim Bürger beginnen. Um ein Missverständnis vorab auszuschließen: Eine Mythologisierung, gar Mystifizierung naturhafter politischer Ur-Einheiten, eine Pauschalformel vom unverfälschten Gemeindeleben als „Keimzelle des Staates" hilft dabei sicher nicht weiter. Wenn aber eine Studie wie z.B. die Arbeit von *P. Blickle,* beginnend mit dem Mittelalter, anhand von Stadt- und Klosterherrschaft oder der italienischen Stadtrepubliken, zugleich mit Blick auf Skandinavien, England und Russland die politische Gemeinschaftsbildung in der Gemeinde als „Urgestein des Politischen in Europa" zu begründen sucht, hat das mit Mythenbildung nichts gemein.[76] Eine der zentralen Arbeitsthesen seiner Untersuchung dient der Verdeutlichung:

„*Kommunalismus* soll zunächst einen besonderen Aggregatzustand von gefestigten Formen alltäglichen menschlichen Zusammenlebens bezeichnen. *Gefestigt* sind Formen, wenn sie dem raschen Wandel, etwa der Abfolge der Generationen, entzogen sind und ihre Stabilität vom personalen Wandel nicht berührt wird. Wo das der Fall ist, kann der Alltag als *verfasst* gelten. Üblicherweise wird Verfasstheit durch *Institutionen* gewährleistet, so dass man auch von einer Verfassung des Alltags sprechen könnte. *Kommunal* verfasst ist der Alltag, wenn sich die Verfassungseinrichtungen aus der *Gemeinde* heraus entfalten und entwickeln."[77]

---

[72] K. *Eichenberger,* Stellung und Bedeutung der Gemeinde im modernen Staat, in: ders., Der Staat der Gegenwart. Ausgewählte Schriften, 1980, S. 37 ff.; H. *Seiler,* Gemeinden im schweizerischen Staatsrecht, in: D. Thürer/J.-F. Auber/J.P. Müller (Hrsg.), Verfassungsrecht der Schweiz, 2001, S. 491 ff., 492.

[73] K. *Eichenberger,* Stellung und Bedeutung der Gemeinde im modernen Staat, in: ders., Der Staat der Gegenwart. Ausgewählte Schriften, 1980, S. 37 ff., 37; siehe auch F.-L. *Knemeyer,* Bayerisches Kommunalrecht, 10. Aufl., 2000, Rn. 44.

[74] Zum Streit um den Begriff mit weiterführenden Literaturnachweisen nochmals F.-L. *Knemeyer,* Bayerisches Kommunalrecht, 10. Aufl., 2000, Rn. 44.

[75] BVerfGE 83, 37 (54).

[76] P. *Blickle,* Kommunalismus, Bd. 1, 2000, und Bd. 2, 2000, insbes. Bd. 2, S. 359 ff. Mit Blick auf die Garantie kommunaler Selbstverwaltung in der Bayerischen Verfassung (Art. 11) sprach der Bayerische Verfassungsgerichtshof von einem „besondere(n) Platz der Gemeinden im Staatsleben"( E 10, 113, insbes. 122). Diesem Gedanken liegt kein bayerisches Spezifikum zugrunde, er kann vielmehr auch für die europäische Ebene nutzbar gemacht werden.

[77] P. *Blickle,* Kommunalismus, Bd. 1, 2000, S. 15 (Hervorhebungen im Original). Rechtsvergleichend sei für die Rolle der Kommunen im politischen Gemeinschaftsleben auch auf Spanien hingewiesen, vgl.

Erkenntnisleitend für die europäische Verfassungsdiskussion wird die Formel von der „Verfasstheit des Alltags" und der damit verbundenen Selbstverständlichkeit politischer Einheitsbildung. Nachbarschaft[78] und Gemeinde, in Großstädten Stadtteile und Bezirke, sind die unmittelbare Erlebniswelt der Bürger. Ob der einzelne sich aus den Massenmedien informiert, am Arbeitsplatz politische Fragen diskutiert oder schlicht in die Privatheit flieht, immer tut er das nicht in einem abstrakten Raum, sondern konkret vor Ort. Nur wenn Europa in das *Alltagsbewusstsein* seiner Bürger dringt, kann es *werden*. Wenn es aus den Nachbarschaften erwächst, ist es kein bürgerfernes Konstrukt mehr. Europäische Aktivbürgerschaft hat ihre Wurzeln somit in der *Gemeinde-*, nicht vorrangig oder gar ausschließlich in der *Staats*bürgerschaft.

### bb) Kommunaliserung und Gemeindebürgerschaft

Für die Idee der *europäischen Gemeindebürgerschaft* liefert ausgerechnet die Schweiz, zwar nicht Mitglied der Europäischen Union, aber im Herzen Europas gelegen, das Vorbild. Die schweizerische Staatsbürgerschaft beruht auf dem Gemeindebürgerrecht. Alle Schweizerinnen und Schweizer gehören als Bürger drei Gemeinwesen an, sie haben neben dem Gemeindebürgerrecht ein Kantonsbürgerrecht und ein Staatsbürgerrecht.[79] Die Staatsangehörigkeit ist nach Art. 43 der neuen Bundesverfassung in drei untrennbar miteinander verbundene Bürgerrechte gegliedert, Fundament aber ist das Gemeindebürgerrecht als Ausdruck des föderalistische Aufbaus des Gemeinwesens.[80] Kaum eine andere Konzeption der Bürgerschaft könnte sinnfälliger machen, dass die Gemeinde *nucleus* politischer Gemeinschaftsbildung ist und zu aller erst in ihr der Bürger zum *citoyen* wird.

Von diesem tragenden Gedanken der Kommunalisierung[81] hat sich auch die vom „Rat der Gemeinden und Regionen Europas" im Jahre 1985 verabschiedete, hier schon mehrfach zitierte „Charta der kommunalen Selbstverwaltung" inspirieren lassen[82]. In der Präambel heißt es:

> „(...) in der Erwägung, dass das Recht der Bürger auf Mitwirkung an den öffentlichen Angelegenheiten einer der demokratischen Grundsätze ist, die allen Mitgliedstaaten des Europarats gemeinsam sind;

---

*J. Ch. Pielow*, Gemeinden und Provinzen im Staat des territorialen Pluralismus. Zur gegenwärtigen Situation des spanischen Kommunalverfassungsrechts, JöR 43 (1995), S. 511 ff.

[78] Für einen allg. Überblick über verschiedene Nachbarschaftsbegriffe siehe *B. Hamm*, Betrifft: Nachbarschaft, 1973, S. 13. Ein historisch nicht unvorbelastetes Thema sind „Die Deutschen und ihre Nachbarn", dazu gleichnamig *R. Vierhaus*, Marburger Universitätsreden, Bd. 5, 1983, S. 3 ff., 3 f.

[79] *U. Häfelin/ W. Haller*, Schweizerisches Bundesstaatsrecht, 5. Aufl. 2000, Rn. 524 ff.

[80] *R. Schaffhauser*, Bürgerrechte, in: : D. Thürer/J.-F. Auber/J.P. Müller (Hrsg.), Verfassungsrecht der Schweiz, 2001, S. 317 ff., 318; *H. Seiler*, Gemeinden im schweizerischen Staatsrecht, in: ebd., S. 491 ff., 492 f.

[81] Zum Kommunalismus oben Fn. 73; vgl. auch *Th. Würtenberger*, Auf dem Weg zu lokaler und regionaler Autonomie in Europa, FS H. Maurer, 2001, S. 1053 ff., 1053.

[82] Dazu *J. Spautz*, Die Stellung der Kommunen im europäischen Einigungswerk, in: F.-L. Knemeyer (Hrsg.), Die europäische Charta der kommunalen Selbstverwaltung, 1989, S. 11 ff.; *P.M. Schmidhuber*, Die Bedeutung der Europäischen Gemeinschaften für die Kommunen, ebd., S. 25 ff.; *D. Ehlers*, Steuerung kommunaler Aufgaben durch das Gemeinschaftsrecht, in: H.-U. Erichsen, Kommunale Verwaltung im Wandel, 1999, S. 21 ff., 25 f.

überzeugt, dass dieses Recht auf kommunaler Ebene am unmittelbarsten ausgeübt werden kann; (...)"[83]

Bei der Charta handelt es sich zwar um eine völkerrechtliche Vereinbarung, der die Mitgliedstaaten des Europarates, nicht aber die Europäische Union oder die Europäischen Gemeinschaften beitreten können. Ein Gemeinschaftsrecht auf kommunale Selbstverwaltung oder eine europäische Kommunalbürgerschaft, die sich aus ihr ablesen ließen, existieren nicht.[84]. Nichtsdestoweniger enthält sie wichtige Zielvorgaben, in deren Kontext die Unionsbürgerschaft (Art. 17 Abs. 1 S. 3 EGV)[85] auf ihre *gemeindebürgerschaftlichen* Schichten hin zu befragen ist. So kann auch die Rechtswissenschaft, gestützt auf ihren spezifischen Sachverstand und ihr Handwerkszeug in Sachen Auslegung, mit der Formel vom „Urgestein des Politischen" in Europa Ernst machen.

## b) Elemente der Kommunalisierung

Nachdem ein Theorieraster skizziert ist, sollen im folgenden Elemente der Kommunalisierung vorgestellt werden. Dabei vermischen sich Theoretisches und Praktisches, visionäre mit pragmatischen Zielsetzungen, normative mit rechtspolitischen Momenten, schon Erreichtes mit Angestrebtem. Für den beabsichtigen Überblick ist eine strikte Trennung nicht notwendig, zumal ansonsten auch manch Zusammengehörendes willkürlich geschieden würde und die europäische Verfassungsdebatte im derzeitigen Entwicklungsstadium alle Schichten gleichermaßen intensiv bedenken sollte.

### aa) Kommunalwahlrecht – der aktivbürgerliche Status der Gemeindebürger

Der Zusammenhang von Aktivbürgerschaft, politischen Rechten und der Kommunalisierung wurde schon erörtert. Das Kommunalwahlrecht für Gemeinschaftsbürger in *allen* Mitgliedstaaten[86] erscheint deshalb in einem besonderen Licht. Es ist nicht nur Ausdruck eines allgemeinen unionsbürgerlichen *status activus*, sondern Voraussetzung politischer Gemeinschaftsbildung in Europa schlechthin. Das hat sehr praktische Konsequenzen. Europäische Themen sollten auch von der Lokalpolitik ernst genommen und im Kommunalwahlkampf berücksichtig werden, wenn sie das

---

[83] Zitiert nach F.-L. Knemeyer (Hrsg.), Die europäische Charta der kommunalen Selbstverwaltung, 1989, S. 273.

[84] *D. Ehlers*, Steuerung kommunaler Aufgaben durch das Gemeinschaftsrecht, in: H.-U. Erichsen, Kommunale Verwaltung im Wandel, 1999, S. 21 ff., 25.; zum Thema „Kommunale Selbstverwaltung und Europarecht" allgemein der gleichnamige Beitrag von *F. Schoch*, in: H.-G. Henneke, Kommunen und Europa – Herausforderungen und Chancen, 1999, S. 11 ff.

[85] Zum Spannungsverhältnis von Staatsvolk und Unionsbürgerschaft: *A. Deringer*, Europäisches Parlament und Maastrichturteil des Bundesverfassungsgerichts, FS U. Everling, Bd. I, 1995, S. 248 ff., 250 ff. („Europäisches Staatsvolk?"); *I. Pernice*, Europäisches Verfassungsrecht im Werden, in: H. Bauer u. a. (Hrsg.), Ius Publicum im Umbruch, 2000, S. 25 ff., 35 f.; *P. Häberle*, Das Grundgesetz als Teilverfassung im Kontext der EU/EG – eine Problemskizze, FS H. Schiedermair, 2001, S. 81 ff., 88; *K.-P. Sommermann*, Der entgrenzte Verfassungsstaat, in: D. Merten (Hrsg.), Der Staat am Ende des 20. Jahrhunderts, 1998, S. 19 ff., 35 beschreibt die Unionsbürgerschaft als „personale Entgrenzung des Verfassungsstaates".

[86] Art. 17, 19 EGV, auf die das deutsche GG mit Art. 28 Abs. 1 S. 3 reagiert, dazu mit weiterführenden Nachweisen *H. Dreier*, in: ders. (Hrsg.), GG-Kommentar, Bd. II, 1998, Art. 78, Rn. 72 ff.

Gemeindeleben berühren.[87] Das umfasst ein weites Spektrum von Fragen der gemeindlichen Finanzierung europäischer, grenzüberschreitender Projekte (z.B. bei der Abfallentsorgung, der ressourcenschonenden Energiegewinnung, des Verkehrs, des Tourismus) bis hin zu europäischen Städtepartnerschaften. In den Gemeinden erleben Bürger aus den verschiedenen Mitgliedstaaten der Gemeinschaft, dass ihr gemeinsames Votum den politischen Prozess unmittelbar bestimmt und zu konkreten Entscheidungen führt. So „banal" und räumlich beschränkt diese auch sein mögen, das damit verbundene demokratische „Aha-Erlebnis" kann zum Grundstein eines *europäischen Bürgerbewusstseins* werden.

Deshalb sollte nicht nur die Rolle von Verbänden und politischen Parteien, sondern auch die der Kommunen bei der gesamteuropäischen politischen Willensbildung neu bedacht werden. Entscheidend ist, dass die Gemeinden ihre Interessen vor den europäischen Institutionen besser artikulieren können, dass sie von Parlament, Rat und Kommission intensiver wahrgenommen werden. Die Ausgestaltungsmöglichkeiten sind vielfältig: von informalen Anhörungsverfahren bis hin zu Beteiligungs- oder Anhörungsrechten, die in den europäischen Verträgen festgeschrieben werden müssten.

### bb) Gemeindeöffentlichkeit als Teil der europäischen Öffentlichkeit

In engem Zusammenhang mit dem aktivbürgerlichen Status steht der Aspekt des öffentlichen Raumes. Das Öffentliche, zu Recht als Schlüsselbegriff sowohl der modernen politischen und Gesellschafts- als auch der Verfassungstheorie apostrophiert,[88] bedarf zur Entfaltung seiner freiheitssichernden Gehalte konkreter Wirkungsräume. Die kommunale Gemeinschaft nimmt hier eine herausragende Stellung ein. Das antike *forum* im Herzen der *polis* ist das klassische Paradigma für einen Ort der öffentlichen Begegnung. Es beschreibt den Raum, in dem der Bürger von seinen Freiheiten Gebrauch macht, seine Kunst- und Religionsfreiheit, Meinungsbildungs- und Versammlungsfreiheit als öffentliche Freiheiten lebt.[89] Dieses *forum publicum* sozialer und kommunikativer Interaktion[90] ist nicht nur etwas Gedachtes, eine Metapher oder abstrakte

---

[87] Die Realität sieht noch weitgehend anders aus. Die europapolitische Willensbildung vollzieht sich hauptsächlich auf Bundesebene, die Länder haben sich zunehmend (vgl. Art. 23 GG) Mitspracherechte erstritten (allg. zur europapolitischen Willensbildung in Deutschland *P. Badura*, Das Staatsziel „Europäische Integration" im Grundgesetz, FS H. Schambeck, 1994, S. 887 ff., 897 ff.). Allerdings sind auch dort manche Einschränkungen zu machen. Selbst bei Europawahlkämpfen dominieren oft innenpolitische Themen, das Willensbildungsdefizit in Sachen Euro, Verfassungsfrage etc. ist längst ein vielbeklagter Allgemeinplatz.

[88] Aus der Fülle der staats- bzw. verfassungsrechtlichen, sozial- und politikwissenschaftlichen Literatur sei auf einige grundlegende Ansätze verwiesen: *R. Smend*, Öffentlichkeit und Verantwortung, in: Gedächtnisschrift. W. Jellinek, 1955, S. 11 ff.; *E. Fraenkel*, Öffentliche Meinung und Internationale Politik, Recht und Staat, Heft 255/256 (1962), S. 9 ff.; *K. Hesse*, Die verfassungsrechtliche Stellung der politischen Parteien im modernen Staat, VVDStRL 17 (1959), S. 11 ff., 42 ff.; *P. Häberle*, Öffentliches Interesse als juristisches Problem, 1970, S. 22 ff.; *ders.*, Gibt es eine europäische Öffentlichkeit?, in: ders., Europäische Verfassungslehre in Einzelstudien, 1999, S. 130 ff., 132 f.; *N. Luhmann*, Öffentliche Meinung, in: Politische Vierteljahresschrift 11 (1970), S. 2 ff., insbes. 17 f. Vgl. auch *W. Martens*, Öffentlich als Rechtsbegriff, 1969, S. 17 bis 41; *A. Rinken*, Das Öffentliche als verfassungstheoretisches Problem, 1971, S. 22 ff.

[89] *P. Häberle*, Verfassungslehre als Kulturwissenschaft, 2. Aufl. 1998, S. 662 f., 696 und öfter.

[90] *Ch. Gusy*, Polizei und private Sicherheitsdienste im öffentlichen Raum – Trennlinien und Berüh-

Chiffre, sondern wird Realität in der Gemeinde. Ob politische Großdemonstrationen oder Wahlversammlungen, ob europäische Visionen oder lokalpolitische Alltäglichkeiten, die Debatten müssen vor Ort beginnen, um überörtlich wirken zu können. Sogar die überregionalen Massenmedien suchen in ihren Lokalteilen Rückbindung an die Gemeindeöffentlichkeit. Und das viel zitierte Bild vom „Marktplatz der Ideen" erlebt seine Vergegenständlichung in der Bürgerbegegnung auf den Marktplätzen:

> „But when men have realized that time has upset many fighting faiths, they may come to believe even more than they believe the very foundations of their own conduct that the ultimate good desired is better reached by *free trade in ideas* – that the best test of truth is the power of the thought to get itself accepted in the competitions of the *market* (...). That at any rate is the theory of our Constitution. It is an experiment, as all life is an experiment" (Hervorhebungen durch den Verf.)[91].

Das berühmte dissenting vote von *O. W. Holmes* darf die verfassungsstaatliche und europäische Kommunalismustheorie beim Wort nehmen. „Free trade of ideas" und „competition of the market" verweisen zurück auf greifbare, in erster Linie kommunal definierte Räume. Dort entsteht „Europäische Öffentlichkeit"[92] aus kommunaler, auch aus regionaler Öffentlichkeit.[93] Und nur sie kann die Bürger für das *Experiment* gewinnen, ohne das eine europäische Verfassung niemals gelingen wird.

### cc) Gemeinden als Kultur- und Wirtschaftsstandorte in Europa

Auch die im Globalisierungskontext geführte Standortdebatte hat einen oft übersehenen kommunalen Bezug. Die Gemeinden sind Wirtschafts- und Kulturstandorte in Europa, je nach ihrer Struktur, Größe und Leistungskraft in ganz unterschiedlichen Ausprägungsformen von der dörflichen Gemeinschaft bis zur Weltstadt. Kulturelle Großereignisse aller Art sind auch *Kommunalereignisse*. Die Musikfestspiele von Bayreuth und Salzburg, Verona und Aix en Provence haben ihr Lokalkolorit, das British Museum beherbergt nicht nur Schätze des europäischen kulturellen Erbes, sondern ist auch Teil von London, Tennis und Wimbledon leben in symbiotischer Wahlverwandtschaft. Bei aller staatlichen, teilweise auch europäischen Förderung, sind es doch die Gemeinden, die von der Verkehrsplanung bis zu den Hotelzimmern die Infrastruktur für die Kultur, vor allem aber ein weltoffenes Klima für ihre Gäste schaffen, sich gar als „Kulturhauptstadt Europas" beweisen müssen. Auf diese Weise entwickelt sich mehr von der vielbeschworenen europäischen Identität[94] als durch juristische Vertragswerke.

---

rungspunkte, Verwaltungs-Archiv 92 (2001), S. 344 ff., 350: öffentlicher Raum „individueller, kommunikativer und sozialer Freiheit" und daher „nicht nur Raum der Kommunikation und Begegnung, sondern auch Raum der Zumutung."

[91] Abrams v. United States, 250 U.S. 616 (1919), at page 630.

[92] So die gleichnamige Schrift von *P. Häberle*, 2000.

[93] Eine Differenzierung nach den Kategorien von zentraler, regionaler und lokaler Öffentlichkeit findet sich auch bei *G. Püttner*, Netzwerk der Verwaltungskontrolle, in: K. König/H. Siedentopf (Hrsg.), Öffentliche Verwaltung in Deutschland, 1997, S. 663 ff., S. 672 (Stichwort ist die Verwaltungskontrolle durch Öffentlichkeit).

[94] Die Identitätsfrage erörtern z.B. z.B. *A. Deringer*, Europäisches Parlament und Maastrichturteil des Bundesverfassungsgerichts, FS U. Everling, Bd. I, 1995, S. 248 ff., 251: Gemeinsame Identität aus einem

Spiegelbildliches findet sich im Anforderungsprofil für Wirtschaftsstandorte wieder. Nicht nur der Rahmen, den die staatliche Steuer- und Arbeitsmarktpolitik setzt, sondern auch das Attraktivitätspotential der Gemeinden ist für Industrieansiedlungen entscheidend. Um ausländische Investoren zu gewinnen, müssen geeignete Grundstücke bereitgestellt werden, deren Erschließung ist zu sichern, Wohnraum für künftige Arbeitnehmer muss zur Verfügung stehen. Welch verheerende Einflüsse ausländerfeindliche Übergriffe auf das Investitionsklima haben können, hat sich in Deutschland in den letzten Jahren immer wieder gezeigt. In all diesen Punkten trifft die kommunale politische Gemeinschaft eine besondere Verantwortung. Hier realisiert sich die *europäische Marktfreiheit vor Ort*. Zu vergessen, dass auch die *global players* nicht im *cyber space*, sondern in konkreten Räumen wirtschaften, kann und darf sich das konstitutionelle Europa nicht erlauben.

### dd) Die Rolle der Gemeinden im Kontext der EU-Osterweiterung

Der Ausbau effizienter kommunaler Strukturen in den neuen Demokratien Osteuropas ist für deren Transformation zu moderner Verfassungsstaatlichkeit eine unabdingbare Voraussetzung.[95] Das erprobte Kommunal- und Kommunalverfassungsrecht der bisherigen EU-Mitgliedstaaten bietet den Beitrittskandidaten ein reiches Reservoir an Theorie und Praxis, das im Wege kritisch-wertender Rezeption die Reformprozesse positiv beeinflussen kann. Zudem sind Städtepartnerschaften und grenznachbarschaftliche Kooperationsformen geeignete Brücken zur Weitervermittlung, aber auch zur kooperativen Weiterentwicklung *kommunaler Verwaltungskultur*.[96]

### ee) Die Rolle der Gemeinden im europäischen Konstitutionalisierungsprozess – normative Aspekte

In einem abschließenden Stichwortkatalog seien die normativen Konsequenzen aus dem bisher Gesagten entwickelt:

(1) Die Gemeindeblindheit der europäischen Verträge ist zu überwinden. Die Rolle der Gemeinden bis hin zu einer Garantie der kommunalen Selbstverwaltung sollte auch im europäischen Vertragswerk Erwähnung finden. Der unmittelbare politische Zugang der Gemeinden zu den rechtssetzenden EU-Organen bleibt unver-

---

„Wir-Gefühl"; *G. Nicolaysen*, Der Nationalstaat klassischer Prägung hat sich überlebt, FS U. Everling, Bd. II, 1995, S. 945 ff., 945. Allg. zu „Erinnerung(en), Geschichte, Identität" der gleichnamige Beitrag von *H. Möller*, Aus Politik und Zeitgeschichte B 28/2001, S. 8 ff.

[95] *F.-L. Knemeyer*, Kommunale Selbstverwaltung in Europa – die Schutzfunktion des Europarates, BayVBl. 2000, S. 449 ff., 451.

[96] Zum Stichwort „Verwaltungskultur" bereits *P. Häberle*, Verfassungslehre als Kulturwissenschaft, 1. Aufl. 1982, S. 20, dort in Fn. 25, sowie 2. Aufl. 1998, S. 90; *W. Thieme*, Über Verwaltungskultur, Die Verwaltung 20 (1987), S. 277 ff., 278 ff.; *D. Czybulka*, Verwaltungsreform und Verwaltungskultur, FS F. Knöpfle, 1996, S. 79 ff., 91 ff. Für den bundesdeutschen Föderalismus ergibt sich in Sachen Weitervermittlung von Verwaltungskultur eine interessante Parallele: So beklagt *M. Kilian*, Zwischen Identitätsfindung und Reformdruck: Zehn Jahre neue Bundesländer, DVBl 2000, S. 1385 ff., 1392, die zum Teil noch unzulängliche Verwaltungskultur in den neuen Ländern (Überbürokratisierung, zu hohe Personalstärke, hoher Schulungsbedarf etc.). Der gesamtdeutsche Bundesstaat muss hier zu einer Werkstatt („Experimentierfeld", „Laborstuben einer sich wandelnden deutschen Verwaltungswelt", ebd., S. 1397) werden.

zichtbares Desiderat. Nicht minder überdenkenswert wäre eine Klagerecht vor dem
EuGH gegen Übergriffe in die kommunale Selbstverwaltung.[97] Die Frage der Kompetenzabgrenzung zwischen der Europäischen Union und den Mitgliedstaaten wird
zu den zentralen Themen der für das Jahr 2004 geplanten Regierungskonferenz gehören. Die Stellung der Regionen wird dabei eine herausgehobene Rolle spielen.[98] Den
„Post-Nizza-Prozess" darüber hinaus auch um die kommunale Dimension zu berei-
chern, bleibt eine wichtige Herausforderung an die europäische Verfassungspolitik.

(2) Dem Vorbild staatlicher und gliedstaatlicher Verfassungen folgend wäre auf der
anderen Seite ein intensiverer Europabezug in den Kommunalordnungen wünschenswert. Damit verbunden ist keineswegs eine unzulässige Erweiterung der gemeindlichen Verbandskompetenz oder gar ein „allgemeinpolitisches Mandat" für die Kommunen. Es sollte aber auch textlich bewusst gemacht werden, welch starke Rolle das
Thema Europa für die eigenen Angelegenheiten der Gemeinden, die in der örtlichen
Gemeinschaft wurzeln, letztlich schon spielt.

(3) Die europäische Verantwortung der Kommunen sollte auch bei ihrer finanziellen Ausstattung mit berücksichtigt werden. Eine fortschreitende Auszehrung der Ge-
meindefinanzen und die damit verbundene finanzielle Überforderung verbietet sich
gerade aus europäischer Perspektive.

(4) Bei einer Stärkung der Rolle der Gemeinden sollte aber Konkurrenz von Regionen und Kommunen vermieden werden.[99] Kommunalisierung und Regionalisierung ergänzen einander, eine klare Kompetenzabgrenzung reduziert von vorneherein
mögliches Konfliktpotential.

(5) Die stärkste Form der Sicherung des kommunalen Selbstverwaltungsrechts als
gemeineuropäisches Verfassungsprinzip wäre sicher dessen positive Verankerung in einer künftigen Europäischen Verfassung. Ein erster visionärer Entwurf stammt aus den
80er Jahren, als sich die derzeit geführte Verfassungsdebatte noch kaum erahnen ließ.
Er sei hier gleichsam als Zusammenfassung der normativen Aspekte vorgestellt:

„(1) Den kommunalen und regionalen Gebietskörperschaften der Unionsstaaten wird das
   Recht auf Selbstverwaltung und Finanzautonomie im Rahmen der Gesetze nach Maßgabe des Prinzips der Subsidiarität gewährleistet.
(2) Den Gebietskörperschaften steht bei allen sie betreffenden Entscheidungen der Union
   und der Unionsstaaten ein Informations- und Beratungsrecht zu. Dieses wird durch von
   den Gebietskörperschaften zu bildende Ausschüsse wahrgenommen.
(3) Der Unionsverfassungsgerichtshof entscheidet über Verfassungsbeschwerden der Gebietskörperschaften wegen Verletzung des Rechts auf Selbstverwaltung durch eine Entscheidung der Union, bei Entscheidungen der Unionsstaaten jedoch nur, soweit nicht Beschwerde bei einem Verfassungsgericht der Unionsstaaten erhoben werden kann."[100]

---

[97] Vgl. die Defizitliste bei *F.-L. Knemeyer*, Kommunale Selbstverwaltung in Europa – die Schutzfunktion des Europarates, BayVBl. 2000, S. 449ff., 449.

[98] *R. Streinz*, Die Abgrenzung der Kompetenzen zwischen der Europäischen Union und den Mitgliedstaaten unter besonderer Berücksichtigung der Regionen, BayVBl. 2001, S. 481ff., 482. „Die künftige
vertikale Kompetenzabgrenzung zwischen Gemeinschaft, Mitgliedstaaten und Regionen" behandelt *P.
Schäfer*, Der Vertrag von Nizza – seine Folgen für die Zukunft der Europäischen Union, BayVBl. 2001,
S. 460ff., 465f.

[99] Vgl. *F.-L. Knemeyer*, Kommunale Selbstverwaltung in Europa – die Schutzfunktion des Europarates,
BayVBl. 2000, S. 449ff., 450.

[100] Quellennachweis: *J. Hofmann*, Die Sicherung der kommunalen Selbstverwaltung in einer künftigen

# IV. Ausblick

Auch wenn vorliegend nur einige Aspekte aus dem weitverzweigten Themenkreis von Föderalisierung, Regionalisierung und Kommunalisierung gleichsam segmentartig herausgegriffen werden konnten, wurde die strukturbildende Rolle der verschiedenen Dezentralisierungsformen für eine *„Constitutio Europaea"* doch deutlich. Leitmotivisch bestimmen sie die Verfassungsdebatte im Ringen um vertikale Gewaltenbalancierung und ein bürgernahes Europa. Dieses lebt von einer großen Autonomie der Verwaltung im Kleinen und vor Ort, von kleinräumigen Entscheidungseinheiten, die unmittelbare Information für die jeweils Betroffenen sowie kreative Teilhabe und Diskurs der europäischen Aktivbürger ermöglichen.[101] Was *K. Eichenberger* spezifisch für die Rolle der Gemeinden in der Eidgenossenschaft entwickelt hat, lässt sich analog auf die dezentrale politische Einheitsbildung in der Europäischen Verfassungsgemeinschaft übertragen:

„Die Gemeinde ist Element des schweizerischen Staatsaufbaus. Sie ist von außergewöhnlicher Vielfalt. Sie hält die Grundwerte unserer Staatsauffassung hoch: aktivierte und verantwortliche Teilnahme und Teilhabe des Bürgers an den öffentlichen Obliegenheiten, freiheitlich gerichtete Verwaltung durch menschliche Bezüge zwischen Bürger und Obrigkeit, ‚natürliche' Dezentralisation unter Vermeidung ausgedehnter Staatsbürokratie."[102]

Identitätsstiftende Vielfalt, eine gemeinsame, im Lokalen konkret greifbare Basis für Grundentscheidungen des politischen Zusammenlebens, die verantwortliche und aktive Teilnahme des Bürgers am öffentlichen, politischen Prozess und nicht zuletzt die Menschlichkeit im Umgang zwischen Bürger, Staat und überstaatlicher Gemeinschaft – all diese Stichworte formen einen wichtigen Teil eines konstitutionellen Programms für Europa. *K. Eichenberger* ist insoweit nichts hinzuzufügen.

---

Europäischen Verfassung, Materialien zu einer Podiumsdiskussion, Das Rathaus 8/87, S. 453; wieder abgedruckt bei F.-L. Knemeyer (Hrsg.), Die Europäische Charta der kommunalen Selbstverwaltung, 1989, S. 283.

[101] *M. Wallerath*, Die Änderung der Verwaltungskultur als Reformziel, Die Verwaltung 33 (2000), S. 351 ff., 366 f.; vgl. auch *K. König*, Öffentliche Verwaltung – postindustriell, postmodern, postbürokratisch, FS F. Knöpfle, 1996, S. 141 ff., 148. Von der wiederentdeckten Bedeutung der „kleinen Einheit" als „Reflex auf die Größe des künftigen Europas" spricht *R. Kopp*, Föderalismus – demokratische Struktur für Deutschland und Europa, in: K. Bohr (Hrsg.), Föderalismus, 1992, S. 163 ff., 163. Vgl. auch *M. Hilf*, Europäische Union: Gefahr oder Chance für den Föderalismus in Deutschland, Österreich und der Schweiz, VVDStRL 53 (1994), S. 7 ff., 12 („situationsbedingte Konkretisierung vor Ort").

[102] *K. Eichenberger*, Stellung und Bedeutung der Gemeinde im modernen Staat, in: ders., Der Staat der Gegenwart. Ausgewählte Schriften, 1980, S. 37 ff., 54 f.

# Human Dignity: History of an Idea

by

## Carlos Ruiz Miguel

Professor of Constitutional Law, University of Santiago de Compostela, Spain

## Contents

## 1. Justification and purpose of this work

Human dignity is a notion as important as it is vague in the Law, mainly in the Public Law. It is well known that the highly relevant documents of International Law (United Nations Charter, Human Rights Declarations) do use this term[1]. But "human

---

[1] Treaties: Universal Declaration of Human Rights (Preamble, art. 1), International Convention on the Elimination of All Forms of Racial Discrimination (Preamble), International Covenant on Civil and Political Rights (Preamble), International Covenant on Economic, Social and Cultural Rights (Preamble); Convention on the Elimination of All Forms of Discrimination against Women (Preamble), Convention Against Torture and Other Cruel, Inhuman or Degrading Treatment or Punishment (Preamble), Convention on the Rights of the Child (Preamble, arts. 23.1, 28.2, 37.c, 40.1); Case Law: European Court of Human Rights Case Law: *Tyrer* , Serie A 28 (1978); *Ribitsch* Serie A 573 (1995).

dignity" is also a concept widely employed in Constitutional Law. Constitutional texts, case law and scholars all consider "human dignity" as one of its central categories. Such is the situation in Germany[2], Spain[3], France[4], as well as in many other countries[5]. I would like to contribute with a study on this topic. I do not intend to carry out this work from the perspective of positive Law, but rather I seek to explore the idea recurrently found in the juridical texts. I seek, in consequence, to make a genealogy of the idea of human dignity. I am of the view that this study, not strictly juridical-positive, does not lack interest for Public Law (specially, Constitutional Law) so far as it may help to clarify the sense of a concept central "of" ("in" and "for") the Constitution and major International Treaties. It is obvious that those positive legal texts are nurtured by ideas and concepts decanted theoretically long before the elaboration of modern Constitutionalism and Internationalism. In Constitutional Law, the exam of the idea of dignity, whilst should necessarily be carried out in a "pre-constitutional" frame, preserves great "constitutional" interest. I will try to clarify the meanings of the "human dignity" in the History of the human Thought to help to understand what could mean that expression in those texts.

## 2. Dignity: ethymology

The ethymology of the word "dignity" lies in the Indo-European root *dek*[6]. This is the root of a verb that meant in Indo-European "to take, to receive, to greet, to honor". Starting from the meaning "to receive or to receive well" other meanings come off such as "to be appropriate", "to correspond", "to suit", "to make justice to somebody", "to show something as acceptable", "to make somebody something that seems good", "to teach" and "to learn". From the verb derives the nominative form *dekos* that can be translated for "adorn", "elegance", "poise", "glory" or "honor". In the derived languages from the Indo-european trunk one may find related meanings. This way, in the old Indic *dasasyati* is "to honor"; in Greek the verb *dekomai* for "I accept", *dokeo* for "I say" or "I find", *doxa* for "opinion or fame" and *dogma* for "resolution"; in old Irish *dec* gives "the best". Departing from the Indo-European *dek* Latin[7]

---

[2] Constitutional text: Art. 1.1 GG; Case Law: *BVerfGE*, 27, 344 ss.; Scholars: Peter Häberle, "Die Menschenwürde als Grundlage der staatlichen Gemeinschaft", en Josef Isensee and Paul Kirchhof (eds.), *Handbuch des Staatsrechts*, t. I, 1987, p. 815 ss. (844).

[3] Constitutional text: art. 10.1 CE; Case Law: SSTC 120/1990, 150/1991, 212/1996; Scholars: Miguel Angel Alegre Martínez, *La dignidad de la persona como fundamento del ordenamiento constitucional español*, Universidad de León, León, 1996; Carlos Ruiz Miguel, "El significado jurídico del principio de dignidad de la persona en el ordenamiento español", *Revista Jurídica del Perú*, año XLVI n 4 (1996), p. 165 ss.

[4] Case Law: 94–343/344 DC (July, 27th. 1994); Scholars: Bernard Mathieu, "La dignité de la personne humaine", in A. Seriaux, *Droit, médecine et être humain*, PUAM, 1996.

[5] Art. 1 of the Finnish Constitution; art. 7.2 and 106.2 of the Greek Constitution; Preamble of the Irish Constitution; art. 13.1 and 26.2 of the Portuguese Constitution; Chapter I, art. 2 of the Swedish Constitution.

[6] See, Alois Walde (ed. by Julius Pokorny): *Vergleichendes Wörtebuch der Indogermanischen Sprachen*, Walter de Gruyter, Berlín & Leipzig, 1930, t. I, p. 782 ss.; Julius Pokorny: *Indogermanisches Etymologisches Wörterbuch*, Francke Verlag, Berna & Munich, 1959, 189 ss.

[7] In addition to the work quoted *supra*, Cfr. A. Ernout & A. Meillet, *Dictionnaire étymologique de la langue latine*, C. Klincksieck, Paris, 1959 (4th ed.), vol. I, p. 166–167.

derived the verb *decet, – ere* ("to be decorous", "to be due", "to adorn", "to go well"), the noun *decus, – oris* ("glory", "honor", "dignity") and the adjective *dignus* ("that suits to", "worthy", "worthy of"; *dignus* that comes from *dec-nos* properly means "adorned with"). Words such as *dignitas* ("merit", "dignity", "high range"), *indignus* or *condignus* derived from *dignus*, root shared by other words such as the verb *disco-ere* (to teach) or the Spanish *decente*.

We can conclude that the ethymology of the word dignity signifies an *ontologic* statement of superiority as much as an ethical statement in the sense of honoring, high, honorable position, reward.

## 3. The idea of dignity in the Roman Law

Rome saw the coexistence of diverse meanings of dignity. Following the important work of Lévy, we can distinguish a moral sense and a sociopolitical sense. The latter, in turn, admits two variants, an absolute one (more political) and a relative one (more social)[8].

In Rome, *Dignitas* has a moral sense present in some juridical texts but mainly in literary texts. In this sense, it refers to the merit, to the integrity, to the indifference to profit, to the loyalty. It often appears associated to terms such as *existimatio, fama, laus, decus* or *gloria*. The association is unsurprising taking into account the etymology of the term.

Besides, *dignitas* has other social-political significances more linked to the Law. In an absolute sense, in the republican period, *dignitas* was used to refer to relevant personalities, such as the *principes civitatis* and all the Roman magistrates (Cuestors, Censors, Magistratures, Senators and the Senate himself). Ranked officials such as Prefects, High Imperial Officials and Military Commands during the Empire and Ecclesiastical Commands in the Low Empire were also associated to *dignitas*. It is significant that at the beginning of the Vth century a work that contained an index of the public, civil and military officials of the political organization of that time was in fact titled *Notitia dignitatum et administrationum omnium tam civilium quam militarium in partipus orientis et occidentis*. In this sense the notion appears bound to others such as *auctoritas, maiestas, honores* or *potestas* and appears specifically excluded of some others as *humilitas* and of certain people (prostitutes, plebeians, slaves, liberti). For this reason, *dignitas* is susceptible of suffering alterations on its degree because, although it may be increased as a result of a *honos*, it may be taken away because of a condemnation or an exile.

*Dignitas* was also used with another meaning close to the previous one. This is less absolute, therefore more relative.It designates social range, each person's place in society. In this sense, it is a neighbouring concept to *status, gradus* or *conditio*. It is recognized in higher social circles and, in this way, both meanings are very closed to each other. However, in legal circles, *dignitas* can be *maior* or *minor, superior* or *inferior* ending up being applied to the *liberti*, to the slaves, to the wives or the concubines.

---

[8] Jean Philippe Lévy, "Dignitas, Gravitas, Auctoritas Testium", in *Studi in onore di Biondo Biondi*, Giuffrè, Milán, 1965, vol. II, p. 27 ss. (33 ss.).

Let us draw a conclusion. In Rome dignity is a multivocous notion that on the one hand, has a moral connotation and on the other a social or political one that mostly refers to the idea of elevation, excellence or merit. We can also affirm that dignity basically "is achieved" and that not all are "equal" in dignity.

## 4. The idea of dignity in the Theology

### 4.A. *The Fathers of the Church: Saint Leo the Great*

The sacred neotestamerian texts of the Christianity do not contain a direct reference to dignity as moral category, hence the theological theorization on the notion of dignity in the New Testament[9] is a forced construction. Christian theology will introduce this idea (Latin in its inception), fundamentally through the work of Saint Leo the Great (?–461) although the influence of the hermetical thought[10] should not be ignored. Saint Leo the Great assumes the sense of *dignitas* like "high rank" as a characteristic of the highest magistratures. He applies that concept in two senses. On the one hand, he affirms that the dignity of the Christians, of those baptized, is founded in the fact that the Holy Spirit itself has erected Its temple in them by means of the baptism[11]. On the other hand, he proclaims the dignity of all human beings, based in two different foundations: first, *expressis verbis*, in that the Man has been made to the image of God[12]. Second, implicitly, in that God being made man dignified the human nature[13]. Consequently, there are two different notions of dignity, each founded in different concepts and applied to not exactly coincident subjects. Both have in common a theological foundation (although not the same).

Therefore it cannot be considered that Saint Leo distinguishes a current or real dignity (that of the Christian) and a potential one. D'Ors' assertions are not justified when he says that besides that of the Christian or baptized, Saint Leo the Great recognized that "everyone, not only the baptized, has a dignity precisely because all men are created to incorporate to God by means of the Baptism: it is, the fact of the expectation of

---

[9] We can find an example thereof in the book of José María González Ruiz, *La dignidad de la persona humana en San Pablo*, Instituto Social León XIII, Madrid, 1956.

[10] Buck notices that the Deification of the man as *magnum miraculum* is made in the *Asclepius*, a text written by Hermes Trismegisto (the "father" of the Hermetism) who influenced not only the Fathers of the Church (Lactance [s. III–IV], Saint Gregory of Nise [?–386], Nemesius of Emesa, Saint Augustin [354–430]), but also in the medieval theologians (August Buck: "Einleitung" to the work of Giannozzo Manetti quoted *infra* (p. X). The text of Hermes Trismegisto (*Magnum, o Asclepi, miraculum est homo*), is quoted by Pico and Pérez de Oliva.

[11] Sancti Leonis Magni Romani Pontificis: *Tractatus Septem et Nonaginta*, Turnhout, 1973, *Sermo XXI*, cap. III, col. 192 y 193: "*Agnosce, o Christiane, dignitatem tuam, et divinae consors factus naturae, noli in veterem vilitatem degeneri conversatione redire … Per baptismatis sacramentum Spiritus sancti factus es templum*".

[12] Sancti Leonis Magni, *op. cit.*, *Sermo XXVII*, cap. VI, col. 220: "*Expergiscere, o homo, et dignitatem tuae cognoscere naturae. Recordare te factum ad imaginem Dei (Gen. 1, 26); quae, etsi in Adam corrupta, in Christo tamen est reformata*".

[13] Sancti Leonis Magni, *op.cit.*, *Sermo XXVIII*, cap. I, col. 222: "*Nativitates Dominicae sacramento nobis clarius coruscante: ut recurrentes ad illam divinae misericordiae ineffabilem inclinationem, qua Creator hominum homo fieri dignatus est, in ipsius nos inveniamur natura, quem adoramus in nostra … Deus enim …, formam servi sine suae detrimento majestatis accepit, ut in sua nos proveheret, non se in nostra dejiceret*".

dignity on itself qualifies as worthy to those called to receive it". The instrumentality relationship as conceived by D'Ors that subordinates potential dignity or an expectation of dignity to the actual dignity granted by the Baptism, is not, but for abuse, to be attributed to Saint Leo the Great[14].

In conclusion, it can be said that Saint Leo the Great classes dignity as an *ontological* category, without moral content. This allows him to sustain that the Man "is born" worthy (*würdig, dignus*) and all the human beings from that perspective share the "same" or "equal" dignity.

## 4.B. Middle Ages: Saint Thomas of Aquin

According to Saint Thomas of Aquin (1225–1274) the idea of dignity has a different perspective. In Saint Thomas works' certain echoes of the notion of human dignity used by Saint Leo the Great may be appreciated. He considers that precisely because the Man is created to the image of God, he is above (*supra*) all other created animals[15]. This conception may be found in other medieval thinkers[16]; hence, the recognition of that superiority or higher range does not take Saint Thomas to base human dignity on it. Saint Thomas diverges from Saint Leo the Great in that his concept of dignity is based in Nature, not in Theology. His starting point is the conception of the Man as a personal being. According to Aquinas, the name "person" is used to designate those that have some dignity; it is not strange that Saint Thomas attributes dignity to the human being[17] since, following Boetius, he estimates that the human being is "person" (the human person is defined as *rationalis naturae individua substantia*[18]). In his opinion, human dignity lies in being "naturally free" and "existent for itself". Following this idea, human dignity decays when the Man, acting irrationally collapses in the slavery of beasts. According to this author, this collapse takes place when the man commits

---

[14] D'Ors thinks that "the participation in the real priesthood (i.e. the Baptism) is the actual dignity, but the call to the Baptism is a potential dignity: the Baptism grants the dignity, but the man has been created to reach that dignity because he has been predestinated to it (Eph. 1, 5). In other words: the dignity of the "natural" man depends on its aim. This is the essential for the Christian conception of the natural dignity: its call to the true supernatural dignity" (D'Ors, *op. cit.*, p. 2). This thesis could claim a certain support in this text (not quoted by this author), as for "*in sua nos proveheret*" from the Christian point of view the Baptism is a necessary (but not always sufficient) condition.

[15] Saint Thomas of Aquin, *Summa Theologica*, BAC, Madrid, 1959, 1 q. 96 a. 1 (vol. III, p. 654): "*Unde, cum homo sit supra certera animalia, utpote ad imaginem Dei factus, convenienter eius gubernationi alia animalia subduntur*".

[16] So in William of Saint-Thierry (1085–1148) who proclaims in his commentary to the The Song of Solomon "*O imago Dei, recognosce dignitatem tuam; refulgeat in te auctoris effigies*" or in Peter Lombard (1100–1164). *Cfr.* Buck, *op. cit.*, p. XI.

[17] Saint Thomas of Aquin, *op. cit.*, 1 q. 29 a. 3 (vol. II-III, p. 109): "*impositum est hoc nomen 'persona' ad significandum aliquos dignitatem habentes ... Et quia magnae dignitatis est in rationali natura subsistere, ideo omne individuum rationalis naturae dicitur persona*".

[18] Saint Thomas of Aquin, *op. cit.*, 1 q. 29 a. 1. *Cfr.* one of the more brilliant expositions of the Aquinensis thought, who deals with this question: Eustaquio Galán y Gutiérrez, *Ius Naturae*, vol. 2, Madrid, 1961, p. 315 ss.

a sin, but this circumstance does not prevent his reasoning to be built around rational-natural and not theological categories[19].

Therefore, I cannot share D'Ors' opinion to understand Aquinas' category of dignity in baptismal-supernatural key, attributing it the same sense that D'Ors also gave to Saint Leo the Great[20]. Here, Saint Thomas' notion of dignity connects with another of the original meanings of the dignity as we saw when examining its ethymology: the ethical sense of "merit". In Saint Thomas opinion, dignity is not a given quality (it is not an *ontologic* statement), but something that should be won, risked and even lost. This loss is, in fact, one of Saint Thomas' reasons to justify the legitimacy of the death penalty (dignity is, then an ethical idea)[21]. Tomist conceptions will project their influence for many centuries and can be perceived in papal documents of Leo XIII (1810–1903)[22].

We can conclude that according to Saint Thomas dignity is an ethical category. Although it is predicable from the birth, it must be maintained. The Man "becomes" worthy (*würdig*, *dignus*) and the different human beings have an "unequal" dignity[23].

## 4.C. Modern Age: The IInd Vatican Council

IInd Vatican Council (1961–1964) constitutes an inflexion (and confusion) point in the understanding of human dignity notion. On the one hand, it introduced a confusion or indefinition element on the question of the source of human dignity, wether natural or theological. Firstly, some texts uphold that this has a divine basis, although documents differ among themselves. Certain ones adduce a theological basis to defend the same dignity of all human beings[24], but others allege it to maintain the same dig-

---

[19] Saint Thomas of Aquin, *op. cit.*, 2–2, q. 64, a. 2 (t. VIII, p. 434–435): "*quod homo peccando ab ordine rationis recedit: et ideo decidit a dignitate humana prout scilicet homo est naturaliter liber et propter seipsum existens, et incidet quodammodo in servitutem bestiarum*".

[20] According to D'Ors "es así el fin sobrenatural, después de todo, el que permite hablar de la dignidad del hombre como tal hombre. Esta dignidad es la que veíamos en San León Magno como dignidad potencial" (D'Ors, *op. cit.*, p. 2).

[21] Saint Thomas of Aquin, *ibidem*: "*Et ideo quamvis hominem in sua dignitate manentem occidere sit secundum se malum, tamen hominem peccatorem occidere potest esse bonum, sicut occidere bestiam: peior enim est malus homo quam bestia, et plus nocet, ut Philosophus dicit in I 'Polit.' et in VII 'Ethic.'*"

[22] Leo XIII, *Inmortale Dei* (1885), para. 38 ("if the intelligence assents to false opinions and the will attends and embrace the evil, neither one nor the other reach their perfection, rather they fall of their natural dignity, pervert and corrupt") and *Libertas* (1888), para. 1 (ciphers the dignity of the human in "being in hands of his free-will" and "being lord of his actions").

[23] And not only human beings. Other beings may have dignity also, a dignity that may be even great than one of the human being. This is the case of Christ (Saint Thomas of Aquin, *op. cit.*, 1 q. 29 a. 1: "*humana enim natura in Christo non est persona, quia est assumpta a digniori, scilicet a Verbo Dei*"; 1 q. 29 a. 3: "*dignitas divinae naturae excedit omnem dignitatem*") or it could be the case of the angels. This tomist conclusion is difficult to understand under D'Ors positions, as the latter insists erronously that "la 'dignitas' no es simple superioridad, sino que depende de la vocación al Bautismo ... y en este sentido los ángeles no son más "dignos" que el hombre" (D'Ors, *op. cit.*, p. 2).

[24] Declaration on the religious freedom *Dignitatis humanae*, para. 2 ("the dignity of the human person, as recognized in the revealed Word of God and the natural reason itself"); Pastoral constitution on the Church in the modern world *Gaudium et spes*, para. 21 ("the human dignity ... is founded and perfectioned in God itself").

nity only of those baptized[25] (as we saw, both ideas might be connected, ultimately, with Saint Leo the Great). Secondly, other texts give cause to sustain that dignity may have a human background and an ethical content[26] (similarly to what had been pointed out by Saint Thomas of Aquin). On the other hand, IInd Vatican Council documents do not clarify wether all human beings have the "same" dignity or not. Some texts proclaim the same dignity for everyone[27], on a line derived from Saint Leo the Great. Other texts open the door to the "unequal" dignity of the diverse human beings[28], following Aquin's conception.

### 4.D. The Canon Law

The presence of these new notions of dignity did not suppose, however, the abandonment of the Roman concepts about dignity. They survive in Canon Law. This way, dignity will maintain a moral meaning and an administrative-juridical sense, although both appear related. Indeed, on the one side, it is said that "worthy" (*dignus*) is the one who gathers the qualities required by Law to obtain benefits. These are generally three qualities: age, goodness and science; although, an individual's dignity "does not depend on how old or young he is, neither on how wise or virtuous, but in the whole group of personal circumstances that make a certain person more useful for the government and more convenient for the social good. On the other side, "dignity" is defined as "the benefit that takes harnessed jurisdiction", being considered that "the dignities should be people of recognized merit and illustration, and adorned with big virtues so that they can fulfill their mission ... and serve as an example to the others"[29].

Further on, the concept of dignity in current Theology becomes even more complicated with the Canon Law Code of 1983 that, not only maintains the canonical-juridical senses of "dignity" that we have just seen [30], but rather some of its canons reintroduce the old Christian sense of the idea of dignity as proposed by Saint Leo the Great, that is, the one proclaiming the same dignity of those baptized[31].

---

[25] Dogmatic constitution on the Church *Lumen gentium*, para. 32 ("common the dignity of the members [of the Church] by their regeneration in Christ").

[26] *Dignitatis humanae*, para. 2 ("everyone, according to his dignity, as person, that is, endowed with reason and free will and, hence, praised with personal responsability"); *Gaudium et spes*, para. 21 ("if this divine fundament and the hope of the eternal life disappeared, the human dignity suffer severe damages", *ergo* ... it does not disappear!).

[27] *Dignitatis humanae*, para. 2 ("everyone, according to his dignity, as being person"); *Gaudium et Spes* para. 29 ("the same dignity of the persons").

[28] *Gaudium et spes* para. 16: "not a few times occur that he conscience is mistaken because of invencible ignorance, not losing his dignity; different is the case where the human being does not worry very much about knowing the truth and the good", in this case ... he did lose his dignity!

[29] Niceto Alonso Perujo & Juan Pérez Angulo (eds.): *Diccionario de Ciencias Eclesiásticas*, Imp. de Domenech, Valencia, 1885, vol. III p. 575 ss. (Voices "dignidad", "dignidades" and "digno").

[30] Canon 377.2 *Codex Iuris Canonici*: "... quos episcopali munere dignos et idoneos putet ..." (para exigir que los candidatos al obispado sean íntegros); Canon 339.2 *C.I.C.*: "Ad concilium Oecumenicum insuper alii aliqui, qui episcopali dignitate non sint insignati ...".

[31] Canon 208 del *C.I.C.*: "Inter christifideles omnes, ex eorum quidem in Christo regeneratione, vera viget quoad dignitatem et actionem aequalitas ...".

# 5. The idea of dignity in the Philosophy

## 5.A. *Humanist Philosophy: Manetti, Pico, Vives, Boaistuau, Pérez de Oliva*

5.A.a. The Roman Law and literature idea of human dignity, was Christianized and "theologized" on the Vth century by Saint Leo the Great. It was Saint Thomas of Aquin, as we have seen, who secularized the idea locating it in the land of the Philosophy when considering that human dignity lied in being "naturally free" and "existent for oneself". The Renaissance claimed to be a way back to classic Antiquity. However, such a turn did not exist in respect of the concept of Dignity. On the contrary, Humanist Philosophy started from Aquinas' conceptual findings to arrive to new formulations.

The first among Renaissance philosophers that dealt with the question was Giannozzo Manetti (1396–1459), in his work *De dignitate et excellentia hominis* (1452)[32]. The work of Manetti should be understood taking into account the precedent contribution of Bartolomeo Fazio[33] as well as two important circumstances. The first is the publication of the work, of great impact at that time, of Cardinal Lotario de Conti (1160–1216, Pope Inocence IIIrd from the 1198) *De miseria humanae conditionis* where the human being is considered worthless and worthy of pity[34]. The second, lies in the philosophical and theological contributions about dignity, synthesized in the work of Aquinas. Manetti, as exponent of the new trends of Renaissance humanism reacts against the pessimistic and negative vision of the human being, so central in the work of Inocence IIIrd; but that reaction still had a strong theological component.

Manetti bases human dignity in theological and natural reasons. Regarding the first ones, they rest in that the man is a creature created by God, whom He endowed with outstanding qualities, whom He subjected all the other things, a criature whose wisdom comes from the recognition of the superiority of God and whose nature was linked to the divine one[35]. Regarding the second ones, they are based on the great per-

---

[32] Giannozzo Manetti: *Über die Würde und Erhabenheit des Menschen (De dignitate et excellentia hominis)*, German translation of Hartmut Leppin, edition and introduction of August Buck, Felix Meiner Verlag, Hamburg, 1980 (Original Latin text: Ianotii Manetti *De dignitate et excellentia hominis,* ed. Elizabeth R. Leonard, Antenore, Padova, 1975).

[33] Bartolomeo Fazio, *De excellentia ac praestantia hominis* (1448). This work dedicated to king Alphonse Ist, as the Manetti one, nevertheless had even more dependence on the theological sources, mainly, on Lactance (cfr. Buck, *op. cit.,* p. XVII).

[34] I dare to say that perhaps we could interpret Innocence IIIrd thought vilifying the human being as his way to legitimate his struggle for the primacy of the Pope (Spiritual Realm) against the Emperor (Temporal Realm), hence, more "human".

[35] Manetti, *op. cit.,* III para. 9 ("the creation of the man is a noble, marvellous, divine work"); III para. 11 ("To his son worthy and extraordinary creation, God has atributed such a value that has given the man the most gleaming beauty, the richest gifts, the highest wisdom and the great power"); III para. 21 ("in the beginning God conceived and destined the world and all its ornament to the man's profit"); III para. 23 ("all the human wisdom has its fundament precisely in that he recognizes and honours God above all"); III para. 59 ("nothing reflects better this (human) essence that God has created so beautiful, so intelligent, so wise, so rich, so worthy, so powerful, so fortunate and happy ... than the fact that, with the mixture with the divine itself, in the person of Christ, not only formed an alliance, but also united itself with the divine essence and this way became a peculiar essence"). Under the light of these texts, is clear that we cannot share the

fection of the human body and soul[36]. Manetti is a humanist a thinker of the Renaissance, and this makes him introduce some thesis that go beyond the above-mentioned (as by himself exposed). Manetti comes to glorify the man to the extreme of subverting the theological statement that "the man was made to image of God" to substitute it for "God is the image of man". This statement introduces a new age of the thought clearly different from the medieval one no matter how much quotations or theological foundations are still adduced[37].

On Manetti's text we may conclude that dignity rests in a whole of perfections that allow men to occupy the highest range in the Creation. Dignity is here an *ontologic* category that supposes that every man, therefore, "is born" worthy (*würdig, dignus*) and that such a dignity is shared equally by all the human beings.

5.A.b. The following humanist philosopher that treated this question was Pico della Mirandola (1463–1494) who elaborated a celebrated Speech (*Oratio*)[38] that later came to be titled "On human dignity"[39]. In this work human liberty is radically affirmed. Pico claims to know why the Man is the most blissful being, the worthiest, hence, of admiration[40]. Whilst all other beings have a contracted nature inside the laws prescribed by the divinity, the Man is not subjected to narrow trenches, having free will to define his own nature. Pico sets in God's mouth these words: "neither celestial nor terrestrial we made you, neither mortal nor immortal, so that yourself, as patternmaker and sculptor of yourself, more to your pleasure and honor, forge yourself the form that you prefer for you. You will be able to degenerate to the inferior forms, with the brutes; you will be able to enhance yourself jointly with the divine things, at your self decision"[41]. The Italian author affirms that "the Father infused the Man at his birth all types of seeds, germs of all gender of life. What each one will cultivate, that, will flourish and give their fruit inside him". This way, the Man, according with his own works will be able to be a mere plant, a brute, a celestial animal or a superior numen vested on human meat. Definitely, the Man does not have on itself and from its birth an own

Alcina's opinion that "Manetti does not enter into theological questions ... about the man as image of God" (*cfr.* Juan Francisco Alcina, "Introducción" to the work of Vives quoted *infra*, p. XVIII).

[36] Manetti, *op. cit.*, I para. 49 ("what disposition of the members, what armony in the forms, what figure, what look could be or could be thought more beautiful than the human ones?"); II para. 36 (speaking on the human soul properties, says "how great and excellent are his strengths as evidence, on the one hand, the very important and formidable works and, on the other, the instruments that in a marvellous way have been created and thought by him").

[37] Manetti, *op. cit.*, I para. 49 (precisely because the ancients observed the perfection of the human body "dare the conviction that the gods possesed a human figure"); III para. 11 ("the inmortal gods in the peinture and the sculpture didn't receive any other figure as the human one ... the very image of God is the man"); III para. 47 ("the man was naturally conceivede as a mortal god to think and move"); III para. 58 ("if our first parents didn't have sinned, Christ would have descended from heaven to earth ... to honour and glorify the man in a marvellous and incredible way by His humble acceptation of the human figure").

[38] Giovanni Pico della Mirandola: *De la dignidad del hombre*, Introduction, Spanish translation and notes of Luis Martínez Gómez, Editora Nacional, Madrid, 1984 (Original Latin text in Giovanni Pico della Mirandola, *De hominis dignitate, Heptaplus, De ente et uno, e scritti vari* a cura di Eugenio Garin, Vallechi, Firenze1942).

[39] As noticed by Martínez Gómez, the *Oratio* had no title in the beginning. It was later (in the edition of the 1601?) when the title *De hominis dignitate* was adscribed (Martínez Gómez, "Introduction" to Mirandola, *De la dignidad* ..., cit., p. 24).

[40] Pico, *op. cit.*, p. 104.

[41] Pico, *op. cit.*, p. 105.

definite profile, but many different ones capable of being appropiated by him in accordance with his acts[42].

What is peculiar of the Man, following Pico, is dignity. In consequence, dignity lies in human freedom to forge oneself in a way that it could be said limitless. This freedom implies a radically dynamic vision of dignity. The Man, by virtue of his works can be a "brute" or a "superior numen vested on human meat". In this dynamic form of conceiving the human being, as someone neither good nor bad by nature, but free to become brute or noble, we may perceive Saint Thomas of Aquin's influence, although there is here a new element: while for Aquinas the Man who became slave loses, henceforth, his dignity; in Pico it does not implies a loss of that dignity, because the human being continues being free to stop being a slave. An explanation thereof is that, while for Saint Thomas dignity is an ethical idea, in Pico it is an *ontological* category. According to Pico, freedom and dignity are inalienable. Dignity is not considered as a dynamic category, as something that should be conquered, but rather is understood in a static way, as something already given, that cannot be lost.

In conclusion, opposite to Manetti, in Pico dignity does not rest so much in the excellence of the human qualities as much as in human freedom or capacity to arrive to such excellence. This is his original contribution. According to Pico, as it was in Manetti's work, dignity is an *onthologic* category what implies that the Man "is born" worthy (*würdig, dignus*) and that dignity is "equal" for all human beings.

5.A.c. The work of Pico had a great impact in European culture. The repercussion of his speech reaches the writings of the Spaniard Juan Luis Vives (1492–1540). This latter recreated literarily the topic of human dignity in one of his youth's creations, *Fabula de homine* (1518) published in Louvaine[43]. In this work he narrated a party organized by the gods for Juno. At the desserts, some theatrical games were played and Juno asked the gods to judge which of the intervining actors was the best. God's answer was that the best of all was the Man. As well as in Pico, in Vives the Man is still viewed as the creation of the most superior god, Jupiter. As well as in Pico, in Vives the Man is characterized by his versatile freedom. On the one hand, the Man may humble himself to the lowest thing, from appearing "under the mask of a plant", taking life without any perception, almost as a vegetable" to appearing "transformed into a thousand different species of animals: sometimes it seemed an angry and furious lion, others a rapacious and devouring wolf, a cruel boar, an astute vixen, a dirty and voluptuous pig, a fearful hare, a hateful dog, a stupid ass". But the Man is not only able to appear as an animal, but also as a man: "the curtain was drop and then he returned as a wise, fair, sociable, human, kind man, ... he was a political and social being in the fullest sense of these words". Finally, the Man is able to reach the highest perfections: Vives proclaims that the man "is absolutely divine and jupiterin, participant of the immortality of Jupiter himself, of his wisdom, prudence, memory and so uniform in his virtues that it can be easily recognized that Jupiter gave him these high gifts selected

---

[42] Pico, *op. cit.*, p. 106–107.

[43] Juan Luis Vives: "Fábula del hombre", in *Diálogos y otros escritos* (Introduction, Spanish translation and notes of Juan Francisco Alcina), Planeta, Barcelone, 1988, p. 153 ss. (Original Latin text in *Opera omnia Ioannis Lodovici Vivis Valentini : recognita et adnotatione critica instructa*, Edicions Alfons el Magnànim/Generàlitat Valenciana/Diputació Provincial de València: Instituto de Cultura Juan Gil-Albert/Universitat de València, Valencia, 1993).

from his own treasure and even extracted from his own person". He also explains that
Man being "like the highest among the gods embraces all the things with his virtue
and is all the things" and hence he can say that the gods "turned the eyes to the man
and one and another time they looked at Jupiter again"; the consequence is logical:
"the gods saw the man, hugged him as their own brother and considered unworthy
that he had to play in a theater and had exercised an infamous and burlesque art, and
they did not find words with which to eulogize his resemblance with them and with
his father". The man was considered therefore "worthy" (*würdig*, *dignus*) to sit at the
table of the gods at such a magnificent fest, and he was granted the perception of the
things and the enjoyment of the eternal happiness of the banquet.

As in Pico, in Vives dignity rests in "versatility ", freedom or human capacity for
raising oneself to the highest and above other created creatures. As in Pico and Manetti
we may say that dignity is here an onthologic statement, that the man "is born"
worthy (*würdig*, *dignus*) and all the human beings are equally worthy.

5.A.d. The influence of the works of Manetti and Pico may also be felt in another
Spaniard, the Cordovan Fernán Pérez de Oliva (1494–1531), who does not seem to
have noticed on the contribution of Vives (possibly because they are contemporary
and it is not possible to determine who wrote first on the question). Pérez de Oliva exposes his thought on the human dignity in a work written in Spanish that was published posthumously (in 1546), but was written in the first quarter of the century[44] and
suffered diverse vicissitudes (e.g. its inclusion in the "*Index*"), for reasons rather distant
to the orthodoxy of the work itself[45]. Pérez de Oliva exposes his reasoning in the form
of a dialogue or debate: first Aurelio carries out his speech, offering the arguments that
feed the thesis of human misery; then it is Antonio who speaks and exposes the reasons
of the own Pérez de Oliva on behalf of human dignity; finally the judge of the dispute
agrees with Antonio's positions. The arguments supporting human dignity are not
strictly original, because, as it has been said they closely follow Catholic theologians,
Manetti and Pico. This way, Pérez de Oliva, first, adheres to the Catholic thesis that
the Man is an image of God[46]; second, following Pico, he places dignity in the human
freedom to become anything one wants, now a brute now an angel[47]; and third, under
Manetti influence, Pérez de Oliva sings the excellences of the human body and soul[48].

In conclusion, the Pérez de Oliva human dignity conception is eclectic and rests in
three factors: Man being image of God (Catholic influence), excellence of the human
body and souls (Manetti) and freedom (Pico). For that reason, we may say that for him
dignity is also an *ontological* and not ethical category, and henceforth, the man "is
born" worthy (*würdig*, *digno*) and everyone is born with the "same" dignity.

5.A.e. In France, the debate about human dignity or human misery had its main
actor in Pierre Boaistuau (?–1566). Our author published in 1557 in French a work

---

[44] Fernán Pérez de Oliva: "Diálogo de la dignidad del hombre" in Pérez de Oliva, *Diálogo de la dignidad
del hombre. Razonamientos. Ejercicios*, edited by María Luisa Cerrón Puga, Cátedra, Madrid, 1995, p. 111 ss.

[45] About this question, *cfr.* the "Introduction" of María Luisa Cerrón Puga to the work of Pérez de Oliva, quoted *supra* (p. 57 ss.).

[46] Pérez de Oliva, *op. cit.*, p. 138 ss.

[47] Pérez de Oliva, *op. cit.*, p. 143–145.

[48] Pérez de Oliva, *op. cit.*, p. 145 ss, 152 ss.

dedicated to grieving human miseries[49], but later (1558) he gave to the printers another writing also in romance where opposed to his former point of view of the debate, exalting the human dignity[50]. Boaistuau seems to build his defense of human dignity on a report of some illustrious people's memorable examples rather than by "Philosophical speeches"[51]. But, truly, his work can be divided in two parts. In the first one he exposes the theoretical arguments in support of his thesis. In the second, he reports heroic and admirable acts deplayed by human beings, following a line that could be connected with the work of Manetti. Boaistuau's arguments supporting human dignity, as Pérez de Oliva's, ignore Vives "paganishing" thesis and have a clear Christian-theological connection. His report of heroical and admirable facts played by human being is the most singular part of his work inasmuch as he does not exalt humans as such, but the works made by concrete human beings. Firstly, Boaistuau picks up the argument that Man is *imago Dei*[52], argument that, as we have seen, goes back to Saint Leo the Great. Secondly, he affirms human dignity on the fact that God gave Man domain all over Its creation[53]. Thirdly, he thinks that Man, contrary to the animals, has a soul, created not out of earth, but with a celestial and divine origin. And fourthly, he mentions, as already did Saint Leo the Great, that a testimony of human dignity rests in the fact that God Itself when descending to the world became a man[54].

Summarizing, the Boaistuau conception of human dignity is nurtured, by theological reasons (with little or no influence of more secularizing Renaissance thinkers like Pico or Vives) and by practical reasons (in the line of Manetti's). As in the other Renaissance philosophers, for him dignity is an *ontologic* category: Men "are born" worthy and all are born with "equal" dignity.

## 5.B.  *Empirist Philosophy: Hume*

David Hume's (1711–1776) influence in the history of Philosophy resides in his antimetaphysic attitude that it is well known. It is Hume the thinker who attacks the western tradition of a transcendent philosophy, by defending a purely human dimension of the Thought, that will be the foundation of the empiricism and the utilitarianism. The humanist Philosophy of the Renaissance, as it has been seen, tries to carry out a non theological argumentation on dignity, but remains framed inside a metaphysical tradition and therefore looking for a transcendental principle. The empiricism

---

[49] Pierre Boaistuau: *Théâtre du Monde*, ed. by Michel Simonin, Droz, Geneva, 1981 (originally written in 1557).

[50] Pierre Boaistuau: *Bref discours de l'excellence et dignité de l'homme*, ed. by Michel Simonin, Droz, Geneva, 1982.

[51] Boaistuau, *Bref discours* ..., p. 36.

[52] Boaistuau, *Bref discours* ..., p. 38, 39, 48 ("*l'homme est le vray chef d'oeuvre de Dieu, ..., nous trouverons qu'il est portrait et tiré d'un pinceau autre que humain*").

[53] Boaistuau, *Bref discours* ..., p. 41–42 ("*mais nous qui sommes Chrestiens ..., croyons qu'après que nostre Dieu eut créé l'homme de la terre, il inspira en la face d'iceluy l'esprit de la vie, e l'homme fut faict ame vivante*").

[54] Boaistuau, *Bref discours* ..., p. 43 ("*quel tesmoignage de la dignité de l'homme! lequel son createur a tant prisé que de son eternité est ... descendu au monde, ..., et s'est faict chair*").

of Hume is focused over the idea of human dignity in a brief essay where he arbitrates in the dispute between the dignity or meanness of human nature[55].

Hume's departing point of argument lies on the question of whether human dignity is something really existent or not. A first approach to the matter could support the doubt that the notions of dignity or human meanness would be but the result of comparisons continually made by men: if we compare men with animals, the comparison is favourable to mankind and it would be necessary to speak of human dignity; but as the Man "can form an idea of perfections much beyond what he has experience of in himself", he could make the comparison with ideally superior beings, in which case the human being would be clearly disfavoured and one could speak of human meanness[56]. Hume considered a fact that human beings perform actions by virtue or friendship, which are carried out, in fact, because they produce pleasure to whom performs them out, so that "that species of self-love which displays itself in kindness to others, you must allow to have great influence over human actions, and even greater, on many occasions, than that which remains in its original shape and form"[57]. According to this argument it is a fact that the human being has a worthy behavior (dignity) and it is a fact that its foundations are purely human.

The question is not only if there is a certain empiric foundation to human dignity. Recognition of the idea of human dignity is for Hume more convenient than denying it or praising that the human being is mean, because "when a man is prepossessed with high notion of his rank and character in the creation, he will naturally endeavour to act up to it, and will scorn to do a base or vicious action which might sink him below that figure which he makes in his own imagination"[58].

Adjusting all Hume's above-mentioned ideas, we could say that dignity is an ethical idea. That allows us to reach the conclusion that the Man is not "born" worthy (*würdig*, *dignus*), but rather it "becomes" worthy (because there are no innate ideas) and that such a dignity is "generally" predicated of everyone (scepticism: there is a natural inclination to act worthily, but the uniform repetition of previous experiences does not give us a certainty of that uniformity).

## 5.C. *Philosophy of the Illustration: Kant*

After the secularization of the idea of dignity begun by Aquinas and accomplished with the Hume Philosophy, in Kant (1724–1804) it will take place a new and important theoretical development. Kant's contribution is arguably, a backward movement in the development of the idea of dignity reached by Hume. Kant's concept is contained in two works, but there is not a theoretical continuity among them. In the first, that is, his *Grundlegung zur Metaphysik der Sitten* (1785) Kant shows an argumentation articulated around three axes: (a) first, he offers the new "dogma" or ethical principle of the Modernity; (b) second, he proposes a new foundation of the idea of dignity; (c ) and,

---

[55] David Hume: "Of the dignity or Meanness of Human Nature", in *Essays moral, political and literary*, Oxford University Press, London, 1963, p 81 ss.

[56] Hume, *op. cit.*, p. 83–84.

[57] Hume, *op. cit.*, p. 86.

[58] Hume, *op. cit.*, p. 82.

third, he inserts this idea in the Law Theory. Regarding his first contribution (a), although there exists a desacralization of the European culture and the philosophy (begun in the Renaissance and consummated with Hume), Kant produces a "resacralization" (he introduces a transcendental law with his postulate) because in his thought dignity will not be a proclamation of freedom or absence of limits in the action (*ontological* statements), but a principle, a dogma (an ethical idea) that in fact implies the establishment of limits in the action. Moreover, second (b), Kant does not restrain himself to locate the notion of human dignity as a "dogma" previously existent, but rather this notion will be reelaborated. According to Kant, dignity finds its ground in the human *autonomy*[59]. Human autonomy (grounds of dignity), has its base in the statement that the Man "exists as an end in itself, not only a means" for whatsoever uses. The human being should be allways considered at the same time as an end in all his actions, not only those directed to himself, but also in those directed to the other rational beings[60]. In Kant, the Man is not, anymore, an instrument to the service of an end superior to the man himself (e.g. God) as expressed in the baptism or the human vocation to the baptism (divine aims). For Kant, third (c), dignity is the ground of the Law system. In his opinion, the Reason refers every maxim of the Will as universal lawmaker to any other will and also to any other action for herself, not by virtue of any practical reason or future profit, but for the idea of a rational being's dignity that does not obey any other law that the one given to itself[61]. Summarizing, the conception of human dignity in this work, understood as an ethical category, precisely lies in the idea that the Man is always an end in itself and never a means. Henceforth, everyone is "born" worthy (*würdig*, *dignus*) and "equal" in dignity.

In a later work, the *Metaphysik der Sitten* (1797) Kant tinges the reasoning previously carried out in the 1785 *Grundlegung*. It is likely that this shading was made under the light of the Schiller contribution that he perfectly knew. In this second moment, Kant, conceives human dignity in a contradictory way. On the one hand, he reiterates his previous formulation[62], although now he introduces some very important precisions: first, dignity is configured not so much as a fact or factum (in the order of the "being") but as a petition of principle (in the order of the "should be"); second, he conceives dignity like a self-esteem or moral elevation[63]. On the other hand, in this second work,

---

[59] Immanuel Kant, *Grundlegung zur Metaphysik der Sitten*, ed. by Karl Vorländer, Verlag von Felix Meiner, Leipzig, 1925 (6th), p. 62.

[60] Kant, *Grudlegung ...*, cit., p. 52.

[61] Kant, *Grundlegung ...*, cit., p. 60.

[62] Immanuel Kant, *Metaphysik der Sitten*, ed. by Karl Vorländer, Verlag von Felix Meiner, Leipzig, 1919 (3rd), n. 11, p. 285 ("Allein der Mensch als *Person* betrachtet, d.i. als Subjekt einer moralisch-praktischen Vernunft, ist über allen Preis erhaben; denn als solcher (*homo noumenon*) ist er nicht bloß als Mittel zu anderer ihren, ja selbst seinen eigenen Zwecken, sondern als Zweck an sich selbst zu schätzen, d.i. er besitzt eine *Würde* (einen absoluten inneren Wert)" wodurch er allen anderen vernünftigen Weltwesen Achtung für ihn abnötigt, sich mit jedem anderem dieser Art messen und auf den Fuß der Gleichheit schätzen kann").

[63] Kant, *Methaphysik ...*, n. 11, p. 286 ("als *Vernunftmensch ... er soll sich um seinen Zweck, der an sich selbst Pflicht ist, nicht kriechend, nicht knechtisch [animo servili], ..., nicht seine Würde verleugnen, sondern immer mit dem Bewusstsein der Erhabenheit seiner moralischen Anlage [...] und diese Selbstschätzung ist Pflicht des Menschen gegen sich selbst"); p. 287 ("die bloß als Mittel zu Erwerbung der Gunst eines anderen [...] ausgesonnene Herabsetzung seines eigenen moralischen Werts ... ist ..., der Pflicht gegen sich selbst entgegen"); ibid. (dass der [physische] Mensch den [moralischen] Menschen in seiner eigenen Person zu verehren sich gedrungen fühlt, zugleich *Erhebung* und die höchste Selbstschätzung als Gefühl

connecting with the introduced shades, we find a different conception of the dignity following which he considers that dignity rests, not in the man being an end in itself, but in an elevation that now can be ethical-political[64], now can be moral (been founded in the merit and in the virtue)[65]. The keys to understand dignity are now reason and freedom[66]. This brings Kant closer to Saint Thomas of Aquin's[67], Pico's and Schiller's positions. Henceforth, individuals can be "born" worthy, but it does not mean that they will always remain so and to the same degree, because there exists the possibility that individuals become "unworthy"[68]. This second conception of the dignity in Kant take us back to the Roman classic concept though influenced by Pico's and, mainly, Schiller's contributions. In accordance with this second kantian position, dignity would be understood as an ethical category that would rest in the human freedom to overcome the inclinations and fulfil the duty by using the reason; the consequence is that although the man can be "born" worthy (*würdig, dignus*), that does not imply that he will always be so, nor always in the same degree.

## 5.D. Philosophy of the German Classicism: Schiller

Friedrich von Schiller (1759–1805) obtained a pension in 1791 from the duke of Holstein-Augustenburg. This allowed him to study the work of Kant and to publish diverse works on Ethics and Aesthetic, among them, "About Grace and Dignity" (*Über Anmut und Würde*, 1793). Schiller was familiar with the work of Kant, but is supposed not to have been in contact with the works of Humanism philosophers who discussed about our question. This author establishes a difference between two categories: "Grace" (*Anmut*) and "Dignity" (*Würde*), and defines their links with Aesthetics and with Ethics. *Grace* is basically an aesthetical category, but also an ethical one. Grace is acquainted with Beauty, "it is the beauty of the form moved by the freedom", movements that only belong to the nature can never deserve that name"[69]. In

---

seines inneren Werts [*valor*], nach welchem er für keinen Preis [*pretium*] eil ist, und eine unverlierbare Würde [*dignitas interna*] besitzt, die ihm Achtung [*reverentia*] gegen sich selbst einflößt").

[64] Kant, *Metaphysik* ..., cit., p. 154 ("Das Recht des obersten Befehlshabers im Staate geht auch ... der Verteilung ... 2. der Würden, die als Standeserhölungen ohne Sold, ... bloß auf Ehre fundiert sind").

[65] Kant, *Metaphysik* ..., cit., p. 347 ("Also ist dem Menschen die Beobachtung seiner Pflicht die allgemeine und einzige Bedingung der Würdigkeit, glücklich zu sein, und diese ist mit jener einunddasselbe"); p. 348 ("denn wenn die Würde der Tugend in Handlungen nicht über alles erhoben wird, so verschwindet der Pflichtbegriff selbst und zerrint in bloße pragmatische Vorschriften").

[66] Kant, *Metaphysik* ..., cit., p. 346 ("was nur nach Glückseligkeit strebt, ist die *Neigung*; dasjenige aber, was deine Neigung auf die Bedingung einschränkt, diese Glückseligkeit zuvor würdig zu sein, ist deine *Vernunft*, und dass du durch deine Vernunft deine Neigung einschränken und überwältigen kannst, das ist die Freiheit deines Willens").

[67] On the neighbourhood of Kant's *Kritik der reinen Vernunft* to Saint Thomas of Aquin in a point closely linked with the one referred in the text, *cfr.* Galán y Gutiérrez, *op. cit.*, p. 319.

[68] Kant, *Metaphysik* ..., cit., p. 346 ("erst untersuchen würdest, wiefern ein jeder der Glückseligkeit *würdig* wäre"); p. 347 ("Lügen ist *niederträchtig* und macht den Menschen *unwürdig*"); p. 348 ("wenn wir uns nicht selbst der *Glückseligkeit unwürdig* machen, welches durch Übertretung unserer Pflicht geschieht, wir auch hoffen können, ihrer teilhaftig zu werden").

[69] Friedrich von Schiller, "Über Anmut und Würde", in *Philosophische Schriften und Gedichte*, ed. by Eugen Kühnemann, Verlag der Dürr'schen Buchhandlung, Leipzig, 1902, p. 95 , 1110 ("Grazie ist immer nur

the beautiful soul "sensibility and reason, inclination and duty are harmonized and Grace is its phenomenical expression", because "only to the service of a beautiful soul may the nature possess the freedom and at the same time conserve its form"[70]. *Dignity* is the phenomenical expression of the "domination of the instincts by the moral force", it is "the serenity in suffering", it is the representation of human intelligence and expression of Men's moral freedom[71]. This is so, because in the Man, contrary to the animal, the will is not so subjected neither to the law of the nature nor to that of the reason. Men are able to choose with complete freedom to guide their lives with the one or the other[72]. Grace resides in the domination of the voluntary movements and Dignity in the domain of the involuntary ones. Grace is demanded and is demonstrated through Man's behavior, but Dignity is shown in the suffering, because body's freedom can only be demonstrated through behavior and freedom of spirit be shown in suffering[73]. Grace evidences certain receptivity of the feeling and certain agreement of the sensations. That this empathy does not drive spirit to looseness can only be warranted when Dignity (that legitimates each individual as an independent force) is united to Grace, that is to say, Dignity prevents Love to become appetite. According to Schiller, Dignity shows a limitation of the inclinations, but only the union of Grace with Dignity may reveal a balanced behavior, dignified without eroding sensibility. Grace ensures that respect does not become fear[74]. Both Grace and Dignity are categories that admit diverse gradations: the supreme degree of Grace is Charm; the supreme degree of Dignity is Majesty, which is an attribute of the sacred[75].

In conclusion, in the Schiller' system, the idea of dignity is an ethical category that implies an individual capacity (will) to rise above one's instincts towards the law of the Reason. In that sense everyone is "born" with a "certain" dignity, because everyone is born endowed with a will. But not all have equal dignity, because not all are able to rise in a same way above the instincts.

---

die Schönheit der durch Freiheit bewegten Gestal, und Bewegungen, die bloß der Natur angehören, können nie diessen Namen verdienen").

[70] Schiller, *op. cit.*, p. 134–135 ("In einer schönen Seele ist es also, wo Sinnlichkeit und Vernunft, Pflicht und Neigung harmonieren, und Grazie ist ihr Ausdruck in der Erscheinung. Nur im Dienst einer schönen Seele kann die Natur zugleich Freiheit besitzen, und ihre Form bewahren").

[71] Schiller, *op. cit.*, p. 142 ("Beherrschung der Triebe durch die moralische Kraft ist *Geistesfreiheit*, und *Würde* heißt ihr Ausdruck in der Erscheinung"); p. 144 ("Und auf diese Art nun wird die *Ruhe im Leiden*, als worin die Würde eigentlich besteht, obgleich nur mittelbar durch einen Vernunftschluss, Darstellung der Intelligenz im Menschen und Ausdruck seiner moralischen Freiheit").

[72] Schiller, *op. cit.*, p. 137 ("Bei dem Menschen ist noch eine Instanz mehr, nämlich der *Wille*, der als ein übersinnliches Vermögen weder dem Gesetz der Natur, noch dem der Vernunft, so unterworfen ist, dass ihm nicht vollkommen freie Wahl bliebe, sich entweder nach diesem oder nach jenem zu richten".

[73] Schiller, *op. cit.*, p. 144 ("Anmut liegt also in der Freiheit der willkürlichen Bewegungen; Würde in der Beherrschung der unwillkürlichen"); p. 145 ("Würde wird daher mehr im Leiden (*páthos*); Anmut mehr im Betragen (*èthos*), gefordert und gezeigt; denn nur im Leiden kann sich die Freiheit des Gemüts, und nur im Handeln die Freiheit des Körpers offenbaren").

[74] Schiller, *op. cit.*, p. 153 ("Die Würde hindert, dass die Liebe nicht zur Begierde wird. Die Anmut verhütet, dass die Achtung nicht Furcht wird").

[75] Schiller, op. cit., p. 154 ("Auch die Würde hat ihre verschiedenen Abstufungen, und wird da, wo sie sich der Anmut und Schönheit nähert, zum *Edeln*, und wo sie an das Furchtbare grenzt, zur *Hoheit*. Der höchste Grad der Anmut ist das Bezaubernde; der höchste Grad der Würde die Majestät").

## 5.E.  Idealistic Philosophy: Hegel

Georg Wilhelm Friedrich Hegel (1770–1831) did not remain aloof to the concept of dignity such as was elaborated by Kant, but the notion acquires in his works a different sense. In the Hegel system of Philosophy of Law, dignity appears linked with "ethicity". As it is known, ethicity is a moment of surpass of two elements, i.e., abstract Law and Morality. In the moment of abstract Law, of formal Law (Realm of the exteriority), the particular interest, the utility, the well-being of the subject, or the particular ground for the determination of will of that subject are not relevant. Regarding concrete actions and moral and ethical relationships, abstract Law is only a possibility[76]. Hegel seems to point to Kant's idea of the Man like an end in itself[77], but he goes further on. When refering to the moment of the Morality (Realm of the interiority), Hegel criticizes the empty formalism of the kantian Ethics that transformed moral science into a rhetoric of the duty for the duty, and not for its content, henceforth excluding all content and determination[78]. This insufficiency leads Hegel to postulate, overcoming the instances of the abstract Law and the Morality, the moment of the Ethicity, instance that synthesizes the concrete and the universal, the individual and the communitarian. The individual's dignity resides in recognizing the way in which the concrete individual's moral conscience is articulated within an universal aim, in the ethical laws[79]. All this means that, according Hegel, that the individual's

---

[76] Georg Wilhelm Friedrich Hegel, "Die 'Rechtsphilosophie' von 1820", in *Vorlesungen über Rechtsphilosophie 1818–1831*, ed. by Karl-Heinz Ilting, Frooman-Holzboog, Stuttgart, vol. II (1974), n. 37 (p. 192–193: "Im formellen Rechte kommt es daher nicht auf das besondere Interesse, meinen Nutzen oder 'mein' Wohl an -eben so wenig auf den bessondern Bestimmungsgrund meines Willens, auf die Einsicht und Absicht"), n. 38 (p. 194: ("In Beziehung auf die *concrete* Handlung und moralische und sittliche Verhältnisse, ist gegen deren weitern Inhalt das abstracte Recht nur eine *Möglichkeit*"); "Philosophie des Rechts. Nach der Vorlesungsnachschrift von H.G. Hotho 1822/23", in *Vorlesungen* cit., vol. III (1974), n. 37 (p. 192–193); "Philosophie des Rechts. Nach der Vorlesungsnachschrift von K.G. von Griesheims 1824/25", in *Vorlesungen* cit., vol. IV (1974), n. 37 (p. 174); n. 38 (p. 174–175).

[77] Hegel, "Die 'Rechtsphilosophie' von 1820", cit., n. 36 (p. 192: "Die Persönlichkeit enthält überhaupt die Rechtsfähigkeit und macht den Begriff und die selbst abstracte Grundlage des abstracten und daher *formellen* Rechtes aus. Das Rechtsgebot ist daher: *sey eine Person und respectire die andern als Personen*"); "Philosophie des Rechts ... 1824/25", n. 36 (p. 173–174).

[78] Hegel, "Die 'Rechtsphilosophie' von 1820", cit., n. 135 (p. 478–479: "So sehr setzt die Festhaltung des bloß moralischen Standpunkts, der nicht in den Begriff der Sittlichkeit übergeht, diesen Gewinn zu einem *leeren Formalismus* und die moralische Wissenschaft zu einer Rednerei von *der Pflicht um der Pflicht willen* herunter ... Im Gegenteil kann alle unrechtliche und unmoralische Handlungsweise auf diese Weise gerechtfertigt werden"); "Philosophie des Rechts ... 1822/23", n. 135 (p. 421–423); "Philosophie des Rechts ... 1824/25", n. 135 (p. 356–360).

[79] Hegel, "Die 'Rechtsphilosophie' von 1820", cit., n. 152 (p. 566–567: "Die *sittliche Substantialität* ist auf diese Weise zu ihren Rechte und dieses zu seinem *Gelten* gekommen, das in ihr nämlich die Eigenwilligkeit und das eigene Gewissen des Einzelnen, ..., indem der sittliche Charakter das unbewegte aber in seinen Bestimmungen zur wirklichen Vernünftigkeit aufgeschlossene, ..., und seine Würde so wie alles Bestehen der besondern Zwecke in ihm gegründet erkennt und wirklich darin hat"), n. 147 (p. 552: "Andererseits sind sie [die Gesetze] dem Subjecte nicht ein *Fremdes*, sondern es giebt das *Zeugniss des Geistes* von ihnen als von *seinem eigenem Wesen*, in welchem es sein *Selbstgefühl* hat"); "Philosophie des Rechts ... 1822/23", n. 152 (p. 495–498), n. 147 (p. 486); "Philosophie des Rechts ... 1824/25", n. 152 (p. 410: "die Subjektivität als solche ist nur die Form der Manifestation der Sittlichkeit, und das Subjekt ist nur sittlich, insofern es nichts Besonderes hat gegen das Sittliche, gegen die Substanz, aber es ist ganz darin bei sich, indem es sich darin zum Gegenstand hat"), n. 147 (p. 399).

dignity rests in his appropriate insertion in the political community understood as an instance in which everyone's ethical demands are synthesized with the general ethical demands[80].

In conclusion, for Hegel dignity is an ethical idea and it would be necessary to say that the Man is not "born" worthy (*würdig*, *dignus*) , but rather he "becomes" worthy from the moment in that he assumes his citizenship, thus overcoming both situations: the thesis (the purely particular interest) and his antithesis (the abstract general interest). Inasmuch as Man reaches such a synthesis it does not seem to be any reason opposed to the consideration that every citizen is "equal" in dignity.

## 6. Conclusion

At the end of this journey through the History of Thought, we conclude that depending on the author analizing the issue, human dignity has found diverse grounds, diverse subjects and diverse degrees.

6.A. In respect of human dignity grounds there is a major division between the positions of those who set a theological ground (Saint Leo the Great and some Catholic Theological texts, Manetti, Pérez de Oliva, Boaistuau) and those who established a natural foundation (ethymological sense of the word, Roman Law, Saint Thomas of Aquin, Humanist Philosophy, Hume, Kant, Schiller, Hegel). Nevertheless, a common natural ground of the idea of human dignity does not mean too much, because different natural grounds have been proposed to build this notion: a certain high social or political position (Roman Law, Kant), a moral integrity (Roman Law, Aquinas, Hume, Kant, Schiller), a body and soul perfection (Manetti, Pérez de Oliva, Boaistuau), freedom (Saint Thomas, Pico, Vives, Pérez de Oliva), utility (Hume), autonomy (Kant) or ethicity (Hegel).

6.B. Regarding the subjects of human dignity, there is also diversity of opinions. Some theological grounded concepts consider the baptized as the only subjects of human dignity (Saint Leo the Great), but others predicate dignity for every human being (Saint Leo the Great, Manetti, Pérez de Oliva, Boaistuau). The naturally grounded concepts also offer a variety of proposals of human dignity subjects: every human being (Pico, Vives, Pérez de Oliva, Hume, Kant), the virtuous ones (Roman

---

[80] Hegel, "Die 'Rechtsphilosophie' von 1820", cit., n. 261.6 (p 704–705: "Die abstracte Seite der Pflicht bleibt dabey stehen, das besondere Interesse als ein unwesentliches, selbst unwürdiges Moment zu übersehen und zu verbannen. Die concrete Betrachtung, die Idee, zeigt das Moment der Besonderheit eben so wesentlich ...; das Individuum muss in seiner Pflichterfüllung auf irgend eine Weise zugleich sein eigenes Interesse, ..., und 'es muss' ihm aus seinem Verhältnis im Staat ein Recht erwachsen, wodurch die allgemeine Sache *seine eigene besondere* Sache wird. Das besonderes Interesse soll wahrhaft nicht bey Seite gesetzt oder gar unterdrückt sondern mit dem Allgemeinen in Uebereinstimmung gesetzt werden, wodurch es selbst und das Allgemeine erhalten wird. Das Indivuduum, nach seinen Pflichten Unterthan, findet als Bürger in ihrer Erfüllung den Schutz seiner Person und "seines" Eigenthums, die Berücksichtung seines besonderen Wohls, und die Befriedigung seines substantiellen Wesens, das Bewusstseyn und das Selbstgefühl, Mitglied dieses Ganzen zu seyn; und in dieser Vollbringung der Pflichten als Leistungen und Geschäfte für den Staat hat dieser seine Erhaltung und sein Bestehen") ; "Philosophie des Rechts ... 1822/ 23", n. 261 (p. 718–721); "Philosophie des Rechts ... 1824/25", n. 261 (p. 636).

Law, Saint Thomas, Kant, Hegel) or the one in high social and political positions (Roman Law, Kant).

6.C. Regarding the degrees of human dignity, we may find that, on the one hand, for the theologically grounded positions it is possible to speak either on an equal dignity for everyone (Saint Leo the Great, Manetti, Pérez de Oliva) or of a dignity for baptized only (Saint Leo the Great). On the other, for the naturally based theories, we find authors who talk of several degrees of human dignity (Roman Law, Saint Thomas, Kant, Hegel) as we have encountered others who rely on a unique degree (Manetti, Pico, Vives, Pérez de Oliva, Boaistuau, Hume, Kant).

6.D. Now, going back to the original question which we had posed, then, what is the concept of human dignity used in the main International Treaties on Human Rights and the Constitutions? Taking into consideration all the above we summarize our position in three findings:

First. It is clear that all these texts take a notion of dignity extracted from natural sources. What kind of natural basis? It is not the social and cultural position (with the exception of some provisions). Nor the moral integrity or the ethicity. The discussion is open to determine whether this basis lies (a) on human beings' freedom (freedom which is "potential" for minors and discussed in the case of some seriously sick people), (b) on body or soul's perfections, (c) the utility, (d) the autonomy. Although there is a main trend in the normative texts of International and Constitutional Law to set the foundations of dignity on (d) the autonomy, we should not overrule completely the role played by (c) utility. Since the recognizition of the concept of human dignity is useful in order to permit a civilized way of life, we should not lay aside the role of the utility as much as the recognizition of this idea, "the dignity", is certainly very useful (taking aside its grounds) for a civilized life.

Second. The texts are unanimous in recognizing human dignity to every human being. Here lie certain important consequences. On the one side (a), this includes all people no matter their gender (man or woman), their race or religion. On the other (b), this excludes the possibility to grant this category to certain animals (e.g. the apes). Finally (c), it does not give us an answer to the question "who is a human being?" closely related with questions like the right to life or the genetic privacy.

Third. Regarding the degree of human dignity, there is no doubt that International and Constitutional Law texts refer to a unique degree. This is, I think, the most utilitarian solution.

The above referred conclusions do not answer completely a still open question: that of the consequences of the recognizition of human dignity. We may think that human dignity is inherent to the universal acknowledgment of some fundamental rights. A full description of all fundamental rights derived from a concept of human dignity or the content or limits of such rights could be debated. Some would probably be accepted unanimously (such as the right to life). Nevertheless, a full analysis of the consequences of the reception of a concept of human dignity in Constitutional and in International Law is the subject for another study.

# Grundrechtliche Leistungsrechte

von

## Dr. Martin Borowski

Wissenschaftlicher Assistent an der Universität Kiel

Grundrechtliche Leistungsrechte gehören mittlerweile zum festen Bestand der Grundrechtstheorie und -dogmatik. Es herrscht Einigkeit, daß jedenfalls in Fällen elementarster Not und Unfähigkeit zur Selbsthilfe staatlicher Schutz[1] oder sonstige staatliche Hilfe[2] zu gewähren ist.[3] Begründung, Struktur und Inhalt grundrechtlicher Leistungsrechte sind jedoch höchst unklar und umstritten. Aus der Vielzahl der Fragen, die mit leistungsrechtlichen Grundrechtsfunktionen verbunden sind, wird im folgenden nur eine Frage vertieft untersucht. Dies ist die Frage nach der Struktur[4]. Es wird

---

[1] Zu grundrechtlichen Schutzrechten bzw. -pflichten *Hermes*, Das Grundrecht auf Schutz von Leben und Gesundheit, Heidelberg 1987; *Dietlein*, Die Lehre von den grundrechtlichen Schutzpflichten, Berlin 1992; *Unruh*, Zur Dogmatik der grundrechtlichen Schutzpflichten, Berlin 1996; *Borowski*, Grundrechte als Prinzipien, Baden-Baden 1998, S. 237 ff., jeweils m.w.N.

[2] Zum Recht auf ein Existenzminimum im Sinne sozialer Grundrechte BVerfGE 1, 97 (104 f.); 40, 121 (133); 45, 187 (228); 82, 60 (85); vgl. BVerfGE 87, 153 (170 f.); BVerwGE 1, 159 (161 f.); 5, 27 (31); 9, 78 (80 f.); 52, 339 (346); 61, 15 (19). Aus der Literatur *Alexy*, Theorie der Grundrechte, 3. Aufl., Frankfurt a.M. 1996, S. 454 ff.; *Böckenförde*, Die sozialen Grundrechte im Verfassungsgefüge, in: ders., Staat, Verfassung, Demokratie, Frankfurt a.M. 1991, S. 146 ff.; *Borowski* (Fn. 1), S. 289 ff.

[3] Dies gilt jedenfalls für das Grundgesetz der Bundesrepublik Deutschland. Beispiel für die radikale Ablehnung jeglicher grundrechtlicher Leistungsrechte der Verfassung der Vereinigten Staaten von Amerika ist die Entscheidung Jackson v. City of Joliet, 715 F. 2d 1200 ff. (7th Circuit Court of Appeals 1983). In Joliet/Illinois fing ein Auto bei einem Verkehrsunfall Feuer. Ein Polizist, der an der Unfallstelle erschien, prüfte nicht, ob sich Menschen in dem Auto befanden. Die Insassen verbrannten. Die Klage auf Entschädigung wurde abgewiesen. Bundesrichter Richard Posner führte aus, daß das Unterlassen lebensrettenden Handelns grundrechtlich irrelevant war: *„ The men who wrote the Bill of Rights were not concerned that government might do too little for the people but that it might do too much to them. The Fourteenth Amendment, adopted in 1868 at the height of laissez-faire thinking, sought to protect Americans from oppression by state government, not to secure them basic governmental services"* (S. 1203). Dies ist jedoch in der US-amerikanischen Grundrechtstheorie und -dogmatik keinesweg unumstritten, vgl. *Currie*, AöR 111 (1986), S. 230 ff. m.w.N.; *Tribe*, American Constitutional Law, 2. Aufl., Mineola, N.Y., 1988, S. 8 f., 386 ff., 574 ff., 777 ff., 1304 ff., 1625 ff., 1643 f., 1647 ff., 1669 ff., 1711 ff.

[4] Die Frage nach der Struktur eines Rechts ist nicht nur die nach der rechtstheoretischen und -dogmatischen Rekonstruktion, sondern auch die Frage nach dem zutreffenden Prüfungsschema. Den Unsicherheiten in der Rekonstruktion grundrechtlicher Leistungsrechte entspricht es, daß sich in den einschlägigen gerichtlichen Entscheidungen und der grundrechtstheoretischen und -dogmatischen Literatur bisher keinerlei Einigkeit über das zutreffende Prüfungsschema abzeichnet.

ein Modell der Struktur grundrechtlicher Leistungsrechte vorgeschlagen, das dem Eingriffs-Schranken-Schema[5] folgt. Zentrales materielles Kriterium der wirksamen Einschränkung grundrechtlicher Leistungsrechte ist der Grundsatz der Verhältnismäßigkeit im weiteren Sinne in Form des Untermaßverbots. Das Modell ist damit ganz wesentlich ein Abwägungsmodell.

Zunächst gilt es, das Problem der Identifikation grundrechtlicher Leistungsrechte zu lösen. Insbesondere ist eine präzise Unterscheidung von grundrechtlichen Leistungsrechten und Abwehrrechten sowie Gleichheitsrechten erforderlich (I.). Innerhalb der Klasse der grundrechtlichen Leistungsrechte ist zwischen drei verschiedenen Teilklassen zu differenzieren, den grundrechtlichen Schutzrechten, sozialen Grundrechten und grundrechtlichen Rechten auf Organisation und Verfahren (II.). Am Beispiel grundrechtlicher Schutzrechte ist zu untersuchen, ob und inwiefern grundrechtliche Leistungsrechte durch bindende Normen gewährte, subjektive und einschränkbare Rechte darstellen (III.). Abschließend wird ein allgemeines Modell der Prüfung grundrechtlicher Leistungsrechte vorgeschlagen (IV.).

# I. Die Unterscheidung von grundrechtlichen Leistungsrechten, Gleichheitsrechten und Abwehrrechten[6]

## 1. *Grundrechtliche Leistungsrechte und Gleichheitsrechte*

Bei Leistungsrechten ist zwischen derivativen und originären Leistungsrechten[7] zu unterscheiden.[8] Derivative Leistungsrechte geben Ansprüche entweder auf die Partizipation an bestehenden Einrichtungen oder auf Leistungen, die anderen in gleicher Lage auch gewährt wurden. In beiden Fällen besteht der entscheidende Grund in dem Argument der gleichen Behandlung, womit derivative Leistungsrechte Gleichheitsrechte im Leistungsbereich darstellen.[9] Ihre Struktur folgt der Struktur von Gleich-

---

[5] In der Diskussion um die Struktur von Rechten werden das Eingriffs-Schranken-Modell und das Präformationsmodell gegenübergestellt, vgl. *Lübbe-Wolff*, Grundrechte als Eingriffsabwehrrechte, Baden-Baden 1988, S. 25 ff.; zu verwandten Begriffen vgl. unten Fn. 59. Dieser Unterscheidung liegt die fundamentalere Unterscheidung zwischen außentheoretischen und innentheoretischen Rechten zugrunde, vgl. *Borowski* (Fn. 1), S. 29 ff.

[6] Da grundrechtliche Leistungsrechte im Zentrum dieses Beitrages stehen, soll die Frage nach der Unterscheidung von Abwehrrechten und Gleichheitsrechten nicht vertieft werden. Dies ist insbesondere die Frage, ob sich Gleichheitsrechte als „modale Abwehrrechte" oder „materielle Abwehrrechte" verstehen lassen, vgl. *Borowski* (Fn. 1), S. 163, Anm. 3, S. 369 m. w. N.

[7] Verschiedentlich wird auch zwischen derivativen und originären Teilhaberechten unterschieden, vgl. *Pieroth/Schlink*, Grundrechte – Staatsrecht II, 16. Aufl., Heidelberg 2000, Rn 60.

[8] Die entsprechende Unterscheidung könnte auch bei Abwehrrechten getroffen werden. Da Gleichheitsrechte je nach Lage des Falles Rechte sowohl auf Leistung wie auf Unterlassen darstellen können, wären Gleichheitsrechte als Rechte auf Unterlassen derivative Abwehrrechte, die den originären Abwehrrechten im Sinne der Abwehrrechte im klassischen Sinne gegenüberzustellen wären. Eine derartige Terminologie hat sich jedoch nicht durchgesetzt.

[9] *Lübbe-Wolff* (Fn. 5), S. 17 f.; *Murswiek*, Grundrechte als Teilhaberechte, soziale Grundrechte, in: Isensee/Kirchhof, Handbuch des Staatsrechts der Bundesrepublik Deutschland, Bd. 5, Heidelberg 1992, § 112, Rn 69 ff.; *Stern*, Das Staatsrecht der Bundesrepublik Deutschland, Bd. III/1, München 1988, S. 749 f.

heitsrechten, die hier nicht näher untersucht werden kann.[10] Bei originären Leistungsrechten dagegen ist ein Vergleich der Behandlung von Personen, Personengruppen oder Sachverhalten nicht integraler Bestandteil ihrer Prüfung. Ein originäres Leistungsrecht auf etwas besteht unabhängig davon, ob andere dieses etwas auch erhalten haben. Im folgenden geht es ausschließlich um originäre Leistungsrechte.

## 2. Grundrechtliche Leistungsrechte und Abwehrrechte

Auf den ersten Blick scheint die Unterscheidung von grundrechtlichen Leistungsrechten und Abwehrrechten nicht schwer zu sein. In einer Annäherung kann man sagen, bei grundrechtlichen Leistungsrechten gehe es um staatliche Handlungspflichten, bei Abwehrrechten um staatliche Unterlassungspflichten. Bei genauerer Betrachtung verflüchtigt sich diese vermeintliche Klarheit jedoch schnell. Im Fall eines präventiven Verbots mit Erlaubnisvorbehalt[11] hat der Bürger prima facie einen grundrechtlichen Anspruch auf Erteilung der Genehmigung. Die Erteilung der Genehmigung ist eine positive staatliche Handlung, womit es sich um ein grundrechtliches Leistungsrecht zu handeln scheint.[12] Dennoch wird dieses Recht verbreitet als abwehrrechtliches Recht angesehen.[13] Auch in einer ganzen Reihe weiterer Fallgruppen ist umstritten, ob abwehrrechtlicher oder leistungsrechtlicher Grundrechtsschutz eröffnet ist.[14] Diese Streitigkeiten beruhen in erster Linie darauf, daß teilweise ein formelles Abgrenzungskriterium vorausgesetzt wird, teilweise ein materielles. Dies führt zur Differenzierung einer formellen und einer materiellen Unterscheidung von Abwehr- und Leistungsrechten.

### a) Formelle Unterscheidung von Abwehr- und Leistungsrechten

Maßgebend ist nach der formellen Unterscheidung, ob die Rechtsfolge im konkreten Fall in einem Unterlassen oder einem positiven Handeln[15] des Staates besteht.[16] Im ersten Fall liegt ein Abwehrrecht vor, im zweiten Fall ein grundrechtliches Leistungsrecht. Die Rechtsfolge von Abwehrrechten im klassischen Sinne ist regelmäßig staatliches Unterlassen, die von grundrechtlichen Leistungsrechten regelmäßig positives Handeln. Beim präventiven Verbot mit Erlaubnisvorbehalt geht es um die Erteilung

---

[10] Zur Struktur von Gleichheitsrechten vgl. *Borowski* (Fn. 1), S. 351 ff.

[11] Gegen eine klassifikatorische Unterscheidung von präventiven und repressiven Verboten *Borowski* (Fn. 1), S. 169, Anm. 26 m.w.N.

[12] *Breuer*, Grundrechte als Anspruchsnormen, in: O. Bachof/L. Heigl/K. Redeker [Hg.], Verwaltungsrecht zwischen Freiheit, Teilhabe und Bindung, Festgabe aus Anlaß des 25jährigen Bestehens des Bundesverwaltungsgerichts, München 1978, S. 105 f.

[13] Statt vieler *Pieroth/Schlink* (Fn. 7), Rn 62; *Jarass* in Jarass/Pieroth, Grundgesetz für die Bundesrepublik Deutschland, 5. Aufl., München 2000, Vorb. vor Art. 1, Rn 6.

[14] Nach *Roth*, Faktische Eingriffe in Freiheit und Eigentum, Berlin 1994, sollen der Anspruch auf Privatschulsubventionierung (S. 398 ff.) und der Anspruch auf Prozeßkostenhilfe (S. 406 ff.) abwehrrechtlich zu konzipieren sein, für eine leistungsrechtliche Konzeption *Borowski* (Fn. 1), S. 294 f., S. 303, Anm. 77 und S. 324 ff. Weitere Beispiele für umstrittene Fallgruppen bei *Borowski* aaO., S. 163, Anm. 3.

[15] Zur Unterscheidung von positivem Handeln und Unterlassen *Borowski* (Fn. 1), S. 164 ff.

[16] *Borowski* (Fn. 1), S. 176.

einer verwaltungsrechtlichen Genehmigung, das Recht auf ihre Erteilung ist damit im formellen Sinne ein Leistungsrecht.[17]

### b) Materielle Unterscheidung von Abwehr- und Leistungsrechten

Die materielle Unterscheidung beruht auf der Unterscheidung zwischen natürlicher oder vorstaatlicher Freiheit einerseits und sonstigen grundrechtlichen Positionen andererseits.[18] Materielle Abwehrrechte sind die Rechte, die dem einzelnen eine staatsfreie Sphäre sichern: *„Ohne Zweifel sind die Grundrechte in erster Linie dazu bestimmt, die Freiheitssphäre des einzelnen zu schützen; sie sind Abwehrrechte des Bürgers gegen den Staat".*[19] Läßt man die unterverfassungsrechtliche Rechtsordnung und bereits erfolgte Eingriffe außer Betracht, ist die Rechtsfolge von Abwehrrechten im materiellen Sinne stets ein staatliches Unterlassen. Dann sind Abwehrrechte im materiellen Sinne auch stets im formellen Sinne Abwehrrechte. Anders kann es sein, wenn die unterverfassungsrechtliche Rechtsordnung ein generelles, im Einzelfall zu weit gehendes Verbot ausspricht, wie im Fall des präventiven Verbots mit Erlaubnisvorbehalt. In diesem Fall stellt das Abwehrrecht im materiellen Sinne auch ein Leistungsrecht im formellen Sinne dar: *„Dem Wesen eines Grundrechts entspricht ein Erlaubnisvorbehalt hiernach dann, wenn er das materielle, aus dem Grundrecht fließende Recht als solches unberührt läßt, und dem Grundrechtsträger in dem einfachen Gesetz, das den Erlaubnisvorbehalt enthält, das Recht eingeräumt ist, die Aufhebung der formellen Ausübungsschranke zu verlangen".*[20] Entsprechendes gilt, wenn bereits ein verfassungsrechtlich nicht gerechtfertigter Eingriff in ein Abwehrrecht im materiellen Sinne stattgefunden hat, dessen Folgen fortdauern. Die Beseitigung fortdauernder Folgen ist Inhalt eines Folgenbeseitigungsanspruchs, dessen Rechtsfolge im konkreten Fall positive staatliche Handlungen sind.

Leistungsrechte im materiellen Sinne sind dagegen diejenigen grundrechtlichen Rechte, deren Rechtsfolge ohne Berücksichtigung der unterverfassungsrechtlichen Rechtsordnung oder vorgängigen Staatshandelns stets in einer Leistung[21] im Sinne positiven staatlichen Handelns besteht, sei es der Erlaß eines Parlamentsgesetzes, eines Verwaltungsaktes oder eine faktische Handlung. Beispielsweise kann eine erhebliche Gefahr für ein wichtiges grundrechtliches Schutzgut eines Bürgers bestehen, die von einem anderen Bürger ausgeht. Durch Unterlassen kann der Staat hier nicht helfen, er muß der Gefährdung des grundrechtlichen Schutzguts des einen Bürgers durch den anderen entgegentreten. Dies kann, vernachlässigt man die unterverfassungsrechtliche

---

[17] In diesem Sinne bezeichnet das Bundesverfassungsgericht den Erlaubnisvorbehalt als „formelle Ausübungsschranke", BVerfGE 20, 150 (155).

[18] *Borowski* (Fn. 1), S. 168ff.

[19] BVerfGE 7, 198 (204f.).

[20] BVerfGE 20, 150 (155).

[21] Der Begriff der Leistung erfaßt in dieser weiten Verwendung jede normative und faktische Handlung, vgl. *Alexy* (Fn. 2), S. 403ff.; *Borowski* (Fn. 1); S. 170; *Jarass*, AöR 120 (1995), S. 356; *Sachs* in Sachs, Grundgesetz Kommentar, 2. Aufl., München 1999, Vor Art. 1 GG, Rn 46. Zu engeren Verwendungen *Murswiek* (Fn. 9), § 112, Rn 8. Die Leistung muß keinesfalls eine im natürlichen Sinne einzelne Handlung sein, sondern wird regelmäßig eine komplexe Handlung darstellen, die aus einem ganzen Bündel von im natürlichen Sinne einzelnen Handlungen besteht. Eine derart komplexe Handlung könnte etwa im Erlaß eines Parlamentsgesetzes bestehen, in dessen Anwendung die Verwaltung einen Verwaltungsakt in Form eines Leistungsbescheides erläßt, der wiederum durch die Erbringung einer Leistung erfüllt wird.

Rechtsordnung, nur durch positives staatliches Handeln geschehen. Regelmäßig wird der Erlaß eines Parlamentsgesetzes erforderlich sein, weil die Schutzgewährung zugunsten des einen Bürgers oft Eingriffe in die Abwehrrechte im materiellen Sinne des anderen Bürgers beinhaltet.[22] Hat der Staat dieses „Schutzgesetz" erlassen, bedarf es insoweit[23] keiner weiteren positiven Handlungen. Nach dem Erlaß wandelt sich die Pflicht zum Erlaß in die Pflicht um, dieses Gesetz nicht abzuschaffen. Insofern ist die Rechtsfolge nunmehr ein staatliches Unterlassen. Dies bedeutet jedoch nicht, daß eine derart konstituierte unterverfassungsrechtliche Rechtsposition durch Abwehrrechte im materiellen Sinne geschützt wird. Es handelt sich um ein grundrechtliches Leistungsrecht im materiellen Sinne, dessen Rechtsfolge im konkreten Fall ein staatliches Unterlassen ist, also um ein Abwehrrecht im formellen Sinne.[24]

### c) Die vorzugswürdige Terminologie

Sowohl die formelle als auch die materielle Unterscheidung von Abwehr- und Leistungsrechten besitzt jeweils ihre Berechtigung. Es ist jedoch vorzugswürdig, die terminologische Unterscheidung zwischen Abwehrrecht und Leistungsrecht an die materielle Unterscheidung zu knüpfen. Für die formelle Unterscheidung spricht zwar ihre einfache Anwendbarkeit. Der Vorteil der materiellen Unterscheidung besteht aber darin, die substantielle Argumentation in den Vordergrund zu stellen. Wenn eine unterverfassungsrechtliche Rechtsposition in Erfüllung eines grundrechtlichen Leistungsrechts geschaffen wurde, sprechen nunmehr diejenigen Argumente gegen ihre Abschaffung, die vorher für ihre Schaffung sprachen.[25] Eine primär formell orientierte Unterscheidung ließe diesen Zusammenhang inadäquat in den Hintergrund treten. Maßgebend ist daher in erster Linie die materielle Unterscheidung.[26]

## II. Die Unterscheidung von grundrechtlichen Schutzrechten, sozialen Grundrechten und grundrechtlichen Rechten auf Organisation und Verfahren

In der Literatur werden verschiedene Kategorisierungen grundrechtlicher Leistungsrechte vorgeschlagen.[27] Die größte gemeinsame Basis dürfte in der Unterschei-

---

[22] Zu diesem Dreiecksverhältnis *Borowski* (Fn. 1), S. 248 f., 277 ff.

[23] Dies betrifft nur die Ebene der Gesetzgebung. Es dürfte sich verstehen, daß die Gewährung effektiven Schutzes sich nicht in der Gesetzgebung erschöpft, sondern ebenso die Schutzgewährung durch Anwendung dieses Gesetzes von Verwaltung und Rechtsprechung voraussetzt, vgl. statt vieler *Jarass* in Jarass/Pieroth (Fn. 13), Vorb. vor Art. 1 GG, Rn 10. Die Rechte auf Gesetzgebung sind jedoch systematisch von besonderem Interesse, da die Aufgabe von Verwaltung und Rechtsprechung sich aufgrund der Gesetzesbindung im Regelfall im Gesetzesvollzug erschöpft. Zu Zwecken der vereinfachten Darstellung bleiben im folgenden leistungsgrundrechtliche Rechte auf exekutives oder judikatives Handeln weitgehend außer Betracht.

[24] Eingehender *Borowski* (Fn. 1), S. 172 ff.

[25] Zusätzlich kann der rechtsstaatliche Vertrauensschutz gegen eine Abschaffung konstituierter Rechtspositionen sprechen, jedenfalls gegen eine übergangs- oder entschädigungslose Abschaffung, vgl. statt vieler *Sachs* in Sachs (Fn. 21), Art. 20 GG, Rn 131 ff.

[26] *Borowski* (Fn. 1), S. 176 ff.

[27] Vgl. nur *Stern* (Fn. 9), S. 728 ff.; *Breuer* (Fn. 12), S. 95 ff.; *Roth* (Fn. 14), S. 75 ff.

dung dreier fundamentaler Teilklassen bestehen: der grundrechtlichen Schutzrechte, der sozialen Grundrechte und der grundrechtlichen Rechte auf Organisation und Verfahren.[28]

Kennzeichnend für grundrechtliche Schutzrechte ist, daß ein grundrechtliches Schutzgut, welches auch abwehrrechtlich geschützt wird, vor Gefährdungen durch andere Bürger oder andere Völkerrechtssubjekte bewahrt werden muß.[29] Verbreitet wird statt des Begriffs der grundrechtlichen Schutzrechte der Begriff der grundrechtlichen Schutzpflichten verwendet. Dies ist darauf zurückzuführen, daß das Bundesverfassungsgericht in seinen ersten einschlägigen Entscheidungen objektive Formulierungen wählte. Die Literatur hat diese objektive Terminologie bislang größtenteils übernommen. Bei allen anderen Grundrechtsfunktionen hat sich jedoch die an Rechten orientierte Terminologie durchgesetzt, sie ist auch bei grundrechtlichem Schutz vorzuziehen.

Soziale Grundrechte zielen auf die Gewährung faktischer Freiheit. Die rechtliche Freiheit kann für den einzelnen wertlos sein, wenn er nicht über die tatsächlichen Voraussetzungen für ihre Ausübung verfügt. Typische Gegenstände sozialer Grundrechte sind das materielle Existenzminimum sowie ein Mindestmaß an Bildung und medizinischer Versorgung.[30]

Kennzeichnend für grundrechtliche Rechte auf Organisation und Verfahren ist der Gedanke der Prozedur. Prozeduren sind Systeme von Regeln und/oder Prinzipien zur Erzeugung eines Ergebnisses. Dieses Ergebnis ist positiv ausgezeichnet, wenn es unter Einhaltung aller Regeln und/oder Prinzipien erzeugt wurde, anderenfalls negativ ausgezeichnet. In einem rein prozeduralen Modell spielen materielle Maßstäbe keine Rolle. Im Bereich der Grundrechte können Prozeduren materielle Maßstäbe jedoch nicht vollständig ersetzen, die Prozedur ist nur ein Mittel, den materiellen Maßstäben in möglichst hohem Umfang gerecht zu werden und von ihnen eröffnete Spielräume zu füllen.[31] Innerhalb der grundrechtlichen Rechte auf Organisation und Verfahren kann wiederum zwischen verschiedenen Teilklassen unterschieden werden, den Rechten auf Verfahren im engeren Sinne, den Rechten auf Organisation im engeren Sinne, den Rechten auf privatrechtliche Kompetenzen und den Rechten auf Verfahren der staatlichen Willensbildung.[32]

Eine eindeutige Zuordnung zu genau einer Teilklasse der grundrechtlichen Leistungsrechte ist nicht immer möglich. Einige Fälle oder Fallgruppen lassen sich in zwei oder sogar drei Teilklassen einordnen. Dies ist hinsichtlich der Struktur jedoch unschädlich, die fundamentale Struktur aller drei Teilklassen der grundrechtlichen Leistungsrechte ist identisch.[33]

---

[28] *Borowski* (Fn. 1), S. 179; *Sachs* in Sachs (Fn. 21), Vor Art. 1 GG, Rn 46ff.; *von Mangoldt/Klein/Starck*, Bonner Grundgesetz, Bd. 1, 4. Aufl., München 1999, Art. 1 Abs. 3 GG, Rn 153ff.

[29] *Borowski* (Fn. 1), S. 237ff. m.w.N. Umstritten ist insbesondere, ob grundrechtliche Schutzrechte auch durch Naturgefahren ausgelöst werden, dafür *Sachs* in Sachs (Fn. 21), Vor Art. 1 GG, Rn 38 m.w.N., dagegen *Borowski* aaO., S. 237, Anm. 2.

[30] *Borowski* (Fn. 1), S. 289ff.

[31] *Alexy* (Fn. 2), S. 445; *Borowski* (Fn. 1), S. 180.

[32] *Alexy* (Fn. 2), S. 440ff.; *Borowski* (Fn. 1), S. 320ff.

[33] Vgl. *Borowski* (Fn. 1), S. 180ff.

## III. Die Struktur grundrechtlicher Leistungsrechte

Eine eingehende Untersuchung der Struktur aller Teilklassen grundrechtlicher Leistungsrechte würde den Rahmen dieses Beitrages bei weitem sprengen. Die folgenden Ausführungen beschränken sich daher darauf, die Struktur grundrechtlicher Leistungsrechte am Beispiel grundrechtlicher Schutzrechte stellvertretend näher zu untersuchen. Dies soll anhand dreier fundamentaler Strukturkriterien erfolgen. Zunächst stellt sich die Frage, ob grundrechtliche Leistungsrechte durch bindende Normen gewährt werden (1.). Dann ist zu untersuchen, ob sie als subjektive Rechte für ihre Träger gerichtlich durchsetzbar sind (2.) und einschränkbare Rechte nach dem Eingriffs-Schranken-Schema darstellen (3.). Nachdem die Frage nach der Einschränkbarkeit positiv beantwortet wurde, gilt es weiter zu klären, ob bei grundrechtlichen Leistungsrechten die enge oder weite Tatbestandstheorie vorzugswürdig ist (4.).

### 1. Bindende Normen oder nicht bindende Normen

Eine Norm ist eine bindende Norm, wenn ihre Verletzung von einem Gericht festgestellt werden kann.[34] Nicht in diesem Sinne bindende Verfassungsnormen werden als *„Programmsätze"* oder nicht justitiable Verfassungsaufträge im Sinne eines *„Appell(s) an die politischen Instanzen"*[35] bezeichnet. Sie sind nicht rechtlich geltende Normen, ihr Geltungsgrund kann nur moralischer, sittlicher oder göttlicher Natur sein.[36] Die Frage, ob die grundrechtlichen Leistungsrechte durch bindende Normen gewährt werden, kann schnell beantwortet werden. Gem. Art. 1 Abs. 3 GG binden die Grundrechte des Grundgesetzes alle Staatsgewalt. Soweit eine Grundrechtsverletzung vorliegt, ist die Verletzung der entsprechenden Grundrechtsnorm gerichtlich festzustellen. Unter dem Grundgesetz wird daher eine grundrechtliche Position durch eine bindende Norm gewährt, oder sie ist keine grundrechtliche Position. In Rechtsprechung und Literatur ist denn auch anerkannt, daß die Verletzungen grundrechtlicher Leistungsrechte, soweit sie inhaltlich reichen, gerichtlich festzustellen sind.[37]

---

[34] Zur Unterscheidung bindender und nicht bindender Normen vgl. *Alexy* (Fn. 2), S. 456; *ders.*, Der Staat 29 (1990), S. 52; *Borowski* (Fn. 1), S. 240.

[35] *Häberle*, VVDStRL 30 (1972), S. 115, 140.

[36] Es liegt nahe, nicht bindende Normen als rechtlich nicht geltende Normen anzusehen. Die drei Kriterien der Geltung des Rechts sind die ordnungsgemäße Gesetztheit, die soziale Wirksamkeit und, wenn es sich nicht um einen positivistischen Rechtsbegriff handelt, jedenfalls ein Stück weit die inhaltliche Richtigkeit. Kann die Verletzung einer Norm nicht gerichtlich festgestellt werden, wird diese Norm nicht sanktioniert. Damit fehlt ein wesentliches Kriterium der sozialen Geltung. Soziale Geltung setzt die Sanktionierung der Nichtbefolgung oder die Befolgung einer Norm voraus, *Alexy*, Begriff und Geltung des Rechts, 2. Aufl., Freiburg/München 1994, S. 139ff. Beide Merkmale sind komparativer Natur. Nur wenn vollständig fehlende Sanktionierung der Nichtbefolgung einer Norm wegen der tatsächlich bestehenden, insofern kontingenten Befolgung der Annahme der sozialen Geltung nicht entgegensteht oder der Rechtsbegriff einer Rechtsordnung keine soziale Geltung verlangt, könnten nicht bindende Normen Rechtsnormen sein. Beides wäre ausgesprochen unüblich, letzteres trifft jedenfalls für die Rechtsordnung der Bundesrepublik Deutschland nicht zu.

[37] Zu grundrechtlichen Schutzrechten vgl. *Hermes* (Fn. 1), S. 63; *Borowski* (Fn. 1), S. 240; zu sozialen Grundrechten *ders.*, aaO., S. 296f.; zu grundrechtlichen Rechten auf Organisation und Verfahren *ders.*, aaO., S. 325, 330; jeweils m. w. N.

## 2. Subjektive Rechte und bloß objektive Normen[38]

Es stellt sich weiter die Frage, ob grundrechtliche Leistungsrechte subjektive Rechte darstellen. Dies scheint bereits auf den ersten Blick abschlägig entschieden, wenn zu ihrer Begründung verbreitet auf die sogenannte objektive Dimension der Grundrechte verwiesen wird.[39] Insofern ist diese Bezeichnung aber mißverständlich, sie bezeichnet lediglich in inhaltlicher Hinsicht Grundrechtsgehalte jenseits der abwehr- und gleichheitsrechtlichen Funktion.[40]

Kennzeichnend für subjektive Rechte ist deren gerichtliche Durchsetzbarkeit für den Träger des Rechts.[41] Subjektive Rechte werden notwendig durch bindende Normen gewährt, denn Rechte können nur dann von ihrem Träger gerichtlich durchgesetzt werden, wenn Gerichte die Verletzung der Norm, die sie gewährt, feststellen können.[42] Jenseits dieses analytischen Zusammenhanges zwischen bindenden Normen und subjektiven Rechten ist festzustellen, daß der Begriff des subjektiven Rechts unklar und umstritten ist. Obwohl er zu den am intensivsten erörterten Begriffen der allgemeinen Rechtslehre und Rechtstheorie zählt, ist eine allseits anerkannte Bestimmung bisher nicht gelungen.[43]

### a) Der Begriff des subjektiven Rechts

Im Streit um den Begriff des subjektiven Rechts stehen sich vor allem die Willenstheorie und die Interessentheorie gegenüber[44], in der klassischen deutschen allgemei-

---

[38] Die Dichotomie von subjektivem Recht und bloß objektiver Norm hat sich terminologisch weitgehend durchgesetzt. In dieser Gegenüberstellung scheint eine Kategorienvermengung vorzuliegen. Nach verbreitetem Sprachgebrauch „gewährt" eine Norm ein Recht. Nimmt man dies ernst, wäre zwischen zwei verschiedenen Gegenständen zu unterscheiden. Rechte können jedoch durch denselben Satz ausgedrückt werden, durch den eine entsprechende individuelle Norm ausgedrückt wird. Der Unterschied besteht lediglich in der Sichtweise, vgl. zum Verhältnis von Norm und Position bzw. Recht *Alexy* (Fn. 2), S. 163 f. Will man diese scheinbare Kategorienvermengung terminologisch vermeiden, kann man zwischen subjektiven Rechten und bloß objektiven Rechten oder subjektiven Rechten und Reflexrechten unterscheiden, im letzteren Sinne *Kelsen*, Reine Rechtslehre, 2. Aufl., Wien 1960, S. 130 ff.

[39] Zu grundrechtlichen Schutzrechten statt vieler *von Mangoldt/Klein/Starck* (Fn. 28), Art. 1 Abs. 3 GG, Rn 159; zu grundrechtlichen Rechten auf Organisation und Verfahren *ders.*, aaO., S. 321.

[40] *Borowski* (Fn. 1), S. 21. Damit ist es auch nicht erforderlich, nach einer „Resubjektivierung" objektivrechtlicher Gehalte zu fragen (so aber beispielsweise *H. Dreier* in Dreier, Grundgesetz-Kommentar, Bd. 1, Tübingen 1996, Vorb., Rn 56).

[41] Vgl. statt vieler *Kelsen* (Fn. 38), S. 140 f.

[42] Umgekehrt gilt dies nicht. Gewährten bindende Normen notwendig subjektive Rechte, wäre eine der beiden Unterscheidungen redundant. In Verfahren des objektiven Rechtsschutzes, wie zum Beispiel der abstrakten Normenkontrolle gem. Art. 93 Abs. 1 Nr. 2 GG, §§ 13 Nr. 6, 76 ff. BVerfGG oder der konkreten Normenkontrolle gem. Art. 100 Abs. 1 GG, §§ 13 Nr. 11, 80 ff. BVerfGG, können Gerichte die Verletzung von bloß objektiven Normen feststellen. Nur in einem Rechtssystem, das die Unterscheidung zwischen Verfahren des objektiven Rechtsschutzes und Individualrechtsbehelfen nicht kennt, verliert die Unterscheidung zwischen bindenden und nicht bindenden Normen einerseits und subjektiven Rechten gewährenden und bloß objektiven Normen andererseits ihre Bedeutung.

[43] Einen Überblick über die Diskussion um subjektive Rechte vermitteln *Alexy* (Fn. 2), S. 159 ff., *Raz*, Legal Rights, in: ders., Ethics in the Public Domain, Oxford 1994, S. 238 ff.; *Stern* (Fn. 9), S. 554 ff.

[44] Zur Interessentheorie vgl. *von Jhering*, Geist des römischen Rechts auf den verschiedenen Stufen seiner Entwicklung, Teil 3, 5. Aufl., Leipzig 1905, S. 339; zur Willenstheorie vgl. *Windscheid*, Lehrbuch des Pandektenrechts, 9. Aufl., bearb. von *Kipp*, Bd. 1, Frankfurt a. M. 1906, S. 156. In der angelsächsischen

nen Rechtslehre hat dies zu verschiedenen Varianten der sogenannten Kombinations-theorie[45] geführt. Das subjektive Recht „ist" jedoch nicht begrifflich eine Willens-herrschaft oder ein geschütztes Interesse, sondern eine rechtliche Position. Willens-herrschaft oder ein schützenswertes Interesse kommen als Gründe für subjektive Rechte im Sinne rechtlicher Positionen in Betracht.[46] Die gerichtliche Durchsetzbar-keit schließlich ist eine Eigenschaft der rechtlichen Position.[47] Fügt man diese drei

---

Rechtstheorie entspricht dem die klassische Kontroverse zwischen *Jeremy Bentham* (Interessentheorie) und *John Austin* (Willenstheorie), die ihre Aktualität nicht verloren hat, vgl. einerseits *Lyons*, Rights, Claimants, and Beneficiaries, in: ders., Rights, Welfare and Mill's Moral Theory, Oxford 1994, S. 23 ff. und andererseits *Hart*, Bentham on Legal Rights, in: A. W. B. Simpson [Hg.], Oxford Essays in Jurisprudence, 2nd series, Oxford 1973, S. 171 ff.

[45] Statt vieler *Ennecerus/Nipperdey*, Allgemeiner Teil des Bürgerlichen Rechts, 15 Aufl., 1. Halbbd., Tübingen 1959, S 428f.; *G. Jellinek*, System der subjektiven öffentlichen Rechte, 2. Aufl., Tübingen 1905, S. 44.

[46] Die Klasse der möglichen Gründe ist dabei nicht auf die beiden Genannten beschränkt. Auch die höhergradige Realisierung eines kollektiven Guts durch die Einräumung eines Klagerechts an bestimmte Personen kann subjektive Rechte begründen. Ein derartiger Fall liegt zum Beispiel vor, wenn das kollektive Gut der freien Meinungsbildung dadurch gefördert wird, daß dem einzelnen individuelle Meinungsfreiheit als subjektives Recht zuerkannt wird, vgl. *Borowski* (Fn. 1), S. 330 ff. Weiteres Beispiel ist die Verleihung eines Klagerechts an Umweltverbände für Verstöße gegen umweltschützende Vorschriften wie in § 51 c Landesnaturschutzgesetz Schleswig-Holstein und entsprechenden Vorschriften der Landesnatur-schutzgesetze anderer Bundesländer. Durch ein derartiges Recht werden nicht in erster Linie das Interesse des Verbandes an intakter Umwelt und seine Willensherrschaft jeweils als solche geschützt. Zweck der Einräumung des Klagerechts ist vielmehr ein höheres Maß an Umweltschutz, also ein höheres Maß an Realisierung des in Art. 20a GG, Art. 7 Schl.-Holst. Verf. etc. geschützten kollektiven Guts der intakten natürlichen Umwelt. Die höhergradige Realisierung des Umweltschutzes fordert die Subjektivierung. Art. 20a GG, der selbst unstreitig kein subjektives Recht darstellt (statt vieler *Kloepfer*, Umweltrecht, 2. Aufl., München 1998, § 3, Rn 23), kann daher subjektive Rechte begründen. Diese Figur kann man als „Subjektivierung durch ein kollektives Gut" bezeichnen.

[47] Umstritten ist, ob die gerichtliche Durchsetzbarkeit eine begrifflich notwendige Eigenschaft subjektiver Rechte darstellt (statt vieler *Kelsen* (Fn. 38), S. 140f.: „subjektives Recht im technischen Sinne"; *Röhl*, Allgemeine Rechtslehre, Köln/Berlin/Bonn/München 1995, S. 360) oder nur eine begrifflich kontingente Eigenschaft (*Alexy* (Fn. 2), S. 164ff.; *Gerber*, Grundzüge des Deutschen Staatsrechts, 3. Aufl., 1880, S. 40f., Anm. 4; *Leibholz*, Die Gleichheit vor dem Gesetz, 2. Aufl., München/Berlin 1959, S. 236; diese These wird auch in der gegenwärtigen Diskussion um die Struktur von Menschenrechten vertreten, *Brugger*, AöR 14 (1989), S. 553; *Tugendhat*, Vorlesungen über Ethik, Frankfurt a. M. 1993, S. 348 („schwacher Begriff eines allgemeinen subjektiven Rechts")). Wer die Durchsetzbarkeit als begrifflich kontingente Eigenschaft ansieht, kommt jedoch in inhaltlicher Hinsicht nicht umhin, eine Argumentationslast zugunsten der Durchsetzbarkeit anzunehmen. Das Bestehen einer rechtlichen Position ist ein Argument für ihre gerichtliche Durchsetzbarkeit (*Alexy* aaO., S. 167f.). Für die überwiegend vertretene erste These der begrifflich notwendigen Durchsetzbarkeit spricht der allgemeine juristische Sprachgebrauch. Wenn nach der „Subjektivierung" von Rechten, Pflichten oder Rechtspositionen gefragt wird, wird dies als die Frage verstanden, ob der jeweils Berechtigte die betreffende rechtliche Position notfalls mit einer Klage geltend machen kann (vgl. statt vieler *Stern* (Fn. 9), S. 978ff.). Alexy macht gegen diese These geltend, bei ihrer Anerkennung werde die Möglichkeit, etwa den Satz „a hat gegenüber b ein Recht auf G" zu verwenden, auf die Fälle beschränkt, in denen die Möglichkeit der gerichtlichen Durchsetzung bestehe. Aber auch, wenn es an dieser Möglichkeit fehle, bestehe ein Bedürfnis, Sätze über Rechte zu verwenden (*Alexy*, aaO., S. 167). Dieses Argument setzt voraus, daß der Begriff „Recht" als Abkürzung für den Begriff „subjektives Recht" verwendet wird. Inwieweit dies den Sprachgebrauch zutreffend wiedergibt, ist hier nicht abschließend zu entscheiden. Es soll der Hinweis genügen, daß „subjektiv" sprachlich als Qualifikation eines „Rechts" angesehen werden kann. Subjektive Rechte sind dann begrifflich notwendig gerichtlich durchsetzbar, nicht subjektivem Rechten (oder nur kurz: Rechten) ist diese Eigenschaft begrifflich kontingent. In dieser Terminologie bleiben unabhängig von der gerichtlichen Durchsetzbarkeit stets Sätze über Rech-

Aspekte zusammen, entsteht ein Drei-Stufen-Modell subjektiver Rechte.[48] Auf der ersten Stufe finden sich die Gründe für ein subjektives Recht, auf der zweiten das subjektive Recht als rechtliche Position und auf der dritten die Eigenschaft der gerichtlichen Durchsetzbarkeit des subjektiven Rechts.

### b) Grundrechtliche Leistungsrechte als subjektive Rechte

Grundrechtliche Leistungsrechte als rechtliche Positionen sind subjektive Rechte, wenn sie vom Träger gerichtlich durchgesetzt werden können. Dies ist die Frage, ob sie letztlich zur Begründetheit einer Verfassungsbeschwerde führen können. Zur Frage der Subjektivierung grundrechtlicher Leistungsrechte werden im wesentlichen drei verschiedene Thesen vertreten: (1) Grundrechtliche Leistungsrechte sind niemals subjektive Rechte,[49] (2) sie sind nur in evidenten Fällen subjektive Rechte, sonst geht es um bloß objektive Normen,[50] (3) soweit grundrechtliche Leistungsrechte inhaltlich reichen, stellen sie subjektive Rechte dar.[51]

Da Rechtsprechung und Literatur jedenfalls in Einzelfällen von gerichtlich durchsetzbaren grundrechtlichen Positionen des einzelnen ausgehen,[52] kann These (1) nicht zutreffen. These (2) wirft die Frage auf, wie sich der Übergang von bloß objektiven Normen in nicht-evidenten Fällen zu subjektiven Rechten in evidenten Fällen vollziehen soll. Hinter dem Abstellen auf die „Evidenz" steht der Gedanke, daß dieser Übergang durch eine Abwägung stattfindet.[53] Folgte man dem, bestünde ein subjektives Recht, wenn das Grundrecht in der Abwägung ein höheres Gewicht aufweist als alle kollidierenden Rechte und Güter. Besitzen die kollidierenden Rechte und Güter dagegen das höhere Gewicht, wäre das Grundrecht zu einer bloß objektiven Norm beschränkt. Auf den ersten Blick scheint diese Rekonstruktion etwas für sich zu haben. Sie führte jedoch zu der merkwürdigen und nicht tragbaren Konsequenz, daß im Hinblick auf ein und denselben Grundrechtsfall unterschiedliche Ergebnisse resultieren, je nachdem, welche verfassungsprozessuale Verfahrensart eingeleitet wurde. Rügt ein Bürger vor den Fachgerichten die Verfassungswidrigkeit eines Parlamentsgeset-

---

te möglich. Den Streit um die begrifflich notwendige gerichtliche Durchsetzbarkeit zu entscheiden, würde den Rahmen dieses Beitrags jedoch bei weitem sprengen (zu weiteren Argumenten *Alexy* aaO., S. 166ff.). Im folgenden wird im Sinne des überwiegenden Verständnisses die erste These zugrundegelegt.

[48] *Alexy* (Fn. 2), S. 164.

[49] *Hesse*, EuGRZ 1978, S. 433; *ders.*, Grundzüge des Verfassungsrechts der Bundesrepublik Deutschland, 19. Aufl., Heidelberg 1993, Rn 208, 289; *Badura*, Der Staat 14 (1975), S. 27f.

[50] *Böckenförde*, NJW 1974, S. 1536; *ders.* (Fn. 2), S. 155ff.; *Brohm*, JZ 1994, S. 216ff.; *Dietlein* (Fn. 1), S. 172; *Faber*, DVBl. 1998, S. 751; *Rauschning*, VVDStRL 38 (1980), S. 183.

[51] *Alexy* (Fn. 2), S. 414, 465ff.; *Borowski*, ZÖR 53 (1998), S. 323f.; *ders.* (Fn. 1), S. 241ff., 297f.; 325f., 330ff., 342f.; *H. H. Klein*, DVBl. 1994, S. 493; *Murswiek*, Die staatliche Verantwortung für die Risiken der Technik, Berlin 1985, S. 106ff.; *Roth* (Fn. 14), S. 410ff.; *Schwabe*, Probleme der Grundrechtsdogmatik, Darmstadt 1977, S. 207ff. In diesem Sinne nunmehr auch *Stern*, Das Staatsrecht der Bundesrepublik Deutschland, Bd. III/2, München 1994, S. 1769f.

[52] Das Bundesverfassungsgericht hat in einer Reihe von Fällen Verfassungsbeschwerden wegen der Verletzung grundrechtlicher Schutzrechte für begründet erklärt, BVerfGE 77, 170 (214); 77, 381 (402f.); 79, 174 (202). Aus sozialen Grundrechten wird weitgehend unbestritten das Existenzminimum justitiabel geschuldet, statt vieler *Höfling* in Sachs (Fn. 21), Art. 1 GG, Rn 25.

[53] Vgl. *Borowski* (Fn. 1), S. 241; vgl. weiter *ders.*, ZÖR 53 (1998), S. 323.

zes[54] wegen Verletzung eines grundrechtlichen Leistungsrechts, und folgt kein Fachgericht seiner Rüge, wird er gegen das letztinstanzliche Urteil Verfassungsbeschwerde einlegen. Kommt das Bundesverfassungsgericht zu dem Ergebnis, daß seine Verfassungsbeschwerde zwar zulässig ist, seine grundrechtliche Position in der Abwägung aber hinter die gegenläufigen Prinzipien zurücktritt, bliebe sie mangels Verletzung eines subjektivierten Grundrechts ohne Erfolg. Folgt dagegen ein Fachgericht der Rüge des Bürgers und legt dem Bundesverfassungsgericht das Parlamentsgesetz im Wege der konkreten Normenkontrolle gem. Art. 100 Abs. 1 GG, §§ 13 Nr. 11, 80ff. BVerfGG zur Entscheidung vor, kommt es auf die Qualität verletzter Verfassungsnormen als subjektive Rechte nicht an. Da das Parlamentsgesetz in die Grundrechte des Bürgers eingreift, hat das objektive Beanstandungsverfahren Erfolg, wenn nicht das Grundrecht durch kollidierende Rechte und Güter beschränkt ist. Da die Beschränkung in der unterstellten Konzeption nach der These (2) nur die Frage der Subjektivierung betrifft, diese aber in objektiven Beanstandungsverfahren keinerlei Rolle spielt, müßte eine Verletzung der Grundrechte als objektive Normen angenommen werden. Dann wäre die konkrete Normenkontrolle wegen der Verletzung von Grundrechten als objektive Normen begründet. Es kann jedoch nicht sein, daß die Antwort auf die materiellrechtliche Frage nach einer Grundrechtsverletzung von der eingeleiteten verfassungsprozessualen Verfahrensart abhängt.[55] Dies gilt um so mehr, als der Bürger diese Frage nicht maßgebend beeinflussen kann.[56] Auch These (2) kann nicht überzeugen.[57]

These (3) trifft daher zu. Soweit grundrechtliche Leistungsrechte inhaltlich reichen, sind sie subjektive Rechte. Hierfür spricht ohnehin, daß Grundrechte den Schutz des einzelnen bezwecken.[58]

---

[54] Hierzu ist er nach dem Grundsatz der Subsidiarität der Verfassungsbeschwerde verpflichtet, wenn eine nachfolgende Verfassungsbeschwerde nicht unzulässig werden soll, BVerfGE 68, 334 (335); 68, 384 (388f.); 84, 203 (208). Vgl. *Schlaich/Korioth*, Das Bundesverfassungsgericht, 5. Aufl., München 2001, Rn 241.

[55] Vgl. *Borowski* (Fn. 1), S. 241f.; ders., ZÖR 53 (1998), S. 324.

[56] Die Pflicht eines Fachgerichts zur Vorlage an das Bundesverfassungsgericht nach Art. 100 Abs. 1 GG setzt unter anderem die Überzeugung des Gerichts von der Verfassungswidrigkeit der entscheidungserheblichen Norm voraus. Die Entscheidung hinsichtlich dieser Frage erfolgt von Amts wegen. Nur in Fällen willkürlicher Nicht-Vorlage ist die Garantie des gesetzlichen Richters gem. Art. 101 Abs. 1 S. 2 GG verletzt, *Schlaich/Korioth* (Fn. 54), Rn 137 m.w.N.

[57] Damit soll nicht gesagt werden, daß die Frage nach der Subjektivierung nicht durch eine Abwägung beantwortet werden kann. Nach der Subjektivierungsthese wird die Subjektivierung von Grundrechten durch den Gedanken der Optimierung der Optimierungsgegenstände grundrechtlicher Prinzipien gefordert (*Alexy*, (Fn. 2), S. 414; *ders.*, Der Staat 29 (1990), S. 61f.), womit die Nicht-Subjektivierung nichts anderes als eine unter anderem in einer Abwägung zu rechtfertigende Einschränkung des grundrechtlichen Prinzips selbst darstellt (*Borowski* (Fn. 1), S. 243). Die entscheidende Frage besteht jedoch darin, ob diese Rechtfertigung durch Gründe gegen das Bestehen der Position oder nur spezifisch gegen die Durchsetzbarkeit dieser Position gerechtfertigt werden kann. Nur letzteres trifft zu, *Borowski* aaO.

[58] Zu grundrechtlichen Leistungsrechten *H. H. Klein*, DVBl. 1994, S. 493; *Robbers*, Sicherheit als Menschenrecht, Baden-Baden 1985, S. 135ff.; *Unruh* (Fn. 1), S. 62f. Zu weiteren Argumenten für und gegen die Subjektivierung grundrechtlicher Leistungsrechte *Alexy* (Fn. 2), S. 411ff.; *Borowski* (Fn. 1), S. 242ff.

## 3. *Einschränkbare und nicht einschränkbare Rechte*

Unklar und umstritten ist weiterhin, ob grundrechtliche Leistungsrechte einschränkbare Rechte darstellen. In der Diskussion um die dogmatische Struktur von Grundrechten stehen sich insbesondere zwei Modelle gegenüber, das Eingriffs-Schranken-Modell[59] und das Präformationsmodell. Kennzeichnend für Rechte nach dem Eingriffs-Schranken-Modell ist die Differenz von Schutzbereich und effektivem Garantiebereich sowie die Gewährung formellen Schutzes.[60] Bei Rechten nach dem Präformationsmodell dagegen sind Schutzbereich und effektiver Garantiebereich notwendig identisch.[61] Der Unterscheidung zwischen beiden Modellen liegen daher zwei verschiedene Kriterien zugrunde, einerseits Differenz und Identität von Schutzbereich und effektivem Garantiebereich und andererseits die Gewährung oder Nichtgewährung formellen Schutzes.[62] Im Vordergrund wird zunächst die Frage stehen, ob Schutzbereich und effektiver Garantiebereich grundrechtlicher Leistungsrechte identisch sind oder nicht. Dies ist in anderen Worten die Frage, ob diese Rechte einschränkbare Rechte sind. Sowohl in der allgemeinen Rechtslehre als auch zunehmend in der Grundrechtstheorie und -dogmatik[63] wird dieses Problem als das Problem der sogenannten Schrankentheorien erörtert. Als Schrankentheorien werden die Außentheorie und die Innentheorie unterschieden. Außentheoretische Rechte sind einschränkbare Rechte, während innentheoretische Rechte einer Einschränkung weder bedürftig noch zugänglich sind.[64] Das allgemeine außentheoretische Schema von Rechten lautet: Wenn x Inhalt eines unbeschränkten Rechts „an sich" ist und dieses Recht nicht im Hinblick auf x beschränkt ist, ist für x die Rechtsfolge dieses Rechts geboten.[65] Ist die Frage der Einschränkbarkeit positiv geklärt, sind die Kriterien der wirksamen Einschränkung zu untersuchen. Hier kann zwischen formellen und materiellen Kriterien unterschieden werden. Als zentrales materielles Kriterium kommt bei grundrechtlichen Modellen insbesondere der Grundsatz der Verhältnismäßigkeit in Betracht, bei grundrechtlichen Leistungsrechten in Form des Untermaßverbots. Ebenso wie bei Abwehrrechten wird der effektive Garantiebereich ganz maßgebend durch Abwägungen im Sinne des Grundsatzes der Verhältnismäßigkeit bestimmt. Da das Konzept der Abwägung im Recht und der Grundsatz der Verhält-

---

[59] Der Begriff „Eingriffs- und Schrankendenken" geht zurück auf Peter Häberle, *Häberle*, Die Wesensgehaltsgarantie des Art. 19 Abs. 2 Grundgesetz, 3. Aufl., Heidelberg 1983, S. 3. In leichter terminologischer Variation wird auch vom „Eingriffs-Schranken-Schema", „Eingriffs-Schranken-Modell" und vom „Eingriffs-Schema" gesprochen, ohne in der Sache etwas anderes zu meinen.

[60] *Häberle* (Fn. 59), S. 3; *Lübbe-Wolff* (Fn. 5), S. 25 ff.

[61] *Lübbe-Wolff* (Fn. 5), S. 27.

[62] Der Raum des logisch Möglichen umfaßt daher nicht nur die beiden genannten Modelle, sondern insgesamt vier, *Borowski* (Fn. 1), S. 25.

[63] Vgl. *Borowski* (Fn. 1), S. 26, Anm. 33.

[64] Zu den Schrankentheorien *Borowski* (Fn. 1), S. 29 ff.; zu deren Geschichte *ders.* aaO., S. 47 ff.

[65] *Borowski* (Fn. 1), S. 254. In prädikatenlogischer Formalisierung entspricht dem: (x) URx $\land \neg$ GSx $\leftrightarrow$ ORx. „$\land$" ist die Konjunktion, das logische „und", „$\neg$" ist die Verneinung, „$\leftrightarrow$" das Bikonditional, das logische „genau dann, wenn", und „O" schließlich ist der Gebotsoperator der deontischen Logik. Zu lesen insgesamt als: Für alle Handlungen, Zustände oder Positionen x gilt ((x)): Wenn die Handlung, der Zustand oder die Position x Inhalt eines unbeschränkten Rechts „an sich" ist (URx), und dieses Recht nicht im Hinblick auf x wirksam beschränkt ist ($\neg$ GSx), genau dann ist für x die Rechtsfolge dieses Rechts geboten (ORx). Zum allgemeinen innentheoretischen Grundschema *Borowski*, aaO., S. 244, Anm. 34.

nismäßigkeit aufs engste mit dem Begriff des Prinzips im Sinne der Prinzipientheorie verbunden sind, werden grundrechtliche Leistungsrechte durch grundrechtliche Prinzipien gewährt. Bevor eine genaue Analyse der dogmatischen Struktur der grundrechtlichen Leistungsrechte erfolgen kann, ist daher die Prinzipientheorie in ihren Grundzügen zu skizzieren.

### a) Die Unterscheidung von Regeln und Prinzipien

Von zentraler Bedeutung für die Untersuchung der Normstruktur von Grundrechten[66] ist die Unterscheidung von Regeln und Prinzipien im Sinne der Prinzipientheorie. Im deutschen Sprachraum kann die modernere Entwicklung dieser Unterscheidung bis auf *Josef Essers* „Grundsatz und Norm in der richterlichen Fortbildung des Privatrechts"[67] aus dem Jahre 1956 zurückgeführt werden. Im angelsächsischen Sprachraum wurde sie vor allem von *Ronald Dworkin*[68] begründet, dessen Konzeption nahm insbesondere *Robert Alexy*[69] auf und entwickelte sie weiter.

In der Prinzipientheorie lassen sich die Ansichten drei verschiedenen Grundthesen zuordnen, der (1) starken Trennungsthese, der (2) schwachen Trennungsthese und der (3) Verbindungsthese. Nach der starken Trennungsthese besteht ein klassifikatorischer, nicht ein bloß gradueller Unterschied in der Normstruktur von Regeln und Prinzipien. Nach der schwachen Trennungsthese ist dieser normstrukturelle Unterschied bloß gradueller Natur, nach der Verbindungsthese schließlich besteht kein normstruktureller Unterschied. Die Diskussion um die Prinzipientheorie, die sich zunehmend ausdifferenziert und nicht mehr leicht zu überschauen ist, kann hier nur in ihren Grundzügen dargestellt werden. Die an anderer Stelle begründete,[70] im folgenden

---

[66] Die Prinzipientheorie als rechtstheoretische Theorie hat eine ganze Reihe weiterer Anwendungsfelder. Aus dem öffentlichen Recht seien hier nur die Rekonstruktion des verwaltungsbehördlichen Ermessens (*Borowski*, DVBl. 2000, S. 151; *Koch/Rüßmann*, Juristische Begründungslehre, München 1982, S. 236ff.; *Alexy*, JZ 1986, S. 710ff.; *Koch*, Die normtheoretische Basis der Abwägung, in: W. Erguth et al. [Hg.], Abwägung im Recht, Köln/Berlin/Bonn/München 1996, S. 22f.) sowie die Rekonstruktion des Planungsermessens (*Würtenberger*, VVDStRL 58 (1999), S. 145f.; *Hoppe*, DVBl. 1992, S. 854ff.; *ders.*, DVBl. 1993, S. 685f.; *Koch* aaO., S. 21f.) hervorgehoben.

[67] 3. Aufl., Tübingen 1974. Da sich schon die Unterscheidung von institutionellem und prinzipiellem Rechtsdenken im römischen Recht der Sache nach auf die Unterscheidung von Regeln und Prinzipien zurückführen läßt (*R. Dreier*, Der Rechtsbegriff des Kirchenrechts, in: Sprache, Performanz und Ontologie des Rechts, Festgabe für Kazimierz Opalek, W. Krawietz/J. Wroblewski [Hg.], Berlin 1993, S. 269), reichen die Wurzeln der Prinzipientheorie weit in die Rechtsgeschichte zurück.

[68] Zur Prinzipientheorie Dworkins vgl. *Alexy*, Zum Begriff des Rechtsprinzips, in: Argumentation und Hermeneutik in der Jurisprudenz, W. Krawietz et al. [Hg.], Berlin 1979, S. 59ff. (auch abgedruckt in: *ders.*, Recht, Vernunft, Diskurs, Frankfurt a.M. 1995, S. 177ff.); *ders.*, Rechtsregeln und Rechtsprinzipien, in: Geltungs- und Erkenntnisbedingungen im modernen Rechtsdenken, D.N. MacCormick/S. Panou/L.L. Vallauri [Hg.], Stuttgart 1985, S. 15ff.; *Sieckmann*, Regelmodelle und Prinzipienmodelle des Rechtssystems, Baden-Baden 1990, S. 54ff., 199ff.; *ders.*, ARSP 78 (1992), S. 160ff.

[69] Zuletzt *Alexy*, Zur Struktur der Rechtsprinzipien, in: B. Schilcher/P. Koller/B.-C. Funk [Hg.], Regeln, Prinzipien und Elemente im System des Rechts, Wien 2000, S. 31ff.

[70] *Borowski* (Fn. 1), S. 61ff. Zur Prinzipientheorie vgl. weiter *Alexy* (Fn. 2), S. 71ff.; *Sieckmann* (Fn. 68), S. 52ff.; *ders.*, Modelle des Eigentumsschutzes, Baden-Baden 1998, S. 37ff.; *ders.*, Begriff und Struktur von Regeln, Prinzipien und Elementen im Recht, in: B. Schilcher/P. Koller/B.-C. Funk [Hg.], Regeln, Prinzipien und Elemente im System des Rechts, Wien 2000, S. 69ff.; *Raabe*, Grundrechte und Erkenntnis, Ba-

skizzierte Unterscheidung im Sinne der starken Trennungsthese wird daher im Rahmen der weiteren Untersuchung vorausgesetzt.

Die Unterscheidung zwischen Regeln und Prinzipien ist kontradiktorisch. Eine Norm ist eine Regel oder ein Prinzip, niemals aber beides zugleich oder weder das eine noch das andere.[71] Prinzipien enthalten prima facie[72]-Sollen, Regeln definitives Sollen. Wenn eine Regel gilt und anwendbar ist, tritt stets ihre Rechtsfolge ein. Anders als ein Prinzip kann sie nicht im Einzelfall zurücktreten. Die Anwendungsform von Prinzipien ist die Abwägung, während unter Regeln subsumiert wird.[73] Prinzipienkonflikte spielen sich in der Dimension des Gewichts[74] ab, Regelkonflikte in der Dimension der Geltung. Die Prinzipien kennzeichnende Dimension des Gewichts fehlt Regeln, sie sind Festsetzungen im Raum des tatsächlich und rechtlich Möglichen.[75] Prinzipien dagegen weisen einen Optimierungsgegenstand auf, der relativ auf die tatsächlichen und rechtlichen Möglichkeiten so weit wie möglich zu realisieren ist.

---

den-Baden 1998, S. 176 ff.; *Jansen*, Die Struktur der Gerechtigkeit, Baden-Baden 1998, S. 75 ff.; jeweils m. w. N.

[71] *Alexy* (Fn. 2), S. 77; *Borowski* (Fn. 1), S. 87. Die vereinzelt geäußerte These, eine Norm könne die Eigenschaft als Regel oder Prinzip in sich vereinigen (*Koch*, Zur Methodenlehre des Rechtspositivismus – Das Prinzipienargument, in: Rechtspositivismus und Wertbezug des Rechts, R. Dreier [Hg.], Stuttgart 1990, S. 156; *ders.* (Fn. 66), S. 18 f.; *Peters*, ZÖR 51 (1996), S. 164; vgl. auch *Dworkin*, Taking Rights Seriously, Cambridge/Mass. 1978, S. 28), trifft daher nicht zu. Dieser fälschliche Eindruck kann vor allem dann entstehen, wenn nicht hinreichend zwischen der Norm und der Bestimmung, die diese Norm ausdrückt, unterschieden wird. Im Sinne des semantischen Normbegriffs ist zwischen Norm und Normsatz zu unterscheiden. Eine Norm ist die Bedeutung eines Normsatzes (vgl. *Alexy* (Fn. 2), S. 42 ff.; *Sieckmann* (Fn. 68), S. 25 ff.). Ein und demselben Normsatz können aber auch verschiedene Normen interpretativ zugeordnet werden. In diesem Sinne können ein und derselben Bestimmung verschiedene Normen zugeordnet werden, wobei es sich jeweils sowohl um Regeln als auch um Prinzipien handeln kann, *Alexy* (Fn. 2), S. 122; *Borowski* (Fn. 1), S. 87. Auch die „Grundrechtsnorm mit Doppelcharakter" im Sinne *Alexys* bildet keine Ausnahme. Diese entsteht, wenn man in die Formulierung einer Grundrechtsnorm eine prinzipienbezogene Schrankenklausel einfügt. Es entsteht eine grundsätzlich subsumtionsfähige Norm, die jedoch mit der Schrankenklausel ausdrücklich auf Prinzipien und deren Abwägung verweist, *Alexy* (Fn. 2), S. 122 ff. Diese Norm wird nicht selbst abgewogen, sondern verweist nur auf die Abwägung anderer Normen mit Prinzipieneigenschaft. Damit handelt es sich um eine abwägungsabhängige Norm mit teilweisem Festsetzungsgehalt, die in der erforderlichen Abwägung nicht selbst als Grund berücksichtigt wird. Derartige Normen sind Regeln, vgl. *Borowski* (Fn. 1), S. 85 ff. A.A. *Jansen* (Fn. 70), S. 89.

[72] Den Begriff „prima facie" hat W.D. Ross (*Ross*, The Right and the Good, Oxford 1930, S. 18 ff.) in die Diskussion eingeführt. Sollen ist prima facie-Sollen, wenn es nicht mit allen relevanten empirischen und normativen Prämissen begründet wird, *Sieckmann* (Fn. 68), S. 81. Vgl. *Baier*, The Moral Point of View, Ithaca/London 1958, S. 102 ff.; *Hare*, Moral Thinking, Oxford 1981, S. 27 ff., 38 ff.; *Sieckmann* (Fn. 68), S. 79 ff.; *ders.*, Rechtstheorie 25 (1994), S. 165 f., Anm. 14; vgl. weiter *Buchwald*, The Rule of Law: A Complete and Consistent Set of (Legal) Norms?, in: Rule of Law – Political and Legal Systems in Transition, W. Krawietz/E. Pattaro/A. Erh-Soon Tay [Hg.], Berlin 1997, S. 156. Zum verwandten Konzept des „pro tanto-Sollens" *Jansen* (Fn. 70), S. 50, Anm. 47, S. 81.

[73] *Sieckmann* (Fn. 68), S. 18 f.

[74] Zur Dimension des Gewichts vgl. *Dworkin* (Fn. 71), S. 26 ff.; *Alexy* (Fn. 2), S. 79 ff.; *Sieckmann* (Fn. 68), S. 59 ff. Regeln selbst hingegen sind nicht abwägungsfähig, *Alexy*, Rechtssystem und praktische Vernunft, in: ders., Recht, Vernunft, Diskurs, Frankfurt a. M. 1995, S. 216; *Sieckmann* (Fn. 68), S. 75; *ders.* (Fn. 70), S. 42 f. Zur Regel-/Prinzipienkollision vgl. *Alexy*, Rechtsregeln und Rechtsprinzipien (Fn. 68), S. 20, Anm. 38; *Borowski* (Fn. 1), S. 71 f. m. w. N.

[75] Normen mit vollständigem Festsetzungsgehalt sind stets Regeln, und Normen ohne Festsetzungsgehalt sind stets Prinzipien, *Sieckmann* (Fn. 68), S. 69. Normen mit teilweisem Festsetzungsgehalt sind Prinzipien, wenn man ihnen selbst die Dimension des Gewichts zuschreibt, anderenfalls Regeln, *Borowski* (Fn. 1), S. 86 ff.

Prinzipien sind daher graduell erfüllbar.[76] Der Grad der Erfüllung sowie die Wichtigkeit der Erfüllung im Einzelfall entscheiden, welches Prinzip sich in Prinzipienkollisionen durchsetzt.[77] Da Prinzipien prima facie alles gebieten, was den Optimierungsgegenstand des Prinzips ganz oder teilweise fördert,[78] weisen sie eine teleologische Struktur auf.[79] Aus der Prinzipienstruktur einer Norm folgt logisch der Grundsatz der Verhältnismäßigkeit und umgekehrt.[80]

### b) Die grundrechtlichen Leistungsrechte als einschränkbare Rechte

#### aa) Grundrechtliche Leistungsrechte als definitive Mindestpositionen

Verbreitet werden grundrechtliche Leistungsrechte als definitive Mindestpositionen angesehen, deren Inhalt abwägungsfrei festzustellen sei.[81] Derartige Mindestpositionen werden durch Regeln gewährt und stellen damit notwendig nicht einschränkbare Rechte[82] dar. Die Anwendungsform für durch Regeln gewährte Rechte ist die Subsumtion. Vollständig subsumierbar und damit abwägungsfrei anwendbar sind nur Normen, deren Inhalt durch den Wortlaut und/oder den Willen des Verfassungsgebers[83] vollständig festgesetzt ist.[84] Die Verortung grundrechtlicher Leistungsrechte in

---

[76] Vgl. *Sieckmann* (Fn. 68), S. 71 ff.; *Enderlein*, Abwägung in Recht und Moral, Freiburg/München 1992, S. 57 ff., 88 f.

[77] *Alexy* (Fn. 2), S. 146 ff.

[78] Da sie die Optimierung gebieten, werden sie auch als „Optimierungsgebote" charakterisiert, *Alexy* (Fn. 2), S. 75 f. Dies hat den Einwand provoziert, als Optimierungsgebote, die nur entweder erfüllt oder nicht erfüllt werden könnten, hätten Prinzipien notwendig die Struktur von Regeln, *Sieckmann* (Fn. 68), S. 65; *Aarnio*, Taking Rules Seriously, in: W. Maihofer/G. Sprenger [Hg.], Law and the States in Modern Times, Stuttgart 1990, S. 187. Dem ist *Alexy* mit der Unterscheidung zwischen „Optimierungsgeboten" auf der Metaebene und „zu optimierenden Geboten" auf der Objektebene entgegengetreten, *Alexy*, Zur Struktur der Rechtsprinzipien (Fn. 69), S. 38 f.; ders., The Institutionalisation of Reason, in: The Law in Philosophical Perspectives: My Philosophy of Law, L.J. Wintgens [Hg.], Dordrecht/Boston/London 1999, S. 39.

[79] *Sieckmann* (Fn. 68), S. 76 ff.; 166 f.; *Borowski* (Fn. 1), S. 142. Vgl. *Hart*, The Concept of Law, 2. Aufl., Oxford 1994, S. 260. Die Klassifizierung als „teleologisch" darf nicht im Sinne der Dichotomie teleologischer und deontologischer ethischer Theorien dahingehend mißverstanden werden, daß ein Vorrang des Guten vor dem Gerechten behauptet wird. Vgl. zu dieser Dichotomie statt vieler *Rawls*, Die Idee des politischen Liberalismus, Frankfurt a.M. 1994, S. 364 ff.; *Kymlicka*, Liberalism, Community and Culture, Oxford 1989, S. 21 ff. Zu den verschiedenen Bedeutungen des Begriffs des Deontologischen als Gegenbegriff zu dem des Teleologischen vgl. *Jansen* (Fn. 70), S. 84 ff.

[80] *Borowski* (Fn. 1), S. 115 m.w.N.

[81] Am weitesten entwickelt findet sich die Theorie definitiver Mindestpositionen bei Gertrude Lübbe-Wolff, *Lübbe-Wolff* (Fn. 5), S. 16 f. und passim. Eingehende Darstellung und Kritik bei *Borowski* (Fn. 1), S. 124 ff. Zur Theorie definitiver Mindestpositionen vgl. weiter *Huster*, Rechte und Ziele, Berlin 1993, S. 116, Anm. 237; *Murswiek* in Sachs (Fn. 21), Art. 2 GG, Rn 34; *Stern* (Fn. 51), S. 389.

[82] Man könnte eine „Einschränkung" einer Regel darin sehen, daß eine Ausnahmeklausel hinzugefügt wird, die vorher nicht galt. Im Einfügen einer Ausnahmeklausel in eine Regel liegt jedoch die Ungültigerklärung der alten Regel (ohne Ausnahmeklausel) und das In-Geltung-setzen einer neuen Regel (mit Ausnahmeklausel), vgl. *Borowski* (Fn. 1), S. 68 f., Anm. 54. Die Befugnis zur „Einschränkung" in diesem Sinne wäre die Kompetenz, neue Regeln zu erlassen. Der Begriff der Einschränkung für diesen Vorgang ist jedoch unangemessen. Es wird nicht ein und dieselbe Norm in ihrem Umfang verändert, sondern eine Norm durch eine andere ersetzt.

[83] Im Falle einfachen Rechts entscheidet der Wille des Gesetzgebers.

[84] *Borowski*, ZÖR 53 (1998), S. 314 ff.

den Bestimmungen des Grundgesetzes ist unklar und umstritten. Nur in Ausnahmefällen lassen sich grundrechtliche Leistungsrechte unmittelbar dem Wortlaut des Grundgesetzes entnehmen,[85] in allen übrigen Fällen geht es um Grundrechtsnormen, die den Grundrechtsbestimmungen interpretativ zugeordnet werden müssen.[86] Als Bestimmungen, denen die entsprechenden Grundrechtsnormen interpretativ zuzuordnen sind, kommen nur die ausnahmslos formelhaft kurz gefaßten grundrechtlichen Bestimmungen in Betracht. Auch der Wille des Parlamentarischen Rates und des verfassungsändernden Gesetzgebers[87] gibt für grundrechtliche Leistungsrechte praktisch nichts her. Die in Frage kommenden Bestimmungen sind sämtlich viel zu unbestimmt, als daß sie abwägungsfrei angewendet werden könnten.

### bb) Grundrechtliche Leistungsrechte als einschränkbare Rechte

Damit stellt sich die Frage, ob grundrechtliche Leistungsrechte wie Abwehrrechte als einschränkbare Rechte verstanden werden können. In diesem Falle wäre der Weg frei zu einer Abwägung kollidierender Rechte und Güter, die den Inhalt der definitiven grundrechtlichen Position bestimmt. Für ein derartiges Modell spricht schon die notwendige Vornahme einer Abwägung in den häufigen Dreieckskonstellationen, in denen ein Abwehrrecht des einen Bürgers mit einem grundrechtlichen Leistungsrecht eines anderen Bürgers kollidiert.[88] Wenn ein grundrechtliches Leistungsrecht nur verhältnismäßig ein kollidierendes Abwehrrecht beschränken darf, gilt dies ebenso umgekehrt. In beiden Fällen werden zwei Prinzipien[89] gegeneinander abgewogen. Welches Prinzip gegen welches abgewogen wird, ist in diesem Sinne lediglich eine Frage der Perspektive. Das Bundesverfassungsgericht führt in der zweiten Abtreibungsentscheidung aus: *„Der Schutz des Lebens ist nicht in dem Sinne absolut geboten, daß dieses gegenüber jedem anderem Rechtsgut ausnahmslos Vorrang genösse".*[90] Die Reichweite des grundrechtlichen Schutzrechts sei *„vielmehr im Blick auf die Bedeutung und Schutzbedürftigkeit des zu schützenden Rechtsguts … einerseits und mit ihm kollidierender Rechtsgüter andererseits zu bestimmen".*[91] Im folgenden wird am Beispiel des Schutzes ungeborenen Lebens ein Abwägungsmodell grundrechtlicher Schutzrechte entwickelt. Ganz im Vordergrund stehen Rechte auf gesetzgeberische Handlungen.[92] Wie bereits erwähnt, läßt sich dieses Modell mutatis mutandis auf die anderen Teilklassen grundrechtlicher Leistungsrechte, die sozialen Grundrechte und die grundrechtlichen Rechte auf Organisation und Verfahren, übertragen.

---

[85] Beispiel ist das Recht der Mutter auf staatlichen Schutz gem. Art. 6 Abs. 4 GG.

[86] Zum Beispiel wird die Grundrechtsnorm, die ein grundrechtliches Schutzrecht auf Schutz von Leben und körperlicher Unversehrtheit gewährt, interpretativ der Grundrechtsbestimmung Art. 2 Abs. 2 Satz 1 GG zugeordnet.

[87] Insbesondere zu den sozialen Grundrechten vgl. *Borowski* (Fn. 1), S. 291 ff.

[88] Statt vieler *Hain*, Die Grundsätze des Grundgesetzes, Baden-Baden 1999, S. 279 f.

[89] Oder mehr. Die grundsätzliche Struktur der Kollision ändert sich bei der Beteiligung von mehr als zwei Prinzipien nicht, die Abwägungsentscheidung wird lediglich komplexer, vgl. *Borowski* (Fn. 1), S. 250.

[90] BVerfGE 88, 203 (253 f.).

[91] BVerfGE 88, 203 (254).

[92] Vgl. bereits Fn. 23.

*(1) Universelle und existentielle Handlungsgebote und -verbote*

Grundrechtliche Leistungsrechte stellen sich für den Staat als Handlungsgebote dar. Häufig wird ein struktureller Unterschied zwischen Handlungsverboten und Handlungsgeboten darin gesehen, daß Handlungsverbote als universell und Handlungsgebote als existentiell charakterisiert werden.[93] Zur Illustration können das Tötungsverbot und das Gebot der Rettung aus lebensgefährlicher Situation dienen. Das Tötungsverbot ist ein universelles Handlungsverbot, da alle Handlungen einer bestimmten Klasse verboten sind. Das Tötungsverbot bedeutet für A, daß er B weder erschießen, erwürgen, erschlagen, vergiften noch durch eine andere Handlung zu Tode bringen darf. Alle Tötungshandlungen sind verboten. Das Gebot der Rettung aus lebensgefährlicher Situation verlange jedoch von A nur den Vollzug einer hinreichenden Rettungshandlung. Ist der Nichtschwimmer B ins Wasser gefallen und droht zu ertrinken, können dem A drei verschiedene, jeweils für sich ausreichende Rettungsmöglichkeiten zur Verfügung stehen. Die erste besteht darin, daß er ins Wasser springt und den B schwimmend rettet, die zweite in einer Rettung per Boot und die dritte darin, einen Rettungshubschrauber herbeizurufen. Hier scheint es, als liege ein existentielles Handlungsgebot vor, als sei nur die Vornahme mindestens einer Handlung aus einer Klasse von Handlungen geboten.[94]

Ob grundrechtliche Leistungsrechte in diesem Sinne nur prima facie die Vornahme einer Handlung gebieten, sei im folgenden anhand des Schutzes des ungeborenen Lebens untersucht. Das Bundesverfassungsgericht geht mit der herrschenden Lehre von der staatlichen Pflicht aus, sich schützend vor Gefährdungen des nasciturus zu stellen.[95] Zunächst ist zu ermitteln, welche schützenden Maßnahmen überhaupt in Betracht kommen. Welche und wie viele dies sind, hängt von den entsprechenden empirischen Zusammenhängen ab. Im folgenden sei aus Gründen der Vereinfachung unterstellt, es stünden nur drei sich gegenseitig ausschließende[96] verschiedene Schutzmittel[97] $M_1$-$M_3$ zur Verfügung. $M_1$ besteht in einer hohen Strafdrohung für Schwangere und Ärzte im Fall eines Schwangerschaftsabbruchs. $M_2$ ist ein ganzes Paket von

---

[93] Vgl. *Alexy* (Fn. 2), S. 420 f.; *ders.*, Der Staat 29 (1990), S. 62; *Isensee*, Das Grundrecht als Abwehrrecht und als staatliche Schutzpflicht, in: Handbuch des Staatsrechts der Bundesrepublik Deutschland, Bd. 5, Heidelberg 1992, ders./Kirchhof [Hg.], § 111, Rn 152; *Sieckmann* (Fn. 68), S. 39.

[94] Dieses gebräuchliche Beispiel kann zwar die disjunktive Struktur von Handlungspflichten illustrieren, enthält jedoch ein ganze Reihe von Vereinfachungen. Die erste besteht darin, daß alle möglichen Rettungshandlungen als gleich hinreichend vorausgesetzt werden. Dies ist zwar nicht ausgeschlossen, dürfte aber sehr selten sein. Oft bieten verschiedene Rettungshandlungen ein höchst unterschiedliches Maß an Rettungswahrscheinlichkeit. Die zweite Vereinfachung besteht darin, daß die negativen Auswirkungen der Rettungshandlungen für andere Rechte und Güter nicht in den Blick genommen werden. Im folgenden gilt es ein Modell zu entwickeln, das ohne diese inadäquaten Vereinfachungen auskommt.

[95] BVerfGE 39, 1 (42 ff.); 88, 203 (251 ff.). Aus der Literatur statt vieler *Murswiek* in Sachs (Fn. 21), Art. 2 GG, Rn 188 ff.

[96] Die Beschränkung auf drei Mittel stellt eine grobe Vereinfachung dar, die zu Zwecken der Darstellung erfolgt. Gleiches gilt für die Annahme, daß die Anwendung der drei Mittel sich empirisch gegenseitig ausschließt. Wäre dies nicht der Fall, wären verschiedene Kombinationen der drei Mittel wiederum als eigene (komplexe) Mittel zu behandeln. Zu Kombinationsmitteln vgl. *Borowski* (Fn. 1), S. 152, Anm. 117.

[97] Die Anwendung eines Schutzmittels entspricht dem Vollzug aller Handlungen, die zum Einsatz dieses Mittels erforderlich sind. Dies wird regelmäßig eine Vielzahl einzelner Handlungen sein, die man zusammenfassend als komplexe Handlung bezeichnen kann. Der begriffliche Wechsel von der „Handlung" zum „Mittel" ist kein Wechsel in der Sache, sondern nur in der Perspektive.

Maßnahmen finanzieller und ideeller Förderung für Schwangere und Mütter, $M_3$ schließlich eine groß angelegte permanent durchgeführte Werbekampagne, in der Vorzüge und Wichtigkeit der Elternschaft betont werden.

Geht man von grundrechtlichen Prinzipien aus, die grundrechtliche Leistungsrechte gewähren, folgt aus deren teleologischer Struktur, daß sie prima facie den Vollzug aller Handlungen oder die Anwendung aller Mittel verlangen, die die Realisierung ihres Optimierungsgegenstandes fördern. Die drei Schutzmittel gewähren einerseits ein unterschiedliches Maß an Schutz und beeinträchtigten andererseits kollidierende Rechte und Güter in unterschiedlichem Maße. Über die Wirksamkeit von Verboten und Förderungsmaßnahmen kann man streiten, im folgenden sei zu Zwecken der Illustration jedoch unterstellt: $M_1$ führt zwar zu einem recht hohen Maß an Schutz, ist aber mit intensiven Eingriffen in die Grundrechte von Schwangeren und auch von Ärzten verbunden. $M_2$ führt zu etwas geringerem Schutz, allerdings wird nicht unmittelbar in Grundrechte anderer eingegriffen. Die mittleren Kosten belasten die Staatsfinanzen, die letztlich durch die Steuererhebung gedeckt werden. $M_3$ schließlich wird nur geringe Wirksamkeit haben, ist aber dafür auch nicht mit Grundrechtseingriffen verbunden und im Vergleich zu $M_2$ ausgesprochen billig.

Geht man davon aus, daß von vornherein nur die Anwendung eines dieser Mittel prima facie geboten ist, stellt sich die Frage nach dem Kriterium der Bestimmung dieses Mittels. Kandidat für dieses Kriterium wäre die größtmögliche Realisierung des Optimierungsgegenstandes des Prinzips, im vorliegenden Beispiel die Gewährung von Schutz. Wendet man dieses Kriterium auf das Beispiel von $M_1$-$M_3$ an, so wäre nur die Anwendung von $M_1$ geboten. Da aber die Mittel mit dem größten Erfolg auch häufig mit den größten Beeinträchtigungen einhergehen, wird die erforderliche Abwägung der kollidierenden Rechte und Güter oft ergeben, daß aufgrund der intensiven Grundrechtseingriffe und sonstigen schweren Folgen die Anwendung dieses Mittels unverhältnismäßig ist. Nimmt man dies für $M_1$ an, ist das grundrechtliche Schutzrecht ist im Hinblick auf $M_1$ inhaltlich beschränkt. Andere Mittel wären neben diesem nicht einmal prima facie geboten. Eine Möglichkeit, weitere Mittel zu berücksichtigen, die zwar ein geringeres Maß an Schutz gewähren, sich in einer Abwägung mit kollidierenden Rechten oder Gütern aber durchsetzen oder sogar klar durchsetzen, bestünde nicht. Zusammenfassend kann man sagen, wegen der oft unverhältnismäßigen Folgen der Anwendung der wirksamsten Mittel würde das Kriterium der maximalen Realisierung des leistungsgrundrechtlichen Prinzips dazu führen, daß grundrechtliche Leistungsrechte trotz des Vorhandenseins vielversprechender Handlungsalternativen weitgehend leerliefen.

Entsprechendes gilt, wenn man statt dessen auf das Mittel mit der minimalen Beeinträchtigung kollidierender Rechte oder Güter abstellt. Legt man dieses Kriterium zugrunde, ist nur $M_3$ geboten. Auch hier kann man zu dem Ergebnis kommen, daß dem verschwindend geringen Nutzen relativ zu hohe Kosten gegenüberstehen, die Anwendung dieses Mittels daher nicht definitiv geboten ist. Auch hier sind andere Mittel, die mehr Erfolg bei geringem Schaden versprechen, von vornherein ausgeschlossen.

Dies zeigt, daß die Reduktion auf nur ein prima facie gebotenes Mittel eine vorzeitige Verengung der in Betracht kommenden Mittel darstellt. In der Phase der Erwägung müssen alle denkbaren Handlungen, deren Vollzug die Erfüllung des Optimie rungsgegenstandes des Prinzips fördert, in eine Abwägung eingestellt werden können. Bevor die Abwägung erfolgt, sind alle fördernden Handlungen prima facie geboten. Grundrechtliche Prinzipien sind daher universelle prima facie-Handlungsgebote.

### (2) Abwägungsstufe und Handlungsstufe

Damit scheint aber ein Problem zu entstehen. Wie kann der Vollzug aller Förderungshandlungen prima facie geboten sein, wenn deren Vollzug sich gegenseitig empirisch jedenfalls zum Teil ausschließt? Die Antwort auf diese Frage besteht in der Unterscheidung von Abwägungsstufe und Handlungsstufe der Rechtsanwendung.[98] Auf der Abwägungsstufe wird in Prinzipienabwägungen ermittelt, ob eine der prima facie gebotenen Handlungen definitiv vollzogen werden muß, und wenn ja, welche. Auf der Handlungsstufe wird dann das Ergebnis dieser Abwägungsstufe angewendet. Die Auswahl der möglicherweise definitiv gebotenen Handlung auf der Abwägungsstufe erfolgt durch die Anwendung des Grundsatzes der Verhältnismäßigkeit im weiteren Sinne in Form des Untermaßverbots.

### (3) Das Untermaßverbot[99]

Die Anwendung des Grundsatzes der Verhältnismäßigkeit erfolgt für alle prima facie gebotenen Förderungshandlungen oder -mittel einzeln. Ein fester Bezugspunkt, der bei der Prüfung von Abwehrrechten im staatlicherseits vorgenommenen Eingriff liegt, fehlt hier.[100] Zunächst ist die Eignung zu prüfen. Sie liegt vor, wenn das Mittel die Realisierung des Optimierungsgegenstandes des jeweiligen Prinzips fördert.[101]

---

[98] Zu dieser Unterscheidung *Sieckmann* (Fn. 68), S. 83 ff.; *ders.*, Rechtstheorie 25 (1994), S. 183 ff.; *Borowski* (Fn. 1), S. 146 f.; vgl. auch *Raz*, The Concept of a Legal System, 2. Aufl., Oxford 1983, S. 214.

[99] Zum Untermaßverbot *Borowski* (Fn. 1), S. 119 ff., 151 ff.; vgl. auch BVerfGE 88, 203 (254 f.); 88, 338 (340) – diss. vote *Mahrenholz* –; *Dietlein*, ZG 10 (1995), S. 131 ff.; *Hain*, DVBl. 1993, S. 982 ff.; *ders.*, ZG 11 (1996), S. 75; *ders.* (Fn. 88), S. 287; *Starck*, JZ 1993, S. 817; *Unruh* (Fn. 1), S. 82 ff.

[100] Auch der Verweis auf häufig vorliegendes staatliches Handeln von *Hain* (Fn. 88), S. 281 hilft nicht weiter. Zwar mag es sein, daß in einer komplexen Rechtsordnung wie der der Bundesrepublik Deutschland vollständiges Unterlassen selten ist. Ob eine staatliche Handlung eine Erfüllung grundrechtlicher Leistungsrechte ist, weiß man jedoch erst, wenn man alle möglichen Handlungen untersucht hat. Man kann einer staatlichen Handlung an sich nicht ansehen, ob alternative Handlungen grundrechtlich derart besser zu bewerten sind, daß der Staat statt jener diese hätte vollziehen müssen. Auch wenn staatliches Handeln vorliegt, bleibt es wie bei vollständigem staatlichen Unterlassen dabei, daß zunächst alle möglichen Erfüllungshandlungen zu untersuchen sind. Fällt die vollzogene Handlung in die Klasse, die der Staat vertretbar als Erfüllung ansehen darf, ist das grundrechtliche Leistungsrecht erfüllt, anderenfalls nicht.

[101] *Borowski* (Fn. 1), S. 119 f.; 152 f.; vgl. *Möstl*, DÖV 1998, S. 1038. Man kann daher sagen, daß der „Zweck" im Sinne der Verhältnismäßigkeit in dem grundrechtlichen Leistungsrecht selbst liegt. Leistungsrechte verpflichten den Staat, ein bestimmtes Ziel ein Stück weit zu erreichen. Kommt er dieser Verpflichtung nicht nach, ist es grundsätzlich gleichgültig, ob dies auf vollständiger Untätigkeit oder der Verfolgung anderer Ziele beruht, vgl. *Borowski*, aaO., S. 150 f. Robert Alexy verdanke ich den Hinweis, daß neben dieser internen Version der Geeignetheitsprüfung auch eine externe Version möglich ist. Die externe Geeignetheit liegt vor, wenn die Unterlassung der prima facie gebotenen staatlichen Handlung (als Eingriff in das prima facie-Leistungsrecht) die Realisierung der Optimierungsgegenstände anderer Prinzipien fördert. Diese intern/extern Unterscheidung kann am Beispiel des Mittels $M_1$ illustriert werden. $M_1$ ist intern geeignet, weil die Strafdrohung über den präventiven Effekt Lebensschutz für den nasciturus darstellt. Es ist extern geeignet, weil die Unterlassung seiner Anwendung die Freiheit für Schwangere und Ärzte erhöht, die dann keiner Strafdrohung ausgesetzt sind. Die interne und die externe Geeignetheit liegen zwar nicht notwendigerweise gleichzeitig vor, aber dies ist regelmäßig der Fall. Die praktische

Dies trifft in unserem Beispiel für $M_1$–$M_3$ zu. Erforderlich ist ein Mittel, wenn es nicht ein Alternativmittel gibt, dessen Anwendung bei mindestens gleichem Maß an Förderung weniger nachteilige Folgen für kollidierende Rechte und Güter nach sich zieht.[102] Zur Illustration[103] seien Förderungs- und Beeinträchtigungsintensität der Mittel im folgenden durch Zahlen ausgedrückt. $M_1$ fördert den Schutz zu 100, beeinträchtigt die Grundrechte von Schwangeren und Ärzten zu 90. $M_2$ fördert zu 80, beeinträchtigt die Staatsfinanzen zu 30. $M_3$ schließlich fördert zu 10, beeinträchtigt die Staatsfinanzen aber auch nur zu 3. Es ist schnell zu sehen, daß alle drei Mittel erforderlich sind. Anderes gälte für ein Mittel $M_4$ mit der Förderungsintensität 70 und Beeinträchtigungsintensität 35. $M_2$ fördert nicht nur genauso, sondern mehr (80 statt 70), beeinträchtigt aber weniger (30 statt 35). Schließlich erfolgt die Prüfung der Verhält-

---

Bedeutung der Geeignetheitsprüfung ist in jedem Falle jedoch verschwindend gering. Die interne Geeignetheit liegt stets vor, wenn ein Eingriff in das grundrechtliche Leistungsrecht bejaht wurde. Die Eingriffsprüfung besteht ja gerade in der Frage, ob die Vornahme der unterlassenen Handlung die Realisierung des Optimierungsgegenstandes des grundrechtlichen Prinzips fördern würde. Die externe Geeignetheit liegt nicht nur dann vor, wenn die Realisierung des Optimierungsgegenstandes eines bestimmten anderen Prinzips durch das Unterlassen der fördernden Handlung gefördert wird, sondern der irgendeines anderen Prinzips. Angesichts der regelmäßig komplexen Kollisionslagen ist ein Fall fehlender externer Eignung praktisch nicht vorstellbar. Zu einer Kombination von interner und externer Geeignetheitsprüfung *Michael*, JuS 2001, S. 151.

[102] *Borowski* (Fn. 1), S. 120, 153 ff. Auch bei der Erforderlichkeit kann dieser internen Variante die externe gegenübergestellt werden. Bei der internen Erforderlichkeitsprüfung wird gefragt, ob durch eine andere staatliche Handlung ein gleiches Maß an Förderung des grundrechtlichen Prinzips erreicht werden kann, ein kollidierendes Prinzip aber weniger stark beeinträchtigt wird. In der externen Variante dagegen ist maßgebend, ob eine andere staatliche Handlung ein kollidierendes Prinzip weniger oder gleich intensiv beeinträchtigt, aber das grundrechtliche Prinzip intensiver fördert (vgl. *Möstl*, DÖV 1998, S. 1038 f., der der Sache nach zwar eine interne Geeignetheitsprüfung, aber eine externe Erforderlichkeitsprüfung vorschlägt; während *Emmerich-Fritsche*, Der Grundsatz der Verhältnismäßigkeit als Direktive und Schranke der EG-Rechtsetzung, Berlin 2000, S. 249, von einer externen Geeignetheitsprüfung und externen Erforderlichkeitsprüfung ausgeht; ebenfalls für eine externe Erforderlichkeitsprüfung *Michael*, JuS 2001, S. 151). Alternatives Verhalten zu dem Unterlassen einer Handlung ist stets nur die Vornahme dieser Handlung, *Borowski* (Fn. 1), S. 149 f., Anm. 111. Das Unterlassen einer Handlung ist nach der externen Variante der Erforderlichkeitsprüfung nur dann nicht erforderlich, wenn es sowohl das grundrechtliche Prinzip intensiver fördert als auch das kollidierende Prinzip genauso stark hemmt. Wenn der Vollzug der Handlung als Alternative zum Unterlassen ihres Vollzuges aber neutral für das kollidierende Prinzip ist, ist es das Unterlassen des Vollzuges auch: Das Unterlassen des Vollzuges einer Handlung fördert ein Prinzip ja genau deswegen, weil der Vollzug dieser Handlung dieses Prinzip hemmte. Ist es für das kollidierende Prinzip aber gleichgültig, ob eine bestimmte Handlung vollzogen wird, ist die Unterlassung dieser Handlung notwendig nicht extern geeignet. Daraus folgt: Was extern geeignet ist, ist notwendig extern erforderlich.

[103] Diese Illustration durch Zahlen erfolgt ausschließlich zu Zwecken der Darstellung. Eine „Mathematisierung" der abzuwägenden Größen setzte einen intersubjektiven Maßstab auf der Ebene quantitativer Begriffe voraus, der unbestritten nicht in Sicht ist, *Alexy* (Fn. 2), S. 141 f.; *Schlink*, Abwägung im Verfassungsrecht, Berlin 1976, S. 134 ff.; *Stelzer*, Das Wesensgehaltsargument und der Grundsatz der Verhältnismäßigkeit, Wien/New York 1991, S. 221 f. Allerdings ist es wichtig zu sehen, daß eine Abwägung gar keine Erörterung auf dem Niveau quantitativer Begriffe voraussetzt. In der Prüfung der Erforderlichkeit reicht es aus, jeweils hinsichtlich der Förderungsinstensität einerseits und der Beeinträchtigungsintensität andererseits eine ordinale Ordnung, also eine Ordnung nach des Relationen „kleiner als", „gleich" und „größer als" zu bilden. Bei der Prüfung der Verhältnismäßigkeit im engeren Sinne ist zusätzlich ein Austauschverhältnis zwischen Förderungsinstensität und Beeinträchtigungsintensität festzusetzen, aber auch hier reicht eine ordinale Ordnung. Da es einer kardinalen Ordnung nicht bedarf, geht der Einwand, es fehle an eindeutig anwendbaren Maßeinheiten (*Habermas*, Faktizität und Geltung, 4. Aufl., Frankfurt a.M. 1994, S. 316, Anm. 33), ins Leere.

nismäßigkeit im engeren Sinne.[104] Nachdem die Förderungs- und Beeinträchtigungs-
intensitäten im Beispiel durch Zahlen ausgedrückt werden, scheint sich diese Prüfung
auf einen Zahlenvergleich zu beschränken. $M_1$–$M_3$ sind auch verhältnismäßig im weiteren Sinne.

Nach der Anwendung des Grundsatzes der Verhältnismäßigkeit im weiteren Sinne
auf alle möglichen Mittel sind drei Konstellationen denkbar: (1) Kein Mittel genügt
allen Anforderungen, (2) genau ein Mittel genügt allen Anforderungen, (3) mehrere
Mittel genügen allen Anforderungen. Im Fall (1) ist das grundrechtliche Leistungsrecht vollständig beschränkt. Im Fall (2) ist genau ein Mittel definitiv grundrechtlich
geboten. Weniger eindeutig ist Fall (3).

### (4) Weitere Auswahl[105]

Nimmt man keine weitere Auswahl unter den verhältnismäßigen Mitteln vor, bleibt
es dem Staat in der Konstellation (3) überlassen, welches er anwenden will. In diesem
Fall muß er eines anwenden, aber er kann sich aus der Klasse der Handlungen (3) eines
frei auswählen. Für eine weitere Auswahl spricht, daß der Staat sonst über das Niveau
der Erfüllung entscheiden könnte. Bleibt ihm die freie Wahl, bleibt es ihm im Beispiel
überlassen, ob er $M_1$, $M_2$ oder $M_3$ wählt. Aus dieser Entscheidung folgt, ob das grundrechtliche Prinzip zu 100, 80 oder 10 gefördert wird. Da grundrechtliche Prinzipien die
bestmögliche Realisierung ihres Optimierungsgegenstandes fordern, liegt es nahe,
auch nach der Abwägung mit kollidierenden Prinzipien die Anwendung des Mittels
mit der maximalen Förderungsintensität zu verlangen. Dies wäre im Beispiel $M_1$. Andererseits ist bei $M_2$ das Verhältnis von grundrechtlichem Nutzen und Kosten für kollidierende Rechte und Güter sowohl absolut als auch relativ wesentlich besser. Seine Anwendung fördert zwar statt 100 nur 80, kollidierende Rechte und Güter werden aber
wesentlich weniger (30 statt 90) beeinträchtigt. Dies wiederum legt es nahe, statt $M_1$ $M_2$
als definitiv geboten anzusehen. Faßt man diese Erwägungen zusammen, ist aus der
Klasse der verhältnismäßigen Mittel dasjenige anzuwenden, das die maximale Förderungsintensität aufweist, es sei denn, ein anderes verhältnismäßiges Mittel fördert nicht
wesentlich weniger, weist aber ein evident besseres Nutzen/Kosten-Verhältnis auf.[106]

### (5) Spielräume

Damit stellt sich die auch aus dem Abwehrbereich bekannte Frage, ob die Verfassung zu einem „*juristischen Weltenei*"[107] wird, das die Entscheidungen des demokra-

---

[104] *Borowski* (Fn. 1), S. 120f., 155.

[105] Man kann Kriterien, anhand derer nach Anwendung des Grundsatzes der Verhältnismäßigkeit im
weiteren Sinne auf alle möglichen Mittel eine weitere Auswahl aus den verbliebenen Mitteln erfolgt, als
Bestandteil der Prüfung des Untermaßverbots oder aber als zusätzliche Anforderungen außerhalb des Untermaßverbots ansehen. Für die letzte Sichtweise spricht die dann entstehende strukturelle Entsprechung
zum Übermaßverbot, das eine derart weitere Auswahl nicht kennt. Andererseits kann die strukturelle Entsprechung ohnehin nicht vollständig sein, da sich die Prüfung des Übermaßverbots auf die Prüfung des
staatlicherseits vorgenommen Eingriffs durch eine Handlung beschränken kann, während die Prüfung des
Untermaßverbots die Anwendung der drei Teilgrundsätze der Verhältnismäßigkeit auf alle möglichen
Förderungshandlungen erstrecken muß.

[106] *Borowski* (Fn. 1), S. 156ff.

[107] *Forsthoff*, Der Staat in der Industriegesellschaft, 2. Aufl., München 1971, S. 144.

tisch legitimierten Gesetzgebers vollständig vorzeichnet. In diesem Falle verlöre der politische Prozeß fast vollständig seine Bedeutung für die Gesetzgebung, es entstünde ein verfassungsgerichtlicher Jurisdiktionsstaat.[108] Ebenso wie im Bereich der Abwehrrechte kann dieses Problem gelöst werden, indem dem Gesetzgeber Spielräume zuerkannt werden. Konstruktiv erfolgt dies durch die Berücksichtigung formeller Prinzipien in der Abwägung der materiellen Prinzipien.[109] Der Spielraum kann sich sowohl auf die empirischen Prämissen als auch die normative Frage der Abwägung beziehen.[110] Ein Spielraum für empirische Prämissen ist auch bei Abwehrrechten anerkannt,[111] es liegt nahe, sie auch bei grundrechtlichen Leistungsrechten zu gewähren.[112] Dem Gesetzgeber darüber hinaus in den für grundrechtliche Leistungsrechte typischen komplexen Abwägungslagen einen normativen Abwägungsspielraum zu gewähren, liegt ebenfalls nahe. Leitkriterium für die Bestimmung der Größe des Spielraums ist ebenso wie bei Abwehrrechten die Eingriffsintensität.[113] Dies ist bei grundrechtlichen Leistungsrechten die Intensität, mit der das grundrechtliche Prinzip die Anwendung des entsprechenden Mittels verlangt.

### (6) Mögliche Ergebnisse

Unter Berücksichtigung der Spielräume sind drei Ergebnisse möglich. Die einzig vertretbare Möglichkeit kann darin liegen, nur genau ein Förderungsmittel als definitiv geboten anzusehen. Der Staat hat dann dieses Mittel anzuwenden, anderenfalls handelt er grundrechtswidrig. Weiter kann es sein, daß es nur vertretbar ist, die Anwendung eines von mehreren möglichen Mitteln für definitiv geboten zu halten. In diesem Fall kann der Staat wählen, welches dieser Mittel er anwendet, Untätigkeit ist aber verfassungswidrig. Das dritte Ergebnis besteht darin, daß es jedenfalls vertretbar ist, keines der möglichen Mittel für definitiv geboten zu halten. In diesem Fall kann der Staat vollkommen untätig bleiben, ohne die Verfassung zu verletzen.

Aufgrund der Spielräume und des eher geringen abstrakten Gewichts, das grundrechtlichen Leistungsrechten gegenüber Abwehrrechten und kollektiven Gütern regelmäßig eingeräumt wird, wird die erste Variante ausgesprochen selten sein. Dies ist der Grund für das oft beobachtete Phänomen, daß grundrechtliche Leistungsrechte „weniger bestimmt"[114] sind als Abwehrrechte. Dies ist jedoch kein Einwand gegen das vorgestellte Modell. Mit Hilfe dieses Modells läßt sich rekonstruieren, warum in einigen Situationen der Staat zur Anwendung eines bestimmten Mittels oder eines Mittel aus einer Klasse mehrerer Mittel definitiv verpflichtet ist. Dies läßt sich ebenso als Er-

---

[108] *Böckenförde*, Grundrechte als Grundsatznormen, in: ders., Staat, Verfassung, Demokratie, Frankfurt a. M. 1991, S. 190f., 197.

[109] Formelle Prinzipien sind Prinzipien, die die Geltung von Normen unabhängig von ihrer inhaltlichen Richtigkeit in Bindung an das Ergebnis früherer Prozeduren begründen. Vgl. *Alexy* (Fn. 2), S. 89; *Sieckmann* (Fn. 68), S. 147 ff.; ders., (Fn. 70), S. 59 ff.; *Enderlein* (Fn. 76), S. 338 ff.; *Raabe* (Fn. 70), S. 184 ff.

[110] *Alexy* (Fn. 1), S. 423; Vgl. auch BVerfGE 88, 87 (96 f.), wo in einer Gleichheitsprüfung zwischen dem „gesetzgeberischen Gestaltungsspielraum" einerseits und dem empirischen Problem der „Einschätzungsprärogative" andererseits unterschieden wird.

[111] Vgl. statt vieler *Schlaich* (Fn. 54), Rn 496 ff.

[112] *Borowski* (Fn. 1), S. 159; *Raabe* (Fn. 70), S. 346 ff.

[113] Vgl. BVerfGE 88, 203 (262).

[114] Statt vieler vgl. *Lübbe-Wolff* (Fn. 5), S. 145; *Stern* (Fn. 9), S. 695; *Wahl/Masing*, JZ 1990, S. 558.

gebnis einer Abwägung formulieren wie das Ergebnis, daß keinerlei staatliches Handeln definitiv geboten ist.

## (7) Zur Diskussion über die Kongruenz von Über- und Untermaßverbot

Auf der Basis des hier vorgestellten Modells läßt sich auch die Diskussion zwischen Befürwortern und Gegnern der „Kongruenzthese", die vor allem zwischen *Karl-Eberhard Hain*[115] und *Johannes Dietlein*[116] geführt wurde, ein wenig erhellen. Die Kongruenzthese hat insbesondere Dreieckskonstellationen[117] im Blick, vor allem die Kollision eines Abwehrrechts mit einem grundrechtlichem Schutzrecht. In den Worten *Hains* lautet die Kongruenzthese: „*Ist der Ausgleich herbeigeführt, decken sich die Grenzen der Verwirklichung des zu schützenden mit denen des beeinträchtigten Grundrechts*".[118] Oder: „*Der Staat darf im Hinblick auf das tangierte Grundrechte gerade noch tun, was er für das zu schützende Gut tun muß*".[119]

Diese Kongruenzthese trifft etwas Richtiges. Betrachtet man die Abwägung der kollidierenden materiellen grundrechtlichen Prinzipien, gibt es in der Tat einen „Punkt"[120], in dem das abwehrrechtliche Eingriffsverbot in ein schutzrechtliches Eingriffsgebot[121] umschlägt.[122] In zweierlei Hinsicht sind jedoch Einschränkungen zu machen.

---

[115] *Hain*, DVBl. 1993, S.982ff.; *ders.*, ZG 11 (1996), S.75ff.; *ders.* (Fn.88), S.287.

[116] *Dietlein*, ZG 10 (1995), S.131ff.

[117] Außerhalb von Dreieckskonstellationen soll sie ohnehin nicht anwendbar sein, *Hain*, ZG 11 (1996), S.82.

[118] *Hain*, DVBl. 1993, S.983.

[119] *Hain*, ZG 11 (1996), S.75; vgl. *Starck*, JZ 1993, S.817. Ähnlich *Hain* (Fn.88), S.287 zum Untermaßverbot: „*Es bildet allerdings nur die Kehrseite des Übermaßverbots, und beides sind die zwei Seiten des Verhältnismäßigkeitsprinzips i.w.S.*".

[120] Genauer gesagt, existieren Indifferenzkurven, vgl. hierzu *Alexy* (Fn.2), S.146ff.

[121] Präziser formuliert: ein schutzrechtliches Gebot, einen Eingriff in ein kollidierendes Abwehrrecht vorzunehmen.

[122] Die Kongruenz resultiert mithin daraus, daß es in der Abwägung im Rahmen des dritten Teilgrundsatzes der Verhältnismäßigkeit im weiteren Sinne eine Relation der Gewichtungen gibt, in der die Vorrangrelation zugunsten des einen grundrechtlichen Prinzips in die zugunsten des anderen umschlägt. Die Kongruenz folgt in diesem Sinne aus der Abwägung. Von vornherein der falsche Ansatz wird gewählt, wenn versucht wird, die Kongruenz aus dem zweiten Teilgrundsatz der Verhältnismäßigkeit, dem der Erforderlichkeit, zu begründen. So *Starck*, JZ 1993, S.817: „*Das Übermaßverbot fordert weiter, daß ein Eingriff in die Grundrechte erforderlich ist, d.h. das mildeste noch wirksame Mittel zum Schutz des Rechtsgutes darstellt. Ein in diesem Sinne erforderlicher Eingriff genügt definitionsgemäß auch dem Untermaßverbot*"; ebenso *Hain*, DVBl. 1993. S.983; vgl. *Stern* (Fn.51), S.814 und *Iliadou*, Forschungsfreiheit und Embryonenschutz, Berlin 1999, S.191. Dies setzte voraus, daß man von vornherein einen Schwellenwert des Maßes an Schutz festsetzen kann, oberhalb dessen ein „noch wirksamer Schutz" gewährt wird. Zur Festsetzung dieser Schwelle fehlt jedoch jeder Anhaltspunkt. Verschiedene Mittel werden ein verschiedenes Maß an Schutz bewirken, mehr oder weniger stufenlos von verschwindend gering bis sehr stark. Welches dieser Mittel letztlich geboten ist, kann man vor einer Abwägung mit jeweils kollidierenden Prinzipien nicht sagen. Im übrigen geben Starck und Hain die im Kern unumstrittene Definition der Erforderlichkeit im Rahmen des Übermaßbotes nicht zutreffend wieder. Maßgebend ist nicht das mildeste noch wirksame bzw. geeignete Mittel, sondern die Frage, ob es für das gesetzgeberisch gewählte Mittel ein Alternativmittel gibt, welches den gesetzgeberischen Zweck mindestens genausogut verwirklicht, den Bürger aber weniger belastet, *Borowski* (Fn.1), S.117 m.w.N. Starcks und Hains Definition der Erforderlichkeit ist mit dem Grundgedanken, der diesem Teilgrundsatz zugrundeliegt, dem der Pareto-Optimalität, nicht vereinbar, vgl. *Borowski* aaO., S.120, Anm.101.

Die erste Einschränkung besteht in der Notwendigkeit der Berücksichtigung von Spielräumen. Versteht man die Zitate von *Hain* wörtlich, resultiert zwingend die befürchtete *„Klemme zwischen Übermaß- und Untermaßverbot"*[123]. Aufgabe des demokratisch legitimierten Gesetzgebers wäre es allein, das einzig von der Verfassung vorgegebene Abwägungsergebnis zu treffen. Der demokratische Prozeß verlöre jede Bedeutung. Um diesem berechtigten Einwand Rechnung zu tragen, sind, wie bereits ausgeführt,[124] Spielräume vorzusehen. *Dietlein* hat dies auch gegen *Hain* eingewendet.[125] Man kann *Hain* jedoch nicht vorhalten, er habe die Spielräume übersehen, da er die Notwendigkeit sowohl von empirischen als auch normativen Spielräumen des Gesetzgebers in allen einschlägigen Arbeiten deutlich hervorhob.[126] Das Problem liegt vielmehr darin, daß die Kongruenzthese mit der Berücksichtigung von Spielräumen nicht kompatibel ist.[127] Wird in der Dreieckskonstellation ein normativer Abwägungsspielraum eröffnet, gibt es neben dem definitiven abwehrrechtlichen Eingriffsverbot und dem definitiven schutzrechtlichen Eingriffsgebot einen Bereich, in dem der Eingriff in das Abwehrrecht ebenso erlaubt wie das Unterlassen dieses Eingriffs.

Die zweite Einschränkung der Kongruenz betrifft den Unterschied der bei Übermaß- und Untermaßverbot geprüften Mittel. Die Prüfung des Übermaßverbots erschöpft sich in der Prüfung des staatlichen Eingriffs,[128] während die Prüfung des Untermaßverbots die Beurteilung der Verhältnismäßigkeit aller möglichen Mittel verlangt.[129] Letzteres gilt auch dann, um dies noch einmal hervorzuheben, wenn der Staat ein Förderungsmittel für grundrechtliche Leistungsrechte eingesetzt hat, und nunmehr die Frage zu beantworten ist, ob dieses dem Untermaßverbot genügt.[130] Will man von Kongruenz zwischen abwehrrechtlicher und leistungsrechtlicher Prüfung sprechen, kann man dies ohnehin nur auf ein mögliches Mittel im Sinne der grundrechtlichen Leistungsrechte beziehen, welches einerseits in Abwehrrechte eingreift, andererseits die Realisierung von grundrechtlichen Leistungsrechten fördert.

---

[123] Vgl. den Titel des Aufsatzes von *Hain*, DVBl. 1993, 982ff.; ähnlich *Denninger*, in: H. Däubler-Gmelin et al., Festschrift für Ernst-Gottfried Mahrenholz, Baden-Baden 1994, S. 561ff.: *„Das Elend des Gesetzgebers zwischen Übermaß- und Untermaßverbot"*.

[124] Siehe soeben (5).

[125] *Dietlein*, ZG 10 (1995), S. 138.

[126] *Hain*, DVBl. 1993, S. 984; *ders.*, ZG 11 (1996), S. 83f., Anm. 45; *ders.* (Fn. 88), S. 287, Anm. 300.

[127] Dabei hilft es nicht weiter, wenn Hain geltend macht, auf *„abstrakt-grundrechtsdogmatischer Ebene"* treffe seine Kongruenzthese zu, *Hain*, ZG 11 (1996), S. 83, Anm. 45. Bereits auf dieser *„abstrakt-grundrechtsdogmatischen Ebene"* sind die formellen Prinzipien zu berücksichtigen, die zu Spielräumen führen.

[128] Dies bedeutet nicht, daß Alternativmittel nicht in den Blick kämen. Die Berücksichtigung von Alternativmitteln beschränkt sich jedoch auf die Prüfung der Erforderlichkeit, bei der Geeignetheit und Verhältnismäßigkeit im engeren Sinne ist sie nicht möglich.

[129] *Borowski* (Fn. 1), S. 150ff.

[130] *Borowski* (Fn. 1), S. 152, Anm. 116; vgl. *ders.* aaO., S. 160; a. A. *Michael*, JuS 2001, S. 151. Im Fall der Verfassungswidrigkeit kann man dies als *„Schlechterfüllung"* bezeichnen und der vollständigen *„Nichterfüllung"* gegenüberstellen, so *Hain*, DVBl. 1993, S. 983. Dies stellt ein Stück weit eine Graduierung der Verfassungswidrigkeit dar und mag von Bedeutung für die Bestimmung der verfassungsprozessualen Rechtsfolge sein. Für die Grundstruktur der Prüfung der Grundrechtsverletzung ist die Unterscheidung ohne Belang.

## 4. Enge und weite Tatbestandstheorie grundrechtlicher Leistungsrechte

Den Tatbestand grundrechtlicher Leistungsrechte kann man eher eng oder eher weit bestimmen. Im ersten Fall muß ein bestimmtes Mindestmaß an Förderung des Optimierungsgegenstandes vorliegen, damit überhaupt eine Handlung oder ein Mittel prima facie geboten ist.[131] Bezogen auf das bisherige Beispiel müßte eine Mindestintensität an Schutz für ungeborenes Leben durch die Anwendung eines Mittels erzeugt werden, wenn es überhaupt in eine Abwägung soll eingestellt werden müssen. Mit dieser engen Tatbestandstheorie scheint der Vorteil verbunden zu sein, daß der Kreis der in die Abwägung einzustellenden Mittel von vornherein auf die erfolgversprechenden reduziert wird. Aufgrund der einzuräumenden Spielräume und dem Gewicht kollidierender Rechte und Güter werden sich ohnehin regelmäßig nur Mittel durchsetzen können, die ein gewisses Mindestmaß an Förderung aufweisen. Andererseits entsteht bei der engen Tatbestandstheorie das Problem, daß eine Grenze festgesetzt werden muß, jenseits derer definitionsgemäß kein Grundrechtsschutz gewährt wird. Der Wortlaut als autoritativ gesetzte, abwägungsfrei bestimmbare Grenze steht bei grundrechtlichen Leistungsrechten praktisch nie zur Verfügung, da es sich ganz überwiegend um durch interpretativ zugeordnete Grundrechtsnormen gewährte Rechte handelt. Auch der Wille des Verfassungsgebers gibt in dieser Hinsicht nichts her. Eine Abwägung kann man zur Festsetzung dieser Grenze nicht verwenden, da dann wiederum ein umfassenderes Prinzip als Grundrechtsnorm vorausgesetzt würde.[132] Ungeschriebene, „immanente" Grenzen sind bei grundrechtlichen Leistungsrechten ebenso abzulehnen wie bei Abwehrrechten.[133] Geht man dagegen von der weiten Tatbestandstheorie aus, kann die Bestimmung einer besonderen Grenze des Tatbestandes unterbleiben. Handlungen, deren Vollzug die Realisierung des Optimierungsgegenstandes eines grundrechtlichen Prinzips fördern, fallen ohne Rücksicht auf die Intensität dieser Förderung in den Tatbestand eines grundrechtlichen Leistungsrechts. Die Klasse dieser Handlungen wird regelmäßig ausgesprochen groß sein. Ein derartiges „Recht auf alles" ist als absurd bezeichnet worden.[134] Es ist jedoch wichtig zu sehen, daß auf der Handlungsstufe der Rechtsanwendung, also nach den Abwägungen der einzelnen Mittel, in jedem Falle nur ein existentielles Handlungsgebot übrig bleibt. Es bleibt die inhaltliche Frage, ob mit dieser Ausweitung des Tatbestandes grundrechtlichen Leistungsrechten nicht ein viel zu hohes Gewicht beigemessen wird. Zur Beantwortung dieser Frage ist zu unterscheiden zwischen einer weiten Tatbestandstheorie als „normativer Theorie" und als „Konstruktionstheorie".[135] Eine weite Tatbestandstheorie als normative Theorie vertritt, wer ein normatives Regel-Ausnahme-Verhältnis zu Lasten der wirksamen Einschränkung eines Grundrechts postuliert. Mit der Annahme eines Eingriffs ist dann die mehr oder weniger starke Vermutung der Verletzung verbunden. Ein derartiges Verständnis ist jedoch weder notwendig noch vorzugswürdig. Dies zeigt schon das Beispiel der allge-

[131] *Borowski* (Fn. 1), S. 255.
[132] Vgl. zu dieser Figur *Borowski* (Fn. 1), S. 259.
[133] *Borowski* (Fn. 1), S. 34ff.
[134] Vgl. *Murswiek* (Fn. 9), § 112, Rn 93; *Huster* (Fn. 81), S. 116, Anm. 237; *Raabe* (Fn. 70), S. 349f.
[135] Zu dieser Unterscheidung *Alexy* (Fn. 2), S. 279; *Borowski* (Fn. 1), S. 44ff., 205, 263.

meinen Handlungsfreiheit. Art. 2 Abs. 1 GG gewährt nach der Rechtsprechung des Bundesverfassungsgerichts und der herrschenden Meinung in der Literatur umfassend das Recht, zu tun und zu lassen, was man will.[136] Fast jedes Gesetz unserer Rechtsordnung stellt einen Eingriff in dieses Grundrecht dar.[137] Der gerechtfertigte Eingriff in den Schutzbereich ist bei diesem Grundrecht jedoch alles andere als selten. Im Sinne einer weiten Tatbestandstheorie als Konstruktionstheorie kann die wirksame Einschränkung eines Grundrechts ohne weiteres den Regelfall darstellen.

Schließlich kann man die Frage stellen, ob der Rechtsanwender durch die Vielzahl abzuwägender Mittel nicht überfordert wird. Eine effektive Fallbearbeitung verlangt jedoch nicht, alle prima facie gebotenen Handlungen gleich intensiv zu untersuchen. Es ist möglich, eine praktische Grenze der Mindestförderung der Realisierung des Optimierungsgegenstandes des grundrechtlichen Prinzips zu ziehen, ab der eine Abwägung erfolgt.[138] Diese mag in etwa da liegen, wo eine enge Tatbestandstheorie die Grenze des Tatbestandes annimmt. Im Zweifel kann jedoch auf der Basis der weiten Tatbestandstheorie mit praktischer Grenze auch eine intensive Untersuchung eines Mittels jenseits dieser Grenze vorgenommen werden, was die enge Tatbestandstheorie definitionsgemäß nicht erlaubt. Die weite Tatbestandstheorie ist daher für grundrechtliche Leistungsrechte vorzuziehen.[139]

## IV. Ein Modell grundrechtlicher Leistungsrechte

Damit kann zusammenfassend ein allgemeines Modell grundrechtlicher Leistungsrechte skizziert werden. Grundrechtliche Leistungsrechte sind einschränkbare Rechte, wie bei Abwehrrechten[140] ist zwischen Tatbestand und Schranken beziehungsweise

---

[136] Statt vieler *Murswiek* in Sachs (Fn. 21), Art. 2 GG, Rn 42ff.

[137] *Borowski* (Fn. 1), S. 382.

[138] Diese praktische Grenze unterscheidet sich von der Tatbestandsgrenze dadurch, daß jene den Bereich des prima facie-Schutzes abgrenzt, während erstere innerhalb des prima facie-Schutzes den Untersuchungswürdigen vom nicht Untersuchungswürdigen scheidet. Vgl. zum Konzept der praktischen Grenze *Borowski* (Fn. 1), S. 263f.

[139] *Borowski* (Fn. 1), S. 254ff.; 307ff., 329, 337.

[140] Zum hier vorgestellten Modell ist gesagt worden, es stelle den Versuch dar, Gehalte grundrechtlicher Leistungsrechte *„mit abwehrrechtlichen Konstruktionen zu erfassen"*, Sachs in Sachs (Fn. 21), Vor Art. 1 GG, Rn 49, Anm. 93. Dies trifft etwas Richtiges, wenn damit gesagt werden soll, daß die Grundstruktur grundrechtlicher Leistungsrechte der Grundstruktur von Abwehrrechten ähnelt. Die Unterscheidungen zwischen einschränkbaren und nicht einschränkbaren Rechten einerseits sowie zwischen Gewährung und Nichtgewährung formellen Schutzes andererseits stellen jedoch fundamentale Unterscheidungen der Struktur von Rechten dar. Insofern kann man nicht sagen, die Struktur als einschränkbares Recht mit formellem Schutz sei eine originär abwehrrechtliche Konstruktion. Es handelt sich um einen Strukturtyp von Rechten als Gegenstand der allgemeinen Rechtslehre oder Rechtstheorie, der Abwehrrechten und grundrechtlichen Leistungsrechten gleichermaßen zugrundeliegt. Bei den Abwehrrechten hat sich diese Struktur lediglich früher durchgesetzt.

Ähnliches gilt, wenn auch mit Blick auf die grundrechtlichen Leistungsrechte zur „Prinzipienlehre der Grundrechte" ausgeführt wird, sie käme der Sache nach beim liberalen Grundrechtsverständnis an, *Pieroth/Schlink* (Fn. 7), Rn 87. Aus der bei Abwehrrechten bekannten Struktur folgt nicht, daß grundrechtliche Leistungsrechte mit dieser Struktur durch die liberale Grundrechtstheorie zu begründen wären. Soziale Grundrechte beispielsweise stützen sich notwendig auf die sozialstaatliche Grundrechtstheorie.

zwischen Eingriff in den Schutzbereich einerseits und verfassungsrechtlicher Rechtfertigung des Eingriffs andererseits zu unterscheiden.

## 1. Eingriff in den Schutzbereich

Wenn eine staatliche Handlung die Realisierung eines Optimierungsgegenstandes
eines leistungsgrundrechtlichen Prinzips darstellt, und diese Handlung vom Staat
noch nicht vollzogen wurde, liegt durch dieses Unterlassen ein Eingriff[141] in den
Schutzbereich grundrechtlicher Leistungsrechte vor.[142] Ob ein entsprechendes
grundrechtliches Prinzip einer Grundrechtsbestimmung interpretativ zugeordnet
werden kann, ist eine Frage der Verfassungsauslegung.

## 2. Verfassungsrechtliche Rechtfertigung des Eingriffs

Eine Verletzung des grundrechtlichen Leistungsrechts liegt nicht vor, wenn der
Eingriff in den Schutzbereich verfassungsrechtlich gerechtfertigt ist. Zunächst ist nach
der grundrechtlichen Eingriffsermächtigung[143] zu fragen. Ebenso wie auch bei Abwehrrechten kann zwischen formellen und materiellen Kriterien der Wirksamkeit
von Einschränkungen unterschieden werden.

### a) Grundrechtliche Eingriffsermächtigung

Hinsichtlich der grundrechtlichen Eingriffsermächtigung sind zwei Strategien
möglich. Die erste besteht darin, auf die größtenteils geschriebenen grundrechtlichen
Eingriffsermächtigungen abzustellen, die die Einschränkung von Abwehrrechten erlauben. Die Unterschiede zwischen Abwehrrechten und grundrechtlichen Leistungsrechten verbieten dies jedoch.[144] Die vorzugswürdige zweite Strategie besteht darin,
von einer ungeschriebenen grundrechtlichen Eingriffsermächtigung auszugehen, die
nicht den Einschränkungen der ungeschriebenen grundrechtlichen Eingriffsermächtigung bei vorbehaltlos gewährleisteten Abwehrrechten[145] unterliegt.[146] Im Ergebnis
stehen grundrechtliche Leistungsrechte somit unter „einfachem Gesetzesvorbehalt".[147]

---

[141] Zur Verwendung des Begriffs „Eingriff" für staatliches Unterlassen *Borowski* (Fn. 1), S. 255 m.w.N.

[142] Vgl. *Borowski* (Fn. 1), S. 282, 316, 345.

[143] Die grundrechtliche Eingriffsermächtigung ist diejenige Ermächtigung, die dem Gesetzgeber erlaubt, das Grundrecht einzuschränken. Weitgehend synonym werden die Begriffe „Schrankenklausel"
und „Gesetzesvorbehalt" verwendet.

[144] *Borowski* (Fn 1), S. 265f.

[145] Statt vieler *von Arnauld*, Die Freiheitsrechte und ihre Schranken, Baden-Baden 1999, S. 115ff.

[146] *Borowski* (Fn. 1), S. 266ff.

[147] Mit der Verwendung des Begriffs „Gesetzesvorbehalt" soll noch nicht präjudiziert werden, daß der
Eingriff auf ein Parlamentsgesetz muß zurückgeführt werden können. Dies ist die sogleich zu beantwortende Frage nach der Reichweite formellen Schutzes.

## b) Formelle Kriterien

### aa) Die Reichweite des formellen Schutzes

Bevor die einzelnen Kriterien des formellen Schutzes näher untersucht werden können, ist die Reichweite des formellen Schutzes zu klären. Der formelle Schutz der Abwehrrechte ist grundsätzlich[148] umfassend: Jeder Grundrechtseingriff muß – unabhängig von der Eingriffsintensität – auf ein Parlamentsgesetz zurückgeführt werden können. Übertrüge man dies auf grundrechtliche Leistungsrechte, müßte jede mögliche, aber unterlassene Förderung leistungsgrundrechtlicher Prinzipien durch Parlamentsgesetz formell legitimiert werden. Es wurde bereits ausgeführt, daß die Zahl möglicher Förderungshandlungen regelmäßig sehr hoch ist, damit resultierte de facto die Pflicht für den Gesetzgeber, die gesamte Rechtsordnung parlamentsgesetzlich engmaschig durchzunormieren. Dies ist weder wünschenswert noch tatsächlich möglich. Ein weiter Tatbestand grundrechtlicher Leistungsrechte und umfassender formeller Schutz sind nicht vereinbar.[149] Damit bleiben entweder der vollständige Verzicht auf formellen Schutz oder eingeschränkter formeller Schutz. Vorzugswürdig ist es, mit der Wesentlichkeitstheorie des Bundesverfassungsgerichts[150] nur in den Fällen, in denen das leistungsgrundrechtliche Interesse des Bürgers die staatliche Handlung dringend fordert, eine Legitimation der entsprechenden Unterlassung durch Parlamentsgesetz zu fordern.[151] In nicht-dringenden Fällen kann die Unterlassung ohne Parlamentsgesetz grundrechtsgemäß sein.

Die Wirksamkeit des formellen Schutzes bei grundrechtlichen Leistungsrechten ist jedoch grundlegend von der bei Abwehrrechten verschieden und wesentlich schwächer. Die Rechtsfolge eines Verstoßes gegen formelle Kriterien bei der Einschränkung von Abwehrrechten ist grundsätzlich die Nichtigkeit ipso iure des staatlichen Eingriffs. Wird eine Leistungsgrundrechte fördernde Handlung dagegen unterlassen, ohne daß diese Unterlassung formell durch ein Parlamentsgesetz legitimiert war, ist diese Handlung nicht „ipso iure vollzogen". Auch ist nicht festgestellt, daß der Vollzug der unterlassenen Handlung definitiv grundrechtlich geboten ist.[152]

Festzuhalten bleibt: Durch Parlamentsgesetz legitimiert werden müssen Eingriffe in grundrechtliche Leistungsrechte nur, soweit ein dringendes Bedürfnis der Bürger auf den Vollzug der entsprechenden Handlung besteht, im übrigen ist das staatliche Unterlassen ausschließlich an materiellen Kriterien zu messen. Die Grenze zwischen dringendem und nicht-dringendem Bedürfnis ist unter Rückgriff auf die Wesentlichkeitstheorie im Sinne des Bundesverfassungsgerichts zu bestimmen.

---

[148] Zu Ausnahmen *Borowski* (Fn. 1), S. 277 ff.

[149] *Borowski*, (Fn. 1), S. 270 f.

[150] Zu dieser Theorie vgl. statt vieler *Eckhoff*, Der Grundrechtseingriff, Köln/Berlin/Bonn/München 1992, S. 42 ff.; *Seiler*, Der einheitliche Parlamentsvorbehalt, Berlin 2000, S. 64 ff. et passim.

[151] Zu dieser Konzeption *Borowski*, (Fn. 1), S. 271 ff.

[152] *Borowski*, (Fn. 1), S. 274 f.

*bb) Die einzelnen formellen Kriterien*

Soweit es überhaupt zur wirksamen Einschränkung eines Parlamentsgesetzes bedarf, sind die auch bei den Abwehrrechten zu prüfenden formellen Kriterien[153] zu untersuchen. Zuständigkeit, Verfahren und Form sind ebenso zu erörtern wie das rechtsstaatliche Bestimmtheitsgebot.[154] Einzelfallgesetzverbot und Zitiergebot gem. Art. 19 Abs. 1 Satz 1 und 2 GG sind nicht anwendbar, da die ungeschriebene grundrechtliche Eingriffsermächtigung bei grundrechtlichen Leistungsrechten keine „ausdrückliche Einschränkungsermächtigung" darstellt, die das Bundesverfassungsgericht in ständiger Rechtsprechung fordert[155].[156] Weitere Bestimmtheitsanforderungen folgen aus der Wesentlichkeitstheorie des Bundesverfassungsgerichts.

*c) Materielle Kriterien*

In materieller Hinsicht muß die staatliche Unterlassung dem Grundsatz der Verhältnismäßigkeit im weiteren Sinne in Form des Untermaßverbots genügen. Auch bei grundrechtlichen Leistungsrechten erschöpft sich der Wesensgehalt gem. Art. 19 Abs. 2 GG nach der vorzugswürdigen subjektiv-relativen Theorie in der Verhältnismäßigkeit im weiteren Sinne, hier in Form des Untermaßverbots.[157] Ebenso wie bei Abwehrrechten darf das Unterlassen nicht sonstige materielle Aussagen der Verfassung verletzen, insbesondere das Rechtsstaats-, Demokratie- oder Sozialstaatsprinzip.

# V. Ergebnis

Es ist nicht möglich, das grundrechtsdogmatische Modell der Abwehrrechte gleichsam unbesehen auf die grundrechtlichen Leistungsrechte zu übertragen. Eine Reihe von Unterschieden gilt es, wie dargestellt, adäquat zu berücksichtigen. In der fundamentalen Struktur als durch bindende Normen gewährte, einschränkbare subjektive Rechte, deren Einschränkung weitgehend denselben materiellen und teilweise auch formellen Kriterien genügen muß, besteht jedoch größere Übereinstimmung, als gegenwärtig verbreitet angenommen wird.

---

[153] Vgl. *Borowski* (Fn. 1), S. 232.
[154] *Borowski* (Fn. 1), S. 275,
[155] BVerfGE 21, 92 (93); 24, 367 (396f.); 64, 72 (79f.); 83, 130 (154).
[156] *Borowski* (Fn. 1), S. 276.
[157] *Borowski* (Fn. 1), S. 269.

*Berichte*

*Entwicklungen des Verfassungsrechts im Europäischen Raum*

# Die Verfassung in Zeiten des „Übergangs": italienische Beobachtungen[*]

von

## Dr. Jörg Luther

Professor für Öffentliches Recht an der Universität Pisa

## 1. Warum Europäer ihre Verfassungen beobachten

Aus Anlass des österreichischen Regierungswechsels hat Bundeskanzler Schröder schon im Februar 2000 mit Blick auf die sich abzeichnende politische Entwicklung in Italien geäußert, auch dort könnten ähnliche Reaktionen erforderlich werden, „sässen die Neofaschisten am Regierungstisch". Im Verlaufe des Wahlkampfs und im Spiegel der neueren Meinungsforschung können diese und vergleichbare Warnungen belgischer Regierungsmitglieder vor einer Regierungsbeteiligung der Lega Nord ebenso eine – freilich nur schwerlich abzumessende – politische Rolle gespielt haben wie die Wahlempfehlungen von Helmut Kohl und Margaret Thatcher für den heutigen Ministerpräsidenten Silvio Berlusconi. Der Versuch, auf europäischer Ebene eine „conventio ad escludendum" gegenüber den vermeintlichen Feinden der gemeinsamen Grundwerte durchzusetzen, ist gescheitert. Aber es bleibt das Problem, wie der Schutz der Unionsprinzipien und gemeinsamen Verfassungstraditionen zu gestalten und mit den nationalen Verfassungsschutzmechanismen abzustimmen ist.

Die Union kann heute gewiss keine bundesstaatliche Verfassungsaufsicht beanspruchen. Der durch den Nizza-Vertrag nunmehr revidierte Art. 7 EUV lässt jedoch den Bund der Verfassungen enger werden und erweitert die Verantwortung für die gemeinsamen Grundwerte. Er bedeutet vor allem, dass die Verfassungsurkunden keine unwiderlegliche Vermutung für die Gewährleistung der gemeineuropäischen Verfassungsprinzipien des Art. 6 I EUV bieten. In der Union ist die Beobachtung der Verfassungsentwicklung nicht mehr nur ein Gebot politischer Klugheit und wissenschaftlicher Innovationsvorsorge. Sie wird zu einer nicht nur den Institutionen der Gemeinschaft und des Europarates aufgegebenen Pflicht. Auch für diese Aufgabe gilt der Grundsatz der Subsidiarität. Die Gewinnung und Verwertung, insbesondere der Austausch der Beobachtungen zu Zwecken des Verfassungsschutzes, sind traditionell

[*] Vortrag in der Forschungsstelle für Europäisches Verfassungsrecht der Universität Bayreuth am 2. Juli 2001. Den Turiner „maestri" in Dankbarkeit gewidmet.

Aufgaben der nationalen Regierungen und Parlamente, können aber auch von Institutionen des Marktes oder der Kultur wahrgenommen werden. Die Informationsdienste der Regierungen, die Investitionsberater im Aktienhandel und die Verfassungswissenschaftler stehen jedoch letztlich im Dienste des Souverain. Auch die Bürger können die eigene Verfassung beobachten und über Mechanismen des individuellen Rechtsschutzes (ggf. Verfassungsbeschwerde) oder des „human rights watching" in der öffentlichen Meinung und Zivilgesellschaft an deren Garantie teilhaben. In einer republikanischen Demokratie ist ihnen ist nicht nur die Beachtung der Verfassung, sondern auch den künftigen Generation gegenüber die Verantwortung für ihre Erhaltung und Entwicklung aufgegeben. Die Teilnahme an der eigenen Demokratie ist ihr Recht, die Teilhabe am Verfassungsschutz ihre Pflicht. Diese im Verfassungsstaat inbegriffene Solidarität darf die Bürger freilich nicht überfordern, insbesondere nicht etwa zur ständigen Denunziation von einfachen Gesetzes- oder Verfassungsverstössen oder gar zu Informationsleistungen gegenüber den Sicherheitsbehörden verpflichten. Der Bürger hat aber die Verfassung nicht nur zu kennen, um sie achten und ihr treu sein zu können, sondern auch um den Umgang mit ihr zu beobachten und erforderlichenfalls auf ihre Einhaltung oder Änderung drängen zu können.

Die europäischen Bürger und die entstehende europäische Öffentlichkeit können nicht nur am Schutz einer künftigen europäischen Verfassung, sondern gem. Art. 6 und 7 EUV schon heute auch an der Wahrung der gemeinsamen Verfassungtraditionen in der Union und in den Nachbarländern mindestens beobachtend teilnehmen. Zwar bleiben ihre politischen Rechte deutlich hinter den Rechten in (und an) der eigenen Landesverfassung zurück, aber keine europäische Regierung kann ihnen gegenüber heute mehr ein Prinzip der Nichteinmischung geltend machen. Das Recht der Bürger auf europäischen Frieden begründet heute Ansprüche auf den Schutz und Ausbau demokratischer und rechtsstaatlicher Verfassungen im gesamten Rechtsraum Europa.

Aus dieser Perspektive können z.B. die jüdischen Gemeinden Europas aufgrund ihrer geschichtlichen Erfahrungen wohl nicht ganz zu Unrecht eine besondere europäische Alarmbereitschaft und frühzeitige Interventionen beanspruchen. Ebenso können aber auch nationale Verfassungsschutzkonzepte auf europäischer Ebene kritisiert werden, wenn ihre Mittel mit den Zielen der Bewahrung der Demokratie und des Rechtsstaates unvereinbar werden und die Letztverantwortung der Bürger in Frage stellen.

Schon im Lichte dieser Tatsachen und Möglichkeiten zeigt sich, dass die Betrachtung der „ausländischen" Verfassungsentwicklung im Rahmen der europäischen Demokratien eine neue Qualität gewinnen kann. Es darf nicht mehr nur die „Ausstrahlung" der nationalen Verfassungskulturen gefeiert werden, sondern es sind umfassend die Voraussetzungen und Folgen ihrer „Union" zu klären. Die Wahrung der Gemeinsamkeiten der Verfassungskultur und die Achtung der kulturellen Unterschiede und der nationalen Verfassungsautonomien verlangen neue Formen einer zur Verständigung bereiten Beobachtung. Verfassungsvergleicher können multikulturelle oder interkulturelle Ideale und Modelle bevorzugen, dürfen ihre Untersuchungen aber weder auf die Gemeinsamkeiten noch auf die Differenzen beschränken und ihre Integrationsaufgabe nicht verkennen. Nicht nur die Gelehrten der Politik und Geschichte, sondern auch der künftige europäische Jurist sollten in der Lage sein, beim Umgang mit den jeweiligen Rechtskulturen die Verfassungsentwicklung mitzuverstehen.

## 2. Wie sich Verfassungsentwicklungen beobachten lassen

Die Beobachtung der Entwicklung einer Verfassung hat deren Statik und deren Dynamik zu erfassen. Praktisch bereitet das nicht wenige Probleme. Was kann und wie viel sollte der Beobachter wissen? Was soll er selektieren, hinterfragen und berichten? Welche zeitlichen und räumlichen Bezüge sollte er mitbedenken? Wie kann er Innen- und Aussenansicht unterscheiden?

Gegenstand und Indikatoren der Beobachtung sind sowohl Verfahren der Verfassungsänderung als auch solche der Verfassungsinterpretation, speziell in der Verfassungsgerichtsbarkeit und Regierungspraxis. Hinzu kommen aber auch solche Diskurse, in denen der verfassunggebenden Gewalt Lebenszeichen zugeschrieben werden. Die Entwicklung lässt sich nicht nur an den Änderungen der Verfassungstexte (formelle Verfassung) ablesen, sondern hat auch jene materiellen und ideellen Tatsachen einzubeziehen, die Voraussetzungen der Erzeugung der Verfassungsnormen und ihrer Anwendung bilden.[1] Das schliesst grundlegende Reformen der Rechtskultur ebenso ein wie politische Revolutionen, wirtschaftliche Innovationen oder kulturelle Tendenzen, die auf den Sinn und Wert der Verfassung einwirken. Die gegenwärtige Entwicklung in Italien ist für das Wechselspiel dieser Faktoren besonders aufschlussreich.

Masstab und Kriterien der Beobachtung geben nach den traditionellen Lehren der Verfassungsvergleichung die Formelemente der Staats- und Regierungsformen. Art. 6 I EUV fixiert eher Elemente der Staatsform als der Regierungsform, deren Ausgestaltung sich freilich auf die Qualität der Staatsform auswirkt. So entsteht einerseits Spielraum für eine Ausdifferenzierung und Änderungen der Formen von Demokratie (direkt/indirekt) und Rechtsstaat (liberal/sozial, jurisdiktionell/administrativ), werden andererseits aber auch autokratische und machtstaatliche Entartungen verboten. Autokratische Tendenzen zu einer Herrschaft von Ständen (cetocrazia), Parteien (partitocrazia), Medien (telecrazia) oder Technikern (tecnocrazia) sind ebenso zu beargwöhnen wie machtstaatliche Tendenzen zur Aufhebung der Gewaltenteilung und der Trennung von Staat und Gesellschaft in Wirtschaft (Liberalismus/Sozialismus) und Kultur (Kulturkrieg/Staatskultur). Auch hier kann Italien besondere Denkanstösse vermitteln.

Die unvermeidlichen Wertungen des Beobachters hängen letztlich von seinem Geschichtsverständnis ab. Er kann Entwicklungen platonisch als Verfall oder aufklärerisch als Fortschritt auszeichnen, mit Vico einen zyklischen oder mit Hegel einen dialektischen Verlauf annehmen. Blinder Fortschrittsglaube ist freilich ebenso unangebracht wie blinde Verfallsgewissheit, weil Verfassungsbeobachtung nur dann Sinn hat,

---

[1] Insofern schliesst Verfassungsentwicklung auch den problematischen Begriff „Verfassungswandel" ein. Vgl. *P. Häberle*, Zeit und Verfassung (1974), in: Verfassung als öffentlicher Prozess, 2. Aufl 1996, 82; *B.-O. Bryde*, Verfassungsentwicklung, Baden-Baden 1982; *E.-W. Böckenförde*, Anmerkungen zum Begriff Verfassugswandel (1993), in: Staat, Nation, Europa, Frankfurt 2000, 141 ff.; vgl. zuletzt auch die Beiträge in *J. Hesse/G. Schuppert/K. Harms*, Verfassungsrecht und Verfassungspolitik in Umbruchsituationen, Baden-Baden 2000.

wenn man Besserung für möglich und Hoffnung für notwendig hält. Auch die räumlichen Bezüge beeinflussen die Wertungen des Beobachters. Er hat zu vermeiden, in der Geschichte Europas nur nationale Sonderwege oder nur Konvergenzlinien zu sehen. Je nach Standpunkt hat er von der Aussenansicht zur Innenansicht oder umgekehrt von der Innenansicht zur Aussenansicht vorzudringen. Nur so kann er jene nationalen Vorurteile abstreifen, die gerade auch im Verhältnis von Deutschland und Italien besonders wirksam sind. Seit der Reformation ist die Neigung stark, in Italien ein von Teufeln bewohntes Paradies zu sehen, in dem schwache Gewissen die politische Korruption haben gedeihen lassen. Die aus „Spagetti" (neudeutsche Schreibweise!) und Mafiawaffen komponierten Bilder einer schuldenmachenden und emotionengesteuerten römischen „Bananenrepublik", auf deren Bündnistreue und Stärke kein grosser Verlass sein kann, verstellen noch vielen europäischen Bürgern den Blick.[2] Nicht selten lässt man sich von der extremen Spektakularität der italienischen Auseinandersetzungen, den politischen Riten der Dramatisierung und Selbstgeisselung mitreissen. Und gelegentlich vergisst man, dass die italienische Freiheit zur Verfassunggebung auch auf der noch heute im Feiertag des 25. April zum Gedenken mahnende Befreiung von deutscher Herrschaft beruhte.

## 3. Warum in Italien von „transizione" die Rede ist

Die italienische Verfassungsurkunde von 1947 ist bekanntlich die älteste heute noch geltende europäische Nachkriegsverfassung. An ihren Jubiläumsfeiern haben nur noch wenige „Verfassungsväter" (und noch weniger Mütter) teilgenommen und um ihren „original intent" haben in den neunziger Jahren längst die Historiker zu streiten begonnen.[3] Gemeinsam mit den Verfassungslehrern und -politikern haben sie das vergangene Jahrzehnt zu einer Zeit des „Übergangs" (transizione) erklärt.[4] Zwar wird damit auch auf die Zeit des Übergangs vom faschistischen Regime zur republikanischen

---

[2] Teilweise Abhilfe bietet *J. Petersen*, Quo vadis Italia? Ein Staat in der Krise, München 1995. Nachträge z.B. in: Die Axt an den Mythos legen, FAZ 24.12. 1997; Die Weltmeister der Selbstkritik, FAZ 20.4. 1999. Zum Stand der Geschichtsforschung *J. Petersen/W. Schieder*, Faschismus und Gesellschaft in Italien, Köln 1998. Zur deutschen Besetzung *L. Klinkhammer*, Zwischen Bündnis und Besatzung. Das nationalsozialistische Deutschland und die Republik von Salò 1943 bis 45, Tübingen 1993 (trad. it. 1996). Zuletzt *M. Knox*, Common Destiny. Dictatorship, Foreign Policy and War in Fascist Italy and Nazi Germany, Cambridge 2000. Zur Geburt der Verfassung die Beiträge in Presidenza del Consiglio dei Ministri (Hrsg.), Le idee costituzionali della resistenza, 1997; *M. Fioravanti/S. Guerrieri* (Hrsg.), La Costituzione italiana, Roma 1996; *M. Fioravanti*, Costituzione e popolo sovrano, Bologna 1998; Corte costituzionale/Accademia Nazionale dei Lincei (Hrsg.), Dalla Costituente alla Costituzione, Roma 1998. Notizen zur den neuesten Entwicklungen lassen sich den Rubriken „cronache costituzionali" der Zeitschriften „Quaderni costituzionali" und „Rivista trimestrale di diritto pubblico" sowie der „Rassegna parlamentare" des „Foro italiano" entnehmen.

[3] Vgl. die Historiker *G. Rusconi*, Se cessiamo di essere una Nazione, Torino 1993; *C. Pavone*, Alle origini della Repubblica, Torino 1995; *E. Galli della Loggia*, La morte della Repubblica, Roma 1996; *P. Scoppola*, La costituzione contesa, Torino 1998 sowie *G. Cotturri*, La transizione lunga, Roma 1997 und *N. Bobbio*, Verso la seconda Repubblica, Torino 1997.

[4] Vgl. *A. Ruggeri*, Note sparse per uno studio sulle transizioni di rilievo costituzionale, Rassegna Parlamentare 2000, 35ff. *A. Spadaro* (Hrsg.), Le „trasformazioni" costituzionali nell'età della transizione, Torino 2000.

Verfassung angespielt. Anders als „Umbruch" bedeutet „Übergang" aber keine mehr oder weniger abrupte Diskontinuität, sondern eigene Zeiträume beanspruchende „Transformationen". Anders als die Rede von der „Krise" bewertet „Übergang" Möglichkeiten nicht notwendig als Gefahren und fordert keine Entscheidung. Vor allem bedeutet der Übergang nicht notwendig Untergang der Verfassung.

Die politische Rede von einer „zweiten Republik" und verschiedene Tatsachen haben freilich auch Meinungen aufkommen lassen, ein Untergang der Verfassung sei bereits vollzogen oder doch unabwendbar notwendig geworden.[5] Zu diesen Tatsachen gehören der Erfolg des Wahlreferendums (1), das Verfahren der Verfassungsreformkommissionen (2) und die Verwaltungsreformen (3).

(1) So hat man dem Wahlreferendum von 1993, mit dem die Verteilung von 238 der 315 Senatorenmandate nach den Grundsätzen Verhältnismässigkeitswahl aufgehoben wurde, den Wert einer materiellen Verfassungsentscheidung für eine „zweite Republik" zuerkennen wollen. Die nähere Ausgestaltung des Mehrheitswahlrechts für beide Kammern sei zwar erst durch den parlamentarischen Gesetzgeber vollendet worden, aber seine vom Volk erzwungene Einführung habe die Verfassungsänderung wesentlich erleichtert. Sie kann gem. Art. 138 itVerf auch nur von der absoluten Mehrheit der Parlamentarier beschlossen werden, wenn nicht eine Sperrminorität im Parlament, in den Regionen oder im Volk ein entsprechendes Verfassungsreferendum beantragt. In tatsächlicher Hinsicht hat die Wahlrechtsreform die Verfassung ohne Zweifel wesentlich flexibler gemacht und ihren Schutz geschwächt. In rechtlicher Hinsicht ist davon aber ihre Geltung nicht berührt worden. Der Sinn des Volksentscheids würde zudem überspannt, wollte man aus der Aufhebung des Gesetzes ein umfassendes Mandat zur Verfassungsreform und eine Ablehnung der bestehenden Verfassung herauslesen.

(2) Ferner hat man den durch besondere Verfassungsgesetze 1993 und 1997 eingesetzten Verfassungsreformkommissionen vorgeworfen, ein verfassungswidriges Verfahren der Verfassunggebung eingeführt, die Verfassung delegitimiert und den Verfassungskonsens zerstört zu haben. Die entsprechenden Verfassungsgesetze haben zwar die Regeln der Verfassungsänderung durchbrochen, aber nicht aufgehoben. Das dadurch geschaffene ad-hoc-Verfahren ist zwar von dem Kommissionspräsidenten D'Alema selbst als „processo costituente" bezeichnet worden, aber auch von seinen Gegnern weder als ein Attentat auf den Bestand der Verfassung (Art. 90 itVerf) noch als Einführung einer Sonderverfassung und entsprechende Rücknahme des Geltungsanspruchs der Verfassung von 1947 verstanden worden. Tatsächlich haben das Verfassungsgericht und die anderen Verfassungsorgane weiterhin die Beachtung der übrigen Verfassungsbestimmungen gewährleistet. Das von der Kommission vorgelegte und in Teilen bereits im Parlament angenommene Reformprojekt hat zwar die Notwendigkeit und die politischen Wünsche nach einer umfassenden Reform zumindest des zweiten organisatorischen Teils der Verfassung bekräftigt. Sein Scheitern hat jedoch

---

[5] Die Untergangsthese stammt von *G. U. Rescigno*, A proposito di prima e seconda repubblica, in Studi parlamentari e di politica costituzionale 1994, 7 ff. Contra *C. Pinelli*, Ancora Costituzione della Repubblica o repubblica senza costituzione? Studi parlamentari e di politica costituzionale 1995, 29 ff.; *M. Dogliani*, Potere costituente erevisione costituzionale nella lotta per la costituzione, in: G. Zagrebelsky/P. Portinaro/ J. Luther, Il futuro della costituzione, Torino 1996, 284 ff.

bislang keinen Konsens über die von der damaligen Opposition bevorzugte Wahl einer verfassunggebenden Versammlung erzeugt.

(3) Schließlich hat man auch den in der Legislaturperiode durchgeführten Verwaltungsreformen vorgeworfen, auf dem Wege der Rechtsverordnung einen Vollzugsföderalismus eingeführt und damit die Verfassung ausgehebelt bzw. entweder zur Reform oder zur Bedeutungslosigkeit verurteilt zu haben. Auch nach dem Urteil des Verfassungsgerichts ist dadurch jedoch kein Bruch der Verfassung vollzogen worden. Der Verfassungsgrundsatz der „Unteilbarkeit der Republik" (Art. 5 itVerf) mag problematisch geworden sein, ist aber nach dem Abklingen der Sezessionsdrohungen weiter unangefochten. Die Verwaltungsreformen haben auch in ihrer europäischen Dimension die Verfassungs- und Verwaltungsrecht umspannende „Wirtschaftsverfassung"[6] (und auch die „Kulturverfassung") erheblich gewandelt. Dies mag zu einem Verlust an Steuerungsfähigkeit der italienischen Verfassung, kann aber nicht zu ihrem Untergang geführt haben. Die Verwaltungsreformen haben weitere Verfassungsreformen allenfalls erleichtert und wünschenswerter werden lassen, nicht aber vorweggenommen oder unabweisbar notwendig gemacht.

Der 1993 seine erste Amtszeit als Ministerpräsident resümierende Giuliano Amato definierte die „transizione" als eine über den Regierungswechsel hinausgehende Entwicklung, die sowohl die unitarische Staatsform als auch die parlamentarische Regierungsform in Frage gestellt habe.[7] Der Wahlsieg der Lega Nord bei den Regional- und Kommunalwahlen 1991, das erste Wahlrechtsreferendum von 1992 und die Aufdeckung der hochorganisierten Formen der Korruption und verdeckten Parteienfinanzierung (tangentopoli) hatten zur Bildung einer Regierung geführt, in der der Parteieneinfluss deutlich verringert und erste Schritte zur Haushaltskonsolidierung und zur Privatisierung staatlicher Betriebe eingeleitet wurden. Die durch ein weiteres Referendum erzwungene Wahlreform von 1993 hat den Übergang von der Verhältniswahl zu einem gemischten Wahlsystem bewirkt, in dem die Mehrheitswahl überwiegt. Aber der Wunsch und die Verhandlungen über eine weitere Wahlreform ist trotz des Scheiterns weiterer Referenden, die die letzten Elemente der Verhältniswahl beseitigen wollten, nicht verstummt. Und die Frage ob die Wahlreform eine Verfassungsreform möglich und notwendig oder zumindest wünschenswert macht oder nicht, ist zu einem Dauerbrenner der politischen Diskussion geworden.

Diese für die Zeit der „transizione" bestimmende Frage ist nicht zuletzt auch durch den Streit um die Deutung der Entstehungsbedingungen der Verfassung aufgeladen worden. Die revisionistischen Deutungen haben mit der These vom „Tod des Vaterlandes" im Zeitpunkt des Waffenstillstandes vom 8. 9. 1943 nicht nur die antifaschistische Grundierung der Verfassung im Ethos und Pathos der „Resistenza" in Frage gestellt, auf die sich schon Palmiro Togliatti und Aldo Moro in der verfassunggebenden Versammlung berufen hatten. Auch der den demokratischen Wettbewerb behindernde „consociativismo" der Parteien sei letztlich in den „Comitati per la liberazione nazionale" entstanden, während die"partitocrazia" und der Klientelismus auf weiterrei-

---

[6] Vgl. *S. Cassese*, La nuova costituzione economica, Roma 2000.

[7] *G. Amato*, Un governo nella transizione. La mia esperienza di presidente del Consiglio, Quaderni costituzionali 1994, 355ff.; sowie die Beiträge von *A. Barbera, E. Cheli* u.a. in: Quaderni costituzionali 1994, 373ff. Cfr. anche G. Azzariti, Costituzione, e poi? Roma 1996.

chenden Kontinuitäten beruhe und die Demokratisierung dauerhaft behindert hätten. Die unlängst von Politikern der „Alleanza Nazionale" geforderte Schulbuchzensur zeigt die politischen und rechtlichen Implikationen dieses noch lange nicht ausgefochtenen Kampfes um den Gründungsmythos der Republik, der auch die Voraussetzungen des Verfassungskonsenses in Frage stellt.

Vor diesem Hintergrund haben auch die auf 1989 reagierenden Veränderungen der Parteienlandschaft eine besondere Bedeutung. Der vom Wähler dekretierte und durch Spaltungen zementierte Untergang der Democrazia Cristiana und des Partito Socialista Italiano hat nicht nur Regierungswechsel zwischen neuen Mitte-Rechts- und Mitte-Links-Koalitionen ermöglicht, sondern auch die ursprünglichen Stützen der Verfassung beseitigt. Von den Parteien der verfassunggebenden Versammlung existiert heute keine Fraktion mehr im Parlament. Die neu gebildeten oder umgebildeten Parteien zur Rechten wie zur Linken können sich kaum noch als Urheber der Verfassung legitimieren, streiten vielmehr schon in ihren Symbolen (Ölbaumzweig statt Rutenbündel) und Fahnen (monarchisches Blau statt republikanische Tricolore) um ihre Aufrechterhaltung. Die Verfassungsreformdebatte wurde in der Zeit der „transizione" anscheinend eher zur Legitimation als zur Integration der Parteien genutzt.

Das Scheitern der „Bicamerale", der Tod der Gründer der „Comitati per la difesa della costituzione" (Komitees zur Verteidigung der Verfassung), Don Giuseppe Dossetti[8] und Paolo Barile, und der Wahlsieg einer Koalition von Parteien, die – wie bereits 1991 vom damaligen Staatspräsident Cossiga gefordert – die Einberufung einer „verfassunggebenden Versammlung" zum Zwecke einer Revision auch des ersten Teils der Verfassung favorisiert hatten, lassen die Frage unbeantwortet, ob der „Übergang" nicht doch noch zum „Untergang" dieser Verfassung führen kann. Das Schicksal der alternden Verfassung lässt sich nicht prophezeien. Die Faktoren der Verfassungsentwicklung sind jedoch näherer Untersuchung zugänglich.

## 4. Welche Bedeutung die Änderungen der Verfassungstexte hatten

In den letzten zehn Jahren (1992–2001) sind immerhin zehn den Verfassungstext ändernde Gesetze oder Gesetze mit Verfassungsrang ergangen.[9] Eine nähere Betrachtung der quantitativ nicht unbeträchtlichen Änderungen zeigt, dass die Leistungsbilanz gemischt und nicht immer ermutigend ausfällt.

(1) Das Verfassungsgesetz vom 6. 3. 1992, Nr. 1 („Revision des Art. 79 der Verfassung betr. Gewährung von Amnestie und Strafnachlass") sollte die Strafprozessreform von 1990 um eine Reform der Amnestiegesetzgebung ergänzen, die in der Vergangenheit allzuhäufig zur Entlastung der Behörden der Strafverfolgung und -vollstreckung eingesetzt worden war. Nicht mehr die Amnestie, sondern die neuen Verfahren des „Aushandelns" von Strafen („patteggiamento") sollten die Strafjustiz entlasten. Der neue Artikel 79 der Verfassung sieht für Amnestiegesetze nun eine Zweidrittel-

---

[8] Vgl. *G. Dossetti*, La costituzione: le radici, i valori, le riforme, Roma 1996.
[9] In den folgenden Fussnoten wird dem Aktualisierungsbedarf der deutschen Übersetzungen entsprochen.

mehrheit vor und macht die Amnestie sogar schwerer als eine Verfassungsänderung.[10] Am Vorabend von „tangentopoli" wurde es so der Regierungsmehrheit erschwert, die Strafverfahren gegenüber Politikern niederzuschlagen. Andererseits konnte sich aber auch die politische Klasse den Forderungen der schließlich überlasteten Staatsanwaltschaften und Gerichte nach einer politischen Vergangenheitsbewältigung entziehen. Durch die Depönalisierung der verdeckten Parteienfinanzierung und verschiedene Strafprozessreformen konnte die Amnestie teilweise umgegangen werden. Im übrigen setzten die Betroffenen auf den Ablauf der Verjährungsfristen.

(2) Das Verfassungsgesetz vom 6. August 1993 Nr. 1 („Funktionen der parlamentarischen Kommission für die Reform der Institutionen und Regelung des Verfahrens der Verfassungsrevision") sollte die bereits 1992 durch Parlamentsbeschluss eingerichtete Verfassungsreformkommission unter dem Präsidenten Ciriaco De Mita (später Nilde Jotti) stärken, trat jedoch erst nach dem Wahlrechtsreferendum in Kraft. Nach der in den Fachausschüssen des Parlaments erarbeiteten Wahlrechtsreform wurde das Parlament 1994 aufgelöst, sodass die Kommissionsvorschläge einer Stärkung des Regionalismus und einer Rationalisierung der parlamentarischen Regierungsform durch Annäherung an das deutsche Modell der Kanzlerwahl mit konstruktivem Misstrauensvotum nicht mehr zur Abstimmung kamen. Das in seiner Verfassungsmässigkeit umstrittene Sonderverfahren der Verfassungsänderung wurde nicht abgeschlossen.

(3) Das Verfassungsgesetz vom 23. September 1993, Nr. 2 („Änderungen und Ergänzungen der Spezialstatute für die Regionen Valle d'Aosta, Sardegna, Friuli-Venezia-Giulia, Trentino-Alto Adige") hat diesen Regionen ausschließliche Gesetzgebungskompetenzen für die Regelung des Kommunalrechts verschafft. Da bereits 1990 das Kommunalrecht der ordentlichen Regionen einheitlich reformiert worden war, wurde damit freilich lediglich ein Entwicklungsnachteil dieser Regionen ausgeglichen.[11]

(4) Durch Verfassungsgesetz vom 29. Oktober 1993, Nr. 3 („Änderung des Art. 68 der Verfassung") wurde versucht, der Kritik an einer zu stark an den Interessen der Parteien und einzelner Persönlichkeiten ausgerichteten parlamentarischen Entscheidungspraxis zur Aufhebung der parlamentarischen Immunität entgegenzuwirken.[12] Die generelle Genehmigungspflicht für die Durchführung von Strafverfahren wurde aufgehoben und an ihre Stelle eine Genehmigungspflicht für Eingriffe in die Freiheiten der Person, der Wohnung und der Kommunikation des Parlamentariers einge-

---

[10] „Amnestien und Strafnachlässe werden durch ein Gesetz gewährt, das in jedem Artikel und in der Schlussabstimmung von jeder Kammer mit Zweidrittelmehrheit beschlossen wird. Das Gesetz, das Amnestie und Strafnachlass gewährt, bestimmt die Frist für ihre Anwendung. Amnestie und Straferlass können keinesfalls Anwendung auf Straftaten finden, die nach der Vorlage des Gesetzesentwurfs begangen wurden."

[11] Zur Kritik vgl. die Beiträge zur Tagung von Triest (1994) „Regioni speciali e sistema delle autonomie", in: Le Regioni 1984, 639–776.

[12] Art. 68 n.F. lautet: „Die Mitglieder des Parlaments dürfen für die in Ausübung ihrer Funktionen geäusserten Meinungen und abgegebenen Stimmen nicht zur Verantwortung gezogen werden. Ohne die Ermächtigung seiner Kammer darf kein Mitglied einer Durchsuchung seiner Person oder seiner Wohnung unterzogen werden, noch darf er verhaftet, ihm anderweitig seine Freiheit entzogen oder er in Gewahrsam gehalten werden, es sei denn in Vollzug eines unaufhebbaren Strafurteils oder wenn er bei der Begehung eines Deliktes gefasst wird, für das im Fall der Flagranz die Verhaftung vorgeschrieben ist. Eine entsprechende Ermächtigung ist erforderlich, um Gespräche oder Kommunikationen von Mitgliedern des Parlaments in jedweder Form abzuhören oder ihre Korrespondenz zu beschlagnahmen."

führt. Die Verfassungsreform hat jedoch nicht die verfassungsgerichtlich bereits anerkannte Kompetenz der Kammern beseitigt, mit bindender Wirkung für die Gerichte die materielle Reichweite der Immunität für Meinungsäusserungen der Parlamentarier festzustellen (sog. insindacabilità).[13] Die Frage, inwieweit bei der Ausübung dieser Kompetenz dem Parlament im Interesse auch des Rechtsschutzes der von den Meinungsäusserungen Betroffenen Schranken gesetzt sind, hat zu zahlreichen Organstreitigkeiten zwischen den Gerichten und den Kammern geführt. Schon der umstrittene Versuch, unmittelbar nach Inkrafttreten der Reform durch Notverordnungen die Gerichte zur Vorlage der Frage zu verpflichten, ob die streitbefangene Meinungsäusserung in Ausübung parlamentarischer Funktionen erfolgt sei, hat die rechtstechnischen Mängel der Reform deutlich werden lassen. Auch die nun eingeführte Genehmigungspflicht für Abhörmassnahmen, bei denen Parlamentarier mitbetroffen werden, haben in nicht wenigen Fällen den Verdacht geschürt, dass manche das Parlamentarieramt sogar begehren, um sich einem bevorstehenden oder gar schwebenden Verfahren der Strafverfolgung zu entziehen.

(5) Das Verfassungsgesetz vom 24.1.1997, Nr.1 „Einrichtung einer parlamentarischen Kommission für die Verfassungsreformen" hat erneut die Regeln über das verfassungsändernde Verfahren gem. Art.138 itVerf durchbrochen, indem es das Verfassungsreferendum nicht nur von einem fakultativen in ein obligatorisches Verfahren umgewandelt, sondern auch mit einem Beteiligungsquorum ausgestattet hat.[14] Der Auftrag der Kommission, „Projekte zur Revision des zweiten Teils der Verfassung, insbesondere in Sachen Staatsform, Regierungsform und Zweikammersystem sowie System der Garantien" auszuarbeiten, wurde erfüllt, die Beschlussfassung über den überarbeiteten Entwurf im Plenum jedoch nach einer Aufkündigung des bereits erreichten Konsenses durch die Opposition eingestellt. Inhaltlich wurde zur Staatsform eine auf das Subsidiaritätsprinzip gegründete föderale Neuordnung aller Autonomien vorgeschlagen, die allerdings keinen entscheidenden Einfluss auf die Besetzung des Senat erhalten sollten. Zur Regierungsform wurde die Direktwahl des Präsidenten und ein semipräsidentielles System vorgeschlagen. Weitere Neuerungen sollten die

---

[13] Vgl. Urteil Nr.1150/1988 mit Anmerkung von *N. Zanon*, Giur. cost. 1988, 5595ff.

[14] Vgl. *A. di Giovine*, Note sulla legge costituzionale n. 1/1997, in: Quaderni costituzionali 1997, 381ff. Zum Reformprojekt der Bicamerale vgl. *M. D'Alema*, La grande occasione, Milano 1997 sowie die Beiträge der Staatsrechtslehrer in den Zeitschriften Diritto Pubblico 1997, Heft 3, 581–955; Nomos 1997, Heft 1, 1–409; Questione Giustizia 1997, Heft 3, 499–623; *F. Cuocolo*, Bicamerale: Atto primo, Milano 1997; *S. Panunzio* (Hrsg.), I costituzionalisti e le riforme, Milano 1998, ff.; *P. Costanzo* u.a., La commissione bicamerale per le riforme costituzionali, Padova 1998; *A. Baldassarre*, Una costituzione da rifare, Torino 1998; *P. Caretti* (Hrsg.), La riforma della Costituzione nel progetto della Bicamerale, Padova 1998; *S. Gambino* (Hrsg.), La riforma della Costituzione, Roma 1998; *V. Atripaldi*, La Commissione parlamentare per le riforme costituzionali nella 13a legislatura, Torino 1998; Associazione italiana costituzionalisti (Hrsg.), La riforma costituzionale, Padova 1998; *G. Azzariti/M. Volpi* (Hrsg.), La riforma interrotta, Perugia 1999; *M. Scudiero* u.a., La riforma della costituzione nei lavori della Bicamerale, Napoli 2000; E. Cheli, La riforma mancata, Torino 2000.
In deutscher Sprache *J. Wölk/F. Palermo*, Italien auf dem Weg zum Bundesstaat?, Jahrbuch für Italienisches Recht 11(1998), 185ff.; L. Kühnhardt, Präsidialregierung oder Kanzlerdemokratie? 10 deutsche Thesen für eine italienische Diskussion, Staatswissenschaften und Staatspraxis 1997, 261ff.; *P. Häberle*, Probleme der Verfassungsreform in Italien – Aussenansichten eines „teilnehmenden Beobachters" (1995), in: Verfassung als öffentlicher Prozess, 2.Aufl. 1996, 817ff.; idem, Zwei Aspekte der Verfassungsreform in Italien (1997), in: Europäische Verfassungslehre in Einzelstudien, Baden-Baden 1999, 295ff.

Beteiligung Italiens an der europäischen Union, die Trennung der Karrieren der Staatsanwälte und Richter, die Abschaffung verschiedener Spezialgerichtsbarkeiten, die Strukturen und Funktionen des obersten Richterrates und des Verfassungsgerichts betreffen.

(6) Das Verfassungsgesetz vom 22. 11. 1999, Nr. 1 „Bestimmungen zur Direktwahl des Präsidenten der Regionalregierung und zur Autonomie der Regionalstatute" hat gleich vier Artikel der Verfassung geändert, die den rechtlichen Rahmen für die Autonomie der ordentlichen Regionen mitbestimmen.[15] Einerseits wurde den Regionen

---

[15] Art. 121 Abs. 4 n.F.: „Der Präsident der Regionalregierung (giunta) repräsentiert die Region; er leitet die Politik der Regionalregierung und ist für sie verantwortlich; er verkündet die Regionalgesetze und erlässt die regionalen Verordnungen; er leitet die vom Staat der Region übertragenen Verwaltungsfunktionen gemäss den Weisungen der Regierung der Republik."

Art. 122 n.F.: „Das Wahlsystem und die Fälle der Unwählbarkeit und der Inkompatibilität des Präsidenten und der übrigen Mitglieder der Regionalregierung sowie der Regionalräte werden durch Regionalgesetz im Rahmen der Grundprinzipien geregelt, die zusammen mit der Amtsdauer der gewählten Organe durch Gesetz der Republik festgelegt werden.

Niemand darf gleichzeitig einem Regionalrat oder einer Regionalregierung und einer der beiden Kammern des Parlaments, einem anderen Regionalrat oder Regionalregierung, oder dem Europäischen Parlament angehören.

Der Rat wählt aus seiner Mitte einen Präsidenten und ein Präsidialbüro.

Die Regionalratsmitglieder dürfen für die in Ausübung ihrer Funktionen geäusserten Meinungen und abgegebenen Stimmen nicht zur Verantwortung gezogen werden.

Der Präsident der Regionalregierung wird, wenn das Regionalstatut nichts anderes bestimmt, in allgemeiner und direkter Wahl gewählt. Der gewählte Präsident ernennt und entlässt die Mitglieder der Regionalregierung.

Art. 123 Jede Region hat ein Statut, das in Harmonie mit der Verfassung die Regierungsform und die Grundprinzipien ihrer Organisation und Funktionsweise festlegt. Das Statut regelt die Ausübung des Initiativrechts und des Volksreferendums zu Gesetzen und Verwaltungsverfügungen der Region und die Veröffentlichung der Gesetze und Verordnungen der Regionen.

Der Regionalrat erlässt und ändert das Statut durch Gesetz, das von der absoluten Mehrheit seiner Mitglieder in zwei mindestens zwei Monate auseinanderliegenden Beschlüssen gebilligt wird. Für dieses Gesetz ist kein Sichtvermerk des Kommissars der Regierung erforderlich. Die Regierung der Republik kann die Frage der Verfassungsmässigkeit der Regionalstatute innerhalb von dreissig Tagen nach ihrer Veröffentlichung vor das Verfassungsgericht bringen.

Das Statut ist einer Volksabstimmung zu unterwerfen, wenn ihm, binnen drei Monaten nach seiner Veröffentlichung ein Fünfzigstel der Wähler der Region oder ein Fünftel der Mitglieder des Regionalrats beantragen. Das der Volksabstimmung unterworfene Statut wird nicht promulgiert, wenn ihm nicht die Mehrheit der gültigen Stimmen zugestimmt hat.

Art. 126. Durch ein mit Begründung versehenes Dekret des Präsidenten der Republik werden die Auflösung des Regionalrats und die Amtsenthebung des Präsidenten der Regionalregierung angeordnet, wenn sie gegen die Verfassung gerichtete Handlungen oder schwerwiegende Gesetzesverletzungen begangen haben. Die Auflösung und die Amtsenthebung können auch aus Gründen der nationalen Sicherheit angeordnet werden. Das Dekret ergeht nach Anhörung eines Ausschusses für die regionalen Fragen, der nach Massgabe eines Gesetzes der Republik aus Abgeordneten und Senatoren gebildet ist.

Der Regionalrat kann das Misstrauen gegenüber dem Präsidenten der Regionalregierung aufgrund eines von mindestens einem Fünftel seiner Mitglieder unterschriebenen und begründeten Antrags aussprechen, der in namentlicher Abstimmung von der absoluten Mehrheit seiner Mitglieder angenommen wird. Der Antrag kann nicht vor Ablauf von drei Tagen nach seinem Einbringen zur Beratung gestellt werden.

Die Annahme des Misstrauensantrags gegenüber dem in allgemeiner und direkter Wahl gewählten Präsidenten der Regionalregierung sowie seine Amtsenthebung, seine permanente Verhinderung, sein Tod oder sein freiwilliger Rücktritt bewirken die Entlassung der Regionalregierung und die Auflösung des Regionalrats. Im jedem Fall dieselben Wirkungen hat der gleichzeitig erklärte Rücktritt der Mehrheit der Mitglieder des Rates."

die Möglichkeit gegeben, sich in einem der Verfassungsänderung nachgebildeten Verfahren ein eigenes Statut zu geben, das in der Rechtsquellenhierarchie allen anderen regionalen Rechtsquellen vorgeht. Andererseits hat die verfassungsrechtliche Absicherung der bereits einfachgesetzlich eingeführten Direktwahl der Präsidenten der Regionalregierungen eine klare Signalwirkung für eine präsidiale Regierungsform gesetzt, von der kaum Abweichungen zu erwarten sind. Ob von den Regionalstatuten eine nachhaltigere Wirkung als von den seit 1990 beschlossenen Statuten der Gemeinden und Provinzen ausgehen wird, bleibt abzuwarten. Der fragmentarische Charakter dieser Reform und die mangelnde Neuordnung der Kompetenzen hat nicht zuletzt dazu geführt, dass bisher noch keine Region sich ein neues Statut gegeben hat.

(7) Das Verfassungsgesetz vom 23. 11. 1999, Nr. 2 („Einfügung der Grundsätze des gerechten Prozesses in Art. 111 der Verfassung") hat eine sehr detaillierte Bestimmung über die Verfahren der Rechtsprechung eingeführt.[16] Bemerkenswert ist dabei einerseits die damit erfolgte weitgehende Umsetzung der Rechtsgrundsätze des Art. 6 EMRK in Verfassungsrecht, das zwar nicht durch Verfassungsbeschwerde, aber mit dem durch Art. 111 Abs. 7 itVerf besonders garantierten Kassationsrekurs geltend gemacht werden kann. Andererseits diente die Reform aber auch dazu, das in der Rechtsprechung der Corte costituzionale entwickelte Prinzip des „gerechten Prozesses"[17] in einer Form auszubuchstabieren, die im Ergebnis die bisherige Verfassungsrechtsprechung zur Verwertbarkeit der Aussagen von solchen (Kron-)Zeugen korrigieren sollte, die bereits im Ermittlungsverfahren den Angeklagten belastende Aussagen gemacht hatten, unter Berufung auf ihr Aussageverweigerungsrecht (zumeist aus Angst) aber nicht mehr bereit waren, sie in der Hauptverhandlung zu wiederholen.[18] Diese schon wegen ihrer Auswirkung auf laufende Strafverfahren (zur organisierten

---

[16] Art. 111 Abs. I–V itVerf nF: „Die Rechtsprechung wird durch den vom Gesetz geregelten gerechten Prozess durchgeführt.

Jeder Prozess vollzieht sich im kontradiktorischen Streit zwischen den Parteien unter Bedingungen der Parität und vor einem dritten und unparteiischen Richter. Das Gesetz sichert eine angemessene Dauer.

Im Strafprozess stellt das Gesetz sicher, dass die einer Straftat angeklagte Person innerhalb kürzestmöglicher Zeit über Art und Gründe der gegen sie erhobenen Beschuldigungen vertraulich informiert wird; dass sie über die zur Vorbereitung ihrer Verteidigung erforderlichen Bedingungen und Zeit verfügt; dass sie die Befugnis hat, vor dem Richter Personen zu vernehmen oder vernehmen zu lassen, die Aussagen zu ihren Lasten machen, und dass sie die Ladung und Vernehmung von Personen zu ihrer Verteidigung zu den gleichen Bedingungen wie die Anklage sowie die Aufnahme jedes anderen Beweismittels zu ihren Gunsten zu erhalten vermag; dass ihr ein Dolmetscher beisteht, wenn sie die im Prozess verwandte Sprache nicht versteht oder nicht spricht.

Der Strafprozess wird vom Prinzip des kontradiktorischen Streits in der Beweiserbringung geregelt. Die Schuld des Beschuldigten kann nicht auf der Grundlage von Aussagen einer Person bewiesen werden, die sich aus freier Entscheidung stets willentlich der Vernehmung durch den Beschuldigten oder seine Verteidiger entzogen hat.

Das Gesetz regelt die Fälle, in denen die Beweiserbringung mit Zustimmung des Beschuldigten oder wegen festgestellter objektiver Unmöglichkeit oder infolge erwiesenen unrechtmässigen Verhaltens nicht im kontradiktorischen Streitverfahren stattfindet."

[17] Das Urteil Nr. 131/1996 spricht von einer „Formel, in der sich die Prinzipien der Verfassung sowohl zu den Merkmalen der Rechtsprechung, in ihrem subjektivem und objektivem Profil, als auch zu den Rechten auf Klage und Verteidigung zusammenfassen".

[18] Vgl. Urteil Nr. 361/1998 hatte ein entsprechendes Gesetz von 1997 für verfassungswidrig erklärt, weil es die Funktion der Wahrheitsermittlung im Strafprozess „ohne vernünftigen Grund" beeinträchtigt hatte. Zur neuen Verfassungsrechtslage vgl. nun die Urteile Nr. 439 und 440/2001.

Kriminalität) nicht unumstrittene Korrektur der Verfassungsrechtsprechung hat jedenfalls in puncto Kürze und Systematik die Qualität des Verfassungstextes nicht gehoben.

(8) Das Verfassungsgesetz vom 17. Januar 2000, Nr. 1 („Änderung des Art. 48 der
Verfassung betreffend die Bildung eines Auslandswahlkreises zur Ausübung des
Stimmrechts der im Ausland residierenden italienischen Bürger“) hat eine erste verfassungsrechtliche Voraussetzung für die Erstreckung des aktiven Wahlrechts auf im Ausland lebende italienische Staatsbürger geschaffen, die effektive Durchführung dieser
nur grundsätzlichen Entscheidung jedoch durch das Aufstellen eines kombinierten
Verfassungs- und Gesetzesvorbehalts aufgeschoben.[19] Bemerkenswerterweise handelt
es sich dabei um die historisch erste Änderung einer Vorschrift des ersten Teils der
Verfassung.

(9) Das Verfassungsgesetz vom 23. 1. 2001, Nr. 1 („Änderung der Artikel 56 und
57 der Verfassung betreffend die Zahl der Abgeordneten und Senatoren zur Repräsentation der Italiener im Ausland“) hat die verfassungsrechtliche Regelung vervollständigt. Danach sollen 12 der 630 Abgeordneten und 6 der 315 zu wählenden Senatoren im Auslandswahlkreis gewählt werden. Die praktischen Probleme der Durchführung sind aber derart komplex und umstritten, dass ein Ausführungsgesetz vor den
Wahlen von 2001 nicht mehr zustande kam.[20]

(10) Das Verfassungsgesetz vom 31. 1. 2001, Nr. 2 („Vorschriften über die Direktwahl der Präsidenten der Regionen mit Spezialstatut und der Autonomen Provinzen
Trento und Bolzano“) sind schliesslich die Statuten der Regionen Sizilien, Sardinien,
Friuli-Venezia-Giulia, Valle d'Aosta und Trentino-Alto Adige sowie der Provinzen
Trient und Bozen mit einzelnen eher marginalen Abweichungen weitgehend den
neuen Vorschriften über die Direktwahl der Präsidenten in den einfachen Regionen
angenähert worden. Eine wichtige Besonderheit stellt freilich die aus dem Entwurf
der Bicamerale aufgenommene und französischem Vorbild folgende Neuerung dar,
wonach das Wahlgesetz der betroffenen Regionen, „um das Gleichgewicht in der
Repräsentation der Geschlechter zu erreichen, Bedingungen der Parität beim Zugang
zu den Wahlkonsultationen fördern kann“. Im Statut der Region Trentino-Alto Adige wurden zudem umfangreiche Garantien für die Vertretung der ladinischen Sprachgruppe in den örtlichen Räten und Regierungen vorgesehen und in der Provinz
Trient ein Ratssitz dem Siedlungsgebiet der „ladinisch-dolomitischen Sprachgruppe
von Fassa“ garantiert (Art. 30, 36, 48, 48-ter, 50). Gewährleistet wird auch „die Bereitstellung von Haushaltmitteln in geeignetem Umfang zur Förderung des Schutzes
und der kulturellen, sozialen und wirtschaftlichen Entwicklung der ladinischen Bevölkerung sowie der im eigenen Gebiet lebenden mokenischen und zimbrischen Bevölkerung unter Berücksichtigung ihrer Grösse und besonderen Bedürfnisse.“

---

[19] Art. 48 III: „Das Gesetz bestimmt die Voraussetzungen und Modalitäten der Ausübung des Stimmrechts der im Ausland residierenden Bürger und sichert seine Effektivität. Zu diesem Zweck wird für die
Parlamentswahlen ein Wahlkreis Ausland gebildet, dessen Sitze in einer durch Verfassungsnorm bestimmten Zahl nach von einem Gesetz festgelegten Kriterien zugewiesen werden.“

[20] So ist bislang in Italien die Briefwahl aus Gründen der Prävention von Stimmenkauf und -erpressungen nicht zugelassen. Vgl. *F. Lanchester*, L'innovazione costituzionale dilatoria e il voto degli italiani
all'estero, Quaderni costituzionali 2000, 123ff.

(Art. 15)[21] Die Reform hat jedoch die Identitätskrise der Regionen mit Spezialstatuten nicht behoben, da sich die Stellung der allgemeinen Regionen immer weiter verbessert und die mit der Spezialität verknüpften Privilegien in Frage stellt. Der Stärkung der kulturellen Rechte der regionalen Minderheiten könnte insofern eine Auffangfunktion zukommen.[22]

Zusammen betrachtet stellen sich die durchgeführten Verfassungsreformen auf den ersten Blick eher planlos und fragmentarisch dar und können sich mit den ehrgeizigen Zielen des Projekts der Bicamerale kaum messen. Immerhin haben sie gezeigt, dass der erste Grundrechtsteil der Verfassung nicht mehr unantastbar, sondern zumindestens Erweiterungen von Grundrechtsgarantien zugänglich ist. Im zweiten Teil der Verfassung haben sich angesichts des Scheiterns der Bicamerale einige stufenweise Reformen angebahnt, die an die bereits begonnenen Reformen vor allem im Bereiche des Föderalismus anknüpfen konnten (s.u.).

## 5. Wie weit die Verfassung durch die Gesetzgebung entwickelt wurde

Betrachtet man demgegenüber die Gesetzgebung und die Produktion der übrigen Rechtsquellen in der neunziger Jahren, so fallen zahlreiche Neuerungen auf, die erhebliche Bedeutung für die Entwicklung der in den Artikeln 1 bis 12 niedergelegten Grundprinzipien der italienischen Verfassung haben.

(1) Das in der Formel der Volkssouveränität verankerte Demokratieprinzip (Art. 1 itVerf: „Die Souveränität gehört dem Volk, das sie in den Formen und Schranken der Verfassung ausübt.") hat vor allem durch die Wahlrechtsreformen auf allen Ebenen (Parlament, Regionen, Provinzen, Gemeinden) eine neue Interpretation gefunden.[23] Der Übergang zur Mehrheitswahl und die 1993 ebenfalls per Referendum durchgesetze teilweise Aufhebung der staatlichen Parteienfinanzierung hat die Suche nach stärkeren Garantien der Freiheit der Willensbildung des Volkes und der Chancengleichheit der Parteien miteinander verknüpft. Sie führte zur Verabschiedung verschiedener Gesetze zur Garantie der sog. „par condicio" der Kandidaten in den Massenmedien und zur Experimentierung neuer Formen der freiwilligen Parteienfinan-

---

[21] Diesen von Deutschen und Italienern zu respektierenden Minderheiten wird zudem in bestimmten Gebieten die Förderung ihrer kulturellen Aktivitäten garantiert (Art. 102). Die Vertreter der Sprachminderheiten im Provinzialrat von Trient und in den Gemeinderäten können zudem verwaltungsgerichtliche Klage gegen bestimmte Verwaltungsakte erheben, die gegen den Grundsatz der Sprachenparität verstossen (Art. 92). Ferner soll der Präsident des Regionalrats und des Rats der Provinz Bozen in der ersten Hälfte der Legislaturperiode von den Vertretern italienischen, in der zweiten von den Vertretern der deutschen Sprachgruppe gewählt werden, die die Präsidentschaft auch einem Vertreter der ladinischen Sprachgruppe abtreten dürfen. (Art. 30, 48-ter n.F.)

[22] Zur Kritik der Reform vgl. die Beiträge von *S. Bartole, A. D'Atena, M. Luciani* und *A. Ruggeri* in: Rivista di diritto costituzionale 1999, 195 ff.

[23] Gesetz vom 25. 3. 1993, Nr. 81 („Direktwahl des Bürgermeisters, des Präsidenten der Provinz, des Gemeinderats und des Provinzialrats"); Gesetze vom 4. 8. 1993, Nr. 276 und 277 betr. Wahlordnungen für Abgeordnetenkammer und Senat; Gesetz vom 23. 2. 1995, Nr. 43 („Neue Normen zur Wahl der Räte der Regionen mit ordentlichem Statut"). Zum neuen Modell der „democrazia maggioritaria" vgl. *A. Barbera*, Una riforma per la Repubblica, Roma 1992; *S. Cassese*, Maggioranza e minoranza, Milano 1995; *P. Pasquino*, L'opposizione, Roma 1995. Zur Rolle der direkten Demokratie zuletzt *P. Ridola*, Verfassungsrechtliche Probleme und politische Erfahrungen der direkten Demokratie in Italien, JöR 49 (2001), 369 ff.

zierung.[24] Die Reformen der parlamentarischen Geschäftsordnungen von 1997 und 1999 haben die Folgen der Wahlreform verarbeitet. Der interne Pluralismus und die Rolle der Gruppe der fraktionslosen Abgeordneten wurde ebenso gestärkt wie die Oppositionsinstrumente und der Einfluss der Regierungsmehrheit auf die Programmierung der parlamentarischen Agenda. Ein neues „Kommittee für die Gesetzgebung" soll die technische Qualität der Gesetze verbessern und könnte einerseits einen zusätzlichen Verständigungskanal zwischen Regierung und Opposition bilden, andererseits die Legitimation des Parlaments insgesamt heben.

Die Probleme der Institutionen der repräsentativen und der direkten Demokratie in Italien sind freilich nicht vollständig gelöst und die Möglichkeiten des ordentlichen Gesetzgebers noch nicht erschöpft. So steht weiterhin eine Neuregelung der wirtschaftlichen Inkompatibilitäten (sog. conflitto di interesse) bei öffentlichen Wahlämtern aus.[25] Auch die Legitimation der zahlreichen ministerialfreien Behörden („autorità indipendenti") und ihrer Rechtsetzungsbefugnisse ist weiter umstritten.[26] Eine gewisse Überbeanspruchung des gesetzesaufhebenden Volksreferenden und die Schwierigkeiten in der verfassungsgerichtlichen Prüfung der Zulässigkeit derselben könnten schliesslich eine Reform zumindest des Ausführungsgesetzes zu Art. 75 itVerf nahelegen.

(2) Das Recht der „Menschen, sei es als Einzelner, sei es in den sozialen Gebilden, in denen sich seine Persönlichkeit entfaltet" (Art. 2 itVerf), auf den Schutz ihrer Grundrechte und -pflichten ist in einer Reihe von Gesetzen weiter konkretisiert worden. Besondere organisatorische und verfahrensmässige Garantien wurden für die Rechte auf Datenschutz im Gesetz vom 31. 12. 1996, Nr. 675 („Schutz der Personen und anderer Subjekte bei Umgang mit persönlichen Daten"), für die Rechte in den Kommunikationstechniken im Gesetz vom 31. 7. 1997, Nr. 249 („Einrichtung der „Autorità per le garanzie nelle comunicazioni" und Normen über die Systeme der Telekomunikationen und des Rundfunks") und für die Rechte der Verbraucher im Gesetz vom 30. 7. 1998, Nr. 281 („Disziplin der Rechte der Verbraucher und Nutzer von Dienstleistungen") entwickelt.

---

[24] Gesetz vom 10. 12. 1993, Nr. 515 „Disziplin der Wahlkampagnen zur Wahl des Abgeordnetenhauses und des Senats"; Gesetz vom 2. 1. 1997, Nr. 2 „Normen zur Regelung der freiwilligen öffentlichen Finanzierung von politischen Bewegungen und Parteien"; Gesetz vom 3. 6. 1999, Nr. 157 „Neue Normen zur Erstattung der Aufwendungen für Wahl- und Referendumskampagnen und Aufhebung der Bestimmungen betr. die freiwillige öffentliche Finanzierung politischer Bewegungen und Parteien"; Gesetz vom 22. 2. 2000, Nr. 28 „Bestimmungen zur Gleichstellung im Zugang zu den Informationsmitteln während der Wahl-und Volksreferendumskampagnen und zur politischen Kommunikation". Zu Zwischenstufen dieser Entwicklung vgl. nur E. *Bettinelli*, Par condicio, Torino 1995 und F. *Lanchester*, Das Gesetz zur freiwilligen Finanzierung von Parteien und politischen Bewegungen in Italien, JöR nF 46 (1998), 475ff.

[25] Vgl. schon S. *Cassese/B. Mattarella* (Hrsg.), Democrazia e cariche pubbliche, Bologna 1996. Im Fall Berlusconi wurde eine Beschwerde zur europäischen Menschenrechtskommission für unzulässig erklärt, vgl. Entscheidung vom 19. 1. 1998, in: Il Foro it. 1998, IV, 309 m. Anm. A. *Pertici.*

[26] Vgl. z.B. das Gesetz vom 14. 11. 1995, Nr. 481 („Normen für die Konkurrenz und Regelung der Dienste von öffentlichem Nutzen (servizi di pubblica utilità). Einrichtung der „Behörde zur Regelung der Dienste von öffentlichem Nutzen"). Aus dem umfangreichen Schrifttum u.a. M. *Manetti,* Poteri neutrali e costituzione, Padova 1994; S. *Cassese/C. Franchini* (Hrsg.), I garanti delle regole, Bologna 1996; M. Passaro, Le amministrazioni indipendenti 1996; A. *Predieri* (Hrsg.), Le autorità indipendenti nei sistemi istituzionali ed economici, Firenze 1997 (2 Bde.); F. *Merusi,* Democrazia e autorità indipendenti, Bologna 2000.

Das Verhältnis von Grundrechten und Grundpflichten ist vor allem durch die Reform der Wehrdienstverweigerung im Gesetz vom 8. 7. 1998, Nr. 230 und die Reform des Zivildienstes im Gesetz vom 6. 3. 2001, Nr. 64 neu gestaltet worden, das freilich durch die geplante Abschaffung der allgemeinen Wehrpflicht (vgl. Gesetz vom 14. 11. 2000, Nr. 331) und eventuelle Einführung einer allgemeinen Zivildienstpflicht überholt werden könnte. Das neue Organspendegesetz vom 1. 4. 1999, Nr. 91 verpflichtet zudem die Bürger dazu, sich über die Zustimmung oder Ablehnung von Organspenden zu erklären und wertet ihr Schweigen als Zustimmung. Die Grundpflicht der sozialen Solidarität ist vor allem im Gesetz vom 11. 8. 1991, Nr. 266 („Rahmengesetz über das Volontariat") rechtlich verstärkt worden.

Den vor allem vom Europäischen Gerichtshof für Menschenrechte gerügten Verletzungen der Justizgrundrechte wurde zuletzt durch die Schaffung eines besonderen Verfahrens vor dem Appellationsgericht begegnet, das eine Entschädigung bei Verstössen gegen das Gebot angemessener Verfahrensdauer gem. Art. 6 § 1 EMRK ermöglicht (Gesetz vom 24. 3. 2001, Nr. 89: „Billige Wiedergutmachung im Falle der Verletzung der angemessenen Prozessdauer und Änderung des Art. 375 c.p.c.").[27] Darüberhinaus hängt die Qualität des italienischen Rechtsstaates allerdings auch entscheidend von der Qualität der stufenweise eingeleiteten Reform des Zivilprozesses, den Nachbesserungen der neuen Strafprozessordnung ab. Abzuwarten bleibt, inwieweit die umstrittenen noch ausstehenden Reformen der Reorganisation der Staatsanwaltschaften, des Kassationsgerichtshofs, des Richterrates und der Spezialgerichtsbarkeiten deren Unabhängigkeit von der „politischen Klasse" bewahren bzw. wiederherzustellen vermögen.[28]

(3) Der formelle Aspekte (Art. 3 Abs. 1: „Alle Bürger haben gleiche soziale Würde und sind gleich vor dem Gesetz, ohne Unterscheidung von Geschlecht, Rasse, Sprache, Religion, politischen Meinungen, persönlichen und sozialen Bedingungen") und materielle Elemente (Art. 3 Abs. 2: „Es ist Aufgabe der Republik, solche Hürden wirtschaftlicher und sozialer Ordnung zu beseitigen, die, indem sie tatsächlich die Freiheit und Gleichheit der Bürger beschränken, die volle Entwicklung der menschlichen Person und die effektive Teilnahme aller Arbeiter an der politischen, wirtschaftlichen und sozialen Organisation des Landes hindern.") verbindende Gleichheitssatz hat eine Reihe von neuen Durchführungsversuchen des Gesetzgebers inspiriert. Dazu gehören das mehrfach erweiterte Gesetz vom 10. 4. 1991, Nr. 125 („Positive Aktionen zur Realisierung der Gleichstellung von Mann und Frau in der Arbeit") und das Ge-

---

[27] Zur Notwendigkeit einer Verbesserung des Rechtsschutzes, gegebenenfalls auch durch Verfassungsbeschwerde, zuletzt *V. Onida*, La tutela dei diritti fondamentali in Italia nella prospettiva dell'integrazione europea (25. 6. 2001), demnächst in der Gedächtnisschrift für P. Barile. Zur allgemeinen Entwicklung der Grundrechtsgarantien L. Lanfranchi (Hrsg.), Garanzie costituzionali e diritti fondamentali, Roma 1997.

[28] Vgl. *B. Caravita* (a cura di),Magistratura, CSM e principi costituzionali, Roma 1994; *V. Zagrebelsky*, Stabilire le priorità nell'esercizio dell'azione penale, in: Il pubblico ministero oggi, Milano 1994, 101 ff.; ; *A. M. Poggi*, Il sistema giurisdizionale tra „attuazione" e „adeguamento" della Costituzione, Napoli 1995; *G. Neppi Modona*, Ruolo della giustizia e crisi del potere politico, in: S. Scamuzzi (Hrsg.), Italia illegale, Torino 1996, 161 ff.; *N. Zanon*, Pubblico ministero e costituzione, Padova 1996; *F. Cazzola/M. Morisi*, La mutua diffidenza, Milano 1996; *E. Bruti Liberati/L. Pepino*, Autogoverno o controllo della magistratura? Milano 1998; *A. Pizzorno*, Il potere dei giudici: Stato democratico e controllo della virtù, Roma 1998; *Magistratura democratica* (Hrsg.), Compiti della politica, doveri della giurisdizione, Milano 1998; *L. Chieffi*, La magistratura: origine del modello costituzionale e prospettive di riforma, Napoli 1998.

setz vom 20. 10. 1999, Nr. 380 („Ermächtigung der Regierung zur Einrichtung des freiwilligen Frauenwehrdienstes") i. V.m. der Gesetzverordnung vom 31. 1. 2000, Nr. 24 sowie die Straftatbestände des Gesetzes Nr. 1993, Nr. 205 („Dringende Massnahmen betreffend rassische, ethnische und religiöse Diskriminierung"). In Ergänzung zu den bestehenden sozialen Grundrechten sind zudem eine Reihe von besonderen sozialen Notlagen durch besondere Schutz- und Fördergesetze geregelt worden.[29]

(4) Das Rechte und Pflichten umspannende Prinzip der Arbeit (Art. 4 itVerf) wurde durch die Ratifizierung der revidierten Europäischen Sozialcharta (Gesetz vom 9. 2. 1999, Nr. 30) ebenso neu interpretiert wie durch die Privatisierung der Rechtsverhältnisse der Beschäftigten des öffentlichen Dienstes (Gesetzesverordnung vom 3. 2. 1993, Nr. 29 und zuletzt Gesetzesverordnung vom 30. 3. 2001, Nr. 165 („Allgemeine Rechtsnormen über Ordnung der von den öffentlichen Verwaltungen abhängigen Arbeit")) und die im Rahmen der zahlreichen Massnahmen zur Hebung des Beschäftigungsniveaus[30] erfolgte Lockerung des Arbeitsvermittlungsmonopols. Besonderes Gewicht haben die Reformen des „Gesetzes über die Ausübung des Streikrechts bei der Erfüllung wesentlicher öffentlicher Aufgaben und Gewährleistung der verfassungsrechtlich geschützten Rechte der Person",[31] die eine Disziplinierung der Arbeitsniederlegungen auch in solchen freien Berufen und Privatunternehmen garantiert, deren Tätigkeit die Funktionsfähigkeit öffentlicher Dienste und die Realisierung der sozialen (Grund-)Rechte berührt. Der Versuch, durch Volksabstimmung den Wiedereinstellungsanspruch bei rechtswidrigen Entlassungen aufzuheben, fand keine Mehrheit.

(5) Das Prinzip der auf regionale und lokale Autonomien gegründeten Einheit der Republik (Art. 5 Abs. 1) ist dagegen vor allem durch die bereits erwähnten umfassenden Verwaltungsreformen neu interpretiert worden, die den Namen des Ministers Franco Bassanini (Gesetze vom 15. 3. 1997, Nr. 59; 15. 5. 1997, Nr. 127; 16. 6. 1998, Nr. 191; 8. 3. 1999, Nr. 50 i. V.m. Gesetzesverordnungen vom 28. 8. 1997, Nr. 281; 31. 3. 1998, Nr. 112; 30. 7. 1999, Nr. 300–303, 18. 2. 2000, Nr. 56) tragen.[32] Die Dezentralisierung der Verwaltungsaufgaben gem. Art. 118 Abs. 2 itVerf hat die bisherige Parallelisierung von Gesetzes- und Verwaltungsaufgaben aufgegeben und u.a. die Prinzipien der Subsidiarität, der Vollständigkeit, der Effizienz und Wirtschaftlichkeit, der einheitlichen Verantwortlichkeit, der funktionellen Homogenität, organisatori-

---

[29] Vgl. z.B. Gesetz vom 3. 8. 1998, Nr. 269 („Normen gegen die Ausnutzung der Prostitution, der Pornografie etc."); Gesetz vom 8. 3. 2000, Nr. 53 („Massnahmen zur Förderung von Mutterschaft und Vaterschaft, für das Recht auf Pflege und das Recht auf Ausbildung und zur Koordination der Zeitressourcen in den Städten"); Gesetz vom 30. 3. 2001, Nr. 125 („Rahmengesetz betreffend Alkohol und verbundene Probleme"); Gesetzesverordnung vom 26. 3. 2001, Nr. 151 („Einheitlicher Text der Gesetzesvorschriften zum Schutz und zur Unterstützung von Mutterschaft und Vaterschaft ..."); Gesetz vom 30. 4. 2001, Nr. 131 („Normen zur Unterstützung von Personen im Zustand teilweiser Erblindung").

[30] Z.B. Gesetz vom 24. 6. 1997, Nr. 196 („Normen zur Förderung der Beschäftigung").

[31] Gesetz vom 12. 6. 1990, Nr. 146, zuletzt geandert durch Gesetz vom 11. 4. 2000, Nr. 83.

[32] Vgl. *F. Pizetti* (Hrsg.), Federalismo, Regionalismo e riforma dello Stato, Torino 2. Aufl. 1998; *J. Woelk*, Konfliktregelung und Kooperation im italienischen und deutschen Verfassungsrecht, Baden-Baden 1999; idem, Föderalismus per Dekret?, Jahrbuch für italienisches Recht 2000, 105ff. Zur Bedeutung des neuen Prinzips der Subsidiarität *A. D'Atena*, Costituzione e principio di sussidiarietà, Quaderni costituzionale 2001, 13ff.

schen Angmessenheit und der finanziellen Kostentendeckung als neue Grundsätze der Aufgabenübertragung aufgestellt. Gleichzeitig wurden die neuen Konferenzen Staat-Regionen und Staat-Städte-Lokautonomien auf gesetzliche Grundlage gestellt und in einer gemeinsamen Konferenz koordiniert. Die Aufsicht über die Regionalverwaltungen wurden neugeordnet, die Einbeziehung von Managern in die Gemeindeverwaltungen ermöglicht, die Kommunalaufsicht neugeordnet und Elemente eines fiskalischen Föderalismus eingeführt.[33] Die gleichzeitig erfolgte Reform der Ministerien und funktionellen Selbstverwaltungen hat u.a. ihre Zahl von über 20 auf 12 verringert, die Präfekturen reorganisiert, die Handelskammern erneuert, die Entbürokratisierung sämtlicher Verwaltungsverfahren, die Zusammenfassung der Gesetzgebung in einheitlichen Texten (testi unici), den Einsatz von Telekomunikationstechniken u.v.a.m. eingeleitet.[34]

(6) Besondere Entwicklungen bewegen auch die Grundprinzipien im kulturellen Bereich (Art. 6–9 itVerf). Das Prinzip des Schutzes der (zahlreichen) Sprachminderheiten (Art. 6 itVerf) hat durch das Gesetz vom 15. 12. 1999, Nr. 482 („Normen zum Schutz der historischen Sprachminderheiten") eine deutliche Aufwertung erfahren. Im Verhältnis zu den Religionsgemeinschaften wurden u.a. eine Vereinbarung mit der Bischofskonferenz zum Schutz der religiösen Kulturgüter und Vereinbarungen gem. Art. 8 itVerf mit den Gemeinschaften der Zeugen Jehovas und der Buddhisten, nicht aber mit den islamischen Gemeinschaften geschlossen. Verschiedene Gesetze der Selbstverwaltung von Opernhäusern, Akademien, Konservatorien, Theatern und Museen, eine umfassende Universitätsreform nach dem neuen europäischen Modell[35] und eine Reihe von – umstrittenen – Schulreformen[36] haben die kulturellen Rechte und Autonomien erheblich gestärkt. Eine grundlegende Reform des Rundfunks fand allerdings nicht statt und ein Umweltgesetzbuch steht weiter aus.[37]

(7) Schliesslich sind auch die Grundprinzipien der Verfassung im Bereich der internationalen Beziehungen (Art. 10–12 itVerf) neu konkretisiert worden. Italien hat nicht nur seit 1992 ein neues Staatsbürgerrecht und seit 1995 ein neues internationales Privatrecht, sondern verfügt seit 1998 auch über ein neues in einem Text zusammengefasstes Ausländergesetz. Danach gebühren jedem Ausländer die „im internen Recht, von den geltenden völkerrechtlichen Konventionen und den allgemein anerkannten Prinzipien des Völkerrechts vorgesehenen Grundrechte der menschlichen Person, dem rechtmäs-

---

[33] Vgl. auch die Gesetzesverordnung vom 18.8. 2000, Nr. 267 („Einheitlicher Text der Gesetze zur Ordnung der örtlichen Körperschaften").

[34] Rechtsvergleichend zuletzt S. *Cassese*, L'età delle riforme amministrative, Rivista trimestrale di diritto pubblico 200??

[35] Gesetze vom 2. 8. 1999, Nr. 264 („Normen in Sachen Zugänge zu den Universitätsstudiengängen"; Gesetz vom 19. 10. 1999, Nr. 370 („Bestimmungen zur Universität und zur wissenschaftlichen und technologischen Forschung")

[36] U.a. Dekret des Präsidenten der Republik vom 24. 6. 1998, Nr. 249 („Verwaltungsverordnung beinhaltend das Statut der Schülerinnen und Schüler der Sekundärschule"); Gesetz vom 20. 1. 1999 , Nr. 9 („Dringende Massnahmen zur Anhebung der Schulpflicht"; Dekret des Präsidenten der Republik vom 8. 3. 1999, Nr. 275 („Verwaltungsverordnung (!) mit Normen in Sachen Autonomie der schulischen Einrichtungen"); Gesetz vom 10. 2. 2000, Nr. 30 („Neuordnung der schulischen Zyklen"); Gesetz vom 10. 3. 2000, Nr. 62 „Normen zur schulischen Parität und Bestimmungen zum Recht auf Studium und Bildung".

[37] Vgl. aber aus der Literatur M. *Cecchetti*, Principi costituzionali per la tutela dell'ambiente, Milano 2000.

sig sich im Staatsgebiet aufhaltenden Ausländer zudem grundsätzlich sämtliche Bürgerrechte, ausgenommen solche, für die internationale Sonderregelungen bestehen oder
die Gegenseitigkeit nicht gewährleistet ist."[38] Die Ratifikation der Verträge von Maastricht und Amsterdam und die Erfüllung der Maastrichtkriterien, u. a. durch eine Eu-
ropasteuer bzw. -anleihe, fand ohne Verfassungsänderung statt, die Kontinuität der jährlichen „Legge comunitaria" zur Erfüllung der europäischen Rechtssetzungspflichten
wurde wiederhergestellt und in beiden Kammern ein Ausschuss für Europaangelegen-
heiten eingerichtet.[39] Die Fahne der italienischen Republik wird nun grundsätzlich gemeinsam mit der Fahne der europäischen Union ausgeflaggt.[40]

Zusammenfassen lassen sich all diese Entwicklungen dahin, dass die Gesetzgebung
in den neunziger Jahren besonderes Gewicht auf die Weiterentwicklung der Grundprinzipien der Verfassung gelegt hat. Im Bereich der Grundrechte und -pflichten und
im Bereich der Staats- und Regierungsorganisation haben sich so die (rechtlichen)
Kontexte der Verfassung und die notwendigerweise flexiblen Elemente des materiellen Verfassungsrechts (z. B. Wahlrecht) stark verändert. Während diese Teile der Verfassung sich möglicherweise zu „Teilordnungen" entwickeln, stellen sich die Grundprinzipien nicht mehr nur als gemeinsames Dach, sondern immer mehr auch als eine
„Grundordnung" dar.

## 6. Welche Rolle der Verfassungsgerichtshof in der Verfassungsentwicklung hatte

Der Beitrag des italienischen Verfassungsgerichtshofs zur Entwicklung der Verfassung ist vielschichtig und bisher nur in einzelnen Punkten erörtert worden, die hier
nur kurz skizziert werden können.

Zunächst einmal trägt die Corte costituzionale vor allem zur Erhaltung und zur Bewahrung der Statik der Verfassung bei, ohne die ihre Entwicklung unmöglich und ihr
Zerfall unvermeidlich wird. Besonders deutlich wird dies, wenn das Verfassungsgericht die Vereinbarkeit von verfassungsändernden Gesetzen mit den Vorschriften über
die Verfassungsänderung und mit dem Kern der obersten Verfassungsprinzipien
prüft.[41] Auch die zuletzt im Urteil Nr. 496/2000 erfolgte Feststellung der Verfassungs-

---

[38] Gesetzesverordnung v. 25.7.1998, Nr. 286 „Einheitlicher Text der Bestimmungen zur Disziplin der
Immigration und Normen zur Stellung der Ausländer". Ein Antrag auf gesetzesaufhebendes Volksreferen-
dum wurde vom Verfassungsgericht mit Urteil Nr. 31/2000 für verfassungsrechtlich unzulässig im Hinblick auf Art. 10 Abs. 2 itVerf und auf die Einhaltung der Vereinbarung von Schengen und des Vertrages
von Amsterdam erklärt. Ein Asylgesetz konnte nicht verabschiedet werden.

[39] Zum Reformbedarf vgl. die Beiträge von *A. Pizzorusso, P. Manin* u. a. in: Presidenza del Consiglio dei
Ministri (Hrsg.), L'Europa in Italia, 2000.

[40] Gesetz vom 5.2.1998, Nr. 22 „Allgemeine Bestimmungen über den Gebrauch der Fahne der italienischen Republik und die Fahne der Europäischen Union"). Vgl. auch Gesetz v. 20.11.2000, Nr. 336
(Wiedereinführung des Feiertags des 2. Juni, Gründungstag der Republik).

[41] So liest man im Urteil Nr. 1146/1988: „Dies sind sowohl die von der Verfassung selbst explizit als absolute Grenzen der verfassungsändernden Gewalt vorgesehenen Prinzipien wie die der „republikanischen
Form" (Art. 139 itVerf) als auch diejenigen Prinzipien, die zwar nicht ausdrücklich als der Verfassungände-
rung entzogen bezeichnet werden, aber zum Wesenskern (essenza) der obersten Werte gehören, auf denen
die italienische Verfassung gründet."

widrigkeit einer regionalen Volksbefragung zu einer Initiative des Regionalrats auf Änderung der gesamtstaatlichen Verfassung diente der strengen Einhaltung der Verfahrensvorschriften zur Verfassungsänderung. Andererseits hatte das Verfassungsgericht auch die Verfassungsmässigkeit von solchen Gesetzen zu prüfen, die verfassungsmässige Gesetzgebungsaufträge ausführen oder die Grundprinzipien der Verfassung berühren. So wurden z.B. im Urteil Nr. 408/1998 die wichtigsten Einwendungen gegen die Eckpfeiler des durch die Bassanini-Reform eingeführten Vollzugsföderalismus zurückgewiesen.[42] Zunehmend erklärt die Corte costituzionale auch Begehren auf Abhaltung eines Volksreferendums zurück, denen es um die Aufhebung von Gesetzen geht, die direkt Verfassungsprinzipien durchsetzen oder Gesetzgebungsaufträge erfüllen oder auf von den der Verfassung geschützten internationalen Verpflichtungen beruhen.[43]

Problematisch wird die Aufgabe des Verfassungsgerichts, wenn die Beseitigung verfassungswidriger Rechtslagen prozessrechtlich erschwert ist. Zur Frage der Zugangshindernisse zur Verfassungsjustiz lassen sich einige Kategorien von Gesetzen und Staatsakten nennen, gegenüber denen das Verfassungsgericht praktisch keine Kontrollmöglichkeiten hat. So war es. z.B. praktisch unmöglich, die geäusserten Zweifel an der Verfassungsmässigkeit der neuen Wahlgesetze (im Bereich der Parlamentswahl) und der Verfassungsgesetze zu den Verfahren der Verfassungsreformkommissionen zu klären. Auch die umstrittene Frage der Verfassungsmässigkeit der italienischen Teilnahme an der militärischen Intervention der NATO in Serbien und Kosovo konnte das Verfassungsgericht nicht klären.[44] Ein weiteres Beispiel bieten die umstrittenen Parlamentsauflösungsentscheidungen des Präsidenten der Republik.

Erst eine Wende der Rechtsprechung des Verfassungsgerichts hat es ihm dagegen ermöglicht, der missbräuchlichen Ausübung der Kompetenz der Regierung zur Notdekretgesetzgebung („decreti-legge") durch Verkettung dieser an sich nur zwei Monate gültigen Rechtsetzungsakte beizukommen.[45] Andernfalls wäre eine Reform dieses Institutes wohl unausweichlich geworden.[46] Das Projekt der „Commissione bicamerale", individuelle Grundrechtsklagen und Antragsbefugnisse der Gemeinden und Provinzen zu Normenkontrollen und Kompetenzkonflikten sowie Wahlprüfungsbeschwerden an das Verfassungsgericht zuzulassen, sind jedoch unter den „costituzionalisti" (und im Verfassungsgericht selbst) überwiegend auf Ablehnung gestossen.[47]

Besonders problematisch ist schliesslich die Erhaltung der Verfassung, wenn Verfassungsgerichtsurteile ignoriert oder umgangen werden. Das gilt zunächst vor allem für das Urteil Nr. 429/1994, mit dem die Verfassungsrichter das Rundfunkgesetz Nr. 223/1990 wegen unzureichender Garantien für die Wiederherstellung des durch

---

[42] Vgl. die Anmerkung von *A. Anzon*, in: Giurisprudenza costituzionale 1999, 3493ff. und *M. Cartabia*, in: Le Regioni 1999, 132ff.

[43] Zuletzt Urteile Nr. 31, 41, 42, 45, 49 und 51/2000.

[44] Vgl. die Beiträge zur Sondertagung der „Associazione Italiana dei Costituzionalisti" vom 27.3. 1999 in: *M. Dogliani/S. Sicardi* (Hrsg.), Diritti umani e uso della forza, Torino 1999.

[45] Urteil Nr. 360/1996.

[46] Vgl. *L. Paladin*, Atti legislativi del Governo e rapporti fra i poteri, Quaderni costituzionali 1996, 7; *A. Celotto*, L'abuso del decreto-legge, Padova 1997, 153ff.

[47] Vgl. nur die Beiträge in *R. Romboli/E. Rossi/R. Tarchi*, La Corte costituzionale nei lavori della Commissione bicamerale, Torino 1998.

Konzentrationsvorgänge gestörten Pluralismus im Rundfunk für verfassungswidrig erklärt und nur eine vorübergehende Tolerierung der davon betroffenen privaten nationalen Fernsehveranstalter für zulässig gehalten hatte. Die durch Notgesetzdekrete verfügten Verlängerungen der vorläufigen Sendegenehmigungen von anfänglich drei auf nunmehr fast sieben Jahre haben eine im Ausland weithin unbeachtete und für die Demokratie kaum mehr hinzunehmende verfassungswidrige Rechtslage zementiert. In anderen Fällen hat das Verfassungsgericht den politischen Widerstand im Parlament gegen die eigenen Urteile freilich auch besser einkalkuliert. Bei finanzwirksamen Entscheidungen werden seit 1995 intern die Kosten der eigenen Entscheidungen prognostiziert. Die Tenorierung wird nun so gefasst, dass sie dem Gesetzgeber Zeit zur Anpassung der verfassungswidrigen Rechtslage lässt und gegebenenfalls die Richter zur grundrechtskonformen Rechtsfortbildung für befugt erklärt.[48]

In einigen bereits erwähnten Fällen haben die Urteile des Verfassungsgerichts zu korrigierenden Verfassungsreformen geführt. Hierzu gehören neben der Reform des Art. 111 itVerf die neuen Bestimmungen der Spezialstatute zu den Garantien der politischen Vertretung der ladinischen Sprachgruppe, die das Urteil Nr. 265/1995 noch für nicht Verfassungsgeboten erklärt hatte, und die Garantie der Gleichstellung der Frauen bei der Kandidatenaufstellung, die das Urteil Nr. 422/1995 in einem *obiter dictum* für unvereinbar auch mit den obersten Verfassungsprinzipien erklärt hatte.[49] Angesichts der französischen Verfassungsänderung ist jedoch nicht wahrscheinlich, dass das Verfassungsgericht an dieser Auffassung festhalten und mit Blick auch auf die österreichischen Praxis in eine Überprüfung der nun auch auf staatlicher Ebene anvisierten verfassungsgesetzlichen Neuerung eintreten wird. Die zuletzt angezeigten Fälle zeigen jedoch, wie schnell der Schritt von der Erhaltung zur Änderung der Verfassung sein kann.

Nicht zu unterschätzen ist freilich auch der Beitrag der Verfassungsrichter zur Weiterentwicklung der Verfassung durch Verfassungsinterpretation während der Zeit der „transizione". Methodologisch ist dabei allerdings zu berücksichtigen, dass die italienischen Urteilsbegründungen vor allem bei „ragionevolezza"-Prüfungen wesentlich stärkeres Gewicht auf die Rekonstruktion der Gesetzgebungsgeschichte legen als auf die eigentliche Verfassungsexegese.[50] Inhaltlich ist dagegen zwischen der Entwicklung der Verfassung der Rechte und der Entwicklung der Verfassung der Gewalten zu unterscheiden.

In der Grundrechterechtsprechung hat das Verfassungsgericht zwar grundsätzlich die Idee eines verfassungsrechtlichen „numerus clausus" der Grundrechte abgelehnt[51], ist aber bei der Anerkennung „neuer Grundrechte" zuletzt auch wegen ihrer grund-

---

[48] Bereits zu Beginn der neunziger Jahre wurde diese Entwicklung erörtert auf einem Seminar der Corte costituzionale (Hrsg.), Le sentenze della Corte costituzionale e l'art. 81, u.c. della Costituzione, Milano 1993, 141 ff. Auch rechtsvergleichend zur Entwicklung der Urteilsformen G. *Parodi*, La sentenza additiva a dispositivo generico, Torino 1996.

[49] „Es ist noch daran zu erinnern, dass Massnahmen wie die hier geprüfte sich in einen unaufhebbaren Widerspruch zu den Prinzipien stellen, die die politische Repräsentation in einem auf die pluralistische Demokratie gegründeten System bilden, die Wesensgehalt und höchstes Prinzip unserer Republik ist."

[50] Zur Begründung der italienischen Verfassungsgerichtsurteile vgl. die Beiträge in A. *Ruggeri* (Hrsg.), La motivazione delle decisioni della Corte costituzionale, Torino 1994.

[51] Dazu F. *Modugno*, I „nuovi diritti" nella Giurisprudenza Costituzionale, Torino 1996.

sätzlich direkten Drittwirkung eher zurückhaltend. Eine Ausnahme ist das „Recht auf ein normales Beziehungsleben", das im Falle eines Behinderten einen Anspruch auf Einräumung eines Durchgangsrechts (Art. 1051 Codice civile) gewährt (Urteil Nr. 167/1999). Auch im Bereich der Bioethik z.B. kann allenfalls das Urteil Nr. 347/1998 genannt werden, in dem in verfassungskonformer Auslegung des Art. 235 des Zivilgesetzbuchs die Anfechtung der Vaterschaft im Falle einer eingewilligten heterologen Insemination ausgeschlossen wurde. Hier und in anderen Bereichen zeigt sich in den letzten Jahren eine Tendenz, die ordentlichen Gerichte zu mehr Engagement beim direkten und indirekten Schutz der Grundrechte anzuspornen.

Bedenkt man, dass die italienische Verfassung nach der Rechtsprechung der Corte costituzionale andererseits keine allgemeine Handlungsfreiheit kennt und auch die Menschenwürde der Person sich eher auf die „dignità sociale" des Art. 3 itVerf stützt, so kann es nicht verwundern, dass der Schwerpunkt der Verfassungsrechtsprechung auf den Gleichheitsrechten liegt. Hierzu lässt sich in der Rechtsprechung der neunziger Jahre zunächst eine deutliche Verbesserung des verfassungsgerichtlichen Schutzes der sozialen Grundrechte beobachten.[52] So muss der Abbau von Sozialleistungen nicht nur Existenzminima respektieren, sondern auch graduell erfolgen (Urteil Nr. 240/1994). Andererseits hat sich in den neunziger Jahren auch die Kontrolle der „irragionevolezza" bzw. „irrazionalità" der Gesetze stärker von der Gleichheitssatzprüfung gelöst und ein besonderes Gewicht erhalten.[53] Die grössere Flexibilität dieses Maßstabs scheint in Zeiten der „Transizione" besonders gefragt zu sein. Besonders wirksam ist er vom Verfassungsgericht bei der Kontrolle der Strafprozessordnung eingesetzt worden, die nicht zuletzt auch den Anlaß zur Reform des Art. 111 itVerf geboten hat.

Die Beiträge des Verfassungsgerichts zur Entwicklung der Verfassung der Gewalten in den neunziger Jahren betreffen hauptsächlich die vertikale und horizontale Gewaltenteilung, insbesondere den Föderalismus und die Regierungsform. Zum Föderalismus ist immerhin die Vermutung geäussert worden, dass die in den Bassanini-Gesetzen vorgenommene Umschichtung der Kompetenzen zugunsten von Regionen und lokalen Körperschaften aus der Rechtsprechung heraus entwickelt worden seien.[54] Allerdings hat die Corte costituzionale kein eigenes Modell eines neuen Regionalismus entworfen, sondern lediglich einzelne Elemente (Anreicherung der Kompetenzmaterien, Stärkung der Finanzautonomie, Ausbau der Beziehungen zwischen Regionen und EG) zugunsten der Regionen stärker akzentuiert, die Prärogativen des Staates und das Prinzip der loyalen Zusammenarbeit (leale cooperazione) aber auch nicht vernachlässigt.[55] Im Hinblick auf die geplante Ersetzung der präventiven durch eine sukzessive Normenkontrolle gegenüber den Regionalgesetzen ist allerdings bemerkens-

---

[52] Vgl. *A. Giorgis*, La costituzionalizzazione dei diritti all'uguaglianza sostanziale, Napoli 1999; *C. Salazar*, Dal riconoscimento alla garanzia dei diritti sociali, Torino 2000.

[53] Dazu *Corte costituzionale* (Hrsg.), Il principipo di ragionevolezza nella giurisprudenza della Corte costituzionale 1994; zuletzt *G. Scaccia*, Gli „strumenti" della ragionevolezza nel giudizio costituzionale, Milano 2000.

[54] *E. Rossi*, Le trasformazioni costituzionali secondo la giurisprudenza costituzionale, in: *A. Spadaro* (Hrsg.), op. cit., 137f.

[55] *E. Cheli*, Il giudice delle leggi, Torino 1996, 91ff.

wert, dass die Corte costituzionale im Rahmen der abstrakten Normenkontrolle von Regionalgesetzen nun auch ihre Vereinbarkeit mit EG-Recht prüft.[56]

Hinsichtlich der Entwicklung der horizontalen Gewaltenteilung und der Regierungsform ist vor allem zu unterstreichen, dass die Corte costituzionale in den neunziger Jahren immer stärker in Verfassungsstreitigkeiten „vermitteln" muss, die zwischen politischen Organe und der dritten Gewalt entstehen. Hierzu gehört nicht zuletzt vor allem der Streit um die etwaige Missbräuche der parlamentarischen Immunitäten. Mit dem Urteil Nr. 7/1996 hat es zudem einen Antrag des Ministers Mancuso gegen seine Entfernung aus dem Amt aufgrund eines individuellen Misstrauensvotums abgelehnt. In dieser Entscheidung hat das Verfassungsgericht deutlich gemacht, dass die Weiterentwicklung der Regierungsform in erster Linie den parlamentarischen Geschäftsordnungen und den „Verfassungsgewohnheiten" der politischen Praxis obliegt.[57] Andererseits hat sie aber auch die umstrittene Zulässigkeit der Wahlrechtsreferenden bejaht und ist es ihr gelungen, dem lange Zeit gewohnten Missbrauch der Notgesetzverordnungdekrete der Regierung entgegenzutreten (Urteil Nr. 360/1996). Auch bei der Kontrolle der delegierten Rechtsetzung der Exekutive am Maßstab der Ermächtigungsgesetze hat sie die Einwirkungen der Regierungsform auf das Rechtsquellensystem mitzubeurteilen.[58] Ansonsten hat jedoch die grundsätzliche Anerkennung des Primats der auch vom Präsidenten der Republik beeinflussten „Verfassungspraxis" das Verfassungsgericht nicht als Protagonisten der Entwicklung der Regierungsform auftreten lassen.[59]

Schließlich lässt sich auch die Frage stellen, inwieweit die Funktion des Verfassungsgerichts selbst durch die Verfassungsentwicklung verändert worden ist. Dies ließe sich vor allem an der Entwicklung des Verfassungsprozessrechts untersuchen, das weitgehend der Rechtsprechung selbst überlassen wurde. Besonders die z.T. mit öffentlichen Protesten verbundene Kritik an der Rechtsprechung zur Zulassung der Volksreferenden hat seit Beginn der „transizione" deutlich zugenommen.[60] Auch die Verfassungsrichterwahlen bzw. -ernennungen sind immer häufiger umstritten. Die alte „conventio" zur Aufteilung der Richterposten unter den Parteien wurde noch nicht ersetzt und die Nachwahlen verzögert. Vor allem die Regionen drängen auf stärkeren Einfluß. Die von der Bicamerale vorgeschlagenen Reformen wie z.B. die Einführung einer Verfassungsbeschwerde wurde zwar als unrealisierbar verworfen, der Reformbe-

---

[56] Urteil Nr. 384/1994

[57] In der Tat war bereits 1983 der individuelle Misstrauensantrag im Geschäftsordnungsrecht anerkannt worden.

[58] Vgl. Urteil Nr. 408/98 zur Zulässigkeit einer Ermächtigung zum Erlass von Verordnungen zur „Delegifizierung" von Gesetzesnormen, die mit Verordnungserlass ihren Gesetzesrang verlieren und Urteil Nr. 383/98 zur Delegation der Festlegung der Numerus clausus-Kriterien, deren Funktion von europäischem Gemeinschaftsrecht mitbestimmt wird. Aus der Literatur E. *Malfatti*, Rapporti tra deleghe legislative e delegificazioni, Torino 1999.

[59] Vgl. die Beiträge in A. *Pizzorusso/R. Romboli/E. Rossi*, Il contributo della giurisprudenza costituzionale alla determinazione della forma di governo italiana, Torino 1997. Aus der reichen Literatur zur Entwicklung der Regierungsform vgl. nur G. *Pitruzzella*, Forme di governo e trasformazioni della politica, Roma 1996; S. *Ceccanti*, La forma di governo parlamentare in trasformazione, Bologna 1997.

[60] Vgl. den Text der Jahreskonferenz des Präsidenten Granata von 1999 www.cortecostituzionale.it. Zur Entwicklung der Rechtsprechung P. *Carnevale*, Il referendum e i limiti della sua ammissibilità nella giurisprudenza costituzionale, Padova 1992; M. *Luciani* (Hrsg.), Referendum, Roma 1992; A. *Cariola*, Referendum abrogativo e giudizio costituzionale 1994; A. *Mangia*, Referendum 1999.

darf aber zunehmend anerkannt.[61] Von der Einführung des Sondervotums befürchtet das Verfassungsgericht in dieser Lage weitere Autoritätsverluste.

## 7. Wie die Zukunft der Verfassung in die Hände des Volkes gelegt wird

Aus der Sicht mancher Beobachter beginnt die italienische Verfassung „alt" auszusehen und hat Schwierigkeiten, sich selbst in einer neuen Generation zu reproduzieren und ihre Integrationsaufgabe zu erfüllen. Zwar wurde ihr zum 50. Geburtstag mehr Lob als Kritik zuteil[62], aber sie erlebt die Zeit des „Übergangs" wie Wechseljahre. Es liegt letztlich beim Volk, ob sie als Kunstwerk in Würde weiter altern darf, respektlos ignoriert wird oder wie eine alte Maschine abgeschrieben und gegen eine Neue eingetauscht werden soll. Hierfür sind die Bürger durch die in den Jahren des Übergangs eingeführten Unterrichtseinheiten der „educazione civica" zur „Verfassungskultur" nur unvollkommen vorbereitet, aber angesichts der weiterhin hohen Wahlbeteiligung nicht demotiviert. Deshalb kann es nicht überraschen, dass das Volk in den neunziger Jahren auch auf verschiedenen Ebenen als „pouvoir constituant" beschworen worden ist.[63]

Auf übernationaler Ebene war bereits aufgrund des Verfassungsgesetzes vom 3.4. 1989, Nr. 2 zeitgleich zu den Wahlen zum europäischen Parlament die Zustimmung der Italiener dazu eingeholt worden, „die Europäischen Gemeinschaften in eine effektive Union mit einer vor dem Parlament verantwortlichen Regierung umzubilden, indem das Europäische Parlament mit dem Auftrag betraut wird, ein Projekt einer europäischen Verfassung abzufassen, das direkt den zur Ratifizierung zuständigen Organen der Mitgliedstaaten der Gemeinschaft vorzulegen ist." Der Wunsch nach einer europäischen Verfassung eint auch nach der Erarbeitung der Grundrechtecharta[64] noch heute die politischen Lager Italiens, wenngleich ein Teil der traditionellen „eurofederalisti" weiter auf die Einberufung einer europäischen verfassunggebenden Versammlung setzt.

Auf regionaler Ebene wurde in den Jahren 1996/97 der Versuch gemacht, zumindest symbolisch eine verfassunggebende Gewalt zum Zwecke der Sezession zu erwecken. Am 24.3. 1996 wurde in Pontida vom „Parlament Padaniens" eine „Erklärung der Selbstbestimmung, Souveränität und Vereinigung" der „Völker des Nordens" und unter Berufung auf das Selbstbestimmungsrecht der Völker die „Verfassung der Politi-

---

[61] Vgl. dazu *V. Onida*, Tutela dei diritti fondamentali e accesso alla giustizia costituzionale, in: *L. Carlassarre* (Hrsg.), Il diritto costituzionale a duecento anni dall'istituzione della prima cattedra in Europa, Padova 1998, 177ff.

[62] Vgl. nur die Beiträge in *S. Labriola* (Hrsg.), Cinquantenario della Repubblica italiana, Milano 1997; Corte costituzionale /Academia dei lincei, Dalla Costituente alla Costituzione, Roma 1998; aber auch *P. Grasso*, La costituzione criticata, Roma 1998.

[63] Vgl. die Rekonstruktion von *A. Pace*, Processi costituenti italiani 1996–97, in: Diritto pubblico 1997, 581ff. Für die Einberufung einer neuen Assemblea costituente z.B. *G. Rebuffa*, La Costituzione impossibile, Bologna 1995 und zuletzt *A. Chiappetti*, La ricerca della Costituzione perduta, Torino 2001. Zur Geschichte des pouvoir constituant in Italien *P. Pombeni*, Potere costituente e riforme costituzionali, Bologna 1992.

[64] Vgl. *A. Manzella/P. Melograni/E. Paciotti/S. Rodotà*, Riscrivere i diritti in Europa, Bologna 2001.

schen Gemeinschaft der Völker des Nordens" proklamiert.[65] Am 4.5. 1996 forderte der Führer der Lega Nord, der Abgeordnete Umberto Bossi, Verhandlungen für eine Sezession nach dem Vorbild der Tschechoslowakei. Am 21.6. 1996 wurden von einem „Kommittee zur Nationalen Befreiung Padaniens" die erste Nummer einer „Gazzetta Ufficiale della Padania" ausgegeben, die zusätzlich zu den bereits genannten Akten des Parlaments als „Assemblea Costituente del Nord" einen Gesetzesentwurf und eine Verordnung zur Umsetzung einer EG-Richtlinie der „Regierung Padaniens" enthielt. Am 15.9. 1996 wurde anlässlich der „Feier des Po" in Venedig „offiziell" die italienische Fahne eingeholt und durch eine Fahne Padaniens ersetzt. Am 9.5. 1997 besetzten Mitglieder einer paramiliärischen Gruppe „Serenissima" mit Waffengewalt vorübergehend den Turm von San Marco. Am 25.5. 1997 fand in selbstorganisierten Wahllokalen ein „Referendum zur Selbstbestimmung" und die Wahl einer provvisorischen Regierung unter dem Vorsitz des Abgeordneten R. Maroni statt. Am 26.10. 1997 folgte die Wahl eines verfassunggebenden Parlaments für Padanien und am 30.10. 1997 eine Initiative zur Aufhebung der strafrechtlichen Garantien des Verfassungsschutzes.[66]

Auf nationaler Ebene sind bereits die umstrittenen Versuche berichtet worden, das Wahlreferendum in ein Verfassungsplebiszit umzudeuten bzw. in der Commissione Bicamerale einen „processo costituente" (Massimo D'Alema) zu inszenieren. Hinzu kommen seit dem „Patto Segni"[67] zahlreiche Anstrengungen, den Parlamentswahlen besondere Bindungswirkungen beizumessen. Insbesondere aus Anlass des Rücktritts der Regierung Berlusconi Ende 1994 wurde so die Auffassung vertreten, infolge der Wahlrechtsreform sei der Koalitionswechsel der Abgeordneten der Lega Nord unvereinbar mit dem Wählerwillen, sodass der Staatspräsident zur Auflösung der Kammern berechtigt, wenn nicht gar verpflichtet sei.[68] Diese Auffassung wurde zwar von den meisten Verfassungsrechtslehrern und dem Staatspräsidenten Scalfaro unter Hinweis auf das freie Mandat der Parlamentarier (Art. 68 itVerf) abgelehnt, aber bei den Regionalwahlen Gesetz (Art. 8 Abs. 1 des Gesetzes vom 23.2. 1995, Nr. 43). Angesichts der zahlreichen Parteiübertritte von Abgeordneten während der 13. Legislaturperiode ist sie nun auch vor den jüngsten Parlamentswahlen von den Führern der beiden grossen Koalitionen übernommen worden.

Unabhängig davon, welche Verfassungskonventionalregel sich zur Frage der Zulaessigkeit der Parlamentsauflösung im Falle des sog. „ribaltone" bilden wird und in wieweit die Polarisierung der Parteienlandschaft fortschreitet, lässt sich jedenfalls beobachten, dass die Verfassung der repräsentativen Demokratie in der nicht enden wollenden „transizione infinita" ständigen technokratischen und populistischen Anfech-

---

[65] Vgl. www.leganord.org

[66] Im „Föderalismuspakt der Präsidenten der Regionen des Polo" vom 17.2. 2000 ist dagegen nur noch von einer „konstituierenden Phase" die Rede, die sich nach den Wahlen in fünf nördlichen Regionen beginnen soll und zu einer „Devolution" vom Staat zu den Regionen von Kompetenzen in den Materien Gesundheit, Bildung und Polizei durch neue Regionalstatute und Verfassungsgesetze führen soll.

[67] Mit dem die Kandidaten verschiedener Listen ihren Wählern die Einführung des Mehrheitswahlrechts versprochen hatten, vgl. *N. Zanon*, Il „patto Segni" e il diritto costituzionale della rappresentanza politica, Quaderni costituzionali 1993, 195ff.

[68] Vgl. dazu *E. Balboni*, Scalfaro e la transizione: ha fatto quel che doveva und *C. Fusaro*, Scalfaro e la transizione: non ha fatto quel che poteva, in: Quaderni costituzionali 1999, 390ff. Kritisch besonders *G. Sartori*, Ingegneria costituzionale, Bologna 3. Aufl. 2000, 249.

tungen ausgesetzt ist.[69] Nicht zuletzt haben auch die Wahlprogramme der Koalitionen Verfassungsreformen propagiert und sich selbst unter Reformzwang gesetzt.[70] Damit wird nun nicht nur die normalerweise mit den Wahlen verbundene Legitimation der Verfassung reduziert. Die Befürchtung besteht, der „Regierungsvertrag" könnte weitere stillschweigende Verfassungsdurchbrechungen rechtfertigen und letztlich einen definitiven Vorrang vor dem „Verfassungsvertrag" beanspruchen.[71]

Die Zukunft der Verfassung lässt freilich gerade auch aufgrund ihrer Geschichte viele Möglichkeiten offen. Gerade der bisherige Erfolg einer Verfassung, die ein demokratisches Zusammenleben über die Gräben zwischen Faschismus und Antifaschismus, Monarchie und Republik, Marxismus und Katholizismus, Liberalismus und Sozialismus, Süd und Nord hinweg ermöglicht hat, hatte wohl überspannte Hoffnungen auf Fortschritte in der Verfassungspolitik erzeugt, die durch das Scheitern der Bicamerale nur gedämpft und auf das richtige Mass zurückgeschraubt wurden.[72] In der Tat sind die Statute der Regionen bereits in Arbeit und richten sich weiter viele Hoffnungen auf die zukünftige europäische Verfassung und einen Wettbewerb der nationalen Verfassungsreformen.[73] In der 14. Legislaturperiode könnten so z.B. die versprochene Rückkehr der ehemals königlichen Familie der Savoia oder im Rahmen der Ratifizierung des Nizzvertrages eine Einigung über Artikel zur europäischen Union zustandekommen.

Auf der Agenda der Verfassungsreformen ist jedoch bereits der Föderalismus an erster Stelle notiert.[74] Bezeichnenderweise wurde noch am Ende der 13. Legislaturperiode von der Regierungsmehrheit im Parlament ein Verfassungsgesetz betr. „Änderungen des Fünften Titels des Zweiten Teils der Verfassung" verabschiedet. Am 13.3. 2001 beantragten hierzu sowohl Senatoren der Regierungsmehrheit als auch der Opposition die Durchführung einer Volksabstimmung, die nach den Wahlen stattzufinden hat.

Das sog. „Verfassungsgesetz zum Föderalismus" soll nach dem erläuternden Bericht des zuständigen Parlamentsausschusses überholte Institute beseitigen, die bereits im Rahmen der ordentlichen Gesetzgebung erfolgten, Kompetenzausweitungen verfassungsrechtlich legitimieren und absichern, sowie die Verantwortung der Regionen für ihre Finanzen auch auf der Einnahmenseite stärken.[75] Obwohl der Text auf dem

---

[69] Besorgt u.a. M. *Ainis*, Le due costituzioni, Quaderni costituzionali 2000, 131 ff.; L. *Ferrajoli*, Democrazia e costituzione, Torino 1996, 315 ff.; A. *Pizzorusso*, La costituzione ferita, Roma 1999; E. *Ripepe*, Riforma della costituzione o assalto alla costituzione? Padova 2000.

[70] So lautet die zweite der fünf „Missionen" des Wahlprogramms von Forza Italia: „Reform der institutionellen Architektur des Staates: Direktwahl des Staatspräsidenten, Halbierung der Zahl der Parlamentarier, Devolution an die Regionen der Verantwortung für Schule, Gesundheitswesen und Schutz der Bürger vor der Kriminalität in den Städten."

[71] Besonders eindringlich M. *Calise*, La Costituzione silenziosa. Geografia dei nuovi poteri, Roma 1998.

[72] So E. *Cheli*, La riforma mancata, Torino 2000, 121.

[73] Vgl. M. *Fioravanti*, Costituzione e politica: bilancio di fine secolo, in: L. Ornaghi (Hrsg.), La nuova età delle costituzioni, Bologna 2001, 63 ff. und E. *Rotelli*, Costituzioni da competizione per il XXI Secolo, ivi, 255 ff.

[74] Anders noch die Agenda der Prioritäten der Regierung Amato in: Dipartimento per le riforme, Rapporto sulle questioni istituzionali, Roma 2000.

[75] Die Republik soll aus Gemeinden, Provinzen, neuen Metropolstädten, Regionen und Staat bestehen und Rom als Haupstadt anerkennen (Art. 1). Die Besonderheiten der Regionen mit Spezialstatut ko-

teils schon in einer Kammer angenommenen Vorschlägen der „Bicamerale" beruht und von der Opposition auch noch in den Fachausschüssen mitgetragen worden war, ist damit zum ersten Mal eine Verfassungsänderung mit Regierungsmehrheit versucht worden. Der damalige Oppositionsführer und heutige Ministerpräsident, Silvio Berlusconi, hat die Bedeutung dieses Vorgangs für die Staatspraxis im Vorwahlkampf wie folgt gewertet: „*Die Verfassung kann man auch mit einer Mehrheit von nur 4 Stimmen ändern. Wir werden immer den weitest möglichen Konsens für die Reformen zur Modernisierung der Verfassungsarchitektur des Staates suchen. Aber wenn es diesen Konsens nicht gibt, werden wir uns mit Sorgfalt an die Präzedenzfälle halten. Dies ist ein grundlegender Präzedenzfall für die künftige Geschichte der Republik.*"

Das Volk hat schliesslich auf Antrag der Abgeordneten der (alten) Regierungsmehrheit und Opposition die Verfassungsreform trotz erheblicher Widerstände vor allem in der neuen Regierungsmehrheit gutgeheissen. An der Abstimmung nahm – wohl auch angesichts der aussenpolitischen Umstände und der nur unzureichenden Information – freilich nur ein Drittel der Wahlberechtigten teil. Die am 18. 10. 2001 in Kraft getretenen Neuerungen beinhalten aber vor allem hinsichtlich der Einflussrechte der Regionen auf die (zentral-)staatlichen Verfassungsorgane nur eine transitorische Regelung in Erwartung einer Revision der Bestimmungen über die Strukturen und Funktionen des Parlament (vgl. Art. 11). Der Versuch, in die „eine und unteilbare" Republik der Autonomien (Art. 5 und 114 itVerf) so weit wie möglich föderale Strukturelemente einzufügen und unter Berufung auf Subsidiaritäts- und Kooperationsprinzipien ein neues Gleichgewicht zwischen allen territorialen Ordnungen herzustellen, hat so zwar eine ausreichende demokratische Legitimation erhalten, könnte aber Nachbesserungen erfordern. Der „Staat" ist jedenfalls nur noch ein Element der Republik und nur ein Gegenstand ihrer Verfassung. Ein Ende der „transizione" ist nun zwar möglich, aber noch nicht gesichert.

---

ennen beibehalten, aber auch auf andere Regionen ausgedehnt werden (Art. 2). Die Gesetzgebungskompetenzen werden in begrenzter Zahl als ausschliessliche Kompetenzen dem Staat, in der Mehrzahl dem Staat als Grundsatzgesetzgeber und den Regionen gemeinsam, ansonsten ausschliesslich den Regionen zustehen (Art. 3). Die Verwaltungskompetenzen werden nach Grundsätzen der „Subsidiarität, Differenzierung und Angemessenheit" im Zweifel den Gemeinden zugewiesen (Art. 4). Die Gebietskörperschaften werden an dem in ihrem Gebiet erzielten Steueraufkommen und einem vom Staat geregelten Finanzausgleich beteiligt (Art. 5). Dem Staat verbleiben Eingriffsbefugnisse („poteri sostitutivi") unter Beachtung der Prinzipien der Subsidiarität und der loyalen Zusammenarbeit (Art. 6). In jeder Region wird ein „Rat der lokalen Autonomien" mit beratender Funktion eingerichtet (Art. 7). Die Regionalgesetze können nur noch nach ihrem Inkrafttreten vor dem Verfassungsgericht angefochten werden (Art. 8).

# Textanhang

## Verfassungsgesetz vom 18. 10. 2001, Nr. 3
### („Änderungen des Fünften Titels im Zweiten Teil der Verfassung")

### Art. 1

1. Der Art. 114 der Verfassung wird wie folgt ersetzt:

„Art. 114 – Die Republik wird aus den Gemeinden, den Provinzen, den Metropolstädten, den Regionen und dem Staat konstituiert.

Die Gemeinden, Provinzen, Metropolstädte und Regionen sind autonome Körperschaften mit eigenen Statuten, Machtbefugnissen und Funktionen nach Maßgabe der von der Verfassung festgelegten Prinzipien.

Rom ist die Hauptstadt der Republik. Ein Gesetz des Staates regelt ihre Ordnung."

### Art. 2

1. Der Art. 116 der Verfassung wird wie folgt ersetzt:

„Art. 116 - Friuli-Venezia-Giulia, Sardegna, Sicilia, Trentino-Alto Adige/Südtirol und Valle d'Aosta/Vallée d'Aoste verfügen über besondere Formen und Bedingungen der Autonomie nach Maßgabe der jeweiligen Spezialstatute, die mit Verfassungsgesetz angenommen werden.

Die Region Trentino-Alto Adige/Südtirol wird aus den autonomen Provinzen Trento und Bolzano konstituiert.

Anderen Regionen können auf Initiative der interessierten Region, nach Anhörung der örtlichen Körperschaften und unter Beachtung der Prinzipien des Art. 119 durch Gesetz des Staates weitere beondere Formen und Bedingungen der Autoñomie in den Materien des Art. 117, Absatz 2 und Absatz 3, Buchstaben l), beschränkt auf die Organisation der Friedensgerichtsbarkeit, n) und s) zugewiesen werden. Das Gesetz wird von den Kammern mit der absoluten Mehrheit ihrer Mitglieder auf der Grundlage einer Vereinbarung mit der interessierten Region verabschiedet."

### Art. 3

1. Der Art. 117 der Verfassung wird wie folgt ersetzt:

„Art. 117 – Das Recht zur Gesetzgebung wird vom Staat und von den Regionen unter Beachtung der sich aus der Verfassung sowie der Gemeinschaftsrechtsordnung und den internationalen Verpflichtungen ergebenden Bindungen ausgeübt.

Der Staat hat die ausschließliche Gesetzgebung in den folgenden Materien:

a) Außenpolitik und internationale Beziehungen des Staates; Beziehungen des Staates zur Europäischen Union; Asylrecht und Rechtsstellung der Bürger von der Europäischen Union nicht zugehörigen Staaten;

b) Immigration;

c) Beziehungen der Republik zu den religiösen Konfessionen;

d) Verteidigung und Streitkräfte; Sicherheit des Staates; Waffen, Munition und Sprengstoffe;

e) Geld, Schutz des Sparwesens und Finanzmärkte; Schutz des Wettbewerbs; Währungssystem; Steuer- und Rechnungslegungssystem des Staates; Finanzmittelausgleich;

f) Staatsorgane und deren Wahlgesetze; staatliche Volksabstimmungen; Wahlen zum Europäischen Parlament;

g) Ordnung und Organisation der Verwaltung des Staates und der nationalen öffentlichrechtlichen Körperschaften;

h) öffentliche Ordnung und Sicherheit, ausgenommen die örtliche Verwaltungspolizei;

i) Staatsbürgerschaft, Personenstand und Melderegister;

l) Rechtsprechung und Prozessnormen; Zivil- und Strafrechtsordnung; Verwaltungsgerichtsbarkeit;

m) Bestimmung der die zivilen und sozialen Rechte betreffenden wesentlichen Leistungsstandards (livelli essenziali di prestazione), die auf dem gesamten Staatsgebiet zu gewährleisten sind;

n) allgemeine Rechtsnormen über das Bildungswesen;

o) Sozialvorsorge;

p) Wahlrecht, Regierungsorgane und grundlegende Funktionen der Gemeinden, Provinzen und Metropolstädte;

q) Zollämter, Schutz der Staatsgrenzen und internationale Prophylaxe;

r) Gewichte, Maße und Zeitmessung; Koordinierung der Information, Statistik und Informatik der Daten der staatlichen, regionalen und örtlichen Verwaltungen; Geisteswerke;

s) Schutz der Umwelt, des Ökosystems und der Kulturgüter.

Materien der konkurrierenden Gesetzgebung sind: internationale Beziehungen der Regionen und Beziehungen der Regionen zur Europäi-

schen Union; Außenhandel; Arbeitsschutz und
-sicherheit; Bildungswesen, ausgenommen die
Autonomie der Schulinstitutionen sowie die Be-
rufsbildung und -ausbildung; Berufe; wissenschaftliche und technologische Forschung und
Stützung der Innovation der Produktionszweige;
Schutz der Gesundheit; Ernährung; Sportord-
nung; Zivilschutz; Raumordnung; Zivilhäfen und
-flughäfen; große Transport- und Schiffahrtsnet-
ze; Kommunikationsordnung; Herstellung, Transport und nationale Distribution von Energie; ergänzende und integrierende Versorgung; Harmonisierung der öffentlichen Haushalte und Koordinierung der öffentlichen Finanzen und des Steuersystems; Valorisierung der Kultur- und Um-
weltgüter sowie Förderung und Organisation kultureller Tätigkeiten; Sparkassen, Landwirtschafts-
kassen, regionale Betriebe der Kreditwirtschaft;
regionale Grund- und Landwirtschaftskreditan-
stalten. In den Materien der konkurrierenden Gesetzgebung steht das Recht zur Gesetzgebung den
Regionen zu, während die Bestimmung der
grundlegenden Prinzipien der Gesetzgebung des
Staates vorbehalten ist.

Den Regionen steht das Recht zur Gesetzgebung hinsichtlich jeder nicht ausdrücklich der Gesetzgebung des Staates vorbehaltenen Materie zu.

Die Regionen und die autonomen Provinzen
Trento und Bolzano nehmen in den ihnen zustehenden Materien an den auf die Herstellung der
Rechtsetzungsakte des Gemeinschaftsrechts ge-
richteten Entscheidungen teil und besorgen die
Durchführung und Ausführung der internationalen Vereinbarungen und der Rechtsakte der Europäischen Union unter Beachtung der durch ein
Gesetz des Staates festgelegten Verfahrensnormen,
die für den Fall der Nichterfüllung die Art und
Weise der Ausübung der Ersatzvornahmebefugnis
regeln.

In den Materien der ausschließlichen Gesetzgebung hat der Staat das Recht zum Erlass von Verwaltungsverordnungen, dessen Ausübung auch an
die Regionen delegiert werden kann. In allen anderen Materien steht das Recht zum Erlass von
Verwaltungsverordnungen den Regionen zu. Die
Gemeinden, Provinzen und Metropolstädte haben
die Befugnis zum Erlass von Verwaltungsverordnungen zur Regelung der Organisation und der
Wahrnehmung der ihnen zugewiesenen Funktionen.

Die Regionalgesetze beheben jedes Hindernis,
das der vollen Gleichstellung der Männer und
Frauen im sozialen, kulturellen und wirtschaftlichen Leben entgegensteht und fördern die Gleichstellung zwischen Männern und Frauen im Zugang zu den Wahlämtern.

Das Regionalgesetz ratifiziert Vereinbarungen
der Region mit anderen Regionen zur besseren
Ausübung der eigenen Funktionen, wozu auch gemeinsame Organe bestimmt werden können.

In den von den Gesetzen des Staates geregelten
Fällen und Formen und in den ihr zustehenden Materien kann die Region Abkommen mit Staaten
und Vereinbarungen mit in einem anderen Staat be-
legenen Gebietskörperschaften abschließen.

**Art. 4**

1. Der Art. 118 der Verfassung wird wie folgt
ersetzt:

„Art. 118. – Die Verwaltungsfunktionen sind
den Gemeinden zugeteilt, soweit sie nicht auf der
Grundlage der Prinzipien der Subsidiarität, der
Differenzierung und der Angemessenheit den Provinzen, den Metropolstädten, den Regionen und
dem Staat übertragen werden, um die Einheitlichkeit ihrer Ausübung sicherzustellen.

Die Gemeinden, Provinzen und Metropolstädte
sind Träger eigener und durch jeweils kompetenz-
gemäße staatliche oder regionale Gesetze übertra-
gene Verwaltungsfunktionen.

Das staatliche Gesetz regelt Formen der Koordinierung zwischen Staat und Regionen in den Materien des Art. 111, Absatz 2, Buchstaben b) und h)
und regelt ferner Formen der Vereinbarung und
der Koordinierung in der Materie des Kulturgü-
terschutzes.

Staat, Regionen, Metropolstädte, Provinzen
und Gemeinden begünstigen auf der Grundlage
des Subsidiaritätsprinzip die autonome Initiative
der Bürger, einzeln und vereint, zur Entfaltung
von Tätigkeiten im allgemeinen Interesse.“

**Art. 5**

1. Der Art. 119 der Verfassung wird wie folgt
ersetzt:

„Art. 119. – Die Gemeinden, Provinzen, Metropolstädte und Regionen haben einnahmen-
und ausgabenbezogene Finanzautonomie.

Die Gemeinden, Provinzen, Metropolstädte
und Regionen haben autonome Ressourcen. Im
Einklang mit der Verfassung und den Prinzipien
zur Koordinierung der öffentlichen Finanzen und
des Steuersystems bestimmen und erheben sie eigene Abgaben und Einnahmen. Sie verfügen über
Anteile am Aufkommen der auf ihr Gebiet bezogenen staatlichen Abgaben.

Ein Gesetz des Staates richtet zugunsten der Gebiete mit geringerer Steuerkraft je Einwohner einen von Zweckbindungen freien Ausgleichsfond
ein.

Die Mittel aus den Quellen der vorstehenden
Absätze gestatten es den Gemeinden, Provinzen,

Metropolstädten und Regionen, die ihnen zugeteilten öffentlichen Funktionen vollständig zu finanzieren.

Um die wirtschaftliche Entwicklung, den sozialen Zusammenhalt und die soziale Solidarität zu fördern, um wirtschaftliche und soziale Ungleichgewichte zu beheben, um die effektive Ausübung der Rechte der Person zu begünstigen oder um von der normalen Ausübung ihrer Funktionen geschiedene Zwecke zu erreichen, kann der Staat zugunsten bestimmter Gemeinden, Provinzen, Metropolstädte und Regionen zusätzliche Mittel bereitstellen und besondere Beiträge leisten.

Die Gemeinden, Provinzen, Metropolstädte und Regionen haben ein eigenes Vermögen, das gemäß den von einem Gesetz des Staates bestimmten allgemeinen Grundsätzen zugeteilt wird. Sie können Schulden nur aufnehmen, um Investitionsausgaben zu finanzieren. Ausgeschlossen ist jegliche Garantie des Staates für die von ihnen aufgenommenen Anleihen."

### Art. 6

1. Der Art. 120 der Verfassung wird wie folgt ersetzt:

„Art. 120. – Die Region darf keine interregionalen Einfuhr-, Ausfuhr- oder Durchfuhrzölle erheben, keine den freien Verkehr von Personen und Gütern zwischen den Regionen in irgendeiner Weise behindernden Maßnahmen treffen und in keinem Teil des Staatsgebietes die Ausübung des Rechts auf Arbeit beschränken.

Die Regierung kann ersatzweise anstelle von Organen der Regionen, der Metropolstädte, der Provinzen und der Gemeinden und auch ohne Berücksichtigung der territorialen Grenzen der örtlichen Behörden handeln, wenn internationale Rechtsnormen oder Verträge oder Gemeinschaftsrechtsnormen nicht beachtet werden, eine schwerwiegende Gefahr für die öffentliche Sicherheit und Unversehrtheit besteht oder es der Schutz der Rechtseinheit oder der Wirtschaftseinheit, insbesondere der Schutz der die zivilen und sozialen Rechte betreffenden wesentlichen Leistungsstandards erfordert. Das Gesetz regelt die Verfahren, die gewährleisten, dass die Ersatzvornahmebefugnisse unter Beachtung der Grundsätze der Subsidiarität und der loyalen Zusammenarbeit ausgeübt werden."

### Art. 7

1. Am Ende des Art. 123 der Verfassung wird der folgende Absatz angefügt: „In jeder Region regelt das Statut den Rat der örtlichen Autonomien als ein Organ zur Beratung zwischen der Region und den örtlichen Körperschaften."

### Art. 8

1. Der Art. 127 der Verfassung wird wie folgt ersetzt: „Art. 127. – Wenn die Staatsregierung meint, ein Regionalgesetz überschreite die Kompetenz der Region, kann sie binnen sechzig Tagen nach der Veröffentlichung die Frage der Verfassungsmäßigkeit vor den Verfassungsgerichtshof bringen.

Wenn die Region meint, ein Gesetz oder ein gesetzesvertretender Rechtsakt des Staates oder einer anderen Region verletze ihre Kompetenzsphäre, kann sie binnen sechzig Tagen nach der Veröffentlichung des Gesetzes oder des gesetzesvertretenden Rechtsaktes die Frage der Verfassungsmäßigkeit vor den Verfassungsgerichtshof bringen."

### Art. 9

1. In den zweiten Absatz des Art. 132 der Verfassung werden hinter den Worten „Es kann mit …" folgende Worte eingefügt: „Zustimmung der Mehrheit der Bevölkerungen der betroffenen Provinz oder Provinzen und Gemeinde oder Gemeinden in Form eines".

2. Die Artikel 115, 124, 125 Absatz 1, 128, 129 und 130 der Verfassung werden aufgehoben.

### Art. 10

1. Bis zur Anpassung der entsprechenden Statute finden die Bestimmungen dieses Verfassungsgesetzes auch auf die Regionen mit Spezialstatuten und auf die Autonomen Provinzen Trento und Bolzano Anwendung, soweit sie weitergehende als die bisher zugeteilten Formen der Autonomie vorsehen.

### Art. 11

1. Bis zur Revision der Normen des ersten Titels des zweiten Teils der Verfassung können die Geschäftsordnungen der Abgeordnetenkammer und des Senats der Republik die Beteiligung von Vertretern der Regionen, der Autonomen Provinzen und der örtlichen Körperschaften am Parlamentarischen Ausschuss für die regionalen Fragen vorsehen.

2. Wenn ein Gesetzesentwurf in den Materien des Art. 117 Absatz 3 und des Art. 119 der Verfassung Bestimmungen enthält, zu denen der Parlamentarische Ausschuss für die regionalen Fragen eine gegenteilige Stellungnahme oder eine an die Aufnahme gesondert formulierter Änderungen gebundene positive Stellungnahme abgegeben hat und der zur Berichterstattung zuständige Ausschuss ihnen nicht entsprochen hat, hat die Versammlung die entsprechenden Teile des Gesetzentwurfs mit der absoluten Mehrheit ihrer Mitglieder zu beschließen.

# Demokratisches Prinzip und Rechtsprechung

von

## Pierfrancesco Grossi

o. Professor für Öffentliches Recht an der Universität „Tor Vergata", Rom

1. Zum Abschluss seiner Schrift *Vom Wesen und Wert der Demokratie* beruft sich Hans Kelsen auf das achtzehnte Kapitel des Johannesevangeliums, in dem von Pilatus die Rede ist, der dem Volk der Juden die Wahl überlässt, welcher Gefangene anlässlich des Osterfestes befreit werden solle. „Die schlichte, in ihrer Naivität lapidare Darstellung", so kommentiert der Jurist, „gehört zu dem großartigsten, was die Weltliteratur hervorgebracht hat; und, ohne es zu beabsichtigen, wächst sie zu einem tragischen Symbol des Relativismus und der – Demokratie".

Der römische Statthalter hatte eben Jesus gefragt „Was ist Wahrheit?", aber keine Antwort darauf erhalten. Das berechtigt uns also zu der Vermutung, dass er die Lösung in der Stellungnahme des Volkes suchte. Und obwohl er seine Frage so gestellt hatte, dass er in gewisser Weise durchblicken ließ, wem er selbst den Vorzug gab („Wollt ihr, dass ich euch der Juden König losgebe?"), schrie das Volk: „Nicht diesen, sondern Barabbas!"

Es besteht kein Zweifel, dass diese Geschichte eher gegen als für die Demokratie spricht, und man muss diesen Einwand gelten lassen, unter der Voraussetzung jedoch, fügt Kelsen hinzu, dass „die Gläubigen ihrer politischen Wahrheit, die, wenn nötig auch mit blutiger Gewalt durchgesetzt werden muss, so gewiss sind wie – der Sohn Gottes."

2. Aber der Auszug des Evangeliums liefert andererseits auch die Bestätigung für einige Überlegungen, die seit geraumer Zeit in dem etwas tiefer schürfenden verfassungsrechtlichen und politologischen Schrifttum angestellt werden, allerdings nicht immer auf angemessene Weise von den Vertretern der „Demolatrie" berücksichtigt werden.

Die erste ist, dass die Demokratie also nicht als Synonym für Wahrheit steht, und die demokratischen Entscheidungen sich nicht unbedingt als die aufgeklärtesten erweisen, da die *sanior pars* – wie schon Edoardo Ruffini und dann auch Einaudi feststellten – nicht immer mit der *major pars* übereinstimmt. Sie geht statt dessen einfach von der Voraussetzung aus, dass der menschlichen Erkenntnis nur relative Wahrheiten zugänglich sind und dass der Meinung, auch der politischen, eines jeden prinzipiell der gleiche Respekt von Seiten der anderen gebührt (Kelsen). Deshalb kann in einer geordneten Gesellschaft, in der es erfahrungsgemäß nur sehr selten vorkommt, dass ihre Mitglieder sich alle einig sind, wenn es gilt, Entscheidungen zu treffen, eine für alle verbindliche Entscheidung nur dann durchgesetzt werden, wenn sie zumindest die Zustimmung der Mehrheit der Betroffenen hat, sodass sich der größere Teil von ihnen frei fühlen kann und umgekehrt nur der kleinere eingeschränkt ist. Und niemand würde das Irrationale des umgekehrten Prinzips leugnen. Der ausschließlich quantitative Umstand wird also qualitativ und qualifizierend, mit dem Ziel eines geordneten Zusammenlebens, der Gültigkeit einer Machtausübung mit Zwangscharakter.

Hieraus ergibt sich die für den Begriff Demokratie wesentliche Grundforderung – nämlich die Voraussetzung für ein korrekt funktionierendes Mehrheitsprinzip –, dass das Wahlrecht so weit wie möglich gefasst wird, ohne andere Einschränkungen als die, die auf körperliche oder geistige Unfähigkeit zurückzuführen sind, und weiter, dass in dem andauernden Streben nach Selbstregierung das regierte Volk so weit irgend möglich mit dem direkt oder indirekt regierenden, die Wählerschaft mit der Gesamtheit der Bürger zusammenfällt.

Daraus folgt auch die nächste Forderung, ebenso unverzichtbar und untrennbar mit dem Demokratiebegriff verbunden, dass das Mehrheitsprinzip nicht von der Mehrheit verändert werden darf, sondern immer und für alle gültig bleibt, unabhängig von der Identität derer, die zu einem bestimmten Moment die Mehrheit oder die Minderheit bilden: mit anderen Worten, dass die Minderheiten von heute die Mehrheiten von morgen werden können und dass die heute getroffenen Entscheidungen morgen zu den gleichen Bedingungen geändert und sogar umgekehrt werden können. Die Einschränkung bei der Anwendung der Regel ist sozusagen deren Überlebensbedingung.

3. Eine zweite Überlegung ist die, dass trotz Beachtung dieser Einschränkung natürlich immer das Risiko bestehen bleibt, dass die Willkür einer an der Regierung befindlichen Mehrheit ähnliche, wenn nicht schlimmere Merkmale aufweist als die Willkür einer einzigen oder weniger Personen: Auf die Gefahr einer Tyrannei der Mehrheit ist des öfteren hingewiesen worden, und zwar von den umsichtigsten politischen Denkern: von Madison bis De Tocqueville, von Constant bis Stuart Mill, von Calamandrei bis Einaudi.

Die Demokratie ist offensichtlich an sich auch kein Synonym für Freiheit und kann diese auch nicht garantieren. Um so weniger für diejenigen, die sie am meisten brauchen, weil sie zur Minderheit oder den Minderheiten gehören. Diesen kann keine Garantie von der Mehrheit geboten werden, sondern nur von einem über ihr stehenden Gesetz, das nicht ihrer Verfügungsgewalt untersteht: *legum servi sumus, ut liberi esse possumus* , schrieb Cicero.

Im Gegensatz zu immer noch weit verbreiteten, akritischen Auffassungen bleibt also festzuhalten, dass es nicht die Demokratie ist, die die Grundlage für die Freiheit oder die Freiheiten bildet, sondern vielmehr umgekehrt, wie Esposito hervorhob, der Umstand oder das Ausmaß, in dem die Freiheit in einem bestimmten Regime Schutz erfährt, der Maßstab für die dort herrschende Demokratie. Diese könnte ihrerseits über Mehrheitsbeschlüsse und unter Beachtung des Gleichheitsprinzips eine Reihe von Freiheitseinschränkungen für alle einführen, nicht aber sich durchsetzen, leben und konkret wirken, ohne die vorherige Anerkennung der persönlichen Freiheit des Bürgers, der Versammlungsfreiheit, der politischen Vereinigungsfreiheit, der Freiheit der Meinungsäußerung und so fort. Nach Habermas hat sich die Demokratie in einer Gesellschaft entwickelt, in der die Menschen frei über ihre Handlungen bestimmen konnten, woraus sich ergibt, dass Demokratie weder unter allen sozialen Bedingungen möglich ist, noch einfach an bestimmte Voraussetzungen gebunden ist, sondern direkt diese Gesellschaft freier Menschen repräsentiert.

So lässt sich die Zweckmäßigkeit, vielleicht die Notwendigkeit erklären, dass eine Reihe von Werten den Entscheidungen der jeweiligen Mehrheit entzogen und unter einen besonderen Schutz gestellt sind. Dies sind zum Beispiel im italienischen System eine Anzahl von Einrichtungen, die nicht der Logik der oben genannten Mehrheitsregel entsprechen (Einaudi), aber unzweifelhaft im Dienst der Demokratie stehen: die starre Verfassung (Art. 138) und sogar die Unabänderbarkeit einiger ihrer Teile (Art. 139; 13 Abs. 1; 14 Abs. 1; 15 Abs. 1 und 24 Abs. 2), der Vorbehalt der Verfassungsgesetze, die der Verfassung gleichgestellt sind, was eine größere Stabilität bei ihrer Abänderung betrifft (Art. 71 Abs. 1; 116; 117 Abs. 2; 132 und 137 Abs. 1), die Einrichtung des Verfassungsgerichtshofes, der für die Überprüfung der ordentlichen Gesetze und Akte mit Gesetzeskraft (Art. 134 ff.) in Bezug auf ihre Verfassungsmässigkeit zuständig ist, das Zweikammersystem des Parlaments (Art. 55), das Bestehen einer Anzahl von Gebietskörperschaften mit politischer und legislativer Autonomie (Art. 115), die vorgesehene Zweidrittelmehrheit für die Verabschiedung von die Begnadigung oder den Strafnachlass betreffenden Gesetzen (Art. 79 Abs. 1), die qualifizierte Mehrheit für die Wahl des Staatspräsidenten (Art. 83 letzter Abs.) und die absolute Mehrheit bei der Abstimmung über die Geschäftsordnung der Kammern (Art. 64 Abs. 1) wie auch bei der Dringlichkeitserklärung für die Ausfertigung eines Gesetzes (Art. 73 Abs. 2), bei der Beschlussfassung der Statuten der Regionen mit ordentlicher Autonomie (Art. 123 Abs. 2), bei dem erneuten Beschluss eines Regionalgesetzes nach der Zurückverweisung von Seiten der Regierung (Art. 127 letzter Abs.). Nicht alles, was nicht demokratisch ist, ist nur deswegen als anti-demokratisch zu betrachten.

Es darf aber nie vergessen werden, dass es sich hierbei um Hilfs- und Gegenmittel handelt, die einem eventuellen Missbrauch des Mehrheitsprinzips vorbeugen sollen. Als solche sollen sie verschrieben und sparsam und vorsichtig dosiert werden, um nicht zu einer Schwächung oder gar zum Verschwinden des Prinzips selbst zu führen. Um nur ein einziges Beispiel zu nennen, genügt das der absoluten Mehrheit, die einer Minderheit zugesteht, den Willen der einfachen Mehrheit zu blockieren, die immerhin eine Mehrheit ist. Wenn dieses Prinzip systematisch und übermäßig angewendet wird, also auch, wenn es nicht unbedingt unerlässlich ist, wenn es zur Obstruktion missbraucht wird, birgt es vor allem politisch gesehen die Gefahr eines gewaltsamen Regimewechsels in sich, weil in Momenten großer Spannung ein Sicherheitsventil ausfällt: Die Mehrheit kann der Versuchung der Gewaltanwendung erliegen, um den Widerstand der Minderheit zu brechen (s. ebenfalls Einaudi).

Umgekehrt ist es ebenfalls unleugbar, dass die Anwendung eines wie immer gearteten Mehrheitswahlrechts, das zu einer mehr oder weniger überrepräsentierten Mehrheit und dementsprechend einer unterrepräsentierten Minderheit führt, um eine bessere Regierungsfähigkeit zu sichern, als es mit einem streng proportionalen Wahlsy-

stem möglich wäre, Tragweite, Gewicht und selbst Funktionsfähigkeit einiger der
oben genannten Hilfs- und Gegenmittel unweigerlich einschränkt.

4. Die dritte Überlegung, die sich aus dem Bibelzitat ergibt, betrifft die strittige
Zweckmäßigkeit, das demokratische Prinzip auf Entscheidungen auszudehnen, die
nicht das Ziel der Erstellung von Normen haben, sondern deren konkrete Anwendung im Bereich der Verwaltung und Rechtsprechung betreffen.

Die aus der Gewohnheit entstandene Regel war wahrscheinlich weise und angemessen: „Ihr habt aber eine Gewohnheit, dass ich euch einen Gefangenen zum Oster-
fest losgebe." Ihre Umsetzung nach Kriterien der guten Verwaltung und/oder Gerechtigkeit hätte dazu geführt, den weniger Schuldigen zu befreien oder immerhin
denjenigen unter den Gefangenen, der es am ehesten verdient hätte. Die demokratische Entscheidung hingegen zog, nach einem politischen Kriterium, einen sicher
Schuldigen („Barabbas aber war ein Räuber", so der Evangelist) einer Person vor, die
nach dem Verhör bereits sicher als unschuldig gelten konnte („Ich finde keine Schuld
an ihm", hatte unmittelbar zuvor Pilatus verkündet).

Die Politik in der Verwaltung und eine politische Rolle der Richter führen zu dem
immer wiederkehrenden Problem, dass ein möglicher Ausweg in einer eventuellen
Bindung und einer möglichen Abhängigkeit der einen wie der anderen vom demokratischen Prinzip gesucht wird.

5. In Bezug auf den ersten Aspekt ist sogleich zu betonen, dass die italienische Verfassung, zumindest was den zentralen Staatsapparat betrifft, diese Hypothese weitgehend vernachlässigt hat.

Überzeugend ist in dieser Hinsicht vor allem die Regel, nach der – von Ausnahmen
abgesehen – der Zugang zu einem öffentlichen Verwaltungsamt nur über einen Wettbewerb möglich ist (Art. 97 letzter Absatz), der sicherstellt, dass die Kandidaten über
bestimmte persönliche und berufliche Voraussetzungen verfügen. Wenn garantiert ist,
dass sich alle Bürger unter gleichen Voraussetzungen um diese Ämter bewerben können (Art. 51 Abs. 1), so wird das Mehrheitsprinzip und der dadurch zustandekom-
mende Volkswillen in keiner Weise berücksichtigt.

Natürlich befinden sich dann jedoch an der Spitze der verschiedenen obersten Verwaltungsbehörden die Minister, die indirekt von einer Volksentscheidung abhängen,
dadurch dass sie das Vertrauen des Parlaments für ihre gesamte Amtszeit genießen
(Art. 94) und die auch politisch und persönlich für die Handlungen ihrer Ressorts verantwortlich sind (Art. 95 Abs. 2). Aber das Verfassungsprinzip der größtmöglichen
Verwaltungsdezentralisierung der staatlichen Aufgabenerfüllung (Art. 5) sollte ihre
Funktion in dem Sinne einschränken, dass sie nicht in einzelnen Fragen und konkreten Angelegenheiten von oben herab einen vermeintlichen Volkswillen durchsetzen,
sondern dass sie ihre Führungs-, Weisungs-, Aufsichts- und Kontrollbefugnis so einsetzen, dass die Verwaltungsakte mit der politischen Richtung übereinstimmen, die
sich allgemein aus den normativen Akten ergeben hat, die den Volkswillen ausdrük-
ken und ausüben.

Dies ist im übrigen die unmissverständliche Bedeutung des Legalitätsprinzips, das
fest in der Verfassung verankert ist, explizit in Bezug auf die Organisation der öffentlichen Ämter, und daher implizit auch in Bezug auf deren Handlungen ( Art. 97 erster

und zweiter Absatz), weshalb es undenkbar ist, dass das andere, in demselben Kontext stehende Prinzip vom geordneten Gang der Verwaltung sich unter Missachtung des ersteren verwirklichen ließe.

Sicher ist es in vielen Fällen ganz, in anderen Fällen, die durch Verordnungen, Normen, Anweisungen oder Geschäftsordnungen eingeschränkt sind, teilweise Aufgabe der Amtsinhaber, über den richtigen Zeitpunkt, die einzusetzenden Mittel und die Vorgehensweise zu entscheiden, um die öffentlichen Aufgaben zu erfüllen, die in ihrer Form und nach demokratischen Regeln ermittelt und ihnen vorgeben wurden. Diese ihre Entscheidungen bringen unter Umständen in verschiedenen Situationen verschiedene Ergebnisse hervor, aber sie beruhen immer ausschließlich auf ihrem Ermessen, auf ihrer persönlichen Einschätzung, welches die angemessenste Weise zur Verfolgung des öffentlichen Interesses ist. Die einzige dabei geltende Einschränkung ist die Unparteilichkeit, die nicht mit dem Kriterium der formalen Gleichheit der Bürger vor dem Gesetz verwechselt werden darf, da sie nicht versucht, auf abstrakte Weise den Anschein einer nicht realisierbaren substantiellen Gleichbehandlung, sondern die tatsächliche und realistische Pflicht der Verwaltung bei der Wahrnehmung ihrer Interessen durchzusetzen, auch wenn sie öffentlicher Natur sind, niemand im Verhältnis zu anderen zu begünstigen oder zu benachteiligen (Esposito). Und das unter dem erschwerenden Umstand, dass die Beamten und Angestellten des öffentlichen Dienstes nach dem Straf-, Zivil- und Verwaltungsrecht direkt für die in Ausübung ihres Amtes erfolgten Verletzungen der Gesetze verantwortlich sind (Art. 28).

Um dieser Forderung besser gerecht zu werden, ist es heute – und noch mehr in Zukunft – möglich, Verfahren einzuleiten, in denen die Bürger, die an der Anwendung bzw. Nicht-Anwendung bestimmter Maßnahmen interessiert sind, rechtzeitig ihre Gründe in einem kontradiktorischen Verfahren gegen Behörden oder eventuelle Widersacher darlegen können. Zweifellos kann eine solche Beteiligung am Zustandekommen des Aktes manchmal fälschlich als Zeichen von Demokratie in der Verwaltung im weiteren Sinne verstanden werden, wo es vielmehr um eine vorbeugende Maßnahme geht, den ordnungsgemäßen Ablauf behördlichen Handelns zu sichern.

Was in keinem Fall fehlen oder eingeschränkt werden darf, ist der Schutz der legitimen Rechte oder Interessen, der in Art. 113 der Verfassung gegenüber allen öffentlichen Verwaltungsakten vor den Organen der ordentlichen oder der Verwaltungsgerichtsbarkeit garantiert wird, wodurch gleichzeitig eine grundsätzliche Unterscheidung vorausgesetzt und bekräftigt wird, nämlich die zwischen dem vorherigen Disponieren im Sinne des Demokratieprinzips und dem konkreten Erfüllen der Maßnahme, das sich so eng wie möglich an die ergangene Vorschrift halten muss.

6. Wir kommen nun zum zweiten Aspekt, nämlich zur Beziehung zwischen Demokratie und Rechtsprechung.

Es sei vorausgeschickt, dass das demokratische Prinzip in vielen die Stellung der Richter betreffenden Elementen mitspielt, und zwar über den absoluten Vorbehalt des Gesetzes, ohne auf das Korrektiv und die Gegenmittel der qualifizierten Mehrheit zurückzugreifen.

In erster Linie sind per Gesetz die Normen festgelegt, die die Richterschaft und die Justizverfassung betreffen (Art. 108 Abs. 1). Letztere ist ein Corpus von Vorschriften,

nach denen einzig und ausschließlich der Status der ordentlichen Gerichtsbarkeit festgelegt und geregelt wird, in dem die Garantien für die Staatsanwaltschaft niedergelegt
und die Kriterien festgesetzt sind, die für die Anstellung, die Stellenzuweisung, Versetzung und Beförderung der Richter und Disziplinarverfahren gegen sie zu gelten
haben (Art. 105), die auch die Gründe und Garantien enthalten für ihre Verteidigung
bei einer Dienstbefreiung, bzw. -enthebung, ihre Versetzung an einen anderen
Dienstort oder in eine andere Funktion von Seiten des Obersten Rats der Richterschaft, sofern sie ohne ihre Zustimmung erfolgen (Art. 107 Abs. 1); schließlich ist darin die Möglichkeit vorgesehen, für alle den einzelnen Richtern zugewiesenen Funktionen ehrenamtliche Richter zu berufen, auch per Wahl (Art. 106 letzter Abs).

In Übereinstimmung damit sind im allgemeinen auch durch Gesetz geregelt: eventuelle Beschränkungen des Rechts für die Richter, politischen Parteien zuzugehören
(Art. 98 letzter Abs.); die Fälle und die Formen der Mitwirkung des Volks bei der
Rechtspflege (Art. 102 letzter Abs.); die Bereiche, in denen der Staatsrat und die anderen Organe der Verwaltungsgerichtsbarkeit Rechtsprechungsbefugnis auch für den
Schutz der subjektiven Rechte haben; die Fälle, in denen sich die Rechtsprechungsbefugnis des Rechnungshofs über das öffentliche Rechnungswesen hinaus erstreckt
und diejenigen, die der Rechtsprechung der Militärgerichte in Kriegszeiten unterstehen (Art. 103). Außerdem ist es ausschließliche Aufgabe des Gesetzes, die Unabhängigkeit des Staatsrats, des Rechnungshofs und ihrer jeweiligen Mitglieder gegenüber
der Regierung zu garantieren, ebenso wie die der Richter der Sondergerichtsbarkeit,
der dazu gehörigen Staatsanwaltschaft und anderer Personen, die an der Rechtspflege
beteiligt sind (Art. 108 letzter Abs.). Das Gesetz bestimmt die Geschäftsordnung der
regionalen Verwaltungsgerichtshöfe (Art. 125 letzter Abs.). Diese nützliche Einrichtung hat in der öffentlichen Meinung – manchmal sogar in einer qualifizierten – dazu
geführt, die dadurch entstandene Dezentralisierung der Organe der Verwaltungsjustiz
und Realisierung eines doppelten Rechtszugs für die ihnen anvertrauten Fälle mit
„Demokratisierung" zu verwechseln.

7. In zweiter Hinsicht spielt das Demokratieprinzip eine wesentliche Rolle im
Aufbau des Obersten Rats der Richterschaft, und zwar sowohl außerhalb als auch innerhalb der Gerichtsordnung. Abgesehen von den drei Mitgliedern des Obersten
Rats der Richterschaft, die es kraft ihres Amtes sind, wird bekanntlich ein Drittel der
Mitglieder vom Parlament in gemeinsamer Sitzung gewählt, und zwar unter den ordentlichen Professoren für Recht und den Anwälten, die seit mindestens 15 Jahren ihren Beruf ausüben. Aus diesen Mitgliedern wird, sozusagen in einem Verfahren zweiten Grades, von allen Räten ein Vizepräsident gewählt. Zwei Drittel der Mitglieder
werden hingegen von allen ordentlichen Richtern aus den Reihen ihrer verschiedenen Kategorien gewählt. (Art. 104). Wer in dieser letztgenannten Norm einen der
Faktoren zu erkennen glaubt, die besonders zu der beklagten Politisierung der Richterschaft beigetragen hätten, der sollte vielleicht gründlicher darüber nachdenken,
welche Rolle das dafür eingesetzte Wahlsystem, das konkurrierende Listen vorsieht,
dabei spielt.

Schließlich tritt das Mehrheitsprinzip, als Ausdruck innerer Demokratie, aber nicht
als direkte oder indirekte Mitwirkung des Volks sowohl in der Zusammensetzung der
Richterräte (nach dem Gesetz Nr. 825 vom 12. Oktober 1966) zutage, als auch im

Entscheidungsverfahren der Spruchkörper (Art. 276 Abs. 3, 359 und 380 letzter Abs. Zivilprozessordnung und Art. 527 und 615 Abs. 1 Strafprozessordnung).

8. Es handelt sich dagegen nicht um eine Form von Demokratie, wenn es um die bereits angedeutete Mitwirkung des Volks bei der Rechtsprechung geht. Da es eine direkte Mitwirkung ist, wäre es in sich widersprüchlich, wenn sie über Wahl, also demokratisch repräsentativ, erfolgte. Wenn schwerwiegende Gründe gegen eine Volksabstimmung oder ein Plebiszit sprechen, wie wir es eingangs durch ein Beispiel erhellt haben, bleibt die einzig mögliche, vom Gesetz vorgesehene Mitwirkung die Auslosung. Hier regiert blind der Zufall, indem er eine Auswahl trifft, die man auch als repräsentativ ansehen kann, nicht aber als demokratisch, nur weil sie unter allen Bürgern, die gleiche bürgerliche und politische Rechte genießen, einzelne belohnt (oder vielleicht bestraft).

Wenn die direkte Mitwirkung also die einzige von der Verfassung vorgesehene Möglichkeit ist, das Volk an der Rechtsprechung teilhaben zu lassen, folgt daraus, dass eine Ernennung, auch über Wahl, von ehrenamtlichen Richtern für alle Funktionen, die den verschiedenen Richtern vorbehalten sind (Art. 106 Abs. 2), dafür sprechen würde, eine eventuelle Kategorie von repräsentativen Richtern zuzulassen, die allerdings nicht die Gesamtheit der Bürger vertreten, sondern bestimmte Berufsgruppen oder Institutionen – innerhalb oder außerhalb der Justiz – wie zum Beispiel der Richterräte, des Appellationsgerichts, der Anwaltskammer, der juristischen Fakultäten, denen durch die Rechtsordung das aktive – und für letztere auch passive – Wahlrecht verliehen werden könnte.

Der Vollständigkeit halber sei auch an den bisher nie eingetretenen Fall erinnert, dass auch ordentliche Professoren für Jura und Anwälte, sofern sie seit mindestens fünfzehn Jahren ihren Beruf ausüben und eine Zulassung für den höheren Rechtszug haben (Art. 106 Abs. 3), auf Vorschlag des Obersten Rats der Richterschaft zu Richtern am Kassationshof berufen werden können.

Vor allem aber gilt, was für Verwaltungsämter gesagt wurde auch für den Bereich des Richteramts, nämlich dass es vorwiegend über einen Wettbewerb zugänglich ist, weshalb man auch hier folgern kann, dass die Demokratie eine wichtige Rolle in der allgemeinen Struktur der Richterschaft und der ihr zugedachten Funktion spielt, aber völlig ausgeschlossen ist, wenn es darum geht, konkret in inhaltliche Entscheidungen zu verschiedenen Tatbeständen einzugreifen.

9. Die Schlussfolgerung findet in vieler Hinsicht Bestätigung.

Zunächst einmal ist festzuhalten, dass die Verfassung trotz der im normalen Sprachgebrauch und in der traditionellen Auffassung der Prozessualisten so häufig bemängelten oder geforderten Unabhängigkeit der Richter klugerweise vermieden hat, etwas zu fordern, was nur von effektiver Bedeutung wäre, wo es um freies Ermessen geht, wie es auch bei den nicht weisungsgebundenen Verwaltungsakten der Fall ist.

Bei den Richtern ist die Frage der Unabhängigkeit tatsächlich unerheblich, da sie auf eine sehr viel radikalere Weise ausschließlich dem Gesetz unterworfen sind (Art. 101 letzter Abs), und zwar Gesetz im materiellen Sinne, da der oben erwähnte Artikel sich mit dem Wort „Gesetz" nicht nur auf die Gesetze, sondern auch auf die anderen Rechtsquellen – wie Verordnungen und Gewohnheitsrecht – bezieht.

Nur in einer solchen institutionellen Situation rechtfertigen sich die zahlreichen, oben schon erwähnten Hinweise auf die Unabhängigkeit der Richter von jeder anderen Gewalt oder Behörde in den Artt. 100 letzter Abs., 104 Abs. 1 und 108 letzter Abs. Diesbezüglich wurde richtig betont, wie die einzig gültige Möglichkeit einer nicht normativen Bindung in der rechtlichen Beurteilung bestehen kann, die der Aufhebung eines Urteilsspruchs durch den Kassationsgerichtshof zugrunde liegt (Art. 384 Abs. 1 ZPO und 143 Ausführungsbest., 627 Abs. 3 StPO und 173 Abs. 2 und 3 Ausführungsbest.), ein Vorgehen, das durch die von der Verfassung dem Kassationsgerichtshof zuerkannten Funktion legitimiert ist (Art. 111 Abs. 2) (D'Atena).

Parallel dazu gibt es absolut keine Ermessensfreiheit für die Vertreter der Staatsanwaltschaft, die ohne unrechtmäßige Unterlassungen und ungerechtfertigte Verzögerungen zur Strafverfolgung verpflichtet sind (Art. 112)

Es ist einleuchtend, dass bei jeder Auslegung, und daher auch bei einer des Gesetzes, unvermeidlich immer der Mensch mitspielt, mit all der Vielfalt oder Einfachheit seiner autonomen Persönlichkeit, mit dem, was er an gründlicher oder oberflächlicher Bildung und Kultur mitbringt, mit dem Gewicht seiner Erfahrung, mit den Lücken, der Vorbelastung, den Vorteilen und Einschränkungen seiner Ausbildung, mit dem unergründlichen Geheimnis seines Seins und seines Werdens. Weshalb es naiv und unglaubwürdig wäre zu behaupten, dass auch der Richter als Interpret nichts anderes und nichts mehr darstellte als die Stimme und den Willen des Gesetzes; dass seine Tätigkeit ausschließlich verstand- und vernunftgeleitet wäre und sein Verhalten nach den Regeln einer deduktiven Logik und auf geometrischen Linien abliefe, und nicht vielmehr mit spontan-kreativen Rhythmen und Sequenzen, die am Entwicklungsprozess der Ordnung teilhaben. Naiv zu denken, zwischen der abstrakten Voraussicht und der konkreten Situation gäbe es nicht ständig, mehr oder weniger spürbar, einen *hiatus,* einen Sprung, einen auszugleichenden Niveauunterschied. Als ob sich nicht ein Problem dazwischen schieben könnte, das mit der Intuition, der Vorstellungskraft, der Phantasie zu lösen ist, nach der jede Äußerung des geistigen Lebens verlangt und über die der Jurist nicht weniger als der Historiker oder Dichter, der Wissenschaftler oder Künstler verfügen muss.

Ebenso wenig überzeugend, wenn auch gewichtig vorgebracht, ist, was das italienische System betrifft, die Auffassung, nach der die Tätigkeit des Richters in Entscheidungen bestünde, die im beschränkten Raum zwischen Textfassung und realer Situation, die den Rahmen und die Grenzen dafür abgeben, gefällt werden: Darauf würde die rein quantitative und empirische Unterscheidung zwischen normativer Funktion und interpretatorischer Anwendung im ständigen Umwandlungsprozess der Ordnung hinauslaufen.

In einem System, in dem die Bestellung der Richter nicht mittels einer Volkswahl auf der Basis von parteigebundenen oder jedenfalls politischen Kandidaturen erfolgt, noch per Bestimmung oder Ernennung von Seiten einer politischen Instanz, in dem vielmehr ein potentielles Verbot herrscht, dass sie einer politischen Partei angehören, würden beide eben skizzierten Auffassungen, selbst wenn sie richtig wären, nicht die Notwendigkeit „demokratischer" Entscheidungen, einer „demokratischen" Justiz oder einer „demokratischen" Richterschaft beweisen, die den Richter in seinen Entscheidungen daran binden würde, was das Volk von Fall zu Fall will und ihn trotz seiner Bindung an das Gesetz und auch darüber hinaus zu einer ständigen Übereinstimmung mit dem Volkswillen zwingen würde. Vielmehr würden sie zeigen, dass die Möglichkeit und die Gefahr besteht, dass der Richter, jeder Richter, mehr oder weniger frei ist, politische Entscheidungen zu fällen, also auf Grund seiner persönlichen Einschätzung des Gemeinwohls, und dass er somit wie ein kleiner Gesetzgeber handelt, indem er eine eigene Richtung einschlägt, die antagonistisch oder teilweise abweichend von der ist, die die demokratischen Vertretungsorgane oder manchmal auch die Wählerschaft direkt an den dafür vorgesehenen Orten und mit den nötigen Verfassungsgarantien festgelegt haben.

Da es kein zeitlich beschränktes Mandat für den Richter gibt, das ihn im Hinblick auf dessen eventuelle Erneuerung vom Urteil der Wählerschaft abhängig machen würde, sondern vielmehr ein ständiges Dienstverhältnis mit allen rechtlichen Garantien, von der Zuweisung seines Amtes und seiner Aufgaben bis zur Versetzung, von der Beförderung bis zu Disziplinarverfahren (Art. 105), wäre die Hypothese ebenfalls unglaubwürdig, ihm eine politische Verantwortung zuzusprechen, ohne jegliche Sanktionen, die seine Handlungen der Kritik der öffentlichen Meinung unterwerfen würde. Woraus sich im übrigen ergeben würde, dass sich dem Richter – unanfechtbar – , im Sinne des Gottes Janus und nicht der Göttin Themis, bei jeder neuen Gelegenheit zwei einander widersprechende Möglichkeiten bieten: einerseits, seine zuvor kritisierte Ausrichtung zu ändern und sich willig zu bemühen, die wechselhafte Gunst und Zustimmung des Volkes zu erlangen und sie zu behalten, andererseits bei seinen Überzeugungen zu verbleiben und zu versuchen, die kritische öffentliche Meinung umzustimmen, für den Fall, dass seine von ihm herausgeforderte Unbeliebtheit von Erfolg gekrönt würde.

Es sei kurz darauf hingedeutet, dass auch das Volk, in dessen Namen Recht gesprochen wird (Art. 101 Abs. 1), weder geltende Gesetze unbeachtet lassen kann, noch verlangen kann, dass andere dies tun, nur weil es sie in diesem oder jenem Fall für politisch inopportun oder übertrieben hält: Seine Hoheit, die in den verfassungsmäßigen Formen und Einschränkungen ausgeübt wird, gesteht ihm nur zu, Gesetze entweder direkt über einen Volksentscheid oder indirekt über die Volksvertretung abzuschaffen.

Weshalb auch der Versuch unbegründet erscheint, in einem dem oben kritisierten nicht unähnlichen Gedankenzusammenhang die von Art. 111 Abs. 1 für alle gerichtlichen Maßnahmen vorgeschriebene Begründungspflicht im Hinblick auf eine allgemeine demokratische Kontrolle zu sehen, in der sich die Mitwirkung des Volks an der Ausübung der Rechtsprechung realisieren würde.

Man vergisst dabei den Zusammenhang mit den beiden anderen Absätzen der gleichen Verordnung, nach denen eine mögliche Berufung beim Kassationshof von der Begründung und dem Grund abhängig ist; man vergisst, dass die Begründung von Art. 13 Abs. 2 in Bezug auf jeden Akt der Justizbehörde vorgeschrieben ist, der die Einschränkung der persönlichen Freiheit zum Gegenstand hat. Auf diese Weise wird das bekannte hermeneutische Kriterium vernachlässigt, nach dem es ratsam ist, in ein und demselben Verfassungstext einem Begriff oder einer Einrichtung ein und dieselbe Bedeutung oder Funktion zuzuweisen. Der Ursprung und die Gründe, die in der Geschichte zu dieser Forderung geführt haben, gehen eindeutig aus dem Satz hervor: „Der Begründung wird (oder zumindest sollte) außerhalb des Prozesses keinerlei Wert zugewiesen (werden)" (Leone), während „Seul l'existence de la cassation donne aux motifs dans le droit moderne tout leur sens et toute leur portée" (Sauvel).

10. Schließlich scheint uns das Argument, so man es denn anführen wollte, nicht stichhaltig, aus der feierlichen Erklärung des Art. 101 Abs. 1 „Die Rechtsprechung wird im Namen des Volkes ausgeübt" ein demokratisches Charakteristikum oder eine Abhängigkeit der Rechtsordnung von der Demokratie herzuleiten.

Diese Erklärung ist einfach eine Folge davon, dass innerhalb unserer Verfassung die Hoheit auf das Volk übergegangen ist und die Rechtsprechung deshalb in dessen Namen und in dessen Dienst und nicht mehr dem des Königs – wie im Ancien Régime oder in Italien nach Art. 68 des Statuto Albertino – ausgeübt wird. Dies hat eine formale Erscheinungsform in der Aufschrift der richterlichen Entscheidungen, die „im Name des italienischen Volkes" erlassen werden.

Was wir bisher über das technische Zugangsverfahren zum Richteramt und über das Fehlen einer irgendwie gearteten politischen Verantwortung ihrer Amtsinhaber gesagt haben, schließt aus, dass zwischen dem Volk und seinen Richtern ein Vertretungsverhältnis bestehen kann. Es ist also kein Zufall, dass die Verfassung für die Richter nicht den Wortlaut benutzt, den sie für die Abgeordneten und die Senatsmitglieder in Art. 67 verwendet: „Jedes Mitglied des Parlaments vertritt die Nation", während andererseits eine gewisse Ähnlichkeit zu Art. 98 Abs. 1 besteht: „Die Angestellten des öffentlichen Dienstes dienen ausschließlich der Nation".

Wenn man schon von Vertretung oder Repräsentativität sprechen will, erscheint es immerhin offensichtlich, dass es nicht um eine freiwillige Vertretung oder eine Vertretung auf Vertrauensbasis geht, sondern um eine Situation, in der der Auftrag, im Namen eines anderen zu handeln nicht vom Willen oder der freien Entscheidung des Betroffenen abhängt, sondern von einer gesetzlichen Vorschrift, wie es eben Art. 101 ist.

Wenn schließlich sogar für die sogenannte politische Vertretung oder Repräsentativität die Bindung durch eine zwingende Vollmacht ausgeschlossen ist, um wieviel mehr muss das der Fall sein, wenn es um die Unterwerfung der Richter oder Pflichten der Vertreter der Staatsanwaltschaft geht, einem Willen gegenüber, der in den normativen Akten keinen Ausdruck findet.


11. Tatsächlich scheint es, dass derartige Vorstellungen – die im übrigen sowohl theoretisch als auch praktisch mit der Trennung oder auch nur einem Gleichgewicht der Gewalten unvereinbar sind, wie auch immer man die eine oder das andere erzielen möchte – den politischen Charakter der Wirkungen mit dem der Ursachen verwechseln.

Niemand kann ernsthaft bestreiten, dass, im Nachhinein gesehen, jeder einzelne Akt der Auslegung, auch im juristischen Bereich, wie im übrigen jede menschliche Handlung und sogar Nicht-Handlung tatsächlich einen mehr oder weniger tiefen, mehr oder weniger dauerhaften politischen Einfluss entfaltet und sich daher unter politischem Gesichtspunkt eignet, im Hinblick auf verschiedene ideologische Ausrichtungen analysiert, untersucht, katalogisiert, etikettiert zu werden. Objektiv gesehen ist es ebenso unzweifelbar, dass die Auslegung – besonders die bei Ausübung der Rechtsprechung – wegen der Natur ihrer Folgen und der dynamischen, komplementären und ergänzenden Rolle, die ihr zukommt, an einigen Zügen jener normativen Tätigkeit einen Anteil hat, die in ihr zum Ausdruck kommt und sich in ihr vollendet.

All das schließt nicht aus, dass man zu den Ergebnissen der Auslegung gelangt – und man muss versuchen, dazu zu gelangen, indem man die Rechtsordnung nicht von außen aufgesetzt bekommt, sondern sie sich selbst zu eigen macht. Eine Ordnung, die nicht als ein für immer abgeschlossenes Gebäude gesehen wird, sondern als ein lebendiger, vitaler Organismus, der in seiner Vitalität reagieren kann und sich weiter entwickelt, wenn er sich mit einem sozialen Kontext konfrontiert, in dem ein ununterbrochener Anspruch auf Recht besteht und der ihm ständig neue Bedürfnisse und praktische Probleme aufwirft, die nicht damit übereinstimmen, was im Voraus formal vorhergesehen oder eingeschätzt wurde oder Gegenstand von Entscheidungsrichtlinien war, die aus Vorhersehung und Einschätzung gewonnen wurden.

Und es ist gerade die schwierige Aufgabe des Interpreten, und des Richters als Interpreten, sich mit der Eingebung, der Vorstellungskraft und Phantasie, die wie gesagt zu seinem kulturellen Rüstzeug gehören, besonders in den härtesten und unsichersten Fällen zu bemühen, jene Wertkriterien aufzuspüren, zu entdecken und darzulegen, die latent oder nur implizit im System vorhanden sind: Er verwirklicht damit eine Milderung, Vermittlung und Schlichtung in Konfliktsituationen, aber nicht auf Grund seiner eigenen , persönlichen und ideologischen Überzeugung, die an Klasse oder Schicht, Kategorie oder Korporation gebunden ist, sondern auf Grund von Tendenzen, die in irgendeiner Weise in den Normen bereits vorgegeben oder kanonisiert sind, wobei er sich an Interessen orientiert, deren Erfüllung von der Ordnung direkt oder indirekt erwünscht, wenn nicht gar privilegiert ist, und eine in dieser nur stillschweigend existierende Werte- und Prinzipienskala erstellt.

Dass der angedeutete Prozess des Sich-zu-eigen-Machens des Systems in der Praxis mangelhaft oder unvollständig verläuft, liegt in der menschlichen Natur. Dass er sich realisiert, indem er, mit allen dabei auftretenden Verformungen, einen Filter durchläuft, der in den unwiederholbaren Erfahrungen und den unbewussten subjektiven Vorlieben – oder, wenn man so will, der „unterbewussten Parteilichkeit", wie Calamandrei es nannte – des Interpreten und des Richters als Interpreten besteht, ist nicht nur wahr, sondern in gewisser Weise unvermeidlich, und es ist Aufgabe der Rechtssoziologen, die komplizierten genetischen Mechanismen dieses Phänomens aufzudekken und zu studieren.

Was uns jedoch interessierte, war die Feststellung, dass die irreversible Grenze zwischen Physiologie und Pathologie, zwischen Normalität und Abweichung in der Welt der Interpretation in der zugrunde liegenden guten oder bösen Absicht des Juristen liegt, vor allem in der vorhandenen oder fehlenden Vorsätzlichkeit, im Bewusstsein oder Nicht-Bewusstsein der Ergebnisse, die aus seinen Handlungen erfolgen und damit zusammenhängen, im überlegten Vorsatz, dem einen statt dem anderen Zweck zu dienen, im Vorhinein die eine oder die andere mögliche Lösung vorzuziehen, der Ordnung und dem Recht zu dienen oder sich des Rechts auf eine Weise zu bedienen, die von der Richtung abweicht, in der sich die direkten oder indirekten Entscheidungen des Volks demokratisch, in der von der Verfassung vorgegebenen Form und nach der Regel und den Einschränkungen der Mehrheit gebildet haben.

Unabhängig von jeder Beurteilung, wie weit die Toleranzgrenze der Interpretation, insbesondere in Ausübung der Rechtsprechung, anzusetzen ist, erweist sich der Unterschied zwischen den beiden Hypothesen als qualitativ und nicht einfach quantitativ: Denn je nachdem, welche der beiden Situationen wir vor uns haben, müssen wir eine bestimmte Handlungsweise als pures politisches „Faktum" betrachten, wie es bei jeglichem Verhalten des Menschen im Rahmen seiner Beziehungen auftritt und immer eine Wertigkeit und Bedeutung annehmen und politisch relevante Wirkungen erzielen kann; oder man muss sie vielmehr auf die Kategorie zurückführen, die den politischen „Akten" und „Entscheidungen" zu Grunde liegt.

# Continuité et Discontinuité Parlementaire: La Députation Permanente Espagnole

## Prof. Dr. Enrique Guillén López

Université de Grenade (Espagne)

## I. Introduction

Avec la Constitution de 1978, l'Espagne se lie de nouveau et de manière indéfectible (nous l'espérons) à la voie du constitutionnalisme. Un tel résultat est atteint après un processus modèle singulier (jugez le paradoxe) dans lequel se sont assumés un bon nombre de d'institutions et de principes venant d'autres constitutions. Cependant, il est aussi possible de trouver dans l'ensemble des articles la présence d'institutions ancrées dans la plus ancienne tradition constitutionnelle espagnole. Comme c' est le cas, par exemple, de la Députation Permanente du Parlement (*Cortes Generales*), commission parlementaire qui cherche à donner une continuité à chacune des Chambres lorsqu'elles ne sont pas réunies ou lorsque leur mandat a expiré.

En effet, la Députation Permanente apparaît déjà dans la constitution de 1812 (article 160) ainsi que dans celle de 1931 (article 62)[1], et aujourd'hui nous la retrouvons de nouveau dans l'actuel article 78 selon lequel:

«1. Il y aura dans chaque Chambre une Députation Permanente composée d'un minimum de vingt et un membres qui représenteront les groupes parlementaires proportionnellement à leur importance numérique.

2. Les Députations Permanentes seront présidées par le président de la Chambre correspondante et auront pour fonction celle prévue à l'article 73, celle d'assumer les pouvoirs des chambres, conformément aux articles 86 y 116, au cas ou les Cortès seraient dissoutes ou leur mandat expiré, et de veiller sur les pouvoirs des Chambres, lorsque celles ci ne sont pas en session.

3. A l'expiration du mandat ou en cas de dissolution, les Députations Permanentes continueront d'exercer leurs fonctions jusqu'à la constitution des nouvelles Cortes Generales.

4. Lorsque la Chambre correspondante sera réunie, la Députation Permanente rendra compte des sujets traités et de ses décisions.»

---

[1] A.L. ALONSO DE ANTONIO, *La Diputación Permanente de las Cortes en la historia constitucional española,* Congreso de los Diputados, Madrid, 1991 et N. PÉREZ SERRANO, »La Diputación Permanente de Cortes en nuestro Derecho constitucional histórico«, *Escritos de Derecho Político I,* IEAL, Madrid, 1984.

La présent recherche n'a pas ni ne pourrait avoir vocation à examiner de nouveau et de façon exhaustive les multiples problèmes dont souffre cette institution particulière du droit constitutionnel espagnol. Nous laisserons donc de coté les parties se référant à la structure et à la composition des Députations, au statut de ses membres, à l'organisation interne ou fonctionnement général, pour nous concentrer spécialement sur sa nature juridique et sur les fonctions qui lui sont attribuées. Ceux ci sont, à notre avis, les aspects qui peuvent éveiller le plus d'intérêt étant les plus obscures. En effet, comme il pourra être vérifié, la doctrine a dû soulever un bon nombre de questions autour du sens des termes hautement imprécis que la Constitution utilise dans son article 78 pour caractériser fonctionnellement les Députations Permanentes. Un effort de compréhension de notre constitution et celle des pays de notre entourage, concernant l'ensemble du système parlementaire rationalisé a été nécessaire pour extraire un sens plausible des énoncés normatifs. Ainsi, on pourra voir, en fin de compte, qu'une des seules institutions introduite par la CE par déférence pour son histoire finie par être interprétée, c'est à dire, acquière une réalité tangible, grâce au présent, qui est autant le droit constitutionnel de chaque Etat que le droit commun européen[2].

## II. Nature Juridique

Le premier problème posé par les Députations Permanentes est celui de leur nature juridique. Que sont elles exactement? Malgré la présence remarquée d'un antagoniste[3], la majorité de la doctrine s'accorde à dire que les Députations sont des organes du Parlement[4], plus concrètement des organes prévus constitutionnellement comme moyen d'assurer la continuité des Chambres, en particulier lorsque celles ci sont dissoutes. Les Députations seraient ainsi l'affirmation que la dissolution parlementaire peut et doit aujourd'hui présumer une atténuation des fonctions des Chambres, le point de départ d'un renouvellement de la composition de celles ci, mais non l'authentique mort civile du Parlement qui était propre au système monarchique[5].

Ainsi donc, les Députations apparaissent comme des organes parlementaires, si bien qu'il faut signaler qu'il n'est pas possible de les considérer comme une commission *tout court*. Il en est ainsi parce que tandis que les commissions sont dans leur définition la plus classique[6],des organes préparant le travail de l'Assemblée Plénière, les Députa-

---

[2] P. HÄBERLE, *Derecho constitucional común europeo,* REP, 1993. F. BALAGUER CALLEJÓN, *Un jurista europeo nacido en Alemania. Conversación con el Profesor Peter Häberle,* Anuario de Derecho Constitucional y Parlamentario, Universidad de Murcia, 1997, pages 35–40.

[3] J. JIMÉNEZ CAMPO, *Las Diputaciones Permanentes y el control sobre el Decreto-Ley,* RDPol, 15, 1982, page. 51.

[4] Ainsi, la structure bicamérale des Cortès Generales conduit à ce que le mécanisme de continuité soit aussi dual ( il y a une Députation Permanente du Congrès des Députés et une autre pour le Sénat), par opposition au choix d'une Députation Permanente unique pour laquelle certains auteurs postulaient.

[5] G. BERLIA, *La dissolution et le régime des pouvoirs publics,* Revue du Droit Public, 1956, page 134. P. LAUVAUX, *La dissolution des Assemblées parlementaires,* Economica, Paris, 1983, page 306. G. MORANGE, *Situation et rapports des pouvoirs publics en cas de dissolution,* Revue du Droit Public et de la Science Politique, 1978, page. 630.

[6] J. BARTHELEMY, *Essai sur le travail parlementaire et le système des Commissions,* Librairie Delagrave, Paris, 1934, page 12.

tions, en contre partie, agissent dans de nombreuses occasions de façon indépendante respectivement à l'Assemblée Plénière ce qui n'est pas le propre des commissions. C'est pour cela que nous pouvons adhérer à l'opinion de CAAMAÑO DOMIN-GUEZ pour qui les Députations sont des «organes parlementaires spéciaux qui remplacent partiellement d'autres organes parlementaires pendant les périodes intermédiaires entre les législatures et qui détiennent des pouvoirs d'initiative procédurale, relativement à d'autres organes de la Chambre, lors des intervalles de vacances parlementaires, étant privées de l'exercice effectif de ces pouvoirs lorsque que la Chambre se trouve réunie[7]».

Un troisième élément descriptif de la nature des Députations Permanentes est la question de sa représentativité, en définitive, la relation qui les unie avec le corps électoral. A ce sujet, nous devons reprendre l'idée suivant laquelle la dissolution ne peut priver totalement de représentativité le Parlement, ni l'organe qui se substitue à lui parce que de tels effets ne peuvent s'attribuer qu'à une nouvelle manifestation du corps électoral[8].Cependant, cela n'implique pas que le Députations Permanentes soient, avant les élections, pleinement représentatives. En effet, l'existence elle même de la Députation Permanente comme organe réduit dans lequel les possibilités d'intégrer des inclinations d'opposition sont très faibles, ce qui fait que nous pouvons parler de la perte de représentativité indiscutable entraînée par la dissolution elle même. En conclusion, la Députation Permanente est un organe faiblement représentatif avant les élections, représentativité qui diminue après celles ci. Cependant, il faut faire aussi ressortir que les membres des Députations Permanentes conservent un élément de représentativité très qualifié qui est, en définitive, la justification des pouvoirs qui sont confiés à l'organe.

## III. Fonctions

Sans doute, l'aspect le plus intéressant en ce qui concerne le régime juridique des Députations Permanentes en Espagne, est celui relatif aux fonctions qu'elles jouent dans le système, étant celui qui nous donne la meilleure mesure de leur statut constitutionnel. Afin de pouvoir l'analyser, nous devons clairement différencier les deux situations dans lesquelles ces organes mènent leur activité: les périodes intermédiaires entre les sessions et les périodes intermédiaires entre les législatures.

### a) Fonctions pendant les periodes d'intersessions
### (Pendant que la legislature est en cours)

1. La première fonction des Députations Permanentes signalée dans l'article 78 est celle prévue dans l'article 73 dont la teneur littérale est la suivante:

---

[7] F. CAAMAÑO DOMíNGUEZ, *El mandato parlamentario,* Congreso de los Diputados, Madrid, 1991, page 298.
[8] A. PISANESCHI, *Prorogatio delle Camere ed equilibrio tra i poteri,* Giappicheli, Turín, 1993, pages 37–38.

«1. Les Chambres se réuniront chaque année en deux sessions ordinaires: la première de septembre à décembre, et la seconde de février à juin.

2. Les Chambres pourront se réunir en session extraordinaire à la demande du Gouvernement, de la Députation Permanente ou de la majorité absolue des membres de l'une des Chambres. Les sessions extraordinaires devront être convoquées sur un ordre du jour déterminé, et prendront fin dès que celui-ci aura été épuisé.»

Dans l'article 73 de la Constitution Espagnole, on a recourt à une organisation du travail parlementaire consistant en un parcellement en deux périodes appelées respectivement ordinaires et extraordinaires. Notre Norme Fondamentale consacre ce système, comme le fait, par exemple, la Constitution Française.

Parmi ceux cités pouvant solliciter une session extraordinaire, on trouve donc la Députation Permanente de chacune des Chambres, par majorité simple de ses membres (puisque ni la Constitution, ni les règlements n'établissent de majorité spécifique). Une série de questions apparaissent au sujet de la convocation et l'ordre du jour de la session extraordinaire. En ce qui concerne la convocation, il faut souligner que le Président ne peut empêcher ou rendre difficile la tenue des sessions dites »extraordinaires«[9], au motif que le sujet n'est pas très important ou peut être ajourné[10], d'autant que refuser que se tiennent ces sessions, manque, d'une part, de tout sens pratique[11], et d'au-

---

[9] Comme exemple particulièrement significatif de l'importance de ces questions, on peut faire remarquer que, en France, par exemple, elles ont été la cause de divers conflits entre le Parlement et le Président de la République, ce dernier étant celui qui détient le pouvoir formel de convoquer les sessions (article 30). Le premier conflit très révélateur s'est produit lorsque De Gaulle, Président de la République à ce moment là, a refusé de convoquer une session extraordinaire demandée par 287 députés au motif que les parlementaires agissaient sous l'influence d'organisations paysannes, ce qui constituait, selon lui, un cas de mandat impératif prohibé par la constitution(art. 27). Le Président De Gaulle estima que, par sa fonction de garant de la Constitution et arbitre du bon fonctionnement des institutions (art. 5), il était obligé de refuser de convoquer les sessions extraordinaires demandées par les requérants. Une telle interprétation a suscitée une réaction parlementaire importante qui provoqua le dépôt d'une motion de censure contre le Gouvernement, dont le rejet de la part de certain groupes parlementaires (rejet qui fit échouer la motion de censure) n'impliquait pas l'acceptation de l'attitude présidentielle. La gauche a été le porte parole de ceux qui estimaient que la réunion du Parlement devait nécessairement avoir lieu du fait de la demande formulée par la majorité des députés. Ainsi, la dynamique a été suivie par les échecs connues ( une nouvelle tension s'est produite en mars 1979 lorsque Giscard d'Estaing était Président) jusqu'à ce que Mitterrand soit élu Président de la République en mai 1981. Un tel changement électoral supposa que les sessions extraordinaires se sont devenues plus fréquentes mais il faut observer que la norme n'a pas été modifiée et un retour à la situation antérieure est parfaitement possible. Sur ce problème en France, voir: D.G. LAVROFF, *Le système politique français. Constitution et pratique politique de la V Republique,* Dalloz, París, 1991, pages 588–601 ; M. BOUISSOU, »Comentarios a los artículos 28 y 29«, en (F. LUCHAIRE y G. CONAC dir.), *La Constitution de la République Française,* Económica, Paris, 1987, pages 714–717 ; G. BERLIA, *La convocation d'une session extraordinaire du Parlement et la nature du régime,* Revue de Droit Public, 1960, page 303–316.

[10] Dans le droit parlementaire des Regions (»Comunidades Autónomas«) nous avons une norme qui établit en toutes précisions cette partie. Il s'agit de la Résolution de la Présidence de l' Assemblée de Madrid de janvier 1986,qui indique dans son point premier: »Les sessions extraordinaires de l'Assemblée Plénière devront être convoquées par le Président de l'Assemblée sur demande du Conseil D'Etat, de la Députation Permanente, d'un quart de Députés ou d'un Groupe Parlementaire, devant se considérer comme des demandes *liantes*« (Les italiques ont été ajoutées)

[11] Notez LAVILLA (»La Diputación Permanente en el ordenamiento español«, Comentarios al artículo 78, en O. ALZAGA (dir.), *Comentarios a las Leyes Políticas,* EDERSA, Madrid, 1989, page 685): »Le Président de la Chambre retient, dans tous les cas, le pouvoir de convoquer la session.(arts. 54 RCD et 37.2 du RS). Cependant, lorsque la Députation le demande, il est obligé de la convoquer, car il est inconcevable

tre part, par principe, cela suppose le contresens de transformer la Députation Permanente en une vraie alternative de l'Assemblée Plénière des Chambres. Par conséquent, on peut dire que le Président de la Chambre ne possède pas le »droit à la non session«[12] hormis le cas où les conditions de formalité requises qui opèrent comme moyen pour corriger n'importe quelle méconnaissance injustifiée des périodes de sessions[13] ne sont pas remplies. Seul, dans ce cas, le Président en tant qu'autorité suprême de la Chambre et surtout comme organe appliquant et faisant appliquer le règlement (article 32 du Règlement intérieur du Congrès des Députés, en avant, RCD, et 37.10 du Règlement du Senat, en avant RS) peut agir en conséquence.

En ce qui concerne l'ordre du jour, il faut mettre en évidence, dans le même sens de ce qui précède, que le Président de la Chambre du Congrès (il n'en va pas expressément de même dans le Sénat) est obligé par le règlement (art. 61.3 RCD) de convoquer la session conformément à l'ordre du jour qu'il aura été proposé. De là, il en résulte que le Président ne peut effectuer un contrôle matériel. En effet, la relation crée par la Constitution entre la session extraordinaire et l'aspect matériel des questions à traiter lors de celle-ci empêche le Président d'exclure de l'ordre du jour les sujets qui à son avis, peuvent être reportés à la période de sessions suivante.

2. La fonction de veiller sur les pouvoirs de Chambres revient aussi aux Députations Permanentes pendant les périodes d'intersessions. Cela dit, pendant ces périodes, et comme l'a considéré JIMÉNEZ CAMPO, »veiller sur les pouvoirs des Chambres ne signifie pas les exercer mais les défendre et protéger les compétences dont il est question[14]«. Ainsi, les Députations doivent, en définitive, assurer la suprématie de l'Assemblée[15], ce qui revient quasiment à réduire cette fonction à la convocation de la session extraordinaire. Pourtant, il ne faut pas exclure comme le fait remarquer ALONSO DE ANTONIO[16], qu'un certain contenu autonome soit accordé à cette fonction. Il s'agirait de lui concéder une capacité de défense des pouvoirs des Chambres dans le sens de protections de ses fonctions qui lui serait propre. A mon avis, la situation souhaitable

---

qu'il puisse empêcher la tenue d'une session extraordinaire face à l'accord d'un organe au sein duquel les Groupes Parlementaires sont représentés selon l'importance numérique«. Op. cit., page 685.

[12] Gardons en mémoire que l'article 61.3 RCD dispose : »Le Président *convoquera* la session extraordinaire si on le lui demande, conformément à la Constitution, pour qui établit le paragraphe précédent (…)«, d'autant que le RS conduit à établir un délai pour la convocation effective : Art. 70.2 »La demande devra indiquer exactement l'ordre du jour qui est proposé et le Président devra convoquer la Chambre sous dix jours suivant sa réception«.

[13] Ainsi on a interprété en Italie: »La convocazione dell'Assemblea, anche nelle ipotesi di iniziativa del Capo dello Stato o di un terzo dei membri della Camera, compete ›materialmente‹ al Presidente dell'Assemblea, il quale non può né rifiutarsi di procedere alla convocazione, se la richiesta è conforme al dettato costituzionale, né sindacare nel merito la predetta richiesta«. V. CRISAFULLI et L. PALADIN, *Commentario breve alla Costituzione,* CEDAM, Padua, 1990. page 64. Dans ce même commentaire, on se rend compte qu'une certaine doctrine (v. gr. MAZZIOTTI) considère qu'en cas de non convocation présidentielle ceux là même qui détiennent l'initiative pourront la remplacer. Dans n'importe quel cas et situés dans notre pays, ceux qui sollicitent une convocation pourraient arriver à un conflit d'organes (si c'est le Gouvernement) et au recours d'amparo ex art. 42 LOTC si l' initiative est parlementaire.

[14] J. JIMÉNEZ CAMPO, *Las Diputaciones Permanentes y el Decreto-ley,* op. cit., page 52.

[15] LAVILLA, op. cit., page 688.

[16] A.L. ALONSO DE ANTONIO, *La Diputación Permanente en la Constitución Española de 1978,* Servicio de Publicaciones de la Facultad de Derecho de la Universidad Complutense, Madrid, 1992, pages 175–179.

est que les deux principes de défense des fonctions des Chambres et de la suprématie de l'Assemblée Plénière, soient unis, de manière à ce que quand une procédure d'une importance particulière doit être menée à bien, la Députation Permanente convoque l'Assemblée Plénière et que cette dernière s'en charge. Cependant, on ne peut écarter le fait que dans la dynamique politique se produise une séparation des deux principes lorsque la Députation Permanente considère qu'il n'est pas nécessaire de convoquer l'Assemblée Plénière. Par conséquent, la responsabilité des minorités est d'essayer qu'au sein de la Députation Permanente elle même aient lieu les procédures qui autrement ne se produiraient pas, qu'un autre organe parlementaire, en fait, intervienne dans des circonstances déterminées[17]. Cela est, selon moi, le cadre propice pour interpréter certains problèmes que LAVILLA nous expose. Ainsi on peut être d'accord initialement avec lui sur le fait qu'il était impropre que les Députations Permanentes soient considérées comme le meilleur endroit pour recevoir, par exemple, les explications du Président du Gouvernement au sujet des remaniements ministériels effectués entre les périodes de sessions[18] mais seulement si ceux qui voulaient obtenir l'information n'avaient pas essayé en premier lieu de convoquer l'Assemblée Plénière. Si cette demande n'a pas été accueillie favorablement, l'alternative – c'est-à-dire qu'un remaniement ministériel a été indépendant des Chambres – touche aux propres pouvoirs de celles-ci dans un Etat parlementaire. C'est pourquoi il faut examiner avec plus de précaution le changement de cap qui s'est produit lors de la troisième législature et qui paraît très correct pour l'auteur cité[19].

### b) Fonctions lors des periodes entre les Pegislatures.

La Constitution Espagnole ne reconnaît pas la continuité parlementaire de façon absolue. Nous avons déjà eu l'occasion de vérifier comment le fonctionnement des Chambres se voit altéré par un premier motif: les périodes de sessions. Il nous incombe maintenant de rappeler que le mandat des parlementaires prend fin quatre ans après leur élection ou le jour de la dissolution de la Chambre (art. 68.4 y 69.6 CE). Les élections auront lieu entre le trentième et le soixantième jour suivant l'expiration du mandat et le Congrès (rien n'a été constitutionnellement établit en ce qui concerne le Sénat) élu devra être convoqué dans les vingt cinq jours suivant son élections (art. 68.6 CE). Il en résulte que le lapse de temps maximum de vacance parlementaire est de 85 jours, délai pendant lequel les Députations Permanentes développent leur activité.

Pendant cette période, les fonctions des Députations Permanentes (en particulier celle du Congrès, considérez que le bicaméralisme espagnol apparaît de nouveau fortement déséquilibré en faveur de cette Chambre) revêtent une importance beaucoup plus grande. En effet, la dissolution ou l'expiration du mandat fait disparaître inéluctablement l'Assemblée Plénière ce qui fait que les Députations Permanentes se retrou-

---

[17] Cela s'est produit évidemment pendant le mois d'août 1990, lorsque l'Irak a envahi le Koweït diverses initiatives ont été entreprises au sein d de la Députation Permanente du Congrès parce que la majorité de celle-ci n'avait pas convenu de convoquer l'Assemblée Plénière. Sur cette question, A.J. SÁNCHEZ NA-VARRO, *La oposición parlamentaria*, Congreso de los Diputados, Madrid, 1997, pages 84–85.

[18] Session de la Délégation Permanente du Congrès du 11 juillet 1985.

[19] LAVILLA, op. cit., page 688.(note de bas de page numéro 135)

vent être le principal (et pratiquement unique) organe parlementaire. Ce sont donc elles qui sont requises lorsque une intervention parlementaire est nécessaire et cela est précisé tout particulièrement à deux reprises: lorsque se produisent les états exceptionnels de l'article 116 et lorsque il s'agit de ratifier ou abroger le Décret-loi. En dehors de ces situations, les Députations Permanentes protègent les pouvoirs des Chambres; plus que ceux du Parlement qui fut et celui qui sera, ceux de la dite institution, permanente, malgré le renouvellement de ses membres.

1. En relation avec les états exceptionnels il faut mentionner l'important noyau d'attributions détenues tout particulièrement par la Députation Permanente du Congrès des Deputés. En effet, comme l'a souligné le professeur CRUZ VILLALÓN[20], le droit de crise dont la Constitution trace les contours est principalement parlementaire. Cette donnée à laquelle s'ajoute l'impossibilité de ressusciter des Parlements consommés par l'expiration du mandat de ses membres ou par la dissolution, conduit la Députation Permanente du Congrès au statut d'organe capable d'assumer les compétences de cette Chambre. Ainsi dispose l'article 116.5 *in fine* de la Constitution dont la teneur est la suivante :

»Si le Congrès a été dissout ou que son mandat a expiré, quand se produit l'une des situations qui donnent lieu à l'un des ces états (alarme, exception et siège) les compétences du Congrès seront assumées par sa Délégation Permanente.«

Cette habilitation de compétences doit être interprétée comme absolument exceptionnelle, compte tenu de la teneur de l'article 116.5 qui précise:

»Il ne pourra pas être procédé à la dissolution du Congrès tant que reste en vigueur l'un des états visés au présent article, les Chambres étant automatiquement convoquées si elles ne sont pas en session. Leur fonctionnement, tout comme celui des autres pouvoirs constitutionnels de l'Etat, ne peut être interrompu durant le maintien en vigueur de ces états«.

En conclusion de cette alinéa nous pourrions dire que la Constitution fait intervenir substantivement les Cortes dans ces mécanismes de défense de la Constitution que sont les états exceptionnels. La possibilité que les Assemblées Plénières de Chambres ne soient pas réunies est relativement sans importance. Si elles peuvent se réunir, elles doivent le faire, sans que cela provoque l'interruption de leur fonctionnement. En cas contraire, l'exigence d'une intervention parlementaire en garantie de la régularité des mesures exceptionnelles reste assurée par les Députations Permanentes, dont la responsabilité se voit, en conséquence, énormément accrue.

2. Relativement aux compétences des Députations Permanentes par rapport aux Décret-lois, nous devons commencer par mettre en évidence que cela concerne essentiellement la Députation Permanente du Congrès du fait que seule cette Chambre détient le pouvoir d'ratifier ou abroger à cette source que le Gouvernement dicte dans les cas d'extraordinaire et urgente nécessité et qui ne touchent jamais aux matières dont l'article 86 CE fait référence.

D'autre part, la Députation Permanente du Congrès se limite à intervenir sur le Décret-loi quand les Chambres ont été dissoutes ou que leur mandat a expiré[21]. En échan-

---

[20] *Estados excepcionales y suspensión de garantías*, Tecnos. Madrid, 1984, page 27.

[21] LAVILLA montre très justement que »cette compétence leur revient même si le Décret-loi avait été promulgué avant l'expiration ou dissolution , chaque fois que , l'une ou l'autre se produit avant le cours des

ge, les cas où l'Assemblée Plénière pourrait se réunir, c'est-à-dire lors des périodes de vacances parlementaires, ne concernent pas son rôle. Telle est la conséquence qui doit être extraite de l'article 86.2 CE qui dispose, se référant à l'homologation ou dérogation du Décret-loi, que le Congrès doit être »convoqué à cet effet au cas où il ne serait pas réuni, dans le délai de trente jours suivant leur promulgation«. Nous avons dans ce cas une convocation automatique avec un ordre du jour également déterminé.

Cependant, suite à la dissolution des Chambres, la CE dispose que la Députation Permanente assumera les compétences qui lui sont octroyées conformément à l'article 86. De même, l'article 57.1 a) du Règlement du Congrès étend le champs de compétences pour ne laisser aucun doute sur le fait que l'on confie »toutes les compétences en relation avec les Décret-lois attribuées au Congrès de Députés par l'article 86 de la Constitution«. Ainsi donc, et en conséquence de ce dernier précepte, les Délégations Permanentes sont habilitées à faire des démarches pour donner cours aux Décrets-lois selon la procédure d'urgence[22].

3. Après avoir examiné les deux fonctions dont l'article 78.2 fait spécifiquement référence, étant présentées comme propres aux Députations Permanentes en cas d'absence irréparable de l'Assemblée Plénière, nous devons à présent examiner s'il est possible de leur attribuer d'autres compétences.

A ce sujet, il faut regarder , pour commencer, si il leur revient de »veiller sur les pouvoirs des Chambres«. La majorité de la doctrine l'affirme puisque cette fonction a une période d'application qui lui est propre, selon la Constitution »quand les Chambres ne siègent pas« et il parait évident qu'une telle situation« intervient tant dans les périodes entre les sessions que dans celles entre les législatures[23]. C'est seulement si l'on défend l'opinion, déjà rejetée, selon laquelle la dissolution ou l'expiration du mandat de ses membres implique la même disparition de l'institution (JIMÉNEZ CAMPO) que l'on pourrait nier la possibilité que les Députations Permanentes puissent exercer cette fonction. Pour soutenir, de plus, la solution affirmative on a montré que l'article 78. 3, établit : »A l'expiration du mandat ou en cas de dissolution, les Députations Permanentes continueront d'exercer leurs fonctions jusqu'à la constitution des nouvelles Cortes Generales«, et que la seule façon de sortir de la plus complète inanité est de l'interpréter comme un essai d'attribuer la fonction de protection aux Députations Permanentes pendant les périodes entre les législatures. C'est la solution d'autre part retenue dans l'article 57 RCD[24].

En considérant, donc, que les Députations Permanentes doivent protéger les pouvoirs des Chambres pendant les périodes entre les législatures nous avons seulement

---

trente jours suivants sa promulgation, le Congrès n'ayant pas adopté de décision à ce sujet. Dans cette situation, il n'y a pas de place, par conséquent, pour une prorogation de la législature, qui n'est admise seulement que dans le cas précisé par l'article 116 de la CE«. »La Diputación Permanente en el Ordenamiento Español«, op. cit., page 691.

[22] Ce qui a été fortement critiqué par la doctrine au motif, parmi d'autres arguments, que ça supposerait de transformer les Députations Permanentes en de vrais organes legislatives. Cfr. en ce sens JIMÉNEZ CAMPO, pages 48–49.

[23] C'est l'opinion entre autre de ALONSO DE ANTONIO, *La Diputación Permanente...*, op. cit., page 184, et LAVILLA RUBIRA, op.cit., page 697.

[24] Qu'avant de préciser les compétences de la Députation relativement à chaque période il dispose comme attribution générique: »il revient à la Députation de veiller sur les pouvoirs des Chambres quand celle ci ne siège pas ...«.

avancé d'un petit pas vers un important problème de délimitation de cette expression. Le problème d'interprétation est, en effet, de premier ordre étant donné que nous nous trouvons face à un concept juridique indéterminé.

En premier lieu, nous devons faire remarquer que ce principe ne peut être interprété de la même façon que lors des périodes d'intersessions. En effet, contrairement à la règle, les principes favorisent des solutions complètement différentes lorsque leur contexte, le système dans lequel ils s'intègrent, se trouvent modifiés. Ainsi nous avons vu précédemment que la capacité des Députations Permanentes de veiller sur les pouvoirs des Chambres entre les sessions devait se concilier avec la position des organes de continuité dans ce lapse de temps et concrètement avec le principe de »centralité« de l'Assemblée Plénière qui devait régir tout au long de la législature comme critère valide de répartition de travaux et fonctions parlementaires. Par conséquent, la fonction de protection et la fonction de convoquer une session extraordinaire étaient quasiment une seule et unique fonction.

La situation diffère notablement au moment où nous y sommes confrontés. Les Assemblées Plénières n'existent pas et la Députations Permanentes sont les seuls organes sur lesquels le Parlement compte. Il est indiscutable que l'expression qui nous préoccupe aura plus d'intérêt que dans le cas que nous venons de rappeler. Mais à quoi concrètement? Jusqu'où la Députation Permanente peut elle aller pour sauvegarder les pouvoirs des Chambres? Est-ce une faculté passive ou seulement réactive? Voilà la grande question que nous devons nous apprêter à examiner.

Veiller sur les pouvoirs des Chambres est une expression qui habilite à sauvegarder ponctuellement la capacité d'action de la Chambre entendue dans son acception la plus traditionnelle de projection vers l'extérieur, concrètement vers le reste des pouvoirs de l'Etat ou des individus, si cela est nécessaire. C'est à dire, à mon avis que, d'une part, dans cette attribution ce qui est relatif à l'administration ordinaires du Parlement n'est pas inclus[25]. S'occuper des actes de gestion n'est pas protéger les pouvoirs de la Chambre mais l'existence de cette dernière, qui ne peut subsister sans exercer une prise constante de décisions dans ce domaine. Il est naturel que la Chambre puisse s'occuper de la gestion de ses affaires internes puisque dans le cas contraire sa propre existence s'en trouverait compromise. Il s'agit donc, d'un domaine fonctionnel qui se confond pratiquement avec la propre reconnaissance de l'organe, sans que, en conséquence, un titre de compétences spécifiques ne soit requis pour les exercer. On peut en dire autant de l'obligation de transmettre à la nouvelle Chambre tous les dossiers reçu pendant cet intérim. La seule création d'un organe de continuité suppose ce devoir[26]. Observer la »fonction de surveillance« dans sa dimension extérieure nous conduit, dans un deuxième temps, à établir comme champs d'application des compétences, constitutif et propre, la protection de la position constitutionnelle des Chambres[27]. Nous devons ici réin-

---

[25] Position contraire J.J.PÉREZ DOBON, *Les activités parlementaires après la dissolution de la Chambre: la Deputation Permanente espagnole,* Informations constitutionnelles et parlementaires, núm. 137, 1984, page 33 et LAVILLA RUBIRA, op. cit., page 698.

[26] Position contraire LAVILLA, op. cit., page 703. Cet auteur nous explique comment est adopté l'accord de transmission.

[27] On est assez forcé d'interpréter comme le fait J.A. ALONSO DE ANTONIO identifier protéger les pouvoirs des Chambres avec la »ordinaria amministrazione« propre de le comportement du Gouvernement en fonction. *La Diputación Permanente...,* op. cit., page 185.

terpréter l'alinéa final de l'article 78 écartant tout synonymie entre pouvoirs et fonctions. Avant tout, nous devons indiquer que la Députation Permanente protège ainsi les pouvoirs des Chambres lorsqu'elle empêche qu'il soit porté atteinte à la situation constitutionnelle du Parlement. Plus clairement la capacité que cette fonction attribue aux Députations Permanentes est essentiellement »défensive«; et marche comme une garantie permettant qu'il ne soit causé aucun dommage à la situation constitutionnelle des Cortes. L'objet protégé que le principe indique est la »situation constitutionnelle« des Cortes et non des »fonctions« ordinaires que celles ci ont de reconnu[28]. C'est à dire, l'obligation de protéger les pouvoirs des Chambres ne peut conduire, par exemple, les Délégations Permanentes à un exercice continu de la fonction de contrôle sur le Gouvernement, mais à contrôler ce dernier au cas où se produirait un événement très important. Dans ce cas, à en n'exerçant pas ses fonctions de contrôle, ce n'est pas elle qui s'asphyxie mais la propre situation de l'organe représentatif[29]. Que défendent ainsi les Délégations Permanentes? A notre avis, elles défendent la permanence de quelques principes qui ne sont entièrement reconnaissables que dans le milieu où ils sont nés; elles défendent le fait que certaines décisions dans la vie de l'Etat doivent être prises contribuant à la volonté de l'organe qui intègre majorité et minorité (bien que sa représentativité soit atténuée) et que l'on se mette d'accord avec les mêmes principes que l'Assemblée Plénière, en particulier la transaction, le compromis et la publicité.

La défense de la situation constitutionnelle atteindra aussi la conservation des éléments de définition du système de Gouvernement dans lequel notre Parlement occupe une place centrale.

A la lumière du contenue de l'objet protégé nous pouvons tenter une systématisation des actes couverts par la fonction visant à protéger les pouvoirs des Chambres.

1. Veiller sur les pouvoirs des Chambres comme défense de sa situation constitutionnelle *stricto sensu*.

a) Veiller sur les pouvoirs des Chambres implique évidemment la défense de l'inviolabilité qui lui est propre (art. 66.3) ainsi que celle de ses membres. Ainsi le Président de la Chambre comme le Président de la Délégation Permanente pourrait faire usage de l'article 12 RCD[30].

b) Veiller sur les pouvoirs des Chambres implique pouvoir amener un conflit devant le Conseil constitutionnel (art. 73 LOTC[31]) quand elle estime qu'un autre organe

---

[28] Cependant, comme il est observable nous suivons un terrain certainement aveugle parce que c'est en bonne partie fictif de distinguer entre la situation constitutionnelle et le champs d'action d'un organe qui sont des éléments qui portent la cause l'un de l'autre.

[29] LAVILLA, exprime avec clarté cette idée: »dans n'importe quel cas, ›protéger les pouvoirs des Chambres‹ c'est aussi porter à la connaissance l'institution parlementaire dans la vie politique, évitant qu'elle ne soit laissée de côté par l'opinion publique comme conséquence de sa passivité face aux événements importants«, op.cit. page 701.

Qu'est ce que l'on gagnera dans le cas contraire? A quoi cela sert il d'établir une trêve parlementaire absolue quand le débat va suivre se produisant par le biais des moyens de communication? Ca ne sert qu'à écarter le débat politique de son propre lieu.

[30] Art. 12 RCD: »Le Président du Congrès, une fois connue la détention d'un Député ou toute autre procédure judiciaire ou gouvernementale qui pourrait faire obstacle à l'exercice de son mandat, adoptera de façon immédiate toutes les mesures nécessaires pour sauvegarder les droits et prérogatives de la Chambre et de ses membres«.

[31] Ainsi J. BERMEJO VERA, »La función resolutoria de los conflictos constitucionales negativos por parte del Tribunal Constitucional«, AA.VV, *El Tribunal Constitucional*, vol. I, IEF, Madrid, 1981, page 596,

est en train d'exercer ses propres attributions[32]. Il faut considérer d'un autre côté que le champs de compétences qui demande la protection n'est pas celui des Cortes Generales mais celui du Parlement pendant cette période, qui est celle des Députations Permanentes[33].

c) Il faut se demander s'il revient à la Députation Permanente en accord avec cette attribution d'autoriser l'inculpation ou la mise en accusation d'un de ses membres conformément à l'article 71.2[34]. La pratique du Congrès, comme l'affirme et le soutient LAVILLA, a rejeté cette possibilité[35] assumant que le retard dans la faculté de poursuivre la conduite pouvant être pénalement sanctionnée des parlementaires n'est pas si important au point d'étendre jusqu'à ce point la compétence de la Députation Permanente. Cependant, à notre avis, la solution la plus adéquate passe par le fait d'admettre que la Députation Permanente fasse des démarches pour autoriser la mise en accusation des ses membres[36]. Elle protégera ainsi les pouvoirs de la Chambre, conservant son inviolabilité, non comme un privilège mais comme la garantie de son bon fonctionnement[37].

2. Veiller sur les pouvoirs des Chambres comme garantie de l'équilibre des pouvoirs au sein de notre système parlementaire

En ce sens l'attribution de veiller sur les pouvoirs des Chambres empêche que ces décisions (en particulier celles liées à la nécessité et à l'urgence dans leur différents degrés) qui dans des circonstances normales exigent une intervention parlementaire étant toujours renvoyées à cet organe, incarné alors par les Députations Permanentes (ces décisions n'étant pas susceptibles d'être ajournées. Si elles l'étaient nous serions en train de rendre vulnérable le principe selon lequel les décisions doivent toujours être

---

(note pied de page num. 34). La même opinion soutenue R. PUNSET BLANCO, Voz »Diputación Permanente de las Cámaras«, *Enciclopedia Jurídica Básica, T.II*, Cívitas, Madrid, 1995, page 2503. De même LAVILLA qui indique de plus que les Députations peuvent décider »s'approche de la présence ou non de celles ci dans les procédures de contrôle de constitutionalité des lois dont le commencement leur est communiqué à cette fin par le Tribunal Constitutionnel« ainsi comment adopter »l'accord qui est qualifié de Traité ou Convention internationale est renvoyé par le Gouvernement aux Cortes Generales par application de l'article 94.2 de la CE interprété dans une des suppositions de l' alinéa 1 de l'article 94 de la CE«. Op. cit., pages 698–699.

[32] Il reste à dire sur ce sujet que la plus grande faiblesse fonctionnelle d'un organe le rend plus susceptible de souffrir de limitations extrêmes de ses compétences. D'où la nécessité pour ces organes d'une plus grande protection. Ce critère nous conduit à assouplir les inconvénients potentiels qui peuvent se présenter au moment d'admettre sa légitimation.

[33] Le fait que ne soit pas établi un délai pour faire appel dans ce conflit ne le rend pas transmissible à la Chambre suivante parce que le champs de compétences affecté n'appartient pas à celle ci. La procédure à suivre dans ce cas est prévue à l'article 73 LOTC, procédure dans laquelle L'Assemblée Plénière ,dans ce cas de la Députation Permanente, est l'organe décisionnel.

[34] Celle ci était une attribution des Députations Permanentes dans la Constitution du 2[eme] République dont l'article 62 indiquait entre autre chose : »Cette Députation aura pour Président celui qui le sera celui du Congrès et comprendra: (...) 3. Sur la détention et procédures des Députés«.

[35] LAVILLA, op.cit., pages 708–710.

[36] La doctrine espagnole a admit cette possibilité sous peine d'offrir un sauf-conduit en matière pénale de deux mois et demi aux membres des Députations Permanentes PÉREZ DOBÓN (op. cit., page 30) suivi de très près par P. MELLADO, *El problema de la continuidad del Parlamento: la Diputación Permanente*, RDPol, núm. 27–28, 1988, page 64. De même soutient cette possibilité A. BAR CENDÓN, *La disolución de las Cámaras Legislativas en el Ordenamiento Constitucional Español*, Congreso de los Diputados, Madrid, 1989, page 256.

[37] Cette possibilité a été celle qui a été introduite dans la Norme 7 de Procédure de 1979.

prises par l'organe le plus représentatif par préférence à celui qui est le moins représentatif ainsi que le principe de ne pas compromettre inutilement le travail de l'organe successeur.) Le contraire serait une dénaturalisation absolue du système et une lésion non équivoque de la situation constitutionnelle attribuée aux Cortes Generales. Dans cet alinéa nous devons mentionner tout particulièrement:

a) La réception du rapport extraordinaire du Défenseur du Peuple (Ombudsman). Il est important de montrer comment la Loi Organique régulatrice de cette institution a normalisé le principe dont il est fait référence puisqu'elle établit que »quand la gravité ou l'urgence des faits le conseillent, il pourra présenter un rapport extraordinaire, qu'il envoiera aux Députations Permanentes des Chambres, si celles ne siègent pas« (art. 32.2).

b) La déclaration de guerre o la conclusion de paix doivent être autorisées par les Cortes Generales (art. 63.3 CE) et par conséquent par les Députations Permanentes agissant à leur place[38].

c) De plus, il reviendrait aux Députations Permanentes[39], en cas d'absence des Assemblées Plénières, de prendre ces décisions reconnues par les articles 59.2 y 3 CE relatives à la impossibilité pour le Roi de poursuivre l'exercise de ses fonctions. Il s'agit, bien évidemment, de facultés exceptionnelles qui ne peuvent trouver une justification que dans la doctrine de l'urgence prise en son sens le plus strict[40].

d) Il appartiendrait à la Députation Permanente du Sénat la compétence octroyée à la Chambre Haute par l'article 155.1 lorsqu'une Communauté Autonome néglige la sommation du Chef du Gouvernement l'incitant à remplir les obligations constitutionnelles ou légalement établies ou à cesser son atteinte à l'intérêt public d'Espagne[41]. En faveur de cette attribution on peut signaler le fait que la Constitution a laissé à la Députation Permanente l'adoption des mesures exceptionnelles prévues par l'article 116 et bien qu'une application par analogie ne soit pas très adéquate lorsque l'on traite de ce genre de questions, elle me semble applicable dans le cas présent étant donné qu'aucune autre solution plausible ne soit offerte si la nécessité d'agir est réellement urgente.

e) De même, ce serait la Députation Permanente du Sénat qui aurait à prendre un accord favorable pour que le Conseil des Ministres puisse dissoudre les organes des Corporations Locales (art. 61 LRBRL)[42].

---

[38] LAVILLA, op. cit., page 706. Cfr. de même J.A. ALONSO DE ANTONIO, op. cit., page 185 y F. SANTAOLALLA LóPEZ, *Derecho parlamentario español,* Espasa Universidad, Madrid, 1990, page 196.

[39] Dans ce cas en session conjointe c'est déjà une attribution qui de cette manière doit permettre l'application de l'article 74.1 CE en vertu duquel »Les Chambres se réuniront en session conjointe pour exercer les compétences non législatives que le Titre II attribue expressément aux Cortes Generales«. Dans le même sens LAVILLA RUBIRA, op. cit., page 669.

[40] De nos jours, la solution est aussi soutenue par A. PASCUAL MEDRANO, *La Regencia en el Derecho constitucional español,* Centro de Estudios Políticos y Constitucionales, Madrid, 1998, pages 337–339. Avant l'apport cité PÉREZ DOBÓN adhérait déjà à l'idée d'une intervention des Députations Permanentes en cas de nécessité, op. cit., page 33; J.A. ALONSO DE ANTONIO, op. cit., page 187; LAVILLA, op. cit., page 706; y SANTAOLALLA, op. cit., page 196.

[41] PÉREZ DOBÓN, op. cit., page 33, J.A. ALONSO DE ANTONIO, op.cit., page 187, LAVILLA, op. cit., pages 706–707 et I. ALOS MARTÍN, *La Diputación Permanente en la Constitución Española*, RCG, núm. 18, 1989, page 60.

[42] Les quatre dernières attributions, qui peuvent être exercées puisque l'article 78.2 n'est pas exhaustif, n'entrent pas dans le cadre de la fonction de »veiller sur les pouvoirs des Chambres« selon LAVILLA. Pour

f) En dernière instance, LAVILLA affirme la faculté de la Députation Permanente du Congrès d'accuser les membres du Gouvernement pour trahison ou tout autre délits contre la sûreté de l'Etat (art. 102.2 CE) si c'était nécessaire[43]. Au cas où cette possibilité était admise il faudrait affirmer son caractère absolument exceptionnel, imaginable seulement lorsque la Chambre estimerait que la sûreté même de l'état (dans son sens le plus strict) exige une intervention judiciaire immédiate pour la sauvegarder. Ce n'est que dans un tel cas que l'on aurait recours à cette solution.

En conclusion, reprenant, donc, tous les éléments de définition que nous venons d'ébaucher, nous trouvons que la fonction de veiller sur les pouvoirs des Chambres a pour objet de défendre sa situation constitutionnelle. Il est question ainsi d'un principe caractérisé par un résultat sans préciser quels sont les moyens à employer. Pour cela, en plus de son inaction[44], il ne faut écarter le fait que sa réalisation passe par l'exercice de certaines fonctions qui ne sont pas strictement interdites. Il s'agirait en tout état de cause d'un exercice »ponctuel« de fonctions »nécessaires« dans le sens de non susceptibles d'être »ajournées«[45]. C'est à dire, à selon moi, sous peine de dénaturer complètement la dissolution elle même ou l'expiration du mandat, on ne peut admettre dans la sphère fonctionnelle des Députations Permanentes une autre fonction qui ne soit pas considérée comme nécessaire, premièrement pour la conservation du Parlement, pour l'équilibre du système, deuxièmement ou finalement, pour que le citoyen puisse connaître de façon adéquate quelles sont les agissements du Gouvernement dans les matières non susceptibles d'être ajournées (non pas dans un sens absolu mais dans la mesure où si l'intervention parlementaire était ajournée l'institution, dans sa situation constitutionnelle, en serait fortement affectée)

---

cet auteur, il serait question de pouvoirs implicites déduits »à partir non pas tant de son interprétation extensive ou de son application par analogie mais plutôt de la nécessité ›de rendre cohérent le système législatif, qu'il faut considérer comme répondant à un ordre de cause plutôt qu'à une causalité aveugle‹. L'attribution de compétences ne serait pas, comme on l'a prétendu, celui de ›protéger les pouvoirs des Chambres‹ – puisqu'il s'agit de fonctions que dépassent notablement leur champs d'application –, mais se trouverait, plutôt, dans les ›structures et relations créées par la Constitution dans toutes ou certaines de ses principales parties‹. Op. cit. page 704. Cette interprétation n'est pas acceptable car elle ne justifie pas suffisamment son argument principal. Comment les fonctions constitutionnellement assignées aux Chambres peuvent elles *dépasser notablement* leur champs d'application? Notez que l'habilitation constitutionnelle n'est pas limitée à »protéger les pouvoirs *ordinaires* des Chambres«.

[43] Op. cit., page 708.

[44] ALOS dit, en première instance, que les Députations Permanentes veillent sur les pouvoirs des Chambres »en se limitant à prendre des notes des événements qui se produisent – ce qui à son avis signifie une limitation ou réduction des dits pouvoirs – l'excluant dans la remises de notes pour que, lorsque la Chambre se constitue, elle prenne les mesures qu'elle considère comme opportunes« . Cfr. *La Diputación Permanente…*, op. cit., page 56. De même MANZELLA met en évidence dans la passivité de la Députation Permanente, le caractère qui définit le plus sa situation juridique: »(…) la fonction de garantie que remplie la Députation Permanentes ne s'exprime pas tant à part ça, par les pouvoirs notables que lui attribue la Constitution (…) La garantie consiste bien plus en ce qui n'est pas fait, en les pouvoirs non détenus et dont l'intangibilité en faveur de la future Chambre ou ›en vacances‹ garantit par sa seule existence constitutionnelle«. A. MANZELLA, »Las Cortes en el sistema constitucional español« en E. GARCÍA DE ENTERRÍA y A. PREDIERI, dir., *La Constitución Española de 1978*, Cívitas, Madrid, 1980, page 495.

[45] En ce sens ALONSO DE ANTONIO, op. cit., page 187–188. Le critère de l'impossibilité d'ajourner était présent pour caractériser les compétences de la Députation Permanente pendant les périodes de vacance dans le Règlement provisoire du Congrès (art. 41.2)

3. Les Députations Permanentes ont elles la capacité de contrôler les Gouvernement pendant les périodes entre les législatures? Peut-on déduire en faveur de ces dernières une fonction comparable à celle qui dans ce sens s'exerçait par application de l'ancien article 45 de la Loi Fondamentale de Bonn? La fonction de contrôle parlementaire est une fonction qui identifie le Parlement et le système dans la mesure où elle le protège contre tout type d'abus du Gouvernement. L'exercice de cette fonction par les Députations Permanentes (supposant évidement la capacité de poser une motion de censure ou de le soumettre à une question de confiance qui ne tombent pas en absolu) peut se poser de la façon suivante. En premier lieu, on peut estimer que la fonction de contrôle ne peut s'exercer de manière générale par les Députations Permanentes. Ni avant les élections, parce que cela ferait présumer une influence indubitable sur le processus électoral, ni après, puisque le reste de représentativité qui leur restait aurait alors disparu. Défendre l'inexistence de la fonction de contrôle dans le sens large serait, cependant compatible avec le maintien de l'admissibilité de certaines initiatives (questions, interpellations, etc.) en cas d'urgence et d'intérêt général cas pour lequel l'opinion public ne peut attendre jusqu'à la constitution des nouvelles Chambres[46].

En sens contraire, il faut signaler que le système parlementaire ne tolère pas tout le contrôle exercé par las Chambres sur la Gouvernement décline et que étant donné qu'il ne faut pas le renverser, une surveillance minimale doit être maintenue[47]. Pour cette théorie, la fonction même de contrôle parlementaire (même si elle ne porte pas sur tous ses instruments) serait indéfectible et pour cela elle doit continué à être exercée par un organe indéfectible[48].

Le problème de cette théorie est que dans son fondement il est démontré qu'elle n'a pas pu cessé d'être considérée durant le processus d'élaboration de la Constitution. Pour cela, nous devons affirmer que la CE ne conçoit pas que les Députations Perma-

---

[46] LAVILLA nie le fait que les Chambres puissent, après leur dissolution, continuer à se valoir des questions, des interpellations ou des sessions informatives sauf si l'initiative appartient au Gouvernement lui même et sur tout »quand un événement extraordinairement important a lieu et exige une réponse immédiate des forces politiques parlementaires, au risque d'entraîner un potentiel effondrement de l'équilibre constitutionnel des pouvoirs –concepts juridiques indéfinis à interpréter quand le moment de décider s'approche de l'admission des formalités de demande de convocation de la Délégation«. Op. cit., pages 699–700. d'autre part, signalons que la doctrine italienne est amplement favorable à l'admission des interpellations et questions dans le cadre fonctionnel de la Chambre en *prorogatio* et que dans la pratique on a évolué vers son admissibilité à partir de la IX et X législature. Cfr. PISANESCHI, *Prorogatio delle Camere...,* op. cit., pages. 126–130.

[47] MANZELLA en Italie a défendu clairement cette théorie rappelant que la fonction de contrôle »non possono venir meno senza squilibrare l'ordinamento dei poteri statali. La logica dei contropoteri non sopporta nemmeno un giorno di vacanza«. Cit. por MARINI, *Il principio di continuità degli Organi Costituzionali,* Giuffrè, Milán, 1997, page 162 (note de bas de page n 85)

[48] »La figure de la Députation Permanente s' inscrit dans le cadre général du système parlementaire, c'est l'institution qui évite l'interruption du contrôle du législatif sur l'exécutif, une fois que la législature est épuisée, période pendant laquelle elle joue réellement son rôle. Sans institution pour contrôler l'activité – ou certaines activités spécifiques–du Gouvernement dans les périodes indiquées, ou en cas d'absence de pratiques politiques orientées en ce sens, l'exécutif disposerait d'une capacité d'action politique et juridique dont l'usage pourrait être préjudiciables pour les droits du législatif, l'équilibre du système parlementaire dans ce cas, s'en trouverait affecté, puisque un aspect que Loewenstein a appelé contrôles inter-organiques du parlement sur son Gouvernement serait cassé«. A. MONREAL FERRER, »Notas sobre las Diputaciones Permanentes del Congreso y del Senado en la Constitución Española de 1978«, en *Parlamento y sociedad civil,* Universidad de Barcelona, Barcelona, 1980, page 163.

nentes exercent en toute normalité les moyens ordinaires de contrôle[49], bien que si son action éventuelle est laissée ouverte quand l'alternative serait une dévalorisation du rôle que l'institution doit jouer dans un système parlementaire[50]. Quoiqu'il en soit, nous devons souligner le manquement manifeste de la norme constitutionnelle sur cet aspect. Notre texte constitutionnel, des plus exhaustif au sujet de certains aspects relatifs à la forme de Gouvernement, ne prend pas parti relativement au thème du contrôle, une fonction si hétérogène, interdisant seulement une capacité générale, comme nous l'avons retenu, mais laisse à l'interprète la tache de préciser quand sont donnés les supports qui garantissent la faillite de la règle générale pour défendre la situation constitutionnelle de l'organe et cela revient à en laisser trop en suspens[51].

4. Nous ne pouvons conclure sur les fonctions des Députations Permanentes, sans remarquer que la dernier alinéa de l'article 78 les oblige à rendre compte aux nouvelles Chambres des sujets traités et des décisions adoptées. Cette prévisions, seulement applicable pendant les périodes intermédiaires entre les législatures, est totalement en adéquation avec la nature de cette institution, comme garante de la position constitutionnelle du Parlement. Est ainsi remplie, finalement, une importante mission de broderie symbolique(de transmettre le flambeau a t'on dit) qui témoigne de l'unité de l'institution et plus encore de la variabilité de ses membres occasionnels.

---

[49] Ainsi comme ces actions non plus qui ne trouvent pas leur fondement dans cette fonction comme c'est le cas, par exemple, pour les demandes d'information prévues par l'art. 7 RCD. Cfr. J. CANO BUESO, *El ›derecho de acceso a la documentación‹ de los Diputados en el Ordenamiento Parlamentario Español*, Congreso de los Diputados, Madrid, 1996, *passim*.

[50] SANTAOLALLA indique: »on ne peut non plus interpréter l'article 78.2 comme une interdiction d'exercer les instruments parlementaires d'information ou inspection comme les questions et interpellations faites au Gouvernement, etc. Sans doute, cela devra s'effectuer seulement dans les cas non susceptible d'être ajournées et avec toutes les adaptations requises par la nature et les caractéristiques des organes en cause. Mais rien ne les empêche de réclamer la comparution du Gouvernement pour renseigner sur des sujets de sa compétence et répondre aux questions qui lui sont formulées. Sinon, la faculté de protéger les pouvoirs des Chambres partirait en eau de boudins et l'exercice des fonctions expressément attribuées seraient plus difficile. Ainsi donc, par exemple, avec quelle responsabilité la Délégation Permanente pourrait elle autoriser une prolongation de l'état d'exception, si il n'y avait pas un procédure pour exiger une information du Gouvernement sur l'opportunité de cette mesure?«. Op. cit., page 196.

[51] Nous avons fait remarquer qu'il était question du problème avec plus d'importance pratique de l'organe que nous étudions. Ainsi, on a pu en effet le voir après la dissolution des Chambres en janvier 1996. Dès le début, deux groupes de l'opposition parlementaire ont tenté, sans y arriver, de forcer la comparution devant la Députation Permanente du Chef du Gouvernement alors en fonction pour qu'il réponde de »l'affaire GAL« (participation de l'Etat dans la sale guerre contre l'ETA). Quelques jours après (le 23 janvier 1996), l'annonce du procès de J. Barrionuevo, ex-ministre de l'intérieur, a intensifié la polémique sans que l'on consente à faire droit non plus à la prétentions des requérants. Cfr. Quotidien »El Pais«, 15, 16, 18, 19, 24 et 25 janvier 1996. A mon avis, coïncident avec celui de LAVILLA (qui juge de manière identique deux précédents antérieurs, op. cit., pages 699–701) si la capacité de contrôle ordinaire ne peut s'interpréter comme comprise dans les capacités de protéger les pouvoirs des Chambres, comme il a été dit, et bien il me semble que cette fonction abrite le désir de conserver la situation de la Chambre dans l'équilibre des pouvoirs, situation qui se verrait nettement diminué si un sujet de cette importance se développait entièrement à l'extérieur du Parlement. L'argument disant que de la dissolution servirait en fait à peine de mécanisme de maintien du Parlement ne peut être en aucun cas accueilli favorablement puisque nous avons déjà vu comment celle ci a perdu son caractère d'instrument de sanction. La dissolution consiste principalement à offrir à l'électorat une nouvelle possibilité de sortir de l'impasse. En ce sens, on peut remarquer une nouvelle progression dans une évolution qui a commencé par priver de sens les périodes de sessions pour finir par dénaturer quasiment la dissolution.

# IV. Conclusions

La Députation Permanente dans la CE de 1978 n'est pas une institution qui a éveillé beaucoup d'enthousiasme ni beaucoup de polémique. Une telle »apathie« s'explique par l'importance de certaines »expériences« que la Constitution était en train d'ébaucher (tel est le cas de L'Etat autonome) mais une telle froideur n'empêche pas la curiosité pour recevoir une institution qui en 1931 a été considérée comme »l'une des plus intéressantes de la nouvelle constitution«[52].

Parce que, en effet, la singularité des Députations Permanentes en tant que mécanisme de continuité parlementaire est considérable. On la considère constitutionnellement comme un organe parlementaire possédant des caractéristiques spécifiques, moins représentative par rapport au Parlement dont le statut garantit cette représentativité, elle exerce sa fonction pendant les deux périodes, entièrement identifiables, pendant les périodes où les Chambres ne siègent pas: les périodes entre les sessions et les périodes entre les législatures. Cela est réellement un élément de distorsion pour comprendre la fonctionnalité et la situation constitutionnelle de l'organe dans la mesure où les périodes apparaissent comme des lapses de temps difficile à encadrer sous cette optique.

Avec tout ceci nous devons mettre en relief que les besoins d'un plus grand effort conceptuel sont les fonctions de cet organe. Pratiquement toutes les thèses sont en principe plausibles, depuis la maximaliste qui conçoit avec générosité l'expression »veiller sur les pouvoirs des Chambres« jusqu'à celle de ceux qui voient en elle un excès de rhétorique sans grande importance significative. Nous avons tenté de nous déplacer ici sur un plan, partant de la signification extraite de la reconnaissance constitutionnelle de l'institution, pour l'imbriquer avec des principes plus profonds et enracinés de notre parlementarisme. En définitive, nous avons tenté d'extraire des conclusions d'une analyse dans laquelle en allant plus loin que l'institution de départ on retrouve les règles concrètes qui marquent la dynamique entre le Parlement et le Gouvernement, aussi opérationnelles, avec certaines corrections, pendant les périodes où la Députation Permanente exerce ses fonctions.

---

[52] J. TOMÁS VILLAROYA, *Breve historia del constitucionalismo español,* Madrid, CEC, 1987, page 129.

# Der Bereich der Regierung in der spanischen Verfassungsordnung

von

## Dr. José Mª Porras Ramírez

Professor für Verfassungsrecht, Universität Granada, Spanien[*]

## Inhalt

## 1. Die Stellung der Regierung in der Verfassung und der Rang des Regierungspräsidenten

Art. 97 Spanische Verfassung (SV)[1] leitet die Bestimmungen über den Titel IV SV ein, der die Regulierung „Über die Regierung und die Verwaltung" beinhaltet. Allgemein anerkannt ist, dass Art. 97 SV nicht nur unmittelbar das Ziel hat, die Hauptaufgaben und die grundsätzlichen Befugnisse der üblicherweise sogenannten „Exekutive" zu beschreiben oder aufzuzählen, sondern dass im wesentlichen auch die Stellung der Regierung in der Verfassung bestimmt wird, weil Art. 97 SV Definitionscharakter hat und als Auslegungskriterium fungiert. Man kann daher Art. 97 SV als Hauptbaustein für die Gestaltung der Regierungsform betrachten, der „parlamentarischen Monarchie" (Art. 1.3 SV), die der Verfassungsgeber vorgibt[2].

---

[*] Übersetzt von Dr. *Stefan Riechert* und vom Autor redigiert.
[1] Art. 97 SV lautet: Die Regierung leitet die Innen- und Außenpolitik, die Zivil- und Militärverwaltung und die Verteidigung des Staats. Sie übt die Exekutivfunktion und die Verordnungsgewalt gemäß der Verfassung und den Gesetzen aus.
[2] Siehe dazu umfassend *I. de Otto y Pardo,* „La posición constitucional del Gobierno", in DA, Nr. 188,

Diese Stellung, gerade weil sie so stark und außergewöhnlich ist, verträgt sich schlecht mit dem immer wieder genannten Bild, das die Grundordnung aufgrund des „parlamentarischen Monismus" prägt. Dieser Monismus bedeutet, dass allein vom Parlament als dem unbestrittenen Zentrum des politischen Systems die Handlungsvorgaben ausgehen. Deshalb muss die Regierung sie beachten, weil sie ein vom Parlament beauftragtes Organ ist[3]. Die Stellung der Regierung in der spanischen Verfassung ist jedoch anders. Sie hat eine unabhängige Position, die sowohl organischer als auch funktioneller Art ist. Es ist das Ergebnis der historischen Wandlungsprozesse um die Bildung der parlamentarischen Regierungsform. Sie erscheinen nicht nur in Form der normativen Rationalisierung, die zwischen den Kriegen begann[4], sondern mehr noch dort, wo sich das wesentliche Konzept der Regierung verändert hat. Daher ist man der Meinung, dass sich der Schwerpunkt der Macht vom Parlament zur Regierung verlagert, weil sie das geeignetste Organ für die politische Führung im Staat ist[5].

Diese Rolle der Regierung, die sich auch öfter in den nach dem zweiten Weltkrieg ausgearbeiteten Verfassungen zeigt[6], ist von der Institution des Staatsoberhauptes zu trennen. Die Regierung hat sich daher gewandelt und bildet nun ein „Leitungsorgan für das Parlament"[7]. Man spricht deshalb von einer neuen normativen Charakterisierung, da sie eigene Kompetenzen erworben hat. Dagegen hatten im 19. Jhd. in der Epoche des liberalen Konstitutionalismus allein die Regierungen abgeleitete Kompetenzen, die dem britischen Modell der parlamentarischen Monarchie folgten. In dieser Zeit war die Regierung nur ein rein ausführendes Organ des Parlaments. Diese Kompetenzen bestehen weiterhin. Sie bilden aber nicht mehr den Schwerpunkt. Er liegt bei den eigenen Kompetenzen, die heute die Regierung charakterisieren. Sie umfassen die Rolle als politisches Führungsorgan im Staat. Daraus ergibt sich die Rolle der Regierung, die das Zentrum für Richtung und Impuls des Staatshandelns ist[8].

---

1980, S. 139–181, insbesondere S. 176ff. *L. López Guerra*, „La posición constitucional del Gobierno", in VVAA, „„Gobierno y Administración en la Constitución española", Madrid, Dirección General del Servicio Jurídico del Estado, Vol. I, 1988, S. 15–33.

[3] Zu einer Analyse seiner historischen Entwicklung unter Erklärung der Gründe, die zu der Ansicht führten, die Regierung als reine Exekutive anzusehen, siehe *L. Sánchez Agesta*, „Poder ejecutivo y división de poderes", REDC, Nr. 3, 1981, S. 9–42; insbesondere S. 15ff.; und auch *L. López Guerra*, „La posición constitucional del Gobierno, aaO.; S. 15ff.

[4] Zum Konzept der „Rationalisierung des Parlamentarismus", siehe die klassische Untersuchung von *B. Mirkine-Guetzévitch*, „Nouvelles tendences du Droit constitutionnel". (1928). Spanische Übersetzung, Madrid, Reus, 1934, S. 11–17.

[5] *U. Scheuner*, „Der Bereich der Regierung" (1952), in „Staatstheorie und Staatsrecht. Gesammelte Schriften". (Hrsg.: J. Listl & W. Rüfner), Berlin, Duncker & Humblot 1978, S. 455ff. Auch *E. Friesenhahn*, „Parlament und Regierung im modernen Staat", VVDStRL, 16 (1958), S. 9ff.

[6] *B. Mirkine-Guétzévitch*, „Les Constitutions europeéns". Paris, PUF, 1951. Erster Band, S. 69ff. Im Gesamtzusammenhang mit der Entwicklung der parlamentarischen Regierungsform, *C. Mortati*, „Lezioni sulle forme di Governo", Padua, Cedam, 1973, S. 223ff.

[7] *L. Elia*, „Governo (forme di)", in Enciclopedia del Diritto, Vol. XIX, Milano, Giuffré, 1970, S. 19–25.

[8] Aus vergleichbarer Sicht kann man eine vollständige Betrachtung der gesamten Umwandlungen verfolgen in *S. Ceccanti*, „La forma di governo parlamentare in transformazione", Bologna, Il Mulino, 1997, S. 98ff. und S. 81ff.

Die besondere Position der Regierung erklärt sich allein durch die normative Verfassung, weil die Regierung dort ihre demokratische Legitimation findet, anders als in der Zeit der konstitutionellen Monarchie als die Regierung hauptsächlich durch den Willen des Königs geprägt war[9]. Dadurch dass sich das Demokratieprinzip vollständig ausgebreitet hat und eine Projektion der Souveränität des Volkes in der Verfassungsordnung ist, stellt es die ausschließliche Grundlage für die gesamte Staatsgewalt dar.(Art. 1.2. SV)[10]. Deshalb kann man die Eigenschaft der Regierung als ein repräsentatives Organ mit dem des Parlaments vergleichen, und sie, auch wenn es nur indirekt ist, durch den Willen des Volkes verankert sehen[11]. Es besteht aber gerade auch der auffallende Unterschied, dass die Regierung die Mehrheit repräsentiert, und nicht auch zugleich die Minderheiten, wie es beim Parlament der Fall ist, das der deutlichste Ausdruck für den Grundwert des politischen Pluralismus (Art. 1.1 SV) in der demokratischen Verfassung ist und daher den Zentralpunkt oder das Zentralelement des politischen Systems bildet[12].

Insgesamt ist aber die Regierung nicht mehr dem König unterworfen, höchstens der Kontrolle durch die Kammern; ebensowenig ist die Regierung, um einen klassischen Satz von W. Bagehot zu benutzen, ein rein „ausführendes Komitee eines allmächtigen Parlaments"[13], das tendenziell wie in einem Konventsystem auftritt. Sie ist dagegen ein Organ mit einem strukturierten Profil und eigenen Funktionen und deshalb auch davon verschieden. Sie ist demokratisch legitimiert und vom Vertrauen des Parlaments abhängig. Dies erklärt den unmittelbaren institutionellen Charakter des Organs, weil es seine Existenz der Verfassung selbst und nicht dem Willen eines anderen Organs verdankt. Dies zeigt sich an den grundlegenden Regelungsprinzipien bei der Zusammensetzung, der Funktion und den Befugnissen, insbesondere in den Titeln IV und V der spanischen Verfassung[14]. Aufgrund ihrer derartigen Stellung „superiorem non recognoscens", die sie in ihrem Handlungsbereich einnimmt, kann man sie als Spitze der Staatsorganisation zusammen mit den übrigen Organen, die einen gleich hohen Rang einnehmen, betrachten[15]. Deshalb zählt Art. 59.3 des Organgeset-

---

[9] Zu dieser langen verfassungsgeschichtlichen Periode und der Besonderheit der „konstitutionellen Monarchie im liberalen Europa" (ca. 1830-ca. 1919), *J.M. Porras Ramírez*, „Principio democrático y función regia en la Constitución normativa", Madrid, Tecnos, 1995, S. 87–121.

[10] Zum Demokratieprinzip als einem strukturellen und materiellen Prinzip, das sich in der Organisation der Staatsgewalten zeigt, *E.-W. Böckenförde*, „Demokratie als Verfassungsprinzip" (1987), in „Staat, Verfassung, Demokratie", Frankfurt am Main, Suhrkamp, 1991, S. 298ff. In der spanischsprachigen Literatur, *M. Aragón Reyes*, „Constitución y democracia", Madrid, Tecnos, 1989, S. 102ff.

[11] Darauf besteht, *López Guerra*, L.: „Modelos de legitimación parlamentaria y legitimación democrática del Gobierno: su aplicación a la Constitución española", in REDC, Nr. 23, 1998, S. 71–97.

[12] In diesem Sinn, *I. Molas* und *I. Pitarch*, „Las Cortes Generales en el sistema parlamentario de gobierno", Madrid, Tecnos, 1987, S. 225.

[13] *W. Bagehot*, „The English Constitution". (1867). London. Fontana Press. 1993. S. 69ff.

[14] Die ersten Formulierungen dieses Konzepts finden sich bei *S. Romano*, „Nozioni e natura degli organi costituzionali dello Stato". (1898), in „Scritti minori". (Diritto costituzionale)". Milano. Giuffré. 1950, S. 1–40.; un bei *G. Jellinek*, „Allgemeine Staatslehre". (1900). (Spanische Übersetzung. Buenos Aires, Depalma, 1970, S. 421–427). In der neueren Lit. mit einer kritischen Zusammenfassung über die verschiedenen Ansichten *E. Cheli*, „Organi costituzionali e organi di relievo costituzionali. (Appunti per una definizione)", in AG, Band CLXIX, 1965, S. 61–113.

[15] *S. Romano*, „Principii di Diritto costituzionale generale", Milano, Giuffré, 1947, S. 156–157. *L. Rossi*, „La parità giuridica dei poteri costituzionali nello Stato moderno", en RDP, 1.936, S. 57–72. Und in

zes des Verfassungsgerichts die Regierung als eine der Organe auf, die Aktivlegitimation bei Kompetenzstreitigkeiten zwischen Verfassungsorganen besitzen.

Daneben ist die Stellung und der Status der Regierung ausreichend in der Verfassung geregelt. „A priori" ist es daher nicht notwendig, dass die bestehenden Verfassungsnormen noch weiter in einem Gesetzgebungsverfahren verfeinert werden müssen, so dass letztendlich das Organ unmittelbar seine Funktion ausüben kann. Dies geschieht „ope constitutionis" im Gegensatz zu den anderen staatlichen Institutionen wie beim Verfassungsgericht, beim Ombudsmann (Defensor del Pueblo), beim Staatsrat für die Justiz (Consejo General del Poder Judicial) oder dem Staatsrat (Consejo de Estado). Sie alle benötigen, wenn sie handeln wollen, besondere Gesetze, die der Verfassungsgeber ausdrücklich vorgeschrieben hat, die vollständig ihre Gestaltung und die ihnen zugeordneten Kompetenzen bestimmen.

Die Stellung der Regierung ist damit in der Verfassung ausreichend skizziert. Dies hindert jedoch nicht daran, dass man den Status oder insgesamt das Organ, sofern man es als notwendig betrachtet, näher regeln würde, weil die Verfassung einen durch Gesetz näher regelbaren Spielraum einräumt und selbst nicht genau die speziellen Möglichkeiten vorschreibt, wie die Regierung als Organ gestaltet sein muss. Die entsprechenden Verfassungsvorschriften[16] kann man daher weiter ausarbeiten. Es schließt auch die Regelungen ein, die die Verfassung nicht ausdrücklich verbietet. Dies gilt immer dann, wenn man eine solche einfachgesetzliche Weiterentwicklung zurückhaltend vornimmt und man dadurch das Gesamtprofil des Organs und seine Funktionen, die zusammen die Verfassungsstellung der Regierung begründen, nicht ändert. Dies ist der unantastbare Bereich, der eine Grenze für den Gesetzgeber bildet. Dies zeigt sich als das Ley 50/1.997 vom 27. November der Regierung vollzogen wurde[17].

Die besondere Verfassungsstellung der Regierung, die auch ausreichend normativ präzisiert ist, ergibt sich aber auch nicht allein aus dem klaren Unterschied, einschließlich des personellen Bereichs, zu den anderen staatlichen Organen, die alle insgesamt die Regierungsform prägen. Ihre einzigartige Unabhängigkeit und besondere Macht zeigt sich vielmehr noch in der Stabilität, die sie besitzt und in der herausragenden Rolle, die der Regierungspräsident spielt[18]. Der Regierungspräsident wird von der einfachen Mehrheit der Kongressmitglieder gewählt, die ihre Ja-Stimme für die von ihm vertretene Kandidatur abgeben (Art. 99.3 SV). Es ist sogar möglich, dass der Regierungspräsident einer Minderheitsregierung vorsteht bis sich eine ausreichende Mehrheit gegen ihn formiert hat. Beides ist günstig für ihn[19].

Dazu kommt, dass die Vertrauensfrage für ihn vorteilhaft geregelt ist, die dann erfolgreich ist, wenn er die einfache Mehrheit der positiven Stimmen erreicht hat

---

der spanischen Lit. siehe, *M. García Pelayo*, „El ‚status' del Tribunal Constitucional", en REDC, n 1, 1.981, S. 11–34, insbesondere S. 13ff.

[16] *F. Balaguer Callejón*, „Fuentes del Derecho", vol. II: „Ordenamiento general del Estado y ordenamientos autonómicos", Madrid, Tecnos, 1992, S. 54ff.

[17] Für diese Ansicht auch *L.M. Díez-Picazo Giménez*, „La estructura del Gobierno en el Derecho español", in DA, Nr. 215, 1998, S. 41–65, insbesondere, S. 49–50.

[18] Kritische Anmerkungen zu diesen Strukturen finden sich bei *J.L. Cascajo Castro*, „La forma parlamentaria de gobierno en el sistema constitucional español", in RVAP, Nr. 34, 1.992, S. 9–18; und auch bei *M. Aragón Reyes*, „La forma parlamentaria de gobierno en España. Reflexiones críticas", in „Estudios de Derecho Público. Homenaje a Juan José Ruiz-Rico", Madrid, Tecnos, 1995, Vol. I, S. 163–177.

[19] *de Otto y Prado*, I: „La posición constitucional…".: aaO.:.

(Art. 112 SV). Daneben ist es schwierig, ihn tatsächlich abzusetzen, da eine politische Verantwortlichkeit damit verbunden ist. Notwendig ist ein Mißtrauensvotum, das zusätzlich „konstruktiv" sein muss wie in Deutschland (Art. 67 GG). Daher fordert die Verfassung, dass die absolute Mehrheit der Regierungsgegner gleichzeitig einen Alternativkandidaten als Regierungspräsidenten unterstützen muss (Art. 113 SV). Vermutlich führt diese eigentliche Problematik dazu, dass das Mißtrauensvotum sehr oft nicht durchgeführt wird, was bedeutet, dass er länger im Amt bleiben kann[20]. Aber auch ein fehlgeschlagenes Misstrauensvotum kann unter Umständen vor den Wahlen der Öffentlichkeit eine erhebliche Krise in der Regierung zeigen, was die Glaubwürdigkeit des Regierungspräsidenten beeinflusst.

Diesen Punkten verdankt der Regierungspräsident seine besondere Stabilität, auf der die Position der Regierung basiert. Sie hat zu einem guten Teil ihren Grund und erklärt sich auch in der Regelung, die die starke Position des Regierungspräsidenten beschreibt. Um ihn herum kreist die gesamte politische Entscheidungsfindung, die er für richtig hält[21]. Er ist der Sachwalter des parlamentarischen Vertrauens. Dies zeigt sich im Vorschlag des Kandidaten durch den König, wenn er ernannt wird und durch den Vollzug im Kongreß der Abgeordneten (Art. 99 SV)[22]. Der Regierungspräsident hat danach die Befugnis die restlichen Regierungsmitglieder ohne Formvorschriften zu benennen (Art. 100 SV). Sie schlägt er dem König zur Ernennung vor (Art. 62 e) SV).

Infolgedessen sind die Minister abhängig vom Regierungspräsidenten und ihm so individuell gemäß ihrem politischen Amt verantwortlich. Er kann daher über ihre Entlassung entscheiden (Art. 100 SV), was der Monarch auf Initiative vom Regierungspräsidenten anordnet (Art. 62 e) SV), ohne dass im einzelnen das parlamentarische Vertrauen ausgesprochen werden muss. Was der Regierungspräsident macht, um seine Entscheidung zu untermauern, kann er nach reinen opportunistischen Gesichtspunkten abwägen sowohl dann, wenn die Minister das politische Programm der Regierung umsetzen, das er der Kammer zur Unterstützung vorstellte und mit dem die Minister vom Augenblick ihrer Ernennung an verbunden sind wie auch bei den Tä-

---

[20] Zu einer Analyse der Hintergründe, siehe *M. Aragón Reyes*, „Gobierno y Cortes", Madrid, Instituto de Estudios Económicos, 1994, S. 9ff.

[21] Der Regierungspräsident nimmt nicht nur in der Struktur der Regierung eine zentrale Position ein, wenn man gegenüber der allein auf die Handlung abgestimmten Regierungsstruktur das funktionelle Konzept des Organs und des parlamentarischen Systems betrachtet, sondern vielmehr auch – was noch wichtiger ist – unter den Staatsgewalten, was man in Deutschland schließlich als „Kanzlerdemokratie" bezeichnet oder in Großbritannien als „Prime minister system". Zu einer Zusammenstellung beider Systeme siehe *H.-P. Schneider*, „El gobierno como parte del Poder Ejecutivo en la República Federal de Alemania", in VVAA, „El Gobierno en la Constitución española y en los Estatutos de Autonomía", Barcelona, Diputación de Barcelona, 1985, S. 349–364, insbesondere, S. 355–358; und A. King, (ed.): „The British Prime Minister", London, Macmillan, 1969, dort sind die Beiträge enthalten von *J. P. Mackintosh*, „The position of the Prime Minister", S. 3–43, und von D.J. Heasman, „The Prime Minister and the Cabinet", S. 44–65. Aus vergleichender Sicht siehe *J. Blondel*, und *F. Müller-Rommel*, (eds.), „Cabinets in Western Europe", London, Macmillan, 1998.

[22] Dazu ausführlich, *L. Aguiar de Luque*, „La estructura del proceso de formación del Gobierno. El caso español en el marco del Derecho comparado", RDP, Nr. 6, 1980, S. 61–81. Zu der besonderen Rolle, die der König dabei spielt, siehe *J. M. Porras Ramírez*, „Principio democrático y función regia en la Constitución normativa", aaO., S. 196–201.

tigkeiten, die gemäß den Richtlinien der Politik erfolgen, die der Regierungspräsident in jedem Moment bestimmt[23].

In gewisser Weise ist daher der Regierungspräsident, der strenggenommen „seine" Regierung repräsentiert, verantwortlich vor dem Kongress für die Tätigkeit der Regierung. Wenn der Kongress die daraus folgende Verantwortung einfordert, bestätigt oder verwirft er das Vertrauen, das dem Regierungspräsidenten bei seiner Ernennung ausgesprochen wurde. Dies kann mittels einer durch ein vom Regierungspräsidenten initiierten Vertrauensfrage oder auf Initiative des Parlaments durch ein konstruktives Mißtrauensvotum geschehen. Als Gegenstück zu den Möglichkeiten dieser politischen Kontrolle, die hauptsächlich die Kontrolle des Regierungspräsidenten betreffen[24], kann der Regierungspräsident nach einer vorhergehenden Beratung durch den Ministerrat – „ausschließlich unter seiner Verantwortung" – , dem König vorschlagen, die Kammern aufzulösen (Art. 115 SV).

Präziser betrachtet kann man daher in der Figur des Regierungspräsidenten aufgrund seiner ausnehmenden Eigenschaften und Qualitäten, die nach allen Seiten hin verschieden zu den der Minister sind, nicht mehr wie in der Zeit des „klassischen Parlamentarismus" den reinen „primus inter pares" sehen[25]. Das Präsidialkonzept der Regierung ist gesetzlich verankert – ein Novum im spanischen Konstitutionalismus – und ist damit unstrittig festgelegt. Zweifellos ist dies die charakteristische Eigenheit, die am auffälligsten ist, wenn man die Gestaltung der Regierung in der Verfassung untersucht[26]. Diese Grundlage muss man vor allem begriffsgerecht auslegen. Dieses Prinzip, von dem sich eine Reihe von eigenen Kompetenzen ableiten, gehen alle auf dem einen oder anderen Weg auf Art. 98.2 SV zurück. („Der Regierungspräsident bestimmt die Amtsführung der Regierung und koordiniert die Funktionen der anderen Regierungsmitglieder") Dies ist gemäß dem aus Deutschland übernommenen Modell (Art. 65 GG)[27] in Kombination mit den anderen Prinzipien, die gleicherma-

---

[23] Siehe dazu ausführlich *M. Alba Navarro*, „Articulo 98: composición y estatuto del Gobierno", in „Comentarios a la Constitución española de 1.978", Madrid, Cortes Generales-Edersa, 1.998, Tomo VIII: arts. 97–112, S. 209–244.

[24] Eine Übersicht und gerechtfertigte Kritik, weil es nur eine kleine Anzahl an Prozessabläufen gibt, die die Position der Regierung zum Schaden der Institution des Parlaments stärken, kann man sehen bei *F. Rubio Llorente*, „Relaciones del Gobierno y la Administración con las Cortes", in „La forma del poder. Estudios sobre la Constitución", Madrid, Centro de Estudios Constitucionales, 1993, S. 265–279, insbesonder S. 267–275.

[25] *A. Bar Cendón*, „El Presidente del Gobierno en España. Encuadre constitucional y práctica política", Madrid, Civitas, 1983, S. 239ff. Unabhängig von dem, was in der praktischen Politik in dieser Zeit geschah, war seine Aufgabe viel herausragender als es das Fehlen einer Einzelregelung seiner organischen und funktionellen Stellung erscheinen lassen konnte.

[26] *F. Rubio Llorente*, „Los poderes del Estado", in „La forma del poder...", aaO., S. 193–219, insbesondere, S. 212.

[27] Siehe dazu zusammenfassend, *H. P. Schneider*, „Das parlamentarische System der Bundesrepublik Deutschland", in *E. Benda, W. Maihofer, H. J. Vogel, K. Hesse, W. Heyde* (Hrsg.) „Handbuch des Verfassungsrechts der Bundesrepublik Deutschland", Berlin, W. De Gruyter, 1994 (Spanische Übersetzung 1996, S. 327–387); und *P. Badura*, „Die parlamentarische Demokratie" in *J. Isensee* und *P. Kirchhof* (Hrsg.), „Handbuch des Staatsrechts der Bundesrepublik Deutschland", Heidelberg, C. F. Müller Verlag, 1995, Band I, S. 953–985.

ßen die Struktur und die Regierungstätigkeit formen, zu sehen: das Ressortprinzip und das Kollegialprinzip[28].

Der Art nach sind sie sicherlich in gewisser Weise widersprüchlich, wenn man sich an den verschiedenen Zielen orientiert, die sie verfolgen. Trotzdem führen die Verfassung und die Gesetze die Prinzipien wieder zusammen und bringen sie in Einklang, so dass sie sich ergänzen. Sie verhindern aber, dass die Position des Regierungspräsidenten zu stark wird. Das Ressortprinzip bedeutet, dass jeder einzelne der Minister, soweit er für einen Ministerialbereich verantwortlich ist, sich an der Spitze eines übergeordneten Organs der Staatsverwaltung befindet. Danach übernimmt er eine eigene Funktion, so dass er in seinem Geschäftsbereich selbständig handeln kann, ohne dass er hierarchisch vom Regierungspräsidenten abhängig ist. Der Minister übt dabei nicht Befugnisse aus, die er vom Regierungspräsidenten erhalten hat, sondern er hat eigene Kompetenzen aufgrund seines Amtes.

Die Regelung am Ende von Art. 98.2 SV kann man als „Regierung durch Minister"[29] bezeichnen. Es bedeutet, dass, obwohl der Regierungspräsident ein Kabinett aus selbständigen Beratern um sich hat, deren Funktionen, „ratione materiae" mit denen der Minister zusammenfallen, sie nicht Entscheidungen treffen können, die das Ressort eines Ministers betreffen so wie es in den Systemen der Präsidialregierungen ist[30]. Auf der anderen Seite setzt das Kollegialprinzip wenigstens theoretisch voraus – anders mag es in der praktischen Politik sein –, dass die Entscheidungen, die über die Zuständigkeit, das Interesse oder die Verantwortlichkeit eines Ministers hinausgehen, egal ob sie Außenwirkung haben oder nicht, zusammen in der Regierung getroffen werden müssen, d.h. im Ministerrat[31] durch Mehrheitsentscheidung. Deshalb kann in diesem Fall nicht ein einzelner Minister entscheiden, da prinzipiell nur der Regierungspräsident ein solche Entscheidungsbefugnis besitzt. Das Regierungskollegium

---

[28] Man kann modellhaft die häufige Problematik zwischen den beiden Prinzipien im positiven Recht des Art. 65 GG näher betrachten, das unbestreitbar das Bezugsmodell für den Verfassungsgeber in Spanien war, *E.-W. Böckenförde*, „Die Organisationsgewalt im Bereich der Regierung", Berlin, Duncker & Humblot, 1964, S. 167ff. Neuere Erkenntnisse bei *N. Achterberg*, „Innere Ordnung der Bundesregierung" in *J. Isensee* und *P. Kirchhof*, „Handbuch...", aaO., S. 629–664.

[29] Der Wortlaut der Verfassungsbestimmung ist in diesem Sinn äußerst klar: „Der Regierungspräsident leitet die Tätigkeit der Regierung und koordiniert die Funktionen der weiteren Regierungsmitglieder, *ungeachtet deren direkter Zuständigkeit und Verantwortung für ihre Geschäftsbereiche*.

[30] Auf die Unterscheidung der Modelle besteht *L.M. Díez-Picazo Giménez*, „La estructura del Gobierno...", aaO. S. 53–54. Zur Praxis des Präsidialmodells in diesem Bereich, siehe das Beispiel der U.S.A. bei *L.H. Tribe*, „American Constitucional Law", Mineola-New York, The Foundation Press Inc., 1988, S. 209–296.

[31] Die tatsächliche Option die Konzepte von „Regierung" und „Ministerrat" materiell zu identifizieren, auch wenn es nicht die einzige nach dem Wortlaut des Art. 98.1 SV ist, der die Mitglieder neben dem Regierungspräsidenten, ggf. der/die VizeRegierungspräsidenten und die Minister nennt, besteht in der offenen Klausel"...und die sonstigen Mitglieder, die durch Gesetz bestimmt werden."; es ist die einzige Möglichkeit nach der herrschenden Meinung, die einer systematischen Auslegung entspricht, d.h. die vollständig mit den Verfassungsvorschriften in Einklang steht, die die Regierung als Organ betreffen, so daß die Auslegung es funktionell ermöglicht, dass sowohl die widerstreitenden Entscheidungen im Kollegium getroffen werden als auch die Regierung als Institution effektiv das Ziel der Tätigkeiten der anderen Verfassungsorgane ist. Die bis heute bestehende Praxis der Legislative, die in Art. 2.1 des Ley 50/1.997, vom 27. November der Regierung festgelegt ist, eröffnet im übrigen diese einschränkende Auslegung. Siehe dazu die umfassende Argumentation von *J.A. Santamaría Pastor*, „Gobierno y Administración: una reflexión preliminar", in DA, Nr. 215, 1988, S. 67–84, insbesondere S. 71–74.

trifft die Entscheidungen als Kollektiv. Es unterliegt auch im Gesamten einer politischen Kontrolle (Art. 108 GG).

Dies alles bestätigt den Charakter oder die Struktur eines vielfältigen Organs bzw. eines Organs der Organe, das die Regierung in der Verfassung darstellt und klar in Art. 98.1 SV zum Ausdruck kommt: „Die Regierung setzt sich aus dem Regierungspräsidenten, gegebenenfalls den Vizeregierungspräsidenten, den Ministern und den sonstigen durch Gesetz bestimmten Mitgliedern zusammen". Solche integrativen Elemente des „Regierungskollegiums" haben Organcharakter, weil sie als Zentren erscheinen, die von der Rechtsordnung bestimmt eigene Kompetenzen ausüben. Das gilt ebenfalls für die Minister, den Regierungspräsidenten und das „Plenum" der Regierung, d.h. dem Ministerrat. Die Ausübung jeder einzelnen Kompetenz jedes einzelnen Organs trägt zusammengenommen zum Funktionieren der Regierung bei. Dies ist in Art. 97 SV für die Regierung festgelegt[32].

## 2. Die Funktion der politischen Führung der Regierung unter besonderer Berücksichtigung der Richtlinien- und Koordinierungskompetenz des Regierungspräsidenten

Die grundlegende Aufgabe der Regierung besteht nicht allein darin, rein fremde Entscheidungen zu vollziehen, sondern sie besitzt die originäre und allgemeine Befugnis die politischen Richtlinien zu bestimmen. Diese Befugnis übt sie immer in Bezug auf bestimmte Tätigkeiten und Bereiche selbständig aus, wie zum einen die „Außen- und Innenpolitik" und die „Verteidigungspolitik" und zum anderen die „öffentliche Verwaltung und die Militärverwaltung"[33]. Es handelt sich aber um einen Bereich der Regierungstätigkeit, den man genau beschreiben muss, weil die Regierung hierin in Einklang mit den Zielen handelt, die sie selbst frei bestimmt oder festlegt ohne dabei von irgendeiner rechtlichen Bedingung abhängig zu sein[34]. Ungeachtet dessen müssen sich diese Maßnahmen oder Weisungen an die vorgeschriebenen Abläufe und Verfahren halten, wenn sie konkretisiert werden. Dadurch ändert sich aber nichts daran, dass es sich um „staatsleitende Regierungsakte" handelt. Sie berühren in diesem Fall die Verfassungsorganisation und die anderen Verfassungsfunktionen.[35]. Die staats-

---

[32] Siehe zusammenfassend dazu *A. Gallego Anabitarte* und *A. Menendez Rexach*, „Articulo 97: funciones del Gobierno", in VVAA, „Comentarios a la Constitución española...", S. 41–209 insbesondere S. 153–155.

[33] *I. de Otto y Pardo*, „La posición...", aaO., S. 175–176. Ebenfalls *L. Parejo Alfonso*, „¿ Existe una reserva constitucional de ejecución?. Apuntes para una individualización de la función ejecutiva en el orden de las funciones estatales", in CDP, Nr. 1, 1997, S. 13–42; insbesondere S. 21–22.

[34] *L. Lopéz Guerra*, „Funciones del Gobierno y dirección política", in DA, Nr. 215, 1998, S. 15–40; ebenso *J. López Calvo*, „Organización y funcionamiento del Gobierno", Madrid, Tecnos, 1996, S. 117ff.

[35] Siehe statt vieler in Bezug auf die „Politischen Akte" in der deutschen Literatur *U. Scheuner*, „Der Bereich der Regierung", aaO., S. 457ff., *N. Achterberg*, „Innere Ordnung der Bundesregierung...", aaO., S. 636ff. Dazu in der italienischen Literatur, *E. Cheli*, „Atto politico e funzione d'indirizzo politico", Milano, Giuffré, 1961; *C. Dell'Acqua*, „Atto politico ed esercizio di poteri sovrani", Padova, Cedam, 1983–1990; *G. di Gaspare*, „Considerazioni sugli atti di governo e sull'atto politico", Milano, Giuffré, 1984. Dazu in der spanischen Literatur *N. Garrido Cuenca*, „El acto de gobierno. Un análisis de los ordenamientos francés y español", Barcelona, Cedecs, 1998.

leitenden Regierungsakte sind zweckorientiert und beruhen auf Motiven, die nicht normativ vorbestimmt sind. Es handelt sich um rein opportune Motive. Es führt zuweilen dazu, dass sie nicht auf direkte Weise subjektive Rechtspositionen berühren und auch nicht dem Selbstorganisationsrecht der öffentlichen Verwaltungseinrichtungen unterliegen.[36] In diesen Fällen können die staatsleitenden Regierungsakte nicht durch die Verwaltungsgerichte überprüft werden, weil sie außerhalb ihrer Gerichtsbarkeit liegen[37].

Dies alles zeigt, dass die Regierung einen eigenen Funktionsbereich hat. In diesem Bereich werden Handlungen ohne jegliche Weisungen von außen vorgenommen, geschaffen und initiiert. Die restlichen Verfassungsorgane haben hier keinerlei Einflußmöglichkeit[38]. Als Empfänger oder Adressat dieser Handlungen fungieren alle Bürger oder die Staatsorgane, die nicht der Regierung angehören oder die anderen öffentlichen Einrichtungen. Es ist daher grundsätzlich nur eine politische Kontrolle möglich, d.h. das Parlament kann als Kontrollorgan der Regierung die politische Zweck- und Zielbestimmung überprüfen. Die juristische Kontrolle muss sich auf die formelle Richtigkeit und allgemeine Rechtmäßigkeit beschränken. (Art. 26.2 und 26.3 de la Ley 50/1.997, de 27 de Noviembre, del Gobierno und Art. 2a) de la Ley 29/1.998, de 13 de julio, die die Gerichtsbarkeit in Verwaltungsstreitigkeiten regeln). Relevant ist, ob überhaupt ein politischer Akt vorliegt, der innerhalb der Gerichtsbarkeit liegt. Geprüft werden kann darüber hinaus, ob eine Ermächtigungsvoraussetzung vorliegt und sie erfüllt wurde. Insgesamt können nur allgemeine rechtliche Kriterien durch die Gerichte herangezogen werden. (STS de 24 de junio de 1.994 zur Ernennung des Generalstaatsanwaltes)[39].

Wichtig ist ebenfalls, dass diese rechtliche Kontrolle auch die Rechtsverletzungen miteinschließt, die sich ergeben können, wenn politische Maßnahmen getroffen und ausgeführt werden, die Grundrechte und öffentlichen Freiheiten betreffen (Art. 2a) in Zusammenhang mit Art. 114 bis 122 de la Ley 29/1.998, de 13 de julio, die die Gerichtsbarkeit in Verwaltungsstreitigkeiten regeln: Es handelt sich um Vorschriften, die die Rechtmäßigkeit des Verfahrens gewährleisten und den Schutz der Persönlichkeitsrechte gem. Art. 53.2 SV umfassen. Es ist deshalb sogar möglich, dass außerordentlicher Rechtsschutz vor dem Verfassungsgericht ersucht werden kann innerhalb der Grenzen des Ley Orgánica (Art. 26.4 SV de la Ley 50/1.997, del Gobierno, y 43 de la Ley Orgánica del Tribunal Constitucional), „immer dann, wenn die Verletzung der Grundrechte, die der Kläger geltend macht, durch eine Handlung verursacht wurde,

---

[36] *E. Alonso García*, „El ámbito de decisión política y técnica del Gobierno exento de control jurisdiccional", in VVAA, „El Gobierno en la Constitución...", aaO., S. 51 ff.

[37] *L.M. Díez-Picazo Giménez*, „La estructura del Gobierno...", aaO., S. 46.

[38] Siehe so *J. García Fernández*, „El Gobierno en acción. Elementos para una configuración jurídica de la acción gubernamental", Madrid, BOE-CEC, 1995, S. 121 ff. Ebenso *L. Parejo Alfonso*, „¿ Existe una reserva constitucional de ejecución?. Apuntes para la individualización de la función ejecutiva en el orden de las funciones estatales", in CDP, Nr. 1, 1997, S. 13–42; insbesondere S. 30. In der deutschen Lehre siehe *M. Schröder*, „Aufgaben der Bundesregierung", in *J. Isensee* und *P. Kirchhof*, „Handbuch des Staatsrechts...", aaO., S. 585–601; insbesondere S. 590–593.

[39] Hierzu mit einer ausgleichenden Meinung *R. Uriarte Torrealday*, „La reciente jurisprudencia constitucional en materia de actos del Gobierno no controlables judicialmente", in RVAP, Nr. 39, 1991, S. 213–224. *A. Sáiz Arnaiz*, „Los actos políticos del Gobierno en la jurisprudencia del Tribunal Supremo", in RAP, Nr. 134, 1994, S. 229 ff. *J López Calvo*, „Organización y funcionamiento...", aaO., S. 117 ff.

die „ratione materiae" durch die entsprechenden Gerichte formell anerkannt und materiell überprüft werden kann" (STS 196/1.991)[40]. Die Prüfung muss sich aber, wie es auch bei den anderen Rechtsorganen der Fall ist, auf das beschränken, was tatsächlich kontrollierbar ist, d.h. auf die Abwägung der gegensätzlichen Verfassungswertungen, um zu vermeiden, dass man sich in die Bewertung der politischen oder materiellen Bereiche einmischt. Es sind dem Grunde nach Entscheidungen der Regierung. Dabei darf man nicht die Position der Regierung einnehmen, um nicht die Gewaltenteilung zu verschieben, die den Eckpfeiler der Verfassungsordnung bildet. Sie gilt es einzuhalten[41].

Materiell konkretisiert sich diese Regierungsfunktion, die bisher abstrakt beschrieben wurde, in besonderen Kompetenzen der Regierung. Darunter finden sich, auch wenn es nicht vollständig ist, folgende: Als erstes das Initiativrecht für Gesetzesvorhaben vor dem Kongress, der die Vorhaben ablehnen oder vollziehen kann (Art. 87.1 und 88 SV und Art. 5.1a) de la Ley 50/1.997; ebenso wie „decretos leyes", „decretos legislativos" und Verordnungen (Art. 82, 86 und 97 SV und Art. 5.1c) und h) de la Ley 50/1.997. Als zweites kann die Regierung wirtschaftliche oder finanzielle Richtlinien erteilen, darunter vor allem die Befugnis, den Haushaltsplan des Staates auszuarbeiten und die öffentlichen Staatsanleihen ausgeben zu können (Art. 131.2 und 134 SV und Art. 5.1b) und g) de la Ley 50/1.997). Als drittes hat die Regierung die Befugnis, konkrete politische Entscheidungen jeglicher Art treffen zu können. Sie können die Innen- und Außenpolitik, und auch die Zivilrechtsordnung oder die Militärordnung, den Normalfall oder auch den Ausnahmezustand betreffen (z. B. die Aufzählungen in Art. 94, 96.2, 116, 155 SV und Art. 5.1 d), e) und f) de la Ley 50/1.997)[42].

Dieses „Leitungsmoment" innerhalb der Regierungstätigkeit ist durch eine besondere Dynamik gekennzeichnet. Sie rechtfertigt die herausragende Rolle, die der Regierungspräsident anerkanntermaßen bei der Ausarbeitung der politischen Richtung spielt. Die Einheit bei Handlung und Vorhaben, die erforderlich ist, um politische Entscheidungen treffen zu können, erklären seine Vorrangstellung[43]. Daher kommt es, dass die Verfassung seine Stellung in besonderem Maß würdigt, weil er eine leitende Rolle bei der Regierungstätigkeit hat und er die Funktionen der anderen Regierungsmitglieder koordiniert (Art. 98.2 SV). Diese Vorschrift ähnelt sehr dem Wortlaut des Art. 95.1 der italienischen Verfassung. Aber durch eine systematische Auslegung mit den anderen damit verbundenen Normen verleiht man dem Regierungspräsidenten eine viel gewichtigere Position als in dem Modell in der italienischen Verfassung[44].

---

[40] *E. Cobreros Mendazona*, „Sobre el control de los actos del Gobierno. Aportaciones a una cuestión abierta", in RVAP, Nr. 31, 1991, S. 161–178.

[41] *A. Embid Irujo*, „La justiciabilidad de los actos de gobierno. (De los actos políticos a la responsabilidad de los poderes públicos)" in DA, Nr. 220, 1989, S. 19–66 insbesondere S. 46–47.

[42] *J.A. Santamaría Pastor*, „Fundamentos de Derecho Administrativo", aaO., S. 1012–1014.

[43] Siehe *C. Zilemenos*, „Naissance et évolution de la fonction de Premier Ministre dans le régime parlamentaire", Paris, Librairie Génerale de Droit et de la Jurisprudence", 1.976, S. 237ff.

[44] Der Art. 95.1 SV der italienischen Verfassung lautet: „Der Regierungspräsident des Ministerrates leitet die Politik der Regierung und ist für sie verantwortlich. Er sorgt für die einheitliche Führung von Politik und Verwaltung, indem er die Amtstätigkeit der Minister fördert und koordiniert". Siehe *S. Labriola*, „Il Governo della Republica. Organi e poteri. Commento alla Legge 23 agosto 1.998, Nr. 400", Rimini, Maggioli editore, 1.989, S. 40ff. und 103ff.

Die Befugnis des Regierungspräsidenten, zu leiten und damit auch die Regierungstätigkeit im Gesamten zu vereinen, leitet sich ab bzw. findet ihren Grund im parlamentarischen Ernennungsakt (Art. 99 SV). Es ist der Moment, in dem er vor dem Kongress das politische Programm der Regierung vorstellt, das er mittels der noch zu bildenden Regierung durchführen möchte. Es ist der Plan seiner grundsätzlichen Regierungstätigkeit, die er zu verfolgen beabsichtigt (Art. 2.2 b) de la Ley 50/1.997, indem er in seiner Eigenschaft als Regierungspräsident um das Vertrauen der Kammer wirbt (Art. 99.2 SV)[45]. Das Regierungsprogramm zeigt, wie der Regierungspräsident die zukünftige Regierungstätigkeit gestaltet. Er wählt die politischen Grundsätze aus und legt die wichtigsten Grundregeln und Leitlinien fest, die er allgemein im Rahmen der konkreten Ziele und Programmsätze erreichen will[46]. Davon leitet sich die Befugnis des Regierungspräsidenten ab, das Regierungsprogramm mittels der Richtlinien zu konkretisieren und zu aktualisieren. Zu diesem Zweck bestimmt er die „Richtlinien der Politik" (Art. 2.2 b) de la Ley 50/1.997), die allgemeiner Art sind und er für opportun hält, um sie an die wechselnden Gegebenheiten anpassen zu können. Deshalb ist das Regierungsprogramm dynamisch und behält somit seine Gültigkeit[47]. Die politischen Richtlinien haben einen Spielraum, den die Minister im Rahmen ihrer ministeriellen Unabhängigkeit gemäß dem letzten Absatz von Art. 98.2 SV speziell ausfüllen können. Dies ist in Art. 4.1 a) de la Ley 50/1.997 näher beschrieben. Die restlichen Regierungsmitglieder müssen jedoch die Richtlinien umsetzen und ausführen, damit die Regierungstätigkeit einheitlich erscheint. Die Regierungsmitglieder sind an die Richtlinien sowie an das ihnen zugrunde liegende Regierungsprogramm solidarisch gebunden. Die Bindung rechtfertigt, dass der Regierungspräsident sie entlassen kann, wenn er der Meinung ist, dass ein übereinstimmendes Regierungshandeln und letztlich das harmonische Funktionieren des Organs, das er leitet, gefährdet ist[48].

Dass der Regierungspräsident tatsächlich eine allgemeine Richtlinienkompetenz hat, war, auch wenn es überraschend ist, in der spanischen Rechtsordnung bis zu dem Moment als das Ley 50/1.997, de 27 de noviembre, del Gobierno, in Kraft trat, nur in Art. 13.3 de la Ley de Régimen Jurídico de la Administración del Estado, de 26 de julio de 1.957 verankert. Wenn auch diese Vorschrift sehr dem Wortlaut von Art. 65 GG folgte, der gleichzeitig fast wortwörtlich Art. 56 Weimarer Verfassung kopiert – maßgeblicher Autor war H. Preuss – war sie weniger bedeutend und wichtig, weil sich die spanische Norm in der vorhergenden Verfassung in einem völlig anderen institutionellen Umfeld befand: Der Regierungspräsident war in der Zeit des Francoregimes nur ein reiner „primus inter pares" und in seiner Stellung dem Kollegialprinzip unter-

---

[45] Art. 191 der portugiesischen Verfassung spezifiziert es auf präzisere Weise: „Aus dem Regierungsprogramm gehen die grundlegenden politischen Zielsetzungen und die zu ergreifenden oder vorzuschlagenden Maßnahmen hinsichtlich der verschiedenen Bereiche der Regierungstätigkeit hervor." Die Bedeutung ist kommentiert bei *J.J. Gomes Canotilho*, „Direito constitucional e Teoria da Constituiçao", Coimbra, Almedina, 1.999, S. 596 ff.

[46] *A. Gallego Anabitarte* und *A. Menéndez Rexach*, „Articulo 97: funciones del Gobierno", aaO., S. 96 ff.

[47] Ein klassischer Text in dieser Hinsicht *W. Hennis*, „Richtlinienkompetenz und Regierungstechnik" (1964). (In spanischer Übersetzung Alcalá de Henares, Publicaciones de la Escuela Nacional de Administración Pública, 1972).

[48] *J.M. Porras Ramírez*, „Función de dirección política y potestad reglamentaria del Presidente del Gobierno, de acuerdo con la Ley 50/1.997, de 27 de noviembre", in RAP, Nr. 146, 1998, S. 337–359; insbesondere S. 342–343.

worfen[49]. Daher leiten sich von ihr nicht die gleichen radikalen Folgen ab in Bezug auf die direkte Bindung der Minister an die Richtlinien und die Forderung nach deren Erfüllung. Dies stärkte nur die Kabinettsdisziplin. Das deutsche Modell, das nur teilweise kopiert, aber dem Sinn nach nicht adaptiert wurde, sah jedoch etwas anderes vor. Danach hat der Kanzler die Richtlinienkompetenz inne. Er leitet tatsächlich die Verwaltung, weil er eine effektiv herausgehobene Position aufgrund seines qualifizierten Ranges gegenüber den anderen Mitgliedern des Regierungsorgans hat[50].

Die oben genannte spanische Norm, die nach fast 19-jähriger Gültigkeit seit Bestehen der derzeitigen Verfassung, ersetzt wurde, passte sich so mit der Zeit eher aufgrund der Gestaltung und des Entwurfs an die entsprechende italienische Bestimmung an, die in Art. 5.2 a) de la Legge Nr. 400, de 23 de agosto de 1.988 wiedergegeben ist. Diese Vorschrift regelt die Tätigkeit der Regierung und die Präsidialordnung des Ministerrates[51]. Trotz der bisherigen Entwicklungen in den parlamentarischen Regierungssystemen wird auch hier der Regierungschef als „primus inter pares" angesehen, was insgesamt eine zweiseitige oder doppelköpfige Struktur bedeutet[52]. Die spanische Verfassung verlangt aber, dass die weitere Gestaltung reguliert werden muss wie beim deutschen Modell, dass dem Kanzler eine Vorrangstellung eingeräumt wird und dass er daneben die politische Führungsspitze mit den entsprechenden Befugnissen bildet. Letztendlich verleiht das Ley 50/1.997, de 27 de noviembre, del Gobierno, dem Regierungspräsidenten die Befugnis „das politische Programm der Regierung festzulegen und die Außen- und Innenpolitik zu bestimmen und auch deren Einhaltung zu fordern" (Art. 2.2 b)), zusätzlich zu der damit verbunden Befugnis „den anderen Regierungsmitgliedern Weisungen zu erteilen" (Art. 2.2 m))[53].

In dieser Leitungsbefugnis findet sich die Grundlage für den Regierungspräsidenten, politisch wirken zu können. Das politische Wirken des Regierungspräsidenten schränkt die ministerielle Autonomie ein, die andernfalls ohne jegliche Grenze bestehen würde. Die Minister müssen die politischen Richtlinien beachten, auch wenn sie nicht rechtliche Bindungskraft entfalten können. Genauso wie es Art. 4.1 de la Ley 50/1.997 bestätigt und in Art. 12 de la Ley 6/1.997 de Organización y Funcionamiento de la Administración General del Estado (LOFAGE) wiederholt ist, sind sie in vollem Umfang und direkt für den ihnen unterstellten Bereich zuständig. Sie sind die tatsächlichen übergeordneten Organe der Staatsverwaltung mit eigener Organisations- und Funktionsgewalt. Daher können sie selbständig ihren Geschäftsbereich betreuen.

---

[49] Die zitierte Vorschrift verfügt, dass der Regierungspräsident „die Aufgaben der Regierung festlegt, seinen allgemeinen Regierungsentwurf und die Richtlinien vorbringt, die die Amtstätigkeiten jedes Ministeriums bestimmen".

[50] *H.-P. Schneider*, „El Gobierno…", aaO., S. 352 und *S. F. Thaulero*, „Il ruolo del Cancillere Federale secondo la Legge Fondamentale", Torino, Giappichelli, 1994, S. 65.

[51] Die Vorschrift legt in Übereinstimmung mit Art. 95.1 Italienische Verfassung fest, dass der Regierungspräsident des Ministerrates derjenige ist, der „den Ministern die politischen und verwaltungsbezogenen Weisungen erteilt, die zu befolgen sind, um die Entschlüsse des Ministerrates auszuführen, wie all jene, die sich aus der eigenen Verantwortlichkeit für die allgemeinen politischen Richtlinien ableiten".

[52] Dazu der erschöpfende Kommentar von *G. Pitruzzella, M. Villone, P. Ciarlo* und *L. Carlassare*, „Commentario arts. 92–96: Il Consiglio die Ministri" in *G. Branca* und *A. Pizzorusso* (Hrsg.), „Commentario della Constituzione", Bologna, Zanichelli, 1994.

[53] Zur Rechtsvergleichung als „fünfter Auslegungsmethode" siehe *P. Häberle*, „Rechtsvergleichung im Kraftfeld des Verfassungsstaates", Berlin, Duncker & Humblot, 1.992. S. 27 ff.

Sie üben dabei nicht Teilbefugnisse aus, die durch den Regierungspräsidenten gewährt werden, sondern Befugnisse aufgrund ihres eigenen Amtes. Sie sind daher einzig an das Verwaltungsrecht gebunden.

Deshalb sind die Gründe, dass die Minister den politischen Richtlinien unterstehen, nur politischer Art wie auch die Beziehungen zwischen den Ministern und dem Regierungspräsidenten. Dies erklärt, dass keine hierarchische Struktur besteht, soweit man darunter eine Disziplinargewalt versteht, die ausgeübt wird, sofern etwas nicht erfüllt wird[54]. Insgesamt liegen aber echte „staatsleitende Regierungsakte" vor. Sie wirken innerhalb der Regierung und stehen ausschließlich dem Regierungspräsidenten zu. Man kann sie in der Regel nicht formalisieren und normativ erfassen. Deshalb haben sie grundsätzlich keine unmittelbare rechtliche Wirkung und können allein politisch kontrolliert werden, d.h. durch das Parlament. Ihr Gehalt und ihre Grenzen sind „a priori" unbestimmt und variieren im übrigen nach der Absicht des Regierungspräsidenten. Er kann selbständig ihren Wirkungsbereich festlegen je nachdem, was er für notwendig oder richtig hält, d.h. nach der derzeitigen Sachlage und den Zielen, die er für angemessen erachtet, gemäß seinen politischen Vorstellungen. Diese Richtlinien sind deshalb außergewöhnlich flexibel und sehr variantenreich. Auf alle Fälle dürfen aber nicht – dies stellt eine ausdrückliche rechtliche Grenze dar, wenn derartige Richtlinien erteilt werden, um die Regierungtätigkeit im Gesamten zu vereinheitlichen – die Befugnisse ausgeübt werden, die wie dargestellt ausdrücklich dem Ministerrat oder den Ministern zustehen[55].

Der Regierungspräsident sollte deshalb den allgemeinen Rahmen des politischen Handelns der Minister bestimmen. Er darf aber nicht spezielle und konkretisierende Maßnahmen treffen, weil dies allein den Ministern vorbehalten ist. Sie haben ein eigenes unabhängiges Ressort, das zuvor durch den Regierungspräsidenten festgelegt wurde (Art. 4.1 a) de la Ley 50/1.997). Dadurch haben sie die Kompetenz, die Richtlinien konkret umzusetzen. Trotzdem kann der Regierungspräsident unter dem Namen des „allgemeinen Regierungsinteresses", das in Zusammenhang mit seiner Organisationsgewalt steht, – formalisiert mittels Verordnung (Art. 2.2 j) und 23.1 Nr. 1 de la Ley 50/1.997) – seine eigenen Kompetenzen zu Lasten der Minister erweitern und die Bearbeitung bestimmter Dinge selbst in die Hand nehmen. Dies gewinnt immer mehr an Bedeutung. Es handelt sich um Bereiche, die aus der Sicht des Regierungspräsidenten über das einzelne Ressort eines Ministers hinausgehen und aufgrund ihrer Wichtigkeit und dem Erfordernis nach einer effektiven Regierungsarbeit der Kompetenz des Regierungspräsidenten zustehen. Daher ist es notwendig, was zum guten Teil durch die neuere Gesetzgebung erfüllt wurde, dass man sowohl um die Rechtssicherheit zu stärken als auch die Kontrolle zu erleichtern, den entsprechenden Kompetenz-

---

[54] Wie es zutreffend *J. A. Santamaría Pastor* ausdrückt, „die Vorrangstellung des Regierungspräsidenten zeigt sich in der Möglichkeit die Tätigkeiten der Minister mittels Weisungen zu steuern, um bestimmte Ziele zu verfolgen; er überwacht die Ergebnisse ihrer Geschäftstätigkeit und koordiniert die Handlung des gesamten Regierungsapparats". Siehe dazu „Fundamentos de Derecho administrativo", Madrid, Ramón Areces, 1.998, S. 981–982.

[55] Siehe dazu *U. Scheuner*, „Der Bereich der Regierung", aaO., S. 482ff.; *J. Amphoux*, „Le Chancellier Fédéral dans le régime constitutionnel de la République Fédérale d'Allemagne", Paris, Librairie Génerale de Droit et de la Jurisprudence, 1.962, S. 253–274. Analog zum gleichen Thema *L. M. Diéz-Picazo Giménez*, „La estructura del Gobierno…, aaO., S. 53–54.

bereich bestimmen muss. Zweck und Ziel ist es die Organisationsstruktur und die verschiedenen bestehenden Funktionsbereiche im Rahmen der Regierung als Organ darzustellen[56].

Dies zeigt, dass die Richtlinienkompetenz des Regierungspräsidenten unvollständig bleibt, wenn man nicht das mit ihr wechselseitig verbundene Instrument in Betracht zieht, das sicherstellt, dass auch die Maßnahmen ausgeführt werden: es handelt sich um die Funktion mit der die Aktivitäten der anderen Regierungsmitglieder (ebenfalls Art. 98.2 SV) koordiniert werden. Durch diese Funktion ist es dem Regierungspräsidenten möglich, die unterschiedlichen politischen Zielvorstellungen in den einzelnen Ressorts zu vereinheitlichen und zu harmonisieren. Deshalb hat der Regierungspräsident diverse Befugnisse einzugreifen. Sie korrigieren die ministerielle Unabhängigkeit. Der Regierungspräsident ist damit in der Lage, die individuellen Geschäftstätigkeiten auf die allgemeine politische Richtung zurückzuführen (Art. 2.2 l) de la Ley 50/1.997).

Daher kann er Koordinierungsmaßnahmen treffen und technische Anweisungen geben. Damit ist auch eine wechselseitige Informationspflicht verbunden. Wenn die Minister seine Politik umsetzen, kann er ihre Handlungen überwachen, was dazu führt, das eine Integration stattfindet und nach außen hin einheitlich gehandelt wird[57]. Gemäß Art. 17 a) de la Ley 50/1.997 werden diese Mittel auf eine instrumentelle Verordnungsbefugnis zurückgeführt, so dass er damit seine eigenen politischen Vorstellungen durchsetzen kann, insbesondere auch die „Zusammensetzung und die Organisation der Regierung wie auch seiner Kollektiv- und Hilfsorgane", innerhalb des verfassungsmäßigen und bestehenden gesetzlichen Rahmens (Art. 98.1 und 103.2 SV). Genauso wie der Regierungspräsident gem. Art. 2 j) de la Ley 50/1.997 die Befugnis besitzt, „die Ministerien durch Dekret zu bilden, aufzulösen und zu verändern, ebenso wie die Bereiche der Staatssekretäre. Dies gilt auch für die Gestaltung der Organstruktur des Amtes des Regierungspräsidenten"[58].

## 3. Die Exekutivfunktion und die Verordnungsgewalt

A) Im folgenden wird die Funktion erläutert, die die Verfassung der Regierung im zweiten Satz des Art. 97 SV einräumt. Es ist nichts anderes als der klassische Beitrag des Liberalismus im 19. Jhd. Er hat die Regierung damalig auf eine reine ausführende Aufgabe reduziert, die sich aus der Tätigkeit der Exekutive ableitet. Wie bereits dargelegt hat sich diese Auffassung stark geändert. Das Konzept der Regierung ist erneuert worden, weil dieses Organ noch eine sehr wichtige andere Funktion erfüllt. Danach hat die Regierung die Funktion, das Staatshandeln zu leiten. Dies bedeutet hauptsächlich, dass die Position der Regierung wieder im Zusammenhang mit den Staats-

---

[56] Zu der Notwendigkeit dieses flexiblen „Rahmengesetzes" *A. Jiménez-Blanco Carrillo de Albornoz*, „Funciones constitucionales y actos del Gobierno en la Ley", in DA, Nr. 246–247, 1996–1997, S. 223.

[57] *M.A. García Herrera*, „La coodinación del Presidente del Gobierno", in VVAA, „El Gobierno en la Constitución", aaO., S. 63–81; insbesondere S. 77; *M. Sánchez Morón*, „La coordinación administrativa como concepto jurídico", in DA; Nr. 230–231, 1992, S. 11–30; und *L. Ortega Alvarez*, „La coordinación de la Administración del Estado", in DA, Nr. 230–231, 1992, S. 31–47; insbesondere S. 37.

[58] Siehe *J. M. Porras Ramírez*, „Función de dirección política y potestad reglamentaria...", aaO., S. 348ff.

gewalten definiert wird. Trotz der geänderten Auffassung bleibt die Exekutivfunktion der Regierung bestehen, was durch die Verfassung bestätigt wird. Sie bezieht sich genau darauf und drückt so das zwischen der Regierung und der Verwaltung bestehende „continuum" aus. Es zeigt sich darin, dass die Regierung die Verwaltung leitet und daher die Verwaltung gemäß den allgemeinen Regelungen, die dazu in der Rechtsordnung bestehen, die Entscheidungen und politischen Richtlinien ausführt, was die Regierung bestimmt hat[59].

Die zwei funktionellen Bereiche, die Leitungs- und Exekutivfunktion, die nacheinander, aber in Verbindung miteinander als zeitliches Moment auftreten, kennzeichnen zusammen die gesamte Regierungstätigkeit. Dies demonstriert, weil sie verschieden legitimiert sind, die Doppelnatur der Regierung. Sie ist politischer und exekutiver Art[60]. Die Regierung verkörpert nicht nur eine der Staatsgewalten, sondern ist auch das übergeordnete Organ und leitet deshalb auch die Zentralverwaltung (Art. 97 SV und Art. 2 de la Ley 6/1.997, de 14 de abril, de Organización y Funcionamiento de la Administración General del Estado)[61]. Damit kann die Justiz ihre Handlungen, da sie an das Recht gebunden sind, kontrollieren. So wird deutlich, dass die Regierung, wenn sie Exekutivfunkionen ausübt gemäß der Verfassung und den Gesetzen wie die Verwaltung handelt. In diesem Fall ist die Regierung Teil der Verwaltung und wird dementsprechend behandelt. Man kann deshalb davon sprechen, dass wir gleichzeitig zwei Instanzen vor uns haben, auch wenn sie verschieden voneinander sind. Sie arbeiten notwendigerweise immer zusammen[62].

Die politische Leitungsfunktion der Regierung ist kreativ, originär und kann ihre Ziele frei bestimmen. Im Gegensatz dazu steht die Exekutivfunktion. Ihr Kennzeichen ist, dass eine zuvor getroffene Entscheidung im nachhinein konkretisiert wird und eine Regelungskomponente enthält, die das Ergebnis oder die Handlung vorwegnimmt, die erzielt oder vorgenommen werden sollen. Sicherlich ist daher die gesamte Tätigkeit der Verwaltung in der Exekutivfunktion enthalten, die diejenige ist, die sie auch definiert[63]. Trotz allem und trotz des offensichtlichen Sekundärcharakters, weil sie grundsätzlich bestimmte politische Vorgaben, die ihr übertragen sind, näher konkretisiert, definiert und ausführt, ist sicherlich ein Teil ihrer Tätigkeit, die Regierungsentscheidungen vorzubereiten und vorzuschlagen. Dort gibt es einen tatsächlichen Bereich, etwas Neues zu erschaffen. Dieser Umstand beeinflusst teilweise das traditionelle Konzept der Verwaltung, die instrumenteller Art ist. Die Verwaltung ist hier eine dem Wesen nach mit der Regierung zusammenarbeitende Institution. Sie bildet eine eigene Organisations- und Funktionseinheit mit einem hohen Maß an Unabhängigkeit, wenn sie das Allgemeininteresse objektiv verfolgt, dem sie dient (Art. 103 SV und Art. 2.1 de la LOFAGE)[64].

---

[59] *L. Parejo Alfonso*, „¿ Existe una reserva constitucional de ejecución?...", aaO.. S. 22.

[60] Näher zu der „Zwitterstellung der Regierung" *E. García de Enterría* und *T.R. Fernández*, „Curso de Derecho Administrativo", Vol. I, Madrid, Cívitas, 1989, S. 30–31.

[61] *R. Jiménez Asensio*, „La dirección de la Administración Pública como función del Gobierno", in RVAP, Nr. 34 (II), 1.992, S. 67–95; insbesondere S. 76ff.

[62] *J.A. Santamaría Pastor*, „Gobierno y Administración: una reflexión preliminar", aaO., S. 76ff.

[63] *J. López Calvo*, „Organización y funcionamiento del Gobierno", aaO., S. 63ff. und 74ff.

[64] *A. Nieto García*, „La Administración sirve con objetividad los intereses generales", in VVAA, „Estudios sobre la Constitución española. Homenaje al Profesor Eduardo García de Enterría", Madrid, Cívitas, 1.991, Vol. III, S. 2185–2253; insbesondere S. 2225ff.

So räumt die Verfassung der Verwaltung einen eigenen Verfassungsrang ein, so dass sie von der Regierung unterscheidbar ist. Daher bestimmt die Verfassung, dass ihre Tätigkeit gemäß den Grundsätzen der Effektivität, Verwaltungshierarchie, Dezentralisierung, Dekonzentration und Koordination erfolgen muss und an Recht und Gesetz gebunden ist (Art. 103.1 SV); deshalb kann man das gesamte Verwaltungshandeln juristisch überprüfen (Art. 106.1 SV). Ihre Organe werden nach Maßgabe des Gesetzes „geschaffen, geleitet und koordiniert" (Art. 103.2 SV). Damit verbunden ist die Regelung, wie diejenigen ausgewählt werden, die die Verwaltung bilden. Geregelt ist so „der Beamtenstatus, der Zugang zu öffentlichen Ämtern nach den Grundsätzen der Eignung und Befähigung, die Besonderheiten bei der Ausübung des Gewerkschaftsrechts, die Inkompatibilität und die Gewährleistung der Unparteilichkeit bei der Ausübung der Ämter" (Art. 103.3 SV)[65].

Daraus leitet man ihren Rang einer instrumentellen Institution ab, die von der Regierung abhängig ist. Die Verwaltung setzt die politischen Maßnahmen in die Praxis um, die die Regierung vorgibt (zusätzlich zu den Vorgaben durch die Legislative), jedenfalls mit eigenen Akzenten, was allgemein durch die Verfassung geregelt und durch die Gesetze und die übrigen Verfügungen näher gekennzeichnet wird.

B) Als letztes räumt Art. 97 SV „in fine" der Regierung die Befugnis ein, die Verordnungsgewalt „gemäß der Verfassung und den Gesetzen" auszuüben. Früher rechnete man die Verordnungsgewalt gewöhnlich der Exekutivfunktion zu. Die Verfassung erkennt sie jetzt jedoch ausdrücklich an. Sie ist daher von ihr zu unterscheiden und von ihr unabhängig. Nach der heutigen Auffassung ist die Verordnungsgewalt als ein Bindeglied der Zusammenarbeit zwischen Exekutiv- und Legislativgewalt zu sehen, um die Gesellschaft durch Normen zu regulieren, zusammen mit den Kammern im Parlament[66].

Trotzdem und um dieses Konzept der Verordnungsgewalt nicht zu weit auszudehnen, darf man nicht übersehen, dass weiterhin das Legalitätsprinzip (Art. 9.3 SV) gilt, das die Beziehungen zwischen Exekutive und Legislative klärt und begrenzt. Es handelt sich um ein wesentliches Kriterium, auf dem die demokratische Grundordnung eines Rechtsstaats basiert. Das gesamte Staatshandeln einschließend, versteht man insbesondere darunter, dass die Regierungstätigkeit als Teil der Verwaltung an das Gesetz gebunden ist (103.2 SV und 23.1 de la Ley 50/1.997 de la Ley del Gobierno)[67]. Dieser Umstand bedeutet, dass die Verordnungsgewalt dem Prinzip des Gesetzesvorrangs (Art. 23.2 de la Ley 50/1.997) unterliegt. Es handelt sich um eine Gesetzesquelle, die im Gegensatz zur Verordnung, nicht durch ausdrückliche und konkrete Verfassungsbefugnisse für ihre normative Ausgestaltung präzisiert ist. Sie besitzt vielmehr eine universelle Ausdehnung, weil es in der Verfassung materiell nicht festgelegt ist, was ei-

---

[65] Dies ist hervorragend kommentiert bei *M. Sánchez Morón*, „Notas sobre la función administrativa en la Constitución española de 1.978", in *A. Predieri y E. García de Enterría* (Hrsg.), „La Constitución española de 1.978. Estudio sitemático", Madrid, Cívitas, 1980, S. 625–685.

[66] Allgemein *J. L. Carro Fernández-Valmayor* und *R. Gómez-Ferrer Morant*, „La potestad reglamentaria del Gobierno en la Constitución", in DA, Nr. 188, 1980, S. 183–231.

[67] Siehe dazu *J. M. Baño León*, „Los límites constitucionales de la potestad reglamentaria. (Remisión normativa y reglamento independiente en la Constitución de 1.978)", Madrid, Cívitas, 1.991, S. 135 ff.

ne nähere Gestaltung verhindert. Ein Gesetz muss jedoch auch immer die Grenzen beachten, die die Verfassung zieht[68].

Die Verordnungsgewalt hat daher immer einen abgeleiteten oder sekundären Charakter in Bezug auf ein Gesetz, das immer ihre Art und Weise und den Umfang bestimmen kann, insbesondere dann, wenn die Regelung aufgrund des Wesentlichkeitsgrundsatzes dem Parlament vorbehalten ist. Das Gesetz erscheint jedoch nicht nur als negative Grenze, sondern als eine positive die Befugnis gebende Voraussetzung, auch wenn es nur mittels einer allgemeinen Verweisungsklausel geschieht. Die Verordnungsgewalt auszuüben ist aber ohne vorhergehende gesetzliche Erlaubnis nicht möglich[69]. Dass das Gesetz gegenüber der Verordnung überlegen ist oder ihr hierarchisch übergeordnet ist, drückt letztendlich eine Vorrangstellung aus, die nicht nur eine formelle Festlegung, sondern auch materieller Art ist oder materiellen Gehalt und zumindest objektiv zurechenbaren Charakter hat. Daraus kann man schließen, dass die Verordnung einen eng durch das Gesetz begrenzten Regelungsbereich hat: Es ist der Bereich, den das Gesetz ihr einseitig lässt, weil es einer derartigen sekundären Rechtsquelle an verfassungsrechtlich vorbehaltenen Regelungsfeldern fehlt. Daher kann ein Gesetz jeglichen Bereich regeln, einschließlich der Aufhebung von bestehenden Verordnungen[70].

Wie auch immer wir sind heute Zeuge eines bemerkenswerten Ausdehnungsprozesses der Verordnungsgewalt, das gemäß oder ähnlich, wie bereits erwähnt, Resultat der wiedererstarkten organischen und funktionellen Bedeutung der Doppelnatur Regierung-Verwaltung in den modernen Staatswesen ist. Davon leitet sich auch die Tatsache ab, dass sie vielschichtiger geworden ist, wenn man berücksichtigt, dass die Verordnungsgewalt immer mehr einzelne Träger hat, was sich nicht wie früher im Ministerrat erschöpft, weil die Regierung als Organ der Organe sich aus einzelnen Organen zusammensetzt, die jedes für sich Träger der Verordnungsgewalt sind. Der Regierungspräsident ist auch Träger der Verordnungsgewalt aufgrund seiner Richtlinienkompetenz und seiner Koordinationsbefugnis, wie die Minister sie aufgrund ihrer Zuständigkeit für ihr jeweiliges Ressort besitzen (Art. 98.2 SV)[71].

So bestimmt Art. 3 de la Ley 50/1997 eine Liste von Verordnungen, die hierarchisch strukturiert sind. An der Spitze stehen die Verordnungen, die durch Dekret des Regierungspräsidenten und des Ministerrates erlassen werden (Art. 3.1 SV), danach folgen die Verordnungen, die durch ministeriellen Beschluss entstehen (Art. 3.2). Der Regierungspräsident kann gemäß Art. 2.2 j) LG durch Dekret die Ministerien „schaffen, ändern und ihren Wirkungsbereich einengen, genauso wie bei den Staatssekretären. Er hat ebenfalls die Kompetenz die Organstruktur der Regierungspräsidentschaft zu bestimmen". Ihrerseits haben die Minister gemäß Art. 4.1 b) LG die Verordnungsgewalt innerhalb ihres Ressorts. Auf der anderen Seite verleiht Art. 5 h) LG dem Mi-

---

[68] *F. Balaguer Callejón*, „Las fuentes reglamentarias", in *F. Balaguer* (Hrsg.), „Derecho constitucional", Madrid, Tecnos, 1999, Capítulo VIII, S. 158–173, insbesondere S. 168–169.

[69] So *J.A. Santamaría Pastor*, „Fundamentos de Derecho administrativo", aaO., S. 776–789.

[70] *F. Rubio Llorente*, „El principio de legalidad", in „La forma del poder", Madrid, Centro de Estudios Constitucionales, 1993, S. 333–357; insbesondere S. 344–356.

[71] *J.M. Porras Ramírez*, „Función de dirección política y potestad reglamentaria del Presidente del Gobierno", aaO., S. 348–356.

nisterrat, d.h. dem Plenumsorgan der Regierung, die traditionelle Befugnis „die Verordnungen für die Ausarbeitung und Ausführung der Gesetze zu erlassen".

Weil die Verordnungen des Ministerrates sicherlich die einzigen sind, die den internen Bereich der Regierung und Verwaltung überschreiten und eine externe Wirkung haben, weil sie die gesellschaftlichen Beziehungen zusammen mit den Gesetzen regeln, bilden sie tatsächlich Vorschriften, die das Ergebnis einer Ermächtigung sind, die früher ein Gesetz gegeben hat. Es handelt sich aber um Verordnungen, die in Verbindung mit dem Gesetz eine normative Funktion erfüllen. Sie dienen dazu, die zunächst bei den Bürgern aufgrund ihrer Allgemeinheit nicht anwendbaren Gesetze operativ zu bestimmen oder, um einzelne Aspekte, auf die das Gesetz bei der Regulierung aufgrund verschiedenster Motive verweist, zu konkretisieren. Deshalb geht dieses Konzept einer Verordnungsgewalt über den engen Rahmen einer reinen Exekutivfunktion hinaus und umfaßt einen eigenen Aufgabenbereich[72].

## 4. Schluss

Die Regierung in der spanischen Verfassung zeigt sich uns in dem kurzen Überblick sicherlich wie es zum Teil auch im deutschen Grundgesetz geschieht als ein Organ, das bestimmte Funktionen und Kompetenzen ausübt, um das Staatshandeln zu leiten und der Gesellschaft neue Impulse zu geben. Ihr ständiges Machtstreben bedeutet, dass man, um die rechtsstaatliche Demokratie zu erhalten, die Kontroll- und Strafmechanismen betonen und erneuern muss, sowohl die politischen als auch die rechtlichen, die die Demokratie dazu bereit hält. Die tendenzielle Dynamik des Organs und seine außerordentliche Anpassungsfähigkeit, Veränderungen aufzunehmen und umzusetzen, die vor allem dem Parlament, aber auch der Judikative fehlen, rechtfertigen es, notwendige und neue Einschränkungen zu bilden, um rechtsfreie Räume zu verhindern.

So gibt es neue oder von vornherein niemals völlig abgelehnte Vorschläge, die Versionen der Theorie eines rechtsfreien Raumes der Regierung enthalten, die danach nicht oder nur begrenzt sowohl parlamentarisch als auch rechtlich kontrollierbar ist oder die häufigen Versuche eine Verordnungsgewalt zu rechtfertigen, die gesetzesunabhängig ist. Sie bilden einige Beispiele jener Risiken, die niemals verschwinden und vor denen man in ständiger Alarmbereitschaft sein sollte und denen man begegnen muss. Das Risiko minimiert sich zweifellos auf der einen Seite aufgrund der herausragenden Stellung des Parlaments. Dessen Möglichkeiten die Regierungstätigkeit zu kontrollieren, nehmen zu und werden ständig verbessert und erweitert; auf der anderen Seite gibt es die Judikative, die effektiv und strikt überprüft, ob die Regierungstätigkeit auch rechtmäßig ist. Dies alles führt nicht nur zu der Überzeugung, sondern bestätigt sie, was oft genug die klassischen Autoren unterstrichen haben, dass Macht ständig versucht, Grenzen zu überschreiten und dabei in Willkür ausartet. Zum guten Teil hängt aber die Demokratie in der Freiheit von der Stärke oder, was das gleiche ist, von dem Nichtnachlassen der Kontrolle ab.

---

[72] *F. Balaguer Callejón*, „Las fuentes reglamentarias", aaO., S. 171–172.

# Textanhang

## Das spanische Gesetz über die Regierung
## (Ley 50/1.997, de 27 noviembre, del Gobierno).*

### Titel I
### Die Regierung: Zusammensetzung, Organisation und die Mitwirkungs- und Hilfsorgane

#### Kapitel I
#### Die Regierung und ihre Zusammensetzung, Organisation und ihre Aufgaben

#### Artikel 1
#### Die Regierung

1. Die Regierung bestimmt die Innen und Außenpolitik, die allgemeine und die Militärverwaltung und die Verteidigung des Staats. Sie übt die Exekutivfunktion und die Verordnungsgewalt aus gemäß der Verfassung und den Gesetzen.

2. Die Regierung setzt sich aus dem Präsidenten, dem Vizepräsidenten oder ggf. den Vizepräsidenten und den Ministern zusammen.

3. Die Regierungsmitglieder treten im Ministerrat und in den Regierungskommissionen zusammen.

#### Artikel 2
#### Der Regierungspräsident

1. Der Präsident bestimmt die Regierungstätigkeit und koordiniert die Aufgaben der übrigen Regierungsmitglieder ungeachtet der Kompetenzen und der direkten Verantwortlichkeit für ihren Geschäftsbereich.

2. Dem Regierungspräsident gebührt in jedem Fall:

a) die Regierung zu vertreten

b) das Regierungsprogramm aufzustellen und die Richtlinien der Innen- und Außenpolitik zu bestimmen und ihre Einhaltung zu fordern

c) das Vorschlagsrecht gegenüber dem König, dem Kongress, dem Senat oder die „Cortes Generales" (das gesamte Parlament) nach vorhergender Beratung im Ministerrat, aufzulösen

d) die Vertrauensfrage vor dem Kongress nach vorhergender Beratung im Ministerrat zu stellen

e) dem König die Einberufung eines beratenden Referendums nach vorhergender Bevollmächtigung durch den Kongress vorzuschlagen

f) die Verteidigungspolitik zu bestimmen und die Aufgaben in Bezug auf die Streitmacht auszuüben, die die Gesetzgebung für die nationale Verteidigung und die militärische Organisation vorsieht

g) die Zusammenkünfte des Ministerrats einzuberufen und ihm vorzustehen und seine Tagesordnung festzulegen ungeachtet der Voraussetzungen des Art. 62 g) SV

h) ggf. die Akte des Königs zu beglaubigen und ihm zur Unterzeichnung die Gesetze und die anderen Normen mit Gesetzesrang vorzulegen gemäß den Voraussetzungen in Art. 64 und Art. 91 SV

i) Verfassungsbeschwerde einzulegen

j) die Ressorts der Ministerien wie der Staatssekretäre durch „Real Decreto" (Verordnung durch den König unterzeichnet) zu schaffen, abzuändern und aufzulösen. Ebenso legt er die Organstruktur der Regierungspräsidentschaft fest.

k) dem König die Vizepräsidenten und die Minister vorzuschlagen und sie abzulösen

l) die Kompetenzstreitigkeiten zu lösen, die zwischen den verschiedenen Ministerien entstehen können

m) den übrigen Regierungsmitgliedern Anweisungen zu geben

n) die anderen Befugnisse auszuüben, die die Verfassung und die Gesetze ihm gewähren.

#### Artikel 3
#### Der Vizepräsident oder die Vizepräsidenten der Regierung

1. Der Vizepräsident oder die Vizepräsidenten, sofern sie vorhanden sind, üben die Aufgaben aus, die der Präsident ihnen gibt.

2. Der Vizepräsident, der ein Ministerium besitzt, ist daneben ein Minister.

#### Artikel 4
#### Die Minister

1. Die Minister als Bevollmächtigte ihrer Ressorts besitzen die Befugnis und die Verantwortlichkeit in dem besonderen Rahmen ihrer Geschäftstätigkeit und sie üben folgende Aufgaben aus:

a) die Tätigkeit der Regierung im Bereich ihres Ressorts auszuarbeiten in Übereinstimmung mit den Vorgaben des Ministerrats oder den Richtlinien des Regierungspräsidenten

---

* Übersetzung von Dr. Stefan Riechert und redigiert von Dr. J.M. Porras Ramírez.

b) die Verordnungsgewalt in ihrem Geschäftsbereich auszuüben

c) die anderen Befugnisse auszuüben, die die
Gesetze, die Normen der Organisation und der
Aufgaben der Regierung und jegliche andere Ver-
fügungen bestimmen

d) ggf. die Akte des Königs innerhalb ihres Ge-
schäftsbereichs gegenzuzeichnen.

2. Neben den tatsächlich benannten Ministern
eines Ressorts können Minister ohne festen Aufgabenbereich bestehen, die für bestimmte Regie-
rungsfunktionen verantwortlich sind.

### Artikel 5
### Der Ministerrat

1. Dem Ministerrat als ein Kollegialorgan der
Regierung gebührt:

a) die Gesetzesvorschläge zu erlassen und sie vor
dem Kongress der Abgeordneten vorzulegen oder
ggf. vor dem Senat

b) das Gesetz zum Haushaltsentwurf des Staats
zu erlassen

c) die „Reales Decretos-Leyes" und die „Reales Decretos Legislativos" zu verabschieden

d) der Verhandlung über die Internationalen
Verträge zuzustimmen und sie zu unterzeichnen,
ebenso wie ihre vorläufige Inkraftsetzung

e) die Internationalen Verträge den „Cortes
Generales" nach den dazu vorgesehen Bestimmungen der Art. 94 und Art. 96.2 SV vorzulegen

f) den Ausnahmezustand und den Notstand zu
erklären und dem Kongress den Verteidigungsfall
vorzuschlagen

g) die Ausgabe von Staatsanleihen zu verfügen
oder Kredit zu erlangen, sofern ein Ermächtigungsgesetz vorliegt

h) die Verordnungen nach einer Begutachtung
durch den Staatsrat zu erlassen, die die nähere Ausgestaltung und die Ausübung der Gesetze bestimmen, ebenso wie die übrigen Verfügungen, die erforderlich sind

i) die Leitungsorgane der Ministerien zu schaffen, abzuändern und aufzulösen

j) die Programme, Pläne und die verbindlichen
Richtlinien für alle Organe der Staatsverwaltung
aufzustellen

k) die anderen Befugnisse auszuüben, die die
Verfassung, die Gesetze und jegliche andere Verfügungen bestimmen.

2. Den Sitzungen des Ministerrats können die
Staatssekretäre beiwohnen, sofern sie zugezogen
werden.

3. Die Beratungen des Ministerrats sind geheim.

### Artikel 6
### Die Regierungskommissionen

1. Die Einberufung, Abänderung und Auflösung der Regierungskommissionen wird mittels
„Real Decreto" durch den Ministerrat auf Vorschlag des Regierungspräsidenten beschlossen.

2. Das „Real Decreto", eine Regierungskom-
mission einzuberufen, muss auf jeden Fall beinhalten:

a) Das Regierungsmitglied, das den Vorsitz der
Kommission innehat

b) Die Regierungsmitglieder und ggf. die teilnehmenden Staatssekretäre

c) Die Aufgaben der Kommission

d) Das Kommissionsmitglied, das die Funktion
des Sekretärs übernimmt.

3. Ungeachtet des vorhergehenden Absatzes
können die Beauftragten der anderen höchsten
und Leitungsorgane der Staatsverwaltung zu den
Sitzungen der Kommissionen herangezogen werden, sofern es ratsam erscheint.

4. Die Kommissionen haben als Kollegialorgane der Regierung folgende Aufgaben:

a) die allgemeinen Fragen zu untersuchen, die
in Zusammenhang mit den verschiedenen Ministerien stehen, die die Kommission bilden

b) die Themen zu behandeln die, auch wenn sie
mehrere Ministerien betreffen, eine Ausarbeitung
eines vorhergehenden gemeinsamen Lösungsvor-
schlags durch den Ministerrat benötigen

c) die Themen zu lösen, die, wenn sie mehrere
Ministerien betreffen, nicht durch den Ministerrat
behandelt werden müssen

d) jede andere Aufgabe wahrzunehmen, die die
Rechtsordnung vorsieht oder die der Ministerrat
überträgt.

5. Die Sitzungen der Regierungskommissionen sind geheim.

## Kapitel II
## Die Mitarbeits- und Hilfsorgane der
## Regierung

### Artikel 7
### Die Staatssekretäre

1. Die Staatssekretäre bilden die obersten Organe der Staatsverwaltung. Sie sind direkt für die
Ausführung der Regierungsgeschäfte für einen bestimmten Bereich eines Ressorts oder der Regierungspräsidentschaft verantwortlich.

2. Sie handeln nach Weisung des Amtsinhabers
des Ministeriums, zu dem sie gehören. Wenn sie
der Regierungspräsidentschaft angehören, handeln sie nach Weisung des Präsidenten. Genauso
können sie durch ausdrückliche Übertragung ihrer

Minister diese in Bereichen ihrer Kompetenzen vertreten, einschließlich jener mit internationalem Bezug ungeachtet aber der Normen, die die Beziehungen Spaniens mit anderen Staaten und den Internationalen Organisationen regeln.

3. Die Kompetenzen der Staatssekretäre sind im Gesetz über die Organisation und die Aufgaben der Staatsverwaltung festgelegt.

## Artikel 8
### Die Generalkommission der Staatssekretäre und Unterstaatssekretäre

1. Die Generalkommission der Staatssekretäre und Unterstaatssekretäre wird aus den jeweiligen Staatssekretären und den Unterstaatssekretären der verschiedenen ministeriellen Ressorts gebildet.

2. Die Präsidentschaft der Generalkommission der Staatssekretäre und Unterstaatssekretäre übernimmt ein Vizepräsident der Regierung oder wenn er fehlt ein Minister der Präsidentschaft. Das Sekretäriat der Generalkommission wird durch denjenigen ausgeübt, der durch Verordnung dazu bestimmt ist.

3. Die Sitzungen der Kommission dienen der Vorbereitung der Versammlungen des Ministerrates. Die Kommission darf unter keinen Umständen Entscheidungen oder Vereinbarungen treffen, die die Regierung ihr überträgt.

4. Alle Themen, die im Ministerrat verabschiedet werden, müssen in der Kommission vorab begutachtet werden außer den Punkten, die die Aufgaben des Ministerrates bestimmen, die durch Normen festgelegt ist.

## Artikel 9
### Das Sekretäriat der Regierung

1. Das Sekretäriat der Regierung als ein Hilfsorgan des Ministerrates, der Regierungskommissionen und der Generalkommission der Staatssekretäre und Unterstaatssekretäre hat folgende Aufgaben:

a) Die Unterstützung des Ministersekretärs des Ministerrates

b) Die ordnungsgemäße Einberufung der verschiedenen Mitglieder der Kollegialorgane, die zuvor aufgezählt wurden.

c) Die Zusammenarbeit mit den technischen Sekretäriaten der Regierungskommissionen.

d) Die Aktenanlage und die Aufbewahrung der Einberufungen, Tagesordnungen und den Akten der Versammlungen.

e) Die Überwachung der rechtmäßigen Bekanntmachung der Verfügungen und Normen, die durch die Regierung erlassen wurden, im „Boletín Oficial del Estado" (offizieller Staatsanzeiger in Spanien).

2. Das Sekretäriat der Regierung ist in die Organstruktur des Ministeriums des Präsidenten eingegliedert.

## Artikel 10
### Die Kabinette

1. Die Kabinette sind politische und technische Hilfsorgane des Regierungspräsidenten, der Vizepräsidenten, der Minister und der Staatssekretäre. Die Mitglieder der Kabinette führen vertrauliche und besondere Aufgaben, ohne dass sie aber Akte oder Resolutionen übernehmen können, die durch Gesetz den Organen der allgemeinen Staatsverwaltung oder ihren dazugehörigen Organen vorbehalten sind.

Insbesondere unterstützen sie die politische Arbeit in der Erfüllung der parlamentarischen Aufgaben und in den Beziehungen mit den Institutionen und der Verwaltungsorganisation.

2. Die Direktoren, Subdirektoren und die anderen Mitglieder dieser Kabinette haben den Rang eines Organs, der durch Verordnung festgelegt ist.

3. Die Anzahl und die Vergütung ihrer Mitglieder bestimmt sich durch den Ministerrat innerhalb des entsprechenden Haushaltstitels. Sie werden regelmäßig an die Vergütungen der Staatsverwaltung angepasst.

## Titel II
### Die Regelungen über die Regierungsmitglieder, die Staatssekretäre und die Leiter der Kabinette

### Kapitel I
Die Regierungsmitglieder

### Artikel 11
#### Voraussetzungen des Amtes

Um Regierungsmitglied zu sein, ist es erforderlich, die spanische Staatsangehörigkeit zu besitzen, volljährig zu sein, das aktive und passive Wahlrecht innezuhaben und nicht durch ein richterliches Urteil an der Ausübung einer Arbeit oder eines öffentlichen Amtes verhindert zu sein.

### Artikel 12
#### Die Ernennung und Entlassung

1. Die Ernennung und Entlassung des Regierungspräsidenten erfolgt gemäß den Vorschriften der Verfassung.

2. Die anderen Regierungsmitglieder werden auf Vorschlag des Präsidenten durch den König ernannt und entlassen.

3. Die Entlassung der Vizepräsidenten und der Minister ohne besonderes Amt hat die Auflösung der entsprechenden Organe zur Folge.

### Artikel 13
### Die Stellvertretung

1. Wenn das Amt des Regierungspräsidenten nicht besetzt ist, er abwesend oder krank ist, übernehmen die Vizepräsidenten gemäß der Rangordnung die Aufgaben des Regierungspräsidenten und wenn sie nicht dazu in der Lage sind, die Minister gemäß der Rangordnung der Ressorts.

2. Die Vertretung der Minister für ihre gewöhnliche Geschäftätigkeit bestimmt sich nach einem „Real Decreto" durch den Regierungspräsidenten. Sie muss immer durch ein anderes Regierungsmitglied erfolgen. Das Dekret beinhaltet den Grund und die Art der Vertretung.

### Artikel 14
### Die Regelungen zur Unvereinbarkeit mit der Regierungsmitgliedschaft

1. Die Regierungsmitglieder können keine anderen Aufgaben ausüben, die nicht durch das Mandat durch das Parlament gerechtfertigt sind und auch nicht eine andere Aufgabe, die sich nicht aus ihrem Amt ableitet ebensowenig dürfen sie einen Beruf ausüben oder einer wirtschaftlichen Tätigkeit nachgehen.

2. Darüber hinaus finden auf die Regierungsmitglieder die Unvereinbarkeitsregelungen zu den Leitungsbeamten der Staatsverwaltung Anwendung.

### Kapitel II
### Die Staatssekretäre

### Artikel 15
### Ernennung, Entlassung, Vertretung und Unvereinbarkeitsregelungen der Staatssekretäre

1. Die Staatssekretäre werden durch ein Dekret des Ministerrates ernannt und entlassen und durch den Regierungspräsidenten oder eines Regierungsmitgliedes, zu dessen Ressort er gehört, vorgeschlagen.

2. Die Vertretung der Staatssekretäre des jeweiligen Ministeriums bestimmt sich nach der Rangordnung, die sich aus dem Dekret über die Organstruktur des Ministeriums ergibt.

3. Die direkt von der Regierungspräsidentschaft abhängigen Staatssekretäre werden durch denjenigen vertreten, den der Präsident ernennt.

4. Auf die Staatssekretäre finden die Unvereinbarkeitsregelungen zu den Leitungsbeamten der Staatsverwaltung Anwendung.

### Kapitel III
### Die Kabinettsleiter des Präsidenten, der Vizepräsidenten, der Minister und der Staatssekretäre

### Artikel 16
### Ernennung und Entlassung der Kabinettsleiter

1. Die Kabinettsleiter des Präsidenten, der Vizepräsidenten und der Minister werden durch „Real Decreto" des Ministerrates ernannt und entlassen.

2. Die Kabinettsleiter der Staatssekretäre werden auf ministerielle Anordnung nach vorheriger Kenntnisnahme durch den Ministerrat ernannt.

3. Die Kabinettsleiter scheiden automatisch aus, wenn der Amtsinhaber ausscheidet, von dem sie abhängen. Im Falle einer Übergangsregierung bleiben sie in ihrem Amt bis eine Regierung gebildet ist.

4. Die Beamten, die in die Kabinette eingegliedert sind und auf die sich dieser Artikel bezieht, haben einen besondere Stellung, außer sie verbleiben aktiv in der Verwaltung, aus der sie stammen.

Gleichermaßen haben diejenigen, die nicht Beamte sind und in diese Kabinette eingegliedert sind, das Recht auf Rückkehr auf ihren Arbeitsplatz gemäß ihren besonderen Rechtsvorschriften.

### Titel III
### Regelungen über die Tätigkeit der Regierung und die Übertragung von Kompetenzen

### Artikel 17
### Die auf die Regierungtätigkeit anwendbaren Regelungen

Die Regierungsorganisation und -tätigkeit richtet sich nach diesem Gesetz und nach:

a) den „Reales Decretos" des Präsidenten über die Zusammensetzung und Organisation der Regierung und ebenso über die Organe mit denen sie zusammenarbeitet und ihrer Hilfsorgane.

b) den internen Organisationsanweisungen über die Handlungsweise und die Geschäftstätigkeit, die der Regierungspräsident oder der Ministerrat erlässt.

### Artikel 18
### Die Tätigkeit des Ministerrates

1. Der Regierungspräsident beruft die Sitzungen des Ministerrates ein und hat den Vorsitz inne. Der Minister der Regierungspräsidentschaft handelt als Sitzungssekretär.

2. Die Sitzungen des Ministerrates können Entscheidungscharakter oder Beratungscharakter haben.

3. Die Tagesordung der Sitzungen des Ministerrates werden durch den Regierungspräsidenten festgelegt.

4. Von den Sitzungen werden ausschließlich bezüglich Zeit und Ort der Abhaltung, der Assistenten, der getroffenen Vereinbarungen und der Berichte Akten angelegt.

### Artikel 19
### Die Tätigkeiten der Regierungskommissionen und der allgemeinen Kommission der Staatssekretäre und der nachgeordneten Sekretäre

Auf die Regierungskommissionen und auf die allgemeine Kommission der Staatssekretäre und der Unterstaatssekretäre in Bezug auf die Tätigkeit der oben genannten Kollegialorgane finden die Vorschriften des Artikel 18 dieses Gesetzes Anwendung.

### Artikel 20
### Die Übertragung von Kompetenzen

1. Die Ausübung eigener Kompetenzen können übertragen:

a) Der Regierungspräsident zugunsten des Vizepräsidenten oder der Vizepräsidenten und der Minister.

b) Die Minister zugunsten der von ihnen abhängigen Staatssekretäre, der Regierungsbeauftragten in den Autonomen Gemeinschaften und den Leitungsorganen des Ministeriums.

2. Ebenso können die Verwaltungsaufgaben des Ministerrates auf die Regierungskommissionen übertragen werden.

3. Keinesfalls können die folgenden Kompetenzen übertragen werden:

a) die direkt von der Verfassung bestimmten Kompetenzen

b) die Kompetenzen des Ministerrates, die sich auf die Ernennung und das Ausscheiden der Leitungsbeamten beziehen.

c) die Kompetenzen, die die Kollegialorgane der Regierung besitzen mit Ausnahme der in Absatz 2 dieses Artikels genannten Fälle.

d) die durch ein Gesetz bestimmten Kompetenzen, das ausdrücklich die Übertragung untersagt.

### Titel IV
### Die Übergangsregierung

### Artikel 21
### Die Übergangsregierung

1. Die Regierung endet nach Abhaltung der Wahlen, nach dem Verlust des parlamentarischen Vertrauens gemäß den Voraussetzungen in der Verfassung oder wenn der Präsident zurücktritt oder stirbt.

2. Die abgelöste Regierung bleibt in den Grenzen, die dieses Gesetz festlegt, in Funktion bis die neue Regierung im Amt ist.

3. Die Übergangsregierung ermöglicht die Formierung der neuen Regierung und die Übertragung der Macht auf sie und begrenzt ihre Geschäftstätigkeit auf das gewöhnliche Tagesgeschäft und verzichtet auf besonderen Maßnahmen außer in anerkannten Notfällen oder aufgrund eines ausdrücklich gerechtfertigten Allgemeininteresses.

4. Der Präsident der Übergangsregierung kann die folgenden Befugnisse nicht ausüben:

a) dem König vorzuschlagen, eine der Kammern oder die „Cortes Generales" aufzulösen

b) die Vertrauensfrage zu stellen

c) dem König vorzuschlagen, ein beratendes Referendum einzuberufe

5. Die Übergangsregierung kann folgende Befugnisse nicht ausüben:

a) das Haushaltsgesetz verabschieden

b) Gesetzesentwürfe vor dem Kongress der Abgeordneten oder ggf. vor dem Senat einzubringen

6. Die Übertragung der Gesetzesmacht, die durch die „Cortes Generales" vorgenommen wurde, ist während der gesamten Dauer der Übergangsregierung als Folge der Wahlen aufgehoben.

### Titel V
### Das Gesetzesinitiativrecht, die Verordnungsgewalt und die Kontrolle der Regierungsakte

### Artikel 22
### Das Gesetzesinitiativrecht der Regierung

1. Die Regierung übt das Gesetzesinitiativrecht im Sinne der Art. 87 und 88 SV gemäß der Ausarbeitung, der Verabschiedung und der späteren Vorlegung der Gesetzesentwürfe vor dem Kongress oder ggf. dem Senat aus.

2. Das Verfahren der Gesetzesentwürfe, auf die sich der vorhergende Absatz bezieht, wird im zuständigen oder den zuständigen Ministerien initiiert durch die Ausarbeitung des entsprechenden Vorentwurfs. Er beinhaltet die Gründe und die

Gutachten oder Berichte über die Notwendigkeit und die Erforderlichkeit des Gesetzes wie auch eine Wirtschaftlichkeitsberechnung, wenn das Gesetz vollzogen wird.

Das allgemeine technische Sekretariat muss immer von den Vorentwürfen Berichte erstellen.

3. Der Amtsinhaber des vorschlagenden Ressorts reicht den Vorentwurf beim Ministerrat ein, damit er über die Vorgänge und insbesondere über die Beratungen, die Gutachten und Berichte, die noch erforderlich sind, eine Entscheidung treffen kann, wie auch über die Art der Vorgehensweise ungeachtet der gesetzlichen Vorschriften.

4. Wenn die Verfahrensvoraussetzungen erfüllt sind, auf die sich der letzte Absatz bezieht, legt der Amtsinhaber des vorschlagenden Ministeriums den Vorentwurf erneut dem Ministerrat vor, damit er als ein Gesetzesvorschlag eingebracht werden kann und dem Kongress ggf. dem Senat zukommen kann. Der Vorschlag enthält die Gesetzesmotive und die Gründe und die anderen notwendigen Voraussetzungen, um darüber befinden zu können.

5. Wenn es dringend erforderlich erscheint, kann der Ministerrat von von dem Vefahren, die im dritten Absatz dieses Artikels genannt sind, absehen, außer sie sind notwendig. In diesem Fall kann er den Vorschlag billigen und dem Kongress oder ggf. dem Senat vorlegen.

### Artikel 23
### Die Verordnungsgewalt

1. Die Verordnungsgewalt besitzt die Regierung gemäß der Verfassung und den Gesetzen.

2. Die Verordnungen können keine Bereiche regeln, die einem Gesetzesvorbehalt unterliegen und auch nicht Normen mit Gesetzesrang zuwiderhandeln. Daneben können sie nicht, ungeachtet der Konkretisierung und Spezifizierung eines Gesetzes, Ordnungswidrigkeiten und Verstöße und Verfehlungen gegen Verwaltungsgesetze näher regeln, Strafen oder Sanktionen erheben wie auch nicht Gebühren, pauschale Steuern oder andere persönliche oder staatliche Abgaben öffentlicher Art einfordern.

3. Die Verordnungen müssen die folgenden Kompetenz- und Ordnungsprinzipien beachten:

1 Verfügungen, die durch „Real Decreto" des Regierungspräsidenten oder durch den Ministerrat erlassen werden.

2 Verfügungen, die auf ministerielle Verordnung erlassen werden.

Keine Verordnung kann eine Verordnung höheren Ranges verletzen.

4. Nichtig sind diejenigen Verwaltungsrichtlinien, die eine Verordnung verletzen, auch wenn sie durch ein Organ gleichen oder höheren Ranges als das, das die Verordnung erlassen hat, verabschiedet wurden.

### Artikel 24
### Das Verfahren über den Erlass von Verordnungen

1. Die Verabschiedung von Verordnungen richtet sich nach folgendem Verfahren:

a) Der Beginn des Verfahrens wird durch die zuständige Abteilung gemäß dem entsprechenden Plan durchgeführt. Dazu wird ein Bericht über die Notwendigkeit und die Erforderlichkeit eingereicht wie eine Wirtschaftlichkeitsberechnung, die einen Kostenvoranschlag der Verordnung enthält.

b) Im Laufe der Ausarbeitung sollen zu den Berichten, Gutachten und Voranschlägen noch die Studien und Beratungen hinzugezogen werden, die für erforderlich gehalten werden, um die Recht- und Gesetzmäßigkeit der Verordnung garantieren zu können.

c) Wenn der Inhalt einer Verfügung die Rechte oder die legitimen Interessen von Bürgern berührt, wird eine Anhörung in einem angemessenen Zeitraum mit nicht weniger als 15 Tagen direkt oder mittels der Organisationen oder rechtmäßigen Vereinigungen, in der sie vertreten sind oder sich vereinigen und deren Ziele mit dem Zweck der Verfügung verbunden sind. Die Entscheidung über die Eröffnung des Anhörungsverfahrens für die Bürger ist mit Gründen zu versehen. Daneben wird und auch wenn es die Art der Verfügung als erforderlich erscheinen lässt, das Verfahren innerhalb des angegebenen Zeitraums öffentlich bekannt gemacht.

Dieses Verfahren kann bis zu einem Zeitraum von 7 Tagen abgekürzt werden, sofern nachvollziehbare Gründe es rechtfertigen. Von dem Verfahren kann nur dann abgesehen werden, wenn schwerwiegende Gründe des öffentlichen Interesses, die erklärt werden müssen, es erforderlich machen.

d) Das im vorigen Satz vorgesehene Verfahren ist dann nicht notwendig, wenn die erwähnten Organisationen und Vereinigungen durch die Berichte und Beratungen an dem Prozess der Ausarbeitung unter Buchstabe b) teilgenommen haben.

e) Das Anhörungsverfahren für die Bürger, in allen Formen wie unter Buchstabe c) aufgeführt, wird nicht bei den Verfügungen durchgeführt, die die Organe, die Ämter und Titel dieses Gesetzes regeln. Das gleiche gilt für die Organverfügungen der Staatsverwaltung der Organisationen, die von ihr abhängig oder die ihr zugeordnet sind.

f) Zusammen mit den Verzeichnissen und Kurzberichten des Verfahrensbeginns werden in den Akten alle Gutachten und Beratungen und die übrigen Tätigkeiten geführt.

2. Es müssen immer die Entwürfe der Verordnungen durch das allgemeine technische Sekretariat dokumentiert werden ungeachtet der Berichte des Ministerrates in den durch Gesetz vorgesehenen Fällen.

3. Notwendig ist ein Vorabbericht des Ministeriums für die öffentlichen Verwaltungen, wenn die Regelungsnorm die Kompetenzverteilung zwischen dem Staat und den Autonomen Gemeinschaften betrifft.

4. Das Inkrafttreten der Verordnungen, die von der Regierung verabschiedet wurden, erfordert die vollständige Bekanntmachung im „Boletín Oficial del Estado".

## Artikel 25
### Die Bezeichnung der Verfügungen und der Resolutionen der Regierung, ihrer Mitglieder und der Regierungskommissionen

Die Entscheidungen der ordentlichen Organe haben folgende Bezeichnung:

a) „Reales Decretos Legislativos" und „Reales Decretos-Leyes", je nach Verfahren gemäß Artikel 82 oder 86 der Verfassung.

b) „Reales Decretos" des Regierungspräsidenten, die Verfügungen und Akte, die vom Präsidenten ausgehen.

c) „Reales Decretos", die vom Ministerrat getroffen werden, die Entscheidungen, die Verordnungen gemäß seiner Kompetenz erlassen werden und die Resolutionen, die diese Rechtsbezeichnung aufweisen müssen.

d) Vereinbarungen des Ministerrates, die Entscheidungen des Kollegialorgans, die nicht die Bezeichnung eines „Real Decreto" haben müssen.

e) Vereinbarungen, die in den Regierungskommissionen getroffen werden, die Entscheidungen und Resolutionen dieser Kollegialorgane. Diese

Entscheidungen haben die Bezeichnung Verfügung des zuständigen Ministers oder des Ministers der Präsidentschaft, wenn verschiedene Minister die Kompetenz haben.

f) Ministerielle Verordnungen, die Verfügungen und Resolutionen der Minister. Wenn die Verfügung oder die Resolution mehrere Ressorts betrifft, hat sie die Bezeichnung Verordnung des Ministers der Präsidentschaft, die auf Vorschlag der davon betroffenen Minister erlassen wird.

## Artikel 26
### Die Kontrolle der Regierungsakte

1. Die Regierung ist in ihrer gesamten Handlung der Verfassung und der übrigen Rechtsordnung unterworfen.

2. Alle Akte und Unterlassungshandlungen der Regierung unterliegen der politischen Kontrolle durch die „Cortes Generales".

3. Die Akte der Regierung und der Organe und der Amtsträger dieses Gesetzes sind im Rahmen der allgemeinen Verwaltungsgerichtsbarkeit anfechtbar gemäß dem entsprechenden Gesetz.

4. Das Vorgehen der Regierung ist vor dem Verfassungsgericht gemäß dem Organgesetz des Verfassungsgerichts anfechtbar.

## Zusatz

### Erstens

Der Regierungspräsident hat das Recht diesen Titel zu führen und hat all jene Rechte, Ehren und Vorrechte, die gesetzlich oder durch Verordnung festgelegt sind.

### Zweitens

Der Staatsrat, das höchste Beratungsorgan der Regierung, regelt sich in Organisation, Tätigkeit und der inneren Ordnung nach seinem Organgesetz und seiner Verordnung als Garantie der ihm zustehenden Unabhängigkeit.

# On the Constitutional Position of Judicial Power in Spain: The Judge as Natural Guarantor of Rights

by

## Dr. Juan Francisco Sánchez Barrilao

Assistant Professor of Constitutional Law at the University of Granada

## Contens

## I. Introduction: Division of Powers and the Judicial Power[1]

The consolidation of the social and democratic State of Law, with the development of modern constitutional systems that offer full juridical guarantee of rights, has enhanced the political role of the Judiciary[2]. However, the division of powers is currently

---

[1] Abbreviations: ATC, resolution of the Constitutional Tribunal; CE, Spanish Constitution; FJ, Juridical Foundation; and STC, Sentence of the Constitutional Tribunal.

[2] See *Mauro Cappelletti*, "Who watches the watchmen? A comparative study on judicial responsibility", in *Judicial independence: The contemporary debate*, S. Shetreet and J. Deschênes (ed.), Martinus Nijhoff Publishers, Dordrecht, 1995, pp. 552–553.

threatened by the intense juridical control over the Public Authorities exerted by ordinary Judges.

In Spain, after twenty years of Democracy, nobody doubts the importance of the Judiciary, both in general as a pillar of the new State born in 1978 and in particular as guaranteeing the rights and freedoms of Spanish citizens. However, the leading political role that Judges have adopted in Spain has raised questions about the nature and scope of the functions constitutionally assigned to them, especially in relation to the other Powers[3]. The present research aimed to investigate the place of the Judicial Power in relation to the other Powers in Spain, as established by the Spanish Constitution, focussing on the role of the Judge as natural guarantor of rights and freedoms[4].

The historical construction of the Judiciary in Europe, including Spain, has developed alongside the principle of the division of powers, which, apart from its status as constitutional dogma, continues to inspire modern constitutional States as guaranteeing freedom from an excessive concentration of power. However, in this process the Judicial Power has retained, especially in Spain, some functions of the other Powers, despite the consistent goal of a strict separation between them. Thus, Judges and Magistrates in Spain carry out non-jurisdictional functions in relation to the Civil Registry, Electoral Administration, voluntary jurisdiction, criminal investigation and the Administration of expropriations[5]. Evidently, under the protection of a normative Constitution, it is not possible to maintain these functions merely as a historic remnant. They are founded upon a modernized version of the classic principle of division of powers, which is understood in terms of distinction and collaboration. Each Power preserves a concrete function that defines it, without preventing it from participating in the exercise of the other Powers as long as it respects their fundamental and defining role[6].

---

[3] Cf. *Gregorio Cámara Villar*, "Justicia y política en la España democrática", *Revista de Derecho Político*, N 47, 2000, pp. 29–52.

[4] This research derives from the conclusions reached in my doctoral Thesis, "Division of powers and Judicial Power: The attribution of non-jurisdictional functions to Judges and Magistrates in guarantee of rights" – successfully defended on June 22 1999 at the Faculty of Law of the University of Granada under the direction of the Prof. Dr. D. Francisco Balaguer Callejón –. On that occasion I analysed Art. 117.4 of the Spanish Constitution and its implications for the Judiciary and the division of powers in Spain. According to this article: "The Courts and Tribunals shall not exercise any functions other than those set forth in the previous paragraph [passing judgments and having judgments executed] and those expressly attributed to them by law to guarantee any right". This thesis and the present research represent a somewhat novel assessment of the Judiciary in Spain in the light of Art. 117.4 CE. For a first approach to the Judiciary in Spain, see: *Ignacio de Otto y Pardo, Estudios sobre el Poder Judicial*, Ministerio de Justicia, Madrid, 1989; *Luis María Díez-Picazo, Régimen constitucional del Poder Judicial*, Civitas, Madrid, 1991; and *Juan Fernando López Aguilar, La Justicia y sus problemas en la Constitución. Justicia, Jueces y Fiscales en el Estado social y democrático de Derecho*, Tecnos, Madrid, 1996.

[5] A phenomenon that, while not exclusive to Spain, reaches a new level by being expressly stated in the Constitution – art. 117.4 CE –. In this regard, see *Juan Francisco Sánchez Barrilao*, "Límites a la atribución de funciones extrajurisdiccionales a jueces y magistrados", *Cuadernos de la Cátedra Fadrique Furió Ceriol*, N 6, 1994, pp. 85–112. In the Italian context, but with no expressed precept in the Italian Constitution –, *Francesca Zannotti, Le attività extragiudiziarie dei magistrati ordinari*, Cedam, Padova, 1981, especially Chapter VI; also of interest, in the German context, *Wolfgang Heyde*, with *Ernst Benda, Werner Maihofer, Hans-Jochen Vogel*, and *Konrad Hesse*, in *Handbuch des Verfassungsrechts der Bundesrepublik Deutschland*, Walter de Gruyter & Co., Berlin, 1994, Chapter XV.

[6] For the division of powers in its origins and posterior evolution, see: M.J.C. VILE, *Constitutionalism*

The Spanish Constitution of 1978 does not expressly recognize the principle of the division of powers, although it can be deduced constitutionally from the jurisprudence of the Constitutional Tribunal. Instead of devising a rigid separation of powers, the Constitution establishes a flexible model of division, coordination and collaboration between them. Indeed, the Constitutional Tribunal has declared that a rigid system with a watertight separation of powers has never operated and would not be possible – STC 77/1983, October 3 (FJ N 2) –. Moreover, the Tribunal – STC 166/1986, December 19 (FJ N 11) – described the historical evolution of the constitutional system of division of powers as allowing "a certain flexibility in the content of the characteristic decisions of each one of the functions" while ensuring "that this separation should usually be respected in order to avoid the institutional imbalance that would result from the interference of one of these powers in the characteristic function of another". The consecration of the principle of the division of powers in the Spanish Constitution, although using this flexible formula of distinction and collaboration, implies the establishment of a sufficiently precise functional role for each state Power to avoid the constant subjection of one Power to possible interferences by the action of the other Powers. An essential core and an indispensable content of each function are requirements of the constitutional system.

Within this framework, the current institutional and functional role of the Judicial Power is very different to that designed and established in the constitutions of continental Europe, including Spain, throughout the 19th Century and the first half of the 20th. The abstract function of social pacification assigned to Judges, limited to the solution of disputes between private subjects and to the punishment of crimes – as guarantors of state monopoly on power and force and the public resolution of conflicts –, is today substituted by a generic function as natural guarantors of the rights and the freedoms of individuals[7]. The figure of the state-employed Judge and guardian of the liberal social order – *l'État légal de droit* – has proven inadequate in the Constitutional State of Law consolidated in Europe after World War II. Thus, reflecting the Anglo-American traditions of judicial independence and of the Judge as guarantor of freedom through Habeas Corpus and judicial review, a new type of judge has evolved in Continental Europe, fully independent and providing an appropriate and effective guarantee of the dignity, rights and freedoms of the citizenry. The Spanish Constitution of 1978 assigned to Judges and Magistrates, as independent and subject to the rule of the law, the administration of a justice that emanates from the people – art. 117.1 CE –, with the purpose of offering an opportune and effective guarantee of rights and freedoms – art. 24.1 CE –. To this end, the Constitution reserves jurisdictional power to the Judges in an exclusive and excluding manner – art. 117.3 and 4 CE – but also allows the attribution of other non-jurisdictional functions in guarantee of rights – art. 117.4, *in fine*, CE –.

---

*and the separation of powers*, Clarendon Press, Oxford, 1967; and *Giovanni Bognetti, La divisione dei poteri (Saggio di Diritto comparato)*, Giuffrè Editore, Milano, 1994.

[7] Cf. *François Ost*, "Juge-pacificateur, Juge-arbitre, Juge-entraîneur. Trois modèles de Justice", in *Fonction de Juger et Pouvoir Judiciaire (Transformations et déplacements)*, Philippe Gérard, Michel van de Kerchove and François Ost (dir), Publications des Facultés Universitaires Saint-Louis, Bruxelles, 1983, pp. 44–57.

## II. Administering Justice

According to article 117.1 of the Spanish Constitution, "justice emanates from the people and is administered in the name of the King by Judges and Magistrates who are members of the judicial power and are independent, irremovable, responsible, and subject only to the rule of the law"[8]. But what does "administering justice" mean? At first sight, it is identified with "jurisdictional power", i.e., judging and executing judgements made in all types of legal proceedings – art. 117.3 CE –. The problem is that, according to this interpretation, the non-jurisdictional activity of the Judges could not be regarded as "administering justice", although part of this activity is considered typically judicial – as in the case of criminal investigation or voluntary jurisdiction[9]. As happens in Italy, this would imply a dual interpretation of "jurisdictional power", both a strict interpretation and a wider one that includes the afore-mentioned meanings[10]. Evidently, this dual approach cannot be sustained in Spain, because on the one hand it only transfers the problem and on the other the Spanish Constitution expressly distinguishes between jurisdictional power and non-jurisdictional functions in guarantee of rights – art. 117.3 *versus* 117.4 CE –.

A key to understanding "administering justice" is to consider the Judges as especially endowed by the Constitution to provide an adequate guarantee of rights, because of their independence, impartiality, and exclusive subjection to the Law. We therefore understand "administering justice" to be a wider concept than "jurisdictional power" and one that can also include non-jurisdictional functions in guarantee of rights. According to this reading, justice is administered when the Law is applied in a concrete case in order to guarantee people's rights.

### a) What is Justice?

Enquiry into what "administering justice" is begs the question as to what "justice" is. As pointed out by KELSEN, although a universal concept of justice may be beyond our reach, we can at least define it in the context of a specific space and time[11]. In the Spanish case, this means characterizing justice in the social and democratic State of

---

[8] We have used the term "rule of the law", a modification of the usual English term, because the Spanish term *"imperio de la ley"* refers to statutory law and is therefore closer to the French expression *"règne de la Loi"*.

[9] It would mean, for example, refusing to extend the principle of judicial independence to these functions, because this is limited to the jurisdictional power.

[10] In this respect, see *Vittorio Angiolini, Riserva di giurisdizione e libertà costituzionali*, CEDAM, Milani, 1992, pp. 18–30.

[11] *Hans Kelsen, What is Justice? Justice, Law, and Politics in the mirror of Science*, University of California Press, Berkeley, 1971. On the other hand, it is possible to approach how "justice" has been understood historically. See: *Giorgio del Vecchio*, "Giustizia", in *Novissimo Digesto Italiano (VII)*, Antonio Azara and Ernesto Eula (ed.), Vnione Tipografico-Editore Torinese, Torino, 1961, pp. 1112–1115; and also *Edmond Cahn*, "Justice", in *International Encyclopedia of de Social Sciences (VIII)*, David L. Siller (ed.), The Macmillan Company & The Free Press, 1968, pp. 341–347.

Law constituted in Spain in 1978, according to the Constitution and especially to the democratic principle and to justice, as a value of the legal system – art. 1.1 CE–[12].

According to the popular origin of all Power, including Judicial Power – arts. 1.2 and 117.1 CE –, it is difficult to isolate a concept of "justice" without taking into account the democratic principle. Citizens politically express their diverse options with respect to "justice" that are then carried out legally through the Law and especially through the Constitution[13], which is the expression of the constituent power and supreme rule of the legal system and is the normative manifestation of a group of values representing the minimum accord proposed in relation to the basic questions accepted for the political organization of a community[14]. For our purpose, a systematic reading of the Constitution is necessary, especially with respect to fundamental rights and public freedoms within the juridical and political framework of the Spanish State – STC 206/1992, November 27, (FJ N 3) –. These rights and freedoms represent a constitutionally agreed minimum for what was traditionally understood as *iustitia*. *Iustitia* refers to the manifestation of a common ideal order that is both superior and prior to power, although now it defines normative and material values and ends, i.e., "justice" within the constitutional structure – STC 25/1981, July 14 (FJ N 5) –[15]. A separate issue is how, in accordance with political pluralism, the previous constitutional framework is developed by the constituted powers, and especially by Parliament as the maximum representation of the people and of democratic pluralism – arts. 66.1, 68, 69 and 70 CE –. Statutory law, as the expression of the democratic will within the constitutional system, is a second form of the juridical manifestation of "justice", because it is democratically developed by the interaction of majorities and minorities with parliamentary representation. This creates the identification between "the justice that emanates from the people" and "the rule of the law" – art. 117.1 CE –.

As a result, Spanish Judges are not able, beyond their essentially functional legitimacy and the constitutional design of the distribution of power, to make rulings based on any concept of "justice" that is distinct from the rule of the law and the Constitution. What they can and must do is follow procedures to enact the legislation that has been plurally agreed by the political representatives of the people. Judges' activity must also be based on the guarantees that, for citizens and minorities, are provided by the independence and impartiality of the Judges in their respect for and subjection to the law and the Constitution. Furthermore, this approach creates a dynamic vision of "jus-

---

[12]  Art. 1.1 CE: "Spain constitutes itself into a social and democratic state of Law that advocates freedom, justice, equality, and political pluralism as the superior values of its legal order".

[13]  Because, according to *Zagrebelsky*, the democratic principle is incompatible with any natural conception of the Law; cf. *Gustavo Zagrebelsky, Il Diritto mitte. Logge, diritti, giustizia*, Giulio Einaudi editore, S.p.a., Torino, 1992. Chapter 3.9.

[14]  According to *Balaguer Callejón*, the Constitution is: "an expression of a system of values, of a given conception of the form in which society should be organized, of the ends to which it should be oriented and of the means that it should use to achieve them"; cf. *Francisco Balaguer Callejón, Fuentes del Derecho (II)*, Tecnos, Madrid, 1992, pp. 30–31. And in general, on the Constitution as social consent of "justice", as an expression of the social pact, see *John Rawls, Political liberalism*, Columbia University Press, Nueva York, 1993.

[15]  In this respect, see: *Peter Häberle, Le libertà fondamentali nello stato constituzionale*, La Nuova Italia scientifica, Roma, 1993, Chapter 1.1; and *Lucia Triolo, Primato del diritto e giustizia. Diritti fondamentali e Costituzione*, G. Giappichelli Editore, Torino, 1996, pp. 51–64.

tice"; the guarantees offered by Judges and by the procedures they use – especially those that emanate from judicial proceedings – provide the content of "justice" in a formal sense[16]. In this way, "justice" and "that which is just" are presented as stages of an evolution in which "justice" is the potential execution of the Law, and "that which is just" is the declared Law. The essential issue is not an ideal identification between justice, Law, and its application in a specific case, but rather the application of the Law in accordance with certain guarantees that ensure that individuals' rights are respected. This is how the Judge administers "justice": through the application and interpretation of the Law in a concrete case, subject to nothing other than the law and the Constitution – independence –, while at the same time being exclusively and wholly subject to the law and Constitution – the rule of the law –. This is how "justice" takes shape, through the judicial correction of the decision under consideration.

### b) *Judicial Independence and the Rule of the Law*

The essentially functional legitimacy of Judges and their necessary impartiality determine on the one hand their strict subjection to the rule of the law and on the other their independence. Judges, as administrators of justice through the application of the Law *ad litem*, act only on the basis of juridical parameters and never on political grounds, so that judicial independence is necessary to provide juridical protection of their impartiality in applying and interpreting the law in guarantee of rights. From this perspective, "judicial independence" can be understood as the space that is juridically guaranteed to Judges for them to be able to apply and interpret the Law in a concrete case without external interference, in protection of the rights of the people. In Spain, subjection to the rule of the law means that the Judge is specifically bound to the statutory law in applying the Law. Thus, the relationship between judicial independence and the rule of the law can be viewed in two ways: objectively, in that any instruction to Judges is prohibited at the moment of applying and interpreting a law; and functionally, in that their rulings are only affirmed to those ends[17].

The aim of judicial independence is not so much to guarantee the Judge's person, but rather to give an ideal and objective status of impartiality to his or her actions – functional independence –, as a basic foundation of the functions constitutionally attributed in guarantee of individual rights. It protects Judges from external pressures that might affect their impartial interpretation of the law. This is why the Judges are shielded by law from orders and instructions through which third parties could illegally interfere in rights recognized by the Spanish legal system. At the pinnacle of this system stands the Constitution, followed by statutory law as a more immediate expression of political pluralism. There is a dialectical relationship between the judges' independence and their subjection to statutory law, between autonomy and depend-

---

[16] For an approximation to the formal aspect of the "justice", *John Rawls, A Theory of Justice*, President and Fellows of Harvard College, 1971, Chapter II.

[17] Respectively, cf.: *Peter Schlosser* and *Walther Habscheid*, "Country studies (Federal Republic of Germany)", in *Judicial independence:...*, p. 80; and *Fausto Cuocolo, Istituzioni di Diritto Pubblico*, Giuffrè Editore, 5a ed., Milano, 1988, pp. 454–455.

ence[18], which constitutionally characterizes Judges in relation to the other Powers and to the citizens themselves.

The Spanish Constitution offers a series of instruments to guarantee judicial independence and the rule of the law. With respect to independence, the General Council of the Judicial Power provides the most important guarantee, whereas the rule of the law and the Constitution is guaranteed by the question of unconstitutionality of the law. The General Council of Judicial Power, without being a Judicial Power itself – STC 45/1986, April 17 (FJ N 5) –, is the body charged by the Constitution with guaranteeing the independence of Judges and Magistrates in terms of appointments, promotions, inspections and disciplinary regime – art. 122.2 CE –, as opposed to the traditional interference of the Executive Power. As in Italy and other countries of continental Europe, the historic control of Judges by Governments led to the constitution in Spain of a very particular body that was designed to be independent, to a greater or lesser extent, from the other Powers and to avoid any government interference with the independence of the judiciary[19]. Regarding the question of unconstitutionality of the law, Judges in Spain cannot refuse to apply a statutory law on the grounds of its unconstitutionality, except in cases of pre-constitutional laws, but must take such questions to the Constitutional Tribunal – art. 163 CE –. This addresses the problem of Judges being bound to both the Constitution and statutory law. Judges are bound to the Constitution in precedence to any other juridical norm – art. 9.1 CE – and also to statutory law, which constitutes the foundation and scope of Judges' actions and which they cannot modify in any way – art. 117.1 –[20].

### c) *Jurisdictional Power*

Although jurisdictional power is not all of the administration of justice, it is the central part and engenders the other functions that form it, because the purpose of the jurisdictional power is to guarantee rights, even in a declared conflict, using methods specifically designed to guarantee the rights of the individuals involved and their conflicting aims[21].

Ever since its classic and original conception, the Judicial Power has been characterized by its responsibility for resolving disputes between members of the social community. Thus, jurisdiction became identified as a Power able to satisfy claims through the application of the Law in situations of conflict between citizens, which could be

---

[18] In Spain, see *Juan Luis Requejo Pages, Jurisdicción e independencia judicial*, Centro de Estudios Constitucionales, Madrid, 1989, Chapters. IV and V.

[19] See: *Manuel José Terol Becerra, El Consejo General del Poder Judicial*, Centro de Estudios Constitucionales, Madrid, 1990; and *José María Porras Ramírez*, "Fundamento, naturaleza, extensión y límites de la potestad reglamentaria del Consejo general del Poder Judicial", *Revista de Estudios Políticos*, N 87, 1995, pp. 239–257.

[20] See: *Manuel Aragón Reyes*, "El Juez ordinario entre legalidad y constitucionalidad", *Estudios de Derecho Constitucional*, Centro de Estudios Políticos y Constitucionales, Madrid, 1998, pp. 163–190; and, from a more general perspective, *Javier Jiménez Campo*, "Sobre la cuestión de inconstitucionalidad", with *Francisco Rubio Llorente*, in *Estudios sobre jurisdicción constitucional*, McGraw Hill, Madrid, 1998, pp. 91–108.

[21] Cf. *Luis María Díez-Picazo, La jurisdicción en España. Ensayo de valoración constitucional*, Instituto de Estudios Económicos, Madrid, 1994, p. 9.

resolved in a way that guaranteed the rights of the citizens[22]. The perspective was one of repair, because jurisdictional power solves *ex post* conflicts that have already occurred. The jurisdictional power, by passing judgments and ensuring their execution, demonstrates the universal and effective judicial protection of the rights and legitimate interests of individuals in declared conflict – arts. 24.1 and 117.3 CE –[23].

The jurisdictional power is characterised by its contentious character. The special guarantee of rights it offers is formally comprised by the juridical and dialectical character of its method: the legal proceedings – the trial –. Legal proceedings today signify more than a ritual performance of the Law; they stand for the resolution of conflict according to the Law and for a procedure exclusively dedicated to guaranteeing the rights of the individuals in dispute. The proceedings also serve as a guarantee that the jurisdictional decision is an adequate one. To these ends, the Constitution establishes certain procedural guarantees – art. 24.2 CE – and judicial principles – art. 120 CE –[24] as substantial support for due process and for the formal framework of effective judicial protection – STC 46/1982, July 12 (FJ N 2) –[25].

Among these principles, two are of particular interest and are designed to enable social control over the evolution of legal proceedings and to ensure a correct judicial protection of rights. They concern publicity and the motivation of judicial activities – art. 120.1 and 3 CE –. Both principles allow the individuals involved and society as a whole to know and control how Judges act – STC 96/1987, June 10 (FJ N 2) –[26]. The principle of publicity implies the prohibition of secrecy and, to a large extent, of judicial arbitrariness. It frees citizens from the injustice that secret justice has historically signified. The same is true for judicial motivation, in that it provides a guarantee against arbitrariness, as an additional instrument of control and social legitimisation. The motivation principle is crucial, because the grounds on which judicial decisions are reached have a direct bearing on the rights of the citizens and the decisions must be sustained according to statutory law and the Constitution. This is what creates the

---

[22] For example, see: *Ferruccio Pergolesi, Diritto costitucionale (II), Cedam*, 15a ed., Padova, 1968; or *Henri Brun* and *Guy Tremblay, Droit constitutionnel*, Yvon Blais Inc, 3a ed., Quebec, 1987, p. 513.

[23] Art. 24.1 CE: "All persons have the right to the effective protection of the Judges and Courts in the exercise of their rights and legitimate interests, and in no case may there be a lack of defence". Alsod art. 117.3 CE: "The exercise of jurisdictional power in any type of procedure, passing judgments and having judgments executed, belongs exclusively to the Courts and Tribunals as determined by the laws, according to the norms on the competence and procedure that they establish".

[24] Art. 24.2 CE: "Likewise, all have the right to the ordinary judge predetermined by law, to defence and assistance of an attorney, to be informed of the accusation made against them, to a public trial without delays and with all the guarantees, to utilise the means of proof pertinent to their defence, to refrain from self-incrimination, to refrain from pleading guilty, and to the presumption of innocence". Art. 120.1 CE: "Judicial proceedings shall be public, with the exceptions provided for by the laws on procedure". Art. 120.2 CE: "The procedure shall be predominantly oral, particularly in criminal matters". And art. 120.3 CE: "The sentences shall always be motivated and shall be pronounced in public audience".

[25] Regarding *due process*, see *Laurence H. Tribe, Constitutional choices*, Harvard University Press, Cambridge, 1985, pp. 92 and following.

[26] Of interest, *Jamie Cameron*, "Comment: The constitutional domestication of our Courts (Openness and publicity in judicial proceeding under the Charter)", in *The mediates, the Courts and the Charter*, Philip Anisman and Allen M. Abut (ed.), Carswell, Toronto, Calgary, Vancouver, 1986, p. 337.

close relationship between motivation, justice and effective judicial protection, a relationship that is compromised when a decision is inadequately motivated[27].

# III. Jurisdictional Exclusivity

The division of powers as a constitutional principle can be deduced from a systematic reading of the Spanish Constitution. A certain degree of collaboration is permitted between the Powers through the acceptance of shared areas in the exercise of their functions, although each Power is assigned areas of activity that are its exclusive preserve[28]. The constitutional design of the distribution of the power is very complex, and requires a combination of collaboration and functional preserves. Thus, the functional delimitation of the Judicial Power is neither explicit nor complete. On the contrary, it must be deduced from a whole set of attributions constitutionally set down for this purpose, as also is the case with the other Powers. Numerous and very varied precepts determine Judges' interventions – arts. 17.2 and 4, 18.2 and 3, 20.5, 22.4, 24.1, 53.2, 82.6, 106, 117.1, 3 and 4, 153, and 163 CE –. However, the global function of the Judiciary can be ascertained from this set of articles. The constitutional principle they must uphold is "the guarantee of rights" and their core role, as described above, is the exercise of jurisdictional power, alongside other specific judicial interventions in limitation/protection of fundamental rights and public freedoms[29].

Given the importance of jurisdictional power as the functional nucleus of the Judiciary, the Constitution attributes jurisdiction exclusively to Judges and Tribunals – art. 117.3 CE –, vetoing any role for the other Powers in this sphere – "positive exclusivity" –. In their turn, Judges are prohibited from developing non-jurisdictional functions – "negative exclusivity" –, unless they are specifically attributed by law in guarantee of any right – art. 117.4 CE –. We shall proceed with an examination of the functional relationships between the Judiciary and the other Powers.

## a) Positive Exclusivity

Positive jurisdictional exclusivity (art. 117.3 CE) requires that no Power other than the Judiciary may exercise jurisdictional power or hinder its normal development by Judges and Magistrates. This prohibition is sustained on the basis of the protection of individual rights[30].

There have been reports of incursions by the Spanish Parliament (Cortes Generales) into the proper preserve of the judiciary in its exercise of Legislative Power, particularly with respect to laws created for certain single cases – "singular law" –. However,

---

[27] See for example STC 54/1997, March 17 (FJ N 3).

[28] Cf. *José Joaquim Gomes Canotilho, Direito Constitucional*, Almedina, 4a ed., Coimbra, 1989, p. 523.

[29] These are prohibited to the other Powers, as actual judicial reservation or "principle of reservation of judicial intervention"; for the latter, see *Ricardo Martín Morales*, "Parte primera: teoría general", in *El principio constitucional de intervención indiciaria*, Ricardo Martín Morales (ed.), Grupo Editorial Universitario, Granada, 2000, pp. 27–28.

[30] *Santiago Muñoz Machado, La reserva de jurisdicción*, La Ley, Madrid, 1989.

given the formal concept of statutory law that now prevails and the subjection of Judges to the rule of the law, jurisdictional exclusivity does not appear to have suffered damage. Another matter entirely concerns the possibility that a law may threaten rights or constitutional guarantees, such as equality in the law and effective judicial protection – arts. 14 or 24.1 CE –. This issue is beyond the scope of ordinary Judges because of their exclusive subjection to the rule of the law and must be addressed by the Constitutional Tribunal[31].

The Judicial Power has most expanded at the expense of the Government and the Administration[32], especially after innovations presented by the recent law regulating jurisdiction (*Ley Reguladora de la Jurisdicción Contencioso-Administrativa*). Except for the government's right to pardon, the historical conflicts between the Executive and the Judicial one have been reduced to issues concerning: the judicial control of Governmental activity, when fundamental rights and regulated elements are violated; limitations on the Government's expropriation of rights that have been judicially won against the Administration; the guarantee of subsidiary judicial execution, when the Administration fails to voluntarily comply with rulings; and the strengthening of precautionary measures in favour of private individuals[33].

In relation to the Spanish Constitutional Tribunal the situation varies. Demarcation between the respective competences of this Tribunal and the ordinary Tribunals is possible in terms of the predominantly subjective character of the ordinary Tribunal and the more objective character of the Tribunal that acts to guarantee the Constitution[34]. However, many problems are posed in practice by the legal status of the recourse of "*amparo*" – special and constitutional protection of fundamental rights – before the Constitutional Tribunal – arts. 53.2, 161.1.b and 162.1.b CE –, especially when this protects rights directly or indirectly violated by the ordinary Tribunals. Leaving to one side discussion of the desirability of reforms to make the recourse of "*amparo*" more objective, the distinction between questions of constitutionality and those of legality remains, despite its limitations, the fundamental yardstick by which the attributions of the one and the other Tribunal are distinguished[35].

### b) Negative Exclusivity

Negative exclusivity refers to the prohibition of Judges and Magistrates from impinging on the functions of the other Powers, – art. 117.4 CE –, to compensate these Powers for their exclusion from the preserve of the Judiciary. Although this seems a

---

[31] See *José Antonio Montilla Martos*, *Las leyes singulares en el ordenamiento constitucional español*, Civitas, Madrid, 1994, Chapter IV.

[32] Cf. *Eduardo García de Enterría*, *Democracia, Jueces y control de la Administración*, Civitas, Madrid, 1995.

[33] Of great interest, the collective volume *Comentarios a la Ley de la Jurisdicción Contencioso-Administrativa de 1998 (Edición especial del número 100 de Revista Española de Derecho Administrativo)*, Redacción de Revista Española de Derecho Administrativo, Civitas, Madrid, 1999.

[34] Cf. *Miguel Angel Aparicio Pérez*, "La aplicación de la Constitución por los Jueces y la determinación del objeto del amparo constitucional", *Revista del Centro de Estudios Constitucionales*, N 3, 1989, pp. 51, 52, 69 and 75–82.

[35] See *Pedro Cruz Villalón*, "Sobre el amparo", in *La curiosidad del jurista persa y otros estudios sobre la Constitución*, Centro de Estudios Políticos y Constitucionales, Madrid, 1999, pp. 495–511.

less problematic principle, being an essentially juridical question, many issues remain unresolved, in particular the major political role adopted by the Judiciary in the social State and in the context of the crisis of statutory law.

In relation to Parliament (*Cortes Generales*) and the Constitutional Tribunal, Judges may not, in their exercise of jurisdictional power and in guarantee of the rights of citizens, go beyond that which is allowed them by statutory law and according to the Constitution. In the case that they consider a law to be unconstitutional, they may refuse to apply it if it pre-dates the 1978 Constitution and may raise the question of its constitutionality with the Constitutional Tribunal if it post-dates it.

In terms of the normative-positive dimension of judicial activity, the capacity for integration of the legal system must be recognized. Although Judges do not create Law in a strict sense, they develop integrative interpretations of the Law when this is required in order to satisfy the judicial protection of rights. However these interpretations are always contained within the juridical framework of the Law, especially that of the statutory law and Constitution as expressions of the democratic principle. We agree with *Balaguer Callejón* that the creative application of the Law by the Judiciary lacks the weight proper to the production of law, because the Judiciary can only rectify. In other words, the legislator can establish a complete chain of enunciates, whereas the ordinary Judge cannot, and is instead limited to repairing or shaping certain formulations within a normative chain because they come under question, or merely to making adjustments[36].

Many issues also remain unresolved in relation to the Government and the Administration – art. 106.1 CE –. The fundamental right to effective judicial protection has greatly altered the traditional-objective character of jurisdictional control over the Executive – although evidently without a complete loss of this traditional-objective control –. In this sense, access to jurisdiction has reduced the spheres of action of the Executive Power that were traditionally exempt from legal control by the Tribunals, especially when fundamental rights and public freedoms are involved. Thus, any government and administrative activity that produces situations of conflict with the rights and legitimate interests of citizens can give rise to subsequent jurisdictional control in effective guarantee of those rights and interests.

On the other hand, and at the heart of the matter, because the Judges and the Magistrates are exclusively subject to the Constitution and to the rule of the law, they can only make decisions on the basis of legally defined parameters and never on political grounds. In this way, jurisdictional control over the regulated elements of the Executive's action has no limits, because they can be directly deduced in the legal system. In contrast, the discretionary elements of executive activity and its limitations and possibilities cannot be directly deduced. Given the political character of these elements, control can only consist in verifying that the activity of the Executive is lawful in terms of its formal reasonability and juridical rationality. This does not represent a legal investigation as to whether the Executive has adopted, within its discretionary power, the *best* decision, because this ultimately depends upon factors and criteria out-

---

[36] Cf. *Francisco Balguer Callejón*, "Tribunal Constitucional y creación del Derecho", in *La Justicia Constitucional en el Estado democrático*, Eduardo Espín Templado y F. Javier Díaz Revorio (eds.), Tirant lo Blanch, Valencia, 2000, pp. 386–388.

side the rule of the law. It represents verification that the decision is not arbitrary, in other words that it is legally *acceptable*.

Greater problems regarding jurisdictional control of executive action may arise in the future in relation to the complete effectiveness of judicial protection. The claims that citizens present to the Tribunals are what mainly define the scope of possible interventions by the ordinary judiciary in Executive activity, in the context of the inescapable duty of the Judges to address their claims. In this way, alongside the mere declared claim that an Executive action does not accord to the Law – and the resulting annulment of acts and dispositions –, there is recognition of individualized juridical instances and the judicial adoption of appropriate measures for their full restitution. In this situation, under the protection of judicial endeavours for such restitution, ordinary Tribunals could cross the boundary that separates and distinguishes them from the Executive Power and could invade the preserve of that Power[37].

## IV. Non-Jurisdictional Functions in Guarantee of Rights

The attribution by the law of non-jurisdictional functions in guarantee of rights to Judges and Magistrates in Spain, under the protection of the article 117.4 *in fine* of the Constitution, manifests the principle of distinction and collaboration between the Powers and, in particular, the constitutional view of the Judge as natural guarantor of the rights and freedoms of individuals.

A critical issue in this respect is the deliberately open stance of the Constitution on this point. Aside from the material and formal limits, it presupposes a high degree of interpretation in the planning and development of judicial policy[38]. Thus, only one restrictive consideration, that on the functional scope of the Judicial Power, can serve as an effective constitutional parameter. On one hand, it is based on the wording of article 117.4, which generically prohibits the attribution of non-jurisdictional functions to Judges and Magistrates but at the same time provides for exceptions to this rule, although only for the purposes of guaranteeing rights. On the other hand, day-to-day factors come into play, such as the work overload of Judges and its negative repercussion on the fundamental rights to effective judicial protection and to a hearing within due time[39]. At any rate, the greatest limits in this respect can be found in the

---

[37] It is in relation to the Executive Power that the Judicial Power has encountered the greatest problems in Spain during these last few years; one example is the intense debate between administrative doctrines in the nineteen-nineties. See, on one side of the debate, *Luciano Parejo Alfonso, Administrar y juzgar: dos funciones constitucionales distintas y complementarias*, Tecnos, Madrid, 1993; and on the other, *Tomás-Ramón Fernández Rodríguez, De la arbitrariedad de la Administración*, Civitas, Madrid, 1994. For an intermediate and wider perspective, see *Miguel Beltrán de Felipe, Discrecionalidad administrativa y Constitución*, Tecnos, Madrid, 1995.

[38] About the open character of the Constitution, see *Konrad Hesse*, with *Ernst Benda, Werner Maihofer, Hans-Jochen Vogel* and *Wolfgang Heyde*, in *Handbuch des Verfassungsrechts der Bundesrepublik Deutschland...*, Chapter I.

[39] This, certainly, promotes the transfer of certain functions in guarantee of rights, today in hands of the Judges, to other agents. However, simple answers are hampered by the heterogeneous character of the functions still attributed to them. Thus, it will depend upon the concrete type of function and right to be protected and upon the suitability of the organ, agent or public authority that should exercise such a function.

material and formal preserve of the Judicial Power established by the same article of the Spanish Constitution (117.4), describing these functions as in guarantee of rights and solely attributed by law[40].

### a) Nature and Scope

If jurisdictional power is understood as judicial resolution of conflicts between subjects through the procedural application of the Law in guarantee of the rights and legitimate interests of the individuals, the existence of a declared conflict of rights is evidently presupposed. It is implied that jurisdictional intervention takes place after these rights have been put in effective danger or compromised. It is precisely through this distinction that the foundation of the extrajurisdictional functions in guarantee of rights can be understood: By means of the direction to offer protection of rights "before" they are in effective danger it is possible to effectively guarantee given rights through the limited protection offered by jurisdictional power. For certain rights and individuals, a mere *a posteriori* guarantee is insufficient because of the difficulty or impossibility of adequately repairing the damage caused[41]. Immediacy and speed are necessary prerequisites for the efficacy of the activity of Judges in adequate guarantee of rights.

Undoubtedly, the concrete nature of these judicial functions in guarantee of rights is far less clear, largely because of the heterogeneous functions attributed to Judges and Magistrates in Spain. It is possible to characterise them in a general way as administrative regulatory activity, distinguishing between the following three major groups. One group would be functions in *abstract guarantee*, consisting of vigilance and declarations in preventive control of rights according to the legal system and to the formal regularity of juridical situations relative to rights[42]. A second group of more *concrete* functions includes authorisation measures or advisory activities to prevent risk to rights in situations where they are restricted or limited. Judges authorize different acts, both public and private, that can present situations of specific risk to certain rights. In these proceedings, the role of the Judge is not to resolve a controversy or conflict of interests – ATC 129/1990, March 26 (FJ N 6) – but only to recognise the fulfilment of the conditions demanded by the law for the exercise of an activity that is initially prohibited as

---

[40] Cf. *Luis María Díez-Picazo, Régimen constitucional del Poder Judicial...*, pp. 50–54.

[41] In this respect, see SSTC: 160/1991, July 18 (FJ N 8), and 174/1993, June 21 (FJ N 2).

[42] The participation of Judges and Magistrates in the Electoral Administration, integrating an authentic and "specific guarantee Administration" –STC 197/1988, October 24–; with it the Judge carries out a control of the electoral procedure to assure its normal development and guarantee the electoral rights of the citizens, the people's trust in Democracy and the precisely representative nature of the democratically elected. The attribution of the Municipal Civil Registrations to Judges of First Instance and of the Peace who, through developing a merely administration-registration task – STC 56/1990, March 29 (FJ N 31) –, verify a series of facts to which the law attributes certain juridical effects related to the civil state of individuals. And finally, the participation of Judges and Magistrates as Presidents of certain commissions in order to ensure the regularity of the juridical-public recognition of situations that affect the rights of the individuals: the National Council of Objection of Conscience, responsible for recognizing the condition of conscientious objector; and the National Commission of Aid and Assistance for Victims of Violent Crime and Crimes against Sexual Freedom, which is competent to hear claims against administrative resolutions regarding this assistance.

restricting a right. Of particular importance are authorizations envisaged in the same Constitution in connection with the limitation of fundamental rights – arts. 17.2, and 18.2 and 3 –, in which Judges have a dual role: while permitting the limitation of a right, they simultaneously guarantee it by previously confirming that the restriction is lawful and is the minimum indispensable limitation required by the specific circumstances. Thus, the right is not reduced further than is strictly necessary and at the same time the limitation does not threaten other rights – SSTC 115/1987, July 7 (FJ N 1), 144/1987, September 23 (FJ N 2), or 85/1994, March 14 (FJ N 3) –[43]. The third group of functions, *mixed functions*, comprises judicial activity in guarantee of rights that brings together elements of the other two groups[44].

Thus, non-jurisdictional judicial functions in guarantee of rights can be understood as those capacities for action that are attributable to Judges and Magistrates in order to ensure and protect citizens' rights, *a priori* and as a precautionary measure, abstractly and concretely, against potential or actual risks that may affect them.

Evidently, given the consideration of these functions in guarantee of rights as a manifestation of the administration of justice, judicial guarantees must be transferred to the exercise of these attributions in the same way. We refer to vigilance regarding independence and the rule of the law in connection with these functions. It must not be forgotten that these non-jurisdictional functions were attributed to Judges because of their independence and exclusive subjection to the rule of the law, therefore guaranteeing the effective and appropriate protection of the rights of citizens. Because independence and the rule of the law are the prerequisite of these functions, the exercise of these functions cannot involve any denial of or threat to these principles. Different issues are raised in this context: the prohibition of any attribution that has a direct or indirect negative effect on independence or judicial impartiality; objectivity in the appointment of Judges and Magistrates in exercise of these attributions, excluding interventions from the other Powers that may impinge upon this impartiality; the absence of external interference in the independent status of the Judges and Magistrates during the exercise of these functions; the prohibition of instructions related to the development of these functions; and complete fidelity to exclusive subjection to the law and the Constitution.

Judicial independence is not only the reason for the attribution to Judges and Magistrates of the functions in guarantee of rights but also guarantees this attribution[45]. This seems to be the approach of the Constitutional Tribunal in its Sentence 215/1994 – July 14 (FJ N 3) –, when it described Judges as "the only authority on

---

[43] Within this group are also included certain proceedings for the external and mandatory control of the legality of a restrictive act of rights; these are a modality of the advisory function, in which the Judges only inform on certain acts carried out by other governmental authorities, prohibiting them if they consider them to be contrary to Law. In this modality we find: the intervention of the National Audience as the organ that governs procedures of passive extradition; and the participation of Magistrates as Presidents of Commissions that must inform on authorizations for the Security Forces to use and to install video-cameras in public places.

[44] For example: the participation of Magistrates in Expropriations – as *guarantores* of "the just price" of expropriations –, and the attribution to the Judges of criminal investigations.

[45] Or as *Cambot* says, exigency of the efficacy of the guarantee that the Judge represents and confers; Pierre Cambot, *La protection constitutionnelle de la liberté indiviuelle en France et en Espagne*, Economica, París, 1998, pp. 378 and following.

whom the Constitution confers the power of administering justice and who, endowed with independence and impartiality, not only offer the greatest guarantees that can be constitutionally demanded, but are also the only ones to whom the legislator could commend so transcendent and delicate a mission"[46]. In this way, and according to the Tribunal, the close connection between the independent character of Judges and the guarantee that this implies for the exercise of their attributions is constitutionally demanded of judicial action, as appropriate and principal protection of fundamental rights. In other words, Judges are especially and ideally suitable for these attributions in guarantee of rights under the constitutionally devised protection of the independence and resulting impartiality of the Judicial Power.

## b) *Guaranteed Rights*

Regarding the rights that are to be guaranteed, these judicial functions can be extended to all types of rights. However, distinctions can be made in terms of the necessary, appropriate or merely possible need for judicial intervention, according to the nature of the function and right or other circumstances. Thus, intervention is necessary for the previous guarantee of fundamental rights when they are restricted or limited, and intervention is expressly required by the Constitution in the case of certain rights – arts. 17.2, and 18.2 and 3 CE –. In the case of other rights, *a priori* judicial intervention is appropriate: first, if they are of special importance or significance to the juridical and political system; second, if holders of the rights are unable to defend themselves or react against external attacks, making them susceptible to aggression and potential injury to their rights; and third, when complete repair of the damages that such aggressions can cause is difficult.

## c) *Preserve of Law*

Even though the preserve of the law[47] is genuinely and unequivocally affirmed in formal terms, the attribution by law of non-jurisdictional functions to Judges presents certain difficulties: the co-existence of different preserves of law, the possibility of intervention by the Executive, and the competences of the Autonomous Communities in this respect.

To start with the concurrence of preserves, the specific preserve contained in article 117.4 of the Constitution makes no mention of type of statutory law and must therefore be understood in favour of ordinary law – as residual type of law –. However, because of the coexistence of this with the preserve of organic law – special-majority law –, depending on the matter in question – art. 81 CE –, a distinction must be made to

---

[46] With respect to this STC, see *Juan Francisco Sánchez Barrilao*, "La previa autorización judicial a la esterilización de disminuidos psíquicos graves (Sentencia del Tribunal Constitucional 215/1994, de 14 de julio de 1994)", *Revista General del Derecho*, N 606, 1995, pp. 1781–1792.

[47] We have used the expression "preserve of Law" in relation to the French and Spanish term "réserve de loi" and "reserva de ley", rather than English expression "reserve", because of the grammatical limits of this last term.

enable adequate demarcation of the competences of the one and the other[48]. Thus, and related to the development of fundamental rights – here, Section 1a, Chapter II, Title I CE –, concrete judicial interventions in guarantee/limitation of such rights will be the preserve of organic law. However, after the organic legislator has planned the basic content of these interventions in guarantee/restriction of such rights, how they are put into practice will be within the ambit of ordinary law, in accordance with article 53.1 of the Constitution. Here, therefore, arises a new concurrence in relation to the basic regime of the exercise of fundamental rights – now, Chapter II, Title. I CE, *in integrum* –, which would cover the essential regulation of judicial interventions in *concrete guarantee* of one of these rights in the event of its limitation or restriction[49].

In relation to the possibility that it is the Government that attributes these judicial functions in guarantee of rights, or at least collaborates in their legal framework, a distinction must be made at this point according to whether it is by means of rules within the range of the law or by mere regulations. In the first case, and since the preserve of the law is formally established, this is possible, except for those matters subject to the preserve of organic law. Beginning with the *decree-legislative* – arts. 82–85 CE –: in the case of delegation by means of *law of bases*, in that it is Parliament (Cortes Generales) that precisely defines its object and scope and the principles and criteria to be followed, there is no obstacle. Redrafted or consolidated legal texts can also be considered adequate, because their authorization will have to be by ordinary law and they are limited to the technical rewriting of existing texts. Greater difficulties are presented by the *decree-law* – art. 86 CE –. If we focus solely on the limitations implied by the prohibition of such laws from affecting the basic institutions of the State, two questions arise: first, the degree to which the urgency required by the decree-law impairs the planning of judicial policies and the functional composition of the Judicial Power, especially when it affects functions that represent a certain exception to the constitutional design of the division of powers; and second, because article 117.4 of the Constitution expressly requires law, only that which exceeds the basic regime of an extrajurisdictional function in guarantee of rights, and therefore never the attribution to the Judges itself, can be object of a decree-law. On the other hand, collaboration is also possible between the legislator and the Government (in exercise of its regulatory power) whenever an ordinary law foresees this type of authorisation and establishes its basic regime with sufficient precision. In contrast, the principal of normative continuity applies to those functions that were attributed by infra-legal norms when the 1978 Constitution came into force. – ATC 599/1984, October 17 (FJ N 2) –.

A final concern regarding the preserve of the law laid down by article 117.4 of the Constitution is that related to the territorial structuring of the Spanish State into Autonomous Communities. In a first approach, it is very debatable whether the Autonomous Communities can legislatively intervene in the attribution of non-jurisdictional functions in guarantee of rights to Judges and Magistrates, above all because the com-

---

[48]  In this way, and in first place, the preserve of organic law, provided by art. 122.1 CE, can be satisfied by art. 2.2 of the Organic Law of the Judicial Power, which remits again to law.

[49]  By contrast, judicial interventions in *abstract guarantee* of rights, whether fundamental or not, are only based on the preserve established by art. 117.4 CE, and in the remission to the law by art. 2.2 of the Organic Law of the Judicial Power, with the exception of specific preserves, such as in relation to the general electoral regimen – art. 81.1 CE – or expropriation procedures – art. 33.3 CE –.

petences of Justice are the exclusive preserve of the State – art. 149.1.5a CE, and SSTC 150/1998, July 2, and 127/1999, July 1 –. However, the specific competences of the Communities allow the possibility of their influence, to a greater or lesser extent, on these judicial functions[50].

## V. Conclusions: The Judge as Guarantor of Rights

Although article 117.4 of the Spanish Constitution can be presented as a simple historical result of the functional extension of the Judicial Power beyond jurisdictional power, it can also be understood as an attempt to rationalization this phenomenon, in terms of the global model of distinction and collaboration between the Powers designed by the Constitution. This rationalization would be based on the consideration of the Judicial Power as the natural guarantor of the rights and freedoms of individuals, so that the guarantee of rights is instituted on the express constitutional basis and parameter of the legal attribution to Judges and Magistrates of non-jurisdictional functions.

However, article 117.4 could be used for the superior and generic rationalization of the functional preserve of all Judicial Power in relation to the guarantee of rights, so that this article would pass from being a simple and residual functional clause of Judicial Power to become the key to its constitutional understanding. Thus, article 117.4 permits a new constitutional reading of Judicial Power and of the Judge in Spain, starting from their role as guarantor of rights, in particular with respect to the other Powers. Not only can Judges develop functions of the other Powers but they can even functionally affect the other Powers when the effective legal guarantee of the rights and freedoms of individuals is at stake.

Finally, because the position of the ordinary Judge is not definitively resolved in the Constitution – where it is left in the hands of Parliament –, an adequate interpretation of article 117.4 of the Constitution is required, not only in relation to the Constitutional design of the Judicial Power and the ordinary Judge but also in relation to the organic part of the Constitution as a whole. Crucially, in our view, the position of the Judge as natural guarantor of the rights of individuals provides the key to the functional foundation of Judicial Power and the relationship between this and the other Powers.

---

[50] See *Juan Francisco Sánchez Barrilao*, "Los Jurados Territoriales de Expropiación: Régimen constitucional sobre la participación de Magistrados en los Jurados de Expropiación Forzosa", in *Constitución y el nuevo diseño de las Administraciones estatal y autonómica*, Dirección del Servicio Jurídico del Estado (ed.), Ministerio de Justicia, BCH and Civitas, 1998, especially pp. 85–103.

# Die umfassende griechische Verfassungsänderung von 2001

von

## Dr. Kostas Chryssogonos

Professor für öffentliches Recht an der Universität Thessaloniki

Die geltende griechische Verfassung wurde vom fünften „Verfassungsändernden" (in der Tat Verfassunggebenden) Parlament am 9. Juni 1975 beschlossen und sie war am 11. Juni desselben Jahres in Kraft getreten. Das Inkrafttreten der Verfassung bezeichnete damals das Ende der Übergangsphase von der Militärdiktatur 1967–1974 zur Herstellung der parlamentarischen Demokratie.[1] Inzwischen wurden , am 12. März 1986, einige Verfassungsartikel, die die Zuständigkeiten des Präsidenten der Republik betreffen, gemäß einem Beschluß des sechsten Verfassungsändernden Parlaments, geändert. Eine neue, viel umfassendere, Verfassungsänderung fand im April 2001, gemäß einem Beschluß des siebten Verfassungsändernden Parlaments, statt.

Es sei hier bemerkt, dass eine Verfassungsänderung in Griechenland nur unter strengen Voraussetzungen möglich ist. Art. 110 Abs. 1 der Verfassung verbietet jede Änderung der Bestimmungen über die Staatsgrundlage und die Staatsform als parlamentarische Republik. Art. 2 Abs. 1, Art. 4 Absätze 1, 4 und 7, Art. 5 Absätze 1 und 3, Art. 13 Abs. 1 und Art. 26. Absatz 2 des Art. 110 verlangen ferner, dass die Erforderlichkeit der Verfassungsänderung vom Parlament mit einer drei – Fünftel – Mehrheit, unter genauer Bezeichnung der zu ändernden Bestimmungen, festgestellt wird. Erst das nächste Parlament darf dann, gemäß Art. 110 Abs. 3, über die Verfassungsänderung, mit absoluter Mehrheit der Gesamtzahl seiner Mitglieder, endgültig entscheiden. In diesem Fall wird dieses Parlament als ein Verfassungsänderndes Parlament bezeichnet. Hinzukommt dass eine Verfassungsänderung vor dem Ablauf von fünf Jahren nach dem Abschluss der vorhergehenden, gemäß Art. 110 Abs. 6 der Verfassung unzulässig ist. Praktisch bedeutet dies, zusammen mit der Forderung der Mitwirkung von zwei sukzessiven Parlamenten, dass in aller Regel etwa ein Jahrzehnt erforderlich ist, um die Verfassung erneut abzuändern.

Diese Starrheit der Verfassung (entsprechende oder noch strengere Bestimmungen waren auch in den älteren griechischen Verfassungen enthalten) hat dazu beigetragen, dass eine Verfassungsänderung in Griechenland als ein politisch und geschichtlich au-

---

[1] *P. Dagtoglou*, Die griechische Verfassung von 1975. Eine Einführung, JöR NF 32 (1983), S. 355–360, *N. Kaltsogia-Tournaviti*, Greece: The struggle for democracy, JöR NF 32 (1983), S. 297 ff (317 ff.)

ßerordentliches Ereignis betrachtet wurde. In der Tat hatten alle Verfassungsänderungen bis 1986 in der griechischen Verfassungsgeschichte (vom Jahre 1844, als die erste Verfassung in Kraft trat) ihren Ursprung in konkreten politischen Auseinandersetzungen über ein jeweils zentrales und eventuell dringendes Thema. Ein Beispiel dafür stellt die letzte Verfassungsänderung vom Jahre 1986 dar (welche freilich die erste wirkliche Verfassungsänderung war, da die älteren in Wirklichkeit verdeckte Verfassunggebungen waren): Den Anlass dafür bot die Auseinandersetzung zwischen der parlamentarischen Mehrheit („Neue Demokratie") und der Opposition während der Verfassunggebung in den Jahren 1974–75 bezüglich der Zuständigkeiten des Präsidenten der Republik. Diese Zuständigkeiten wurden von der damaligen Opposition als „Übermächte" betrachtet und als eine potentielle Gefahr für die Stabilität der parlamentarischen Demokratie bezeichnet.[2] Als die oppositionelle sozialistische Partei „PA.SO.K." dann im Jahre 1981 an die Macht kam, hatte sie die Möglichkeit, ein Verfassungsänderungsverfahren (allerdings erst im Jahre 1985) einzuleiten, welches im März 1986 erfolgreich abgeschlossen wurde, um diese „Übermächte" des Präsidenten der Republik abzuschaffen.

In diesem Hinblick stellt die neue Verfassungsänderung von 2001 ein Novum in der griechischen Verfassungsgeschichte dar. Es mangelt an einem konkreten politischen und verfassungsrechtlichen Anlass für diese Verfassungsänderung. Genauer gesagt, ist die Verfassungsänderung von der Unzufriedenheit der Bürger dem Parteiensystem gegenüber motiviert. Sie stellt, mit anderen Worten, gewissermaßen einen Versuch der beiden grossen Parteien („Neue Demokratie" und „PA.SO.K.") dar, zu beweisen, daß sie eine Innovationskraft für Staat und Gesellschaft, einen „Gesamtplan für das Griechenland des 21sten Jahrhunderts", haben.[3] Das alles ist freilich für den durchschnittlichen Bürger wenig überzeugend und deswegen blieb die Öffentlichkeit der Verfassungsänderung gegenüber relativ uninteressiert und uninformiert. Nichtsdestoweniger ist die Verfassungsänderung, was ihren Umfang angeht, beeindrückend. Sechsundvierzig aus den insgesamt 119 Artikel der Verfassung werden mehr oder weniger geändert und es werden vier neue Artikel hinzugefügt. Der Wortenreichtum der Verfassung wird damit erheblich verstärkt. Die griechische Verfassung, welche bereits vor der Verfassungsänderung eine der umfangreichsten Verfassungen in der Europäischen Union war, wird jetzt noch mehr erweitert. Dieses Übermaß an Worten lässt aber einen Mangel an Normativität vermuten.

Was den Inhalt der neuen Bestimmungen angeht, so sind vier Schwerpunkte festzustellen:

Erstens, werden scheinbar „neue" Grundrechte (wie die informationelle Selbstbestimmung, Art. 9A, die Anerkennung der Kriegsdienstverweigerung unter den Voraussetzungen der interpretativen Erklärung unter dem Art. 4 u.a.) hinzugefügt oder vorhandene Grundrechte verstärkt. In den meisten Fällen geht es allerdings um eine verfassungsrechtliche Abschirmung von Rechten, welche bereits auf gesetzlicher Ebene, unter breiter politischer Zustimmung, gewährt worden waren. Demgegenüber

---

[2] D. *Tsatsos*, Die neue griechische Verfassung. Parlamentarische Ohnmacht statt demokratischer Kontrolle, Heidelberg 1980, *Kaltsogia-Tournaviti*, aaO, S. 317–320, 336–339.
[3] Vgl. E. *Venizelos*, Die Verfassungsänderung: Gesamtplan für das Griechenland des 21sten Jahrhunderts (gr.), Athen-Komotini 1998.

bietet die Verfassungsänderung keine Antwort auf aktuelle Probleme des Grundrecht-schutzes in Griechenland, welche zu Verurteilungen des griechischen Staats vom Europäischen Gerichtshof für Menschenrechte geführt haben (wie z.B. die Behandlung religiöser Minderheiten[4] oder der manchmals mangelnde Vermögensschutz[5]).

Zweitens, wurde versucht, die Funktionsfähigkeit des griechischen Parlaments, welches bis jetzt eher ein „talking Parliament" als ein „working Parliament" war, zu verbessern. Ob und in welchem Maß dies gelingt bleibt noch zu sehen.

Drittens, wurden mehrere Änderungen, welche die Justiz betreffen, eingeführt. Ein Richtschnur dabei wird man aber eher vergeblich suchen. Insbesondere das Problem der überlangen Dauer der Gerichtsverfahren, welches zu einer Reihe von Verurteilungen des griechischen Staats durch den Europäischen Gerichtshof für Menschenrechte geführt hat,[6] wird nicht beantwortet.

Viertens ist die verfassungsrechtliche Verankerung von sog. unabhängigen Behörden (wie der Nationale Rundfunkrat), sowohl im einzelnen (Art. 9A, 15 Abs. 2, 19 Abs. 2, 103 Absätze 7 und 9) als auch durch eine dementsprechende Generalklausel (Art. 101 A), bemerkenswert. Sie darf als ein Beweis der Legitimationsprobleme des Parteiensystems bewertet werden, welches den Mangel an eigener Akzeptanz durch die Verschiebung von Kompetenzen und damit auch von Verantwortung an justizförmigen Entscheidungsträgern zu kompensieren oder zumindest zu verdecken versucht.

Zusammenfassend könnte man feststellen, dass die umfassende griechische Verfassungsänderung von 2001 keine qualitative Verstärkung der normativen Kraft der griechischen Verfassung mit sich bringt. Im Gegenteil, stellt sie, überspitzt formuliert, ein Indiz für die sich fortschreitende Ohnmacht des griechischen politischen Systems dar, welches vergeblich Auswege aus seiner Legitimationskrise zu finden versucht. Der politische Konsens, der diese Verfassungsänderung getragen hat (die beiden großen politischen Parteien, die regierende PA.SO.K. und die oppositionelle Neue Demokratie, haben der Feststellung der Erforderlichkeit der Verfassungsänderung im Jahre 1998 und der Endform der meisten der zu ändernder Bestimmungen im April 2001 zugestimmt), ist dabei eher als ein Beweis dafür zu werten, daß es um eine Änderung ohne wirklich bedeutungsvolle Reform, und deshalb auch ohne Reaktion, geht.

---

[4] EGMR 25.5. 1993, Fall Kokkinakis, A 260-A, EGMR 26.9. 1996, Fall Manoussakis u.a., Reports 1996 – IV, Band 17, u.a.

[5] EGMR 9.12. 1994, Stran Greek Refineries, A 301-B, EGMR 9.12. 1994, Holy Monasteries, A 301-A, EGMR 24.6. 1993, Papamichalopoulos u.a., A 260-B u.a.

[6] EGMR 19.3. 1997, Paschalidis u.a., EGMR 22.10. 1997, Papageorgiou, EGMR 26.11. 1997, Stamoulakatos.

Textanhang

# Verfassung Griechenland*

*übersetzt aus dem Griechischen von*

**Dr. Kostas Chryssogonos**
*Professor an der Universität Thessaloniki*

*und*

*Ingo Hansmann*
*Rechtsanwalt am Landgericht Thessaloniki*

*Im Namen der Heiligen, Wesensgleichen und Unteilbaren Dreifaltigkeit*

## Erster Teil
## Grundbestimmungen

### I. Abschnitt
### Staatsform

#### Artikel 1

1. Die Staatsform Griechenlands ist die republikanische parlamentarische Demokratie.

2. Grundlage der Staatsform ist die Volkssouveränität.

3. Alle Gewalt geht vom Volke aus, besteht für das Volk und die Nation und wird ausgeübt, wie es die Verfassung vorschreibt.

#### Artikel 2

1. Grundverpflichtung des Staates ist es, die Würde des Menschen zu achten und zu schützen.

2. Griechenland ist bestrebt, unter Beachtung der allgemein anerkannten Regeln des Völkerrechts, den Frieden, die Gerechtigkeit und die

---

* Die im Jahre 2001 geänderten Bestimmungen sind kursiv gedruckt. Die im Jahre 1986 geänderten Bestimmungen sind die folgenden:
- Art. 32 I und IV
- Art. 35
- Art. 37 II, III, IV und die auslegende Erklärung
- Art. 38 und die auslegende Erklärung
- Art. 39 wurde aufgehoben
- Art. 41 I, II, und IV und die auslegende Erklärung
- Art. 42
- Art. 43 III wurde aufgehoben
- Art. 44 II und III
- Art. 47 III
- Art. 48

Entwicklung freundschaftlicher Beziehungen zwischen den Völkern und Staaten zu fördern.

### II. Abschnitt
### Beziehungen zwischen Kirche und Staat

#### Artikel 3

1. Vorherrschende Religion in Griechenland ist die der Östlich-Orthodoxen Kirche Christi. Indem sie als Haupt unseren Herrn Jesus Christus anerkennt, bleibt die orthodoxe Kirche Griechenlands in ihrem Dogma mit der Grossen Kirche in Konstantinopel und jeder anderen Kirche Christi des gleichen Bekenntnisses unzertrennlich verbunden und bewahrt wie jene unerschütterlich die heiligen apostolischen und die von den Konzilen aufgestellten Kanons sowie die heiligen Überlieferungen. Sie ist autokephal und wird von der Heiligen Synode der sich im Amte befindlichen Prälaten und der aus deren Mitte hervorgehenden Dauernden Heiligen Synode geleitet, die sich nach den Bestimmungen der Grundordnung der Kirche unter Beachtung der Vorschriften des Patriarchalischen Tomus vom 29. Juni 1850 und des Synodalaktes vom 4. September 1928 zusammensetzt.

2. Die in einzelnen Landesteilen bestehende kirchliche Ordnung steht nicht in Widerspruch zu Absatz 1.

3. Der Text der Heiligen Schrift bleibt unverändert erhalten. Eine offizielle Übertragung in eine andere Sprachform ohne vorherige Genehmigung der Autokephalen Kirche Griechenlands und der Großen Kirche in Konstantinopel ist verboten.

## Zweiter Teil
## Individuelle und Soziale Rechte

#### Artikel 4

1. Alle Griechen sind vor dem Gesetze gleich.

2. Griechen und Griechinnen haben gleiche Rechte und Pflichten.

3. Griechischer Staatsbürger ist, wer die gesetzlich bestimmten Voraussetzungen erfüllt. Die griechische Staatsangehörigkeit darf nur entzogen werden, wenn der Betroffene eine andere freiwillig erworben hat, oder einen Dienst in einem fremden Land aufgenommen hat, der den nationalen Interessen widerspricht; die näheren Voraussetzungen und das Verfahren regelt ein Gesetz.

4. Nur griechische Staatsbürger sind zu allen öffentlichen Ämtern zugelassen, vorbehaltlich der in besonderen Gesetzen geregelten Ausnahmen.

5. Die griechischen Staatsbürger tragen ohne Unterschied entsprechend ihren Kräften die öffentlichen Lasten.

6. Jeder wehrfähige Grieche ist verpflichtet, nach Maßgabe der Gesetze zur Verteidigung des Vaterlandes beizutragen.

7. Griechischen Staatsbürgern werden Adelstitel oder Rangbezeichnungen weder verliehen noch anerkannt.

*Auslegende Erklärung:*
*Die Vorschrift des Absatzes 6 schließt nicht aus, daß durch Gesetz das obligatorische Angebot anderer Dienste, innerhalb oder außerhalb der Streitkräfte (alternativer Dienst), betreffend jene, die einen belegten Widerspruch aus Gewissensgründen gegen den bewaffneten oder allgemeiner gegen den Militärdienst erheben, vorgesehen wird.*

### Artikel 5

1. Jeder hat das Recht auf freie Entfaltung seiner Persönlichkeit und auf die Teilnahme am gesellschaftlichen, wirtschaftlichen und politischen Leben des Landes, soweit er nicht gegen die Rechte anderer, die Verfassung oder die guten Sitten verstößt.

2. Alle, die sich innerhalb der Grenzen des griechischen Staates aufhalten, genießen ohne Unterschied der Nationalität, der Rasse oder Sprache und religiösen oder politischen Anschauungen den unbedingten Schutz ihres Lebens, ihrer Ehre und ihrer Freiheit. Ausnahmen sind in den vom Völkerrecht vorgesehenen Fällen zulässig.

Die Auslieferung von Ausländern, die wegen ihres Kampfes für die Freiheit verfolgt werden, ist verboten.

3. Die Freiheit der Person ist unverletzlich. Niemand darf verfolgt, festgenommen, festgehalten oder sonst wie eingeengt werden, außer in den gesetzlich vorgesehenen Fällen und Formen.

4. *Individuelle Verwaltungsmaßnahmen, die die Bewegungs- oder Niederlassungsfreiheit im Inland sowie die Freiheit der Aus- und Einreise eines Griechen einschränken, sind verboten. Solche Maßnahmen dürfen nur als Nebenstrafe durch Entscheidung eines Strafgerichts in*

*außergewöhnlichen Notfällen und nur zur Verhütung strafbarer Handlungen nach Maßgabe der Gesetze getroffen werden.*

5. *Jeder hat das Recht auf den Schutz der Gesundheit und seiner genetischen Identität. Ein Gesetz regelt den diesbezüglichen Schutz der Person gegen biomedizinische Eingriffe.*

Auslegende Erklärung:
Das Verbot des Absatzes 4 umfasst nicht die durch den Staatsanwalt zur Strafverfolgung verhängten Ausreiseverbote und auch nicht die zum Schutz der Volksgesundheit oder der Gesundheit kranker Menschen erforderlichen Maßnahmen im Rahmen der Gesetze.

### Artikel 5 A

1. *Jedermann hat das Recht auf Informationsgewinnung nach Maßgabe der Gesetze. Einschränkungen dieses Rechts dürfen, nur wenn sie absolut notwendig und aus Gründen der nationalen Sicherheit, der Bekämpfung der Kriminalität oder des Schutzes der Rechte und Interessen Dritter gerechtfertigt sind, durch Gesetz eingeführt werden.*

2. *Jedermann hat das Recht auf Beteiligung an der Informationsgesellschaft. Die Erleichterung des Zugangs zu den Informationen, welche am elektronischen Verkehr teilnehmen, als auch des Zugangs an deren Produktion, Austausch und Verbreitung, stellt eine Pflicht des Staates dar, unter Vorbehalt der Gewährleistungen der Artikel 9, 9A und 19.*

### Artikel 6

1. Niemand darf festgenommen oder festgehalten werden, es sei denn aufgrund einer mit Gründen versehenen richterlichen Anordnung, die ihm im Augenblick der Festnahme oder der Einlieferung in die Untersuchungshaft mitgeteilt werden muss. Dies gilt nicht bei flagranten Delikten.

2. Der auf frischer Tat oder aufgrund eines Haftbefehls Festgenommene muss innerhalb von vierundzwanzig Stunden nach der Festnahme dem zuständigen Untersuchungsrichter vorgeführt werden, wenn die Festnahme nicht am Sitz des Untersuchungsrichters stattfand, innerhalb der zum Transport unbedingt erforderlichen Zeit. Der Untersuchungsrichter muss den Festgenommenen innerhalb von drei Tagen nach der Vorführung entweder freilassen oder aber seine Einlieferung in die Untersuchungshaft anordnen. Diese Frist verlängert sich um zwei Tage entweder auf Antrag des Vorgeführten oder bei höherer Gewalt, die unverzüglich durch eine Entscheidung der zuständigen Gerichtskammer festgestellt wird.

3. Ist die jeweilige Frist ergebnislos verstrichen, so muss jeder Gefängniswärter oder jeder andere, der mit dem Gewahrsam des Festgenommenen be-

traut ist, sei er Zivilbeamter oder Militärperson, den Festgenommenen sofort freilassen. Wer hiergegen verstößt, wird wegen gesetzeswidriger Freiheitsberaubung bestraft und ist zum Ersatz des dem Betroffenen zugefügten Schadens und wegen des immateriellen Schadens zur Entschädigung in Geld nach Maßgabe der Gesetze verpflichtet.

4. Durch ein Gesetz wird die Höchstgrenze der Untersuchungshaft festgelegt, die bei Verbrechen ein Jahr und bei Vergehen sechs Monate nicht überschreiten darf. In ganz außerordentlichen Fällen können die Höchstgrenzen um jeweils sechs bzw. drei Monate durch eine Entscheidung der zuständigen Gerichtskammer verlängert werden.

*Es ist verboten, die Höchstgrenzen der Untersuchungshaft durch die sukzessive Verhängung dieser Maßnahme für Teilstraftaten der selben Sache zu überschreiten.*

### Artikel 7

1. Keine Tat ist eine Straftat und keine Strafe darf verhängt werden, ohne ein Gesetz, das vor Begehung der Tat gilt und die Merkmale der Straftat bestimmt. Eine schwerere Strafe als zur Zeit der Begehung der Tat vorgesehen darf nie verhängt werden.

2. Die Folter, irgendeine körperliche Misshandlung, Gesundheitsschädigung oder Ausübung psychologischen Zwanges sowie jede andere Verletzung der Würde des Menschen ist verboten und wird nach Maßgabe der Gesetze bestraft.

3. *Die Generalkonfiskation ist verboten. Todesstrafe darf nicht verhängt werden, es sei denn, daß sie wegen schwerer Straftaten, die in Kriegszeit begangen worden sind und mit dem Krieg zu tun haben, gesetzlich vorgesehen ist.*

4. Durch Gesetz werden die Bedingungen festgelegt, nach denen der Staat aufgrund einer richterlicher Entscheidung den zu Unrecht oder gesetzeswidrig Verurteilten, in Haft Gehaltenen oder sonst wie ihrer Freiheit Beraubten Entschädigung zu leisten hat.

### Artikel 8

Niemand darf gegen seinen Willen seinem gesetzlichen Richter entzogen werden.

Richterliche Ausschüsse und Ausnahmegerichte, unter welchem Namen auch immer, dürfen nicht eingesetzt werden.

### Artikel 9

1. Die Wohnung eines jeden ist eine Freistatt. Das Privat- und das Familienleben des einzelnen ist unverletzlich. Durchsuchungen der Wohnung dürfen nur in den gesetzlich vorgesehenen Fällen und Formen, jedoch stets nur in Anwesenheit von Vertretern der rechtsprechenden Gewalt vorgenommen werden.

2. Wer die vorangegangene Vorschrift verletzt, wird wegen Hausfriedensbruchs und Amtsmissbrauchs bestraft und ist zur vollen Entschädigung des Betroffenen nach Maßgabe der Gesetze verpflichtet.

### Artikel 9A

*Jedermann hat das Recht auf Schutz vor Sammlung, Verarbeitung und Gebrauch seiner Personendaten, insbesondere durch elektronische Mittel, wie ein Gesetz bestimmt. Der Datenschutz wird durch eine unabhängige Behörde, welche sich nach Maßgabe der Gesetze zusammenstellt und arbeitet, sichergestellt.*

### Artikel 10

1. Jedermann oder auch mehrere gemeinsam haben das Recht, sich unter Beachtung der Gesetze schriftlich an die Behörden zu wenden; diese sind aufgrund der geltenden Vorschriften zum schnellen Handeln und zur schriftlichen Antwort an den Petenten nach Maßgabe der Gesetze verpflichtet.

2. Erst nach Mitteilung der endgültigen Entscheidung der Behörde, an die die Petition gerichtet war und nur mit ihrer Erlaubnis, ist die Verfolgung des Petenten wegen einer in der Petition enthaltenen Rechtsverletzung gestattet.

3. *Die zuständige öffentliche Abteilung oder das Amt ist verpflichtet, auf Anträge für Informationen und für die Angabe von schriftlichen Dokumenten, insbesondere Bescheinigungen, Unterlagen und Bestätigungen, innerhalb einer gewissen Frist, die nicht länger als 60 Tage ist, nach Maßgabe der Gesetze eine Antwort zu geben. Im Falle der ergebnislosen Verstreichung dieser Frist oder der gesetzwidrigen Verweigerung wird, abgesehen von anderen Sanktionen und gesetzlichen Folgen, eine spezielle Geldentschädigung dem Antragsteller nach Maßgabe der Gesetze bezahlt.*

### Artikel 11

1. Die Griechen haben das Recht, sich friedlich und ohne Waffen zu versammeln.

2. Nur öffentlichen Versammlungen unter freiem Himmel darf die Polizei beiwohnen.

Die Versammlungen unter freiem Himmel können durch eine mit Gründen versehene Entscheidung der Polizeibehörde verboten werden; dies gilt im allgemeinen, wenn durch sie eine Gefahr für die öffentliche Sicherheit bevorsteht, und in einem bestimmten Ortsbereich, wenn eine ernsthafte Störung des gesellschaftlichen und wirtschaftlichen Lebens droht.

### Artikel 12

1. Die Griechen haben das Recht, nichtwirt-

schaftliche Vereinigungen und Vereine nach Maßgabe der Gesetze zu bilden, welche jedoch niemals die Ausübung dieses Rechts von einer vorherigen Erlaubnis abhängig machen dürfen.

2. Ein Verein darf wegen einer Verletzung der Gesetze oder einer wesentlichen Bestimmung seiner Satzung nur durch richterliche Entscheidung verboten werden.

3. Die Bestimmungen des vorhergehenden Absatzes finden auf Personenvereinigungen, die keine Vereine sind, entsprechende Anwendung.

4. Die landwirtschaftlichen und städtischen Genossenschaften jeder Art haben das Recht der Selbstverwaltung nach Maßgabe der Gesetze und ihrer Satzungen und stehen dabei unter dem Schutz des Staates, der verpflichtet ist. sich um ihre Entwicklung zu bemühen.

5. Durch Gesetz können Zwangsgenossenschaften errichtet werden, welche gemeinnützigen Zwecken, dem öffentlichen Interesse oder der gemeinsamen Ausnutzung landwirtschaftlicher Flächen oder anderer Quellen des nationalen Reichtums dienen; dabei sind die Mitglieder gleich zu behandeln.

### Artikel 13

1. Die Freiheit des religiösen Gewissens ist unverletzlich. Die Ausübung der individuellen und der politischen Rechte hängt nicht von den religiösen Anschauungen eines jeden ab.

2. Jede bekannte Religion ist frei; ihr Kultus kann ungehindert unter dem Schutz der Gesetze ausgeübt werden. Die Ausübung des Kultus darf die öffentliche Ordnung und die guten Sitten nicht verletzen. Proselytismus ist verboten.

3. Die Geistlichen aller bekannten Religionen unterliegen derselben Staatsaufsicht und haben dieselben Pflichten gegenüber dem Staat wie die der vorherrschenden Religion.

4. Niemand darf wegen seiner religiösen Anschauungen von der Erfüllung seiner Pflichten gegenüber dem Staat befreit werden oder die Beachtung der Gesetze verweigern.

5. Ein Eid kann nur aufgrund eines Gesetzes auferlegt werden, das auch dessen Formel bestimmt.

### Artikel 14

1. Jeder darf seine Gedanken unter Beachtung der Gesetze mündlich, schriftlich und auch durch die Presse ausdrücken und verbreiten.

2. Die Presse ist frei. Die Zensur, wie auch jede andere präventive Maßnahme, ist verboten.

3. Die Beschlagnahme von Zeitungen und anderen Druckschriften, sei es vor oder nach ihrer Veröffentlichung, ist verboten. Ausnahmsweise ist die Beschlagnahme auf Anordnung des Staatsanwaltes nach der Veröffentlichung zulässig:

a) wegen Verunglimpfung der christlichen und jeder anderen bekannten Religion;

b) wegen Verunglimpfung der Person des Präsidenten der Republik;

c) wegen einer Schrift, die die Zusammensetzung, die Ausrüstung und die Verteilung der Streitkräfte oder Landesbefestigungen offenbart oder die den gewaltsamen Umsturz der Staatsform bezweckt oder die gegen die Unverletzlichkeit der Staatsgrenzen gerichtet ist;

d) wegen unzüchtiger Schriften, die das öffentliche Schamgefühl offensichtlich verletzen, in den durch das Gesetz bestimmten Fällen.

4. In allen Fällen des vorhergehenden Absatzes muss der Staatsanwalt innerhalb von vierundzwanzig Stunden nach der Beschlagnahme die Angelegenheit der Gerichtskammer vorlegen; diese hat innerhalb von weiteren vierundzwanzig Stunden über Aufrechterhaltung oder Aufhebung der Beschlagnahme zu befinden; andernfalls ist die Beschlagnahme ipso iure aufgehoben. Die Rechtsmittel der Berufung und der Revision stehen sowohl dem Herausgeber der beschlagnahmten Zeitung oder anderen Druckschrift, als auch dem Staatsanwalt zu.

*5. Jedermann, der von einer unrichtigen Veröffentlichung oder Sendung geschädigt wird, hat das Recht auf Antwort. Dementsprechend hat das Kommunikationsmittel eine Pflicht auf vollständige und unverzügliche Wiedergutmachung. Jedermann, der von einer beschimpfenden oder verleumderischen Veröffentlichung oder Sendung geschädigt wird, hat ein Recht auf Antwort und dementsprechend hat das Kommunikationsmittel eine Pflicht, diese Antwort zu veröffentlichen oder auszustrahlen. Ein Gesetz bestimmt die Art und Weise wonach das Antwortsrecht ausgeübt und die vollständige und unverzügliche Berichtigung oder Veröffentlichung und Übertragung der Antwort sichergestellt wird.*

6. Nach mindestens drei Verurteilungen innerhalb von fünf Jahren wegen einer der im Absatz 3 vorgesehenen Straftaten verfügt das Gericht die endgültige oder vorläufige Einstellung der Herausgabe der Druckschrift sowie in schweren Fällen das Verbot der Ausübung des Journalistenberufes durch den Verurteilten; das Nähere bestimmt ein Gesetz. Die Einstellung oder das Verbot treten in Kraft, sobald die Verurteilung irreversibel geworden ist.

*7. Ein Gesetz bestimmt die bürgerlichrechtliche und strafrechtliche Haftung der Presse und der anderen Kommunikationsmittel und die schnelle gerichtliche Beurteilung der diesbezüglichen Sachen. Die Pressedelikte sind flagrante Delikte und werden nach Maßgabe der Gesetze abgeurteilt.*

8. Die Voraussetzungen und die Anforderungen für die Befähigung zur Ausübung des Journalistenberufes werden durch Gesetz bestimmt.

*9. Der Eigentumsstatus, die finanzielle Situation und die Finanzierungsmittel der Kommunikationsmittel sind nach Maßgabe eines Gesetzes zu offenbaren. Ein Gesetz sieht die Maßnahmen und Einschränkungen vor, welche für die vollständige Gewährleistung von Transparenz und Pluralismus in der Information notwendig sind. Die Konzentration der Kontrolle von mehreren Kommunikationsmittel derselben oder verschiedener Form ist verboten. Die Eigenschaft des Eigentümers, des Gesellschafters, des Hauptaktionärs oder des Geschäftsführers eines Kommunikationsmittelsunternehmens ist mit der Eigenschaft des Eigentümers, des Gesellschafters, des Hauptaktionärs oder des Geschäftsführers eines Unternehmens, welches die Verwirklichung von Arbeiten oder Lieferungen oder Dienstleistungen gegenüber dem Staat oder einer juristischen Person des breiteren öffentlichen Sektors übernimmt, unvereinbar. Das Verbot der vorigen Satzes erstreckt sich auch auf Strohpersonen jeder Art, wie Ehegatten, Verwandte, finanziell abhängige Personen oder Gesellschaften. Ein Gesetz sieht die speziellen Bestimmungen, die Sanktionen, welche sich bis zum Widerruf der Lizenz der Hörfunk- oder Fernsehstation und bis zum Verbot des Abschlusses oder Nichtigerklärung des diesbezüglichen Vertrags erstrecken können, vor, als auch die Arten der Kontrolle und die Gewährleistungen gegen eine Durchbrechung der vorigen Sätze.*

### Artikel 15

1. Die Vorschriften des vorhergehenden Artikels zum Schütze der Presse finden keine Anwendung auf Lichtspiel, Tonaufnahmen, Hörfunk, Fernsehen und jedes ähnliche Mittel zur Übertragung von Wort oder Bild.

*2. Hörfunk und Fernsehen stehen unter der unmittelbaren Kontrolle des Staates. Die Kontrolle und die Verhängung von Sanktionen sind eine ausschließliche Zuständigkeit des Nationalen Rundfunkrates, welcher eine unabhängige öffentliche Behörde darstellt, nach Maßgabe der Gesetze. Die unmittelbare Kontrolle des Staates, welche auch die Form eines Systems der vorherigen Lizenz haben kann, hat zur Aufgabe, sachlich und gleichmäßig Informationen und Nachrichten zu übertragen und Werke aus Literatur und Kunst zu vermitteln, den der sozialen Aufgabe von Hörfunk und Fernsehen und der kulturellen Entwicklung des Landes entsprechenden Qualitätsstand zu wahren, als auch die Menschenwürde zu schützen.*

*Ein Gesetz bestimmt die obligatorische und kostenlose Übertragung der Geschäfte von Parlament und Parlamentsausschüssen, als auch von Vorwahlbotschaften der Parteien durch Hörfunk und Fernsehen.*

### Artikel 16

1. Kunst und Wissenschaft, Forschung und Lehre sind frei; deren Entwicklung und Förderung sind Verpflichtung des Staates. Die akademische Freiheit und die Freiheit der Lehre entbinden nicht von der Treue zur Verfassung.

2. Die Bildung ist eine Grundaufgabe des Staates und hat die sittliche, geistige, berufliche und physische Erziehung der Griechen, sowie die Entwicklung ihres nationalen und religiösen Bewusstseins und ihre Ausbildung zu freien und verantwortungsbewussten Staatsbürgern zum Ziel.

3. Die Schulpflicht darf nicht weniger als neun Jahre betragen.

4. Alle Griechen haben das Recht auf kostenlose Bildung in allen ihren Stufen in den staatlichen Unterrichtsanstalten. Der Staat unterstützt gemäss ihren Fähigkeiten Studenten, die sich auszeichnen bzw. der Hilfe oder des besonderen Schutzes bedürfen.

5. Die Hochschulbildung wird ausschließlich durch Anstalten gewährt, die juristische Personen des öffentlichen Rechts sind und volle Selbstverwaltung genießen. Diese Anstalten stehen unter der Aufsicht des Staates; sie haben das Recht auf staatliche finanzielle Unterstützung; sie arbeiten nach Maßgabe der ihre Satzungen regelnden Gesetze. Eine Zusammenlegung oder Aufteilung von Hochschulen kann in Abweichung von allen entgegenstehenden Bestimmungen nach Maßgabe der Gesetze durchgeführt werden.

Ein Gesetz regelt das Nähere über Studentenvereinigungen und deren Mitgliedschaft.

6. Die Professoren an Hochschulen sind staatliche Amtsträger. Das übrige Lehrpersonal hat ebenso ein staatliches Amt nach Maßgabe der Gesetze inne. Die Stellung aller dieser Personen wird durch die Satzungen der einzelnen Hochschulen bestimmt.

Die Professoren an Hochschulen können vor dem Ablauf ihrer gesetzlichen Amtszeit nur unter den materiellen Voraussetzungen des Artikels 88 Absatzes 4 und durch Beschluss eines Rates, der sich mehrheitlich aus höheren richterlichen Amtsträgern zusammensetzt, entlassen werden; das Nähere regelt ein Gesetz.

Durch Gesetz wird die Altersgrenze der Professoren an Hochschulen bestimmt. Bis zum Erlass dieses Gesetzes werden die im Dienst befindlichen Professoren mit Abschluss des akademischen Jahres in dem sie ihr siebenundsechzigstes Lebensjahr vollenden ipso iure emeritiert.

7. Die Berufs- und jede andere Sonderausbildung wird vom Staat durch höhere Schulen höchstens drei Jahre gewährt; das Nähere bestimmt ein Gesetz, das auch die beruflichen Rechte der Absolventen dieser Schulen regelt.

8. Ein Gesetz regelt die Voraussetzungen und Bedingungen für die Gewährung der Genehmigung zur Errichtung und zum Betrieb von nicht staatlichen Unterrichtsanstalten, die Aufsicht über sie und die Dienststellung ihres Lehrpersonals.

Die Errichtung von Hochschulen durch Private ist verboten.

9. Der Sport steht unter dem Schutz und der obersten Aufsicht des Staates.

Der Staat subventioniert und kontrolliert alle Verbände von Sportvereinen nach Maßgabe der Gesetze.

Ein Gesetz regelt auch die Verwendung der jeweils gewährten Subventionen gemäss der Zweckbestimmung der subventionierten Vereine.

### Artikel 17

1. Das Eigentum steht unter dem Schutz des Staates, die sich darausergebenden Rechte dürfen jedoch nicht dem allgemeinen Interesse zuwider ausgeübt werden.

2. Niemandem darf sein Eigentum entzogen werden, es sei denn zum gebührend erwiesenen öffentlichen Nutzen, wann und wie es ein Gesetz bestimmt, stets gegen eine vorherige volle Entschädigung, die dem Wert des enteigneten Eigentums zum Zeitpunkt der Gerichtshandlung über die vorläufige Festsetzung der Entschädigung entspricht. Bei einem Antrag auf unmittelbare Festsetzung der endgültigen Entschädigung wird der Wert zum Zeitpunkt der Verhandlung vor dem Gericht berücksichtigt.

*Wenn die Gerichtsverhandlung über die endgültige Entschädigung mehr als ein Jahr nach der Gerichtsverhandlung über die vorläufige Entschädigung stattfindet, ist für die Festsetzung der Entschädigung der Wert zum Zeitpunkt der Verhandlung über die endgültige Festsetzung maßgeblich. Im Verwaltungsakt, wodurch die Enteignung verkündet wird, soll speziell die Möglichkeit der Zahlung der Entschädigung gerechtfertigt werden. Die Entschädigung kann, wenn der Berechtigte damit einverstanden ist, auch in natura, insbesondere durch die Zugabe des Eigentums eines anderen Grundbesitzes oder durch die Zugabe von Rechten über einen anderen Grundbesitz, erfolgen.*

3. Eine nach der Veröffentlichung des Enteignungsbeschlusses und nur auf diesen zurückzuführende Wertveränderung des Gegenstandes der Enteignung wird nicht berücksichtigt.

4. *Die Entschädigung wird durch die zuständigen Gerichte festgesetzt. Sie kann vorläufig vom Gericht, nach Anhörung oder Ladung des Berechtigten, festgesetzt werden. In diesem Fall kann der Berechtigte, gemäß der Einschätzung des Gerichts, verpflichtet werden, eine Gewährleistung nach Maßgabe der Gesetze anzugeben, um die Entschädigung zu kassieren. Ein Gesetz kann*

*die Errichtung einer einheitlichen Zuständigkeit, von den Bestimmungen des Artikels 94 abgesehen, für alle Streitigkeiten und Sachen die eine Enteignung betreffen, als auch die vorrangige Durchführung der diesbezüglichen Gerichtsverhandlungen vorsehen.*

Vor Gewährung der endgültigen oder vorläufig festgesetzten Entschädigung bleiben alle Rechte des Eigentümers unberührt und eine Inbesitznahme ist nicht erlaubt.

*Es ist möglich, um Arbeiten allgemeiner Bedeutung für die Wirtschaft des Landes zu vollziehen, daß durch eine spezielle Entscheidung des Gerichts, welches für die vorläufige oder endgültige Festsetzung der Entschädigung zuständig ist, die Durchführung von Arbeiten auch vor der Festsetzung und Zahlung der Entschädigung erlaubt wird, unter der Bedingung daß ein zumutbarer Teil der Entschädigung bezahlt und volle Gewährleistung zugunsten des Berechtigten der Entschädigung nach Maßgabe der Gesetze gegeben wird. Der zweite Satz des ersten Absatzes findet hier analog Anwendung.*

Die festgesetzte Entschädigung ist in jedem Falle spätestens eineinhalb Jahre nach Veröffentlichung der Entscheidung über die vorläufige Festsetzung der Entschädigung zu zahlen, bei Antrag auf unmittelbare Festsetzung der endgültigen Entschädigung nach Veröffentlichung der jeweiligen Gerichtsentscheidung; andernfalls ist die Enteignung ipso iure aufgehoben.

Die Entschädigung unterliegt als solche keiner Steuer, keinem Abzug und keiner Abgabe.

5. Ein Gesetz bestimmt die obligatorische Entschädigung der Berechtigten für die bis zum Zeitpunkt der Gewährung der Entschädigung entgangenen Einnahmen aus dem enteigneten Grundstück.

6. Handelt es sich um die Durchführung von Vorhaben, die gemeinnützig oder von allgemeiner Bedeutung für die Wirtschaft des Landes sind, so kann ein Gesetz zugunsten des Staates die Enteignung von Flächen gestatten, die größer sind als zur Durchführung des Vorhabens erforderlich. Dasselbe Gesetz bestimmt die Voraussetzungen und die Bedingungen einer solchen Enteignung und regelt die Verfügung oder Benutzung der zusätzlich enteigneten Landflächen zu öffentlichen oder gemeinnützigen Zwecken.

7. Durch Gesetz kann bestimmt werden, dass zur Durchführung von offensichtlich gemeinnützigen Projekten zugunsten des Staates, juristischer Personen des öffentlichen Rechts, örtlicher Selbstverwaltungskörperschaften, Versorgungsbetrieben und öffentlichen Unternehmungen der Tunnelbau in der erforderlichen Tiefe entschädigungsfrei gestattet ist, vorausgesetzt, dass die gewöhnliche Nutzung der darüber liegenden Grundstücke nicht beeinträchtigt wird.

## Artikel 18

1. Besondere Gesetze regeln das Eigentum an und die Verfügungsgewalt über Erz- und Kohlebergwerke. Höhlen, archäologische Stätten und Schätze, Heilquellen, ober- und unterirdische Gewässer und der Bodenschätze im allgemeinen.

2. Durch Gesetz werden das Eigentum, die Nutzung und die Verwaltung der Lagunen und großen Seen geregelt, ebenso die Verfügungsgewalt über die aus deren Trockenlegung gewonnenen Landflächen.

3. Besondere Gesetze regeln die Requisitionen für den Bedarf der Streitkräfte im Kriegs- oder Mobilmachungsfall oder zur Behebung unmittelbarer sozialer Not, welche die öffentliche Ordnung oder Gesundheit gefährden kann.

4. Nach Maßgabe eines durch besonderes Gesetz bestimmten Verfahrens sind die Wiederaufforstung von landwirtschaftliche Flächen zur zweckmäßigeren Bodennutzung und Maßnahmen zur Vermeidung übermäßiger Zerstückelung oder zur Erleichterung der Wiederzusammenlegung des zerstückelten landwirtschaftlichen Kleineigentums zulässig.

5. Außer in den Fällen des vorhergehenden Absatzes kann durch Gesetz auch jede andere aus besonderen Umständen erforderliche Entziehung des freien Gebrauchs und der Nutznießung des Eigentums vorgesehen werden. Ein Gesetz bestimmt den dazu Verpflichteten und das Verfahren, nach dem an den Berechtigten ein Ersatz für den Gebrauch oder die Nutznießung zu leisten ist, welcher stets den jeweils bestehenden Verhältnissen entsprechen muss.

Die in Anwendung dieses Absatzes getroffenen Maßnahmen werden aufgehoben, sobald die besonderen Gründe wegfallen, die sie veranlasst haben. Bei ungerechtfertigter Verlängerung der Maßnahmen entscheidet der Staatsrat nach Fallgruppen über deren Aufhebung, auf Antrag von jedermann, der ein berechtigtes Interesse hat.

6. Durch Gesetz kann die Verfügungsgewalt über verlassene Flächen zu ihrer Nutzbarmachung für die Volkswirtschaft und zur Ansiedlung von Besitzlosen geregelt werden. Durch das gleiche Gesetz wird auch die teilweise oder vollständige Entschädigung der Eigentümer geregelt, falls diese binnen einer angemessenen Frist wieder erscheinen.

7. Durch Gesetz kann auch das Zwangsmiteigentum an zusammenhängenden Grundstücken in Stadtgebieten eingeführt werden, sofern die selbständige Bebauung aller oder einiger Grundstücke den in diesen Gebieten gegenwärtig oder zukünftig geltenden Baubedingungen nicht entspricht.

8. Der Enteignung unterliegt nicht der landwirtschaftliche Besitz der Patriarchalklöster der Heiligen Anastasie der Giftheilenden auf der Chalkidiki, des Wlatadenklosters in Thessaloniki und des Klosters des Evangelisten Johannes des Theologen in Patmos, mit Ausnahme von deren Außenbesitzungen. Ebenso wenig unterliegt der Enteignung der in Griechenland gelegene Besitz der Patriarchate von Alexandrien, Antiochien und Jerusalem sowie des heiligen Sinaiklosters.

## Artikel 19

1. Das Briefgeheimnis und das jeder anderen freien Korrespondenz oder Kommunikation ist in jedem Falle unverletzlich. Durch Gesetz werden die Voraussetzungen bestimmt, unter denen die Gerichtsbehörden aus Gründen der nationalen Sicherheit oder zur Untersuchung besonders schwerer Verbrechen an dieses Geheimnis nicht gebunden sind.

*2. Ein Gesetz regelt die Zusammensetzung, das Funktionieren und die Zuständigkeiten der unabhängigen Behörde, welche die Geheimhaltung gemäß Absatz 1 sicherstellt.*

*3. Es ist verboten, Beweismittel die unter Durchbruch dieses Artikels und der Artikel 9 und 9A erwirkt sind, zu benutzen.*

## Artikel 20

1. Jeder hat das Recht auf Rechtsschutz durch die Gerichte und kann vor ihnen seine Rechte oder Interessen nach Maßgabe der Gesetze geltend machen.

2. Das Recht auf rechtliches Gehör des Betroffenen gilt auch bei jeder Tätigkeit oder Maßnahme der Verwaltung zu Lasten seiner Rechte oder Interessen.

## Artikel 21

1. Die Familie als Grundlage der Aufrechterhaltung und Förderung der Nation sowie die Ehe, die Mutterschaft und das Kindesalter stehen unter dem Schutz des Staates.

2. Kinderreiche Familien, Versehrte aus Krieg und Frieden, Kriegsopfer, Waisen und Witwen der im Kriege Gefallenen, sowie die an unheilbaren körperlichen oder geistigen Krankheiten Leidenden haben Anspruch auf die besondere Fürsorge des Staates.

3. Der Staat sorgt für die Gesundheit der Bürger und trifft besondere Maßnahmen zum Schutze der Jugend, des Alters, der Versehrten und für die Pflege Unbemittelter.

4. Die Verschaffung von Wohnungen für Obdachlose oder ungenügend Untergebrachte ist Gegenstand der besonderen Sorge des Staates.

5. Die Planung und Anwendung einer demographischen Politik, als auch das Treffen aller erforderlichen Maßnahmen, ist eine Staatspflicht.

6. Behinderte Personen haben das Recht auf Maßnahmen welche ihre Autonomie, ihre berufliche Tätigkeit und ihre Teilnahme an dem gesellschaftlichen, wirtschaftlichen und politischen Leben des Landes sicherstellen.

### Artikel 22

1. Die Arbeit ist ein Recht und steht unter dem Schutz des Staates, der für die Sicherung der Vollbeschäftigung und für die sittliche und materielle Förderung der arbeitenden ländlichen und städtischen Bevölkerung sorgt.

Unabhängig von Geschlecht oder anderen Unterscheidungen haben alle Arbeitenden das Recht auf gleiche Entlohnung für gleichwertig geleistete Arbeit.

2. Die allgemeinen Arbeitsbedingungen werden durch Gesetz festgesetzt und ergänzt durch in freien Verhandlungen abgeschlossene Tarifverträge, bei deren Misslingen durch schiedsrichterlich gesetzte Regeln.

3. Ein Gesetz bestimmt den Abschluß von Tarifverträgen von den öffentlichen Beamten und den Beamten der örtlichen Selbstverwaltungskörperschaften oder sonstiger juristischer Personen des öffentlichen Rechts.

4. Jede Form von Zwangsarbeit ist verboten. Besondere Gesetze regeln die Impflichtnahme zu persönlichen Diensten im Kriegs- oder Mobilmachungsfall, zur Erfüllung von Bedürfnissen der Landesverteidigung oder dringender sozialer Notfälle auf Grund von Unwetter-oder anderen Katastrophen, die die öffentliche Gesundheit gefährden können, sowie die Leistung persönlicher Arbeiten in den Selbstverwaltungskörperschaften zur Befriedigung örtlicher Bedürfnisse.

5. Der Staat sorgt für die Sozialversicherung der Arbeitenden; das Nähere regelt ein Gesetz.

Auslegende Erklärung:

Zu den allgemeinen Arbeitsbedingungen gehört es auch, die Art und den zur Erhebung und Abführung Verpflichteten des Beitrages festzusetzen, der für die gewerkschaftlichen Organisationen nach Maßgabe ihrer Satzung von ihren Mitgliedern zu leisten ist.

### Artikel 23

1. Der Staat trifft im Rahmen der Gesetze die erforderlichen Maßnahmen zur Sicherung der Koalitionsfreiheit und der ungehinderten Ausübung der damit zusammenhängenden Rechte gegen jede Art von Verletzung.

2. Der Streik ist ein Recht und wird zur Bewahrung und Förderung der wirtschaftlichen und allgemeinen Arbeitsinteressen der Arbeitenden

von den gesetzmäßig gebildeten Gewerkschaften geführt.

Der Streik von Richtern, Staatsanwälten und Polizeiangehörigen ist in jeder Form verboten. Das Streikrecht der Staats- und Kommunalbeamten und der Beamten der juristischen Personen des öffentlichen Rechts sowie des Personals aller Art von Unternehmen von öffentlichem Charakter oder gemeinem Nutzen, deren Tätigkeit für die Gesamtheit der Bevölkerung lebenswichtig ist, darf durch Gesetz besonders eingeschränkt werden. Diese Einschränkung darf nicht zur Aufhebung des Streikrechtes oder zur Behinderung von dessen rechtmäßiger Ausübung führen.

### Artikel 24

1. Der Schutz der natürlichen und kulturellen Umwelt ist eine Pflicht des Staates und ein Recht für jeden. Der Staat ist verpflichtet, besondere vorbeugende oder hemmende Maßnahmen zu deren Bewahrung im Rahmen des Prinzips der Gewährleistung dauerhaft gleichbleibender Mengenverhältnisse zu treffen. Das Nähere zum Schutze der Wälder und der bewaldeten Flächen regelt ein Gesetz. Die Fassung eines Waldregisters ist Pflicht des Staates. Die Zweckentfremdung von Wäldern und bewaldeten Flächen ist verboten, es sei denn, daß deren landwirtschaftliche oder eine andere im öffentlichen Interesse gebotene Nutzung volkswirtschaftlich zu bevorzugen ist.

2. Die neue Raumordnung des Landes, die Bildung, Entwicklung, Planung und Ausweitung der Städte und der sonstigen Siedlungen steht unter der Regelungszuständigkeit und Kontrolle des Staates und hat der Funktionsfähigkeit und Entwicklung der Siedlungen und der Sicherung bestmöglicher Lebensbedingungen zu dienen.

Die diesbezüglichen technischen Auswahlen und Abwägungen folgen der Regel der Wissenschaft. Die Fassung eines nationalen Grundbesitzregisters ist Pflicht des Staates.

3. Bei der Kennzeichnung von Flächen als Baugebiet sowie zu deren städtebaulichen Nutzung haben die Eigentümer der davon betroffenen Grundstücke entschädigungsfrei die nötigen Grundstücke für die Schaffung von Strassen, Plätzen und sonstigen der Allgemeinheit dienenden Flächen zur Verfügung zu stellen und sich auch an den Kosten für die Errichtung der der Allgemeinheit dienenden wichtigen Anlagen und Einrichtungen nach Maßgabe der Gesetze zu beteiligen.

4. Ein Gesetz kann bestimmen, dass die Grundeigentümer der als Baugebiet gekennzeichneten Flächen an deren Nutzbarmachung und Neuordnung aufgrund genehmigter Bebauungspläne beteiligt werden, indem sie als Gegenleistung gleichwertige Gebäude oder Eigentums-

wohnungen in den endgültig als Baugebiet gekennzeichneten Flächen bzw. in den dortigen Gebäuden erhalten.

5. Die Bestimmungen der vorhergehenden Absätze finden auch bei einer Neuordnung bereits bestehender Baugebiete Anwendung. Die bei der Neuordnung frei werdenden Flächen werden zur Schaffung von der Allgemeinheit dienenden Anlagen verwandt oder werden zur Deckung der Kosten für die städtebauliche Neuordnung veräußert; das Nähere bestimmt ein Gesetz.

6. Die Denkmäler und historischen Stätten und Gegenstände stehen unter dem Schutz des Staates. Ein Gesetz wird die zur Verwirklichung dieses Schutzes notwendigen eigentumsbeschränkenden Maßnahmen sowie die Art und Weise der Entschädigung der Eigentümer festsetzen.

*Auslegende Erklärung:*

*Unter Forst oder Forstökosystem ist ein organisches Ganzes von Wildpflanzen mit hölzernem Stamm, über der notwendigen Bodenoberfläche gedeihend, zu verstehen, die zusammen mit der vorhandenen Flora und Fauna durch ihre Interdependenz und gegenseitige Beeinflussung eine besondere Biosymbiose (Waldbiosymbiose) und eine besondere natürliche, aus dem Wald hervorgehende Umwelt bilden.*

*Waldgebiet ist dann vorhanden, wenn im oben genannten Ganzen die Wildholzkeime – hohe oder buschartige – licht gesät sind.*

### Artikel 25

*1. Die Rechte des Menschen als Individuum und als Mitglied der Gesellschaft und das Prinzip des sozialen Rechtsstaats werden vom Staat gewährleistet. Alle Staatsorgane sind verpflichtet, deren ungehinderte und effektive Ausübung sicherzustellen. Diese Rechte gelten auch in den angepassten Privatverhältnissen. Die Einschränkungen dieser Rechte gemäß der Verfassung sollen entweder in der Verfassung selbst oder in dem Gesetz, wenn ein Gesetzesvorbehalt existiert, vorgesehen sein und das Verhältnismäßigkeitsprinzip respektieren.*

2. Die Anerkennung und der Schutz der grundlegenden und immerwährenden Menschenrechte durch den Staat ist auf die Verwirklichung des gesellschaftlichen Fortschrittes in Freiheit und Gerechtigkeit gerichtet.

3. Rechtsmissbrauch ist nicht gestattet.

4. Der Staat ist berechtigt, von allen Bürgern die Erfüllung ihrer Pflicht zu gesellschaftlicher und nationaler Solidarität zu fordern.

## Dritter Teil
## Organisation und Funktionen des Staates

### I. Abschnitt
### Aufbau des Staates

### Artikel 26

1. Die gesetzgebende Funktion wird durch das Parlament und den Präsidenten der Republik wahrgenommen.

2. Die vollziehende Funktion wird durch den Präsidenten der Republik und die Regierung wahrgenommen.

3. Die rechtsprechende Funktion wird durch die Gerichte wahrgenommen, deren Urteile in Namen des griechischen Volkes vollstreckt werden.

### Artikel 27

1. Eine Änderung der Staatsgrenzen ist nur möglich durch ein Gesetz, das der absoluten Mehrheit der Gesamtzahl der Abgeordneten bedarf.

2. Ohne ein Gesetz, das der absoluten Mehrheit der Gesamtzahl der Abgeordneten bedarf, werden fremde Streitkräfte weder in griechisches Staatsgebiet aufgenommen, noch dürfen sie sich darin aufhalten oder hindurchziehen.

### Artikel 28

1. Die allgemein anerkannten Regeln des Völkerrechtes sowie die internationalen Verträge nach ihrer gesetzlichen Ratifizierung und ihrer in ihnen geregelten Inkraftsetzung sind Bestandteil des inneren griechischen Rechtes und gehen jeder entgegenstehenden Gesetzesbestimmung vor. Die Anwendung der Regeln des Völkerrechtes und der internationalen Verträge gegenüber Ausländern erfolgt stets unter der Bedingung der Gegenseitigkeit.

2. Um wichtigen nationalen Interessen zu dienen und um die Zusammenarbeit mit anderen Staaten zu fördern, ist durch Verträge oder Abkommen die Zuerkennung von Zuständigkeiten an Organe internationaler Organisationen gemäss dieser Verfassung zulässig.

Zur Verabschiedung von Ratifizierungsgesetzen für solche Verträge oder Abkommen ist eine Mehrheit von drei Fünftel der Gesamtzahl der Abgeordneten erforderlich.

3. Griechenland stimmt freiwillig durch ein Gesetz, das der absoluten Mehrheit der Gesamtzahl der Abgeordneten bedarf, einer Beschränkung der Ausübung seiner nationalen Souveränität zu, wenn dies ein wichtiges nationales Interesse er-

fordert, die Menschenrechte und die Grundlagen der demokratischen Staatsordnung nicht berührt werden und wenn es in Gleichberechtigung und Gegenseitigkeit erfolgt.

*Auslegende Erklärung:*

*Art. 28 stellt den Grundstein für die Teilnahme des Landes an dem Verfahren der europäischen Integration dar.*

### Artikel 29

1. Griechische Bürger, die das Wahlrecht besitzen, können frei politische Parteien gründen und ihnen angehören; die Organisation und Tätigkeit der Parteien hat dem freien Funktionieren der demokratischen Staatsordnung zu dienen.

Bürger, die das Wahlrecht noch nicht besitzen, können den Jugendorganisationen der Parteien angehören.

2. *Die Parteien haben ein Recht auf staatliche finanzielle Unterstützung für ihre Wahlausgaben und für ihre funktionellen Ausgaben. Eine Gesetz bestimmt die Gewährleistungen der Transparenz bezüglich der Wahlausgaben und allgemeiner der finanziellen Geschäftsführung der Parteien, der Abgeordneten, der Parlamentskandidaten und der Kandidaten für die örtliche Selbstverwaltung aller Stufen. Durch Gesetz wird eine Höchstgrenze an Wahlausgaben vorgesehen, können bestimmte Formen von Wahlpropaganda verboten und die Voraussetzungen vorgesehen werden, unter denen der Durchbruch der diesbezüglichen Vorschriften den Verlust des Abgeordnetenmandats, nach einer Initiative des speziellen Organs des folgenden Satzes, begründet. Die Kontrolle der Wahlausgaben der Parteien und der Parlamentskandidaten wird von einem dafür zuständigen Organ durchgeführt, welches sich unter Beteiligung auch von höchsten Richter nach Maßgabe des Gesetzes zusammensetzt. Durch Gesetz kann die Anwendung dieser Vorschriften auch auf die Kandidaten für andere Ämter erstreckt werden.*

3. *Jede Kundgebung zugunsten oder zulasten einer politischen Partei ist den richterlichen Amtsträgern und den Angehörigen der Streitkräfte und der Polizei absolut verboten. Jede Kundgebung zugunsten oder zulasten einer politischen Partei ist den Staatsbeamten, den Beamten der örtlichen Selbstverwaltungskörperschaften, anderer juristischen Personen des öffentlichen Rechts oder öffentlicher Unternehmungen oder Unternehmungen von örtlichen Selbstverwaltungskörperschaften oder Unternehmungen, denen die Geschäftsleitung direkt oder indirekt vom Staat als Teilhaber, oder durch Verwaltungsakt, bestimmt wurde, während der Ausübung ihres Dienstes absolut verboten.*

## II. Abschnitt
### Der Präsident der Republik

#### ERSTES KAPITEL
#### Wahl des Präsidenten

### Artikel 30

1. Der Präsident der Republik ist das oberste politische Schiedsorgan. Er wird von dem Parlament für fünf Jahre gemäss den Bestimmungen der Artikel 32 und 33 gewählt.

2. Das Amt des Präsidenten ist mit jedem anderen Amt, jeder anderen Stellung oder Tätigkeit unvereinbar.

3. Die Amtszeit des Präsidenten beginnt mit seiner Eidesleistung.

4. Im Kriegsfalle verlängert sich die Amtszeit des Präsidenten bis zum Ende des Krieges.

5. Wiederwahl ist nur einmal zulässig.

### Artikel 31

*Zum Präsidenten der Republik ist wählbar, wer mindestens seit fünf Jahren griechischer Staatsbürger und väter- oder mütterlicherseits griechischer Abstammung ist, sein vierzigstes Lebensjahr vollendet hat und das Wahlrecht zum Parlament besitzt.*

### Artikel 32

1. Die Wahl des Präsidenten der Republik durch das Parlament erfolgt in namentlicher Abstimmung in einer Sondersitzung, die vom Parlamentspräsidenten mindestens einen Monat vor Beendigung der Amtsdauer des amtierenden Präsidenten der Republik nach Maßgabe der Geschäftsordnung einberufen wird.

Im Falle einer endgültigen Unfähigkeit des Präsidenten der Republik zur Erfüllung seiner Pflichten gemäß den Bestimmungen des Artikels 34 Abs. 2 sowie im Falle seines Rücktritts, Todes oder seiner Absetzung gemäß den Bestimmungen der Verfassung, wird die Sitzung zur Wahl des neuen Präsidenten der Republik spätestens binnen zehn Tagen nach der vorzeitigen Beendigung der Amtszeit des vorhergehenden Präsidenten einberufen.

2. Die Wahl des Präsidenten der Republik erfolgt in jedem Fall für die gesamte Amtszeit.

3. Zum Präsidenten der Republik wird gewählt, wer die Mehrheit von zwei Drittel der Gesamtzahl der Abgeordneten auf sich vereinigt.

Wird diese Mehrheit nicht erreicht, wird die Abstimmung nach fünf Tagen wiederholt.

Wird auch in der zweiten Abstimmung die erforderliche Mehrheit nicht erreicht, wird die Abstimmung noch einmal nach fünf Tagen wiederholt; als Präsident der Republik ist gewählt, wer die Mehrheit von drei Fünftel der Gesamtzahl der Abgeordneten auf sich vereinigt.

4. Wird auch bei der dritten Abstimmung die erwähnte qualifizierte Mehrheit nicht erreicht, so wird das Parlament binnen zehn Tagen aufgelöst und eine neue Parlamentswahl ausgeschrieben. Das aus den Neuwahlen hervorgegangene Parlament wählt sofort nach seinem ersten Zusammentritt in namentlicher Abstimmung und mit einer Mehrheit von drei Fünfteln der Gesamtzahl der Abgeordneten den Präsidenten der Republik.

Wird diese Mehrheit nicht erreicht, wird die Abstimmung binnen fünf Tagen wiederholt; zum Präsidenten der Republik ist gewählt, wer die absolute Mehrheit der Gesamtzahl der Abgeordneten auf sich vereinigt. Wird auch diese Mehrheit nicht erreicht, wird die Abstimmung noch einmal nach fünf Tagen zwischen den beiden Personen wiederholt, die die meisten Stimmen erreicht haben; zum Präsidenten der Republik ist gewählt, wer die relative Mehrheit auf sich vereinigt.

5. Tagt das Parlament nicht, wird es zur Wahl des Präsidenten zu einer außerordentlichen Sitzung gemäss den Bestimmungen des Absatzes 4 einberufen.

Ist das Parlament in irgendeiner Weise aufgelöst, wird die Wahl des Präsidenten bis zum ersten Zusammentritt des neuen Parlamentes verschoben und erfolgt spätestens innerhalb von 20 Tagen gemäss den Bestimmungen der Absätze 3 und 4 unter Beachtung der Bestimmung des Artikels 34 Absatz 1.

6. Falls das in den vorhergehenden Absätzen bestimmte Verfahren zur Wahl des neuen Präsidenten nicht zeitgerecht beendet werden kann, setzt der im Amt befindliche Präsident die Ausübung seiner Pflichten auch nach Beendigung seiner Amtszeit bis zur Wahl des neuen Präsidenten fort.

Erklärung zur Interpretation :

Der vor Beendigung seiner Amtszeit zurückgetretene Präsident kann an der aufgrund seines Rücktrittes erfolgenden Wahl nicht teilnehmen.

### Artikel 33

1. Der gewählte Präsident der Republik übernimmt die Ausübung seiner Pflichten am Tage nach Beendigung der Amtszeit des scheidenden Präsidenten, in allen anderen Fällen am Tage nach seiner Wahl.

2. Der Präsident der Republik leistet bei seinem Amtsantritt vor dem Parlament folgenden Eid :

„Ich schwöre im Namen der Heiligen, Wesensgleichen und Unteilbaren Dreifaltigkeit, die Verfassung und die Gesetze zu wahren, für deren getreue Einhaltung zu sorgen, die nationale Unab-

hängigkeit und die Unversehrtheit des Landes zu verteidigen, die Rechte und Freiheiten der Griechen zu schützen und dem allgemeinen Interesse und dem Fortschritt des griechischen Volkes zu dienen."

3. Die dem Präsidenten der Republik zu gewährende Aufwandsentschädigung und die Organisation der für die Erfüllung seiner Aufgaben erforderlichen Dienststellen bestimmt ein Gesetz.

### Artikel 34

1. Ist der Präsident der Republik länger als zehn Tage verreist, abwesend oder zurückgetreten, abgesetzt oder aus sonstigen Gründen verhindert, vertritt ihn der Präsident des Parlaments oder. falls dieses nicht besteht, der Präsident des letzten Parlaments und, falls dieser sich weigert oder nicht vorhanden ist, die Regierung in ihrer Gesamtheit.

Während der Stellvertretung des Präsidenten sind die Bestimmungen über die Auflösung des Parlaments nicht in Kraft, mit Ausnahme des in Artikel 32 Absatz 4 vorgesehenen Falles, ebensowenig die Bestimmungen über die Entlassung der Regierung und die Ausschreibung einer Volksabstimmung gemäss den Bestimmungen des Artikels 38 Absatz 2 und des Artikels 44 Absatz 2.

2. Dauert die Unfähigkeit des Präsidenten zur Erfüllung seiner Aufgaben über dreißig Tage hinaus, muss das Parlament einberufen werden, selbst wenn es aufgelöst ist; es entscheidet dann mit einer Mehrheit von drei Fünftel der Gesamtzahl seiner Mitglieder, ob der Fall der Wahl eines neuen Präsidenten gegeben ist. Auf keinen Fall kann die Wahl eines neuen Präsidenten der Republik über mehr als insgesamt sechs Monate seit Beginn der wegen der Unfähigkeit eingetretenen Stellvertretung hinausgezögert werden.

## ZWEITES KAPITEL
### Befugnisse und Verantwortung des Präsidenten

### Artikel 35

1. Ein Akt des Präsidenten der Republik bedarf zur Gültigkeit und Vollziehung der Gegenzeichnung durch den zuständigen Minister, der durch seine bloße Unterschrift verantwortlich wird, sowie der Veröffentlichung im Gesetzesblatt.

Gegenzeichnet im Falle der Entlassung der Regierung nach Artikel 38 Absatz 1 der Ministerpräsident die entsprechende Entlassungsanordnung nicht, so wird diese vom Präsidenten der Republik allein unterzeichnet.

2. Ausnahmsweise bedürfen folgende Akte nicht der Gegenzeichnung:

a) Die Ernennung des Ministerpräsidenten.

b) Die Erteilung eines Sondierungsauftrages nach Artikel 37 Absätze 2,3 und 4.

c) Die Auflösung des Parlaments nach Artikel 32 Absatz 4 und nach Artikel 41 Absatz 1, falls der Ministerpräsident diese nicht gegenzeichnet, und nach Artikel 53 Absatz 1, falls der Ministerrat diese nicht gegenzeichnet.

d) Die Rückverweisung eines vom Parlament verabschiedeten Gesetzentwurfes oder eines Gesetzesvorschlages nach Artikel 42 Absatz 1;

e) Die Ernennung des Personals für die Dienststellen des Präsidialamtes der Republik

3. Die Verordnung über die Verkündung der Durchführung einer Volksabstimmung über einen Gesetzesentwurf nach Artikel 44 Absatz 2 wird vom Parlamentspräsidenten gegengezeichnet.

### Artikel 36

1. Der Präsident der Republik vertritt nach Maßgabe des Artikels 35 Absatz 1 den Staat völkerrechtlich, erklärt den Krieg, schließt Friedens- und Bündnisverträge, Verträge über wirtschaftliche Zusammenarbeit und Teilnahme an internationalen Organisationen oder Vereinigungen und teilt diese mit den notwendigen Erläuterungen dem Parlament mit, soweit das Interesse und die Sicherheit des Staates es erlauben.

2. Verträge über Handel und Steuern, wirtschaftliche Zusammenarbeit und Teilnahme an internationalen Organisationen oder Vereinigungen sowie Verträge mit Zugeständnissen, die nach anderen Bestimmungen der Verfassung ohne Gesetz nicht verfügt werden können oder die die Griechen persönlich belasten, bedürfen zu ihrer Gültigkeit eines formellen Ratifikationsgesetzes.

3. In keinem Falle können die geheimen Bestimmungen eines Vertrages die veröffentlichten aufheben.

4. Die Ratifizierung internationaler Verträge kann nicht Gegenstand einer Gesetzesermächtigung nach Artikel 32 Absätze 2 und 4 sein.

### Artikel 37

1. Der Präsident der Republik ernennt den Ministerpräsidenten; auf dessen Vorschlag ernennt und entlässt er die übrigen Mitglieder der Regierung und die Vizeminister.

2. Zum Ministerpräsidenten wird der Vorsitzende der Partei ernannt, die im Parlament über die absolute Mehrheit der Sitze verfügt. Verfügt keine Partei über die absolute Mehrheit, so erteilt der Präsident der Republik dem Vorsitzenden der Partei mit der relativen Mehrheit einen Sondierungsauftrag, um die Möglichkeit der Bildung einer Regierung, die das Vertrauen des Parlaments genießt, zu erkunden.

3. Besteht diese Möglichkeit nicht, so erteilt der Präsident der Republik dem Vorsitzenden der zweitstärksten Parlamentspartei einen Sondierungsauftrag, bleibt dieser Versuch weiter erfolglos, so erteilt er dem Vorsitzenden der drittstärksten Parlamentspartei einen Sondierungsauftrag. Jeder Sondierungsauftrag gilt für drei Tage. Bleiben alle Sondierungsaufträge erfolglos, so ruft der Präsident der Republik alle Parteivorsitzenden zusammen und erstrebt die Bildung einer aus allen im Parlament vertretenen Parteien bestehenden Regierung zur Durchführung von Wahlen, falls die Unmöglichkeit der Bildung einer das Vertrauen des Parlaments genießenden Regierung bestätigt wird; im Falle des Mißerfolgs beauftragt er den Präsidenten des Staatsrates oder des Kassationsgerichtshofes (Areopags) oder des Rechnungshofes mit der Bildung einer Regierung auf möglichst breiter Grundlage zur Durchführung von Wahlen und er löst das Parlament auf.

4. In den Fällen, in denen nach den vorigen Absätzen einem Parteivorsitzenden ein Auftrag zur Regierungsbildung oder ein Sondierungsauftrag erteilt werden sollte und die Partei keinen Vorsitzenden oder Stellvertreter hat oder falls dieser nicht zum Abgeordneten gewählt wurde, erteilt der Präsident der Republik dem von der Parlamentsfraktion der Partei Vorgeschlagenen den Auftrag. Der Vorschlag zur Auftragserteilung erfolgt binnen drei Tagen, nachdem der Parlamentspräsident oder sein Stellvertreter dem Präsidenten der Republik die Stärke der Parteien im Parlament mitgeteilt hat. Diese Mitteilung muß vor jeder Erteilung eines solchen Auftrages erfolgen.

Auslegende Erklärung:

Besitzen Parteien dieselbe Anzahl von Parlamentssitzen, so wird bei den Sondierungsaufträgen der Partei der Vorzug gegeben, welche die meisten Stimmen bei den Wahlen erhalten hat. Einer neugegründeten Partei, die eine Parlamentsfraktion gemäß der Geschäftsordnung bildet, wird die ältere mit der gleichen Anzahl von Sitzen vorgezogen. In beiden Fällen dürfen nicht mehr als vier Parteien Sondierungsaufträge erteilt werden.

### Artikel 38

1. Der Präsident der Republik entläßt die Regierung auf deren Antrag oder wenn das Parlament ihr nach Artikel 84 sein Vertrauen entzogen hat.

In diesen Fällen werden die Bestimmungen der Absätze 2, 3 und 4 des Artikels 37 analog angewandt. Ist der Ministerpräsident der zurückgetretenen Regierung Vorsitzender oder Stellvertreter einer Partei, die über die absolute Mehrheit der

Abgeordneten verfügt, so ist die Bestimmung des Artikels 37 Absatz 3 Satz 3 analog anzuwenden.

2. *Wenn der Ministerpräsident zurücktritt, stirbt oder aus Gesundheitsgründen nicht in der Lage ist, sein Amt auszuüben, ernennt der Präsident der Republik den von der Parlamentsfraktion der Partei, welcher der Ministerpräsident angehört, Vorgeschlagenen zum Ministerpräsidenten, falls diese Partei im Parlament über die absolute Mehrheit der Sitze verfügt. Der Vorschlag erfolgt binnen drei Tagen nach dem Rücktritt, dem Tod oder der Feststellung der Untauglichkeit des Ministerpräsidenten sein Amt auszuüben. Wenn keine Partei im Parlament über die absolute Mehrheit der Sitze verfügt, wird analog die Bestimmung des Absatzes 4 und danach der zweite Satz des Absatzes 2 und der Absatz 3 des vorigen Artikels angewandt.*

*Das Parlament stellt durch einen Sonderbeschluss fest, daß der Ministerpräsident aus Gesundheitsgründen nicht in der Lage ist, sein Amt auszuüben. Dafür ist die absolute Mehrheit der Gesamtzahl der Parlamentsabgeordneten erforderlich, basierend auf einen Vorschlag der Parlamentsfraktion der Partei, der der Ministerpräsident angehört, falls diese über die absolute Mehrheit der Sitze verfügt. In jedem anderen Fall wird der Vorschlag von zumindest zwei Fünfteln der Gesamtzahl der Abgeordneten gestellt.*

*Bis zur Ernennung des neuen Ministerpräsidenten wird das Amt des Ministerpräsidenten von dem ranghöchsten Vizevorsitzenden oder Minister ausgeübt.*

Auslegende Erklärung:

Die Bestimmung des Absatzes 2 wird auch im Falle der Stellvertretung des Präsidenten der Republik nach Artikel 34 angewandt.

### Artikel 39

aufgehoben

### Artikel 40

1. Der Präsident der Republik beruft das Parlament einmal im Jahr nach Artikel 64 Abs. 1 zu einer ordentlichen Sitzungsperiode ein und, sooft er es für ratsam hält, zu einer außerordentlichen Sitzungsperiode ein; er verkündet persönlich oder durch den Ministerpräsidenten die Eröffnung und den Schluss jeder Legislaturperiode.

2. Der Präsident der Republik kann die Tätigkeit des Parlaments während einer Sitzungsperiode nur einmal aussetzen, indem er die Eröffnung aufschiebt oder die Fortdauer unterbricht.

3. Die Aussetzung der Parlamenttätigkeit darf nicht länger als dreißig Tage dauern und darf während derselben Sitzungsperiode ohne Zustimmung des Parlaments nicht wiederholt werden.

### Artikel 41

1. Der Präsident der Republik kann das Parlament auflösen, falls zwei Regierungen entweder zurückgetreten sind oder von diesem abgelehnt wurden und falls seine Zusammensetzung die Regierungsstabilität nicht sicherstellt. Die Wahlen werden von der Regierung durchgeführt, die das Vertrauen des aufzulösenden Parlaments genießt. In allen sonstigen Fällen ist der 3. Satz des Absatzes 3 von Artikel 37 analog anzuwenden.

2. Der Präsident der Republik löst zur Bewältigung einer Frage von außerordentlicher nationaler Bedeutung das Parlament auf Vorschlag der Regierung, die das Vertrauen des Parlaments genießt, zur Erneuerung des Volksauftrages auf.

3. Im Falle des vorigen Absatzes muss die vom Ministerrat gegengezeichnete Auflösungsanordnung gleichzeitig die Ausschreibung neuer Wahlen binnen dreißig Tagen und die Einberufung des neuen Parlaments binnen weiterer dreißig Tage enthalten.

4. Ein nach einer Parlamentsauflösung gewähltes Parlament kann nicht vor Ablauf eines Jahres nach Aufnahme seiner Tätigkeit aufgelöst werden, es sei denn, es handele sich um die Fälle des Artikels 37, Absatz 3 oder des Absatzes 1 dieses Artikels.

3. Im Falle des Artikels 32 Absatz 4 ist das Parlament aufzulösen.

Auslegende Erklärung:

In allen Fällen und ohne Ausnahme muß die Verordnung über die Auflösung des Parlaments die Ausschreibung von Wahlen binnen 30 Tagen und die Einberufung des neuen Parlaments binnen weiterer 30 Tage vorschreiben.

### Artikel 42

1. Die vom Parlament verabschiedeten Gesetze werden innerhalb eines Monats nach ihrer Verabschiedung vom Präsidenten der Republik ausgefertigt und verkündet. Der Präsident der Republik kann innerhalb der Frist des vorigen Satzes einen vom Parlament verabschiedeten Gesetzesentwurf an das Parlament unter Angabe der Rückverweisungsgründe zurückverweisen.

2. Ein vom Präsidenten der Republik an das Parlament zurückverwiesener Gesetzesvorschlag bzw. Gesetzentwurf wird dem Plenum zugeleitet; wird dieser von der absoluten Mehrheit der Abgeordneten nach dem Verfahren des Artikels 76 Absatz 2 erneut verabschiedet, so muß der Präsident der Republik diesen binnen zehn Tagen nach seiner Verabschiedung ausfertigen und verkünden.

### Artikel 43

1. Der Präsident der Republik erlässt die zum Vollzug der Gesetze notwendigen Verordnungen, kann jedoch niemals die Wirkung eines Gesetzes

aussetzen oder jemanden von seiner Anwendung ausnehmen.

2. Auf Vorschlag des zuständigen Ministers können Rechtsverordnungen auf Grund und im Rahmen eines besonderen Ermächtigungsgesetzes erlassen werden. Die Ermächtigung zum Erlass von Rechtsverordnungen durch andere Verwaltungsorgane ist zulässig zur Regelung von besonderen Fragen oder von Fragen mit örtlichem Interesse oder mit technischem oder Detailcharakter.

3. aufgehoben

4. Von Parlamentsplenum beschlossene Gesetze können zum Erlass von Rechtsverordnungen über Fragen ermächtigen, die in den Ermächtigungsgesetzen dem Rahmen nach festgesetzt sind. In diesen Gesetzen werden die allgemeinen Grundsätze und Richtlinien der Regelungen bestimmt und Fristen für die Ausführung der Ermächtigung gesetzt.

5. Fragen, die nach Artikel 72 Absatz l zur Zuständigkeit des Parlamentsplenums gehören, können nicht Gegenstand von Ermächtigungsgesetzen im Sinne des vorherigen Absatzes sein.

### Artikel 44

l. In Ausnahmefällen eines außerordentlich dringenden und unvorhergesehenen Notstandes kann der Präsident der Republik auf Vorschlag des Ministerrates gesetzgeberische Akte erlassen. Diese werden nach den Bestimmungen des Artikels 72 Absatz l innerhalb von vierzig Tagen nach ihrem Erlass, oder innerhalb von vierzig Tagen nach Einberufung des Parlaments zu einer Sitzungsperiode, dem Parlament zur Sanktionierung vorgelegt. Werden sie dem Parlament innerhalb dieser Frist nicht vorgelegt oder vom Parlament innerhalb von drei Monaten nach ihrer Vorlage nicht genehmigt, treten sie für die Zukunft außer Kraft.

2. Der Präsident der Republik kann nach Beschluß der absoluten Mehrheit der Abgeordneten, der auf Vorschlag des Ministerrates gefaßt wird, durch Verordnung der Durchführung einer Volksabstimmung über besonders wichtige nationale Fragen anberaumen. Der Präsident der Republik kann durch Verordnung eine Volksabstimmung auch über schon verabschiedete Gesetzesentwürfe zu wichtigen gesellschaftlichen Fragen – außer wenn sie die öffentlichen Finanzen betreffen – anberaumen, falls dies von drei Fünfteln der Gesamtzahl der Abgeordneten auf Vorschlag von zwei Fünfteln gemäß der Geschäftsordnung des Parlaments und dem Gesetz zur Anwendung dieses Absatzes beschlossen wurde.

Während einer Legislaturperiode des Parlaments dürfen nicht mehr als zwei Volksabstimmungen über Gesetzesentwürfe durchgeführt werden. Wird ein Gesetzesentwurf angenommen,

so beginnt die Frist des Artikels 42 Absatz 1 von der Durchführung der Volksabstimmung an.

3. Unter ganz außergewöhnlichen Umständen kann der Präsident der Republik nach Zustimmung des Ministerpräsidenten Botschaften an das Volk richten.

Die Botschaften werden vom Ministerpräsidenten gegengezeichnet und im Staatsanzeiger verkündet.

### Artikel 45

Der Präsident der Republik führt den Oberbefehl über die Streitkräfte des Landes, deren Leitung die Regierung hat; das Nähere regelt ein Gesetz. Er verleiht die Dienstgrade an die Angehörigen der Streitkräfte nach Maßgabe der Gesetze.

### Artikel 46

1. Der Präsident der Republik ernennt und entlässt nach Maßgabe der Gesetze die Staatsbeamten außer in den vom Gesetz vorgesehenen Fällen.

2. Der Präsident der Republik verleiht die vorgesehenen Orden nach Maßgabe der Bestimmungen der einschlägigen Gesetze.

### Artikel 47

1. Der Präsident der Republik hat das Recht, auf Vorschlag des Justizministers und nach Anhörung eines mehrheitlich aus Richtern bestehenden Rates von den Gerichten verhängte Strafen zu erlassen, umzuwandeln oder herabzusetzen und die Folgen aller Art von verhängten und verbüßten Strafen aufzuheben.

2. Der Präsident der Republik hat nur mit Zustimmung des Parlaments das Recht, einen gemäss Artikel 86 verurteilten Minister zu begnadigen.

3. Amnestie wird nur für politische Verbrechen durch Gesetz gewährt, welches vom Plenum des Parlaments mit einer Mehrheit von drei Fünfteln der Gesamtzahl der Abgeordneten verabschiedet werden muß.

4. Amnestie für allgemeine Verbrechen wird auch durch Gesetz nicht gewährt.

### Artikel 48

1. Im Kriegs- oder Mobilmachungsfall wegen äußerer Gefahren oder unmittelbarer Bedrohung der nationalen Sicherheit sowie bei einer bewaffneten Bewegung zum Sturz der demokratischen Staatsordnung setzt das Parlament durch einen Beschluß, der auf Vorschlag der Regierung gefaßt wird, für das gesamte Staatsgebiet oder für Teile desselben das Gesetz über den Ausnahmezustand in Kraft. Es richtet Ausnahmegerichte ein und setzt die Bestimmungen der Artikel 5 Absatz 4; Artikel 6, 8, 9, 11, 12 Absatz l bis 4; Artikel 14, 19, 22

Absatz 3, 23, 96 Absatz 4 und Artikel 97 oder einige von ihnen außer Kraft. Der Präsident der Republik verkündet den Beschluß des Parlaments.

Im Beschluß des Parlaments wird die Geltungsdauer der ergriffenen Maßnahmen bestimmt, welche 15 Tage nicht überschreiten darf.

2. Tagt das Parlament nicht oder besteht die objektive Unmöglichkeit eines rechtzeitigen Zusammentretens, so werden die im vorigen Absatz genannten Maßnahmen durch Präsidialverordnung getroffen, die auf Vorschlag des Ministerrates erlassen wird. Die Regierung unterbreitet dem Parlament die Verordnung zur Zustimmung, sobald es zusammentreten kann, auch dann, wenn die Legislaturperiode abgelaufen ist oder es aufgelöst war, in jedem Fall aber innerhalb von 15 Tagen.

3. Die Geltung der in den vorigen Absätzen genannten Maßnahmen kann nur durch einen Beschluß des Parlaments, das einberufen wird, auch wenn seine Legislaturperiode abgelaufen ist oder wenn es aufgelöst war, um jeweils 15 Tage verlängert werden.

4. Die in den vorigen Absätzen genannten Maßnahmen treten ipso jure nach Ablauf der in den Absätzen 1, 2 und 3 vorgesehenen Fristen außer Kraft, es sei denn, ihre Geltung wird durch Beschluß des Parlaments verlängert; auf jeden Fall aber mit der Beendigung des Krieges, falls sie aus diesem Grunde ergriffen wurden.

5. Der Präsident der Republik kann vom Inkrafttreten der nach den vorigen Absätzen getroffenen Maßnahmen an zur Erledigung dringender Angelegenheiten oder zur möglichst schnellen Wiederherstellung der verfassungsmäßigen Ordnung auf Vorschlag der Regierung gesetzgeberische Akte erlassen. Diese werden binnen 15 Tage nach ihrem Erlaß oder dem Zusammentreten des Parlaments diesem zur Zustimmung vorgelegt. Werden sie ihm innerhalb der oben genannten Fristen nicht vorgelegt oder stimmt es ihnen binnen 15 Tagen nach ihrer Vorlage nicht zu, so treten sie von da an außer Kraft. Das Gesetz über den Ausnahmezustand kann während der Dauer seiner Anwendung nicht abgeändert werden.

6. Die Beschlüsse nach den Absätzen 2 und 3 werden mit der Mehrheit der Gesamtzahl der Abgeordneten gefaßt; der Beschluß des Absatzes 1 muß mit der Zweidrittelmehrheit der Gesamtzahl der Abgeordneten gefaßt werden. Das Parlament beschließt in einer einzigen Sitzung.

7. Während der gesamten Geltungsdauer der nach diesem Artikel getroffenen Maßnahmen für den Ausnahmezustand gelten ipso jure die Bestimmungen der Artikel 61 und 62 der Verfassung, auch wenn das Parlament aufgelöst oder seine Legislaturperiode abgelaufen ist.

# DRITTES KAPITEL
## Besondere Verantwortung des Präsidenten der Republik

### Artikel 49

1. Der Präsident der Republik hat sich auf keinen Fall für Handlungen zu verantworten, die er während der Ausübung seines Amtes vorgenommen hat, außer für Hochverrat und für vorsätzliche Verletzung der Verfassung. Für Handlungen, die nicht die Ausübung seines Amtes betreffen, wird die Verfolgung bis zur Beendigung seiner Amtszeit aufgeschoben.

2. Der Antrag auf Erhebung der Anklage gegen den Präsidenten der Republik und auf Einleitung eines gerichtlichen Verfahrens gegen ihn muss von mindestens einem Drittel der Parlamentsmitglieder gestellt werden; der Beschluss über die Annahme dieses Antrages bedarf der Mehrheit von zwei Dritteln der Gesamtzahl der Mitglieder des Parlaments.

3. Wird der Antrag angenommen, wird gegen den Präsidenten der Republik ein Verfahren vor dem in Artikel 86 vorgesehenen Gericht eingeleitet, die Bestimmungen des Artikels 86 sind im vorliegenden Fall entsprechend anzuwenden.

4. Mit Einleitung des Verfahrens enthält sich der Präsident der Republik der Ausübung seines Amtes; er wird nach den Bestimmungen des Artikels 34 vertreten; bei einem Freispruch durch das in Artikel 86 vorgesehene Gericht nimmt er seine Tätigkeit wieder auf, falls seine Amtszeit nicht inzwischen abgelaufen ist.

5. Das Nähere regelt ein vom Parlamentsplenum zu beschließendes Gesetz.

### Artikel 50

Der Präsident der Republik hat nur die Zuständigkeiten, die ihm die Verfassung und die ihr gemäßen Gesetze ausdrücklich verleihen.

## III. Abschnitt
## Das Parlament

# ERSTES KAPITEL
## Wahl und Zusammensetzung des Parlaments

### Artikel 51

1. Die Zahl der Abgeordneten wird durch Gesetz bestimmt; sie kann nicht geringer als zweihundert, nicht höher als dreihundert sein.

2. Die Abgeordneten vertreten die Nation.

3. Die Abgeordneten werden in unmittelbarer, allgemeiner, geheimer Wahl von den wahlberechtigten Bürgern gewählt; das Nähere regelt ein Ge-

setz. Das Gesetz kann die Wahlberechtigung nicht beschränken, es sei denn bei Personen, die ein bestimmtes Alter nicht erreicht haben, geschäftsunfähig sind oder rechtskräftig wegen bestimmter Verbrechen verurteilt worden sind.

*4. Die Parlamentswahlen werden gleichzeitig im ganzen Staatsgebiet abgehalten. Die Ausübung des Wahlrechts der außerhalb des Staatsgebietes lebenden Wähler kann durch ein Gesetz geregelt werden, welches durch eine zwei Drittel Mehrheit bestimmt wird. Was diese Wähler angeht, hindert das Prinzip der gleichzeitigen Durchführung der Wahl die Ausübung ihres Wahlrechts durch Briefwahl, oder durch ein anderes geeignetes Mittel, nicht, unter der Bedingung daß die Resultate gleichzeitig mit deren des Staatsgebiets gezählt und bekanntgegeben werden.*

*5. Die Ausübung des Wahlrechts ist eine Pflicht.*

### Artikel 52

Die freie und unverfälschte Äußerung des Volkswillens wird als Ausdruck der Volkssouveränität von allen Amtsträgern gewährleistet, die verpflichtet sind, sie auf jeden Fall sicherzustellen. Die strafrechtlichen Sanktionen bei Verletzung dieser Bestimmung regelt ein Gesetz.

### Artikel 53

1. Die Abgeordneten werden auf vier aufeinanderfolgende Jahre gewählt, die mit dem Tage der allgemeinen Wahlen beginnen. Innerhalb von dreißig Tagen nach Ablauf der Legislaturperiode wird durch eine vom Ministerrat gegengezeichnete Präsidialverordnung die ·Durchführung allgemeiner Parlamentswahlen, sowie der Zusammentritt des neuen Parlaments zur ordentlichen Sitzungsperiode innerhalb weiterer dreißig Tage angeordnet.

2. Ein Abgeordnetensitz, der während des letzten Jahres der Legislaturperiode frei geworden ist, wird nicht durch eine Ergänzungswahl –falls eine solche gesetzlich vorgesehen ist– neu besetzt, solange die Zahl der unbesetzten Sitze ein Fünftel der Gesamtzahl der Abgeordneten nicht übersteigt.

3. Im Kriegsfalle verlängert sich die Parlamentsperiode auf die ganze Dauer des Krieges. Ist das Parlament aufgelöst, wird die Durchführung von Neuwahlen bis zur Beendigung des Krieges vertagt; bis dahin nimmt das aufgelöste Parlament seine Tätigkeit ipso iure wieder auf.

### Artikel 54

*1. Das Wahlsystem und die Wahlkreise werden durch ein Gesetz bestimmt, welches ab den übernächsten Wahlen gilt, es sei denn, daß seine unverzügliche Geltung ab den nächsten Wahlen durch eine zwei Drittel*

*Mehrheit der Gesamtzahl der Abgeordneten bestimmt wird.*

*2. Die Zahl der Abgeordneten eines jeden Wahlkreises wird aufgrund der gesetzmäßigen Bevölkerung des Wahlkreises durch Präsidialverordnung festgesetzt, wie sie sich aus der letzten Volkszählung von den in den Bürgerregister eingeschriebenen, nach Maßgabe der Gesetze ergibt.*

*Die Ergebnisse der Volkszählung gelten als veröffentlicht, aufgrund der Daten des zuständigen Amts, ein Jahr nach dem letzten Tag ihrer Durchführung.*

3. Ein Teil des Parlaments, der nicht größer als ein Zwanzigstel der Gesamtzahl der Abgeordneten sein darf, kann einheitlich im ganzen Staatsgebiet gewählt werden, wobei diese Sitze entsprechend dem allgemeinen Wahlerfolg der Parteien verteilt werden; das Nähere regelt ein Gesetz.

## ZWEITES KAPITEL
### Wahlhindernisse und Unvereinbarkeiten bei Abgeordneten

### Artikel 55

1. Um zum Abgeordneten gewählt zu werden, muss man griechischer Staatsbürger und nach dem Gesetz wahlberechtigt sein und am Tage der Wahl das fünfundzwanzigste Lebensjahr vollendet haben.

2. Ein Abgeordneter, bei dem eine der obigen Voraussetzungen wegfällt, verliert ipso iure sein Abgeordnetenmandat.

### Artikel 56

*1. Besoldete staatliche Amtsträger und Beamte, andere Staatsbeamte, Angehörige der Streitkräfte und der Sicherheitskörper, Beamte von örtlichen Selbstverwaltungskörperschaften und anderen juristischer Personen des öffentlichen Rechts, gewählte einköpfige Organe des öffentlichen Rechts, gewählte einköpfige Organe der örtlichen Selbstverwaltungskörperschaften, Gouverneure, Vize-Gouverneure oder Vorsitzende von Verwaltungsräten oder Geschäftsführer von juristischen Personen des öffentlichen Rechts oder von staatlichen juristischen Personen des Privatrechts oder öffentlichen Unternehmungen oder Unternehmen, deren Geschäftsleitung direkt oder indirekt vom Staat als Teilhaber oder durch Verwaltungsakt bestimmt wird, oder Unternehmungen der örtlichen Selbstverwaltungskörperschaften, können weder als Bewerber aufgestellt noch zu Abgeordneten gewählt werden, wenn sie nicht vor der Aufstellung als Bewerber von ihrem Amt zurücktreten. Der Wiedereinstellung zurückgetretener Militärs in den aktiven Dienst ist ausgeschlossen. Die höheren gewählten einköpfigen Organe der örtlichen Selbstverwaltungskörperschaften zweiter Stufe können, während der Amtszeit für die sie gewählt wur-*

den, weder als Bewerber aufgestellt noch zu Abgeordneten gewählt werden, auch wenn sie zurücktreten.

2. Von den Beschränkungen des vorhergehenden Absatzes sind die Hochschulprofessoren ausgenommen. Ein Gesetz bestimmt die Art der Vertretung eines zum Abgeordneten gewählten
Hochschulprofessors, dessen Aufgaben als Professor für die Dauer der Wahlperiode des Parlaments
ruhen.

3. *Die folgende Personen können weder als Bewerber
aufgestellt, noch zu Abgeordneten irgendeines Wahlkreises gewählt werden, in welchem sie innerhalb der letzten
achtzehn Monate der vierjährigen Legislaturperiode
Dienst getan haben oder in welchem sich ihre örtliche
Zuständigkeit erstreckte:*

*a) Die Gouverneure, Vize-Gouverneure, Vorsitzen-
de von Verwaltungsräten, geschäftsführende und beauftragte Rate der juristischen Personen des öffentlichen
Rechts (ausgenommen der Körperschaften des öffentlichen Rechts), der staatlichen juristischen Personen des
Privatrechts und der öffentlichen Unternehmungen oder
anderer Unternehmungen deren die Geschäftsleitung direkt oder indirekt vom Staat als Teilhaber oder durch Verwaltungsakt bestimmt wird.*

*b) Die Mitglieder der unabhängigen Behörden welche
sich gemäß Artikel 101A zusammensetzen und funktionieren als auch der Behörden die durch Gesetz als unabhängig oder regulativ bezeichnet werden.*

*c) Die höhere und höchste Offiziere der Streitkräfte
und der Sicherheitskörper.*

*d) Die besoldeten Beamten des Staates, der örtlichen
Selbstverwaltungskörperschaften und ihrer Unternehmungen, als auch der juristischen Personen und Unternehmungen des Falls a), welche die Stelle eines Vorsi-
zenden einer organischen Einheit auf der Ebene der Di-
rektion oder einer diesentsprechenden Stelle, nach Maßgabe der Gesetze innehaben. Beamte, welche im vorigen
Satz erwähnt sind und eine weitere örtliche Zuständigkeit hatten, fallen unter die Einschränkungen dieses Absatzes bezüglich anderer Wahlkreise als jenen, in den sie
ihren Sitz haben, nur falls sie die Stelle eines Vorsizen-
den organischer Einheit auf der Ebene der Generaldirek-
tion oder einer entsprechenden Stelle, nach Maßgabe der
Gesetze, innehatten.*

*e) Die General- oder Spezialsekretäre von Ministe-
rien oder selbständigen Sekretariaten oder Bezirken und
jene, die mit diesen durch Gesetz gleichgestellt werden.*

*Von den Einschränkungen dieses Absatzes sind die
Bewerber für Parlamentssitze, welche entsprechend dem
allgemeinen Wahlerfolg der Parteien im ganzen Staatsgebiet verteilt werden, nicht betroffen.*

4. Zivile Beamte und Militärs, die nach dem
Gesetz verpflichtet sind, eine bestimmte Zeit im
Dienst zu verbleiben, können während der Dauer
ihrer Verpflichtung weder als Bewerber aufgestellt
noch zum Abgeordneten gewählt werden.

### Artikel 57

1. *Das Abgeordnetenmandat ist unvereinbar mit der
Tätigkeit oder Eigenschaft des Eigentümers oder Gesellschafters oder Teilhabers oder Verwalters oder Geschäftsführers oder Mitgliedes des Verwaltungsrates oder Gene-
raldirektors oder ihres Stellvertreters einer Unternehmung
welche:*

*a) Provisionen und Entgelte, Gutachten oder die
Ausführung von Vorhaben des Staates übernimmt oder
dem Staat Dienste leistet oder mit dem Staat diesbezügliche Verträge mit Entwicklungs- oder Investitionscharak-
ter abschließt.*

*b) Besondere Vorrechte genießt.*

*c) Einen Rundfunk – oder Fernsehsender besitzt oder
führt oder eine Zeitung, die in ganz Griechenland ver-
trieben wird, herausgibt.*

*d) Ein konzessioniertes öffentliches Unternehmen be-
treibt.*

*e) Aus kommerziellen Gründen staatliche Grund-
stücke mietet.*

*Was die Anwendung dieses Absatzes angeht, werden
mit dem Staat die örtlichen Selbstverwaltungskörperschaften, die anderen juristischen Personen des öffentlichen Rechts, die staatlichen Unternehmungen, die Unternehmungen der örtlichen Selbstverwaltungskörperschaften und die anderen Unternehmungen, deren die
Geschäftsleitung direkt oder durch Verwaltungsakt bestimmt wird, gleichgesetzt. Ein Teilhaber, der von den
Einschränkungen dieses Absatzes betroffen wird, ist jeder
der mehr als ein Prozent des Gesellschaftskapitals besitzt.*

*Das Abgeordnetenmandat ist auch mit der Ausübung
irgendeines Berufes unvereinbar. Ein Gesetz bestimmt
die Tätigkeiten die mit dem Abgeordnetenmandat vereinbar sind, und regelt die Versicherungs- und Rententhe-
men und die Art der Rückkehr der Abgeordneten zu ihrem Beruf nach dem Verlust des Abgeordnetenmandats.*

*Die Tätigkeiten des vorigen Satzes dürfen in keinen
Fall die Eigenschaft des Angestellten oder juristischen
oder anderen Beraters in Unternehmungen der Fälle a)
bis d) dieses Absatzes umfassen.*

*Der Durchbruch der Vorschriften dieses Absatzes hat
den Verlust des Abgeordnetenmandats und die Ungültigkeit der diesbezüglichen Verträge oder Akte nach Maßgabe der Gesetze zur Folge.*

2. *Abgeordnete, die unter die Bestimmungen des ersten Satzes des vorigen Absatzes fallen, müssen binnen
acht Tagen nach der endgültigen Bestätigung ihrer Wahl
zwischen dem Abgeordnetenmandat und der anderen
Tätigkeit wählen. Falls eine fristgerechte Erklärung aus-
bleibt, verlieren sie ipso jure das Abgeordnetenmandat.*

3. *Abgeordnete die eine der Eigenschaften oder Tätigkeiten übernehmen, die im vorigen oder in diesem Artikel als Wahlhindernis oder als mit dem Abgeordnetenmandat unvereinbar bezeichnet werden, verlieren ipso jure ihr Abgeordnetenmandat, nach Maßgabe der Gesetze.*

4. *Ein besonderes Gesetz regelt die Art der Fortsetzung, Abtretung oder Auflösung von Verträgen die im Absatz 1 erwähnt werden und von einem Abgeordneten oder von einer Unternehmung an der er vor seiner Wahl teilnahm, oder durch eine unvereinbare Eigenschaft abgeschlossen wurden.*

### Artikel 58

Die Prüfung und die Entscheidung über Parlamentswahlen, deren Gültigkeit angefochten wird, sei es wegen Verletzung des Wahlverfahrens, sei es wegen Fehlens der Wählbarkeitsvoraussetzungen, werden dem in Artikel 100 vorgesehenen Besonderen Obersten Gericht zugewiesen.

## DRITTES KAPITEL
### Pflichten und Rechte der Abgeordneten

### Artikel 59

1. Die Abgeordneten leisten bei ihrem Amtsantritt im Sitzungssaal des Parlaments in öffentlicher Sitzung folgenden Eid :

„Ich schwöre im Namen der Heiligen und Wesensgleichen und Unteilbaren Dreifaltigkeit, dem Vaterland und der demokratischen Staatsordnung die Treue zu bewahren, Gehorsam gegenüber der Verfassung und den Gesetzen zu üben und meine Pflichten gewissenhaft zu erfüllen".

2. Abgeordnete anderer Religionen oder Konfessionen leisten den gleichen Eid in der Form ihrer eigenen Religion oder Konfession.

3. Abgeordnete, die ihren Sitz übernehmen, während das Parlament nicht tagt, leisten den Eid vor der tagenden Parlamentsabteilung.

### Artikel 60

1. Die Abgeordneten haben ein unbeschränktes, nur ihrem Gewissen unterworfenes Meinungs- und Stimmrecht.

2. Der Abgeordnete hat ein Recht zum Rücktritt vom Abgeordnetenmandat; er übt es mit der Einreichung einer schriftlichen Erklärung an den Parlamentspräsidenten aus, die er nicht widerrufen kann.

### Artikel 61

1. Ein Abgeordneter darf wegen einer Äußerung und Abstimmung, die er in Ausübung seiner Abgeordnetenpflichten getan hat, nicht verfolgt oder in irgendeiner Weise vernommen werden.

2. Ein Abgeordneter darf nur wegen verleumderischer Beleidigung nach Maßgabe der Gesetze und mit Erlaubnis des Parlaments verfolgt werden. Zuständiges Gericht ist das Berufungsgericht. Die Erlaubnis gilt als endgültig abgelehnt, wenn das Parlament darüber nicht innerhalb von fünfundvierzig

Tagen befindet, nachdem der Strafantrag beim Parlamentspräsidenten eingegangen ist. Wird die Erlaubnis versagt oder verstreicht die Frist ergebnislos, so kann die Straftat nicht verfolgt werden.

Dieser Absatz findet erst in der nächsten Legislaturperiode Anwendung.

3. Ein Abgeordneter ist nicht verpflichtet, über Informationen, die ihm in Ausübung seiner Pflichten zugegangen sind oder die er weitergegeben hat, oder über die Personen, die ihm Informationen anvertraut haben oder denen er solche zukommen ließ, Zeugnis abzulegen.

### Artikel 62

Ein Abgeordneter darf während der Legislaturperiode ohne Erlaubnis des Parlaments nicht verfolgt, festgenommen oder inhaftiert oder sonst wie in seiner Freiheit beschränkt werden. Desgleichen darf ein Abgeordneter eines aufgelösten Parlaments wegen politischer Straftaten in der Zeit zwischen der Auflösung des alten Parlaments und der Übernahme der Sitze der neuen Parlamentsabgeordneten nicht verfolgt werden.

Die Erlaubnis gilt als abgelehnt, wenn das Parlament darüber nicht innerhalb von drei Monaten befindet, nachdem der Antrag des Staatsanwalts auf Verfolgung bei dem Parlamentspräsidenten eingegangen ist.

Die Dreimonatsfrist wird durch die Parlamentsferien unterbrochen.

Eine Erlaubnis ist bei flagranten Delikten nicht erforderlich.

### Artikel 63

1. Die Abgeordneten haben Anspruch auf Entschädigung und Erstattung des Aufwandes für die Ausübung ihres Amtes; deren Höhe wird durch Beschluss des Parlamentsplenums festgesetzt.

2. Die Abgeordneten gemessen Gebührenfreiheit bei der Benutzung der Verkehrsmittel, der Post und des Telefons; deren Umfang wird durch Beschluss des Parlamentsplenums festgesetzt.

3. Ist ein Abgeordneter bei mehr als fünf Sitzungen im Monat ungerechtfertigt abwesend, so ist für jedes Fehlen ein Dreißigstel der monatlichen Entschädigung abzuziehen.

## VIERTES KAPITEL
### Organisation und Arbeitsweise des Parlaments

### Artikel 64

1. Das Parlament tritt ipso iure alljährlich am ersten Montag des Monats Oktober zu einer ordentlichen Sitzungsperiode zur Erledigung der

Jahresaufgaben zusammen, es sei denn, dass der Präsident der Republik es gemäss Artikel 40 früher einberuft.

2. Die Dauer der ordentlichen Sitzungsperiode beträgt mindestens fünf Monate, wobei die Zeit der Aussetzung gemäss Artikel 40 nicht eingerechnet wird.

Die ordentliche Sitzungsperiode verlängert sich bis zur Genehmigung des Staatshaushaltes gemäss Artikel 79 oder bis zur Verabschiedung eines besonderen Gesetzes im Sinne desselben Artikels.

### Artikel 65

1. Das Parlament bestimmt die Art seiner freien und demokratischen Arbeitsweise durch eine Geschäftsordnung, die gemäss Artikel 76 vom Plenum zu beschließen und auf Anordnung seines Präsidenten im Gesetzesblatt zu veröffentlichen ist.

2. Das Parlament wählt aus der Mitte seiner Mitglieder den Präsidenten und die übrigen Mitglieder des Präsidiums gemäss den Bestimmungen der Geschäftsordnung.

3. Der Präsident und die Vizepräsidenten werden zu Beginn jeder Legislaturperiode gewählt.

Diese Bestimmung findet auf die vom laufenden 5. Revisionsparlament gewählten Präsidenten und Vizepräsidenten keine Anwendung.

Auf Vorschlag von fünfzig Abgeordneten kann das Parlament dem Parlamentspräsidenten oder einem Mitglied des Präsidiums einen Tadel aussprechen, der die Beendigung seines Amtes zur Folge hat.

4. Der Parlamentspräsident leitet die Arbeit des Parlaments, sorgt für die Sicherung der ungehinderten Durchführung der Arbeit, für die Gewährleistung der freien Meinungsäußerung der Abgeordneten und für die Aufrechterhaltung der Ordnung; dabei kann er auch Disziplinarmassnahmen gegen jeden dagegen verstoßenden Abgeordneten gemäss der Geschäftsordnung des Parlaments ergreifen.

5. Durch die Geschäftsordnung kann bei dem Parlament ein wissenschaftlicher Dienst zur Unterstützung der gesetzgeberischen Tätigkeit errichtet werden.

6. Die Geschäftsordnung regelt die Organisation der Dienststellen des Parlaments unter Aufsicht seines Präsidenten sowie alle Personalangelegenheiten. Die Handlungen des Präsidenten im Zusammenhang mit der Einstellung und der dienstlichen Stellung des Personals des Parlaments können vor dem Staatsrat durch Beschwerde oder Aufhebungsklage angefochten werden.

### Artikel 66

1. Das Parlament tagt öffentlich im Parlaments-gebäude. Es kann aber auf Antrag der Regierung oder von fünfzehn Abgeordneten bei geschlossenen Türen beraten, wenn dies in geheimer Sitzung mehrheitlich beschlossen wird. Anschließend beschließt das Parlament, ob die Beratung über dieselbe Frage in öffentlicher Sitzung zu wiederholen ist.

2. Die Minister und Vizeminister haben freien Zutritt zu den Sitzungen des Parlaments und werden gehört, sooft sie sich zu Worte melden.

*3. Das Parlament und die parlamentarischen Ausschüsse können die Anwesenheit des Ministers oder Vizeministers, welche für die zu entscheidenden Themen zuständig sind, verlangen.*

*Die parlamentarischen Ausschüsse können jegliche Person vorladen, die sie für ihre Arbeit für wichtig halten, wenn sie dabei auch den zuständigen Minister benachrichtigen.*

*Die parlamentarischen Ausschüsse tagen öffentlich, wie es in der Geschäftsordnung des Parlamentes vorgesehen ist. Sie können jedoch, nach Antrag der Regierung oder fünf Abgeordneten, in geheimer Sitzung zusammentreten, wenn die Mehrheit sich hierfür entscheidet.*

*Der parlamentarische Ausschuss entscheidet danach, ob die Diskussion zu demselben Thema in öffentlicher Sitzung noch einmal stattfinden soll.*

### Artikel 67

Zu einem Beschlusse des Parlaments ist die absolute Mehrheit der anwesenden Abgeordneten erforderlich; diese muss jedoch mindestens ein Viertel der Gesamtzahl der Abgeordneten betragen.

Bei Stimmengleichheit wird die Abstimmung wiederholt; bei erneuter Stimmengleichheit ist der Antrag abgelehnt.

### Artikel 68

*1. Das Parlament stellt durch seine Mitglieder ständige parlamentarische Ausschüsse zu Beginn jeder ordentlichen Sitzungsperiode auf, die die eingereichten Gesetzesentwürfe und Gesetzesvorschläge verarbeiten, wie es in der Geschäftsordnung des Parlaments vorgesehen ist.*

2. Auf Antrag eines Fünftels der Gesamtzahl der Abgeordneten setzt das Parlament mit der Mehrheit von zwei Fünfteln der Gesamtzahl der Abgeordneten Untersuchungsausschüsse aus den Reihen seiner Mitglieder ein.

Zur Einsetzung von Untersuchungsausschüssen in auswärtigen Angelegenheiten und in Angelegenheiten der nationalen Verteidigung ist die absolute Mehrheit der Gesamtzahl aller Abgeordneten erforderlich.

Die Konstituierung und die Arbeitsweise dieser Ausschüsse werden in der Geschäftsordnung des Parlaments geregelt.

3. Die parlamentarischen und die Untersuchungsausschüsse sowie die in den Artikeln 70 und 71 vorgesehenen Parlamentsabteilungen setzen sich nach der Geschäftsordnung im Verhältnis zur Stärke der Fraktionen oder Gruppen und der Unabhängigen zusammen.

## Artikel 69

Niemand kann unaufgefordert vor dem Parlament erscheinen, um etwas mündlich oder schriftlich vorzubringen; Petitionen werden durch einen Abgeordneten vorgelegt oder dem Präsidenten ausgehändigt. Das Parlament hat das Recht, die Petitionen den Ministern oder Vizeministern zuzuleiten, die verpflichtet sind, auf Verlangen jederzeit Erläuterungen zu geben.

## Artikel 70

1. Das Parlament übt seine gesetzgeberische Tätigkeit im Plenum aus.

*2. Die Geschäftsordnung des Parlaments sieht vor, daß die gesetzgeberische Tätigkeit, die von diesem bestimmt wird, auch durch die ständigen parlamentarischen Ausschüsse ausgeübt werden darf, die während der Sitzungsperiode zusammentreten und tätig sind, wie es in der Geschäftsordnung des Parlaments unter Berücksichtigung der Einschränkungen des Artikels 72 vorgesehen ist.*

*3. Weiterhin wird durch die Geschäftsordnung des Parlaments die Verteilung der Zuständigkeiten entsprechend den Ministerien zwischen den ständigen parlamentarischen Ausschüssen bestimmt.*

*4. Soweit nichts unterschiedliches bestimmt ist, gelten die Vorschriften der Verfassung, welche das Parlament betreffen, für seine Tätigkeit im Plenum und in den Abteilungen gemäß Artikel 71, sowohl für die Tätigkeiten der parlamentarischen Ausschüsse.*

*5. Für die Entscheidungsfähigkeit der Abteilungen und der dauernden parlamentarischen Ausschüsse gemäß Artikel 71, wird, bei Ausübung der gesetzgeberischen Tätigkeit gemäß Absatz 2 dieses Artikels, eine Mehrheit verlangt, welche nicht kleiner als zwei fünftel ihrer Mitglieder sein darf.*

*6. Die parlamentarische Kontrolle wird, wie es die Geschäftsordnung vorsieht, vom Parlament im Plenum ausgeübt. Die Geschäftsordnung kann vorsehen, daß die parlamentarische Kontrolle sowohl von den Abteilungen, gemäß Artikel 71, als auch von den ständigen parlamentarischen Ausschüssen, die während der Sitzungsperiode zusammentreten und tätig sind, ausgeübt wird.*

*7. Die Geschäftsordnung bestimmt die Art und Weise, wie Abgeordnete, die durch das Parlament oder die Regierung ins Ausland gesandt wurden, an den Abstimmungen teilnehmen.*

*8. Die Geschäftsordnung des Parlaments sieht die Art und Weise vor, in welcher das Parlament von der Re-*gierung über die Themen informiert wird, die, im Rahmen der europäischen Gemeinschaft, Normierungsgegenstand sind und wie über diese beraten wird.

## Artikel 71

Während der Unterbrechungen der Arbeiten des Parlaments wird seine gesetzgeberische Tätigkeit, soweit sie nicht gemäss Artikel 72 dem Plenum vorbehalten ist, von einer der beiden Parlamentsabteilungen ausgeübt, die sich dann gemäss Artikel 68 Absatz 3 und Artikel 70 konstituiert und tätig wird.

Die Geschäftsordnung kann die Ausarbeitung der Gesetzentwürfe oder Gesetzesvorschläge durch einen parlamentarischen Ausschuss aus den Reihen der Mitglieder dieser Abteilung vorsehen.

## Artikel 72

*1. Im Plenum des Parlaments wird beraten und abgestimmt über:*

– *seine Geschäftsordnung*

– *Gesetzesentwürfe und Gesetzesvorschläge betreffend die Artikel 3, 13, 27, 28 Absatz 2 und 3, 29 Absatz 2, 33 Absatz 3, 48, 51, 54, 86*

– *Gesetzesentwürfe und Gesetzesvorschläge von Verfassungsausführungsgesetzen, welche die Ausübung und den Schutz der Grundrechte zum Gegenstand haben,*

– *Gesetzesentwürfe und Gesetzesvorschläge für die authentische Gesetzesauslegung,*

– *sowohl jedes andere Thema, für welches gemäß einer besonderen Verfassungsvorschrift das Plenum des Parlaments zuständig ist oder welches zu seiner Regelung eine besondere Mehrheit benötigt.*

*Das Plenum des Parlaments beschließt die Haushaltspläne und entscheidet über die Haushaltsrechnung des Staates und des Parlaments.*

*2. Die Beratung und Abstimmung aller anderen Gesetzesentwürfe und Gesetzesvorschläge kann auch, gemäß den Bestimmungen des Artikels 70, während der Dauer der Sitzungsperiode durch die zuständigen parlamentarischen Ausschüsse geschehen. Dies kann auch durch die Abteilung, welche gemäß Artikel 71 zusammentritt und tätig ist, während der Dauer der Arbeitsunterbrechung des Parlaments geschehen, wie es die Geschäftsordnung vorsieht.*

*3. Der ständige parlamentarische Ausschuss, welchem die Abstimmung über einen Gesetzesentwurf oder einen Gesetzesvorschlag zugewiesen ist, kann durch eine Entscheidung, welche von der absoluten Mehrheit seiner Mitglieder getroffen worden ist, jegliche Zweifelsfrage über seine Zuständigkeit an das Plenum verweisen. Die Entscheidung des Plenums bindet die Ausschüsse. Zwischen der Vorlage eines Gesetzesentwurfes oder eines Gesetzesvorschlages und seiner Beratung im dauernden parlamentarischen Ausschuss muß mindestens eine Woche vergehen.*

4. *Ein Gesetzesentwurf oder ein Gesetzesvorschlag, über den in dem zuständigen dauernden parlamentarischen Ausschuss beraten und abgestimmt wurde, wird dem Plenum in einer Sitzung vorgelegt, wie es die Geschäftsordnung des Parlaments vorsieht und es wird über diesen einheitlich dem Grundsatz nach, über die Artikel und in seiner Gänze beraten und abgestimmt. Über einen Gesetzesentwurf oder einen Gesetzesvorschlag, welcher durch den Ausschuss mit einer Mehrheit von mindestens vier Fünfteln angenommen wurde, wird im Plenum derart beraten und abgestimmt, wie dies die Geschäftsordnung vorsieht.*

## FÜNFTES KAPITEL
### Die Gesetzgeberische Tätigkeit des Parlaments

#### Artikel 73

1. Das Recht, Gesetze vorzuschlagen, steht dem Parlament und der Regierung zu.

2. Gesetzentwürfe, die sich in irgendeiner Weise auf die Gewährung von Ruhegehältern und deren Voraussetzungen beziehen, können allein vom Finanzminister nach Anhörung des Rechnungshofes eingebracht werden. Gesetzentwürfe über Ruhegehälter, die die Haushalte der örtlichen Selbstverwaltungskörperschaften oder sonstiger juristischer Personen des öffentlichen Rechts belasten, werden vom zuständigen Minister und dem Finanzminister eingebracht. Gesetzentwürfe über Ruhegehälter dürfen nur diesen Gegenstand betreffen; Bestimmungen über Ruhegehälter, die in Gesetze aufgenommen werden, die die Regelung anderer Gegenstände bezwecken, sind nichtig.

3. Ein Gesetzesvorschlag oder Änderungs- oder Zusatzantrag, der aus der Mitte des Parlaments eingebracht wird, kann nicht zur Beratung gebracht werden, soweit er zu Lasten des Staates, der örtlichen Selbstverwaltungskörperschaften oder der sonstigen juristischen Personen des öffentlichen Rechts Ausgaben, Einnahme- oder Vermögensminderung in sich schließt und der Bezahlung von Gehältern oder Ruhegehältern oder allgemein dem Vorteil von Einzelpersonen dient.

4. Fraktionsvorsitzende oder Sprecher von Gruppen dürfen jedoch nach Maßgabe von Artikel 74 Absatz 3 Änderungen und Zusätze beantragen, die sich auf Gesetzentwürfe über die Organisation der öffentlichen Verwaltung und der Einrichtungen, die dem öffentlichen Interesse dienen, über die allgemein dienstliche Stellung der Staatsbeamten, der Angehörigen der Streitkräfte und der Polizei, der Beamten der örtlichen Selbstverwaltungskörperschaften und der sonstigen juristischen Personen des öffentlichen Rechts sowie der öffentlichen Unternehmungen im allgemeinen beziehen.

5. Gesetzentwürfe, durch die örtliche oder Sondersteuern oder sonstige Belastungen zu Gunsten von Organisationen oder juristischen Personen des öffentlichen oder privaten Rechtes eingeführt werden, müssen auch von den Ministern für Koordination und für Finanzen unterzeichnet sein.

#### Artikel 74

1. Jeder Gesetzentwurf oder Gesetzesvorschlag ist mit einem Begründungsbericht zu versehen und kann, bevor er bei dem Plenum oder einer Abteilung des Parlaments eingebracht wird, zur gesetzestechnischen Ausarbeitung an den in Artikel 65 Absatz 5 vorgesehenen wissenschaftlichen Dienst, sobald er gebildet ist, verwiesen werden; das Nähere regelt die Geschäftsordnung.

2. Die beim Parlament eingebrachten Gesetzentwürfe und Gesetzesvorschläge werden dem zuständigen Parlamentarischen Ausschuss überwiesen. Wird der Bericht vorgelegt oder ist die festgesetzte Frist ergebnislos abgelaufen, werden Gesetzentwürfe und Gesetzesvorschläge nach Ablauf von drei weiteren Tagen dem Parlament zur Beratung vorgelegt, es sei denn, der zuständige Minister hat sie als dringend bezeichnet. Die Beratung beginnt mit mündlichen Berichten des zuständigen Ministers und der Berichterstatter des Ausschusses.

3. Über Änderungsanträge der Abgeordneten zu Gesetzentwürfen und Gesetzesvorschlägen im Zuständigkeitsbereich des Plenums oder der Abteilungen des Parlaments wird nur dann beraten, wenn sie bis zum Vortage des Beginns der Beratung eingereicht worden sind, es sei denn, die Regierung stimmt ihrer Behandlung zu.

4. Ein Gesetzentwurf oder Gesetzesvorschlag, der die Abänderung einer gesetzlichen Bestimmung zum Ziel hat, wird nur zur Beratung gebracht, wenn in den Begründungsbericht der gesamte Text der abzuändernden Bestimmung aufgenommen ist und im Text des Gesetzentwurfes oder Gesetzesvorschlages die gesamte neue Bestimmung in ihrer geänderten Fassung enthalten ist.

5. *Die Vorschriften des Absatzes 1 gelten auch für die Gesetzesentwürfe oder die Gesetzesvorschläge, die zur Beratung und Abstimmung dem zuständigen ständigen parlamentarischen Ausschuss, so wie die Geschäftsordnung dies vorsieht, vorgelegt wurden.*

*Gesetzesentwürfe oder Gesetzesvorschläge, die Vorschriften enthalten, die nicht im Zusammenhang mit dem Hauptgegenstand des Gesetzesentwurfes stehen, werden nicht zur Beratung vorgelegt.*

*Ministerielle Zusatz- und Änderungsanträge werden zur Beratung nur zugelassen, wenn diese mindestens drei Tage vor Beginn der Beratung im Plenum, in der Abtei-*

lung gemäß Artikel 71 oder im zuständigen parlamentarischen Ausschuss gemäß der Geschäftsordnung eingereicht wurden.

Die Bestimmungen der beiden vorangegangenen Sätze gelten auch für Zusätze- oder Änderungsanträge durch Abgeordnete.

Im Zweifelsfall entscheidet das Parlament.

Abgeordnete, die nicht Mitglieder des zuständigen ständigen parlamentarischen Ausschusses oder der Abteilung gemäß Artikel 71 sind, haben das Recht das Wort über die von ihnen vorgelegten Gesetzesvorschläge, Zusätze oder Änderungen dem Grundsatz nach zu ergreifen, wie die von ihnen vorgelegte Geschäftsordnung dies vorsieht.

6. Einmal im Monat, an einem durch die Geschäftsordnung festzusetzenden Tag, werden in die Tagesordnung anhängige Gesetzesvorschläge vorzugsweise aufgenommen und beraten.

### Artikel 75

1. Alle von Ministern eingebrachten Gesetzentwürfe und Gesetzesvorschläge, die eine Belastung des Haushaltes mit sich bringen, werden nur zur Beratung zugelassen, wenn sie mit einem Bericht des staatlichen Rechnungsamtes versehen sind, der die Höhe der Ausgaben feststellt; werden solche Gesetzentwürfe oder Gesetzesvorschläge von Abgeordneten eingebracht, werden sie vor der Beratung dem staatlichen Rechnungsamt zugeleitet, das den diesbezüglichen Bericht innerhalb von 15 Tagen vorlegen muss. Läuft diese Frist ergebnislos ab, ist die Beratung des Gesetzesvorschlages auch ohne Bericht zulässig.

2. Gleiches gilt für Änderungsanträge, wenn dies von den zuständigen Ministern verlangt wird. In diesem Falle muss das staatliche Rechnungsamt dem Parlament seinen Bericht innerhalb von drei Tagen vorlegen. Nur wenn diese Frist ergebnislos verläuft, ist die Beratung auch ohne Bericht zulässig.

3. Ein Gesetzentwurf, der Ausgaben- oder Einnahmeänderungen in sich schließt, wird zur Beratung nur zugelassen, wenn er mit einem besonderen Bericht über die Art von deren Abdeckung versehen ist, oder von dem zuständigen Minister oder dem Minister der Finanzen unterschrieben ist.

### Artikel 76

1. Über jeden Gesetzentwurf und jeden Gesetzesvorschlag wird nur einmal dem Grundsatz nach, über die einzelnen Artikel und in seiner Gänze beraten und abgestimmt. Eine Ausnahme hierzu bilden die Fälle, die Absatz 4 von Artikel 72 vorsieht.

2. Über einen beschlossenen Gesetzentwurf oder Gesetzesvorschlag, der gemäß Artikel 42 zurückverwiesen wird, wird im Plenum des Parlaments zweimal, in

zwei getrennten Sitzungen, die mindestens zwei Tage auseinanderliegen müssen, abgestimmt. In der ersten Beratung wird dem Grundsatz nach und über die einzelnen Artikel und in der zweiten Beratung über die einzelnen Artikel und in der Gänze abgestimmt.

3. Wenn während der Beratung Zusatz- oder Änderungsanträgen zugestimmt wird, wird die Abstimmung für die Gänze des Gesetzesentwurfes oder Gesetzesvorschlages für 24 Stunden seit Verteilung des so geänderten Textes vertagt. Dies gilt nicht für die Fälle, die Absatz 4 von Artikel 72 vorsieht.

4. Ein von der Regierung als sehr dringlich bezeichneter Gesetzesentwurf oder Gesetzesvorschlag wird nach beschränkter Beratung in einer einzigen Sitzung in dem Plenum oder in der Abteilung gemäß Artikel 71, zur Abstimmung gebracht, gemäß der Geschäftsordnung des Parlaments.

5. Die Regierung kann verlangen, daß ein Gesetzesentwurf oder Gesetzesvorschlag von dringendem Charakter in einer bestimmten Anzahl von Beratungen gemäß der Geschäftsordnung des Parlaments beraten wird.

6. Kodifizierungen von Justiz- und Verwaltungsgesetzen, die von aufgrund besonderer Gesetze gebildeten Sonderausschüssen verfasst worden sind, können dadurch verabschiedet werden, dass das Parlamentsplenum sie durch ein besonderes Gesetz als Ganzes sanktioniert.

7. In gleicher Weise können bestehende Bestimmungen durch bloße Neuordnung kodifiziert oder außer Kraft getretene Gesetze, mit Ausnahme der steuerrechtlichen, vollständig wieder eingeführt werden.

8. Gesetzentwürfe oder Gesetzesvorschläge, die vom Plenum oder einer Abteilung des Parlaments abgelehnt worden sind, können weder in derselben Sitzungsperiode noch in der Zeit nach deren Abschluss in der dann weiter tätigen Abteilung erneut eingebracht werden.

### Artikel 77

1. Die authentische Gesetzesauslegung steht der gesetzgebenden Funktion zu.

2. Gesetze, welche nicht echte Auslegungsgesetze sind, gelten nur von ihrer Verkündung an.

## SECHSTES KAPITEL
### Steuer- und Finanzverwaltung

### Artikel 78

1. Keine Steuer darf eingeführt oder erhoben werden ohne ein formelles Gesetz, das den Steuerschuldner, das zu versteuernde Einkommen beziehungsweise Vermögen, die steuerpflichtigen Ausgaben beziehungsweise das Geschäft oder die Art des Geschäftes bestimmt.

2. Steuern oder andere Finanzlasten jeder Art dürfen nicht durch ein Gesetz auferlegt werden, das über das der Auferlegung der Steuern vorangehende Rechnungsjahr hinaus zurückwirkt.

3. Ausnahmsweise ist bei der Auferlegung oder Erhöhung von Ein – oder Ausfuhrzöllen oder Verbrauchssteuern deren Erhebung vom Tag der Einbringung des betreffenden Gesetzentwurfs im Parlament unter der Bedingung zulässig, dass das Gesetz innerhalb der Frist von Artikel 42 Absatz l jedenfalls nicht später als zehn Tage nach dem Schluss der Sitzungsperiode verkündet wird.

4. Der Steuergegenstand, der Steuersatz, die Steuerbefreiungen oder -ausnahmen sowie die Gewährung von Ruhegehältern können nicht zum Gegenstand eines Ermächtigungsgesetzes gemacht werden.

Gesetzliche Regelungen, nach denen der Staat und allgemein die öffentlichen Rechtsträger an den Wertsteigerungen benachbarter Privatgrundstücke beteiligt werden, die ausschließlich durch die Ausführung öffentlicher Baumassnahmen verursacht wurden, fallen nicht unter dieses Verbot.

5. Ausnahmsweise ist es zulässig, aufgrund einer Ermächtigung durch ein Rahmengesetz, Ausgleichsbeiträge oder Zölle aufzuerlegen sowie Wirtschaftsmaßnahmen im Rahmen der internationalen Beziehungen des Landes mit wirtschaftlichen Organisationen anzuordnen oder Maßnahmen zur Sicherung der Währungslage des Landes zu treffen.

### Artikel 79

1. Das Parlament stellt während seiner jährlichen ordentlichen Sitzung den Haushaltsplan über Einnahmen und Ausgaben des Staates für das folgende Jahr fest.

2. Alle Einnahmen und Ausgaben des Staates müssen für jedes Rechnungsjahr in den Haushaltsplan und die Haushaltsrechnung eingesetzt werden.

3. *Ein Entwurf des Haushaltsplans wird vom Finanzminister dem zuständigen ständigen parlamentarischen Ausschuss am ersten Montag im Oktober eingereicht und gemäß der Geschäftsordnung beraten.*

*Der Finanzminister reicht, nachdem er die Anmerkungen des Ausschusses berücksichtigt hat, den Haushaltsplan wenigstens 40 Tage vor Beginn des Rechnungsjahres ein.*

*Der Haushaltsplan wird im Plenum der Geschäftsordnung gemäß beraten und beschlossen. Die Geschäftsordnung gewährleistet das Recht aller parlamentarischen Gruppen ihre Meinung zum Ausdruck zu bringen.*

4. Wenn aus irgendeinem Grunde die Verwaltung der Einnahmen und Ausgaben auf der Grundlage des Haushaltsplanes nicht vorgenommen werden kann, wird sie jeweils aufgrund eines besonderen Gesetzes durchgeführt.

5. Ist die Feststellung des Haushaltsplanes beziehungsweise die Verabschiedung des besonderen Gesetzes im Sinne des vorigen Absatzes wegen Ablaufs der Legislaturperiode des Parlaments nicht möglich, wird der Haushaltsplan des abgeschlossenen oder des vor dem Abschluss stehenden Rechnungsjahres durch Verordnung auf Vorschlag des Ministerrates um vier Monate verlängert.

6. Durch Gesetz kann die Aufstellung von zweijährigen Haushaltsplänen bestimmt werden.

7. *Spätestens innerhalb eines Jahres nach Schluß des Rechnungsjahres wird dem Parlament die Haushaltsrechnung und die allgemeine Bilanz des Staates vorgelegt. Sie werden obligatorisch von dem Bericht des Rechnungshofes, gemäß Artikel 98, Absatz 1 Satz e begleitet, von einem besonderen Abgeordnetenausschuß geprüft und vom Plenum des Parlaments nach Maßgabe der Geschäftsordnung sanktioniert.*

8. Die Pläne zur Wirtschafts- und Sozialentwicklung werden vom Parlamentsplenum genehmigt; das Nähere regelt ein Gesetz.

### Artikel 80

1. Gehälter, Ruhegehälter, Zuwendungen oder Vergütungen dürfen ohne ein Organisationsgesetz oder ein anderes besonderes Gesetz weder in den Haushaltsplan eingesetzt noch gewährt werden.

2. Durch Gesetz wird das Münzrecht und die Ausgabe von Geld geregelt.

*Auslegende Erklärung:*

*Der Absatz 2 hindert nicht den Beitritt Griechenlands zum Verfahren der Wirtschafts- und Währungsunion im erweiterten Rahmen der europäischen Vereinigung gemäß den Bestimmungen des Artikels 28.*

## IV. Abschnitt
## Die Regierung

### ERSTES KAPITEL
### Zusammensetzung und Aufgaben der Regierung

### Artikel 81

1. Die Regierung bildet der Ministerrat; er besteht aus dem Ministerpräsidenten und den Ministern. Durch Gesetz wird die Zusammensetzung und Arbeitsweise des Ministerrates bestimmt. Auf Vorschlag des Ministerpräsidenten können durch Verordnung ein oder mehrere Minister zum stellvertretenden Ministerpräsidenten ernannt werden.

Durch Gesetz wird die Stellung der stellvertretenden Minister, der Minister ohne Geschäftsbereich, der Vizeminister, die Mitglieder der Regierung sein können, sowie der ständigen amtlichen Vizeminister bestimmt.

2. Zum Mitglied der Regierung oder Vizeminister kann nur ernannt werden, wer gemäss Artikel 55 zum Abgeordneten wählbar ist.

3. Die Mitglieder der Regierung, die Vizeminister und der Parlamentspräsident haben während ihrer Amtszeit jede berufliche Tätigkeit einzustellen.

4. Durch Gesetz kann bestimmt werden, dass das Amt eines Ministers oder Vizeministers auch mit anderen Tätigkeiten unvereinbar ist.

5. Ist ein stellvertretender Ministerpräsident nicht ernannt, bestimmt der Ministerpräsident je nach Bedarf vorübergehend einen der Minister zu seinem Stellvertreter.

### Artikel 82

1. Die Regierung bestimmt und leitet die allgemeine Politik des Landes gemäss der Verfassung und der Gesetze.

2. Der Ministerpräsident stellt die Einheitlichkeit der Regierung sicher und leitet deren Tätigkeit sowie die der öffentlichen Verwaltung zur Durchführung der Regierungspolitik im Rahmen der Gesetze.

3. *Die Zusammensetzung, die Funktion und die Zuständigkeiten des Wirtschafts- und Sozialausschusses werden durch ein Gesetz bestimmt. Seine Aufgabe ist die Führung des sozialen Dialoges über die allgemeine Politik des Landes und insbesondere über die Richtlinien der Wirtschafts- und Sozialpolitik als auch die Begutachtung über Gesetzesentwürfe und Gesetzesvorschläge, die an ihn weitergeleitet werden.*

4. *Die Zusammensetzung, die Funktion und die Zuständigkeiten des Nationalrates für die Außenpolitik werden durch ein Gesetz bestimmt. Ihm gehören sowohl Vertreter der Parteien des Parlaments, als auch Personen mit besonderen Kenntnissen und Erfahrungen an.*

### Artikel 83

1. Jeder Minister übt die gesetzlich bestimmten Zuständigkeiten aus. Die Minister ohne Geschäftsbereich üben die Zuständigkeiten aus, die ihnen der Ministerpräsident durch Erlass überträgt.

2. Die Vizeminister üben die Zuständigkeiten aus, die ihnen durch gemeinsame Entscheidung des Ministerpräsidenten und des zuständigen Ministers übertragen werden.

## ZWEITES KAPITEL
### Beziehungen zwischen Parlament und Regierung

### Artikel 84

1. Die Regierung bedarf des Vertrauens des Parlaments. Sie ist innerhalb von fünfzehn Tagen nach der Eidesleistung des Ministerpräsidenten verpflichtet und jederzeit berechtigt, den Vertrauensantrag im Parlament zu stellen. Hat das Parlament in der Zeit der Regierungsbildung seine Tätigkeit eingestellt, wird es innerhalb von fünfzehn Tagen einberufen, um über den Vertrauensantrag zu befinden.

2. Das Parlament kann durch Beschluss der Regierung oder einem Minister sein Vertrauen entziehen. Wenn das Parlament einen Misstrauensantrag abgelehnt hat, kann ein erneuter Misstrauensantrag nur nach Ablauf von sechs Monaten gestellt werden.

Der Misstrauensantrag muss von mindestens einem Sechstel der Abgeordneten unterzeichnet sein und eindeutig die Gründe angeben, über die beraten werden soll.

3. Ausnahmsweise kann ein Misstrauensantrag auch vor Ablauf der sechs Monate gestellt werden, wenn er von der Mehrheit der Gesamtzahl der Abgeordneten unterzeichnet ist.

4. Die Beratung über den Vertrauens- oder Misstrauensantrag beginnt zwei Tage nach der Stellung des entsprechenden Antrags, es sei denn, dass die Regierung bei einem Misstrauensantrag den unmittelbaren Beginn der Beratung verlangt; die Beratung darf nicht mehr als drei Tage seit ihrem Beginn andauern.

5. Die Abstimmung über den Vertrauens- oder Misstrauensantrag wird unmittelbar nach dem Abschluss der Beratung durchgeführt, kann jedoch um achtundvierzig Stunden vertagt werden, wenn die Regierung es verlangt.

6. Ein Vertrauensantrag kann nur mit absoluter Mehrheit der anwesenden Abgeordneten angenommen werden; diese darf aber nicht geringer als zwei Fünftel der Gesamtzahl der Abgeordneten sein. Ein Misstrauensantrag kann nur mit der absoluten Mehrheit der Gesamtzahl der Abgeordneten angenommen werden.

7. An der Abstimmung über den Vertrauensbeziehungsweise Misstrauensantrag nehmen auch die Minister und Vizeminister teil, soweit sie Mitglieder des Parlaments sind.

### Artikel 85

Die Mitglieder des Ministerrates und die Vizeminister tragen für die allgemeine Politik der Regierung die kollegiale Verantwortung; jeder einzelne ist für Handlungen oder Unterlassungen im Rahmen seiner Zuständigkeit nach den Bestimmungen des Ministerverantwortungsgesetzes verantwortlich. Ein schriftlicher oder mündlicher Auftrag des Präsidenten der Republik entbindet die Minister und Vizeminister nicht von ihrer Verantwortlichkeit.

### Artikel 86

*1. Nur das Parlament hat die Zuständigkeit Strafanzeige wegen Straftaten, die während der Amtsausübung begangen worden sind, gegen diejenigen zu erstatten, die Mitglieder der Regierung oder Vizeminister sind oder waren, so wie das Gesetz dies vorsieht. Besondere Ministerialstraftaten sind nicht vorgesehen.*

*2. Ein Strafantrag, ein Verhör, ein Vorverhör oder eine Voruntersuchung gegen die Personen aufgrund der Straftaten, die in Absatz 1 genannt sind, ist ohne vorhergehende Entscheidung des Parlaments gemäß Absatz 3 nicht gestattet.*

*Wenn im Rahmen eines anderen Verhörs, Vorverhörs, einer anderen Voruntersuchung oder Verwaltungsuntersuchung Angaben bekannt werden sollten, die mit den Personen und den Straftaten, die im vorigen Absatz beschrieben wurden, zusammenhängen, werden diese Angaben unverzüglich an das Parlament von der Person, die das Verhör, das Vorverhör oder die Untersuchung durchführt, weitergeleitet.*

*3. Ein Strafantrag wird von mindestens dreißig Abgeordneten gestellt. Das Parlament bildet, nach einer Entscheidung, die durch die absolute Mehrheit der gesamten Zahl der Abgeordneten getroffen wird, einen besonderen parlamentarischen Ausschuss zur Durchführung der Voruntersuchung, ansonsten wird der Antrag als offenkundig unbegründet abgewiesen. Die Schlussfolgerung des im vorangegangenen Satz erwähnten Ausschusses wird dem Plenum des Parlaments, welches über die Ausübung oder Nichtausübung des Strafantrages entscheidet, dargebracht. Die diesbezügliche Entscheidung wird durch die absolute Mehrheit der gesamten Zahl der Abgeordneten getroffen.*

*Das Parlament kann seine in Absatz 1 beschriebene Zuständigkeit bis zum Ende der zweiten ordentlichen Sitzungsperiode der Legislaturperiode, die nach Vollendung der Straftat stattfindet, ausüben.*

*Durch das Verfahren und die Mehrheit des ersten Satzes dieses Absatzes kann das Parlament zu jeder Zeit seine Entscheidung rückgängig machen oder den Strafantrag, das Vor- oder Hauptverfahren einstellen.*

*4. Für die Verhandlung der diesbezüglichen Fälle ist in erster und letzter Instanz ein Sondergericht als höchstes Gericht zuständig, welches für jeden Fall aus sechs Mitgliedern des Staatsrates und sieben Mitgliedern des Areopag besteht. Die ordentlichen Mitglieder des Sondergerichts und deren Stellvertreter werden aus den Mitgliedern dieser beiden höchsten Gerichte, die vor dem*

*Zeitpunkt der Einreichung des Strafantrages in ihren Dienstgrad berufen oder befördert sind, vom Parlamentspräsidenten nach Einreichung des Strafantrags in einer öffentlichen Sitzung des Parlaments ausgelost. Dem Sondergericht sitzt der ranghöchste der ausgelosten Richter des Areopag vor. Zwischen gleichrangigen Richtern sitzt der ältere vor.*

*Im Rahmen des Sondergerichtes dieses Absatzes ist auch ein Richterrat tätig, der für jeden Fall aus zwei Mitgliedern des Staatsrates und drei Mitgliedern des Areopag gebildet wird. Die Mitglieder des Richterrates können nicht Mitglieder des Sondergerichtes sein. Durch Entscheidung des Richterrates wird ein Mitglied, das dem Areopag angehört, als Untersuchungsrichter bestimmt. Das Vorverfahren endet mit der Abfassung eines Beschlusses.*

*Die Aufgaben des Staatsanwaltes des Sondergerichtes und des Richterrates in diesem Absatz nimmt ein Mitglied der Staatsanwaltschaft des Areopag wahr, das zusammen mit seinem Stellvertreter ausgelost wird. Der zweite und dritte Satz dieses Absatzes wird auch auf die Mitglieder des Richterrates, Satz zwei jedoch auch auf den Staatsanwalt angewandt.*

*Im Falle der Vorführung einer Person vor das Sondergericht, welche Mitglied der Regierung oder Vizeminister ist oder war, werden auch die eventuellen Mittäter vorgeführt, wie das Gesetz es vorsieht.*

*5. Wenn aus irgendeinem anderen Grund, zu dem auch die Verjährung gehört, das Verfahren der Strafverfolgung einer Person, die Mitglied der Regierung oder Vizeminister ist oder war, nicht zum Ende gebracht werden kann, dann kann, um die Anklage zu prüfen, auf Antrag derselben oder ihrer Erben, ein besonderer Ausschuss gebildet werden, dem auch höchste richterliche Amtsträger angehören können.*

## V. Abschnitt
## Die Rechtsprechende Gewalt

### ERSTES KAPITEL
### Richterliche Amtsträger und Gerichtsbeamte

### Artikel 87

1. Das Recht wird von Gerichten gesprochen; sie sind mit ordentlichen Richtern besetzt, die sachliche und persönliche Unabhängigkeit genießen.

2. Die Richter sind bei der Wahrnehmung ihrer Aufgaben nur der Verfassung und den Gesetzen unterworfen; in keinem Fall dürfen sie sich Bestimmungen fügen, die in Auflösung der Verfassung erlassen wurden.

3. Die Inspektion der ordentlichen Richter wird von ranghöheren Richtern sowie von dem Staatsanwalt und den stellvertretenden Staatsan-

wälten beim Areopag, die Inspektion der Staatsanwälte von Richtern am Areopag und ranghöheren Staatsanwälten nach Maßgabe der Gesetze durchgeführt.

## Artikel 88

1. Die richterlichen Amtsträger werden durch Präsidialverordnung aufgrund eines Gesetzes ernannt, das ihre Befähigungsvoraussetzungen und das Verfahren ihrer Auswahl bestimmt; sie werden auf Lebenszeit berufen.

*2. Die Bezüge der richterlichen Amtsträger entsprechen ihrem Amt. Ihre Laufbahn- und Besoldungsordnung sowie ihre Stellung allgemein wird durch besondere Gesetze bestimmt.*

*In Abweichung zu Artikel 94, 95 und 98 werden Streitigkeiten bezüglich jeglicher Art von Gehaltszahlung und Rentenzahlung der richterlichen Amtsträger und falls die Lösung der diesbezüglichen rechtlichen Fragen die Gehaltszahlungen, Rentenzahlungen oder die Besteuerung eines größeren Personenkreises beeinflussen könnte, von dem Sondergericht des Artikels 99 entschieden. Das Gericht wird in diesen Fällen aus noch einem zusätzlichen ordentlichen Professor und noch einem zusätzlichen Rechtsanwalt, so wie das Gesetz dies vorsieht, gebildet. Ein Gesetz regelt die Art und Weise der Weiterführung möglicher anhängiger Rechtssachen.*

3. Durch Gesetz kann für die richterlichen Amtsträgern eine Ausbildungs- und Probezeit von höchstens drei Jahren vorgesehen werden, die ihrer Ernennung zu ordentlichen Richtern vorausgeht. Während dieser Zeit dürfen sie auch Aufgaben eines ordentlichen Richters wahrnehmen; das Nähere regelt ein Gesetz.

4. Die richterlichen Amtsträger dürfen nur durch Gerichtsurteil entlassen werden, wegen einer strafrechtlichen Verurteilung, wegen eines schweren Dienstvergehens, einer Krankheit, eines körperlichen Gebrechens oder wegen dienstlicher Unzulänglichkeit, die nach Maßgabe der Gesetze festgestellt werden; dabei ist Artikel 93 Absätze 2 und 3 zu beachten.

5. Die richterlichen Amtsträger bis zum Dienstgrad des Richters oder stellvertretenden Staatsanwaltes beim Berufungsgericht oder die sonstigen gleichrangigen richterlichen Amtsträger treten mit der Vollendung des fünfundsechzigsten Lebensjahres in den Ruhestand, alle ranghöheren richterlichen Amtsträger mit der Vollendung des siebenundsechzigsten Lebensjahres. Bei der Anwendung dieser Bestimmung ist der 30. Juni des Jahres, in dem der richterliche Amtsträger in den Ruhestand tritt, der Stichtag, an dem die Altergrenze als erreicht gilt.

*6. Eine Versetzung von richterlichen Amtsträgern in einen anderen Bereich der Gerichtsbarkeit ist nicht zuläs-*

*sig. Ausnahmsweise ist die Versetzung von Assessoren beim erstinstanzlichen Gericht zur Staatsanwaltschaft und umgekehrt auf Antrag der zu Versetzenden zulässig. Die Richter der ordentlichen Verwaltungsgerichte werden in den Grad des Staatsrates und zu einem Fünftel der Stellen befördert, wie ein Gesetz dies vorsieht.*

7. Bei den von der Verfassung vorgesehenen Gerichten oder Räten, an denen Mitglieder des Staatsrates oder des Areopag teilnehmen, führt der Dienstälteste unter ihnen den Vorsitz.

*Auslegende Erklärung:*

*Nach dem wirklichen Sinn des Artikels 88 ist eine Vereinheitlichung der ersten Instanz der Ziviljustiz und die Normierung des Dienststatus der richterlichen Amtsträger dieser Instanz erlaubt, sofern ein Auswahl- und Bewertungsverfahren vorgesehen ist; das Nähere regelt ein Gesetz.*

## Artikel 89

1. Die richterlichen Amtsträger dürfen keine andere besoldete Tätigkeit und keinen anderen Beruf ausüben.

*2. Ausnahmsweise ist es richterlichen Amtsträgern erlaubt zu Mitgliedern der Athener Akademie oder zu Lehrpersonal von Hochschulen gewählt zu werden, bei Räten oder Ausschüssen mitzuwirken, die disziplinarische, kontrollierende und rechtsprechende Zuständigkeit haben und an gesetzgeberischen Ausschüssen teilzunehmen, sofern ihre Teilnahme besonders von einem Gesetz vorgesehen ist. Ein Gesetz regelt die Ersetzung richterlicher Amtsträger durch andere Personen in Räten oder Ausschüssen, welche gemäß der Willenserklärung einer Privatperson, unter Lebenden oder von Todes wegen, zusammentreten, oder gemäß einer so aufgegebenen Erklärung tätig werden, mit Ausnahme der Fälle des vorangegangenen Satzes.*

*3. Es ist unzulässig richterliche Amtsträger mit Verwaltungsaufgaben zu betrauen. Aufgaben bezüglich der Ausbildung richterlicher Amtsträger gelten als richterlich. Die Beauftragung von richterlichen Amtsträgern mit Aufgaben der Vertretung des Staates bei internationalen Organisationen ist erlaubt.*

*Die Tätigkeit als Schiedsrichter ist richterlichen Amtsträgern nur im Rahmen ihrer dienstlichen Aufgaben erlaubt, wie das Gesetz dies vorsieht.*

4. Die Beteiligung von Richtern an der Regierung ist nicht zulässig.

5. Die Bildung eines Richtervereins ist nach Maßgabe der Gesetze zulässig.

## Artikel 90

*1. Die Richter werden durch Präsidialverordnung nach vorherigem Beschluß eines obersten Richterrates befördert, angestellt, versetzt, abgeordnet und in einen anderen Bereich der Gerichtsbarkeit versetzt. Dieser Rat besteht aus dem Präsidenten des entsprechenden obersten*

*Gerichtshofes, sowie Mitgliedern desselben, die aus der Reihe derer, die beim Gerichtshof mindestens zwei Jahre tätig sind, durch Los bestimmt werden. Zum obersten Richterrat der Zivil- und Strafgerichtsbarkeit gehört auch der Staatsanwalt beim Areopag, sowie zwei stellvertretende Staatsanwälte beim Areopag, die aus der Reihe derer, die bei der Staatsanwaltschaft des Areopag mindestens zwei Jahre tätig sind, durch Los bestimmt werden. Zum obersten Richterrat des Staatsrates und der Verwaltungsgerichtsbarkeit gehört auch der Generalstaatsvertreter bei der Verwaltungsgerichtsbarkeit, wenn es um Themen geht, die die richterlichen Amtsträger der ordentlichen Verwaltungsgerichte und die Generalstaatsvertretung betreffen. Zum obersten Richterrat beim Rechnungshof gehört auch der Generalstaatsvertreter bei diesem.*

*Zum obersten Richterrat gehören ohne Stimmrecht auch zwei richterliche Amtsträger des Gerichtszweiges, welchen die Dienständerungen betreffen. Sie sollen zumindest den Dienstgrad des Berufungsrichters oder einen diesem entsprechenden Dienstgrad führen. Sie werden durch Los nach Maßgabe eines Gesetzes bestimmt.*

*2. Der Rat nach Absatz 1 hat eine erhöhte Mitgliederzahl, wenn er über die Beförderungen zum Mitglied des Staatsrates, zum Richter oder zum stellvertretenden Staatsanwalt beim Areopag, zum Mitglied des Rechnungshofes, zum Berufungsgerichtspräsidenten, zum Staatsanwalt beim Berufungsgericht und zum Mitglied der Generalstaatsvertretung bei der Verwaltungsgerichtsbarkeit und beim Rechnungshof entscheidet; das Nähere regelt ein Gesetz. Im übrigen gelten auch in diesem Fall die Bestimmungen des Absatzes 1.*

*3. Falls der Minister der Justiz mit dem Urteil des höchsten Richterrates nicht übereinstimmt, kann er die Sache an das Plenum des entsprechenden höchsten Gerichtes verweisen, so wie das Gesetz dies vorsieht. Der richterliche Amtsträger, den das Urteil betrifft, hat unter den gesetzlich festgelegten Voraussetzungen ein Beschwerderecht. Während der Sitzung des Plenums des entsprechenden höchsten Gerichtes als zweitinstanzlichen höchsten Richterrats, gelten die Bestimmungen der Sätze 3 bis 6 des Absatzes 1. Am Plenum des Areopag nehmen, im Falle des vorangegangenen Satzes, auch die Mitglieder der Staatsanwaltschaft des Areopag mit Stimmrecht teil.*

*4. Die in den verwiesenen Sachen ergangenen Beschlüsse des Plenums als zweitinstanzlicher höchster Richterrat, sowie die Beschlüsse des höchsten Richterrates, gegen die der Minister nichts eingewendet hat, sind für ihn verbindlich.*

*5. Die Beförderung zum Generalstaatsvertreter beim Rechnungshof erfolgt in gleicher Weise durch Präsidialverordnung aus den Reihen der Mitglieder des Rechnungshofes und der entsprechenden Generalstaatsvertretung nach Maßgabe eines Gesetzes. Die Beförderung zum Generalstaatsvertreter bei der Verwaltungsgerichts-*

*barkeit erfolgt auch in gleicher Weise aus den Reihen der Mitglieder der entsprechenden Generalstaatsvertretung und der Verwaltungsberufungsgerichtspräsidenten nach Maßgabe eines Gesetzes. Die Amtszeit des Präsidenten des Staatsrates, des Areopag und des Rechnungshofes, als auch des Staatsanwaltes beim Areopag und der Generalstaatsvertreter bei der Verwaltungsgerichtsbarkeit und beim Rechnungshof, darf nicht mehr als vier Jahre betragen, selbst wenn der richterliche Amtsträger, der die Stelle innehat, die Altersgrenze noch nicht erreicht hat. Die mögliche verbleibende Zeit bis zum Erreichen der Altersgrenze wird als tatsächliche rentenberechnbare Dienstzeit gesetzmäßig berechnet.*

6. Die Entscheidungen oder Akte nach diesem Artikel können nicht beim Staatsrat angefochten werden.

### Artikel 91

1. Die Disziplinargewalt über die richterlichen Amtsträger, vom Dienstgrad eines Richters oder stellvertretenden Staatsanwalts beim Areopag an, sowie über die sonstigen gleichrangigen richterlichen Amtsträger wird durch einen obersten Disziplinarrat ausgeübt; das Nähere regelt ein Gesetz.

Der Justizminister erhebt die Disziplinaranklage.

2. Der oberste Disziplinarrat besteht aus dem Präsidenten des Staatsrates als Vorsitzenden, zwei Vizepräsidenten oder anderen Mitgliedern des Staatsrates, zwei Vizepräsidenten oder anderen Mitgliedern des Areopags, zwei von den Vizepräsidenten oder anderen Mitgliedern des Rechnungshofes und zwei ordentlichen Professoren der Rechte der Universitäten des Landes. Die Mitglieder des Disziplinarrates werden durch Los unter denen bestimmt, die am entsprechenden obersten Gerichtshof oder an einer juristischen Fakultät mindestens seit drei Jahren tätig sind; ausgeschlossen sind jeweils Mitglieder des Gerichtshofes, über dessen Mitglied, Staatsanwalt oder Staatsvertreter der Rat entscheiden soll. Richtet sich die Disziplinaranklage gegen ein Mitglied des Staatsrates, führt der Präsident des Areopags den Vorsitz.

3. Die Disziplinargewalt über die übrigen richterlichen Amtsträger wird in erster und zweiter Instanz von Räten ausgeübt, die aus ordentlichen Richtern bestehen, welche durch das Los nach Maßgabe der Gesetze bestimmt werden. Die Disziplinaranklage kann auch vom Justizminister erhoben werden.

4. Die gemäss den Bestimmungen dieses Artikels erlassenen Disziplinarentscheidungen können nicht beim Staatsrat angefochten werden.

### Artikel 92

1. Die in den Geschäftsstellen aller Gerichte und Staatsanwaltschaften tätigen Beamten sind auf

Lebenszeit berufen. Sie dürfen nur aufgrund eines Gerichtsurteils oder durch die Entscheidung eines Richterrates wegen eines schweren Dienstvergehens, einer Krankheit. eines körperlichen Gebrechens oder dienstlicher Unzulänglichkeit entlassen werden, die nach Maßgabe der Gesetze festgestellt werden.

2. Die Befähigungsvoraussetzungen der in den Geschäftsstellen aller Gerichte und Staatsanwaltschaften tätigen Beamten sowie allgemein ihre Rechtstellung werden durch Gesetz bestimmt.

*3. Die Justizbeamten können nur mit Zustimmung von Diensträten, von denen die Mehrheit richterliche Amtsträger und Justizbeamte sind, nach Maßgabe der Gesetze befördert, angestellt, versetzt, abgeordnet und in einen anderen Zweig der Gerichtsbarkeit versetzt werden. Die Disziplinargewalt über die Gerichtsbeamten wird von den Vorgesetzten Richtern oder Staatsanwälten oder Generalstaatsvertretern oder Beamten, sowie vom Dienstrat ausgeübt, wie das Gesetz dies vorsieht. Gegen die Entscheidungen, die Veränderungen des dienstlichen Status der Gerichtsbeamten beinhalten, sowie gegen die Disziplinarentscheidungen der Diensträte ist eine Beschwerde nach Maßgabe der Gesetze zulässig.*

*4. Die Beamten im Grundbuchamt sind Gerichtsbeamte. Die Notare und unbesoldeten Grundbuchverwahrer sind auf Lebenszeit berufen, solange die entsprechenden Dienstbetriebe und Dienststellen bestehen. Die Bestimmungen des vorangegangenen Absatzes finden auf sie entsprechende Anwendung.*

5. Die Notare und die unbesoldeten Grundbuchverwahrer treten mit Vollendung des siebzigsten Lebensjahres, die übrigen mit Vollendung der gesetzlich vorgesehenen Altersgrenze in den Ruhestand.

## ZWEITES KAPITEL
## Organisation und Zuständigkeit der Gerichte

### Artikel 93

1. Die Gerichte unterscheiden sich in Verwaltungs-, Zivil- und Strafgerichte; ihr Aufbau ist in besonderen Gesetzen geregelt.

2. Die Sitzungen aller Gerichte sind öffentlich, es sei denn es wird durch Entscheidung des betreffenden Gerichts festgestellt, dass durch Öffentlichkeit eine Beeinträchtigung der guten Sitten zu erwarten ist oder besondere Gründe zum Schutze des Privat-oder Familienlebens der Beteiligten bestehen.

*3. Jede Gerichtsentscheidung ist auf den Einzelfall bezogen, sorgfältig zu begründen und in öffentlicher Sitzung zu verkünden.*

*Ein Gesetz regelt die rechtlichen Folgen, die eintreten, und die Sanktionen, die auferlegt werden, falls der voran-gegangene Satz verletzt wird. Die Minderheitsmeinung ist zu veröffentlichen. Die Aufnahme einer etwaigen Minderheitsmeinung in die Niederschrift und die Bedingungen und Voraussetzungen für deren Veröffentlichung werden durch Gesetz bestimmt.*

4. Die Gerichte dürfen ein Gesetz, dessen Inhalt gegen die Verfassung verstößt, nicht anwenden.

### Artikel 94

*1. Für Verwaltungsstreitigkeiten sind der Staatsrat und die ordentlichen Verwaltungsgerichte, unter Vorbehalt der Zuständigkeiten des Rechnungshofes, nach Maßgabe der Gesetze zuständig.*

*2. Die Zivilgerichte sind für die privaten Streitigkeiten sowie für Angelegenheiten der freiwilligen Gerichtsbarkeit zuständig.*

*3. In besonderen Fällen und um eine schnellere einheitliche Anwendung der Gesetze zu erreichen, kann durch Gesetz die Entscheidung über Privatstreitigkeiten den Verwaltungsgerichten oder über materielle Verwaltungsstreitigkeiten den Zivilgerichten zugewiesen werden.*

*4. Den Zivil- oder Verwaltungsgerichten kann durch Gesetz auch jede andere Zuständigkeit verwaltungsrechtlicher Art zugewiesen werden. Dieser Zuständigkeitsbereich umfaßt auch die Vornahme von Maßnahmen damit die Verwaltung sich den Gerichtsentscheidungen fügt. Die Gerichtsentscheidungen werden nach Maßgabe der Gesetze auch gegen den Staat, die Organisationen der kommunalen Selbstverwaltung und die juristischen Personen des öffentlichen Rechts zwangsvollstreckt.*

### Artikel 95

*1. Der Staatsrat ist insbesondere zuständig:*

*a) für die Aufhebungsanträge gegen vollstreckbare Akte der Verwaltungsbehörden wegen Befugnisüberschreitung oder Gesetzesverletzung;*

*b) für die Revisionsanträge gegen rechtskräftige Urteile der ordentlichen Verwaltungsgerichte, wie das Gesetz dies vorsieht;*

c) für die Entscheidung über die materielle Verwaltungsstreitigkeiten, die ihm nach der Verfassung und den Gesetzen zugewiesen werden;

d) für die Ausarbeitung sämtlicher Rechtsverordnungen.

2. Bei der Wahrnehmung der Zuständigkeit nach Absatz l Buchstabe d) finden die Bestimmungen der Artikel 93 Absätze 2 und 3 keine Anwendung.

*3. Durch Gesetz kann die Entscheidung über Gruppen von Angelegenheiten aus der Aufhebungszuständigkeit des Staatsrates, entsprechend ihrer Besonderheit oder ihrer Wichtigkeit, den ordentlichen Verwaltungsgerichten zugewiesen werden. Der Staatsrat ist in zweiter Instanz nach Maßgabe der Gesetze zuständig.*

4. Näheres über die Regelung und Ausübung der Zuständigkeiten des Staatsrates wird durch Gesetz bestimmt.

*5. Die Verwaltung hat sich den Gerichtsentscheidungen zu fügen. Bei Verletzung dieser Vorschrift haftet das zuständige Organ; das Nähere regelt ein Gesetz. Ein Gesetz bestimmt die notwendigen Maßnahmen um die Anpassung der Verwaltung an Gerichtsentscheidungen sicherzustellen.*

### Artikel 96

1. Die allgemeinen Strafgerichte sind für die Ahndung von Straftaten und für die Entscheidung über alle sonstigen Maßnahmen nach den Strafgesetzen zuständig.

2. Durch Gesetz kann übertragen werden:

a) die Entscheidung über Übertretungen von polizeilichen Vorschriften, die mit Verwarnungsgeld bestraft werden, auf die Behörden, die polizeiliche Aufgaben wahrnehmen;

b) die Entscheidungen über Agrarübertretungen und die daraus entstehenden Privatstreitigkeiten auf die Landwirtschaftssicherheitsbehörden.

In beiden Fällen ist gegen die gefällten Entscheidungen die Berufung bei dem zuständigen allgemeinen Gericht zulässig; diese hat aufschiebende Wirkung.

3. Besondere Gesetze regeln die Jugendgerichtsbarkeit; auf diese finden Artikel 93 Absatz 2 und Artikel 97 keine Anwendung. Die Urteile dieser Gerichte dürfen unter Ausschluss der Öffentlichkeit verkündet werden.

4. Besondere Gesetze regeln :

a) die Militär-, See und Luftgerichtsbarkeit, deren Zuständigkeit Private nicht unterstellt werden dürfen;

b) die Prisengerichte.

5. Die Gerichte des vorigen Absatzes Buchstabe a) werden mehrheitlich aus Mitgliedern der Richterschaft der Streitkräfte zusammengesetzt, die nach Artikel 87 Absatz 1 dieser Verfassung die Garantien der sachlichen und persönlichen Unabhängigkeit genießen. Auf die Sitzungen und Urteile dieser Gerichte finden die Bestimmungen des Artikels 93 Absätze 2 bis 4 Anwendung. Die Anwendung der Bestimmungen dieses Absatzes sowie der Zeitpunkt ihres Inkrafttretens werden durch Gesetz bestimmt.

### Artikel 97

1. Verbrechen und politische Delikte werden von gemischten Schwurgerichten abgeurteilt, die sich aus ordentlichen Richtern und Geschworenen zusammensetzen; das Nähere regelt ein Gesetz. Gegen Urteile dieser Gerichte sind die gesetzlich bestimmten Rechtsmittel zulässig.

2. Verbrechen und politische Delikte, die bis zum Inkrafttreten dieser Verfassung durch Verfassungsakte, Verfassungsbeschlüsse und durch besondere Gesetze der Zuständigkeit der Berufungsgerichte unterstellt worden sind, werden nach wie vor von ihnen entschieden, soweit sie nicht der Zuständigkeit der gemischten Schwurgerichte unterstellt werden.

Durch Gesetz dürfen der Zuständigkeit der Berufungsgerichte auch weitere Verbrechen unterstellt werden.

3. Straftaten jeder Stufe, die durch die Presse begangen werden, sind der Zuständigkeit der allgemeinen Strafgerichte nach Maßgabe der Gesetze unterstellt; das Nähere regelt ein Gesetz.

### Artikel 98

*1. In die Zuständigkeit des Rechnungshofes fallen insbesondere:*

*a) die Prüfung der Ausgaben des Staates, sowie der örtlichen Selbstverwaltungskörperschaften oder sonstiger juristischer Personen, welche ihm durch eine besondere Gesetzesbestimmung zugewiesen werden;*

*b) die Prüfung von Verträgen mit großem finanziellen Wert, in denen einer der Vertragspartner der Staat oder eine andere juristische Person ist, die dem Staat in dieser Hinsicht gesetzgemäß gleichgesetzt wird;*

*c) die Prüfung der Rechnungslegung der rechnungspflichtigen Beamten und der Selbstverwaltungskörperschaften oder sonstiger juristischer Personen, die der im Satz a) vorgesehenen Prüfung unterliegen;*

*d) Gutachten über Gesetzesentwürfe, betreffend Ruhegehälter oder Anerkennung von Dienstzeiten zwecks Verleihung von Ruhegehaltsansprüchen gemäß Artikel 73 Absatz 2, sowie jede andere gesetzlich bestimmte Frage;*

*e) Die Erstellung und Vorlage eines Berichtes an das Parlament, über die Staatsrechnung und die Staatsbilanz gemäß Artikel 79 Absatz 7;*

*f) die Entscheidung über Streitigkeiten betreffend die Zuerkennung von Ruhegehältern sowie die Prüfung von Rechnungslegungen des Satzes c);*

*g) die Entscheidung über die Haftung von Zivil- oder Militärbeamten, sowie von Kommunalbeamten und von Beamten anderer juristischer Personen des öffentlichen Rechts für jeden vorsätzlich oder fahrlässig dem Staat, den örtlichen Selbstverwaltungskörperschaften oder sonstigen juristischen Personen des öffentlichen Rechts verursachten Schaden.*

2. Ein Gesetz regelt, wie die Zuständigkeiten des Rechnungshofes geregelt und ausgeübt werden.

Bei den unter den Buchstaben a bis d genannten Fällen des vorigen Absatzes finden die Bestimmungen des Artikels 93 Absätze 2 und 3 keine Anwendung.

3. Die über die in Absatz 1 genannten Angelegenheiten gefällten Entscheidungen des Rech-

nungshofes unterliegen nicht der Prüfung durch den Staatsrat.

### Artikel 99

1. Über Anklagen wegen Rechtsbeugung gegen richterliche Amtsträger entscheidet ein Sondergericht, das aus dem Präsidenten des Staatsrates als seinem Präsidenten sowie aus je einem Mitglied des Staatsrates, des Areopags, des Rechnungshofes, zwei ordentlichen Professoren der Rechte an juristischen Fakultäten der Universitäten des Landes und zwei Rechtsanwälten aus der Mitte der Mitglieder des Obersten Disziplinarrates für Rechtsanwälte besteht, die jeweils durch Los bestimmt werden.

2. Von den Mitgliedern des Sondergerichts ist jeweils dasjenige ausgeschlossen, das der Körperschaft oder dem Zweig der Gerichtsbarkeit angehört, über deren Handlungen oder Unterlassungen das Gericht entscheiden soll. Richtet sich die Anklage wegen Rechtsbeugung gegen ein Mitglied des Staatsrates oder gegen Richter oder gegen Staatsanwälte der allgemeinen Verwaltungsgerichtsbarkeit, führt der Präsident des Areopags den Vorsitz.

3. Zur Erhebung der Anklage wegen Rechtbeugung bedarf es keiner Erlaubnis.

### Artikel 100

1. Es wird ein Oberster Sondergerichtshof errichtet; dieser ist zuständig:

a) für Entscheidungen über Einsprüche gemäss Artikel 58;

b) für die Prüfung der Gültigkeit und der Ergebnisse einer gemäss Artikel 44 Absatz 2 durchgeführten Volksabstimmung;

c) für die Entscheidung über Unvereinbarkeiten oder den Verlust des Abgeordnetenmandates gemäss Artikel 55 Absatz 2 und Artikel 57;

d) für die Konfliktserhebung zwischen Gerichten und Verwaltungsbehörden oder zwischen dem Staatsrat und den allgemeinen Verwaltungsgerichten einerseits und den Zivil- und Strafgerichten andererseits, oder schließlich zwischen dem Rechnungshof und den übrigen Gerichten;

e) für die Entscheidung von Streitigkeiten über die materielle Verfassungswidrigkeit oder den Sinn von Bestimmungen eines formellen Gesetzes, wenn darüber widersprechende Entscheidungen des Staatsrates, des Areopags oder des Rechnungshofes ergangen sind;

f) für die Entscheidung von Streitigkeiten über die Eigenschaft von Regeln des Völkerrechts als allgemein anerkannt, gemäss Artikel 28 Absatz l.

2. Der Gerichtshof des vorangegangenen Absatzes besteht aus den Präsidenten des Staatsrates, des Areopags und des Rechnungshofes, sowie aus alle zwei Jahre durch Auslosung bestimmten vier weiteren Mitgliedern des Staatsrates und vier weiteren Mitgliedern des Areopags. Den Vorsitz in diesem Gerichtshof führt der dienstälteste Präsident des Staatsrates oder des Areopags.

In den Fällen d) und e) des vorangegangenen Absatzes gehören dem Gerichtshof auch zwei durch das Los bestimmte ordentliche Professoren der Rechte an den juristischen Fakultäten des Landes an.

3. Die Organisation und Tätigkeit des Gerichtshofes, die Bestimmung, Stellvertretung und Unterstützung seiner Mitglieder sowie das Verfahren vor ihm regelt ein Gesetz.

4. Die Entscheidungen des Gerichtshofes unterliegen nicht der Revision.

Eine für verfassungswidrig erklärte Gesetzesbestimmung ist unwirksam mit Verkündung der entsprechen Entscheidung oder von dem Zeitpunkt an, den die Entscheidung festsetzt.

5. *Wenn ein Senat des Staatsrates oder des Areopags oder des Rechnungshofes eine Bestimmung eines formellen Gesetzes als verfassungswidrig ansieht, wird diese Frage obligatorisch an das entsprechende Plenum verwiesen, es sei denn dies wurde durch eine frühere Entscheidung des Plenums oder des obersten Sondergerichtes dieses Artikels festgestellt. Das Plenum tritt in gerichtlicher Form zusammen und entscheidet endgültig, wie das Gesetz dies vorsieht. Diese Bestimmung wird entsprechend auch auf die Ausarbeitung der Rechtsverordnungen vom Staatsrat angewandt.*

### Artikel 100 A

*Ein Gesetz bestimmt das Nähere bezüglich der Zusammensetzung und Funktion des juristischen Rates des Staates, sowie des Dienststatus der Amtsträger und Beamten, die dort Dienst tun. In die Zuständigkeit des juristischen Rates des Staates fallen insbesondere die gerichtliche Unterstützung und Vertretung des Staates und die Anerkennung von Forderungen gegen den Staat oder die Einigung in Streitigkeiten mit diesem. Die Bestimmungen der Artikel 88 Absatz 2 und 5 und 90 Absatz 5 werden entsprechend auch auf das Hauptpersonal des juristischen Rates des Staates angewandt.*

### VI. Abschnitt
### Die Verwaltung

### ERSTES KAPITEL
### Verwaltungsorganisation

### Artikel 101

1. Die Staatsverwaltung ist nach dem Dekonzentrationsprinzip aufgebaut.

2. Die Verwaltungsgliederung des Landes richtet sich nach den geo-ökonomischen, gesellschaftlichen und verkehrsmäßigen Verhältnissen.

*3. Die regionalen Staatsorgane haben die allgemeine Zuständigkeit über die Angelegenheiten ihrer Region zu entscheiden. Die zentralen Staatsorgane haben neben ihren besonderen Zuständigkeiten die allgemeine Richtlinienkompetenz und sind für die Koordination und die Gesetzmäßigkeitskontrolle der Verwaltungsakte der regionalen Organe zuständig; das Nähere regelt ein Gesetz.*

*Auslegende Erklärung:*
*Der Gesetzgeber und die Verwaltung haben die Verpflichtung bei Erlaß von Rechtsverordnungen die besonderen Umstände der Inselbezirke zu berücksichtigen.*

### Artikel 101 A

*1. Wo von der Verfassung die Errichtung und die Tätigkeit einer unabhängigen Behörde vorgesehen ist, werden ihre Mitglieder auf bestimmte Dauer eingesetzt und sind personell und funktionell unabhängig, wie das Gesetz dies vorsieht.*

*2. Ein Gesetz bestimmt das Nähere bezüglich der Auswahl und des Dienststatus des wissenschaftlichen und sonstigen Personals der Dienststelle, welche zur Unterstützung der Funktionsfähigkeit jeder unabhängigen Behörde gebildet wird. Die Mitglieder der unabhängigen Behörden müssen die entsprechenden Qualifikationen nach Maßgabe der Gesetze erfüllen. Ihre Auswahl geschieht mit einer möglichst einstimmigen Entscheidung der Konferenz der Parlamentspräsidenten, oder zumindest durch eine Entscheidung mit einer erhöhten Mehrheit von vier Fünfteln ihrer Mitglieder. Das Nähere bezüglich des Auswahlverfahrens bestimmt die Geschäftsordnung des Parlaments.*

*3. Durch die Geschäftsordnung des Parlaments wird alles geregelt, was die Beziehung der unabhängigen Behörden zum Parlament und die Art der Ausübung der parlamentarischen Kontrolle angeht.*

### Artikel 102

*1. Die Verwaltung der örtlichen Angelegenheiten steht den örtlichen Selbstverwaltungskörperschaften erster und zweiter Stufe zu. Bezüglich der örtlichen Selbstverwaltungskörperschaften besteht eine Zuständigkeitsvermutung bei der Verwaltung der örtlichen Angelegenheiten. Ein Gesetz bestimmt das Ausmaß und die Kategorien der örtlichen Angelegenheiten, sowie deren Verteilung an die Stufen der örtlichen Selbstverwaltungskörperschaften. Durch Gesetz kann den Körperschaften der örtlichen Selbstverwaltung die Ausübung von Zuständigkeiten, welche eine Staatsaufgabe bilden, auferlegt werden.*

*2. Die örtlichen Selbstverwaltungskörperschaften sind in ihrer Verwaltung und ihren Finanzen selbständig. Deren Behörden werden in allgemeiner und geheimer Wahl nach Maßgabe der Gesetze gewählt.*

*3. Durch Gesetz können obligatorische oder freiwillige Verbände von örtlichen Selbstverwaltungskörperschaften zur Ausführung von Vorhaben oder Leistung von Diensten oder Ausübung ihrer Kompetenzen gebildet werden; sie werden durch gewählte Organe verwaltet.*

*4. Der Staat übt über die örtlichen Selbstverwaltungskörperschaften eine Aufsicht aus, die nur eine Gesetzmäßigkeitskontrolle umfaßt und ihre Initiative und freie Tätigkeit nicht hindern darf. Die Gesetzmäßigkeitskontrolle wird nach Maßgabe der Gesetze ausgeübt. Disziplinarstrafen werden den gewählten Organen der örtlichen Selbstverwaltung – mit Ausnahme der Fälle des zeitweiligen oder endgültigen Amtsverlustes kraft Gesetzes – nur nach zustimmender Stellungnahme eines Rates verhängt, der mehrheitlich, nach Maßgabe des Gesetzes, aus ordentlichen Richtern besteht.*

*5. Der Staat trifft die notwendigen gesetzgeberischen, regulativen und finanzrechtlichen Maßnahmen um die finanzielle Selbständigkeit und die Mittel, die zur Erfüllung der Aufgaben und Ausübung der Zuständigkeiten der örtlichen Selbstverwaltungskörperschaften erforderlich sind, sicherzustellen. Gleichzeitig soll die Durchschaubarkeit bezüglich der Verwaltung dieser Einnahmen sichergestellt werden.*

*Ein Gesetz regelt das Nähere bezüglich der Vergabe und Verteilung zwischen den örtlichen Selbstverwaltungskörperschaften, den Steuern oder den Gebühren, die zu deren Gunsten festgesetzt und durch den Staat erhoben werden.*

## ZWEITES KAPITEL
### Beamtenordnung

### Artikel 103

1. Die Staatsbeamten führen den Willen des Staates aus und dienen dem Volke; sie schulden der Verfassung Treue und dem Vaterland Ergebenheit. Die Voraussetzungen und das Verfahren ihrer Ernennung werden durch Gesetz bestimmt.

2. Beamte dürfen nur unter Zuweisung einer gesetzlich bestimmten Planstelle ernannt werden. Ausnahmen dürfen durch besonderes Gesetz zur Deckung von unvorhergesehenen und dringenden Bedürfnissen durch Einstellung von Personal auf bestimmte Zeit und im Rahmen eines privatrechtlichen Verhältnisses vorgesehen werden.

3. Planstellen von besonderem wissenschaftlichen sowie von technischem oder Hilfspersonal dürfen privatrechtlich besetzt werden. Die Voraussetzung der Einstellung sowie die besonderen Garantien zugunsten des eingestellten Personals werden durch Gesetz bestimmt.

4. Staatsbeamte, die Planstellen innehaben, sind Beamte auf Lebenszeit, solange diese Stellen bestehen. Beamte auf Lebenszeit steigen besoldungsmä-

ßig nach Maßgabe der Gesetze auf; sie dürfen mit Ausnahme der Erreichung der Altersgrenze und der Entlassung aufgrund eines gerichtlichen Urteils nicht ohne Anhörung eines Dienstrates versetzt und nicht ohne Entscheidung eines Dienstrates herabgestuft oder aus dem Dienst entlassen werden; jeder Dienstrat besteht mindestens zu zwei Drittel aus Staatsbeamten auf Lebenszeit.

Gegen die Entscheidungen der Diensträte ist die Beschwerde beim Staatsrat nach Maßgabe der Gesetze zulässig.

5. Von der Einstellung auf Lebenszeit dürfen durch Gesetz ausgenommen werden oberste Verwaltungsbeamte, deren Stellen außerhalb der Beamtenlaufbahn stehen, sowie die unmittelbar zum Botschafter Ernannten, die Beamten des Präsidialamtes und der Büros des Ministerpräsidenten, der Minister und der Vizeminister.

6. Die Bestimmungen der vorigen Absätze finden auch auf die Parlamentsbeamten Anwendung, die im übrigen der Geschäftsordnung des Parlaments unterstellt sind, sowie auf die Beamten der örtlichen Selbstverwaltungskörperschaften und der sonstigen juristischen Personen des öffentlichen Rechts.

7. *Die Einstellung von Beamten im Staatsdienst und im erweiterten öffentlichen Bereich, wie er jedesmal bis auf die Fälle des Absatzes 5 festgelegt wird, geschieht entweder durch ein Prüfungsverfahren oder durch die Auswahl gemäß vorher festgelegten objektiven Kriterien und unterliegt gesetzesgemäß der Kontrolle einer unabhängigen Behörde.*

*Ein Gesetz kann besondere Auswahlverfahren unter Gewährleistung von Transparenz und Leistungsberücksichtigung vorsehen. Des weiteren können besondere Personalauswahlverfahren für Stellen deren Aufgabenbereich durch besondere verfassungsmäßige Gewährleistungen ausgezeichnet ist, oder denen ein Auftragsverhältnis zugrunde liegt, durch Gesetz vorgesehen werden.*

*8. Ein Gesetz bestimmt die Bedingungen und den zeitlichen Rahmen für privatrechtliche Arbeitsverhältnisse im Staatsdienst und im erweiterten öffentlichen Bereich, wie dieser jedesmal festgelegt wird, um entweder eine gesetzlich bestimmte Planstelle über das im ersten Satz des Absatzes 3 vorhergesehene hinausgehend zu besetzen, oder vorläufigen oder unvorhergesehenen und dringenden Notwendigkeiten gemäß dem zweiten Satz des Absatzes 2 nachzukommen. Ein Gesetz regelt außerdem die Aufgaben, welche das Personal des vorangegangenen Satzes erfüllen kann. Die durch Gesetz stattfindende Verbeamtung von Personal, das dem ersten Satz angehört, oder die Veränderung seiner Verträge auf unbestimmte Dauer ist verboten. Die Verbote dieses Absatzes gelten auch für die im Werkvertragsverhältnis Beschäftigten.*

*9. Ein Gesetz regelt das Nähere, bezüglich der Beru-*

*fung und den Zuständigkeiten des „Ombudsmannes",*
*der als unabhängige Behörde fungiert.*

### Artikel 104

1. Beamte im Sinne des vorigen Artikels dürfen nicht mit einer weiteren Stelle im öffentlichen Dienst oder in einer örtlichen Selbstverwaltungskörperschaft oder einer sonstigen juristischen Person des öffentlichen Rechts oder in einem öffentlichen Unternehmen oder einer gemeinnützigen Organisation betraut werden. Ausnahmsweise ist die Ernennung auch zu einer zweiten Stelle unter Beachtung der Bestimmungen des nächsten Absatzes aufgrund eines besonderen Gesetzes zulässig.

2. Die Gesamtsumme der zusätzlichen Bezüge oder Vergütungen der Beamten im Sinne des vorigen Absatzes darf monatlich die Gesamtbezüge aus ihrer Planstelle nicht übersteigen.

3. Die Einleitung eines Gerichtsverfahrens gegen Staatsbeamte sowie Beamte der örtlichen Selbstverwaltungskörperschaften oder der sonstigen juristischen Personen des öffentlichen Rechts bedarf keiner vorherigen Erlaubnis.

## DRITTES KAPITEL
### Der Status des Heiligen Berges

### Artikel 105.

1. Die Halbinsel Athos, von Megali Vigla an, die den Bezirk des Heiligen Berges bildet, ist gemäss ihres alten privilegierten Status ein sich selbst verwaltender Teil des griechischen Staates, dessen Souveränität über den Heiligen Berg unberührt bleibt. In geistlicher Hinsicht steht der Heilige Berg unter der unmittelbaren Zuständigkeit des Ökumenischen Patriarchats. Wer sich dorthin zurückzieht, erwirbt mit seiner Zulassung als Novize oder Mönch ohne weitere Formalitäten die griechische Staatsangehörigkeit.

2. Der Heilige Berg wird seinem Status entsprechend von seinen Heiligen Klöstern verwaltet, unter denen die ganze Halbinsel Athos aufgeteilt ist; deren Boden kann nicht enteignet werden.

Die Verwaltung wird durch Vertreter der Heiligen Klöster ausgeübt, die die Heilige Gemeinschaft bilden. In keinem Fall ist eine Änderung des Verwaltungssystems oder der Zahl der Klöster des Heiligen Berges erlaubt, ebenso wenig eine Änderung ihrer Rangordnung und ihrer Stellung zu den ihnen unterstellten Dependenzen. Die Niederlassung von Andersgläubigen oder Schismatikern ist dort verboten.

3. Die ausführliche Regelung der Ordnungen des Heiligen Berges und der Art ihrer Durchführung im einzelnen erfolgt durch die konstituieren-

de Charta des Heiligen Berges, welche unter Mitwirkung des Vertreters des Staates von den zwanzig Heiligen Klöstern verfasst und beschlossen wird und durch das Ökumenische Patriarchat und das Parlament der Griechen bestätigt wird.

4. Die genaue Einhaltung der Ordnungen des Heiligen Berges steht in geistlicher Hinsicht unter der obersten Aufsicht des Ökumenischen Patriarchats, hinsichtlich der Verwaltung jedoch unter der Aufsicht des Staates, dem allein die Wahrung der öffentlichen Sicherheit und Ordnung obliegt.

5. Die obigen Befugnisse des Staates werden durch einen Gouverneur wahrgenommen, dessen Rechte und Pflichten gesetzlich geregelt werden.

Ebenso werden die von den Klosterbehörden und der Heiligen Gemeinschaft ausgeübte Rechtsprechung sowie die Zoll- und Steuerprivilegien des Heiligen Berges gesetzlich geregelt.

## Vierter Teil
## Besondere Übergangs- und Schlussbestimmungen

### I. Abschnitt
### Besondere Bestimmungen

#### Artikel 106

1. Zur Sicherung des gesellschaftlichen Friedens und zum Schutze des allgemeinen Interesses plant und koordiniert der Staat die wirtschaftliche Tätigkeit im Lande; dabei sucht er die wirtschaftliche Entwicklung in allen Bereichen der nationalen Wirtschaft zu sichern. Er ergreift die erforderlichen Maßnahmen zur Nutzbarmachung der Quellen des nationalen Reichtums in der Atmosphäre und an unterirdischen oder unterseeischen Schätzen und trifft die Maßnahmen zur Unterstützung der regionalen Entwicklung und zur Förderung besonders der Gebirgs-, Insel- und Grenzgebiete.

2. Die private wirtschaftliche Initiative darf nicht zu Lasten der Freiheit und der Menschenwürde oder zum Schaden der Volkswirtschaft entfaltet werden.

3. Unbeschadet des durch Artikel 107 gewährten Schutzes hinsichtlich der Wiederausfuhr von ausländischem Kapital, kann durch Gesetz der Kauf von Unternehmen oder die Zwangsbeteiligung an ihnen durch den Staat oder durch einen sonstigen öffentlichen Träger gesetzlich geregelt werden, sofern diese Monopolcharakter tragen oder ausschlaggebende Bedeutung für die Nutzbarmachung der Quellen des nationalen Reichtums besitzen oder zum Hauptgegenstand die Leistung von Diensten für die Öffentlichkeit haben.

4. Der Kaufpreis oder der Gegenwert für die Zwangsbeteiligung des Staates oder eines sonstigen öffentlichen Trägers wird stets gerichtlich bestimmt, muss vollständig sein und dem Wert des gekauften Unternehmens oder der Beteiligung an einem solchen entsprechen.

5. Aktionäre, Gesellschafter oder Eigner eines Unternehmens, bei dem der Staat oder ein staatlich kontrollierter Träger infolge einer Zwangsbeteiligung gemäss Absatz 3 die Kontrolle übernimmt, dürfen die Übernahme ihrer Anteile an dem Unternehmen durch den Staat verlangen; das Nähere regelt ein Gesetz.

6. Ein Gesetz kann bestimmen, dass, wer durch die Ausführung von gemeinnützigen Vorhaben oder solchen, die für die wirtschaftliche Entwicklung des Landes von allgemeiner Bedeutung sind, Nutzen zieht, sich an den öffentlichen Ausgaben beteiligen muss.

Erklärung zur Interpretation:

In dem Wert nach Absatz 4 ist der durch einen etwaigen Monopolcharakter des Unternehmens bedingte Wert nicht eingeschlossen.

#### Artikel 107

1. Die vor dem 21. April 1967 erlassene Gesetzgebung mit gesteigerter formeller Geltungskraft über den Schutz von ausländischem Kapital behält die gesteigerte formelle Geltungskraft, die sie besaß, und findet auch auf das in der Zukunft zufließende Kapital Anwendung.

Gleiche Geltungskraft besitzen auch die Bestimmungen der Kapitel I bis IV des 1. Teils des Gesetzes Nr. 27/75 „Über Besteuerung von Schiffen, Auferlegung eines Beitrages zur Entwicklung der Handelsmarine, über Niederlassung ausländischer Schifffahrtsunternehmen und über die Regelung damit zusammenhängender Fragen".

2. Ein einmaliges Gesetz, das innerhalb von drei Monaten nach Inkrafttreten dieser Verfassung erlassen wird, regelt die Bedingungen und das Verfahren einer Überprüfung oder Aufhebung der in Anwendung der Gesetzesverordnung 2687/1953 in der Zeit zwischen dem 21. April 1967 und dem 23. Juli 1974 in irgendeiner Form erlassenen genehmigenden Verwaltungsakte oder abgeschlossenen Verträge in bezug auf Investitionen ausländischen Kapitals mit Ausnahme derer, die die Eintragung von Schiffen in ein griechisches Schiffsregister betreffen.

#### Artikel 108

1. Der Staat sorgt für das Griechentum im Ausland und die Aufrechterhaltung der Verbindung zum Mutterland. Er sorgt auch für die Bildung und die gesellschaftliche und berufliche Förderung der im Ausland arbeitenden Griechen.

2. Ein Gesetz regelt das Nähere bezüglich der Organisation, der Funktion und der Zuständigkeiten des griechischen Auswanderungsrates, der die Vertretung aller im Ausland lebenden Griechen zum Auftrag hat.

### Artikel 109

1. Die Abänderung des Inhalts oder der Bedingungen eines Testaments, eines Kodizils oder einer Schenkung, soweit sie Bestimmungen zugunsten des Staates oder eines gemeinnützigen Zweckes enthalten, ist nicht zulässig.

2. Ausnahmsweise ist es zulässig, den Nachlass oder die Schenkung zum gleichen oder zu einem anderen gemeinnützigen Zweck in dem vom Schenker oder Erblasser bestimmten Gebiet oder in einer noch weiteren Region vorteilhafter nutzbar zu machen oder darüber zu verfügen, wenn durch gerichtliche Entscheidung festgestellt wird, dass aus irgendeinem Grunde der Wille des Erblassers oder des Schenkers überhaupt oder im wesentlichen nicht verwirklicht werden kann, und dass diesem durch die Änderung der Verwendung in vollständigerer Weise Rechnung getragen werden kann; das Nähere regelt ein Gesetz.

3. Ein Gesetz regelt das Nähere bezüglich der Aufstellung eines Vermächtnisregisters im Allgemeinen und bezirksbezogen, die Aufstellung und Ordnung der Vermögenswerte, die Verwaltung und die Handhabung jedes Vermächtnisses, gemäß dem Willen des Vermächtnisgebers oder Schenkers und jede andere diesbezügliche Frage.

## II. Abschnitt
## Verfassungsänderung

### Artikel 110

1. Die Bestimmungen der Verfassung können geändert werden, mit Ausnahme der Bestimmungen über die Staatsgrundlage und die Staatsform als parlamentarische Republik sowie mit Ausnahme der Bestimmungen der Artikel 2 Absatz 1, Artikel 4 Absätze 1, 4 und 7, Artikel 5 Absätze 1 und 3, Artikel 13 Absatz 1 und Artikel 26.

2. Die Erforderlichkeit der Verfassungsänderung wird durch Parlamentsbeschluss festgestellt, der auf Vorschlag von mindestens fünfzig Abgeordneten ergeht und mit den Stimmen von drei Fünftel der Gesamtzahl der Parlamentsmitglieder in zwei, mindestens einen Monat auseinanderliegenden, Abstimmungen gefasst wird. Durch diesen Beschluss werden die zu ändernden Bestimmungen im einzelnen festgelegt.

3. Ist die Verfassungsänderung beschlossen, entscheidet das nächste Parlament in seiner ersten Sitzungsperiode über die zu ändernden Bestimmun-

gen mit absoluter Mehrheit der Gesamtzahl seiner Mitglieder.

4. Stimmt einem Verfassungsänderungsvorschlag zwar die Mehrheit der Gesamtzahl der Abgeordneten zu, jedoch nicht die nach Absatz 2 erforderliche Mehrheit von drei Fünftel derselben, kann das nächste Parlament in seiner ersten Sitzungsperiode mit einer Mehrheit von drei Fünftel der Gesamtzahl seiner Mitglieder über die zu ändernden Bestimmungen entscheiden.

5. Jede beschlossene Verfassungsänderung wird innerhalb von zehn Tagen nach ihrer Verabschiedung durch das Parlament im Regierungsblatt verkündet und durch besonderen Parlamentsbeschluss in Kraft gesetzt.

6. Eine Verfassungsänderung vor dem Ablauf von fünf Jahren nach dem Abschluss der vorhergehenden ist unzulässig.

## III. Abschnitt
## Übergangsbestimmungen

### Artikel 111

1. Mit dem Inkrafttreten dieser Verfassung treten Bestimmungen von Gesetzen oder Rechtsverordnungen, die ihr widersprechen, außer Kraft.

2. Verfassungsakte, die vom 24. Juli 1974 bis zur Einberufung des V. Verfassungsändernden Parlaments erlassen wurden, sowie dessen Verfassungsbeschlüsse, bleiben auch mit ihren dieser Verfassung widersprechenden Bestimmungen in Kraft, welche jedoch durch Gesetze abgeändert oder aufgehoben werden dürfen. Mit Inkrafttreten der Verfassung tritt die Bestimmung des Artikels 8 des Verfassungsaktes vom 3/3. September 1974 über die Altersgrenze von Hochschulprofessoren außer Kraft.

3. In Kraft bleiben : a) Artikel 2 der Präsidialverordnung Nr. 700 vom 9/9. Oktober 1974 „Über die teilweise Wiederinkraftsetzung der Artikel 5, 6, 8, 10, 12, 14, 95 und 97 der Verfassung und Aufhebung des Gesetzes über den Ausnahmezustand" und b) die Gesetzesverordnung Nr. 167 vom 16/16. November 1974 „Über Gewährung des Rechtsmittels der Berufung gegen die Entscheidungen des Militärgerichts"; sie dürfen jedoch durch Gesetz abgeändert oder außer Kraft gesetzt werden.

4. Der Verfassungsbeschluss vom 16/29. April 1952 bleibt für sechs Monate nach dem Inkrafttreten dieser Verfassung in Kraft. Innerhalb dieser Frist dürfen die in Artikel 3 Absatz 1 dieses Verfassungsbeschlusses erwähnten Verfassungsakte und -beschlüsse durch Gesetz abgeändert, ergänzt oder außer Kraft gesetzt oder über ihre Geltungsdauer

hinaus ganz oder teilweise in Kraft belassen werden, sofern die abgeänderten, ergänzten oder in Kraft belassenen Bestimmungen nicht gegen diese Verfassung verstoßen.

5. Griechen, denen die Staatsangehörigkeit bis zum Inkrafttreten dieser Verfassung in irgendeiner Weise entzogen worden ist, erwerben sie nach Entscheidung von besonderen, aus richterlichen Amtsträgern bestehenden Ausschüssen wieder; das Nähere regelt ein Gesetz.

6. In Kraft bleibt die Bestimmung des Artikels 19 der Gesetzesverordnung Nr. 3370/1955 „Über das Griechische Staatsangehörigkeitsgesetzbuch", bis sie durch Gesetz außer Kraft gesetzt wird.

### Artikel 112

1. Bei Gegenständen, zu deren Regelung durch Bestimmungen dieser Verfassung der Erlass von Gesetzen ausdrücklich vorgesehen ist, bleiben bis zum Erlass der jeweiligen Gesetze die bei Inkrafttreten der Verfassung bestehenden Gesetze oder Rechtsverordnungen in Kraft mit Ausnahme der dieser Verfassung widersprechenden Bestimmungen.

2. Die Bestimmungen der Artikel 109 Absatz 2 und 79 Absatz 8 finden Anwendung mit dem Inkrafttreten der in ihnen vorgesehenen besonderen Gesetze, die spätestens bis Ende des Jahres 1976 erlassen werden. Bis zum Inkrafttreten des im Artikel 109 Absatz 2 vorgesehenen Gesetzes bleibt es bei der bei Inkrafttreten dieser Verfassung bestehenden Verfassungs- und Gesetzesregelung.

3. Die Aufgaben der Professoren ruhen von ihrer Wahl zum Abgeordneten im Sinne des Verfassungsaktes vom 5. Oktober 1974 während dieser Legislaturperiode nicht, soweit sie die Lehre, die Forschung, die schriftstellerische Tätigkeit und die wissenschaftliche Betätigung in den Laboratorien und Seminaren der eigenen Fakultäten betreffen; ausgeschlossen ist jedoch deren Beteiligung an der Verwaltung der Fakultäten und der Wahl des Lehrpersonals im allgemeinen oder bei der Prüfung von Studenten.

4. Die Anwendung des Artikels 16 Absatz 3 über die Dauer der Schulpflicht wird durch Gesetz innerhalb von fünf Jahren nach Inkrafttreten dieser Verfassung vervollständigt.

### Artikel 113

1. Die Geschäftsordnung des Parlaments sowie die damit zusammenhängenden Verfassungsbeschlüsse und die Gesetze über die Arbeitsweise des Parlaments bleiben bis zum Inkrafttreten der neuen Geschäftsordnung des Parlaments in Kraft, soweit sie nicht dieser Verfassung widersprechen.

Auf die Arbeitsweise der Abteilungen des Parlaments nach Artikel 70 und 71 dieser Verfassung finden die Bestimmungen der letzten Geschäftsordnung des Besonderen Gesetzgebungsausschusses nach Artikel 35 der Verfassung vom l. Januar 1952 sowie die näheren Bestimmungen des Artikels 3 des Verfassungsbeschlusses A vom 24. Dezember 1974 ergänzungsweise Anwendung. Bis zum Inkrafttreten der neuen Geschäftsordnung des Parlaments besteht der Ausschuss nach Artikel 71 der Verfassung aus sechzig ordentlichen und dreißig stellvertretenden Mitgliedern, die vom Präsidenten des Parlaments aus der Mitte aller Parteien und Gruppen entsprechend ihrer Stärke ausgewählt werden. Ergeben sich bis zur Veröffentlichung der neuen Geschäftsordnung Zweifel über die jeweils anzuwendenden Bestimmungen, entscheidet das Plenum oder die Abteilung des Parlaments, bei deren Arbeit die Frage aufgetreten ist.

### Artikel 114

1. Die Wahl des ersten Präsidenten der Republik muss spätestens innerhalb eines Monats nach der Veröffentlichung der Verfassung in einer besonderen Sitzung des Parlaments stattfinden, das mindestens fünf Tage vorher von seinem Präsidenten einberufen wird; die Bestimmungen der Geschäftsordnung des Parlaments über die Wahl seines Präsidenten finden entsprechende Anwendung.

Der gewählte Präsident der Republik übernimmt die Wahrnehmung seiner Aufgaben nach der Eidesleistung innerhalb von spätestens fünf Tagen nach seiner Wahl.

Das Gesetz nach Artikel 49 Absatz 4 über die Verantwortlichkeit des Präsidenten der Republik ist bis zum 31. Dezember 1975 zu erlassen.

Bis zum Inkrafttreten des Gesetzes nach Artikel 33 Absatz 3 finden die Bestimmungen über den vorläufigen Präsidenten der Republik Anwendung.

2. Bis zum Inkrafttreten dieser Verfassung und bis zur Übernahme seiner Aufgaben durch den endgültigen Präsidenten der Republik übt der vorläufige Präsident der Republik die durch diese Verfassung dem Präsidenten der Republik zugesprochenen Zuständigkeiten unter den Einschränkungen des Artikels 2 des durch das V. Verfassungsändernde Parlament verabschiedeten Verfassungsbeschlusses B vom 24. Dezember 1974 aus.

### Artikel 115

1. Bis zum Erlass des in Artikel 86 Absatz l vorgesehenen Gesetzes finden die bestehenden Bestimmungen über Verfolgung, Untersuchung und Aburteilung der in Artikel 49 Absatz l und Artikel 85 erwähnten Handlungen und Unterlassungen Anwendung.

2. Das in Artikel 100 vorgesehene Gesetz ist spätestens innerhalb eines Jahres nach Inkrafttreten der Verfassung zu erlassen. Bis zu seinem Erlass und bis zum Beginn der Tätigkeit des zu errichtenden Besonderen Obersten Gerichtshofes gilt folgendes:

a) Die sich aus Artikel 55 Absatz 2 und aus Artikel 57 ergebenden Fragen werden durch Beschluss des Parlaments nach den die personellen Fragen betreffenden Bestimmungen seiner Geschäftsordnung gelöst;

b) Gültigkeit und Ergebnis einer nach Artikel 44 Absatz 2 durchgeführten Volksabstimmung wird geprüft und Einsprüche nach Artikel 58 gegen die Gültigkeit und das Ergebnis der Parlamentswahlen werden entschieden von dem in Artikel 73 der Verfassung vom 1. Januar 1952 vorgesehenen Besonderen Gerichtshof; dabei findet das Verfahren der Artikel 116ff. der Präsidialverordnung Nr. 650/1974 Anwendung.

c) Für die Konfliktserhebungen nach Artikel 100 Absatz 1 Satz 4 ist das Konfliktserhebungsgericht nach Artikel 85 der Verfassung vom 1. Januar 1952 zuständig; die Gesetze über die Organisation, die Arbeitsweise und das Verfahren vor diesem Gericht bleiben vorläufig in Kraft.

3. Bis zum Inkrafttreten des Gesetzes nach Artikel 99 werden die Anklagen wegen Rechtsbeugung gemäss Artikel 110 der Verfassung vom 1. Januar 1952 von dem dort vorgesehenen Gericht und in dem zur Zeit der Verkündung dieser Verfassung geltenden Verfahren abgeurteilt.

4. Bis zum Inkrafttreten des in Artikel 87 Absatz 3 vorgesehenen Gesetzes und bis zur Errichtung der in Artikel 90 Absatz 1 und 2 und Artikel 91 vorgesehenen Gerichts- und Disziplinarräte bleiben die beim Inkrafttreten dieser Verfassung bestehenden einschlägigen Bestimmungen in Kraft. Die diese Fragen regelnden Gesetze sind spätestens innerhalb eines Jahres nach Inkrafttreten dieser Verfassung zu erlassen.

5. Bis zum Inkrafttreten der in Artikel 92 erwähnten Gesetze bleiben die beim Inkrafttreten dieser Verfassung bestehenden Bestimmungen in Kraft. Diese Gesetze sind spätestens innerhalb eines Jahres nach Inkrafttreten dieser Verfassung zu erlassen.

6. Das in Artikel 57 Absatz 5 vorgesehene besondere Gesetz ist innerhalb von sechs Monaten nach Inkrafttreten dieser Verfassung zu erlassen.

7. *Die im vorletzten Satz des Absatzes 1 des Artikel 57 vorgesehene Unvereinbarkeit von Beruf und Abgeordnetentätigkeit tritt mit Verkündung des mit derselben Bestimmung vorgesehenen Gesetzes, spätestens jedoch am 1. 1. 2003 in Kraft.*

### Artikel 116

1. Bestimmungen, die Artikel 4 Absatz 2 entgegenstehen, bleiben bis zu ihrer Aufhebung durch Gesetz, spätestens jedoch bis zum 31. Dezember 1982 in Kraft.

2. *Die Vornahme von positiven Maßnahmen zur Förderung der Gleichheit zwischen Männern und Frauen bedeutet keine Unterscheidung aufgrund der Geschlechter. Der Staat sorgt sich um die Beseitigung der Ungleichheit die in der Praxis hauptsächlich zu Lasten der Frauen besteht.*

3. Von Ministern erlassene Rechtsverordnungen sowie Bestimmungen von Tarifverträgen oder Schiedsentscheidungen über die Regelung des Arbeitsentgelts, die den Bestimmungen des Artikels 22 Absatz 1 entgegenstehen, bleiben bis zu ihrer Ersetzung in Kraft; diese muss jedoch spätestens innerhalb von drei Jahren nach Inkrafttreten dieser Verfassung erfolgen.

### Artikel 117

1. Die in Anwendung des Artikels 104 der Verfassung vom 1. Januar 1952 bis zum 21. April 1967 erlassenen Gesetze sind als nicht verfassungswidrig anzusehen und bleiben in Kraft.

2. In Abweichung von Artikel 17 ist die gesetzliche Regelung sowie die Auflösung noch bestehender Pachten und sonstiger Grundlasten, der Abkauf des Obereigentums von Erbpachten seitens der Erbpächter sowie die Abschaffung und Regelung besonders dinglicher Rechtsverhältnisse zulässig.

3. Öffentliche oder private Wälder oder Waldgebiete, die durch Brand zerstört werden oder zerstört worden sind oder sonst wie entwaldet sind oder entwaldet werden, verlieren nicht aus diesem Grunde ihre vor der Zerstörung bestehende Eigenschaft und werden zu aufzuforstenden Gebieten erklärt, deren Verwendung zu einem sonstigen Zweck ausgeschlossen ist.

4. Die Enteignung von Wäldern oder Waldgebieten, die natürlichen oder juristischen Personen des privaten oder öffentlichen Rechts gehören, ist nur zugunsten des Staates gemäss Artikel 17 zum Wohle der Allgemeinheit und unter Bewahrung ihrer Eigenschaft als Wald zulässig.

5. Die bis zur Anpassung der bestehenden Enteignungsgesetze an die Bestimmungen dieser Verfassung verfügten oder noch zu verfügenden Enteignungen werden nach den zur Zeit der Verfügung geltenden Bestimmungen geregelt.

6. Artikel 24 Absätze 3 und 5 findet nur auf die nach Inkrafttreten der dort vorgesehenen Gesetze anerkannten oder neugestalteten Wohngebieten Anwendung.

7. *Die Geltung der revidierten Bestimmung des ersten Satzes des Absatzes 4 des Artikels 17 tritt ab der*

*Geltung des diesbezüglichen Ausführungsgesetzes, jedenfalls ab dem 1. 1. 2002 in Kraft.*

### Artikel 118

1. Nach Inkrafttreten dieser Verfassung treten die richterlichen Amtsträger vom Rang des Berufungsgerichtspräsidenten oder Oberstaatsanwaltes oder von einem entsprechenden Rang an, wie bisher mit Vollendung des siebzigsten Lebensjahres in den Ruhestand; diese Altersgrenze verringert sich vom Jahr 1977 an um ein Jahr jährlich bis zum siebenundsechzigsten Lebensjahr.

2. Oberste Richter und Staatsanwälte, die bei Inkrafttreten des Verfassungsaktes vom 4/5. September 1974 „Über Wiederherstellung der Ordnung in der Gerichtsbarkeit" nicht im Dienst waren und aufgrund desselben Verfassungsaktes in ihrem Dienstgrad wegen des Zeitpunktes ihrer Beförderung zurückgestuft wurden, ohne dass sie nach Artikel 6 desselben Verfassungsaktes disziplinarisch verfolgt wurden, sind vom zuständigen Minister innerhalb von drei Monaten nach Inkrafttreten dieser Verfassung an den Obersten Disziplinarrat zu verweisen.

Der Oberste Disziplinarrat entscheidet darüber, ob die Umstände der Beförderung das Ansehen und die besondere Dienststellung des Beförderten beeinträchtigt haben; ebenso entscheidet er endgültig über den Wiedererwerb des ipso iure verlorenen Dienstgrades und der damit zusammenhängenden Rechte; Dienstbezüge oder Ruhegehalt sind nicht rückwirkend zu erstatten. Die Entscheidung ist innerhalb von drei Monaten nach der Verweisung zu erlassen.

Die engen Hinterbliebenen eines in seinem Dienstgrad herabgesetzten, verstorbenen richterlichen Amtsträgers dürfen alle den Prozessbeteiligten zustehenden Rechte vor dem Obersten Disziplinarrat ausüben.

3. Bis zum Erlass des in Artikel 101 Absatz 3 vorgesehenen Gesetzes finden die bestehenden Bestimmungen über Verteilung der Zuständigkeiten zwischen zentralen und regionalen Dienststellen Anwendung. Diese Bestimmungen dürfen dahingehend abgeändert werden, dass besondere Zuständigkeiten von den zentralen auf die regionalen Dienststellen übertragen werden.

4. *Die Präsidenten der höchsten Gerichte, der Generalstaatsanwalt, die Generalstaatsvertreter bei den Verwaltungsgerichten und beim Rechnungshof, sowie der Vorsitzende des juristischen Rates des Staates, die im Zeitpunkt des Inkrafttretens der revidierten Bestimmung des Absatzes 5 des Artikels 90 Dienst tun, treten vom Dienst gemäß der Vorschrift des Absatzes 5 des Artikels 88 zurück.*

5. *Die Geltung der revidierten Bestimmungen der Absätze 2 und 3 des Artikels 88 tritt ab der Geltung des diesbezüglichen Ausführungsgesetzes, jedenfalls ab dem 1. 1. 2002 in Kraft.*

6. *Die im Gesetz 2190/1994 in seiner jetzigen Fassung festgelegten Ausnahmen bezüglich der Zuständigkeiten des höchsten Rates der Personalauswahl gelten weiter fort.*

7. *Die gesetzgeberischen Regelungen, welche die Ordnung des Dienststatus des Personals, welches unter den Absatz 8 des Artikels 103 fällt, zum Gegenstand haben, bestehen bis zur Vollendung der diesbezüglichen Verfahren in ihrer Geltung fort.*

### Artikel 119

1. Durch Gesetz kann die in irgendeiner Weise gegebene Unzulässigkeit von Aufhebungsanträgen gegen Akte, die vom 21. April 1967 bis zum 23. Juli 1974 erlassen wurden, beseitigt werden, gleich ob ein solcher Antrag gestellt worden ist oder nicht; Bezüge werden einem obsiegenden Antragsteller jedoch nicht rückwirkend erstattet.

2. Angehörige der Streitkräfte oder Staatsbeamte, die nach dem Gesetz ipso iure in ihre früheren öffentlichen Stellen wieder eingesetzt werden, können, sofern sie bereits Abgeordnete geworden sind, innerhalb von acht Tagen zwischen dem Abgeordnetenmandat und der öffentlichen Stelle wählen.

## IV. Abschnitt
## Schlussbestimmung

### Artikel 120

1. Diese Verfassung, beschlossen durch das V. Verfassungsändernde Parlament der Griechen, wird von seinem Präsidenten unterzeichnet, vom vorläufigen Präsidenten der Republik durch eine von dem Ministerrat gegengezeichnete Verordnung im Regierungsblatt verkündet; sie tritt am 11. Juni 1975 in Kraft.

2. Die Treue zur Verfassung und den mit ihr in Einklang stehenden Gesetzen sowie die Hingabe an das Vaterland und die Demokratie sind eine Grundpflicht für alle Griechen.

3. Jede Usurpation der Volkssouveränität und der sich daraus ergebenden Gewalten wird nach Wiederherstellung der rechtmäßigen Ordnung verfolgt; erst zu diesem Zeitpunkt beginnt die Verjährung der Straftat.

4. Die Einhaltung dieser Verfassung wird dem Patriotismus der Griechen anvertraut; sie sind berechtigt und verpflichtet, gegen jeden, der es unternimmt, die Verfassung mit Gewalt aufzulösen, mit allen Mitteln Widerstand zu leisten.

(Veröffentlicht in dieser revidierten Fassung im griechischen Regierungsblatt A 85 / 18. 04. 2001)

# Die Verfassungsentwicklung in Estland von 1992 bis 2001

von

## Dr. Wolfgang Drechsler

Professor für Verwaltungs- und Staatswissenschaften an der Universität Tartu

und

## Taavi Annus, LL.M.

Lektor am Lehrstuhl für Verwaltungs- und Staatswissenschaften der Universität Tartu

## I. Einleitung

Die Verfassung der Republik Estland, die vor nunmehr einer Dekade – bald nach Untergang der Sowjetunion – durch Referendum vom 28. Juni 1992 angenommen wurde,[1] hat mittlerweile eine fast ebenso lange Zeit der Anwendung absolviert. An die Verfassung waren mit Recht hohe Erwartungen geknüpft worden, u.a. war sie als „sehr modernes, in vielen Punkten äußerst innovatives Dokument" bezeichnet worden, welches für die vergleichende Verfassungsjurisprudenz interessant bleiben dürfte.[2] Die einzelnen Bestimmungen der Verfassung sind bereits mehrfach beschrieben und analysiert worden, weswegen im vorliegenden Aufsatz vor allem die Entwicklung Anwendung dargestellt und damit auch diskutiert werden soll, ob auch die estnische Verfassungsjurisprudenz diesen hohen Erwartungen gerecht geworden ist.[3] Vor allem werden wir die Rechtsprechung des Staatsgerichtshofs, des estnischen obersten Ge-

---

[1] Eine deutsche Übersetzung von *H.-J. Uibopuu* findet sich in Brunner (Hrsg.), VSO, Estland, 1.1.a; wiederabgedruckt in *C. Thiele*, Selbstbestimmungsrecht und Minderheitenschutz in Estland, 1999, S. 190ff. Auf Englisch siehe *State Chancellery of the Republic of Estonia and the Estonian Translation and Legislative Support Centre* (Hg.), Eesti Vabariigi põhiseadus / The Constitution of the Republic of Estonia, 1996. Einführend siehe *R. Steinberg*, Die neuen Verfassungen der baltischen Staaten, in: JöR 43 (1995), S. 55ff.; *S. Kofmel*, Rechtsentwicklung in Baltikum: die neue Verfassung der Republik Estland vom 28. Juni 1992, ZaöRV, 53. Jg. (1993) Nr. 1, S. 135ff.; *M.H. Wiegandt*, Grundzüge der estnischen Verfassung von 1992, in: JöR 45 (1997), S. 151ff., die wohl beste Veröffentlichung zu diesem Thema.

[2] *M.H. Wiegandt* (Fn. 1), S. 174.

[3] Für eine allgemeinen Beschreibung des estnischen Staatsrechts siehe *R. Narits / K. Merusk*, Estonia, in: International Encyclopaedia of Laws. Constitutional Law, 1999; auf Estnisch *T. Annus*, Riigiõigus [Verfassungsrecht], 2001. Über die estnische Verfassungsentwicklung wird regelmäßig in der East European Constitutional Review von *V. Pettai* berichtet.

richts, und besonders seiner Verfassungskammer[4] behandeln (obwohl Estland kein selbständiges Verfassungsgericht hat, wurden dem Staatsgerichtshof die Funktionen des Verfassungsgerichts zugeordnet[5]), unter Einbeziehung zumal der deutschen Literatur.[6] Hierbei liegt der Schwerpunkt auf der Darstellung des notwendigen Diskussions- und auch Handlungsbedarfs. Bei solch einem Verfahren ergibt sich naturgemäß eine gewisse Konzentration auf Schwächen und Fehlstellen der Verfassungsentwicklung, was nicht davon abhalten sollte, diese, zumal im Vergleich mit Ländern ähnlichen Hintergrunds, als insgesamt erfolgreich zu bezeichnen.

## II. Staatskontinuität oder Staatsgründung?

Die estnische Verfassung wurde laut Präambel „aufgrund § 1 der 1938 in Kraft getretenen Verfassung"[7] durch Referendum angenommen. Anders als Lettland hat Estland sich nie für eine Fortgeltung der Verfassung von 1938 entschieden, jedoch hat die These der Staatskontinuität für die heutige Republik Estlands konstitutiven Charakter. Die Staatskontinuität ist daher ein Tabuthema des öffentlichen Diskurses.[8]

Die praktische Ausführung der Staatskontinuität ist jedoch in den vergangenen

---

[4] Der Begriff Staatsgerichtshof (oder Staatsgericht) entspricht am besten dem estnischen Begriff *Riigikohus*, weniger passend ist „Oberstes Gericht" oder „Nationalgericht"; vgl. *M.H. Wiegandt* (Fn. 1), S. 167.

[5] Der Staatsgerichtshof hat vier Kammern, von denen eine oder das Plenum zu Verfassungsfragen entscheiden. Zum System des estnischen Verfassungsprozesses *R. Maruste / H. Schneider*, Constitutional Review in Estonia – its Principal Scheme, Practice and Evaluation, in: *R. Müllerson / M. Fitzmaurice / M. Andenas* (Eds.), Constitutional Reform and International Law in Central and Eastern Europe, 1998, S. 91 ff.; *P. Roosma*, Constitutional Review under the 1992 Constitution, Juridica International 3 (1998), S. 35 ff.; *T. Marauhn*, Supreme Court or Separate Constitutional Court: The Case of Estonia, European Public Law 5 (1999), S. 301 ff.

[6] In Estland erscheint nur eine einzige juristische Zeitschrift, „Juridica", herausgegeben von der Juristischen Fakultät der Universität Tartu [ehem. Dorpat]. Die Artikel sind mit englischsprachigen Kurzzusammenfassungen versehen. Jährlich eine englischsprachige Ausgabe, „Juridica International", veröffentlicht, die für den ausländischen Leser wohl die beste Quelle für Diskussionen zum estnischen Rechtssystem ist. Rechtswissenschaftliche Abhandlungen auf Englisch oder Deutsch kann man auch in der geistes- und sozialwissenschaftlichen Zeitschrift „Trames" finden. Estnische wissenschaftliche Monographien gibt es kaum; selbständige Veröffentlichungen sind überwiegend entweder (Kurz-) Lehrbücher oder Übersetzungen ausländischer, nicht Estland-bezogener Texte (siehe aber unten Fn. 87). Für der Herbst 2002 ist das Erscheinen eines vom Justizministerium in Auftrag und von *E.-J. Truuväli* herausgegebenen Verfassungskommentars geplant.

[7] Im Folgenden verwenden wir die Übersetzung von Uibopuu. Sie ist jedoch nicht ganz fehlerfrei; so bestimmt § 64 Abs. 2 Nr. 4 der Verfassung, daß das Mandat eines Parlamentsmitgliedes vorzeitig erlischt, wenn, so Uibopuu, „die Staatsversammlung entschieden hat, daß er ständig unfähig ist, seine Aufgaben zu erfüllen." Statt Staatsversammlung (d.h. Parlament, *Riigikogu*) muß es jedoch Staatsgerichtshof (*Riigikohus*) heißen.

[8] Zur Staatskontinuitätsfrage siehe *W. Drechsler,* The Estonian State at the Threshold of the 21st Century, in: Eesti maailmas 21. sajandi künnisel, Conference in Honor of the President of the Republic of Estonia, Lennart Meri, on Occasion of his 70th Birthday, Aula Lectures, University of Tartu, 1999, S. 27 ff.; *L. Mälksoo,* Professor Uluots, the Estonian Government in Exile and the Continuity of the Republic of Estonia in International Law, Nordic Journal of International Law 69 (2000), S. 289 ff.; *R. Müllerson*, The Continuity and Succession of States, by Reference to the Former USSR and Yugoslavia, International and Comparative Law Quarterly 42 (1993), S. 473 ff.; *T. Kerikmäe / H. Vallikivi*, State Continuity in the Light of Estonian Treaties Concluded before World War II, Juridica International 5 (2000), S. 30 ff.; *M.H Wiegandt* (Fn. 1), S. 153.

zehn Jahren nicht konsequent gehandhabt und nur in einigen Fällen bedeutsam geworden. Die bei weitem folgenreichste der darauf beruhenden politischen Entscheidungen ist die Wiederanwendung des Staatsangehörigkeitsgesetzes von 1938[9] mit der Folge, daß Menschen, die in Zeiten der Sowjetunion nach Estland übersiedelten, die Staatsbürgerschaft nur durch einen Einbürgerungsprozeß erlangen konnten und können.[10] Ein anderer in diesem Zusammenhang relevanter Bereich ist der des Eigentums der Republik Estland.[11] Auch der Staatsgerichtshof[12] hat in völkerrechtlichen Disputen die Kontinuitätsthese vertreten.[13]

In den meisten dem Gericht vorgelegten Fällen wurde die Kontinuität und eine vollständige *restitutio ad integrum* aber abgelehnt, was sicher auch die einzig praktikable Möglichkeit ist. Während der allgemeinen Eigentumsreform wurde ehemaligen Eigentümern nur ein subjektives Recht auf Rückerstattung und kein Recht auf Vindikation zugesprochen.[14] Bis zur Übertragung des Eigentums bleibt der estnische Staat selbst Eigentümer.[15]

Die Frage der estnisch-russischen Grenze bleibt weiterhin ungelöst. Einen Vertrag zwischen Estland und der Russischen Föderation gibt es bisher nicht. Der Friedensvertrag von Dorpat vom 2. Februar 1920[16], der laut § 122 Abs. 1 der estnischen Verfassung[17] die Grenzen festschreibt, bleibt ohne praktische Bedeutung, da Rußland ihn als

---

[9] Übersetzung in *W. Meder*, Das Staatsangehörigkeitsrecht der UdSSR und der baltischen Staaten, 1950, S. 89ff.

[10] *C. Thiele* (Fn. 1), S. 63ff. Dadurch bleiben nach zehn Jahren Unabhängigkeit noch fast 300 000 Einwohner ohne estnische Staatsangehörigkeit; mehr als 100 000 haben diese bekommen; etwa 100 000 weitere Einwohner haben sich für die russische Staatsangehörigkeit entschieden. Die genaue Zahl der russischen Staatsangehörigen in Estland ist unbekannt.

[11] Z.B. die Gebäude der diplomatischen Vertretungen im Ausland (darunter diejenige im Berliner Tiergarten) oder die nach dem Zweiten Weltkrieg in England befindlichen und jetzt zurückgegebenen Goldreserven. Jedoch werden alte Schulden nicht konsequent zurückgezahlt, siehe Paper Chase, The Economist, 18. Nov. 2000, S. 88.

[12] Englische Übersetzungen der Entscheidungen der Verfassungskammer des Staatsgerichtshofs werden im Internet unter *www.nc.ee* (Stand Jul. 2001) veröffentlicht. Die Entscheidungen der Zivil-, Straf- und Verwaltungskammer werden nicht übersetzt. Sie werden hier nach dem Veröffentlichungsort im estnischen amtlichen Anzeiger *Riigi Teataja* (RT) zitiert.

[13] Entscheidung vom 21. Dez. 1994. Der Staatsgerichtshof entschied, daß die Okkupation Estlands nach dem Zweiten Weltkrieg völkerrechtswidrig war, und daß damit die Streitkräfte der Sowjetunion nie Eigentümer estnischen Bodens und estnischer Gebäude geworden sind. Damit wurde ein Gesetz für verfassungskonform erklärt, das alle Verkaufsverträge mit sowjetischen Streitkräften über Boden und Gebäude für nichtig erklärte. Zur Staaskontinuitätsdiskussion siehe allgemein *C. Marek*, Identity and Continuity in Public International Law, Genf 1968.

[14] Als Estland der Europäischen Konvention zum Schutze der Menschenrechte und Grundfreiheiten beitrat, die eine Eigentumsschutzklausel beinhaltet, geschah dies unter Vorbehalt bezüglich der Eigentumsreform, da derartige subjektive Rechte auch gegen jetzige gutgläubige Besitzer durchgesetzt werden können. Eine verfassungsrechtliche Diskussion wurde jedoch nicht ausgelöst, obwohl § 32 der Verfassung eine ebensolche Eigentumsgarantie festsetzt. Die Besitzer versuchten vielmehr, politische Mittel zum Schutz ihrer Rechte einzusetzen, was aber ohne Erfolg blieb. Auf der Verfassung basierende Klagen gegen die Restitution wurden erst nach mehreren Jahren erhoben, als die Gerichtsschutzfristen bereits weitgehend abgelaufen waren.

[15] Z.B. die Entscheidung der Verwaltungskammer vom 8. Dez. 1995 (RT III 1996, 5, 72).

[16] RT 24/25 (1920); League of Nations Treaty Series 11 (1932), S. 30ff.

[17] Im Folgenden beziehen sich alle Paragraphenangaben ohne weitere Kennzeichnung auf die Verfassung der Republik Estland.

mittlerweile ungültig betrachtet. Das Prinzip, das die Russische Föderation benutzt, ist klar – *ex factis ius oritur*. Dies stellt den Gegenpol des von estnischen Politikern verwendeten *ex iniuria ius non oritur* dar.[18] Verhandlungen über einen neuen Grenzvertrag brachten, selbst nach zehn Jahren Unabhängigkeit, immer noch keine Ergebnisse.[19]

Vielleicht das größte Problem in diesem Zusammenhang ist aber die Tatsache, daß die Diskussion in Estland sich vor allem auf den Beweis der Kontinuität an sich konzentriert. Die praktischen Folgen und notwendigen Maßnahmen für den heutigen Staat, sowohl innerstaatlich als auch in völkerrechtlicher Hinsicht, sind bisher ungeklärt. Das ausschließliche Rekurrieren auf die Kontinuitätsthese, die als Grundlage der politischen und nationalen Identität des Staates gesehen wird, läßt jedenfalls außer Acht, daß faktisch jetzt durchaus ein anderer Staat besteht als vor dem Zweiten Weltkrieg.[20]

## III. Hauptprinzipien der Verfassung

Die Hauptprinzipien der estnischen Republik entsprechen weitgehend den in Europa gemeinhin akzeptierten Werten. Laut Kommissionsbericht der Europäischen Union (EU) erfüllt Estland die von ihr gesetzten politischen Kriterien für Beitrittskandidaten, da es die Merkmale eines demokratischen Staates aufweist und stabile Institutionen besitzt, die Rechtsstaatlichkeit und den Schutz der Menschenrechte gewährleisten.[21] Jedoch ergeben sich durch die stark nationalstaatliche Tendenz der Verfassung und ihrer Interpretation immer wieder Spannungen.

### 1. Demokratie

Das Demokratieprinzip ist in der estnischen Verfassung von erheblicher Bedeutung. Die Entwicklung hat gezeigt, daß die demokratischen Institutionen gut funktionieren und daß keine grundsätzlichen Probleme aufgetreten sind. Es gibt jedoch einige Bereiche, in denen die Entwicklung besser verlaufen könnte.

### a) Minderheitenschutz

Der Minderheitenschutz ist der außerhalb Estlands wohl meistdiskutierte Aspekt des estnischen Rechtssystems. Schon vor Annahme der Verfassung wurde besondere Vorsicht empfohlen, um die Prinzipien des Minderheitenschutzes, des Pluralismus und der Toleranz nicht zu vernachlässigen.[22] Seit Inkrafttreten der Verfassung wurde

---

[18]  *R. Müllerson* (Fn. 8), S. 487.

[19]  Es kann wohl gesagt werden, daß dies an rein strategischen Erwägungen der Russischen Föderation liegt.

[20]  Siehe das ausführliche Argument hierzu in *W. Drechsler* (Fn. 8), S. 27 ff.

[21]  *European Commission*, 2000 Regular Report from the Commission on Estonia's Progress towards Accession, 8. Nov. 2000, S. 20.

[22]  *P. Häberle*, Dokumentation von Verfassungsentwürfen und Verfassungen ehemals sozialistischer Staaten in (Süd)Osteuropa und Asien, in: JöR 43 (1995), S. 105 ff., S. 174, 179.

immer wieder geprüft, ob die estnischen Gesetze[23] dem Völkerrecht und der Verfassung entsprechen. Immer wieder wurde dabei festgestellt, daß höherrangige Normen nicht[24] oder nicht eindeutig verletzt werden;[25] allenfalls wird auf einige völkerrechtliche Probleme hingewiesen.[26] Es wird weiter die – auch sonst gelegentlich angeführte – Meinung vertreten, daß die estnische Situation eine Notwendigkeit der Neuauslegung völkerrechtlicher Regelungen erfordere; so soll etwa der Minderheitenbegriff auch diejenigen Volksgruppen einbeziehen, deren Mitglieder keine Staatsbürgerschaft besitzen.[27]

Gleichzeitig wird immer wieder auf Probleme hinsichtlich des Minderheitenschutzes hingewiesen, die nicht rechtlichen, sondern politischen Charakter haben. Das allgemeine Fehlen eines pluralistischen Konzepts in den osteuropäischen Verfassungen wird vielfach betont.[28] Wiegandt beschreibt diese Situation zutreffend: „Insgesamt ergibt sich ein sehr nationalistischer Zug der Verfassung, der den nichtestnischen Einwohnern sublim zu verstehen gibt, daß sie im Prinzip unerwünscht sind. Dabei wird dieser Weg zwar auf dem Boden geltenden Völkerrechts beschritten. Dieses wird auf der anderen Seite aber auch so weit wie möglich für die nationalistischen Ziele ausgeschöpft."[29] Die Entwicklung der estnischen Praxis zeigt in dieselbe Richtung.[30]

Der bekannteste und auch bedeutendste Fall in diesem Bereich ist jedoch ein rechtlicher, und zwar die durch Gesetz eingeführte Beschränkung des passiven Wahlrechts.[31] In Parlaments- und Kommunalwahlen kann nur kandidieren, wer ausreichend Estnisch beherrscht; die Überprüfung der Sprachkompetenz unterliegt der Wahlkommission. Diese Gesetzesbestimmung wird auch angewandt. Da die Verfassung (§ 60 i. V. m. § 12) und völkerrechtliche Verträge wie der Internationale Pakt über bürgerliche und politische Rechte (Art. 25 i. V. m. Art. 2 Abs. 1) und die Europäische Konvention zum Schutze der Menschenrechte und Grundfreiheiten (EMRK, Art. 3

---

[23] Die wichtigsten estnischen Gesetze werden von einer Behörde, dem „Zentrum für Juristische Übersetzung" (Estonian Legal Translation Centre), übersetzt und sind auf Englisch im Internet unter *www.legaltext.ee* (Stand Jul. 2001) verfügbar. Sie finden sich auch in der von derselbe Behörde herausgegebenen Veröffentlichung „Estonian Legislation in Translation".

[24] Zuletzt eindeutig *C. Schmidt*, Die Rechtsstellung der Minderheiten in Estland, in: *G. Brunner / B. Meissner* (Hrsg.), Das Recht der nationalen Minderheiten in Osteuropa, 1999, S. 327 ff. Ihr Fazit lautet: „Gegen völkerrechtliche Bestimmungen verstoßen Regelungen und Praxis sicherlich nicht", S. 349.

[25] *M. H. Wiegandt* (Fn. 1), S. 157 ff.

[26] *C. Thiele* (Fn. 1), S. 179 f. für die Zusammenfassung der Probleme; generell zum Thema *T. Annus*, German Authors on Estonian Minority Rights, Trames 3 (1999), S. 223 ff., mit der Besprechung von *G. Brunner / B. Meissner* (Fn. 24) und *C. Thiele* (Fn. 1).

[27] *C. Thiele* (Fn. 1), S. 182; viel vorsichtiger *R. Visek*, Creating the Ethnic Electorate through Legal Restorationism: Citizenship Rights in Estonia, Harvard International Law Journal 38 (1997), S. 315 ff., S. 356 f.

[28] *P. Häberle*, Verfassungsentwicklungen in Osteuropa – aus der Sicht der Rechtsphilosophie und der Verfassungslehre, in: AöR 117 (1992), S. 169 ff., S. 184.

[29] *M. H. Wiegandt* (Fn. 1), S. 159.

[30] Vgl. „Multiculturalism as such and in Estonia", Podiumsdiskussion mit *J. M. Berry, M. H. Bond* und *M. Heidmets*, geleitet und herausgegeben von *W. Drechsler*, Trames 2 (1998), S. 274 ff.

[31] Ebenfalls von Interesse ist in diesem Zusammenhang die Möglichkeit der Beschränkung des passiven Wahlrechts der ehemaligen Mitarbeiter der Sicherheitsorgane. Da das Einführungsgesetz zur Verfassung eine solche Beschränkung nur bis zum 31. Dez. 2000 vorgesehen hatte, wurde diskutiert, ob einfachgesetzlich eine Verlängerung möglich wäre. Am 21. Feb. 2001 fand eine erste Anhörung dazu statt; seitdem hat es jedoch keine weiteren Entwicklungen gegeben.

1. Zusatzprotokoll) Freiheit der Wahl und Diskriminierungsverbot auch hinsichtlich der Sprache garantieren, wird geltend gemacht, daß das Sprachgebot verfassungswidrig sei.[32]

Die Entscheidung der Verfassungskammer des Staatsgerichtshofs zu dieser Frage[33] fiel jedoch so aus, daß die Sprachanforderungen zwar das passive Wahlrecht beschränken und daher einen Eingriff in dieses Grundrecht darstellen, daß aber dieser Eingriff in einem demokratischen Staat notwendig sei. Die Präambel der Verfassung konstituiere nämlich „die Erhaltung des estnischen Volkes und der estnischen Kultur durch alle Zeiten" als Verfassungsziel, für deren Schutz die Sprachanforderungen eine sowohl notwendige als auch verhältnismäßige Maßnahme seien.[34] Zusätzlich wurde darauf hingewiesen, daß Demokratie „funktionieren" müsse und daß Parlamentsmitglieder ohne Sprachkenntnisse nicht an der Parlamentsarbeit ausreichend teilnehmen und daher keine vernünftigen Entscheidungen treffen könnten. Die Sprachanforderungen wurden damit für verfassungskonform erklärt. Eine Klage beim Europäische Gerichtshof für Menschenrechte (EGMR) wurde bisher nicht eingereicht.[35]

Nicht von Bedeutung ist bisher § 52 Abs. 2, der die Möglichkeit einer anderen Sprache als Estnisch für den inneren Geschäftsverkehr von Kommunen mit mehrheitlich anderssprachigen Einwohnern schafft,[36] da gemäß Sprachgesetz hierfür eine Genehmigung der Regierung notwendig ist.[37] Bisher hat die Regierung alle derartigen Anträge der Kommunen abgelehnt, von denen aber in Nordostestland viele fast rein russischsprachig sind. Diese und andere von der nationalstaatlichen Tendenz der Verfassung geleiteten Maßnahmen[38] haben auch der Europäischen Kommission Anlaß gegeben, den Integrationsprozeß in Estland zu kritisieren.[39]

## b) Kommunale Selbstverwaltung

Die kommunale Selbstverwaltung in Estland hat eine lange Tradition und ist im XIV. Kapitel der Verfassung verankert. Estland ist 1994 der Europäischen Charta der Kommunalen Selbstverwaltung des Europarates beigetreten. Zur Zeit gibt es in Estland 247 Gemeinden und Städte, die die einzige Selbstverwaltungsstufe darstellen.[40]

---

[32] *C. Thiele* (Fn. 1), S. 144: „Sprachanforderungen als Voraussetzung für ein passives Wahlrecht widersprechen sowohl der estnischen Verfassung als auch völkerrechtlich bindenden Verträgen".

[33] Entscheidung der Verfassungskammer von 4. Nov. 1998 (RT I 1998, 98/99, 1618).

[34] Dies entspricht auch der generellen Perspektive in Estland, zumal der der politisch-intellektuellen Elite, die einen engen Zusammenhang von Sprache und Identität vermutet und daher in vielen Bereichen diesbezügliche Regelungen aufstellt und auch implementiert.

[35] Jedoch wurde ein ähnlicher Fall gegen Lettland vom EGMR angenommen, s. Podkolzina contre la Lettonie, Décision sur la recevabilité de la requête n 46726/99, 8. Feb. 2001.

[36] „In Ortschaften, in denen Estnisch nicht die Sprache der Mehrheit der Einwohner ist, können die Kommunen im gesetzlich festgelegten Umfang und Verfahren die Sprache der Mehrheit der ständigen Einwohner dieser Ortschaft als interne Geschäftssprache verwenden." Sehr ähnlich lautete schon § 22 der Verfassung von 1920.

[37] § 11 des Sprachgesetzes, „Estonian Legislation in Translation" 2000, Nr. 4; abgedruckt in *C. Thiele* (Fn. 1), S. 241 ff.

[38] Übersichtlich vor allem *C. Thiele* (Fn. 1), *passim*.

[39] *European Commission* (Fn. 21), S. 20 ff.

[40] Bis 1993 hatte Estland auch eine zweite Ebene der Selbstverwaltung, die dann aber abgeschafft wurde. In der Verfassung wurde die Frage nach den Ebenen der Selbstverwaltung absichtlich offengelassen.

Die der kommunalen Selbstverwaltung zugrundeliegende Idee, den Bürgern die Möglichkeit zu geben, selbst für ihre kommunalen Angelegenheiten verantwortlich zu sein, ist in Estland aber in vielen Punkten gefährdet.

Zunächst betrifft dies die Frage der kommunalen Kompetenzen. Die Verfassung garantiert den Kommunen Selbstverantwortlichkeit in „Fragen des örtlichen Lebens" (§ 154 Abs. 1); eine Konkretisierung oder gar Definition dieser Bestimmung haben die Gerichte aber bisher nicht vorgenommen. In denjenigen Fällen, in denen der Staatsgerichtshof hier urteilen mußte, ging es für ihn jeweils um offensichtlich staatliche Fragen.[41] Der Staatsgerichtshof hat nie eindeutig festgestellt, daß der Gesetzgeber örtliche Angelegenheiten nicht durch Gesetze regeln und in den Kompetenzbereich der Gemeinden und Städte nicht eingreifen darf. Es wurde lediglich festgestellt, daß die Kommunen keiner gesetzlichen Ermächtigung fürs eigene Handeln bedürfen, wenn es um örtliche Angelegenheiten geht.[42] Auf der anderen Seite dürfen die Gemeinden und Städte ohne gesetzliche Ermächtigung nicht in die Grundrechte eingreifen.[43]

Stärker noch würde die kommunale Selbstverwaltung durch die seit einigen Jahren geplante und nach einem Regierungserlaß vom Juni 2001 nunmehr wohl anstehende Verwaltungsreform eingeschränkt, wenn diese auch in jüngster Zeit innerhalb der Regierungskoalition parteipolitisch umstritten ist. Obwohl die meisten Kommunen der Reform, gemäß der von den 247 Einheiten nur etwa 80 übrigbleiben würden, nicht zustimmen,[44] wird der Plan von den Zentralbehörden vehement verfolgt. Dabei wird der wirtschaftliche Nutzen nur postuliert, aber nicht einmal überschlagsmäßig kalkuliert (er wäre bestenfalls gering, wahrscheinlich sogar negativ); die Bedeutung der Selbstverwaltung für die Demokratie wird nicht bedacht.[45] In der Diskussion dieser Fragen, soweit sie vorkommt, wird die Herabstufung der Gemeinden und Städte zu bloßen Verwaltungseinheiten und die Zuweisung einer Rolle fast außerhalb des Staates kaum einmal problematisiert.[46]

---

Zur Übersicht über das estnische Selbstverwaltungssystem s. *T. Kungla*, Die estnischen Kommunen und ihre Finanzen, in: *W. Drechsler* (Hrsg.), Die selbstverwaltete Gemeinde: Beiträge zu ihrer Vergangenheit, Gegenwart und Zukunft in Estland, Deutschland und Europa, 1999, S. 111ff.

[41] Etwa in der Entscheidung vom 6. Sept. 1993 (RT I 1993, 61, 890, Referendum für eine Autonomie für einige nordöstliche Gemeinden) oder vom 9. Feb. 2000 (RT III 2000, 5, 45, Verkehrsregulierung an der Grenze).

[42] Entscheidung vom 22. Dez. 1998 (RT I 1998, 113/114, 1887; Einführung einer Gebühr zur Einfahrt in die Tallinner Altstadt).

[43] Entscheidung vom 6. Okt. 1997 (RT I 1997, 74, 1268, kommunale Sperrstunde für Minderjährige).

[44] *A. Ammas*, Alla 8000 elanikuga vallad kaovad [Gemeinden mit weniger als 8000 Einwohnern verschwinden], Eesti Päevaleht, 29. Dez. 2000; siehe Regierungserlaß vom 25. Jun. 2001 (RTL 2001, 80, 1102).

[45] Umfassend zur Gemeindegebietsreform *W. Drechsler*, Kommunale Selbstverwaltung und Gemeindegebietsreform: Deutsche Erfahrungen, prinzipielle Erwägungen, estnische Perspektiven, in: *ders.* (Hrsg.) (Fn. 40), S. 97ff.

[46] Die besondere Rolle der Kommunen zeigt sich auch darin, daß Parlamentsmitglieder an der Arbeit der Kommunalvertretungen teilnehmen können, obwohl sie laut Verfassung (§ 63 Abs. 1) „kein anderes Staatsamt ausüben" dürfen. Daß diese letztere Bestimmung alle Verwaltungspositionen umfaßt, wurde vom Staatsgerichtshof bestätigt, s. die Entscheidung der Verfassungskammer vom 2. Nov. 1994 (RT I 1994, 80, 1379). – Wir werden auch im Folgenden gelegentlich auf mangelnde gesellschaftliche Diskussion derartig zentraler Fragen stoßen. Wir müssen uns aber mit dem Hinweis selbst zufrieden geben, da „nationalpsychologische" Erwägungen nicht Sache dieses Aufsatzes sein können. Siehe aber *A. Annist*,

## 2. Rechtsstaat

Obwohl die Verfassung Estland nicht ausdrücklich zum Rechtsstaat erklärt,[47] hat
der Staatsgerichtshof den Rechtsstaatscharakter zu einem ihrer tragenden Prinzipien
werden lassen. Die allgemein anerkannten rechtsstaatlichen Prinzipien wie Gesetzes-
vorrang und -vorbehalt,[48] Gewaltenteilung,[49] Rechts- und Vertrauensschutz[50] sind gut
bekannt und haben auch einen mehr oder weniger klaren Inhalt bekommen.

Das Rechtsstaatsprinzip ist daher keine abstrakte Erscheinung mehr. Dennoch
kommt es nicht selten vor, daß die rechtsstaatlichen Prinzipien allzu starr gesehen
werden.[51] Das hängt schon mit dem unten (V.2.) behandelten Problem der Auslegung
zusammen, denn wenn man sich ausschließlich auf den Gesetzestext konzentriert, was
in Estland generell der Fall ist, wird der Rechtsstaat leicht zum unflexiblen Gesetzes-
staat.

Eines der wichtigsten rechtsstaatlichen Probleme selbst hat mit der Rolle der Gerichte in Öffentlichkeit und Staatsleben zu tun. Der Rechtsweg ist nicht nur etwas
Neues, sondern auch kompliziert und in vielen Fällen teuer. Noch fehlt ein effektives
System für eine Prozeßkostenhilfe in Zivil- und Verwaltungsverfahren,[52] obwohl dies
sogar ein menschenrechtliches Problem darstellen könnte.[53] Die Reputation der Gerichte ist ebenfalls nicht besonders hoch. Dazu tragen einige unpopuläre bzw. nicht
nachvollziehbare Entscheidungen[54] sowie gelegentliche Bestechungsaffären in bei
Gerichten liegenden Registern bei. Die Europäische Kommission hat – u.a. aufgrund
von Berichten des Justizministeriums – wiederholt auf die Schwächen des Justizsy-

---

Progress without Protest, Central European Review 2, No. 27, 10. Jul. 2000; historisch vgl. *W. Drechsler /
R. Kattel*, Karl Bücher in Dorpat, Trames 1, S. 322ff., S. 346ff.

[47] Auch von *M.H Wiegandt* (Fn. 1), S. 160, bemerkt.

[48] Übersichtlich *K. Merusk*, The Right to Issue Regulations and its Constitutional Limits in Estonia, Juridica International 1 (1996), S. 38ff., und die Entscheidung der Verfassungskammer vom 20. Dez. 1996
(RT I 1997, 4, 28).

[49] Übersichtlich H. Schneider, The Principle of Separate and Balanced Powers in Estonian Constitutions, Juridica International 2 (1997), S. 35ff. Aus der Rechtsprechung z.B. die Entscheidung der Verfassungskammer vom 2. Nov. 1994 (RT I 1994, 80, 1379), wonach Parlamentsmitglieder nicht im Bereich
der vollziehenden Gewalt tätig sein können, oder die vom 14. Apr. 1998 (RT I 1998, 36/37, 558), nach
der alle Verfassungsorgane eine gewisse Organisationsautonomie haben müssen, auch gegenüber dem Gesetzgeber. Also hat das Gewaltenteilungsprinzip eine Bedeutung bekommen, die auch den „Kernbereich"
der Funktionen der Verfassungsorgane schützt – a.A. *M.H Wiegandt* (Fn. 1), S. 168.

[50] Entscheidung der Verfassungskammer vom 30. Sept. 1994 (RT I 1994, 66, 1159), wonach eine Steuerbefreiung, die den Landwirten für fünf Jahre gewährt wurde, nicht vorzeitig aufgehoben werden konnte.

[51] Siehe *W. Drechsler*, Avalik haldus kui riigiteadus [Verwaltungswissenschaft als Staatswissenschaft], in
*ders.* (Hrsg.), Avaliku halduse alused [Grundlagen der Verwaltung(swissenschaft)], 1997, S. 11ff., S. 17.

[52] Im Strafprozeß wird ein Pflichtverteidiger vom Staat benannt. Alle bisherigen Versuche, ein allgemeines Rechtshilfesystem durch private, vom Staat berufene Anwälte oder durch Staatsbeamte zu garantieren, sind gescheitert.

[53] Airey vs Ireland, European Court of Human Rights Judgements and Decisions Series A (1979) 32
(Rechtshilfe in komplizierten Fällen nötig).

[54] Z.B. wurde eine Anwältin von der Anklage der Bestechung einer Richterin freigesprochen, obwohl
ihre Handlungen auf Videoband aufgezeichnet worden waren. Paradoxerweise hat das Gericht gerade in
dieser Entscheidung wichtige rechtsstaatliche Prinzipien verteidigt, da erklärt wurde, daß rechtswidrig er-
worbene Beweismittel nicht vor Gericht zulässig sind. Entscheidung der Strafkammer von 17. Juni 1997
(RT III 1997, 23, 244).

stems hingewiesen.[55] Das Spannungsverhältnis zwischen der Notwendigkeit einerseits, dieses weiter zu reformieren, und der Wahrung der Unabhängigkeit der Gerichte andererseits bleibt für Estland ein Problem.

### 3. Sozialstaat

Das Sozialstaatsprinzip hat noch keine eigenständige Bedeutung erlangt. Es bleibt abzuwarten, ob sich aus diesem Prinzip unmittelbar subjektive Rechte ergeben können. Mit der Ratifizierung verschiedener Artikel der Europäischen Sozialcharta hat Estland auch einige diesbezügliche Pflichten übernommen.[56] Subjektive Rechte im Sozialbereich hat man aufgrund der Verfassung nicht durchgesetzt.[57] Auch dies steht im Einklang mit der herrschenden politischen Meinung in Estland, der das Sozialstaatsprinzip dem Sozialismus wohl zu sehr zu ähneln scheint und daher suspekt ist.[58]

## IV. Grundrechtsschutz

Im Bereich des Grundrechtsschutzes führt die estnische Verfassung einen umfangreichen Katalog auf.

### 1. Die Rolle der Europäischen Konvention zum Schutze der Menschenrechte und Grundfreiheiten

Estland ist 1996 der EMRK beigetreten. Nur das 6. Zusatzprotokoll (Verbot der Todesstrafe) wurde erst 1998 nachträglich ratifiziert.[59] Der EGMR hat schon nach

---

[55] Der „Progess Report" von 2000 hat deutlich die Verbesserung des Justizsystems verlangt. Für eine kritische Meinung über das estnische Justizsystem allgemein siehe *J. v. Altenbockum*, Zwischen Anspruch und Wirklichkeit. Die Reform der Justiz in Estland, Frankfurter Allgemeine Zeitung, 27. Okt. 1998.

[56] Ob völkerrechtliche Verträge unmittelbar anwendbar sind und ob sich aus ihnen subjektive Rechte überhaupt ergeben können, ist in Estland wie überall strittig. Die herrschende Meinung und Rechtsprechung hat sich zugunsten der Unmittelbarkeit entschieden. Für die Anwendbarkeit der EMRK siehe die Entscheidung der Verwaltungskammer des Staatsgerichtshofs vom 6. Juni 1997 (RT III 1997, 21/22, 234), wonach der Schutz des Familienlebens das Recht verleihen kann, in Estland seinen Wohnsitz zu wählen. Aus der Literatur: *U. Lõhmus*, Välismaalased ja õigus perekonnaelu puutumatusele [Ausländer und das Recht auf Schutz des Familienlebens], Juridica 2000 Nr. 7, S. 415ff.

[57] In der Rechtsprechung der Zivilkammer wurde jedoch befunden, daß es Pflicht des Staates sein kann, einen Mietvertrag nicht vorzeitig zu beenden, wenn der Mieter objektiv nicht in der Lage ist, die Miete zu bezahlen. Es wurde auch auf § 28 hingewiesen, wonach kinderreiche Familien und Behinderte unter besonderer Fürsorge des Staates stehen; Entscheidung der Zivilkammer vom 18. Okt. 2000 (RT III 2000, 25, 278). Ein ähnlicher Fall wurde jedoch abweichend entschieden: ein Unternehmen wurde von einer solchen Pflicht freigesprochen, obwohl der Staat sämtlich Aktienanteile an ihm hielt; siehe Entscheidung der Zivilkammer vom 16. Nov. 2000 (RT III 2000, 28, 307). Insofern hat die „Flucht ins Privatrecht" in Estland wirklich stattgefunden.

[58] Vgl. *Annist* (Fn. 46).

[59] Zuvor hatte der Staatsgerichtshof abgelehnt, die Todesstrafe – die allerdings seit langer Zeit nicht mehr angewandt worden war – für verfassungswidrig zu erklären; Entscheidung des Plenums des Staatsgerichtshofs vom 25. Sept. 1996 (RT III 1996, 28, 369) mit einem Sondervotum des damaligen Vorsitzenden

kurzer Zeit Einfluß auf die estnische Verfassungspraxis ausüben können. Daß der Staatsgerichtshof schon mehrfach bei seinen Entscheidungen die Straßburger Rechtsprechung herangezogen hat, deutet darauf hin, daß die Auslegung der Verfassung unter dem Einfluß der europäischen Rechtsprechung vollzogen werden wird.

Der erste vom EGMR entschiedene, Estland involvierende Fall betraf einen Strafgefangenen, dessen Korrespondenz ständig geöffnet und durchgelesen wurde. Nach Klage beim EGMR akzeptierte Estland, daß damit Rechte aus Art. 8 EMRK verletzt werden, und schloß ein „*friendly settlement*".[60] Schon während der Vorbereitung der Vereinbarung hat der Gesetzgeber die notwendigen entsprechenden Änderungen in das Haftgesetz[61] eingefügt.

Die Bestimmungen der EMRK im Bereich der Freiheit der Meinungsäußerung (geschützt von § 45) haben lebendige verfassungsrechtliche Diskussionen ausgelöst. Der Status von Presse und Journalisten gemäß der Verfassung war eines der Hauptthemen in einem Fall, in dem ein Journalist wegen Beleidigung verurteilt wurde. Da auch der Staatsgerichtshof die Verurteilung bestehen ließ,[62] wurde Klage beim EGMR eingereicht. Der Straßburger Gerichtshof befand zugunsten des Staates.[63]

## 2. Grundrechtstheorie

Den „allgemeinen Teil" des Grundrechtskatalogs hat der Staatsgerichtshof in seinen Entscheidungen zwar herangezogen, jedoch ist es noch zu früh, hier eine Verallgemeinerung der Rechtsprechung vornehmen zu können. Es gibt bisher lediglich Ansätze einer allgemein gültigen Grundrechtstheorie. Die Fragen der Drittwirkung und Verhältnismäßigkeit[64] sind nur in einigen Fällen näher untersucht worden. In früheren Entscheidungen hat der Staatsgerichtshof fast keine Grundrechtseingriffsprüfungen aufgrund des Verhältnismäßigkeitsprinzips durchgeführt.[65] Die Entwicklung geht aber

---

Richters *R. Maruste*, der jetzt estnischer Richter am EGMR ist. Das Fehlen des Verbots der Todesstrafe in der Verfassung wurde von *M.H Wiegandt* (Fn. 1), S. 163 als „auffällig" bezeichnet. Siehe auch *N.J. Brennan*, European integration and human rights' cultures in Eastern Europe: the EU and abolition of capital punishment in Estonia, University of New Brunswick Law Journal, vol. 47 (1998), S. 49ff.

[60] Slavgorodski vs Estonia, Application no. 37043/97, Entscheidung des EGMR vom 12. Sept. 2000.

[61] Vangistusseadus (RT I 2000, 58, 376), unter *www.legaltext.ee* als „Imprisonment Act" übersetzt.

[62] Enscheidung der Strafkammer vom 26. Aug. 1997 (RT III 1997, 28, 285) und des Plenums des Staatsgerichtshofs vom 9. Apr. 1998 (RT III 1998, 19, 190), wieder mit einem Sondervotum von Richter *Maruste* (siehe Fn. 59).

[63] Tammer vs Estonia, Application no. 41205/98, Entscheidung vom 6. Feb. 2001 (Beleidigung innerhalb eines Zeitungsinterviews). Im Lichte der vorherigen Entscheidungen des EGMR bleibt jedoch anzumerken, daß diese Entscheidung nicht recht nachvollziehbar ist; vgl. etwa Oberschlick vs Austria (No. 2), European Court of Human Rights Reports of Judgments and Decisions, 1997-IV, 1276; Oberschlick vs Austria, European Court of Human Rights Judgments and Decisions Series A (1991) 204.

[64] *M.H. Wiegandt* (Fn. 1), S. 162, hat angedeutet, daß das Verhältnismäßigkeitsprinzip nicht ausdrücklich in der Verfassung normiert ist und es die Aufgabe der Rechtsprechung sei, entsprechende Kriterien zu entwickeln.

[65] Der Staatsgerichtshof hat etwa befunden, daß die Versetzung eines Polizeibeamten aufgrund dienstlicher Notwendigkeit ohne Zustimmung des Beamten verfassungswidrig sei, da gem. § 34 keine Schranke der Freiheit der Wohnsitzwahl existiert. Ob eine verfassungsimmanente Schranke gegeben ist, oder ob gar ein solcher Eingriff im demokratischen Staat notwendig oder verhältnismäßig ist, wurde nicht untersucht. Entscheidung der Verfassungskammer vom 25. Nov. 1998 (RT I 1998, 104, 1742). Bei der oben behan-

eindeutig in diese Richtung, sehr ähnlich der deutschen Lösung. Es wird vom Staatsgerichtshof demgemäß untersucht, ob in den Schutzbereich des Grundrechts eingegriffen wurde und ob dieser Eingriff gerechtfertigt und auch verhältnismäßig war.[66]

Die Problematik der Drittwirkung wird in der Rechtsprechung fast gar nicht behandelt.[67] Es bleibt abzuwarten, ob § 14, der der gesetzgebenden, vollziehenden und auch rechtsprechenden Gewalt die Pflicht zuordnet, Rechte und Freiheiten zu gewährleisten, einen eigenständigen Inhalt gewinnen kann. Wie die Zivilgerichte diese Bestimmung auslegen würden, ist noch völlig offen.[68]

## 3. Einzelne Grundrechte

Hinsichtlich der einzelnen Grundrechte existiert bereits höchstrichterliche Rechtsprechung in erheblichem Umfang.[69] Familie,[70] Privatleben, Wohnung und Korrespondenz,[71] Eigentum,[72] Vereinigungsfreiheit[73] und Berufs- und Unternehmensfreiheit[74] des Einzelnen hat der Staatsgerichtshof erfolgreich geschützt. Dies ist als sicherlich einer der positivsten und wichtigsten Aspekte der Verfassungsentwicklung Estlands deutlich zu unterstreichen.

---

delten Entscheidung zu den Sprachgesetzen (Fn. 33) handelt es sich ebenfalls um keine Verhältnismäßigkeitsüberprüfung, da diese nur postuliert, aber nicht untersucht wurde.

[66] Dies wird auch aus § 11 abgeleitet, der für Beschränkungen eine „Notwendigkeit im demokratischen Staat" verlangt. Die beste Entscheidung gemäß dieses Instituts betraf die Aufhebung der Alkoholverkaufserlaubnis. Laut Gesetz mußte diese Erlaubnis aufgehoben werden, wenn der Unternehmer Alkohol an Minderjährige verkaufte, auch wenn es nur einmal und in geringer Menge geschah. Der Staatsgerichtshof befand, daß hierdurch ein Eingriff in die Freiheit der unternehmerischen Tätigkeit (§ 31) vorlag. Es sei unverhältnismäßig, in solch einem Falle ohne jegliche Abwägung die Erlaubnis aufzuheben. Entscheidung der Verfassungskammer vom 28. Apr. 2000 (RT III 2000, 12, 125).

[67] Die Verfassung bietet jedoch eine interessante Möglichkeit zur Frage der Drittwirkung: gem. § 25 hat jeder das Recht, vom jeweiligen Verursacher für jeglichen Schaden kompensiert zu werden. Dadurch erlangt wenigstens § 25 unmittelbare Drittwirkung, wie auch in der Rechtsprechung bestätigt wurde, z.B. Entscheidungen der Zivilkammer vom 12. Dez. 1996 (RT III 1997, 2, 11) und vom 26. Feb. 1998 (RT III 1998, 9, 96).

[68] In der Literatur wird nur die mittelbare Drittwirkung empfohlen, M. Ernits, Holders and Addressees of Basic Rights and Freedoms in Estonian Constitutional Jurisprudence, Juridica International 4 (1999), S. 11 ff.

[69] Als Übersicht siehe P. Roosma, Protection of Fundamental Rights and Freedoms in Estonian Constitutional Jurisprudence, Juridica International 4 (1999), S. 35 ff.

[70] Siehe oben (Fn. 56).

[71] Ein Gesetz, das den Steuerbeamten das Recht gab, breite Maßnahmen im Prozeß der Steuererhebung zu treffen, wurde für verfassungswidrig erklärt; Entscheidung der Verfassungskammer vom 4. Nov. 1993 (RT I 1993, 72/73, 1052). In zwei Entscheidungen vom 12. Jan. 1994 (RT I 1994, 8, 129; 130) hat die Verfassungskammer des Staatsgerichtshofs Sondermaßnahmen der Polizei ohne ausführliche gesetzliche Regelung für verfassungswidrig erklärt.

[72] So die Entscheidungen vom 12. Apr. 1995 (RT I 1995, 42, 655) und vom 8. Nov. 1996 (RT I 1996, 87, 1558), in denen die Verfassungskammer in der Pflicht einer juristischen Person des Privatrechts, die Wohnungen ihrer Mieter zu privatisieren, eine Enteignung sah.

[73] In der Entscheidung der Verfassungskammer vom 10. Mai 1996 (RT I 1996, 35, 737) wurde etwa Minderjährigen das Recht zugesprochen, Vereine zu gründen.

[74] Entscheidung der Verfassungskammer vom 28. Apr. 2000 (RT III 2000, 12, 125), siehe oben Fn. 65 (Verhältnismäßigkeitsgebot; Aufhebung der Alkoholverkaufserlaubnis).

Jedoch gibt es Bereiche, denen bisher keine angemessene Aufmerksamkeit zuteil wurde. Obwohl § 10[75] häufig als eine der interessantesten Klauseln der Verfassung bezeichnet wurde, ist dieser Paragraph nur für einige wenige Fälle bedeutsam geworden. Vor allem hat § 10 allen rechtsstaatlichen Prinzipien Geltung verschafft.[76] Die weitgehende Fortentwicklung der Idee einer Konstituierung der Rechte und Pflichten, die sich „aus dem Sinn der Verfassung ergeben oder mit ihr im Einklang stehen",[77] hat aber bisher nicht stattgefunden. Die Vorhersage von Wiegandt, daß eine so offene Fortentwicklungklausel die Rechtsprechung vorsichtig machen würde,[78] hat sich nur zur Hälfte erfüllt, da solche Fragen bislang überhaupt nicht diskutiert wurden. Die Furcht, daß § 10 wegen der Möglichkeit der Fortentwicklung von Pflichten „eine Aushöhlung der Garantietatbestände der verfassungsrechtlich verbürgten Grundrechte"[79] zur Folge haben würde, hat sich aus den gleichen Gründen ebenfalls nicht bestätigt.

Das Prinzip Menschenwürde[80] ist bisher praktisch ohne Bedeutung geblieben.[81] Einen dem deutschen Grundgesetz vergleichbaren Wert haben die estnischen Gerichte der Menschenwürde nicht zugesprochen. Die neuerdings immer öfter diskutierten Fragen wie Datenschutz, Bioethik oder Asyl – Grundrechte, die jüngst in der Charta der Grundrechte der EU festgeschrieben wurden[82] – haben in Estland kaum verfassungsrechtliche Relevanz.[83] Ebenso ist es hinsichtlich anderer ähnlicher Fragen, z.B.

---

[75] „Die im vorliegenden Abschnitt aufgezählten Rechte, Freiheiten und Pflichten schließen keine anderen Rechte, Freiheiten und Pflichten aus, die sich aus dem Sinn der Verfassung ergeben oder mit ihr im Einklang stehen, sowie den Grundsätzen der Menschenwürde und des sozialen und demokratischen Rechtsstaates entsprechen."

[76] Aus der Verfassungsrechtsprechung ist auf die Entscheidung zum Vertrauensschutz hinzuweisen; siehe oben Fn. 50.

[77] Eine solche Bestimmung sei „meisterhaft", *P. Häberle* (Fn. 22), S. 177.

[78] *M.H. Wiegandt* (Fn. 1), S. 161.

[79] *M.H. Wiegandt* (Fn. 1), S. 151.

[80] Menschenwürde als ein Hauptwert wurde nicht ausdrücklich in der Verfassung verankert, obwohl z.B. Häberle dies empfohlen hat, *P. Häberle* (Fn. 22) S. 177. Auch in Estland wird das Fehlen einer klaren Bestimmung zum Schutz der Menschenwürde beklagt, siehe *E. Kergandberg*, Fundamental Rights, Right of Recourse to the Courts and Problems Connected with the Guaranteeing of the Right of Recourse to the Courts in Estonian Criminal Procedure, Juridica International 4 (1999), S. 122ff., 124f.

[81] Da Estland ein umfangreiches und außergewöhnliches Gesetz über Genomforschung verabschiedet hat, könnte man annehmen, daß es öffentliche und rechtliche Diskussionen über den Entwurf gegeben hat. Ein Diskussionsprogramm wurde zwar angeboten, s. *T. Mullari*, Genoomianalüüsi inimõiguslik problemaatika [Menschenrechtliche Problematik der Genomanalyse], Juridica 1998 Nr 5, S. 222ff., ist aber ohne Folgen geblieben. Das Gesetz findet sich in Übersetzung unter *www.genomics.ee* (Stand Jul. 2001); Auszüge mit Analyse: „‚Gesetz über die Forschung am menschlichen Genom' – Estlands Lex Genom in Auszügen", Frankfurter Allgemeine Zeitung, 3. Feb. 2001. (Es sei hier angemerkt, daß die Berichterstattung der Frankfurter Allgemeinen Zeitung über das estnische Genomprojekt und seine Kommentierung sicherlich die ausführlichste und kenntnisreichste Darstellung eines estnischen auch juristischen und staatstheoretischen Vorganges in Deutschland ist, das Projekt aber relativ einseitig und kaum hinterfragend unterstützt.)

[82] Charta der Grundrechte der Europäischen Union, ABl. 2000, C364/1, Art. 3, 8, 18.

[83] Siehe jedoch *J. Sootak / M. Kurm*, A Wish to have a Baby and the Dignity of the Child and Embryo: About the Law on Artificial Insemination and Embryo Protection of the Republic of Estonia, European Journal of Health Law 5 (1998), S. 191ff.

der akademischen Freiheit, und selbst eine Diskussion zum Schwangerschaftsabbruch hat es in Estland nie gegeben.[84]

Es gibt noch andere interessante und „fortentwicklungsfähige" Normen der Verfassung wie das allgemeine Gleichheitsrecht (§ 12) oder die freie Entfaltung der Persönlichkeit (§ 19), die bisher relativ unbeachtet geblieben sind. Zehn Jahre nach Inkrafttreten der Verfassung wurde ein Gesetzesentwurf über die Gleichheitsgewährleistung der Geschlechter vorbereitet. Wenn man § 14 betrachtet, der die „Gewährleistung der Rechte und Freiheiten" zur Pflicht des Staates macht, hätte man ein solches Gesetz schon vorher erwartet.[85] Was das Recht der freien Entfaltung der Persönlichkeit betrifft, so hat der Staatsgerichtshof nie überprüft, ob irgendwelche Handlungen oder Rechtsakte § 19 Abs. 1 entsprechen.[86] Daher gibt es kaum Hinweise darauf, welche Bedeutung dieses Recht haben könnte. Ob sich ein mit der deutschen Lösung vergleichbares allgemeines Freiheits- und Persönlichkeitsrecht entwickeln wird,[87] bleibt abzuwarten.[88]

Eine moderne Verfassungsbestimmung, der in § 44 Abs. 2 garantierte Auskunftsanspruch gegenüber staatlichen Behörden, ist viele Jahre ohne wirkliche Bedeutung geblieben. Erst am 1. Januar 2001 ist ein konkretisierendes Gesetz in Kraft getreten;[89] bis dahin hatten die Behörden solche Ansprüche einfach abgelehnt. Der Gerichtsweg gegen diese Auskunftsverweigerungen wurde jedoch nie eingeschlagen.

## 4. Pflichten

Die Auslegung der verfassungsrechtlichen Pflichten ist noch keiner allgemeinen Systematik unterworfen. Von den einzelnen Fällen ist das Fehlen einer Diskussion um Wehrpflicht und Gleichberechtigung interessant. Wiegandt hatte vermutet, daß die Tatsache, daß es keine eindeutige Regelung zur Wehrpflicht ausschließlich für Männer gibt, einen Trend zur Gleichbehandlung gezeigt hat.[90] Jedoch ist in Estland die Wehrpflicht einfachgesetzlich nur für Männer geregelt.[91] Die Möglichkeit zum Er-

---

[84] Eine solche Diskussion wurde für „vorprogrammiert" gehalten, *M. H. Wiegandt* (Fn. 1), S. 163.

[85] *M. H. Wiegandt* (Fn. 1), S. 161: „Es darf sicherlich mit Spannung abgewartet werden, welche Bedeutung diese Klausel bei der Interpretation des Gleichheitssatzes … erlangen wird."

[86] Nur in einer späten Entscheidung hat die Verfassungskammer angedeutet, daß die Entziehung der Erlaubnis, Waffen zu tragen, das Recht aus § 19 Abs. 1 beeinträchtigen könnte. Eine weitgehende Analyse fehlt jedoch; Entscheidung vom 6. Okt. 2000 (RT III 2000, 21, 233).

[87] Dies wird empfohlen von *R. Alexy*, Põhiõigused Eesti põhiseaduses [Grundrechte in der Estnischen Verfassung], Sonderr. „Juridica", geplant für Sept. 2001, basierend auf einem bisher unveröffentlichten Manuskript, angefertigt für das estnische Justizministerium, 1997. (Hierzu mehr unten Fn. 116)

[88] Die Verfassung garantiert auch viele spezielle Persönlichkeitsrechte, die etwa in Deutschland keinen ausdrücklichen Schutz genießen. Vor allem den Schutz der Privatsphäre kann man sehr weit auslegen. Das Recht auf informationelle Selbstbestimmung wurde z.B. in der Praxis der Strafkammer erfolgreich geschützt; Entscheidung vom 26. Aug. 1997 (RT III 1997, 28, 285).

[89] Avaliku teabe seadus (RT I 2000, 92, 597), unter *www.legaltext.ee* als „Public Information Act" übersetzt.

[90] *M. H. Wiegandt* (Fn. 1), S. 166.

[91] Kaitseväeteenistuse seadus (RT I 2000, 28, 167), § 3 Abs. 1, unter *www.legaltext.ee* als „Defense Forces Service Act" übersetzt. Zum Rollenverständnis der Geschlechter in Estland siehe kurz *R. Taagepera*, Estonia – Return to Independence, 1993, S. 226.

satzdienst wird garantiert, auch wenn zunächst nur ein Dienst ohne Waffe innerhalb der Streitkräfte möglich war.[92] Die unterschiedliche Länge des Ersatzdienstes im Vergleich zum Wehrdienst ist bisher kein verfassungsrechtliches Problem geworden.[93]

# V. Verfassungsanwendung in Estland

Wie die Verfassungsnormen ihre wirkliche Geltung bekommen, muß näher aus dem verfassungsprozeßrechtlichen System und der Praxis der Verfassungsauslegung erklärt werden. Obwohl die Verfassungsrechtsprechung bisher nur geringen Umfang hat, können durchaus einige Verallgemeinerungen vorgenommen werden.

## 1. Institutionen

Noch fehlt im estnischen Verfassungsprozeß die Möglichkeit, Streitigkeiten zwischen Verfassungsorganen zu lösen.[94] Nur wenn der Gesetzgeber strittige Punkte reguliert hat, kann eine Klage gegen das entsprechende Gesetz erhoben werden. Bislang hat vor allem der Staatspräsident von dieser Möglichkeit Gebrauch gemacht;[95] in vielen Fällen ist dies aber nicht ausreichend.

Die Kompetenzen des Präsidenten selbst sind nach wie vor unklar.[96] In Fällen, in denen er Nominierungsanträge für hohe Positionen anderer Verfassungsorganen abgelehnt hat, wurde heftig diskutiert, ob er ein solches Recht habe oder nicht. Der

---

[92] Die Einhaltung sowohl des Wehr- als auch des Ersatzdienstes wird durch strafrechtliche Sanktionen gewährleistet; siehe die Entscheidung der Strafkammer vom 27. Aug. 1996 (RT III 1996, 26, 312). Auch hier wurde die Verhältnismäßigkeit des Eingriffs in die Religionsfreiheit überhaupt nicht diskutiert. Ab Ende 2000 ist ein Ersatzdienst auch in sozialen Einrichtungen möglich; siehe § 73 Wehrdienstgesetz (Fn. 91).

[93] Vgl. die Vorhersage von *M. H. Wiegandt* (Fn. 1), S. 166.

[94] Die Situation ähnelt der Verfassung von 1920, die schon damals dafür kritisiert wurde: „Das Grundgesetz gibt leider keine Antwort auf die Frage: welches Organ entscheidet Verfassungsstreitigkeiten." *E. Berendts*, Die Verfassungsentwicklung Estlands, JöR 12 (1923/24), S. 195 ff. Kritisch wegen des Fehlens eines Katalogs von Verfassungsstreitigkeiten auch *M. H. Wiegandt* (Fn. 1), S. 167.

[95] So geschehen z. B. im Fall der Streitkräfte, bezüglich derer die Kompetenzen der Regierung und des Präsidenten voneinander abgegrenzt waren, wobei dem Präsidenten seines Erachtens nach eine zu geringe Leitungsfunktion zugeordnet wurde; Entscheidung vom 21. Dez. 1994 (RT I 1995, 2, 35). Der Präsident hat sogar behauptet, daß eine Regulation seiner Befugnisse durch Gesetz überhaupt nicht möglich sei. Dies wurde von der Verfassungskammer zurückgewiesen. Der Gesetzgeber habe sogar die Pflicht, Verwaltungsverfahren innerhalb der Präsidentialkanzlei zu regeln, Entscheidung der Verfassungskammer vom 14. Apr. 1998 (RT I 1998, 36/37, 558, Begnadigung).

[96] Wegen solcher Unklarheiten hat der Amtsinhaber einen großen Einfluß auf die Entwicklung der Institution ausüben können. Da der erste Präsident, *L. Meri*, außergewöhnlich aktiv am politischen Leben teilnahm, wird die Institution des Staatspräsidenten mittlerweile als viel wichtiger als z. B. der laut Grundgesetz mit ähnlichen Funktionen ausgestattete deutsche Bundespräsident betrachtet. Zur Rolle des Präsidenten siehe das (zum Gebrauch des Präsidenten angefertigte) Gutachten von *H.-J. Uibopuu*, Die Kompetenzen des estnischen Staatspräsidenten nach der Verfassung von 1992, 1993 [auch in: ROW, 37. Jg. (1993), S. 65 ff, S. 107 ff.]. – Insgesamt kann festgestellt werden, daß es sich beim gesamten politisch-administrativen System Estlands immer noch um ein prä-Weberianisches handelt, da Amt und Amtsinhaber oft nicht getrennt betrachtet werden können und z. B. das Amt des Präsidenten „an sich" (noch) gar nicht existiert.

Staatsgerichtshof konnte bisher nicht klärend einschreiten.[97] Dies ist aber nur ein Beispiel; die Entwicklung des Staatsorganisationsrechts vollzieht sich insgesamt eher nicht im Rahmen der Verfassungsrechtsprechung, sondern im politischen Willensbildungsprozeß.

Die Institution des Rechtskanzlers (*Õiguskantsler*) ist eine der interessantesten innerhalb der estnischen Staatsorganisationsrechtspraxis. Der Rechtskanzler übt laut § 139 die Aufsicht über die Verfassungs- und Gesetzesmäßigkeit aller Rechtsnormen aus. Er hat die Befugnis, demgemäß Änderungen in Rechtsakten vorzuschlagen. Wird der betreffende Akt nicht mit Verfassung oder Gesetz in Einklang gebracht, kann er Klage beim Staatsgerichtshof erheben.

Schon früh wurde daher vorhergesagt, der Rechtskanzler als „Verfassungs- und Rechtshüter" werde eine zu wichtige Rolle spielen können.[98] Sein Einfluß auf die Entscheidungen des Staatsgerichtshofs ist recht gering, der auf die Verfassungsüberprüfung von Rechtsnormen jedoch erheblich, denn seine Meinung zu Verfassungsfragen wird fast immer akzeptiert – vor allem wegen seiner hohen Autorität und wegen der Langwierigkeit des Prozesses, sollte man ihm nicht zustimmen.[99] So wird auf seine Vorschläge gemäß § 142 sehr oft eingegangen, was für die öffentliche Verfassungsentwicklung durch die Gerichte nicht gerade günstig ist. Der Rechtskanzler übt seinen Einfluß auf die Verfassungsauslegung auch dadurch aus, daß auch die Verfassungsorgane wegen der mangelnden Möglichkeiten für Organstreitverfahren ihm ebenfalls oft Streitigkeiten vorlegen, und seine Meinung wird auch hierbei in der Regel akzeptiert. Daß der Rechtskanzler seine Einflußmöglichkeiten auch während der Vorbereitungsphase von Gesetzen, einschließlich seiner Beteiligung an Kabinettssitzungen (§ 141 Abs. 2), ausübt,[100] verstärkt seine Bedeutung noch.

Überraschend ist, daß der Kompetenzbereich des Rechtskanzlers 1999 durch die Zuordnung der Funktionen des Ombudsmanns nochmals deutlich erweitert wurde.[101] Der Rechtskanzler hat laut Gesetz nunmehr auch das Recht, „alle staatliche Behörden u.a. hinsichtlich der Gewährleistung der Grundrechte und -freiheiten der Bürger zu kontrollieren." Seine Befugnisse sind dabei sehr weit gefaßt. Man muß auch beachten, daß er für sieben Jahre ernannt wird und eine vorzeitige Beendigung seiner Amtszeit nicht möglich ist. Ob eine solche Machtkonzentration in den Händen der Einzelperson des Rechtskanzlers prinzipiell gerechtfertigt ist, ist zu bezweifeln.[102]

---

[97] Zu den letzten Streitigkeiten über die Ernennung des Präsidenten der Zentralbank siehe den Landesbericht Estland, East European Constitutional Review Vol. 9 Nr. 3 (2000), S. 16f. Gerade in diesem Falle war die Qualität der aus dem Nominierungsprozeß zuerst hervorgegangenen Kandidaten jedoch so gering, daß dies das ganze Verfahren in Frage stellte. Zu den entsprechenden Kompetenzen des Präsidenten generell siehe *Uibopuu* (Fn. 96), 41–52.

[98] Diese Rolle des Rechtskanzlers stellt laut *M. H. Wiegandt* ein „interessantes rechtsstaatliches Experiment" dar und es sei nicht sicher, ob seine „gewaltenübergreifende Position" sinnvoll sei; (Fn. 1), S. 168.

[99] Auch dies hat wieder mit der persönlichen Kompetenz und Reputation des bis ins Jahr 2000 tätigen Rechtskanzlers *E.-J. Truuväli* zu tun.

[100] In den Parlamentssitzungen hat der Rechtskanzler bisher fast nie das Wort ergriffen, obwohl § 141 Abs. 2 ihm auch dieses Recht gibt.

[101] Gesetz über den Rechtskanzler (Legal Chancellor Act), „Estonian Legislation in Translation" 1999 Nr. 16.

[102] Der Rechtskanzler bildet mit dem Staats-Sekretär (*Riigisekretär*, § 95) und dem Generalauditor (*Riigikontrolör*, Kap. XI; die Bezeichnung „Vorsitzender des Rechnungshofes" geht in die Irre, da alle Kompetenzen der Einzelperson zugeordnet sind) die auffällige Trias höchst unabhängiger und einflußreicher Fi-

Eine andere Ursache für die geringe Verfassungs-Interpretationspraxis in Estland liegt in der Entwicklung der Interessengruppen. Es gibt fast keine Gruppen, die vorwiegend gerichtliche Mittel für die Erreichung ihrer Ziele einsetzen. Das ist einer der Gründe für die ja nicht nur negative Tatsache, daß in Estland, im Gegensatz zu den meisten anderen europäischen Ländern, nicht alle kontroversen Grundsatzfragen am Ende regelmäßig von den höchsten Gerichten entschieden werden.

Es mag auch sein, daß die estnischen Juristen im Bereich des öffentlichen Rechts zu wenig Erfahrung, oder die „falsche" Erfahrung, haben.[103] Es ist sehr schwierig, erfahrene, aber politisch akzeptable Juristen sowohl für höchstrichterliche als auch für andere höhere juristische Positionen zu finden.[104] Hinzu kommt, daß der Beruf des Juristen in Estland fast völlig unreguliert ist, da jeder, auch ohne juristische Ausbildung, eine Kanzlei eröffnen und juristische Dienstleistungen anbieten kann. Unter den Universitäten, die staatlicherseits für die Juristenausbildung akkreditiert sind, befinden sich zudem auch Institutionen bezweifelbarer Qualität.[105] Der Qualifikation und dadurch auch der allgemeinen Reputation des Berufsstandes hat all dies keinen guten Dienst erwiesen.[106]

## 2. Verfassungsauslegung

Wenn auch verfassungsrechtliche Fragen in Rechtsprechung und Literatur diskutiert werden, so fehlt es doch vor allem an einer öffentlichen wissenschaftlichen Diskussion über den Staat, seine Verfassung und die politische Ordnung.[107] Ob die estnische Verfassung eine liberale oder eher eine soziale Neigung hat, kann man auch deswegen noch nicht beantworten.[108] Die Rechtsprechung hat hierauf keine Antworten;

---

guren der estnischen Verfassung, deren Gestaltung nicht unproblematisch und dem System der Verfassung eigentlich fremd ist. Hierbei hat sich der Staats-Sekretär zu einer Art Serviceminister entwickelt; zum Generalauditor siehe das Gutachten von SIGMA unter *www.riigikontroll.ee/Eng/indexreview.html* (Stand Jul. 2001).

[103] Eine Studie hat gezeigt, daß fast alle Richter in Estland ihre Ausbildung ausschließlich während der Sowjet-Zeiten erhielten und keine ausreichende Fremdsprachenkompetenz besitzen; siehe *T. Anepaio*, Eesti kohtunikud [Die estnischen Richter], in *Tartu Ülikool* (Hg.), Akadeemiline õigusharidus ja juristide täienduskoolitus [Akademische Rechtsausbildung und Weiterbildung der Juristen], 1997, S. 112ff. Letzteres ist in Estland wegen des Mangels an juristischen Literatur in der Staatssprache (siehe Fn. 6 oben) von besonderer Bedeutung.

[104] Die Stelle des Rechtskanzlers konnte auch deswegen für fast ein ganzes Jahr nicht besetzt werden. Der erste Versuch, einen kaum formell oder inhaltlich ausgewiesenen, 28 Jahre alten Beamten des Justizministeriums zu nominieren, wurde – obwohl Vorschlag der Regierung – durch das Parlament abgewiesen. Ein folgender Bewerber, der Londoner Völkerrechtsprofessor *R. Müllerson*, scheiterte u.a. aufgrund seiner Haltung zur Staatskontinuitäts- (siehe II. und Fn. 8 oben) und Minderheitenfrage.

[105] Das Gesetz vertraut hinsichtlich der Qualitätskontrolle von Hochschulen weitgehend auf die Kräfte des Marktes; das Akkreditierungsverfahren einzelner Studiengänge kann nicht immer als völlig seriös bezeichnet werden.

[106] Es gibt eine Anwaltskammer (eine juristische Person des öffentichen Rechts), die jedoch nur sehr begrenzte öffentliche Kompetenzen hat; so haben nur ihre Mitglieder das Recht, vor dem Staatsgerichtshof aufzutreten.

[107] Siehe *W. Drechsler* (Fn. 8), S. 27ff.

[108] Zum Ansatz einer Diskussion siehe *R. Narits*, Comprehension of the Constitution (from the Communitarian Point of View), Juridica International 4 (1999), S. 3ff.

die Einstellung der Richter spielt keine bekannte Rolle. Das zeigt sich auch bei Richterernennungen, die nur sehr selten politisch kontrovers gewesen sind, obwohl die Richter am Staatsgerichtshof vom Parlament ernannt werden.

Die Diskussion leidet auch dadurch, daß nur eine einzige rechtswissenschaftliche Zeitschrift, „Juridica", existiert, in der Rechtsprechungsübersichten oder -analysen, zumal kritische, gänzlich fehlen. Die Zeitschrift wird von der Juristischen Fakultät der Universität Tartu herausgegeben; ihre Autoren stammen fast ausnahmslos ebenfalls von dort. Da viele von ihnen entweder als Richter oder als Berater oder Mitarbeiter beim Staatsgerichtshof tätig sind, müßten sie aber auch gleichsam über sich selbst urteilen.

Ein besonderes Merkmal der Verfassungsauslegung in Estland ist der immense Einfluß der deutschen Jurisprudenz.[109] Vor allem im Grundrechtsbereich sind deutsche Vorbilder sehr deutlich, was wegen der einfacheren Übertragbarkeit der EGMR-Praxis eine gewisse Überraschung darstellt. (Es ist sogar noch auffälliger, wenn man weiß, daß die meisten estnischen Juristen – im Gegensatz zu einer noch häufig zu hörenden Meinung – als Fremdsprache nicht Deutsch, sondern Englisch beherrschen.) Die Verhältnismäßigkeitskontrolle z.B. unterliegt mehr und mehr denselben Bedingungen wie in Deutschland – ein Eingriff muß geeignet, notwendig und verhältnismäßig im engeren Sinne sein. Ob die Grundrechte eine Drittwirkung besitzen, wird in der Literatur fast nur aufgrund deutscher Autoren diskutiert.[110] Ähnliches gilt für das rechtsstaatliche Prinzip des Gesetzesvorbehalts und der damit verbundenen Erfordernis, daß Rechtsverordnungen eine gesetzliche Ermächtigungsgrundlage haben müssen. Die sehr strengen Anforderungen, die vom Staatsgerichtshof aufgestellt wurden, ähneln denen der deutschen Rechtsprechung und Literatur.[111] Der Staatsgerichtshof knüpft häufig an diese Literatur an, obwohl in den Entscheidungen selbst kaum auf Lösungen in anderen Ländern, darunter Deutschland, verwiesen wird.[112]

Vielleicht am problematischsten ist, daß, z.T. aus obengenannten Gründen des Hintergrunds der Richter, Gesetzesauslegung fast nur anhand der grammatischen Methode geschieht. Obwohl z.B. die geschichtliche Entstehung der Verfassung gut erforscht ist,[113] wurde in keiner der Entscheidungen des Staatsgerichtshofs die histori-

---

[109]  Allgemein siehe *J. Sootak / M. Luts*, Rechtsreform in Estland als Rezeptions- und Bildungsaufgabe, JZ 1998, S. 401 ff.

[110]  Die Literaturhinweise von *M. Ernits* (Fn. 68) beziehen sich z.B. fast ausschließlich auf deutsche Autoren. Die ähnliche amerikanische *State Action* – Doktrin ist z.B. völlig unbekannt.

[111]  Auch in diesem Bereich werden in der Literatur fast ohne Ausnahme deutschsprachige Quellen verwendet; vgl. etwa die Literaturhinweise in *K. Merusk* (Fn. 48). Der unterschiedlichen Praxis des franzözischen oder gar amerikanischen Rechts wird keine Aufmerksamkeit gewidmet.

[112]  Der ehemalige Vorsitzende des Staatsgerichtshofs *Maruste* hat in einem Sondervotum ausnahmsweise einmal die Entscheidungen des – für Estland ja nicht zuständigen – Gerichtshof der Europäischen Gemeinschaften verwendet; Entscheidung der Verfassungskammer vom 6. Okt. 1997 (RT I 1997, 74, 1268). In einem Sondervotum hat Richter *Kergandberg* darauf hingewiesen, daß die Richter ausländische Vorbilder, vor allem russische und deutsche, diskutiert haben; Entscheidung des Plenums des Staatsgerichtshofs vom 22. Dez. 2000. Entscheidungen des EGMR werden häufiger herangezogen.

[113]  Die Aufzeichnungen der Sitzungen der Verfassungsgebenden Versammlung wurden in vollem Umfang veröffentlicht, siehe *Eesti Vabariigi Justiitsministeerium, Põhiseadus ja Põhiseaduse Assamblee. Koguteos* [Verfassung und Verfassungsgebende Versammlung. Gesamtwerk], 1996. Einen geschichtlichen Überblick gibt *R. Maruste u.a.* (Hrsg.), Taasvabanenud Eesti põhiseaduse eellugu [Vorgeschichte der Verfassung des wieder selbständigen Estlands], 1997.

sche Methode verwendet. Es gibt auch keine Ablehnung dieser Methode; es scheint vielmehr, als ob sie gar nicht existiere, obwohl in der Literatur oft auf sie hingewiesen wird. Für die Anwendung systematischer oder gar teleologischer Auslegungsmethoden kann man kaum Ansätze finden, von etwaigen rechtshermeneutischen Überlegungen ganz zu schweigen.

Abschließend fällt das Fehlen des Anführens von sozialwissenschaftlichen Grundlagen für Entscheidungen auf. Da der Staatsgerichtshof die Notwendigkeit von Grundrechtseingriffen überprüft, müßte er auch eine Analyse der Folgen der umstrittenen Rechtsnormen anstellen. Eine ökonomische Analyse des Rechts z.B. ist jedoch nicht nur dem Staatsgerichtshof fremd, auch in der Literatur wird sie kaum verwandt.[114]

# VI. Verfassungsreform und Beitritt zur Europäischen Union

Das Einführungsgesetz zur Verfassung (§ 8) sah die Möglichkeit vor, Volksinitiativen für Verfassungsänderungen zu nutzen.[115] Diese Möglichkeit wurde nie wahrgenommen, was aber kaum ein Zeichen dafür ist, daß die Verfassung eine hohe Akzeptanz besitzt, sondern vielmehr darauf beruht, daß einschlägige Probleme bisher nicht aufgetreten sind. Jedoch hat die Regierung schon 1997 einen Sachverständigenrat berufen, um die Anwendungspraxis der Verfassung zu untersuchen und Änderungsvorschläge zu unterbreiten. Mehrere hundert Seiten von Materialien, darunter z.T. hervorragende Gutachten ausländischer Experten,[116] wurden zwei Jahre später dem Parlament übergeben;[117] es wurden insgesamt mehr als hundert Empfehlungen für eine Verfassungsänderung vorbereitet. Daß diese sich vielfach auf unbedeutende Fälle beziehen oder die Probleme auch durch Auslegung gelöst werden könnten,[118] zeigt aber schon die Tatsache, daß das Parlament sich mit nur zwei Bereichen der Gutachten ernsthaft beschäftigt hat: mit der Streitkräftereform und dem Beitritt zur EU.

---

[114] Ansatz der Diskussion bei *E. Ilves*, Miks juristid peaksid õppima majandust ehk sissejuhatus õigusmajandusse [Warum die Juristen Ökonomie studieren sollten oder eine Einführung in Rechtsökonomie], Juridica 1999 Nr. 1, S. 31 ff.

[115] Innerhalb von drei Jahren hatte eine Gruppe von zehntausend wahlberechtigten Staatsbürgern das Recht, auf dem Wege eines Volksbegehrens eine Verfassungsänderung vorzulegen.

[116] U.a. die Berichte von *R. Alexy* zum Schutz der Grundrechte und Grundfreiheiten (siehe aber oben Fn. 87), von *J. A. Frowein* zur Regelung der Staatsorganisation und von *R. Stober* zu den Bestimmungen über die örtliche Selbstverwaltung. Die erwähnten Gutachten stellen wohl die besten Abhandlungen zur Estnischen Verfassung auf dem Gebiet des öffentlichen Rechts dar.

[117] Leider ist bisher fast nichts von diesen Materialien veröffentlicht worden. Nur die Hauptergebnisse der Sachverständigengruppe wurden im Internet auf der Heimatseite des Justizministeriums zugänglich gemacht (*www.just.ee*; Stand Jul. 2001). Die weiteren Materialien gäben sicherlich den Anstoß, eine lebendige Verfassungsdiskussion zu beginnen; ihre Veröffentlichung in zugänglicher Form auf Estnisch und Deutsch oder Englisch ist ein dringendes Desiderat und die Veröffentlichung von *Alexy* (siehe oben Fn. 87) ein wichtiger Schritt zu dessen Erfüllung.

[118] Z.B. wurde der Änderungsvorschlag gemacht, den Schutz der körperlichen Unversehrtheit in die Verfassung einzufügen. Laut Entscheidung der Strafkammer vom 30. Mai 2000 (RT III 2000, 19, 202) ist dieses Grundrecht jedoch bereits in der Verfassung verankert.

Die verfassungsrechtlichen Bestimmungen hinsichtlich der Streitkräfte und des Staatsschutzes waren am meisten von der Vergangenheit geprägt und werden dadurch dem Geist der heutigen Verfassung nicht gerecht. Daß der Staatspräsident „Oberbefehlshaber" der Streitkräfte ist, entspricht eher der halb-präsidentialen Verfassung von 1938. Die Empfehlungen betrafen deshalb vor allem die Demokratisierung der Streitkräfte und eine deutlichere Unterordnung der Streitkräfte unter die Zivilgewalt.

Die Diskussion über die Verfassungsmäßigkeit des Beitritts Estlands zur EU, der zumindest innerhalb der politisch-wirtschaftlichen Elite kaum umstritten ist[119], hat sich auf die Tatsache konzentriert, ob es notwendig ist, vor Beitritt eine Verfassungsreform durchzuführen, und wenn ja, welche Bestimmungen verändert werden müßten. Es wird von vielen Experten[120] darauf hingewiesen, daß der Beitritt einen Verlust an Souveränität bedeuten könnte, die in der Verfassung aber sehr hoch eingeschätzt wird (§ 1).[121] Was fehlt, ist eine Diskussion über die Demokratisierung des Staates und über Entscheidungsstrukturen im europäischen Prozeß.[122]

# VII. Abschlußbemerkung

Obwohl die Verfassungsentwicklung in Estland sicherlich die eines demokratischen Rechtsstaates ist und insofern zumal aus der Perspektive von 1992 einen Erfolg darstellt, hat sie nicht ganz den hohen Erwartungen entsprochen, die mit dem Text der Verfassung verbunden waren. Eine Diskussion um die genauere Bedeutung der Verfassung sowie ihrer Prinzipien und Bestimmungen hat noch nicht wirklich begonnen. Vielmehr ist die Verfassungsinterpretation in Estland insofern rückwärts gewandt, als daß die meistdiskutierten Probleme mit von der Vergangenheit bestimmten Fragen wie Minderheitenschutz oder Eigentumsreform zu tun haben. Besonders bemerkenswert ist, daß der Staatsgerichtshof selbst im Vergleich mit anderen Verfassungsorganen in der Verfassungsentwicklung eine geringere Rolle spielt, als man angesichts der Verfassung hätte erwarten können.

Es bleibt abzuwarten, welche Stellung die Verfassung im estnischen Staat weiterhin einnehmen und auf welchen Wegen sich ihre Entwicklung vollziehen wird. Gerade der kommende Beitritt Estlands zur EU gibt jedoch zu der berechtigten Hoffnung

---

[119] In der Bevölkerung aber schon, wie recht spät bemerkt wurde. Gegenüber den Umfrageergebnissen der in Estland tätigen Meinungsforschungsinstitute ist jedoch große Vorsicht angebracht, da diese nicht generell verläßlich sind.

[120] In diesem Bereich haben viele Experten ihre Meinung schriftlich abgegeben. Eine Veröffentlichung der Gutachten fehlt auch hier; die Literatur diskutiert sie kaum. Siehe v.A. *A. Albi*, Euroliit ja kaasaegne suveräänsus. Üks võimalikke vastukajasid põhiseaduse ekspertiisikomisjoni üleskutsele aruteluks [Europäische Union und heutige Souveränität. Eine mögliche Antwort auf den Aufruf des Sachverständigenrates zur Verfassung], Juridica 2000 Nr. 3, S. 160ff.

[121] Jedoch hat der im März 2001 ernannte neue Rechtskanzler eindeutig die Meinung vertreten, daß eine solche Verfassungsänderung nicht nötig sei; siehe Riigikogu kinnitas Allar Jõksi õiguskantsleriks, Postimees, 20. Feb. 2001.

[122] Einen Ausschuß für Europäische Angelegenheiten gibt es zwar im Parlament, aber welche Bedeutung dieser hat, ist nur schwer einzuschätzen. Zur Rolle des Parlamentes siehe *K. Ahi*, Rahvuslik parlament Euroopa Ühenduse õiguse kontekstis [Das nationale Parlament im Kontext des Rechts der europäischen Gemeinschaften], Juridica 1999 Nr. 6, S. 297ff.

Anlaß, daß eine Verfassungsdiskussion auf hohem Niveau geführt werden kann. Die Verfasser sind gewiß, daß gerade die jüngste Generation der estnischen Juristen auf dem richtigen Weg ist.[123]

[123] Für inhaltliche und formelle Kritik, die sie allerdings nicht immer beherzigt haben, bedanken sich die Autoren bei Frau *Gisela Drechsler* (Marburg), Herrn Dr. *Hans-Peter Folz* (Universität Augsburg), Herrn OStR i.H. Dr. *Joachim A. Groth* (Ruhr-Universität Bochum), Herrn Dr. *Rainer Kattel* (Universität Tartu und Philipps-Universität Marburg), Herrn *Daimar Liiv* LL.M. (Universität Tartu), Frau *Ülle Madise* (Estnisches Justizministerium), Herrn *Lauri Mälksoo* LL.M. (Humboldt-Universität Berlin) und Herrn *Ivo Pilving* LL.M. (Estnischer Staatsgerichtshof).

# Verfassunggebung und »konstitutives Volk«: Bosnien-Herzegowina zwischen Natur- und Rechtszustand

von

## Dr. Edin Šarčević

Privatdozent an der Juristenfakultät Leipzig

## Inhalt

# I. Verfassung und »verfasster Staat«

## 1. *Einleitung*

Es ist kaum möglich, eine fundierte Analyse des neuen bosnisch-herzegowinischen Staatssystems zu finden, die seine fünfjährigen Auswirkungen positiv bewertet.[1] Die katastrophale Lage der bosnischen Wirtschaft mit einer mindestens fünfzigprozentigen Arbeitslosigkeitsquote und einem monatlichen Durchschnittseinkommen von 300 bis 400 DM gehören genauso in das bosnische post-Daytoner Staatsbild wie die tägliche Emigration jüngerer Fachkräfte, das kaum erreichte sechzigprozentige Bruttosozialprodukt des Vorkriegsniveaus, korrumpierte Staats- und Parteifunktionäre[2] und drei frustrierte ethnische Gemeinschaften, die sich heutzutage als »konstitutive Völker« im latenten Konflikt befinden.[3] Zutreffend diagnostizierte deshalb *Graf Vitzthum*: »Seit seiner Gründung ist der Gesamtsstaat wie gelähmt.«[4]

---

[1] Statt vieler vgl. *W. Graf Vitzthum*, Multiethnische Demokratie – Das Beispiel Bosnien-Herzegowina, in: C. Dieter u. a. (Hrsg.), FS für T. Oppermann, 2001, S. 87ff.; *C. Stahn*, Die verfassungsrechtliche Pflicht zur Gleichstellung der drei ethnischen Volksgruppen in den bosnischen Teilrepubliken – Neue Hoffnung für das Friedensmodell von Dayton? Zugleich eine Anmerkung zur dritten Teilentscheidung des bosnischen Verfassungsgerichts vom 1. Juli 2000 im Izetbegovic-Fall, ZaöRV Bd. 60 (2000), S. 663ff.; International Crisis Group (Ed.), Is Dayton Failing? Bosnien Four Years after Peace Agreement (im folgenden zitiert: ICG, Ed.) 1999, passim, insb. S. 125ff. Aus dem früheren Schrifttum vgl. die zweijährige Bilanz bei *H. Riegel*, Einmal Dayton und zurück, 1999, S. 12ff.; vgl. a. die Fn. 35 und 36 zusammen mit dem Haupttext.

[2] Illustrativ sind hierzu die Entscheidungen des OHR (»Decision in the Economic Field«), insbesondere die Entscheidung vom 21. 12. 2000, alles unter *http://www.ohr.int.decisions.htm* sowie die Angaben zur Kontrolle der Finanzpolizei und zum Darlehen der föderalen Regierung (Slobodna Bosna, Sarajevo, Nr. 210 vom 23. 11. 2000, S. 17ff.) und bei D. Stojanov (Wirtschaftswissenschaftliche Fakultät zu Sarajevo) in: Dani, Sarajevo, Nr. 186, vom 22.12. 2000, S. 36f. Vgl. a. die Strafanzeige gegen den ehem. Ministerpräsidenten (Regierungchef) der Regierung der Föderation B-H *E. Bičakčić* in: Dani, Nr. 197 v. 16.3. 2001, S. 25f. sowie Transparency International, Report N'2, The International Community is not Immune to the Corruption Plague Either, B. Luke 18.08. 2001, im Internet unter: http://www.ti-hik.org/bh/ index.html (im folgenden zitiert: TI B-H).

[3] Am besten illustrieren dies die täglichen Nachrichten über zerstörte Häuser von Rückkehrern in der Serbischen Republik sowie über die Zerstörung und Inbrandsetzung serbischer und bosniakischer Grundbesitze in den Kantonen mit kroatischer Mehrheit (etwa in den Städten Drvar und Stolac). Fast überall auf dem bosnischen Territorium sind die vertriebenen bosniakischen Familien, die sich für eine Rückkehr entschieden haben, zur Zielscheibe »unbekannter Täter« geworden. Noch im Februar 2001 sind in Westherzegowina zwei wiederaufgebaute Häuser gesprengt worden. Quelle: Polizei Trebinje nach *http://www.vijesti.bosnia.ba*; weitere Angaben *Th. Miller* und *J. Klein* zur Lage in Srebrenica (Oslobodjenje, Sarajevo 19. 2. 2001); vgl. a. Bericht über Inbrandsetzung der renovierten bosniakischen Häuser in Srebrenica aus Oslobodjenje v. 22.2. 2001. Illustrativ sind a. schwere Ausschreitungen hinsichtlich der Grundsteinlegung für die Rekonstruktion von zwei historischen Moscheen (Ferhadija-Moschee in Banjaluka und Osman-Pascha Moschee, beide aus dem 16. Jh.), die von den Serben 1992/93 zerstört wurden: Unter einer stillschweigenden Assistenz der serbischen Polizei zerstörten serbische Demonstranten z.B. am 7. 5. 2001 in der Stadt Banja Luka zahlreiche Geschäftsräume, deren Eigentümer Bosniaken sind, und zündeten die Busse an, in denen die muslimischen Gläubigen zur Zeremonie der Grundsteinlegung gekommen waren. Unter den eingeschlossenen Muslimen, die zeitweise in dem Gebäude der islamischen Gemeinde Zuflucht suchten, befand sich auch der UN-Botschafter J. Klein, der BiH-Außenminister Z. Lagumdžija und die Botschafter Großbritanniens, Schwedens und Pakistans (Quelle: Oslobodjenje v. 5. und 8.5. 2001, FAZ v. 8. und 9.5. 2001).

[4] *W. Graf Vitzthum* (Fn. 1), S. 91.

Wer diesen »empirischen Befund« erklären will, wird sicherlich auf die verfassungs-rechtliche »Intervention von außen« als ursächlich für die misslungene Staatsreform in Bosnien stoßen müssen. Denn die Überführung eines Staates, der sich im Hobbesiani-schen *Naturzustand* befand,[5] in einen rechtlichen Zustand (*Verfassungsstaat*) setzt eine Verfassunggebung voraus, die sich im Ganzen auf gesellschaftliche Konsense stützt. Dass es in Bosnien-Herzegowina nach wie vor an einem solchen, den Verfassungsstaat konstituierenden Gesellschaftskonsens fehlt, kann nicht bestritten werden.[6]

Der Verfassungsstaat basiert in der Tat auf einer außerrechtlichen Verbundenheit seiner Bürger, die man mit *Hermann Heller* als den »nichtnormierten Unterbau der Staatsverfassung« bezeichnen kann.[7] Nur ein auf den Prämissen der sozialen Konsense beruhender »Staat« kann folglich – abstrakt ausgedrückt – die Gesellschaft »verfassen«, sie in ein normatives, wertbezogenes und eigenständiges Ordnungssystem verfas-sungsrechtlich einbinden.[8] In diesem Sinne ist nicht zu leugnen, dass erst ein stabiler und funktionierender Verfassungsstaat den wirtschaftlichen Aufschwung nach sich zieht. Er verbindet – weil er schon begrifflich Staat und Verfassung verklammert – die in rechtlich geformten Verfahren getroffenen politischen Entscheidungen und – alt-modisch gefasst – das »Gemeinwohl« zu einer Handlungs- und Entscheidungseinheit.[9] Vergegenwärtigt man sich hierzu, dass gerade die staatliche Verfassung eine strukturel-le Koppelung von Politik und Recht sowie die enge Verknüpfung zwischen Staat, Volk und Nation herstellt,[10] so lässt sich verstehen, warum gerade das bosnische Ver-fassungsmodell erheblich, ja sogar zukunftsprägend auf das wirtschaftliche, politische, kulturelle und nicht zuletzt staatliche Schicksal von Bosnien-Herzegowina einwirkt.

Eine kritische Analyse der verfassungsrechtlichen Lösungen und eine Sichtbarma-chung möglicher Entwicklungsperspektiven ist mindestens deshalb geboten, weil das Daytoner Verfassungsmodell schon als maßgebliche Musterlösung für andere mul-tiethnische Staats-und Verfassungskonstruktionen (z.B. in Südafrika, Sri Lanka und Zypern sowie im Sudan oder im Libanon) erwogen wurde.[11] Wer jedoch ausschließ-lich aufgrund der bestehenden Rechtsordnung ohne Mitberücksichtigung der ge-schichtlichen, politischen und militärischen Prämissen des bosnischen Experimentes

---

[5] Zum Kriegsablauf informativ *M.-J. Calic*, Krieg und Frieden in Bosnien-Hercegovina, erw. Neu-ausg., 1996; eine instruktive Analyse bei *J. Vollmer*, Dayton – eine Pax Americana, Europäische Rund-schau, Bd. 24 (2/1996), S. 3ff. Die reale Relevanz des Krieges für Bosnien-Herzegowina zu verstehen, hilft die Analyse von *W. Rüb*, Vom multiethnischen Staat zum Genozid, KrtJ 1999, S. 163ff.

[6] Grundlegend hierzu *W. Rüb* (Fn. 5), S. 172ff.

[7] *H. Heller*, Staatslehre, in: *ders.*, Gesammelte Schriften, 3. Bd., 1971, S. 364.

[8] Grundlegend *P. Häberle*, Verfassungslehre als Kulturwissenschaft, 2. Aufl. 1998, insb. S. 28ff.; vgl. a. *P. Pernthaler*, Allgemeine Staatslehre und Verfassungslehre (1. Aufl.), 1986, S. 92ff.; *F. Ermacora*, Allgemeine Staatslehre, 1970, S. 409ff.

[9] *J. Isensee*, Staat und Verfassung, in: HdbStR I, 1987, § 13, Rn. 65ff.; *P. Häberle* (Fn. 8), S. 661ff.

[10] *N. Luhmann*, Metamorphose des Staates, in: *ders.*, Die Zukunft der Verfassung, 2. Aufl., 1994, S. (399ff.) 408; *C. Walter*, Die Folge der Globalisierung für die europäische Verfassungsdiskussion, DVBl. 2000, S. (1ff.) 6.; *P. Häberle* (Fn. 8), S. 66f., 90f.

[11] So *W. Graf Vitzthum* (Fn. 1, S. 96, hier in Anm. 26): »Insofern wird der Ausgang des BiH-Experi-ments nicht nur für die Zukunft Südosteuropas und des Balkans entscheidend sein, sondern auch für die Reformrichtung diverser anderer und ebenfalls nahestehender Staaten.« Ähnlich der amerikanische Di-plomat und Friedensunterhändler *R. Holbrooke* (To end a war, 1998; deutsche Übersetzung: Meine Mis-sion: Vom Krieg zum Frieden in Bosnien, 1999, S. 358): »Seit dem wurde ein ›Dayton‹ ernsthaft für Nord-irland, Zypern, Kaschmir, den Nahen Osten und andere Krisenregionen erwogen.«

verallgemeinerungsfähige Schlussfolgerungen ziehen will, geht sicherlich fehl. Denn hinter dem Rahmenabkommen von Dayton steckt ein schwer überschaubarer Sachverhalt, dessen Verständnis und maßgebliche Berücksichtigung grundlegend für eine normativ-rechtlich orientierte Analyse und ausschlaggebend für die Verallgemeinerung des Daytoner Modells ist.

Nach einer Bestandsaufnahme der verfassungsrechtlichen Lage werden in einem zweiten Teil das Gesamtbild und in einem dritten Teil die Antinomien des bosnischen Verfassungssystems erörtert. Anschließend werden vor dem Hintergrund der Genesis, der Besonderheit und des Reformbedarfes die Entwicklungsperspektiven der bosnischen Staatlichkeit dargelegt.

## 2. Bestandsaufnahme: Verfassunggebung als Reaktion auf die Notlage

### a) Sachverhalt und Fragestellung

Der Sachverhalt ist bekannt: Die Entstehung und die Entwicklung der neuen Verfassung von Bosnien-Herzegowina (im folgenden BiHV)[12] kann keinem historischen *pouvoir constituant* zugeschrieben werden. Die BiHV ist als integraler Teil eines völkerrechtlichen Vertrages entstanden. Obwohl ihr der Verfassungscharakter einerseits textlich-autoritativ durch das Rahmenabkommen[13] und andererseits von der bosnischen Verfassungswissenschaft zusammen mit dem Verfassungsgerichtshof von Bosnien-Herzegowina (im folgenden BiHVerfGH) zuerkannt wurde[14], kann nicht ernsthaft behauptet werden, dass Annex 4 einen verfassunggebenden Akt des bosnischen Staatsvolkes darstellt.[15] Seine Positionierung im Daytoner Friedenspaket, seine Entstehungsgeschichte, sein Inkrafttreten, die Vertragsparteien und ihr impliziter Wille, die Annexe dem Völkerrecht zu unterstellen, sprechen eindeutig gegen die verfassungsrechtliche Qualität des Annexes 4.[16] Auch die schon längst kodifizierten Verfassungsfunktionen[17] sprechen dafür, dass die neue BiHV ein völkervertragsrechtliches Werk

---

[12] Grundlegend hierzu vgl. *E. Šarčević*, Schlussphase der Verfassungsgebung in Bosnien und Herzegowina, 1996; *O. Dörr*, Die Vereinbarungen von Dayton/Ohio, AVR Bd. 35 (1997), S. 129 ff.; *W. Graf Vitzthum/M. Mack*, Multiethnischer Föderalismus in Bosnien-Herzegowina, in: W. Graf Vitzthum (Hrsg.) Europäischer Föderalismus, 2000, S. 81 ff.

[13] Art. 5 des Allgemeinen Rahmenübereinkommens (Dayton Peace Agreement, ILM 35 [1996], S. 75 ff., deutsche Übersetzung mit den Annexen 1 A und 1 B in: IP 1/1996, S. 80 ff.) und Art. 1 des Annexes 11 nehmen ausdrücklich Bezug auf die »Verfassung von Bosnien und Herzegowina«, wie sie in Anhang 4 aufgeführt ist. Art. I Nr. 14 des Annexes VI verweist auf die Rechte und Freiheiten, »angeführt in dem Annex der Verfassung«. Zudem spricht man in Nr. 1 a) der Übergangsvorschrift im Annex II zum Verfassungstext von »the implementation of the Constitution of Bosnia and Herzegovina« und in Nr. 2 vom Inkrafttreten »der« bzw. »dieser Verfassung« (»…when the Constitution enters into force…«).

[14] Vgl. hierzu die Entscheidung des BiHVerfGH U 5/98 III v. 30.6./1.7. 2000, Sl. glasnik BiH (Bi-HAbl.) Nr. 23, 2000, S. 472 ff., in zwei Absätzen wurde hier aber die völkervertragsrechtliche Qualität des Annexes 4 hervorgehoben, vgl. Abs. 19 und 73; *N. Pobrić*, Ustavno pravo (Verfassungsrecht), Mostar, 2000; *K. Trnka*, Ustavno pravo (Verfassungsrecht), Sarajevo, 2000.

[15] Im einzelnen *E. Šarčević*, Völkerrechtlicher Vertrag als »Gestaltungsinstrument der Verfassunggebung: Das Daytoner Verfassungsexperiment mit Präzedenzwirkung?«, AVR Bd. 39 (2001), S. 297 ff.

[16] Vgl. im Einzelnen *E. Šarčević* (Fn. 15), unter II., S. 299 ff.

[17] Grundlegend hierzu *K. Stern*, StR der BRD, Bd. 1, 2. Aufl., 1984, S. 477; *A. Voßkuhle*, Verfassungsstil

darstellt, dessen eigentliches Spezifikum darin liegt, dass es – ohne die wichtigsten Funktionen einer Staatsverfassung auszufüllen – die verfassungsrelevante Materie regelt und im Ganzen als Staatsverfassung anerkannt worden ist.[18]

Dieser Befund wirft die Frage auf, ob die neue bosnische Verfassunggebung eine Art der europäischen *»Verfassungsmodernität«* verkörpert. Diesbezüglich muss auch nach den Spezifika des bosnischen Verfassungssystems gefragt werden. Aufgrund der beispiellosen Uneffizienz dieses Modells ist weiterhin auf eine exakte Trennlinie zwischen dem westeuropäischen Verfassunggebungstrend und dem bosnischen Verfassungsexperiment hinzuweisen und im Ergebnis nochmals zu hinterfragen, inwieweit das BiH-Verfassungsexperiment noch als beispielhaft für die künftigen Strukturen der EU gelten kann.[19]

### b) Konnexität von Modernitätsanspruch und Uneffektivität

Die »Verfassungsmodernität« nimmt Bezug auf die verfassungsrechtliche Globalisierung, die der europäischen Verfassungsdiskussion zugrunde liegt.[20] Gerade der völkerrechtliche Vertragscharakter der BiHV lehnt sich gewissermaßen an den aktuellen Trend der europäischen Verfassunggebung an und korrespondiert – zumindest im Grundsatz – mit der Idee einer »Europäischen Verfassung«. Indem die Akteure des Daytoner Friedensabkommens explizit einen völkerrechtlichen Vertragsannex als Verfassung und die dort genannten Vertragsparteien[21] als verfassunggebende Gewalt anerkannten, antizipierten sie den (westeuropäischen) Prozess, der im Zeichen eines Epochenwechsels die Konnexität von souveränem Staat und Verfassung aufzulösen versucht.[22] Kann in diesem Zusammenhang ein Modernitätspotenzial des bosnischen Verfassunggebungsexperiments zu finden sein?

In den Blick zu nehmen sind deshalb die Parallelen zum europäischen Verfassungssystem. Die europäische Entwicklung zu einem komplexen Verfassungssystem gestaltete sich gewissermaßen komplementär zur BiH-Verfassunggebung, die wiederum BiH aus einem Kriegs- in einen Verfassungszustand, aus einem »Staat der Bürger« in einen »Staat der konstitutiven Völker« überführte. Beide Prozesse lassen sich folgendermaßen beschreiben: Anstelle des Staatsvolks erscheinen in beiden Konstellationen die staatlich organisierten Nationen als Verfassungsgeber. Statt eine Rangordnung mit einem Wertesystem an der Spitze als juristisch unabgeleitete Rechtssätze normativ-

---

und Verfassungsfunktion, AöR Bd. 119 (1994), S. 35 ff., 46 ff.; *H.-P. Schneider*, Funktion der Verfassung, in: D. Grimm (Hrsg.), Einführung in das öffentliche Recht, 1985, S. 1 ff.

[18] Der Begriff »Verfassung« hat sich inzwischen in der internationalen, in der politischen sowie in der fachjuristischen Öffentlichkeit eingelebt.

[19] Zur Idee *W. Graf Vitzthum* (Fn. 1), insb. S. 89, 96.

[20] Vgl. *P. Häberle*, Verfassung als Kultur, JöR Bd. 49 (2001), S. (125 ff.) 131 f.; *C. Walter* (Fn. 10), S. 1 ff.

[21] Hinsichtlich des Annexes 4 sind das *A. Izetbegović* für die Republik BiH, *K. Zubak* für die Föderation BiH und *N. Koljević* für die Serbische Republik (vgl. Dayton Peace Agreement ILM, Fn. 13). Bei genauerer Betrachtung dieser Vertragskonstellation lässt sich feststellen, dass sich vornehmlich die drei Ethnien (Bosniaken, Kroaten und Serben) als die eigentlichen Verfassunggeber ergeben. Hierzu im Einzelnen mit weiteren Hinw. *E. Šarčević* (Fn. 15), S. 307 ff.

[22] Vgl. *U. Di Fabio*, Eine europäische Charta, JZ 2000, S. 737 ff.; *J.C. Piris*, Hat die Europäische Union eine Verfassung?, Europarecht Bd. 35 (2000), S. 311 ff.; *C. Walter* (Fn. 10); *P. Häberle* (Fn. 8), S. 180 ff., 191 ff., 1096 ff.

befehlend aus den gesellschaftlichen Konsensen abzuleiten, übernehmen hier völkerrechtliche Verträge die Verfassungsfunktion. Für eine solche »Verfassunggebung« war kein souveränes Volk an der gesellschaftlichen Basis erforderlich; für das Zustandekommen des Verfassungsrechts reichte der Konsens der völkerrechtlichen Vertragsparteien vollkommen aus.[23] Das Modernisierungspotenzial der BiHV ergibt sich somit vor dem Hintergrund einer der »offenen Staatlichkeit« Rechnung tragenden Idee. Entscheidend ist demzufolge der Weg, wie der Staat vom Souveränitätsparadigma befreit wurde. Dazu gehört aber auch der Versuch, die Kategorie »Verfassung« auf nichtstaatliche Organisationsformen anzuwenden. Das bosnische Verfassungsexperiment befindet sich insoweit im Modernisierungstrend.

Es ist sicherlich nicht zutreffend, den Staat Bosnien–Herzegowina verfassungsrechtlich als eine nicht staatlich organisierte Gemeinschaft zu kennzeichnen. Denn ihre Staatlichkeit ist sehr stark normativ untermauert,[24] wenngleich politisch umstritten.[25] Eine Parallele zur »Verfassung der EU« ist dennoch aus einem anderen Grund angebracht: Die Aufteilung der staatlichen Hoheitsgewalt (Souveränität) auf mehrere Ebenen charakterisiert sowohl das bosnische als auch das europäische Verfassungssystem.[26] Angesprochen ist in diesem Sinne die »Souveränitätsverteilung«. Sie mündet in die Verneinung der prinzipiellen Allzuständigkeit des Staates, wie sie in der Debatte zur europäischen Verfassung zum Ausdruck kommt,[27] und setzt im Sinne der Modernität die »Zerstörung« der klassischen Staatlichkeitsvorstellungen voraus. Somit ist dem Daytoner Verfassungssystem der Modernitätsanspruch, genauso wie der »EU-Verfassung«, immanent, weil es die Verneinung der allumfassenden Staatszuständigkeit schon autoritativ-befehlend regelt.

Die Modernitätsparallele von BiH-Verfassung und »EU-Verfassung« ist also grundsätzlich sinnvoll, soweit es sich um eine theoretisch gehaltene und von der täglichen politischen Praxis entfernte Analyse handelt. Vergleicht man dagegen die *Effektivität* beider Verfassungssysteme, ändert sich das gesamte Bild drastisch. Die EU hat auf dem Verfassungskurs eine Rechtsordnung geschaffen, die auf Rechtsstaatlichkeit ausgerichtet ist und die Menschenrechte effektiv schützt. Die Einrichtung des gemeinsa-

---

[23] Die Parallele zu verstehen, helfen folgende Analysen: *E. Šarčević* (Fn. 15), passim; *C. Walter* (Fn. 10); *E. Denninger*, Vom Ende nationalstaatlicher Souveränität in Europa, JZ 2000, S. 1121 ff.; *J.-C. Piris* (Fn. 22).

[24] Nach Art. I/1 BiHV bleibt die Republik Bosnien und Herzegowina unter dem amtlichen Namen »Bosnien und Herzegowina« bestehen: »*Kontinuität: Die Republik Bosnien und Herzegowina wird nunmehr nach dem Völkerrecht unter dem offiziellen Namen ›Bosnien und Herzegowina‹ ihre rechtliche Existenz fortführen, und zwar mit der modifizierten innerstaatlichen Struktur, wie dies hier bestimmt wird, und im Rahmen der bestehenden international anerkannten Grenzen.*« Dies wird von konkreten Regelungen untermauert: gemeinsame Staatsbürgerschaft und Hauptstadt (Art. 1 VII BiHV), gemeinsame Staatssymbole (Art. I/6 BiHV), einheitliche Gewährleistung der Menschenrechte (Art. II BiHV), gesamtstaatliche Zuständigkeiten (Art. III/1 und III/5 BiHV). Den Staatscharakter hebt nachdrücklich der BiHVerfGH in seiner E zu den konstitutiven Völkern hervor (vgl. die 1. partielle BiHVerfGHE U 5/98 III, BiHAbl. Nr. 11, 2000, sowie BiHVerfGHE III, Fn. 14, hier insb. Abs. 30 ff.). Vgl. a. *C. Stahn* (Fn. 1), S. 680 ff.

[25] Vgl. idS die Sondermeinungen zu BiHVerfGE (Fn. 14).

[26] So steht im Mittelpunkt einer Phase der »Finalität Europas« die Konzeption einer »Föderation« mit fortbestehenden Nationalstaaten, einer »Föderation« also, in der der Bürger, je nach Materie, jeweils der EG, dem Bund, dem Land oder der Gemeinde gegenübersteht. Vgl. *J. Fischer*, Vom Staatenverbund zur Föderation – Gedanken über die Finalität der Europäischen Integration, Rede vom 12. 5. 2000 unter *http://www.sueddeutsche.de/nachrichten/woche19/weiterfischer*; instuktiv *P. Häberle* (Fn. 8), S. 1096 ff.

[27] Statt vieler vgl. *E. Denninger* (Fn. 23) 1123 f.

men Marktes, die nachhaltige und ausgewogene Entwicklung des Wirtschaftslebens sowie die Umgestaltung der europäischen Nationalstaaten am Ende des Zweiten Weltkrieges stellen die Eckpunkte der europäischen Einigung dar.[28] Sie beschreiben – im Groben – die Rechtfertigungsgründe der europäischen Globalisierung auf dem Weg zu einem Verfassungssystem.

Dagegen wurzeln die Rechtfertigungsgründe der jetzigen BiHV im Ausnahmezustand, in dem sich das Land zwischen 1992 und 1995 befand. Der vom Zerfall bedrohte Staat (*Republik* BiH) und eine von der Ausrottung bedrohte Bevölkerung (*Bosniaken*) griffen mit dem Daytoner Abkommen auf die Instrumente des Völkerrechts zurück, um damit Leib und Leben vor »ethnischen Säuberungen« in Form von Massenvertreibungen zu schützen.[29] Nur damit ist die Situation zu erklären, dass ein souveräner Staat, der damals geltenden Verfassung widersprechend,[30] das eigene Staatsvolk, die eigenen Institutionen sowie die eigenen souveränen Angelegenheiten völlig suspendierte und die Regelung der Verfassungsmaterie drei politischen Parteien, der internationalen Diplomatie und den Nachbarstaaten überließ.[31] Die bosnische Notlage lässt sich folglich keinesfalls mit der »wirtschaftlichen Rationalität« der EG[32] vergleichen. Beide Modelle sind, von der Ausgangslage her gesehen, voneinander sehr weit getrennt, so dass das bosnische Demokratieexperiment nur noch als Beweis herangezogen werden kann, dass neben dem Volk auch die Feindbilder und der Krieg zu den die Staatsentstehung prägenden Gründen gehören.[33]

Greift man wiederum auf das Kriterium der Effektivität beider Systeme zurück, so kann die Daytoner Verfassung keinesfalls dem Modernitätspotential einer europäischen Verfassung gleichgestellt werden: Das Fehlen einer effektiven gesamtstaatlichen Gesetzgebung, die rechtliche Zersplitterung ohne rechtliche Homogenität, die verfassungsrechtliche Zerstörung des einheitlichen wirtschaftlichen Raumes und die bei-

---

[28] *T. Oppermann*, Europarecht, 2. Aufl., S. 8ff.

[29] Nach der Fassung der ILC schließt der Staatsnotstand grundsätzlich die Völkerrechtswidrigkeit nicht aus, es sei denn, das Handeln stellt das einzige Mittel dar, um wesentliche (»Essential«) Interessen eines Staates vor einer schwer und unmittelbar bevorstehenden Gefahr zu schützen (Art. 33 ILC-Entwurf zur völkerrechtlichen Verantwortlichkeit, ILM 1998, S. 442f.).

[30] Soweit die Unterzeichung des Abkommens durch den bosnischen Vertreter unter dem Gesichtspunkt der Republikverfassung zu beurteilen ist, steht diese eindeutig im Widerspruch zu Art. 5 der Verfassung der Republik BiH (GBl. Rep. BiH Nr. 4, 1974, hier wird zitiert nach VRepBiH – bereinigter Text GBl. Rep. BiH Nr. 5, 1993): »Das Territorium der Republik BiH ist einheitlich und unteilbar.« Darüber hinaus wurde Art. 268 VRepBiH verletzt, wonach ausschließlich die dort genannten Organe (jedes Haus der Parlamentsversammlung, das Staatspräsidium, die Regierung oder wenigstens 30 Abgeordnete) die Verfassungsänderung vorschlagen können. Über den Verfassungsänderungsvorschlag entscheidet die Versammlung (Skupština Rep. BiH) in einer gemeinsamen Sitzung. Bis zur Paraphierung des Daytoner Abkommens war die Parlamentsversammlung der Rep. BiH jedoch keinesfalls in die Änderung des Verfassungssystems involviert. Erst nach der Vertragsparaphierung erließ sie in der Sitzung vom 12.12.1995 (GBl. Rep. BiH Nr. 49, 1995) das Gesetz über die Änderungen und Ergänzungen der VRepBiH. Vgl. zum Problem die scharfsinnige Analyse von *I. Festić*, Kontinuitet države (Kontinuität des Staates), Godišnjak Pravnog fakulteta u Sarajevu (Jahrbuch der Juristischen Fakultät zu Sarajevo) Bd. XLII (1999), Sarajevo 2000, S. 169ff.

[31] Hierzu *E. Šarčević* (Fn. 15), S. 331ff.; *N. Pobrić* (Fn. 14), S. 58ff.

[32] Instruktiv hierzu *D. Thürer*, Föderalistische Verfassungsstrukturen für Europa – eine zweite Chance der Entfaltung, Integration Bd. 23 (2000), S. (89ff.) 93.

[33] Hierzu instruktiv *U. Beck*, Neonationalismus oder das Europa der Individuen, in: U. Beck/E.Beck-Gernsheim (Hrsg.), Riskante Freiheiten, 1994, S. 466ff.

spiellose Reduktion der gesamtstaatlichen Kompetenzen prägen das heutige BiH-
Verfassungssystem genauso wie die einmalige Hervorbringung eines politischen und
rechtlichen Chaos' und die völlig uneffektiven Menschenrechtsgewährleistungen.[34]
Fünf Jahre nach dem Inkrafttreten der neuen BiHV konnte sich das Abkommen in
Bezug auf so elementare Voraussetzungen wie die Rückkehr von Flüchtlingen und
Vertriebenen[35] oder die Verhaftung und Verurteilung der als Kriegsverbrecher ange-
klagten Personen[36] nicht behaupten.

## 3. Zwischenbilanz

Wenn BiH trotz allem noch als ein Referenzbeispiel für die EU oder für das »de fac-
to-Einwanderungsland« Deutschland herangezogen werden soll, so besitzt es Relevanz hinsichtlich der verfassungsrechtlichen Ersetzung einer prozedural-bürgerlichen
*Mehrheitsdemokratie* durch eine ethnisch-völkische *Konsensdemokratie*.[37]
   Die Bilanz dieser Umwandlung, ihre Erfolge und Misserfolge, sind vielleicht für das
europäische Verfassungssystem vor dem Hintergrund der Föderalisierung und Homo-
genitätsbildung unter den Prämissen der sprachlich, ethnisch und auch konfessionell
unterschiedlich zusammengesetzten Gliedstaaten (bzw. territorialen Gebietseinheiten) beispielhaft. Denn gerade in BiH wurde die vorangeschrittene Individualisierung
beseitigt und eine ausgeprägte Ethnisierung des Verfassungssystems völkerrechtlich
abgesichert. Dieser Vorgang findet sich eindeutig auch im europäischen Verfassungs-
kontext[38] und gerade deshalb kann ihm Modernität zugeschrieben werden.
   Die völlige Uneffektivität der in BiH vollzogenen Verfassungsordnung, die an die
Gestaltung der staatlichen Konstruktion und ihre gesellschaftliche Auswirkung an-
knüpft (nachstehend unter II), trennt unbestreitbar den bosnischen von dem europäischen Verfassungstrend. Das BiH-Verfassungsexperiment kann daher keinesfalls mit
dem europäischen Verfassungstrend gleichgestellt und vor dem Hintergrund einer europäischen Verfassunggebung im Sinne einer Verfassungsmodernität gerechtfertigt
werden. Denn erst die Effektivität der vollzogenen Verfassungsordnung kann dazu

---

[34] *E. Šarčević* (Fn. 15), S. 333ff.

[35] Die Rückkehr von Flüchtlingen und die Verfolgung der Kriegsverbrecher waren für die Akzeptanz
des Abkommens seitens der »bosnischen Seite« ausschlaggebend. Ohne ihre präzise Vertragsregelung wäre
es überhaupt nicht zum Vertrag und damit auch nicht zur Verfassungsvereinbarung gekommen. Dies bestätigt beispielsweise *A. Izetbegović* in zahlreichen Erklärungen und Erläuterungen. Vgl. statt vieler die Rede vor der UN-Generalversammlung am 25. 9. 1996, in: *ders.*, Godina rata i mira (Jahr des Krieges und des
Friedens), Sarajevo 1997, S. 237ff., 239 sowie seine Erklärung bei der Paraphierung des Friedensabkommens vom 21. 11. 1995, IP, 1996, S. 96f. Gleiches wurde in zahlreichen Resolutionen des UN-Sicherheitsrates mit der Formulierung bejaht, dass »eine umfassende und koordinierte Rückkehr der Flüchtlinge
und Vertriebenen der gesamten Region für einen dauerhaften Frieden nach wie vor entscheidend ist« (vgl.
z.B. Res. 1305/2000 vom 21. 6. 2000, Vereinte Nationen 4/2000, S. 151).

[36] Gerade im Gegenteil, nach wie vor besetzen in der Serbischen Republik zahlreiche als Kriegsverbrecher angeklagte Personen und ihre Mitarbeiter die wichtigsten Positionen im öffentlichen Dienst, in der
Polizei, in der Staats- und Kommunalverwaltung sowie im politischen Leben. Näher in: War criminals in
Bosnia's Republika Srpska: Who are the people in your neighbourhood?, ICG Balkan Report N° 103, Sa-
rajevo/Washington/Brüssel, 2. 11. 2000.

[37] Vorsichtig in diese Richtung tendierend wohl *Graf Vitzthum* (Fn. 1), S. 89, 107.

[38] Vgl. *U. Beck*, (Fn. 33); *E. Denninger* (Fn. 23).

führen, dass die Überführung einer Ausnahme (Kriegszustand, völkerrechtlicher Vertrag) in eine konsensfähige Verfassungslösung als ein verallgemeinerungsfähiges Modell anerkannt wird. Nur nach den Prämissen des effektiven Menschenrechtsschutzes kann dies als gerechtfertigt angesehen werden. Diese Schlussfolgerung ist an den Maßstäben der im Folgenden dargelegten Strukturmerkmalen des BiH-Verfassungssystems ergänzend zu prüfen.

## II. Das Daytoner Verfassungssystem: Ethnokratie gegen Rechtstaat

### 1. Das Gesamtbild

Bei der Beschreibung und Bewertung der gesamten Daytoner Staats- und Demokratiekonstruktion müssen unterschiedliche geschichtliche und realpolitische Faktoren mitberücksichtigt werden. Hierzu gehören vornehmlich die innere Natur der kriegerischen Auseinandersetzungen in und um BiH (nachstehend unter 2. b]), die internationalen Friedensverhandlungen,[39] großserbische und großkroatische Staatsprojekte zusammen mit politischen Loyalitäten und Nationalismen[40] sowie die fatale Fruchtlosigkeit der europäischen Balkan-Politik[41] und der ausgeprägte Völkerrechtsnihilismus, der wohl auf die Krise des völkerrechtlichen Handlungsinstrumentariums zurückzuführen ist.[42] So steht das gesamte Engagement der Verhandlungsführer und der Vertreter der supranationalen Institutionen der Völkerrechtsgemeinschaft in einem beispiellosen Widerspruch zum eigenen Vorverhalten und zu früheren Erklärungen, das vor dem Hintergrund der Inanspruchnahme der Kompetenz, völkervertragsrechtlich ein Verfassungssystem vorzuschreiben, im Ergebnis zur völkerrechtlichen Anerkennung von Vertreibungs- und Tötungsmaßnahmen aus ethnisch-religiösen Gründen in Form einer völkerrechtlich oktroyierten Verfassung führte.[43] Das bosnische Verfassungssystem verdichtet sich somit zu einem System zur Regelung der Völkermordergebnisse, das in seiner jetzigen Form wegen der Legalisierung der »ethni-

---

[39] In chronologischer Reihenfolge: Der *Cutilheiro-Plan* (Februar–März 1992) definierte ein Schweizer Kantonsmodell, der *Wance-Owen-Plan* (Januar/Februar 1993) befürwortete ein Regionalisierungsmodell, der *Owen-Stoltenberg-Plan* (Sommer 1993) ging von einem Konföderationsmodell aus und der Plan der *Kontaktgruppe* (Sommer 1994) basierte auf dem Modell einer Zweistaaten-Union. Einen guten Überblick mit persönlichem Bezug gibt der damalige SDA (Partei der demokratischen Aktion)-«Experte» und jetzige Richter des BiHVerfGH *K. Begić* in seinem nicht wissenschaftlich geschriebenen Buch »Bosna i Hercegovina od Vanceove misije do Daytonskog sporazuma: 1991.-1996.« (BiH von der Vance-Mission bis zum Daytoner Abkommen: 1991–1996), Sarajevo 1997. Aus dem deutschen Schrifttum vgl. *P. Raffone*, Der Weg nach Dayton: Diplomatische Stationen eines Friedensprozesses, Blätter für deutsche und internationale Politik Bd. 41 (1996), S. 231 ff.; *M.-J. Calic* (Fn. 5), S. 188 ff.

[40] Vgl. *A. Wohlstetter*, Wie man ein Groß-Serbien schafft, FAZ v. 9. 9. 1994, S. 12 f. *E. von Erdmann-Pandžić*, Heiliger Boden und billiges Blut. Das großserbische Programm und die Tradition »ethnischer Säuberung«, in: J. Vollmer (Hrsg.), »Daß wir in Bosnien zur Welt gehören«, 1995, S. 125 ff.

[41] Vgl. *S. Oeter*, Jugoslawien und die Staatsgemeinschaft, KritJ 1996, S. 15 ff.; *P. Parin*, Barbarei als Normalität. Zu Krieg und Vertreibung in Europa, Internationale Studentenzeitung Nr. 19, Frankfurt a. M., 1994.

[42] *H. Roggemann*, Der neue Balkankrieg der 90er Jahre – eine Herausforderung für das internationale Recht, NJ 1994, S. 337 ff.; *L. Friedman*, Why the West Failed, Foreign Policy, 97/1994–95, S. 53 ff., 57 f.

[43] Wohl in diese Richtung neuerlich a. *C. Stahn* (Fn. 1), S. 695.

schen Säuberungen« in direktem Widerspruch zum Völkermordverbot und zum Gebot der Achtung des humanitären Völkerrechts steht.[44]

Vor diesem Hintergrund ist auch die Grundprämisse des BiH-Verfassungssystems
zu verstehen. Danach sind die drei Ethnien (»konstitutive Völker, Bosniaken, Serben
und Kroaten«) in zwei Entitäten (»Serbische Republik« und »Föderation BiH«, wobei
die letztere wiederum aus zehn territorial, rechtlich, politisch und kulturell verselbständigten Kantonen besteht)[45] und im Distrikt-Brčko (*de iure* bildet er keine dritte
Entität, *de facto* wurde hiermit wohl eine dritte Entität geschaffen)[46] organisiert. Die
jeweilige Trennlinie zwischen den Entitäten und zwischen den Kantonen in der FBiH
entspricht dabei fast im Einzelnen den ehemaligen Frontlinien zwischen der *Armee der
Republik BiH*, den *serbischen*[47] und den *kroatischen Einheiten*[48]. Nur damit ist zu erklären,
dass die innere territoriale Gliederung des Landes keinen wirtschaftlich, geschichtlich,
kommunikations-strukturell oder geografisch vertretbaren Kriterien entspricht. Das
Land wurde territorial völlig willkürlich »zerlegt«.[49]    Dieses territoriale Spezifikum
folgt genauso wie die Organisation der staatlichen Gewalt, das Demokratiemodell, die
bundesstaatliche Kompetenzverteilung, die Finanz- und Militärverfassung, die Assistenz der internationalen Gemeinschaft und der internationalisierte Menschenrechtsschutz aus dem Kriegszustand, in dem sich die gesamte Region seit der Unabhängig-

---

[44]  Vgl. im Einzelnen, *E. Šarčević* (Fn. 15), S. 329ff.

[45]  Im Einzelnen *E. Šarčević*, Die verfassungsrechtliche Lage Bosnien-Herzegowinas nach dem Abkommen von Dayton, VSO 14. Lieferung 1997, Bosnien-Herzegowina, (S. 3ff.), S. 17ff.; *Graf Vitzthum/Mack*
(Fn. 12), S. 88ff.; *C. Stahn* (Fn. 1), S. 674ff.

[46]  Der Distrikt steht, nach dem Schiedsspruch vom 14. 2. 1997 des Schiedsgerichts unter dem Vorsitz
des US-Diplomaten Roberts B. Owen, unter der exklusiven Souveränität von BiH. Vgl. die Entscheidung
vom 5. 3. 1999, ILM Bd. 38 (1999), S. 534; weitere Gesichtspunkte bei *Graf Vitzthum/Mack* (Fn. 12),
S. 113ff.

[47]  Die jugoslawische Armee und die Armee der bosnischen Serben fungierten dabei als eine untrennbare und gut koordinierte Einheit, wobei sie sich nach außen stets als zwei völlig getrennte Armeen dar-
stellten. Hinsichtlich der Frage, inwieweit die serbischen Militäreinheiten in BiH von Jugoslawien (Serbien und Montenegro) aus kontrolliert, koordiniert und zu einem gemeinsamen Kriegsziel geführt wurden, verweise ich auf die Urteile des Tribunals für das ehemalige Jugoslawien in Den Haag (International
Tribunal for the Prosecution of Persons Responsible for Serious Violations of International Humanitarian
Law Commited in the Territory of the Former Yugoslavia, ILM 1993, S. 1203ff.), und zwar auf die Tadić-
Entscheidung vom 15.7. 1999 (Judgement of: 15 July 1999, im Internet unter: *www.un.org/icty/tadic/appe-
al/judgement/tad-aj9971 5e.htm*) Abs. 83ff. (»Die Natur des Konfliktes«).

[48]  Gemeint sind HVO – Kroatischer Verteidigungsrat und HV – Kroatische Armee. Über die innere
Verbindung beider Militärkräfte; vgl. Blaškić-Entscheidung des Den Haager Tribunals vom 3.3. 2000
(Urteil IT-95–14T, Abs. 75ff., »Die internationale Natur des Konflikts«).

[49]  Bisher die einzig kompetente Analyse bei *M. Bublin*, Visoka cijena neprirodne podjele (Hoher Preis
einer unnatürlichen Verteilung), Oslobodjenje, 28. 8. 1999, S. 17. Die Maßstäbe dieser Willkürlichkeit illustriert am besten die entitäre Abgrenzungslinie in Sarajevos Stadtviertel Dobrinja, wo sie entlang der
ehemalige Frontlinie buchstäblich quer durch die Wohnhäuser hindurch lief. Am 23. 4. 2001 traf der iri-
sche Schiedsrichter D.P. Sheridana einen bindenden Schiedsspruch, wonach aufgrund einer neuen Festlegung der zwischenentitären Abgrenzungslinie ca. 800 Wohneinheiten in die Föderation und ca. 300
Wohneinheiten in die Serbische Republik zusammen mit dem dazugehörigen Territorium eingegliedert
wurden. Der Schiedsrichter Sheridana begründete seine Entscheidung u.a. damit, dass er sich nicht auf die
Frontlinie, die die Serbische Republik beharrlich befürwortete, stützen könnte. Quelle: Oslobodjenje, Sarajevo von 21.3. 2001 und 24. 4. 2001.

keitserklärung von BiH befand.[50] Ein genaueres Gesamtbild ergibt die Betrachtung folgender Elemente des bosnischen Staatssystem:

– Die *staatsorganisationsrechtlichen Vorgaben* der Daytoner Verfassung[51] basieren einerseits auf der kriegerisch erzwungenen Teilung des Staatsgebietes in mehrere eigenständige und voneinander abgetrennte Lebensräume. Sie verkörpern andererseits den Vertragskompromiss zwischen den (tatsächlichen) Kriegsparteien: der *Republik* BiH, *Kroatien* und der *BR Jugoslawien*. Als stark dezentral organisierter dreigliederiger Bundesstaat[52] mit extrem schwachen gesamtstaatlichen Institutionen kam dieses System zur Zeit der Vertragsunterzeichnung den großstaatlichen Ambitionen der Republik Kroatien und der BR Jugoslawien Erfolg versprechend entgegen. Denn die Gewährleistung von »speziellen Beziehungen« zwischen der jeweiligen Entität und dem jeweiligen Nachbarstaat,[53] die offen gelassene doppelte Staatsbürgerschaft[54] und die extrem schwachen materiellen Kompetenzen des Gesamtstaates[55] stellten sowohl den serbischen als auch den kroatischen Vertragsparteien eine künftige Teilung des Staatsgebietes und einen möglichen Anschluss der jeweiligen Entität an die Nachbarstaaten in Aussicht.[56] Gleichzeitig rückte die Erhaltung des Staates in den völkerrechtlich anerkannten

---

[50] Ein Bürgerreferendum über die Unabhängigkeit und Souveränität der Rep. BiH wurde aufgrund der Entscheidung über die Durchführung des Referendums (GBl. Rep. BiH 3/1992) abgehalten. Nach dem Bericht der Referendumskommission nahmen insgesamt 2.073.568 bzw. 64,32% von 3.253.847 Stimmberechtigten am Referendum teil. Für die Unabhängigkeit votierten 2.061.932 bzw. 63,95% der stimmberechtigten Staatsbürger. Angaben nach *K. Begić* (Fn. 39), S. 77 ff.

[51] Vgl. *E. Šarčević* (Fn. 45), S. 4 ff.; *C. Stahn* (Fn. 1), S. 674 ff.; *Graf Vitzthum/Mack* (Fn. 12), S. 88 ff.; *Graf Vitzthum* (Fn. 1), S. 106 ff.

[52] So zutr. *Graf Vitzthum/Mack* (Fn. 12), S. 88 ff.

[53] Zwischen der Föderation BiH und Rep. Kroatien wurde am 27./28. 10. 1998 die Vereinbarung über die speziellen Beziehungen unterschrieben; als Zeugen unterschrieben die Vereinbarung *J. P. Klein* im Namen des OHR und der spezielle Gesandter *R. Sklar* im Nahmen der USA (Quelle: BiH Press, 24. 11. 1998). Der Vertrag über die speziellen Beziehungen zwischen der RS und der BR Jugoslawien wurde in der Anwesenheit von Vertretern des gesamtstaatlichen Außenministeriums, der OSZE und des OHR in Banja Luka am 5. 3. 2001 unterschrieben (Quelle: Oslobodjenje, 6. 3. 2001). Am gleichen Tag kündigte die Partei für BiH die Einlegung eines Normkontrollverfahrens an dem BiHVErfGH mit der Begründung an, dass dieser Vertrag, dessen Inhalt vor der BiH-Öffentlichkeit die ganze Zeit geheimgehalten wurde, die territoriale Integrität und Staatssouveränität von BiH verletze (Quelle: Oslobodjenje, 6. 3. 2001).

[54] Vgl. *E. Šarčević*, Zum neuen bosnisch-herzegowinischen Staatsangehörigkeitsgesetz, WGO-MfOR 1998, S. 331 ff.; *G. Brunner*, Minderheitenschutz, Staatsangehörigkeit und Staatensukzession: Lehren aus dem Zufall der kommunistischen Vielvölkerstaaten, in D. Dörr u. a., FS für H. Schiedermair, 2000, S. (901 ff.) 916 ff.

[55] Nach Art. III/3 lit. b BiHV gilt eine Kompetenzvermutung zugunsten der Entitäten: Der Gesamtstaat hat nur die Zuständigkeiten, die ihm ausdrücklich zugewiesen sind. Die Kompetenzliste des Gesamtstaates umfasst Außenpolitik (Art. III/1 lit. a BiHV), Außenhandels- und Zollpolitik (Art. III/1 lit. b, c BiHV), Währungspolitik (Art. III/1 lit. f BiHV), die Finanzierung der gesamtstaatlichen Institutionen und völkerrechtlichen Verpflichtungen (Art. III/1 lit. e BiHV), Einwanderungs-, Flüchtlings- und Asylpolitik (Art. III/1 lit. f BiHV), internationale Strafverfolgung (Art. III/1 lit. g BiHV), gliedstaatsübergreifende Kommunikations- und Verkehrspolitik sowie Luftverkehrspolitik (Art. III/1 lit. i – j BiHV). Hinzu kommen die Kompetenzen zur Erfüllung der staatlichen Souveränität, Integrität und Unabhängigkeit BiH sowie die weiteren Kompetenzen, die dem Gesamtstaat von den Entitäten übertragen werden (Art. III/5 lit. a BiHV).

[56] Die großserbische Position ist sehr gut dokumentiert im Buch »Prva konstituirajuća sednica Narodne Skupstine Republike Srpske« (Erste konstitutive Sitzung der Volksvertretung der serbischen Republik) Pale/Trebinje 1996. Sie ist auch am 17. 11. 1997 durch eine »Deklaration der Parlamentarischen Versammlung der Serbischen Republik« (Quelle: Serbisches Amtsblatt = Narodne novine RS – Volkszeitung Serb.Rep. Nr. 30, 1997) abgesichert worden. Dort hieß es: »Die Volksversammlung der Serbischen Republik betont noch einmal die eigene Entschlossenheit, aufgrund der Vereinbarung über die speziellen Be-

Grenzen, die zusammen mit der vereinbarten bedingungslosen Rückkehr von Flüchtlingen und Vertriebenen (Annex 7), die Schaffung einer dem Vorkriegsland ähnlichen multikulturellen Gesellschaft ermöglichen sollte, näher. Für die Akzeptanz des Abkommens seitens der für die *Republik* BiH handelnden Personen waren gerade diese zwei Elemente ausschlaggebend.[57]

— Im Mittelpunkt der staatsorganisationsrechtlichen Vorgaben des Annexes 4 befinden sich somit die Instrumente zur Erhaltung einer *ethnischen Konsensdemokratie*, die im Grunde genommen von der Notwendigkeit einer Einigung zwischen den drei *privilegierten Ethnien* (Völker verstanden als Ethnos) ausgehen.[58] Das gesamtstaatliche *Zwei-Kammer-Parlament* und das auf vier Jahre direkt gewählte *Staatspräsidium* sind solchen Erfordernissen institutionell und legitimationstechnisch völlig angepasst. Das *Haus der Völker* ist eine der beiden Parlamentskammern (die andere ist das *Repräsentantenhaus*), das aus 5 serbischen, 5 kroatischen und 5 bosniakischen Abgeordneten besteht. Dabei werden die serbischen Abgeordneten in der Serbischen Republik (RS) und die bosniakischen/kroatischen in der Föderation BiH (FBiH) von der jeweiligen Parlamentsversammlung getrennt gewählt. Der Annex 4 schreibt ausdrücklich vor, dass die serbischen Abgeordneten ausschließlich durch die parlamentarische Versammlung der Entität RS bzw. dass die bosniakischen und kroatischen Abgeordneten allein durch die parlamentarische Versammlung der FBiH zu wählen sind (Art. IV/1. BiHV). Eine solche Verkoppelung des ethnischen mit dem territorialen Ansatz führt im Ergebnis dazu, dass die Abgeordneten einer Ethnie (im Sinne eines »konstitutiven Volkes: Bosniaken, Serben und Kroaten«) die jeweilige ethnische Gruppe auf einem identifizierbaren Territorium als eigene politische Legitimationsbasis betrachten. Die zwei bosnischen Entitäten erschei-

---

ziehungen zwischen der BR Jugoslawien und der Serbischen Republik in jeder Hinsicht zur Verstärkung der gegenseitigen Beziehungen des serbischen Volkes an den beiden Seiten des Flusses Drina und zu seiner endgültigen Einigung beizutragen«. Die kroatische Position dokumentiert die Aufrechterhaltung der Institutionen der »Kroatischen Republik Herzeg-Bosna« (HR H-B), die die religiöse und politische Spitze vornehmlich in West-Herzegowina (katholische Kirche und HDZ) bis zum heutigen Tag am Leben erhält. Die Erklärung der »Kroatischen Selbstverwaltung« (in Mostar, am 3.3. 2001, Quelle: Oslobodjenje v. 7.3. 2001), die aufgrund der von der HDZ organisierten »Versammlung des kroatischen Volkes« (Novi Travnik – Zentralbosnien, Quelle: Vjesnik, Zagreb 29.10. 2000) eingerichtet wurde, bestätigte neuerlich die parallele Existenz der Institutionen der »Kroatischen Republik Herzeg-Bosna«, die unter dem Namen »Kroatische Gemeinschaft Herzeg-Bosna« am 18.11. 1991 im herzegowinischen Dorf Grude gegründet wurde (vgl. Entscheidung über die Begründung der Kroatischen Gemeinschaft H-B, bereinigter Text, Narodni list HZ H-B = Volksblatt KroG H-B Nr. 1, 1992) und im Ergebnis als ein potenzieller Teil Groß-Kroatiens bis zum Tod von *Franjo Tudjman* behandelt wurde (hierzu sowie allgemein zu HGH-B vgl. *C. Ribičić*, Geneza jedne Zablude: Ustavnopravna analiza nastanka i djelovanja Hrvatske zajednice Herceg-Bosna [Genesis eines Irrtumes: Verfassungsrechtliche Analyse des Entstehens und der Wirkung der Kroatischen Gemeinschaft Herzeg-Bosna)] Zagreb/Sarajevo/Idrija, 2000). Die KroR HB wurde am 24./25. 5. 1997 offiziell aufgelöst (hierzu *E. Šarčević*, Die Auflösung der »Kroatischen Republik Herzeg-Bosna«, WGO-MfOR 1997, S. 327ff.), blieb aber bis zum heutigen Tag in den parallelen Institutionen der HDZ erhalten (vgl. Bericht des Innenministers der ersten Sitzung der neukonstituierten Regierung der FBiH v. 14.3. 2001, *M. Bešić* in Oslobodjenje, 15.3. 2001).

[57] Vgl. Erklärung des Präsidenten der Rep. BiH *A. Izetbegović* bei der Paraphierung des Friedensabkommens (Fn. 35). Das Gleiche verlangt das Verfassungsgesetz zu Ergänzungen und Änderungen der Verf. der Rep. BiH v. 12.12. 1995 (GBl. Rep. BiH 49/1995), mit dem praktisch der legale Übergang der Rep. BiH zum Daytoner Verfassungssystem ermöglicht wurde: Nach Art. 1 Abs. 2 hat die Rep. BiH im Falle einer unbefriedigenden Durchführung des Daytoner Abkommens es für nichtig zu erklären und anschließend der Rep. BiH unter dem international anerkannten Namen das Fortbestehen zu sichern.

[58] Vgl. zum Ganzen *Graf Vitzthum* (Fn. 1), S. 106ff.; *E. Šarčević* (Fn. 12), passim; ders., Ustav i Politika (Verfassung und Politik), Sarajevo/Ljubljana 1997, insb. S. 88ff.; *T. Várady*, On the Chances of Ethnocultural Justice in Central-Estern Europe (with Comments on the Dayton Ageement), in: *Opalski/Kymlicka* (eds.), Can Liberal Pluralism be Exported?, Oxford University Press, Oxford 2001 (im Erscheinen).

nen somit als *politisch* völlig getrennte Gebietseinheiten, in denen unabhängig voneinander das serbische Volk (in RS) bzw. das bosniakische und kroatische Volk (in FBiH) ihr eigenes politisches Interesse artikulieren. Die serbischen Abgeordneten im Haus der Völker verstehen sich beispielsweise jeweils als Hüter der serbischen Interessen und als exklusive Repräsentanten des serbischen Volkes, obwohl diese nicht von den Serben in FBiH bzw. nicht innerhalb des gesamtstaatlichen Territoriums gewählt worden sind.[59] Die nichtserbische Bevölkerung aus der RS[60] und die Serben aus der FBiH bleiben somit politisch völlig ausgeklammert. Die Bosniaken und Kroaten zusammen mit anderen Bürgern, die auf dem Territorium der RS leben, werden auf der gesamtstaatlichen Ebene folglich nur als »Serben« repräsentiert.[61] Gleiches gilt für das dreiköpfige gesamtstaatliche *Präsidium*:[62] Soweit das serbische Präsidiumsmitglied in der RS und je ein bosniakisches sowie ein kroatisches in der FBiH direkt gewählt werden (Art. V), fungieren sie als ethnisch und territorial legitimierte Vertreter des jeweiligen »konstitutiven Volkes«, obwohl nicht jeder Bürger auf dem gesamtstaatlichen Territorium diese Vertreter wählen kann.[63] Praktische Konsequenz dieses Systems ist die starke Ethnisierung der politischen Partizipationsrechte, so dass sich die Vertreter des »konstitutiven Volkes« (z. B. die Präsidiumsmitglieder oder die Richter des BiHVerfGH) vornehmlich als Hüter der Interessen des »eigenen Volkes« und nicht als Vertreter des Gesamtstaates oder aller Bürger betrachten.[64] Auf dieser einfachen Prämisse beruht der kategorische Imperativ des politischen Handelns der Präsidiumsmitglieder und der bosnischen Parlamentarier: Statt die Verfassungsloyalität als politischen Arbeitsstil zu pflegen, agieren die bosnischen Spitzenfunktionäre nach dem Muster einer vorbehaltlosen ethnischen Loyalität und verhalten sich im politischen Entscheidungsprozess wie Inhaber einer »ausschließlichen Lizenz« hinsichtlich der Interessen des »eigenen Volkes«. Die ständigen Streitigkeiten der verfassungsrechtlich etablierten »Hüter des konstitutiven Volkes« gehören somit zum fünfjährigen politischen Alltagsritual, das letztendlich zu keinem Konsens in den staatlichen Institutionen führen konnte und sogar die Zusammensetzung und die Entscheidungen des BiHVerfGH wesentlich prägt.[65]

---

[59] Siehe z. B. *R. Kuzmanović*, Ustavno pravo (Verfassungsrecht), Bd. 2, Banja Luka 1997, S. 74.

[60] Illustrativ sind Angaben über die Einwohnerzusammensetzung der jetzigen RS: So waren 45,73% der Einwohner der heutigen RS nach der Volkszählung aus dem Jahre 1991 nichtserbisch, wobei Ende 1997 hier lediglich 3,21% und Ende 1999 zwischen 3% und 5% nichtserbischer Bevölkerung lebten. Angaben nach BiHVerfGHE (Fn. 14), Abs. 86–88; vgl. a. ICG, Ed. (Fn. 1), insb. Ang. in Fn. 94, S. 51 sowie die Erl. zum Annex 7, S. 83; *K. Trnka* (Fn. 14), S. 352f.

[61] Nach gleicher Logik können die Serben aus der FBiH ausschließlich Bosniaken und Kroaten als *eigene* ethnische Vertreter für die gesamtstaatliche Ebene wählen. Dadurch ist den Serben verwehrt, in der Föderation für das Haus der Völker zu kandidieren, und den Bosniaken und Kroaten ist die Möglichkeit genommen, sich in der RS für das Staatspräsidium zu bewerben.

[62] In diesem gesamtstaatlichen Organ rotiert alle 8 Monate der Vorsitz. Die Verfassung empfiehlt die konsensuale, schreibt die einfache Mehrheit für die Entscheidung vor, wenn die konsensuale Entscheidung unmöglich ist (Art. III/2. lit. c BiHV).

[63] Dabei haben die Serben und »andere Bürger« in der Föderation sowie die Nichtserben in der RS keinen Einfluss auf die Auswahl des Vertreters des »eigenen Volkes«. So sind die bosnischen Staatsbürger (derzeit etwa 8%, die keiner der staatstragenden Ethnien angehören) prinzipiell gehindert, auf dem gesamtstaatlichen Territorium eigene Vertreter unmittelbar zu wählen.

[64] Soweit der Vertreter aus der RS z. B nach Art. V BiHV ein Serbe sein muss, hat er seine politische Legitimationsbasis ausschließlich in der RS, der kroatische und der bosniakische nach gleicher Regel ausschließlich in der FBiH.

[65] Illustrativ sind idS die Entscheidungen des BiHVerfGH, der sich gem. Art. VI BiHV aus insgesamt 9 Richtern zusammensetzt: jeweils 2 Serben (gewählt von Parlament der RS), 2 Kroaten, 2 Bosniaken (gewählt vom Parlament der FBiH) und 3 internationale Richter, die nach »Konsultation« mit dem bosnischen Staatspräsidium vom Präsidenten des EuGH für Menschenrechte ernannt werden. Selten werden BiHVerfGHE einstimmig getroffen. Die Sondermeinungen lassen immer wieder starke Verbindungen

– Dieser ethnische Determinismus wurde abschließend mit der verfassungsrechtlichen Regelung des Instituts »*vitales Interesse des Volkes*« untermauert: Jede Entscheidung der Parlamentarischen Versammlung (Art. IV/3. lit. d) und des Staatspräsidiums (Art. V/2. lit. d) kann danach für »*destructiv of a vital interest*« einer Ethnie (»konstitutives Volk«) erklärt werden. Da dieses Interesse bisher weder definiert noch näher bestimmt ist,[66] kann grundsätzlich für jede Frage eine »Verletzung des vitalen Interesses« behauptet und eine entsprechende Prozedur in Gang gesetzt werden,[67] was das ganze Entscheidungssystem auf staatlicher Ebene blockiert.[68] Wie eng die Kategorie »konstitutives Volk« mit dem »vitalen Interesse des Volkes« verbunden ist und warum ihre Wahrnehmung in der politischen Praxis zu einem ausgeprägt ethnokratischen Staatssystem[69] führt, lässt sich am besten am Beispiel der zweiten Parlamentskammer des Repräsentantenhauses darstellen. Die Abgeordneten dieses Hauses werden unmittelbar und getrennt in den beiden Entitäten gewählt.[70] Der Idee nach stellt es eine Kammer dar, in

---

zwischen der ethnischen Zugehörigkeit des jeweiligen Richters und dem jeweiligen Streitgegenstand erkennen. Dass sie argumentativ als »Hüter der ethnischen Interessen« und nicht als »Hüter der Verfassung« vorgehen, belegen deutlich die Sondermeinungen der Richter *Z. Miljko* und *M. Zovko* (Kroaten) und *S. Savić* und *V. Popović* (Serben) in der BiHVerfGE III (Fn. 14), S. 488ff.

[66] Der einzige, bisher jedoch erfolglose Versuch, das »vitale Interesse des Volkes« eingehend zu konkretisieren und dieses dann anhand einer erarbeiteten »Charta« der kodifizierten Fragen, die als eine mögliche Bedrohung des »vitalen Interesses« beanstandet werden können, effektiv zu schützen, stammt von einer Internationalen Arbeitsgruppe, die zum Zweck der Durchführung der Dritten partiellen E des BiH-VerfGH zu den konstitutiven Völkern (vgl. o. Fn. 14) vom Hohen Vertreter Anfang 2001 gegründet wurde (vgl. die Ang. unten in Fn. 148). Im Rahmen der von dieser Gruppe ausgearbeiteten »Richtlinien zur Arbeit der Verfassungskommissionen« (zur Verfassungskommission vgl. Decision establishing Constitutional Commissions in both Entity Parlaments as interim procedures to protect the vital interests of the constituent peoples of BiH and others in both Entities, including freedom from discrimination, v. 11.01. 2001, OHR Documents, unter *http://www.ohr.int.decisions.htm*) wird zum »vitalen Interesse folgendes festgestellt: »Das vitale Interesse bezieht sich auf die Möglichkeit, dass die konstitutive Völkern in BiH die eigene Kultur pflegen und entwickeln können sowie die wesentlichen Elemente eigener Identität, d.h. Religion, Sprache und kulturelle Überlieferungen, bewahren« (Quelle: Oslobodjenje, 12.03. 2001). Die Verfassungskommissionen haben bis zum 15. März bzw. bis zum 16. April 2001 (OHR-Frist) keine Konkretisierungsvorschläge vorbereitet (Quelle: Oslobodjenje, 16.4. 2001).

[67] Soweit eine vorgeschlagene Entscheidung der parlamentarischen Versammlung aufgrund der Mehrheit der bosniakischen, kroatischen oder serbischen Stimmen als schädlich für das »vitale Interesse eines Volkes« erklärt wird (Art. IV/3 lit. a BiHV), muss diese Erklärung von der Mehrheit der anwesenden bosniakischen, der kroatischen oder der serbischen Abgeordneten bestätigt werden. Danach soll zuerst ein Ausschuss von drei Abgeordneten – je einem Bosniaken, Kroaten und Serben – eingesetzt werden, um eine konsensfähige Lösung des zur Entscheidung anstehenden Problems zu finden. Gelingt dies innerhalb von fünf Tagen nicht, wird der Fall an den BiHVerfGH überwiesen, der in einem Dringlichkeitsverfahren nach einer Lösung suchen muss (Art. IV/3 lit. f BiHV). Im Präsidium wird in einem solchen Fall die abgelehnte Entscheidung in den entitären Versammlungen den Abgeordneten der Volksgruppe, deren vitales Interesse verletzt worden sein sollte, vorgelegt: den bosnischen oder kroatischen Abgeordneten im Haus der Völker des Parlaments der FBiH (für Bosniaken und Kroaten) und der Volksversammlung der RS im Falle der Serben (Art. V/1 lit. d BiHV).

[68] Im Schrifttum wird dieses Institut zutreffend als ein Veto-Instrument zur Blockade von Entscheidungs- und Gesetzgebungsverfahren auf der gesamtstaatlichen Ebene gesehen. Vgl. *K. Trnka* (Fn. 14), S. 382f.; *Graf Vitzthum* (Fn. 1), S. 108; *C. Stahn* (Fn. 1), S. 677 sowie die Analyse in ICG, Ed. (Fn. 1), Kap. VI., lit. D und E, S. 56ff.

[69] Zum ethnokratischen Charakter des BiH-Verfassungssystem vgl. *E. Šarčević* (Fn. 58), passim; *T. Várady* (Fn. 58); ähnlich a. *C. Stahn* (Fn. 1) S. 676ff. (»Das Prinzip der ethnischen Demokratie«); grundlegend *T. Haverić*, Ethnos et démocratie: le cas de la Bosnie-Herzégovine, Diss. Paris – X Nanterre, hier insb. S. 276–292.

[70] Von insgesamt 42 Abgeordneten werden gem. Art. IV/2 BiHV zwei Drittel – 28 Personen – in der FBiH und ein Drittel – 14 Personen – in RS gewählt.

der die ethnisch neutralen Staatsaufgaben politisch artikuliert werden und der »abstrakte Bürger« (das Staatsvolk als Ganzes) eigene Interessen zum Ausdruck bringen kann.[71] Die derzeitige Realität zeigt jedoch eine starke ethnische Prägung dieses Hauses. Die Delegierten aus der RS agieren stets als ethnische Serben und die Delegierten aus der FBiH hauptsächlich als Bosniaken und Kroaten, so dass sich durch die politische Verhaltensweise der Abgeordneten die grundlegende Funktion des Hauses, die Bürger als Ganzes zu repräsentieren, de facto auf die erneute Vertretung der »konstitutiven Völker« reduziert. Die überdeckende Relevanz des Ethnischen zeigt sich jedoch im Ergebnis erst dadurch, dass die beiden Häuser in den Verfassungs- und Gesetzgebungszuständigkeiten, in den Haushaltsfragen und in der Führung der Außenpolitik vollkommen gleichberechtigt sind. Somit kann auf der gesamtstaatlichen Ebene keine Entscheidung ohne Zustimmung des Hauses der Völker getroffen werden: Das ethnische Prinzip stellt somit im Ergebnis den letzten Maßstab aller Entscheidungen und das Diktat des Ethnischen das Wesensmerkmal des BiH-Parlamentarismus dar.

– Die *Assistenz von außen* ist das nächste Strukturmerkmal des BiH-Verfassungssystems. Durch die unterschiedlichsten, verfassungsrechtlich und außerverfassungsrechtlich vereinbarten Institutionen gestaltet sich die internationale Besatzungsmacht[72] in BiH als eine Art der treuhänderischen Kontrollmacht, die die Bevölkerung vor sich selbst, folglich vor einem ewigen Krieg »aller gegen alle« schützen muss.[73] Sie fungiert demnach in der BiH-Staatsordnung als ein Friedensgarant, dessen Stabilisierungskompetenzen auf drei Komponenten zusammenzuführen sind: Die *militärische Komponente* (IFOR/SFOR),[74] die *zivile Komponente* (mit dem *Steering Board der Peace Implementation Conference [PIC]* und dem *Hohen Vertreter der internationalen Gemeinschaft*)[75] und die Komponente des *internationalisierten Menschenrechtsschutzes*.[76]

---

[71] In diese Richtung *K. Trnka* (Fn. 14), S. 378 ff.

[72] Vgl. Richter *Kréca* zum Urteil vom 11.17. 1996, ICJ Rep. 1996 S. 659 ff., 684, para 24; *C. Stahn* (Fn. 1), S. 667; *P. Gaeta*, The Dayton Agreements and International Law, EJIL 1996, S. (147 ff.) 153 in Fn. 18; *M. Bothe*, Bosnia and Herzegovina: Farewell to UN Peacekeepers – Farewell to UN Peacekeeping?, International Peacekeeping 2/1995, S. 131; *H. Schneider*, Friede für Bosnien-Herzegowina? Das Vertragswerk von Dayton als Herausforderung für Europa, Integration Bd. 19 (1996), S. (1 ff.) 7.

[73] Insoweit wird das internationale Engagement – nicht ganz zutreffend – im gängigen Schrifttum als de-facto-Protektorat bezeichnet. Vgl. *Z. Pajić*, A Critical Appraisal of Human Rights Provisions of the Dayton Constitution of Bosnia and Herzegovina, Human Right Quarterly, Bd. 20 (1998), S. (125 ff.) 126; *Graf Vitzthum* (Fn. 1) S. 116; dagegen mit guten Argumenten *S. Maslo*, Bosna i Hercegovina izmedju »principa odgovornosti« i protektorata (BiH zwischen »Verantwortungsprinzip« und Protektorat), Pravna Misao, Sarajevo 9–10/2000, S. 3 ff.

[74] Annex 1 A zum Rahmenabkommen in Bezug auf IFOR- (Implementation Force) bzw. SFOR-Kompetenzen (NATO Stabilizationsforce); zum Status und Mandat von IFOR/SFOR vgl. *O. Dörr* (Fn. 12), S. 150 ff.; 157 ff. Die Aufstellung einer internationalen Polizeitruppe = Internationale Police Task Force – IPTF mit einer Beobachtungs- und Konsultativfunktion inklusiv einer Inspektions-, Ausbildungs- und Berichtsfunktion gegenüber den örtlichen Behörden und der lokalen Polizei erfolgte durch Resolution 1035 v. 21. 12. 1995 (deutsche Übersetzung in VN 1996, S. 83); diese kam aufgrund des Ersuchens der bosnischen Vertragsparteien aus Annex 11 zustande.

[75] Das Steering Board der Peace Implementation Conference = Friedensimplementierungsrat (PIC) stellt die oberste zivile Komponente dar. Zusammen mit ihm koordiniert der Hohe Vertreter, dessen Kompetenzen aus Annex 10 des Rahmenabkommens wiederum durch die PCI-Beschlüsse konkretisiert sind (vgl. PIC-Conclusions, London 8./9. 12. 1995, Nr. 3, 4, 19, 28 u. 31 in ILM Bd. 35 [1996], S. 225 ff. sowie die Schlussdokumente der PIC-Konferenz, Bonn 9./10. 12. 1997, Punkt II, deutsche Übersetzung IP 1998, S. 74 ff.), die Arbeit der unterschiedlichen Internationalen Organisationen, kümmert sich um den Prozess der Umsetzung des Abkommens und bildet die letzte exekutive und legislative Instanz. Überblick auf der Hompage des Hohen Vertreters unter *http://www.ohr.int*.

[76] Die EMRK ist durch Art. II/2 BiHV direkt anwendbares Recht und durch Art. X/2 BiHV vor Verfassungsänderungen geschützt. Der Schutz der Menschenrechte ist über Annex 6 des Rahmenabkommens völkerrechtlich abgesichert. Darüber hinaus ist BiH zur Ratifizierung des in Annex 1 zur BiHV genannten

Hierzu kommen noch die drei, durch den Präsidenten des EGMR ernannten internationalen Richter des Verfassungsgerichtofes von BiH: Diese bilden nicht nur die wichtigste Säule der höchstrichterlichen Entscheidungen, sondern fungieren vielmehr als rechtsstaatliche Erzieher.[77] Die Eingriffsrechte der internationalen Gemeinschaft[78] reichen damit von der Fortführung der humanitären Hilfe bis zum Wiederaufbau der Wirtschaft, von der Förderung und Sicherung des Menschenrechtsschutzes bis zum Erlass und der Nichtigerklärung der Akte der öffentlichen Gewalt. Der Hohe Vertreter ist beispielsweise die letzte verfassungsrechtliche Auslegungsinstanz des Abkommens (Art. V des Annex 10), dessen Mandat in der bisherigen Praxis sehr weit ausgelegt ist. Darunter sind sowohl die Exekutiv- als auch Legisaltivfunktionen gefasst. Er selbst nahm für sich in Anspruch, nicht nur die Gesetze zu erlassen sowie die entitären Staatsorgane und Funktionäre zu entlassen,[79] sondern auch dem Daytoner Vertrag widersprechend, Gesetze für verfassungswidrig zu erklären und diese dann nachträglich zu ändern.[80] Die Person des Hohen Vertreters verkörpert somit eine Art des letzten »europäischen Kaisers«, der im Sinne eines klassischen uneingeschränkten Souveräns den »Untertanen in ihrer Gesamtheit ohne ihre Zustimmung das Gesetz vorzuschreiben«[81] hat.

– Die Ausübung der öffentlichen Hoheitsgewalt durch Institutionen mit supranationalen Zügen wird im bosnischen Kontext vornehmlich als Ausdruck der Friedensgarantien betrachtet. Nur so kann die erhebliche Einschränkung der staatlichen Souveränität mit dem Argument, sie führe zum friedlichen, demokratischen und *souveränen* Staat BiH, noch gerechtfertigt werden.[82] Betrachtet man die »von außen kommende« Besatzungsmacht im Zusammenhang mit der Finanz- und Militärverfassung oder mit dem aktuellen Verfassungsbild, zeigt sich ein dauerhafter *Verlust der inneren Souveränität* des Staates BiH als Wesensmerkmal des Daytoner Systems. Die *äußere Souveränität*[83] wurde dagegen im Namen der Erhaltung staatsrechtlicher Kontinuität in Art. I/1 BiHV ausdrücklich klargestellt. Die Bewahrung der äußeren kompensiert somit den Verlust der inneren Souveränität. Die organisationsrechtlichen Regelungen des Annexes 4 zerstörten alle existenziellen Prämissen eines im *Inneren souveränen* Staates, eines Staates also, der auf eigenem Territorium aufgrund einer umfassenden Ver-

---

Menschenrechtsübereinkommens (insgesamt 15 Konventionen, u.a. Genozidabkommen, Genfer Konvention, Abkommen über wirtschaftliche, kulturelle und soziale Rechte, Übereinkommen über die Rechte des Kindes) verpflichtet. Schließlich zählen auch die Menschenrechtkommission (HRC) aus Annex 6 zum Rahmenabkommen (Art. 2) und ihre Menschenrechtskammer (Human Rights Chamber) zum internationalisierten Menschenrechtsschutz, da hier 8 internationale (gegenüber 6 bosnischen) Richtern die endgültigen Entscheidungen hinsichtlich der Menschenrechtsverletzungen zu treffen haben. Angesichts der noch wenig entwickelten juristischen Kultur, der nationalistischen Vorbelastung und einer ausgesprochen dünnen (sozialistischen) Ausbildung der bosnischen Richter im Bereich der Menschenrechte kann z.Zt. auf die Tätigkeit der internationalen Richter iS einer internationalen Unterstützung des Menschenrechtsschutzes – das belegen die bisherigen Entscheidungen, gesammelt in 5 Bde. – keinesfalls verzichtet werden.

[77] So zutr. *Graf Vitzthum* (Fn. 1), S. 112f.

[78] Im Einzelnen unter Berücksichtigung aller Eckpunkte *Graf Vitzthum* (Fn. 1), S. 106ff.

[79] Vgl. *E. Šarčević* (Fn. 15), S. 316 insb. Ang. in Fn. 92.; s.a. bei *Graf Vitzthum* (Fn. 1), S. 107f., hier mit konkreten Beispielen.

[80] Vgl. The High Representative's Decision on Amending the Law on Filing a Vacant Position of the Member of the Presidency of B-H vom 7. 8. 2000, unter *http://www.ohr.int*; vgl. a. Sl. novine FBiH (Abl. FBiH) Nr. 53, 2000. Kritisch hierzu *C. Stahn* (Fn. 1), S. 669 in Fn. 28 m.w.Ang.

[81] So die Definition des »Wesens der souveränen Macht« beim Klassiker *J. Bodin*, Sechs Bücher über den Staat, Buch I-III, 1981, 1. Buch, 8. Kap., S. 222. Vgl. zur These TI B-H (Fn. 2).

[82] In diese Richtung wohl *Graf Vitzthum* (Fn. 1), S. 116.

[83] D.h. die Fähigkeit, nach außen selbständig und von anderen Staaten rechtlich unabhängig im Rahmen und nach Maßgabe des Völkerrechts zu handeln. Vgl. *V. Epping*, Völkerrechtssubjekte, in: *K. Ipsen*, Völkerrecht, 4. Aufl., 1999, §2, Rn. 6; *R. Zippelius*, Allgemeine Staatslehre, 12. Aufl. 1994, S. 64f.

fassungs- und Gesetzgebungskompetenz die Rechts- und Lebensverhältnisse aller Personen umfassend regeln kann.[84] Dies dokumentieren die Finanz- und Militärverfassung zusammen mit den politischen Ritualen der Vertreter der »konstitutiven Völker«. Der Gesamtstaat hat keine originären Finanzquellen und ist vollkommen von den Entitäten, bei denen das Finanzmonopol liegt, abhängig.[85] Dabei soll die FBiH zwei und die SR ein Drittel des Haushaltsvolumens sicherstellen. Zahlreiche bosnische Wissenschaftler[86] sprechen sich unter Verweis auf den gesamtstaatlichen Souveränitätsverlust für die Einführung einer weitgehenden Eigenfinanzierung des Gesamtstaates aus; sie ist jedoch bisher ausgeblieben, wenngleich die einzelnen Vorschriften der BiHV[87] eine solche Möglichkeit als geboten erscheinen lassen.[88] Die zwei entitären Teilarmeen, eine der RS und eine der FBiH, bilden den Kern der BiH-Militärverfassung (der föderale Teil besteht wiederum aus zwei Komponenten, einer kroatischen und einer bosniakischen). Obwohl alle drei Armeekomponenten formal unter einheitlichem militärischem Oberkommando und unter dem Souveränitätsvorbehalt des Gesamtstaates stehen,[89] bilden sie de facto drei getrennte, monoethnisch zusammengesetzte militärische Einheiten, die den unterschiedlichen »Armeeideologien« sowie militärpolitischen Zielen folgen und sich vor dem Hintergrund der unterschiedlichen Loyalitäten in einem latenten Konflikt befinden. So versteht sich die Arme der RS als exklusiv »serbische Staatsarmee«, die niemals an eine bosnische Einheitsarmee angeschlossen werden darf.[90] Sie existiert nach der entitären Vorstellung vornehmlich als Hüter des Serbentums, folglich als ein natürlicher, vorübergehend und rein formal getrennter Teil der integralen serbischen Armee, die im Sinne eines letzten, für Großserbien geführten Krieges de facto in die Armee der BR Jugoslawien integriert war.[91] Die kroatische Armeekomponente in der FBiH versteht sich

---

[84] Die innere Souveränität entspricht der Fähigkeit, eine Ordnung auf dem Staatsgebiet zu organisieren, und erstreckt sich, im Einklang mit dem im Absolutismus und Liberalismus entwickelten Staatsstrukturen, auf die Menschen und Dinge, die sich auf dem Staatsgebiet befinden (Gebietshoheit). Vgl. *C. Gloria*, Der Staat im Völkerrecht, in: Ipsen (Fn. 83), § 23, Rn. 3f.; *P. Pernthaler*, Allgemeine Staatslehre und Verfassungslehre, 1. Aufl., 1986, S. 3ff., 160.

[85] Art. III/1 lit. e BiHV; zum Problem grundlegend *F. Otajagić*, Problem i uspostavljanje finansijske suverenosti BiH (Problem und Herstellung finanzieller Souveränität von BiH), Pravna misao, Sarajevo Nr. 1–2/2001, S. 50ff.

[86] So z.B. *B. Čulahović* (Finanzwissenschaftler), in: »BiH Dani«, Sarajevo, v. 22. 12. 2000; *A. Hadžiahmetović* (Wirtschaftswissenschaftlerin) in: »Dnevni avaz«, Sarajevo, v. 19. 12. 2000. *F. Otajagić* (Fn. 85, S. 54), leitet die Pflicht des Hohen Vertreters ab, von der Parlamentarischen Versammlung »sofort die Bestimmung der unmittelbaren (ursprünglichen) Einnahmen für das BiH-Budget zu verlangen«.

[87] So z.B. Art. VIII/3 i.V.m. Art. III/1 lit. d (Zollpolitik), Art. III/1 lit. d (Geldpolitik) und Art. III/1 lit. e BiHV (Allgemeine Finanzierung).

[88] Zutr. *Graf Vitzthum/Mack* (Fn. 12), S. 91.

[89] Art. V/5 BiHV; E des Hohen Vertreters v. 19.2. 1999, unter: *http://www.ohr.int/press/p99220a.htm*; vgl. a. *Graf Vitzthum/Mack* (Fn. 12), S. 92.

[90] Sehr illustrativ idS Verteidigungsminister der RS, *M. Milovanović* in einem Interview (Reporter, Banja Luka v. 26.7. 2000, S. 10f.): »Es ist Tatsache, dass die RS niemals auf eine einheitliche, gemeinsame Armee eingehen wird. (...) Es gibt eine völlige Übereinstimmung der serbischen politischen und militärischen Führung, dass wir bei der einheitlichen Armee nicht mit uns reden lassen und wir darüber auch nicht verhandeln werden.«

[91] Diesbezüglich aussagekräftig ist das Gesuch des Verteidigungsministers *M. Milovanović* in der außerordentlichen parlamentarischen Sitzung der SR vom 24.3. 1999 anlässlich der NATO-Bombardierung der BR Jugoslawien, den Ausnahmezustand mit unmittelbarer Kriegsbedrohung für die RS zu erklären. Hier wurde zum Ausdruck gebracht, dass die »nationalen Interessen« der Serben unteilbar sind, wobei mit »allen Mitteln« dem Mutterland Serbien geholfen werden muss (Quelle: Oslobodjenje v. 25.3. 1999). Vgl. a. die Ang. über die orthodoxe Weihe der Polizei der RS sowie über die Rede des Innenministers *S. Nović* in: Oslobodjenje v. 22.11. 2000.

auch als Militärkraft des kroatischen Volkes, die ausschließlich die »kroatischen Territorien«[92] zu kontrollieren und diese auch zu verteidigen hat.[93] Als der letzte HDZ-Verteidigungsminister (FBiH) *Miroslav Prce* am 5. März 2001 die Auflösung der kroatischen Armeekomponente anordnete,[94] folgten ihm nach Schätzung ca. 90% der kroatischen Offiziere und Soldaten.[95] Die Loyalitätsabsage gestaltete sich insgesamt als manifeste Unterstützung der großkroatischen Politik, wobei nur die starke militärische SFOR-Präsenz in den Kasernen und bei den zahlreichen HDZ-Versammlungen einen aufgezwungenen Absturz in kriegerische Auseinandersetzungen verhindern konnte.[96] Dies prägt zugleich den zunehmenden Souveränitätsverlust. Praktisch bleibt nur noch die bosniakische Armeekomponente als einzige militärische Kraft, die die multikulturelle Tradition der Armee der Rep. BiH erbt. Sie wurde jedoch nach der Vereinbarung des Friedensabkommens auf die ethnischen Bosniaken reduziert.[97] Trotz einer Entscheidung des Hohen Vertreters über ein einheitliches militärisches Oberkommando[98] konnten die militärpolitischen Vertreter beider Entitäten auf ihrer letzten Sitzung (15. 2. 2001) keine Vereinbarung über die Grundlagen einer gemeinsamen Verteidigungspolitik treffen. Strittig war vor allem, wer den Oberbefehl (»civilian command«) i.S. des

---

[92] Gemeint sind die von der selbsternannten Kroatischen Republik Herzeg-Bosna (KR H-B) kontrollierten Territorien: West-Herzegovina, Lasva-Tal und in Nord-Bosnien die Region Orašje. Sie wurde formal am 24./25. 5. 1997 während der Sitzung der »Ersten kroatischen Versammlung (Sabor) der kroatischen Gemeinschaft Herzeg-Bosna« aufgelöst (vgl. *E. Šarčević*, Fn. 56) und in der Form einer »Versammlung des kroatischen Volkes«, die wiederum in die Proklamation der »kroatischen Selbstverwaltung« am 3. 3. 2001 mündete (hierzu die Ang. in Fn. 56), neu gegründet.

[93] Vgl. das Interview mit dem damals föderalen Verteidigungsminister *M. Prce* in: Nacional, Zagreb, Nr. 228 v. 30. 3. 2000 sowie die Mitteilung des Verteidigungsministeriums der FBiH vom 10. 5. 2001 (Quelle: Oslobodjenje v. 10. 5. 2001) anlässlich des für den 11. 5. 2001 angekündigten Aufstellens der selbstaufgelösten Einheiten des HVO (siehe unten Fn. 94).

[94] Angaben nach der Pressekonferenz des amtierenden Verteidigungsministers *M. Anić*, Quelle: Oslobodjenje v. 14. 3. 2001.; am 26. 3. 2001 verkündet die selbstproklamierte »Versammlung des kroatischen Volkes« die Selbstauflösung des Kroatischen Verteidigungsrates (HVO = kroatische Armeekomponente) mit der Begründung, dass diese vorübergehend, bis zu einer definitiven politischen Lösung, sein müsse (Quelle: Oslobodjenje v. 27. 3. 2001).

[95] Angaben nach *N. Obradović* (General der aufgelösten kroatischen Armeekomponente), Oslobodjenje v. 17. 5. 2001.

[96] Ursächlich für die andauernde Spannung ist die Aufkündigung des Friedensabkommens seitens der HDZ-Nationalisten. Seit 1996 hat die HDZ ca. 50% ihrer Wähler verloren und versuchte nach den letzten Wahlen und der Regierungsbildung (November 2000/März. 2001, die neue Regierung der FBiH wurde in der Sitzung des Repräsentantenhauses des föderalen Parlaments v. 12. 3. 2001 bestätigt) diese Verluste durch die Errichtung eines eigenen kroatischen Staates auf bosnischem Gebiet zu kompensieren. Die Errichtung der kroatischen Selbstverwaltung (vgl. o. Fn. 56) lässt sich somit als erster Schritt zur Abspaltung der so geschaffenen parallelen Strukturen von BiH verstehen. Dies führte zu einem kleinen Krieg mit dem OHR. In seinem Mittelpunkt stand die Entlassung des Kroaten *A. Jelavić* aus dem Staatspräsidium und die Untersagung jedes öffentlichen Wahlamts für ihn sowie für weitere führende HDZ-Politiker (vgl. Oslobodjenje v. 7. 3. 2001; High Representative's Decision: Removals and Suspensions from Office, Decisions v. 7. 3. und 26. 4. 2001, alles unter *http://www.ohr.int/decisions.htm*) sowie die Untersuchung in einer von der HDZ kontrollierten Bank (»Hercegovačka Banka«, vgl. OHR Press Release für 06., 10. und 18. 04. 2001, alles unter *http://www.ohr.int/press/p21418a.htm*; Oslobodjenje v. 18. 4. 2001).

[97] Die bosniakische Armeekomponente hält heutzutage insgesamt 32% des gesamtstaatlichen Territoriums. Der Analyse sind die Angaben der Arbeitsgruppe »Forum Bosnia«, hier die des Demographen *I. Bošnjović* (Wirtschaftsinstitut Sarajevo) von 1999, zugrunde gelegt worden. Danach kontrolliert die Armee BiH (gemeint ist bosniakische Komponente der Armee FBiH) 16.373,70 km², d.h. 32% des gesamtstaatlichen Territoriums, der HVO (Kroatischer Verteidigungsrat = kroatische Armeekomponente) 9.977,30 km²§, d.h. 18,96% des gesamtstaatlichen Territoriums und die Armee der RS 24.840 km², d.h. 48,52% des gesamtstaatlichen Territoriums (Angaben nach: Oslobodjenje, 3. 3. 1999).

[98] Vgl. o. Fn. 89.

Daytoner Abkommens ausübt: das jeweilige Präsidiumsmitglied getrennt für das jeweilige Armee-Kontingent oder das Präsidium als ein kollektives Staatsführungsorgan.[99] Darüber hinaus konnte auch nicht geklärt werden, ob die Militärkräfte die Souveränität und die territoriale Integrität des Staates BiH oder nur die territoriale Souveränität der einzelnen Entitäten schützen müssen.[100] Somit blieb die Frage des künftigen Funktionierens des militärischen Oberkommandos zusammen mit dem Problem der Einrichtung einer einheitlichen BiH-Armee mit einem politisch unabhängigen und professionellen Kern des Offizierskorps nach wie vor offen.

Betrachtet man die einleitend konstatierte katastrophale Lage der bosnischen Wirtschaft, das rechtliche und politische Chaos sowie die deprimierenden Änderungen des demographischen Bildes der bosnischen Gesellschaft nach dem Daytoner Abkommen,[101] werden die tatsächlichen Ausmaße des misslungenen Verfassungsexperimentes offensichtlich. Denn der Erfolg der Daytoner Verfassungsordnung ist an den Aussichten der verfassungsrechtlichen Lösungen zu messen, auf Dauer akzeptiert zu sein und sich in der politischen Praxis als ein friedensstiftender Verfassungsakt zu behaupten. Entscheidend ist also, ob diese Ordnung eine friedliche Koexistenz ohne die Bereitstellung der repressiven Mittel der internationalen Gemeinschaft effektiv ermöglicht. Aufgrund der durchgeführten Analyse drängt sich die Schlussfolgerung auf, dass dieses System auf verfassungsimmanenten Fehlern beruht, die in der zeitlichen Dimension den Nährboden einer möglichen ethnonationalistischen Konfrontation mit religiösen Zügen bilden (näher dazu unter III.1.). Der Annex 4 führt in der Realität des Daytoner Verfassungssystems zu einer zunehmenden Ghettoisierung der ethnischen Gruppen (der konstitutiven Völker), insbesondere der tatsächlichen Opfer des Krieges, der Bosniaken.

---

[99] In der BiHVerfGHE U 5/98 v.18./19.8.2001 (4. partielle E) BiHAbl. Nr. 36, 2000, S. 949ff. ist diese Frage im Rahmen der Verfassungsmäßigkeitsprüfung des Art. 80 I und 106 II RSVerf. teilweise entschieden: Da keine einheitliche Militärkraft existiere, könne auch das BiH-Präsidium kein einheitliches Militärkommando ausüben (Abs. 55ff.). In diesem Teil weicht die Entscheidung, von Stil, Überzeugungskraft und Argumentationsweise her gesehen, wesentlich vom Gesamtinhalt aller 4 partiellen Entscheidungen ab. Es fällt schwer, aus der unklaren Vorschrift des Art. V/5 BiHV eine – verfassungsrechtlich nicht näher definierte – Natur der Militärkräfte abzuleiten und daraus eine getrennte Kommandostruktur der einzelnen Armeen zu konstruieren. Insoweit verdient das Sondervotum des internationalen Richters *J. Marko* Beifall, als er in diesem Punkt gegen seine Kollegen stimmte: Nicht die Natur der Militärkräfte, sondern die Technik der rechtlichen Kontrolle fordere die materielle Interpretation des »zivilen« Kommandos. Es sei zuerst einmal erforderlich, ein festes, auf dem Verfassungstext beruhendes Verfassungsprinzip festzustellen, um damit für die verfassungsrechtliche Konzeption des zivilen Kommandos eine solide rechtliche Grundlage festzulegen. Aus dem Demokratieprinzip (Art. I/V BiHV) folge, so die Argumentation von *Marko*, dass die Kommandohierarchie in das zivile Kommando der Präsidiumsmitglieder integriert werden müsse (a.a.O., S. 959ff.).

[100] Quelle: Oslobodjenje 20.02.2001. Symptomatisch ist, dass der serbische und der kroatische Vertreter eine getrennte Zuständigkeit des jeweiligen Präsidiumsmitgliedes für ein jeweils »eigenes« Kontingent, die Definition »Verteidigungskräfte *in* BiH« statt »Verteidigungskräfte *von* BiH« sowie eine in zwei selbständige Komponenten geteilte Armee der FBiH befürworten. Dagegen setzt sich der bosniakische Vertreter für die Stärkung der Einheit der föderalen Armee, für den Oberbefehl des Staatspräsidiums in seiner Gesamtheit sowie für die Bezeichnung »Verteidigungskräfte von BiH« ein (a.a.O.); vgl. a. *M. Prce* (Fn. 93) sowie das Interview mit dem Kommandanten der föderalen Armee BiH *R. Delić*, Oslobodjenje, 23.8.1999.

[101] Zum letzteren vgl. *I. Bošnjović* (Fn. 97) sowie *B. Hadžiomerović* in: Slobodna Bosna, Sarajevo, 18.01.2001, S. 8ff.

Das Mitregieren der internationalen Akteure und die starke Favorisierung der ethnischen Komponente knüpft an die verfassungsrechtliche Konstruktion des Staates BiH an. Auf der Basis der bereits dargestellten Strukturmerkmale kann dieses System aus sich selbst heraus keine effektive, rechtsstaatlich geprägte Gewalt erbringen. Der alleinige Garant für eine existentielle Homogenität und damit auch für eine zumindest minimale Funktionsfähigkeit des Staates (mit dem einkalkulierten Ghettoisierungsrisiko) bleibt so der »bosnische Kaiser« (der Hohe Vertreter). Soweit ihm die eindrucksvollen Mittel der SFOR zur Durchsetzung der »kaiserlichen Entscheidungen« zur Verfügung stehen, kann er auch dem Daytoner Abkommen entsprechend regieren. Allerdings mit einer ungewissen Ausgangsprognose, da eine stillschweigende Unterstützung der Ergebnisse der »ethnischen Säuberung«, wie sie das OHR-Büro bisher praktiziert, gleichzeitig Genozid als Grundprinzip der Staatsformung bedeutet. Die Erhaltung dieses Systems in seinen derzeitigen Formen kann den jetzigen Genozidopfern, den Bosniaken, also signalisieren, wie sie bei der nächsten realen Möglichkeit – das Zurückgreifen auf die religiösen Fundamente ihrer Identität und deren Radikalisierung ist einkalkuliert[102] – reagieren müssen, um einen Staat, in dem sie nicht ghettoisiert und diskriminiert werden, zu organisieren.[103] Die jetzige Praxis der Anwendung des Annexes 4 und des Daytoner Abkommens trägt in sich einen Keim, ein Risiko eines künftigen Balkan-Krieges für BiH.

## 2. Nachbesserungsversuch: »Konstitutives Volk« vor dem Verfassungsgerichtshof

### a) Homogenisierungstrend

Eine gute Möglichkeit, die Systemfehler des Daytoner Verfassungswerks nachzukorrigieren, ergab sich mit der Entscheidung des BiHVerfGH vom 30.6. und 1.7. 2000.[104] Die Entscheidung bezieht sich in ihrem Duktus auf fünf Problemkomplexe.

---

[102] Den meisten Westeuropäern ist nicht bewusst, dass der Islam der Muslime BiH, von denen sich die meisten als ethnische Bosniaken bekennen, eine der säkularisiertesten Varianten dieser Religion darstellt. Vgl. *O. Kallscheuer*, Die Kunst der Trennung, Transit, Nr. 8/1994, S. 112; *S. Balić*, Bosnische Kultur. Vernichtung durch den Feind, Bedrohung durch den Freund, Glaube in der 2. Welt, Bd. 10/1995, S. 18 ff.; *U. Altermatt*, Das Fanal von Sarajevo: Ethnonationalismus in Europa, 1996, S. 121 ff.

[103] Um die Frustrationen und die Verständnisweise des Daytoner Verfassungssystems bei der anteilsmäßig größten Bevölkerungsgruppe (Bosniaken) zu verstehen, hilft die in allen Punkten exemplarische Auffassung des Parlamentariers und Präsidenten der Vermisstenkommission (»Komisija za traženje izgubljenih i nestalih«) *Amor Mašović*: »Natürlich müssen wir über die Rolle nachdenken, die Europa während der vergangenen Jahre in BiH gespielt hat. Trotzt allen Respekts dürfen wir nicht vergessen, dass uns eben jenes Europa fast vier Jahre bluten ließ. Obwohl wir mit Konzentrationslagern der schlimmsten Sorte, Massengräbern und der Ermordung von Kindern konfrontiert waren, hat Europa stillschweigend zugesehen bis zu jenem Moment, als unsere patriotischen Einheiten zur Offensive übergingen. Europa ist also erst dann aufgewacht, als abzusehen war, dass die legale Kriegsführung dieses Landes und deren Armee ihr Ziel erreichen könnten. Seit dieser Zeit hat sich das Verhältnis Europas zu BiH bis zum heutigen Tag nicht geändert. Aber auch jetzt gibt es noch Überlegungen, Bosnien auf Kosten von Zugeständnissen an Serbien wegen des Kosovo zu teilen« (Quelle: Interview, Slobodna Bosna, Sarajevo Nr. 207 v. 21.11. 2000, S. 19).

[104] Vgl. Ang. in Fn. 14. Es handelt sich eigentlich um ein 4-teiliges Normenkontrollverfahren, in dem auf Initiative des damaligen Präsidiumsmitglieds *A. Izetbegović* einige Vorschriften der entitären Verfassungen im Hinblick auf ihre Vereinbarkeit mit dem Annex 4 des Daytoner Abkommens überprüft wurden. Die ersten zwei Entscheidungen ergingen am 29./30.1. 2000 (BiHAbl. Nr. 11/2000, S. 108 ff.) bzw. am

*Zum Ersten* bestimmt der VerfGH eindeutig den Rechtsstatus der Entitäten: Die RS und die FBiH seien nicht als Staaten, sondern ausschließlich als territoriale Bestandteile des Staates BiH zu verstehen; sie seien der gesamtstaatlichen Souveränität vorbehaltlos unterworfen.[105] *Zum Zweiten* qualifizierte der Gerichtshof die rechtliche Natur der BiHV als einen völkerrechtlichen Vertrag[106] und leitete vor dem Hintergrund des Art. 31 der Wiener Vertragskonvention vom 23. 5. 1969 (WVK)[107] die Pflicht zur Gleichbehandlung aller konstitutiven Völker ab:

> »*In conclusio*, das Verfassungsprinzip der kollektiven Gleichheit der konstitutiven Völker, das aus der Nennung von Bosniaken, Kroaten und Serben als konstitutive Völker hervorgeht, verbietet irgendwelche besonderen Privilegien für eins oder zwei von diesen Völkern, jede Dominanz in den Gewaltstrukturen und jede ethnische Homogenisierung aufgrund der in der territorialen Trennung begründeten Segregation«.[108]

Im Ergebnis schließt er hier, dass die interentitäre Abgrenzungslinie keinen Ausdruck strenger ethnischer Trennung, sondern den Innenraum einer pluralistisch gestalteten Gesellschaftsstruktur darstelle, in dem die territoriale Gliederung in zwei Entitäten keinesfalls der verfassungsrechtlichen Legitimation der ethnischen Dominanz oder dem Recht auf die Aufrechterhaltung der Effekte der ethnischen Säuberung dienen könne.[109] *Zum Dritten* verdeutlichte der Gerichtshof, dass die Entitäten positive Schutzpflichten gegenüber Flüchtlingen und Vertriebenen haben und folgerte zutreffend, dass seit dem Inkrafttreten des Daytoner Abkommens in der RS und in der FBiH eine absichtliche Diskriminierungspraxis staatlicher Organe existiere, die die Heimkehr der Flüchtlinge oder Vertriebenen im Sinne einer Festigung der Ergebnisse der ethnischen Säuberung behindere.[110] *Zum Vierten* erklärte der Verfassungsgerichtshof den privilegierten Status der orthodoxen Kirche aus dem Art. 28 IV RSV für verfassungswidrig. Dies mit der eloquenten Begründung, die verfassungsrechtliche Absicherung der »speziellen Beziehungen zwischen der orthodoxen Kirche und der RS« erlaube den staatlichen Organen die Schaffung einer »öffentlichen Stimmung«, die zur

---

18./19. 2. 2000 (BiHAbl. Nr. 17/2000, S. 370ff.). Die dritte Teilentscheidung (o. Fn. 14) bezieht sich auf die wichtigsten Fragen der Verfassungsmäßigkeit der Verfassungen von RS und FBiH. Wenn hier von der BiHVerfGHE III gesprochen wird, ist diese Entscheidung gemeint. Die E ist detailliert mit sehr kompetenten Erläuterungen bei *C. Stahn* (Fn. 1) besprochen. Die vierte Teilentscheidung erging am 18./19.8. 2000 (BiHAbl. Nr. 36/2000) und bezieht sich auf die Amtssprache in den Entitäten, auf die speziellen Beziehungen des RS zur BR Jugoslawien, auf den Status der orthodoxen Kirche in RS, auf die Verteidigungsfunktion des Präsidenten der RS, auf die Verteidigungsfragen der FBiH und auf die Ernennung der Chefs der diplomatischen Missionen und der Armeeoffiziere in der FBiH (diese E ist bei *C. Stahn* nicht mitberücksichtigt). Alle Entscheidungen sind auf der Homepage des BiHVerfGH unter *http://ustavni-sud.ba* abrufbar.

[105]  BiHVerfGHE III (Fn. 14), Abs. 29ff.

[106]  BiHVerfGHE III (Fn. 14), Abs. 19.

[107]  Die Vorschrift regelt den Auslegungskanon des völkerrechtlichen Vertrages: Er sei nach Treu und Glauben in Übereinstimmung mit der gewöhnlichen, seinen Bestimmungen in ihrem Zusammenhang zukommenden Bedeutung und im Lichte seines Zieles und Zweckes auszulegen (Abs. 1.). Für die Auslegung des Vertrages nach dem Zusammenhang umfaßt dieser außer Wortlaut des Vertrags selbst und seiner Präambel auch die Anlagen, d.h. jede sich auf den Vertrag beziehende Übereinkunft (Abs. 2).

[108]  BiHVerfGHE III (Fn. 14), Abs. 60.

[109]  BiHVerfGHE III (Fn. 14), Abs. 61.

[110]  BiHVerfGHE III (Fn. 14) in conclusio Abs. 95ff. u. 138ff.

Behinderung der Freiheit der Religionsausübung führe.[111] Der BiHVErfGH schließt sich hier den Einschätzungen der Menschenrechtskammer an und verweist aufgrund zahlreicher Vorfälle bezüglich der muslimischen und katholischen Gläubigen auf den »klar diskriminierenden Charakter« der Gewalten in der RS.[112] Schließlich verlangte der Gerichtshof *zum Fünften*, die gleichberechtigte Verwendung der offiziellen Amtssprachen, d.h. der bosnischen, der kroatischen und der serbischen Sprache, auf dem gesamtstaatlichen Territorium verfassungsrechtlich abzusichern. Dementsprechend erklärte er die einschlägigen Vorschriften in den entitären Verfassungen, die die jeweilige Amtssprache favorisierten (serbische Sprache und kyrillische Schrift nach Art. 7 RSV bzw. bosnische und kroatische Sprache und lateinische Schrift nach Art. I/6 [1] FBiHV) mit dem BiHV für unvereinbar.

Alles in allem traf der Gerichtshof Entscheidungen mit einer enormen Tragweite für die Verfassungsstruktur der beiden Entitäten. Vornehmlich eröffnete sich mit diesem Urteil die reale Möglichkeit einer bisher wenig erfolgreichen Integration des Landes, das immer noch von den Folgen der ethnischen Säuberung geprägt ist. Um die Anwendungspotentiale der Entscheidung zu erkennen, empfiehlt sich an dieser Stelle, die Bilanz der entitären Verfassunggebung zusammenfassend darzustellen.[113]

## b) Der Krieg als Legitimationsbasis der entitären Verfassunggebung

Die verfassunggebende Gewalt in den jetzigen Entitäten profilierte sich vornehmlich als ein politisches Nebenprodukt des Krieges für BiH. Das Verständnis sowohl der rechtlichen Natur des Krieges als auch seines Ablaufs bis zum Friedensvertragsabschluss (Paraphierung in Dayton am 21. November 1995) ist für die Erläuterung der verfassungsrechtlichen Positionierung der Entitäten sowie für die Erfolge und Misserfolge der Daytoner Lösung konstitutiv. Eine übliche, gleichwohl aber unzutreffende Charakterisierung des Bosnien-Krieges stammt aus der serbischen Kriegspropaganda,[114] die vom westlichen Journalismus unkritisch und durchaus vorbehaltlos übernommen wurde und dadurch auch in das seriöse wissenschaftliche Schrifttum Eingang fand. Danach handle es sich hier um einen »Stammeskrieg«, folglich einen *Bürgerkrieg*,[115] der praktisch vor dem Hintergrund des »ewigen Hasses« der balkanischen »Nationen« vorprogrammiert war.[116]

---

[111] BiHVerfGHE IV (Fn. 99), Abs. 38ff.

[112] BiHVerfGHE IV (Fn. 99), Abs. 46.

[113] Hinsichtlich der verfassungsrechtlichen Lösungen auf der entitären Ebene verweise ich auf die tiefgreifenden Darstellungen bei *Graf Vitzthum/Mack* (Fn. 12), S. 95ff.; *E. Šarčević* (Fn. 45) passim; *ders.* (Fn. 12), S. 17ff.; *Graf Vitzthum* (Fn. 1), S. 102f.

[114] Zum Hintergrund siehe die gesammelten Aufsätze in *J. Vollmer* (Fn. 40), hier insbesondere die Analyse von *J. Vollmer*, Medienlüge Bosnien? Eine Desinformationskampagne im Namen unparteiischer Information, S. 229ff.

[115] Das ist eine für die serbischen Politiker und Wissenschaftler typische These; hierzu sehr illustrativ die Erklärung des damaligen serbischen Präsidenten *S. Milošević* bei der Paraphierung des Daytoner Abkommens in: IP 1/1996, S. 96, sowie das Lehrbuch »Verfassungsrecht« vom Präsidenten des VerfGH RS *R. Kuzmanović* (Fn. 59), S. 41, 51 (»bürgerlicher« bzw. »bürgerlich-ethnischer Krieg«); ebenso *R. Lukić*, Ustav BiH iz 1995 godine (BiH-Verfassung aus dem Jahr 1995), Strani pravni život, Beograd 1–3/1996, S. (57ff.) 58; *ders.*, Ustav Republike Srpske (Verfassung der RS), Strani pravni život, Beograd 1/1997, S. (15ff.) 22. Aus dem deutschen Schrifttum vgl. *M.-J. Calic* (Fn. 5), S. 256; *S. Oeter* (Fn. 41), S. 27f.; *Graf Vitzthum*

Die rechtliche Bürgerkrieg-These stützt sich auf ein am 22. Mai 1992 gemäß Art. 3 Abs. 3 GK unterzeichnetes Abkommen zwischen den Konfliktparteien,[117] wonach sie selbst diesen Konflikt als *intern* begriffen. Da sich die Jugoslawische Volksarmee (JNA)[118] drei Tage vorher (am 19. Mai 1992) offiziell zurückzog, qualifiziert der diese These befürwortende Teil der Literatur den BiH-Krieg als internen Konflikt, d.h. als einen Bürgerkrieg.[119] Teilweise wird die Ansicht vertreten, dass es sich hier um einen »gemischten Konflikt« bzw. um einen »internationalisierten Bürgerkrieg«[120] handle, da die bosnischen Serben als Organe oder Agenten des Nachbarstaates bezeichnet werden müssten.[121] Danach stelle die Behandlung von Teilen eines Konfliktes als nicht-international, von anderen als international, weder etwas Unlogisches noch etwas Neues dar.[122]

Die Kriegsnatur kann im Ergebnis genauer bestimmt werden, wenn man auf das Kriterium der globalen Kontrolle abstellt. Fraglich ist folglich, ob die Streitkräfte der bosnischen Serben *de jure* oder *de facto* die Organe einer fremden Militärmacht (vorliegend die der BR Jugoslawien) darstellen. Die rechtliche Qualifikation des Konfliktes hängt damit von der Beurteilung der Tatsache ab, inwieweit die serbischen militärischen und paramilitärischen Kräfte in BiH hinsichtlich der militärischen Ziele, der gegenseitigen Beziehungen, insbesondere angesichts der Kommandoformen und -strukturen, darüber hinaus hinsichtlich der gegenseitigen Zusammenarbeit, der militärischen Hilfe und Logistik sowie hinsichtlich der Absicht, die allgemeine Kontrolle der jugoslawischen Armee über Armee der bosnischen Serben zu verdecken, konkret in die einheitliche serbische »jugoslawische Volksarmee« integriert waren. Aufgrund der Rekonstruktion dieser Elemente lässt sich schlussfolgern, dass es sich in BiH auf

---

(Fn. 1), S. 92; *Vitzthum/Mack* (Fn. 12), S. 84 (»ethnischer Bürgerkrieg«); *C. Stahn* (Fn. 1), S. 663 (»ethnischer Konflikt«); *ders.*, International Territorial Administration in the former Yugoslavia: Origins, Development and Challenges ahead, ZaöRV Bd. 61 (2001), S. 107ff. (»ethnic conflicts in the former Yugoslawia«); *L. Lehmler*, Die Strafbarkeit von Vertreibungen aus ethnischen Gründen im bewaffneten nicht-internationalen Konflikt, 1999, S. 119ff. (»interner Konflikt«).

[116] Zum Verständnis der tatsächlichen Dimension des Problems vgl. die Analysen von *P. Parin*, »Grausamer Krieg« und »gesittete Welt«, in: J. Vollmer (Fn. 40), S. (211ff.) 220ff.; *W. Rüb* (Fn. 5).

[117] Vgl. Tadić-Entscheidung vom 15. 7. 1999 (Fn. 47), Abs. 86.

[118] In Jugoslawien gab es nur die JNA als die der zentralen jugoslawischen Regierung unterworfene Gewalt. Die Armeen der einzelnen Staaten übernahmen nur die abtrünnigen Teile der JNA und Teile des Kriegsmaterials zur Bildung ihrer eigenen Streitkräfte. Jede der jugoslawischen Republiken besaß Kräfte in der Territorialverteidigung und lokale Polizeikräfte. Zur Struktur von JNA und Territorialkräften vgl. *L. Lehmler* (Fn. 115), S. 110.

[119] *B. Jakovljević*, International Tribunal for Violations of International Humanitarian Law in Former Yugoslavia: Applicable Law, in: Humanitäres Völkerrecht, S. 224ff.; *L. Lehmer* (Fn. 115), S. 120f.

[120] Darunter ist ein innerstaatlicher bewaffneter Konflikt zu verstehen, in dem die auswärtigen Staaten die Konfliktparteien unterstützen. Vgl. zur Definition *U. Beyerlin*, Die humanitäre Aktion zur Gewährleistung des Mindeststandards in nicht-internationalen Konflikten, 1975, S. 30; *C. Koenig*, Der nationale Befreiungskrieg im modernen humanitären Völkerrecht, 1988, S. 38.

[121] So die Entscheidung des Den Haager Tribunals (Fn. 47) im Fall *Tadić*, Berufungsentscheidung vom 02. 10. 1995, ILM 1996, S. 57, Abs. 76f.; *C. Greenwood*, International Humanitarian Law and the Tadic Case, EJIL 1996, S. 265ff.

[122] So *C. Greenwood* (Fn. 121, S. 271f.) unter Verweis auf IGH Nicaragua-Urteil vom 27. 6. 1986 (ICJ Reports 1986, S. 114).; *ders.*, Gibt es ein Recht auf humanitäre Intervention, Europa-Archiv 4/1993, S. 93ff.

keinen Fall um einen Bürgerkrieg handelte.[123] Auf eine Kurzformel gebracht: Die militärpolitischen Ziele, die Kommandostrukturen, der Nachschub und selbst die Anwesenheit großer Truppenteile aus Serbien und Kroatien sprechen im Falle des Bosnien-Krieges unmissverständlich für einen internationalen Konflikt,[124] der dabei Züge eines Eroberungs- und Vernichtungskrieges angenommen hat.[125]

Grundlegend für die politische Friedensstrategie in BiH seit Mai 1993 war jedoch die Annahme eines Bürgerkrieges der drei rivalisierenden bosnischen Volksgruppen.[126] Der Richtungswechsel zur Realpolitik und damit auch zur stillschweigenden Annerkennung der Kriegsergebnisse begann mit dem von den USA, Russland, Frankreich, Großbritannien und Spanien initiierten »Gemeinsamen Aktionsplan« (22. Mai 1993). Dieser konkretisierte sich letztlich in einer undurchsichtigen diplomatischen Aktion, die im Ergebnis zur verfassungsrechtlichen Gestaltung der Föderation BiH führte.[127] Die Verfassung der FBiH[128] wurde in der ursprünglichen Fassung im Rahmen der Wiener Friedensverhandlungen so vereinbart, dass das Modell selbst auf den Gesamtsstaat BiH projiziert wurde: Das Verfassungsgesetz vom 30. März 1994[129] sah nämlich eine föderale Staatsform für die künftige BiH-Ordnung vor; der Status der mehrheitlich von den Serben besiedelten BiH-Territorien sollte danach im Rahmen weiterer Friedensverhandlungen geregelt werden.[130] Erst mit der »Gemeinsamen Vereinbarung der Kontaktgruppe« vom 8. September 1995 sind die Grundprinzipien über die verfassungsrechtliche Gestaltung von BiH zwischen BiH, Kroatien und Jugoslawien in Genf vereinbart worden.[131] Neben der Föderation BiH erscheint hier auch die RS als eine Einheit, die unter ihrer gegenwärtigen Verfassung fortbestehen wird. Diese völkerrechtliche Vereinbarung modifizierte somit eine illegale Verfassungsordnung, unter deren Herrschaft der erste europäische Genozid nach dem zweiten Weltkrieg begangen wurde, eingekleidet in einen legitimen Akt der Verfassunggebung, der wiederum mittels des Daytoner Friedensabkommens aus der verfassungsrechtlichen Illegalität in eine legale Verfassungsordnung überführt wurde.[132]

---

[123] Hier wird auf die Argumentation des Den Haager Tribunals (Fall Tadić, Fn.), Abs. 146ff. und die dort dargelegte Beweise verwiesen.

[124] In conclusio: Fall Tadić (Fn. 47), Abs. 162; Fall Blaškić (Fn. 48), Abs. 122–123. Die These unterstützen die zahlreichen Erklärungen des UN-Sicherheitsrates (vgl. Erklärung des Präsidenten v. 28. 10. 1993, UN-Dok. S/26661; v. 3. 2. 1994, UN-Dok. S/PRST/1994/6; v. 14. 3. 1994, UN-Dok. S/PRST/1994/10; v. 18. 11. 1994, UN-Dok. S/PRST/1994/69; Resolution Nr. 752/1992, v. 15. 5. 1992; vgl. a. Resolution der GV Nr. 48/88 v. 20. 12. 1993).

[125] Vgl. *H. Roggemann* (Fn. 42) S. 337ff.; *M.-J. Calic* (Fn. 5), S. 105ff.

[126] Vgl. *M.-J. Calic*, Düstere Aussichten für B-H, Europa-Archiv 3/1994, S. 71ff.

[127] Die Verfassung der FBiH wurde schon im Rahmen des Washingtoner Friedensabkommens vereinbart. Das Abkommen wurde am 1. 3. 1994 zwischen der Regierung der Rep. BiH, den »bosnischen Kroaten«, repräsentiert durch die selbstproklamierte Republik Herzeg-Bosna, sowie zwischen der Föderation BiH und der Republik Kroatien vereinbart. Vgl. im Einzelnen *E. Šarčević* (Fn. 12), S. 18 (hier in Fn. 22); *K. Begić*, Fn. 39, S. 166ff.

[128] Die verfassunggebende Versammlung der FBiH verabschiedete in der Sitzung vom 30. 3. 1994 die Verfassung der FBiH (Abl. Föd BiH Nr. 1, 1994). Vgl. zur Entstehungsgeschichte *E. Šarčević* (Fn. 12), S. 31ff.

[129] Službeni list Rep. BiH (GBl. Rep. BiH) Nr. 8, 1994; vgl. *E. Šarčević* (Fn. 12), S. 32f.

[130] Art. 1 Abs. 2 VerfG (Fn. 129).

[131] Wortlaut in: Blätter für deutsche und internationale Politik 1995, S. 1277ff.

[132] Dass das Verfassungsgericht der Rep. BiH die Verfassung der »Republik Srpska« für illegal (GBl.

Die Besonderheit dieses Modells ist die »Ethnisierung« des bosnischen Verfassungssystems und der bosnischen *pouvoir constituant*: In der Föderation erscheinen somit die Kroaten und Bosniaken und in der RS die Serben als ausschließliche Verfassunggeber. Das erzwungene Ende des Krieges bedeutete folglich die Anerkennung der verfassunggebenden Kraft der drei durch den Krieg profilierten Ethnien (»konstitutive Völker«) als eigentlichen Verfassunggeber. Der Friedensvertrag von Dayton und sein Annex 4 legalisierten schließlich einen ethnischen Staat, auf dessen Basis sich die Ethnien (Volk als *ethnos*) und nicht die abstrakten Staatsbürger (Volk als *demos*) als Legitimationsgrundlage der staatlichen Gewalt befinden. Die verfassungsrechtliche Ordnung in den Entitäten entspricht völlig dem Modell einer Vereinbarung von verfassunggebenden, d. h. »konstitutiven« Völkern.

Die RS ist nach dem post-Daytoner Verfassungsbild als ein exklusiv serbischer Staat, also als ein Staat, der sich zu dieser Zeit in der »Union BiH« befinde,[133] verfassungsrechtlich definiert.[134] Sie ist darüber hinaus als gewaltengeteilter (Art. 69 RSV) Einheitsstaat (Art. 2 I RSV) mit kommunaler Selbstverwaltung (Art. 5, 100ff. RSV), direkt gewähltem Präsidenten (Art. 83 RSV) und »Volksversammlung« (»Narodna skupština«), serbisch-ortodoxer Staatskirche, eigener Staatsangehörigkeit,[135] serbischer Amtsprache und kyrillischer Schrift (Art. 78 RSV) konkret verfassungsrechtlich gefasst. Die Verfassung hebt zahlreiche andere Angelegenheiten hervor, die alles in allem der RS die Qualität eines souveränen Staates verschaffen sollen: Zu erwähnen sind beispielsweise die Regelungen der militär-, außen- und sicherheitspolitischen Angelegenheiten (Art. 68 I Nr. 6 u. 15 RSV mit Amendement LVIII, Art. 80 RSV mit Amendement XL), der Währungspolitik (Art. 76 II mit Amendement XXXVIII iVm Art. 98 RSV) und dem Primat des Verfassungsrechts der RS gegenüber dem Gesamtstaat (Art. 138 mit Amendement LXV iVm Art. 3 RSV). Die verfassungsrechtlichen Regelungen verdichten sich somit nach dem Daytoner Vertrag in ein System zur Erhaltung der Ergebnisse der ethnischen Säuberung, in ein System also, in dessen Mittelpunkt sich die serbische Ethnizität als vorrangiges Zuordnungs- und Legitimationselement befindet.[136]

---

Rep. BiH Nr. 18, 1992) erklärte, hatte für ihre Daytoner Anerkennung keine weitergehenden Konsequenzen.

[133] So die h.A. der serbischen Verfassungsexperten und Staatsrechtslehrer. Danach stelle der Staat BiH eine Union von zwei Staaten dar. Die RS sei ein Staat, der sich als Mitgliedstaat in der Union BiH befindet. So z. B. *R. Kuzmanović* (Fn. 59) S. 19, 47f., 72, 74ff.

[134] Die umstrittene Vorschrift des Art. 1 RSV lautete in der ersten Variante (Verfassung der serbischen Republik BiH v. 28. 2. 1992, Abl. des serbischen Volkes in BiH Nr. 1 v. 16. 3. 1992): »Die serbische Republik Bosnien-Herzegowina ist der Staat des serbischen Volkes und der Bürger, die in ihr leben«. Mit dem Amendement XXV (v.17. 12. 1992) wurde sie wie folgt umformuliert: »Die Serbische Republik ist souveräner Staat des serbischen Volkes. Alle Bürger der Republik sind gleichberechtigt.« Nach dem Inkrafttreten des Daytoner Abkommens wurde sie erneut umformuliert (Amendement XLIV v. 2. 4. 1996): »Die RS ist der Staat des serbischen Volkes und aller ihrer Bürger«. Ihre systematische Auslegung (iVm der Präambel und dem organisationsrechtlichen Teil aus dem 5. Abschnitt) zeigt, dass diese Entität ausschließlich die ethnischen Serben als gesellschaftliche Basis und als Träger der RS berücksichtigt. Kritisch *K. Trnka* (Fn. 14), S. 352f.; bejahend mit zahlreichen geschichtlichen Falsifikaten *R. Kuzmanović* (Fn. 59), S. 39ff.

[135] Das Staatsangehörigkeitsgesetz der RS ist abgedruckt in Abl. RS Nr. 35/1999, S. 716ff.

[136] So zutr. *Graf Vitzthum / Mack* (Fn. 12), S. 94f.

Die FBiH[137] ist dagegen stark dezentralisiert geprägt und besteht aus insgesamt zehn, de jure nicht ethnisch geprägten Kantonen.[138] De facto wurde die FBiH als eine zwischen den zwei Ethnien (den »konstitutiven Völkern«, Bosniaken und Kroaten) vereinbarte Staatsgemeinschaft verfassungsrechtlich konzipiert, so dass auch hier das ethnische Prinzip sowohl für die Territorialisierung der meisten Kantone[139] als auch für die organisationsrechtlichen Vorgaben der föderalen Verfassung konstitutiv war.[140] Das belegen das Zweikammersystem des föderalen Parlaments (Teil IV), die Richterwahl (Teil IV.C. Art. 6), die Wahl des Präsidenten der FBiH (Teil IV.B. Art. 2), die Zusammensetzung und Tätigkeit der Regierung (Teil IV.B. Art. 4), die Wahl der Ombudsmänner (Teil II.V. Art. 1), die Zusammensetzung der Polizei (Teil IV.C. Art. 8 Abs. 2) und der Gerichte (Teil IV.C. Art. 6, 18) sowie die Institution des »Kantonalen Rates« aus Teil V.1. Art. 3 FBiHV, wonach die Kantone mit bosniakischer oder kroatischer Mehrheit zum Zweck der gemeinsamen Politik und interessenorientierten Tätigkeit die »kantonalen Räte« konstituieren können.[141] Das Repräsentantenhaus des Parlaments der Föderation sollte offensichtlich die Funktion einer umfassenden Repräsentation der Bürger von FBiH übernehmen: Die 140 Abgeordneten werden unmittelbar von den Bürgern gewählt und repräsentieren der Idee nach die Staatsbürger auf der föderalen Ebene. Die Repräsentation der konstitutiven Völker (also nicht der Kantone!) übernimmt das Haus der Völker, das aus jeweils 30 Bosniaken und Kroaten und 20 Vertretern »anderer Bürger« zusammengesetzt ist. Dieses Repräsentationsmodell beruht auf der wechselseitigen Vetoposition, da alle Fragen aus dem parlamentari-

---

[137] In der ursprünglichen Fassung wurde die FBiH territorial als ein Teil des Territoriums definiert, in dem die Bosniaken und Kroaten die Mehrheit darstellen. Nach Angaben aus dem Jahr 1991 sollte sie ca. 56% des BiH-Territoriums umfassen (Angaben nach *K. Trnka*, Fn. 14, S. 345). Die territoriale Aufteilung zwischen FBiH und RS im Verhältnis von 51% zu 49% wurde *nicht* im Rahmen des Daytoner Friedensvertrages vereinbart – wie dies in der Literatur angenommen wird. Der 51:49-Parameter ist im Rahmen der Grundprinzipien in Genf (v. 8. 9. 1995, vgl. o. Fn. 131, Nr. 2 der Vereinbarung) vereinbart worden und stellt somit kein endgültiges Verhältnis bzw. keinen Bestandteil des Dayton-Abkommens dar, der im Sinne einer Ewigkeitsklausel herangezogen werden kann. In diese Richtung a. *K. Trnka* (Fn. 14), S. 345; *C. Stahn* (Fn. 1), S. 674, (hier in Fn. 44).

[138] In ihrem Art. I/2 FBiHV und im Gesetz über die föderalen Einheiten (Abl. FBiH Nr. 9, 1996) ist vorgesehen, dass sich die Kantone nach den regional-geographischen Charakteristika bilden. Die ethnische Zugehörigkeit der Bevölkerung wurde nicht als Kriterium der kantonalen Aufteilung erwähnt. Vgl. *N. Pobrić* (Fn. 14), S. 336.

[139] So gibt es insgesamt 5 Kantone mit mehrheitlich bosniakischer Bevölkerung (Kantone: Una-Sana, Tuzla, Tuzla-Doboj, Bosna-Podrinje und Sarajevo), 3 Kantone mit mehrheitlich kroatischer Bevölkerung (West-Herzegowina, Herzeg-Bosna, Bosnische Posavina) und 2 Kantone mit ausgeglichener Bevölkerungsstruktur für deren Organisation der Staatsgewalt besondere Regeln gelten (Zentralbosnien und Herzegowina-Neretva). Die letztgenannten Kantone werden als »Kantone mit besonderem Regime« bezeichnet; die Besonderheit besteht darin, dass hier die ethnische Konsensdemokratie zusammen mit einem besonderen Verfahren bei der Verletzung des vitalen Interesses eines konstitutiven Volkes vorgesehen ist. Im einzelnen *K. Trnka* (Fn. 14), S. 346ff., 385ff.; vgl. a. *Graf Vitzthum* (Fn. 1), S. 102ff.; *Graf Vitzthum/Mack* (Fn. 12), S. 96ff.

[140] Vgl. *E. Šarčević* (Fn. 12), S. 31ff.; *N. Pobrić* (Fn. 14), S. 320ff.

[141] Dieser Organisationsform bedienten sich die kroatischen Nationalisten, um die kroatischen parastaatlichen Strukturen der HR H–B aufrechtzuerhalten, in diesem Rahmen parallele Verwaltungsstrukturen aufzubauen und engste Kooperationsbeziehungen zu Kroatien zu knüpfen. Im Hintergrund dieser Politik stehen HDZ-Politiker und herzegowinische Kroaten, die die ethnische Trennung bzw. engste Anlehnung an Kroatien befürworteten und nach den Wahlergebnissen (Ende 2000) die »kroatische Selbstverwaltung« organisierten (vgl. die Angaben in Fn. 56, 92–96 zusammen mit Haupttext).

schen Entscheidungsbereich für unvereinbar mit den »vitalen Interessen« eines konstitutiven Volkes erklärt werden können. Die Träger des »vitalen Interesses« sind dabei die ethnischen Delegierten aus dem Haus der Völker,[142] die jeweils die zwei »konstitutiven Völker«, Kroaten und Bosniaken, vertreten. Die Mehrheit der zu fällenden Entscheidungen muss von beiden Parlamentshäusern bestätigt werden, so dass das Entscheidungsmodell des Hauses der Völker und das dort hochstilisierte Vetoprinzip den imperativen Maßstab des gesamten Verfassungssystems der FBiH bildet: Die innere Ratio der FBiH liegt in der gegenseitigen Einigung und Blockade der zwei privilegierten Ethnizitäten, Bosniaken und Kroaten, die die ausschließliche Zuordnungs- und Legitimationsbasis des föderalen Verfassungssystems bilden.

Gerade diese auf dem Prinzip des »konstitutiven Volkes« beruhenden Unzulänglichkeiten stellt die Entscheidung des BiHVerfGH über die konstitutiven Völker in Frage. Die Gleichbehandlung aller drei Volksgruppen auf dem gesamtstaatlichen Territorium, wie sie die Entscheidung verlangt, führt zur Schlussfolgerung, dass die *geographische* und *ethnische* Trennung keine ungeschriebene Geschäftsgrundlage des Daytoner Abkommens darstellt. Vielmehr ist geboten, diese Separierung zusammen mit den etablierten Formen der Ethnisierung der politischen Partizipationsrechte dadurch zu annullieren, dass alle drei Ethnien in den beiden Entitäten als »konstitutiv«, d.h. verfassungstragend, erscheinen müssen.[143] Erst wenn die Bosniaken und Kroaten zusätzlich in der RS und die Serben in der FBiH als verfassungstragende Völker staatsrechtlich anerkannt und staatsorganisationsrechtlich entsprechend institutionalisiert werden, können die Voraussetzungen zur Bekämpfung der ethnischen Vorrechte und der Diskriminierungspraxis auf der entitären Ebene geschaffen werden.[144]

### c) Reformkommission: aktuelle Sachlage

Die verfassungsrechtlichen Vorgaben der Entscheidung sind nicht freiwillig umgesetzt worden. Die Reaktion in der RS zeigte deutlich,[145] wie stark sich der serbische

---

[142] Nach Art. IV/A/18 FBiHV kann jede Entscheidung aufgrund der Mehrheit der Stimmen der Abgeordneten des Hauses der Völker (»House of Peoples«) für unvereinbar mit dem »vitalen Interesse« eines konstitutiven Volkes (Kroaten oder Bosniaken) erklärt werden, soweit für diese Entscheidung zumindest die einfache Mehrheit der Bosniaken oder Kroaten stimmt. Auf diese Regelung kann sich auch die Mehrheit der bosniakischen oder kroatischen Abgeordneten berufen. Fehlt dabei die Mehrheit aller Abgeordneten des Hauses der Völker, muss zuerst ein Vermittlungsausschuss (»Kommission«) zum Zweck der Lösung der strittigen Fragen eingesetzt werden. Soweit die strittigen Fragen von der Kommission in sieben Tagen nicht erfolgreich gelöst werden können, muss das Verfassungsgericht im Eilverfahren entscheiden.

[143] Im Vergleich mit den Angaben aus dem Jahr 1991 waren etwa 1,2 Mio. der bosnischen Bürger im Jahr 2000 angesichts ihrer politischen Lage in den Entitäten diskriminiert (die Angaben nach *K. Trnka* in: Oslobodjenje v. 3.7. 2000).

[144] Bestätigt a. in einer sehr konfusen Meinung der Venedig-Kommission über die Implementierung der BiHVerfGHE III. Die Meinung wurde in der 46. Plenarsitzung, Venedig, 9.–10. März 2001 (Straßburg 12.3. 2001) akzeptiert und über den Sekretär *G. Buquicchio* am 20.3. 2001 an die BiH-Parteien weitergeleitet.

[145] So z.B. *N. Spirić* (Demokratische Partei für B. Luka und Krajina und Vizepräsident für Menschenrechte im Ministerrat von BiH): »Die Entscheidung kann nicht zur Beilegung der Spannungen beitragen, weil die Richter aus dem serbischen und kroatischen Volk überstimmt sind.«; *B. Plavšić* (Serbisches Volksbündnis): »Hiermit ist der Friedensprozess in Frage gestellt. Wir entfernen uns hiermit vom Daytoner Vertrag, der voraussetzt, dass alle Lösungen zuerst einmal zwischen den drei Völkern in Einklang gebracht

Nationalismus mit der Entität RS identifiziert hat, und in welchem Umfang die Umsetzung der gesamtstaatlichen Vorschriften von der Freiwilligkeit der entitären Strukturen abhängt. Dagegen stieß die Entscheidung in der FBiH in breiten Gesellschaftsschichten auf eine äußerst positive Reaktion.[146] Bis zum Ende des Jahres 2000 sind jedoch Aktivitäten zur Anwendung der Entscheidung über die konstitutiven Völker ausgeblieben. So blieb letztlich nichts übrig, als dass der Hohe Vertreter selbst mit der Bildung je einer Verfassungskommission in den beiden Entitäten eingriff.[147] Die einzige Aufgabe dieser Kommissionen ist es, die Umsetzung der BiHVerfGHE normativ-technisch vorzubereiten und die einschlägigen Änderungen der Verfassungen den entitären Parlamenten vorzuschlagen. Bis Ende Juni 2001 sind die Ergebnisse der beiden Kommissionen den parlamentarischen Versammlungen jedoch nicht vorgelegt worden. Die Richtung der möglichen Verfassungsänderungen lässt sich dennoch erkennen.

Die Arbeit der Kommissionen greift auf einen Vorschlag der »Internationalen Arbeitsgruppe«[148] zurück, die sich wiederum an eine Meinung der Venedig-Kommission des Europarates[149] anlehnt. Die wichtigsten Änderungsvorschläge dieser Arbeitsgruppe beziehen sich auf die positivrechtliche Anerkennung aller drei konstitutiven Völker sowie auf die verfassungsrechtliche Gewährleistung der gleichberechtigten Verwendung aller drei Amtssprachen in den beiden Entitäten. Die Voraussetzungen für die Säkularisierung der RS sind durch die Aufhebung des Art. 28 Abs. 4 RSV (Orthodoxe Kirche als Staatskirche) geschaffen. Der Verfassungsbegriff »vitales Interesse des konstitutiven Volkes« wurde konkretisiert und durch eine noch brauchbare Formulierung präzisiert.[150] Hinsichtlich der organisationsrechtlichen Schutzformen des »vitalen Interesses« erarbeitete die Kommission zwei Modelle für die FBiH und ein Modell für die RS.

---

werden müssen«; *P. Djokić* (damals Präsident der Volksversammlung der RS): » Ich bin von der Entscheidung sehr enttäuscht, da diese durch Überstimmung getroffen wurde. (…) Die Revision der Daytoner Friedensvereinbarung und die Ignorierung des Willens des serbischen Volkes sind sehr gefährlich; beides eröffnet die Möglichkeit, erneut ins Jahr 1991 zurückzukehren.« (Quelle: alles zitiert nach Oslobodjenje v. 7. und 31. 7. 2000); *P. Kunić* (Partei des demokratischen Progresses, Verwaltungsrechtler an der Universität B. Luka und »Experte der Volksversammlung der RS« vor dem BiHVerfGH): »Die internationalen Richter sind in der Entscheidung politisch instrumentalisiert worden. (…) Die Richter aus dem bosniakischen Volk und die internationalen Richter hatten keine Argumente. (…) Es gab Versuche, die Tatsachen zu finden; die Tatsachen und rechtlichen Grundlagen für eine solche Entscheidung konnten jedoch nicht gefunden werden, so dass diese Entscheidung aus Intuition getroffen wurde.« (Quelle: Reporter, Banja Luka, Nr. 118 v. 26. 7. 2000, S. 18f.).

[146] Sie wurde als ein Sieg der demokratischen Ordnung und als eine Chance für die durchdringende Reform des gesamten Verfassungssystems betrachtet. Vgl. Oslobodjenje v. 3. und 4. 7. 2000.

[147] OHR Decision establishing Constitutional Commissions v. 11. 01. 2001 (Fn. 66); die Kommission besteht jeweils aus 16 Mitgliedern, vier Bosniaken, vier Kroaten, vier Serben und »anderen«. Auffällig ist, dass sich in der Kommission der RS auch die Ultranationalisten befinden, die seit 1992 zu den engsten Mitarbeitern von R. Karadžić zählen und deren politische Tätigkeit eindeutig zum großserbischen Projekt gehört (z.B. *Dragan Kalinić* und *Radomir Lukić*).

[148] International Task Force, Constitutional Court Decision Implementation, Guidance and Options, v. 6. 3. 2001; hier wird zitiert nach internem Doc. Nr. 048/2001/ICSS. Die Gruppe wurde vom Hohen Vertreter aufgestellt und setzt sich aus 2 Mitgliedern der Venedig-Kommission des Europarates, 2 Vertretern der OSZE und 3 Vertretern des OHR zusammen. Sie arbeitet unter dem Vorsitz von *Ian Campbell* (Head of Department for Legal Affairs – OHR).

[149] Vgl. o. Fn. 144.

[150] Vgl. o. in Fn. 66.

Die zwei Modelle für die Verfassungsänderung der FBiHV beruhen auf dem Vorschlag, dass sich die bisherige Zahl der Abgeordneten im Haus der Völker von 80 auf 50, in den kantonalen Versammlungen gewählte Vertreter reduziert. Danach werden die kantonalen Versammlungen proportional zu den gewählten politischen Parteien[151] in jedem Kanton jeweils fünf Delegierte für das föderale Haus der Völker wählen. Nach einem Modell werden dann im Haus der Völker ausschließlich die kantonalen (nicht die ethnischen) Interessen politisch artikuliert[152]. Der Schutz der »vitalen Interessen« der konstitutiven Völker und anderer Bürger soll dann einer »Verfassungskommission des Repräsentantenhauses« überlassen werden.[153] Nach einem anderen Modell soll das Haus der Völker ein »atypischer Körper« bleiben, in dem gleichzeitig die Interessen der Völker und die Interessen der Kantone politisch artikuliert werden. Der Schutz der »vitalen Interessen« sollte dann im Rahmen dieses Hauses – nach dem bisher geltenden Modell – unter dem Vorbehalt gewährleistet werden, dass das Verfassungsgericht der FBiH im Falle einer ausgebliebenen Einigung entscheiden muss.

Das neue Modell für die RS basiert auf dem Vorschlag, dass die kollektiven Rechte der konstitutiven Völker in dem bestehenden System politisch artikuliert und verfassungsrechtlich garantiert werden können, wenn der Schutz der vitalen Interessen der konstitutiven Völker einer »Verfassungskommission« überlassen wird. Dementsprechend schlug die Arbeitsgruppe vor, einer multiethnischen Verfassungskommission, deren Tätigkeit noch gesetzlich zu regeln ist, die Sorge für die vom BiHVerfGH verlangte Gleichbehandlung der konstitutiven Völker zu überlassen.[154]

In einer uferlosen Diskussion einigte sich zuerst die Kommission der RS aufgrund der Vorschläge der Internationalen Arbeitsgruppe, die umstrittenste Frage des organisationsrechtlichen Schutzes der »vitalen Interessen« so zu lösen, daß sich eine dafür berufene »Verfassungskommission« zukünftig zu kümmern hat. Als Kompensation der fehlenden Schutzmechanismen der kollektiven Rechte vor dem VerfGH wurde vorgesehen, dass der RSVerfGH die bestehende Zusammensetzung beibehält, gleichzeitig aber um die Vertreter der konstitutiven Völker erweitert wird.[155] Ein anderer Vorschlag, zum Zweck der politischen Selbstbestimmung der konstitutiven Völker und der effektiven Durchsetzung der BiHVerfGHE ein Haus der Völker – analog der FBiH – in der RS zu konstituieren und dort die kollektiven Rechte der konstitutiven

---

[151] Nach bisher geltender Vorschrift (Art. IV/A/1/8 FBiHV) entspricht die Zahl der in den Kantonen gewählten Abgeordneten der ethnischen Struktur des jeweiligen Kantons, wobei wenigstens ein Bosniake, ein Kroate und einer der »anderen« aus jedem Kanton gewählt werden muss, soweit diese im kantonalen Gesetzgebungsorgan vertreten sind.

[152] Die Gesetze werden danach mit 2/3-Mehrheit der Anwesenden aufgrund des Vorschlages einer Mehrheit der noch zu bestimmenden Zahl der Abgeordneten, die die Kantone vertreten, erlassen.

[153] Die Verfassungskommission ist als ein zwölfköpfiges, aus je drei Bosniaken, Kroaten, Serben bzw. »anderen Bürgern« zusammengesetztes und an die jeweilige Parlamentswahl gebundenes Organ konzipiert. Ihre Tätigkeit soll mit einem von der Arbeitsgruppe ebenfalls vorgeschlagenen Gesetz geregelt werden. Hiernach soll die Verfassungskommission im Falle einer gerügten Verletzung des vitalen Interesses versuchen, den Streitgegenstand einvernehmlich zu lösen, sonst muss der BiHVerfGH im Eilverfahren darüber entscheiden.

[154] Auch diese Kommission soll aus 12 Mitgliedern nach dem gleichen Muster (vier mal drei Gruppen) zusammengesetzt werden. Gelingt es der Verfassungskommission nicht, eine konsensfähige Lösung zu finden, wird jeder konkrete Fall dem VerfGH der RS vorgelegt werden, der in einem Dringlichkeitsverfahren nach einer Lösung suchen muss.

[155] Angaben nach dem Kommissionsmitglied B. *Morajt*, Reporter, Nr. 159 v. 9. 5. 2001.

Völker durch die Möglichkeit eines Veto-Rechts zu schützen, konnte sich entgegen zahlreicher Stimmen von Politikern und Staatsrechtlern[156] nicht durchsetzen. Der Änderungsvorschlag zur RSV befand sich Mitte Juni 2001 in der Phase der redaktionellen Bearbeitung und wurde noch nicht offiziell in die Parlamentsprozedur eingebracht.

Dagegen war die föderale Kommission nicht in der Lage, einen eigenen Vorschlag parallel zur Kommission der RS zu entwerfen und diesen – wie geplant – bis Mitte Juni[157] in die verfassungsändernde Prozedur einzubringen. Während sich die Kommission sehr rasch über Amtssprache, Gleichberechtigung der kyrillischen und lateinischen Schrift, Einfügung aller konstitutiven Völker in den Verfassungstext sowie über die Einführung von insgesamt vier Ombudsmännern, die alle Kollektivitäten ausreichend repräsentieren, einig wurde, erzielte sie keinen Konsens über die verfassungsrechtliche Bedeutung des Hauses der Völker und seine zukünftige Gestaltung. Das Hauptproblem, nämlich das Modell zum Schutz der vitalen Interessen, will die föderale Kommission analog der Lösung in der RS regeln und insistiert mit guten Gründen auf einer »symmetrischen Lösung«. Wenn dort die »Konstitutivität der Völker« lediglich durch eine Verfassungskommission abgesichert werden soll, sei eine andere Lösung für die FBiH wegen des Gleichheitssatzes kaum denkbar.[158] Darüber hinaus eröffneten sich immer wieder neue Fragen, etwa die der Zusammensetzung der Gerichte, die Zusammensetzung der föderalen Regierung und der maximalen Zahl der dort vertretenen Minister aus einem konstitutiven Volk, die Fragen der Aufhebung der Menschenrechtskammer usw.[159] Da die Kommission offensichtlich nicht über die Standards in der RSV hinausgehen will, war sie real auch nicht in der Lage, eigene Vorschläge rechtzeitig zu erarbeiten.

### d) Gesamturteil: Verspielte verfassungsgerichtliche Vorgaben?

Alle Optionen der angestrebten entitären Verfassungsanpassungen sind noch immer offen. Dennoch lässt sich schon jetzt feststellen, dass die verfassungsrechtliche Entscheidung über die konstitutiven Völker durch die Kommissionsarbeit in den wichtigsten Punkten relativiert und umgangen wird. Diese Schlussfolgerung beruht auf der Tatsache, dass für die gleiche (entitäre) Ausgangssituation unterschiedliche Lösungsmodelle ausgearbeitet wurden, eins für die FBiH und ein anderes für die RS.

Wie der Gerichtshof deutlich gemacht hat, dürfen die ethnische Gleichbehandlung und das davon abhängige Rückkehrrecht keine leeren Worthülsen darstellen. Die Umsetzung der menschenrechtlichen Vorgaben des Vertragswerks setzt die Wiederherstellung zweier multiethnischer Entitäten voraus, in denen die »konstitutiven Völker« ohne vorgegebene Einschränkung als Träger der verfassunggebenden Gewalt agieren können. Das gilt für beide Entitäten vorbehaltlos. An diesem Befund ändert

---

[156] Vgl. hierzu die Ergebnisse des »Runden Tisches« des Instituts für Menschenrechte und des Rechtszentrums der Universität Sarajevo v. 9. 5. 2001, in: Oslobodjenje v. 10. 5. 2001.

[157] Vgl. Oslobodjenje 25. 5. 2001.

[158] Vgl. Bericht in Oslobodjenje v. 10. 5. 2001; ids a. *I. Komšić* (Präsident des Hauses der Völker): »Entweder wird die RS ein Haus der Völker einfügen, oder wir werden unseres aufheben« (Oslobodjenje v. 25. 5. 2001).

[159] Quelle: Oslobodjenje v. 14. 6. 2001.

auch die kantonale Strukturierung der FBiH nichts, da auch hier die drei Völker unabhängig von der territorialen Gliederung auf dem gesamten Gebiet als »konstitutiv« (verfassunggebend) fungieren müssen. Nur in einem solchen System, in dem die ethnischen Interessen schon im voraus, also im Verfahren der politischen Willensbildung, die Bedeutung einer Institution des Verfassungslebens erlangen können, kann auch eine enge Verkoppelung zwischen den Ethnien und den die Entitäten tragenden Staats- und Verwaltungsstrukturen geschaffen werden. Folglich kann zwischen den »konstitutiven Völkern« und der ethnischen Diskriminierung in den Entitäten eine enge Verbindung bestehen, wenn die öffentliche Gewalt ausschließlich im Dienste eines oder zweier Völker steht.

Die Entscheidung des BiHVerfGH verlangt vor dem Hintergrund des Demokratieprinzips, dass die ethnischen Volksgruppen schon in jeder Entität als gleichberechtigte »konstitutive Völker« erscheinen: Sie sind verfassungstragend und müssen »die Verfassung erlassen«. Im Sinne der Entscheidung ist also zuerst an die Einrichtung eines Organs zu denken, in dem ethnisch profilierte und als »lebenswichtig« definierte Interessen aller drei Ethnien politisch artikuliert und gesetzgeberisch konkretisiert werden können. Denn sollen die Völker *konstitutiv* wirken, müssen ihre demokratisch gewählten Vertreter Anteil an der Bildung des »Staatswillens« auf der entitären Ebene, an der Ausübung der Staatsgewalt durch die Entitäten, haben.

Folglich war die Konstituierung des Hauses der Völker in den beiden Entitäten als erster logischer Schritt zur Durchsetzung der Entscheidung über die konstitutiven Völker zu erwarten. In einem nächsten Schritt müssten dann die maßgeblichen Befugnisse dieses Hauses bei der Mitwirkung an der Gesetzgebung der jeweiligen entitären Volksversammlung definiert und verfassungsrechtlich abgesichert werden. Soweit die demokratisch legitimierten Mitglieder dieses Hauses im Bereich der Gesetzgebung die originären ethnischen Interessen artikulieren, müsste das Haus der Völker als Medium des Einflusses der »konstitutiven Völker« sowohl auf die Entitäten als auch auf den Gesamtstaat erscheinen. Wenn in der aktuellen Situation in BiH die Bedeutung des Demokratieprinzips auch in seiner Funktion als zusätzliches Element der gegenseitigen Kontrolle und der Nichtdiskriminierung liegt (in diese Richtung die BiH-VerfGHE), so kann in beiden Entitäten das Haus der Völker diese Funktion in besonderer Weise erfüllen. Seine Mitwirkungsrechte können Erfordernisse zusätzlicher Abstimmung und Koordination im Ethnien- und im Ethnien-Gesamtstaat-Verhältnis und damit jenen wechselseitigen Ausgleich, jene Ausbalancierung der politischen Kräfte begründen, die Aufgabe eines nichtdiskriminierenden Systems ist.

Gerade dies leistet keine Verfassungskommission, die »nachträglich« die Mitwirkung der konstitutiven Völker in den »staatlichen« Angelegenheiten der Entitäten absichern soll. Die gängigen Reformvorschläge bewegen sich somit auf dem Kurs einer kommissionarischen Intervention in die Sachverhalte der politischen Willensbildung, die von einem unmittelbar gewählten Verfassungsorgan (Volksversammlung) wahrgenommen wird. Wann die Kommission interveniert, liegt im politischen Ermessen ihrer drei Mitglieder.[160] Diese sind nicht unmittelbar von den konstitutiven Völkern legitimiert, sondern von der Volksversammlung gewählt, deren Tätigkeit dann von der

---

[160] So die Regelungen des von der internationalen Arbeitsgruppe (Fn. 66 und 153) vorgeschlagenen Gesetzes über die Verfassungskommission.

Verfassungskommission kontrolliert wird. Die kommissionarische Kontrolle des Schutzes der ethnischen Interessen ist mit der Mitwirkungsposition bei der Gesetzgebung keinesfalls gleichbedeutend. Ein unmittelbar gewähltes Organ kann im politischen Willensbildungsverfahren nicht mit einem parlamentarisch ernannten Organ gleichgestellt werden: Das erste trifft legitime Entscheidungen und vertritt unmittelbar die konstitutiven Völker, das zweite kontrolliert nach eigenem Ermessen, inwieweit die Volksversammlung die verfassungsrechtlichen Vorgaben wahrnimmt. Dies müsste eigentlich der entitäre VerfGH tun.

Auch in Bezug auf praktische Konsequenzen bleibt die kommissionarische Befugnis, den »vitalen Interessen« der »konstitutiven Völker« Rechnung zu tragen, hinter der Position eines »Hauses der Völker« zurück. Denn die jeweilige Einschaltung der Kommission führt im Konfliktfall vor den VerfGH, was auch bei Schaffung eines Hauses der Völker denkbar ist. Im Unterschied zum Haus der Völker kann aber die angestrebte Verfassungskommission bei der Bildung des »Staatswillens« auf der entitären Ebene mangels unmittelbarer Vertretung der konstitutiven Völker nicht zur Identifizierung der einzelnen Ethnien mit der entitären Verfassungsordnung beitragen, wie es das Zentralproblem der Durchsetzung der verfassungsgerichtlichen Entscheidung erfordert. Der Schutz vor ethnischen Diskriminierungen kann ebenso wie die Rückkehr der Vertriebenen und die Wiederherstellung des Friedens nur in einem Verfassungssystem durchgesetzt werden, in dem die Verfassung und die Staatsordnung mit der Loyalität von Bürgern und Ethnien rechnen können. Fraglich ist, ob sich zum Beispiel die Bosniaken und Kroaten mit ihren kollektiven Traumata mit dem Namen »Serbische Republik« (d.h. die Republik der Serben) identifizieren können, und mehr überdies, inwiefern sich die nichtserbische Bevölkerung in der RS durch eine Verfassungskommission vertreten lässt.

Abgesehen von den weiteren, nicht weniger problematischen Vorschlägen hinsichtlich der Zusammensetzung und ethnischen Struktur der Staatsanwaltschaften und Gerichte, der Universitäten und Institutionen des öffentlichen Rechts, von Militär und Polizei, erscheinen die Reformvorschläge weit von den verfassungsrechtlichen Vorgaben der Entscheidung über die konstitutiven Völker entfernt zu sein. Sowohl die Venedig-Kommission als auch die Arbeitsgruppe des OHR demonstrierten hier ihre eigene Unfähigkeit, eine praktikable und gerechte Ordnung verfassungsrechtlich zu etablieren. Die unfassbare Leichtigkeit, mit der die Vertreter der internationalen Gemeinschaft und ihre Verfassungsexperten mit den systematischen, staatlich unterstützten Menschenrechtsverletzungen in BiH umgehen, gewinnt in den letzten Reformvorschlägen eine prägnante Gestalt.

## III. Verfassungsantinomien und Entwicklungsperspektiven

### 1. Das antinomische Verfassungssystem

Die Antinomien im eigentlichen Sinne kommen in der Regel als in einem Normengefüge höchsten Ranges, wie etwa in einer Verfassung, einander widersprechende Regelungen vor, ohne dass dieses Normengefüge einen Anhaltspunkt zur Behebung dieses Widerspruchs gibt. Solche Widersprüche, die sich in den leitenden Verfassungsentscheidungen finden, reflektieren sich in aller Regel in den politischen Entscheidungsformen, die an die Verfassungsregelungen anknüpfen. Die Entscheidungsformen und die politischen Prozesse können ihren Ausgleich in der Rechtsanwendung nicht finden, wenn das Recht, das Rechtssystem und die gesamte Rechtsordnung in den widersprüchlichen Verfassungslösungen wurzeln. Obwohl richtig sein mag, dass die Wissenschaft und allgemein die Kultur zur Überwindung der Antinomien und zur Einheit drängen,[161] werden in einer Verfassungsordnung mit Widersprüchen von grundlegender Bedeutung, trotz aller Ausgleichsversuche, Antinomien zurückbleiben. Kurzum: Wenn die Verfassungsordnung einige sich widersprechende Regelungen enthält, wenn diese darüber hinaus Geltung im Alltagsleben beanspruchen, liegt eine tiefgreifende System-Antinomie vor, die durch die Rechtsanwendung kaum korrigierbar ist.[162] Dies kann dazu führen, dass das gesamte Rechtssystem eine chaotische Lage produziert, die sich im Rahmen dieses Systems nicht mehr ausgleichen lässt.

Im folgenden sind einige Antinomien der geltenden BiHV zusammenfassend darzustellen. Erst vor diesem Hintergrund lassen sich die Entwicklungsperspektiven der bosnischen Staatlichkeit prognostizieren.

## 2. Die Antinomien im BiH-Verfassungssystem

### 1. Antinomie: Modernisierung versus Dekadenz

Der Annex 4 des Daytoner Abkommens stellt eine völkerrechtliche Intervention in das bosnisch-herzegowinische Staatsrecht dar. Diese durchbrach das Souveränitätsparadigma, indem sie ermöglichte, die staatliche Verfassung völkerrechtlich zu vereinbaren. Gerade deswegen war eine durchgreifende Modernisierung des Daytoner Verfassungskonstrukts als unumgänglich zu erwarten: Die Zerstörung der alten Ordnung musste zwangsläufig zu der verfassungsrechtlichen Adoption der *rechtsstaatlichen Prämissen*[163] und des *völkerrechtlichen ius cogens*[164] in das Verfassungssystem führen.

In der Tat enthalten das Abkommen und der Annex 4 Regelungen, die die lokale Rechtskultur im Wege der völkerrechtlichen Intervention modernisieren.[165] Dennoch beweisen zahlreiche Vorschriften den gleichzeitigen Absturz in die »Dekadenz« des Kriegszustandes. Indem das Daytoner Abkommen und sein Annex 4 eine kriegerisch erzwungene und auf ethnischer Säuberung beruhende Territorialverteilung fe-

---

[161] Vgl. *W. Sauer*, Juristische Methodenlehre, 1940, § 34, S. (278 ff.) 280

[162] IdS das Wesen der Antinomie bei *K. F. Röhl* (Allgemeine Rechtslehre, 1994, S. 85): »Dagegen sprechen wir von einer Paradoxie oder Antinomie, wenn zwei einander widersprechende Sätze behauptet werden, die sich anscheinend beide beweisen lassen.«

[163] Z.B. materielle Gerechtigkeit mit effektivem Schutz der Menschenrechte, prozedurale Demokratie mit dem souveränen Bürger an der staatlichen Basis, strikte Gewaltenteilung sowie Rückwirkungsverbot, Schutz des politischen und gesellschaftlichen Pluralismus und Bindung des Staatsapparats, der Bürger und der politischen Parteien an Gesetze und Recht.

[164] Zu denken ist etwa an das Aggressionsverbot, das Verbot des Sklavenhandels und des Völkermordes, das Gebot der Achtung elementarer Menschenrechte sowie der Normen des humanitären Völkerrechts.

[165] Z.B. Annexe 6 für Menschenrechte und Annex 7 für Flüchtlinge und Vertriebene, Art. I/2 BiHV für Demokratie- und Rechtsstaatprinzip, Art. 2 BiHV für Menschenrechte und Grundfreiheiten.

stigen,[166] oder indem sie dem »konstitutiven Volk« die verfassunggebende Entscheidungsmacht exklusiv und in den Entitäten getrennt erteilen[167], befindet sich der völkerrechtliche Verfassunggeber im »Dekadenztrend«, da er entgegen der liberalen Verfassungstradition der zeitgenössischen Nationalstaaten, in denen letztendlich das moderne Völkerrecht wurzelt, die abstrakten Bürger als Träger der verfassunggebenden Gewalt durch völkisch-biologisch geprägte Ethnien (konstitutive Völker) ersetzt. Die institutionale Absicherung des ethnischen Ansatzes verstärkt den ethnischen, oftmals im Geist der nationalsozialistischen Staatslehre geprägten Populismus.[168]

Beide Pole – »Modernisierung« und »Dekadenz« – sind im Daytoner Abkommen normativ untermauert; beide sind im politischen Leben zur Geltung gebracht worden. Ihr Geltungsanspruch bildet die grundlegende Antinomie des BiH-Verfassungssystems.

## 2. Antinomie: Bürgerlicher Rechtsstaat versus völkischer Machtstaat

An die erste Antinomie knüpft die zweite an: Das Daytoner Vertragssystem beruht auf dem Prinzip Rechtsstaat (hier im Rahmen des Demokratieprinzips geregelt als »Rule of Law« aus Art. I Abs. 2 des Originaltextes). Damit verlangt die Verfassung die Anerkennung des Rechts als ein relativ selbständiges Medium der Konfliktlösung. Das setzt zunächst einen Standard der unabhängigen Gerichte voraus, vor allem aber die institutionale Trennung von Recht und Ethnien, von Staat und »Rasse«. Eine eigenartige »Säkularisierung« der ethnischen Angelegenheiten ist conditio sine qua non des rechtsstaatlichen Systems.

Im organisationsrechtlichen Teil der BiHV ist jedoch an zahlreichen Stellen ein völkischer Machtstaat normiert, ein Staat, dessen Organe vornehmlich den drei Ethnien exklusiv zur Verfügung stehen. Die staatlichen Organe müssen sich dementsprechend durch drei territorial getrennte Völker jeweils ethnisch legitimieren. Jenseits aller Metaphorik stellt sich die Staatsorganisation auf gesamtstaatlicher Ebene stets als Hüter und ihre entitäre Basis stets als Herrschaft einer Ethnie (Ethnokratie) dar. Die Diskriminierungen aus ethnischen Gründen sind damit verfassungsrechtlich vorprogrammiert.[169] Die Diskrepanz zwischen einem bürgerlichen Rechtsstaat und einem Eth-

---

[166] Annex 2 iVm Art. I/1 BiHV.

[167] Organisationsrechtlicher Teil, Art. 3ff. BiHV.

[168] Der aus der nationalsozialistischen Zeit stammende Satz »Du bist nichts, dein Volk ist alles« illustriert die Ähnlichkeiten zwischen der nationalsozialistischen Staatsideologie und den Prozessen, die zum BiH-Verfassungssystem führten. Genauso, wie der Einzelne für sich allein im nationalsozialistischen Gedankengut keinen Wert darstellte und nur als untrennbarer Teil der Gemeinschaft bedeutsam war, wurde auch die Position des Einzelnen durch die Ethnisierung des pouvoir constituante, vornehmlich in den serbischen Kreisen, völlig zerstört. Die Übersteigerung und Pervertierung der Nation-Idee, ihre Biologisierung in den Ideen des »Völkischen«, kulminierten schließlich in der beispiellosen Rebarbarisierung des großserbischen Projektes, in seiner unvorstellbaren Unmenschlichkeiten bei der Realisierung der ethnischen Säuberung. Vgl. hierzu W. Rüb (Fn. 5); zu den Aspekten des nationalsozialistischen Staatsverständnisses E. Šarčević, Der Rechtsstaat: Modernität und Universalitätsanspruch der klassischen Rechtsstaatstheorien zwischen aufgeklärten Liberalismus und Nationalsozialismus, 1996, S. 62ff.

[169] Soll ein ethnisch gemischter Staat als Rechtsstaat konstituiert werden, muss seine ganze Macht von der Summe abstrakter Staatsbürger (der Gesellschaft) ausgehen. Ein Rechtsstaat setzt insoweit die Existenz verschiedener Kulturkreise, ethnischer Gemeinschaften voraus, verbietet aber die Totalidentifikation des

nienstaat erscheint dann konkret als die höchste Steigerung der Funktionsunfähigkeit des politischen Systems.

Soweit einerseits die Rechtsstaatlichkeit propagiert, andererseits in den Entitäten staatstragende (konstitutive) Völker als exklusive Träger des Staates statuiert werden, wird eine tiefgreifende Antinomie angelegt, die sowohl die politischen Entscheidungsformen als auch das Funktionieren des gesamten Rechtssystems prägt. Die Reformversuche im Sinne der Entscheidung über die konstitutiven Völker können daran nichts ändern, zumal die gleiche Antinomie von der Makro- auf die Mikroebene übertragen wird.

## 3. Antinomie: Demokratie versus Ethnokratie

Daraus folgt die dritte Antinomie: Auf der einen Seite regelt die BiHV in ihrem Art. I/2 unter dem Titel »Demokratisches Prinzip«, dass BiH ein demokratischer Staat mit demokratischen und freien Wahlen ist. Diese Regelung knüpft an den Typus der prozeduralen Mehrheitsdemokratie mit der Herrschaft des Staatsvolkes (Demos) an. Die Errichtung der Demokratie als Regierungsform bedeutet somit eine bestimmte Organisation der Herrschaft, die im demokratischen Sinne auf das Staatsvolk als Gesamtheit bezogen ist. In einem multiethnischen Staat muss gerade dieses Gefüge beachtet werden, da die partikulären kulturell-ethnischen Interessen zunächst *pouvoirs de fait* bleiben, deren Ziele und Bedürfnisse erst der demokratischen Legitimation von der Gesamtheit der Bürger her bedürfen.[170] Positiv-konstituierend legt das Demokratieprinzip fest, dass zuerst die Staatsbürger als Träger und Inhaber der Staatsgewalt fungieren müssen, dass Ausübung der Staatsgewalt sich konkret von den Staatsbürgern herleiten muss. Erst unter dieser Voraussetzung kann staatliches Handeln von den kleineren ethnisch geprägten Gemeinschaften zusätzlich abhängig gemacht werden.

Der Annex 4 normiert in seinem Duktus gerade das Gegenteil. Die im letzten Teil der Präambel erwähnten konstitutiven Völker erhalten im staatsorganisationsrechtlichen Teil (Art. IV ff. BiHV) die Funktion der tatsächlichen Inhaber und Träger der Staatsgewalt: Ein Wahlbürger muss sich in aller Regel mit einer Ethnie identifizieren. Die Legitimationskette geht somit von den drei Ethnien aus, so dass die Wahrnehmung staatlicher Aufgaben und die Ausübung staatlicher Befugnisse stets auf dem ethnischen Willen beruht. Beim Gebot der Legitimation steht nicht der Schutz und die Erledigung der gemeinsamen Angelegenheiten des Staatsvolkes, sondern vielmehr der drei ethnischen Gemeinschaften im Vordergrund: Drei ethnisch unterschiedlich zusammengesetzte Armeen werden von drei getrennt gewählten ethnischen Vertretern im Staatspräsidium getrennt »kontrolliert«; die im Haus der Völker vertretenen Ethnien regieren das gesamtpolitische Leben und steuern, auch mit dem suspensiven Veto, die Parlamentsentscheidungen. Während die BiHV noch jede Diskriminierung aus politischen Gründen ausdrücklich verbietet und den Menschenrechtsschutz umfassender als z. B. auf der Ebene der EU gewährleistet (Art. II BiHV), enthält sie im Zusammenhang mit dem Demokratiegebot Bestimmungen, die der Wahrnehmung

---

Staates mit einem Kulturkreis, verbietet also die Überführung der staatlichen Organe in die exklusive Institution *einer* Ethnie, *einer* (Staats)Rasse, *einer* (Staats)Kultur.

[170] Vgl. *E.-W. Böckenförde*, Demokratie als Verfassungsprinzip, in: HdBStR I, § 22, Rn. 26 ff.

der politischen Rechte entgegenstehen: Kein Bürger kann seine aktiven und passiven Wahlrechte im gesamten Staatsgebiet wahrnehmen; sie sind den Serben in der RS, den Kroaten und Bosniaken in der FBiH vorbehalten.[171]

Das System beruht also auf der Normierung sowohl der bürgerlichen Demokratie als auch der völkisch-ethnischen Ethnokratie. Damit gestaltet sich eine schwer korrigierbare Antinomie, die ein reibungsloses Funktionieren des gesamten Systems unmöglich macht und zwangsläufig zu politischen Blockaden führt.[172]

## 4. Antinomie: Bundesstaat versus Staatenbund

Die nächste Antinomie ergibt sich aus der gesamtsstaatlichen Kompetenzverteilung und der verfassungsrechtlich programmierten Bundesstaatlichkeit. Soweit die BiHV vom »Staat BiH« (Art. I/1 BiHV) spricht und ihm dann umfassende Völkerrechtssubjektivität (Art. III/1 lit. a]) nebst einer wohl unpräzisen Kompetenz-Kompetenz des Gesamtstaates (Art. III/2 lit. b] und Art X BiHV)[173] zusichert, kann auf den Bundesstaatscharakter von BiH geschlossen werden. Die Existenz eines Verfassungsgerichtshofs, der das Entitätsrecht prüft, sowie der gesamtbosnischen Staatsangehörigkeit verweisen darüber hinaus auf die Existenz eines Gesamtstaates BiH. Dagegen führen die äußerst schwachen materiellen Kompetenzen des Staates BiH einschließlich der Finanz- und Militärverfassung (Art. II, V und VIII BiHV iVm Annex 1) zusammen mit der partiellen Völkerrechtssubjektivität (Art. III/2 BiHV) und dem Fehlen einer gesamtsstaatlichen Kollisionsnorm gerade zur entgegengesetzten Schlussfolgerung: BiH ist danach als ein Staatenbund (eine Konföderation) zu charakterisieren. Vergegenwärtigt man sich außerdem, dass dem Staat BiH die Möglichkeit fehlt, unmittelbar rechtsverbindliche Beschlüsse durch die Gesamtstaatsorgane zu erlassen,[174] erscheinen die Entitäten als territoriale, staatlich ausgeprägte Einheiten, die im Rahmen eines Staatenbundes als souveräne staatsrechtliche Körperschaften agieren.

Die erwähnten Vorschriften bilden also eine weitere Antinomie, die im politischen Leben einen tauglichen Nährboden für sezessionistische Vorhaben und für unitaristische Tendenzen darstellen. Die Entscheidung über die konstitutiven Völker hebt die Staatsqualität des Gesamtstaates unmissverständlich hervor; ohne eine Änderung der gesamtsstaatlichen und der entitären Verfassungsnormierungen bleibt die Antinomie jedoch erhalten.

---

[171] Dieses Wahlsystem verstößt gegen die Diskriminierungsverbote aus Art. 1 I des Internationalen Paktes über bürgerliche und politische Rechte (IPbR) sowie gegen Art. 14 EMRK. Auch ein Verstoß gegen Art. 5 lit. c der Anti-Rassendiskriminierungskonvention und Art. 25 IpbR ist nicht ausgeschlossen. Vgl. hierzu *R. C. Slye*, The Dayton Peace Agreement: Constitutionalism and Ethnicity, Yale Journal of International Law, Vol. 21 (1996), S. (459ff.) 464ff.; *C. Stahn* (Fn. 5), S. 659 (hier in Fn. 132).

[172] Die auf dieser Antinomie beruhende Paralyse der gesamtsstaatlichen Gesetzgebung hatte zur Folge, dass bisher kein ständiges Wahlgesetz für BiH erlassen wurde. Der letzte Versuch, ein Wahlgesetz zu erlassen, scheiterte am 21. 6. 2001 an der Ablehnung des Hauses der Völker, was zum gleichzeitigen Rücktritt des Vorsitzenden des Ministerrates führte (Quelle: Oslobodjenje, 22. 6. 2001).

[173] Vgl. hierzu *C. Stahn* (Fn. 5), S. 667; *Graf Vitzthum/Mack* (Fn. 89).

[174] Dafür spricht, dass jede Entität im Repräsentantenhaus des gesamtsstaatlichen Parlaments mit einer 2/3-Mehrheit seiner Vertreter die Entscheidungen der Zentralgewalt blockieren kann (Art. IV/3 lit. d BiHV).

## 5. Antinomie: Staatssouveränität versus Souveränitätsträger

Die durch das Souveränitätsparadigma verursachte Antinomie des BiH-Verfassungssystems beruht auf der Diskrepanz zwischen den geregelten Zuständigkeiten der Staatsorgane und der tatsächlichen Ingerenzen der Vertreter der internationalen Gemeinschaft. Das Daytoner Abkommen geht von einem nach außen souveränen Staat aus, suspendiert aber dessen Organe zugunsten der Befugnisse des Hohen Vertreters, die bis zur Banalität des alltäglichen Kampfes gegen die Kriminalität reichen. Der verfassungsrechtlich proklamierten Staatssouveränität nach außen steht der vertraglich geregelte Souveränitätsverlust im Inneren entgegen.

Wird darüber hinaus der Träger der Souveränität gesucht, lässt sich auf den ersten Blick folgern, dass im Sinne der Rechtsstaatlichkeit[175] und aufgrund der im Repräsentantenhaus gewählten Vertreter die tatsächlichen Träger der Souveränität die Staatsbürger (Demos) sind. Die Wahl der Mitglieder für das Staatspräsidium und für das Haus der Völker, ihre Kompetenzen und Veto-Rechte legen dagegen die »konstitutiven Völker« (Ethnien) als Träger der souveränen staatlichen Gewalt nahe. Beide Positionen sind verfassungs- und vertragsrechtlich begründbar. Wird diese vertraglich geregelte Positionierung von mehreren Souveränen auf einem Staatsgebiet im Zusammenhang mit der BiH-Militärverfassung betrachtet, ergibt die im bosnischen Souveränitätsparadigma wurzelnde Antinomie ein hochexplosives Staatsprovisorium, das durch die erzwungene Verfassunggebung nur (vorübergehend) international kontrolliert und vor kriegerischen Auseinandersetzungen bewahrt werden kann.

## 6. Antinomie: Universelle Gerechtigkeit versus positiviertes Unrecht

Diese Antinomie ergibt sich aus dem Vergleich der vertraglich geregelten Gegenstände im gesamten Daytoner Abkommen nebst seinem Annex 4 mit einzelnen Bestimmungen, die als normativer Ausdruck zur Unterstützung und Sicherung der Ergebnisse eines Krieges, in dessen Mittelpunkt die Politik der ethnischen Säuberung stand, erscheinen.

Im Mittelpunkt des Abkommens steht eine Lösung, die auf Dauer akzeptiert werden und eine friedliche Koexistenz ohne die Bereitstellung der repressiven Mittel der internationalen Gemeinschaft ermöglichen soll. Soweit von diesem Standpunkt her das vertraglich geregelte Rückkehrrecht der Flüchtlinge und der Vertriebenen (Annex 7 und Art. II/5 BiHV) als ein normativer Ausdruck der Wiederherstellung einer rechtsstaatlich geordneten Vielvölkergesellschaft betrachtet wird,[176] bringt das Ab-

---

[175] Die Rechtsstaatlichkeit ist dahingehend zu verstehen, dass die Begrenzung jeder staatlichen Macht durch das Recht im Sinne des rechtsstaatlichen Systems möglich ist, wenn das »Recht« durch die prozedural legitimen Vertreter des Staatsvolkes – also den abstrakten Bürger – gesetzt wird. Der Mythos »Rechtsstaat« umfasst im strengeren Sinne ein Staatsmodell, in dessen Mittelpunkt der abstrakte Bürger steht. Mit der verfassungsrechtlichen Absicherung dieser Position steht und fällt die Rechtsstaatlichkeit (vgl. *E. Šarčević*, Fn. 168, S. 307f., 310ff.).

[176] Die Rückkehr von Flüchtlingen und Vertriebenen war neben der völkerrechtlichen Subjektivität von BiH für die Akzeptanz des Abkommens seitens der für die Rep. BiH handelnden Personen ausschlaggebend. Zahlreiche Erklärungen dokumentieren, dass es ohne ihre präzise Vertragsregelung und verfassungsrechtliche Gewährleistung überhaupt nicht zum Vertragsabschluss gekommen wäre. Vgl. *A. Izetbegović*, Interview, El Mundo v. 28. 12. 1995; Erklärung des Präsidenten BiH *A. Izetbegović* bei der Paraphie-

kommen die materielle Gerechtigkeit zum Ausdruck.[177] Dafür spricht auch die Verfolgung der Kriegsverbrecher und die Pflicht zur Zusammenarbeit bei der Ermittlung gegen Personen, die der Begehung schwerer Verstöße gegen das humanitäre Völkerrecht beschuldigt sind, sowie zu ihrer Auslieferung an das internationale Gericht (Art.II/8 BiHV i. V.m. Art. 29 des Statuts des IG Den Haag). Die Verfassung verbietet allen vor dem Den Haager Tribunal angeklagten Personen, öffentliche Ämter anzutreten (Art. IX/1 BiHV). Der Gesamtinhalt der BiHV vermittelt so auf der einen Seite den Eindruck, als ob es sich hier um die verfassungsrechtliche Positivierung des Gerechtigkeitsprinzips handle.

Gerade das Gegenteil belegt die genauere Betrachtung der einzelnen Verfassungslösungen: Die Überführung eines illegalen de facto-Regimes in die legale Staatsform, die nach dem Abkommen von Dayton den Namen »Serbische Republik« beibehalten und darüber hinaus die Kontrolle über 49% des bosnischen Territoriums, auf dem die schwersten Kriegsverbrechen begangen worden sind, mit einem ca. dreißigprozentigen Bevölkerungsanteil effektiv ausüben darf, indiziert eine tiefe Kluft zwischen der materiellen Gerechtigkeit und den konkreten verfassungsrechtlichen Lösungen. Das wirkliche Maß der positivierten Gerechtigkeit ergibt sich erst aus den staatsorganisationsrechtlichen Vorschriften. Danach bilden die Entitäten die exklusive Legitimationsbasis für die gesamtsstaatlichen Organe (Präsidium, Parlamentarische Versammlung, Ministerrat, Verfassungsgerichtshof). Obwohl der Idee nach die Serben im Staatspräsidium und im Repräsentantenhaus alle »Bürger« der RS vertreten müssen, fungieren sie in der bisherigen Praxis als Hüter des großserbischen Konzeptes bzw. als Hüter und Vertreter einer durch die Vertreibung ethnisch homogenisierten serbischen Entität. Die Vetomöglichkeit (reserviert in beiden Häusern für zwei Drittel der Delegierten eines *Landesteiles*) bevorzugt eindeutig die Serben. Das ganze System fußt außerdem auf der vorausgesetzten Souveränität der Entitäten, die in Bezug auf die Gesetzgebungskompetenzen, Finanz- und Militärverfassung, Bildung der gesamtsstaatlichen Organe und Steuerung der gesamtstaatlichen Politik als originäre Träger der staatlichen Souveränität agieren. So gesehen, erscheinen zahlreiche Regelungen des Annexes 4 bloß als normative Form zur Festigung der Ergebnisse der ethnischen Säuberung. Dies kann nur als positiviertes Unrecht begriffen werden, weil dadurch den Kriegsergebnissen und den eklatanten Menschenrechtsverletzungen verfassungsrechtlicher Rang gegeben wird.

Diese Antinomie reflektiert auf alle Elemente des BiH-Staatsystems und relativiert restlos die Möglichkeit der effektiven Durchsetzung der völkerrechtlich anerkannten Prinzipien wie territoriale Integrität, Rechtsstaatlichkeit mit individuellem Grundrechtsschutz, Verbot des Völkermords und der Verbrechen gegen die Menschlichkeit.

---

rung des Friedensabkommens (Fn. 35); die Rede von Izetbegović vor der UN-Generalversammlung (Fn. 35).

[177] »Gerechtigkeit« meint hier einen Bezugsbegriff, einen Begriff also, der einen notwendigen Bezug zu den Ereignissen in BiH hat. Die Wiedergutmachung gegenüber den Opfern stellt die Grundlage der materiellen Gerechtigkeit dar, da sie ein positiver Korrelatbegriff zur Willkür ist.

## *3. Schlussfolgerung: Entwicklungsperspektiven*

Die Beurteilung der Entwicklungsperspektiven des Daytoner Verfassungssystems knüpft unmittelbar an die Beurteilung der verfassungsrechtlichen Lage in BiH an. Aufgrund des in den vorherigen Teilen dargestellten Gesamtbildes der Daytoner Verfassungslösung, der Verbesserungstendenzen und Legitimationsgrundlagen der BiH-Verfassungsordnung sowie aufgrund der bereits dargestellten System- und Verfassungsantinomien mag dies nicht so rätselhaft sein.

Die verfassungsrechtliche Lage von BiH ist alles in allem mit dem Annex 4 des Daytoner Abkommens derart antinomisch gefasst worden, dass jede nachträgliche Intervention und jeder Verbesserungsversuch nur zu einer weiteren Festigung des politischen Chaos' und der rechtlichen Ineffizienz führt. Die innere Inkonsistenz und Widersprüchlichkeit hängt offensichtlich von der Kausalität dieser Verfassung ab: Je kasuistischer ein Akt der Verfassunggebung verfährt, desto lückenhafter und widersprüchlicher ist er.

Der Annex 4 kann demzufolge nur als ein vorübergehender Verfassungsakt betrachtet werden. Dieser war als ein Element des Daytoner Friedensvertrages geeignet, ein Verfassungsprovisorium für das kriegerisch zerstörte Land zu schaffen. Seiner positiven friedensstiftenden Wirkung tritt jetzt, sechs Jahre nach dem Inkrafttreten der BiHV, ihre hinsichtlich der staatlichen Konsolidierung extrem uneffektive Wirkung gegenüber. Die BiHV kann deshalb mit guten Gründen als absoluter Misserfolg einer experimentellen Verfassunggebung bezeichnet werden, die aus sich selbst keine effektive, insbesondere keine rechtsstaatliche und demokratische Gewalt erbringen kann.

Dies legt den Gedanken nahe, eine neue Verfassunggebung, und zwar in Anlehnung an die letzte legitime Verfassungsordnung (die Verfassung der Republik BiH 1974/92) von einem dazu berufenen und kompetenten Verfassunggebungsgremium unter Schirmherrschaft der internationalen Gemeinschaft zu organisieren. Nur in diesem Sinne lässt sich noch die Funktion des Hohen Vertreters, der nach den letzten Vorschlägen alle internationalen Organisationen vereinen soll,[178] rational begründen und finanziell rechtfertigen. Die jetzige Lage belegt, dass das Völkerrecht, die Verfassungslehre und die Praxis des Menschenrechtschutzes von Proklamationen leben, die sie nicht effektiv gewährleisten können.

Nur unter der Voraussetzung des Erlasses einer neuen, rechtsstaatlich geprägten Verfassung lässt sich überhaupt eine Perspektive für BiH eröffnen. Die Institutionalisierung des Rechtsstaates setzt aber die Abschaffung der jetzigen Verfassungsordnung voraus, da jede verfassungsrechtlich abgesicherte Gesellschaftsethnisierung nach den Prämissen der ethnischen Säuberung und des Genozids konsequent verhindert und nachträglich annulliert werden muß. Dabei kann ein funktionierender Rechtsstaat nicht in einem fingierten Rechtsvakuum eingerichtet werden. Die staatsrechtliche Tradition des Staates BiH ist Grundvoraussetzung der erfolgreichen Durchsetzung des rechtsstaatlichen Modells. Dies bezieht sich zumindest auf die Regelung der für die

---

[178] Am 21.6. 2001 wurde in einer Sitzung des Friedens-Implementierungsrates in Stockholm vorgeschlagen, dass die OHR-Mission mit denen der UNO und der OSZE zusammengefasst und dem OHR-Büro unterstellt werden (Quelle: Oslobodjenje v. 18.6. 2001; OHR Press Release v. 21.6. 2001, *www.ohr.int/press/p21621a.htm*).

multiethnischen Gesellschaften erforderlichen, ethnisch-neutralen Sphäre der ge-samtsstaatlichen Zuständigkeiten. Sonst zieht die Übertragung der verbrecherischen Politik in die Transformationsprozesse des Verfassungsrechts den Geltungsverfall so-wohl der materiellen Gerechtigkeit als auch der völkerrechtlichen Wertordnung und damit des Rechtsstaates nach sich. Es dürfte kaum zu bezweifeln sein, dass unter sol-chen Voraussetzungen die verfassungsrechtliche Ordnung – zahlreiche Bespiele liefert das BiH-Verfassungssystem – ein konfliktgeladenes Unrecht zementiert, das sich bei der ersten Gelegenheit erneut problemlos in einen blutigen Krieg verwandeln kann.

Textanhang

## Constitution of Bosnia and Herzegovina[*]

### PREAMBLE

*Based* on respect for human dignity, liberty, and equality,

*Dedicated* to peace, justice, tolerance, and recon-ciliation,

*Convinced* that democratic governmental institu-tions and fair procedures best produce peaceful re-lations within a pluralist society,

*Desiring* to promote the general welfare and economic growth through the protection of pri-vate property and the promotion of a market econ-omy,

*Guided* by the Purposes and Principles of the Charter of the United Nations,

*Committed* to the sovereignty, territorial inte-grity, and political independence of Bosnia and Herzegovina in accordance with international law,

*Determined* to ensure full respect for interna-tional humanitarian law,

*Inspired* by the Universal Declaration of Human Rights, the International Covenants on Civil and Political Rights and on Economic, Social and Cul-tural Rights, and the Declaration on the Rights of Persons Belonging to National Ethnic, Religious and Linguistic Minorities, as well as other human rights instruments,

*Recalling* the Basic Principles agreed in Geneva on September 8, 1995, and in New York on Sep-tember 26, 1995,

Bosniacs, Croats, and Serbs, as constituent peoples (along with Others), and citizens of Bosnia

and Herzegovina hereby determine that the Con-stitution of Bosnia and Herzegovina is as follows:

### Article I
### Bosnia and Herzegovina

#### 1. Continuation

The Republic of Bosnia and Herzgovina, the official name of which shall henceforth be "Bosnia and Herzegovina," shall continue its legal existence under international law as a state, with its internal structure modified as provided herein and with its present internationally recognized borders. It shall remain a Member State of the United Nations and may as Bosnia and Herzegovina maintain or apply for membership in organizations within the United Nations system and other international or-ganizations.

#### 2. Democratic Principles

Bosnia and Herzegovina shall be a democratic state, which shall operate under the rule of law and with free and democratic elections.

#### 3. Composition

Bosnia and Herzegovina shall consist of the two Entities, the Federation of Bosnia and Herzegovina and the Republika Srpska (hereinafter "the En-tities").

#### 4. Movement of Goods, Services, Capital, and Persons

There shall be freedom of movement through-out Bosnia and Herzegovina. Bosnia and Herzego-vina and the Entities shall not impede full freedom

---

[*] Annex 4 des *General Framework Agreement for Peace in Bosnia and Herzegovina,* aus: International Legal Materials 35 (1996), S. 117ff.

of movement of persons, goods, services, and capital throughout Bosnia and Herzegovina. Neither Entity shall establish controls at the boundary between the Entities.

### 5. Capital

The capital of Bosnia and Herzegovina shall be Sarajevo.

### 6. Symbols

Bosnia and Herzegovina shall have such symbols as are decided by its Parliamentary Assembly and approved by the Presidency.

### 7. Citizenship

There shall be a citizenship of Bosnia and Herzegovina, to be regulated by the Parliamentary Assembly, and a citizenship of each Entity, to be regulated by each Entity, provided that:

(a) All citizens of either Entity are thereby citizens of Bosnia and Herzegovina.

(b) No person shall be deprived of Bosnia and Herzegovina or Entity citizenship arbitrarily or so as to leave or her stateless. No person shall be deprived of Bosnia and Herzegovina or Entity citizenship on any ground such as sex, race, color, language, religion, political or other opinion, national or social origin, association with a national minority, property, birth or other status.

(c) All persons who were citizens of the Republic of Bosnia and Herzegovina immediately prior to the entry into force of this Constitution are citizens of Bosnia and Herzegovina. The citizenship of persons who were naturalized after April 6, 1992 and before the entry into force of this Constitution will be regulated by the Parliamentary Assembly.

(d) Citizens of Bosnia and Herzegovina may hold the citizenship of another state, provided that there is a bilateral agreement, approved by the Parliamentary Assembly in accordance with Article IV(4)(d), between Bosnia and Herzegovina and that state governing this matter. Persons with dual citizenship may vote in Bosnia and Herzegovina and the Entities only if Bosnia and Herzegovina is their country of residence.

(e) A citizen of Bosnia and Herzegovina abroad shall enjoy the protection of Bosnia and Herzegovina. Each Entity may issue passports of Bosnia and Herzegovina to its citizens as regulated by the Parliamentary Assembly. Bosnia and Herzegovina may issue passports to citizens not issued a passport by an Entity. There shall be a central register of all passports issued by the Entities and by Bosnia and Herzegovina.

## Article II
## Human Rights and Fundamental Freedoms

### 1. Human Rights

Bosnia and Herzegovina and both Entities shall ensure the highest level of internationally recognized human rights and fundamental freedoms. To that end, there shall be a Human Rights Commission for Bosnia and Herzegovina as provided for in Annex 6 to the General Framework Agreement.

### 2. International Standards

The rights and freedoms set forth in the European Convention for the Protection of Human Rights and Fundamental Freedoms and its Protocols shall apply directly in Bosnia and Herzegovina. These shall have priority over all other law.

### 3. Enumeration of Rights

All persons within the territory of Bosnia and Herzegovina shall enjoy the human rights and fundamental freedoms referred to in paragraph 2 above; these include:

(a) The right to life.

(b) The right not to be subjected to torture or to inhuman or degrading treatment or punishment.

(c) The right not to be held in slavery or servitude or to perform forced or compulsory labor.

(d) The rights to liberty and security of person.

(e) The right to a fair hearing in civil and criminal matters, and other rights relating to criminal proceedings.

(f) The right to private and family life, home, and correspondence.

(g) Freedom of thought, conscience, and religion.

(h) Freedom of expression.

(i) Freedom of peaceful assembly and freedom of association with others.

(j) The right to marry and to found a family.

(k) The right to property.

(l) The right to education.

(m) The right to liberty of movement and residence.

### 4. Non-Discrimination

The enjoyment of the rights and freedoms provided for in this Article or in the international agreements listed in Annex I to this Constitution shall be secured to all persons in Bosnia and Herzegovina without discrimination on any ground such as sex, race, color, language, religion, political or other opinion, national or social origin, association with a national minority, property, birth or other status.

### 5. Refuges and Displaced Persons

All refugees and displaced persons have the right freely to return to their homes of origin. They have the right, in accordance with Annex 7 to the General Framework Agreement, to have restored to them property of which they were deprived in the course of hostilities since 1991 and to be compensated for any such property that cannot be restored to them. Any commitments or statements relating to such property made under duress are null and void.

### 6. Implementation

Bosnia and Herzegovina, and all courts, agencies, govermental organs, and instrumentalities operated by or within the Entities, shall apply and conform to the human rights and fundamental freedoms referred to in paragraph 2 above.

### 7. International Agreements

Bosnia and Herzegovina shall remain or become party to the international agreements listed in Annex I to this Constitution.

### 8. Cooperation

All competent authorities in Bosnia and Herzegovina shall cooperate with and provide unrestricted access to: any international human rights monitoring mechanisms established for Bosnia and Herzegovina; the supervisory bodies established by any of the international agreements listed in Annex I to this Constitution; the International Tribunal for the Former Yugoslavia (and in particular shall comply with orders issued pursuant to Article 29 of the Statute of the Tribunal); and any other organization authorized by the United Nations Security Council with a mandate concerning human rights or humanitarian law.

Article III
## Responsibilities of and Relations between the Institutions of Bosnia and Herzegovina and the Entities

### 1. Responsibilities of the Institutions of Bosnia and Herzegovina

The following matters are the responsibility of the institutions of Bosnia and Herzegovina:
(a) Foreign policy.
(b) Foreign trade policy.
(c) Customs policy.
(d) Monetary policy as provided in Article VII.

(e) Finances of the institutions and for the international obligations of Bosnia and Herzegovina.
(f) Immigration, refugee, and asylum policy and regulation.
(g) International and inter-Entity criminal law enforcement, including relations with Interpol.
(h) Establishment and operation of common and international communications facilities.
(i) Regulation of inter-Entity transportation.
(j) Air traffic control.

### 2. Responsibilities of the Entities

(a) The Entities shall have the right to establish special parallel relationships with neighboring states consistent with the sovereighnty territorial integrity of Bosnia and Herzegovina.

(b) Each Entity shall provide all necessary assistance to the government of Bosnia and Herzegovina in order to enable it to honor the international obligations of Bosnia and Herzegovina, provide that financial obligations incurred by one Entity without the consent of the other prior to the election of the Parliamentary Assembly and Presidency of Bosnia and Herzegovina shall be the responsibility of that Entity, excent insofar as the obligation is necessary for continuing the membership of Bosnia and Herzegovina in an international organization.

(c) The Entities shall provide a safe and secure environment for all persons in their respective jurisdictions, by maintaining civilian law enforcement agiencies operating in accordance with internationally recognized standards and with respect for the internationally recognized human rights and fundamental freedoms referred to in Article II above, and by taking such other measures as appropriate.

(d) Each Entity may also enter into agreements with states and international organizations with the consent of the Parliamentary Assembly. The Parliamentary Assembly may provide by law that certain types of agreements of not require such consent.

### 3. Law and Responsibilities of the Entities and the Institutions

(a) All governmental functions and powers not expressly assigned in this Constituion to the institutions of Bosnia and Herzegovina shall be those of the Entities.

(b) The Entities and any subdivisions thereof shall comply fully with this Constitution, which supersedes inconsistent provisions of the law of Bosnia and Herzegovina and of the constitutions and law of the Entities, and with the decisions of the institutions of Bosnia and Herzegovina. The general principles of international law shall be an integral part of the law of Bosnia and Herzegovina and the Entities.

## 4. Coordination

The Presidency may decide to facilitate inter-Entity coordination on matters not within the responsibilities of Bosnia and Herzegovina as provided in this Constitution, unless an Entity objects in any particular case.

## 5. Additional Responsibilities

(a) Bosnia and Herzegovina shall assume responsibility for such other matters as are agreed by the Entities; are provided for in Annexes 5 through 8 to the General Framework Agreement; or are necessary to preverse the sovereignty, territorial integrity, political independence, and international personality of Bosnia and Herzegovina, in accordance with the division of responsibilities between the institutions of Bosnia and Herzegovina. Additional institutions may be established as necessary to carry out such responsibilities.

(b) Within six months of the entry into force of this Constitution, the Entities shall begin negotiations with a view to including in the responsibilities of the institutions of Bosnia and Herzegovina other matters, including utilization of energy resources and cooperative economic projects.

Article IV
## Parliamentary Assembly

The Parliamentary Assembly shall have two chambers: the House of Peoples and the House of Representatives.

## 1. House of Peoples

The House of Peoples shall comprise 15 Delegates, two-thirds from the Federation (including five Croats and five Bosniacs) and one-third from the Republika Srpska (five Serbs).

(a) The designated Croat and Bosniac Delegates from the Federation shall be selected, respectively, by the Croat and Bosniac Delegates to the House of Peoples of the Federation. Delegates from the Republika Srpska shall be selected by the National Assembly of the Republika Srpska.

(b) Nine members of the House of Peoples shall comprise a quorum, provided that at least three Bosniac, three Croat, and three Serb Delegates are present.

## 2. House of Representatives

The House of Representatives shall comprise 42 Members, two-thirds elected from the territory of the Federation, one-third from the territory of the Republika Srpska.

(a) Members of the House of Representatives shall be directly elected from their Entity in accordance with an election law to be adopted by the Parliamentary Assembly. The first election, however, shall take place in accordance with Annex 3 to the General Framework Agreement.

(b) A majority of all members elected to the House of Representatives shall comprise a quorum.

## 3. Procedures

(a) Each chamber shall be convened in Sarajevo not more than 30 days after its selection or election.

(b) Each chamber shall by majority vote adopt its internal rules and select from its members one Serb, one Bosniac, and one Croat to serve as its Chair and Deputy Chairs, with the position of Chair rotating among the three persons selected.

(c) All legislation shall require the approval of both chambers.

(d) All decisions in both chambers shall be by majority of those present and voting. The Delegates and Members shall make their best efforts to see that the majority includes at least one-third of the votes of Delegates or Members from the territory of each Entity. If a majority vote does not include one-third of the votes of Delegates or Members from the territory of each Entity, the Chair and Deputy Chairs shall meet as a commission and attempt to obtain approval within three days of the vote. If those efforts fail, decisions shall be taken by a majority of those present and voting, provided that the dissenting votes do not include two-thirds or more of the Delegates or Members elected from either Entity.

(e) A proposed decision of the Parliamentary Assembly may be declared to be destructive of a vital interest of the Bosniac, Croat, or Serb people by a majority of, as appropriate, the Bosniac, Croat, or Serb Delegates selected in accordance with paragraph 1(a) above. Such a proposed decision shall require for approval in the House of Peoples a majority of the Bosniac, of the Croat, and of the Serb Delegates present and voting.

(f) When a majority of the Bosniac, of the Croat, or of the Serb Delegates objects to the invocation of paragraph (e), the Chair of the House of Peoples shall immediately convene a Joint Commission comprising three Delegates, one each selected by the Bosnias, by the Croat, and by the Serb Delegates, to resolve the issue. If the Commission fails to do so within five days, the matter will be referred to the Constitutional Court, which shall in an expedited process review it for procedural regularity.

(g) The House of Peoples may be dissolved by the Presidency or by the House itself, provided that the House's decision to dissolve is approved by a majority that includes the majority of Delegates from at least two of the Bosniac, Croat, or Serb peoples. The House of Peoples elected in the first elections after the entry into force of this Constitution may not, however, be dissolved.

(h) Decisions of the Parliamentary Assembly shall not take effect before publication.

(i) Both chambers shall publish a complete record of their deliberations and shall, save in exceptional circumstances in accordance with their rules, deliberate publicly.

(j) Delegates and Members shall not be held criminally or civilly liable for any acts carried out within the scope of their duties in the Parliamentary Assembly.

### 4. Powers

The Parliamentary Assembly shall have responsibility for:

(a) Enacting legislation as necessary to implement decisions of the Presidency or to carry out the responsibilities of the Assembly under this Constitution.

(b) Deciding upon the sources and amounts of revenues for the operations of the institutions of Bosnia and Herzegovina and international obligations of Bosnia and Herzegovina.

(c) Approving a budget for the institutions of Bosnia and Herzegovina.

(d) Deciding whether to consent to the ratification of treaties.

(e) Such other matters as are necessary to carry out its duties or as are assigned to it by mutual agreement of the Entities.

### Article V
## Presidency

The Presidency of Bosnia and Herzegovina shall consist of three Members: one Bosniac and one Croat, each directly elected from the territory of the Federation, and one Serb directly elected from the territory of the Republika Srpska.

### 1. Election and Term

(a) Members of the Presidency shall be directly elected in each Entity (with each voter voting to fill one seat on the Presidency) in accordance with an election law adopted by the Parliamentary Assembly. The first election, however, shall take place in accordance with Annex 3 to the General Frame-

work Agreement. Any vacancy in the Presidency shall be filled from the relevant Entity accordance with a law to be adopted by the Parliamentary Assembly.

(b) The term of the Members of the Presidency elected in the first election shall be two years; the term of Members subsequently elected shall be four years. Members shall be eligible to succeed themselves once and shall thereafter be ineligible for four years.

### 2. Procedures

(a) The Presidency shall determine its own rules of procedure, which shall provide for adequate notice of all meetings of the Presidency.

(b) The Members of the Presidency shall appoint from their Members a Chair. For the first term of the Presidency, the Chair shall be the Member who received the highest number of votes. Thereafter, the method of selecting the Chair, by rotation or otherwise, shall be determined by the Parliamentary Assembly, subject to Article IV (3).

(c) The Presidency shall endeavor to adopt all Presidency Decisions (*i.e.*, those concerning matters arising under Article III(1)(a)–(e)) by consensus. Such decisions may, subject to paragraph (d) below, nevertheless be adopted by two Members when all efforts to reach consensus have failed.

(d) A dissenting Member of the Presidency may declare a Presidency Decision to be destructive of a vital interest of the Entity from the territory from which he was elected, provided that he does so within three days of its adoption. Such a Decision shall be referred immediately to the National Assembly of the Republika Srpska, if the declaration was made by the Member from that territory; to the Bosniac Delegates of the House of Peoples of the Federation, if the declaration was made by the Bosniac Member; or to the Croat Delegates of that body, if the declaration was made by the Croat Member. If the declaration is confirmed by a two-thirds vote of persons within ten days of the referral, the challenged Presidency Decision shall not take effect.

### 3. Powers

The Presidency shall have responsibility for:

(a) Conducting the foreign policy of Bosnia and Herzegovina.

(b) Appointing ambassadors and other international representatives of Bosnia and Herzegovina, no more than two-thirds of whom may be selected from the territory of the Federation.

(c) Representing Bosnia and Herzegovina in international and European organizations and institutions and seeking membership in such organizations and institutions of which Bosnia and Herzegovina is not a member.

(d) Negotiating, denouncing, and, with the consent of the Parliamentary Assembly, ratifying treaties of Bosnia and Herzegovina.

(e) Executing decisions of the Parliamentary Assembly.

(f) Proposing, upon the recommendation of the Council of Ministers, an annual budget to the Parliamentary Assembly.

(g) Reporting as requested, but not less than annually, to the Parliamentary Assembly on expenditures by the Presidency.

(h) Coordinating as necessary with international and nongovernmental organizations in Bosnia and Herzegovina.

(i) Performing such other functions as may be necessary to carry out its duties, as may be assigned to it by the Parliamentary Assembly, or as may be agreed by the Entities.

### 4. Council of Ministers

The Presidency shall nominate the Chair of the Council of Ministers, who shall take office upon the approval of the House of Representatives. The Chair shall nominate a Foreign Minister, a Minister for Foreign Trade, and other Ministers as may be appropriate, who shall take office upon the approval of the House of Representatives.

(a) Together the Chair and the Ministers shall constitute the Council of Ministers, with responsibility for carrying out the policies and decisions of Bosnia and Herzegovina in the fields referred to in Article III(1), (4) and (5) and reporting to the Parliamentary Assembly (including, at least annually, on expenditures by Bosnia and Herzegovina).

(b) No more than two-thirds of all Ministers may be appointed from the territory of the Federation. The Chair shall also nominate Deputy Ministers (who shall not be of the same constituent people as their Ministers), who shall take office upon the approval of the House of Representatives.

(c) The Council of Minisers shall resign if at any time there is a vote of non-confidence by the Parliamentary Assembly.

### 5. Standing Committee

(a) Each member of the Presidency shall, by virtue of the office, have civilian command authority over armed forces. Neither Entity shall threaten or use force against the other Entity, and under no circumstances shall any armed forces of either Entity enter into or stay within the territory of the other Entity without the consent of the government of the latter and of the Presidency of Bosnia and Her-

zegovina. All armed forces in Bosnia and Herzegovina shall operate consistently with the sovereignty and territorial integrity of Bosnia and Herzegovina.

(b) The members of the Presidency shall select a Standing Committee on Military Matters to coordinate the activities of armed forces in Bosnia and Herzegovina. The Members of the Presidency shall be members of the Standing Committee.

### Article VI
## Constitutional Court

### 1. Composition

The Constitutional Court of Bosnia and Herzegovina shall have nine members.

(a) Four members shall be selected by the House of Representatives of the Federation, and two members by the Assembly of the Republika Srpska. The remaining three members shall be selected by the President of the European Court of Human Rights after consultation with the Presidency.

(b) Judges shall be distinguished jurists of high moral standing. Any eligible voter so qualified may serve as a judge of the Constitutional Court. The judges selected by the President of the European Court of Human Rights shall not be citizens of Bosnia and Herzegovina or of any neighboring state.

(c) The term of judges initially appointed shall be five years, unless they resign or are removed for cause by consensus of the other judges. Judges initially appointed shall not be eligible for reappointment. Judges subsequently appointed shall serve until age 70, unless they resign or are removed for cause by consensus of the other judges.

(d) For appointments made more than five years after the initial appointement of judges, the Parliamentary Assembly may provide by law for a different method of selection of the three judges selected by the President of the European Court of Human Rights.

### 2. Procedures

(a) A majority of all members of the Court shall constitute a quorum.

(b) The Court shall adopt its own rules of court by a majority of all members. It shall hold public proceedings and shall issue reasons for its decisions, which shall be published.

### 3. Jurisdiction

The Constitutional Court shall uphold this Constitution.

(a) The Constitutional Court shall have exclusive jurisdiction to decide any dispute that arises under this Constitution between the Entities or between Bosnia and Herzegovina and an Entity or Entities, or between institutions of Bosnia and Herzegovina, including but not limited to:

– Whether an Entity's decision to establish a special parallel relationship with a neighboring state is consistent with this Constitution, including provisions concerning the sovereignty and territorial integrity of Bosnia and Herzegovina.

– Whether any provision of an Entity's constitution or law is consistent with this Constitution.

Disputes may be referred only by a member of the Presidency, by the Chair of the Council of Ministers, by the Chair or a Deputy Chair of either chamber of the Parliamentary Assembly, by one-fourth of the members of either chamber of the Parliamentary Assembly, or by one-fourth of either chamber of a legislature of an Entity.

(b) The Constitutional Court shall also have appellate jurisdiction over issues under this Constitution arising out of a judgment of any other court in Bosnia and Herzegovina.

(c) The Constitutional Court shall have jurisdiction over issues referred by any court in Bosnia and Herzegovina concerning whether a law, on whose validity its decision depends, is compatible with this Constitution, with the European Convention for Human Rights and Fundamental Freedoms and its Protocols, or with the laws of Bosnia and Herzegovina; or concerning the existence of or the scope of a general rule of public international law pertinent to the court's decision.

#### 4. Decisions

Decisions of the Constitutional Court shall be final and binding.

### Article VII
### Central Bank

There shall be a Central Bank of Bosnia and Herzegovina, which shall be the sole authority for issuing currency and for monetary policy throughout Bosnia and Herzegovina.

1. The Central Bank's responsibilities will be determined by the Parliamentary Assembly. For the first six years after the entry into force of this Constitution, however, it may not extend credit by creating money, operating in this respect as a currency board; thereafter, the Parliamentary Assembly may give it that authority.

2. The first Governing Board of the Central Bank shall consist of a Governor appointed by the International Monetary Fund, after consultation with the Presidency, and three members appointed by the Presidency, two from the Federation (one Bosniac, one Croat, who shall share one vote) and one from the Republika Srpska, all of whom shall serve a six-year term. The Governor, who shall not be a citizen of Bosnia and Herzegovina or any neighboring state, may cast tie-breaking votes on the Governing Board.

3. Thereafter, the Governing Board of the Central Bank of Bosnia and Herzegovina shall consists of five persons appointed by the Presidency for a term of six years. The Board shall appoint, from among its members, a Governor for a term of six years.

### Article VIII
### Finances

1. The Parliamentary Assembly shall each year, on the proposal of the Presidency, adopt a budget covering the expenditures required to carry out the responsibilities of the institutions of Bosnia and Herzegovina and the international obligations of Bosnia and Herzegovina.

2. If no such budget is adopted in due time, the budget for the previous year shall be used on a provisional basis.

3. The Federation shall provide two-thirds, and the Republika Srpska one-third, of the revenues required by the budget, except insofar as revenues are raised as specified by the Parliamentary Assembly.

### Article IX
### General Provisions

1. No person who is serving a sentence imposed by the International Tribunal for the Former Yugoslavia, and no person who is under indictment by the Tribunal and who has failed to comply with an order to appear before the Tribunal, may stand as a candidate or hold any appointive, elective, or other public office in the territory of Bosnia and Herzegovina.

2. Compensation for persons holding office in the institutions of Bosnia and Herzegovina may not be diminished during an officeholder's tenure.

3. Officials appointed to positions in the institutions of Bosnia and Herzegovina shall be generally representative of the peoples of Bosnia and Herzegovina.

### Article X
### Amendment

#### 1. Amendment Procedure

This Constitution may be amended by a decision of the Parliamentary Assembly, including a two-thirds majority of those present and voting in the House of Representives.

## 2. Human Rights and Fundamental Freedoms

No amendment to this Constitution may eliminate or diminish any of the rights and freedoms referred to in Article II of this Constitution or alter the present paragraph.

## Article XI
## Transitional Arrangements

Transitional arrangement concerning public offices, law, and other matters are set forth in Annex II to this Constitution.

## Article XII
## Entry into Force

1. This Constitution shall enter into force upon signature of the General Framework Agreement as a constitutional act amending and superseding the Constitution of the Republic of Bosnia and Herzegovina.

2. Within three months from the entry into force of this Constitution, the Entities shall amend their respective constitutions to ensure their conformity with this Constitution in accordance with Article III(3)(b).

## ANNEX I
## ADDITIONAL HUMAN RIGHTS AGREEMENTS TO BE APPLIED IN BOSNIA AND HERZEGOVINA

1. 1948 Convention on the Prevention and Punishment of the Crime of Genocide
2. 1949 Geneva Conventions I–IV on the Protection of the Victims o War, and the 1977 Geneva Protocols I–II thereto
3. 1951 Convention relating to the Status of Refugees and the 1966 Protocol thereto
4. 1957 Convention on the Nationaly of Married Women
5. 1961 Convention on the Reduction of Statelessness
6. 1965 International Convention on the Elimination of All Forms of Racial Discrimination
7. 1966 International Covenant on Civil and Political Rights and the 1966 and 1989 Optional Protocols thereto
8. 1966 Covenant on Economic, Social and Cultural Rights
9. 1979 Convention on the Elimination of All Forms of Discrimination against Women
10. 1984 Convention against Torture and Other Cruel, Inhuman or Degrading Treatment of Punishment
11. 1987 European Convention on the Prevention of Torture and Inhuman or Degrading Treatment or Punishment
12. 1989 Convention on the Rights of the Child
13. 1990 International Convention on the Protection of the Rights of All Migrant Workers and Members of Their Families
14. 1992 European Charter for Regional or Minority Languages
15. 1994 Framework Convention for the Protection of National Minorities

## ANNEX II
## Transitional Arrangements

### 1. Joint Interim Commission

(a) The Parties hereby establish a Joint Interim Commission with a mandate to discuss practical questions related to the implemention of the Constitution of Bosnia and Herzegovina and of the General Framework Agreement an its Annexes, and to make recommendations and proposals.

(b) The Joint Interim Commission shall be composed of four persons from the Federation, three persons from the Republika Srpska, and one representative of Bosnia and Herzegovina.

(c) Meetings of the Commission shall be chaired by the High Representative or his or designee.

### 2. Continuation of Laws

All laws, regulations, and judicial rules of procedure in effect within the territory of Bosnia and Herzegovina when the Constitution enters into force shall remain in effect to the extent not inconsistent with the Constitution, until otherwise determined by a competent governmental body of Bosnia and Herzegovina.

### 3. Judicial and Administrative Proceedings

All proceedings in courts or administrative agencies functioning within the territory of Bosnia and Herzegovina when the Constitution enters into force shall continue in or be transferred to other courts or agencies in Bosnia and Herzegovina in accordance with any legislation governing the competence of such courts or agencies.

### 4. Offices

Until superseded by applicable agreement or law, governmental offices, institutions, and other bodies of Bosnia and Herzegovina will operate in accordance with applicable law.

### 5. Treaties

Any treaty ratified by the Republic of Bosnia and Herzegovina between January 1, 1992 and the entry into force of this Constitution shall be disclosed to Members of the Presidency within 15 days of their assuming office; any such treaty not disclosed shall be denounced. Within six months after the Parliamentary Assembly is first convened, at the request of any member of the Presidency, the Parliamentary Assembly shall consider whether to denounce any other such treaty.

### DECLARATION ON BEHALF OF THE REPUBLIC OF BOSNIA AND HERZEGOVINA

The Republic of Bosnia and Herzegovina approves the Constitution of Bosnia and Herzegovina at Annex 4 to the General Framework Agreement.

For the Republic of
Bosnia and Herzegovina

### DECLARATION ON BEHALF OF THE FEDERATION OF BOSNIA AND HERZEGOVINA

The Federation of Bosnia and Herzegovina, on behalf of its constituent peoples and citizens, approves the Constitution of Bosnia and Herzegovina at Annex 4 to the General Framework Agreement.

For the Federation of
Bosnia and Herzegovina

### DECLARATION ON BEHALF OF THE REPUBLIKA SRPSKA

The Republika Srpska approves the Constitution of Bosnia and Herzegovina at Annex 4 to the General Framework Agreement.

For the
Republika Srpska

# Das Schicksal rechtswidriger Verordnungen im EG-Recht

– Zugleich eine Erwiderung auf *Arzoz*, Rechtsfolgen der Rechtswidrigkeit von Verordnungen der Europäischen Gemeinschaften, JöR n.F. 49 (2001), S. 299ff. –

von

## Dr. Christian Busse

Referent im Bundesministerium für Verbraucherschutz, Ernährung und Landwirtschaft, Bonn[*]

## Inhalt

## I. Einleitung

Das Fundstellenverzeichnis des geltenden Gemeinschaftsrechts führt mit Stand vom 1. Januar 2001 überschlägig geschätzt etwa viertausend Verordnungen auf, die derzeit im EG-Recht Gültigkeit besitzen.[1] Daneben gibt es ein Mehrfaches an Verordnungen, die bereits zur Rechtsgeschichte der vergangenen fünf Jahrzehnte der europäischen Integration zählen. Bei einem verschwindend kleinen Teil sämtlicher Verordnungen stellt sich die Frage ihrer Rechtswidrigkeit. Erweist sich eine Verordnung nach näherer Prüfung aufgrund eines Verstoßes gegen höherrangiges Recht tatsächlich als rechtswidrig, so ist zu fragen, wer dies rechtsverbindlich festzustellen vermag und welche Wirkungen eine solche Feststellung zeitigt. Derartigen Fragen hat *Arzoz*

---

[*] Der vorliegende Beitrag gibt allein die persönliche Auffassung des Verfassers wieder.

[1] ABl. EG, Fundstellenverzeichnis des geltenden Gemeinschaftsrechts, Band II, 36. Aufl. 2001, S. 42ff.

im Vorjahresband dieses Jahrbuches einen eingehenden Aufsatz gewidmet. Er kam dabei zu dem Ergebnis, dass die entsprechenden Antworten des EuGH „mit dem Gedanken der effektiven Rechtsstaatlichkeit schwer vereinbar" seien.[2] Im folgenden soll hinterfragt werden, ob dieser Aussage zugestimmt werden kann.

## II. Die Interessenlage

Eine Verordnung im EG-Recht entspricht in gewissem Sinne dem klassischen „Gesetz" im staatlichen Recht. Anders als die Richtlinie und die Entscheidung ist die Verordnung zugleich abstrakt-generell und unmittelbar anwendbar.[3] Zwar gibt es einige „Unschärfen" in der Praxis der EG-Rechtssetzung. So kann zum einen die Richtlinie bei nicht rechtzeitiger Umsetzung in bestimmten Fällen und unter engen Voraussetzungen ebenfalls unmittelbare Wirkung entfalten[4], wie der EuGH vor allem anlässlich seiner Rechtsprechung zum europäischen Staatshaftungsrecht entwickelt hat. Zum anderen kennt auch die Verordnung Bestimmungen, die von den Mitgliedsstaaten erst noch umgesetzt werden müssen, bevor sie gegenüber dem Einzelnen Wirkung entfalten können. Den angeführten Vergleich der Typologie einer Verordnung mit der eines Gesetzes berühren diese Ausnahmen jedoch nicht grundsätzlich, zumal auch ein Gesetz im jeweiligen staatlichen Recht äußerst heterogen ausgestaltet sein kann.

Erweist sich eine normative Regelung als rechtswidrig, so wird in einem rechtsstaatlich verfassten Gemeinwesen das allgemeine Interesse generell dahin gehen, die rechtswidrige Regelung zu „beseitigen". Daneben existieren jedoch auch divergierende „Partikularinteressen" der von der Regelung Betroffenen, die für einen der häufigsten Fälle der rechtswidrigen Verordnung kurz betrachtet werden sollen. Unter dem genannten Fall wird eine Verordnung verstanden, die entweder – oder auch zugleich – für den Unionsbürger belastende oder begünstigende Regelungen enthält und bei deren Entfall für die entsprechende Frage keine Regelung mehr existiert. Aus Vereinfachungsgründen wird im weiteren von der Rechts(un)wirksamkeit der gesamten Verordnung gesprochen, obwohl zumeist nur eine oder mehrere Einzelbestimmungen der Verordnung im Streit stehen und somit für eine Überprüfung ihrer Rechtswirksamkeit in Betracht gezogen werden. Die Rechtswidrigkeit einer ganzen Verordnung kann etwa bei einer nicht bestehenden oder falsch gewählten Ermächtigungsgrundlage gegeben sein, wenn dadurch der gesamte Regelungsbereich der Verordnung betroffen ist.[5]

---

[2] *Arzoz*, Rechtsfolgen der Rechtswidrigkeit von Verordnungen der Europäischen Gemeinschaften, JöR n.F. 49 (2001), S. 299ff. (326).

[3] Vgl. die Legaldefinitionen aller drei Rechtsakttypen in Art. 249 Satz 2 bis 4 EGV.

[4] Der EuGH hat die Richtlinie als „eine Form der mittelbaren Gesetzgebung" bezeichnet – EuGHE 1995, I-4149 (4159, Ziff. 29), Rs. C-10/95 P – Asocarne.

[5] Vergleichbar für das Gesetz im deutschen Recht führt *Löwer*, in: Isensee/Kirchhof (Hrsg.), Handbuch des Staatsrechts, Band II, 1987, S. 802, Rdnr. 101, aus: „Die Rechtsfolge der Nichtigkeit trifft häufig nicht das Gesetz als Ganzes; letzteres ist sogar die Ausnahme, die praktisch in Betracht kommt, wenn ein Gesetz kompetenzlos erlassen wird oder wenn die nichtige Bestimmung mit den anderen Gesetzesvorschriften so verflochten ist, dass sie eine untrennbare Einheit bilden."

Der Verordnungsgeber wird regelmäßig wünschen, dass die – von ihm im Normalfall immer noch gewollte[6] – Regelung bis zu einer Neuregelung Gültigkeit besitzt, um die ansonsten entstehende Regelungslücke zu vermeiden. Dies hat für ihn zugleich den Vorteil, dass er den Zeitpunkt der Neuregelung eher selbst bestimmen kann und damit weniger in Zugzwang gerät. Der Normadressat hingegen hat nur bei einer für ihn günstigen Regelung – etwa einer Subventionsbestimmung – ein Interesse an ihrer Weitergeltung, bei einer für ihn belastenden Regelung jedoch ein Interesse an ihrem sofortigen Entfall. Sein Interesse in Bezug auf das Fehlen einer Regelung kann je nach Belastung oder Begünstigung ebenfalls verschieden sein. Der Normanwender schließlich wird im Regelfall aus Zweckmäßigkeitsgesichtspunkten das Vorliegen einer Regelung bevorzugen. Mithin ist die Interessenlage der durch die Rechtswidrigkeit einer Verordnung potentiell betroffenen drei Gruppen Normgeber, Normadressat und Normanwender durchaus divergent. Bis auf den belasteten Normadressaten kann sogar das Interesse an einer Beibehaltung der Verordnung bis zu ihrer Neuregelung überwiegen.

Hinter den geschilderten Interessen stehen die aus dem allgemeinen Rechtsstaatsprinzip fließenden Grundsätze der Rechtsklarheit und Rechtssicherheit auf der einen Seite (Vorhandensein einer Regelung) und der Widerspruchsfreiheit der Rechtsordnung und der Rechtmäßigkeit staatlichen Handelns auf der anderen Seite (Entfall einer rechtswidrigen Regelung). Selbst wenn der Rechtmäßigkeit staatlichen Handelns das größte Gewicht beigemessen wird und sicherlich auch gebührt[7], so scheint ein eindeutiges Ergebnis nach dem bisher Gesagten nicht auf der Hand zu liegen. Dies führt zu der Frage, welche „Lösungsmöglichkeiten" überhaupt bestehen.

## III. Die Lösungsmöglichkeiten

Die bei Vorliegen einer rechtswidrigen Verordnung prinzipiell zur Verfügung stehenden drei Lösungsmöglichkeiten sind erstens der ohne konstitutive Feststellung eintretende Entfall der Norm ex tunc. Die betroffene Verordnung hätte dann zu keiner Zeit Rechtswirkungen entfaltet. Für den untergesetzlichen Bereich der Verwaltungsakte wird diese Lösung im deutschen Verwaltungsrecht – aber nicht nur dort – mit dem Terminus „Nichtigkeit" verbunden. Die Nichtigkeit kann zu einem späteren Zeitpunkt von einer staatlichen Stelle – etwa einem Gericht oder einer Behörde - oder einer vergleichbar autorisierten Einrichtung deklaratorisch feststellbar sein.[8]

Zweitens kann die Norm erst mit der rechtsverbindlichen Feststellung ihrer Rechtswidrigkeit bzw. mit ihrer ausdrücklichen Aufhebung entfallen. Der eigentlich maßgebliche Akt ist dabei ihre Aufhebung. In der Praxis lässt man jedoch teilweise die

---

[6] Ausnahmen von diesem generellen Wunsch eines Normgebers kann es beispielsweise für einzelne Bestimmungen oder sogar ganze Gesetzgebungswerke im Falle eines politischen Wechsels geben.

[7] Etwas überspitzt *Arzoz* (Fn. 2), S. 309: „Die Übernahme einer fehlerhaften Rechtsnorm in die Rechtsordnung stellt die Rechtsetzung, die korrekte Erschaffung der Rechtsordnung überhaupt und letzten Endes die Rangordnung der Rechtsquellen in Frage."

[8] Davon zu trennen ist die Frage, ob und wer eine nichtige Norm in *formeller* Hinsicht aufhebt. Eine solche Aufhebung in Form einer Textbereinigung sollte aufgrund des Gebotes der Rechtsklarheit erfolgen. Zumindest sollte jedoch die Feststellung der Nichtigkeit an einer der Allgemeinheit zugänglichen Stelle veröffentlicht werden.

Feststellung der Rechtswidrigkeit ausreichen, da davon ausgegangen wird, dass sich sämtliche staatlichen Organe an eine solche Feststellung halten.[9] Zugleich kann der Feststellung bzw. Aufhebung generell oder im Einzelfall ex-nunc- oder ex-tunc-Wirkung – d.h. Rückwirkung oder keine Rückwirkung – zugesprochen werden. In den Kategorien des deutschen Verwaltungsrechts entspricht diese Lösung am ehesten der Konzeption der „Rechtswidrigkeit" von Verwaltungsakten. Als dritte Lösung ist schließlich der Entfall erst mit der Verabschiedung einer Neuregelung – wiederum mit oder ohne Rückwirkung – denkbar. Im deutschen Verwaltungsrecht käme dies der inzidenten Rücknahme eines Verwaltungsaktes durch Erlass eines zeitlich später ergehenden Verwaltungsaktes, der denselben Sachverhalt regelt, nahe.

Zusammenfassend existieren damit drei Lösungsmöglichkeiten: sofortiger Entfall mit deklaratorischer Feststellung („Nichtigkeit"), Entfall erst ab Feststellung der Rechtswidrigkeit bzw. Aufhebung der Norm („Rechtswidrigkeit") und Entfall durch Vornahme einer Neuregelung („actus contrarius"). Genau genommen ist dabei die dritte Lösung eine Unterkategorie der zweiten Lösung, da in die Neuregelung eine inzidente Aufhebung hineingelesen wird. Trotzdem soll die dritte Lösung vorliegend als eigenständige Kategorie angesehen werden, da dadurch die Problematik der „Lückenfüllung" der durch den Entfall der Norm entstehenden Regelungslücke deutlich wird. Die Lösung der Neuregelung lässt zwar die rechtswidrige Norm und damit den Widerspruch in der Rechtsordnung am längsten bestehen, verhindert jedoch, dass eine – oft durchaus spürbare – Regelungslücke entsteht, wodurch ebenfalls die Einheitlichkeit der Rechtsordnung betroffen sein kann. In der Praxis wird diese Problematik häufig dadurch entschärft, dass zugleich mit der Feststellungs- bzw. Aufhebungskompetenz die Kompetenz zum Erlass einer Übergangsregelung oder zur Anordnung der provisorischen Weitergeltung bis zu einer Neuregelung verbunden ist. Daher wird sich die dritte Lösung auch selten als die vom Gesetzgeber gewählte Lösung finden.

## IV. Das deutsche Bundesverfassungsgerichtsgesetz

Mit den Begriffen der „Nichtigkeit" und „Rechtswidrigkeit" ist im deutschen Verwaltungsrecht ein bestimmtes Regelungsschema, das zwischen schweren Fehlern und sonstigen Fehlern eines Rechtsaktes unterscheidet, verbunden. Ein mit einem schweren Fehler behafteter Verwaltungsakt ist ohne weitere Feststellung ungültig (Nichtigkeit), während ein mit einem sonstigen Fehler behafteter Verwaltungsakt bis zu seiner – behördlichen oder gerichtlichen – Aufhebung gültig bleibt (Rechtswidrigkeit)[10].

---

[9] In vergleichbarer Weise wird etwa im deutschen Verwaltungsprozessrecht von der Rechtsprechung vertreten, dass eine Klage auf Feststellung der Rechtswidrigkeit eines Verwaltungsaktes nicht – und entgegen dem Wortlaut des § 43 Abs. 2 Satz 1 VwGO – gegenüber der sachgemäßeren Anfechtungsklage subsidiär ist (vgl. nur *Happ*, in: Eyermann (Hrsg.), VwGO, 11. Aufl. 2000, § 43, Rdnr. 43, mit weit. Nachw.).

[10] In Bezug auf letzteres wird auch von einer „Gültigkeitsvermutung" gesprochen. Dieser Terminus reicht allerdings weiter, da für alle nicht-nichtigen staatlichen Akte – d.h. nicht nur für die rechtswidrigen, sondern auch für die rechtmäßigen – bis zu ihrer Aufhebung die Vermutung ihrer Gültigkeit besteht. Erst wenn der staatliche Akt aufgehoben ist, greift die Gültigkeitsvermutung nicht mehr. Um die Gültigkeit des Aktes nach diesem Zeitpunkt zu erreichen, muss bewiesen werden, dass der Aufhebungsakt nicht „gilt" – weil er nichtig, in anderer Weise rechtswidrig oder aufgehoben ist –, wobei wiederum die Gültigkeitsvermutung zu beachten ist.

Die dabei verwandte Terminologie ist jedoch keinesfalls zwingend. Denn der nichtige Verwaltungsakt ist nach allgemeinem Sprachgebrauch sicherlich auch rechtswidrig. Als Oberbegriff kann beispielsweise der des fehlerhaften Verwaltungsaktes verwandt werden.[11]

Die Begrifflichkeit des deutschen Verwaltungsrechts, die sich vor allem in §§ 43 ff. VwVfG und §§ 68 ff. VwGO widerspiegelt, ist allerdings nur schwerlich – um auf das primäre Thema dieses Beitrages zurückzukommen – auf die Fehlerhaftigkeit von Gesetzen im formellen Sinne übertragbar. Einer solchen Übertragung steht im deutschen Recht bereits der Wortlaut des BVerfGG entgegen. So besagt etwa § 95 Abs. 3 Satz 1 BVerfGG: „Wird der Verfassungsbeschwerde gegen ein Gesetz stattgegeben, so ist das Gesetz für nichtig zu erklären."

Dadurch wird unausgesprochen festgelegt, dass die „Nichtigkeit" eines Gesetzes erst dann erheblich wird, wenn das BVerfG diese festgestellt hat.[12] Auf diese Weise wird der Begriff der Nichtigkeit mit dem Konzept der Rechtswidrigkeit verbunden. Die prinzipielle Unterscheidung zwischen Nichtigkeit und Rechtswidrigkeit gibt es folglich im Bereich des deutschen Verfassungsprozessrechts nicht.[13]

Dazu passt die ausdrückliche Hervorhebung des BVerfG, dass das Gebot der Normbefolgung bis zur Nichtigkeitserklärung durch das BVerfG gilt und damit das „nichti-

---

[11] Vgl. zu diesen Fragen nur *Sachs*, in: Stelkens/Bonk/ders. (Hrsg.), VwVfG, 5. Aufl. 1998, § 44, Rdnr. 11: „Die Begriffe ‚rechtswidrig' und ‚fehlerhaft' werden in der Regel synonym gebraucht und umfassen sowohl die Fehler, die zur Nichtigkeit führen, als auch die, die nur Anfechtbarkeit zur Folge haben. Dieser umfassende Begriff von Rechtswidrigkeit wird für das Verwaltungsrecht einhellig anerkannt."

[12] Vgl. zu den Meinungsdifferenzen in dieser Frage die Übersicht von *Gärditz*, DÖV 2001, 539 (540 f.), mit zahlr. Nachw.; ein rechtsvergleichender Blick auf Verfassungen anderer EU-Mitgliedstaaten führt zu mehr oder weniger ausdrücklichen Regelungen dieser Frage, etwa Art. 100 Abs. 4 Satz 2 der griechischen Verfassung vom 9. Juli 1975: „Eine für verfassungswidrig erklärte Gesetzesbestimmung ist unwirksam mit Verkündung der entsprechenden Entscheidung oder von dem Zeitpunkt an, den die Entscheidung festsetzt.", Art. 89 Abs. 2 Satz 2 der österreichischen Verfassung vom 10. November 1920: „Hat der Oberste Gerichtshof … gegen die Anwendung eines Gesetzes aus dem Grund der Verfassungswidrigkeit Bedenken, so hat es den Antrag auf Aufhebung dieses Gesetzes beim Verfassungsgerichtshof zu stellen.", Art. 282 Abs. 1 und 4 der portugiesischen Verfassung vom 2. August 1976: „(1) Die allgemeinverbindliche Erklärung der Verfassungswidrigkeit ist wirksam von dem Zeitpunkt des Inkrafttretens der für verfassungswidrig … erklärten Norm an und hat das erneute Inkrafttreten der durch diese Rechtsnorm gegebenenfalls aufgehobenen Normen zur Folge … (4) Das Verfassungsgericht kann Rechtswirkungen von geringerer Reichweite, als in [dem Absatz 1] vorgesehen, festlegen, wenn die Rechtssicherheit, Gründe der Billigkeit oder des Allgemeininteresses von besonderer und dargelegter Bedeutung dies erfordern." und Kapitel 11 § 14 der schwedischen Verfassung vom 1. Januar 1975: „Befindet ein Gericht oder ein anderes öffentliches Organ, dass eine Vorschrift im Widerspruch zu Bestimmungen der Grundgesetze … steht, … darf die Vorschrift nicht zur Durchführung kommen. Wurde die Vorschrift vom Reichstag oder der Regierung beschlossen, ist von ihrer Durchführung nur dann abzusehen, wenn der Fehler offenbar ist."

[13] Diese Erkenntnis bezeichnet *Löwer* (Fn. 5), S. 801, Rdnr. 100, als einen „dogmenhistorisch gewachsenen Satz", dem „die axiomatische Aussage [zugrundeliegt], dass Rechtsgeschäfte nichtig oder gültig sind – es sei denn, die Rechtsordnung differenziert die Rechtsfolgen positivrechtlich, wie dies die Entwicklung der Lehre vom fehlerhaften Einzelakt im Verwaltungsrecht anschaulich demonstriert". Das von *Löwer* deklarierte Regel-Ausnahme-Verhältnis wird in der Rechtspraxis in sein Gegenteil verkehrt, da der Verwaltungsakt zahlenmäßig die „Regel" und das Gesetz die „Ausnahme" bildet. Dadurch bedingt haben sich Literatur und Rechtsprechung intensiv mit der Gültigkeitskonzeption von Verwaltungsakten und nur gelegentlich mit der von gesetzesrangigen Normen beschäftigt. Darauf beruht wiederum, dass des öfteren versucht wird, aus der verwaltungsrechtlichen Konzeption Rückschlüsse auf die Konzeption im normativen Bereich zu ziehen, ohne die insofern wesensmäßigen Unterschiede ausreichend zu beachten.

ge" Bundesrecht auch bis zu diesem Zeitpunkt gemäß Art. 31 GG entgegenstehendes Landesrecht verdrängt.[14] Explizit offen gelassen wurde in diesem Zusammenhang vom BVerfG, ob der entsprechenden Feststellung der Nichtigkeit durch das BVerfG „deklaratorische oder konstitutive Bedeutung" zukommt. Begründet hat das BVerfG die Nichtentscheidung dieser vor allem aus wissenschaftlicher Sicht bedeutsamen Frage damit, dass die Feststellung der Verfassungswidrigkeit „nur im Rahmen der dafür vorgesehenen Verfahren getroffen werden kann".[15]

Nach der verwaltungsrechtlichen Konzeption müsste eigentlich entweder das BVerfG in Parallele zu § 113 Abs. 1 Satz 1 VwGO die Rechtswidrigkeit der Norm feststellen und anschließend deren Aufhebung anordnen oder die Norm in Parallele zu § 43 Abs. 1 VwGO auch ohne Feststellung des BVerfG ihre Nichtigkeit entfalten. Bei einem formellen Gesetz erscheint diese Konzeption jedoch nicht passend, da einerseits die Rechtswidrigkeit eines Gesetzes ob seiner abstrakt-generellen Wirkung immer so schwerwiegend ist, dass das Gesetz als nichtig anzusehen ist.[16] Andererseits muss zur Wahrung der Rechtseinheitlichkeit in Bezug auf die höchste Norm des Staates, das Grundgesetz, die Verwerfungskompetenz bei einer bestimmten Stelle – dem Bundesverfassungsgericht – konzentriert sein. Dies bedeutet, dass die Nichtigkeitswirkung nicht sofort nach Erlass der Norm, sondern erst mit der Entscheidung des Gerichts eintreten kann.[17] Um Rechtslücken zu vermeiden, vermag das Gericht Übergangsregelungen zu treffen. Dies ist zwar nicht im BVerfGG geregelt, wird jedoch vom BVerfG nach ständiger Rechtsprechung und unter weitgehender Zustimmung der Literatur so gehandhabt.[18]

In Bezug auf Normen mit Parlamentsrang[19] erscheint die Lösung des BVerfGG der

---

[14] BVerfGE 98, 265 (318); kritisch dazu *Gärditz* (Fn. 12), S. 541 ff.

[15] BVerfG, aaO.

[16] Warum *Arzoz* (Fn. 2), S. 302, die Nichtigkeit auf eine „radikale oder eindeutige Unvereinbarkeit mit dem Verfassungstext" beschränken will, ist für den Verfasser nicht ersichtlich. Ein Verstoss gegen die Verfassung ist immer so schwerwiegend, dass die verstoßende Norm ungültig sein muss. Eine Differenzierung zwischen „leichten" und „schweren" Verfassungsverstößen kann höchstens im Rahmen der Frage von Übergangsregelungen eine Rolle spielen.

[17] *Haratsch*, EuR 1998, 387 (398), führt dazu aus: „Allerdings erzeugen auch solche ‚Scheinnormen' einen Rechtsschein, und Behörden und Gerichte können sie nicht einfach unangewendet lassen, sondern müssen gegebenenfalls eine Überprüfung der Regelung durch das Bundesverfassungsgericht erwirken."

[18] Vgl. etwa BVerfGE 88, 203 (209), in der das BVerfG vor dem Hintergrund der teilweisen Nichtigkeitserklärung der Regelungen des StGB über den strafrechtlichen Schutz des ungeborenen Lebens und gestützt auf § 35 BVerfGG angeordnet hat: „Das bisher nach Maßgabe des Urteils vom 4. August 1992 geltende Recht bleibt bis zum 15. Juni 1993 anwendbar. Für die Zeit danach bis zum Inkrafttreten einer gesetzlichen Neuregelung gelten in Ergänzung zu den Vorschriften des Schwangeren- und Familienhilfegesetzes, soweit diese nicht durch Nummer I. der Urteilsformel für nichtig erklärt worden sind, die Nummern 2 bis 9 dieser Anordnung" und die Darstellung von *Lücke*, Vorläufige Staatsakte, 1991, S. 14 ff. und 93 ff., mit zahlr. Nachw. aus Literatur und Rechtsprechung.

[19] Ausgespart werden soll vorliegend die Frage der Behandlung von rechtswidrigen Rechtsverordnungen, d.h. von Normen ohne Gesetzesrang im formellen Sinne. Dass für diese eine andere Zuständigkeitsregelung für die Ungültigkeitserklärung als bei Gesetzen im formellen Sinne bestehen kann, zeigt das deutsche Beispiel, nach dem – allerdings ohne gesetzliche Regelung – jedes Gericht Rechtsverordnungen für nichtig erklären kann; vgl. dazu nur BVerfGE 71, 305 (343): „Angesichts der Rechtsnatur der Milch-Garantiemengen-Verordnung als einer nicht dem verfassungsgerichtlichen Verwerfungsmonopol unterfallenden Rechtsverordnung des Bundes sind die Finanzgerichte, kommen sie zur Überzeugung von der Verfassungswidrigkeit entscheidungserheblicher Bestimmungen dieser Verordnung, in allen Verfahren … berechtigt und verpflichtet, diese Bestimmungen bei ihrer Entscheidung … nicht anzuwenden." Die

geeignete Mittelweg zwischen dem Sofortentfall der Norm und ihrem Entfall erst ab Treffen einer Neuregelung durch den Gesetzgeber. Daher sieht das BVerfGG die Nichtigkeitserklärung nicht nur bei der Verfassungsbeschwerde gegen ein Gesetz vor, sondern auch bei der Inzidentprüfung eines Gesetzes im Rahmen eines Verfassungsbeschwerdeverfahrens (§ 95 Abs. 3 Satz 2 BVerfGG) und vor allem im Rahmen der abstrakten und konkreten Normenkontrolle (§ 78 Satz 1 und § 82 Abs. 1 i.V.m. § 78 Satz 1 BVerfGG).[20] Für die übrigen Verfahrensarten existieren keine ausdrücklichen Regelungen dieser Art, obwohl es auch im Rahmen anderer Verfahren – etwa des Bund-Länder-Streites (§§ 68 ff. BVerfGG) oder der Wahlprüfung (§ 48 BVerfGG) – zu einer Inzidentfeststellung der Verfassungswidrigkeit eines Gesetzes kommen kann. Nach Ansicht des Verfassers sollte auch in solchen Verfahren eine Nichtigkeitserklärung möglich sein.[21] Interessanterweise sieht § 78 Satz 2 BVerfGG sogar die Nichtigkeitserklärung einer nicht unmittelbar angegriffenen Bestimmung eines Gesetzes vor.

Ergänzend ist § 31 BVerfGG zu nennen, der in seinem Abs. 1 die Verbindlichkeit der Entscheidungen des BVerfG für sämtliche Einrichtungen der deutschen öffentlichen Gewalt und in seinem Abs. 2 die Gesetzeskraft bestimmter Entscheidungen anordnet. Der Wortlaut des Abs. 2 Satz 3 ist gegenwärtig zu weit gefasst – „Soweit ein Gesetz als mit dem Grundgesetz oder sonstigem Bundesrecht vereinbar oder unvereinbar oder für nichtig erklärt wird …" –, da wie soeben dargestellt das BVerfGG ansonsten nur von „Nichtigkeit", nicht aber von „Unvereinbarkeit" spricht. Allerdings greift das BVerfG auf die Formulierung des § 31 Abs. 2 Satz 3 BVerfGG zurück, um ein nichtiges Gesetz bis zu einer Neuregelung oder im Rahmen von vom BVerfG zugestandenen Übergangsfristen bestehen zu lassen. Diese Rechtsprechung hat ihren praktischen Grund darin, dass in zahlreichen Fällen die Folgen des vollständigen Entfalls einer gesetzlichen Regelung noch gravierender wären, als die „nichtige" Regelung vorerst bestehen zu lassen.[22]

Als „Rechtfertigung" für diese in den anderweitigen Regelungen des BVerfGG eigentlich nicht vorgesehene Differenzierung wird darauf verwiesen, dass das GG in Art. 93 Abs. 1 Nr. 2 lediglich von „[Un]Vereinbarkeit" – und zu ergänzen in Art. 100 Abs. 1 von „Verfassungswidrigkeit" –, nicht aber von „Nichtigkeit" spricht.[23] Damit steht allerdings nur fest, dass das GG der vom BVerfG praktizierten Rechtsprechung nicht unmittelbar entgegensteht. Warum das BVerfG etwa von dem Wortlaut des an sich eindeutigen § 78 Satz 1 BVerfGG abweichen darf, ist mit diesem Hinweis auf die Normen des GG noch nicht erklärt. So wird an anderer Stelle zu recht bemerkt, dass

---

Trennung zwischen Rechtsverordnung und Allgemeinverfügung im deutschen Verwaltungsrecht und den daran anknüpfenden unterschiedlichen Regelungen für die Klärung einer eventuellen Rechtswidrigkeit ist dabei keineswegs zwingend.

[20] *Benda/Klein*, Verfassungsprozessrecht, 1996, S. 295, Rdnr. 684, bemerken in diesem Zusammenhang zu Recht: „[Mit der Nichtigkeitserklärung] zieht § 78 Satz 1 BVerfGG eine mögliche, aber nicht rechtslogisch zwangsläufige Konsequenz aus dem festgestellten Widerspruch zu einer höheren Norm."

[21] Die herrschende Meinung ist allerdings a.A., vgl. etwa *Gärditz* (Fn. 12), S. 542.

[22] Vgl. zu den verschiedenen Fallkonstellationen *Lechner/Zuck*, BVerfGG, 4. Aufl. 1996, § 78, Rdnr. 8, und zu den daraus jeweils resultierenden verwaltungsrechtlichen Problemen dies., aaO., § 95, Rdnr. 28. *Löwer* (Fn. 5), S. 804, Rdnr. 105, nennt diese Rechtsprechung einen „zweifellos äußerst kühnen Schritt richterlicher Rechtsfortbildung". Nach ihm, S. 806, Rdnr. 107, führt allerdings auch eine Unvereinbarkeitserklärung im Regelfall zu einer „Anwendungssperre".

[23] *Benda/Klein* (Fn. 20), S. 277, Rdnr. 643.

durch die 1970 erfolgte Gesetzesänderung des § 31 BVerfGG nicht die „Konstellationen benannt werden, die Anlass geben, eine die Nichtigerklärung vermeidende Feststellung zu wählen".[24] Als Argument für eine stufenweise abgeschwächte Ausübung der Nichtigkeitserklärung kommt beispielsweise eine Kompetenz a maiore ad minus in Betracht. Diesen Fragen kann hier allerdings nicht näher nachgegangen werden.

## V. Die EG-Rechtslage

Die dargestellte Lösung des BVerfGG – Normentfall erst mit Nichtigkeitsfeststellung durch das BVerfG unter Verzicht auf die verwaltungsrechtliche Differenzierung zwischen Nichtigkeit und Rechtswidrigkeit – hat auch das EG-Recht übernommen. So bestimmt Art. 231 EGV: „Ist die Klage begründet, so erklärt der Gerichtshof die angefochtene Handlung für nichtig. Erklärt der Gerichtshof eine Verordnung für nichtig, so bezeichnet er, falls er dies für notwendig hält, diejenigen ihrer Wirkungen, die als fortgeltend zu betrachten sind."[25] Letzterer Satz lässt nach richtiger Auffassung auch die Anordnung von Übergangsfristen und Übergangsregelungen zu.[26] Solange der EuGH die Nichtigkeit nicht festgestellt hat, gilt – mit den Worten des EuGH – die „Verpflichtung aller Rechtssubjekte der Gemeinschaftsrechts …, die volle Wirksamkeit der Handlungen der Gemeinschaftsorgane anzuerkennen … und die Vollziehung dieser Handlungen zu respektieren …"[27]

In diesem Zusammenhang ist interessanterweise der „Obersatz" für das Verfahren des Art. 230 EGV nach dessen Satz 1 die „Überwachung der Rechtmäßigkeit" der Handlungen der EG-Organe. Damit wird an dieser Stelle für das EG-Recht die oben geäußerte Feststellung bestätigt, dass der Begriff der Nichtigkeit den Begriffen der Rechtmäßigkeit bzw. Rechtwidrigkeit untergeordnet ist.

Speziell zu der Nichtigkeit von Verordnungen hat der EuGH geurteilt: „Jede gemäß dem Vertrag in Kraft gesetzte Verordnung muss als rechtswirksam gelten, solange ein zuständiges Gericht sie nicht für ungültig erklärt hat. Diese Vermutung ergibt sich einerseits aus den [Art. 230, 231 und 241 EGV], wonach es dem Gerichtshof allein zusteht, über die Rechtmäßigkeit von Verordnungen zu befinden und, falls er eine solche Verordnung für nichtig erklärt, die Tragweite der Nichtigkeitserklärung zu bestimmen, andererseits aus [Art. 234 EGV], wonach der Gerichtshof abschließend über die Gültigkeit von Verordnungen zu entscheiden hat, wenn diese vor einem nationalen Gericht in Frage gestellt wird. Aus dem im Vertrag zugrunde gelegten System der Gesetzgebung und Rechtsprechung ergibt sich somit, dass im Hinblick auf die Wahrung des Grundsatzes der Rechtsstaatlichkeit in der Gemeinschaft zwar den Einzelnen eine Möglichkeit eröffnet wird, die Gültigkeit von Verordnungen vor Gericht in Fra-

---

[24] *Benda/Klein* (Fn. 20), S. 483, Rdnr. 1158.

[25] Vgl. als Beispiel für eine Anordnung nach Art. 231 Satz 2 EGV EuGHE 1973, 575 (586, Ziff. 15) – Rs. 81/72 – Kommission/Rat: „Um jedoch die Kontinuität in der Besoldungsregelung zu wahren, ist [Art. 231 Satz 2 EGV] dahin anzuwenden, dass die für nichtig erklärten Artikel weiterhin ihre Wirkung erzeugen, bis der Rat aufgrund dieses Urteils eine neue Verordnung erlassen hat."

[26] In dieser Hinsicht ist der EuGH allerdings äußerst restriktiv, vgl. näher *Cremer*, in: Calliess/Ruffert (Hrsg.), Kom. z. EGV/EUV, 1999, Art. 231 EGV, Rdnr. 1 und 5.

[27] EuGHE 1989, 2859 (2934, Ziff. 64) – Rs. 46/87 und 227/88 – Hoechst AG.

ge zu stellen, dass dieser Grundsatz aber ebenfalls für alle dem Gemeinschaftsrecht unterstehenden Personen und Stellen die Verpflichtung mit sich bringt, die volle Wirksamkeit von Verordnungen insoweit anzuerkennen, als diese nicht von einem zuständigen Gericht für ungültig erklärt worden sind.“[28]

Art. 53 Satz 2 1. Halbsatz Satzung EuGH schiebt bei rechtsmittelbewehrten Entscheidungen des Gerichts Erster Instanz, in denen eine Verordnung für nichtig erklärt wird, sogar die „Wirksamkeit“ solcher Entscheidungen bis zum Ablauf der Rechtsmittelfrist bzw. Zurückweisung des Rechtsmittels durch den EuGH auf. Um dem zu entgehen, muss der davon „Betroffene“ nach Art. 53 Satz 2 2. Halbsatz Satzung EuGH den Erlass einer einstweiligen Anordnung beim EuGH beantragen.

Art. 230ff. EGV regeln allerdings nur die „Verfassungsbeschwerde“ und die abstrakte Normenkontrolle – zusammenfassend als Nichtigkeitsklage bezeichnet[29] –, nicht aber das mit der konkreten Normenkontrolle vergleichbare Vorabentscheidungsverfahren.[30] Die – insofern allerdings eher spärliche – Literatur geht jedoch in Parallele zu der dargestellten Rechtslage im Rahmen der deutschen Verfassungsgerichtsbarkeit davon aus, dass der EuGH auch in Vorabentscheidungsverfahren und in sonstigen Verfahrensarten die Rechtswidrigkeit von Verordnungen mit allgemeiner Bindungswirkung feststellen kann, obwohl Art. 234 Satz 1 lit. b EGV „lediglich“ von der „[Un]Gültigkeit der Handlungen der Organe der Gemeinschaft“ und Art. 241 EGV von der „Unanwendbarkeit von Verordnungen“ sprechen. So heisst es beispielsweise für das Vorabentscheidungsverfahren bei *Schwarze*: „Trotz der insoweit zurückhaltenden Formulierung des EuGH ist in dem Fall der Ungültigkeitserklärung durch den EuGH aus den genannten Gründen eine rechtliche allgemeine Bindungswirkung seines Urteils anzunehmen …“[31]

Der EuGH ist ebenfalls dieser Auffassung, wie folgende Entscheidungspassage belegt: „Ein Urteil des Gerichtshofes, durch das nach [Art. 234 EGV] die Ungültigkeit der Handlung eines Organs, insbesondere einer Verordnung des Rates oder der Kommission, festgestellt wird, stellt daher, obwohl sein unmittelbarer Adressat nur das Ge-

---

[28] EuGHE 1979, 623 (636f., Ziff. 4f.) – Rs. 101/78 – Granaria BV. Der damalige Generalanwalt *Capotorti* hat zu der zugrunde liegenden Vorlagefrage des nationalen Gerichts bemerkt, EuGH, aaO., S. 642, Ziff. 2: „Die erste Frage ist zwar als Frage nach der Auslegung der Verordnung Nr. 563/76 formuliert, berührt aber im Grunde ein Problem von allgemeiner Tragweite: ob die mit der Durchführung der Gemeinschaftsverordnungen betrauten nationalen Stellen verpflichtet sind, diese zu beachten, solange sie nicht für ungültig erklärt sind. Es scheint mir offenkundig, dass diese Frage zu bejahen ist … Das erfordert der Grundsatz der Rechtssicherheit, der im Rahmen des Gemeinschaftsrechts mit Unterstützung der Organe sämtlicher Mitgliedstaaten geschützt werden muss und der im übrigen dem Grunderfordernis der einheitlichen Auslegung und Durchführung des Gemeinschaftsrechts im gesamten Gebiet der Gemeinschaft entspricht.“

[29] *Schwarze*, in: ders. (Hrsg.), EU-Kommentar, 2000, Art. 230 EGV, Rdnr. 1. In dem ersten der europäischen Gemeinschaftsverträge, dem EGKSV, findet sich diese Bezeichnung ausdrücklich in Art. 33 Abs. 1 Satz 1: „Der Gerichtshof ist zur Entscheidung über Nichtigkeitsklagen zuständig …“ Die zeitgleich mit dem E(W)GV entstandenen Art. 33ff. EAGV sind demgegenüber fast wörtlich identisch mit den Art. 220ff. EGV formuliert worden.

[30] In Umkehrung der deutschen Rechtslage – keine nähere Regelung der hier interessierenden Fragen im GG, jedoch einfachgesetzlich im BVerfGG – enthalten die Satzung und die Verfahrensordnung des EuGH keine konkretisierenden Vorschriften zu den – bereits überwiegend ausreichend ausführlichen – Regelungen des EGV.

[31] *Schwarze* (Fn. 29), Art. 234 EGV, Rdnr. 64.

richt ist, das den Gerichtshof angerufen hat, für jedes andere Gericht einen ausreichenden Grund dafür dar, diese Handlung bei den von ihm zu erlassenden Entscheidungen als ungültig anzusehen … Im übrigen ist darauf hinzuweisen, dass der Rat und die Kommission … als Urheber der für ungültig erklärten Verordnungen verpflichtet sind, die sich aus dem Urteil des Gerichtshofes ergebenden Konsequenzen zu ziehen.“[32]

Noch weitergehender hat sich etwa der Generalanwalt *Cosmas* in einem EuGH-Schlussantrag vom 30. September 1999 geäußert: „Entweder der Gerichtshof geht von der Unvereinbarkeit der Richtlinie 91/689 mit den höherrangigen Bestimmungen der Art. 130r und 130t EG-Vertrag aus und muss daher in Ausübung der inzidenten Rechtmäßigkeitskontrolle, zu der er im Rahmen des Vorabentscheidungsverfahrens befugt ist, die rechtswidrigen Bestimmungen des abgeleiteten Gemeinschaftsrechts aufheben … Entscheidet sich der Gerichtshof für [diese Möglichkeit] und erklärt die streitigen Bestimmungen der Richtlinie für nichtig, so stellt sich für ihn die Frage nach dem Recht, das zukünftig für die gefährlichen Abfälle Anwendung findet … Die Feststellung hätte zur Folge, dass … die betreffenden Bestimmungen … sowie … die entsprechenden nationalen Bestimmungen, mit denen diese in den Rechtsordnungen der Mitgliedstaaten ungültigen Bestimmungen umgesetzt werden, nicht mehr gelten.“[33]

Wie sich zugleich an diesen Ausführungen *Cosmas* zeigt, liegt zwischen der Verwendung der Begriffe Nichtigkeit und Ungültigkeit einer Verordnung nur ein terminologischer, jedoch kein inhaltlicher Unterschied, sofern eine allgemeine Bindungswirkung angenommen wird. *Wegener* führt in ähnlicher Weise aus: „Außerhalb des Ausgangsverfahrens … kommt dem Urteil Bindungswirkung dann zu, wenn der Gerichtshof die Ungültigkeit von Gemeinschaftsrecht festgestellt hat. Die entsprechenden Bestimmungen sind von den Gerichten der Mitgliedstaaten wie von anderen mitgliedstaatlichen Stellen und von den Gemeinschaftsorganen nicht mehr anzuwenden.“[34] Zudem findet der bereits zitierte Art. 231 Satz 2 EGV – Kompetenz zur Anordnung der einstweiligen Weitergeltung von rechtswidrigen Verordnungen – ebenfalls für andere Verfahrensarten und folglich vergleichbar mit der Rechtslage im deutschen Verfassungsprozessrecht entsprechende Anwendung.[35]

# VI. Zwischenergebnis

Werden die bisherigen Überlegungen betrachtet, so ist die gegenwärtige gesetzliche Regelungslage vor dem Hintergrund der dargestellten Interessenabwägung als ei-

---

[32] EuGHE 1981, 1191 (1215f., Ziff. 13 und 16) – Rs. 66/80 – Chemical Cooperation.

[33] Schlussantrag in der Rs. C-318/98 – Strafverfahren gegen Giancarlo Fornasar u.a., Ziff. 49 und 51 (noch nicht in der amtlichen Slg). Die von Cosmos geäußerte Folge der Ungültigkeit nationaler Vorschriften ist allerdings fragwürdig, zumindest jedoch nicht verallgemeinerbar, da etwa eine kompetenzwidrig erlassene Verordnung nicht zwingend dazu führen muss, dass das entsprechende nationale Ausführungsrecht EG-rechtswidrig ist; vgl dazu *Cremer* (Fn. 26), Art. 231 EGV, Rdnr. 2.

[34] *Wegener*, in: Calliess/Ruffert (Fn. 26), Art. 234 EGV, Rdnr. 32. Damit ist die Bemerkung *Arzoz* (Fn. 2), S. 320, dass die „Lehre grundsätzlich auf der terminologischen Unterscheidung zwischen den in Art. 231, 234 und 241 EGV verwendeten Begriffen … bestanden“ hat, in dieser Allgemeinheit nicht zutreffend.

[35] So etwa für das Vorabentscheidungsverfahren *Schwarze* (Fn. 29), Art. 231 EGV, Rdnr. 8.

ne angemessene Lösung des Problems der Behandlung rechtswidriger Verordnungen anzusehen. Zu betrachten ist damit allein noch, in welchem Umfang der EuGH von dieser Lösung in seiner Rechtsprechung abweicht. Bevor nun die einschlägige Rechtsprechung näher analysiert wird, ist noch auf einen von *Arzoz* besonders kritisierten Punkt einzugehen.

## VII. Die Voraussetzungen des Art. 230 Satz 4 und 5 EGV

Art. 230 Satz 5 EGV enthält für die Anfechtung von Verordnungen eine prinzipielle Ausschlussfrist von zwei Monaten. Zwar ordnet Art. 241 EGV an, dass für andere Klageverfahren dies nicht bedeutet, dass ein Berufen auf die Nichtigkeit in diesen anderen Verfahren nicht mehr möglich ist. Für das Verfahren des Art. 230 EGV und damit einem wesentlichen Verfahren im Rechtsschutzsystem des EG-Rechts ist durch die Befristung jedoch die „Herbeiführung" der Nichtigkeit einer Norm erheblich beschränkt. Eine derartige Beschränkung ist jedoch aus Gründen der Rechtssicherheit vornehmbar. So ist eine zeitliche Beschränkung in paralleler Weise auch in § 93 Abs. 3 BVerfGG für die Verfassungsbeschwerde enthalten: „Richtet sich die Verfassungsbeschwerde gegen ein Gesetz ..., so kann die Verfassungsbeschwerde nur binnen eines Jahres seit dem Inkrafttreten des Gesetzes ... erhoben werden."

Zwei Monate mögen zwar kurz erscheinen.[36] Zu berücksichtigen ist jedoch, dass im Regelfall erst ein Verwaltungsakt ergeht, der die für den Normadressaten in einer Verordnung vorgesehene Belastung konkretisiert. Gegen diesen Verwaltungsakt kann der belastete Normadressat – im Rahmen der nationalen bzw. EG-rechtlichen Verfahrensvorschriften – vorgehen und in diesem Verfahren die Rechtmäßigkeit der Verordnung inzident prüfen lassen, wie Art. 241 EGV für das EuGH-Verfahren ausdrücklich bestimmt.[37, 38] Daher wird für einen belasteten Normadressaten die Frist des Art. 230 Abs. 5 EGV nur in den wenigsten Fällen ein „Hindernis" sein, um sein Rechtsschutzinteresse durchsetzen zu können. Insofern vermag der Verfasser die Kritik von *Arzoz*[39] nicht zu überzeugen.

---

[36] Art. 33 Abs. 3 EGKSV sieht sogar nur eine Frist von einem Monat vor.

[37] Interessanterweise fehlt eine solche allgemeine Vorschrift im EGKSV. Möglicherweise wurde damals davon ausgegangen, dass diese Frage keiner ausdrücklichen Regelung bedürfe, sondern sich aus der entsprechenden Nichtregelung von selbst ergebe. In Art. 36 Satz 3 EGKS ist lediglich für den Fall der Verhängung von Sanktionen und Zwangsgeldern eine solche Regelung enthalten. Der EuGH hat dazu erklärt, dass diese Bestimmung keine Sonderegelung darstelle, sondern Ausdruck eines allgemeinen Rechtsgedankens sei, vgl. *Grabitz*, in: ders./Hilf (Hrsg,), Komm. z. EU, Art. 184 EGV a.F., Rdnr. 8 (Stand: Mai 1986), mit entspr. Nachw.

[38] Streitig ist lediglich, ob Art. 241 EGV auf das Vorabentscheidungsverfahren unmittelbar oder nur analog angewandt werden kann, vgl. dazu etwa EuGH, Urteil vom 15. Februar 2001, Rs. C-239/99, Ziff. 35 (noch nicht in der amtlichen Slg.) – Nachi Europe: „[Art. 241 EGV] ist jedoch Ausdruck eines allgemeinen Rechtsgrundsatzes, der dem Antragsteller das Recht gewährleistet, im Rahmen einer nach nationalem Recht erhobenen Klage gegen die Ablehnung eines Antrags die Rechtswidrigkeit einer Gemeinschaftshandlung geltend zu machen, die als Grundlage für die gegen ihn ergangene nationale Entscheidung dient, so dass die Frage der Gültigkeit dieser Gemeinschaftshandlung vom nationalen Gericht im Rahmen eines Vorabentscheidungsverfahrens vorgelegt werden kann ..."

[39] Vgl. insbs. *Arzoz* (Fn. 2), S. 323: „Die Aufhebung der fehlerhaften Verordnung soll jederzeit zulässig sein." und S. 327: „Die mit Ablauf der Klagefrist eintretende Bestandskraft von fehlerhaften Rechtsnor-

Ähnliches gilt für die in Art. 230 Satz 4 EGV für klagende Privatpersonen statuierte Voraussetzung der unmittelbaren und individuellen Betroffenheit, aus der *Arzoz* folgert: „Privatpersonen haben keine direkte Klagemöglichkeit gegen Verordnungen."[40] So haben Privatpersonen sehr wohl eine Klagemöglichkeit, allerdings eben nur unter der genannten Voraussetzung. Zwar lässt sich diesbezüglich vertreten, dass dadurch nur als Verordnungen „getarnte" Entscheidungen angegriffen werden können.[41] Eine derartige Beschränkung ist jedoch vielen Rechtsschutzsystemen bekannt. Denn dass jeder Bürger jede Norm mit einer Popularklage anzugreifen vermag, erscheint im Sinne der Effektivität einer Rechtsordnung nicht sinnvoll. Einer „Verteidigungsmöglichkeit" bedarf der Bürger nur dann, wenn er auch „angegriffen" wird. Dieser Grundsatz erscheint durch die gegenwärtige Regelung ausreichend gewährleistet.[42]

In diesem Zusammenhang gibt es allerdings zwei Einzelpunkte, die durchaus kritikwürdig sind. So gilt zum einen die Klagefrist auch für die Mitgliedstaaten und die Organe der EU. Das deutsche Verfassungsprozessrecht etwa kennt eine solche Einschränkung nicht.[43] Sie ist jedoch angesichts der besonderen Funktion der Institution des EuGH vertretbar. Die EU als „Gebiet", das der EuGH zu betreuen hat, ist sehr groß und in mehrererlei Hinsicht äußerst heterogen. Der Rechtssicherheit kommt in einem solchen und dazu in rechtlicher Hinsicht nur teilharmonisierten Gebiet eine überaus bedeutende Rolle zu. Das Rechtssystem der EU stellt eine der wichtigsten Säulen der europäischen Integration dar. In diesem Zusammenhang trägt eine Klagefrist ihren Teil zur Rechtssicherheit bei und begrenzt zugleich die Möglichkeit, politisch motivierte Klagen zu erheben. Zudem ist zu berücksichtigen, dass anders als in einem klassischen Staat eine größere Anzahl von Verordnungen nur an einzelne Mitgliedstaaten gerichtet sind – d.h. nur das Verhältnis zwischen EU und dem jeweiligen Mitgliedstaat regeln – und insofern eher Einzelakte als Gesetze der EU darstellen, auf die auch eine „Rechtswidrigkeitslösung" passen würde.

Kritikwürdig ist zum anderen, dass der EuGH das Erfordernis der Klagefrist entgegen dem Wortlaut des Art. 241 EGV dadurch „abgestützt" hat, dass durch ein Berufen

---

men ist mit der Rangordnung der Rechtsquellen nicht vereinbar ..." Die von *Arzoz* gezogene Parallele zur Bestandskraft von Verwaltungsakten ist in dieser Allgemeinheit unzutreffend, da etwa anlässlich eines Vorabentscheidungsverfahrens die Rechtswidrigkeit einer Verordnung grundsätzlich unbefristet festgestellt werden kann und damit eine Bestandskraft von Verordnungen im eigentlichen Sinne, d.h. vergleichbar mit der von Verwaltungsakten, nicht existiert.

[40] *Arzoz* (Fn. 2), S. 326.

[41] Der EuGH (Fn. 38), Ziff. 37, spricht insofern von der „Doppelnatur [der Verordnung] als Handlung mit normativen Charakter und zugleich Handlung, die bestimmte Wirtschaftsteilnehmer unmittelbar und individuell betreffen kann". In den verbundenen Rs. T-198/95, T-171/96, T-230/97, T-174/98 und T-225/99 hat der EuGH zum Normzweck des Art. 230 Satz 4 EGV ausgeführt, Ziff. 94 (noch nicht in der amtlichen Slg.): „Der Einzelne kann nach [Art. 230 Satz 4 EGV] gegen Entscheidungen vorgehen, die ihn, obwohl sie als Verordnung ergangen sind, unmittelbar und individuell betreffen. Mit dieser Bestimmung soll insbesondere verhindert werden, dass die Gemeinschaftsorgane allein durch die Wahl der Form der Verordnung die Klage eines Einzelnen gegen eine Entscheidung ausschließen können, die ihn unmittelbar und individuell betrifft; auf diese Weise soll klargestellt werden, dass die Wahl der Form die Rechtsnatur einer Handlung nicht ändern kann ..."; vgl. für eine Darstellung der parallelen Problematik bei Richtlinien *Cremer*, EuZW 2001, 453.

[42] A.A. offensichtlich *Arzoz* (Fn. 2), S. 310ff., ohne dies allerdings näher zu begründen.

[43] Vgl. die Regelungen über die abstrakte Normenkontrolle in §§ 76 ff. BVerfGG.

auf Art. 241 EGV die Klagefrist nicht unterlaufen werden dürfe.[44] Da die Mitgliedstaaten immer gegen eine Verordnung nach Art. 230 EGV vorgehen können, wird damit die Regelung des Art. 241 EGV für sie zu einer „leeren Hülse"[45], was schon öfter kritisiert worden ist. Insbesondere bei Vertragsverletzungsverfahren wegen Verstosses gegen Verordnungsrecht kann sich der Mitgliedstaat als Folge nicht mehr auf die Rechtswidrigkeit der Verordnung berufen.[46]

Für Privatpersonen ist diese Einschränkung hingegen nicht so bedeutsam, da sie in der Regel durch Verordnungen nicht individuell und unmittelbar beschwert werden, sondern erst durch einen auf die Verordnung gestützten Verwaltungsakt. So hat der EuGH in der Rechtssache Altenburger Ziegenkäse die Anfechtungsklage gegen die Verordnung Nr. 123/97 mangels individueller Betroffenheit der Kläger zurückgewiesen und letztere zugleich auf Folgendes hingewiesen: „Im Übrigen haben die Rechtsmittelführerinnen nicht dargetan, dass es für sie ausgeschlossen ist, bei einem nationalen Gericht gegen einen Wettbewerber ... Klage zu erheben ... Im Rahmen einer solchen Klage können sie die Rechtswidrigkeit der Verordnung ... geltend machen und diesem Gericht somit die Gelegenheit geben, über alle hierzu vorgetragenen Rügen zu entscheiden, gegebenenfalls nachdem es dem Gerichtshof eine Frage nach der Gültigkeit dieser Verordnung vorgelegt hat."[47]

Problematisch ist allerdings, dass in manchen Fällen nicht eindeutig feststellbar ist, ob der EuGH eine individuelle Betroffenheit bejahen würde. Um jegliches Risiko auszuschließen, müsste in solchen Zweifelsfällen immer zunächst gegen die Verordnung im Wege der Anfechtungsklage vorgegangen werden. Um derartige Prozessse zu vermeiden, wird teilweise vorgeschlagen, dass der EuGH bei nicht eindeutiger individueller Betroffenheit nicht auf die Umgehung der Anfechtungsfrist verweisen darf. Ein bemerkenswerter Fall war in dieser Hinsicht die Rechtssache Nachi Europe. Sie betraf die Frage der Nichtigkeit einer Antidumpingverordnung, in der für namentlich aufgeführte Unternehmen Antidumpingzölle festgelegt waren.

In den Rechtssachen T-163/94 und T-165/94 hatte der EuGH den einschlägigen Artikel der Verordnung wegen einer fehlgehenden Begründung in den Begründungserwägungen der Verordnung für nichtig erklärt, allerdings nur in Bezug auf die beiden klagenden Unternehmen. Mit der Firma Nachi Europe berief sich nun ein drittes Unternehmen, das allerdings erstens ein Tochterunternehmen eines der beiden Erstklägerinnen und zweitens sogar als Streithelfer in dem ersten Verfahren aufgetreten war, auf diese Nichtigkeitsfeststellung. Der EuGH verwies die Firma Nachi Europe jedoch trotz dieser besonderen Umstände auf den Ablauf der Anfechtungsfrist.[48] Zumindest der damalige Generalanwalt *Jacobs* hatte allerdings gewisse Schwierigkeiten, dieses Ergebnis zu begründen. So führte er in seinen Schlussanträgen unter anderem

[44] St. Rspr., vgl. etwa EuGH (Fn. 38), Ziff. 29, mit zahlr. Nachw.
[45] So *Cremer* (Fn. 26), Art. 241 EGV, Rdnr. 6.
[46] Dies dürfte allerdings für den Mitgliedstaat nur in seiner Rolle als Kläger oder Beklagter, nicht aber in seiner – viel häufigeren Rolle – als sonstiger Beteiligter in EuGH-Verfahren gelten.
[47] EuGH, Urteil vom 26. Oktober 2000, Rs. C-447/98 P, Ziff. 67 und 77 (noch nicht in der amtlichen Slg.).
[48] EuGH (Fn. 38), Ziff. 37.

aus: „Ich gebe zu, dass ich den Streithilfebeschluss [im Rahmen des ersten Verfahrens] für verfehlt halte."[49]

Ergänzend ist anzumerken, dass die geschilderte Rechtsprechung des EuGH eine gewisse Umgehung – oder aus anderer Perspektive eine gewisse Korrektur – findet, wenn der wohl richtigen Ansicht gefolgt wird, dass der EuGH die Nichtigkeit einer Verordnung auch von Amts wegen festzustellen vermag.[50]

## VIII. Die Rechtsprechung des EuGH

Abgesehen von dem geschilderten Detailproblem des Art. 241 EGV folgt der EuGH in seiner Rechtsprechung zur Nichtigkeit von EG-Rechtsakten im Wesentlichen den Vorgaben des EGV und damit der skizzierten Rechtslage für Verordnungen. Zwar übernimmt er die voneinander abweichende Terminologie der Art. 230, 234 und 241 EGV, hat jedoch an mehreren Stellen zu erkennen gegeben, dass auch er in allen drei Fällen von einer zumindest faktischen Feststellung der Nichtigkeit ausgeht. In einem Punkt nimmt der EuGH allerdings eine Differenzierung vor, die sich so nicht im EGV findet. Diese Differenzierung ist für *Arzoz* der Hauptgrund dafür, dass er die Dogmatik des EuGH für verfehlt hält.

1957 hat der EuGH in der Rechtssache Algera entschieden: „Nach Ansicht des Gerichtshofes hat die Rechtswidrigkeit eines begünstigenden Verwaltungsaktes dessen absolute Nichtigkeit nur in bestimmten Fällen zur Folge, die im vorliegenden Rechtsstreit nicht vorliegen. Von diesen außergewöhnlichen Fällen abgesehen, gestatten Lehre und Rechtsprechung in den Mitgliedstaaten nur die Nichtigerklärung und den Widerruf. Der Erlass eines Verwaltungsaktes begründet die Vermutung seiner Gültigkeit."[51] In der Folgezeit wurde die durch diese Passage eingeführte Kategorie einer „besonderen" Nichtigkeit – die „absolute Nichtigkeit" – vom EuGH gelegentlich wiederholt, ohne sie freilich in concreto anzuwenden. *Arzoz* bemerkt diesbezüglich zu Recht: „Die Rechtsprechung des EuGH hat keine generellen Aussagen zum Nichtigkeitsdogma gemacht. Sie hat den Tatbestand der Nichtigkeit auch lange Zeit nicht genauer definiert. Die gerichtliche Anwendung des Begriffs war so selten und problematisch, dass konkrete Nichtigkeitsfehler nicht mit Sicherheit identifiziert werden konnten. Seit dem Urteil Consorzio Cooperative d'Abruzzo hat der EuGH aber in ständiger Rechtsprechung festgehalten, dass die Sanktion der Nichtigkeit offenkundigen und schwerwiegenden Fehlern vorbehalten bleiben soll."[52]

Die beschriebene Rechtsprechung betraf allerdings ausschließlich Fälle, in denen es um Verwaltungsakte ging.[53] Vor dem Hintergrund dieser doppelten Unsicherheit –

---

[49] Ziff. 26 ff. und insbesondere Ziff. 52 der Schlussanträge vom 16. November 2000 (noch nicht in der amtlichen Slg.); vgl. zu der insofern ebenfalls interessanten Entscheidung Simmenthal die Ausführungen von *Booß*, in: Grabitz/Hilf (Fn. 37), Art. 231 EGV, Rdnr. 3 (Stand: Januar 2000).

[50] Vgl. dazu *Schwarze* (Fn. 29), Art. 241 EGV, Rdnr. 10.

[51] EuGHE 1957, 83 (126) – Rs. 7/56 u.a. – Algera u.a.

[52] *Arzoz* (Fn. 2), S. 304; die genannte Urteilsstelle findet sich in EuGHE 1987, 1005 (1036, Ziff. 10) – Rs. 15/85 – Cooperative d'Abruzzo.

[53] So auch *Arzoz* (Fn. 2), S. 305. In der Rechtssache Cargill – s. dazu näher *Arzoz* (Fn. 2), S. 307, mit weit. Nachw. – hat der EuGH lediglich seine Rechtsprechung zu der Kompetenz der Kommission, von

keine Festlegung der konkreten Voraussetzungen der „absoluten Nichtigkeit"[54] und Fehlen einer ausdrücklichen Übertragung auf Verordnungen – erscheint die für *Arzoz* gesamten Beitrag grundlegende Ausgangsannahme, der EuGH differenziere hinsichtlich Verordnungen zwischen den beiden Konzeptionen Anfechtbarkeit (= Rechtswidrigkeit) und Nichtigkeit, nur schwerlich vertretbar. Damit ist aber auch seine Schlussfolgerung, der EuGH gebrauche mit dem Regelfall des Konzeptes der Anfechtbarkeit eine Konzeption, die wegen der grundsätzlich notwendigen Annahme der Nichtigkeit von rechtswidrigen Akten mit zumindest formellen Gesetzescharakter nicht mit dem Rechtsstaatsprinzip vereinbar sei[55], hinfällig.

## IX. Zusammenfassung

Das EG-Primärrecht und die Rechtsprechung des EuGH folgen dem auch im deutschen BVerfGG[56] gewählten Mittelweg zwischen den beiden Konzepten der Rechtswidrigkeit und Anfechtbarkeit. Dieser Mittelweg stellt unter Berücksichtigung der beteiligten Interessen und dem Rechtsstaatsprinzip mit seinen verschiedenen Ausprägungen eine angemessene Lösung des Problems der Behandlung rechtswidriger Verordnungen dar. Die eingangs zitierte Feststellung von *Arzoz*, die Rechtsprechung des EuGH sei „mit dem Gedanken der effektiven Rechtsstaatlichkeit schwer vereinbar", ist somit nach Ansicht des Verfassers nicht zutreffend. Bis auf geringe Kritikpunkte ist der Rechtsprechung im Gegenteil zuzustimmen.

---

ihr erlassene und mit Fehlern behaftete Entscheidungen wieder aufzuheben, ohne nähere Diskussion und Begründung auf Verordnungen übertragen; vgl. EuGHE 1991, I-2987 (3015, Ziff. 29) – Rs. C-248/89 – Cargill.

[54] Vgl. ergänzend *Capotorti* in seinen bereits zitierten Schlussanträgen in der Rechtssache Granaria (Fn. 28), S. 642, Ziff. 2: „Ferner steht außer Zweifel, dass der Vertrag keinen Fall der Inexistenz einer Gemeinschaftshandlung kennt. In der Lehre hat man von Extremfällen der Inexistenz gesprochen; hierfür reicht jedoch gewiss keine offenkundige Verletzung des Vertrags aus … Vielleicht müsste man noch Fälle wie die vertiefen, dass eine Handlung von einem völlig unzuständigen Organ erlassen wurde oder undurchführbar ist; all dies liegt jedoch unnütz weit außerhalb des hier behandelten Problems."

[55] Vgl. etwa *Arzoz* (Fn. 2), S. 327.

[56] Merkwürdigerweise zieht *Arzoz* zwar ausführlich das deutsche Verwaltungsrecht und Verwaltungsprozessrecht, nicht aber das eigentlich sachnähere deutsche Verfassungsprozessrecht heran. Auch in Bezug auf das EG-Recht argumentiert er vorrangig mit theoretischen Erwägungen der Lehre, nicht jedoch mit Wortlaut und Struktur des einschlägigen gemeinschaftsrechtlichen „Verfassungsprozessrechts" im EGV.

*Entwicklungen des Verfassungsrechts im Außereuropäischen Raum*

## I. Amerika

# Wirtschaftsreformen und Verfassung in Brasilien

von

## Dr. Hartmut Sangmeister

Professor für Entwicklungsökonomie an der Universität Heidelberg

## 1. Die Verfassung Brasiliens von 1988

Zu den fundamentalen Verfassungsnormen der Föderativen Republik Brasilien gehören die Schaffung einer freien, gerechten und solidarischen Gesellschaft, die Garantie der nationalen Entwicklung, die Ausrottung von Armut und Marginalisierung sowie der Abbau sozialer und regionaler Ungleichheiten, die Förderung des Wohlergehens aller, ohne Unterschiede von Herkunft, Rasse, Geschlecht, Hautfarbe, Alter und ohne irgendwelche andere Formen der Diskriminierung. So steht es in Artikel 3 der brasilianischen Verfassung von 1988, mit deren Verabschiedung nach rund 20 Jahren Militärregime in dem bevölkerungsreichsten und flächenmäßig größten Land Südamerikas der Übergang zu konstitutioneller Normalität formal abgeschlossen wurde.

Für die Wirtschaftspolitik läßt sich aus Artikel 3 der Verfassung Brasiliens die Verpflichtung zu stabilitätsorientiertem und sozialstaatlichem Handeln ableiten. Die bisherigen Erfahrungen haben allerdings gezeigt, dass bei dem Versuch, diese Verpflichtung auf der operativen Ebene der Wirtschaftspolitik in konkretes Handeln umzusetzen, erhebliche Hindernisse und Widerstände zu überwinden sind. Dazu gehört auch ein Katalog teils widersprüchlicher Verfassungsbestimmungen, welche die wirtschaftspolitischen Gestaltungsmöglichkeiten des Gesetzgebers und der Regierung erheblich eingeschränkt haben. Der folgende Beitrag setzt sich mit der Frage auseinander, inwieweit notwendige wirtschaftspolitische Reformen in Brasilien innerhalb des gegebenen Verfassungsrahmens möglich waren und welche Verfassungsänderungen als Voraussetzungen für die unumgängliche Anpassung des wirtschafts- und finanzpolitischen Instrumentariums an sich wandelnde weltwirtschaftliche Rahmenbedingungen und neue wirtschafts- und entwicklungspolitische Leitbilder zwischenzeitlich stattgefunden haben. Dabei stehen Kriterien der makroökonomischen Stabilität und der wirtschaftspolitischen Effizienz im Vordergrund der Überlegungen, die weder den Anspruch auf eine fachlich kompetente verfassungsrechtliche Fundierung erheben können, noch eine vollständige Berücksichtigung aller zwischenzeitlich verabschiedeten Änderungen der Verfassung Brasiliens beanspruchen wollen.

Mit der neuen Verfassung von 1988 sollte das Fundament für die politische, soziale und wirtschaftliche Entwicklung der sich redemokratisierenden brasilianischen Gesellschaft gelegt werden[1]. Allerdings fand der Redemokratisierungsprozess unter schwierigen ökonomischen Rahmenbedingungen statt. Das brasilianische „Wirtschaftswunder" der sechziger und siebziger Jahre mit spektakulären gesamtwirtschaftlichen Wachstumsraten war längst Vergangenheit und spätestens mit dem offenen Ausbruch der Verschuldungskrise in der ersten Hälfte der achtziger Jahre war das Land in eine prekäre Situation geraten. Das brasilianische Militärregime, das 1964 inmitten einer schweren wirtschaftlichen Krise die Macht übernommen hatte, endete 1985 mit einer Wirtschaftskrise von noch größeren Ausmaßen (vergl. Sangmeister [3]1995: 237f). Nach dem Putsch von 1964 hatte das Militärregime zunächst die liberaldemokratische Verfassung von 1946 *de jure* in Kraft gelassen, um den konstitutionellen Schein zu wahren, sie aber durch sogenannte „institutionelle Akte" in wesentlichen Teilen eingeschränkt. Mit dem *Ato Institucional N° 1* von 1964 hatte sich das „Oberkommando der Revolution" die Möglichkeit geschaffen, Parlamentsmandate und bürgerliche Rechte für 15 Jahre zu kassieren; im Folgejahr, 1965, waren mit den *Ato Institucional N° 2* die politischen Parteien aufgelöst und der Exekutive weitere „legale" Instrumente zur Unterdrückung der Opposition gegeben worden; mit den *Ato Institucional N° 3* von 1966 hatte sich die Zentralregierung das Recht zur Ernennung und Absetzung der Gouverneure in den Bundesstaaten eingeräumt, um stärkeren Einfluss auf die Exekutivgewalt unterhalb der zentralstaatlichen Ebene nehmen zu können. Nach dem Erlass von drei „institutionellen Akten" und 15 Änderungen in der Verfassung von 1946 legte das Regime erst 1967 dem „gesäuberten" und durch brutale Repression eingeschüchterten Nationalkongress eine neue, von den „Idealen und Prinzipien" des Militärputsches von 1964 geprägte Verfassung zur Verabschiedung vor, die der Illegitimität des Regimes Legalität verleihen sollte. Dem zu einer außerordentlichen Sitzung einberufenen Parlament wurde von der Militärjunta ein Zeitraum von einem Monat und zwölf Tagen vorgegeben, innerhalb dessen die „Diskussion, Abstimmung und Verabschiedung" der neuen Verfassung zu erfolgen habe. Ein Jahr später beseitigte das brasilianische Militärregime unter General *Costa e Silva* mit dem berüchtigten *Ato Institucional N° 5* die letzten Reste formaler Rechtsstaatlichkeit; dieser „Institutionelle Akt", mit dem das Parlament ausgeschaltet und die Grundrechte suspendiert wurden, war zehn Jahre lang die Realverfassung Brasiliens (Paul 1994: 199).

Nach dem Regimewechsel im Jahre 1985, der durch den Amtsantritt von Präsident *José Sarney* markiert wurde, blieb die autoritäre Verfassung von 1967 zunächst in Kraft, erweitert um einen Verfassungszusatz (*Emenda Constitucional N° 5*), durch den u.a. der Ausschluss der Analphabeten von dem aktiven Wahlrecht beseitigt und Direktwahlen für die Präfekten in den Hauptstädten der Bundesstaaten und in denjenigen Gemeinden wieder eingeführt wurde, die bislang als „Gebiete der nationalen Sicherheit" deklariert worden waren. Erst der 1986 neu gewählte brasilianische Nationalkongress konstituierte sich als Verfassunggebende Versammlung (*Constituinte*), die einen neuen Verfassungstext nach langen und kontroversen Diskussionen im Oktober 1988 verabschiedete.

---

[1] Einen Überblick über die institutionellen Reformen in Brasilien zwischen 1985 und 1993 bietet *Lamounier* 1998.

Der Verfassungsentwurf der „Vorläufigen Kommission für Verfassungsangelegenheiten", die noch vor den Kongresswahlen von 1986 einberufen wurde[2], war erkennbar von dem Prinzip institutioneller Kontinuität geprägt sowie von dem Versuch, zwischen dem *ancien régime* und dem „neuen" Regime eine Verständigung im Wege des Interessenausgleichs herbeizuführen. Das spezifische Arrangement des Regimewechsels in Brasilien erschwerte allerdings einen grundlegenden politischen Neubeginn, indem es einen Bruch mit den politischen Trägergruppen des Militärregimes verhinderte und die personelle Erneuerung des Staatsapparates verlangsamte. Eine wesentliche Änderung der neuen Verfassung gegenüber dem Status quo war das erheblich größere politische Gewicht, das die Bundesstaaten und Gemeinden gegenüber der Zentralregierung erhielten, auch in fiskalischen Angelegenheiten.

Artikel 3 der Übergangsbestimmungen (*Disposições Constitucionais Transitórias –* DCT) zu der neuen Verfassung von 1988 sah nach Ablauf von fünf Jahren eine Verfassungsrevision vor, die 1993 in Gang gesetzt wurde und bis Mitte 1994 zu sechs Verfassungszusätzen (*Emendas Constitucionais de Revisão*) führte, mit denen u.a. die Amtszeit des Staatspräsidenten von fünf auf vier Jahre verkürzt wurde[3]. 1993 fand gemäß Artikel 2 der Übergangsbestimmungen auch ein Plebiszit über die Beibehaltung des Präsidialsystems statt, für das sich die *Constituinte* ausgesprochen hatte; nur knapp 25 Prozent der Wähler votierten für die Einführung eines parlamentarischen Regierungssystems, während über 55 Prozent keine Veränderung wünschten. Zwei Drittel der brasilianischen Wähler stimmten bei diesem Plebiszit für die Beibehaltung der Republik als Staatsform, lediglich rund 10 Prozent favorisierten die Rückkehr zu einer konstitutionellen Monarchie, wie sie seit der ersten brasilianischen Verfassung von 1824 bis 1889 bestanden hatte.   Die Verhandlungen über die Verfassungsrevision kamen nur schleppend voran, denn vor allem die Opposition der Linksparteien richtete sich gegen die von Regierungsseite angestrebten Verfassungsänderungen, die eine Liberalisierung der Wirtschaft und Reformen der staatlichen Verwaltung ermöglichen sollten. Kritiker bezeichneten das neue Verfassungskostüm Brasiliens als eine unmögliche Kombination aus der Hose des Großgrundbesitzers, dem Jackett des Generals und der Weste des Bankiers (Falcao 1986: 36). Zu diesem Kostüm gehörten überdies auch noch diverse Accessoires, die unverkennbar korporativistischer und syndikalistischer Prägung waren. Tatsächlich enthielt der Verfassungstext von 1988, der als Kompromiss am Ende des langen politischen Transitionsprozesses in Brasilien zwischen höchst unterschiedlichen gesellschaftlichen Gruppen ausgehandelt worden war, unter wirtschafts- und ordnungspolitischen Gesichtspunkten widersprüchliche Regelungen populistischer, staatsinterventionistischer, nationalistischer, keynesianisch-wohlfahrtsstaatlicher und klassisch-liberaler Provenienz.

Die brasilianische Verfassung von 1988 gibt explizit keine bestimmte Wirtschaftsordnung vor. Aber obwohl sich die *Constituinte* nicht für eine bestimmte Wirtschaftsordnung entschieden hat und insofern dem Gesetzgeber innerhalb des Verfassungs-

---

[2] Die „Vorläufige Kommission" tagte unter dem Vorsitz des Juristen *Afonso Arinos*, der bei den Beratungen der autoritären Verfassung von 1967 auf deren „intellektuellen Anachronismus" hingewiesen hatte und darauf, dass der Kongress zwar mit verfassunggebenden Vollmachten tage, aber durch Vorgaben der Exekutive in seiner Entscheidungsfreiheit begrenzt sei.

[3] Geändert wurden die Verfassungsartikel 12, 14, 50, 55 und 82; den Übergangsbestimmungen (DCT) wurden die Artikel 71, 72 und 73 hinzugefügt.

## Verfassungszusätze zu der Verfassung Brasiliens von 1988
### 1992–2000

| Emenda Constitucional N° | Datum | Geänderte Verfassungsartikel bzw. Übergangsbestimmungen★ | Hauptregulierungsinhalt |
|---|---|---|---|
| 1 | 31.03.1992 | 27, 29 | Diäten der Abgeordneten in den Landes- und Gemeindeparlamenten |
| 2 | 25.08.1992 | 2 DCT | Plebiszit |
| 3 | 17.03.1993 | 40, 42, 102, 103, 150, 155, 156, 160, 167 | Öffentlicher Dienst, Steuererhebungs- und Verfügungskompetenzen |
| 4 | 14.09.1993 | 16 | Wahlverfahren |
| 5 | 15.08.1995 | 25 | Lokale Gasversorgung |
| 6 | 15.08.1995 | 170, 171 (aufgehoben), 176, 246 (neu) | Schutz kleiner Unternehmen |
| 7 | 15.08.1995 | 178 | Transportwesen |
| 8 | 15.08.1995 | 21 | Telekommunikationswesen |
| 9 | 09.11.1995 | 177 | Staatliches Erdölmonopol |
| 10 | 04.03.1996 | 71 DCT, 72 DCT | Haushaltssicherung |
| 11 | 30.04.1996 | 207 | Ausländische Wissenschaftler |
| 12 | 16.08.1996 | 74 DCT | Nationaler Gesundheitsfonds |
| 13 | 21.08.1996 | 192 | Versicherungswesen |
| 14 | 12.09.1996 | 34, 208, 211, 60 DCT | Bildungswesen |
| 15 | 12.09.1996 | 18 | Kommunale Gebietsreform |
| 16 | 04.06.1997 | 14, 28, 29, 77, 82 | Wiederwahl von Mandatsträgern |
| 17 | 22.11.1997 | 71 DCT, 72 DCT | Haushaltssicherung, vertikaler Finanzausgleich |
| 18 | 05.02.1998 | 37, 42, 61, 142 | Öffentlicher Dienst und Militär |
| 19 | 04.06.1998 | 21, 22, 27, 28, 29, 37, 38, 39, 41, 48, 49, 51, 52, 57, 70, 93, 95, 96, 127, 128, 132, 135, 144, 167, 169, 173, 206, 241, 247 (neu) | Bezahlung von Mandatsträgern, Besoldungsgrundsätze für den öffentlichen Dienst, Begrenzung der staatlichen Personalausgaben |
| 20 | 15.12.1998 | 7, 37, 40, 42, 73, 93, 100, 114, 142, 167, 194, 195, 201, 202, 248–250 (neu) | Reform der gesetzlichen Rentenversicherung |
| 21 | 18.03.1999 | 75 DCT | Finanzierung der Sozialversicherung |
| 22 | 18.03.1999 | 98, 102, 105 | Justizwesen |
| 23 | 02.09.1999 | 12, 52, 84, 91, 102, 105 | Verteidigungsministerium |
| 24 | 09.12.1999 | 111, 112, 113, 115, 116, 117 (aufgehoben) | Arbeitsgerichtsbarkeit |
| 25 | 14.02.2000 | 29, 29A (neu) | Diäten kommunaler Mandatsträger |
| 26 | 14.02.2000 | 6 | Soziale Grundrechte |
| 27 | 21.03.2000 | 76 (neu) DCT | Haushaltskonsolidierung 2000–2003 |
| 28 | 25.05.2000 | 7, 233 (aufgehoben) | Arbeitsrecht |
| 29 | 13.09.2000 | 34, 35, 156, 160, 167, 198, 77 (neu) DCT | Finanzierung des öffentlichen Gesundheitswesens |
| 30 | 13.09.2000 | 100, 78 (neu) DCT | Zahlungsverzug der öffentlichen Hand |
| 31 | 14.12.2000 | 79–83 (neu) DCT | Verpflichtung zur Armutsbekämpfung |

★ *Disposições Constitucionais Transitórias* (DCT).

rahmens jede ihm sachgemäß erscheinende Wirtschaftspolitik gestattet wird, ist die Gestaltungsfreiheit unter Beachtung aller Verfassungsbestimmungen begrenzt. Einerseits wird der Staat zu sozialer Gerechtigkeit verpflichtet, zu Korrekturen zugunsten der sozial Schwachen, er soll Vollbeschäftigung sichern und kleine nationale Unternehmen bevorzugt behandeln; andererseits garantiert die brasilianische Verfassung von 1988 die freie Initiative und das Privateigentum, sie schützt die Freiheit der Entfaltung der Persönlichkeit und sie gewährleistet Streikrecht und Koalitionsfreiheit. Artikel 173 beschränkt die direkten unternehmerischen Aktivitäten des Staates auf Bereiche der nationalen Sicherheit oder des gesamtgesellschaftlichen Interesses, gleichzeitig weist Artikel 174 dem Staat Kompetenzen wirtschaftlicher Planung zu, die für den öffentlichen Sektor bindend und für den privaten Sektor indikativ sein sollen.

Die brasilianische Verfassung von 1988 lässt sich als stilistisches Meisterwerk preisen, das durch rhetorische Abundanz glänzt, durch Detailversessenheit und Ausführlichkeit, die selbst Wiederholungen nicht scheut (Paul 1994: 204). Aber gerade die Detailversessenheit bei der Regelung möglichst aller gesellschaftlichen Lebensbereiche und die ordnungspolitische Widersprüchlichkeit vieler Einzelregelungen der neuen Verfassung haben sich als ein erhebliches Hemmnis für die notwendige Anpassung der brasilianischen Wirtschaftspolitik an veränderte ökonomische und soziale Bedingungen erwiesen. Später erst als in vielen anderen lateinamerikanischen Ländern konnte in Brasilien ein wirtschaftspolitischer Paradigmenwechsel vollzogen werden, d.h. die grundsätzliche Abkehr von der über mehrere Dekaden verfolgten staatsinterventionistischen Strategie importsubstituierender Industrialisierung, deren Nichtfortführbarkeit spätestens mit der Verschuldungskrise der achtziger Jahre des 20.Jahrhunderts offenkundig geworden war. Die brasilianische Wirtschaftspolitik hat an dem Leitbild binnenorientierter nachholender Industrialisierung noch festgehalten, als es volkswirtschaftlich längst schon obsolet geworden war.

Zum Zeitpunkt der Verabschiedung der neuen Verfassung befand sich Brasilien inmitten eines Suchprozesses nach einem Ausweg aus den wirtschaftlichen und sozialen Dilemmata des Landes. Die Auseinandersetzung innerhalb der politisch artikulationsfähigen Gesellschaftsgruppen über eine mehrheitsfähige wirtschafts- und entwicklungspolitische Strategie für Brasilien war noch keineswegs entschieden. Zwar standen die desolate Lage der brasilianischen Volkswirtschaft sowie veränderte weltwirtschaftliche Rahmenbedingungen einer Rückkehr zu den „guten, alten Tagen" des Staatsinterventionismus entgegen, aber noch war nicht erkennbar, welche Funktionen der Staat in einer neu zu definierenden Rolle autonom ausfüllen sollte. Einerseits gab es eine wachsende Gruppe von Befürwortern eines marktfreundlichen Reformkurses (die auch auf die positiven Ergebnisse solcher Reformen in anderen lateinamerikanischen Staaten verweisen konnte), andererseits gab es das Lager der Verfechter des ideengeschichtlich weit zurückreichenden Etatismus, auch wenn dessen pflichtenethische Fundierung in der brasilianischen Variante kaum zum Tragen gekommen war. Neben den unmittelbar Begünstigten des brasilianischen Staatsapparates sammelten sich in diesem Lager auch wirtschaftliche Akteursgruppen, die nicht beabsichtigten, ihre tradierten klientelistisch-subventionsgeleiteten Verhaltensweisen zu ändern, hatten sie doch damit in der Vergangenheit Privilegien, Einfluss und Reichtum erworben, die ihnen unter marktkonformen Wettbewerbsbedingungen möglicherweise verloren gehen konnten.

Die seinerzeit in Brasilien noch ergebnisoffene Auseinandersetzung über die Rolle des Staates in der Wirtschaft spiegelte sich in dem Verfassungstext von 1988 wider. Für die wirtschaftspolitische Konzeptualisierung von Gesetzgebung und Regierungshandeln in Brasilien war dieser Verfassungstext vieldeutig und er hat wirtschaftspolitische Reformen nachhaltig verzögert. Mit den insgesamt 31 Verfassungszusätzen (*Emendas Constitucionais*), die der brasilianische Nationalkongress – Abgeordnetenkammer und Senat – in langwierigen Verfahren bis Ende 2000 verabschiedet hat, sind verfassungsrechtliche Hürden abgebaut oder zumindest niedriger geworden, die drängenden wirtschafts- und finanzpolitischen Reformvorhaben in Brasilien entgegenstanden (vergl. Tabelle).

## 2. Verlorene Jahre und die Suche nach einem Ausweg aus der Krise

Die ersten fünf Jahre der „Neuen Republik" (*Nova República*), wie das politische System Brasiliens nach dem Regimewechsel von 1985 euphemistisch bezeichnet wurde, waren wirtschaftspolitisch ein Debakel. Die öffentlichen Finanzen gerieten weitgehend außer Kontrolle; die Geldentwertung beschleunigte sich hyperinflationär; das Land stellte vorübergehend den Schuldendienst gegenüber seinen ausländischen Gläubigern ein und verlor damit den Rest an Kreditwürdigkeit, die für den dringend benötigten Zufluss von Auslandskapital unerlässlich war. Die zeitgeschichtliche Dokumentation dieser Epoche liest sich wie eine Misserfolgsbilanz der brasilianischen Wirtschaftspolitik, und darüber hinaus wie eine *chronique scandaleuse*, in der Nepotismus und Korruption in ungebrochener brasilianischer Tradition die häufigsten Stichwörter sind. Trotz des sich dramatisch zuspitzenden wirtschaftlich-sozialen Problemdrucks und des daraus resultierenden gouvernamentalen Handlungsbedarfs konnte kaum eine der drängenden politisch-institutionellen und sozioökonomischen Reformen erfolgreich in Gang gesetzt werden. Was als wirtschafts- und sozialpolitischer Attentismus der ersten Regierung der *Nova República* erscheinen mag, war auch Konsequenz des unentschiedenen Machtkampfes zwischen Vertretern neoliberal inspirierter Reformen und den *desenvolvimentistas*, den Hütern der traditionellen, binnenmarktorientierten und dirigistischen Wachstumsstrategie. In dieser Auseinandersetzung um die Ausrichtung der brasilianischen Wirtschaftspolitik nach dem Ende des Militärregimes erwiesen sich Bestimmungen der Verfassung von 1988 als entscheidende Hürden für unumgängliche Reformprojekte, durch die Brasilien aus der chronischen Wirtschaftskrise heraus geführt werden sollte, um wieder Anschluss an die Dynamik der Weltwirtschaft gewinnen zu können.

Abgesehen von der Verabschiedung der neuen Verfassung wurde während der Amtszeit der Regierung *Sarney* kein Reformprojekt mit nachhaltigem Erfolg auf den Weg gebracht; mehrere makroökonomische Stabilisierungsprogramme (1986, 1987, 1989) scheiterten schon nach kurzer Zeit und die Regierung verfiel in politische Agonie. Der Stillstand schien jedoch überwunden zu sein, als 1989 der konservative Kandidat *Fernando Collor de Mello* die erste direkte Präsidentschaftswahl seit 1960 gegen *Luis Ignácio „Lula" da Silva* gewann, den Kandidaten der Arbeiterpartei (*Partido dos Trabalhadores* – PT). *Collor de Mello* konnte die Wählermehrheit mit einem Wahlkampfprogramm gewinnen, in dem die Schlüsselbegriffe neoliberaler Strukturanpassungskonzepte rhetorische Eckpfeiler bildeten: Stabilisierung, Modernisierung, Privatisierung, Deregulierung und Liberalisierung der Wirtschaft.

Als Kernstück seines ambitionierten Plans für ein neues Brasilien (*Plano Brasil Novo*) präsentierte *Collor de Mello* nach seiner Amtsübernahme im März 1990 eine weitreichende Währungs-, Finanz- und Verwaltungsreform, die er ohne parlamentarische Mehrheit im Nationalkongress mit dem Instrument der „vorläufigen Rechtsverordnungen" mit unmittelbarer Gesetzeskraft (*medidas provisórias*) gemäß Artikel 62 der Verfassung durchzusetzen gedachte[4]. Jedoch verweigerte der Nationalkongress die verfassungsmäßig innerhalb von 30 Tagen vorgeschriebene nachträgliche Umwandlung der *medidas provisórias* in Gesetze, so dass wesentliche Teile des Reformprogramms *Brasil Novo* nicht umgesetzt werden konnten. In der öffentlichen Meinung Brasiliens hatte das radikale Reformprogramm des neuen Präsidenten allerdings zunächst breite Unterstützung gefunden und auch von ausländischen Wirtschaftsbeobachtern war es überwiegend positiv beurteilt worden, da es in mancherlei Hinsicht über ähnlich ausgerichtete neoliberale Modernisierungsprogramme in Argentinien, Chile und Costa Rica sogar noch hinausging.

Der Anspruch der Regierung *Collor*, mit dem *Plano Brasil Novo* die Inflation beseitigen zu können, ohne dass die brasilianische Volkswirtschaft in eine Rezession gerate, erwies sich sehr schnell als Illusion. Nach Inkrafttreten des monetären Stabilisierungsprogramms kam es zu einem scharfen Konjunktureinbruch, verbunden mit dem Abbau von mindestens einer Million Arbeitsplätze. Zudem zeigte die Inflationsbekämpfung nur kurzfristige Erfolge; bereits ab Mitte 1990 kam es wieder zu zweistelligen monatlichen Preissteigerungsraten. Und auch der staatliche Sanierungsbeitrag zur Wiedergewinnung der gesamtwirtschaftlichen Stabilität blieb relativ dürftig. Die Finanzreform brachte zwar eine deutliche Erhöhung der Steuereinnahmen, aber auf der Ausgabenseite konnten die Kürzungen nicht im vorgesehenen Umfang realisiert werden, da der Nationalkongress seine Zustimmung verweigerte. Der Privatisierungsprozess der staatlichen Unternehmen, deren chronische Defizite in der Vergangenheit den Staatshaushalt schwer belastet hatten, wurde dadurch konterkariert, dass auffällig viele Anteile der zu privatisierenden Unternehmen von anderen Firmen in Staatsbesitz übernommen wurden.

Der eindeutig schwächste Teil des Reformprogramms der Regierung *Collor* war die Reform der öffentlichen Verwaltung. Die anvisierte Reduzierung der aufgeblähten brasilianischen Staatsverwaltung um 360.000 Stellen erwies sich politisch als nicht durchsetzbar, auch wenn vordergründig die Notwendigkeit parlamentarisch als konsensfähig galt, den Staatsapparat zu straffen. Tatsächlich tendiert aber ein erheblicher Teil der politischen Führungsschicht Brasiliens dazu, jeglichen Versuch zur personellen Straffung des öffentlichen Dienstes zu boykottieren; denn seit Generationen ist der öffentliche Dienst in Brasilien eine Pfründe der Politiker, die hier ihre Klientel mit

---

[4] In gewisser Weise knüpfen die *medidas provisórias* an das Instrument des „Gesetzesdekrets" (*decreto-lei*) an, über das die Präsidenten des Militärregimes seit der Verfassung von 1967 verfügten. Die *Constituinte* war sich zwar einig, die Gesetzesdekrete abzuschaffen, wollte aber der Exekutive ein gesetzgeberisches Instrument für kritische Konstellationen bereitstellen, das als Voraussetzung für ein effizientes Regieren und als Zeichen politischer Modernität angesehen wurde; die Mehrzahl der *medidas provisórias*, die in dem Zeitraum 1988–95 erlassen wurden, betraf die Bereiche Wirtschaftspolitik (53 Prozent) und öffentliche Verwaltung (27 Prozent); vgl. *Krumwiede/Nolte* 1999: 123f.

Ämtern zu versorgen pflegen oder zumindest dafür sorgen, dass die Begünstigten oder deren Familienangehörige auf der staatlichen Gehaltsliste geführt werden. Letztendlich scheiterte eine umfassende Verwaltungsreform, wie sie *Collor de Mello* nach einem Jahr Präsidentschaft erneut im Rahmen seines „Plans für den nationalen Wiederaufbau" anvisierte, an der in Artikel 41 der Verfassung verankerten Beschäftigungsgarantie für den öffentlichen Dienst und an der fehlenden parlamentarischen Mehrheit für die notwendige Verfassungsänderung[5].

Mehr Erfolg hatte die Regierung *Collor* mit der graduellen Liberalisierung der brasilianischen Außenwirtschaft. 1991 wurde die Einfuhr von 140 Produkten freigegeben und damit ein wichtiger Schritt weg von der überholten Politik der Importsubstituierung getan; nach wie vor blieben aber die zur Einfuhr freigegebenen Waren mit relativ hohen Importzöllen belegt, um den Konkurrenzprodukten inländischer Hersteller Wettbewerbsvorteile zu verschaffen. Auch in der Frage einer Liberalisierung des zukunftsträchtigen Informatiksektors, der seit 1984 gegenüber der ausländischen Konkurrenz weitgehend abgeschottet war, wich die Regierung *Collor* von ihrem neoliberalen Reformkurs ab.

Einen Zwischenschritt auf dem Weg zur Öffnung der brasilianischen Volkswirtschaft gegenüber dem Ausland, der sich in den nachfolgenden Jahren als bedeutsam erweisen sollte, stellte die Unterzeichnung des Gründungsvertrages zur Bildung des „Gemeinsamen Marktes des Südens" (*Mercado Común del Sur* – MERCOSUR) im März 1991 durch die Präsidenten Argentiniens, Brasiliens, Paraguays und Uruguays dar[6]. Brasiliens Präsident *Collor* konnte sich dabei auch auf den Auftrag des Verfassungsartikels 4 berufen, die wirtschaftliche, politische, soziale und kulturelle Integration der Völker Lateinamerikas durch Bildung einer Gemeinschaft der lateinamerikanischen Nationen zu fördern. Innerhalb von nur acht Monaten ratifizierten die Parlamente aller vier Mitgliedstaaten des MERCOSUR den Gründungsvertrag, so dass er am 28. November 1991 in Kraft treten konnte. Aus der Perspektive selektiver Weltmarktintegration hatte die Schaffung eines regionalen Integrationsraumes im südlichen Lateinamerika nicht nur die Funktion der Mobilisierung von Wachstumspotenzialen auf erweiterten Absatzmärkten; durch den Abbau ökonomischer Grenzhürden innerhalb des MERCOSUR sollten den nationalen Produzenten auch Lern- und Erprobungsfelder für die international üblichen Produktionstechniken und Kommerzialisierungsstrategien erschlossen werden, ohne deren Beherrschung ein Eintritt in die anspruchsvolleren Märkte der etablierten Industrieländer kaum möglich ist. Tatsäch-

[5] Erst mit dem Verfassungszusatz Nr. 19 vom 4. Juni 1998 wurden die rigiden Bestimmungen des Artikels 41 der Verfassung von 1988 flexibilisiert; damit wird u. a. die Entlassung von Beamten wegen „unzulänglicher Leistung" ermöglicht.

[6] Mit dem MERCOSUR-Gründungsvertrag von 1991 wurde der Integrationsprozess vertieft und erweitert, den Argentinien und Brasilien schon seit Mitte der achtziger Jahre in Gang gesetzt hatten. 1986 war von dem argentinischen Präsidenten *Raúl Alfonsin* und seinem brasilianischen Amtskollegen *José Sarney* das *Programa de Integración Argentina – Brasil* (PICAB) vereinbart worden, mit dem die Regierungen der beiden Länder die Absicht verbanden, ihre traditionellen Rivalitäten aufzugeben und die wirtschaftlichen Beziehungen auf eine neue Basis zu stellen. Nach zweijähriger Laufzeit des PICAB schlugen die Präsidenten Argentiniens und Brasiliens eine weitergehende Form der bilateralen Integration vor: einen Gemeinsamen Markt. Der ökonomischen Integrationslogik folgend wurde mit dem *Tratado de Asunción* zur Bildung des MERCOSUR das Integrationsprojekt unter Einbeziehung von Paraguay und Uruguay erweitert und vertieft; vgl. *Sangmeister* 2001: 5.

lich entwickelte der grenzüberschreitende Warenverkehr mit der Bildung des MER-COSUR bereits vor dem Inkrafttreten der Zollunion am 1. Januar 1995 eine beachtliche Dynamik. In den Anfangsjahren des MERCOSUR wurden im Intrablockhandel Steigerungsraten von fast 40 Prozent registriert (Sangmeister 2001: 9).

In seinem Wahlkampf hatte sich *Collor de Mello* dem Millionenheer der Armen Brasiliens, den *descamisados*, als radikaler Reformer empfohlen, der als Präsident für mehr soziale Gerechtigkeit und Sicherheit sorgen werde. Tatsächlich sank aber das reale Lohnniveau im Jahre 1990 auf den niedrigsten Wert der vorangegangenen zehn Jahre, und statt der versprochenen Verbesserungen brachte der *Plano Brasil Novo* den Arbeitnehmern zunächst einmal weitere Einbußen, nachdem sie schon während der achtziger Jahre die Kosten der chronischen Wirtschaftskrise in erheblichem Maße hatten tragen müssen. Die Enttäuschung der *Collor*-Wähler erreichte ihren Höhepunkt, als öffentlich wurde, dass er sein Amt dazu missbrauchte, um Nutznießer eines weitverzweigten Korruptionsnetzes zu werden. Nach knapp dreijähriger Amtszeit wurde *Collor* am 29. 09. 1992 in einem Amtsenthebungsverfahren nach Artikel 86 der Verfassung unter dringendem Korruptionsverdacht von seinem Präsidentenamt suspendiert; nur mit seinem Rücktritt konnte *Collor* Ende 1992 der endgültigen Amtsenthebung durch den brasilianischen Senat zuvorkommen. Ein politisches Lehrstück war der (im doppelten Wortsinn) Fall *Collor* insofern, als er die politische Isolierung eines *outsider* aus der Provinz zeigte, dem ohne Unterstützung durch eine der etablierten Parteien des Landes mit einem moralisierenden und modernisierenden Diskurs der Aufstieg in die politische Führungsschicht Brasiliens gelungen war. Mit seinem Programm grundlegender Wirtschaftsreformen scheiterte *Collor* nicht zuletzt wegen der mangelnden parlamentarischen Basis (Lamounier/Muszynski 1993: 130)[7].

## 3. Das Reformprojekt der Regierung Cardoso

Als verfassungsmäßiger Nachfolger von *Collor de Mello* übernahm der bisherige Vizepräsident *Itamar Franco* Ende 1992 die Präsidentschaft. Seine Regierungszeit war gekennzeichnet durch zahlreiche Kabinettsumbildungen, die eine kontinuierliche Regierungsarbeit erschwerten. Insbesondere die widersprüchliche Wirtschafts- und Finanzpolitik der Regierung *Franco* stieß national und international auf erhebliche Skepsis, zumal wesentliche Punkte des *Collorschen* Modernisierungsprogramms nicht weiterverfolgt wurden. Mit einem Anstieg von über 1.900 Prozentpunkten gegenüber dem Vorjahr erreichte die Preissteigerungsrate 1993 einen neuen Höhepunkt. In den zähen politischen Verhandlungen um einen tragfähigen Stabilisierungsplan für Brasiliens Wirtschaft gewann der von Mai 1993 bis April 1994 amtierende Finanzminister *Fernando Henrique Cardoso* immer mehr an Bedeutung. Im Juni 1993 stellte *Cardoso* einen Austeritätsplan vor, der Steuererhöhungen und eine drastische Kürzung der Staatsausgaben beinhaltete sowie eine Klärung der finanziellen Beziehungen zwischen der Zentralregierung und den Bundesstaaten, deren erhebliche Zahlungsrückstände

---

[7] *Collors* kleine, kaum konsolidierte „Partei des nationalen Wiederaufbaus" (*Partido de Reconstrução Nacional*) verfügte im Abgeordnetenhaus lediglich über etwa 8 Prozent der Sitze, im Senat nur über 5 der 81 Mandate (*Nohlen* 1993: 160f.).

gegenüber der Zentralregierung das fiskalische Ungleichgewicht noch vergrößerten. Über den sofortigen Aktionsplan hinausgehende Reformmaßnahmen wurden in dem längerfristig angelegten „Unternehmen Wirklichkeit", dem *Plano Real* angekündigt. Teil dieses Plans waren Verfassungsänderungen, durch die den Bundesstaaten und Munizipien wichtige staatliche Aufgaben (vor allem in den Bereichen Gesundheit, Erziehung und Sozialfürsorge) übertragen werden sollten, bei gleichzeitiger Neuregelung der Verteilung des Steueraufkommens auf die verschiedenen Ebenen des föderalen Staatsaufbaus (Baer/Paiva 1996: 78).

Als erste Stufe des *Plano Real* wurde am 1. Juli 1994 eine Währungsreform durchgeführt. Mit dieser Währungsreform – der achten seit dem Ende des Militärregimes – und dem *Real* als neuem gesetzlichen Zahlungsmittel Brasiliens gelang in relativ kurzer Zeit die Wiedergewinnung monetärer Stabilität. Die brasilianischen Wähler brachten *Cardosos* Programm zur Stabilisierung und Modernisierung der Wirtschaft soviel Vertrauen entgegen, dass er sich bei den Präsidentschaftswahlen im Oktober 1994 bereits im ersten Wahlgang gegen den einzig ernsthaften Konkurrenten, „*Lula*" von der Arbeiterpartei, durchsetzen konnte. Freilich erwies sich die Umsetzung des ambitiösen Stabilisierungs- und Restrukturierungsprogramms für die brasilianische Volkswirtschaft in dem Maße immer schwieriger, in dem sich der politische *honeymoon* der Regierung *Cardoso* seinem Ende zuneigte. Denn in dem parteipolitischen Mitte-Rechts-Bündnis, das die Regierung *Cardoso* im Nationalkongress unterstützte, waren Konflikte vorprogrammiert. Den wirtschaftlichen und sozialen Reformvorstellungen *Cardosos* und seiner sozialdemokratisch orientierten Partei (*Partido da Social Democracia Brasileira* – PSDB) des aufgeklärten städtischen Bildungsbürgertums stand vor allem der „liberale" Koalitionspartner von der *Partido de Frente Liberal* (PFL) reserviert gegenüber, dessen politische Basis teilweise von der traditionellen Oligarchie des brasilianischen Nordostens beeinflusst ist. Die zentralistischen Verwaltungs-und Planungsstrukturen des brasilianischen Staatsapparates, klientelistische Beziehungsmuster, Ämterpatronage und die Praxis der *ad-hoc*-Vergabe staatlicher Sonderleistungen an solche gesellschaftliche Gruppen, die sich wirkungsvoll artikulieren können, stellten eine erfolgreiche Fortführung des wirtschaftlichen Anpassungs- und Modernisierungsprogramms der Regierung *Cardoso* immer wieder in Frage. Dabei erwies sich die Hoffnung der Regierung weitgehend als trügerisch, durch fallweises Abweichen von ihrem konsequenten Reformkonzept und einen Rückgriff auf gradualistische Maßnahmen die politischen Anpassungskosten minimieren zu können. Zeitweilig schien die brasilianische Wirtschafts- und Finanzpolitik der Regierung *Cardoso* einem *Stop-and-go*-Kurs zu folgen, der sich in den Ergebnissen der Meinungsforschung als ein Wechselbad optimistischer Erwartungen und herber Enttäuschungen niederschlug.

Nachdem mit dem Verfassungszusatz Nr. 16 vom 4. Juni 1997 die Möglichkeit einer unmittelbaren Wiederwahl des Präsidenten geschaffen worden war, gelang es *Cardoso* im Oktober 1998, die Mehrheit der Wählerstimmen für ein zweites Mandat zu erobern, und zwar wiederum im ersten Wahlgang gegen seinen Hauptkonkurrenten „*Lula*". Bei den gleichzeitig stattfindenden Parlamentswahlen mussten die den Präsidenten unterstützenden Regierungsparteien zwar Stimmen- und Sitzverluste hinnehmen, konnten aber ihre Mehrheit im Nationalkongress behaupten. Dass die Fortführung des wirtschaftspolitischen Reformprojektes für den wiedergewählten Präsidenten nicht einfacher geworden war, zeigte sich schon drei Wochen nach der Wahl, als *Cardoso* ein neues Maßnahmenpaket zur Sanierung der öffentlichen Haushalte ankündigte, das vom Parlament aber nur teilweise angenommen wurde.

Zwischenzeitlich war die brasilianische Währung im Gefolge der Asien- und Rußland-Krisen unter massiven Abwertungsdruck geraten, nachdem internationale *Rating*-Agenturen die brasilianische Kreditwürdigkeit im September 1998 herab gestuft hatten. Zwischen Juli und Oktober 1998 sanken die Reserven der brasilianischen Zentralbank um mehr als 40 Prozent und gleichzeitig wurde das Zinsniveau um über 17 Prozent erhöht, um die Kapitalflucht zu bremsen. Der Regierung von Präsident *Cardoso* schien die Krisenbewältigung zu gelingen, als im November 1998 eine internationale Finanzhilfe von über 41 Mrd. US-Dollar angekündigt werden konnte, die der Internationale Währungsfonds (IWF), die Weltbank, die Interamerikanische Entwicklungsbank sowie bilaterale Kreditgeber grundsätzlich zugesagt hatten. Aber bereits wenig später, im Januar 1999, zwang eine erneute Spekulationswelle die brasilianische Regierung zur Aufgabe ihrer Wechselkurspolitik einer moderaten kontinuierlichen Abwertung des *Real*. Hinter der massiven Kapitalflucht aus Brasilien stand vor allem die Furcht der internationalen Anleger, das gesamtwirtschaftliche Risiko könne nicht mehr begrenzt werden, das sich aus dem „Zwillingsdefizit" in der Leistungsbilanz und im öffentlichen Haushalt der brasilianischen Volkswirtschaft ergab[8].

Um das Vertrauen der ausländischen Kapitalgeber wieder herzustellen, vereinbarte die brasilianische Zentralregierung im März 1999 mit dem IWF ein auf drei Jahre angelegtes Stabilisierungsprogramm strikter Inflationsbekämpfung und straffer Haushaltskonsolidierung durch Ausgabenkürzungen und Einnahmesteigerungen, bei gleichzeitiger Beibehaltung eines flexiblen Wechselkurses. Der mit diesem Anpassungsprogramm verbundene rezessive Effekt blieb 1999 geringer, als ursprünglich befürchtet werden musste; das brasilianische Bruttoinlandsprodukt (BIP) erhöhte sich um 0,4 Prozent, und damit sogar geringfügig mehr als im Rezessionsjahr 1998, in dem das gesamtwirtschaftliche Wachstum praktisch stagniert hatte[9].

Nachdem die Brasilien-Krise vom Jahresbeginn 1999 mit ihren negativen Auswirkungen auch auf die Nachbarländer schneller als erwartet überwunden werden konnte, zeigte sich die brasilianische Volkswirtschaft ein Jahr nach der Freigabe des Wechselkurses und der drastischen Abwertung des *Real* bereits wieder in einer so guten Verfassung, dass sie für die südamerikanischen Nachbarländer – und insbesondere für Argentinien – zum Hoffnungsträger geworden ist. In gewisser Weise war diese Krise heilsam, da sie dazu beigetragen hat, bislang verzögerte Wirtschaftsreformen in Angriff zu nehmen oder zu beschleunigen. Mit den in den Jahren 1999 und 2000 verabschiedeten Verfassungsänderungen sind wichtige Voraussetzungen zur Konsolidierung der öffentlichen Haushalte, zur Reform der gesetzlichen Sozialversicherung und zur Flexibilisierung des Arbeitsrechtes geschaffen worden.

---

[8] Der Leistungsbilanzsaldo entspricht dem Saldo aus gesamtwirtschaftlicher Ersparnis und Nettoinvestitionen; eine „Sparlücke", d.h. ein Überschuss der Investitionen über die privaten und öffentlichen inländischen Ersparnisse geht außenwirtschaftlich mit einem Leistungsbilanzdefizit einher. Ist der Saldo der Leistungsbilanz negativ, dann bedeutet dies eine Zunahme der Verbindlichkeiten gegenüber dem Ausland.

[9] Sofern nicht andere Quellen angegeben, sind die ökonomischen und sozialen Daten in diesem Beitrag aus der Datenbank *Economic and Social Database* ESDB der *Inter-American Development Bank* (IDB) entnommen (Internet: http://www.iadb.org).

## 4. Brasiliens Wirtschaftspolitik unter Reformdruck

Brasilien ist durch die Wirtschaftsreformen der zurückliegenden Jahre schon ein gutes Stück vorwärts gekommen auf dem Wege zu einer Wettbewerbsgesellschaft, die sich an der globalen Ökonomie orientiert. Allerdings kann die wirtschaftspolitische Reformagenda noch keineswegs als abgeschlossen betrachtet werden; diese Feststellung gilt unter der Annahme, dass mit den Wirtschaftsreformen den Herausforderungen des Globalisierungsprozesses entsprochen werden soll, denen sich auch die brasilianische Volkswirtschaft stellen muss.

Wesentlich langsamer als die Außenwirtschaftsreformen konnten die überfälligen Reformen des Steuerwesens voran gebracht werden und auch die Privatisierungsvorhaben sind durch vielfältige Widerstände häufig verzögert worden. Vor allem die Privatisierung der großen staatlichen Unternehmen, die über Dekaden hinweg als Symbole der nationalen Souveränität und wirtschaftlichen Unabhängigkeit Brasiliens gegolten hatten – wie der Erdölkonzern *Petrobrás*, die staatliche Holdinggesellschaft der Stromversorgung *Eletrobrás*, der Telephonmonopolist *Embratel* mit seinen 27 regionalen Tochtergesellschaften und der Bergbaukonzern *Companhia Vale do Rio Doce* – war heftig umstritten, wobei Management und Gewerkschaften eine ansonsten in Brasilien eher seltene Allianz des Widerstandes bildeten und den geplanten Verkauf der Unternehmen an private Investoren als ein Komplott des Neoliberalismus und einen Ausverkauf nationaler Interessen anprangerten (vergl. Pinheiro 1996). Im Zusammenhang mit den Privatisierungsverfahren wurde deutlich, dass die politische Wirklichkeit Brasiliens von dem Leitbild eines sich selbst beschränkenden und regelkonform handelnden Staates noch weit entfernt ist und sich der Staatsapparat zur Befriedigung von Partikularinteressen nach wie vor instrumentalisieren lässt.

Um das Modernisierungsprogramm für die brasilianische Volkswirtschaft zu komplettieren, sind weitergehende wirtschaftspolitische Reformen erforderlich. Besonders dringlich sind Maßnahmen zur Effizienzsteigerung und Stabilisierung des staatlichen Budgetsystems. In der zweiten Hälfte der neunziger Jahre war es zu einer erheblichen Ausweitung des staatlichen Budgetdefizits auf (1998) rund 8 Prozent des BIP gekommen. Das Risikopotenzial eines Budgetdefizits dieser Größenordnung für die gesamtwirtschaftliche Stabilität einer Volkswirtschaft vergrößert sich, wenn gleichzeitig ein signifikantes Defizit der Leistungsbilanz besteht, das nicht durch einen entsprechenden (Netto-)Zufluss von Auslandskapital abgedeckt wird, wie dies in Brasilien während der zurückliegenden Jahre der Fall war[10]. Immerhin verlief die Sanierung des öffentlichen Sektors unter dem Eindruck der Krisenerfahrung im Jahre 2000 erfolgreich und die mit dem IWF vereinbarten Ziele zum Abbau des Budgetdefizits konnten sogar übererfüllt werden.

Dringend notwendig ist auch die operative Umsetzung der Reform des öffentlichen Dienstes, für die zwischenzeitlich entscheidende verfassungsrechtliche Hürden abgebaut wurden. Bereits im August 1995 hatte die Regierung *Cardoso* dem Nationalkongress einen Entwurf für einen Verfassungszusatz (*Projeto de Emenda Constitucional* N° 173/95) zugeleitet, mit dem insbesondere in Kapitel VII der Verfassung („Öf-

---

[10] Der Passivsaldo der Leistungsbilanz betrug 1998 in Brasilien 4,7 Prozent des BIP, während der Aktivsaldo der Kapitalbilanz nur 3,2 Prozent des BIP erreichte.

fentliche Verwaltung") konstitutionelle Voraussetzungen für eine Reform des staatlichen Verwaltungsapparates geschaffen werden sollten. Erst nach 34 Monaten und mit umfangreichen Modifikationen gegenüber dem Regierungsentwurf verabschiedeten beide Kammern des Parlaments die *Emenda Constitucional N° 19*, mit der von der verfassungsrechtlichen Seite her die Möglichkeit für eine Reform der öffentlichen Verwaltung und des öffentlichen Dienstes eröffnet wurde.

Es gibt in Brasilien inzwischen durchaus Beispiele einer modernisierten, effizienzorientierten öffentlichen Verwaltung. So besteht z.B. seit 1997 die Möglichkeit, die Einkommensteuererklärung per Internet abzugeben; bei den Präsidentschaftswahlen von 1998 votierte bereits ein Viertel der brasilianischen Wähler an elektronischen Urnen und die Kommunalwahlen des Jahres 2000 waren vollständig „elektronisiert". In Städten wie Curitiba und Porto Alegre findet die Umstellung der Verwaltung von der traditionellen bürokratischen Regelsteuerung zu einer bürgerorientierten, partizipativen Ergebnissteuerung mit erkennbar positiven Einzelresultaten statt. Allerdings sind solche innovativen Gebietskörperschaften, die sich bei ihren Reformbemühungen an dem Konzept des *New Public Management* orientieren, bislang eher noch Inseln in dem brasilianischen Meer bürokratischer Ineffizienz[11]. Die Reformresistenz der öffentlichen Verwaltung in Brasilien ist auf allen Ebenen des föderativen Systems nach wie vor erheblich; Reformen werden insbesondere dann gebremst, wenn die Anreizstrukturen zu schwach sind, um die vorgesehenen Änderungen effektiv umzusetzen und/ oder wenn die notwendigen finanziellen Mittel für die Umstellung nicht bereitstehen.

Vor allem unterhalb der zentralstaatlichen Ebene mangelt es den öffentlichen Institutionen Brasiliens an administrativer Regulierungskompetenz und -kapazität. Dezentralisierung und Bürgerbeteiligung sind zwar vielerorts in Brasilien angekündigte Reformprojekte, aber deren Realisierung verzögert sich oder scheitert an ungeklärten institutionellen Kompetenzen. Staatliche Aufgaben des Bildungs- und Gesundheitswesens sind dezentralisiert worden, was aber keineswegs überall eine bessere Anpassung der öffentlichen Dienstleistungen an die lokalen Erfordernisse bedeutet. Eine nachhaltig wirksame Verbesserung der dezentralisierten öffentlichen Leistungsangebote läßt sich nur in Einzelfällen beobachten; als positive Beispiele bei der Dezentralisierung des Erziehungs- und Gesundheitswesens gelten die Bundesstaaten Minas Gerais und Ceará (Fuhr 2000: 487). Die Erfahrungen in Brasilien haben gezeigt, dass die Dezentralisierung von Regierungsverantwortung zwingend mit einer Neuordnung der finanziellen Mittelverteilung und deren Kontrolle einher gehen muss, damit die auf subnationalen Ebenen gewählten Regierungen keine exzessive Verschuldungspolitik zu Lasten der Zentralregierung betreiben können. Der starke Anstieg der internen Staatsverschuldung Brasiliens während der zweiten Hälfte der neunziger Jahre ist auf das unkontrollierte *deficit spending* öffentlicher Haushalte unterhalb der zentralstaatlichen Ebene zurückzuführen; so tätigten beispielsweise 1997 die 27 brasilianischen Bundesstaaten und fast 5.000 Munizipien zusammen 36,5 Prozent der gesamten

---

[11] Tatsächlich haben die öffentlichen Verwaltungen Brasiliens bislang nur in Einzelfällen auf *New Public Management* umgestellt; wie fast überall in Lateinamerika folgen praktische Reformansätze auch in Brasilien überwiegend inkrementalistischen Strategien und sie setzten weniger auf eine gezielte Veränderung der Anreizstrukturen, sondern stärker auf eine Verbesserung der Finanzkontrollen; vgl. *Fuhr 2000: 479f.*

Staatsausgaben, erhielten aber nur 31,1 Prozent der Steuereinnahmen (Sangmeister 2000: 21).

Nach den traumatischen Erfahrungen mit der Machtfülle der Zentralregierung während des Militärregimes sind mit der brasilianischen Verfassung von 1988 die Steuererhebungs- und Verfügungskompetenzen zugunsten der Bundesstaaten und Gemeinden umverteilt worden. Aber das neue System der Steuerverteilung zwischen den verschiedenen staatlichen Ebenen, das Fehlen eines horizontalen Finanzausgleichs und eines Koordinierungssystems, das föderalistische Kooperationspraktiken fördert und fiskalische Disziplinlosigkeit verhindert, haben einen „Raub-Föderalismus" (*federalismo predatório*) hervorgebracht (Abrúcio/Costa 1999: 34f.). Damit wird ein Mechanismus bezeichnet, bei dem die Regierungen der Bundesstaaten ihre Haushaltsprobleme zunächst durch eine höhere Neuverschuldung zu lösen versuchen, um später die Zentralregierung zu drängen, diese Schulden zu übernehmen, da diese auf die politische Unterstützung der Gouverneure und der Abgeordneten aus den Bundesstaaten im Nationalkongress angewiesen ist; für die Bundesstaaten besteht kein Anreiz, ihren Beitrag zur Sanierung der öffentlichen Finanzen zu leisten und jeder Gouverneur handelt aus seiner Perspektive zweckrational, wenn er nicht kooperiert (Santos 2001: 112).

Mit der Verabschiedung der Verfassung von 1988 gelang es nicht, ein System des fiskalischen Föderalismus zu schaffen, das den Erfordernissen makroökonomischer Stabilität und fiskalischer Dezentralisierung gleichermaßen Rechnung trägt[12]. Auch nach den Reformen der Regierung *Cardoso* ist die gegenwärtige finanzielle Basis der öffentlichen Haushalte in Brasilien ohne weitergehende Verbesserungen mittelfristig nicht tragfähig, so dass die Staatsverschuldung weiter ansteigt und die gesamtwirtschaftliche Stabilität erneut gefährdet wird (Bevilaqua/Werneck 2000: 131f.). Die Notwendigkeit einer konstitutionellen Neuverteilung des Steueraufkommens zwischen Zentralregierung, Bundesstaaten und Gemeinden in Brasilien und der Schaffung eines funktionsfähigen Finanzausgleichs zwischen den Gebietskörperschaften wird zwar von finanzpolitischen Experten immer wieder betont, scheitert aber auch immer wieder an mangelnder Kooperationsbereitschaft der Beteiligten innerhalb des fiskalischen Föderalismus; so fand sich beispielsweise vor den brasilianischen Kommunalwahlen im Jahr 2000 für einen entsprechenden Regierungsvorschlag keine Mehrheit im Parlament. Immerhin konnte im Oktober 2000 das „Gesetz über die fiskalische Verantwortlichkeit" (*Lei da Responsabilidade Fiscal*) verabschiedet werden, das die verbreitete Praxis von Mandatsträgern unterbinden soll, gegen Ende der Amtszeit teure Wahlgeschenke zu verteilen, deren Kosten die Wähler später zu zahlen haben.

---

[12] Struktur und Ausgestaltung des brasilianischen Steuersystems werden traditionell in erster Linie durch die fiskalische Zielsetzung einer Erhöhung der Staatseinnahmen bestimmt, während strukturpolitische Erwägungen oder Redistributionsaspekte für die Gestaltung von Steuerbemessungsgrundlagen und -tarifen im allgemeinen nur eine nachrangige Bedeutung haben. Gemäß dem Nonaffektationsprinzip untersagt Artikel 167 (IV) der Verfassung von 1988 die Zweckbindung des Steueraufkommens, jedoch gibt es Festlegungen von Mindestanteilen an den Gesamtausgaben für bestimmte Zwecke (z.B. das Schulwesen) sowie Begrenzungen von Ausgaben (z.B. für Personal) in Relation zu den laufenden Einnahmen. Als populäres Beispiel für die soziale Ungerechtigkeit des brasilianischen Steuersystems wird immer die Besteuerung von Reis und schwarzen Bohnen – den Hauptnahrungsmitteln der armen Bevölkerung – mit der (ermäßigten) Umsatzsteuer genannt, im Unterschied zu der verfassungsrechtlich garantierten Steuerbefreiung aller Publikationen, auch derjenigen pornographischen Inhalts (*Lagemann* 1992: 341).

# 5. Reformen der zweiten Generation

Nicht erst seit der Wirtschaftskrise des Jahres 1999 weist die gesamtwirtschaftliche Bilanz Brasiliens Schattenseiten auf und vor allem die sozialpolitischen Defizite der bisherigen Reformbemühungen sind unübersehbar. Mit der Anpassung staatlicher Sozialpolitik an das Paradigma neoliberaler Wirtschaftspolitik ist es zu einer Entstaatlichung sozialer Dienstleistungen gekommen sowie zu einer Dezentralisierung sozialer Leistungen durch Übertragung sozialpolitischer Verantwortung auf regionale und lokale Ebenen. Staatliche Sozialpolitik ist aber nicht nur ein Anhängsel der Wirtschaftspolitik, sie kann nicht auf die kompensatorische Aufgabe beschränkt bleiben, wirtschaftliche Strukturanpassungs- und Modernisierungsprozesse sozial abzufedern und sie lässt sich nicht auf residuale Armenfürsorge reduzieren; aus Artikel 3 der brasilianischen Verfassung ergibt sich die Verantwortung des Staates für die Sicherung eines sozialen Mindeststandards (Sicherungsfunktion) sowie die Verpflichtung des Staates auf das Ziel sozialer Gleichheit (Ausgleichsfunktion). Die Verfassung von 1988 lässt sich als der fortschrittlichste Rahmen von Arbeits- und Sozialrechten sowie sozialstaatlichen Leistungen seit der Arbeitsgesetzgebung der Regierung von *Getúlio Vargas* in den vierziger Jahren des 20.Jahrhunderts bezeichnen (Paul 1994: 202).

Das sozialstaatliche Programm einer Verfassung muss durch staatliche Sozialpolitik konkretisiert werden, die notwendigerweise in einem Spannungsfeld zwischen den Erfordernissen ökonomischer Effizienz einerseits, und der Forderung nach sozialem Ausgleich sowie sozialer Sicherheit andererseits agiert. In diesem Spannungsfeld muss in Brasilien jetzt eine „zweite Generation" von Reformen in drei Politikbereichen durchgeführt werden: Reformen der Arbeitsbeziehungen und der staatlichen Arbeitsmarktpolitik, der sozialen Sicherungssysteme sowie der (Aus-)Bildungssysteme.

## 5.1 Reform des Arbeitsrechts und der Arbeitsmarktpolitik

Traditionell ist der formale Arbeitsmarkt in Brasilien wesentlich stärker reguliert als in den meisten Ländern Westeuropas und Nordamerikas. Allerdings können die staatlichen Regulierungen der Arbeitsbeziehungen in Brasilien häufig nur auf dem Papier Gültigkeit beanspruchen, da *de facto* große Teile der Erwerbsbevölkerung davon nicht erreicht werden; das Ergebnis sind Wettbewerbsverzerrungen und ausgeprägte Segmentierungen des brasilianischen Arbeitsmarktes. Je umfassender die staatlichen Regulierungen des Arbeitsmarktes sind, um so weniger können die Unternehmen den Arbeitseinsatz flexibel an veränderte Marktsituationen anpassen, um so höher sind tendenziell die Anpassungskosten. Dies hat u.a. zur Folge, dass die Unternehmen auch in wirtschaftlichen Aufschwungphasen keine neuen Dauerarbeitsplätze schaffen und Aufträge an Subunternehmen vergeben, so dass sie im Bedarfsfalle ihre Anpassungskosten minimieren können. Besonders die kleinen und mittleren Unternehmen, die für die lokalen Arbeitsmärkte in Brasilien von wesentlicher Bedeutung sind, werden durch bürokratische Überregulierungen daran gehindert, flexibel auf veränderte Nachfragebedingungen reagieren zu können.

Das korporativistisch geprägte brasilianische Arbeitsrecht *Consolidação das Leis do Trabalho* (CLT) aus dem Jahre 1943 blieb mehr als ein halbes Jahrhundert weitgehend unverändert, trotz zwischenzeitlicher politischer Regimewechsel und völlig veränderter gesamtwirtschaftlicher Rahmenbedingungen. So gab es beispielsweise detaillierte Vorschriften für die Gestaltung eines Kündigungsschreibens seitens des Arbeitnehmers, das von den Arbeitgebern auch im Zeitalter der Schreibmaschine und der Personalcomputer nur dann als rechtsgültig akzeptiert werden konnte, wenn es handschriftlich verfasst war. Die legale Möglichkeit zeitlich befristeter Arbeitsverträge wurde erst im Januar 1998 mit dem Gesetz Nr. 9601 geschaffen. Einerseits gingen die gesetzlichen Regelungen der formalen Arbeitsbeziehungen von dem Prinzip eines auf Dauer angelegten Arbeitsverhältnisses aus, andererseits waren in Brasilien Mitte der neunziger Jahre – ungeachtet aller arbeitsrechtlicher Vorschriften – CLT-konforme Arbeitsverträge nur für etwa die Hälfte der Beschäftigten außerhalb der Landwirtschaft registriert (Cacciamali 1999: 214). Entgegen der Zielsetzung staatlicher Arbeitsgesetzgebung waren und sind den gesetzlichen Vorgaben entsprechende Arbeitsverträge in Brasilien keineswegs die Regel – und für weibliche Arbeitnehmerinnen noch weniger als für Männer, auch wenn Artikel 7 (XX) der Verfassung einen besonderen Schutz für den weiblichen Arbeitsmarkt vorsieht[13]. Die Reform der brasilianischen Arbeitsgesetzgebung zur Beseitigung der korporativistischen und syndikalistischen Legate ist politisch ein brisantes Thema, das daher bislang nur genauso zögerlich angegangen wurde wie die grundsätzliche Neuordnung der staatlichen Arbeitsmarktpolitik, die den Ansprüchen wirtschaftlicher Modernisierung und produktiver formeller Beschäftigungsverhältnisse gleichermaßen Rechnung zu tragen hätte.

Staatliche Vorschriften zum Bestandsschutz von Arbeitsverhältnissen führen tendenziell zu einer erhöhten Rotation der Arbeitskräfte. So hatten beispielsweise in Brasilien Ende der achtziger Jahre 47 Prozent der industriellen Arbeitnehmer und 61 Prozent der Arbeitnehmer im Handel eine Verweildauer von weniger als zwei Jahren an einem Arbeitsplatz (Gonzaga 1996: 17). Um die mit einer Kündigung verbundenen Kosten zu vermeiden, neigen die Unternehmen dazu, Arbeitsverträge vor Ablauf der Probezeit aufzulösen, da bei einer späteren Kündigung eine Kompensation für den Fortfall des Arbeitseinkommens gezahlt werden muss, die das Mehrfache des zuletzt gezahlten Monatseinkommens betragen kann. Staatliche Regulierungen zum Bestandsschutz von Arbeitsverhältnissen lassen sich auch dadurch umgehen, dass Arbeitsleistungen, die bisher im Unternehmen selbst erbracht wurden, „tertiärisiert" oder in den informellen Sektor ausgegliedert werden. Dies ist eine mögliche Erklärung für das signifikante Anwachsen der informellen Beschäftigung in Brasilien.

Dass die Gestaltung der Arbeitsbeziehungen und die staatlichen Regulierungen des Arbeitsmarktes im Zeitalter der Globalisierung nicht lediglich eine Wiederholung korporativistischer und/oder staatsinterventionistischer Politikmuster vergangener Dekaden sein können, wird heute auch in Brasilien von den politischen Entscheidungsträgern weitgehend anerkannt. Denn überall dort, wo die Arbeitsmärkte durch staatliche Regulierungen und tarifvertragliche Kartellbildung von Wettbewerb freigehalten wurden, musste man die leidvolle Erfahrung machen, dass die Privilegien der Arbeitsplatzinhaber tendenziell mit einer höheren Zahl derjenigen bezahlt werden, die keine Arbeit haben. In einer solchen Situation sind jedoch Veränderungen, die zur Schaffung neuer Arbeitsplätze führen können, nur schwer durchzusetzen, denn die

---

[13] Zur Benachteiligung von Frauen am Arbeitsmarkt in Brasilien vgl. *Lavinas* 1999.

Interessenvertreter der Privilegienbesitzer, d.h. der Inhaber von Arbeitsplätzen im formalen Sektor, sind als Verteidiger des *Status quo* in der Regel wenig verhandlungsbereit – und dies um so weniger, je knapper die privilegierten Arbeitsplätze sind, die den formalen Vorschriften entsprechen.

Deregulierung und Flexibilisierung müssen für die in der brasilianischen Volkswirtschaft anstehende Reform der staatlichen Arbeitsmarktpolitik und der Arbeitsgesetzgebung vorrangige Prinzipien sein. Da jedoch mit der menschlichen Arbeitskraft ein besonderes Gut gehandelt wird, sind für die Gestaltung der Arbeitsmärkte soziale Normen und historisch begründete Institutionen bedeutsamer als für Waren- und Kapitalmärkte (Altenburg et al. 1999: 59f). Eine Politik der Arbeitsmarktliberalisierung und -flexibilisierung unter völliger Vernachlässigung bestehender sozialer Wertmaßstäbe läuft Gefahr, mögliche Produktivitätszuwächse und Effizienzgewinne zu verspielen. Zudem bleibt auch in einem deregulierten und flexibilisierten Arbeitsmarkt die Fixierung von Mindestlöhnen für die in Brasilien große Gruppe der Erwerbstätigen ohne eigene Organisationskapazität und Verhandlungsmacht notwendig; die diesbezüglichen Regelungen in Artikel 7 (IV) und Artikel 39 § 2 der brasilianischen Verfassung gehen aber über diesen Personenkreis weit hinaus.

## 5.2 Reform der sozialen Sicherungssysteme

Dem aus den sozialstaatlichen Vorgaben der brasilianischen Verfassung abzuleitenden Ausgleichs- und Sicherungsprinzip staatlicher Sozialpolitik kann u.a. durch leistungsfähige soziale Sicherungssysteme Rechnung getragen werden. Zwar gibt es in Brasilien schon seit den vierziger Jahren des 20. Jahrhunderts ein System gesetzlicher Sozialversicherungen, aber deren personelle Reichweite ist begrenzt, ihre Verwaltung gilt als ineffizient, die finanziellen Mittel wurden häufig für versicherungsfremde Leistungen verwendet und sie sind hoch defizitär. Im Ergebnis konnten die gesetzlichen Sozialversicherungen die ihnen gestellten Sicherungsaufgaben nicht nur nicht erfüllen, sondern sie wirkten teilweise sogar kontraproduktiv oder dienten lediglich der Privilegierung kleiner Personengruppen. So wurden beispielsweise 1997 in Brasilien von der gesetzlichen Rentenversicherung 51 Prozent der Gesamtleistungen an 2,9 Millionen Rentner des öffentlichen Dienstes erbracht, während sich die übrigen 49 Prozent der Leistungen auf 16,5 Millionen Rentenempfänger aus der privaten Wirtschaft verteilten; die von dem *Instituto Nacional do Seguro Social* (INSS) gezahlte durchschnittliche Rente lag 1997 bei 200 *Reais*, während die Rentenempfänger des öffentlichen Dienstes im Durchschnitt 1.660 *Reais* erhielten[14].

Nicht nur Ineffizienz und eingebaute Anreize zum Missbrauch der Sozialversicherungen machen deren Reform unumgänglich; auch demographische Faktoren – wie die veränderte Altersstruktur der brasilianischen Bevölkerung und die längere Lebenserwartung – haben Einfluss auf die Leistungs- und Finanzierungsseite der Systeme staatlicher Kranken- und Rentenversicherungen. Mit den entsprechenden Verfassungsänderungen von 1999 sind Voraussetzungen geschaffen worden, um die gesetzli-

---

14 Vgl. die brasilianische Zeitschrift *Veja* vom 18.Februar 1998.

che Alterssicherung auf eine solidere finanzielle Basis zu stellen und dem Prinzip des Solidarausgleichs besser Rechnung tragen zu können.

Auch für Reformen des brasilianischen Gesundheitswesens waren verschiedene Verfassungsänderungen erforderlich. Die Gesundheitsausgaben pro Kopf der Bevölkerung liegen in Brasilien zwar deutlich über dem lateinamerikanischen Durchschnittswert, aber dennoch zeigen gesundheitsrelevante Indikatoren (wie z.B. Säuglingssterblichkeit, Lebenserwartung) für große Bevölkerungssegmente erhebliche Defizite bei der Versorgung mit Dienstleistungen des Gesundheitswesens an. Von den öffentlichen Ausgaben für das Gesundheitswesen kamen Anfang der neunziger Jahre nur 8 Prozent dem ärmsten Fünftel der brasilianischen Bevölkerung zugute (World Bank 2001: 81).

Mit der Verfassung von 1988 wurde das Gesundheitswesen Brasiliens als einheitliches, aber dezentralisiertes System (*Sistema Único de Saúde* – SUS) entsprechend dem öffentlichen Vertragsmodell gestaltet, bei dem die staatliche Finanzierung mit der privaten Erbringung der medizinischen Dienstleistungen kombiniert ist. Die öffentliche Hand auf den verschiedenen staatlichen Ebenen agiert nicht direkt als Anbieter von Gesundheitsleistungen, sondern sie nimmt hierfür private Anbieter unter Vertrag. Die finanziellen Mittel werden den Anbietern nicht unabhängig von der erbrachten Leistung im Rahmen eines globalen Budgets zugeteilt, sondern in Abhängigkeit von der tatsächlichen „Produktion", wobei die Ungewissheit über die Höhe der jährlich tatsächlich zur Verfügung stehenden Gelder das System tendenziell destabilisiert. Rein theoretisch ist bei diesem Modell aufgrund der öffentlichen Finanzierung eine universelle Deckungsbreite für die gesamte Bevölkerung gewährleistet, da alle Bevölkerungsgruppen unabhängig von ihrem Einkommen Zugang zu den Gesundheitseinrichtungen haben (horizontale Integration), aber es kann zu ausgeprägten regionalen Unterschieden in der Qualität der zur Verfügung stehenden Gesundheitsdienstleistungen kommen. Infolge der Separation der Funktionen, d.h. infolge der Trennung von Finanzierung und Erbringung der Dienstleistungen und des damit verbundenen Wettbewerbs zwischen den Anbietern auf dem medizinischen Markt, ist aber generell eine Steigerung der Effizienz des Gesundheitssystems zu erwarten. In der Praxis des brasilianischen Gesundheitswesens sind die theoretischen Vorteile des öffentlichen Vertragsmodells bisher nur zum Teil eingetreten. Aufgrund der zunehmenden Fragmentierung der Gesundheitseinrichtungen ergibt sich ein nur schwer zu kontrollierender Anstieg der Kosten. Da die Anbieter der Gesundheitsdienstleistungen auf einer *fee-per-procedure*-Basis entlohnt werden, stellt dies einen systemimmanenten Anreiz zur Ausweitung der Leistungen seitens der Anbieter dar und für bestimmte Nachfragegruppen bietet sich die Möglichkeit einer medizinischen Überversorgung auf Kosten der Allgemeinheit.

Solange die staatliche Sozialpolitik in Brasilien keinen nachvollziehbaren Prinzipien folgt und staatliche Umverteilungspolitik beliebig oder gar willkürlich erscheint, wird sie von den Steuer- und Abgabepflichtigen als ungerecht empfunden und sie werden versuchen, sich dem Abgabensystem zu entziehen, so dass die finanzielle Basis des sozialen Sicherungssystems erodiert. Es bedarf mithin eines gesellschaftlichen Konsens über die funktionale Bedeutung von Sozialpolitik für die wirtschaftliche Entwicklung und die demokratische Ordnung; von einer solchen Konsensbildung ist die brasilianische Gesellschaft aber noch weit entfernt. Voraussetzung für sozialstaatliche

Solidarität ist die Einbindung aller Bürger in die gesellschaftliche Kooperation. Für innergesellschaftliche Umverteilungsmaßnahmen bleiben auch bei marktorientierten Reformen der sozialen Sicherungssysteme Brasiliens Spielräume – vorausgesetzt, verbindliche und akzeptierte staatliche Regulierungen gewährleisten den Solidarausgleich. Es hängt von den Präferenzen einer Gesellschaft ab, welchen Aufwand für soziale Absicherung, zur Vorsorge für materielle Risiken und für die Solidarität mit den sozial Schwachen sie zu akzeptieren bereit ist.

Mit zunehmender Einbindung der brasilianischen Volkswirtschaft in die Weltwirtschaft und der notwendigen Anpassungen an Kostenstandards des Weltmarktes ist nicht das Ende sozialstaatlichen Handelns gekommen, wohl aber das Ende einer Sozialpolitik, wie sie in Brasilien seit Dekaden zur exklusiven Privilegierung bestimmter Bevölkerungsgruppen betrieben wurde. Der Globalisierungsprozess erfordert die Anpassung der sozialen Sicherungssysteme an die neuen Herausforderungen, er erzwingt aber keine sozialpolitische Abstinenz.

## 5.3  Reform der (Aus-)Bildungssysteme

Brasilien kann im internationalen Standortwettbewerb nur mithalten, wenn es auch über das notwendige Humankapital verfügt. Aber gerade bei der Schaffung von Humankapital, d.h. in den Bereichen der schulischen Bildung und der beruflichen Ausbildung, bestehen in der brasilianischen Gesellschaft erhebliche Defizite. Zwar gibt es in den Megapolen des Landes hervorragende Universitäten und (private) Schulen, die ihren Absolventen eine Ausbildung auf hohem Niveau vermitteln; aber der Mehrzahl der brasilianischen Kinder und Jugendlichen bleiben diese Möglichkeiten verschlossen. Arme brasilianische Kinder gehen in arme (staatliche) Schulen und zeigen im Durchschnitt armselige Lernresultate. Die kostenpflichtigen privaten Schulen erteilen bis zu doppelt so viele Unterrichtsstunden wie die öffentlichen Schulen, in denen der offizielle Lehrplan nur zu etwa der Hälfte eingehalten wird. Reprobationsraten von über 30 Prozent in den öffentlichen Schulen führten Anfang der neunziger Jahre dazu, dass im Durchschnitt elf Schuljahre benötigt wurden, um die achte Klasse zu absolvieren. Zwar beginnen heute 97 Prozent der Kinder Brasiliens eine Schulausbildung, aber über 30 Prozent der Kinder aus armen Familien verlassen das Schulsystem bereits vor Erreichen des fünften Schuljahrs. In einigen Städten des brasilianischen Nordostens geht etwa die Hälfte der Kinder zwischen 7 und 14 Jahren nicht zur Schule, landesweit gibt es schätzungsweise mindestens 3 Millionen brasilianische „Straßenkinder" ohne jegliche formale Ausbildung, obwohl Artikel 227 der Verfassung von 1988 allen Bürgern das Recht auf Erziehung und Ausbildung garantiert, das mit dem Gesetz Nr. 8069 von 1999 inhaltlich im Sinne eines umfassenden Bildungsbegriffs konkretisiert wurde. Nach wie vor wirkt das brasilianische Bildungssystem sehr selektiv zuungunsten der ärmeren Bevölkerungsschichten; da mit der Qualität des formalen (Aus-)Bildungsabschlusses tendenziell das Einkommen steigt, trägt der personell stark konzentrierte Prozess der Humankapitalbildung dazu bei, die ungleiche Einkommensverteilung in Brasilien zu perpetuieren.

Anders als frühere Verfassungen Brasiliens, welche die Schulpflicht durch einen Lebensalterabschnitt definierten (acht Jahre zwischen dem 7. und 14. Lebensjahr), bestimmt Artikel 208 der Verfassung von 1988, dass die Teilnahme an der Primarschul-ausbildung obligatorisch und in den öffentlichen Schulen kostenlos ist, und zwar auch für diejenigen, denen ein altersgemäßer Schulbesuch nicht möglich ist. Wenn den-noch ein Millionenheer brasilianischer Kinder und Jugendlicher keine oder nur eine prekäre schulische Ausbildung erhält, dann ist dies weniger eine Konsequenz unzurei-chender Bereitstellung staatlicher Mittel für Schulen, auch wenn es in abgelegenen ländlichen Gebieten und städtischen Peripherien an Schulen fehlt; das eigentliche Bil-dungsproblem Brasiliens liegt *innerhalb* der Schule (Schrader 1994: 384). Mitte der neunziger Jahre wendete der brasilianische Staat pro Grundschüler jährlich 526 US-Dollar auf (in Argentinien hingegen nur 421 US-Dollar) und die staatlichen Ausgaben für das Erziehungswesen sind in Brasilien von 3,6 Prozent des Bruttosozialprodukts im Jahre 1980 auf 5,1 Prozent im Jahre 1997 gesteigert worden (gegenüber 3,5 Prozent in Argentinien und 3,6 Prozent im lateinamerikanischen Durchschnitt), aber die Resul-tate sind nach wie vor unbefriedigend. Ein grobes Indiz für die defizitäre Bildungssi-tuation Brasiliens im internationalen Vergleich ist die durchschnittliche Dauer des Schulbesuchs; der „typische" Erwerbstätige in Brasilien im Alter von 25–65 Jahren hat die Schule lediglich 5,6 Jahre besucht, in Argentinien hingegen 9,9 Jahre und in Chile 9,2 Jahre (IDB 1998: 193). Für das zukünftige Entwicklungspotenzial Brasiliens be-deutet es eine schwere Hypothek, wenn 10 Prozent der männlichen Jugendlichen (im Alter von 15–24 Jahren) und 7 Prozent der weiblichen Jugendlichen offiziell als Anal-phabeten klassifiziert werden.

Sofern brasilianische Produzenten komparative Kostenvorteile durch niedrige Löh-ne für nicht- oder nur geringqualifizierte Arbeitskräfte haben, gehen diese Vorteile in dem Maße verloren, in dem Routinearbeiten durch die neuen Informations- und Kommunikationstechniken übernommen werden können, so dass es immer weniger Tätigkeiten für Ungelernte gibt. Entscheidend für die internationale Konkurrenzfä-higkeit einer Volkswirtschaft ist ihre technologische Innovationsfähigkeit. Denn die Fähigkeit, neues technisches Wissen hervorzubringen, es durch Produkt- und/oder Prozessinnovationen ökonomisch nutzbar zu machen, erhöht die Arbeitsproduktivität und damit auch das Realeinkommen. In den zukunftsfähigen, wissensbasierten Pro-duktionsprozessen werden ausgebildete Arbeitskräfte benötigt, die über Wissen verfü-gen und die Kompetenz besitzen, dieses Wissen anzuwenden. Dem müssen die brasi-lianischen (Aus-)Bildungssysteme durch zeitgemäße Lernorganisation und die Ver-mittlung von Schlüsselqualifikationen Rechnung tragen. Zudem müssen sich die Bil-dungssysteme dem Weiterbildungsdruck anpassen, der durch drastische verkürzte Halbwertzeiten von Wissen entsteht.

Zukünftig werden vermutlich diejenigen Gesellschaften die höchsten Außenhan-delsgewinne erzielen können, denen es gelingt, sich im Rahmen der internationalen Arbeitsteilung auf Bereiche mit hohen technologischen Anforderungen zu spezialisie-ren. Zielgerichtete Investitionen in die Humankapitalbildung sind daher in Brasilien dringend notwendig, um für die Weltmarktintegration gerüstet zu sein. Denn nicht die Quantität von Arbeitskräften ist zukünftig von Bedeutung, sondern deren Quali-tät. Die breitenwirksame Qualifizierung von Humankapital erfordert eine klar defi-nierte Erziehungs-, Wissenschafts- und Technologiepolitik; hier liegen die vielleicht größten politischen Herausforderungen für Brasilien mit seinen derzeit schätzungs-weise 19 Millionen erwachsenen Analphabeten.

## 6. Wirtschaftsreformen und Verfassungswirklichkeit

Nachhaltige Erfolge der Wirtschaftsreformen in Brasilien hängen nicht allein von dem politischen Willen der Regierung ab. Es muss auch eine hinreichende Kapazität vorhanden sein, die Wirtschaftsreformen auf der operativen Ebene zu implementieren, was sowohl administrative Kompetenz als auch politische Geschicklichkeit im Umgang mit wichtigen Interessengruppen bedeutet. Und vor allem müssen Regierung und Gesellschaft die Notwendigkeit von Wirtschaftsreformen als in ihrem eigenen Interesse stehend akzeptieren.

Damit wirtschaftspolitische Reformen in einer demokratischen Gesellschaft positive Resultate erbringen können, genügt es nicht, durch Verfassungsänderungen die konstitutionellen Voraussetzungen zu schaffen. Verfassungsänderungen sind gegebenenfalls eine notwendige, aber keine hinreichende Bedingung für Wirtschaftsreformen. Realstatus erlangen solche Reformen erst dadurch, dass sie auch verhaltensmäßig implementiert werden, d.h., dass die wirtschaftlichen Akteure die veränderten institutionellen Arrangements mit ihrem Verhalten tatsächlich funktionieren lassen und insofern mit ihrem Verhalten die demokratische Anerkennung der Reformen zum Ausdruck bringen. Wirtschaftspolitische Reformen müssen in dem Sinne institutionalisiert werden, dass sie sich in Handlungsregelmäßigkeiten und Handlungsgewohnheiten niederschlagen. Akzeptierte und stabile Institutionen grenzen Handlungsmöglichkeiten aus und errichten individuelle Freiheitsschranken, sie machen Aktionen transparent und senken die Transaktionskosten der Akteure. Zudem bringt ein höherer Grad an Institutionalisierung eine geringere Personalisierung der Politik mit sich, wodurch die Einflussmöglichkeiten von Interessengruppen auf (wirtschafts-)politische Entscheidungsträger tendenziell sinken.

Unzureichende Institutionalisierung ist ein Manko nicht nur der Wirtschaftspolitik in Brasilien, die sich in der Vergangenheit eher durch eine bemerkenswerte Flexibilität (oder auch: Willkürlichkeit) bei der Anwendung der institutionell gesetzten „Spielregeln" charakterisieren ließ, als durch dauerhafte Regelgebundenheit, Berechenbarkeit und Transparenz; das mag unter Umständen funktional für das Erreichen konkreter Politikziele gewesen sein, ist aber der Stabilität von Wirtschaftssystemen abträglich – und auch dem Konsolidierungsprozess von Demokratie.

Exemplarisch für den flexiblen Umgang mit einem Verfassungsauftrag ist die Umweltschutzpolitik in Brasilien. In Artikel 225 der Verfassung von 1988 ist das Grundrecht auf eine Umwelt im ökologischen Gleichgewicht festgeschrieben. Zudem nennt dieser Verfassungsartikel Grundsätze für die gesetzliche Regelung des Umwelt- und Naturschutzes und er verankert das Verursacherprinzip für die Beseitigung von Umweltschäden. Verfassungsrang hat gemäß Artikel 225 auch der Schutz des tropischen Regenwalds im Amazonasgebiet, dessen Nutzung als „nationales Erbe" gesetzlich so zu regeln ist, dass die Umwelt erhalten bleibt. Dennoch schreitet die Vernichtung der natürlichen Waldflächen im brasilianischen Amazonasgebiet voran und dem tropischen Regenwald wird auch weiterhin von mehreren Fronten her der Garaus gemacht. Zum einen ist die fortschreitende Regenwaldzerstörung armutsbedingt: nach wie vor dringen unzählige Siedler auf der Suche nach Überlebensmöglichkeiten in die amazonischen Regenwaldgebiete vor; zum anderen tragen kapitalkräftige nationale und internationale Gruppen durch Ressourcenextraktion (Holzeinschlag oder Bergbau) sowie mit der Ausweitung des *agrobusiness* (Plantagen und großbetriebliche Rinderweidewirtschaft) zur irreversiblen Vernichtung der Primärwälder bei (Coy 1995: 143).

Auch nach dem Ende des Militärregimes hat die brasilianische Regierung versucht, die kritische Diskussion der Entwicklungsproblematik Amazoniens als „subversiv" oder als „Einmischung in die inneren Angelegenheiten" zurückzuweisen. Zwar lancierte Präsident *Sarney* im Oktober 1988 das Umweltschutzprogramm *Nossa Natureza*, aber es beinhaltete nicht viel mehr als die Neuordnung administrativer Zuständigkeiten im Umweltschutzbereich sowie einige vordergründige Korrekturen, wie z.B. ein zeitlich befristetes Exportverbot für unbearbeitete Tropenhölzer ab einer bestimmten Stammstärke. Erst Präsident *Collor de Mello* zeigte sich bereit, die bisherige Defensivstrategie der brasilianischen Regierung in der Umweltdebatte aufzugeben und mit der Berufung des international renommierten Ökologen *José Lutzenberger* zum Staatssekretär für Umweltschutz wurde ein öffentlichkeitswirksames Signal für die neue Dialogbereitschaft gesetzt.

Ungeachtet der seit 1988 geltenden Bestimmungen des Verfassungsartikels 225 haben sich die durchschnittlichen Waldverluste in Amazonien während der ersten Hälfte der neunziger Jahre des 20.Jahrhunderts gegenüber der Periode 1978–88 sogar noch erhöht, so dass bis 1996 fast 13 Prozent der tropischen Regenwälder im brasilianischen Amazonasgebiet vernichtet waren (Kohlhepp 1998: 13). Erst vor dem Hintergrund der internationalen Diskussion um die Erhaltung und nachhaltige Nutzung der tropischen Regenwälder und der in Rio de Janeiro 1992 anläßlich der UN-Umwelt- und Entwicklungskonferenz verabschiedeten Rahmenkonvention beschloss die brasilianische Regierung schließlich, sich aktiv an dem internationalen „Pilotprogramm zum Schutz der tropischen Regenwälder Brasiliens" zu beteiligen (das von der deutschen Bundesregierung maßgeblich mitfinanziert wird). Damit ist zwar der Regenwaldzerstörung nicht unmittelbar Einhalt geboten, aber es werden Bedingungen für partizipatives Handeln im Sinne der Nachhaltigkeit geschaffen und alternative, umweltverträgliche Bewirtschaftungsmethoden für die regionale Bevölkerung eröffnet – die aber erst wirksam werden können, wenn die dazu notwendigen Maßnahmen auch politisch durchgesetzt werden.

In dem Text der brasilianischen Verfassung von 1988 läßt sich ein sozialethisch und sozialemanzipatorisch geprägtes Leitbild erkennen, an dem sich entwicklungsstaatliches Handeln orientieren soll, dessen Ziel das Vorhandensein körperlichen, sozialen und mentalen Wohlbefindens aller Bürger in einer dauerhaft lebenswerten Umwelt ist, und dies wiederum verstanden als notwendige Voraussetzung für Selbstverantwortlichkeit und Partizipationsfähigkeit der Menschen. Die Verfassungswirklichkeit Brasiliens sieht freilich anders aus. Mitte der neunziger Jahre wurden fast 44 Prozent der Bevölkerung – rund 70 Millionen Menschen – als arm klassifiziert und ca. 24 Prozent (28 Millionen) als extrem arm; mit einem Gini-Index von 60,1 wies Brasilien 1995 eine der weltweit ungleichesten Einkommensverteilungen auf, bei der die 10 Prozent an der Spitze der Einkommenspyramide 48 Prozent des gesamten Einkommens erzielten, während auf die 20 Prozent der Bevölkerung mit den niedrigsten Einkommen nur 2,5 Prozent des Gesamteinkommens entfielen (World Bank 2000: 236, 238).

Gemessen an der gesamtwirtschaftlichen Wertschöpfung gehört Brasilien zu den zehn größten Volkswirtschaften der Welt und das Land hat das Potenzial, seine Rolle als regionale Wirtschaftsgroßmacht in Lateinamerika zu behaupten und auszubauen. Die Aktivierung dieses Potenzials erfordert jedoch mehr als marktorientierte wirtschaftspolitische Reformen. Brasilien sieht sich mit dem Dilemma konfrontiert, dass trotz wirtschaftlichen Wachstums das gravierende Armutsproblem nicht gelöst wird. Zudem drohen Gewalt, Kriminalität und Korruption sowie die Erosion des „Sozialkapitals" an Vertrauen, Verantwortungsbewußtsein und Gemeinsinn den wirtschaftlichen Reform- und Modernisierungsprozess zu unterminieren.

Die brasilianische Gesellschaft ist zur Lösung ihrer vielfältigen Probleme und zur Erfüllung der hohen Erwartungen ihrer Bürger auf ökonomische Erfolge angewiesen; gerade deswegen muss sie die notwendigen wirtschaftspolitischen Reform- und Anpassungsmaßnahmen durchführen. Aber nur wenn es auch gelingt, den wirtschaftlichen Reformprozess mit einer Lösung der gesellschaftlichen Partizipationskrise zu verbinden, bestehen Chancen zu einer Entwicklung in Brasilien unter demokratischen Vorzeichen, die mit einer breiter gestreuten Teilhabe an der Nutzung ökonomischer Ressourcen und ihrer Erträge einher geht. Erst dann kann die sozial- und entwicklungsstaatliche Substanz des Verfassungstextes von 1988 auch Verfassungswirklichkeit werden.

## Literatur

*Abrúcio, Fernando Luiz; Costa, Valeriano Mendes Ferreira* (1999): Reforma do estado e o contexto federativo brasileiro, São Paulo: Fundação Konrad-Adenauer-Stiftung, 2.Auflage, 187 S. (= Série Pesquisas, 12).

*Altenburg, Tilman; Qualmann, Regine; Weller, Jürgen* (1999): Wirtschaftliche Modernisierung und Beschäftigung in Lateinamerika. Zielkonflikte und Lösungsansätze. Berlin: Deutsches Institut für Entwicklungspolitik, 84 S.(= Berichte und Gutachten, 13).

*Baer, Werner; Paiva, Cláudio* (1996): „Brasiliens inflationäre Erblast und der Plano Real", in: Calcagnotto, Gilberto; Fritz, Barbara (Hrsg.), Inflation und Stabilisierung in Brasilien: Probleme einer Gesellschaft im Wandel, Frankfurt am Main: Vervuert, S.66–93 (= Schriftenreihe des Instituts für Iberoamerika-Kunde Hamburg, 43).

*Bevilaqua, Afonso S.; Werneck, Rogério L.F.* (2000): „Demora de las reformas del sector público: tensiones tras la estabilización en Brasil", in: Talvi, Ernesto; Végh, Carlos (Hrsg.), ¿Cómo armar el rompecabezas fiscal? Nuevos indicadores de sostenibilidad, Washington, D.C.: Banco Interamericano de Desarrollo, S.85–138.

*Cacciamali, Maria Cristina* (1999): „Desgaste na legislação laboral e ajustamento do mercado de trabalho brasileiro nos anos 90", in: Organização Internacional do Trabalho/Ministério do Trabalho e Emprego (Hrsg.), Abertura e ajuste do mercado de trabalho no Brasil: políticas para conciliar os desafios de emprego e competitividade. São Paulo: Editora 34, S.207–231

*Coy, Martin* (1996): „Sozio-ökonomische und ökologische Probleme der Pionierfrontentwicklung in Amazonien: Beispiele aus Rondônia und Nord-Mato Grosso", in: Briesemeister, Dietrich; Rouanet, Sergio Paulo (Hrsg.), Brasilien im Umbruch: Akten des Berliner Brasilien-Kolloquiums vom 20.-22.September 1995, Frankfurt am Main: TMF – Teo Ferrer de Mesquita, S.141–163 (= Biblioteca Luso-Brasileira, 2).

*Falcao, Rui* (1986): „A República que fez plástica", in: Koutzii, Flavio (Hrsg.), Nova República: um balanço, Porto Alegre: L&PM Editores, S.26–44.

*Fuhr, Harald* (2000): „Staatsreform und Verwaltungsmodernisierung: Zur neuen Rolle des Staates in Lateinamerika", in: Hengstenberg, Peter; Kohut, Karl; Maihold, Günther (Hrsg.), Zivilgesellschaft in Lateinamerika: Interessenvertretung und Regierbarkeit, Frankfurt am Main: Vervuert, S.467–497.

*Gonzaga, Gustavo* (1996): Rotatividade, qualidade do emprego e distribuição de renda no Brasil. Rio de Janeiro: PUC, Departamento de Economia, 25 S. (= Texto para Discussão, 355).

*IDB* [Inter-American Development Bank] (1998): Facing up to inequality in Latin America. Economic and social progress in Latin America 1998–1999 report, Washington, D.C.: Inter-American Development Bank, 282 S.

*Kohlhepp, Gerd* (1998): „Tropenwalderhaltung in Brasilien. Umweltpolitische Strategien zum Schutz und zur nachhaltigen Nutzung der Regenwälder", in: Bodemer, Klaus et al. (Hrsg.), Lateinamerika Jahrbuch 1998, Frankfurt am Main: Vervuert, S. 9–34.

*Krumwiede, Heinrich-W.; Nolte, Detlef* (1999): Die Rolle der Parlamente in den lateinamerikanischen Regierungssystemen, Sankt Augustin: Konrad-Adenauer-Stiftung, 173 S.

*Lagemann, Eugenio* (1992): Zur Reform des brasilianischen Steuersystems. Inaugural-Dissertation der Wirtschaftswissenschaftlichen Fakultät der Universität Heidelberg, Heidelberg 1992, 384 S.

*Lamounier, Bolívar* (1998): „La reforma institucional en Brasil: proyectos y resultados 1985–1993", in: Nohlen, Dieter; Fernández B., Mario (Hrsg.), El presidencialismo renovado: instituciones y cambio político en América Latina, Caracas: Nueva Sociedad, S. 233–251.

*Lamounier, Bolívar; Muszynski, Judith* (1993): „Brasilien", in: Nohlen, Dieter (Hrsg.), Handbuch der Wahldaten Lateinamerikas und der Karibik, Opladen: Leske + Budrich, S. 127–136 (= Politische Organisation und Repräsentation in Amerika, 1).

*Lavinas, Lena* (1999): „As recentes políticas públicas de emprego no Brasil e sua abordagem de género", in: Organização Internacional do Trabalho; Ministério do Trabalho e Emprego (Hrsg.), Abertura e ajuste do mercado do trabalho no Brasil: políticas para conciliar os desafios de emprego e competitividade, São Paulo: Editora 34, S. 79–203.

*Nohlen, Dieter* (Hrsg.) (1993): Handbuch der Wahldaten Lateinamerikas und der Karibik, Opladen: Leske + Budrich, 816 S. (= Politische Organisation und Repräsentation in Amerika, 1).

*Paul, Wolf* (1994): „Verfassungsgebung und Verfassung", in: Briesemeister, Dietrich et al. (Hrsg.), Brasilien heute: Politik, Wirtschaft, Kultur, Frankfurt am Main: Vervuert, S. 197–206 (= Bibliotheca Ibero-Americana, 53).

*Pinheiro, Joao César de Freitas* (1996): Companhia Vale do Rio Doce: o engasgo dos neoliberais, Belo Horizonte: Centro de Documentação e Informação Ltda., 144 S.

*República Federativa do Brasil* (1988): Constituição da República Federativa do Brasil, Brasília: Senado Federal, 292 S.

*Sangmeister, Hartmut* (³1995): „Brasilien", in: Nohlen, Dieter; Nuscheler, Franz, Handbuch der Dritten Welt, Band 2: Südamerika, 1. Nachdruck der 3. Auflage, Bonn: Verlag J. H. W. Dietz Nachfolger, S. 219–276.

–: (2000): „Lateinamerikas wirtschaftliche Entwicklung im Zeitalter der Globalisierung", in: Hirsch-Weber, Wolfgang; Nolte, Detlef (Hrsg.): Lateinamerika: ökonomische, soziale und politische Probleme im Zeitalter der Globalisierung, Hamburg: Institut für Iberoamerika-Kunde, S. 9–28 (= Beiträge zur Lateinamerikaforschung, 6).

–: (2001): Zehn Jahre MERCOSUR: eine Zwischenbilanz. Berlin: Ibero-Amerikanisches Institut Preußischer Kulturbesitz, 32 S. (= Ibero-Analysen, 9).

*Santos, Fabiano* (2001): „Die Verfassung von 1988 und die präsidiale Republik", in: KAS-Auslandsinformationen, 17 (2001), Heft 2, St. Augustin: Konrad-Adenauer-Stiftung, S. 108–117.

*Schrader, Achim* (1994): „Bildung", in: Briesemeister, Dietrich et al. (Hrsg.), Brasilien heute: Politik, Wirtschaft, Kultur, Frankfurt am Main: Vervuert, S. 384–403 (= Bibliotheca Ibero-Americana, 53).

*World Bank* (2000): Entering the 21st century. World development report 1999/2000, New York: Oxford University Press, 300 S.

–: (2001): Attacking poverty. World development report 2000/2001, New York: Oxford University Press, 335 S.

# Ist die chinesische Tradition eine Quelle zur Gestaltung moderner Herrschaft des Rechts?

von

## Xie Hui[*]

Professor für Rechtstheorie an der Shandong-Universität, Jinan, VR China

übersetzt von

## Robert Heuser[**]

Professor für chinesische Rechtskultur an der Universität Köln

Zusammen mit der in den neunziger Jahren in China auftretenden wissenschaftlichen Strömung des Kulturkonservatismus (*wenhua baoshouzhuyi*[1]) entstand in der Rechtswissenschaft eine Strömung, deren Anliegen es ist, im chinesischen Altertum, d.h. der sich über mehrere Jahrtausende erstreckenden Epoche, die Mitte des 19. Jahrhunderts mit dem Auftreten der westlichen Kultur in Ostasien ein Ende fand, Strukturen und Elemente moderner Rechtsherrschaft (*fazhi*) zu orten und sie für die Bedürfnisse der Gegenwart nutzbar zu machen. Der Autor ist der Ansicht, daß in einer Zeit, in der die von den Reformen veranlaßten Entwicklungen in allen Bereichen der Gesellschaft mit dem Konzept der Rechtsherrschaft unmittelbar verbunden sind, es unverzichtbar geworden ist, das Konzept der Herrschaft des Rechts von diversen Standpunkten aus zu analysieren und zu erörtern, weswegen die Entstehung verschiedener dieses Konzept betreffende Denk- und Schulrichtungen unausbleiblich ist.

---

[*] Die ursprüngliche Fassung der Studie erschien unter dem Titel „Fazhi baoshou zhuyi sichao pingxi. Yu Su Li xiansheng duihua", (Kritik der wissenschaftlichen Strömung des Rechtsherrschaftskonservatismus. Eine Auseinandersetzung mit Herrn Su Li) in „Faxue yanjiu" (Peking) 1988, Nr. 6, S. 50–59. Der Übersetzer konnte die Thesen dieser Studien im Oktober 2000 mit dem Autor in Jinan erörtern.

[**] Die laufenden Anmerkungen stammen vom Autor; die vom Übersetzer hinzugefügten durch Buchstaben gekennzeichneten Anmerkungen finden sich am Ende der Studie.

[1] Tatsächlich ist der Kulturkonservatismus nicht eigentlich „konservativ"; der Ausdruck ist nur eine kurzgefaßte Formulierung für eine Haltung, die in einer intensiven Verehrung des Altertums besteht. Unter den Umständen des gewaltigen Wandels, dem China derzeit unterliegt, bedeutet dieser Komplex der Altertumsverehrung eine durchaus extremistische Einstellung.

# I. Die wissenschaftliche Strömung des Rechtsherrschaftskonservatismus und ihr kultureller Hintergrund

Die historischen Fakten sozialer Umwälzungen in China und im Ausland zeigen, daß jede bedeutende soziale Umwälzung eine bunte Vielfalt gelehrten Denkens hervorbringt; besonders dann, wenn die gesellschaftliche Umwandlung in Form eines „Strukturwandels" (*bian fa*) vonstatten ging, war das Nachdenken über Fragen wie die Werttendenz des Rechts, die Wahl der Methoden oder die Auswahl der Ressourcen, sei es nun konservativ, radikal oder gemäßigt, in der Geschichte stets vorhanden. Von der durch die Reformen des Zi Chan (im 6. Jahrhundert v. Chr.) veranlaßten Kontroverse zwischen diesem und Shu Xiang [a]), über den durch die Reformen des Wang Anshi (im 11. Jahrhundert n. Chr.) herbeigeführten Gegensatz zwischen Alter und Neuer Partei[b]), bis hin zu der durch die Reformen am Ende der Qing-Dynastie (letzte Dekade des 19. und erste Dekade des 20. Jahrhunderts) veranlaßten Debatte zwischen den Vertretern der „Wahrung konfuzianischer Ethik" (*lijiao pai*) und der „Reform durch Gesetzgebung" (*fali pai*)[c]) bestätigt in China jede Umwälzung diese Einschätzung. Und auch im neuzeitlichen Europa teilte sich die geistige Vorhut von Rechtsreformbewegungen in Konservative und Radikale, wobei erstere die Werthaftigkeit der Kultur des eigenen Landes und die Vernünftigkeit eines allmählichen Wandels betonten, während letztere davon ausgingen, daß die Kultur des eigenen Landes gerade Gegenstand der Umwälzung des Rechtssystems ist, weswegen man die Ressourcen dazu aus dem Ausland zu beziehen habe. In Frankreich sind insofern Montesquieu und Rousseau, beides Gelehrte, deren Aufmerksamkeit besonders dem Aufbau der Institutionen galt, repräsentativ. Montesquieu nahm eine deutlich kulturkonservative Position ein, indem er ein allmähliches Fortschreiten betonte und einer Indienststellung der in Frankreich bereits vorhandenen Kulturressourcen das Wort redete. Rousseau befürwortete dagegen einen abrupten Wandel, die Beseitigung der gesamten kulturellen Überlieferung und die Errichtung einer neuen französischen Kultur.[2] In Deutschland war es Savigny, der Hauptvertreter der Historischen Rechtsschule, der eine deutlich konservative Richtung vertrat, während der eine neoutilitaristische Rechtswissenschaft repräsentierende Jhering radikalere Tendenzen zeigte. Fragen wie das Verhältnis von Recht und Volksgeist, die Möglichkeit, aus dem römischen Recht „konstante und allgemeine Faktoren" zu abstrahieren oder die Existenz von „allen zivilisierten Ländern gemeinsamen Rechtsprinzipien" wurden einer kontroversen und tiefschürfenden Debatte unterzogen.[3] Diese Fakten bieten uns ein lebhaftes Anschauungsmaterial dazu, wie im Umbruch befindliche Gesellschaften unvermeidbar mit radikalen, ja antagonistischen Doktrinen einhergehen können.

Die allgemeine Erfahrungen der oben dargelegten konservativen und radikalen Richtungen im Prozeß des sozialen Umbruchs sind auch im gegenwärtigen China eine unbestreitbare Tatsache. Die im China des 20. Jahrhunderts vonstatten gegange-

---

[2] Es wird auch behauptet, daß darin keine eigentliche Neuerung lag, sondern ein Wiederaufleben fanatischer Religionstraditionen des Mittelalters in Frankreich, nur eine Verwandlung religiösen Fanatismus' in Fanatismus des gesamten Volkes. Vgl. *Zhu Xueqin*, Der Untergang des moralidealen Staates (*Dade lixiang guo de fumie*), Shanghai 1994, S. 93f.

[3] Vgl. *He Qinhua*, Geschichte der westlichen Rechtswissenschaft (*Xifang faxue shi*), Peking 1996, S. 205ff.

nen drei großen Umbrüche – Umsturz des Kaisersystems (1911), Errichtung der Volksrepublik (1949) und die Periode von Reform und Öffnung nach außen (seit 1979) – halten insofern jedem Vergleich mit den bedeutsamen Umwälzungen der Menschheitsgeschichte stand. Es genügt, dazu auf zwei Punkte hinzuweisen: Zum einen gingen diese Umbrüche in einem Staatswesen mit 5 000-jähriger Kaisertradition vonstatten. Sie konnten zwar bereis die Kontinuität der Monarchie und in großem Umfang auch die Kulturkontinuität erfolgreich unterbrechen; da jedoch die Vorstellung der Kontinuität des kaiserlichen Systems fortexistiert, die Psychologie der Kulturkontinuität noch sehr stabil ist, wirken sie von der ländlichen Gesellschaft nach wie vor entscheidend auf die städtische Gesellschaft ein. Zum anderen gehen diese Umbrüche in dem bevölkerungsreichsten Land der Erde vonstatten. In einem derart gigantischen Staatswesen hat jedweder Systemumbruch weltweite Auswirkungen, geschweige denn solch grundlegende Umwälzungen wie die von der Monarchie zur Republik, von der halbkolonialen und halbfeudalen zur sozialistischen Gesellschaft, vom Sozialismus des planwirtschaftlichen zum Sozialismus des marktwirtschaftlichen Modells. In derart historischen Umbrüchen von welterschütternder Bedeutung ist Pluralität des Denkens, Nichtübereinstimmung der Behauptungen unvermeidlich und normal.

Der in China auftretende Rechtsherrschaftskonservatismus ist im wesentlichen die theoretische Befürwortung, hauptsächlich mit Ressourcen des eigenen Landes die Herrschaft des Rechts in China zu errichten. Nach dem vom Autor überblickten Material läßt sich diese Befürwortung im großen und ganzen in drei Arten einteilen: (1) Der Kulturdeterminismus (*wenhua xingzhi jueding lun*) ist der Ansicht, daß das charakteristische Merkmal der chinesischen Kultur die konfuzianische Ethik (*lijiao*) sei, die eine Herrschaft des Rechts nicht hervorbringen könne; da es äußerst schwer sei, diese zur Gewohnheit gewordene Kultur zu ändern, könne nur ein allmählicher Wandel in Frage kommen. Repräsentativ für diese Sichtweise sind der bekannte Gelehrte Liang Shuming (1893–1988) und Philosophen der jüngeren Generation wie Xie Xialing[4], in der Rechtswissenschaft ist hier vor allem der bekannte Gelehrte Wu Shuchen zu nennen.[5] (2) Die Lehre des „sympathischen Verstehens" (*tongqing lijie lun*) unterschei-

---

[4] Liang Shuming ist der Auffassung, daß die chinesische und westliche Kultur Wege verschiedener Richtungen beschritten haben, weswegen China „wie lange es auch fortschreitet, es doch niemals zu den vom Westen erreichten Orten gelangen kann" (vgl. *Liang Shuming*, Die östliche und westliche Kultur und ihre Philosophie [*Dong-xifang wenhua ji qi zhexue*], Shanghai 1987, S. 65). Xie Xialing führt aus, daß „ein Junge, wenn er erwachsen geworden ist, ein Mann ist und nicht zu einer Frau werden kann, und ein erwachsen gewordenes Mädchen eine Frau ist und nicht zum Mann werden kann. Ein modernisiertes China ist immer noch eine ‚chinesische Gesellschaft (eine Gesellschaft der Ethik mit dem Merkmal der Personenherrschaft)' und kann nicht zu einer ‚westlichen Gesellschaft (einer Gesellschaft der Rationalität mit dem Merkmal der Gesetzesherrschaft)' werden." (Vgl. *Xie Xialing*, Die chinesische Gesellschaft ist eine Gesellschaft der Ethik [„Zhongguo shehui shi lunli shehui"], in: Shehuixue yan jiu 1996, Nr. 6).

[5] Wu Shuchen ist der Ansicht, daß das chinesische Recht die drei Zeitalter der „Moralherrschaft (*lizhi*) und des Fallrechts (*panlifa*)", der „Gesetzesherrschaft (*fazhi*) und des geschriebenen Rechts (*chengwenfa*)" sowie der „kombinierten Herrschaft von Moral- und Gesetzesregeln (*li fa zhi*), eines Mischrechts (*hunhefa*)" durchlaufen hat und führt aus: „Das Mischrecht (*hunhefa*) Chinas ist weder identisch mit dem geschriebenen (kodifizierten) Recht des kontinentaleuropäischen, noch mit dem Fallrecht des anglo-amerikanischen Rechtskreises, sondern vereinigt die Stärken beider. Unter der Monarchie ergänzten geschriebenes Recht und Fallrecht sich gegenseitig, waren sich gegenseitig Ursache und Wirkung, eine Art Kreisbewegung. Das Mischrecht Chinas ist das grundlegende Merkmal des chinesischen Rechtskreises (*zhong-*

det sich von der Sichtweise des Kulturdeterminismus in folgendem: Letztere besitzt gegenüber der chinesischen Kultur der konfuzianischen Ethik eine starke Gemütsaffinität, während erstere lediglich ein „sympathisches Verstehen" betont, tatsächlich jedoch angesichts der angehäuften, festgefügten chinesischen Rechtskultur resigniert. Ihr Hauptvertreter ist Liang Zhiping.[6] (3) Die Lehre der „wissenschaftlichen" Rechtskultur („kexue" fa wenhua lun): Ihr theoretischer Ausgangspunkt ist Geertz' These, wonach „law local knowledge" ist[d] und folgert daraus, daß chinesische Rechtsherrschaft nur chinesischer Lokalität sein kann, weswegen „in der Gegenwart die Rechtsherrschaft nicht durch „Strukturreform" (bianfa) oder Transplantation von Fremden errichtet werden kann, sondern aus den eigenen Ressourcen Chinas im Wege der Evolution zu entwickeln ist". „Das wichtigste Merkmal des Rechts ist Wahrung von Stabilität, es ist eine konservative soziale Kraft."[7] Hauptvertreter dieser Lehre ist Su Li.

Sobald diese Strömung des Rechtsherrschaftskonservatismus hervorgetreten war, traf sie in der Rechtswissenschaft gleich auf Zustimmung und wurde zu einer der auffälligsten Erscheinungen in der gegenwärtigen chinesischen Rechtswissenschaft. Warum konnte es dazu kommen? Ich bin der Ansicht, daß dabei die folgenden gegensätzlichen Faktoren zusammenwirken:

(1) Der China-Faktor. Man erinnert sich noch gut an das „Kulturfieber", das in den achtziger Jahren mit ungeheurer Gewalt losbrach. Sein grundlegendes Anliegen bestand darin, sich über die traditionelle Kultur Chinas Rechenschaft zu geben und eine Reihe von Fragen, die sich seit der Gründung der VR ergeben hatten, unter kulturspezifischem Aspekt neu zu überdenken und dabei hervorzuheben, daß wirtschaftliche und politische Reform mit dem Wandel der Kulturidee (wenhua guannian) zu beginnen hat. Die politischen Unruhen des Jahres 1989 und besonders das seit 1993 vonstatten gehende rasante Wirtschaftswachstum veranlaßte einige bisher eher ratlose Intellektuelle dazu, den Wert eines allmählichen Fortschreitens der Reform größere Aufmerksamkeit zu schenken, die Frage der kulturellen Kontinuität neu zu durchdenken und im allmählichen Wandel der Tradition einen erfolgreichen Weg zu erkennen,

---

hua faxi) und kündet von der Entwicklungsrichtung der Weltrechtskultur" (vgl. Wu Shuchen, Untersuchungen zur chinesischen Rechtskultur [Zhongguo falü-wenhua tansuo], Beijing 1987).

[6] Liang Zhiping war früher ein aktiver Bewunderer westlicher und radikaler Kritiker chinesischer Rechtskultur, was aus seiner während der achtziger Jahre in „Du Shu" erschienenen Artikelserie ersichtlich ist. Später jedoch legte er nicht mehr so viel Gewicht auf einen wertenden Vergleich chinesischer und westlicher Kultur und führte in seiner Aufsatzsammlung „Rechtserörterungen (Fabian)" aus: „Vielleicht entdeckt der aufmerksame Leser, daß zwischen den in diesem Buch enthaltenen Essays ‚Rechtserörterungen' (geschrieben Anfang 1986) und ‚Tod und Wiedergeburt' (geschrieben 2. Jahreshälfte 1988) eine Gedankenspur wahrnehmbar ist, d.h. daß ich feststellte, daß dann, wenn ich so weit wie möglich ein subjektives Bewerten unterlasse und in objektiver, unparteiischer Haltung Recht und Kultur des chinesischen Altertums und ihr Verhältnis zueinander studiere, sich allmählich ein neues Verständnis traditionellen Rechts und traditioneller Kultur herausgebildet hat, eben das, was man „sympathisierendes Verstehen (tongqing de lijie) genannt hat." Er bezeichnet diesen Wandel als „subtil und sinnreich" (Liang Zhiping, Rechtserörterungen – Vergangenheit, Gegenwart und Zukunft des chinesischen Rechts [Fabian – Zhongguo fa de guoqu, xianzai, weilai], Guizhou 1992, S. 280f.). Aus heutiger Sicht ist sein Wandel keineswegs subtil, sondern gewaltig. Ein Gelehrter, der eine ähnliche Positionsveränderung vollzogen hat, ist Hao Tiechuan, wie aus dessen Arbeiten „Konfuzianisches Denken und gegenwärtiges chinesisches Rechtssystem", Zhengzhou/Henan 1994 und „Grenzen der Internationalisierung des chinesischen Rechts", in: Changbai luncong 1996, Nr. 5, zu ersehen ist.

[7] Su Li, Die Herrschaft des Rechts und ihre heimische Ressourcen (Fazhi ji qi bentu ziyuan), Peking 1996, S. 17.

um schließlich die Flagge des Kulturkonservatismus zu hissen. In der Rechtswissenschaft führte man einerseits den Gedankengang der achtziger Jahre fort, andererseits führte der umfassende Wandel der akademischen Welt in den neunziger Jahren die Rechtsgelehrten dazu, einige Fragen von neuem zu durchdenken, was sich zuerst in vergleichenden Studien zur chinesisch-westlichen Rechtskultur niederschlug, sich dann in Überlegungen zum Verhältnis der Lokalisierung (*bentuhua*) und Internationalisierung (*guojihua*) des chinesischen Rechts fortentwickelte, woraus sich am Ende die Richtung des Rechtsherrschaftskonservatismus herausbildete. Dies ist der ideenkulturelle Hintergrund des Rechtsherrschaftskonservatismus.

(2) Der internationale Faktor. Der abrupte politische Umschwung und der wirtschaftliche Niedergang in der ehemaligen Sowjetunion und in den osteuropäischen Staaten einerseits, die behutsameren Reformen in den ostasiatischen Ländern andererseits brachten in der chinesischen Rechtswissenschaft Aufschluß darüber, daß Entwicklung der Stabilität bedarf. Die Methode allmählichen Voranschreitens erfordert stabile Entwicklung, und das Recht ist die Grundlage gesellschaftlicher Stabilität und daher ein Schlüsselfaktor für die Einhaltung des Wegs allmählichen Wandels durch stabile Entwicklung. Dies führte bei einigen Rechtswissenschaftlern zu der Überzeugung, daß nur dann, wenn man sich an die Tradition hält, das Recht erfolgreich sein kann. Dies ist der eine Aspekt des internationalen Kulturhintergrunds des Rechtsherrschaftskonservatismus. Der andere besteht darin, daß im Bereich der Rechtskultur der Fehler des traditionellen Sozialismus, auf den Lenin häufig hingewiesen hat, begangen wurde, nämlich das Kind mit dem Badewasser auszuschütten. Da es dagegen ein offenkundiges Merkmal der Entwicklung des Kapitalismus ist, kulturelle Erfahrungen aufgegriffen und die Kontinuität der Rechtskultur gewahrt zu haben, erweckte dies bei einem Teil der Rechtsgelehrten großes Interesse. In gewissem Maße brachte der Rechtsherrschaftskonservatismus eine andere Art der Orientierung an Erfahrungen der westlichen Rechtskultur, verglichen mit der Rechtstransplantation handelt es sich um Anleihen an Rechtsmethode und Rechtsidee und nicht um die Übernahme konkreter Rechtsregeln.

(3) Der Rechtswissenschaftsfaktor. Seit Mitte der achtziger Jahre steht die Rechtsvergleichung in China in großer Blüte; unabhängig davon, ob sie in China ausgebildet wurden oder im Ausland studiert haben, so gut wie alle Rechtswissenschaftler erörtern bei ihren Bemühungen um den Aufbau des chinesischen Rechtssystems ausländisches Recht und unternehmen vergleichende Studien. Auf diese Weise wurde erkannt, welch hohen Wert in der anglo-amerikanischen Rechtskultur der Tradition beigemessen wird, daß sowohl das englische *common law* wie das *law of equity* das Ergebnis einer langen Rechtsgeschichte sind, und die bis heute in England geltende Verfassung in ihren ältesten Teilen erstaunlicherweise bis zur „Magna Charta" aus dem 13. Jahrhundert zurückreicht. Es wurde bewußt, daß die USA zwar aus einem revolutionären Unabhängigkeitskrieg hervorgegangen sind, dies aber nur im Bereich der politischen Souveränität von Bedeutung ist, die USA in kultureller Hinsicht im wesentlichen die englische Tradition fortsetzen und daß diese Kontinuität der Rechtskultur sich in den Resultaten und Leistungen einer stabilen Entwicklung der angloamerikanischen Länder niedergeschlagen hat. Es wurde weiterhin bewußt, daß die Rationalität der Modifikationen der Länder des kontinentaleuropäischen Rechtskreises, wenn sie auch auf einer Neuerschließung der Tradition des römischen Rechts be-

ruht, aus der Sicht der spezifischen Volkskultur der einzelnen Länder in hohem Maße Diskontinuität mit sich brachte. Eine solche Vergleichung führte zu einer tiefschürfenden Neubesinnung im Bereich der Rechtskultur. So äußerte sich etwa He Weifang dahingehend, daß „in vielerlei Aspekten der Kultur China mit England mehr verbindet als mit den kontinentaleuropäischen Ländern."[8] Besonders eine Reihe von in Ländern des anglo-amerikanischen Rechtskreises hochgradig ausgebildeter Juristen bilden den rechtskulturellen Hintergrund des Rechtsherrschaftskonservatismus.

Wenn die oben genannten Gründe auch zur Geburt des Rechtsherrschaftskonservatismus in China führten, so gilt es im weiteren zu untersuchen, ob die von ihm vertretenen Vorstellungen für den Aufbau der Rechtsherrschaft in China wirklich geeignet sind.

## II. Kann die bodenständige Kultur Chinas als Ressource zur Unterstützung der Verrechtlichung dienen?

Sei es nun der Rechtsromantizismus oder der Rechtskonservatismus – sie wurzeln beide in der Verrechtlichungstendenz, wie sie im Verlauf der Reformen im gegenwärtigen China auftritt, und sind beide von einer großen Erwartung hinsichtlich der Errichtung von Rechtsherrschaft getragen, deren Wert sie gleichermaßen anerkennen. Sie unterscheiden sich in der Wahl des Weges zur Rechtsherrschaft: Während ersterer zu einer diskontinuierlichen Rechtsbildung neigt, betont letzterer die kontinuierliche Erfahrung, während ersterer eine Aneignung schon bestehender Rechtsmodelle hervorhebt, tritt letzterer dafür ein, sie der eigenen Tradition zu entnehmen. Die Frage ist nun, ob die Vorbringungen des Rechtsherrschaftskonservatismus wirklich in der Lage sind, die von ihnen erwartete Evolution des chinesischen Rechtssystems herbeizuführen. Aus den folgenden Gründen halte ich dies für unwahrscheinlich:

1. Obgleich in dem beispiellosen historischen Umbruch, mit dem China konfrontiert ist, die Tradition nicht in ihrer Gänze Objekt des Umbruchs ist, so ist sie doch dessen wichtigster Gegenstand. Wie allgemein bekannt, erlebt China seit Mitte des 19. Jahrhunderts mit dem Vordringen der westlichen Wissenschaft, der bewaffneten Invasion und dem sozialen Umbruch einen umfassenden strukturellen Kulturwandel. Die seit dem letzten Jahrhundert in China vonstatten gegangenen drei großen Umbrüche zeigen: (1) In der in China stattfindenden Readjustierung im Prozeß des sozialen Umbruchs befindet sich alles im Fluß; zwar kann man nicht sagen, daß es überhaupt keine gleichbleibenden, unveränderten „lebendigen Traditionen" (*huosheng sheng de chuantong*) gibt, jedoch sind sie höchst selten und darüber hinaus kaum geeignet, als eigenständige und tragfähige Stützen des großen Gebäudes moderner Rechtsherrschaft wirksam zu werden. (2) Daß China innerhalb weniger als hundert Jahren zwei fundamentale politische Umwälzungen und binnen zwanzig Jahren einen grundlegenden Wandel seines Wirtschaftsystems und des Kerns seines Selbstverständnisses (*zhuti jingsheng*) erlebte, macht unwiderlegbar deutlich: Obgleich das heutige China eine Fortsetzung (*danxu*) des gestrigen Chinas ist, so ist es doch nicht des-

---

[8] *He Weifang*, „Anglo-amerikanisches Recht und China" („Ying-mei fa yu zhongguo"), in: Bijiaofa yanjiu 1991, Nr. 4.

sen Kopie (*fuzhi*); es ist vielmehr das China einer tiefgreifenden kulturellen Variation, systemaren Neuschöpfung und eines sozio-ökonomischen Strukturwandels. Die historische Erfahrung macht deutlich, daß niemand garantieren kann, daß das zukünftige China im Fortgang der Reformen und besonders der raschen Entwicklung der Verstädterung die heute noch als „lebendig" geltenden Traditionselemente bewahrt. (3) Der Ansicht, im Prozeß des Umbruchs ein geeignetes Maß an kultureller Kontinuität zu bewahren, pflichte ich bei, wie auch der Ansicht, daß diese Kontinuität nicht wegen der Behauptungen oder Nichtbehauptungen bestimmter Personen geändert werden kann, sondern das notwendige Ergebnis kultureller Vererbung ist. Unter „geeignetem Maß kultureller Kontinuität" ist zu verstehen: Zunächst die Kontinuität des Kultursubjekts (*wenhua zhuti*), d.h. daß der Neuaufbau der chinesischen Kultur (einschließlich der Rechtskultur) nur das Ergebnis der Tätigkeit der chinesischen Nation (*zhonghua minzu*) sein kann. Die Kontinuität des Kulturträgers ist der Schlüsselfaktor für die Originalität einer zukünftigen chinesischen Kultur. Zweitens die Kontinuität der Kulturmedien (*wenhua zaiti*), insbesondere von Sprache und Schrift; ihnen kommt in China eine durch nichts zu ersetzende Kontinuität zu. Jedwedes ausländische Kulturelement muß durch die chinesische Sprache und Schrift ausgedrückt und interpretiert werden; auch wenn das Englische und andere Fremdsprachen in China einen großen Aufschwung erleben, so ist es doch vollständig ausgeschlossen, daß sie die Kontinuität der chinesischen Sprache und Schrift ersetzen. Sieht man daher, wie in der Entwicklung der chinesischen Rechtswissenschaft zu Beginn des 20. Jahrhunderts die westliche Rechtsterminologie in chinesische Wortsymbole umformuliert wurde, so erkennt man die Kompliziertheit dieses Vorgangs.[9] Drittens die Kontinuität kultureller Inhalte. Die umfassenden Kenntnisse und gründliche Gelehrsamkeit der chinesischen Kultur wird in widersprüchlicher und verwirrender Weise erörtert, ich brauche dazu kein Wort hinzuzufügen. Daß zahlreiche Kulturelemente heute nutzbar gemacht werden können, und zwar sowohl aus der Kultur des Altertums wie aus der der neueren Zeit, ist nicht zu bezweifeln. Im Verlauf der Gestaltung einer chinesischen Herrschaft des Rechts jedoch können allenfalls einige wenige Elemente der traditionellen Kultur herangezogen werden und nicht ihre Kerninhalte. Viertens schließlich die Kontinuität psychologischer Strukturen. Das „Suchen nach den Wurzeln" ist ein allen Menschen gemeinsames Trachten, und in einem Land wie China mit einer derart langen Geschichte ist dies besonders ausgeprägt. Es ist eben diese in gefühlshafter Bindung an die Heimaterde geformte Volkskultur, die in der Psyche des Kerninhalts (*zhuti jingsheng*) der chinesischen Kultur intensiv fortwirkt.

2. Die grundlegende Forderung von der Herrschaft des Rechts ist Machtkontrolle; Kulturtradition und Institutionen Chinas widmen der Machtkontrolle keine ausreichende Aufmerksamkeit. Das Wesen der chinesischen traditionellen Kultur ist nicht Herrschaft des Rechts; wenn man deshalb nicht entschlossen Maßnahmen ergreift, um die grenzenlose Anbetung der Macht in der „lebendigen" Tradition abzuschwächen, so ist eine chinesische Rechtsherrschaft unmöglich. Herrschaft des Rechts ist

---

[9] Li Guilian hat die „Schaffung und Einfuhr (*chuangzhi he yinyin*) von Rechtsterminologie" im China des 20. Jahrhunderts detailliert untersucht und die Folgerung gezogen, daß „wir durch diese neuen Wörter noch immer den nachtönenden Wohlklang des Rechts des antiken Ostasiens schmecken können." Vgl. *Li Guilian*, „Die chinesische Rechswissenschaft zu Beginn des 20. Jahrhunderts" („Ershi shiji chuqi de zhongguo faxue"), in: Zhongwai faxue 1997, Nrn. 2 und 5.

die Einheit von Machtkontrolle und Verwaltung auf der Grundlage des Rechts; aber Redewendungen wie „hat jemand ein hohes Amt erreicht, steigt sein ganzer Anhang mit auf" (*yi ren de dao, ji-quan sheng tian*)[e)] oder „Hat man Macht, kann man selbst ein Gespenst das Mühlrad antreiben lassen" (*you quan neng shi gui tui mo*) sind nicht nur eine Art Kritik der Macht, sondern in hohem Maße Ausdruck neidvoller Bewunderung der Macht und der Vorteile, die sie bieten kann. Der Ursprung dieser Erscheinung der Privatisierung[10] der Macht ist sehr alt. Daraus, daß man zur Zeit des „Shijing"[f)] sang „alles Land unter dem Himmel ist des Königs; soweit das Land sich erstreckt, ist niemand, der nicht des Königs Diener ist"[11], ersehen wir, daß das einfache Volk den König als eine entrückte Person ansah, der die Macht privatisierte, was es nur seufzend zur Kenntnis nehmen konnte. Und daran, daß zur Zeit des Ersten Kaisers von Qin (regierte von 221–206 v. Chr.) geschrieben wurde, daß „alles Land weit und breit dem Kaiser gehört, alles Volk seine Untertanen sind"[12], ersehen wir den hochgestimmten Willen eines siegreichen Kaisers, nachdem er das Reich als Privateigentum an sich genommen hatte. Die politische Theorie des antiken China war zwar äußerst entwickelt, hinsichtlich einer Theorie der Machtbeschränkung jedoch äußerst rückständig.

Abgesehen von einigen der Ermahnung der höchsten Herrschaftsinstanz dienenden relativ irrealen Doktrinen wie die von „Himmel" (*tian*), „Gott" (*shen*) oder „Ahnen" (*zuzong*)[13], stellte Mencius die bekannte „Theorie des Tyrannenmords" (*bao jun fang fa lun*) auf[14], und Huang Zongxi (1609–1695) führte die These an, daß „das Gesetz einer Familie" (*yi jia zhi fa*) „ein gesetzloses Gesetz" (*fei fa zhi fa*) ist.[15] Diese Konzepte erlebten jedoch keine tiefergehende gesellschaftliche Anerkennung und institutionelle Umsetzung. Zwar hat das chinesische Altertum sein eigenes Rechtssystem hervorgebracht, dem es an „Beamtengesetzen" (*li fa*) zur Kontrolle der Macht der Beamten nicht ermangelte und das auch Mechanismen zur Beschränkung der kaiserlichen Amtsführung durch Gesetzes- und vor allem Moralnormen aufwies, jedoch niemals Institutionen bereitstellte, die den Kaiser offen unter das Recht stellten. Diese Sachlage macht uns deutlich: (1) Die Machtkontrolle im Konzept chinesischer Herrschaft des Rechts fordert gegenüber der die Machtkontrolle unzulänglich betonenden chinesischen Tradition eine Art Umgestaltung. Will man unbedingt in der chinesischen Tradition Quellen der Machtkontrolle ausfindig machen, so kann man zum einen nur ihre Oberfläche und nicht ihr Wesen erkennen, und zum anderen nur Zeit vergeuden, ohne daß die erforderliche Gestaltung der Herrschaft des Rechts vorange-

---

[10] Vgl. *Xie Hui*, „Die Privatisierung der Macht und die Lehre von der politischen Machtanbetung" („Quanli sihua yu zhengzhi bai quan jiao"), in: Xuexi yu tansuo 1988, Nr. 6.

[11] *Shijing*, beishan.

[12] *Shiji*, Qing huang benji.

[13] Liu Zehua u.a. haben die Art und Weise der Machtkontrolle im antiken China systematisch untersucht und ihr Ergebnis ist, daß „dem Kaiser Vorhaltungen zu machen, oft in einer Tragödie endete." Daher kann man die Methoden der Machtkontrolle des antiken China nicht mit der von der modernen Rechtsherrschaft geforderten Machtkontrolle in einem Atemzug erörtern. Vgl. *Liu Zehua*, Neuansicht der traditionellen chinesischen politischen Ideen (Zhongguo chuantong zhengzhi sixiang fansi), Shanghai 1987, S. 1 ff.; *ders.* u.a., Absolutistische Macht und chinesische Gesellschaft (Zhuanzhi quanli yu zhongguo shehui), Jilin 1988, S. 306 ff.; *Huang Bailian*, Machtspaltung (Quanli liebian), Jilin 1989, S. 1 ff.

[14] *Mengzi*, li lou xia.

[15] Vgl. *Huang Zongxi*, Ming yi dai fang lu, yuan fa.

trieben wird. (2) Wenn nun die chinesische Kulturtradition Quellen der Idee und Institutionen der Machtkontrolle nicht aufweist, so ist es angesichts existierender ausländischer bewährter Theorien und Institutionen der Machtkontrolle und insbesondere
angesichts des Umstandes, daß ein Teil der Chinesen mit diesen Formen der Machtkontrolle bereits vertraut ist, nicht nur erforderlich, sondern unverzichtbar, die entsprechenden ausländischen Ideen und Institutionen zu übernehmen. Die Praxis der
Entwicklung des chinesischen Rechtssystems zeigt, daß die Übernahme ausländischer
Rechtsmodelle zwar noch nicht zu den von den Gelehrten gewünschten Resultaten
geführt hat, daß aber gleichermaßen nicht bewiesen ist, daß ein hauptsächlich auf bodenständige Ressourcen gestütztes Rechtssystem die Entwicklung der Herrschaft des
Rechts in China, besonders die der Machtkontrolle, besser fördert als ein importiertes
Rechtssystem. (3) Vielleicht kann man in der chinesischen traditionellen Kultur, in
heute wirksamen Traditionen vereinzelt Quellen der Machtkontrolle ausfindig machen; sollen diese aber so durchdrungen und ausgearbeitet werden, daß sie als ein
wirkliches Material für die Inhalte moderner Rechtsherrschaft nutzbar werden, so ist
zu befürchten, daß der Aufwand in keinem Verhältnis zu dem steht, der für die Übernahme verfügbarer Quellen ausländischer Rechtsherrschaftskonzepte zu machen wäre, müßten sie doch alle einen Prozeß der Konzeptakzeptanz, der Ordnung und Koordinierung der Institutionen und der Prüfung ihrer Anwendbarkeit durchlaufen.

3. Die Zersplitterung und Irrationalität der chinesischen traditionellen Gewohnheiten sind grundsätzlich eine zerstörende Kraft für die Forderung der Einheit des
Rechtssystems. Landesweit einheitliche Handelsbräuche sind so gut wie nicht vorhanden, und gibt es sie, so handelt es sich um gemachte Schöpfungen, nicht um akkumulierte Erfahrung. China ist seit früher Zeit ein vereinigtes Großreich, und die Ein-
heitsidee ist tief in der Volkspsyche verwurzelt. Dies jedoch kann nicht im geringsten
die Tatsache vergessen lassen, daß China gleichzeitig ein durch kulturelle Vielfalt geprägtes Land ist. Die Redewendung „Im Umkreis von zehn Meilen weht nicht derselbe Wind, im Umkreis von 100 Meilen gilt nicht dieselbe Gewohnheit" bringt diese
kulturelle Mannigfaltigkeit angemessen zum Ausdruck. Kann aus einer derart von
kultureller Diversität und kollidierenden Gewohnheitsregeln geprägten kulturellen
Umwelt eine auch nur unvollkommene Herrschaft des Rechts erwachsen? Ist es möglich, wie es Su Li fordert, die chinesische Rechtsherrschaft „aus den bodenständigen
Ressourcen Chinas im Wege der Evolution zu schaffen?"[16] Ich bin der Ansicht, daß
dies unmöglich ist. Zum ersten: In einer bodenständigen Kultur, die keine mit der
Herrschaft des Rechts in Zusammenhang stehende einheitliche Handelsgewohnhei-
ten aufweist, deren Gewohnheiten miteinander kollidieren und häufig einander zuwi-
derlaufen, Material zur Stützung des Rechtsstaatsgebäudes zu suchen, ist nichts als
Vergeudung von Arbeitskraft und ein Wunschdenken von Theoretikern, die ihre subjektiven Konstruktionen vorbringen. In den Worten von Su Li: „Wir kommen nicht
umhin, im Verlauf der Reformen allmählich Erfahrungen anzusammeln, was tatsächlich die Ansammlung eines Materials ist, woraus nach und nach eine Art ‚Tradition'
entsteht."[17] Ist es bei einem solchen Verständnis von „Tradition" dann nicht auch eine
Praxis akkumulierter „Tradition", wenn in einer Haltung der Offenheit erfolgreiche

---

[16] *Su Li*, op. cit., S. 17.
[17] *Su Li*, op. cit., S. 17.

ausländische Rechtsherrschaftsmodelle als ein Material für den Aufbau des chinesischen Rechtsstaats übernommen werden? Zum zweiten: Der im gegenwärtigen China ungeschwächt gedeihende Lokal-, Behörden- und Unternehmensprotektionismus
ist recht eigentlich eine Krankheit des Systems, gleichzeitig eine durch über lange Zeit
akkumulierte und sedimentierte kulturelle Zersplitterung entstandene Krankheit der
Kultur, welche den grundlegenden Gegensatz von traditioneller Kultur und Herrschaft des Rechts eindrucksvoll offenbart. Ist es nun so, von der Herrschaft des Rechts
zu fordern, die ihr entgegenstehende Kultur zu überwinden oder von ihr zu verlangen, sich dieser Kultur anzuschließen? Ich bin der Ansicht, daß es um ersteres geht
und daß die Richtung gesellschaftlicher Entwicklung nur bei ersterem liegen kann.
Diesen Punkt werde ich weiter unten genauer betrachten. Zum dritten: Su Li zieht
Geertz' „law is local knowledge"[18] zum Beweis dafür heran, daß im Entwicklungs-
gang der chinesischen Rechtsherrschaft bodenständiges Material als wesentliche Basis
dienen muß.[19] Mir scheint jedoch, daß Geertz' Schlußfolgerung nur eine begrenzte
Einsicht vermittelt. Begrenzt deshalb, weil sie lediglich einen Aspekt des Wissens der
Menschheit und der Kulturerfahrung zum Ausdruck bringt und einen anderen übersieht: nämlich den gleichberechtigten Austausch und das gegenseitige Entlehnen unterschiedlicher Kulturen, somit den Gesichtspunkt, daß Kultur auch allgemeine Anwendbarkeit, Universalität und Unlimitiertheit besitzt, ansonsten eine Kultur − wie
Toynbee mit Bedauern konkludierte − den Menschen lediglich kulturelle Fossile zur
Erinnerung an Vergangenes liefert[20] und sich der Welt nicht zuzuwenden vermag. Offenkundig ist die Integrationstendenz der Weltwirtschaft, aber auch der internationale
Kulturaustausch gewinnt ständig an Umfang und Tiefe. Zum vierten schließlich ist
darauf hinzuweisen, daß Su Li zwei widersprüchliche Beispiele anführt: Zum einen
benutzt er die Tradition des patriarchalischen Sippensystems (*zongfa*) („das bäuerliche
Wirtschaftssystem der Individualfamilie") als Beispiel für den Erfolg der Dorf- und
Landwirtschaftsreform; zum anderen bemüht er die „Tradition der Kommune-Un-
ternehmen", um den Erfolg der ländlichen Unternehmen (*xiang zhen qiye*) in Süd-Ji-
angsu zu erklären.[21] Lassen wir einmal die Frage beiseite, ob der derzeitige Erfolg dieser beiden Reformen ein Ziel der langfristig angelegten chinesischen Reformen ist.
Mit der Verwirklichung der Modernisierung stimmen sie natürlich überein (so ist in
vielen Gebieten der nordchinesischen Ebene wegen der Landteilung auf jede einzelne
Familie der Einsatz moderner Maschinen zur Feldarbeit bis heute nicht möglich, weswegen man nur auf den zur Zeit der Kämpfenden Reiche − vor 2 500 Jahren − von
den Chinesen geschaffenen Pflug zurückgreifen kann). Nimmt man nur die von den
beiden Reformen benützten völlig verschiedenen Quellen in den Blick, so ist leicht
festzustellen, daß der Erfolg der ländlichen Unternehmen, die auf der hauptsächlich
dem Ausland entliehenen Kulturquellen errichteten „Kommune" (*gongshe*) basieren,

---

[18] Vgl. *Clifford Geertz*, „Local Knowledge: Fact and Law in Comparative Perspective", in: Liang Zhiping (Hrsg.), Die kulturelle Interpretation des Rechts (Falü de wenhua jieshi), Shanghai 1994, S. 73ff.
[19] So sind die beiden Kapitel in Su Lis Buch (oben Anm. 9) „Strukturreform, Rechtsherrschaft und ihre
bodenständigen Quellen" und „Qiu Jus Ratlosigkeit und Shan Gangyes Tragödie" Exemplifikationen von
Geertz' These.
[20] In Toynbees „von 28 Zivilisationen sind bereits 18 untergegangen"; vgl. *Toynbee, A Study of History
(Lishi yanjiu)*, Shanghai 1987, S. 1.
[21] *Su Li*, op. cit., S. 16.

weit mehr Merkmale der Modernisierung aufweist als die durch Rückgriff auf das bodenständige Sippensystem (*zongfa*) bewerkstelligte zur Zerstückelung führenden Bodenreform. Daß die Imperative der Wirtschaft die Entwicklung von Gesellschaft und Kultur (einschließlich Rechtskultur) determiniert, ist eine Schlußfolgerung, der die allermeisten chinesischen Gelehrten beipflichten, jedoch ist ein derart globales Urteil nicht schlechterdings gültig. Führt man den Erfolg der Landwirtschaftsreform und die von ihr bewirkte Wirtschaftsentwicklung auf das Sippensystem (*zongfa*) zurück, so bleibt es durchaus fraglich und bedarf weiterer Untersuchung, in welchem Maße gleichzeitig die Entwicklung der Gesellschaft des chinesischen Dorfes (außerhalb der Gebiete mit zahlreichen ländlichen Unternehmen) angekurbelt wurde, und – mehr noch – ob die Gesamtentwicklung der dörflichen Gesellschaft vorangetrieben wurde. Ebenso ist der „Erfolg" der ausländisch-chinesischen Unternehmen unter der von Su Li so hochgeschätzten Sippentradition bis heute nicht nur von begrenzter, sondern von höchst begrenzter Natur. Unter solchen Umständen drängen sich die Titel des von Su Li konsultierten Werkes eines anderen Autors auf: „Wessen Gerechtigkeit? Welche Art von Rationalität?"[22] Wenn das Prinzip im „auch der Räuber hat Prinzipien" und das Prinzip der Rechtsherrschaft alle berechtigt sind, dann ist auch eine chaotische Sozialordnung berechtigt, und es ist weder nötig, sie zu regulieren, noch den Weg der Rechtsherrschaft zu beschreiten, was ja höchst absurd anmutet.

4. Die Geschichte der chinesischen Reform während der letzten 20 Jahre ist tatsächlich die Geschichte einer Strukturreform (*bianfa*), deren Erfolge von der Öffnung nach außen (einschließlich der schwierigen Öffnung des Rechts) nicht zu trennen sind und deren herausragende rechtliche Leistung darin besteht, daß das der Forderung der Rechtsherrschaft entsprechende subjektive Recht (*falü quanli*) ständig expandiert und die Psyche der Menschen durchdringt. Der bekannte Zivilrechtler Liang Huixing stellte dazu fest: „Die rechtliche Praxis der chinesischen Reform und Öffnung bedeutet keineswegs eine irgendwie undeutliche Abgrenzung von Rechten und Pflichten, wodurch Rechte und Pflichten relativiert, Rechte zu unsäglichen Dingen werden, die zu sein scheinen, aber nicht sind, deren Fehlen behauptet wird, obwohl es sie gibt"; sie unternimmt keineswegs irgendwelche ‚primitive Regression' oder ‚Rückkehr zu ursprünglicher Einfachheit', und sie hat auch nichts zu tun mit irgendeiner ‚werthaften Gleichgewichtung von Rechten und Pflichten', sie betont, unterstreicht und stärkt vielmehr den Schutz der Rechte der Bürger und juristischen Personen!"[23] In diesem Sinne gesagt ist der Aufbaucharakter der chinesischen Reform noch deutlicher. Seit Jahrtausenden bietet China das Bild einer Gesellschaft, in der Macht alles beherrscht und personelle Selbstbestimmung nicht existiert. Wenn man sagte, daß es Rechte gibt, so meinte man Vorrechte (*tequan*) wie sie Marx klassifiziert hat und nicht „universale Rechte" (*pubian quanli*).[24] Solche universalen Rechte konnten bislang weder im Gesetzesrecht des Altertums noch im Sippenrecht (*jiazufa*) oder Gewohnheitsrecht aufgefunden werden. Wenngleich das chinesische Altertum entwickelte Verträge kannte[25], so doch keineswegs Vorstellung und Norm des universellen

---

[22] *Su Li*, op. cit., S. 27.

[23] *Liang Huixing*, „Ist eine primitive Regression wirklich möglich? („Yuanshi guina, zhende keneng ma?"), in: Bijiaofa yanjiu 1995, Nr. 3.

[24] *Marx-Engels*, Sämtliche Werke (Makesi engesi quan shu), 1. Bd., S. 63ff.

[25] Forschungsergebnisse zeigen, daß es von Beginn des 18. bis Mitte des 20. Jahrhunderts in der Stadt

(subjektiven) Rechts. Was die Vorstellung anbetrifft, so prägen diese Verhältnisse bis heute das Denken und Fühlen der Menschen, so daß, obwohl auf der Ebene der Gesetze der Rahmen des subjektiven Rechts ständig erweitert wird, das Selbstbewußtsein der Menschen in der Rechtsanwendung noch zu wünschen übrig läßt. Der Faktor des politischen Systems spielt dabei durchaus eine Rolle, wichtiger jedoch ist der konzeptionelle Faktor. Obwohl man nicht übersehen kann, daß sich seit 20 Jahren die Rechtsvorstellung zunehmend stärker herausbildet, verbirgt sich hinter dieser erfreulichen Erscheinung doch eine tiefe Sorge. Kürzlich wurde der Fall berichtet, wonach gemäß der Satzung (*cungui*) des Dorfes Liying der Gemeinde Diaohe im Bezirk Wancheng der Stadt Nanyang in der Provinz Hebei im Widerspruch zum staatlichen Recht die Verantwortungsfelder (*zerentian*)[g] der Eltern von Ehefrauen, die sich im Dorf ansiedeln, entzogen werden[26], was sowohl die Zunahme der Rechtsvorstellung als auch die in ihr enthaltene Privilegiennatur verdeutlicht. Es zeigt auch, daß, wenn die Vorstellung des eigenen Vorteils sich nicht in die Vorstellung des universellen Rechts wandelt, das Übel nur weiteres Übel hervorbringt. Und diese vom staatlichen Recht und der Dorfsatzung nur schwer gemeinsam zu regelnden Fakten verdeutlichen: Zum einen ist das universelle (subjektive) Recht ein wichtiges Ziel des Systems der Herrschaft des Rechts; um aber in einem hinsichtlich Idee und Institut des subjektiven Rechts unfruchtbaren China eine von der Erschließung des subjektiven Rechts geleitete Rechtsordnung zu eröffnen, bedarf es des schöpferischen Geistes der Chinesen und mehr noch der Anleihen bei ausländischer Erfahrung. Um zu erkennen, daß ausländische Erfahrung auch für uns eine brauchbare Erfahrung ist, lassen sich manche Theoretiker nur durch direkte Erfahrung im Wege der Erprobung überzeugen und verschließen vor gebrauchsfertigen, äußerst nützlichen indirekten Erfahrungen die Augen. Zum anderen deutet eine Herrschaft des Rechts mit dem primären Ziel der Errichtung des universellen subjektiven Rechts auf die Notwendigkeit der Neuformung der Vorstellungsstruktur der Rechtssubjekte; sie ist deshalb ein fundamentaler Wandel, weil sie das geistige Gepräge des Volkes umkehrt. Wenn die Menschen auch im wirklichen Leben eine tiefe Abneigung dagegen hegen, in übertriebener Weise ihre Vorteile zu suchen, so ist dies doch nicht ein Fehler des subjektiven Rechts, sondern es beweist gerade, daß das universale Recht noch nicht in das Bewußtsein der Menschen gedrungen ist. Wir brauchen auch nur die heutigen hochgestimmten und energiegeladenen Bauern in den Küstengebieten den apathischen, törichten, in den Tag hineindämmernden Bauern in denselben Gegenden von vor zwanzig Jahren gegenüberzustellen, so wird die Funktion des subjektiven Rechts zur Umformung der Mentalität der Rechtssubjekte, zur Änderung der Kultur und Stärkung der geistigen Kräfte überdeutlich. Schließlich ist festzustellen, daß eine Rechtsherrschaft mit den universellen subjektiven Rechten als Hauptziel die gegebene chinesische Gesellschaft

---

Zigong der Provinz Sichuan im Salzgewerbe weit verbreitet war, Verträge zur Errichtung von Unternehmen mit gemeinschaftlichem Kapital zu schließen; dies ist ein von Chinesen hervorgebrachtes Aktiensystem, eine Art von Gesellschaft, bei der die Haftung der Gesellschafter auf die Anteile beschränkt ist, die wenigstens 100 Jahre vor dem entsprechenden europäischen System entstanden ist (vgl. *Peng Jiusong, Chen Ran*, Das chinesische Vertragsaktiensystem [*Zhongguo qiyue gufen zhi*], Chengdu 1994), was den Grad der Entwicklung des chinesischen Vertragssystem veranschaulicht.

[26] *Guo Hua, Chen Qi*, „Kraftprobe zwischen Dorfsatzung und staatlichem Gesetzesrecht („Cungui yu falü de jiaoliang"), in: Zhongguo qingnian bao vom 5.5. 1997.

zwar nicht von Grund auf verändert, daß sie aber jedenfalls einen wichtigen geistigen Wandel bedeutet. Dazu habe ich mich an anderer Stelle geäußert.[27] Hier bleibt hervorzuheben, daß dies sowohl ein überaus langwieriger Vorgang ist, als auch von uns verlangt, permanent das Tor der Herrschaft des Rechts offenzuhalten[28] und den Prozeß der Übernahme wertvoller ausländischer Erfahrung fortzuführen. Was die bodenständigen Quellen anbetrifft, so können sie, da sie Objekt der Reformen sind, unmöglich eine wesentliche stützende Kraft für eine Rechtsherrschaft sein, deren primäres Ziel in der Fundierung des subjektiven Rechts liegt.

Dies bedeutet natürlich nicht, daß ich die Brauchbarkeit bodenständiger Quellen für die Herrschaft des Rechts schlechthin negiere. Woran mir lediglich liegt, ist klarzustellen: Für den Weg des chinesischen Rechtsstaats sind Offenheit für und Übernahme von ausländischen Erfahrungen wichtiger und nötiger als die Sichtung von Kulturgut.

## III. Wie ist das Problem der Lokalisierung der chinesischen Rechtsherrschaft zu verstehen?

Seit den neunziger Jahren, besonders seitdem das Ziel der sozialistischen Marktwirtschaft aufgestellt wurde, hat die Frage des Zusammenhangs der Internationalisierung und Lokalisierung des chinesischen Rechts außergewöhnliche Aufmerksamkeit hervorgerufen, wobei Gelehrte wie Gong Peixiang, He Qinhua, Sun Xiaoxia und Tian Cheng besonders hervortraten.[29] 1994 legte ich eine Studie über „Lokalisierung und Universalisierung: Konflikt und Wahl im Verlauf der Modernisierung des chinesischen Rechtssystems" vor, in der sich mein Verständnis vom Inhalt der Lokalisierung

---

[27] Vgl. *Xie Hui*, „Der geistige Wiederaufbau des chinesischen Volkes aus der Sicht der Rechtsgesellschaft" („Cong fali shehui kan zhonghua minzu jingsheng chonggou"), in: Wen shi zhe 1996, Nr. 6;"Rechtsherrschaft, die führende Werttendenz der gewandelten Mentalität des chinesischen Volkes" („Fazhi, zhonghua minzu jingsheng zhuan-xing de zhudao jiazhi quxiang)", in: Zhengzhi yu falü, 1995, Nr. 3.

[28] *Sun Zhaoxia* umschreibt die „Anschauung der Rechtsoffenheit" *(falü kaifang guan)* dahingehend, „das Recht als Teil des internationalen Umgangs zu behandeln; die Entwicklung des Rechts ist nicht auf das Blickfeld und das Denken des eigenen Landes und Volkes beschränkt, Bedeutung und Funktion des Volksgeistes des Rechts sind richtig aufzufassen" (Erscheinung und Idee des Rechts [Fa de xianxiang yu guannian], Beijing 1995, S. 42f.

[29] He Qinhua und Sun Xiaoxia bemühten sich um Interpretation der Begriffe „Lokalisierung" und „Internationalisierung" des Rechts. He legte folgendes dar: „Da das Recht jedweden Landes die ihm innewohnenden Werte, Funktionen und gesellschaftlichen Wirkungen zur Entfaltung bringen will, muß es mit der Politik, Wirtschaft, Kultur, geschichtlichen Tradition sowie den Sitten und Gebräuchen des jeweiligen Landes (und Volkes) eng verbunden sein und ein integraler Bestandteil der Kultur des jeweiligen Landes werden, damit das Volk es akzeptiert und selbstbewußt befolgt" (vgl. *He Qinhua*, „Die Internationalisierung und Lokalisierung des Rechts" [„Fade guojihua he bentuhua"], in: Changbai luncong 1996, Nr. 5). Sun führte folgendes aus: Der Volkscharakter *(minzuhua)* des Rechts „ist Entwicklung gemäß der spezifischen Natur des eigenen Volkes, ist die Forderung von Volk, Tradition, Kultur, Lage der Nation und ihrer Entwicklungsgesetzlichkeit an das Recht, ist die innerste Entwicklungsgesetzlichkeit des Rechts" (vgl. *Sun Xiaoxia*, Erscheinung und Idee des Rechts [*Fa de xianxiang yu guannian*], Beijing 1995, S. 26f. Zu Gong Peixiangs Beitrag vgl. Internationalisierung und Lokalisierung: Die Herausforderung im Zeitalter der Modernisierung des Rechtssystems [Guojihua yu bentuhua: Fazhi xiandaihua de shidai tiaozhan], in: *Faxue yanjiu* 1997, Nr. 1.

der Rechtsentwicklung von dem der genannten Gelehrten nicht wesentlich unterschied. Nach zwei Jahren weiterer Überlegung halte ich es für angebracht, den Inhalt der Lokalisierung der chinesischen Rechtsentwicklung wie folgt neu zu bestimmen: Es handelt sich um einen Vorgang, bei dem Rechtsideen, Rechtsregeln, Rechtsorganisationen, Methoden rechtlicher Transaktionen sowie Rechtstechniken, denen eine universelle oder internationale Werttendenz zukommt, sinisiert werden. Der Ausdruck „Lokalisierung" (bentuhua) sollte durch „Lokalheit" (bentuxing) ersetzt werden; denn sieht man auf die dem eigenen Land innewohnenden Ressourcen, so ist es zwar unmöglich, sie sämtlich außer Betracht zu lassen, aber das bedeutet keineswegs, daß in der Rechtsmodernisierung notwendig das Problem der Ressourcen-Lokalisierung angelegt ist, sondern lediglich das Problem des Benutzens lokaler Ressourcen. Die Modernisierung des chinesischen Rechts ist unausweichlich mit dem Problem der Lokalheit (bentuxing) konfrontiert, Lokalheit jedoch ist nicht Lokalisierung. Mein neues Verständnis der Lokalisierung des modernen Rechtssystems[30] in China ist wie folgt:

1. Die Lokalisierung des modernen Rechtssystems in China ist der Vorgang, in dem Rechtsideen, Rechtsregeln, Rechtsorganisationen und Methoden rechtlicher Transaktion, denen universelle Bedeutung und Werthaftigkeit zukommt, von den Chinesen verstanden, zu eigen gemacht und angewandt werden. Wie oben dargelegt, liegt die Kontinuität der chinesischen Kultur primär in der Kontinuität des chinesischen Volkes. Somit ganz gleich nun, ob es sich um vom Ausland kommende oder von Chinesen neu geschaffene Kultur handelt, soll sie gegenüber China Wirkung entfalten, muß sie von den Chinesen getragen, von den Chinesen verstanden und verdaut werden, ansonst keine Aussicht besteht, daß sie in China Wirkung entfaltet und ein integraler Bestandteil der chinesischen Kultur wird. Begreifen wir Lokalisierung (bentuhua) als Wiedererweckung der der chinesischen Kultur inhärenten nützlichen Traditionen, so ist das offensichtlich weit entfernt von der der Modernisierung des Rechtssystems zukommenden Beseitigung des Alten und Begründung des Neuen. Nur wenn man Lokalisierung im oben dargelegten Sinne versteht, kann sich die chinesische Kultur im offenen System permanent weiterentwickeln und voll entfalten, um dann in einem weiteren Schritt in der Rechtsmodernisierung die kulturelle Neuschöpfung im Wandel der Kulturgesamtlage zu verwirklichen. Dieses Verständnis bricht prinzipiell mit allen Handlungen, die zur Restauration von Sitten und Gebräuchen alter Zeiten (fugu) bodenständige Ressourcen in Gebrauch nehmen, auf daß das chinesische Volk in zunehmend offener Geisteshaltung und wachsender Initiative die Kultur der Herrschaft des Rechts in sich aufnehmen kann und diese sowohl eine die kulturelle Neuschöpfung Chinas verwirklichende wirksame Ressource, als auch ein integraler Bestandteil der neu hervorgebrachten chinesischen Kultur wird. In dieser Hinsicht kann der Prozeß der Lokalisierung oder Sinisierung des Buddhismus das Problem erläutern. Denn obwohl der Buddhismus ursprünglich ein ausländisches Kulturgut war, so wäre es doch abwegig, bei der Erörterung der eigenen chinesischen

---

[30] Ich bin der Ansicht, daß die Ausdrücke „Modernisierung des Rechtssystems" (fazhi xiandaihua) und „Verrechtlichung" (fazhihua) im wesentlichen identisch sind. Will man einen Unterschied machen, so betont ersterer mehr den Vorgang, letzterer mehr das Ziel. Der hier verwandte Begriff „chinesische Herrschaft des Rechs" (zhongguo fazhi) bedeutet „Modernisierung des chinesischen Rechtssystems" (zhongguo de fazhi xiandaihua).

Kultur den Buddhismus auszuklammern. An vielen Orten Chinas, einschließlich in Shandong, wo die konfuzianische Kultur entstanden ist, kann man häufig in buddhistischen Tempeln Stätten konfuzianischer und daoistischer Verehrung finden, was sowohl zeigt, daß die Chinesen fähig sind, ausländische Kultur zu erfassen, auszugestalten und anzuwenden, als auch die Tatsache verdeutlicht, daß es in China einen umfassenden Geist kultureller Offenheit schon einmal gegeben hat[31], als auch einen mit meinem Verständnis identischen Bedeutungsinhalt von Lokalisierung ausländischer Kultur aufzeigt. Das macht in eindrucksvoller Weise deutlich, daß die Lokalisierung der Herrschaft des Rechts ein Vorgang ist, in dem die Chinesen als Subjekte der Kultur der Rechtsherrschaft diese in sich aufnehmen, erfassen und anwenden.

2. Lokalisierung der Herrschaft des Rechts in China bedeutet weiterhin, durch den Träger der eigenen chinesischen Kultur die inhärenten Forderungen der Rechtsherrschaft zum Ausdruck zu bringen. Wie allgemein bekannt ist, ist die chinesische Sprache ein wichtiger Träger der chinesischen Kultur.[32]So wie die Sinisierung des Buddhismus der Intelligenz unzähliger Menschen zur Übersetzung der Sutras bedurfte, so ist auch die Lokalisierung der Herrschaft des Rechts in China unvermeidlich mit dem Problem konfrontiert, Idee, Regeln, Organisation etc. des modernen Rechts in chinesischer Schrift und Sprache auszudrücken. Eben deshalb bezeichnen wir die sprachliche Sinisierung der Rechtssysteme von Hong Kong und Macau häufig als Lokalisierung (*bentuhua* oder *bendihua*). Natürlich ist der Vorgang, den Geist der Herrschaft des Rechts und die Regeln des modernen Rechts in der angestammten chinesischen Schrift und Sprache auszudrücken, keineswegs ein Vorgang einfachen Imitierens oder Übersetzens von einer Art Kulturträger in eine andere, sondern ein Vorgang komplizierter intellektueller Produktion, in dem das an Weisheit gesättigte Instrument der chinesischen Kultur den Geist der Rechtsherrschaft und die Regeln des modernen Rechts durchdringt. Die historischen Fakten der chinesischen Rechtsmodernisierung im 20. Jahrhundert beweisen: Wenn auch der mittels chinesischer Schrift und Sprache eingeführte Begriff der Herrschaft des Rechts und die so übernommene Terminologie des modernen Rechts sich noch nicht gemäß unseren Erwartungen durchgesetzt haben, so können sich auch unter der komplizierten historischen Lage der permanenten Auseinandersetzung zwischen der neuen und alten Kultur, der permanenten Konfrontation diverser politischer Kräfte und des schwierigen Wachstums der gesellschaftlichen Produktionskraft das Konzept der Herrschaft des Rechts und der Geist des modernen Rechts dennoch permanent entfalten und zu einem wichtigen integralen Bestandteil der schon Gestalt annehmenden chinesischen „neuen Tradition" werden. Wir können nicht hoffen, daß Begriff und Regeln modernen Rechts, kaum werden sie in chinesischer Schrift und Sprache ausgedrückt, auch schon zum chinesischen Rechtssystem werden, so wie wir nicht hoffen können, daß ein gerade geborenes Kind über Nacht zum Erwachsenen wird. Wenn man, weil einige in den letzten Jahren erlassene Gesetze noch nicht die erhofften Wirkungen entfaltet ha-

---

[31] Diese Offenheit ist in ihrem Wesen ein „Offenheit nach außen" und keine „doppelspurige Offenheit" nach innen und außen, d.h. daß sie gegenüber ausländischer Kultur offen, gegenüber der bodenständigen Kultur aber relativ geschlossen ist.

[32] Neben der chinesischen Schrift und Sprache existieren in China zahlreiche andere Sprachen und Schriften. Doch sind die chinesische Schrift und Sprache die wesentlichen Träger der chinesischen Kultur, was von allen Chinesen anerkannt wird.

ben, die Fähigkeit der chinesischen Kultur, den Geist der Herrschaft des Rechts und rechtliche Regeln gesetzgeberisch auszudrücken leugnet, so begeht man den Fehler, auf rasche Ergebnisse aus zu sein.[33] Glaubt man denn, daß man dadurch, daß man das eigene Kulturgut sichtet und aus den „lebendig fließenden Traditionen" die dem modernen Rechtssystem entsprechenden Elemente zusammenstellt, ganz gewiß innerhalb kurzer Zeit die chinesische Rechtsherrschaft wird verwirklichen können? Ich glaube, daß dies gleichfalls der beweiskräftigen Fakten entbehrt. Zusammenfassend ist festzustellen, daß die Lokalisierung von Rechtsherrschaft in China unvermeidlich ein Vorgang ist, in dem der Geist der Rechtsherrschaft und seine konkreten Forderungen durch das Medium der angestammten chinesischen Kultur ausgedrückt und aufgezeichnet wird; des weiteren ein Vorgang, in dem die Chinesen mittels des angestammten Kulturinstrumentariums den Geist des modernen Rechtssystems und seiner Regeln erfassen, in sich aufnehmen und anwenden.

3. Die Lokalisierung der Herrschaft des Rechts in China verlangt ferner, daß diese durch die eigenen, in der chinesischen Kulturtradition angelegten, die Rechtsherrschaft nicht ausschließenden Kulturinhalte unterstützt wird. Zahlreiche Gelehrte sehen darin das in der Rechtsmodernisierung liegende Problem der Lokalisierung, während ich dies oben als „Lokalheit" (*bentuxing*) definiert habe. Für jegliche von außen kommende Kulturelemente innerhalb einer bestimmten Kultur muß, sollen diese Elemente in dieser Kultur wurzeln, leben und heranwachsen, nach Anknüpfungspunkten in dieser Kultur gesucht werden, wobei die Ausdrucksmittel dieser Kultur zweifellos die wichtigsten Anknüpfungsweisen darstellen. Jedoch existieren in der betreffenden Kultur neben instrumentalen Medien (Schrift, Sprache) auch substantielle oder werthafte Kulturelemente, die mit der von außen kommenden Kultur in Einklang stehen können, was bei der Lokalisierung ausländischer Kultur beachtet werden sollte. Geht man von der chinesischen Kultur aus, so können z.B. die in der Lehre von Maß und Mitte (*zhongyong zhi lu*) enthaltenen, mit der modernen Rechtsherrschaft in Beziehung stehenden Konzepte der Toleranz und Aufrichtigkeit (der Geist von Treu und Glauben), ferner der die Demokratieforderung der Rechtsherrschaft umschließende Gedanke vom „Volk als Grundlage" (*minben*) und die vom Ideal der „Großen Harmonie" (*datong*) umfaßte, an den Rechtsstaat gerichtete Forderung nach vernünftiger Ordnung als wirksame Ressourcen für eine Anknüpfung moderner Rechtsherrschaft in China dienen. Da nun die Lokalkultur unvermeidbar solche Ressourcen enthält, deren letzte philosophische Begründung darin liegt, daß die Menschen als vernünftige Lebewesen identische Bedürfnisse haben, so sind die auf der Erde existierenden Kulturen und Zivilisationen, auch wenn es zwischen ihnen äußerst große Unterschiede gibt, doch nicht völlig antagonistisch, sondern es gibt stets verknüpfbare Faktoren. Dies eben ist die allgemeine Grundlage des menschlichen Verkehrs. Gäbe es keine Identität der grundlegenden Bedürfnisse der Menschheit und keine Identität von durch solche Bedürfnisse determinierten Kulturfaktoren, so wäre ein Austausch unter den Menschen undenkbar. Dies macht deutlich, daß die Lokalisierung der

---

[33] Der im japanischen Recht bewanderte He Qinhua hat auf einer Konferenz in Kaifeng (Provinz Henan) darauf hingewiesen, daß es in Japan nicht selten zu beobachten ist, daß sich die erhofften Wirkungen von Gesetzen auch 20 Jahre nach seinem Erlaß nicht einstellten; erst mit der wirschaftlichen Entwicklung und dem Reifen von Verstädterung und Industrialisierung hätten diese Gesetze ihre Wirkung zu entfalten begonnen.

Rechtsherrschaft in China durchaus nicht die angestammte chinesische Kultur pauschal verdrängt und daß dies überhaupt unmöglich ist. Ich bin der Ansicht, daß der Gegensatz zwischen der angestammten chinesischen Kultur und der modernen Rechtsherrschaft aus der Sicht der grundlegenden geistigen Werte, besonders der grundlegenden geistigen Werte der Systemgestalt aus betrachtet wird. Von den konkreten Kulturelementen her gesehen existieren, auch wenn es keine der modernen Rechtsherrschaft direkt entsprechenden Inhalte gibt, doch substantielle Kulturfaktoren, die es erleichtern können, daß der Geist der Rechtsherrschaft und Regeln des modernen Rechts in China Eingang finden. Eine umfassende Anwendung und kreative Interpretation dieser Kulturfaktoren gemäß der Forderungen der Herrschaft des Rechts kann zu deren Lokalisierung in China entscheidend beitragen.

4. Die Lokalisierung moderner Rechtsherrschaft in China erfordert schließlich, daß das Konzept der Rechtsherrschaft sich in geistig-psychische Akzeptanz der Chinesen verwandelt. Die tiefste der Kultur innewohnende Funktion liegt darin, daß sie eine geistige Existenz und emotionale Kraft stützende Existenz ist; ohne diese mag zwar ein gewisses kulturelles Erbe bestehen, jedoch keine damit zusammenhängende Energie und emotionale Stütze, es handelt sich dann nur um eine leblose Kultur. So besitzt z.B. die babylonische Kultur zwar ein bis heute bewundernswertes kulturelles Erbe, wie die Keilschrift und den Codex Hammurabi, da jedoch ihr Subjekt, d.h. das babylonische Volk, verschwunden ist, ist dieses kulturelle Erbe heute allein ein Material der Forschung und ein Gegenstand historischen Erinnerns. Ob es sich nun um sein kulturelles Instrument, d.h. die Keilschrift, oder um seine kulturelle Substanz handelt, es sind stets subjektlose, überkommene tote Erscheinungen, und selbst wenn es Gelehrte gäbe, sie wiederzubeleben, so hätte dies, da es kein diese Kultur anwendendes Subjekt gibt, lediglich konservatorischen und ästhetischen Wert. Wegen der mehrtausendjährigen Fortdauer und Entwicklung des chinesischen Volkes setzt die Lokalisierung von fremder Kultur in China eine geistig-emotionale Anerkennung und Zustimmung des chinesischen Volkes voraus. Als ein im wesentlichen ausländischer Kulturfaktor ist die Lokalisierung der Herrschaft des Rechts in China normalerweise ein Vorgang seiner Übernahme in Geist und Gefühl der Chinesen. Entledigen sich die Chinesen geistig-emotional nicht der Ablehnung der Rechtsherrschaft, so zeigt dies, daß die Lokalisierung der Herrschaft des Rechts noch nicht verwirklicht wurde. Eben in diesem Sinne bin ich der Ansicht, daß der Vorgang der Realisierung der Herrschaft des Rechts im wesentlichen darin besteht, den Geist der Kultur des chinesischen Volkes durch den Geist der Kultur der Herrschaft des Rechts neu zu bilden. Natürlich ist dieser Vorgang kompliziert, schmerzlich und langwierig. Aber nur wenn wir diesen Punkt klar erkennen, können wir über ein Minimum an geistiger Vorbereitung verfügen, zumindest vermeiden, daß der Verlauf der Verrechtlichung eine falsche Richtung einschlägt.

## Anmerkungen des Übersetzers

a) Im Staate Zheng hatte man im Jahre 536 v. Chr. die Strafgesetze auf Broncegefäße eingraviert und so allgemein bekannt gemacht. Das *Zuozhuan* berichtet von einem Brief, den ein gewisser Shu Xiang, ein Staatsmann aus Jin, an Zi Chan, Chefminister von Zheng, geschrieben hat, um ihm wegen dieses ungewöhnlichen Schrittes Vorhaltungen zu machen. Es heißt dort: „Wenn die Leute die Gesetze kennen, haben sie keine Ehrfurcht vor ihren Vorgesetzten. Sie werden eine streitsüchtige Haltung einnehmen und sich in der Hoffnung, mit ihren Argumenten durchzudringen, auf das geschriebene Wort berufen. So können sie nicht regiert werden. ... Kennen die Leute die Grundlagen zum Argumentieren, werden sie die Ehrerbietigkeit ablegen und sich auf die Erlasse berufen. Sie werden streiten über die geringsten Kleinigkeiten. Prozesse werden häufig und Bestechung unkontrollierbar werden. Der Staat Zheng wird ruiniert sein ..." (vgl. *James Legge*, The Chinese Classics. The Ch' un Ts' ew with the Tso Chuen, London 1872, S. 609). Als der Staat Jin im Jahre 512 v. Chr. seine Strafgesetze ebenfalls auf Broncegefäße gravierte, drückte Konfuzius eine ähnlich ablehnende Haltung aus (*ibid.*, S. 730, 732).

b) Zur Stärkung der Wirtschaftskraft und Verteidigungsfähigkeit des durch Übergriffe zentralasiatischer Völker bedrohten chinesischen Reichs beauftragte die Zentralregierung den Wang Anshi (1020–1086) mit der Durchführung von Wirtschafts- und Finanzreformen, die jedoch am Widerstand der von Sima Guang (1019–1086) repräsentierten konservativen Partei der Großgrundbesitzer und Monopolkaufleute scheiterte.

c) Vgl. dazu *Robert Heuser*, Einführung in die chinesische Rechtskultur, Hamburg 1999, S. 130ff.

d) *Clifford Geertz*, Local Knowledge. Further Essays in Interpretative Anthropology, London 1993.

e) Wörtlich: „Hat jemand das Dao (Erleuchtung o.ä.) erreicht, kommen selbst seine Haustiere – Hühner und Hunde – in den Himmel."

f) Die früheste Sammlung chinesischer Volkslieder; sie enthält Texte aus der Zeit vom 10. bis 6. Jahrhundert v. Chr. Ausführlich dazu Helwig Schmidt-Glitzer, *Geschichte der chinesischen Literatur*, Darmstadt 1990, S. 27ff.

g) Die landwirtschaftlichen Grundstücke, die den Mitgliedern eines Bauernhaushalts durch sog. Übernahmevertrag (*chengbao hetong*) zu eigenverantwortlichen Bewirtschaftung übergeben wurden. Vgl. dazu *Robert Heuser*, Einführung in die chinesische Rechtskultur, Hamburg 1999, S. 426f.

# Über die Tätigkeit der Japanischen Forschungsgesellschaft für deutsches Verfassungsrecht

von

## Hisao Kuriki

Professor an der Meijo Universität Nayoya, Japan

## I. Vorgeschichte und Hintergrund

### 1. Die Rezeption der deutschen Staatsrechtswissenschaft in der Vorkriegszeit

(i) Seit dem Anfang der Modernisierung hat Japan von Deutschland nicht nur die Kodifikationen, sondern auch Erkenntnisse der Rechtswissenschaften rezipiert. Das gilt nicht zuletzt für das Staatsrecht. Schon vor und bei dem Erlaß der Meiji-Verfassung (1889) wurden nicht nur die Bücher von Johann Caspar Bluntschli, Hermann Schulze, Heinrich Zoepfl, Max von Seydel und Ludwig von Rönne usw. gelesen und nachgeschlagen, sondern auch die deutschen Rechtsgelehrten wurden entweder als die Rechtsberater der Regierung berufen und zu Rate gezogen (Hermann Roesler und Albert Mosse) oder von den Delegierten besucht und gebeten, ihnen über die Verfassungsgebung Rat zu erteilen (Rudolf Gneist und Lorenz von Stein). Der Erlaß der grundsätzlich nach der preußischen Verfassung von 1848–50 modellierten Verfassung war das Ergebnis des Sieges der Befürworter des deutsch-monarchischen Prinzips im politischen Streit mit den Befürwortern des englisch-parlamentarischen Prinzips. Es war nur folgerichtig, daß die Orientierung nach der deutschen Staatsrechtswissenschaft seit dem Erlaß der Verfassung stärker gefördert wurde.

Allerdings war es sehr merkwürdig, daß die die Souveränität des Kaisers betonende Richtung in der Staatsrechtslehre die ausschließliche Berücksichtigung der Eigentümlichkeiten des Staates Japan forderte und das Staatsrecht des Auslandes ganz außer Acht ließ, während die die fortschreitende Verwirklichung des Konstitutionalismus verfolgende Richtung in der Staatsrechtslehre für das vergleichende Studium des deutschen Staatsrechts eiferte. Der wichtigste Vertreter der konstitutionellen Staatsrechtslehre war Tatsukichi Minobe. Er erkannte dem allgemeinen Staatsrecht die Stellung als sekundäre Rechtsquelle des Staatsrechts zu und setzte dabei das deutsche Staatsrecht mit dem allgemeinen Staatsrecht gleich, und ließ durch solche methodische Technik das deutsche Staatsrecht ins Verständnis des japanischen Staatsrechts einfließen. Für Minobe war die hauptsächliche Erkenntnisquelle des deutschen Staats-

rechts die Staatsrechtslehre von Georg Jellinek. Aufgrund seines Studiums der Staatsrechtslehre von Jellinek behauptete Minobe, daß die Verfassung nicht nur nach dem
Wort, sondern nach dem Sinn und Zweck der Verfassung im modernen Sinn interpretiert werden soll, der im Schutz der Rechte der Einzelnen durch die Teilnahme der
Vertreter des Volkes an der Staatsführung liegt. Auf dieser theoretischen Grundlage
forderte Minobe das parlamentarische Regierungssystem und rechtfertigte es verfassungsrechtlich und unterstützte durch seine publizistische Tätigkeit die verwirklichte
parlamentarische Regierung (1924–1932).

(ii) Aber die parlamentarische Regierung unter der Meiji-Verfassung war nur
kurzlebig. Unter dem Druck der ihren Einfluß verstärkenden militärischen Clique
und der Rechtsradikalen wurde sie wieder durch die kaiserliche Regierung ersetzt
(1932). Die Lehre von Minobe wurde von der Regierung verboten, sogar mit der Begründung verboten, daß seine Theorie die Eigentümlichkeit des japanischen Staatswesens mit dem regierenden Kaiser an der Spitze in Frage stellt.

Nach 1935 verstärkte sich die Tendenz hin zu einer militärischen Diktatur mehr
und mehr. In dieser Periode wurde die Staatsrechtslehre herrschend, die zwar die Bedeutung des allgemeinen Staatsrechts für das japanische Staatsrecht immer noch anerkannte, aber jetzt das allgemeine Staatsrecht mit dem faschistischen Staatsrecht gleichsetzte und dessen Erkenntnisquelle in der Verfassungslehre von Carl Schmitt fand.
Nun wurde mit Hilfe der Theorie der unbegrenzten verfassungsgebenden Gewalt
(des Volkes) von Carl Schmitt auch die kaiserliche Souveränität als die verfassungsgebende Gewalt ausgelegt und deshalb als über die verfassungsrechtlichen Grenzen erhaben erklärt. Dadurch wurden alle diktatorischen Maßnahmen unter Berufung auf die
kaiserliche Souveränität verfassungsrechtlich gerechtfertigt.

## 2. *Die vorläufige Abwendung des Blicks von der deutschen Staatsrechtslehre nach dem Zweiten Weltkrieg*

(i) Nach dem Ende des Zweiten Weltkrieges wendete sich der Blick der japanischen Staatsrechtslehre vom deutschen Staatsrecht vorläufig ab. Das war gut verständlich, weil erstens die neue Verfassung von 1946 nach dem Vorbild der amerikanischen
Verfassung modelliert wurde, weil die Volkssouveränität bzw. das Demokratieprinzip
und die Menschenrechtsgarantien als die Grundprinzipien der neuen Verfassung aufgrund des anglo-amerikanischen Gedankens erklärt und verstanden wurden und weil
zweitens das deutsche Grundgesetz noch nicht erlassen war.

Trotzdem war der Einfluß der deutschen Staatsrechtslehre der Vorkriegszeit auf die
japanische noch immer bemerkbar.

A. Zur Erklärung der Geltung der neuen, im inhaltlichen Widerspruch gegen das
Grundprinzip der damals geltenden alten Verfassung entstandenen Verfassung wurde
die Theorie von der August-Revolution vorgebracht. Diese Theorie, die von Toshiyoshi Miyazawa, dem wichtigsten Staatsrechtslehrer der Nachkriegszeit, vorgebracht
wurde, hat sich zwar nicht ausdrücklich auf die Theorie der Grundnorm von Hans
Kelsen berufen, aber sie implizit zugrunde gelegt. Die Theorie von der August-Revolution behauptete, daß die Veränderung des Grundprinzips der Verfassung von der
Souveränität des Kaisers zur Volkssouveränität (d.h. die Revolution im rechtlichen

Sinn) rechtlich unmöglich war und nur durch die Tatsache der Kriegsniederlage möglich geworden ist. Diese die Geltung der als das Ergebnis der Kriegsniederlage entstandenen und wirksam durchgesetzten Verfassung einfach hinnehmende Theorie ist mit der deutschen rechtspositivistischen Staatsrechtslehre nahe verwandt, die die Geltung der Weimarer Reichsverfassung aufgrund der Theorie der rechtschaffenden Kraft der Revolution einfach bejahte. Die konsequenteste Gestalt dieser Theorie war die Theorie von Hans Kelsen. Und Miyazawa stand unter dem starken Einfluß von Kelsen. Die Theorie von der August-Revolution hat, wie die deutsche rechtspositivistische Staatsrechtslehre der Weimarer Zeit, eine sehr bedeutende praktische Rolle gespielt, um die neue Verfassung gegen die Behauptung der Ungültigkeit zu verteidigen.

B. Im Unterschied zur deutschen Situation der Weimarer Zeit, in der die Erörterung der Geltung der Verfassung etwas später die Erörterung der Legitimität der Verfassung folgte, wurden in Japan Geltung und Legitimität der Verfassung zeitgleich diskutiert. Zwischen den beiden Fragen wurde zum Teil sogar kein Unterschied gemacht. Das bedeutet, daß die Geltung der neuen Verfassung schon von Anfang an nicht nur (formal) mit deren Wirksamkeit, sondern auch (material) mit deren Wert bejaht und gerechtfertigt worden ist. Aus der materialen Begründung der Geltung der neuen Verfassung ist dann konsequenterweise gefolgert worden, daß die die Geltung der die Verfassung material begründenden Prinzipien auch die Schranken der Verfassungsänderung ausmachen und nicht einmal durch das Verfahren der Verfassungsrevision geändert werden dürfen. Dies galt ohne eine ausdrückliche Bestimmung wie sie die deutsche Verfassung in Artikel 79 Abs. III GG kennt. Bei der Behauptung der materialen Schranken der Verfassungsänderung ist immer noch auf Carl Schmitt verwiesen worden. (Übrigens scheint mir die Geeignetheit seiner Theorie zur Unterstützung der materialen Schranke der Verfassungsänderung fragwürdig. Eher scheinen die Theorie von Horst Ehmke und der von ihm so genannten Züricher Schule dazu geeignet zu sein, die ebenfalls in Japan gern gelesen und geschätzt werden.)

C. Außer in diesen Grundlagenproblemen kann man auch in konkreteren Problemkomplexen von der Wirkung des Erbes der deutschen Staatsrechtslehre der Weimarer Zeit sprechen.

Erstens ist der Gedanke der institutionellen Garantie sowohl von der Wissenschaft als auch von der Rechtsprechung aufgenommen und für das Prinzip der Trennung von Staat und Religion, für die Selbstverwaltung der Universitäten, die Gewährleistung des Eigentums und die Selbstverwaltung der Gemeinden angewandt worden.

Zweitens wurde die Auffassung der Weimarer Reichsverfassung, die Bestimmungen der Wirtschaftsordnung seien lediglich Programmvorschriften, übernommen und auf die Bestimmungen über die sozialen Grundrechte angewandt, obwohl es schon seit Anfang der 60er Jahre in der Wissenschaft und in der Judikatur allmähliche Tendenzen gab, sich von dieser Auffassung zu distanzieren. Inzwischen gelten die Bestimmungen über die sozialen Grundrechte als Bestimmungen mit rechtlicher Wirkung.

(ii) Im Gegensatz zur deutschen Staatsrechtslehre der Vorkriegszeit ist die japanische Staatsrechtslehre der Nachkriegszeit zu der zeitgenössischen deutschen Staatsrechtslehre vorläufig auf Distanz gegangen. Der Stein des Anstoßes war das Prinzip der streitbaren Demokratie. Die japanische Staatsrechtslehre hat den Hintergrund dieses Prinzipes gut verstehen können. Sie hat trotzdem dieses Prinzip als Rechtfertigung dafür verstanden, dem Volk den vom Staat festgesetzten Wert aufzuzwingen und

Druck auf das Gewissen der Einzelnen auszuüben, und ist stolz darauf gewesen, daß die japanische Verfassung ein solches Problem nicht enthält und ein solches Prinzip nicht institutionalisiert. Unter diesem Gesichtspunkt wurde das Bundesverfassungsgericht betrachtet, es wurde sogar als der typischste Ausdruck dieses Prinzipes angesehen, zumal es mit der Befugnis zum Parteiverbot ausgestattet ist. Daß das Bundesverfassungsgericht in der Anfangsperiode seiner Tätigkeit zweimal diese Befugnis ausgeübt hat, hat die kritische Haltung der japanischen Staatsrechtslehre verstärkt.

Im allgemeinen ist der japanischen Staatsrechtslehre der Nachkriegszeit die abwehrende, negative Einstellung gegenüber dem Staat eigentümlich. Das kommt daher, daß trotz der Prinzipien der Volkssouveränität und der Menschenrechte als der obersten Prinzipien der Verfassung der Staat noch nicht demokratisiert und liberalisiert worden und immer noch durch die traditionellen Kräfte erhalten und getrieben ist. Die der Verfassung treue Staatsrechtslehre muß daher Distanz zum Staat halten, über die Tätigkeit des Staates wachen und gegen die verfassungswidrige Tätigkeit des Staates protestieren. Insoweit hat das Denkmodell der Trennung von Staat und Gesellschaft für die japanische Staatsrechtslehre einen starken Reiz gehabt und die theoretische Grundlage für die Lehrmeinung vieler japanischer Staatsrechtslehrer gebildet.

## 3. Die erneute Zuwendung von Aufmerksamkeit auf das deutsche Staatsrecht und die deutsche Staatsrechtslehre

(i) Seit Anfang der 60er Jahre ist die Aufmerksamkeit der japanischen Staatsrechtslehre auf das deutsche Staatsrecht und die deutsche Staatsrechtslehre allmählich wach geworden. Grund dafür ist vor allem, daß der Würde des Menschen von der deutschen Staatsrechtslehre aufgrund des Art. 1 Abs. 1 GG und von der japanischen aufgrund des Art. 13 Satz 1 JV der Stellenwert als das höchste Prinzip der Verfassungsordnung zuerkannt worden ist. Art. 13 Satz 1 JV bestimmt, daß jeder Staatsbürger als Individuum respektiert werden soll. Diese Sentenz vom Respekt des einzelnen Staatsbürgers als Individuum ist zwar verschieden vom deutschen Satz von der Menschenwürde, aber von der japanischen Staatsrechtslehre in der Regel damit gleichgesetzt, obwohl es eine scharfe Kritik gegen die Gleichsetzung gibt. Die Würde des Menschen ist auf diese Weise auch von der japanischen Staatsrechtslehre zum höchsten Prinzip zur Auslegung der Verfassung und zur Lösung der verfassungsrechtlichen Probleme gemacht worden, und die deutsche Auffassung von der Menschenwürde ist dabei berücksichtigt oder rezipiert worden.

(ii) Dadurch, daß die Menschenwürde zum höchsten Prinzip der Verfassungsordnung gemacht worden ist, ist es in Deutschland – auch in Japan – möglich geworden, die Verfassung als die materiale Ordnung zu verstehen. (Mit Hilfe dieses Verständnisses ist auch das Prinzip des Rechtsstaates als das materiale Prinzip verstanden worden.)

Das materiale Verständnis der Verfassung bringt praktische Folgerungen im Blick auf den status negativus und den status positivus mit sich.

A. Im Blick auf den status negativus, nämlich die Abwehr gegen einen staatlichen Eingriff, bringt das materiale Verständnis der Verfassung das Erfordernis der materialen Verfassungsmäßigkeit des zur Beschränkung der Menschen- bzw. Grundrechte notwendigen Gesetzes mit sich. Darin konvergieren die deutsche und die japanische Staatsrechtslehre. In dieser Hinsicht braucht sich die japanische Staatsrechtslehre deshalb im Prinzip nicht besonders für die deutsche Staatsrechtslehre zu interessieren. Aber hinsichtlich der bei der Beschränkung geübten sorgfältigen Abwägung zwischen den widerstreitenden Grundrechtspositionen und hinsichtlich der dabei geübten sorgsamen Anwendung des Verhältnismäßigkeitsgrundsatzes in Deutschland kann auch in Japan viel gelernt werden.

B. Was den status positus anbetrifft, einen Anspruch auf die staatlichen Leistungen, bringt das materiale Verständnis der Verfasung mehrere praktische Ergebnisse mit sich.

b1. Das erste Ergebnis ist die sogenannte Drittwirkung der Menschen- bzw. Grundrechte. In diesem Problemfeld hat sich das japanische Staatsrecht sowohl in der Lehre als auch in der Rechtsprechung für das deutsche Staatsrecht, wiederum in der Lehre und auch in der Judikatur interessiert. Dabei hat das japanische Staatsrecht besonders vom Lüth-Urteil Lehrstoff bekommen. Zwar hat das japanische Staatsrecht vom amerikanischen Staatsrecht verschiedene Methoden zur unmittelbaren Geltendmachung der Menschenrechte in der Beziehung zwischen privaten Personen gelernt. Aber das japanische Staatsrecht fühlt eine größere Affinität zur deutschen Methode der mittelbaren Drittwirkung der Menschen- bzw. Grundrechte durch die entsprechende Auslegung der Generalklauseln der einzelnen Gesetze, zumal das japanische BGB ähnliche Generalklauseln wie die deutschen enthält. Daß die Methode der unmittelbaren Anwendung der Menschen- bzw. Grundrechte durch die Richter in Japan grundsätzlich nicht aufgenommen worden ist, scheint erstens der Ausdruck des beschränkten Vertrauens zu den Richtern, zweitens die Konsequenz aus dem hohen Respekt vor der Privatautonomie, drittens die Wirkung des Gedankenmodells der Trennung von Staat und Gesellschaft zu sein, das in Japan noch stärker als in Deutschland wirkt.

b2. Das zweite Ergebnis des materialen Verständnisses der Verfassung mit Blick auf den status positivus ist die Auffassung der Freiheitsrechte als der Teilhaberechte. Diese besonders im Numerus-Clausus Urteil ausgedrückte Auffassung hat wieder die Aufmerksamkeit der japanischen Staatsrechtslehre auf das deutsche Staatsrecht gelenkt und hat in der japanischen Staatsrechtslehre rege Diskussion herausgefordert. Obwohl diese Auffassung ihre praktische Konsequenz auch in Deutschland nicht durchsetzen konnte, hat sie der japanischen Staatsrechtslehre den Blick für zwei Erkenntnisse geöffnet, daß erstens der Gewährleistung der Menschen- bzw. Grundrechte der Gedanke ihrer wirksamen und effektiven Ausübung zugrunde liegt, daß zweitens die Menschen- bzw. Grundrechte mehrere Dimensionen haben, die Meinungsäußerungsfreiheit z.B. die abwehrrechtliche und demokratische (teilnahmerechtliche) Dimension hat. Die Auffassung der Freiheitsrechte als Teilhaberechte hat der japanischen Staatsrechtslehre besonders deswegen einen Schlag versetzt, weil sie erkennen mußte, daß in Deutschland ohne die Garantie von sozialen Grundrechten aufgrund dieser Auffassung die soziale Sicherheit viel besser als in Japan mit seinen sozialen Grundrechten gewährleistet ist. Andererseits wurden auch kritische Stimmen dagegen laut. Der kritische Punkt liegt darin, daß die Gewährleistung der Freiheitsrechte durch Leistungen des Staates den Freiheitsrechten ihren eigentlichen Kern nimmt.

b3. Das dritte Ergebnis des materialen Verständnisses der Verfassung ist der Gedanke der grundrechtlichen Schutzpflichten des Staates. Auch dieser besonders im ersten

Urteil zum Schwangerschaftsabbruch zum Ausdruck kommende Gedanke hat die Aufmerksamkeit der japanischen Staatsrechtslehre auf das deutsche Staatsrecht gelenkt und rege Diskussionen verursacht. Auch er ist im Begriff, in Japan aufgenommen zu werden.

(iii) Die Ergebnisse des deutschen Staatsrechts der Nachkriegszeit, die die Aufmerksamkeit der japanischen Staatsrechtslehre gefesselt haben, sind primär die Leistungen des Bundesverfassungsgerichts, das selbstverständlich in einem guten Kooperationsverhältnis mit der Staatsrechtslehre steht. Dabei ist besonders zu beachten, daß das Bundesverfassungsgericht nicht nur in der abwehrrechtlichen Richtung, sondern auch und eher in der anspruchsrechtlichen Richtung innovative Entscheidungen hervorgebracht hat. Diese beachtenswerte Leistung des Bundesverfassungsgerichts hat in Deutschland die kritische Frage hervorgerufen, ob das Gericht nicht zu viel aus dem Text der Verfassung gefolgert hat, ob das Gericht damit nicht in den Kompetenzbereich der politischen Organe eingegriffen hat.

Dieser kritische Punkt des bundesverfassungsgerichtlichen Aktivismus ist von der japanischen Staatsrechtslehre eher als Vorzug geschätzt. Da die japanische Staatsrechtslehre mit der weitgehend passiven Haltung des japanischen Obersten Gerichtshofes sehr unzufrieden gewesen ist, ist die aktive Tätigkeit des Bundesverfassungsgerichts für sie sehr eindrucksvoll. Der japanische Oberste Gerichtshof ist vom strengen „judicial restraint" ausgegangen, weil das japanische System der gerichtlichen Überprüfung der Staatsakte das System der Inzidentkontrolle bzw. akzessorischen Kontrolle ist und dieses System der typischste Ausdruck richterlicher Zurückhaltung ist. Inzwischen haben sich das System der abstrakten Normenkontrolle und das System der Inzidentkontrolle angenährt. Diese Tendenz ist auch in Japan erkannt worden, und es wurde auch in Japan versucht, das rigide System der Inzidentkontrolle etwas zu lockern und das Prinzip vom Vorrang der Verfassung im Rahmen des Systems der Inzidentkontrolle möglichst weitgehend durchzusetzen. Man denkt, daß dazu das deutsche Bundesverfassungsgericht ein wichtiges Vorbild geben kann.

Die Tätigkeit des Bundesverfassungsgericht hat die Aufmerksamkeit der japanischen Staatsrechtslehre nicht nur in inhaltlicher Hinsicht, sondern auch in entscheidungstechnischer Hinsicht auf sich gezogen. Das Bundesverfassungsgericht hat die Möglichkeit, eine Norm für verfassungswidrig zu erklären, eigenmächtig entwickelt und durchgesetzt (erst später erfolgte die gesetzliche Legitimation). Diese Entscheidungstechnik hat auch der japanische Oberste Gerichtshof aufgenommen und sinngemäß auf bestimmte Fallgruppen angewandt. Das Gericht hat einige Male die gleichheitswidrige Bestimmung des Wahlgesetzes über die Verteilung der Mandate auf die einzelnen Wahlbezirke zwar für verfassungswidrig erklärt, aber die aufgrund dieser Bestimmung durchgeführte Wahl für gültig erklärt. Das Gericht hat auch den vom Bundesverfassungsgericht verwendeten Modus der sogenannten Appellentscheidung aufgenommen und in einem die Mandatenverteilung betreffenden Fall zwar die problematische Gesetzesbestimmung nicht für verfassungswidrig erklärt, aber an den Gesetzgeber appelliert, möglichst bald die problematische Gesetzesbestimmung zu verbessern. Die Ausübung solcher sogenannter positiver Kontrollbefugnisse durch das Bundesverfassungsgericht ist in Japan nicht nur vom Obersten Gerichtshof aufgenommen, sondern auch von der Staatsrechtslehre trotz der rechtslogischen Problematik geschätzt worden.

## II. Die Gründung und die Tätigkeiten der Japanischen Forschungsgesellschaft für deutsches Verfassungsrecht

### 1. Die Gründung

In der oben skizzierten Situation der wachsenden Aufmerksamkeit für das deutsche Staatsrecht in der Rechtsprechung und in der Wissenschaft haben sich die Staatsrechtslehrer, die sich für das deutsche Staatsrecht besonders interessieren, im Jahre 1992 entschlossen, die Forschungsgesellschaft für deutsches Verfassungsrecht zu gründen und regelmäßig Sitzungen zur gemeinsamen Beschäftigung mit dem deutschen Staatsreht abzuhalten. Als Hauptzweck der Gesellschaft ist das Studium der neuen Entscheidungen des Bundesverfassungsgerichts festgelegt. Bei dieser Festlegung waren die folgenden Überlegungen maßgeblich.

Erstens brauchen wir für unsere Tätigkeit den gemeinsamen Studienstoff, durch dessen Behandlung wir gemeinsamen Erfolg erleben können, unabhängig davon, ob man für den Inhalt des Stoffes oder gegen ihn ist. Als solchen Studienstoff haben wir die Entscheidungen des Bundesverfassungsgerichts gewählt. Wir haben damit eine lose Tätigkeitsweise abgelehnt, welche jedem Mitglied ein Referieren über jedes beliebiges Thema erlaubt.

Zweitens haben wir berücksichtigt, daß gegenwärtig die Entscheidungen des Bundesverfassungsgerichts zu der wichtigsten Erkenntnisquelle der Verfassung geworden sind, auch wenn man nicht sagen kann, daß die Entscheidungen des Bundesverfassungsgerichts zu der wichtigsten Rechtsquelle der Verfassung geworden sind. Jedenfalls haben wir berücksichtigt, daß es ohne die Entscheidungen des Bundesverfassungsgerichts keine „gelebte" deutsche Verfassung gibt, daß ohne die Kenntnisse der Entscheidungen des Bundesverfassungsgerichts es keine Kenntnisse von der „gelebten" deutschen Verfassung geben kann. Wenn unsere Vorfahren auf dem Gebiet des Staatsrechts vom deutschen Staatsrecht gelernt haben, haben sie das ausschließlich durch die Lehrbücher der Staatsrechtslehrer realisiert. Wenn wir gegenwärtig aus dem deutschen Staatsrecht lernen, machen wir das nicht nur durch die Lehrbücher der Staatsrechtslehrer (ja sogar durch deren Autoren selber), sondern auch durch die Entscheidungen des Bundesverfassungsgerichts. Wir meinen selbstverständlich nicht, daß das Bundesverfassungsgericht die Staatsrechtslehre entthront hat!

Drittens können wir durch das Studium der Entscheidungen des Bundesverfassungsgerichts auch die politischen Ereignisse bzw. rechtlichen Institutionen, die zum Gegenstand der Entscheidungen geworden sind, und zwar in Zusammenhang mit den konkreten Umständen des Falles genauer kennenlernen und ferner die in den Entscheidungen verkörperte deutsche politische und rechtliche Kultur erkennen.

### 2. Die regelmäßige Tätigkeit

(i) Wir treten einmal in einem Monat zu einer ordentlichen Sitzung zusammen. Die Mitglieder referieren turnusmäßig über je eine neue Entscheidung des Bundesverfassungsgerichts (die Darstellung des Inhalts, der Kommentar und die systematische Einordnung der Entscheidung in die bisherigen Entscheidungen), und es wird darüber diskutiert. Seit Anfang unserer Tätigkeit im April 1992 sind die ordentlichen Sitzungen ganz regelmäßig abgehalten worden. Die Zahl der Teilnehmer an den ordentlichen Sitzungen ist durchschnittlich 25. Im Verhältnis zur Gesamtzahl der Mitglieder (jetzt ungefähr 100) ist die Zahl der regelmäßigen Teilnehmer eher klein. Wenn man aber berücksichtigt, daß die Mitglieder sich über das ganze Land verbreitet und die ordentlichen Sitzungen in der Regel in Tokio stattfinden, muß man sagen, daß die Zahl der regelmäßigen Teilnehmer nicht klein, sondern sogar groß ist.

Das unter Berücksichtigung mancher Anregungen aus der folgenden Diskussion verbesserte Referat wird in einer monatlichen Fachzeitschrift „Jichi-Kenkyu" veröffentlicht.

(ii) Für uns ist die Tätigkeit des Bundesverfassungsgerichts in folgenden Punkten eindrucksvoll.

Der erste Punkt ist, daß es die Tätigkeiten der Legislative, der Exekutive und der Fachgerichte und deren Ergebnisse, um den Vorrang der Verfassung zu verwirklichen, sorgfältig und gründlich überprüft, und es dabei die Entscheidungen der anderen Organe achtet.

Der zweite Punkt ist, daß es die Tätigkeiten der anderen Staatsorgane flächendeckend und in allen Phasen überprüft, um die Grundrechte als die objektiv-rechtliche Ordnung in allen Rechtsbeziehungen zu Geltung kommen zu lassen.

Der dritte Punkt ist, daß es nicht nur die Texte der Verfassung und der Gesetze auslegt, sondern auch die zum Regelungsgegenstand des Gesetzes werdende soziale Wirklichkeit und die zu erwartende Wirkung des Gesetzes in der sozialen Wirklichkeit untersucht – unter der Achtung des Prognoseprivilegs des Gesetzgebers –, damit die Grundrechte nicht nur in den juristischen Texten gewährleistet werden, sondern auch in der sozialen Wirklichkeit aktuell und effektiv ausgeübt werden können.

Der vierte Punkt ist, daß das Bundesverfassungsgericht unter Berücksichtigung der zu erwartenden Wirkung der Entscheidung nach eigenem Gutdünken verschiedene Entscheidungstechniken erfunden oder entfaltet hat (verfassungskonforme Auslegung der Gesetze, Appellentscheidung verschiedener Formen und Verfassungswidrigkeitserklärung), um einerseits die rechtliche Wirkung der Entscheidung auf das Notwendige zu begrenzen und andererseits die politische Wirkung des Appells an die politische Organe umso nachdrücklicher erzielen.

Der fünfte Punkt ist, daß es elastisch ist und auch gegenüber eigenen Entscheidungen offen ist. Es hat sich selbst von der Bindungswirkung seiner Entscheidungen frei gemacht und ferner das Normwiederholungsverbot explizit verneint. Damit hat das Bundesverfassungsgericht den Gedanken zum Ausdruck gebracht, daß die Konkretisierung der Verfassung ein ständig nach dem Besseren ringender Prozeß ist, daß in diesem Prozeß die politischen Staatsorgane und das Bundesverfassungsgericht in einem guten Kooperationsverhältnis stehen müssen.

Der sechste Punkt ist, daß das Bundesverfassungsgericht in seinen Entscheidungen bestrebt ist, die anderen Staatsorgane von der Richtigkeit seiner Entscheidungen zu überzeugen und dadurch im Endergebnis den Konsens des Volkes darüber zu erzielen. Die Entscheidungen sind ausführlich und sorgfältig geschrieben.

Solche uns faszinierende Vorzüge bringen manche Nachteile als Kehrseite mit sich, die uns gut bekannt sind. Da wir aber unseren Obersten Gerichtshof noch aktiver machen möchten, möchten wir studieren, woher diese Vorzüge kommen, ob sich diese

Vorzüge mehr dem institutionellen Faktor des Verfassungsgerichts verdanken oder sich mehr dem persönlichen Faktor wie dem Eifer der Richter zur Verfassungsverwirklichung und zur besseren Verfassungskonkretisierung verdanken.

### 3. Die eigenen Publikationen der Forschungsgesellschaft

Neben der gemeinsamen mündlichen Beschäftigung mit den Entscheidungen des Bundesverfassungsgerichts in den ordentlichen Sitzungen haben wir auch die Veröffentlichung der Ergebnisse der gemeinsamen schriftlichen Beschäftigung damit in der Buchform beabsichtigt. Zuerst haben wir unser Studium über 72 wichtige Entscheidungen des Bundesverfassungsgerichts in der Periode 1951–1989 (Shinzansha-Verlag, 1996, 462 Seiten), dann unser Studium über 68 wichtige Entscheidungen des Bundesverfassungsgerichts in der Periode 1985–1995 (Shinzansha-Verlag, 1999, 473 Seiten), jeweils mit der Übersicht über die Tätigkeit des Gerichts oder über die Tendenz der Entscheidungen des Gerichts, der Chronologie der Richter des Gerichts und den statistischen Daten ausgestattet, veröffentlicht. Das erste Studium ist inzwischen vergriffen. Wir sind im Begriff, die 2. Auflage zu veröffentlichen.

### 4. Der Verkehr mit den deutschen Staatsrechtslehrern

Neben der Beschäftigung mit den Entscheidungen des Bundesverfassungsgerichts haben wir den regelmäßigen Austausch mit den deutschen Staatsrechtslehrern als den zweiten Zweck unserer Forschungsgesellschaft festgesetzt. Dadurch beabsichtigen wir nicht nur die Förderung eines besseren und genaueren Verständnisses der deutschen staatsrechtlichen Institutionen und Probleme, sowie die bessere Beschaffung der staatsrechtlichen Informationen, sondern auch den Meinungsaustausch über die gemeinsamen staatsrechtlichen Probleme und ferner den Austausch von rechtsvergleichenden Gesichtspunkten und den Austausch von Stoffen zur Rechtsvergleichung.

(i) Wir haben zu diesem Zweck mit der finanziellen Hilfe der Japan Society for Promotion of Science (JSPS) die führenden deutschen Staatsrechtslehrer unmittelbar aus Deutschland zu uns eingeladen. Sie haben 6 bis 7 Male in zwei oder drei Wochen Vorträge und gehalten und sich anschließende Diskussionen gestellt (in außerordentlichen Sitzungen), und zwar nicht nur in Tokio, sondern auch in den anderen Städten. Zu den Staatsrechtslehrern gehören:

1996 Professor Ernst-Wolfgang Böckenförde (Freiburg)
1997 Professor Josef Isensee (Bonn)
1999 Professor Peter Häberle (Bayreuth)

Außerdem ist vorgesehen, daß die Präsidentin des Bundesverfassungsgerichts, Frau Professorin Jutta Limbach, aufgrund der Einladung unserer Forschungsgesellscahft Mitte September 2001 Japan besuchen wird.

(ii) Wir haben auch diejenigen deutschen Staatsrechtslehrer zu uns eingeladen und um Vorträge gebeten (in außerordentlichen Sitzungen), die aus irgendeinem anderen Grund nach Japan gekommen sind und sich in Japan aufgehalten haben. Dazu gehören: 1992 Professor Heinrich Scholler (München); 1993 Professor Thomas Würtenberger (Freiburg), Professor Rainer Wahl (Freiburg); 1994 Professor Peter Lerche (München); 1995 Professor Christian Starck (Göttingen), Professor Siegfried Magiera (Speyer), Professor Jörg Ipsen (Osnabrück), Professor Theo Öhlinger (Wien); 1996 Professor Klaus Stern (Köln); 1997 Professor Rainer Wahl (Freiburg); 1998 Professor Dieter Scheuing (Würzburg), Professor Hans-Heinrich Trute (Dresden); 1999 Professor Hans Jarass (Münster); 2000 Professor Klaus Stern (Köln).

(iii) Mit finanzieller Unterstützung der JSPS (japanischerseits) und der Deutschen Forschungsgemeinschaft (deutscherseits) haben wir ein gemeinsames Forschungsprojekt mit einer deutschen Professorengruppe zum Thema „Mensch, Technologie und Umwelt" geplant und durchgeführt. Auf der deutschen Seite hat Herr Professor Rainer Wahl die Rolle des Organisators übernommen. Zwischen ihm und uns entstand ein sehr gutes Kooperationsverhältnis.

Nach langer und sorgfältigen Vorbereitung fand das erste Symposium im April 1998 in Tokio statt. Aus Deutschland sind 8 Professoren gekommen, um an dem Symposium teilzunehmen. Auf der deutschen Seite referierten Prof. Rainer Wahl, Prof. Hasso Hofman, Prof. Horst Dreier, Prof. Michael Kloepfer, Prof. Rudolf Steinberg, Prof. Georg Hermes, Prof. Dietrich Murswiek und Prof. Eckhard Rehbinder, auf der japanischen Seite referierten Prof. Hiroshi Shiono, Prof. Tsuyoshi Hiramatsu, Prof. Koji Tonami, Prof. Makoto Saito, Prof. Akimichi Iwama, Prof. Kazuhiko Matsumoto, Prof. Yasutaka Abe und Prof. Koichi Aoyagi. Alle deutschen Referate sind im voraus ins japanische, alle japanischen Referate sind im voraus ins Deutsche übersetzt, und beim Symposium an die Teilnehmer verteilt worden. Alle Referate sind nachher in Form eines Sammelbands in Japan veröffentlicht (Shinzansha-Verlag, 1999, 584 Seiten). Nach perfekter Vorbereitung durch Herrn Prof. Rainer Wahl fand das zweite Symposium im September 2000 in Freiburg statt. Aus Japan sind insgesamt 29 Mitglieder unserer Forschungsgesellschaft nach Freiburg gekommen, um an dem Symposium teilzunehmen. Auf der deutschen Seite referierten Prof. Georg Hermes, Prof. Dietrich Murswiek, Prof. Andreas Voßkuhle, Prof. Rudolf Steinberg, Prof. Eckhard Rebbinder, Prof. Friedrich Schoch, Prof. Dieter Scheuing, Prof. Thomas Würtenberger, Dr. Anderheiden, Prof. Michael Kloepfer und Prof. Rainer Wahl, auf der japanischen Seite referierten Prof. Koichi Aoyagi, Prof. Sigeru Takahashi, Prof. Hikaru Takagi, Prof. Ken Nemori, Prof. Kentaro Shimazaki, Prof. Toshiyuki Okada und Prof. Hisao Kuriki.

Nach dem Symposium haben wir gruppenweise das Bundesverfassungsgericht Karlsruhe und den Verfassungsgerichtshof Wien besucht.

Gegenwärtig steht unsere Forschungsgesellschaft zum Zweck weiterer gemeinsamer Forschungsprojekte in Verbindung mit Herrn Professor Christian Starck (zum Thema „Verfassungsgerichtsbarkeit") und Herrn Professor Rainer Wahl (zum Thema „Verfassungsentwicklung"), in der Hoffnung darauf, daß die Kooperation zwischen unserer Forschungsgesellschaft und den deutschen Staatsrechtslehrern wertvolle Ergebnisse für beide Seiten bringen wird.[*]

---

[*] Ich danke Herrn Professor Dr. Dr. h.c. mult. Peter Häberle dafür verbindlich, daß er uns eine ehrenvolle Gelegenheit gegeben hat, der wissenschaftlichen Öffentlichkeit über die Tätigkeit der Japanischen Forschungsgesellschaft für deutsches Verfassungsrecht zu berichten. Es ist nur schade, daß Herr Professor Koji Tonami, das andere Vorstandsmitglied unserer Forschungsgesellschaft, an diesem Bericht nicht mitwirken konnte.

## III. Afrika

# National Action Charter of Bahrain (2001)

### Introduction to National Action Charter:[*]

*In accordance with Amiri Decrees Numbers 26 and 43 for the year 2000, the Supreme National Committee was established to draft the National Action Charter.*

*In a two-day referendum on the Charter held February 14 and 15, 2001 both in Bahrain and abroad, eligible Bahraini citizens overwhelmingly (98.4 percent approval) voted for its adoption.*

*Bahrain's National Charter focuses on the rights of the citizenry and the separation of powers in government. The laws that govern personal freedoms are based on the Islamic concept that all citizens are equal and no citizen should be discriminated against on the basis of sex, ethnic origin, language, religion or creed. The Charter states that, in addition to the personal freedoms guaranteed under the law, the rights of women and families in particular must be protected, with the issuance of new legislation if necessary.*

*Furthermore, the Charter calls for a bicameral legislature composed of two chambers, a popularly elected Parliamentary Council and another chamber consisting of people with experience and expertise to advise as necessary.*

### Preface

**This charter,**

Following the concordance of the government and the people on its contents, Considering that it represents a document for future action in the country, Considering that the implementation of some of the essential ideas included shall require constitutional amendments, stipulates the following:

**1. Appelation of Bahrain:**

The constitutional amendment will stipulate the official name of the State of Bahrain in accordance with the format decided by the Amir and his people.

**2. The Legislative Branch:**

The text of Chapter 2 of Article 4 of the Constitution on the legislative branch shall be amended to suit the international democratic and constitutional developments through the creation of two councils. The first council will be elected directly and freely by the citizens and will have legislative attributes. The second council will be appointed and will include experts and competent citizens who will offer advice and knowledge as requested by the Shura. Laws will be issued as stipulated by the Constitution and according to constitutional systems and traditions used by long-standing democracies.

The popular concordance on this charter is a manifestation of the popular desire to achieve a stable and prosperous future for Bahrain under the leadership of His Highness the Amir, Shaikh Hamad bin Isa Al Khalifa.

### Chapter one

*The State strives to consolidate the rights of women and to issue necessary legislation to protect the families.*

---

[*] Anmerkung des Herausgebers P. H.: Offizielle Einleitungsanmerkung des Staates Bahrain für das Jahrbuch.

*Personal freedoms are guaranteed in accordance with the law. No person shall be arrested, detained, imprisoned, searched, confined to a residence, or have his freedom of residence or movements impounded, except in accordance with the law and under the supervision of the judiciary.*

It is not possible for any society to achieve a high level of stabilisation throughout the centuries, and to succeed in building up a distinguished civilisation the way Bahrain has done, without possessing a set of essential values that warrant its cohesion, move it forward, strive for its promotion, and consolidate its state, and which can be drawn from Islam, the tolerant religion of the people of Bahrain, and from its Arab identity.

The Bahraini society has agreed on a set of essential components that are highly concordant with the Arab and Islamic values.

These values that we must adhere to, preserve, and defend because they are the selection of the various sections of the society with their different backgrounds, were promoted by our forefathers who were keen on establishing and maintaining a virtuous society. Hence, and for the sake of the interests of the State and of the society, no public authority or citizen may transgress the essential components, which can be summoned as follows:

## 1. Objectives of the Rule and its Foundations:

The objective of the Rule is to maintain the State, promote its status, preserve national unity and achieve constant and comprehensive development in the areas of politics, economy, society, culture, and others. Justice is the basis of the Rule. Equality, sovereignty of the law, freedom, security, tranquillity, science, social solidarity and equality of opportunities for all citizens are the pillars of the society that the State must guarantee.

These fine values strongly upheld by the Amir, government and people of Bahrain for the sake of the future, have been the bases of the Rule for the past years, which has also been consolidated by the values of compassion, co-operation and intercommunication between the ruler and the people. Hence the value of justice has maintained its glory and splendour and has thrived in Bahrain amid respect and care alongside the value of compassion and affection.

## 2. Guaranteeing Personal freedom and Equality:

Personal freedoms are guaranteed, and equality between citizens, justice and equality of opportunities are essential pillars of the society. The State has to guarantee the rights of all citizens, with no discrimination, within a wider and more comprehensive principle: equality of human dignity between all people. This principle was sanctified by Islam fourteen centuries ago, and in his Last Sermon, Prophet Mohammed (Peace be upon him) said that people were equal like the teeth of a comb, and that an Arab has no superiority over a non-Arab and a white has no superiority over a black except by piety and good action.

This wonderful Islamic and humane principle has led to a set of related principles that are also considered among its essential components.

They are:

1. All citizens are equal before the law in rights and duties. There is no discrimination between them on the grounds of sex, origin, language, religion, or creed. This was confirmed by the Amir in his first address to the nation after he assumed power.

2. Personal freedoms are guaranteed according to the law. No person shall be arrested, detained, imprisoned, searched, confined to a residence, or impound his freedom of residence or movements, except in accordance with the law and under the supervision of the judiciary.

3. No person shall be subject to any kind of moral or physical torture, or to any non-human, derogatory or humiliating treatment, under any circumstances. Any confession or expression uttered under torture, threats or incitement shall be void. No accused shall be morally or physically offended. The law guarantees the punishment of any person guilty of carrying out torture or physical or moral offence.

4. There is no crime or punishment without the application of the law, and there is punishment only according to specific laws.

5. Punishment is personal, and an accused person is innocent until proven guilty by a fair trial where he is endured of access to defence at all the stages of the investigations and the trial according to the law. Every person accused of an offence shall have a lawyer of whom he approves to defend his case. Prosecution is guaranteed in accordance with the law.

6. Residences have their sanctity, and they shall not be entered or searched except (a) by permission from the residents or (b) in highly special cases, stipulated by the law, and under the supervision of judicial authorities.

7. Personal correspondences have their sanctity and secrecy. Postal, telegraphic, telephonic and electronic communications are sacred, and shall not be subject to monitoring or search, except in highly exceptional cases stipulated by the law under the supervision of judicial authorities.

### 3. Freedom of Creed:

The State guarantees the freedom of creed. The freedom of conscience is absolute. The State maintains the sanctity of the places of worship, and guarantees the freedom to hold religious rites in accordance with the traditions prevailing in the country.

### 4. Freedom of Expression and Publication:

Every citizen has the right to express his opinions or personal creativity verbally, in writing or by any means of expression. Based on this principle, the freedom of scientific research, publishing, press and printing is guaranteed within the limits stipulated by the law.

### 5. Activities of the Civilian Society:

In order for the society to benefit from all potentials and from civilian activities, the State guarantees the right to set up private, scientific, cultural, and vocational associations and syndicates on patriotic bases, for legal purposes and through peaceful means in accordance with conditions and situation stated by the law. No person shall be co-erced into joining, or remaining in, an association or a syndicate.

### 6. The family is the Basis of Society:

Based on the belief that the family is the essential component of society, and that through proper families, the bonds of society are strengthened and the values of religion, morals and patriotism are reinforced, the State maintains the legal entity of the family, protects motherhood and childhood, looks after children, protects them from exploitation, and avoids them moral, physical and spiritual loss . The State particularly looks after the physical, moral and cognitive growth of the youth.

Within this context, the State warrants the achievement of the national solidarity needed by old people, incapacitated citizens, orphans, widows and the unemployed. The State provides them with social security and health care, and looks after health policies that reinforces the objectives of health for all.

The State guarantees the solidarity of the people in assuming the burdens resulting from catastrophes and general calamities. It also warrants the compensation for people injured during the war or while assuming their national military duties.

The State strives to consolidate the rights of women and to issue necessary legislation to protect the families.

### 7. Work is a Duty and a Right:

Work is a duty for every citizen. It is required by human dignity and needed by the general welfare. Every citizen has the right to work and to choose his work according to the general system and to the morals.

The State guarantees the provision of employment opportunities to all citizens and the fairness of its conditions within the programmes of national economy development, and taking into consideration that no person shall be coerced into taking up an employment except in the cases stipulated by the law for a national necessity at a fair pay.

The law regulates relations between employees and employers on the basis of the economy and taking into consideration social justice.

### 8. Education, culture and Sciences:

The State looks after sciences, literature and arts, promotes scientific research, and guarantees educational and cultural services for the citizens. Education is compulsory and free in the primary stages as defined and explained by the law. The law formulates plans to eradicate illiteracy, and regulates the manner for looking after religious education at all stages and in all types of learning. It also encourages civil education, strengthening the personalities of the citizens and bolstering their pride of their national unity and Arab nationalism.

Universities are considered as beacons of intellectual radiance and scientific progress, which necessitates providing them with academic freedom and guaranteeing the exercise of such freedom and the fostering of knowledge. The State strives for bolstering private education and the establishment of private universities and institutes. It also supports the institutions of scientific and technological research and encourages strong links between education and the labour market to meet the requirements of the country in terms of qualified human resources for the present and the future.

## Chapter two
## System of Constitutional monarchy

Throughout the centuries of the rule of the Ruling Family, society of Bahrain has enjoyed a special relationship between the ruler and the people based upon direct contact and intercommunication and common understanding in the service of the citizens and the country. Within this context, the people have agreed that the rule in Bahrain should be based on the following:

### 1. The Amir:

The ruling system in Bahrain is hereditary constitutional monarchy as stipulated by the Constitution and by the Amiri decree on succession. The

Amir is the head of the state, and his person is safe-guarded and cannot be harmed; he is the Supreme Commander of the armed forces, the symbol of the stability of the state, and the main pillar of the ruling system in Bahrain.

The Amir exercises his authority through his ministers who are answerable to him; he appoints the Prime Minister and the ministers and removes them, in accordance with the powers vested in him by the Constitution.

### 2. The Constitutional format of the State:

Subsequent to the stability bestowed by God on Bahrain, to the achievements it has accomplished and to the challenges it has successfully confronted, and after it has reached maturity levels both in its international relations and within its sovereign in-stitutions based upon equality between citizens and consideration about their independence and na-tional unity, time has now come for Bahrain to be among the constitutional monarchies with a democratic system that achieves the aspirations of its people for a better future.

### 3. Islamic Jurisprudence and Legislation:

Islam is the religion of the state and the Islamic jurisprudence is a principal for legislation.

### 4. The People are the Source of all Powers:

The system of ruling in Bahrain is democratic, whereby sovereignty is by the people who are the source of all powers. The exercise of the sover-eignty is as stipulated by the Constitution.

### 5. The Principle of Separation between the Branches:

The system of ruling is based, as consecrated by the democracy principle, on the separation be-tween the three branches: legislative, executive and judiciary, which nevertheless co-operate between themselves in accordance with the Constitution. The Amir is the head of the three branches.

### 6. Sovereignty of the Law, Independence of the Judiciary:

The sovereignty of the law is the basis of ruling in the State, and the independence and the im-munity of the judiciary are two essential warranties to protect rights and liberties. The State is en-trusted with completing the judiciary commissions stipulated by the Constitution and with appointing the judicial authorities that have jurisdiction over disputes on the constitutionality of the laws and regulations, and the general prosecution.

### 7. The Right of the People to Take Part in Public Affairs:

All citizens, males and females, have the right to take part in public affairs and to enjoy political rights in the country, starting with the voting and candidacy rights in accordance with the law.

Chapter three
Great strides made despite hardships

*Bahrain considers that its greatest assets are the Bahraini citizens who have proven their outstanding ca-pabilities in the areas of science and culture.*

### The Economic Foundations of Society:

In spite of the limited natural resources, the scarcity of water, the limited size of the land and the high population density, Bahrain has suc-ceeded in making great strides in developing its economy and in raising the average income of its people. The achievement, mainly the result of the wise policy of its leaders and government to ra-tionalise and use efficiently the country's potential, has enabled Bahrain to reach advanced standards in human resources development and economic free-dom. However, there is a necessity to adopt policies that will lead to a balance between the average economic growth and the average interna-tional population growth. The Charter affirms the adherence of Bahrain to the following economic principles:

### 1. The Principle of Economic Freedom:

The economic system of Bahrain is based upon individual initiatives and the freedom to invest and move capitals, with support to, and emphasis on, the role of the private sector in promoting re-sources and activating the economy.

This system has resulted in tangible economic and investment activities, and has generated a flow of capitals for investment in the country.

The economic openness must be accompanied by a change in the general management towards easing procedures, transparency, the elimination of overlapping in responsibilities, the improvement of services, and the modernisation of economic legislation, all of which must be governed by the principles of honesty and the equality of oppor-tunities.

In order to ensure the activation of the means of financial and administrative control and the in-crease of work transparency in all state institutions, the establishment of an office for financial control and an office for administrative control have become necessary.

## 2. Private Property:

Private property is guaranteed, and every person has the right to dispose of his properties within the confines of the law. No private property shall be expropriated except for public use, within the confines and manners stipulated by the law and with a fair compensation.

## 3. Economic Justice and Balance in Contracts:

Private property, capitals and employment are individual rights of a social nature. The law regulates their exercise on the basis of the economy and social justice, and warrants the balance between the production sources, and the balance in contract relations.

## 4. Diversification of Economic Activities and National Income Sources:

Bahrain was among the first members of the Gulf Co-operation Council that have sought to diversify their economic activities and national income sources, based on the necessity not to depend on a single source of income, and in order to provide dignified ways of living for future generations and to avoid international economic turbulence.

Bahrain has thus become an important regional financial centre, and an internationally-recognised tourist attraction. It has also, through providing support to transformational industries, high added value industries, information and services in general, contributed to promoting an economic development basis in the country and to offering employment opportunities to citizens.

## 5. Environment and Wildlife:

Due to the increasing pressure on its limited natural resources, Bahrain is keen on both achieving the best exploitation of its natural resources and the non-harmful development of the environment and the health of the citizens. It also takes into consideration the international orientations in preventing and solving the major environment problems through adopting a national strategy to protect the environment and through taking all adequate legislative measures to limit pollution whatever the sources, to provide facilities for industrial companies to help them to transfer to cleaner production, and to carry out assessment studies before implementing projects.

The State of Bahrain also protects wildlife, particularly its distinguishing natural sanctuaries, including its fauna and flora, through drawing up the necessary plans to utilise the lands, manage the coastal areas and set up a group of animal sanctuaries such as Al Areen, and Hawar Islands and the waters surrounding them, and which have achieved international fame for the rare animals and birds they host.

## 6. Public Funds and Natural Resources:

Public funds are sacred, and every citizen has a duty to protect them. Public authorities have to take all measures to safeguard them. All natural wealth and resources are the property of the State which strives to safeguard them and to select the most appropriate economic ways to invest them.

## 7. Labour and Training:

Bahrain considers that its greatest assets are the Bahraini citizens who have proven their outstanding capabilities in the areas of science and culture.

Extending support to the citizens through constant and transformational training will provide the labour market with new and qualified people, which will offer ample employment opportunities to the citizens.

## Chapter four
## BDF main pillar of national security

National security is the shield that protects the country, safeguards its territories, preserves its political, social and economic achievements and reinforces its comprehensive development progress, particularly in ever-changing modern regional and international conditions.

One of the pillars of the national security is the consolidation and support to the Bahrain Defence Force to enable it to carry out its missions and duties in the best manner.

It also necessitates the provision of all security forces with the equipment and essential components to carry out their missions of spreading security and tranquillity all over the country and of preserving peace and public security.

It also requires supporting and reinforcing the National Guard to assume its role within the defence and security system, as a military depth for the Bahrain Defence Force and a security shield for the public security forces in defending the country.

Such a disposition consolidates the development progress witnessed by the country, safeguards its civilisational achievements and protects every inch of its lands, waters and skies.

It also strengthens the fact that being member of the national security bodies is both a duty and an honour for every citizen.

The Bahrain Defence Force is a symbol of national unity, a supporter to brothers and to the Nation to guarantee security and stability not only in our country, but also in the Gulf and in the Arab world.

The civilisational heritage of Bahrain makes its Defence Force a school that defends each of its original values: good morals, construction and civilisation. It is, as was intended from the beginning, a message of goodness and peace from Bahrain to the whole world, an expression of the values that we are all honoured to defend.

One of the reasons for profound trust in this national institution is that its Supreme Commander was its first soldier and its founder since the launch of the "First Light".

The procurement of advanced weaponry and the possession of the most modern security and defence systems in a world characterised by overwhelmingly fast technological and scientific revolutions and a wide spectrum of security threats, become absolute necessities.

The availability of the qualified human resources that will use the equipment is as important as the provision of the weaponry and modern defence systems.

The policies of preparing the competent human resources and looking after the affairs of the BDF personnel become necessary elements in achieving and protecting peace in Bahrain.

Striving to improve the fighting, administrative and technical capabilities of the BDF through training and organisation to reach the highest possible standards is an absolute priority.

The achievement of the BDF objectives should not be eliminated from the overall need to possess a clear defence policy, consolidated by detailed programmes to attain these objectives.

Thus, it is necessary to carry out regular and constant assessments to ameliorate the strategic vision and the technological adaptation and to define the sources of threats.

## Chapter five
## Focus on direct democracy

### Parliamentary Life

Bahrain has known direct democracy since the Al Khalifa Family assumed power. The constant consultations between the ruler and the people, and the open-door policy, which has always been the way of dealing between the Government and the people of the State of Bahrain, have resulted in making the people's desires and interests the basis of the policies of governance.

The Government was and still is keen on feeling the pulse of the society, and on striving diligently to serve the interests of the people.

This principle consecrated the democratic practice in the State of Bahrain which was later embodied in the constitution and in the elected national council.

The experience of the Shura Council which came later proved its trustworthiness in debating, studying and expressing opinions on all general issues and problems that concerned the State and served the interests of the people. The Shura Council demonstrated a remarkable power to confront the latest developments with the required flexibility, setting up an outstanding example of co-operation with the Government to serve the country.

The development of the democratic practice should know no limits as long as there are ample opportunities to achieve further democracy.

Many long-standing democracies have adopted the system of two councils. Their legislative councils include two councils. The first council represents the trends and thoughts of the people on contemporary issues, and the second council operates as a council for competent and experienced members. Experiences in these democratic countries have demonstrated the excellent political benefits and advantages of the bicameral legislative system, which explains its strong standing.

In order to increase popular participation in public affairs, and inspired by the principle of shura, which is one of the genuine principles of Islam upon which the ruling system in the State of Bahrain is based and out of belief in the rights and duties of all the people in practicing their constitutional political rights, and following the example set by long standing democracies, it has become in the best interest of the State of Bahrain to have two separate councils representing the legislative branch. The first council shall be through direct and free elections and shall have legislative attributes. The second council shall be appointed and shall comprise people of experience and competence who will offer their advice and knowledge when needed.

This balanced combination within the legislative branch possesses the distinctive feature of presenting advantages that offer a number of privileges, allowing popular participation in legislative affairs, and enabling interaction between the various opinions and trends within a unified legislative council.

The suggested formation of the legislative council which shall require a constitutional amendment, will allow it to derive wisdom and knowledge from one side, and the main orientations of the Bahraini voter from the other side.

The amendment shall, without any doubt, lead

to bolstering a democracy that works for construction, development, stability and prosperity, a democracy that strives for social peace and national unity.

## Chapter six
## Bahrain shall strive for GCC consolidation

The people and the government of Bahrain deeply believe in the common objectives and destiny of the people of the Gulf Co-operation Council countries.

Blood and family bonds that brought together the people of the Gulf, were reinforced by common history and culture and similar traditions. These reasons constituted motives for the State of Bahrain to be among the founders of the GCC, alongside its sister Arab Gulf States.

Genuine co-operation between the GCC countries is vital to preserve their high interests and to achieve the highest standards of development. Within this framework, the GCC was able to prove to the world its capability of defending the freedom and sovereignty of its members, and its validity as the protective shield for their independence.

Therefore, the State of Bahrain shall always seek with its full power and capabilities, to consolidate the GCC and to support the just causes of its member states.

The State of Bahrain considers this stance a constant value of its essential, necessary and vital policy, particularly that the security and prosperity of Bahrain is an intrinsic part of the security and welfare of the other sister GCC states. The State of Bahrain shall continue to strive with its sister members of the Council to accomplish more coordination, closeness and complementarity within the frame of the Council, particularly in the areas that need more active coordination such as economic complementarity, defence co-operation and information co-ordination. Moreover, the improvement of the participation of popular commissions within the Council institutions shall receive more consideration.

## Chapter seven
## Justifiably proud of Arab identity

*The State of Bahrain stands by and asserts the legal rights of the Palestinians, particularly their right to establish their own independent state with Jerusalem as its capital.*

*The State of Bahrain upholds the basic principles that call for the need to settle all international disputes through peaceful means and that ban the use of force to seize lands or harm the political independence of any country.*

The State of Bahrain is particularly proud of its Arab identity and of the fact that its people are an integral part of the Arab nation and its territories are part of the Arab world. This Arab dimension is embodied not only in the linguistic, religious and cultural unity, but also in the common history, hopes and grievances of the Arab nation.

Based on this reality, the State of Bahrain is always prone to consolidate Arab co-operation. Since the dawn of independence, the State of Bahrain has become an efficient member of the Arab League and has been working alongside its sister Arab states to activate the role of the Arab League so that it remains a political and legal framework that reflects the unity of the Arab nation, strives for the complementarity of the common Arab action, and imposes its willpower. The State of Bahrain affirms its support to all forms of common Arab economic co-operation.

One of the deep rooted values of the policies of the State of Bahrain is its keenness to support all Arab causes. The State of Bahrain commits itself to shoulder its sister Arab states in their crucial causes. In this respect, the State of Bahrain stands by and asserts the legal rights of the Palestinians, particularly their right to establish their own independent state with Jerusalem as its capital. The State of Bahrain equally stresses the necessity of the return of the refugees and the respect of all Arab rights in accordance with international legitimacy.

Within the framework of the Islamic Conference Organisation, and based on the deep rooted belief in the righteous Islamic values, the State of Bahrain considers co-operation between the member states highly important in order to support national independence causes and the right of the people for self-determination and to achieve the highest standards of development by member states. The State of Bahrain hopes that the Islamic Conference Organisation achieves further efficiency and prosperity.

Regarding international political relations, the State of Bahrain considers regional and world peace a principal strategic objective that requires a combination of all efforts. Accordingly, the State of Bahrain upholds the basic principles that call for the need to settle all international disputes through peaceful means and that ban the use of force to seize lands or harm the political independence of any country. The State of Bahrain encourages and supports all international efforts to settle regional disputes peacefully.

Ever since it joined the United Nations Organisation, the State of Bahrain has participated in all United Nations activities by taking part in its resolutions, hosting its agencies, signing its international agreements and conventions, particularly the ones related to human rights, civil, political and social rights of citizens and women's rights. The State of Bahrain has also played a positive role in the specialised commissions of the United Nations.

The long-standing policy of the State of Bahrain on international economic and trade relations strongly favours international free trade, and the free movement of investments, capital and manpower, taking into consideration the national interests of each state, and affirming that the natural resources of each state are its own property and their management should not be subject to any kind of foreign pressure or intervention.

## Final Communique
## Charter Draft shall achieve transition

Implementing the Amiri Decrees Number 36 and 43 for the Year 2000 to set up a Supreme National Committee to draft a National Charter,

And based on the grand responsibility assumed by all members of the Committee to fulfil this historic mission,

The National Committee has embarked on its national mission by launching a series of regular sessions at Riffa Palace that included discussions and debates filled with positive ideas, remarks and proposals,

And with the help of God the Almighty and the support of HH the Amir, the Committee was able to achieve the mission it was entrusted with and which it hopes concords with the will of HH the Amir and the aspirations of the loyal people of the State of Bahrain.

Within this context, the Committee affirms that the National Charter draft shall achieve, God willing, an important transition in the national action which shall in turn contribute to making crucial changes in work procedures and performances.

In response by the Committee members with the comprehensive vision of HH Shaikh Hamad bin Isa Al Khalifa which HH explained through a democratic drive that fostered direct discussions in meetings with the various national sectors and at several popular rallies, the Committee expresses its profound pride and its complete adherence to the bonds between the leader and the people for the sake of national action, the safeguarding of the civilisational achievements of the country, and full preservation of every inch of the territories of the State of Bahrain.

In view of the modernisation of the powers of the State and its institutions, and with the view to prepare free and direct elections of a Parliamentary

council by all citizens, operating alongside an appointed council that will include the most competent and experienced people, which will lead to amendments of the Constitution and the modernisation of institutions according to a balanced formula that draws on the experiences of the past and confronts the challenges of the future, the Committee affirms its full support to making the decisions that will enable Bahrain to continue its inexorable progress towards the future it aspires to have.

The Committee equally affirms that the State of Bahrain after accomplishing great steps towards comprehensive development in spite of the wars and crises that afflicted the region, was able, thanks to its determination and willpower, to continue the construction and prosperity process to reach a deserved status among advanced constitutional monarchies.

Asserting and documenting the complete concordance between the vision of HH the Amir and the aspirations of the people of Bahrain, the Committee has decided, in its final session, to present this National Charter as a document of allegiance to HH the Amir, Shaikh Hamad bin Isa Al Khalifa, who will take the decisions HH deems best to serve the interests of the State of Bahrain.

## Cradle for civilisations, hub for trade

Since the dawn of history, this archipelago has always kept Bahrain in its memory, whether the geographic connotations of that name widened or narrowed. It has been the core of the region, and the cradle of civilisations which all converged on the islands of Bahrain. Delmon had been the meeting point of ancient world. It extended from Mesopotamia to current-day Oman, reaching the civilisation of Al Sind countries, representing a vivid testimony of the economic prosperity of Bahrain as a pioneering trade hub and a vital port for the world since the ancient times of history.

Before the divine religion of Islam was revealed, Bahrain had embraced the freedom of thoughts and doctrines on its territories, presenting a rare and unique example during the past ages. In light of this spiritual and intellectual tolerance, culture flourished and religions co-existed. The Arabic poetry was enriched by the poets of Bahrain who composed the most beautiful poems on contemplations and existence, ushering in a new era of renaissance for the Arabs in history. Bahrain was among the leading countries in responding to the call of Islam, and embraced the righteous religion of Islam peacefully and with a deep conviction. Bahrain was also among the early defenders of Islam.

Bahrain took the call of Islam to new regions on the other banks of the Gulf, reaching the borders of India. Bahrain's resources and wealth were a major source for the Islamic house of public money (treasury) during the early days of Islam. Since the beginning of the Islamic civilisation, Bahrain's people greatly contributed to the radiance of Islam, the sciences of jurisprudence and Arabic language throughout the eras of Islamic Caliphates. This people had profoundly understood and upheld the principles of Islamic civilisation, mainly tolerance, justice and piety.

The natural geography had rendered Bahrain a very rich field for human activities, such as agriculture, trade and diving. Due to its very distinguished geographic location and resources, Bahrain became the focal interest of invaders and conquerors throughout the course of time. However, Bahrain's people bravely defended their land against all greedy forces. During the last quarter of the 18th century, and under the command of Ahmed Al Fateh, Arab forces were able to repel external tyrants, highlighting the courageous resistance and struggle of Bahrain's people against the various foreign and regional invaders. The country was unified under the Al Khalifa Rule in the regions of Zubara and Bahrain.

The call made by the people of Bahrain, in all their segments and categories, to Shaikh Isa bin Ali Al Khalifa, to assume power and rule the country in order to avoid foreign hegemony, was the first prominent presence of the people's national will-power in Bahrain. It was the first sign of allegiance in the modern history of Bahrain. The people supported a young ruler who came to power bearing in mind the aspirations towards a national ruling that safeguarded their peace and security for 65 years, which vividly depicted the close cohesion between the people and their leadership. The political and commercial stability formed the era of civilisation that took Bahrain into modern times.

The positive response of Shaikh Isa bin Ali Al Khalifa to the demands for the establishment of a Shura Council was in harmony with the awakened political awareness of the joint national movement between the ruler and the people, despite immense resistance from external forces. Shaikh Hamad bin Isa bin Ali Al Khalifa, the lawful heir apparent, with full support from his people who were in constant cohesion with their leadership, was able to deal realistically with the international conflicts. He could define the path of development and break free of the old traditional norms, ushering the way to the birth of a modern civil society. This was achieved through the enhancement of modern education, the creation of an effective governmental administration capable of contemporary performance, the enforcement of required legislation and laws, as well as the strengthening of the process of development in the wake of the oil industry boom in Bahrain. When Shaikh Salman bin Hamad Al Khalifa assumed power in 1942, the country was suffering from World War II and its repercussions on the Gulf region, which caused economic strains and regional and international disorders.

Bahrain was able to overcome the crisis, and pursue the building of the state and modernise its vital institutions and utilities. It also managed to bolster the national unity and cohesion between the leadership and the people, as well as allowing for the participation of citizens in the running of state affairs despite the pressures of external forces. The era of Shaikh Isa bin Salman Al Khalifa was prosperous and full of cultural and political accomplishments. He established the bases of the modern state of Bahrain, set up its institutions, and declared its political independence, which freed the country from foreign greedy allegations.

The stance of Bahrain's people towards the confirmation of the Arabism and independence of the country under HH's leadership was historic. It was vividly manifested through the survey made by the United Nations Fact-Finding Committee, which covered all segments of the society. The people unanimously agreed to adhere to Arabism, and expressed allegiance to Shaikh Isa bin Salman Al Khalifa. The response of Shaikh Isa bin Salman Al Khalifa was great. He issued the constitution of the State of Bahrain as an example of the most refined principles of constitution and democracy. Bahrain obtained its full independence during his prosperous era. The country was established on the principles of democracy, the state of institutions, and the sovereignty of law. The decision of Shaikh Isa bin Salman Al Khalifa to launch the constitutional way of life and to hold free elections to establish the National Council according to the constitution, will always be recalled as a prominent landmark in the history of Bahrain.

The support and solidarity that were vividly manifested in Bahrain when His Highness Shaikh Hamad bin Isa Al Khalifa assumed power and ruled the country have clearly demonstrated the remarkable level of public cohesion with the leader.

During HH's era, Bahrain has witnessed the launching of democracy that fulfils the aspirations of the people towards the building of a modern state where security, stability and welfare fully prevail, a state where the constitutional institutions assume their role in achieving the ambitions of the leadership and the aspirations of the people in a community ruled by fair justice and the sovereignty of law. In light of these historic circumstances, the people look forward with confidence and determination towards a more promising future. A future that is filled with liberty and equality, where justice and consultations are the pillars, and popular participation of all categories of society in the tasks of ruling.

State of Bahrain in Article One, where it states that "It is not permitted to waive its sovereignty or abandon parts of its territories". The State of Bahrain has exercised its political role as an effective member in the international, Islamic and Arabic communities, and, being one of the founders, has always confirmed its adherence to the entity of the Gulf Co-operation Council (GCC). Bahrain has also underlined its full commitment to the joint action of the member states of the GCC to consolidate cohesion and foster the fulfilment of the aspirations and ambitions of the GCC peoples.

Since the State of Bahrain has since its establishment, managed to lay down the basis of the modern state upon democratic orientations, the state of constitutional institutions and the sovereignty of law,

Since Bahrain has reached high levels of maturity as a country with international relations, and a state with sovereign institutions, based on justice and equality of citizens to safeguard their interests,

Since HH the Amir possesses the ambition to achieve a democratic way of life, laying down a balanced structure that confirms the political constitutional partnership between the people and the Government, the separation between the three main branches, the enhancement of the mechanism of the judiciary branch, and the establishment of the constitutional court, and the offices of financial and administrative controls,

Since as we stand at the threshold of the third millennium, there is the strong willpower to move into a modern state that has completed its political and constitutional frameworks in order to interact with the latest domestic, regional and international latest developments,

Since the outcome of the experience of the State of Bahrain in political and economic action in the last three decades, requires taking into consideration the latest political, economic, social and legislative developments, and to be able to confront all forthcoming challenges alongside future international developments,

It has been decided to consider the national, political and constitutional components in the entity of the state, thereby enhancing the hereditary constitutional monarchy of the ruling system, whereby the monarch of the country serves his people, and represents its independent entity and its aspirations towards prosperity.

There is agreement on the need to modernise the Constitution of the country to benefit from the democracy experiences of other peoples in expanding the circle of popular participation in the tasks of ruling and administration. These experiences have demonstrated that the presence of two councils in the legislative branch allows the combination of the advantages of wisdom and competence of the members of the Shura Council, and the interaction of public opinions from all sides of the elected council.

# Sachregister

Bearbeitet von Roland Schanbacher, Richter am Verwaltungsgericht Stuttgart

Die Zahlen verweisen auf die Seiten des Jahrbuchs